大儒全集丛书

二程全集

【上】

河南程氏遗书
河南程氏外书
河南程氏文集

【宋】程颢 程颐 著
张旭辉 整理

长江出版传媒
崇文书局

图书在版编目(CIP)数据

二程全集 / (宋) 程颢, (宋) 程颐著 ; 张旭辉整理.
-- 武汉 : 崇文书局, 2021.8
ISBN 978-7-5403-6327-7

Ⅰ. ①二…
Ⅱ. ①程… ②程… ③张…
Ⅲ. ①程颢(1032-1085)—文集②程颐(1033-1107)—文集
Ⅳ. ①B244.61-53

中国版本图书馆CIP数据核字(2021)第121485号

二程全集

策　　划　万文社
责任编辑　高　娟
责任校对　董　颖
责任印制　李佳超
出版发行　长江出版传媒｜崇文书局
地　　址　武汉市雄楚大街268号C座11层
电　　话　(027)87680797　邮政编码　430070
印　　刷　北京飞帆印刷有限公司
开　　本　675mm×966mm　1/16
印　　张　70.5
字　　数　640千
版　　次　2021年8月第1版
印　　次　2021年8月第1次印刷
定　　价　118.00元(全二册)

(如发现印装质量问题,影响阅读,请与承印厂调换)

宋监察御史程颢（清宫殿藏画本）

宋崇政殿说书程颐（清宫殿藏画本）

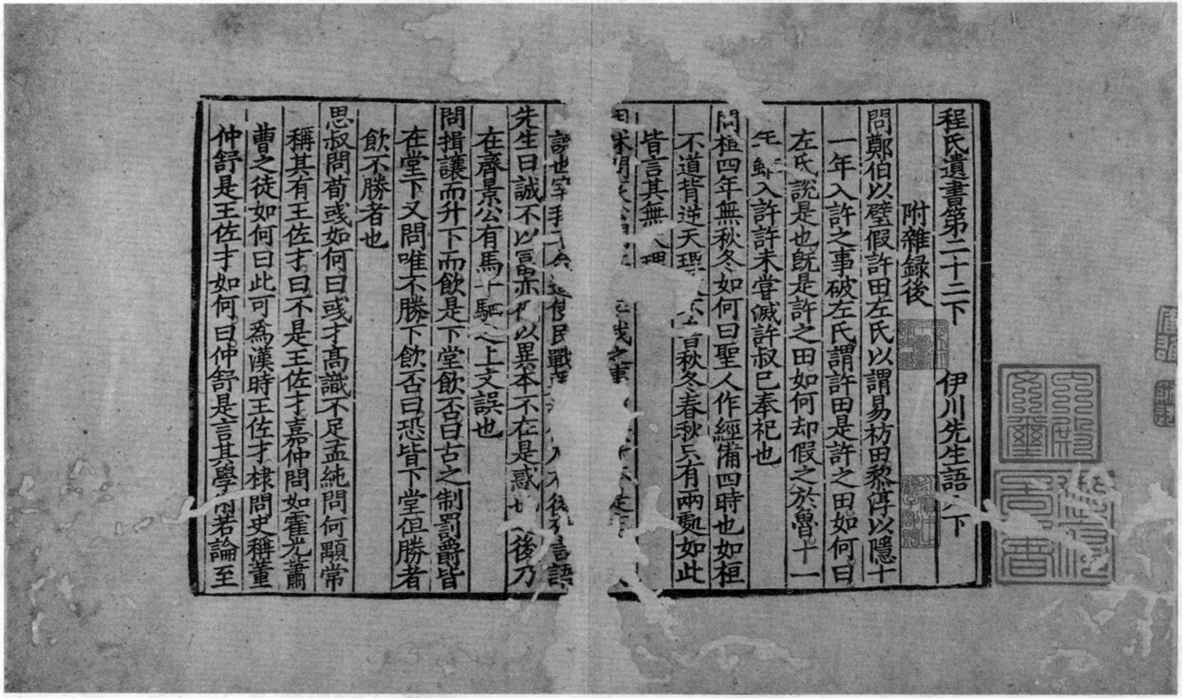

程氏遺書第二十二下　伊川先生語八下

附雜録後

問鄭伯以璧假許田左氏以謂易祊田穀梁以隱十一年入許之事破左氏謂許田是許之田如何曰左氏說是也既是許之田如何却假之於魯十一年鄭入許許未嘗滅許叔已奉祀也

問桓四年無秋冬如何曰聖人作經備四時也如桓不道背逆天理[illegible]秋冬春秋上有兩處如此皆言其無人理[illegible]

[illegible]

先生曰誠不以富亦祇以異本不在是惑也後乃在齊景公有馬千駟之上文誤也

問揖讓而升下而飲是下堂飲否曰古之制罰爵皆在堂下又問唯不勝下飲否曰恐皆下堂但勝者飲不勝者也

思叔問荀彧如何曰彧才高識不足孟純問何顒常稱其有王佐才曰不是王佐才嘉仲問如霍光蕭曹之徒如何曰此可爲漢時王佐才棣問史稱董仲舒是王佐才如何曰仲舒是言其學問若論至

宋代内府旧藏《程氏遗书》书影

河南伊川县城西山二程祠光绪帝所题匾额

大儒全集丛书
出版说明

一、作为承载华夏文明核心精神的儒家学问，从凝聚在经典文本上而言，主要是六经和四书；从承前启后的人物上而言，主要是尧舜禹汤、文武周公，孔曾思孟。在那之后，主要是历代儒者因应不同时代的需要和特点，对经典文本做出自己体悟式的疏通和解释。

二、子曰："人能弘道，非道弘人。"（《论语·卫灵公第十五》）在儒家精神的继承和开启上，历代大儒是最为重要的承担者，他们心同理同，根据不同的时代和对象，在具体的时空下发挥儒家根本精神，自立立人，自达达人。历代大儒明德、亲民，止于至善，在古来几千年的灿烂星河中壁立千仞，为天地立心，为生民立命，为往圣继绝学，为万世开太平，他们的精神凝聚于著述，是华夏文明至为重要的瑰宝。

三、大儒全集丛书，志在较为系统地整理出版作为儒家"圣经"的十三经之后，最有代表性的大儒之全集，以点带面，展现儒门道统之全貌，给当前时空下的中国人，提供一个脉络相对完整的度世津梁，俾使普通读者发现自心本有之光明，完善自我人格；也使有志于儒家修齐治平理想的大魄力者，能以此为进学基石，循序渐进，日积月累，优入圣域。

四、大儒全集丛书，目的在于综合整理出一个明确清晰的可读文本，一般不采用繁琐的文本校勘。邀请学有专攻的学者，选择善本、全本，精编精校，在已有整理本的基础上后出转精，力求做出更符合历史善本原貌的全集文本。必要时，注出文本中关涉文意的重要异文，改正著述中的异体字和俗体字。

五、大儒全集丛书中的各种著述，以历史上的善本、全本为工作底本，以不同系统的重要版本进行校勘，参考现有优良整理本的成果，并订正其舛误。有些章节、分段、断句、标点符号等关系到对大儒用典和用意的理解，当涵泳文意，反复揣摩，慎加抉择，断以己意，一般不出校记，整理出一个清晰明确的完整简体字本。本丛书中的每一种大儒全集，均撰写整体的校理前言，尤当从儒门真精神及工夫体悟角度，阐扬大儒的学问面貌，亦当根据需要撰写单种著述的整理说明。

六、大儒全集丛书，采用简体字横排的形式呈现。繁体字转为简体字，以及繁体字和简体字的关系，非一言可尽，有许多问题需要讨论，至今尚无定论，我们的做法仍属尝试，初心在于尽力为更多的读者排除文字障碍，又一定程度上能照顾到某些重要文字的本义和内涵。

七、“士不可以不弘毅，任重而道远。”天不丧斯文，生逢斯世，“德不孤，必有邻”，同道君子盍共勉之！

二程全集总目

校理二程全集前言

张旭辉

一

在南宋初期的一部笔记《扪虱新话》里，讲述了几十年前王安石（荆公）与他的前任宰相张方平（文定）的一次对话，荆公表达了他的一个困惑，说孔孟以后，为何儒家再也没有出现圣贤，张文定认为唐末五代时期的几位禅宗大师都超越孔孟之上，并说："儒门淡薄，收拾不住，皆归释氏尔。"后来荆公把文定的话告诉了一位晚辈张商英（无尽），张无尽对文定这句话拍案叫绝，说是"达人之论"，并记在了桌子上。四百年后的明朝晚期，学者胡应麟提起这段对话，怀疑这个故事是后来由儒转佛并在蔡京之后继任宰相的张无尽虚构，"以愚弄儒家者"，而当年那位对话者张文定也难逃其责。

八九百年后我们回头看这个故事，其真假姑且不论，但从好佛的张文定嘴里说出的那句话"儒门淡薄，收拾不住，皆归释氏"，倒的确说出了北宋建国差不多百年前后，被列为《宋史·道学传》首要几位大儒的"北宋五子"挺生于世间时，所面临的局面。从唐高宗、武后时期的禅宗六祖大阐宗风以后，禅门大师层出不穷，已经兴盛了三百年，这从南宋时期编集的《五灯会元》中便可看到，禅宗西天二十七祖和东土六祖，尤其是六祖慧能以后法嗣广衍，天下归宗的盛况。晚唐大诗人杜牧（樊川）的名句"南朝四百八十寺，多少楼台烟雨中"，可谓这一局面极为生动的文学化写照。

佛教如何在中国历史进入魏晋南北朝长达三四百年的纷乱局势下，从上到下在读书人乃至民间取得绝对优势的局面，是一个巨大的课题，暂且不论。但唐末五代禅宗全盛，天下读书人与其“学而优则仕”去“选官”，还不如明心见性去“选佛”，这逐渐在一些儒家士子中引起了严重的危机感，被苏轼（东坡）誉为“文起八代之衰，道济天下之溺”的韩愈（昌黎），便感到了当时儒家世界的风雨飘摇，从政治上向佞佛的宪宗皇帝上《谏迎佛骨表》，在思想上又作文《原道》排斥佛老，表彰一向只被认为是先秦诸子之一的孟子，确立道统，且倡言孟子所尤为重视的师道，实在是北宋五子的先驱，功劳巨大。

二

孔子说：“人能弘道，非道弘人。”对于儒门来说，最大的问题在于缺乏壁立千仞、振拔四方的宗师，这是儒门从韩昌黎开始就意识到的问题。北宋前期政治局面稳定，经过宋初三先生胡瑗（安定）、孙复（明复）和石介（徂徕）包括范仲淹（文正）、欧阳修（文忠）等许多先辈的提倡和努力，在五件事“超越古今”的北宋建国百年之际，在华夏文明核心地带河南出现了被后世尊称为二程子的程颢（明道先生）、程颐（伊川先生）兄弟二人，天降大任，因缘际会，继承并融合前贤的学问精神，超迈群伦，从义理层面和工夫层面，从天地精神到人间社会乃至个人修身，建立了一个融合无间的儒家学问世界，彻上彻下，将孟子以后断绝了一千四百年的儒家精神发扬光大，沛然江河，充盈宇宙，淳厚且明正，成为宋明理学的基石，构建了新时代儒学的大厦。后来的陆象山、朱子及王阳明这些大儒，对应时代，在自身生命的进深中，不自觉将儒家学问做了不同程度的转角，但都是在二程子开辟出来的道路上进行的。

后世儒家经常会讨论孔子讲的“生而知之”是否存在，但不管怎样，二程兄弟展示给世人的，无疑是学而知之。学而知之和困而知之，是每一位有志于儒门学问的人，所应该采取的唯一的学习态度。在二程子的成长历程中，父亲为少年兄弟选择的老师周敦颐（濂溪先生），让他们思考“孔颜乐处”这一重要命题，对两个处于生命启蒙阶段年轻人的修习产生了根本性的影响。

孔子自称“乐而忘忧”，既然有忧愁，可为何还能乐而忘之，且如何才能乐而忘之呢？在世人看来，孔门最好的弟子颜回的人生遭际一直坎坷，他在“居陋巷，一瓢饮，一箪食”的状态下，别人都“不堪其忧”，而颜回为何能“不改其乐”呢？既然说“不改其乐”，可见他原本就是“乐”，即便遇到了那样的逆境，仍然不改原本的乐，可是，为何如此？濂溪先生布置给少年二程兄弟的思考任务，就是这样的一个精神命题，其实更是整个生命的命题。世人常说“人生不如意十有八九”，如何面对这些十有八九的不如意？这便是“孔颜乐处”的基本内涵。凡夫俗子的快乐，往往来自外在的因素，所谓名，所谓利，所谓美食，所谓游佚，无论显见，还是隐微，都能不同程度上满足人们的各种欲望，由此欲望带来不同程度的快乐。但这些外来因素一旦消失，快乐便很容易改易。而且对于一个人来说，生命中最大的失去，莫过于失去生命，因此佛门才会说“生死事大”，生死宛如悬在头顶的达摩克利斯之剑，让人日日不得安宁，学习修行的目的就是为了解决这个问题，如此怎会不让人感到人生充满了无尽的苦痛？生存在这个世间，目的是为了从这个世间解脱，这如何能乐？

与佛道两家不同，儒家圣贤的“乐”来自天地，所谓“乐天”，也就是后来伊川先生说的，儒家之道来自天，佛家之道来自心。乐天，正是乐天地自然之生生不息，这生生不息是天地赋予人的本性，是人的天命所在。正如果仁是水果的仁，是水果的生机所在，人是天地的仁，是天地的生机所在。孔子面对不同弟子的问仁，回答往往不同，因为那个源动力无法描述，你可以说树木生机勃勃是仁的表现，但不能说树木生机勃勃就是仁，让树木从生发到保持生机勃勃的那个动力，才是仁，然而仁看不见摸不着，无法描述，古来圣贤只好用各种譬喻，从外围去解释，告诉学者具体的学习方法，却不能代替他人去追寻，引而不发，希望“能者从之”。天地之仁，赋予每一个人本来只有乐，没有苦，世人为感官所困缚，挣扎不得出路，遇到艰难困苦，便呼天抢地，断绝人与天地接通之机。孔颜乐处，正是让学习者体悟到本性之光明，本性之快乐，对于真正的学习者而言，至少蕴含了两个研习的内涵：一是天地之间的生生不息，落实在世间，便是尽力构建和谐的人间秩序，这需要顺应天地精神，先让自己生生不息，充满了仁意，然后努力向外扩展，即修身齐家治国平天下，顺序井然，不容躐等。二是如何应对人生中十有八九的不如意，途径便是逐渐体悟到本性和天命，扫去生命中积累下来的阴霾，恢复那个原本光明的本性，尽性致命，然后便是乐天知命。从明理的角度和次序来讲，“乐以忘忧”“不改其乐”，并非否定忧患和艰难，天地间阴云密布，乃至狂风暴雨，摧枯拉朽，然而骤雨不终朝，雨过必定天晴，天高云淡是天地的一部分，疾风骤雨何尝不是？懂得了天高云淡，便能懂得疾风骤雨，不过是一物的两面。如果一个人动辄伤风悲月，他便失去了和天地接通的能力，天地也对他关闭，天地否塞，没有感通，也没有呼应。

三

二程兄弟将儒家学问从两汉以来的系统严密之知识型学问（凝聚于文本即唐前期编纂的《五经正义》），转换成囊括一切的生命学问（身心性命之学），并非是为儒学增加了新内容，他们讲的东西，原本就存在于孔孟学问之中，孔子之学其大无外，其小无内。所谓新儒学，只是如今时代发生了根本性变化，二程兄弟对接时代，将孔孟学问在不同的时代转了一下视角，发挥出孔孟精神中不被之前学者们所发现的内涵，提炼并调整讲述策略，逐渐形成了新的一套语言系统。然而这一转换，今天用一句话固然能说完，但放到整个历史长河中去看，可谓惊心动魄，具有撼动天地的能量。二程兄弟在实践中体悟到，孔子强调仁，孟子强调义，仁为体，义为用，用孟子的话说，仁如广阔的宅院，义如通行的大路，作为天地间的一个人，应当“居仁由义”，而居仁由义便是存天理。如果一个学习者觉得“存天理”过于抽象，无法在实践中去把握，那便日日尽力保持诚敬之心和言行，就可以达到存天理的生命状态。一个人的生命状态是仁，他做的事自然是义，仁义岂能分开来讲？因此也可以换过来说，一个人的生命状态是义，他的行事自然是仁，因此也可以说仁是用，义是体，体悟得这个道理，词语不过是工具而已。

孔子讲：“知及之，仁不能守之，虽得之，必失之；知及之，仁能守之，不庄以涖之，则民不敬；知及之，仁能守之，庄以涖之，动之不以礼，未善也。”圣人寥寥数语，讲明了一个儒者学习的阶梯和路径。通过研习，可以精通义理，这是第一步“知及之”，但如何守住这个“知”？孔子曾经称赞过颜回：“回也，其心三月不违仁，其余则日月至焉而已矣。”对老师学问“不违如愚”的颜回，守护“仁”不过三月，其余诸子日月至焉而已。因此孔子继续指示的第二步就是以仁守之，什么是以仁守之？曾子对同门讲述他对老师一贯之道的理解，“忠恕而已矣”，二程兄弟非常精炼地解释说，尽已为忠，推已为恕。曾子又专门讲述三省吾身的内涵：“为人谋而不忠乎，与朋友交而不信乎，传不习乎？”传习的目的是为了达到“知”，即“知及之”，为人谋而忠、与朋友交而信，便是以仁守之。一个人有了知，又能以仁守之，如果不能显现于自已的生命状态之中，做不到“仁义礼智根于心，其生色也，睟然见于面，盎于背，施于四体，四体不言而喻”，换句话说此人仍然改不掉之前的那些积习，那便不是“庄”，这是研习的第三步。第四步就是动之以礼，将全部身心用浑然天成的礼来展现，做到从心所欲不逾矩，才是沛然圣贤地步，因此便与天地相似。

在二程兄弟之前的儒学系统里，一个人想成为君子，重在涵泳，日日浸润在孔孟的言语之中，亲君子，远小人，有智慧者还可以努力将自己的生命体验去贴近“居仁由义”。这是“知及之”。那时的学者尚不能发挥并践行孔子讲的后面三步。只有到了二程兄弟这里，才有具体的工夫，并通过这些具体的工夫去做到以仁守之。何为工夫？就是研习的把柄，每天可以用来自我修正的方法。二程子专门提炼出孔子常讲的“敬”，子思在《中庸》里反复强调的“诚”，合并为诚敬二字，反复疏通讲解，作为学习者的日常工夫，必有事焉而勿正，勿忘勿助长，日积月累，“盈科而后进，放乎四海”。

二程子又提倡了另外一个日常工夫，即静坐。传诵千古的程门立雪即是在伊川“瞑目静坐”时发生的。

“谢显道习举业，已知名，往扶沟见明道先生受学，志甚笃。明道一日谓之曰：‘尔辈在此相从，只是学某言语，故其学心口不相应，盍若行之？’请问焉，曰：‘且静坐。’伊川每见人静坐，便叹其善学。”

静坐的目的，差不多四五百年后的阳明先生在龙场悟道的第二年便讲得明白：“前在寺中所云静坐事，非欲坐禅入定。盖因吾辈平日为事物纷挐，未知为己，欲以此补小学收放心一段工夫耳。”两句话，易简直捷，正如南岳怀让批评马祖道一“坐禅岂得作佛”一样，儒门的静坐只是学习的一种方法，尚属初阶，其目的是将日日放逸出去的本心逐渐收回来而已。阳明先生既然在这句话里区分儒佛，那儒门的静坐和禅门的坐禅，有何不同？百余年后的刘宗周（蕺山）曾专门做过辨别，有心者不妨探究研习。

伊川先生在明道先生去世后，为他做的那篇《墓表》，乃千古雄文，字字珠玑，儒门道统盛衰，数言而尽，值得每一位研习者细细涵泳。《墓表》行文和言理中正平和，无过，无不及，实为伊川先生中庸之境的体现。文中所言既是对明道先生的定论，也可谓是伊川先生的夫子自道。《墓表》中有一句话，其实可看作兄弟二人的研习路径，能给有心的学者以启发。伊川先生说：“先生生千四百年之后，得不传之学于遗经。”韩昌黎在《原道》中，给道统的历程，下了一句斩钉截铁的结论：“尧以是传之舜，舜以是传之禹，禹以是传之汤，汤以是传之文武周公，文武周公传之孔子，孔子传之孟轲，轲之死，不得其传焉。”伊川先生接着韩昌黎的话，说孟子殁后一千四百年间，道统断绝，到了明道先生这里，从“遗经”中得到此不传之学。二程子在进学最为关键的少年时代，从周濂溪那里窥得心性之学的门径，后来出入佛老，在儒门没有宗师振拔的情况下，程子以天纵之资，加以天地护佑，不绝斯文，通过对“遗经”的研习，最终优入大中境域。所谓遗经，就是儒门核心经典，即六经和后来定名的四书。世无宗师，学者如何进学？必须先知晓门径所在，看到“宗庙之美，百官之富”（这是子贡赞美孔子学问门径的话，恰如其分，可谓善学），然后转益多师，守死善道，浸润于儒门遗经，不断集义，日渐广大。

四

二程兄弟的学问有所不同，其实是开辟了两条研习的路径。明道先生名颢，字伯淳，颢者，形容白光之明也，淳者，纯粹也，清明也。门人形容陪侍明道先生之成语“如坐春风”，又形容他“坐如泥塑人，接人则浑是一团和气”，即见其人其学之淳。伊川先生名颐字正叔，颐者，头部前倾，脸颊像屋檐一样垂拱也，亦是《周易》的一卦，其象辞云：“君子以慎言语，节饮食。”彖辞云：“颐，贞吉，养正则吉也。”先生字“正”，来自彖辞，这正如子夏形容儒门圣贤的三变：“望之俨然，即之也温，听其言也厉。”门人陪侍伊川先生之成语“程门立雪”，亦见其人其学之正。兄弟二人的名和字贴合其人其学，恰如其分，丝丝入扣。

明道先生开辟的是后来陆象山、王阳明一路的学问，伊川先生开辟的是后来朱子、张南轩、薛文清一路的学问。学者研读象山先生和朱子的辩论书函，及阳明先生所面临的各种问难，便知两条路径曾经产生过的激烈冲突。然而兄弟二人以骨肉至亲，心同理同，不着痕迹地融合了两条进学路径，堪称珠联璧合。今天每每研读二程子的论说，见其互为消息，一阖一辟，往来不穷，殊为惊叹。明道先生殁后，有胞弟为其作《墓表》，表彰其学，而伊川先生既殁，"昔之门人高弟，多已先亡，无有能形容其德美者。然先生尝谓张绎曰：'我昔状明道先生之行，我之道盖与明道同。异时欲知我者，求之于此文可也。'"尊德性、道问学，同为孔孟血脉，面对的学者资质各各不同，相互弥补，相互借鉴，怎能有所扞格？因而说，二程兄弟的学问融合无间，浑然一体，有合有分，实为儒门修习的根本基石，有志者必当以此为根基，结合自身资质，对应时代，进一步涵泳程子教言，并旁通朱、王，牛毛茧丝，细加辨晰，以求有所成。

大程子天资高迈，"动亦定，静亦定"，《定性书》数百字，分量千钧，明末大儒刘蕺山说："向微程伯子发明至此，几令千古长夜矣。"门人朱光庭见明道先生于汝州，逾月而归，他告诉别人说："光庭在春风中坐了一月。"大程子亦曾经说过一段话："异日能使人尊严师道者，吾弟也。若接引后学，随人材而成就之，则予不得让焉。"真乃为明睿所照之知言。伊川先生的学问彰显了师道之尊严，明道先生的学问彰显了师道之明通。《二程全集》里有大量的例子，有志者不妨细读。

程子说孟子有英气，后来的象山先生和阳明先生气质秉性都接近孟子，进学之初亦都取径孟子。然而，二程子常常表彰颜回，以为学者当以颜子为学习进路的老师。二程子不断提示门人的用意是，以颜回之学为进学路径，没有偏差，而以孟子为学习准的，若缺乏他的英气，难免走偏，这也是后来陆王学问容易导入狂肆一路的原因所在。

孔子曰："吾与回言终日，不违如愚。退而省其私，亦足以发，回也不愚。"老师跟颜回说了一天的话，颜回毫无违背的神态和言辞，世人看来如愚，但退下以后，颜子根据老师的话，不断反省生命深处存在的问题，足以启发自我，触类旁通，不断进步，但这根本不是愚，其实是上智，只是如愚，看上去愚而已。颜子殁后，孔子“哭之恸”，后来传道统于曾子，曾子的秉性原本“鲁”，资质较为迟钝，却以鲁得到道统，其进学路径和颜子有相通之处，都是用世人所不屑的笨功夫，以渐广大，仍可谓上智。明道先生说：“学者要学得不错，须是学颜子。”又说：“参也，竟以鲁得之。”在不同的时间，他又进一步说明：“颜子示不违如愚之学于后世，和气自然，不言而化者也。孟子则显其才用，盖亦时焉而已矣。学者以颜子为师，则于圣人之气象类矣。”又不惮下结论以警醒后学：“颜、孟知之、所至则同，至于渊懿温淳，则未若颜子者。”程子明确提出颜子展现给后学的是“不违如愚之学”，学者当明白这是一个极为重要的学习进路，这个学问路径的特点是“和气自然”“渊懿温淳”，这个学问路径的方法是“不违如愚，退而省其私”。学者研习，最重要的是需懂得学习的方法，先圣先贤指示了很多，贵在细细研读，细细体悟。

五

在我十七岁那年，很偶然的机会，第一次和一位友人撞进故乡伊川县城西山下的程园。当时的程园几乎无人进入，在园子入口的东南偏房，常驻着一家戏曲学校。我们进去时，戏曲老师正带着十几个少男少女练习武行基本功。我和友人沿着大约一米深的杂草，从园子最东边明道先生两位女儿娇儿和澶娘的墓开始看起，逐渐往西走到二程子的墓前，两座墓茔东西相邻，中间往北是他们的父亲珦字伯温的墓，三座墓碑均为雍正年间地方官员所立。荒园杂草，天色昏黄，不远处正在踢腿或后空翻的少年们嬉笑声若隐若现……至今回想，无可名状。近年地方上和财团合力大兴土木，廊腰缦回，檐牙高啄，孔子曰“必也正名乎”，其规格踰越，妄肆乖张，不必留待后人评说。而拾阶上至西山（荆山）腰上的二程子墓，掩映于葱郁的茂林中，寂天寞地，又惊天动地。日月行迈，岁月忽忽，这里依旧於穆不已，依旧鱼跃鸢飞。

当年就在这里，程门四先生之一的谢良佐（上蔡）曾经陪侍伊川先生来看视明道先生坟墓，问起佛儒之辨，伊川先生指坟围曰：“吾儒从里面做，岂有不见？佛氏只从墙外见了，却不肯入来做，不可谓佛氏无见处。”

二程子的学问，很大程度上是因佛家的挑战应运而生，因此日常言谈，必定涉及儒佛之辨。儒门学问体用一源，体即用，用即体，一个儒者的日常言行，便是他的生命蕴涵。“礼仪三百，威仪三千”，“行夏之时，乘殷之辂，服周之冕，乐则韶舞。放郑声，远佞人”，儒家学问的全部在于构建和谐的人间秩序，洒扫应对在世间，高明精微亦在世间，即体即用，上下通透，其他学问根本不能及此。二先生的种种驳难，体用兼及，度越千古，至今仍为不刊。而兄弟二人均为大儒，相互辉映，将孔孟学问于千四百年之后发挥为范围天地、无所不包的心性之学，与个人的 生命乃至国家天下的命运息息相关；从遗经中反复体悟出“天理”二字，把儒家学问接通天地和生民；将儒家全部学问拈提概括成“诚敬”二字，既是天理所在，亦是日常工夫，又在新的时空下发展出一套因应式的语言系统和学习系统。这三大勋绩，度越前贤，奠定了宋明理学的基石，成就了新儒学的大厦，四通八达，正可谓为往圣继绝学，为万世开太平，功劳不在孔孟之下。

距离首次走近二程子二十多年后的今天，有幸再次学习二程子现存的全部文字，实为生命中的极大因缘，不可用世俗言语描述。校理完文稿，想起很久以前的那幕场景，身处异乡，窗外绿草如茵，花木生机盎然，湖光鹭影，不由感慨万千。

此次校理《二程全集》，是在清同治年间涂朗轩宗瀛刻本基础上整理而成，很大程度上参考了前辈学者的标点和校勘成果，以己意做了一些必要的订正和调整，又略略搜罗了一点资料作为附录，以存后人反观二程子之大意。种种不足之处，敬请读者指教为幸。

二〇一九年五月底

重校二程全书凡例

一、《遗书》《外书》《经说》《文集》，在宋时版行，号《程氏四书》。明弘治间沁水李瀚序行本，统编为六十五卷，不免稍失旧观。石门吕氏取前四书并《易传》《粹言》刊行，题曰《二程全书》，析之则各分卷数，合之则裒成巨帙，乃今日坊肆通行之本也。

一、元至治间，临川谭善心校刻《遗书》《外书》《文集》，标题编次一遵朱子之旧，盖原出宋建宁本也。谭跋谓《经说》七卷，尚当嗣刻，以传永久。今谭刻《经说》不可见。吕刻除《易传》《粹言》外，一以弘治本为底本，其中剜改字句，偶亦参用谭刻。惜校勘欠精，于弘治本讹脱之处，未能援据谭刻一一正之，《文集》卷数篇目，亦与谭刻后先互异。证以《朱子语类》《黄氏日抄》所引，谭刻较合。今《遗书》《外书》《文集》悉依谭刻校订，期复朱子之旧。《经说》参用弘治本，其弘治本所无者，《易传》校以嘉靖建宁本，《粹言》校以正谊堂张氏本，有疑盖阙，不敢私窃窜易一字。

一、《易传》自明永乐修《大全》后，辄合朱子《本义》为一，别本单行者少。王称《东都事略》载是书作六卷，《宋史·艺文志》作九卷，别出《易系辞解》一卷，《文献通考》合并之为十卷，诸家著录，分卷各殊。其实《易传》原书，本不及《系辞》以下。今本《易传》四卷，从吕刻也。

一、《经说》宋刻，原止七卷。陈振孙《书录解题》称《河南经说》凡《系辞》一，《书》一，《诗》二，《春秋》一，《论语》

一,《改定大学》一,皆伊川先生解经语也。《系辞解》及《诗》《书解》《论语解》,并非专门撰著,《春秋传》亦未成之书,《改定大学》兼载明道先生本以互证异同。明人刊《经说》,并《诗解》二卷为一卷,而别增《孟子解》一卷,《中庸解》一卷,共为八卷。然《经义考》引郑绍宗之言,谓《孟子解》乃后人纂集《遗书》《外书》而成;《中庸解》出吕大临,朱子辨证甚晰。今以宋刻七卷之本无从购觅,姑仍吕刻。

一、正谊堂刊本《二程粹言》卷首,题将乐杨时编辑,吕刻则云杨时订定,张栻编次。或有疑栻所编《伊川粹言》出依托者。今考卷首栻序称是书成于龟山,知非截然两书。序又称明道先生亦时有言行录于其间,则所记实不尽伊川语也。今一以吕刻为准。

一、当时门人记录,各述所闻,有同是一事而前后数见者,亦有语意小异者,亦有与《论》《孟集注》《近思录》诸书所引字句未尽合者,悉仍其旧。至原注考异之处,或云一本作某字,或云一本有无某字,或云某疑当作某字,谨依旧本录入,间有所疑,窃加注一二,以备参考。

一、近年长沙小嫏嬛山馆翻雕吕本《二程全书》,讹脱虽多,尚不至公然删改,永宁程湛等所刊《二程全书》,率凭臆删节。如《遗书》第六、第七等卷,朱子编订时,于卷首注云:“此卷间有不可晓处,今悉存之,不敢删去。”盖其慎也。永宁本竟将此注刊去,任意删节原文多条。其他谬误,难以枚举。今校勘是书,于长沙、永宁两刻,悉无取焉,惧讹以传讹也。

一、谭跋遗文遗事目录后云:“且为窃考程氏世系,谱于《文集》十二卷之首,以便观览。”今取诸本互校一通,泾县朱孝廉宗湛、独山莫孝廉友芝所藏谭刻,均无世系,吕刻亦仅载题目,惟泾县胡茂才拔祥所藏弘治本有之,殊多阙略,今不著。

《河南程氏遗书》二十五卷,附录一卷,《外书》一十二卷,《文集》一十二卷,《遗文》一卷,附录一卷,《周易传》四卷,

《经说》八卷，《粹言》二卷，石门吕氏汇刊为《二程全书》，盛行于世。洪君琴西汝奎畚读是书，尝取元、明以来旧本，参稽异同，以订石门吕本，讹者正之，脱者补之，疑者阙之，两通者仍之，谋付梓，未果。余友涂朗轩宗瀛亦潜心是书者，见之，以为善本，力任剞劂，复集二三同志相与校勘，八阅月工竣，版藏金陵书局，用公同好。余老矣，犹及见此书重刊行世，不可谓非余年幸事也。时同治十年，岁次辛未秋八月，霍山后学吴廷栋谨识于白门寓斋。

二程全集详目

河南程氏遗书

右《程氏遗书》二十五篇，二先生门人记其所见闻答问之书也。始，诸公各自为书，先生没而其传寖广，然散出并行，无所统一，传者颇以己意私窃窜易，历时既久，殆无全篇。熹家有先人旧藏数篇，皆著当时记录主名，语意相承，首尾通贯，盖未更后人之手，故其书最为精善。后益以类访求，得凡二十五篇，因稍以所闻岁月先后，第为此书，篇目皆因其旧，而又别为之录如此，以见分别次序之所以然者。然尝窃闻之：伊川先生无恙时，门人尹焞得朱光庭所钞先生语，奉而质诸先生，先生曰："某在，何必读此书？若不得某之心，所记者徒彼意耳。"尹公自是不敢复读。夫以二先生倡明道学于孔孟既没千载不传之后，可谓盛矣。而当时从游之士，盖亦莫非天下之英材，其于先生之嘉言善行，又皆耳闻目见而手记之，宜其亲切不差，可以行远，而先生之戒，犹且丁宁若是。岂不以学者未知心传之要，而滞于言语之间，或者失之毫厘，则其谬将有不可胜言者乎？又况后此且数十年，区区掇拾于残编坠简之余，传诵道说，玉石不分，而谓真足以尽得其精微严密之旨，其亦误矣。虽然，先生之学，其大要则可知已。读是书者，诚能主敬以立其本，穷理以进其知，使本立而知益明，知精而本益固，则日用之间，且将有以得乎先生之心，而于疑信之传，可坐判矣。此外，诸家所钞尚众，率皆割裂补缀，非复本篇，异时得其所自来，当复出之，以附今录，无则亦将去其重复，别为《外书》，以待后之君子云尔。

附录

河南程氏外书

卷第一

卷第二

卷第三

卷第四

卷第五

卷第六

卷第七

右《程氏外书》十二篇，熹所序次，可缮写。始熹序次《程氏遗书》二十五篇，皆诸门人当时记录之全书，足以正俗本纷更之缪，而于二先生之语，则不能无所遗也，于是取诸集录，参伍相除，得此十有二篇，以为《外书》。夫先生之言，非有精粗之异，而两书皆非一手所记，其浅深工拙，又未可以一概论。其曰《外书》云者，特以取之之杂，或不能审其所自来，其视前书，学者尤当精择而审取之耳。乾道癸已六月乙亥，新安朱熹谨书。

河南程氏文集

右伊川先生文八卷。政和二年壬辰七月，孤端中序曰：道之在天下，民日用之，圣人虑后世不足以知之，载之《六经》，丁宁教告，纤悉具备，宜若人人见而知之。然自秦、汉以下，泯没无传。惟伊川先生以出类之才，独立乎百世之后，天下学士大夫翕然宗师之，圣人之道蔽曀千四百年，至先生而复明。昔之论者谓孟子之功可同于禹，以其辨异端，辟邪说也。当是时，去圣人未远，异端之害教也未深。岂若后世沉深固结，虽豪杰之士，亦无以自脱？先生独能如醉之醒，如梦之觉，其功岂不优于孟子哉？元祐初，大臣以先生道义荐诸朝，召为崇政讲官，哲宗信而敬之。既而同朝之士有以文章重于时者，忌先生名出己右，与其党类巧为谤诋，遂以罢去。其后朝命屡加，终不复起，居于洛阳，天下尊仰之。绍圣治元祐诸臣罪，先生坐尝为所荐，责涪州。今上嗣圣，得归，遂居伊川，后七年而终。先生既没，昔之门人高弟皆已先亡，无有能形容其德美者。然先生尝谓门人张绎曰："我昔状明道先生之行，我之道盖与明道同。异时欲知我者，求之于此文可也。"不肖孤既无以嗣闻斯道，姑用记其言，且又使侄昺编次其遗文，俾后之学者观其经术之通明，论议之纯一，谋虑之宏深，出处之完洁，虽于先生之道未能备见其纯全，亦将庶几焉。先生有《易传》六卷，《系辞说》《书说》《诗说》《春秋传》《改正大学》《论》《孟说》各一卷，别行。

遗文

放蝎颂（阙文）/ 548

酌贪泉诗（阙文）/ 548

书县厅壁 / 548

易上下篇义 / 548

易序 / 551

礼序 / 552

禘说 / 553

书铭 / 554

与方元寀手帖 / 554

谢执政书 / 554

谢傅（耆）伯寿手谒 / 554

右程子遗文遗事一卷，善心所搜辑，可缮写。始虑世传胡氏本犹未尽善，而朱子改本惜不可见也。贞白虞叔世联葭莩，尺牍往还，商略考订，推本朱子之意，以复于旧。然如《定性书》、富、谢二书所删字，终不可考，则固未敢自信，而亦未能自慊也。一日以书来，盖从今内翰吴先生得家藏别本，乃与臆见脗合，而凡删字皆在，且又益以数篇焉。遂与一二同志三复校正，用锓诸梓，以与学者共之。其朱子与刘、张二公辨论所及者，悉附注于目录之下；其余脱误错简，文字同异，不复具列，且为窃考程氏世系，谱于十二卷之首，以便观览。此外有《经说》七卷，尚当嗣刻，以传永久云。至治三年秋九月丙午，临川后学谭善心谨书。

周易程氏传

河南程氏粹言

二程全集附录

河南程氏遗书

河南程氏遗书卷第一　二先生语 一

端伯传师说

伯淳先生尝语韩持国曰："如说妄说幻为不好底性，则请别寻一个好底性来，换了此不好底性著。道即性也。若道外寻性，性外寻道，便不是。圣贤论天德，盖谓自家元是天然完全自足之物，若无所污坏，即当直而行之；若小有污坏，即敬以治之，使复如旧。所以能使如旧者，盖为自家本质元是完足之物。若合修治而修治之，是义也；若不消修治而不修治，亦是义也；故常简易明白而易行。禅学者总是强生事。至如山河大地之说，是他山河大地，又干你何事？至如孔子，道如日星之明，犹患门人未能尽晓，故曰'予欲无言'。如颜子，则便默识，其他未免疑问，故曰'小子何述'，又曰'天何言哉？四时行焉，百物生焉'，可谓明白矣。若能于此言上看得破，便信是会禅，也非是未寻得，盖实是无去处说，此理本无二故也。"

王彦霖问立德、进德先后，曰："此有二，有立而后进，有进而至于立。立而后进，则是卓立。定后有所进，立则是'三十而立'，进则是'吾见其进也'。有进而至于立，则进而至于立道处也，此进是'可与适道'者也，立是'可与立'者也。"

王彦霖以为人之为善，须是他自肯为时方有所得，亦难强。曰："此言虽是，人须是自为善，然又不可为如此却都不管他，盖有教焉。'修道之谓教'，岂可不修！"

王彦霖问："道者一心也，有曰'仁者不忧'，有曰'知者不惑'，有曰'勇者不惧'，何也？"曰："此只是名其德尔，其理一也。得此道而不忧者，仁者之事也；因其不忧，故曰此仁也。知、勇亦然。不成却以不忧谓之知，不惑谓之仁也？凡名其德，千百皆然，但此三者，达道之大也。”

苏季明尝以治经为传道、居业之实，居常讲习，只是空言无益，质之两先生。伯淳先生曰：“‘修辞立其诚’，不可不子细理会。言能修省言辞，便是要立诚。若只是修饰言辞为心，只是为伪也。若修其言辞，正为立己之诚意，乃是体当自家敬以直内，义以方外之实事。道之浩浩，何处下手？惟立诚方有可居之处，有可居之处则可以修业也。‘终日乾乾’，大小大事却只是忠信，所以进德为实下手处，修辞立其诚为实修业处。”正叔先生曰：“治经，实学也，譬诸草木，区以别矣。道之在经，大小远近，高下精粗，森列于其中。譬诸日月在上，有人不见者，一人指之，不如众人指之自见也。如《中庸》一卷书，自至理便推之于事。如国家有九经，及历代圣人之迹，莫非实学也。如登九层之台，自下而上者为是。人患居常讲习空言无实者，盖不自得也。为学，治经最好。苟不自得，则尽治《五经》，亦是空言。今有人心得识达，所得多矣。有虽好读书，却患在空虚者，未免此弊。”

天地生一世人，自足了一世事。但恨人不能尽用天下之才，此其不能大治。

天地生物，各无不足之理。常思天下君臣、父子、兄弟、夫妇，有多少不尽分处。

先生常论克己复礼。韩持国曰：“道上更有甚克，莫错否？”曰：“如公之言，只是说道也。克己复礼，乃所以为道也，更无别处。克己复礼之为道，亦何伤乎公之所谓道也！如公之言，即是一人自指其前一物，曰此道也，他本无可克者。若知道与己未尝相离，则若不克己复礼，何以体道？道在己，不是与己各为一物，可跳身而入者也。克己复礼，非道而何？至如公言，克不是道，亦是道也，实未尝离得，故曰‘可离非道也’，理甚分明。”又曰：“道无真无假。”曰：“既无真，又无假，却是都无物也。到底须是是者为真，不是者为假，便是道，大小大分明。”

古人见道分明，故曰：“吾斯之未能信”，“从事于斯”，“无是馁也”，“立之斯立”。

佛氏只是以生死恐动人，可怪二千年来，无一人觉此，是被他恐动也。圣贤以生死为本分事，无可惧，故不论死生。佛之学为怕死生，故只管说不休。下俗之人固多惧，易以利动。至如禅学者，虽自曰异此，然要之只是此个意见，皆利心也。籲曰：“此学，不知是本来以公心求之，后有此蔽，或本只以利心上得之？”曰：“本是利心上得来，故学者亦以利心信之。庄生云‘不怛化’者，意亦如此也。如杨、墨之害，在今世则已无之。如道家之说，其害终小。惟佛学，今则人人谈之，弥漫滔天，其害无涯。旧尝问学佛者：‘《传灯录》几人？’云：‘千七百人。’某曰：‘敢道此千七百人无一人达者。果有一人见得圣人‘朝闻道夕死可矣’与曾子易箦之理，临死须寻一尺布帛裹头而死，必不肯削发胡服而终。是诚无一人达者。’禅者曰：‘此迹也，何不论其心？’曰：‘心、迹一也，岂有迹非而心是者也？正如两脚方行，指其心曰：“我本不欲行，他两脚自行。”岂有此理？盖上下、本末、内外，都是一理也，方是道。庄曰“游方之内”“游方之外”者，方何尝有内外？如此则是道有隔断，内面是一处，外面又别是一处，岂有此理？’学禅者曰：‘草木鸟兽之生，亦皆是幻。’曰：‘子以为生息于春夏，及至秋冬便却变坏，便以为幻，故亦以人生为幻，何不付与他？物生死成坏，自有此理，何者为幻？’”

天地之间，非独人为至灵，自家心便是草木鸟兽之心也，但人受天地之中以生尔。人与物，但气有偏正耳。独阴不成，独阳不生。得阴阳之偏者为鸟兽草木夷狄，受正气者人也。

后汉人之名节，成于风俗，未必自得也。然一变可以至道。

先王之世，以道治天下，后世只是以法把持天下。

语仁而曰“可谓仁之方也已”者，何也？盖若便以为仁，则反使不识仁，只以所言为仁也，故但曰仁之方，则使自得之以为仁也。

“忠信所以进德”，“终日乾乾”，君子当终日对越在天也。盖上天之载，无声无臭，其体则谓之易，其理则谓之道，其用则谓之神，其命于人则谓之性，率性则谓之道，修道则谓之教。孟子去其中又发挥出浩然之气，可谓尽性。故说神“如在其上，如在其左右”，大小大事而只曰“诚之不可掩如此夫”。彻上彻下，不过如此。形而上为道，形而下为器，须著如此说。器亦道，道亦器，但得道在，不系今与后、己与人。

富贵骄人，固不善，学问骄人，害亦不细。

义理与客气常相胜，又看消长分数多少，为君子小人之别。义理所得渐多，则自然知得，客气消散得渐少，消尽者是大贤。

“兴于《诗》，立于礼”，自然见有著力处；至“成于乐”，自然见无所用力。（一本云：“兴于诗”，便须见有著力处；“立于礼”，便须见有得力处，“成于乐”，便须见有无所用力处。）

若不能存养，只是说话。

韩愈亦近世豪杰之士。如《原道》中言语，虽有病，然自孟子而后，能将许大见识寻求者，才见此人。至如断曰：“孟氏醇乎醇。”又曰：“荀与杨择焉而不精，语焉而不详。”若不是佗见得，岂千余年后便能断得如此分明也？如杨子看老子，则谓“言道德则有取，至如搥提仁义，绝灭礼学，则无取”，若以老子“剖斗折衡，圣人不死，大盗不止”，为救时反本之言，为可取，却尚可恕。如老子言“失道而后德，失德而后仁，失仁而后义，失义而后礼”，则自不识道，已不成言语，却言其“言道德则有取”，盖自是杨子已不见道，岂得如愈也？

“予，天民之先觉者”，谓我乃天生此民中尽得民道而先觉者也。既为先觉之民，岂可不觉未觉者？及彼之觉，亦非分我之所有以予之，皆彼自有此义理，我但能觉之而已。

圣贤千言万语，只是欲人将已放之心，约之使反，复入身来，自能寻向上去，下学而上达也。

先生尝语王介甫曰："公之谈道，正如说十三级塔上相轮，对望而谈曰相轮者如此如此，极是分明。如某则戆直，不能如此，直入塔中，上寻相轮，辛勤登攀，逦迤而上，直至十三级时，虽犹未见相轮能如公之言，然某却实在塔中，去相轮渐近，要之须可以至也。至相轮中坐时，依旧见公对塔谈说此相轮如此如此。"介甫只是说道，云我知有个道如此如此。只佗说道时，已与道离。佗不知道，只说道时，便不是道也。有道者言自分明，只作寻常本分事说了。孟子言尧、舜性之，舜由仁义行，岂不是寻常说话？至于《易》，只道个"立人之道曰仁与义"，则和"性"字、"由"字，也不消道，自已分明。阴阳、刚柔、仁义，只是此一个道理。

嘉礼不野合，野合则秕稗也。故生不野合，则死不墓祭。盖燕飨祭祀，乃宫室中事。后世习俗废礼，有踏青，借草饮食，故墓亦有祭。如《礼》望墓为坛，并墓人为墓祭之尸，亦有时为之，非经礼也。后世在上者未能制礼，则随俗未免墓祭。既有墓祭，则祠堂之类，亦且为之可也。

《礼经》中既不说墓祭，即是无墓祭之文也。

张横渠于墓祭合一，分食而祭之，故告墓之文有曰"奔走荆棘，殽乱桮盘之列"之语，此亦未尽也。如献尸则可合而为一，鬼神如何可合而为一？

墓人墓祭则为尸，旧说为祭后土则为尸者，非也。盖古人祭社之外，更无所在有祭后土之礼。如今城隍神之类，皆不当祭。

家祭，凡拜皆当以两拜为礼。今人事生，以四拜为再拜之礼者，盖中间有问安之事故也。事死如事生，诚意则当如此。至如死而问安，却是渎神。若祭祀有祝、有告、谢神等事，则自当有四拜六拜之礼。

古人祭祀用尸，极有深意，不可不深思。盖人之魂气既散，孝子求神而祭，无尸则不飨，无主则不依。故《易》于《涣》《萃》，皆言"王假有庙"，即涣散之时事也。魂气必求其类而依之。人与人既为类，骨肉又为一家之类。己与尸各既已洁齐，至诚相通，以此求神，宜其飨之。后世不知此道，直以尊卑之势，遂不肯行尔。古人为尸者，亦自处如何，三代之末，已是不得已而废。

“宗子继别为宗”，言别，则非一也。如别子五人，五人各为大宗。所谓“兄弟宗之”者，谓别子之子、继祢者之兄弟宗其小宗子也。

凡人家法，须令每有族人远来，则为一会以合族，虽无事，亦当每月一为之。古人有花树韦家宗会法，可取也。然族人每有吉凶嫁娶之类更须相与为礼，使骨肉之意常相通。骨肉日疏者，只为不相见，情不相接尔。

世人多慎于择婿，而忽于择妇。其实婿易见，妇难知，所系甚重，岂可忽哉！

籲问：“每常遇事，即能知操存之意。无事时，如何存养得熟?”曰：“古之人，耳之于乐，目之于礼，左右起居，盘盂几杖，有铭有戒，动息皆有所养。今皆废此，独有理义之养心耳。但存此涵养意，久则自熟矣。敬以直内是涵养意。言不庄不敬，则鄙诈之心生矣；貌不庄不敬，则怠慢之心生矣。”

汉儒如毛苌、董仲舒，最得圣贤之意，然见道不甚分明。下此即至杨雄，规模窄狭。道即性也，言性已错，更何所得?

汉策贤良，犹是人举之。如公孙弘者，犹强起之，乃就对。至如后世贤良，乃自求举耳。若果有曰“我心只望廷对，欲直言天下事”，则亦可尚矣。若志在富贵，则得志便骄纵，失志则便放旷与悲愁而已。

《周官》医以十全为上，非为十人皆愈为上。若十人不幸皆死病，则奈何?但知可治不可治者十人皆中，即为上。

有人劳正叔先生曰：“先生谨于礼四五十年，应甚劳苦。”先生曰：“吾日履安地，何劳何苦?佗人日践危地，此乃劳苦也。”

忧子弟之轻俊者，只教以经学念书，不得令作文字。

子弟凡百玩好皆夺志。至于书札，于儒者事最近，然一向好著，亦自丧志。如王、虞、颜、柳辈，诚为好人则有之。曾见有善书者知道否？平生精力一用于此，非惟徒废时日，于道便有妨处，足知丧志也。

王弼注《易》，元不见道，但却以老、庄之意解说而已。

吕与叔尝言，患思虑多，不能驱除。曰："此正如破屋中御寇，东面一人来未逐得，西面又一人至矣，左右前后，驱逐不暇。盖其四面空疏，盗固易入，无缘作得主定。又如虚器入水，水自然入。若以一器实之以水，置之水中，水何能入来？盖中有主则实，实则外患不能入，自然无事。"

孔子曰："其如示诸斯乎。"指其掌。《中庸》便曰："明乎郊社之礼、禘尝之义，治国其如示诸掌乎！"盖人有疑孔子之语，《中庸》又直指郊禘之义以发之。曾子曰："夫子之道，忠恕而已矣。"《中庸》以曾子之言虽是如此，又恐人尚疑忠恕未可便为道，故曰："忠恕违道不远，施诸己而不愿，亦勿施于人。"此又掠下教人。

尧夫尝言："能物物，则我为物之人也；不能物物，则我为物之物也。"亦不消如此。人自人，物自物，道理甚分明。

伯淳近与吴师礼谈介甫之学错处，谓师礼曰："为我尽达诸介甫，我亦未敢自以为是。如有说，愿往复。此天下公理，无彼我。果能明辨，不有益于介甫，则必有益于我。"

人以料事为明，便骎骎入逆诈亿不信去也。

射中鹄，舞中节，御中度，皆诚也。古人教人以射御象勺，所养之意如此。

凡物之名字，自与音义气理相通。除其他有体质可以指论而得名者之外，如天之所以为天，天未名时，本亦无名，只是苍苍然也，何以便有此名？盖出自然之理，音声发于其气，遂有此名此字。如今之听声之精者，便知人性，善卜者知人姓名，理由此也。

籥言："赵泽尝云：'临政事不合著心，惟恕上合著心。'是否？"曰："彼谓著心，勉而行恕则可，谓著心求恕则不可。盖恕，自有之理，举斯心加诸彼而已，不待求而后得。然此人之论，有心为恕，终必恕矣。”

诚者合内外之道，不诚无物。

持国曰：“凡人志能使气者，能定其志，则气为吾使，志壹则动气矣。”先生曰：“诚然矣，志壹则动气。然亦不可不思气壹则动志，非独趋蹶，药也、酒也亦是也。然志动气者多，气动志者少。虽气亦能动志，然亦在持其志而已。”

持国曰：“道家有三住，心住则气住，气住则神住，此所谓存三守一。”伯淳先生曰：“此三者，人终食之顷未有不离者，其要只在收放心。”

持国常患在下者多欺。伯淳先生曰：“欺有三：有为利而欺，则固可罪；有畏罪而欺者，在所恕：事有类欺者，在所察。”

人于外物奉身者，事事要好，只有自家一个身与心，却不要好。苟得外面物好时，却不知道自家身与心却已先不好了也。

先生曰：“范景仁论性曰‘岂有生为此，死又却为彼’，尽似见得，后却云‘自有鬼神’，又却迷也。”

少年时见物大、食物美，后不能然者，物自尔也，乃人与气有盛衰尔。

“生之谓性”，性即气，气即性，生之谓也。人生气禀，理有善恶，然不是性中元有此两物相对而生也。有自幼而善，有自幼而恶（后稷之克岐克嶷，子越椒始生，人知其必灭若敖氏之类），是气禀有然也。善固性也，然恶亦不可不谓之性也。盖“生之谓性”“人生而静”以上不容说，才说性时，便已不是性也。凡人说性，只是说“继之者善”也，孟子言人性善是也。夫所谓“继之者善”也者，犹水流而就下也。皆水也，有流而至海，终无所污，此何烦人力之为也？有流而未远，固已渐浊；有出而甚远，方有所浊。有浊之多者，有浊之少者。清浊虽不同，然不可以浊者不为水也。如此，则人不可以不加澄治之功。故用力敏勇则疾清，用力缓怠则迟清，及其清也，则却只是元初水也。亦不是将清来换却浊，亦不是取出浊来置在一隅也。水之清，则性善之谓也。故不是善与恶在性中为两物相对，各自出来。此理，天命也。顺而循之，则道也。循此而修之，各得其分，则教也。自天命以至于教，我无加损焉，此舜有天下而不与焉者也。

邢和叔言："吾曹常须爱养精力，精力稍不足则倦，所以临事皆勉强而无诚意。"接宾客语言尚可见，况临大事乎？

尝与赵汝霖论为政，切忌临事著心。曰："此诚是也，然唯恕上合著心。"

拾遗

浩然之气，天地之正气，大则无所不在，刚则无所屈，以直道顺理而养，则充塞于天地之间。"配义与道"，气皆主于义而无不在道，一置私意则馁矣。"是集义所生"，事事有理而在义也，非自外袭而取之也。告子外之者，盖不知义也。（杨遵道所录伊川语中，辨此一段非明道语。）

壹与一字同。一动气则动志，一动志则动气，为养气者而言也。若成德者，志已坚定，则气不能动志。

北宫黝之勇，在于必为；孟施舍之勇，能于无惧。子夏，笃志力行者也；曾子，明理守约者也。

"必有事"者，主养气而言，故必主于敬。"勿正"，勿作为也。"心勿忘"，必有事也。"助长"，乃正也。

"北方之强"，血气也；"南方之强"，乃理强，故圣人贵之。

人患乎慑怯者，盖气不充，不素养故也。

忿懥，怒也。治怒为难，治惧亦难。克己可以治怒，明理可以治惧。

侯世与云："某年十五六时，明道先生与某讲《孟子》至'勿正心，勿忘勿助长'处，云：'二哥以必有事焉而勿正为一句，心勿忘勿助长为一句，亦得。'因举禅语为况云：'事则不无，拟心则差。'某当时言下有省。"

河南程氏遗书卷第二上　二先生语二 上

元丰己未吕与叔东见二先生语

古不必验，今之所患，止患不得为，不患不能为。（正）

“居处恭，执事敬，与人忠”，此是彻上彻下语，圣人元无二语。（明）

一人之心即天地之心，体一物之理即万物之理，一日之运即一岁之运。（正）

志道恳切，固是诚意，若迫切不中理，则反为不诚。盖实理中自有缓急，不容如是之迫，观天地之化乃可知。（正）

圣人用意深处，全在《系辞》，《诗》《书》乃格言。（明）

古之学者，皆有传授。如圣人作经，本欲明道。今人若不先明义理，不可治经，盖不得传授之意云尔。如《系辞》本欲明《易》，若不先求卦义，则看《系辞》不得。

观《易》，须看时，然后观逐爻之才。一爻之间，常包涵数意，圣人常取其重者为之辞。亦有《易》中言之已多，取其未尝言者，亦不必重事。又有且言其时，不及其爻之才，皆临时参考。须先看卦，乃看得《系辞》。

有德者，得天理而用之，既有诸己，所用莫非中理。知巧之士，虽不自得，然才知稍高，亦能窥测见其一二，得而用之，乃自谓泄天机。若平心用之，亦莫不中理。但不有诸己，须用知巧，亦反失之，如苏、张之类。

教人之术，若童牛之牿，当其未能触时，已先制之，善之大者。其次，则豮豕之牙。豕之有牙，既已难制，以百方制之，终不能使之改，惟豮其势，则性自调伏，虽有牙亦不能为害。如有不率教之人，却须置其槚楚，别以道格其心，则不须槚楚，将自化矣。

事君须体纳约自牖之意。人君有过，以理开谕之，既不肯听，虽当救止，于此终不能回，却须求人君开纳处进说。牖乃开明处。如汉祖欲废太子，叔孙通言嫡庶根本，彼皆知之，既不肯听矣，纵使能言，无以易此。惟张良知四皓素为汉祖所敬，招之使事太子，汉祖知人心归太子，乃无废立意。及左师触龙事，亦相类。

天下善恶皆天理，谓之恶者非本恶，但或过或不及便如此，如杨、墨之类。（明）

仁、义、礼、智、信五者，性也。仁者，全体，四者，四支。仁，体也。义，宜也。礼，别也。智，知也。信，实也。

学者全体此心，学虽未尽，若事物之来，不可不应，但随分限应之，虽不中，不远矣。

学者须敬守此心，不可急迫，当栽培深厚，涵泳于其间，然后可以自得。但急迫求之，只是私己，终不足以达道。

学者全要识时。若不识时，不足以言学。颜子陋巷自乐，以有孔子在焉。若孟子之时，世既无人，安可不以道自任？

《订顽》一篇，意极完备，乃仁之体也。学者其体此意，令有诸己，其地位已高。到此地位，自别有见处，不可穷高极远，恐于道无补也。（明）

医书言手足痿痹为不仁，此言最善名状。仁者，以天地万物为一体，莫非己也。认得为己，何所不至？若不有诸己，自不与己相干。如手足不仁，气已不贯，皆不属己。故“博施济众”，乃圣人之功用。仁至难言，故止曰：“己欲立而立人，己欲达而达人，能近取譬，可谓仁之方也已。”欲令如是观仁，可以得仁之体。（明）

“博施济众”，云“必也圣乎”者，非谓仁不足以及此，言“博施济众”者乃功用也。（明）

尝喻以心知天，犹居京师往长安，但知出西门便可到长安。此犹是言作两处。若要诚实，只在京师，便是到长安，更不可别求长安。只心便是天，尽之便知性，知性便知天，当处便认取，更不可外求。

“穷理尽性以至于命”，三事一时并了，元无次序，不可将穷理作知之事。若实穷得理，即性命亦可了。（明）

学者识得仁体，实有诸己，只要义理栽培。如求经义，皆栽培之意。

世间有鬼神冯依言语者，盖屡见之。未可全不信，此亦有理，“莫见乎隐，莫显乎微”而已。尝以所求语刘绚，其后以其思索相示，但言与不是，元未尝告之。近来求得稍亲。

昔受学于周茂叔，每令寻颜子、仲尼乐处，所乐何事。

真知与常知异。常见一田夫，曾被虎伤，有人说虎伤人，众莫不惊，独田夫色动异于众。若虎能伤人，虽三尺童子莫不知之，然未尝真知。真知须如田夫乃是。故人知不善而犹为不善，是亦未尝真知。若真知，决不为矣。

蒲人要盟事，知者所不为，况圣人乎？果要之，止不之卫可也。盟而背之，若再遇蒲人，其将何辞以对？

尝言郑戬作县，定民陈氏为里正。既暮，有姓陈人乞分房，戬立笞之，曰：“安有朝定里正，而夕乞分居？”既而察之，乞分居者，非定里正也。今夫赤子未能言，其志意嗜欲人所未知，其母必不能知之，然不至误认其意者，何也？诚心爱敬而已。若使爱敬其民如其赤子，何错缪之有？故心诚求之，虽不中，不远矣。

欲知得与不得，于心气上验之。思虑有得，中心悦豫。沛然有裕者，实得也。思虑有得，心气劳耗者，实未得也，强揣度耳。尝有人言“比因学道，思虑心虚”。曰：“人之血气，固有虚实，疾病之来，圣贤所不免，然未闻自古圣贤因学而致心疾者。”

学者须先识仁。仁者，浑然与物同体。义、礼、知、信皆仁也。识得此理，以诚敬存之而已，不须防检，不须穷索。若心懈则有防，心苟不懈，何防之有？理有未得，故须穷索。存久自明，安待穷索？此道与物无对，大不足以名之，天地之用皆我之用。孟子言“万物皆备于我”，须反身而诚，乃为大乐。若反身未诚，则犹是二物有对，以己合彼，终未有之，未有之，又安得乐？《订顽》意思，乃备言此体。以此意存之，更有何事？“必有事焉而勿正，心勿忘，勿助长”，未尝致纤毫之力，此其存之之道。若存得，便合有得。盖良知良能元不丧失，以昔日习心未除，却须存习此心，久则可夺旧习。此理至约，惟患不能守。既能体之而乐，亦不患不能守也。（明）

事有善有恶，皆天理也。天理中物，须有美恶，盖物之不齐，物之情也。但当察之，不可自入于恶，流于一物。（明）

昔见上称介甫之学，对曰：“王安石之学不是。”上愕然，问曰：“何故？”对曰：“臣不敢远引，止以近事明之。臣尝读《诗》，言周公之德云：‘公孙硕肤，赤舄几几。’周公盛德，形容如是之盛。如王安石，其身犹不能自治，何足以及此！”（明）〇一本此下云：“又尝称介甫，颢对曰：‘王安石博学多闻则有之，守约则未也。’”

圣人即天地也。天地中何物不有？天地岂尝有心拣别善恶？一切涵容覆载，但处之有道尔。若善者亲之，不善者远之，则物不与者多矣，安得为天地？故圣人之志，止欲“老者安之，朋友信之，少者怀之”。

死生存亡皆知所从来，胸中莹然无疑，止此理尔。孔子言“未知生，焉知死”，盖略言之。死之事即生是也，更无别理。（明）

言体天地之化，已剩一“体”字，只此便是天地之化，不可对此个别有天地。（明）

胡安定在湖州置治道斋，学者有欲明治道者，讲之于中。如治兵、治民、水利、算数之类。尝言刘彝善治水利，后累为政，皆兴水利有功。

“睟面”“盎背”，皆积盛致然；“四体不言而喻”，惟有德者能之。

《大学》乃孔氏遗书，须从此学则不差。（明）

孔子之列国，答聘而已，若有用我者则从之。

居今之时，不安今之法令，非义也。若论为治，不为则已，如复为之，须于今之法度内处得其当，方为合义。若须更改而后为，则何义之有？

孟子言“养心莫善于寡欲”，欲寡则心自诚。荀子言“养心莫善于诚”，既诚矣，又何养？此已不识诚，又不知所以养。

贤者惟知义而已，命在其中。中人以下，乃以命处义。如言“求之有道，得之有命”，是求无益于得，知命之不可求，故自处以不求。若贤者则求之以道，得之以义，不必言命。

克己则私心去，自然能复礼，虽不学文，而礼意已得。（明）

今之监司，多不与州县一体。监司专欲伺察，州县专欲掩蔽。不若推诚心与之共治，有所不逮，可教者教之，可督者督之，至于不听，择其甚者去一二，使足以警众可也。

《诗》《书》载道之文，《春秋》圣人之用。《五经》之有《春秋》，犹法律之有断例也。律令惟言其法，至于断例则始见其法之用也。《诗》《书》如药方，《春秋》如用药治疾，圣人之用全在此书，所谓“不如载之行事深切著明”者也。有重叠言者，如征伐盟会之类。盖欲成书，势须如此，不可事事各求异义。但一字有异，或上下文异，则义须别。

君实修《资治通鉴》，至唐事。正叔问曰：“敢与太宗、肃宗正篡名乎？”曰：“然。”又曰：“敢辩魏徵之罪乎？”曰：“何罪？”“魏徵事皇太子，太子死，遂忘戴天之仇而反事之，此王法所当诛。后世特以其后来立朝风节而掩其罪。有善有恶，安得相掩？”曰：“管仲不死子纠之难而事桓公，孔子称其能不死，曰：‘岂若匹夫匹妇之为谅也，自经于沟渎而莫之知也！’与徵何异？”曰：“管仲之事与徵异。齐侯死，公子皆出。小白长而当立，子纠少亦欲立。管仲奉子纠奔鲁，小白入齐，既立，仲纳子纠以抗小白。以少犯长，又所不当立，义已不顺。既而小白杀子纠，管仲以所事言之则可死，以义言之则未可死。故《春秋》书‘齐小白入于齐’，以国系齐，明当立也，又书‘公伐齐纳纠’（二《传》无“子”字），纠去“子”，明不当立也。至‘齐人取子纠杀之’，此复系‘子’者，罪齐大夫既盟而杀之也。与徵之事全异。”

知、仁、勇三者，天下之达德，所以行之者一。一则诚也。止是诚实此三者，三者之外，更别无诚。

孟子才高，学之无可依据。学者当学颜子入圣人为近，有用力处。（明）

“若季氏则吾不能，以季、孟之间待之。”季氏强臣，君待之之礼极隆，然非所以待孔子。季、孟之间，则待之之礼为至矣，然复曰“吾老矣，不能用也”，此孔子不系待之轻重，特以不用而去。

谈经论道则有之，少有及治体者。“如有用我者”，正心以正身，正身以正家，正家以正朝廷百官，至于天下，此其序也。其间则又系用之浅深，临时裁酌而应之，难执一意。

天地之道，常垂象以示人，故曰“贞观”；日月常明而不息，故曰“贞明”。

学者不必远求，近取诸身，只明人理，敬而已矣，便是约处。《易》之《乾》卦言圣人之学，《坤》卦言贤人之学，惟言“敬以直内，义以方外，敬义立而德不孤”。至于圣人，亦止如是，更无别途。穿凿系累，自非道理。故有道有理，天人一也，更不分别。浩然之气，乃吾气也，养而不害，则塞乎天地；一为私心所蔽，则焰然而馁，却甚小也。“思无邪”，“无不敬”，只此二句，循而行之，安得有差？有差者，皆由不敬不正也。（明）

良能良知，皆无所由，乃出于天，不系于人。

德性谓天赋天资，才之美者也。

凡立言欲涵蓄意思，不使知德者厌，无德者惑。

且省外事，但明乎善，惟进诚心，其文章虽不中不远矣。所守不约，泛滥无功。（明）

学者须学文，知道者进德而已，有德则“不习无不利”。“未有学养子而后嫁”，盖先得是道矣。学文之功，学得一事是一事，二事是二事，触类至于百千，至于穷尽，亦只是学，不是德。有德者不如是。故此言可为知道者言，不可为学者言。如心得之，则“施于四体，四体不言而喻”。譬如学书，若未得者，须心手相须而学；苟得矣，下笔便能书，不必积学。

有有德之言，有造道之言，有述事之言。有德者，止言己分事。造道之言，如颜子言孔子，孟子言尧、舜，止是造道之深，所见如是。

所见所期，不可不远且大，然行之亦须量力有渐。志大心劳，力小任重，恐终败事。

某接人多矣，不杂者三人：张子厚、邵尧夫、司马君实。

圣不可知，谓圣之至妙，人所不能测。

立宗非朝廷之所禁，但患人自不能行之。

立清虚一大为万物之源，恐未安，须兼清浊虚实乃可言神。道体物不遗，不应有方所。

教人未见意趣，必不乐学。欲且教之歌舞，如古《诗》三百篇，皆古人作之。如《关雎》之类，正家之始，故用之乡人，用之邦国，日使人闻之。此等诗，其言简奥，今人未易晓。别欲作诗，略言教童子洒扫、应对、事长之节，令朝夕歌之，似当有助。

“致知在格物”。格，至也，穷理而至于物，则物理尽。

今之学者，惟有义理以养其心。若威仪、辞让以养其体，文章物采以养其目，声音以养其耳，舞蹈以养其血脉，皆所未备。

孟子之于道，若温淳渊懿，未有如颜子者，于圣人几矣，后世谓之亚圣，容有取焉。如“盍各言尔志”，子路、颜子、孔子皆一意，但有小大之差，皆与物共者也。颜子不自私己，故无伐善；知同于人，故无施劳。若圣人，则如天地，如“老者安之”之类。

（“孟”字疑误。）

《大学》“在明明德”，先明此道；“在新民”者，使人用此道以自新；“在止于至善”者，见知所止。

得而后动，与虑而后动异。得在己，如自使手举物，无不从。虑则未在己，如手中持物以取物，知其不利。

圣人于文章，不讲而学。盖讲者有可否之疑，须问辨而后明。学者有所不知，问而知之，则可否自决，不待讲论。如孔子之盛德，惟官名礼文有所未知，故问于郯子、老子，既知则遂行而已，更不须讲。

正叔言：“不当以体会为非心，以体会为非心，故有心小性大之说。圣人之神，与天地为一，安得有二？至于不勉而中，不思而得，莫不在此。此心即与天地无异，不可小了佗，若或将心滞在知识上，故反以心为小。”（时本注云：“横渠云：‘心御见闻，不弘于性。’”）

鼓舞万物，不与圣人同忧，此天与人异处。圣人有不能为天之所为处。

行礼不可全泥古，须当视时之风气自不同，故所处不得不与古异。如今人面貌，自与古人不同。若全用古物，亦不相称。虽圣人作，须有损益。

交神明之意，当在事生之后，则可以尽孝爱而得其飨。全用古事，恐神不享。

《订顽》之言，极纯无杂，秦、汉以来学者所未到。

君与夫人当异庙，故自无配。（明）

禘，王者之大祭；祫，诸侯之大祭。（明）

伯淳言：“学者须守下学上达之语，乃学之要。”

嫂叔无服，先王之权。后圣有作，虽复制服可矣。

师不立服，不可立也，当以情之厚薄，事之大小处之。如颜、闵于孔子，虽斩衰三年可也，其成己之功，与君父并。其次各有浅深，称其情而已。下至曲艺，莫不有师，岂可一概制服？

子厚以礼教学者，最善，使学者先有所据守。

斟酌去取古今，恐未易言，须尺度权衡在胸中无疑，乃可处之无差。

学礼者考文，必求先王之意，得意乃可以沿革。

凡学之杂者，终只是未有所止，内不自足也。譬之一物，悬在空中，苟无所倚著，则不之东则之西，故须著摸佗别道理，只为自家不内足也。譬之家藏良金，不索外求，贫者见人说金，须借他底看。

朋友讲习，更莫如相观而善工夫多。

昨日之会，大率谈禅，使人情思不乐，归而怅恨者久之。此说天下已成风，其何能救！古亦有释氏，盛时尚只是崇设像教，其害至小。今日之风，便先言性命道德，先驱了知者，才愈高明，则陷溺愈深。在某，则才卑德薄，无可奈何佗。然据今日次第，便有数孟子，亦无如之何。只看孟子时，杨、墨之害能有甚？况之今日，殊不足言。此事盖亦系时之污隆。清谈盛而晋室衰，然清谈为害，却只是闲言谈，又岂若今日之害道？今虽故人有一为此学而陷溺其中者，则既不可回。今只有望于诸君尔。直须置而不论，更休曰且待尝试。若尝试，则已化而自为之矣。要之，决无取。佛学大概且是绝伦类，世上不容有此理。又其言待要出世，出那里去？又其迹须要出家，然则家者，不过君臣、父子、夫妇、兄弟，处此等事，皆以为寄寓，故其为忠孝仁义者，皆以为不得已尔。又要得脱世网，至愚迷者也。毕竟学之者，不过至似佛。佛者一黠胡尔，佗本是个自私独善，枯槁山林，自适而已。若只如是，亦不过世上少这一个人。又却要周遍，谓既得本，则不患不周遍。要之，决无此理。然为其学者，诘之，理虽有屈时，又却乱说，卒不可凭考之。今日所患者，患在引取了中人以上者，其力有以自立，故不可回。若只中人以下，自不至此，亦有甚执持？今彼言世网者，只为些秉彝，又殄灭不得，故当忠孝仁义之际，皆处于不得已，直欲和这些秉彝都消杀得尽，然后以为至道也。然而毕竟消杀不得。如人之有耳目口鼻，既有此气，则须有此识；所见者色，所闻者声，所食者味。人之有喜怒哀乐者，亦其性之自然，今强曰必尽绝，为得天真，是所谓丧天真也。持国之为此学者三十年矣，其所得者，尽说得知有这道理，然至于“反身而诚”，却竟无得处。佗有一个觉之理，可以“敬以直内”矣，然无“义以方外”。其直内者，要之其本亦不是。譬之赞《易》，前后贯穿，都说得是有此道理，然须“默而成之，不言而信，存乎德行”处，是所谓自得也。谈禅者虽说得，盖未之有得。其徒亦有肯道佛卒不可以治天下国家者，然又须道得本则可以周遍。

有问：“若使天下尽为佛，可乎？”其徒言：“为其道则可，其迹则不可。”伯淳言：“若尽为佛，则是无伦类，天下却都没人去理；然自亦以天下国家为不足治，要逃世网，其说至于不可穷处，佗又有一个鬼神为说。”

“立人之道曰仁与义。”据今日，合人道废则是。今尚不废者，犹只是有那些秉彝，卒殄灭不得。以此思之，天壤间可谓孤立，其将谁告耶？

今日卓然不为此学者，惟范景仁与君实尔，然其所执理，有出于禅学之下者。一日做身主不得，为人驱过去里。

君实尝患思虑纷乱，有时中夜而作，达旦不寐，可谓良自苦。人都来多少血气？若此，则几何而不摧残以尽也。其后告人曰：“近得一术，常以中为念。”则又是为中所乱。中又何形？如何念得佗？只是于名言之中，拣得一个好字。与其为中所乱，却不如与一串数珠。及与佗数珠，佗又不受。殊不知中之无益于治心，不如数珠之愈也。夜以安身，睡则合眼，不知苦苦思量个甚，只是不与心为主，三更常有人唤习也。

学者于释氏之说，直须如淫声美色以远之，不尔，则骎骎然入于其中矣。颜渊问为邦，孔子既告之以五帝、三王之事，而复戒以“放郑声，远佞人”，曰“郑声淫，佞人殆”。彼佞人者，是佗一边佞耳，然而于己则危，只是能使人移，故危也。至于禹之言曰："何畏乎巧言令色？"巧言令色直消言畏，只是须著如此戒慎，犹恐不免。释氏之学，更不消言，常戒到自家自信后，便不能乱得。

以书传道，与口相传，煞不相干。相见而言，因事发明，则并意思一时传了，书虽言多，其实不尽。

观秦中气艳衰，边事所困，累岁不稔。昨来馈边丧亡，今日事未可知，大有可忧者，以至士人相继沦丧，为足妆点关中者，则遂化去。吁！可怪也。凡言王气者，实有此理。生一物须有此气，不论美恶，须有许大气艳，故生是人。至如阙里，有许多气艳，故此道之流，以至今日。昔横渠说出此道理，至此几乎衰矣。只介父一个，气艳大小大。

伯淳尝与子厚在兴国寺，曾讲论终日，而曰："不知旧日曾有甚人于此处讲此事。"

与叔所问，今日宜不在有疑。今尚差池者，盖为昔亦有杂学。故今日疑所进有相似处，则遂疑养气为有助。便休信此说。盖为前日思虑纷扰，今要虚静，故以为有助。前日思虑纷扰，又非义理，又非事故，如是则只是狂妄人耳。惩此以为病，故要得虚静。其极欲得如槁木死灰，又却不是。盖人活物也，又安得为槁木死灰？既活，则须有动作，须有思虑。必欲为槁木死灰，除是死也。忠信所以进德者，何也？闲邪则诚自存，诚存斯为忠信也。如何是闲邪？非礼而勿视听言动，邪斯闲矣。以此言之，又几时要身如枯木，心如死灰？又如绝四后，毕竟如何，又几时须如枯木死灰？敬以直内，则须君则是君，臣则是臣，凡事如此，大小大直截也。

有言养气可以为养心之助。曰："敬则只是敬，敬字上更添不得。譬之敬父矣，又岂须得道更将敬兄助之？又如今端坐附火，是敬于向火矣，又岂须道更将敬于水以助之？犹之有人曾到东京，又曾到西京，又曾到长安，若一处上心来，则他处不容参然在心，心里著两件物不得。”

饮酒不可使醉，不及乱者，不独不可乱志，只血气亦不可使乱，但使浃洽而已可也。

邢和叔后来亦染禅学，其为人明辩有才，后更晓练世事，其于学，亦日月至焉者也。尹子曰：“明辩有才而复染禅学，何所不为也？”

伯淳自谓：“只得佗人待做恶人，敬而远之。”尝有一朝士久不见，谓伯淳曰：“以伯淳如此聪明，因何许多时终不肯回头来？”伯淳答以“盖恐回头后错也”。

巽之凡相见须窒碍，盖有先定之意。和叔（一作“与叔”）。据理却合滞碍，而不然者，只是佗至诚便相信心直笃信。

理则须穷，性则须尽，命则不可言穷与尽，只是至于命也。横渠昔尝譬命是源，穷理与尽性如穿渠引源。然则渠与源是两物，后来此议必改来。

今语道，则须待要寂灭湛静，形便如槁木，心便如死灰。岂有直做墙壁木石而谓之道？所贵乎“智周天地万物而不遗”，又几时要如死灰？所贵乎“动容周旋中礼”，又几时要如槁木？论心术，无如孟子，也只谓“必有事焉而勿正心”。今既如槁木死灰，则却于何处有事？

君实之能忠孝诚实，只是天资，学则元不知学。尧夫之坦夷，无思虑纷扰之患，亦只是天资自美尔，皆非学之功也。

持国尝论克已复礼，以谓克却不是道。伯淳言：“克便是克之道。”持国又言：“道则不须克。”伯淳言：“道则不消克，却不是持国事。在圣人，则无事可克，今日持国，须克得已便然后复礼。”

游酢、杨时是学得灵利高才也。杨时于新学极精，今日一有所问，能尽知其短而持之。介父之学，大抵支离。伯淳尝与杨时读了数篇，其后尽能推类以通之。

有问：《诗》三百，非一人之作，难以一法推之。伯淳曰：

“不然。三百，三千中所择，不特合于《雅》《颂》之音，亦是择其合于教化者取之。篇中亦有次第浅深者，亦有元无次序者。”

新政之改，亦是吾党争之有太过，成就今日之事，涂炭天下，亦须两分其罪可也。当时天下，岌岌乎殆哉！介父欲去数矣。其时介父直以数事上前卜去就，若青苗之议不行，则决其去。伯淳于上前，与孙莘老同得上意，要了当此事。大抵上意不欲抑介父，要得人担当了，而介父之意尚亦无必。伯淳尝言：“管仲犹能言‘出令当如流水，以顺人心’。今参政须要做不顺人心事，何故?”介父之意只恐始为人所沮，其后行不得。伯淳却道：“但做顺人心事，人谁不愿从也?”介父道：“此则感贤诚意。”却为天祺其日于中书大悖，缘是介父大怒，遂以死力争于上前，上为之一以听用，从此党分矣。莘老受约束而不肯行，遂坐贬。而伯淳遂待罪，既而除以京西提刑，伯淳复求对，遂见上。上言：“有甚文字?”伯淳云：“今咫尺天颜尚不能少回天意，文字更复何用?”欲去，而上问者数四。伯淳每以陛下不宜轻用兵为言，朝廷群臣无能任陛下事者。以今日之患观之，犹是自家不善从容。至如青苗，且放过，又且何妨？伯淳当言职，苦不曾使文字，大纲只是于上前说了，其他些小文字，只是备礼而已。大抵自仁祖朝优容谏臣，当言职者，必以讦讦而去为贤，习以成风，惟恐人言不称职以去，为落便宜。昨来诸君，盖未免此。苟如是为，则是为己，尚有私意在，却不在朝廷，不干事理。

今日朝廷所以特恶忌伯淳者，以其可理会事，只是理会学，这里动，则于佗辈有所不便也，故特恶之深。

以吾自处，犹是自家当初学未至，意未诚，其德尚薄，无以感动佗天意，此自思则如此。然据今日许大气艳，当时欲一二人动之，诚如河滨之人捧土以塞孟津，复可笑也。据当时事势，又至于今日，岂不是命！

只著一个私意，便是馁，便是缺了佗浩然之气处。“诚者物之终始，不诚无物。”这里缺了佗，则便这里没这物。浩然之气又不待外至，是集义所生者。这一个道理，不为尧存，不为桀亡。只是人不到佗这里，知此便是明善。

“生生之谓易”，是天之所以为道也。天只是以生为道，继此生理者，即是善也。善便有一个元底意思。“元者善之长”，万物皆有春意，便是“继之者善也”。“成之者性也”，成却待佗万物自成其性须得。

告子云“生之谓性”则可。凡天地所生之物，须是谓之性。皆谓之性则可，于中却须分别牛之性、马之性。是他便只道一般，如释氏说蠢动含灵，皆有佛性，如此则不可。“天命之谓性，率性之谓道”者，天降是于下，万物流形，各正性命者，是所谓性也。循其性（一作“各正性命”）而不失，是所谓道也。此亦通人物而言。循性者，马则为马之性，又不做牛底性；牛则为牛之性，又不为马底性。此所谓率性也。人在天地之间，与万物同流，天几时分别出是人是物？“修道之谓教”，此则专在人事，以失其本性，故修而求复之，则入于学。若元不失，则何修之有？是由仁义行也。则是性已失，故修之。“成性存存，道义之门”，亦是万物各有成性存存，亦是生生不已之意。天只是以生为道。

万物皆只是一个天理，己何与焉？至如言“天讨有罪，五刑五用哉！天命有德，五服五章哉！”此都只是天理自然当如此。人几时与？与则便是私意。有善有恶。善则理当喜，如五服自有一个次第以章显之。恶则理当恶，彼自绝于理，故五刑五用，曷尝容心喜怒于其间哉？舜举十六相，尧岂不知？只以佗善未著，故不自举。舜诛四凶，尧岂不察？只为佗恶未著，那诛得佗？举与诛，曷尝有毫髪厠于其间哉？只有一个义理，义之与比。

人能放这一个身公共放在天地万物中一般看，则有甚妨碍？虽万身，曾何伤？乃知释氏苦根尘者，皆是自私者也。

要修持佗这天理，则在德，须有不言而信者。言难为形状。养之则须直不愧屋漏与慎独，这是个持养底气象也。

知止则自定，万物挠不动，非是别将个定来助知止也。

《诗》《书》中凡有个主宰底意思者，皆言帝；有一个包涵遍覆底意思，则言天；有一个公共无私底意思，则言王。上下千百岁中，若合符契。

如天理底意思，诚只是诚此者也，敬只是敬此者也，非是别有一个诚，更有一个敬也。天理云者，这一个道理，更有甚穷已？不为尧存，不为桀亡。人得之者，故大行不加，穷居不损。这上头来，更怎生说得存亡加减？是佗元无少欠，百理具备。得这个天理，是谓大人。以其道变通无穷，故谓之圣。不疾而速，不行而至，须默而识之处，故谓之神。

“天地设位，而易行乎其中矣”，“乾坤毁，则无以见易”，“易不可见，则乾坤或几乎息矣”。易是个甚？易又不只是这一部书，是易之道也。不要将易又是一个事，只是尽天理，便是易也。

天地之化，既是二物，必动已不齐。譬之两扇磨行，便其齿齐，不得齿齐。既动，则物之出者，何可得齐？转则齿更不复得齐。从此参差万变，巧历不能穷也。

天地之间，有者只是有。譬之人之知识闻见，经历数十年，一日念之，了然胸中，这一个道理在那里放著来。

养心者，且须是教他寡欲，又差有功。

中心斯须不和不乐，则鄙诈之心入之矣。此与“敬以直内”同理。谓敬为和乐则不可，然敬须和乐，只是中心没事也。

大凡利害祸福，亦须致命。须得致之为言，直如人以力自致之谓也。得之不得，命固已定，君子须知佗命方得。“不知命无以为君子。”盖命苟不知，无所不至。故君子于困穷之时，须致命便遂得志。其得祸得福，皆已自致，只要申其志而已。

“求之有道，得之有命”，是求无益于得，言求得不济事。此言犹只为中人言之，若为中人以上而言，却只道求之有道，非道则不求，更不消言命也。

尧夫豪杰之士，根本不帖帖地。伯淳尝戏以乱世之奸雄中，道学之有所得者，然无礼不恭极甚。又尝戒以不仁，已犹不认，以为人不曾来学。伯淳言："尧夫自是悠悠。"（自言须如我与李之才方得道。）

"天民之先觉"，譬之皆睡，佗人未觉来，以我先觉，故摇摆其未觉者亦使之觉，及其觉也，元无少欠，盖亦未尝有所增加也，適一般尔。"天民"云者，盖是全尽得天生斯民底事业。"天之生斯民也，将以道觉斯民。"盖言天生此民，将以此道觉此民，则元无少欠，亦无增加，未尝不足。"达可行于天下"者，谓其全尽天之生民之理，其术亦足以治天下国家故也。

"可欲之谓善"，便与"元者善之长"同理。

礼乐不可斯须去身。

"不能反躬，天理灭矣。"天理云者，百理具备，元无少欠，故"反身而诚"，只是言得已上，更不可道甚道。

道理皆自然。若安排定，则更有甚理？天地阴阳之变，便如二扇磨，升降盈亏刚柔，初未尝停息，阳常盈，阴常亏，故便不齐。譬如磨既行，齿都不齐，既不齐，便生出万变。故物之不齐，物之情也。而庄周强要齐物，然而物终不齐也。尧夫有言："泥空终是著，齐物到头争。"此其肃如秋，其和如春。如秋，便是"义以方外"也。如春，观万物皆有春意。尧夫有诗云："拍拍满怀都是春。"又曰："芙蓉月向怀中照，杨柳风来面上吹。"（不止风月，言皆有理。）又曰："卷舒万古兴亡手，出入几重云水身。"若庄周，大抵寓言，要入佗放荡之场。尧夫却皆有理，万事皆出于理，自以为皆有理，故要得纵心妄行总不妨。尧夫诗云："圣人吃紧些儿事。"其言太急迫。此道理平铺地放著里，何必如此？

观天理，亦须放开意思，开阔得心胸，便可见，打揲了习心两漏三漏子。今如此混然说做一体，犹二本，那堪更二本三本！今虽知"可欲之为善"，亦须实有诸已，便可言诚，诚便合内外之道。今看得不一，只是心生。除了身只是理，便说合天人。合天人，已是为不知者引而致之。天人无间。夫不充塞则不能化育，言赞化育，已是离人而言之。

须是大其心使开阔，譬如为九层之台，须大做脚须得。

元亨者，只是始而亨者也，此通人物而言，通，谓始初发生，大概一例亨通也。及到利贞，便是“各正性命”后，属人而言也。利贞者分在性与情，只性为本，情是性之动处，情又几时恶。“故者以利为本”，只是顺利处为性，若情则须是正也。

医家以不认痛痒谓之不仁，人以不知觉不认义理为不仁，譬最近。

所以谓万物一体者，皆有此理，只为从那里来。“生生之谓易”，生则一时生，皆完此理。人则能推，物则气昏推不得，不可道他物不与有也。人只为自私，将自家躯壳上头起意，故看得道理小了佗底。放这身来，都在万物中一例看，大小大快活。释氏以不知此，去佗身上起意思，奈何那身不得，故却厌恶；要得去尽根尘，为心源不定，故要得如枯木死灰。然没此理，要有此理，除是死也。释氏其实是爱身，放不得，故说许多。譬如负贩之虫，已载不起，犹自更取物在身。又如抱石沉河，以其重愈沉，终不道放下石头，惟嫌重也。

孟子论四端处，则欲扩而充之，说约处，则博学详说而反说约。此内外交相养之道也。

“万物皆备于我”，不独人尔，物皆然。都自这里出去，只是物不能推，人则能推之。虽能推之，几时添得一分？不能推之，几时减得一分？百理具在，平铺放著。几时道尧尽君道，添得些君道多；舜尽子道，添得些孝道多？元来依旧。

横渠教人，本只是谓世学胶固，故说一个清虚一大，只图得人稍损得没去就道理来，然而人又更别处走。今日且只道敬。

圣人之德行，固不可得而名状。若颜子底一个气象，吾曹亦心知之，欲学圣人，且须学颜子。后来曾子、子夏，煞学得到上面也。

今学者敬而不见得，又不安者，只是心生，亦是太以敬来做事得重，此“恭而无礼则劳”也。恭者，私为恭之恭也，礼者，非礼之礼，是自然底道理也。只恭而不为自然底道理，故不自在也。须是恭而安。今容貌必端，言语必正者，非是道独善其身，要人道如何，只是天理合如此，本无私意，只是个循理而已。

尧夫解“他山之石可以攻玉”：玉者温润之物，若将两块玉来相磨，必磨不成，须是得佗个粗砺底物方磨得出。譬如君子与小人处，为小人侵陵，则修省畏避，动心忍性，增益预防，如此便道理出来。

公掞昨在洛有书室，两旁各一牖，牖各三十六隔，一书天道之要，一书仁义之道，中以一榜，书“毋不敬思无邪”。中处之，此意亦好。

古人虽胎教与保傅之教，犹胜今日庠序乡党之教。古人自幼学，耳目游处，所见皆善，至长而不见异物，故易以成就。今人自少所见皆不善，才能言便习秽恶，日日消铄，更有甚天理？须人理皆尽，然尚以些秉彝消铄尽不得，故且恁过，一日之中，起多少巧伪，萌多少机穽！据此个薰蒸，以气动气，宜乎圣贤之不生，和气之不兆也。寻常间或有些时和岁丰，亦出于幸也。不然，何以古者或同时或同家并生圣人，及至后世，乃数千岁寂寥？

人多言天地外，不知天地如何说内外，外面毕竟是个甚？若言著外，则须似有个规模。

凡言“充塞”云者，却似个有规模底体面，将这气充实之。然此只是指而示之近耳。气则只是气，更说甚充塞？如化育则只是化育，更说甚赞？赞与充塞，又早却是别一件事也。

理之盛衰之说，与释氏初劫之言，如何到佗说便乱道，又却窥测得些？彼其言成住坏空，曰成坏则可，住与空则非也。如小儿既生，亦日日长行，元不曾住。是佗本理只是一个消长盈亏耳，更没别事。

极为天地中，是也，然论地中尽有说。据测景，以三万里为中，若有穷然。有至一边已及一万五千里，而天地之运盖如初也。

然则中者，亦时中耳。地形有高下，无適而不为中，故其中不可定下。譬如杨氏为我，墨氏兼爱，子莫于此二者以执其中，则中者適未足为中也。故曰："执中无权，犹执一也。"若是因地形高下，无適而不为中，则天地之化不可穷也。若定下不易之中，则须有左有右，有前有后，四隅既定，则各有远近之限，便至百千万亿，亦犹是有数。盖有数则终有尽处，不知如何为尽也。

日之形，人莫不见，似轮似饼。其形若有限，则其光亦须有限。若只在三万里中升降出没，则须有光所不到处，又安有此理？今天之苍苍，岂是天之形？视下也亦须如是。日固阳精也，然不如旧说，周回而行，中心是须弥山，日无適而不为精也。地既无適而不为中，则日无適而不为精也。气行满天地之中，然气须有精处，故其见如轮如饼。譬之铺一溜柴薪，从头爇著，火到处，其光皆一般，非是有一块物推著行将去。气行到寅，则寅上有光，行到卯，则卯上有光。气充塞，无所不到。若这上头得个意思，便知得生物之理。

观书者，亦须要知得随文害义。如《书》曰："汤既胜夏，欲迁其社，不可。"既处汤为圣人，圣人不容有妄举。若汤始欲迁社，众议以为不可而不迁，则是汤先有妄举也。不可者，汤不可之也。汤以为国既亡，则社自当迁；以为迁之不若不迁之愈，故但屋之。屋之，则与迁之无以异。既为亡国之社，则自王城至国都皆有之，使为戒也。故《春秋》书"亳社灾"，然则鲁有亳社，屋之，故有火灾。此制，计之必始于汤也。

长安西风而雨，终未晓此理。须是自东自北而风则雨，自南自西则不雨。何者？自东自北皆属阳，《坎》卦本阳。阳唱而阴和，故雨；自西自南阴也，阴唱则阳不和。《蝃蝀》之诗曰："朝隮于西，崇朝其雨。"是阳来唱也，故雨；"蝃蝀在东"，则是阴先唱也；"莫之敢指"者，非谓手指莫敢指陈也，犹言不可道也。《易》言"密云不雨，自我西郊"，言自西则是阴先唱也，故云虽密而不雨。今西风而雨，恐是山势使然。

学者用了许多工夫，下头须入异教。只为自家这下元未曾得个安泊处，那下说得成熟？世人所惑者鬼神转化，佗总有说，又费力说道理，又打入个无底之壑，故一生出不得。今日须是自家这下照得理分明，则不走作。形而下、形而上者，亦须更分明须得。虽则心存默识，有难名状处，然须说尽心知性知天，亦须于此留意。

学则与佗“穷理尽性以至于命”，则不失。异教之书，“虽小道必有可观者焉”，然其流必乖，故不可以一事遂都取之。若杨、墨亦同是尧、舜，同非桀、纣。是非则可也，其就上所说，则是成就他说也。非桀是尧，是吾依本分事，就上过说，则是佗私意说个。要之，只有个理。

讲学本不消得理会，然每与剔拨出，只是如今杂乱胶固，须著说破。

孟子论王道便实。“徒善不足为政，徒法不能自行”，便先从养道上说将去。既庶既富，然后以“饱食暖衣而无教”为不可，故教之也。孟子而后，却只有《原道》一篇，其间语固多病，然要之大意尽近理。若《西铭》，则是《原道》之宗祖也。《原道》却只说到道，元未到得《西铭》意思。据子厚之文，醇然无出此文也，自《孟子》后，盖未见此书。

圣人之教，以所贵率人，释氏以所贱率人。学佛者难（去声）吾言，谓“人皆可以为尧、舜，则无仆隶”。正叔言：“人皆可以为尧、舜，圣人所愿也；其不为尧、舜，是所可贱也，故以为仆隶。”

游酢、杨时先知学禅，已知向里没安泊处，故来此，却恐不变也。畅大隐许多时学，乃方学禅，是于此盖未有所得也。吕进伯可爱，老而好学，理会直是到底。天祺自然有德气，似个贵人气象，只是却有气短处，规规太以事为重，伤于周至，却是气局小。景庸则只是才敏。须是天祺与景庸相济，乃为得中也。

子厚则高才，其学更先从杂博中过来。

理则天下只是一个理，故推至四海而准，须是质诸天地，考诸三王不易之理。故敬则只是敬此者也，仁是仁此者也，信是信此者也。又曰“颠沛造次必于是”，又言“吾斯之未能信”，只是道得如此，更难为名状。

今异教之害，道家之说则更没可辟，唯释氏之说衍蔓迷溺至深。自是释氏盛而道家萧索。方其盛时，天下之士往往自从其学，自难与之力争。惟当自明吾理，吾理自立，则彼不必与争。然在今日，释氏却未消理会，大患者却是介甫之学。譬之卢从史在潞州，知朝廷将讨之，当时便使一处逐其节度使。朝廷之议，要讨逐节度者，而李文饶之意，要先讨潞州，则不必治彼而自败矣。如今日，却要先整顿介甫之学，坏了后生学者。

异教之说，其盛如此，其久又如是，亦须是有命，然吾辈不谓之命也。

人之于患难，只有一个处置，尽人谋之后，却须泰然处之。有人遇一事，则心心念念不肯舍，毕竟何益？若不会处置了放下，便是无义无命也。

“道之不明也，贤者过之，不肖者不及也。”贤者则只过当，不肖又却都休。

冬至一阳生，却须斗寒，正如欲晓而反暗也。阴阳之际，亦不可截然不相接，厮侵过便是道理。天地之间，如是者极多。《艮》之为义，终万物，始万物，此理最妙，须玩索这个理。

古言《乾》《坤》退处不用之地，而用六子。若人，则便分君道无为，臣道有为。若天，则谁与佗安排？佗如是，须有道理。故如八卦之义，须要玩索。

早梅冬至已前发，方一阳未生，然则发生者何也？其荣其枯，此万物一个阴阳升降大节也。然逐枝自有一个荣枯，分限不齐，此各有一《乾》《坤》也。各自有个消长，只是个消息。惟其消息，此所以不穷。至如松柏，亦不是不雕，只是后雕，雕得不觉，怎少得消息？方夏生长时，却有夏枯者，则冬寒之际有发生之物，何足怪也！

物理最好玩。

阴阳于天地间，虽无截然为阴为阳之理，须去参错，然一个升降生杀之分，不可无也。

动植之分，有得天气多者，有得地气多者，“本乎天者亲上，本乎地者亲下”。然要之，虽木植亦兼有五行之性在其中，只是偏得土之气，故重浊也。

伯淳言：“《西铭》某得此意，只是须得佗子厚有如此笔力，佗人无缘做得。孟子以后，未有人及此。得此文字，省多少言语。且教佗人读书，要之仁孝之理备于此，须臾而不于此，则便不仁不孝也。”

《诗》前序必是当时人所传，国史明乎得失之迹者是也。不得此，则何缘知得此篇是甚意思？《大序》则是仲尼所作，其余则未必然。要之，皆得大意，只是后之观《诗》者亦添入。

《诗》有六体，须篇篇求之，或有兼备者，或有偏得一二者。今之解《诗》者，风则分付与《国风》矣，雅则分付与《大小雅》矣，颂即分付与《颂》矣。《诗》中且没却这三般体，如何看得诗？风之为言，便有风动之意；兴便有一兴喻之意；比则直比之而已，蛾眉瓠犀是也；赋则赋陈其事，如“齐侯之子，卫侯之妻”是也；雅则正言其事；颂则称美之言也，如“于嗟乎驺虞”之类是也。

《关雎》之诗，如言“乐得淑女，以配君子；忧在进贤，不淫其色”，非后妃之事，明知此意是作诗者之意也。如此类推之。

《诗》言后妃夫人者，非必谓文王之妻也，特陈后妃夫人之事，如斯而已。然其后亦有当时诗附入之者，《汝坟》是也。且《二南》之诗，必是周公所作，佗人恐不及此。以其为教于衽席之上，闺门之内，上下贵贱之所同也。故用之乡人邦国而谓之国风也。化天下只是一个风，至如《鹿鸣》之诗数篇，如燕群臣、遣戍役、劳还卒之类，皆是为国之常政，其诗亦恐是周公所作，如后人之为乐章是也。

《论语》中言“唐棣之华”者，因权而言逸诗也。孔子删《诗》，岂只取合于雅颂之音而已，亦是谓合此义理也。如《皇矣》《烝民》《文王》《大明》之类，其义理，非人人学至于此，安能及此？作诗者又非一人，上下数千年若合符节，只为合这一个理，若不合义理，孔子必不取也。

夫子言“兴于《诗》”，观其言，是兴起人善意，汪洋浩大，皆是此意。如言“秉心塞渊，騋牝三千”，须是塞渊，然后騋牝三千（塞渊有义理）。又如《駉》之诗，坰牧是贱事，其中却言“思无邪”。《诗》三百，一言以蔽之者在此一句。坰牧而必要思无邪者，盖为非此则不能坰牧。又如《考槃》之诗，解者谓贤人永誓不复告君，不复见君，又自誓不诈而实如此也，据此安得有贤者气象？孟子之于齐，是甚君臣？然其去，未尝不迟迟顾恋。今此君才不用，便躁忿如此，是不可矶也。乃知此诗，解者之误。此诗是贤者退而穷处，心不忘君，怨慕之深者也。君臣犹父子，安得不怨？故直至于寤寐弗忘，永陈其不得见君与告君，又陈其此诚之不诈也。

尧与舜更无优劣，及至汤、武便别。孟子言性之、反之，自古无人如此说，只孟子分别出来，便知得尧、舜是生而知之，汤、武是学而能之。文王之德则似尧、舜，禹之德则似汤、武，要之皆是圣人。

《诗》云：“上天之载，无声无臭，仪刑文王，万邦作孚。”上天又无声臭之可闻，只看文王便万邦取信也。又曰：“维天之命，於穆不已。”盖曰天之所以为天也。“文王之德之纯”，盖曰文王之所以为文也。然则文王之德，直是似天。“昊天曰明，及尔出王；昊天曰旦，及尔游衍”，只为常是这个道理。此理亦须待佗心熟，便自然别。

“乐则生，生则乌可已也”，须是熟方能如此。“苟为不熟，不如稊稗。”

“是集义所生，非义袭而取之也。”须集义，这上头莫非义也。

仁义礼智根于心，其生色言四者，本于心而生色也。“睟于面，盎于背，施于四体，四体不言而喻”，孟子非自及此，焉能道得到此？

今志于义理而心不安乐者，何也？此则正是剩一个助之长。虽则心操之则存，舍之则亡，然而持之太甚，便是必有事焉而正之也。亦须且恁去如此者，只是德孤。“德不孤，必有邻。”到德盛后，自无窒碍，左右逢其原也。

《中庸》言“礼仪三百，威仪三千”，方是说“优优大哉”，又却非如异教之说须得如枯木死灰以为得也。

得此义理在此，甚事不尽？更有甚事出得？视世之功名事业，甚譬如闲。视世之仁义者，甚煦煦孑孑，如匹夫匹妇之为谅也。自是天来大事，处以此理，又曾何足论？若知得这个义理，便有进处。若不知得，则何缘仰高钻坚，在前在后也？竭吾才，则又见其卓尔。

德者得也，须是实到这里须得。

言“反身而诚，乐莫大焉”，却是著人上说。

邵尧夫于物理上尽说得，亦大段漏泄佗天机。

人于天理昏者，是只为嗜欲乱著佗。庄子言“其嗜欲深者，其天机浅”，此言却最是。

这个义理，仁者又看做仁了也，知者又看做知了也，百姓又日用而不知，此所以“君子之道鲜矣”。此个亦不少，亦不剩，只是人看他不见。

今天下之士人，在朝者又不能言，退者遂忘之，又不肯言，此非朝廷吉祥。虽未见从，又不曾有大横见加，便岂可自绝也？君臣，父子也，父子之义不可绝。岂有身为侍从，尚食其禄，视其危亡，曾不论列，君臣之义，固如此乎！

“寂然不动，感而遂通”者，天理具备，元无欠少，不为尧存，不为桀亡。父子君臣，常理不易，何曾动来？因不动，故言

“寂然”；虽不动，感便通，感非自外也。

若不一本，则安得“先天而天不违，后天而奉天时”？

所务于穷理者，非道须尽穷了天下万物之理，又不道是穷得一理便到，只是要积累多后，自然见去。

天地安有内外？言天地之外，便是不识天地也。人之在天地，如鱼在水，不知有水，直待出水，方知动不得。

礼一失则为夷狄，再失则为禽兽。圣人初恐人入于禽兽也，故于《春秋》之法极谨严。中国而用夷狄礼，则便夷狄之。韩愈言“《春秋》谨严”，深得其旨。韩愈道佗不知又不得。其言曰：“《易》奇而法，《诗》正而葩，《春秋》谨严，左氏浮夸。”其名理皆善。

当春秋、战国之际，天下小国介于大国，奔命不暇，然足以自维持数百年。此势却似稻塍，各有界分约束。后世遂有土崩之势，道坏便一时坏。陈涉一叛，天下遂不支梧。今日堂堂天下，只西方一败，朝廷遂震，何也？盖天下之势，正如稻塍，各有限隔，则卒不能坏。今天下却似一个万顷陂，要起卒起不得，及一起则汹涌，遂奈何不得。以祖宗德泽仁厚，涵养百余年间，一时柔了人心，虽有豪杰，无个端倪起得，便只要安静，不宜使摇动。虽夷狄亦散兵却斗，恃此中国之福也，非。

贾谊有五饵之说，当时笑其迂疏，今日朝廷正使著，故得许多时宁息。

天地动静之理，天圜则须转，地方则须安静。南北之位，岂可不定下？所以定南北者，在坎、离也。坎、离又不是人安排得来，莫非自然也。

《论语》为书，传道立言，深得圣人之学者矣。如《乡党》形容圣人，不知者岂能及是？

“不愧屋漏”，便是个持养气象。

孔、孟之分，只是要别个圣人贤人。如孟子若为孔子事业，则尽做得，只是难似圣人。譬如翦彩以为花，花则无不似处，只是无他造化功。“绥斯来，动斯和”，此是不可及处。

只是这个理，以上却难言也。如言“吾斯之未能信”，皆是古人此理已明故也。

敬而无失，便是“喜怒哀乐未发之谓中”也。敬不可谓之中，但敬而无失，即所以中也。

微仲之学杂，其恺悌严重宽大处多，惟心艰于取人，自以才高故尔。语近学，则不过入于禅谈；不常议论，则以苟为有诘难，亦不克易其言，不必信心，自以才高也。

和叔常言“及相见则不复有疑，既相别则不能无疑”，然亦未知果能终不疑。不知佗既已不疑，而终复有疑，何故？伯淳言：“何不问他？疑甚不如剧论。”

和叔任道担当，其风力甚劲，然深潜缜密，有所不逮于兴叔。蔡州谢良佐虽时学中因议州举学试得失，便不复计较。建州游酢，非昔日之游酢也，固是颖，然资质温厚。南剑州杨时虽不逮酢，然煞颖悟。林大节虽差鲁，然所问便能躬行。刘质夫久于其事，自小来便在此。李端伯相聚虽不久，未见佗操履，然才识颖悟，自是不能已也。

介父当初，只是要行己志，恐天下有异同，故只去上心上把得定，佗人不能摇，以是拒绝言路，进用柔佞之人，使之奉行新法。今则是佗已去，不知今日却留下害事。

昨春边事权罢，是皆李舜举之力也。今不幸適丧此人，亦深足怜也。此等事皆是重不幸。李宪本意，佗只是要固兰会，恐覆其功，必不肯主这下事。（元丰四年取兴、灵事。）

新进游、杨辈数人入太学，不惟议论须异，且动作亦必有异，故为学中以异类待之，又皆学《春秋》，愈骇俗矣。

尧夫之学，先从理上推意，言象数，言天下之理，须出于四者，推到理处，曰：“我得此大者，则万事由我，无有不定。”然未必有术，要之亦难以治天下国家。其为人则直是无礼不恭，惟是侮玩，虽天地亦为之侮玩。如《无名公传》言“问诸天地，天地不对，弄丸余暇，时往时来”之类。

尧夫诗“雪月风花未品题”，佗便把这些事，便与尧、舜、三代一般。此等语，自孟子后，无人曾敢如此言来，直是无端。又如言文字呈上，尧夫皆不恭之甚。“须信画前元有《易》，自从删后更无《诗》”，这个意思，古元未有人道来。

“行己须行诚尽处”，正叔谓：“意则善矣，然言诚尽，则诚之为道，非能尽也。”尧夫戏谓：“且就平侧。”

司马子微尝作《坐忘论》，是所谓坐驰也。

伯淳昔在长安仓中闲坐，后见长廊柱，以意数之，已尚不疑，再数之不合，不免令人一一声言而数之，乃与初数者无差，则知越著心把捉越不定。

吕与叔以气不足而养之，此犹只是自养求无疾，如道家修养亦何伤，若须要存想飞升，此则不可。

徐禧奴才也，善兵者有二万人未必死，彼虽十万人，亦未必能胜二万人。古者以少击众而取胜者多，盖兵多亦不足恃。昔者袁绍以十万阻官渡，而曹操只以万卒取之；王莽百万之众，而光武昆阳之众有八千，仍有在城中者，然则只是数千人取之；苻坚下淮百万，而谢玄才二万人，一麾而乱。以此观之，兵众则易老，适足以资敌。人一败不支，则自相蹂践。至如闻风声鹤唳，皆以为晋军之至，则是自相残也。譬之一人躯干极大，一人轻捷，两人相当，则拥肿者迟钝，为轻捷者出入左右之，则必困矣。自古师旅胜败，不能无之。然今日边事，至号疏旷前古未之闻也。其源在不任将帅，将帅不慎任人。阃外之事，将军处之，一一中覆，皆受庙算，上下相徇，安得不如此？（元丰五年永乐城事。）

杨定鬼神之说，只是道人心有感通。如有人平生不识一字，一日病作，却念得一部杜甫诗，却有此理。天地间事，只是一个有，一个无，既有即有，无即无。如杜甫诗者，是世界上实有杜甫诗，故人之心病及至精一有个道理，自相感通。以至人心在此，托梦在彼，亦有是理，只是心之感通也。死者托梦，亦容有此理。有人过江，其妻堕水，意其为必死矣，故过金山寺为作佛事。方追荐次，忽其婢子通传堕水之妻，意度在某处作甚事，是诚死也。及三二日，有渔人撑舟，以其妻还之，乃未尝死也，盖旋于急流中救活之。然则其婢子之通传是何也？亦是心相感通。既说心有感通，更说甚生死古今之别？

天祺自然有德气，望之有贵人之象，只是气局小，太规规于事为重也。昔在司竹，常爱用一卒长，及将代，自见其人盗笋皮，遂治之无少贷。罪已正，待之复如初，略不介意，人观其德量如此。

正叔谓子厚："越狱，以谓卿监已上不追摄之者，以其贵朝廷。有旨追摄，可也，又请枷项，非也。不已太辱矣？贵贵，以其近于君。"子厚谓："若终不伏，则将奈何？"正叔谓："宁使公事勘不成则休，朝廷大义不可亏也。"子厚以为然。

俗人酷畏鬼神，久亦不复敬畏。

冬至一阳生，而每遇至后则倍寒，何也？阴阳消长之际，无截然断绝之理，故相搀掩过。如天将晓，复至阴黑，亦是理也。大抵终始万物，莫盛乎《艮》，此尽神妙，须尽研穷此理。今尺长于古尺。欲尺度权衡之正，须起于律。律取黄钟，黄钟之声，亦不难定。世自有知音者，将上下声考之，既得其正，便将黍以实其管，看管实几粒，然后推而定法可也。古法：律管当实千二百粒黍，今羊头山黍不相应，则将数等验之，看如何大小者，方应其数，然后为正。昔胡先生定乐，取羊头山黍，用三等筛子筛之，取中等者用之，此特未为定也。此尺是器上所定，更有因人而制。如言深衣之袂一尺二寸，若古人身材只用一尺二寸，岂可运肘？即知因人身而定。

既是为人后者，便须将所后者呼之以为父，以为母。不如是，则不正也，却当甚为人后？后之立疑义者，只见礼不杖期内，有为人后者为其父母报，便道须是称亲。礼文盖言出为人后，则本父母反呼之以为叔为伯也，故须著道为其父母以别之，非谓却将本父母亦称父母也。

哲庙取孟后诏云："孟元孙女。"后，孟在女也，而以孟元孙女诏者，伊川云："自古天子不娶小国，盖孟元将校，曾随文潞公贝州获功，官至团练使，而在是时止是小使臣耳。"（此一段非元丰时事，疑后人记。）

河南程氏遗书卷第二下　二先生语二 下

附东见录后

今许大西事，无一人敢议者。自古举事，不能无可否是非，亦须有议论。如苻坚寿春之役，其朝廷宗室，固多有言者，以至宫女有张夫人者，犹上书谏。西晋平吴，当取也，主之者惟张华一人而已。然当时虽羊叔子建议，而朝廷亦不能无言。又如唐师取蔡州，此则在中国容其数十年恣睢，然当时以为不宜取者，固无义理，然亦是有议论。今则庙堂之上无一人言者，几何不一言而丧邦也！（元丰四年，用种锷、沈括之谋伐西夏。）

今日西师，正惟事本不正，更说甚去就！君子于任事之际，须成败之责在己，则自当生死以之。今致其身，使祸福死生利害由人处之，是不可也。如昨军兴事务繁夥，是亦学也；但恐只了佗纷纷底，则又何益？如从军者之行，必竟是为利禄，为功名。由今之举，便使得人一城一国，又是甚功名？君子耻之。今日从宦，苟有军事，不能免此，是复蹈前事也。然则既如此，曷为而不已也？

胎息之说，谓之愈疾则可，谓之道，则与圣人之学不干事，圣人未尝说著。若言神住则气住，则是浮屠入定之法。虽谓养气犹是第二节事，亦须以心为主，其心欲慈惠安静，故于道为有助，亦不然。孟子说浩然之气，又不如此。今若言存心养气，只是专为此气，又所为者小。舍大务小，舍本趋末，又济甚事！今言有助于道者，只为奈何心不下，故要得寂湛而已，又不似释氏摄心之术。论学若如是，则大段杂也。亦不须得道，只闭目静坐为可以养心。“坐如尸，立如齐”，只是要养其志，岂只待为养这些气来？又不如是也。

浮屠之术，最善化诱，故人多向之。然其术所以化众人也，故人亦有向有不向者。如介甫之学，佗便只是去人主心术处加功，故今日靡然而同，无有异者，所谓一正君而国定也。此学极有害。以介甫才辩，遽施之学者，谁能出其右？始则且以利而从其说，久而遂安其学。今天下之新法害事处，但只消一日除了便没事。其学化革了人心，为害最甚，其如之何！故天下只是一个风，风如是，则靡然无不向也。

今日西事要已，亦有甚难？前事亦何足耻？只朝廷推一宽大天地之量，许之自新，莫须相从。然此恐未易。朝廷之意，今日不得已，须著如此。但夏人更重有所要，以坚吾约，则边患未已也。

范希文前日西举，以虚声而走敌人。今日又不知谁能为希文者。

关中学者，以今日观之，师死而遂倍之，却未见其人，只是更不复讲。

馈运之术，虽自古亦无不烦民、不动摇而足者。然于古则有兵车，其中载糗粮，百人破二十五人。然古者行兵在中国，又不远敌，若是深入远处，则决无省力。且如秦运海隅之粟以馈边，率三十钟而致一石，是二百倍以来。今日师行，一兵行，一夫馈，只可供七日，其余日必俱乏食也。且计之，须三夫而助一兵，仍须十五日便回，一日不回，则一日乏食。以此校之，无善术。故兵也者，古人必不得已而后用者，知此耳。

目畏尖物，此事不得放过，便与克下。室中率置尖物，须以理胜佗，尖必不刺人也，何畏之有！

横渠墓祭为一位，恐难推同几之义。（同几，唯设一位祭之，谓夫妇同牢而祭也。）吕氏定一岁疏数之节，有所不及，恐未合人情。雨露既濡，霜露既降，皆有所感。若四时之祭有所未及，则不得契感之意。今祭祀，其敬齐礼文之类，尚皆可缓，且是要大者先正始得。今程氏之家祭，只是男女异位，及大有害义者，稍变得一二，佗所未遑也。吾曹所急正在此。凡祭祀，须是及祖。知母而不知父，狗彘是也。知父而不知祖，飞鸟是也。人须去上面立一等，求所以自异始得。

自古治乱相承，亦常事。君子多而小人少，则治；小人多而君子少，则乱。然在古，亦须朝廷之中君子小人杂进，不似今日剪截得直是齐整，不惟不得进用，更直憔悴善类，略去近道，则须憔悴旧日交游。只改节者，便于世事差遂。此道理，不知为甚？正叔近病，人有言之，曰："在佗人则有追驳斥放，正叔无此等事，故只有病耳。"

介甫今日亦不必诛杀，人人靡然自从，盖只消除尽在朝异已者。在古，虽大恶在上，一面诛杀，亦断不得人议论，今便都无异者。

卜筮之能应，祭祀之能享，亦只是一个理。蓍龟虽无情，然所以为卦，而卦有吉凶，莫非有此理。以其有是理也，故以心向焉，其应也如响。若以私心及错卦象而问之，便不应，盖没此理。今日之理与前日已定之理，只是一个理，故应也。至如祭祀之享亦同。鬼神之理在彼，我以此理向之，故享也。不容有二三，只是一理也。如处药治病，亦只是一个理。此药治个如何气，有此病服之即应，若理不契，则药不应。

古之言鬼神，不过著于祭祀。亦只是言如闻叹息之声，亦不曾道闻如何言语，亦不曾道见如何形状。如汉武帝之见李夫人，只为道士先说与在甚处，使端目其地，故想出也。然武帝作诗，亦曰"是耶非耶"。尝问好谈鬼神者，皆所未曾闻见，皆是见说，烛理不明，便传以为信也。假使实所闻见，亦未足信，或是心病，或是目病。如孔子言人之所信者目，目亦有不足信者耶。此言极善。

今日杂信鬼怪异说者，只是不先烛理。若于事上一一理会，则有甚尽期？须只于学上理会。

师巫在此，降言在彼，只是抛得远，决无此理。又言留下药，尤知其不然。生气尽则死，死则谓之鬼可也。但不知世俗所谓鬼神何也？聪明如邵尧夫，犹不免致疑，在此尝言，有人家若虚空中闻人马之声。某谓：“既是人马，须有鞍鞯之类皆全，这个是何处得来？”尧夫言：“天地之间，亦有一般不有不无底物。”某谓：“如此说，则须有不有不无底人马。”凡百皆尔，深不然也。

风肃然起于人心恐怖。要之，风是天地间气，非土偶人所能为也。汉时神君，今日二郎庙，皆有之。

人心作主不定，正如一个翻车，流转动摇，无须臾停，所感万端。又如悬镜空中，无物不入其中，有甚定形？不学则却都不察，及有所学，便觉察得是为害。著一个意思，则与人成就得个甚好见识？（一作“无意于学，则皆不之察，暨用心自观，即觉其为害。存此纷杂，竟与人成何见识！”）心若不做一个主，怎生奈何？张天祺昔常言：“自约数年，自上著床，便不得思量事。”不思量事后，须强把佗这心来制缚，亦须寄寓在一个形象，皆非自然。君实自谓：“吾得术矣，只管念个中字。”此则又为中系缚，且中字亦何形象？若愚夫不思虑，冥然无知，此又过与不及之分也。有人胸中常若有两人焉，欲为善，如有恶以为之间；欲为不善，又若有羞恶之心者。本无二人，此正交战之验也。持其志，便气不能乱，此大可验。要之，圣贤必不害心疾，其佗疾却未可知。佗藏府，只为元不曾养，养之却在修养家。（一作：“持其志，使气不能乱，此大可验。要之，圣贤必不病心疾，佗藏府有患，则不尝专志于养焉。”）

仁祖时，北使进言：“高丽自来臣属北朝，近来职贡全缺，殊失臣礼，今欲加兵。又闻臣属南朝，今来报知。”仁祖不答，及将去也，召而前，语之曰：“适议高丽事，朕思之，只是王子罪，不干百姓事。今既加兵，王子未必能诛得，且是屠戮百姓。”北使遂屈无答，不觉汗流浃背，俯伏于地，归而寝兵。佗都不言彼兵事势，只看这一个天地之量，亦至诚有以格佗也。

人心缘境，出入无时，人亦不觉。

人梦不惟闻见思想，亦有五藏所感者。

天下之或寒或燠，只缘佗地形高下。如屋阴则寒，屋阳则燠，不可言于此所寒，于此所热。且以尺五之表定日中一万五千里，就外观未必然。

人有寿考者，其气血脉息自深，便有一般深根固蒂底气象。人脉起于阳明，周旋而下，至于两气口，自然匀长，故于此视脉。又一道自头而下，至足大冲，亦如气口。此等事最切于身，然而人安然恬于不知。至如人为人问："你身上有几条骨头，血脉如何行动，腹中有多少藏府？"皆冥然莫晓。今人于家里有多少家活屋舍，被人问著，己不能知，却知为不智，于此不知，曾不介意，只道是皮包裹，不到少欠，大小大不察。近取诸身，一身之上，百理具备，甚物是没底？背在上故为阳，胸在下故为阴，至如男女之生，已有此象。天有五行，人有五藏。心，火也，著些天地间风气乘之，便须发燥。肝，木也，著些天地间风气乘之，便须发怒。推之五藏皆然。孟子将四端便为四体，仁便是一个木气象，恻隐之心便是一个生物春底气象，羞恶之心便是一个秋底气象，只有一个去就断割底气象，便是义也。推之四端皆然。此个事，又著个甚安排得也？此个道理，虽牛马血气之类亦然，都恁备具，只是流形不同，各随形气，后便昏了佗气。如其子爱其母，母爱其子，亦有木底气象，又岂无羞恶之心？如避害就利，别所爱恶，一一理完。更如猕猴尤似人，故于兽中最为智巧，童昏之人见解不及者多矣。然而唯人气最清，可以辅相裁成，"天地设位，圣人成能"，直行乎天地之中，所以为三才。天地本一物，地亦天也。只是人为天地心，是心之动，则分了天为上，地为下，兼三才而两之，故六也。

天地之气，远近异像，则知愈远则愈异。至如人形有异，曾何足论！如史册有鬼国狗国，百种怪异，固亦有之，要之这个理则一般。其有异者，譬如海中之虫鱼鸟兽，不啻百千万亿，卒无有同于陆上之物。虽极其异，要之只是水族而已。

天地之中，理必相直，则四边当有空阙处。空阙处如何，地之下岂无天？今所谓地者，特为天中一物尔。如云气之聚，以其久而不散也，故为对。凡地动者，只是气动。凡所指地者（一作“损缺处”）只是土，土亦一物尔，不可言地。更须要知《坤》元承天，是地之道也。

古者百亩，今四十一亩余。若以土地计之，所收似不足以供九人之食。曰：“百亩九人固不足，通天下计之则亦可。家有九人，只十六已别受田，其余皆老少也，故可供。有不足者，又有补助之政，又有乡党赒救之义，故亦可足。”

后世虽有作者，虞帝不可及也。犹之田也，其初开荒莳种甚盛，以次遂渐薄，虞帝当其盛时故也。其间有如夏衰，殷衰，周衰，有盛则有衰，又是其间之盛衰，推之后世皆若是也。如一树，方其荣时，亦有发生，亦有雕谢。桑榆既衰矣，亦有发生，亦有雕谢。又如一岁之中，四时之气已有盛衰，一时之中又有盛衰，推之至如一辰，须有辰初、辰正、辰末之差也。今言天下之盛衰，又且只据书传所有，闻见所及。天地之广，其气不齐，又安可计？譬之一国有几家，一家有几人，人之盛衰休戚未有齐者。姓之所以蕃庶者，由受姓之祖，其流之盛也。

《内则》谓请醴请浴之类，虽古人谨礼，恐不如是之烦。

古人乘车，车中不内顾，不亲指，不远视，行则鸣环佩，在车则闻和鸾，式则视马尾，自然有个君子大人气象。自五胡乱华以来，惟知鞍马为便利，虽万乘之尊，犹执鞭上马。执鞭非贵人事。

使人谓之哑御史犹可，且只是格君心。

正叔尝为《葬说》，有五事：相地，须使异日决不为路，不置城郭，不为沟渠，不为贵人所夺，不致耕犁所及，此大要也。其穴之次，设如尊穴南向北首，陪葬者前为两列，亦须北首，各于其穴安夫妇之位。坐于堂上，则男东而女西，卧于室中，则男外而女内也。推此为法观之。葬，须为坎室为安。若直下便以土实之，则许大一块虚土，压底四向，流水必趋土虚处，大不便也。且棺椁虽坚，恐不能胜许多土头，有失比化者无使土亲肤之义。

心所感通者，只是理也。知天下事有即有，无即无，无古今前后。至如梦寐皆无形，只是有此理。若言涉于形声之类，则是气也。物生则气聚，死则散而归尽。有声则须是口，既触则须是身。其质既坏，又安得有此？乃知无此理，便不可信。

草木，土在下，因升降而食土气；动物却土在中，脾在内也。非土则无由生。

《礼》言“惟天地之祭为越绋而行事”，此事难行。既言越绋，则是犹在殡宫，于时无由致得斋，又安能脱丧服衣祭服？此皆难行。纵天地之祀为不可废，只消使冢宰摄尔。昔者英宗初即位，有人以此问，先生答曰：“古人居丧，百事皆（此有阙字）如常，特于祭祀废之，则不若无废为愈也。”子厚正之曰，“父在为母丧，则不敢见其父，不敢以非礼见也。今天子为父之丧，以此见上帝，是以非礼见上帝也，故不如无祭。”

“万物皆备于我”，此通人、物而言。禽兽与人绝相似，只是不能推。然禽兽之性却自然，不待学，不待教，如营巢养子之类是也。人虽是灵，却椓丧处极多，只有一件，婴儿饮乳是自然，非学也，其佗皆诱之也。欲得人家婴儿善，且自小不要引佗，留佗真性，待他自然，亦须完得些本性须别也。

勿谓小儿无记性，所历事皆能不忘。故善养子者，当其婴孩，鞠之使得所养，全其和气，乃至长而性美，教之示以好恶有常。至如养犬者，不欲其升堂，则时其升堂而扑之。若既扑其升堂，又复食之于堂，则使孰从？虽日挞而求其不升，不可得也。养异类且尔，况人乎？故养正者，圣人也。

极，须为天下之中。天地之中，理必相直。今人所定天体，只是且以眼定，视所极处不见，遂以为尽。然向曾有于海上见南极下有大星十，则今所见天体盖未定。虽似不可穷，然以土圭之法验之，日月升降不过三万里中。故以尺五之表测之，每一寸当一千里。然而中国只到鄯善、莎车，已是一万五千里。若就彼观日，尚只是三万里中也。天下之或寒或暖，只缘地形高下。如屋阴则寒，屋阳则燠，不可言于此所寒矣，屋之西北又益寒。伯淳在泽州，尝三次食韭黄，始食怀州韭，次食泽州，又次食并州，则知数百里间气候争三月矣。若都以此差之，则须争半岁。如是，则有在此冬至，在彼夏至者。虽然，又没此事，只是一般为冬为夏而已。

贵姓子弟于饮食玩好之物之类，直是一生将身伏事不懈，如管城之陈醋瓶，洛中之史画匣是也，更有甚事？伯淳与君实尝同观史画，犹能题品奈烦。伯淳问君实："能如此与佗画否？"君实曰："自家一个身，犹不能事持得，更有甚工夫到此？"

电者阴阳相轧，雷者阴阳相击也。轧者如石相磨而火光出者，电便有雷击者是也。或传京师少闻雷，恐是地有高下也。

神农作《本草》，古传一日食药七十死，非也。若小毒，亦不当尝；若大毒，一尝而死矣，安得生？其所以得知者，自然视色嗅味，知得是甚气，作此药，便可攻此病。须是学至此，则知自至此。

或以谓原壤之为人，敢慢圣人，及母死而歌，疑是庄周，非也。只是一个乡里粗鄙人，不识义理，观夫子责之辞，可以见其为人也。若是庄周，夫子亦不敢叩之责之，適足以启其不逊尔，彼亦必须有答。

古人適异方死，不必归葬故里，如季子是也。其言骨肉归于土，若夫魂气，则无不之也。然观季子所处，要之非知礼者也。

古人之法，必犯大恶则焚其尸。今风俗之弊，遂以为礼，虽孝子慈孙，亦不以为异。更是公方明立条贯，元不为禁：如言军人出戍，许令烧焚，将骨殖归；又言郊坛须三里外方得烧人，则是别有焚尸之法。此事只是习惯，便不以为事。今有狂夫醉人，妄以其先人棺椁一弹，则便以为深仇巨怨，及亲拽其亲而纳之火中，则略不以为怪，可不哀哉！

英宗欲改葬西陵，当是时，潞公对以祸福，遂止。其语虽若诡对，要之却济事。

父子异宫者，为命士以上，愈贵则愈严。故父子异宫，犹今有逐位，非如异居也。

河南程氏遗书卷第三　二先生语 三

谢显道记忆平日语

“鸢飞戾天，鱼跃于渊，言其上下察也。”此一段子思吃紧为人处，与“必有事焉而勿正心”之意同，活泼泼地。会得时，活泼泼地；不会得时，只是弄精神。

切脉最可体仁。（郑毂云：“尝见愿道先生问此语，云：‘是某与明道切脉时，坐间有此语。’”）

观鸡雏。（此可观仁。）

汉成帝梦上帝败我濯龙渊，打不过。

问鬼神有无。曰：“待说与贤道没时，古人却因甚如此道？待说与贤道有时，又却恐贤问某寻。”

射法具而不满者，无志者也。

尸居却龙见，渊默却雷声。

须是合内外之道，一天人，齐上下学而上达，极高明而道中庸。

既得后，便须放开，不然，却只是守。

《诗》可以兴。某自再见茂叔后，吟风弄月以归，有“吾与点也”之意。

古人互相点检，如今之学射者亦然。

铁剑利而倡优拙。此重则彼轻。

自“舜发于畎亩之中”，至“孙叔敖举于海”，若要熟，也须从这里过。

《萃》《涣》皆“享于帝，立庙”，因其精神之聚而形于此，为其涣散，故立此以收之。

“隘与不恭，君子不由”，非是瑕疵夷、惠之语，其弊至此。

赵普除节度使权，便是乌重胤之策，以兵付逐州刺史。

以记诵博识为玩物丧士心。（时以经语录作一册。〇郑毂云：“尝见显道先生云：‘某从洛中学时，录古人善行别作一册，洛中见之，云是玩物丧志，盖言心中不宜容丝髮事。’”）

张子厚、邵尧夫，善自开大者也。

弹琴，心不在便不成声，所以谓琴者禁也，禁人之邪心。

舞蹈本要长袖，欲以舒其性情。某尝观舞正乐，其袖往必反，有盈而反之意。今之舞者，反收拾袖子结在一处。

周茂叔窗前草不除去，问之，云：“与自家意思一般。”子厚观驴鸣，亦谓如此。

张子厚闻生皇子，喜甚；见饿莩者，食便不美。

某写字时甚敬，非是要字好，只此是学。

一日游许之西湖，在石坛上坐，少顷脚踏处便溼，举起云：“便是天地升降道理。”

一日见火边烧汤瓶，指之曰：“此便是阴阳消长之义。”

“鸢飞戾天”，向上更有天在；“鱼跃于渊”，向下更有地在。（此两句去作人材上说更好。〇郑毂云：“尝问此二句，显道先生云：‘非是极其上下而言，盖真个见得如此，正是子思吃紧道与人处。若从此解悟，便可入尧、舜气象。’”）

因论口将言而嗫嚅。云：“若合开口时，要他头，也须开口（如荆轲于樊于期），须是‘听其言也厉’。”

舜由仁义行，非行仁义也。

与善柔人处，坏了人；须是与不善柔人处，方成就得人。他山之石可以攻玉。

又言：“不哭底孩儿，谁抱不得？”

须是就事上学。“《蛊》，振民育德。”然有所知后，方能如此。

“何必读书，然后为学？”

“士不可以不弘毅，任重而道远。”重担子须是硬脊梁汉方担得。

《诗》《书》只说帝与天。

有人疑伊尹出处合于孔子可以仕则仕、可以止则止，不得为圣之时，何也？曰：“终是任底意思在。”

一行岂所以名圣人？至于圣，则自不可见。何尝道圣人孝，圣人廉？

太山为高矣，然太山顶上已不属太山。虽尧、舜之事，亦只是如太虚中一点浮云过目。

执事须是敬，又不可矜持太过。

孟子知言，正如人在堂上，方能辨堂下人曲直。若自下去堂下，则却辨不得。

勿忘勿助长之间，正当处也。

颜子合下完具，只是小，要渐渐恢廓。孟子合下大，只是未粹，索学以充之。

学者要学得不错，须是学颜子。（有准的。）

参也，竟以鲁得之。

“默而识之，不言而信，存乎德行。”

“毛犹有伦”，入毫厘丝忽终不尽。

满腔子是恻隐之心。

众人安则不恭，恭则不安。

“君子以言有物而行有恒。”

邢恕日三点检，谓亦可哀也，何时不点检！

学射者互相点检病痛，“朋友攸摄，摄以威仪”。

有甚你管得我？有甚我管得你？教人致却太平后，某愿为太平之民。

右明道先生语

三王不足四，无四三王之理。如忠质文之所尚，子丑寅之所建，岁三月为一时之理。秦强以亥为正，毕竟不能行。孔子知是理，故其志不欲为一王之法，欲为百王之通法，如语颜渊为邦是也，其法度又一寓之《春秋》。（已后别有说。）

西北东南，人材不同。

以律管定尺，乃是以天地之气为准，非矩黍之比也。矩黍积数，在先王时，惟此为適与度量合，故可用，今时则不同。

物之可卜者，惟龟与羊髀骨可用，盖其坼可验吉凶。

李觏谓："若教管仲身长在宫内，何妨更六人？"此语不然。管仲时，桓公之心特未蠹也。若已蠹，虽管仲可奈何？未有心蠹尚能用管仲之理。

孟子言性，当随文看。不以告子"生之谓性"为不然者，此亦性也，彼命受生之后谓之性尔，故不同。继之以"犬之性犹牛之性，牛之性犹人之性与"，然不害为一。若乃孟子之言善者，乃极本穷源之性。

日月之形，如人有身须有目，目必面前，故太阳无北观者。

仁则一，不仁则二。

仁道难名，惟公近之，非以公便为仁。

禅家之言性，犹太阳之下置器，其间方圆小大不同，特欲倾此于彼尔。然在太阳几时动？又其学善遁，若人语以此理，必曰我无修无证。

先生少时，多与禅客语，欲观其所学浅深，后来更不问。盖察言不如观貌，言犹可以所闻强勉，至于貌则不可强。

气，形而下者。

语学者以所见未到之理，不惟所闻不深彻，久将理低看了。

性不可以内外言。

神是极妙之语。

神与性元不相离，则其死也，何合之有？如禅家谓别有一物常在，偷胎夺阴之说，则无是理。

魂谓精魂，其死也魂气归于天，消散之意。

某欲以金作器比性成形。先生谓："金可以比气，不可以比性。"

唐人伎艺，亦有精绝过今人处。

日月谓一日一个亦得，谓通古今只一个亦得。

《易》言天亦不同。如"天道亏盈而益谦"，此通上下理亦如此，天道之运亦如此。如言"天且弗违，况于人乎？况于鬼神乎？"此直谓形而上者言，以鬼神为天地矣。

庄生形容道体之语，尽有好处。老氏"谷神不死"一章最佳。

禅家出世之说，如闭目不见鼻，然鼻自在。

圣人不记事，所以常记得。今人忘事，以其记事。不能记事，处事不精，皆出于养之不完固。

陈恒弑其君，夫子请讨，当时夫子已去位矣。（曾为大夫。）

人固可以前知，然其理须是用则知，不用则不知。知不如不知之愈，盖用便近二，所以释子谓又不是野狐精也。

二三立，则一之名亡矣。

"感而遂通天下之故"，以其寂然不动，小则事物之至，大则无时而不感。

人之禀赋有无可奈何者，圣人所以戒忿疾于顽。

释氏处死生之际，不动者有二：有英明不以为事者，亦有昏愚为人所误，以前路自有去处者。

心欲穷四方上下所至，且以无穷，置却则得。若要真得，须是体合。

有剪桐之戏，则随事箴规；违养生之戒，则即时谏止。

未有不能体道而能无思者，故坐忘即是坐驰，有忘之心乃思也。

许渤其子隔一窗而寝，乃不闻其子读书与不读书。先生谓："此人持敬如此。"（曷尝有如此圣人？）

伯淳在澶州日修桥，少一长梁，曾博求之民间。后因出入，见林木之佳者，必起计度之心，因语以戒学者："心不可有一事。"

阅机事之久，机心必生。盖方其阅时，心必喜，既喜，则如种下种子。

见一学者忙迫，先生问其故。曰："欲了几处人事。"曰："某非不欲周旋人事者，曷尝似贤急迫？"

忘物与累物之弊等。

疑病者，未有事至时，先有疑端在心；周罗事者，先有周事之端在心，皆病也。

较事大小，其弊为枉尺直寻之病。

忘敬而后"无不敬"。

圣人之心，未尝有在，亦无不在，盖其道合内外，体万物。

事神易，为尸难。苟孝子有思亲之心，以至诚持之，皆可以尽其道。惟尸象神，其所以祖考来格者以此。后世巫觋，立尸之遗意，但其流入于妄伪，岂有通幽明之理！

死者不可谓有知，不可谓无知。

尝问先生："其有知之原，当俱禀得。"先生谓："不曾禀得，何处交割得来？"又语及太虚，曰："亦无太虚。"遂指虚曰："皆是理，安得谓之虚？天下无实于理者。"

罪己责躬不可无，然亦不当长留在心胸为悔。

有恐惧心，亦是烛理不明，亦是气不足。须知"义理之悦我心，犹刍豢之悦我口"，玩理以养心如此。盖人有小称意事，犹喜悦，有沦肌浃骨如春和意思，何况见理？然穷理亦当知用心缓急，但苦劳而不知悦处，岂能养心？

入道莫如敬，未有能致知而不在敬者。今人主心不定，视心如寇贼而不可制，不是事累心，乃是心累事。当知天下无一物是合少得者，不可恶也。

或谓许大太虚。先生谓："此语便不是，这里论甚大与小？"

大抵人有身，便有自私之理，宜其与道难一。

人之于仪形，有是持养者，有是修饰者。

人之于性，犹器之受光于日，日本不动之物。

须是识在所行之先，譬如行路，须得光照。

伯有为厉之事，别是一理。

“一阴一阳之谓道”，道非阴阳也，所以一阴一阳道也，如一阖一辟谓之变。

右伊川先生语

拾遗

许渤初起，问人天气寒温，加减衣服，一加减定，即终日不换。

许渤在润州，与范文正、胡宿、周茂叔游。

古人立尸之意甚高。

“万取千焉，千取百焉。”（齐语谓某处取某处远近。）

“夫天未欲平治天下也，如欲平治天下，当今之世，舍我其谁?”此是有所受命之语。若孔子谓“天之将丧斯文也，后死者不得与于斯文也；天之未丧斯文也，匡人其如予何!”丧乃我丧，未丧乃我未丧，我自做著天里，圣人之言，气象自别。

张横渠谓范文正才气老成。（笑指挥赵俞。）

古人求法器。

礼乐只在进反之间，便得性情之正。

孟子答公孙丑问“何谓浩然之气”，曰：“难言也。”只这里便见得是孟子实有浩然之气。若他人便乱说道是如何，是如何。

子路亦百世之师：“人告之以有过则喜。”

右明道先生语

先生在经筵日，有二同列论武侯事业，谓：“战伐所丧亦多，非‘杀一不辜而得天下不为’之事。”先生谓：“二公语过矣。‘杀一不辜而得天下不为’，谓杀不辜以私己。武侯以天子之命讨天下之贼，何害?”

汉儒近似者三人：董仲舒、大毛公、杨雄。

右伊川先生语

河南程氏遗书卷第四　二先生语 四

游定夫所录

善言治天下者，不患法度之不立，而患人材之不成。善言人材者，不患器质之不美，而患师学之不明。人材不成，虽有良法美意，孰与行之？师学不明，虽有受道之质，孰与成之？

行之失，莫甚于恶，则亦改之而已矣。事之失，莫甚于乱，则亦治之而已矣。苟非自暴自弃者，孰不可与为君子？

人有习他经，既而舍之，习《戴记》。问其故，曰："决科之利也。"先生曰："汝之是心，已不可入于尧、舜之道矣。夫子贡之高识，曷尝规规于货利哉？特于丰约之间，不能无留情耳。且贫富有命，彼乃留情于其间，多见其不信道也。故圣人谓之'不受命'。有志于道者，要当去此心而后可语也。"（一本云："明道知扶沟县事，伊川侍行，谢显道将归应举。伊川曰：'何不止试于太学？'显道对曰：'蔡人鲜习《礼记》，决科之利也。'先生云云，显道乃止。是岁登第。"注云："尹子言其详如此。"）

先生不好佛语。或曰："佛之道是也，其迹非也。"曰："所谓迹者，果不出于道乎？然吾所攻，其迹耳，其道，则吾不知也。使其道不合于先王，固不愿学也。如其合于先王，则求之《六经》足矣，奚必佛？"

汉儒之中，吾必以杨子为贤。然于出处之际，不能无过也。其言曰："明哲煌煌，旁烛无疆；孙于不虞，以保天命。""孙于不虞"则有之，"旁烛无疆"则未也。光武之兴，使雄不死，能免诛乎？观于朱泚之事可见矣。古之所谓言逊者，迫不得已，如《剧秦美新》之类，非得已者乎？

天下之习，皆缘世变。秦以弃儒术而亡不旋踵，故汉兴，颇知尊显经术，而天下厌之，故有东晋之放旷。

人有语导气者，问先生曰："君亦有术乎？"曰："吾尝夏葛而冬裘，饥食而渴饮，节嗜欲，定心气，如斯而已矣。"

世有以读书为文为艺者。曰："为文谓之艺，犹之可也。读书谓之艺，则求诸书者浅矣。"

万物本乎天，人本乎祖，故冬至祭天而祖配之。以冬至者，气至之始故也。万物成形于地，而人成形于父，故以季秋享帝而父配之。以季秋者，物成之时故也。

世之信道笃而不惑异端者，洛之尧夫、秦之子厚而已。

孟子之时，去先王为未远，其学比后世为尤详，又载籍未经秦火，然而班爵禄之制，已不闻其详。今之礼书，皆掇拾于煨烬之余，而多出于汉儒一时之傅会，奈何欲尽信而句为之解乎？然则其事固不可一二追复矣。（明道）

人必有仁义之心，然后仁与义之气睟然达于外，故"不得于心，勿求于气"可也。（明道）

君子之教人，或引之，或拒之，各因其所亏者成之而已。孟子之不受曹交，以交未尝知道固在我而不在人也，故使"归而求之"。

孟子论三代之学，其名与《王制》所记不同，恐汉儒所记未必是也。

"象忧亦忧，象喜亦喜"，盖天理人情于是为至。舜之于象，周公之于管叔，其用心一也。夫管叔未尝有恶也，使周公逆知其将畔，果何心哉？惟其管叔之畔，非周公所能知也，则其过有所不免矣。故孟子曰："周公之过，不亦宜乎？"

孟子言舜完廪浚井之说，恐未必有此事，论其理而已。尧在上而使百官事舜于畎亩之中，岂容象得以杀兄，而使二嫂治其栖乎？学孟子者，以意逆志可也。

或谓佛之理比孔子为径。曰："天下果有径理，则仲尼岂欲使学者迂远而难至乎？故外仲尼之道而由径，则是冒险阻、犯荆棘而已。"（侍讲）

穷经，将以致用也。如"诵《诗》三百，授之以政不达，使于四方，不能专对，虽多，亦奚以为？"今世之号为穷经者，果能达于政事、专对之间乎？则其所谓穷经者，章句之末耳，此学者之大患也。

问："'我于辞命则不能'，恐非孟子语。盖自谓不能辞命，则以善言德行自居矣，恐君子或不然。"曰："然。孔子兼之，而自谓不能者，使学者务本而已。"（明道）

孟子曰："事亲若曾子可也。"吾以谓事君若周公可也。盖子之事父，臣之事君，闻有自知其不足者矣，未闻其为有余也。周公之功固大矣，然臣子之分所当为也，安得独用天子之礼乎？其因袭之弊，遂使季氏僭八佾，三家僭雍彻，故仲尼论而非之，以谓"周公其衰矣"。（侍讲）

师保之任，古人难之。故召公不说者，不敢安于保也；周公作书以勉之，以为在昔人君所以致治者，皆赖其臣，而使召公谋所以裕己也。

"复子明辟"，如称告嗣天子王矣。

工尹商阳自谓"朝不坐宴，不与杀三人，足以反命"，慢君莫甚焉，安在为有礼？夫君子立乎人之本朝，则当引其君于道，志于仁而后已。彼商阳者士卒耳，惟当致力于君命，而乃行私情于其间，孔子盖不与也。所谓"杀人之中又有礼焉"者，疑记者谬。

盟可用也，要之则不可。故孔子与蒲人盟而适卫者，特行其本情耳。盖与之盟与未尝盟同，故孔子适卫无疑。使要盟而可用，则卖国背君亦可要矣。

不知天，则于人之愚智贤否有所不能知，虽知之有所不尽，故"思知人不可以不知天"。不知人，则所亲者或非其人，所由者或非其道，而辱身危亲者有之，故"思事亲不可不知人"。故尧之亲九族，亦明俊德之人为先，盖有天下者，以知人为难，以亲贤为急。

《二南》之诗，盖圣人取之以为天下国家之法，使邦家乡人皆得歌咏之也。有天下国家者，未有不自齐家始。先言后妃，次言夫人，又次言大夫妻。而古之人有能修之身以化在位者，文王是也，故继之以文王之诗。《关雎》诗所谓“窈窕淑女”，即后妃也，故《序》以为配君子。所谓“乐而不淫，哀而不伤”，盖《关雎》之义如此，非谓后妃之心为然也。

安定之门人往往知稽古爱民矣，则于为政也何有？

古者乡田同井，而民之出入相友，故无争斗之狱。今之郡邑之讼，往往出于愚民，以戾气相搆，善为政者勿听焉可也。又时取强暴而好讥侮者痛惩之，则柔良者安，斗讼可息矣。

君子之遇事，无巨细，一于敬而已。简细故以自崇，非敬也；饰私智以为奇，非敬也。要之，无敢慢而已。《语》曰：“居处恭，执事敬，虽之夷狄，不可弃也。”然则“执事敬”者，固鸢仁之端也。推是心而成之，则“笃恭而天下平”矣。

士之所难者，在有诸己而已。能有诸己，则“居之安，资之深”，而美且大可以驯致矣。徒知可欲之善，而若存若亡而已，则能不受变于俗者鲜矣。

冯道更相数主，皆其仇也，安定以为当五代之季，生民不至于肝脑涂地者，道有力焉，虽事仇无伤也。荀彧佐曹操诛伐，而卒死于操，君实以为东汉之衰，彧与攸视天下无足与安刘氏者，惟操为可依，故俯首从之，方是时，未知操有他志也。君子曰：“在道为不忠，在彧为不智。如以为事固有轻重之权，吾方以天下为心，未暇恤人议己也，则枉己者未有能直人者也。”

世之议子云者，多疑其投阁之事。以《法言》观之，盖未必有。又天禄阁世传以为高百尺，宜不可投。然子云之罪，特不在此，黾勉于莽、贤之间，畏死而不敢去，是安得为大丈夫哉？

公山弗扰以费叛，不以召叛人逆党而召孔子，则其志欲迁善悔过，而未知其术耳。使孔子而不欲往，是沮人为善也，何足以为孔子？

道之外无物，物之外无道，是天地之间无适而非道也。即父子而父子在所亲，即君臣而君臣在所敬，以至为夫妇、为长幼、为朋友，无所为而非道，此道所以不可须臾离也。然则毁人伦、去四大者，其分于道也远矣。故“君子之于天下也，无适也，无莫也，义之与比”。若有适有莫，则于道为有间，非天地之全也。彼释氏之学，于“敬以直内”则有之矣，“义以方外”则未之有也，故滞固者入于枯槁，疏通者归于肆恣。此佛之教所以为隘也。吾道则不然，率性而已。斯理也，圣人于《易》备言之。

《乾》，圣人之分也，可欲之善属焉。《坤》，学者之分也，有诸己之信属焉。

仲尼言仁，未尝兼义，独于《易》曰：“立人之道曰仁与义。”而孟子言仁必以义配。盖仁者体也，义者用也，知义之为用而不外焉者，可与语道矣。世之所论于义者多外之，不然则混而无别，非知仁义之说者也。

门人有曰：“吾与人居，视其有过而不告，则于心有所不安，告之而人不受，则奈何？”曰：“与之处而不告其过，非忠也。要使诚意之交通在于未言之前，则言出而人信矣。”

“刚毅木讷”，质之近乎仁也；“力行”，学之近乎仁也。若夫至仁，则天地为一身，而天地之间，品物万形为四肢百体。夫人岂有视四肢百体而不爱者哉？圣人，仁之至也，独能体是心而已，曷尝支离多端而求之自外乎？故“能近取譬”者，仲尼所以示子贡以为仁之方也。医书有以手足风顽谓之四体不仁，为其疾痛不以累其心故也。夫手足在我，而疾痛不与知焉，非不仁而何？世之忍心无恩者，其自弃亦若是而已。

一物不该，非中也；一事不为，非中也；一息不存，非中也。何哉？为其偏而已矣。故曰：“道也者，不可须臾离也，可离非道也。”修此道者，“戒慎乎其所不睹，恐惧乎其所不闻”而已。由是而不息焉，则“上天之载，无声无臭”，可以驯致也。

君子之于中庸也，无适而不中，则其心与中庸无异体矣。小人之于中庸，无所忌惮，则与戒慎恐惧者异矣，是其所以反中庸也。

责善之道，要使诚有余而言不足，则于人有益，而在我者无自辱矣。

河南程氏遗书卷第五　二先生语 五

理与心一，而人不能会之为一。

仲尼，元气也；颜子，春生也；孟子，并秋杀尽见。仲尼，无所不包；颜子示“不违如愚”之学于后世，有自然之和气，不言而化者也；孟子则露其才，盖亦时然而已。仲尼，天地也；颜子，和风庆云也，孟子，泰山岩岩之气象也。观其言，皆可以见之矣。仲尼无迹，颜子微有迹，孟子其迹著。

人心常要活，则周流无穷，而不滞于一隅。

老子曰“无为”，又曰“无为而无不为”。当有为而以无为为之，是乃有为为也。圣人作《易》，未尝言无为，惟曰“无思也，无为也”，此戒夫作为也；然下即曰“寂然不动，感而遂通天下之故”，是动静之理，未尝为一偏之说矣。

语圣则不异，事功则有异，“夫子贤于尧、舜”，语事功也。

孔子言语，句句是自然；孟子言语，句句是事实。

论学便要明理，论治便须识体。

《蹇》便是处蹇之道，《困》便是处困之道，道无时不可行。

孟子有功于道，为万世之师，其才雄，只见雄才，便是不及孔子处。人须当学颜子，便入圣人气象。

父子君臣，天下之定理，无所逃于天地之间，安得有私心！行一不义，杀一不辜，有所不为。有分毫私，便不是王者事。

《订顽》立心，便达得天德。

孔子尽是明快人，颜子尽恺弟，孟子尽雄辩。

孔子为中都宰，“知其不可而为之”，不仁；不知而为之，不知。岂有圣人不尽仁知？

责上责下而中自恕己，岂可任职分？

万物无一物失所，便是天理时中。

“公孙硕肤，赤舄几几。”

为君尽君道，为臣尽臣道，过此则无理。

“坤作成物”，是积学处，“乾知大始”，是成德处。

孔子请讨田恒，当时得行，便有举义为周之意。

九二“利见大人”，九五“利见大人”，圣人固有在上者，在下者。

虽公天下事，若用私意为之，便是私。

“唯上智与下愚不移”，移则不可知。上之为圣，下之为狂，在人一心念不念为进退耳。

“居处恭，执事敬，与人忠”，充此便睟面盎背，有诸中必形诸外，观其气象便见得。

天命不已，文王纯于天道亦不已。纯则无二无杂，不已则无间断先后。

不能动人，只是诚不至；于事厌倦，皆是无诚处。

气直养而无害，便塞乎天地之间，有少私意，即是气亏。无不义便是集义，有私意便是馁。

心具天德，心有不尽处，便是天德处未能尽，何缘知性知天？尽己心，则能尽人尽物，与天地参，赞化育。赞，则直养之而已。

“鼓万物而不与圣人同忧”，天理鼓动万物如此。圣人循天理而欲万物同之，所以有忧患。

章，外见之物。“含章可贞”，“来章有庆”，须要反己。

敬、义夹持，直上达天德自此。

舞射便见人诚。古之教人，莫非使之成己，自洒埽应对上，便可到圣人事。

“乐莫大焉”，“乐亦在其中”，“不改其乐”，须知所乐者何事。

乾、坤，古无此二字，作《易》者特立此二字以明难明之道（“乾坤毁则无以见《易》”，须以意明之），以此形容天地间事。

《易》，圣人所以立道，穷神则无《易》矣。

孔子为宰则为宰，为陪臣则为陪臣，皆能发明大道。孟子必得宾师之位，然后能明其道。犹之有许大形象，然后为太山；许多水，然后为海。（以此未及孔子。）

夷、惠有异于圣人大成处，然行一不义，虽得天下不为，与孔子同者，以其诚一也。

颜子作得禹、稷、汤、武事功，若德则别论。

《诗》言天命，《书》言天。（存心则上帝临女。）

文章成功，有形象可见，只是极致事业，然所以成此事功者，即是圣也。

万物之始，皆气化；既形，然后以形相禅，有形化；形化长，则气化渐消。

《中庸》言“无声无臭”，胜如释氏言“非黄非白”。

心有所存，眸子先发见。

张兄言气，自是张兄作用，立标以明道。（“张兄”一作“横渠”，后同。）

《乾》是圣人道理，《坤》是贤人道理。

《易》之有象，犹人之守礼法。

待物生，以时雨润之，使之自化。

恭而安。（张兄十五年学。）

河南程氏遗书卷第六　二先生语 六

此卷间有不可晓处，今悉存之，不敢删去。

质夫沛然。择之茫然，未知所得。季明安。

兄（吕本“兄”字下旁注“指明道”三字，如此则下“厚”字应非人名）厚临终过西郊（一作“洛”），却相疑，平生不相疑。

叔不排释、老。（吕本“叔”字下旁注“指伊川”三字。鹤鸣谨按：二程子排佛、老甚力，吕本注误。）

惟善变通，便是圣人。

圣人于天下事，自不合与，只顺得天理，茂对时，育万物。

尧、舜、共、鲧、皋陶（一作“夔”）时与孔子异。

正名（养老）　荀文若（利）　魏郑公（正当辨）

学原于思。

仁，人此，义，宜此。事亲仁之实，从兄义之实，须去一道中别出。

孔子言仁，只说“出门如见大宾，使民如承大祭”。看其气象，便须心广体胖，动容周旋中礼，惟慎独便是守之之法。圣人修己以敬，以安百姓，笃恭而天下平。惟上下一于恭敬，则天地自位，万物自育，气无不和，四灵何有不至？此体信达顺之道，聪明睿智皆由是出。以此事天飨帝，故《中庸》言鬼神之德盛，而终之以微之显，诚之不可掩如此。

“博施”“济众”，非圣不能，何曾干仁事？故特曰：夫仁者达人立人，取譬可谓仁之方而已，使人求之，自反便见得也。虽然，圣人未有不尽仁，然教人不得如此指杀。绕塔说相轮，不如便入塔登之，始登时虽不见？及上到顶，则相轮为我有。

四体不仁。

鬼是往而不反之义。

天人本无二，不必言合。

俨然，即之温，言厉。佗人温则不厉，俨然则不温。惟孔子全之。

大圭黄钟，全冲和气。

李宏中力田养亲。

节嗜欲，定心气。（即是天气下降，地气上腾。心气定，便和无疾。）

看一部《华严经》，不如看一《艮》卦。（经只言一止观。）

论性，不论气，不备；论气，不论性，不明。二之则不是。

人自孩提，圣人之质已完，只先于偏胜处发。（或仁，或义，或孝，或弟。）去气偏处发，便是致曲；去性上修，便是直养。然同归于诚。

觉悟便是信。

自“幼子常视无诳”以上，便是教以圣人事。

人之知思，因神以发。

成己须是仁，推成己之道成物便是智。

怒惊皆是主心不定。（不迁怒。）

非礼不视听言动，积习尽有功，礼在何处？

“不有躬，无攸利。”不立己，后虽向好事，犹为化物，不得以天下万物挠己。己立后，自能了当得天下万物。

地不改辟，民不改聚，只修治便了。

饥食渴饮，冬裘夏葛，若置些私吝心在，便是废天职。

忠信进德，修辞立其诚，所以居业修立在人。

日月，阴阳发见盛处。

月受日光（父子），龙敏（挝鼓）。

鼓动万物，圣人之神知则不可名。

凡物参和交感则生，不和分散则死。

凡有气莫非天，凡有形莫非地。

气有偏胜处。

二气、五行刚柔万殊，圣人所由惟一理，人须要复其初。

元气会则生圣贤。理自生。

天只主施，成之者地也。

须要有所止。（止于仁，止于孝，止于大分。）

有形总是气，无形只是道。

《咸》六四言“贞吉悔亡”，言感之不可以心也。（不得只任心地看过，更留心。）

存养熟后，泰然行将去，便有进。

《艮》卦只明使万物各有止，止分便定。（“艮其背，不获其身，不见其人。”）

曾子疾病，只要以正，不虑死，与武王“杀一不辜，行一不义，得天下不为”同心。

百官万务、金革百万之众，饮水曲肱，乐在其中。万变皆在人，其实无一事。

蜀山人不起念十年，便能前知。

只是一个诚。（天地万物鬼神本无二。）

清明在躬，志气如神。（久且熟。）

观天地生物气象。（周茂叔看。）

“在帝左右”，帝指何帝?

卜筮在精诚，疑则不应。（一本注云：“疑心微生，便是不应。杨子江依凭事是此理。”）

懈意一生，便是自弃自暴。

“勿忘勿助长，必有事焉”，只中道上行。

忠信而入，忠信而出。（油火上竿禁蜈蚣。）

涵养著乐处，养心便到清明高远。

天下之悦不可极，惟朋友讲习，虽过悦无害。兑泽有相滋益处。（一本注云："兑泽有自相滋益之意。"）

凝然不动，便是圣人。

多惊多怒多忧，只去一事所偏处自克，克得一件，其余自正。

人少长须激昂自进，中年已后，渐至德成，方可自安。

"致知在格物"，物来则知起。物各付物，不役其知，则意诚不动，意诚自定则心正，始学之事也。

斋戒以神明其德。

明德、新民，岂分人我？是成德者事。

天无形，地有形。

虚心实腹。

静后见万物自然皆有春意。

天之生物无穷，物之所成却有别。

致曲不要说来大。

和平依磬声，玉磬声之最和平者养心。

羊头山老子说一稃二米秬黍，则是天地气和，十分丰熟。山上便有，山下亦或有之。

八十四声，清者极吹尽清，浊者极吹尽浊，就其中考中声上生下生。

霜露，星之气，异乎雨雪。

"密云不雨"，尚往则气散。（先阴变风，气随风散。）

苔木气为水土所发。

草类竹节可见。黄钟牛鸣，胎息气。

意言象数（邵尧夫）。

周茂叔穷禅客。

明善在明，守善在诚。

《复》卦非天地之心，复则"见天地之心"。圣人无复，故未尝见其心。

管摄天下人心，收宗族，厚风俗，使人不忘本，须是明谱系世族与立宗子法。（一年有一年工夫。）

忿欲忍与不忍，便见有德无德。

《周南》《召南》如《乾》《坤》。

今之祭祀无乐，今之乐又不可用，然又却不见得缓急之节。

叔一生不曾看《庄》《列》，非礼勿动勿视，出于天与，从幼小有如是才识。

夷、惠，其道隘与不恭，乃心无罪。

孔子所遇而安，无所择。自子路观孔子，孔子为不恭。自孔子观吾辈，吾辈便隘。惟其与万物同流，便能与天地同流。

去健羡，毋意，义之与比。（亲于其身为不善，直是不入。）

山林之士，只是意欲不出。

重，主道也。士大夫得有重，应当有主。既埋重，不可一日无主，故设苴；及其已作主，即不用苴。

有庙即当有主。

技击不足以当节制，节制不足以当仁义。使人人有子弟卫父兄之心，则制梃以挞秦、楚之兵矣。

不应为，总是罪过。

《诗》兴起人志意。

小人小丈夫，不合小了，他本不是恶。

语默犹昼夜，昼夜犹生死，生死犹古今（消息）。

慎终追远。（不止为丧祭。）

铅铁性殊，点化为金，则不辨铅铁之性。

民须仁之，物则爱之。

圣人缘人情以制礼，事则以义制之。

息，止也，生也。止则便生，不止则不生。（《艮》，始终万物。）

不常其德，则所胜来复；正常其理，则所胜同化。（《素问》。）

曾点、漆雕已见大意，故圣人与之。

颜子所言不及孔子。“无伐善，无施劳”，是他颜子性分上事。

孔子言“安之，信之，怀之”，是天理上事。

大抵有题目事易合。

心风人力倍平常。将死者识能预知，只是他不著别事杂乱，兼无昏气。（人须致一如此。）

孔子之时，事虽有不可为，孔子任道，岂有不可为？鲁君、齐君，孔、孟岂不知其不足与有为？

人虽睡着，其识知自完，只是人与唤觉，便是他自然理会得。

诚则自然无累，不诚便有累。

贫子宝珠。

君实笃厚，晦叔谨严，尧夫放旷。

根本须是先培壅，然后可立趋向也。趋向既立，所造有浅深，则由勉与不勉也。（正）

人多昏其心，圣贤则去其昏。

以富贵为贤者不欲，却反人情。

闻见如登九层之台。

《中说》有后人缀缉之。

观两汉已前文章，凡为文者皆似。

杨子之学实，韩子之学华，华则涉道浅。

祭而立尸，只是古人质。

颜子箪瓢，非乐也，忘也。

孟子知言，则便是知道。

夷、惠圣人，传者之误。“不念旧恶”，此清者之量。

“思与乡人处”，此孟子拔本塞源。

庾公之斯，取其不背学而已。

杨、墨，皆学仁义而流者也。墨子似子张，杨子似子夏。

伊尹不可言蔽，亦是圣之时。伯夷不蔽于为己，只是隘。

孔子免匡人之围，亦苟脱也。

四端不言信，信本无在。在《易》则是至理，在孟子则是气。

子产语子太叔，因其才而教之。

《序卦》非《易》之蕴，此不合道。（韩康伯注。）

“仰之弥高”，见其高而未能至也。“钻之弥坚”，测其坚而未能达也。此颜子知圣人之学而善形容者也。

义之精者，须是自求得之，如此则善求义也。

读《论语》《孟子》而不知道，所谓“虽多，亦奚以为”。

汤既胜夏，欲迁其社，不可。圣人所欲不逾矩，既欲迁社，而又以为不可，欲迁是，则不可为非矣；不可是，则欲迁为非矣。然则圣人亦有过乎？曰非也，圣人无过。夫亡国之社迁之，礼也，汤存之以为后世戒，故曰欲迁则不可也。《记》曰：丧国之社屋之，不受天阳也。又曰：亳社北牖，使阴明也。《春秋》书“亳社灾”，然则皆自汤之不迁始也。

五亩之宅（田二献半，郭二亩半，耕则居田，休则居郭），三易，再易，不易。（三易三百亩，三岁一耕。再易二百亩，二岁一耕。不易岁，岁耕之。此地之肥瘠不同也。）

古者百步为亩，百亩当今之四十一亩也。古以今之四十一亩之田，八口之家可以无饥；今以古之二百五十亩，犹不足，农之勤惰相悬乃如此。

古之时，民居少，人各就高而居，中国虽有水，亦未为害也。及尧之时，人渐多，渐就平广而居，水泛滥，乃始为害。当是时，龙门未辟，伊阙未析，砥柱未凿，尧乃因水之泛滥而治之，以为天下后世无穷之利。非尧时水特为害也，盖已久矣。上世人少，就高而居则不为害，后世人多，就下而处则为害也。

四凶之才皆可用。尧之时圣人在上，皆以其才任大位，而不敢露其不善之心。尧非不知其不善也，伏则圣人亦不得而诛之。及尧举舜于匹夫之中而禅之位，则是四人者始怀愤怨不平之心而显其恶，故舜得以因其迹而诛窜之也。

人无父母，生日当倍悲痛，更安忍置酒张乐以为乐？若具庆者可矣。

今人以影祭，或画工所传，一髭髪不当，则所祭已是别人，大不便。

今之税实轻于什一，但敛之无法与不均耳。

有一物而可以相离者，如形无影不害其成形，水无波不害其为水。有两物而必相须者，如心无目则不能视，目无心则不能见。

古者八十丝为一升，斩衰三升，则是二百四十丝，于今之布为已细。缌麻十五升，则是千有二百丝，今盖无有矣。

“古之学者为己，今之学者为人”；古之仕者为人，今之仕者为己；古之强有力者将以行礼，今之强有力者将以为乱。

方今有古之所无者二：兵与释、老也。

言而不行，是欺也。君子欺乎哉？不欺也。

汎乎其思，不若约之可守也。思则来，舍则去，思之不熟也。

二经简编，后分者不是。

《诗》大率后人追作，马迁非。

圣人于忧劳中，其心则安静，安静中却有至忧。

圣人之言远如天，贤者小如地。

天之付与之谓命，禀之在我之谓性，见于事物之谓理。

“事君有犯无隐，事亲有隐无犯”，有时而可分。

治必有为治之因，乱必有为乱之因。

受命之符不足怪。

射则观其至诚而已。

学行之上也，名誉以崇之，皆杨子之失。

“由之瑟，奚为于丘之门”，言其声之不和，与已不同。

“视其所以”，观人之大概；“察其所安”，心之所安也。

子绝四：毋自任私意，毋必为，毋固执，毋有已。

“居是邦也，不非其大夫”，此理最好。

“出入”，可也；出须是同归。

“博施济众”，仁者无穷意。

“知和而和”，执辞时不完。

“无欲速”，心速；“七年”，理速。

养亲之心则无极，外事极时须为之极，莫若极贵贵之义，莫若极尊贤之宜。

发于外者谓之恭，有诸中者谓之敬。

诚然后能敬，未及诚时，却须敬而后能诚。

无妄之谓诚，不欺其次矣。（一本云："李邦直云：'不欺之谓诚。'便以不欺为诚。徐仲车云：'不息之谓诚。'《中庸》言至诚无息，非以无息解诚也。或以问先生，先生曰云云。"）

赞马迁、巷伯之伦，此班固微词。

石奢不当死，然纵法当固辞乞罪，不罪他时，可以坚请出践更钱，此最没义。

《易》爻应则有时而应，又远近相感而悔吝生。

王通《家人》卦是。（《易传》言明内齐外，非取象意，疑此"是"字上脱一"不"字也。）

《诗序》必是同时所作，然亦有后人添者。如《白华》只是刺幽王，其下更解不行，《绵蛮》序"不肯饮食教载之"，只见《诗》中云"饮之食之，教之诲之，命彼后车，谓之载之"，便云教载，绝不成言语也。又如"高子曰：灵星之尸也"，分明是高子言，更何疑？

文王望至治之道而未之见，若曰民虽使至治，止由之而已，安知圣人？《二南》以天子在上，诸侯善化及民，安得谓之至？其有不合周公之心固无此。设若有不合者，周公之心必如是勤劳。

"五世"，依约。君子小人在上为政，其流泽三四世不已，五世而后斩。当时门人只知辟杨、墨为孟子之功，故孟子发此一说，以推尊孔子之道，言"予未得为孔子徒也"。孔子流泽至此未五世，其泽尚在于人，予则私善于人而已。

邪说则终不能胜正道，人有秉彝，然亦恶乱人之心。

无耻之耻。（注是。）

行之不著，如此人多。若至论，虽孔门中亦有由而不知者，又更有不知则不能由。

"送死"，天下之至重。人心苟能竭力尽此一事，则可以当天下之大事。"养生"，人之常，此相对而言。若舜、曾子养生，其心如此，又安得不能当大事?（人未有自致，必也亲丧乎!）

王者之《诗》亡、《雅》亡，政教号令不及于天下。

"仁言"，为政者道其所为；"仁声"，民所称道。

"不得于言，勿求于心，不可。"养气以心为主，若言失中，心不动亦不妨。

"一言而可以折狱者，其由也与!"言由之见信如此，刑法国人尚可信，其他可知。

若臧武仲之知，又公绰之不欲，卞庄子之勇，冉求之艺，合此四人之偏，文之以礼乐，方成圣人，则尽之矣。

"先进于礼乐"，质也；"后进于礼乐"，文也。"文质彬彬，然后君子"，其下则史，孔子从之，矫枉欲救文之弊。然而"吾从周"，此上文一事，又有不从处，"乘商之辂"。

《中庸》首先言本人之情性，次言学，次便言三王酌损以成王道，余外更无意。三王下到今，更无圣人，若有时，须当作四王。王者制作时，用先代之宜世者。今也法当用《周礼》，自汉以来用。

有爱人之心，然而使民亦有不时处，此则至浅。言当时治千乘之国若如此时，亦可以治矣。圣人之言，虽至近，上下皆通。此三句若推其极，尧、舜之治亦不过此。若常人之言近时，便即是浅近去。

齐经管仲霸政之后，风俗尚权诈，急衣食。鲁之风俗不如此，又仲尼居之。当时风俗亦甚美，到汉尚言齐、鲁之学天性。此只说风俗，若谓圣贤，则周公自不之鲁，太公亦未可知。又谓齐经田恒弑君，无君臣上下之分，也不然。

"色难"形下面"有事服劳"而言，服劳更浅。若谓论父母于道，能养志使父母说，却与此辞不相合。然推其极时，养志如曾子、大舜可也，曾元是曾子之子，尚不能。

在邦而已心无怨，孔子发明仲弓，使知仁字。然舜在家亦怨，周公狼跋亦怨。（又引《文中子》。）

“不有祝鮀之佞与宋朝之美”（才辩），难免世之害矣。

当孔子时，传《易》者支离，故言“五十以学《易》”。言学者（谦辞）学《易》可以无大过差。《易》之书惟孔子能正之，使无过差。

“《诗》《书》”，统言；“执礼”，人所执守。

贤者能远照，故能避一世事，其次避地，不居乱邦。

不愧屋漏，则心安而体舒。

子曰：“君子博学于文，约之以礼，亦可以弗畔矣夫！”此非自得也，勉而能守也。“多闻，择其善者而从之，多见而识之，知之次也”，以勉中人之学也。

经所以载道也，器所以适用也。学经而不知道，治器而不适用，奚益哉？（一本云：“经者载道之器，须明其用。如诵《诗》须达于从政，能专对也。”）

今之学者，歧而为三：能文者谓之文士，谈经者泥为讲师，惟知道者乃儒学也。

夫内之得有浅深，外之来有轻重。内重则可以胜外之轻，得深则可以见诱之小。

河南程氏遗书卷第七　二先生语 七

此卷亦有不可晓处，今悉存之，不敢删去。

与人为善。

始初便去性分上立。（晦叔）

猎，自谓今无此好。周茂叔曰："何言之易也！但此心潜隐未发，一日萌动，复如前矣。"后十二年，因见，果知未。（一本注云："明道年十六七时，好田猎，十二年暮归，在田野间见田猎者，不觉有喜心。"）

周公不作膳夫、庖人、匠人事，只会兼众有司之所能。

有田即有民，有民即有兵，乡遂皆起兵。

禅学只到止处，无用处，无礼义。

槁鞂、大羹、鸾刀，须用诚相副。

介甫致一。

尧、舜知他几千年，其心至今在。

心要在腔子里。

体道，少能体即贤，尽能体即圣。

孔子门人善形容圣人。

尧夫道虽偏驳，然卷舒作用极熟，又能谨细行。

"虚而不屈，动而愈出。"

只外面有些罅隙，便走了。

只学颜子不贰过。

"忠恕违道不远"，"可谓仁之方"，"力行近乎仁"，"求仁莫近焉"。仁道难言，故止曰近、不远而已，苟以力行便为仁，则失之矣。“施诸己而不愿，亦勿施于人”，“夫子之道忠恕”，非曾子不能知道之要，舍此则不可言。

圣人之明犹日月，不可过也，过则不明。

愚者指东为东，指西为西，随众所见而已。知者知东不必为东，西不必为西。唯圣人明于定分，须以东为东，以西为西。

邵尧夫犹空中楼阁。

兵法远交近攻，须是审行此道。（知崇礼卑之意。）

只是论得规矩准绳，巧则在人。

庄子有大底意思，无礼无本。

体须要大。

外面事不患不知，只患不见自己。

“雍也仁而不佞。”（晦叔）

人当审己如何，不必恤浮议。志在浮议，则心不在内，不可应卒处事。

三命是律，星辰是历。

静坐独处不难，居广居、应天下为难。

保民而王。（今之城郭，不为保民。）

行兵须不失家计。（游兵夹持。）

事，往往急便坏了。

与、夺、翕、张，固有此理，老子说著便不是。

诚神不可语。

见之非易，见不可及。

孔子弟子少有会问者，只颜子能问，又却终日如愚。

只理会生是如何。

静中便有动，动中自有静。

洒埽应对，与佛家默然处合。

丧事，人所不勉处；酒，人所困处；孔子于中间处之得宜。

玩心神明，上下同流。

敬下驴不起。（世人所谓高者却是小，陈先生大分守不足。）

尧、舜极圣，生朱、均。瞽、鲧极愚，生舜、禹。（无所不用其极。）

开物成务，有济世之才。

禹不矜不伐，至柔也，然乃见刚。

以诚意几楪子，何不可？若有为果子，系在他上，便不是。信得及便是也。

九德最好。

不学，便老而衰。

应卒处事。

不见其大，便大。

职事不可以巧免。

雍置帅，内郡养耕，外郡御守。

兵能聚散为上。

把得性分定，做事直是不得放过。

韩信多多益办，只是分数明。

微仲焚禁山契书。

义勇也是拘束太急，便性轶轻劣。大凡长育人材，且须缓缓。

兵阵须先立定家计，然后以游骑旋，旋量力分外面与敌人合，此便是合内外之道。若游骑太远，则却归不得。至如听金鼓声，亦不忘却自家如何，如苻坚养民，一败便不可支持，无本故也。

坐井观天，非天小，只被自家入井中，被井筒拘束了。然井何罪？亦何可废？但出井中，便见天大。已见天如此大，不为井所拘，却入井中也不害。

致知，但知止于至善、为人子止于孝、为人父止于慈之类，不须外面。只务观物理，汎然正如游骑无所归也。

即目所学便持。"吾斯之未能信"，道著信，便是止也。

《晋书》谓吾家书籍当尽与之。岂止与之？当再拜而献之。

病昏不为他物所夺，只有正气，然犹有力，知识远过于人，况吾合天地之道，安有不可？

须是无终食之间违仁，即道日益明矣。

不偏之谓中，不易之谓庸。中者天下之正道，庸者天下之定理。

河南程氏遗书卷第八　二先生语 八

“传不习乎”，不习而传与人。

“学则不固”，连上说。

“有马者借人乘之。”吾力犹能补史之阙文。当史之职而能阙疑以待后人，是犹有马者借人乘之也。

能言不怍者难。

“君子义以为质”四句，只是一事，以义为本。

可使之往，不可陷以罔。

“君子矜而不争”，矜尚之矜。

南宫適以禹、稷比孔子，故夫子不答也。

“果哉，末之难矣”，果敢之果，不知更有难事，他所未晓，轻议圣人。孔子击磬，何尝无心，荷蒉于此知之。

辟世、辟言、辟色，非有优劣，只说大小次第。

灵公问陈，孔子遂行，言语不相投。

“不占而已”，有吉凶便占，无常之人更不待占。

三代直道而行，毁誉公。

“践迹”如言循途守辙。善人虽不循守旧迹，亦不能入圣人之室。

“论笃是与”，言笃实时与君子与色庄。

“鲁、卫之政，兄弟也”，言相近也。

“知及”，“仁守”，“庄涖”，“动礼”，为政始末。

“民之于仁也，甚于水火”，不肯为仁，如蹈水火。

“致远恐泥”，不可行远。

先传后倦，君子教人有序。先传以小者近者，而后教以大者远者，非是先传以近小，而后不教以远大也。

“吾其为东周乎！”东迁以后，诸侯大夫强僭，圣人岂为是乎？匏瓜“系而不食”，匏瓜无所为之物，系而不动。

“子乐”，弟子各尽其诚实，不少加饰，故孔子知由之不得其死。

“性相近也”，生质之性。

“小知”“大受”，不可以小知君子，而可以当大事。

“天下有道，丘不与易也。”“其谁以易之？”谁肯以夫子之道易己所为？

佛肸召，欲往而不往者何也？圣人示人以迹，子路不喻九夷浮海之类。

尧曰：予小子履。（少“汤”字。）

周公谓鲁公三句，反覆说，不独不弛其亲，又当使大臣不怨，至公不可忘私，又当全故旧。

“大德”“小德”，如大节、小节。

“虽有周亲，不如仁人”，至亲不如仁贤。

“因不失其亲”，信本不及义，恭本不及礼，然信近于义者，以言可复也，恭近于礼者，以远耻辱也，因恭、信不失其所，亲近于礼义，故亦可宗也。如言礼义不可得见，得见恭信者斯可矣。

子张、子夏论交，子夏、子张告人各有所以，初学与成德者事不同。

“贫与贱，不以其道得之，不去也”，不以其道得去贫贱，如患得之。

“卿以下必有圭田”，祭祀之田也，禄外之田也。

“余夫二十五亩”，一夫上父母下妻子，以五口至八口为率，受田百亩，如有弟，是余夫也，俟其成家别受田也。

“廛而不徵”，市宅之地已有廛税，更不徵其物。

“法而不廛”，税有常法，不以廛故而厚其税。

“廛无夫里之布”，廛自有税，更无此二布。

“国有道，不变塞”，所守不变，所行不塞。

“广居”，“正位”，“大道”，所居者广，所位者正，所道者大，天下至中至大之所。

“配义与道”，浩气已成，合道与义。道，本也。义，用也。

“集义所生者”，集众义而生浩然之气，非义外袭我而取之也。

河南程氏遗书卷第九　二先生语 九

少日所闻诸师友说

仁者公也，仁此者也；义者宜也，权量轻重之极；礼者别也(定分)。知者知也，信者有此者也。万物皆有性，此五常性也。若夫恻隐之类，皆情也，凡动者谓之情。(性者自然完具，信只是布此，因不信然后见，故四端不言信。)

先生曰："孔子曰：'仁者己欲立而立人，己欲达而达人，能近取譬，可谓仁之方也已。'尝谓孔子之语仁以教人者，唯此为尽，要之不出于公也。"

孟子曰"天民"者，达可行于天下而后行之者也；"大人"者，正己而物正者也。曰"天民"者，能尽天民之道者也，践形者是也，如伊尹可当之矣。民之名则似不得位者，必达可行于天下而后行之者也。大人者，则如《乾》之九二"利见大人""天下文明"者也。天民、大人，亦系乎时与不时尔。

"君子不重则不威，学则不固"，言君子不重则不威严，而学则亦不能坚固也。

信非义也，以其言可复，故曰近义。恭非礼也，以其远耻辱，故曰近礼。因其事而不失其所亲，亦可宗也，况于尽礼义者乎？

"思无邪"，诚也。

"十有五而志于学，三十而立，四十而不惑"，明善之彻矣。圣人不言诚之一节者，言不惑则自诚矣。"五十而知天命"，思而知之也。"六十而耳顺"，耳者在人之最末者也，至耳而顺，则是不思而得也，然犹滞于迹焉。至于"七十从心所欲不逾矩"，则圣人之道终矣。此教之序也。

对孟懿子问孝，告众人者也。对孟武伯者，以武伯多可忧之事也。子游能养，而或失于敬；子夏能直义，而或少温润之色；各因其人材高下与其所失而教之也。

“默而识之”，乃所谓学也，惟颜子能之。故孔子曰：“吾与回言终日，不违如愚。”“退而省其私”者，言颜子退而省其在己者，亦足以发此，故仲尼知其不愚，可谓善学者也。

“夷狄之有君，不如诸夏之亡也。”此孔子言当时天下大乱，无君之甚；若曰夷狄犹有君，不若是诸夏之亡君也。

“君子无所争，必也射乎！故曰揖让而升，下而饮，其争也君子。”言不争也；若曰其争也，是君子乎！

“子曰禘自既灌而往者，吾不欲观之矣。”禘者，鲁僭天子之大祭也。灌者，祭之始也。以其僭上之祭，故圣人自灌以往，不欲观之矣。“或问禘之说，子曰不知也”者，不欲斥言也。“知其说者之于天下也，其如视诸斯乎！指其掌”，此圣人言知此理者，其于治天下，如指其掌，甚易明也，盖名分正则天下定矣。

子贡之器，如宗庙之中可观之贵器，故曰“瑚琏也”。

或问辩。曰：“或曰：‘雍也仁而不佞。’子曰：‘焉用佞？御人以口给，屡憎于人，不知其仁，焉用佞？’苟仁矣，则口无择言，言满天下无口过，佞何害哉？若不知其仁，则佞焉用也？”

子曰：“由也好勇过我，无所取材。”“材”与“裁”同，言由但好勇过孔子，而不能裁度适于义也。

子路曰：“愿车马、衣轻裘与朋友共，敝之而无憾。”此勇于义者。观其志，岂可以势利拘之哉？盖亚于浴沂者也。颜渊“愿无伐善，无施劳”，此仁矣，然尚未免于有为，盖滞迹于此，不得不尔也。子曰：“老者安之，朋友信之，少者怀之。”此圣人之事也。颜子，大贤之事也。子路，有志者之事也。

子曰：“中人以上可以语上也，中人以下不可以语上也。”此谓才也。然则中人以下者终于此而已乎？曰：亦有可进之道也。

子曰："齐一变至于鲁，鲁一变至于道。"言鲁国虽衰，而君臣父子之大伦犹在，愈于齐国，故可一变而至于道。

子曰："志于道。"凡物皆有理，精微要妙无穷，当志之尔。德者得也，在己者可以据。"依于仁"者，凡所行必依著于仁，兼内外而言之也。

"子在齐闻《韶》，三月不知肉味，曰：'不图为乐之至于斯也。'"曰：圣人不凝滞于物，安有闻《韶》虽美，直至三月不知肉味者乎？"三月"字误，当作"音"字。此圣人闻《韶》音之美，当食不知肉味，乃叹曰："不图为乐之至于斯也。"门人因以记之。

"子所雅言，《诗》《书》、执礼，皆雅言也。"雅，雅素之雅；礼，当时所执行而非书也。《诗》《书》、执礼，皆孔子素所常言也。

人有斗筲之量者，有钟鼎之量者，有江河之量者，有天地之量者。斗筲之量者，固不足算；若钟鼎江河者，亦已大矣，然满则溢也；唯天地之量，无得而损益，苟非圣人，孰能当之！

子曰："吾未见刚者。"或曰："申枨。"子曰："枨也欲，焉得刚？"凡人有欲则不刚。至大至刚之气，在养之可以至焉。

孟子曰："我知言。"孟子不欲自言"我知道"耳。

孟子常自尊其道而人不尊，孔子益自卑而人益尊之，圣贤固有间矣。

董仲舒谓："正其义不谋其利，明其道不计其功。"孙思邈曰："胆欲大而心欲小，智欲圆而行欲方。"可以法矣。今人皆反之者也。（"如临深渊，如履薄冰"，谓小心也。"赳赳武夫，公侯干城"，谓大胆也。"不为利回，不为义疚"，行之方也。"见几而作，不俟终日"，知之圆也。此言极有理。）

舍己从人，最为难事。己者我之所有，虽痛舍之，犹惧守己者固而从人者轻也。

"参也鲁。"然颜子没后，终得圣人之道者，曾子也。观其启手足之时之言，可以见矣。所传者子思、孟子，皆其学也。

“毋意”者，不妄意也。“毋我”者，循理不守己也。

子曰：“先进于礼乐，野人也。”言其质胜文也；“后进于礼乐，君子也”，言其文质彬彬也；“如用之，则吾从先进”，言若用于时，救文之弊，则吾从先进，《小过》之义也，“麻冕，礼也，今也纯，俭，吾从众”，“奢则不孙，俭则固，与其不孙也，宁固”，此之谓也，不必惑“从周”之说。

子曰：“赐不受命而货殖焉。”命谓爵命也，言不受爵命而货殖者，以见其私于利之深，而足以明颜子屡空之贤也。

子曰：“论笃是与，君子者乎？色庄者乎？”不可以言取人，今以其论笃而与之，是谓君子者乎？徒能色庄者乎？

仲弓之仁，安己而敬人，故曰：“雍也可使南面。”对樊迟之问，亦是仁之目也，然樊迟失于粗俗，圣人勉使为仁，曰：“虽之夷狄，不可弃也。”司马牛多言而躁，故但告以“其言也讱”。

“克伐怨欲不行焉，可以为仁矣。”若无克伐怨欲，固为仁已，唯颜子而上乃能之。如有而不行焉，则亦可以为难，而未足以为仁也。孔子盖欲宪疑而再问之，而宪未之能问也。

管仲之仁，仁之功也。

河南程氏遗书卷第十　二先生语十

洛阳议论　苏昞季明录

子厚谓程卿："夙兴干事，良由人气清则勤，闲不得。"正叔谓："不可，若此，则是专为气所使。"子厚谓："此则自然也。"伯淳言："虽自然，且欲凡事皆不恤以恬养则好。"子厚谓："此则在学者也。"

伯淳谓："天下之士，亦有其志在朝廷而才不足，才可以为而诚不足。今日正须才与至诚合一，方能有济。"子厚谓："才与诚，须二物只是一物。"伯淳言："才而不诚，犹不是也。若非至诚，虽有忠义功业，亦出于事为，浮气几何时而不尽也！"

伯淳道："君实之语，自谓如人参甘草，病未甚时可用也，病甚则非所能及。观其自处，必是有救之之术。"

正叔谓："某接人，谈经论道者亦甚多，肯言及治体者，诚未有如子厚。"

二程谓："地形不必谓宽平可以画方，只可用算法折计地亩以授民。"子厚谓："必先正经界，经界不正，则法终不定。地有坳垤处不管，只观四标竿中间地，虽不平饶，与民无害。就一夫之间，所争亦不多。又侧峻处，田亦不甚美。又经界必须正南北，假使地形有宽狭尖斜，经界则不避山河之曲，其田则就得井处为井，不能就成处，或五七，或三四，或一夫，其实田数则在。又或就不成一夫处，亦可计百亩之数而授之，无不可行者。如此，则经界随山随河，皆不害于画之也。苟如此画定，虽便使暴君汙吏，亦数百年坏不得。经界之坏，亦非专在秦时，其来亦远，渐有坏矣。”正叔云：“至如鲁，二吾犹不足，如何得至十一也？”子厚言：“百亩而彻，言彻取之彻则无义，是透彻之彻。透彻而耕，则功力均，且相驱率，无一家得惰者。及已收获，则计亩数裒分之，以裒分之数，取十一之数，亦可。”或谓：“井议不可轻示人，恐致笑及有议论。”子厚谓：“有笑有议论，则方有益也。”“若有人闻其说，取之以为己功。”先生云：“如有能者，则己愿受一廛而为氓，亦幸也。”伯淳言：“井田今取民田使贫富均，则愿者众，不愿者寡。”正叔言：“亦未可言民情怨怒，止论可不可尔。”“须使上下都无怨怒，方可行。”正叔言：“议法既大备，却在所以行之之道。”子厚言：“岂敢！某止欲成书，庶有取之者。”正叔言：“不行于当时，行于后世，一也。”子厚曰：“徒善不足以为政，徒法不能以自行。须是行之之道。又虽有仁心仁闻，而政不行者，不由先王之道也。须是法先王。”正叔言：“孟子于此善为言。只极目力，焉能尽方圆平直？须是要规矩。”

二程问：“官户占田过制者，如何？”“如文曾有田极多，只消与五十里采地尽多。”又问：“其他如何？”“今之公卿，非如古之公卿。旧有田多者，与之采地多。概与之，则无以别有田者无田者。”

正叔说：“尧夫对上之词，言陛下富国强兵后待做甚？以为非是。此言安足谕人主？如《周礼》，岂不是富国之术存焉？”子厚言：“尧夫抑上富强之说，正犹为汉武帝言神仙之学，长年不足惜，言岂可人？圣贤之晓人，不如此之拙。如梁惠王问何以利国，则说利不可言之理，极言之以至不夺不餍。”

正叔言：“人志于王道，是天下之公议，反以为私说，何也？”子厚言：“只为心不大，心大则做得大。”正叔言：“只是做一喜好之事为之，不知只是合做。”

伯淳言：“邵尧夫病革，且言试与观化一遭。”子厚言：“观化他人便观得自家，自家又如何观得化？尝观尧夫诗意，才做得识道理，却于儒术未见所得。”

正叔言："蜥蜴含水，随雨雹起。"子厚言："未必然。雹尽有大者，岂尽蜥蜴所致也？今以蜥蜴求雨，枉求他，他又何道致雨？"正叔言："伯淳守官南方，长吏使往茅山请龙，辞之，谓祈请鬼神，当使信向者则有应，今先怀不信，便非义理。既到茅山岩，敕使人于水中捕得二龙，持之归，并无他异，复为小儿玩之致死。此只为鱼虾之类，但形状差异，如龙之状尔。此虫，广南亦有之，其形状同，只啮人有害，不如茅山不害人也。"

正叔言："永叔诗：'笑杀颍阴常处士，十年骑马听朝鸡。'夙兴趋朝，非可笑之事，不必如此说。"又言："常秩晚为利昏，元来便有在，此乡党莫之尊也。"

正叔言："今责罪官吏，殊无养士君子廉耻之道。必断言徒流杖数，赎之以铜，便非养士君子之意。如古人责其罪，皆不深指斥其恶，如责以不廉，则曰俎豆不修。"

有人言："今日士大夫未见贤者。"正叔言："不可谓士大夫有不贤者，便为朝廷之官人不用贤也。"

彭汝砺恳辞台职。正叔言："报上之效已了邪？上冒天下议论，显拔致此，曾此为报上之意已足？"

正叔言："礼院者，天下之事无不关。此但得其人，则事尽可以考古立法；苟非其人，只是从俗而已。"

正叔言："昏礼结髪无义，欲去久矣，不能言。结髪为夫妇者，只是指其少小也。如言结髪事君，李广言结髪事匈奴，只言初上头时也，岂谓合髻子？"云："绝非礼义，便当去之。古人凡礼，讲修已定，家家行之，皆得如此。今无定制，每家各定，此所谓家殊俗也。至如朝廷之礼，皆不中节。"

正叔论安南事："当初边上不便，令逐近点集，应急救援。其时，虽将帅革兵冒涉炎瘴，朝廷以赤子为忧，亦有所不恤也。其时不救应，放令纵恣，战杀至数万。今既后时，又不候至秋凉迄冬，一直趋寇，亦可以前食岭北，食积于岭南搬运。今乃正于七月过岭，以瘴死者自数分。及过境，又粮不继，深至贼巢，以袱渡五百人过江，且砍且焚，破其竹寨几重，不能得，复棹其空袱，续以救兵，反为贼兵会合禽杀吾众无救，或死或逃，遂不成功。所争者二十五里耳。欲再往，又无舟可渡，无粮以戍。此谬算，未之有也。犹得贼辞差顺，遂得有词，且承当了。若使其言犹未顺，如何处之？运粮者死八万，战兵瘴死十一万，余得二万八千人生遗，尚多病者，又先为贼戮数万，都不下三十万口。其昏谬无谋，如此甚也。”

有人言：“郭璞以鸠鬬占吉凶。”子厚言：“此为他诚实信之，所以就而占得吉凶。”正叔言：“但有意向此，便可以兆也，非鸠可以占吉凶耳。”

正叔言：“郭逵新贵时，众论喧然，未知其人如何。后闻人言，欲买韩王宅，更不问可知也。如韩王者，当代功臣，一宅己致而欲有之，大煞不识好恶。”子厚言：“昔年有人欲为范希文买绿野堂，希文不肯，识道理，自不然。在唐如晋公者，是可尊也。一旦取其物而有之，如何得安？在他人犹可，如王维庄之类。独有晋公则不可，宁使耕坏，及他有力者致之，己则不可取。”

正叔言：“管辖人亦须有法，徒严不济事。今帅千人，能使千人依时及节得饭吃，只如此者能有几人？尝谓军中夜惊，亚夫坚卧不起，不起善矣，然犹夜惊何也？亦是未尽善。”

正叔谓：“今唱名，何不使伊儒冠徐步进见？何用二人把见趋走，得不使殿上大臣有愧色？”子厚言：“只先出榜，使之见其先后，何用旋开卷呼名？”

正叔言：“某见居位者百事不理会，只恁个大肚皮。于子厚，却愿奈烦处之。”

子厚言：“关中学者，用礼渐成俗。”正叔言：“自是关中人刚劲敢为。”子厚言：“亦是自家规矩太宽。”

正叔言：“某家治丧，不用浮图。在洛，亦有一二人家化之，自不用释氏。道场之用螺钹，盖胡人之乐也，今用之死者之侧，是以其乐临死者也。天竺之人重僧，见僧必饭之，因使作乐于前。

今乃以为之于死者之前，至如庆祷亦杂用之，是甚义理？如此事，被他欺谩千百年，无一人理会者。”

正叔谓：“何以谓之君子？何以谓之小人？君子则所见者大，小人则所见者小且近。君子之志所虑者，岂止其一身？直虑及天下千万世。小人之虑，一朝之忿，曾不遑恤其身。”

伯淳谓：“才与诚一物，则周天下之治。”子厚因谓：“此何事于仁，必也圣乎？”

吕进伯老而好学，理会直是到底。正叔谓：“老喜学者尤可爱。人少壮则自当勉，至于老矣，志力须倦，又虑学之不能及，又年数之不多。不曰‘朝闻道夕死可矣’乎？学不多，年数之不足，不犹愈于终不闻乎？”

子厚言：“十诗之作，止是欲验天心于语默间耳。”正叔谓：“若有他言语，又乌得已也？”子厚言：“十篇次叙，固自有先后。”

正叔言：“成周恐只是统名，雒邑是都也。成周犹今言西京也，雒邑犹今言河南府。孔安国以成周为下邑，非也。岂有以师保治于下邑？白马寺之所，恐是迁顽民之处。洛州有言中州、南州之名，恐是作邑分为九州后始言成周，恐是旧城坏而复城之，或是其始为邑，不为城墙，故后始城。”

二程解“穷理尽性以至于命”：“只穷理便是至于命。”子厚谓：“亦是失于太快，此义尽有次序。须是穷理，便能尽得己之性，则推类又尽人之性；既尽得人之性，须是并万物之性一齐尽得，如此然后至于天道也。其间煞有事，岂有当下理会了？学者须是穷理为先，如此则方有学。今言知命与至于命，尽有近远，岂可以知便谓之至也？”

正叔谓：“洛俗恐难化于秦人。”子厚谓：“秦俗之化，亦先自和叔有力焉，亦是士人敦厚，东方亦恐难肯向风。”

正叔辨周都言：“谷、洛斗，毁王宫。今谷、洛相合处在七里店南，既言毁王宫，则周室亦恐不远于今之宫阙也。”

子厚谓：“昔尝谓伯淳优于正叔，今见之果然；其救世之志甚诚切，亦于今日天下之事尽记得熟。”

子厚言：“今日之往来，俱无益，不如闲居，与学者讲论，资养后生，却成得事。”正叔言：“何必然？义当来则来，当往则往尔。”

二程言：“人不易知。”子厚言：“人诚知之为艰，然至于伎术能否，人情善恶，便可知。惟似秦武阳杀人于市，见秦始皇惧，此则不可知。”

河南程氏遗书卷第十一　明道先生语 一

师训　刘绚质夫录

“毋不敬，俨若思，安定辞，安民哉”，君德也。君德即天德也。

“思无邪。”

“敬以直内，义以方外，敬义立而德不孤。”德不孤，与物同，故不孤也。

“夫子之道，忠恕而已矣。”

“圣人以此齐戒，以神明其德夫!”

“天命之谓性，率性之谓道，修道之谓教。”

孟子曰：“我善养吾浩然之气。其为气也，至大至刚，以直养而无害，则塞乎天地之间。其为气也，配义与道，无是馁也。是集义所生者，非义袭而取之也。”

天位乎上，地位乎下，人位乎中。无人则无以见天地。《书》曰：“惟天地万物父母，惟人万物之灵。”《易》曰：“天地设位，而易行乎其中，乾坤毁，则无以见易。易不可见，则乾坤或几乎息矣。”

道，一本也。或谓以心包诚，不若以诚包心；以至诚参天地，不若以至诚体人物，是二本也。知不二本，便是笃恭而天下平之道。

“形而上者谓之道，形而下者谓之器。”若如或者以清虚一大为天道，此乃以器言而非道也。

“范围天地之化而不过”者，模范出一天地尔，非在外也。如此曲成万物，岂有遗哉？

“天地设位而易行其中”，何不言人行其中？盖人亦物也。若言神行乎其中，则人只于鬼神上求矣。若言理、言诚亦可也，而特言易者，欲使人默识而自得之也。

《系辞》曰：“形而上者谓之道，形而下者谓之器。”又曰：“立天之道曰阴与阳，立地之道曰柔与刚，立人之道曰仁与义。”又曰：“一阴一阳之谓道。”阴阳亦形而下者也，而曰道者，惟此语截得上下最分明，元来只此是道，要在人默而识之也。

“立天之道曰阴与阳，立地之道曰柔与刚，立人之道曰仁与义，兼三才（一之也）而两之。”（不两则无用。）

“天地设位而易行乎其中”，只是敬也。敬则无间断，体物而不可遗者，诚敬而已矣，不诚则无物也。《诗》曰：“维天之命，於穆不已，于乎不显，文王之德之纯”，“纯亦不已”，纯则无间断。

“毋不敬，俨若思，安定辞，安民哉”，君道也。君道即天道也。“出门如见大宾，使民如承大祭”，此仲弓之问仁而仲尼所以告之者，以仲弓为可以事斯语也。“雍也可使南面”，有君之德也。“毋不敬”，可以对越上帝。

“祭如在，祭神如神在。”

“敬以直内，义以方外”，合内外之道也。释氏，内外之道不备者也。

克勤小物最难。

自下而达上者，惟“造次必于是，颠沛必于是”。

“鼓万物而不与圣人同忧。”圣人，人也，故不能无忧；天则不为尧存，不为桀亡者也。

《咸》《恒》，体用也。体用无先后。

“《易》穷则变，变则通，通则久。”

天则不言而信，神则不怒而威。

颜子默识，曾子笃信，得圣人之道者二人也。（曾子曰：“吾得正而毙焉，斯已矣。”）

天地之正气，恭作肃，肃便雍也。

理则极高明，行之只是中庸也。

《中庸》言诚便是神。

天人无间断。

耳目能视听而不能远者，气有限耳，心则无远近也。

学在诚知诚养。

学要信与熟。

“正己而物正”，大人之事，学须如此。

敬胜百邪。

“万物皆备于我矣，反身而诚，乐莫大焉。”

欲当大任，须是笃实。

“大人者，与天地合其德，与日月合其明”，非在外也。

“失之毫厘，缪以千里”，深可戒慎。

“平康正直。”

“己欲立而立人，己欲达而达人，能近取譬者，可谓仁之方也已。”博施而能济众，固仁也；而仁不足以尽之，故曰：“必也圣乎！”

孟子曰：“仁也者人也，合而言之道也。”《中庸》所谓“率性之谓道”是也。仁者，人此者也。敬以直内，义以方外，仁也。若以敬直内，则便不直矣。行仁义岂有直乎？“必有事焉而勿正”，则直也。夫能“敬以直内，义以方外”，则与物同矣。故曰：“敬义立而德不孤。”是以仁者无对，放之东海而准，放之西海而准，放之南海而准，放之北海而准。医家言四体不仁，最能体仁之名也。

“天地之大德曰生”，“天地絪缊，万物化醇”。“生之谓性。”（告子此言是，而谓犬之性犹牛之性，牛之性犹人之性，则非也。）万物之生意最可观，此“元者，善之长”也，斯所谓仁也。人与天地一物也，而人特自小之，何耶？

人贤不肖，国家治乱，不可以言命。

至诚可以赞化育者，可以回造化。

“惟神也，故不疾而速，不行而至。”神无速，亦无至，须如此言者，不如是不足以形容故也。

天地万物之理，无独必有对，皆自然而然，非有安排也。每中夜以思，不知手之舞之，足之蹈之也。

老子之言，窃弄阖辟者也。

冬寒夏暑，阴阳也，所以运动变化者，神也。神无方，故易无体。若如或者别立一天，谓人不可以包天，则有方矣，是二本也。

“穷神知化”，化之妙者神也。

“穷理尽性以至于命”，一物也。

天地只是设位，易行乎其中者神也。

气外无神，神外无气。或者谓清者神，则浊者非神乎？

大抵学不言而自得者，乃自得也；有安排布置者，皆非自得也。

言有无，则多有字；言无无，则多无字。有无与动静同。如冬至之前天地闭，可谓静矣；而日月星辰亦自运行而不息，谓之无动可乎？但人不识有无动静尔。

正名（声气名理，形名理），名实相须，一事苟，则其余皆苟矣。

忠信者以人言之，要之则实理也。

“天下雷行，物与无妄”，天下雷行，付与无妄，天性岂有妄耶？圣人“以茂对时育万物”，各使得其性也。无妄则一毫不可加，安可往也，往则妄矣。《无妄》震下乾上，动以天，安有妄乎？动以人，则有妄矣。

“犯而不校”，校则私，非乐天者也。（犯有当报者，则是循理而已。）

“意”者任意，“必”者必行，“固”者固执，“我”者私己。

“绥之斯来，动之斯和”，圣人之神化，上下与天地同流者也。

《礼》云：“后世虽有作者，虞帝弗可及已。”如凤凰来仪、百兽率舞之事，三代以降无此也。

《泰誓》《武成》称一月者，商正已绝，周正未建，故只言一月。

中之理至矣。独阴不生，独阳不生，偏则为禽兽，为夷狄，中则为人。中则不偏，常则不易，惟中不足以尽之，故曰中庸。

阴阳盈缩不齐，不能无差，故历家有岁差法。

日月薄蚀而旋复者，不能夺其常也。

古今异宜，不惟人有所不便，至于风气亦自别也。（日月星辰皆气也，亦自别。）

时者，圣人所不能违。然人之智愚，世之治乱，圣人必示可易之道，岂徒为教哉？盖亦有其理故也。

学要在自得。古人教人，唯指其非，故曰：“举一隅不以三隅反，则不复也。”言三隅，举其近。若夫“告诸往而知来者”，则其知已远矣。（佛氏言印证者，岂自得也？其自得者，虽甚人言，亦不动。待人之言为是，何自得之有？）

“行夏之时，乘殷之辂，服周之冕”，与“从周”之文不悖。“从先进”则为时之弊言之，彼各有当也。

“臧武仲之知，公绰之不欲，卞庄子之勇，冉求之艺”，备此数者，而“文之以礼乐，亦可以为成人矣”。又曰“今之成人者何必然？见利思义，见危授命，久要不忘平生之言，亦可以为成人矣”者，只是言忠信也。忠信者实也，礼乐者文也。语成人之名，自非圣人，谁能当之？孟子曰：“唯圣人然后可以践形。”如此，方足以称成人之名。

“《诗》曰：‘天生蒸民，有物有则。民之秉彝，好是懿德。’故有物必有则，民之秉彝也，故好是懿德。万物皆有理，顺之则易，逆之则难，各循其理，何劳于己力哉？

人心莫不有知，惟蔽于人欲，则亡天理也。

皆实理也，人知而信者为难。孔子曰："朝闻道，夕死可矣。"死生亦大矣，非诚知道，则岂以夕死为可乎？

万物莫不有对，一阴一阳，一善一恶，阳长则阴消，善增则恶减。斯理也，推之其远乎？人只要知此耳。

"言寡尤，行寡悔，禄在其中矣"，此孔子所以告子张者也。若颜、闵则无此问，孔子告之亦不如此。或疑如此亦有不得禄者，孔子盖曰："耕也，馁在其中矣。"唯理可为者，为之而已矣。

孔子闻卫乱，曰："柴也其来乎？由也其死矣！"二者盖皆适于义。孔悝受命立辄，若纳蒯聩则失职，与辄拒父则不义；如辄避位，则拒蒯聩可也；如辄拒父，则奉身而退可也。故子路欲劝孔悝无与于此，忠于所事也。而孔悝既被胁矣，此子路不得不死耳。然燔台之事，则过于勇暴也。公子郢志可嘉，然当立而不立，以致卫乱，亦圣人所当罪也，而《春秋》不书，事可疑耳。

"事君数，斯辱矣。朋友数，斯疏矣。"数者，烦数也。

以己及物，仁也；推己及物，恕也（违道不远是也）。忠恕一以贯之：忠者天理，恕者人道。忠者无妄，恕者所以行乎忠也。忠者体，恕者用，大本达道也。此与"违道不远"异者，动以天尔。

"必有事焉而勿正（事者，事事之事），心勿忘勿助长"，养气之道当如此。

志动气者十九，气动志者十一。

"祖考来格"者，惟至诚为有感必通。

"动容周旋中礼"者，盛德之至。"君子行法以俟命"，朝闻道夕死之意也。

大凡出义则入利，出利则入义。天下之事，惟义利而已。

汤、武反之、身之者，学而复者也。

"视其所以（以，用也，所为也），观其所由（由，所从之道也），察其所安（志意所安也，所存也）。"

北宫黝要之以必为，孟施舍推之以不惧（北宫黝或未能无惧），故黝不如施舍之守约也。子夏信道，曾子明理，故二子各有所似。

公孙丑谓夫子加齐之卿相，得行道焉，如此则能无畏惧而动心乎？故孟子曰："否，我四十不动心。"

人心不得有所系。

刚者强而不屈，毅者有所发，木者质朴，讷者迟钝。

礼者，理也，文也。理者，实也，本也。文者，华也，末也。理是一物，文是一物。文过则奢，实过则俭。奢自文所生，俭自实所出。故林放问礼之本，子曰："礼，与其奢也，宁俭。"言俭近本也。（此与形影类矣。推此理，则甚有事也。）

以物待物，不以己待物，则无我也。圣人制行不以己，言则是矣，而理似未尽于此言。夫天之生物也，有长有短，有大有小，君子得其大者，安可使小者亦大乎？天理如此，岂可逆哉？以天下之大，万物之多，用一心而处之，必得其要，斯可矣。然则古人处事，岂不优乎！

志可克气，气胜则愦乱矣。今之人以恐惧而胜气者多矣，而以义理胜气者鲜也。

"乐天知命"，通上下之言也。圣人乐天，则不须言知命。知命者，知有命而信之者尔，"不知命无以为君子"是矣。命者所以辅义，一循于义，则何庸断之以命哉？若夫圣人之知天命，则异于此。

"仁者不忧"，乐天者也。

"孝弟也者，其为仁之本与！"言为仁之本，非仁之本也。

"仁者不忧，知者不惑，勇者不惧"，德之序也。"知者不惑，仁者不忧，勇者不惧"，学之序也。知以知之，仁以守之，勇以行之。

言天之自然者，谓之天道。言天之付与万物者，谓之天命。

"德性"者，言性之可贵，与言性善，其实一也。"性之德"者，言性之所有；如卦之德，乃卦之韫也。

“肫肫其仁”，盖言厚也。

自明而诚，虽多由致曲，然亦有自大体中便诚者，虽亦是自明而诚，谓之致曲则不可。

“体群臣”者，体察也，心诚求之，则无不察矣，忠厚之至也。故曰：“忠信重禄，所以劝士。”言尽其忠信而厚其禄食，此所以劝士也。

“敬鬼神而远之”，所以不黩也，知之事也。“先难后获”，先事后得之义也，仁之事也。若“知者利仁”，乃先得后事之义也。

“人心惟危”，人欲也。“道心惟微”，天理也。“惟精惟一”，所以至之。“允执厥中”，所以行之（用也）。

仁者“其言也讱”，难其出也。

治道在于立志，责任求贤。

知、仁、勇，三者天下之达德，学之要也。

操约者，敬而已矣。

颜子不动声气，孟子则动声气矣。

《无妄》震下乾上，圣人之动以天，贤人之动以人。若颜子之有不善，岂如众人哉？惟只在于此间尔，盖犹有己焉。至于无我，则圣人也。颜子切于圣人，未达一息尔。“不迁怒，不贰过”“无伐善，无施劳”“三月不违仁”者，此意也。

子曰：“语之而不惰者，其回也与！”颜子之不惰者，敬也。

诚者天之道，敬者人事之本（敬者用也），敬则诚。

“敬以直内”，则“义以方外”。“义以为质”，则“礼以行之，孙以出之，信以成之”。孙，顺也，不止于言。

圣人言忠信者多矣，人道只在忠信。不诚则无物，且“出入无时，莫知其乡”者，人心也。若无忠信，岂复有物乎？

“和顺于道德而理于义”者，体用也。

学者须识圣贤之体。圣人，化工也。贤人，巧也。

有有德之言，有造道之言。孟子言己志者，有德之言也；言圣人之事，造道之言也。

学至于乐则成矣。笃信好学，未知自得之为乐，造道者也。好之者，如游佗人园圃；乐之者，则已物尔。然人只能信道，亦是人之难能也。

三代之治，顺理者也。两汉以下，皆把持天下者也。

服牛乘马，皆因其性而为之。胡不乘牛而服马乎？理之所不可。

祭者所以尽诚。或者以礼为一事，人器与鬼器等，则非所以尽诚而失其本矣。

礼者因人情者也，人情之所宜则义也。三年之服，礼之至，义之尽也。

致知，养气。

克己最难。《中庸》曰：“天下国家可均也，爵禄可辞也，白刃可蹈也，中庸不可能也。”

“生生之谓易”，生生之用则神也。

子贡之知，亚于颜子，知至而未至之也。

“先甲三日”，以穷其所以然而处其事；“后甲三日”，以究其将然而为之防。甲者，事之始也。庚者，有所革也。自甲乙至于戊己，春夏生物之气已备。庚者，秋冬成物之气也，故有所革。（别一般气。）

《随》之上六，才与位皆阴，柔随之极也，故曰：“拘系之，乃从维之，又从而维之。王用亨于岐山。”唯太王之事，民心固结而不可解者也，其佗皆不可如是之固也。

学之兴起，莫先于《诗》。《诗》有美刺，歌诵之以知善恶治乱废兴。礼者所以立也，“不学礼无以立”。乐者所以成德，乐则生矣，生则恶可已也？恶可已，则不知手之舞之，足之蹈之也。若夫乐则安，安则久，久则天，天则神，天则不言而信，神则不怒而威。至于如此，则又非手舞足蹈之事也。

《绿衣》，卫庄姜伤已无德以致之，行有不得者，反求诸己而已矣，故曰：“绿兮丝兮，女所治兮，我思古人，俾无訧兮。絺兮绤兮，凄其以风，我思古人，实获我心。”丝之绿，由女之染治以成，言有所自也。絺绤所以来风也。

《螽斯》惟言不妬忌，若《芣苢》则更和平。妇人乐有子，谓妾御皆无所恐惧，而乐有子矣。

居仁由义，守礼寡欲。

“君子上达，小人下达。”下学而上达，意在言表也。

有实则有名，名、实一物也。若夫好名者，则徇名为虚矣。如“君子疾没世而名不称”，谓无善可称耳，非徇名也。

“万物皆备于我矣，反身而诚，乐莫大焉。”不诚则逆于物而不顺也。

乾，阳物也，不动则不刚，“其静也专（专一），其动也直（直遂）”，不专一则不能直遂。坤，阴物也，不静则不柔，“其静也翕（翕聚），其动也辟（发散）”，不翕聚则不能发散。

“致知在格物。”格，至也。或以格为止物，是二本矣。

人须知自慊之道。

“乾元者，始而亨者也。利贞者，性情也。”性情，犹言资质体段。亭毒、化育，皆利也。不有其功，常久而不已者，贞也，《诗》曰“维天之命，於穆不已”者，贞也。

天地日月一般。月受日光而日不为之亏，然月之光乃日之光也。地气不上腾，则天气不下降。天气降而至于地，地中生物者，皆天气也。惟无成而代有终者，地之道也。

识变知化为难。古今风气不同，故器用亦异宜。是以圣人通其变，使民不倦，各随其时而已矣。后世虽有作者，虞帝为不可及已。盖当是时，风气未开，而虞帝之德又如此，故后世莫可及也。若三代之治，后世决可复。不以三代为治者，终苟道也。

动乎血气者，其怒必迁。若鉴之照物，妍媸在彼，随物以应之，怒不在此，何迁之有？

圣人之言，冲和之气也，贯彻上下。

人须学颜子。有颜子之德，则孟子之事功自立。孟子者，禹、稷之事功也。

《中庸》之言，放之则弥六合，卷之则退藏于密。

孔子谓颜渊曰："用之则行，舍之则藏，惟我与尔有是夫!"君子所性，虽大行不加焉，虽穷居不损焉，不为尧存，不为桀亡者也。用之则行，舍之则藏，皆不累于己尔。

"回也非助我者也，于吾言无所不说"，与圣人同尔。

人须知自慊之道。自慊者，无不足也。若有所不足，则张子厚所谓"有外之心，不足以合天心"者也。

"文王陟降，在帝左右，不识不知，顺帝之则。"（不作聪明，顺天理也。）

"狼跋其胡，载疐其尾，公孙硕肤，赤舄几几。"取狼为兴者，狼前后停，兴周公之德终始一也。称"公孙"云者，言其积德之厚。"赤舄几几"，盛德之容也。

"《诗》者，志之所之也。在心为志，发言为诗。情动于中而形于言，言之不足，故嗟叹之，嗟叹之不足，故咏歌之，咏歌之不足，不知手之舞之，足之蹈之也。"有节故有余，止乎礼义者节也。

月不受日光，故食。不受日光者，月正相当，阴盛亢阳也。鼓者所以助阳。然则日月之眚，皆可鼓也。（月不下日，与日正相对，故食。）

季冬行春令，命之曰逆者，子克母也。

《太玄》中首中：阳气潜萌于黄宫，信无不在乎中。养首一：藏心于渊，美厥灵根。测曰：藏心于渊，神不外也。杨子云之学，盖尝至此地位也。

颜子短命之类，以一人言之，谓之不幸可也；以大目观之，天地之间无损益，无进退。譬如一家之事，有子五人焉，三人富贵而二人贫贱，以二人言之则不足，以父母一家言之则有余矣。若孔子之至德，又处盛位，则是化工之全尔。以孔、颜言之，于一人有所不足，以尧舜禹汤、文武周公群圣人言之，则天地之间亦富有余也。"惠迪吉，从逆凶"，常行之理也。

视、听、思虑、动作皆天也，人但于其中要识得真与妄尔。

东周之乱，无君臣上下，故孔子曰："如有用我者，吾其为东周乎?"言不为东周也。

"素履"者，雅素之履也。初九刚阳，素履已定，但行其志尔，故曰"独行愿"也。

"视履考祥"，居履之终，反观吉凶之祥，周至则善吉也，故曰"其旋元吉"。

"比之无首，凶"，比之始不善则凶。

"豮豕之牙，吉"，不去其牙而豮其势，则自善矣。治民者不止其争而教之让之，类是也。

"介于石"，理素定也。理素定，故见几而作，何俟终日哉?

豫者，备豫也，逸豫也。事豫故逸乐，其义一也。

谦者治盈之道，故曰："裒多益寡，称物平施。"

凡为人言者，理胜则事明，气胜则招怫。

感慨杀身者易，从容就义者为难。

"成性存存，道义之门"，道无体，义有方也。

"中者，天下之大本。"天地之间，亭亭当当，直上直下之正理，出则不是，唯敬而无失最尽。

孟子谓"必有事焉而勿正，心勿忘，勿助长。"正是著意，忘则无物。

天者，理也；神者，妙万物而为言者也；帝者，以主宰事而名。

《易》要玩索，"斋戒以神明其德夫!"

学只要鞭辟近里，著己而已，故"切问而近思"，则"仁在其中矣"。"言忠信，行笃敬，虽蛮貊之邦行矣。言不忠信，行不笃敬，虽州里行乎哉!立则见其参于前也，在舆则见其倚于衡也，夫然后行。"只此是学质美者。明得尽，查滓便浑化，却与天地同体。其次惟庄敬持养，及其至则一也。

人最可畏者是便做，要在烛理。“子路有闻，未之能行，惟恐有闻。”

宰予昼寝，以其质恶，因是而言。

颜子屡空，空中受道。子贡不受天命而货殖，亿则屡中，役聪明亿度而知，此子贡始时事，至于言“夫子之言性与天道不可得而闻”，乃后来事。其言如此，则必不至于不受命而货殖也。

“天生德于予”，及“文王既没，文不在兹乎”，此圣人极断置以理。

“文不在兹”，言文未尝亡。倡道在孔子，圣人以为己任。

“《诗》《书》、执礼皆雅言。”雅素所言也，至于性与天道，则子贡亦不可得而闻，盖要在默而识之也。

君子坦荡荡，心广体胖。

尽己之谓忠，以实之谓信。发己自尽为忠，循物无违谓信，表里之义也。

理、义，体、用也。（理义之说我心。）

居之以正，行之以和。

“艮其止，止其所也。”各止其所，父子止于恩，君臣止于义之谓。“艮其背”，止于所不见也。

至诚可以赞天地之化育，则可以与天地参。赞者，参赞之义，“先天而天弗违，后天而奉天时”之谓也，非谓赞助，只有一个诚，何助之有？

知至则便意诚，若有知而不诚者，皆知未至尔。知至而至之者，知至而往至之，乃吉之先见，故曰“可与几”也。知终而终之，则“可与存义”也。（“知至至之”主知，“知终终之”主终。）

“忠信所以进德，修辞立其诚所以居业”者，乾道也。“敬以直内，义以方外”者，坤道也。

“修辞立其诚”，文质之义。

“天下皆忧，吾独得不忧；天下皆疑，吾独得不疑”，与“乐天知命吾何忧，穷理尽性吾何疑”，皆心也。自分“心”“迹”以下一段皆非。

息，训为生者，盖息则生矣。一事息，则一事生，中无间断。“硕果不食”，则便为复也。“寒往则暑来，暑往则寒来，寒暑相推而岁成焉。”

“日新之谓盛德，生生之谓易，阴阳不测之谓神。”要思而得之。

为政须要有纲纪文章，先有司、乡官读法、平价、谨权量，皆不可阙也。人各亲其亲，然后能不独亲其亲。仲弓曰：“焉知贤才而举之?”子曰：“举尔所知，尔所不知，人其舍诸?”便见仲弓与圣人用心之大小。推此义，则一心可以丧邦，一心可以兴邦，只在公私之间尔。

子夏问政，子曰：“无欲速，无见小利。”子夏之病，常在近小。子张问政，子曰：“居之无倦，行之以忠。”子张常过高而未仁，故以切己之事答之。

“其为气也，配义与道。”道有冲漠之气象。

“圣人以此洗心，退藏于密”，“圣人以此齐戒，以神明其德夫!”

河南程氏遗书卷第十二　明道先生语 二

戌冬见伯淳先生洛中所闻　刘绚质夫录

“纯亦不已”，天德也；“造次必于是，颠沛必于是”，“三月不违仁”之气象也；又其次，则“日月至焉”者矣。

“一阴一阳之谓道”，自然之道也。“继之者善也”，出道则有用，“元者善之长”也。“成之者”却只是性，“各正性命”者也。故曰：“仁者见之谓之仁，知者见之谓之知，百姓日用而不知，故君子之道鲜矣。”如此，则亦无始，亦无终，亦无因甚有，亦无因甚无，亦无有处有，亦无无处无。

“民受天地之中以生”，“天命之谓性”也。“人之生也直”，意亦如此。若以生为生养之生，却是“修道之谓教”也。（至下文始自云：“不能者败以取祸”，则乃是教也。）

且唤做中，若以四方之中为中，则四边无中乎？若以中外之中为中，则外面无中乎？如“生生之谓易，天地设位而易行乎其中”，岂可只以今之《易》书为易乎？中者，且谓之中，不可捉一个中来为中。

颜子在陋巷，“人不堪其忧，回也不改其乐”。箪瓢陋巷非可乐，盖自有其乐耳。“其”字当玩味，自有深意。

《大学》之道，“在明明德”，明此理也；“在止于至善”，反己守约是也。

杨子出处，使人难说，孟子必不肯为杨子事。

孔子“与点”，盖与圣人之志同，便是尧、舜气象也，诚“异三子者之撰”，特行有不掩焉者，真所谓狂矣。子路等所见者小。

子路只为不达“为国以礼”道理，所以为夫子笑；若知“为国以礼”之道，便却是这气象也。

人之学，当以大人为标垜，然上面更有化尔。人当学颜子之学。

“穷理尽性”矣，曰“以至于命”，则全无著力处。如“成于乐”，“乐则生矣”之意同。

子贡曰：“夫子之文章，可得而闻也，夫子之言性与天道，不可得而闻也。”子贡盖于是始有所得而叹之。以子贡之才，从夫子如此之久，方叹“不可得而闻”，亦可谓之钝矣。观其孔子没，筑室于场，六年然后归，则子贡之志亦可见矣。他人如子贡之才，六年中待作多少事，岂肯如此？

“生生之谓易，天地设位而易行乎其中，乾坤毁则无以见易，易不可见，乾坤或几乎息矣。”易毕竟是甚？又指而言曰：“圣人以此洗心退藏于密”，圣人示人之意至此深且明矣，终无人理会。易也，此也，密也，是甚物？人能至此深思，当自得之。

“喜怒哀乐之未发，谓之中；发而皆中节，谓之和。中也者，天下之大本也；和也者，天下之达道也。致中和，天地位焉，万物育焉。”“致”与“位”字，非圣人不能言，子思盖特传之耳。

颜子曰“仰之弥高，钻之弥坚”，则是深知道之无穷也；“瞻之在前，忽焉在后”，他人见孔子甚远，颜子瞻之，只在前后，但只未在中间尔。若孔子，乃在其中焉，此未达一间者也。

“成性存存”，便是“道义之门”。

凡人才学，便须知著力处；既学，便须知得力处。

河南程氏遗书卷第十三　明道先生语 三

亥八月见先生于洛所闻　刘绚质夫录

“公族有罪，磬于甸人，如其伦之丧，无服”，明无罪者有服也。

杨、墨之害，甚于申、韩；佛、老之害，甚于杨、墨。杨氏为我，疑于仁。墨氏兼爱，疑于义。申、韩则浅陋易见。故孟子只辟杨、墨，为其惑世之甚也。佛、老其言近理，又非杨、墨之比，此所以害尤甚。杨、墨之害，亦经孟子辟之，所以廓如也。

《礼》云“惟祭天地社稷为越绋而行事”，似亦太早。虽不以卑废尊，若既葬而行之，宜亦可也。盖未葬时，哀戚方甚，人有所不能祭尔。

“艮其止，止其所也。”八元有善而举之，四凶有罪而诛之，各止其所也。释氏只曰止，安知止乎？

释氏无实。

释氏说道，譬之以管窥天，只务直上去，惟见一偏，不见四旁，故皆不能处事。圣人之道，则如在平野之中，四方莫不见也。

释氏本怖死生，为利岂是公道？唯务上达而无下学，然则其上达处，岂有是也？元不相连属，但有间断，非道也。孟子曰：“尽其心者，知其性也。”彼所谓“识心见性”是也，若“存心养性”一段事则无矣。彼固曰出家独善，便于道体已非矣。或曰：“释氏地狱之类，皆是为下根之人设此，怖令为善。”先生曰：“至诚贯天地，人尚有不化，岂有立伪教而人可化乎？”

曾子易箦之意，心是理，理是心，声为律，身为度也。

洒埽应对便是形而上者，理无大小故也。故君子只在慎独。

知之明，信之笃，行之果，知、仁、勇也。若孔子所谓成人，亦不出此三者。臧武仲知也，孟公绰仁也，卞庄子勇也。

河南程氏遗书卷第十四　明道先生语 四

亥九月过汝所闻　刘绚质夫录

绚问："先生相别，求所以教。"曰："人之相爱者，相告戒必曰凡事当善处。然只在仗忠信，只不忠信，便是不善处也。"

有人治园圃，役知力甚劳。先生曰："《蛊》之象：'君子以振民育德。'君子之事，惟有此二者，余无他为。二者，为己、为人之道也。"

"博学而笃志，切问而近思"，何以言"仁在其中矣"？学者要思得之，了此，便是彻上彻下之道。

曾子曰："士不可以不弘毅，任重而道远。"先生曰："弘而不毅，则难立；毅而不弘，则无以居之。"（《西铭》言弘之道。）

读书要玩味。

《中庸》始言一理，中散为万事，末复合为一理。

《中庸》曰："大哉圣人之道！洋洋乎，发育万物，峻极于天。优优大哉！礼仪三百，威仪三千，待其人而后行。故曰：苟不至德，至道不凝焉。"皆是一贯。

持国曰："若有人便明得了者，伯淳信乎？"曰："若有人，则岂不信？盖必有生知者，然未之见也。凡云为学者，皆为此以下论。孟子曰：'尽其心者知其性也，知性则知天矣；存其心，养其性，所以事天。'便是至言。"

佛氏不识阴阳昼夜死生古今，安得谓形而上者与圣人同乎？

佛言前后际断，纯亦不已是也，彼安知此哉？子在川上，曰："逝者如斯夫！不舍昼夜。"自汉以来儒者，皆不识此义，此见圣人之心纯亦不已也。《诗》曰："维天之命，於穆不已。"盖曰天之所以为天也。"於乎不显，文王之德之纯"，盖曰文王之所以为文也。纯亦不已，此乃天德也。有天德便可语王道，其要只在慎独。

学要在敬也、诚也，中间更有个仁，"博学而笃志，切问而近思，仁在其中矣"之意。（敬主事。）

人之学不进，只是不勇。

或问："《系辞》自天道言，《中庸》自人事言，似不同。"曰："同。《系辞》虽始从天地阴阳鬼神言之，然卒曰：'默而成之，不言而信，存乎德行。'《中庸》亦曰：'鬼神之为德，其盛矣乎！视之而不见，听之而不闻，体物而不可遗，使天下之人齐明盛服以承祭祀。洋洋乎如在其上，如在其左右。《诗》曰："神之格思，不可度思，矧可射思。"夫微之显，诚之不可掩，如此夫！'是岂不同？"

人多言广心浩大，然未见其人也。

"乐则行之，忧则违之"，乐与忧皆道也，非己之私也。

圣人致公，心尽天地万物之理，各当其分。佛氏总为一己之私，是安得同乎？圣人循理，故平直而易行。异端造作，大小大费力，非自然也，故失之远。

《易》中只是言反复往来上下。

伊尹曰："天之生斯民也，使先知觉后知，使先觉觉后觉。予天民之先觉者也，予将以斯道觉斯民也。"释氏之云觉，甚底是觉斯道？甚底是觉斯民？

河南程氏遗书卷第十五　伊川先生语一

入关语录（或云明道先生语）

志，气之帅，不可小观。

知知，仁守，勇决。

涵养吾一。

主一无适，敬以直内，便有浩然之气。浩然须要实识得他刚大直，不习无不利。

敬即便是礼，无己可克。

大而化，则己与理一，一则无己。

致知则有知，有知则能择。

安有识得《易》后，不知退藏于密？（密是甚？）

《六经》之言，在涵畜中默识心通。（精义为本。）

道无精粗，言无高下。

物即事也，凡事上穷极其理，则无不通。

有主则虚，无主则实，必有所事。

知不专为藏往，《易》言知来藏往，主蓍卦而言。

物形便有大小精粗，神则无精粗。神则是神，不必言作用。三十辐共一毂，则为车。若无毂辐，何以见车之用？

人患事系累，思虑蔽固，只是不得其要。要在明善，明善在乎格物穷理。穷至于物理，则渐久后天下之物皆能穷，只是一理。

人多思虑不能自宁，只是做他心主不定。要作得心主定，惟是止于事，为人君止于仁之类。如舜之诛四凶，四凶已作恶，舜从而诛之，舜何与焉？人不止于事，只是揽他事，不能使物各付物。物各付物，则是役物。为物所役，则是役于物。有物必有则，须是止于事。

视听言动，非理不为，即是礼，礼即是理也。不是天理，便是私欲。人虽有意于为善，亦是非礼。无人欲即皆天理。

公则一，私则万殊。至当归一，精义无二。人心不同如面，只是私心。

人不能祛思虑，只是吝，吝故无浩然之气。

“所过者化”，身之所经历处；“所存者神”，存主处便是神。如“立之斯立，道之斯行，绥之斯来，动之斯和”，固非小补，伯者是小补而已。

孔子教人常俯就，不俯就则门人不亲。孟子教人常高致，不高致则门人不尊。

古之学者，优柔厌饫，有先后次序。今之学者，却只做一场话说，务高而已。常爱杜元凯语：“若江海之浸，膏泽之润，涣然冰释，怡然理顺。”然后为得也。今之学者，往往以游、夏为小，不足学。然游、夏一言一事，却总是实。如子路、公西赤言志如此，圣人许之，亦以此自是实事。后之学者好高，如人游心于千里之外，然自身却只在此。

人皆称柳下惠为圣人，只是因循前人之语，非自见。假如人言孔子为圣人，也须直待己实见圣处，方可信。

合而听之则圣，公则自同。若有私心便不同，同即是天心。

曾子传圣人学，其德后来不可测，安知其不至圣人？如言“吾得正而毙”，且休理会文字，只看他气象极好，被他所见处大。后人虽有好言语，只被气象卑，终不类道。

闻之知之，得之有之。（耳剽臆度。）

“养心莫善于寡欲”，不欲则不惑。所欲不必沈溺，只有所向便是欲。

人恶多事，或人欲简之。世事虽多，尽是人事。人事不教人做，更责谁何？

要息思虑，便是不息思虑。

圣人尽道，以其身所行率天下，是欲天下皆至于圣人。佛以其所贱者教天下，是误天下也。人愈才明，往往所陷溺愈深。

“小德川流，大德敦化”，只是言孔子川流是日用处，大德是存主处。“敦”如俗言敦礼义、敦本之意。

或曰：“正叔所定婚仪，复有婿往谢之礼，何谓也?”曰：“如此乃是与时称。今将一古鼎古敦（音队）用之，自是人情不称，兼亦与天地风气不宜。礼，时为大，须当损益。夏、商、周所因损益可知，则能继周者亦必有所损益。如云‘行夏之时，乘殷之辂，服周之冕，乐则《韶》舞’，是夏时之类可从则从之。盖古人今人，自是年之寿夭、形之大小不同。古之被衣冠者，魁伟质厚，气象自别。若使今人衣古冠冕，情性自不相称。盖自是气有淳漓。正如春气盛时，生得物如何，春气衰时，生得物如何，必然别。今之始开荒田，初岁种之，可得数倍，及其久，则一岁薄于一岁，此乃常理。观三代之时，生多少圣人，后世至今，何故寂寥未闻，盖气自是有盛则必有衰，衰则终必复盛。若冬不春，夜不昼，则气化息矣。圣人主化，如禹之治水，顺则当顺之，治则须治之。古之伏羲，岂不能垂衣裳，必待尧、舜然后垂衣裳?据如此事，只是一个圣人都做得了，然必须数世然后成，亦因时而已。所谓‘溥博渊泉而时出之’也，须是先有溥博渊泉也，方始能时出。自无溥博渊泉，岂能时出之?大抵气化在天在人一般，圣人其中，只有功用。放勋曰：‘劳之来之，匡之直之，辅之翼之。’正须如此。徇流俗非随时，知事可正，严毅独立，乃是随时也。举礼文，却只是一时事。要所补大，可以风后世，却只是明道。孟子言‘五百年必有王者兴，其间必有名世者’，大数则是，然不消催促他。”

冠礼废，则天下无成人。或人欲如鲁公十二而冠，此不可。冠所以责成人，十二年非可责之时。既冠矣且不责以成人事，则终其身不以成人望他也，徒行此节文何益?虽天子诸侯，亦必二十而冠。

“信而后谏”，唯能信便发得人志。

龙女衣冠不可定。龙，兽也。衣冠人所被，岂有禽兽可以被人衣冠？若以为一龙，不当立数十庙；若以为数十龙，不当同为善济夫人也。大抵决塞，莫非天地之祐、社稷之福、谋臣之功、兵卒之力。不知在此，彼龙何能为？

人苟有“朝闻道夕死可矣”之志，则不肯一日安其所不安也。何止一日？须臾不能。如曾子易箦，须要如此乃安。人不能若此者，只为不见实理。实理者，实见得是，实见得非。凡实理，得之于心自别。若耳闻口道者，心实不见。若见得，必不肯安于所不安。人之一身，尽有所不肯为，及至他事又不然。若士者，虽教之使为穿窬，必不为，其他事未必然。至如执卷者，莫不知说礼义。又如王公大人皆能言轩冕外物，及其临利害，则不知就义理，却就富贵。如此者，只是说得，不实见。及其蹈水火，则人皆避之，是实见得。须是有“见不善如探汤”之心，则自然别。昔若经伤于虎者，他人语虎，则虽三尺童子，皆知虎之可畏，终不似曾经伤者，神色慑惧，至诚畏之，是实见得也。得之于心，是谓有德，不待勉强，然学者则须勉强。古人有捐躯陨命者，若不实见得，则乌能如此？须是实见得生不重于义，生不安于死也。故有杀身成仁者，只是成就一个是而已。

学者患心虑纷乱，不能宁静，此则天下公病。学者只要立个心，此上头尽有商量。

得之于心，谓之有德，自然“睟然见于面，盎于背，施于四体，四体不言而喻”，岂待勉强也？

葬埋所虑者，水与虫耳。晋郭文举为王导所致，及其病，乞还山，欲枕石而死，贵人留之曰：“深山为虎狼食，不其酷哉？”曰：“深山为虎狼食，贵人为蝼蚁食，一也。”故葬者鲜不被虫者，虽极深，亦有土虫。故思木之不坏者，得柏心为久，后又见松脂锢之又益久，故用松脂涂棺。

语高则旨远，言约则义微。大率《六经》之言涵蓄，无有精粗。欲言精微，言多则愈粗。凡物有本末，不可分本末为两段事。洒埽应对是其然，必有所以然。

浩然之气，既言气则已是大段有形体之物。如言志，有甚迹？然亦尽有形象。浩然之气是集义所生者，既生得此气，语其体则与道合，语其用则莫不是义。譬之以金为器，及其器成，方命得此是金器。

若谓既返之气复将为方伸之气，必资于此，则殊与天地之化不相似。天地之化，自然生生不穷，更何复资于既毙之形，既返之气，以为造化？近取诸身，其开阖往来，见之鼻息，岂假吸复入以为呼？气则自然生。人之气生于真元。天之气，亦自然生生不穷。至如海水，因阳盛而涸，及阴盛而生，亦不必是已涸之气却生水。自然能生，往来屈伸只是理也。盛则便有衰，昼则便有夜，往则便有来。天地中如洪炉，何物不销铄了？

"范围天地之化。"天本廓然无穷，但人以目力所及，见其寒暑之序、日月之行，立此规模，以窥测他。天地之化，不是天地之化其体有如城郭之类，都盛其气。假使言日升降于三万里，不可道三万里外更无物。又如言天地升降于八万里中，不可道八万里外天地尽。学者要默体天地之化。如此言之，甚与天地不相似，其卒必有窒碍。有人言无西海，便使无西海，亦须是有山。（无阴阳处，便无日月。）

闲邪则诚自存，不是外面捉一个诚将来存著。今人外面役役于不善，于不善中寻个善来存著，如此则岂有入善之理？只是闲邪，则诚自存。故孟子言性善，皆由内出。只为诚便存，闲邪更著甚工夫？但惟是动容貌、整思虑，则自然生敬，敬只是主一也。主一，则既不之东，又不之西，如是则只是中。既不之此，又不之彼，如是则只是内。存此，则自然天理明。学者须是敬以直内，涵养此意，直内是本。

天地之化，虽廓然无穷，然而阴阳之度、日月寒暑昼夜之变，莫不有常，此道之所以为中庸。

道则自然生万物。今夫春生夏长了一番，皆是道之生，后来生长，不可道却将既生之气，后来却要生长。道则自然生生不息。

释氏之学，更不消对圣人之学比较，要之必不同，便可置之。今穷其说，未必能穷得他，比至穷得，自家已化而为释氏矣。今且以迹上观之。佛逃父出家，便绝人伦，只为自家独处于山林，人乡里岂容有此物？大率以所贱所轻施于人，此不惟非圣人之心，亦不可为君子之心。释氏自己不为君臣父子夫妇之道，而谓他人不能如是，容人为之而己不为，别做一等人，若以此率人，是绝类也。至如言理性，亦只是为死生，其情本怖死爱生，是利也。

“敬以直内”，有主于内则虚，自然无非僻之心。如是，则安得不虚？“必有事焉”，须把敬来做件事著。此道最是简，最是易，又省工夫。为此语，虽近似常人所论，然持之久必别。

天子七庙，亦恐只是一日行礼。考之古，则戊辰同祀文、武，考之今，则宗庙之祀亦是一日。

祭无大小，其所以交于神明、接鬼神之义一也。必齐，不齐则何以交神明？

历象之法，大抵主于日，日一事正，则其他皆可推。洛下闳作历，言数百年后当差一日，其差理必然。何承天以其差，遂立岁差法。其法，以所差分数，摊在所历之年，看一岁差著几分，其差后亦不定。独邵尧夫立差法，冠绝古今，却于日月交感之际，以阴阳亏盈求之，遂不差。大抵阴常亏，阳常盈，故只于这里差了。历上若是通理，所通为多。尧夫之学，大抵似杨雄，然亦不尽如之。常穷味有二万八千六百，此非人所合和，是自然也；色有二万八千六百，又非人所染画得，亦是自然也；独声之数只得一半数不行，盖声阳也，只是于日出地上数得，到日入地下，遂数不行，此皆有理。譬之有形斯有影，不可谓今日之影，却收以为来日之影。（据《皇极经世》，色味皆一万七千二十四，疑此记者之误。）

君子宜获祐，然而有贫悴短夭，以至无继者，天意如何？气钟于贤者，固有所不周也。

闲邪则固主一矣，能主一则不消言闲邪。有以一为难见，不可下工夫。行一者无他，只是整齐严肃，则心便一，一则自是无非僻之奸。此意但涵养久之，则天理自然明。

“必有事焉”，有事于敬也。“勿正”者，若思此而曰善，然后为之，是正也。“勿忘”，则是必有事也。“勿助长”，则是勿正也。后言之渐重，须默识取主一之意。

修养之所以引年，国祚之所以祈天永命，常人之至于圣贤，皆工夫到这里，则有此应。

宗子法坏，则人不自知来处，以至流转四方，往往亲未绝，不相识。今且试以一二巨公之家行之，其术要得拘守得须是。且如唐时立庙院，仍不得分割了祖业，使一人主之。

释氏尊宿者，自言觉悟，是既已达道，又却须要印证，则是未知也；得他人道是，然后无疑，则是信人言语，不可言自信。若果自信，则虽甚人言语，亦不听。

学者之流必谈禅者，只是为无处捞摸，故须入此。

“大德敦化”，于化育处敦本也；“小德川流”，日用处也。此言仲尼与天地同德。

有言：“未感时，知如何所寓？”曰：“‘操则存，舍则亡，出入无时，莫知其乡’，更怎生寻所寓？只是有操而已。操之之道，敬以直内也。”

“刚毅木讷”，何求而曰近仁？只为轻浮巧利，于仁甚远，故以此为近仁。此正与“巧言令色”相反。

有土地，要而种粟以养人，乃宜。今以种果实，只做果子吃了，种糯，使之化为水饮之，皆不济事，不稳当。

颜、孟之于圣人，其知之深浅同，只是颜子尤温淳渊懿，于道得之更渊粹，近圣人气象。

率气者在志，养志者在直内。

“率性之谓道”，率，循也。若言道不消先立下名义，则茫茫地何处下手？何处著心？

文字上无闲暇，终是少工夫。然思虑则尽不废。于外事虽奔迫，然思虑尽悠悠。

释氏之学，又不可道他不知，亦尽极乎高深，然要之卒归乎自私自利之规模。何以言之？天地之间，有生便有死，有乐便有哀。释氏所在便须觅一个纤奸打讹处，言免死生，齐烦恼，卒归乎自私。老氏之学，更挟些权诈，若言与之乃意在取之，张之乃意在翕之，又大意在愚其民而自智，然则秦之愚黔首，其术盖亦出于此。

天地之间，只有一个感与应而已，更有甚事？

《老子》言甚杂，如《阴符经》却不杂，然皆窥测天道之未尽者也。

人于天地间，并无窒碍处，大小大快活。

生知者，只是他生自知义理，不待学而知。纵使孔子是生知，亦何害于学？如问礼于老聃，访官名于郯子，何害于孔子？礼文官名，既欲知旧物，又不可凿空撰得出，须是问他先知者始得。

萧何大营宫室，其心便不好，只是要得敛怨自安。谢安之营宫室，却是随时之宜，以东晋之微，寓于江表，其气奄奄欲尽，且以慰安人心。

高祖其势可以守关，不放入项王，然而须放他入来者，有三事：一是有未坑二十万秦子弟在外，恐内有父兄为变；二是汉王父母妻子在楚；三是有怀王。

圣人之道，更无精粗，从洒埽应对至精义入神，通贯只一理。虽洒埽应对，只看所以然者如何。

切要之道，无如“敬以直内”。

立人达人，为仁之方，强恕，求仁莫近，言得不济事，亦须实见得近处，其理固不出乎公平。公平固在，用意更有浅深，只要自家各自体认得。

冲漠无朕，万象森然已具，未应不是先，已应不是后。如百尺之木，自根本至枝叶，皆是一贯，不可道上面一段事，无形无兆，却待人旋安排引入来，教入涂辙。既是涂辙，却只是一个涂辙。

“安安”，下字为义。安，其所安也；安安，是义也。

“原始反终，故知死生之说”，但穷得，则自知死生之说，不须将死生便做一个道理求。

“道二，仁与不仁而已”，自然理如此。道无无对，有阴则有阳，有善则有恶，有是则有非，无一亦无三。故《易》曰：“三人行则损一人，一人行则得其友。”只是二也。

曾子言夫子之道忠恕，果可以一贯，若使他人言之，便未足信，或未尽忠恕之道，曾子言之，必是尽仍是。又于《中庸》特举此二义，言“忠恕违道不远”，恐人不喻，故指而示之近，欲以喻人。又如禘尝之义，如视诸掌，《中庸》亦指而示之近，皆是恐人不喻，故特语之详。然则《中庸》之书，决是传圣人之学不杂，子思恐传授渐失，故著此一卷书。

忠恕所以公平，造德则自忠恕，其致则公平。

仁之道，要之只消道一公字。公只是仁之理，不可将公便唤做仁。公而以人体之，故为仁。只为公，则物我兼照，故仁，所以能恕，所以能爱，恕则仁之施，爱则仁之用也。

“出门如见大宾，使民如承大祭”，只是敬也。敬则是不私之说也。才不敬，便私欲万端害于仁。

圣人之言依本分，至大至妙事，语之若寻常，此所以味长。释氏之说，才见得些，便惊天动地，言语走作，却是味短。只为乍见，不似圣人见惯。如《中庸》言道，只消道“无声无臭”四字，总括了多少释氏言，非黄非白，非咸非苦，费多少言语。

“寂然不动”，万物森然已具在；“感而遂通”，感则只是自内感。不是外面将一件物来感于此也。

有人旁边作事，己不见，而只闻人说善言者，为敬其心也，故视而不见，听而不闻，主于一也。主于内则外不入，敬便心虚故也。必有事焉，不忘，不要施之重，便不好。敬其心，乃至不接视听，此学者之事也。始学，岂可不自此去？至圣人，则自是“从心所欲不逾矩”。孔子自十五至七十，进德直有许多节次。圣人未必然，然亦是为学者立下一法，盈科而后进，须是成章乃达。

自古元不曾有人解“仁”字之义，须于道中与他分别出五常，若只是兼体，却只有四也。且譬一身：仁，头也；其他四端，手足也。至如《易》，虽言“元者善之长”，然亦须通四德以言之，至如八卦，《易》之大义在乎此，亦无人曾解来。（乾健坤顺之类，亦不曾果然体认得。）

登山难为言，以言圣人之道大。观澜必照，因又言其道之无穷。澜，水之动处，苟非源之无穷，则无以为澜；非日月之明无穷，则无以容光必照。其下又言其笃实而有光辉也。成章者，笃实而有光辉也。今以瓦砾积之，虽如山岳，亦无由有光辉。若使积珠玉，小积则有小光辉，大积则有大光辉。

“天下之言性，则故而已矣。”“则”语助也，“故”者本如是者也，今言天下万物之性，必求其故者，只是欲顺而不害之也，故曰“以利为本”，本欲利之也。此章皆为知而发，行其所无事，是不凿也；日至可处而致，亦只是不凿也。

不席地而倚卓，不手饭而匕筯，此圣人必随时，若未有当，且作之矣。

昔谓异教中疑有达者，或是无归，且安于此。再尝考之，卒不达，若达则于其前日所处，不能一朝居也。观曾子临死易箦之意，便知其不达。“朝闻道，夕死可矣”，岂能安其所未安？如毁其人形，绝其伦类，无君臣父子之道，若达则不安也。只夷言左衽，尚可言随其国俗，至如人道，岂容有异？

受祥肉弹琴，恐不是圣人举动。使其哀未忘，则子于是日哭，则不歌，不饮酒食肉以全哀，况弹琴可乎？使其哀已忘，则何必弹琴？

学者为气所胜、习所夺，只可责志。

释氏之说，若欲穷其说而去取之，则其说未能穷，固已化而为佛矣。只且于迹上考之。其设教如是，则其心果如何，固难为取其心不取其迹，有是心则有是迹。王通言心迹之判，便是乱说，不若且于迹上断定，不与圣人合。其言有合处，则吾道固已有；有不合者，固所不取。如是立定，却省易。

儒者其卒多入异教，其志非愿也，其势自然如此。盖智穷力屈，欲休来，又知得未安稳，休不得，故见人有一道理，其势须从之。譬之行一大道，坦然无阻，则更不由径，只为前面逢著山，逢著水，行不得，有窒碍，则见一邪径，欣然从之。儒者之所以必有窒碍者，何也？只为不致知。知至至之，则自无事可夺。今夫有人处于异乡，元无安处，则言某处安，某处不安，须就安处。若已有家，人言他人家为安，己必不肯就彼。故儒者而卒归异教者，只为于己道实无所得，虽曰闻道，终不曾实有之。

佛、庄之说，大抵略见道体，乍见不似圣人惯见，故其说走作。

时所以有古今风气人物之异者，何也？气有淳漓，自然之理。有盛则必有衰，有终则必有始，有昼则必有夜。譬之一片地，始开荒田，则其收谷倍，及其久也，一岁薄于一岁，气亦盛衰故也。至如东西汉，人才文章已来皆别，所尚异也。尚所以异，亦由心所为。心所以然者，只为生得来如此。至如春夏秋冬，所生之物各异，其栽培浇灌之宜，亦须各以其时，不可一也，须随时。只如均是春生之物，春初生得又别，春中又别，春尽时所生又别。礼之随时处宜，只是正得当时事。所谓时者，必明道以贻后人。

有谓因苦学而至失心者。学本是治心，岂有反为心害？某气本不盛，然而能不病、无倦怠者，只是一个慎生不恣意，其于外事，思虑尽悠悠。

"合而言之道也"，仁固是道，道却是总名。

"大而化之"，只是谓理与已一。其未化者，如人操尺度量物，用之尚不免有差，若至于化者，则己便是尺度，尺度便是己。颜子正在此，若化则便是仲尼也。"在前"是不及，"在后"是过之。此过不及甚微，惟颜子自知，他人不与。"卓尔"是圣人立处，颜子见之，但未至尔。

格物穷理，非是要尽穷天下之物，但于一事上穷尽，其他可以类推。至如言孝，其所以为孝者如何，穷理一无此二字。如一事上穷不得，且别穷一事，或先其易者，或先其难者，各随人深浅，如千蹊万径，皆可适国，但得一道入得便可。所以能穷者，只为万物皆是一理，至如一物一事，虽小，皆有是理。

敬则自虚静，不可把虚静唤做敬。居敬则自然行简，若居简而行简，却是不简，只是所居者已剩一简字。

"退藏于密"，密是用之源，圣人之妙处。

圣人之道，如《河图》《洛书》，其始止于画上便出义。后之人既重卦，又系辞，求之未必得其理。至如《春秋》，是其所是，非其所非，不过只是当年数人而已。学者不观他书，只观《春秋》，亦可尽道。

物理须是要穷。若言天地之所以高深，鬼神之所以幽显。若只言天只是高，地只是深只是已辞，更有甚？

敬则无己可克，学者之始则须绝四。

人之身有形体，未必能为主。若有人为系虏将去，随其所处，已有不得与也。唯心则三军之众不可夺也。若并心做主不得，则更有甚？

夷、惠之行，未必如此。且如孔子言"不念旧恶，怨是用希"，则伯夷之度量可知。若使伯夷之清既如此，又使念旧恶，则除是抱石沈河。孟子所言，只是推而言之，未必至如此。然圣人于道，防其始，不得不如是之严。如此而防，犹有流者。夷、惠之行不已，其流必至于孟子所论。夷是圣人极清处，惠圣人极和处，圣人则兼之而时出之。清和何止于偏？其流则必有害。墨子之道，虽有尚同兼爱之说，然观其书：亦不至于视邻之子犹兄之子，盖其流必至于此。至如言伊尹，始在畎亩，五就汤，五就桀，三聘翻然而从，岂不是时？然后来见其以天下自任，故以为圣人之任。

声数。

由经穷理。

"不勉而中，不思而得"，与勉而中，思而得，何止有差等，直是相去悬绝。"不勉而中"即常中，"不思而得"即常得，所谓从容中道者，指他人所见而言之。若不勉不思者，自在道上行，又何必言中？不中，不勉，不思，亦有大小深浅。至于曲艺，亦有不勉不思者。所谓日月至焉，与久而不息者，所见规模虽略相似，其意味气象迥别，须潜心默识，玩索久之，庶几自得。学者不学圣人则已，欲学之，须熟玩味圣人之气象，不可只于名上理会。如此，只是讲论文字。

"赞天地之化育"，自人而言之，从尽其性至尽物之性，然后可以赞天地之化育，可以与天地参矣。言人尽性所造如此。若只是至诚，更不须论。所谓"人者天地之心"，及"天聪明自我民聪明"，止谓只是一理，而天人所为，各自有分。

浩然之气，所养各有渐，所以至于充塞天地，必积而后至。行不慊于心，止是防患之术，须是集义乃能生。

"不可一朝居"者，孟子之时，大偷乱，若君听于臣，父听于子，动则弑君弑父，须著变，是不可一朝居也。然鲁有三桓无以异齐，何以鲁一变至于道？鲁只是不修周公之法，齐既坏太公之法，后来立法，已是苟且，及其末世，并其法又坏，乱甚于鲁，故其弑亦先于鲁。孔子之仕于鲁，所以为之兆，得可为处便为。如陈恒弑其君，孔子请讨，一事正则百事自已不得，传言以鲁之众加齐之半，此非孔子请讨之意。如此，则孔子只待去角力，借使言行，亦上有天子，下有方伯，须谋而后行。

《礼》，“我战则克，祭则受福”，盖得其道，此语至常浅，孔子固能如此，但观其气象，不似圣人之言。

尝观自三代而后，本朝有超越古今者五事：如百年无内乱；四圣百年；受命之日，市不易肆；百年未尝诛杀大臣；至诚以待夷狄。此皆大抵以忠厚廉耻为之纲纪，故能如此，盖睿主开基，规模自别。

大纲不正，万目即紊。唐之治道，付之尚书省，近似六官，但法不具也。后世无如宇文周，其官名法度，小有可观。隋文之法，虽小有善处，然皆出于臆断，惟能如此，故维持得数十年。

“陨石于宋”，自空凝结而陨；“六鹢退飞”，倒逆飞也。倒逆飞，必有气驱之也。如此等，皆是异事也，故书之。大抵《春秋》所书灾异，皆天人响应，有致之之道。如石陨于宋而言“陨石”，夷伯之庙震，而言“震夷伯之庙”，此天应之也。但人以浅狭之见，以为无应，其实皆应之。然汉儒言灾异，皆牵合不足信，儒者见此，因尽废之。

麟乃和气所致，然春秋之时有者，何以为应天之气？岂可如此间别？圣人之生，亦天地交感，五行之秀，乃生圣人。当战国之际，生孔子何足怪，况生麟？圣人为其出非其时，故有感，如圣人生不得其时。

孔子感麟而作《春秋》，或谓不然，如何？曰：《春秋》不害感麟而作，然麟不出，《春秋》岂不作？孔子之意，盖亦有素，因此一事乃作，故其书之成，复以此终。大抵须有发端处，如画八卦，因见《河图》《洛书》。果无《河图》《洛书》，八卦亦须作。

“一阴一阳之谓道”，此理固深，说则无可说。所以阴阳者道，既曰气，则便有二。言开阖，便是感，既二则便有感。所以开阖者道，开阖便是阴阳。老氏言虚而生气，非也。阴阳开阖，本无先后，不可道今日有阴，明日有阳。如人有形影，盖形影一时，不可言今日有形，明日有影，有便齐有。

“寂然不动，感而遂通”，此已言人分上事，若论道，则万理皆具，更不说感与未感。

中和，若只于人分上言之，则喜怒哀乐未发既发之谓也。若致中和，则是达天理，便见得天尊地卑、万物化育之道，只是致知也。

“素隐行怪”，是过者也，“半涂而废”，是不及也；“不见知不悔”，是中者也。

中者，只是不偏，偏则不是中。庸只是常。犹言中者是大中也，庸者是定理也。定理者，天下不易之理也，是经也。孟子只言反经，中在其间。

《中庸》之书，是孔门传授，成于子思。《孟子》其书，虽是杂记，更不分精粗，一衮说了。今之语道，多说高便遗却卑，说本便遗却末。

“小人之中庸，小人而无忌惮也。”小人更有甚中庸？脱一“反”字。小人不主于义理，则无忌惮，无忌惮所以反中庸也。亦有其心畏谨而不中，亦是反中庸。语恶有浅深则可，请之中庸则不可。

“知天命”，是达天理也。“必受命”，是得其应也。命者是天之所赋与，如命令之命。天之报应，皆如影响，得其报者是常理也；不得其报者，非常理也。然而细推之，则须有报应，但人以狭浅之见求之，便谓差互。天命不可易也，然有可易者，惟有德者能之。如修养之引年，世祚之祈天永命，常人之至于圣贤，皆此道也。

梦说之事，是傅说之感高宗，高宗感傅说。高宗只思得圣贤之人，须是圣贤之人，方始应其感。若傅说非圣贤，自不相感。如今人卜筮，蓍在手，事在未来，吉凶在书策，其卒三者必合矣。使书策之言不合于理，则自不验。

陨石无种，种于气。麟亦无种，亦气化。厥初生民亦如是。至如海滨露出沙滩，便有百虫禽兽草木无种而生，此犹是人所见。若海中岛屿稍大，人不及者，安知其无种之人不生于其间？若已有人类，则必无气化之人。

匹夫至诚感天地，固有此理。如邹衍之说太甚，只是盛夏感而寒栗则有之，理外之事则无，如变夏为冬降霜雪，则无此理。

“配义与道”，即是体、用。道是体，义是用，配者合也。气尽是有形体，故言合。气者是积义所生者，却言配义，如以金为器，既成，则目为金器可也。

天地之间皆有对，有阴则有阳，有善则有恶。君子小人之气常停，不可都生君子，但六分君子则治，六分小人则乱，七分君子则大治，七分小人则大乱。如是，则尧、舜之世不能无小人。盖尧、舜之世，只是以礼乐法度驱而之善，尽其道而已。然言比屋可封者，以其有教，虽欲为恶，不能成其恶。虽尧、舜之世，然于其家乖戾之气亦生朱、均，在朝则有四凶，久而不去。

离了阴阳更无道，所以阴阳者是道也。阴阳，气也。气是形而下者，道是形而上者。形而上者则是密也。

絪缊，阴阳之感。

士心，气之帅。若论浩然之气，则何者为志？志为之主，乃能生浩然之气。志至焉，气次焉，自有先后。

医者不诣理，则处方论药不尽其性，只知逐物所治，不知合和之后，其性又如何？假如诃子黄、白礬白，合之而成黑，黑见则黄白皆亡。又如一二合而为三，三见则一二亡，离而为一二则三亡。既成三，又求一与二；既成黑，又求黄与白，则是不知物理。古之人穷尽物理，则食其味，嗅其臭，辨其色，知其某物合某则成何性。天有五气，故凡生物，莫不具有五性，居其一而有其四。至如草木也，其黄者得土之性多，其白者得金之性多。

宗子法废，后世谱牒，尚有遗风。谱牒又废，人家不知来处，无百年之家，骨肉无统，虽至亲，恩亦薄。

古人为学易，自八岁入小学，十五入大学，舞勺舞象，有弦歌以养其耳，舞干羽以养其气血，有礼义以养其心。又且急则佩韦，缓则佩弦，出入闾巷，耳目视听及政事之施，如是则非僻之心无自而入。今之学者，只有义理以养其心。

河北只见鲧隄，无禹隄。鲧堙洪水，故无功，禹则导之而已。

五祀恐非先王之典，皆后世巫祝之言，报则遗其重者，井人所重，行宁廊也，其功几何？

虽庶人，必祭及高祖。比至天子诸侯，止有疏数耳。

凡物之散，其气遂尽，无复归本原之理。天地间如洪炉，虽生物销铄亦尽，况既散之气，岂有复在？天地造化又焉用此既散之气？其造化者，自是生气。至如海水潮，日出则水涸，是潮退也，其涸者已无也，月出则潮水生也，非却是将已涸之水为潮，此是气之终始。开阖便是易，“一阖一辟谓之变”。

传录言语，得其言，未得其心，必有害。虽孔门亦有是患。如言昭公知礼，巫马期告，时孔子正可不答其问，必更有语言，具巫马期欲反命之意，孔子方言“苟有过，人必知之”。盖孔子答，巫马期亦知之，陈司败亦知之矣。又如言伯夷、柳下惠皆古圣人也，若不言清、和，便以夷、惠为圣人，岂不有害？又如孟子言“放勋曰”，只当言“尧曰”，传者乘放勋为尧号，乃称“放勋曰”。又如言“闻斯行之”，若不因公西赤有问，及仲由为比，便信此一句，岂不有害？又如孟子、齐王“欲养弟子以万钟”，此事欲国人矜式，孟子何不可处？但时子以利诱孟子，孟子故曰“如使予欲富，辞十万而受万，是为欲富乎？”若观其文，只似孟子不肯为国人矜式，须知不可以利诱之意。舜不告而娶，须识得舜意。若使舜便不告而娶，固不可以其父顽，过时不为娶，尧去治之，尧命瞽使舜娶，舜虽不告，尧固告之矣。尧之告之也，以君治之而已。今之官府，治人之私者亦多，然而象欲以杀舜为事，尧奚为不治？盖象之杀舜，无可见之迹，发人隐慝而治之，非尧也。

学《春秋》亦善，一句是一事，是非便见于此，此亦穷理之要。然他经岂不可以穷？但他经论其义，《春秋》因其行事，是非较著，故穷理为要。尝语学者，且先读《论语》《孟子》，更读一经，然后看《春秋》。先识得个义理，方可看《春秋》。《春秋》以何为准？无如《中庸》。欲知《中庸》，无如权，须是时而为中。若以手足胼胝，闭户不出，二者之间取中，便不是中。若当手足胼胝，则于此为中；当闭户不出，则于此为中。权之为言，秤锤之义也。何物为权？义也。然也只是说得到义，义以上更难说，在人自看如何。

格物亦须积累涵养。如始学《诗》者，其始未必善，到悠久须差精。人则只是旧人，其见则别。

知至则当至之，知终则当终之，须以知为本。知之深，则行之必至，无有知之而不能行者。知而不能行，只是知得浅。饥而不食乌喙，人不蹈水火，只是知。人为不善，只为不知。知至而至之，知几之事，故可与几。知终而终之，故可与存义。知至是致知，博学、明辨、审问、慎思，皆致知、知至之事，笃行便是终之。如始条理，终条理，因其始条理，故能终条理，犹知至即能终之。

《春秋》，《传》为案，《经》为断。

古之学者，先由经以识义理。盖始学时，尽是传授。后之学者，却先须识义理，方始看得经。如《易》，《系辞》所以解《易》，今人须看了《易》，方始看得《系辞》。（一本云："古之人得其师傅，故因经以明道。后世失其师传，故非明道，不能以知经。"）

"至大至刚以直"，不言"至直"，此是文势。如"治世之音安以乐"，"怨以怒"，"粗以厉"，"噍以杀"，皆此类。

解义理，若一向靠书册，何由得居之安，资之深？不惟自失，兼亦误人。

治道亦有从本而言，亦有从事而言。从本而言，惟从格君心之非、正心以正朝廷，正朝廷以正百官。若从事而言，不救则已，若须救之，必须变。大变则大益，小变则小益。

学者好语高，正如贫人说金，说黄色，说坚软，道他不是又不可，只是好笑。不曾见富人说金如此。

仲尼于《论语》中未尝说“神”字，只于《易》中不得已言数处而已。

有主则虚，无主则实，必有所事。

以物待物，不可以己待物。

古所谓支子不祭者，惟使宗子立庙，主之而已。支子虽不得祭，至于齐戒，致其诚意，则与主祭者不异。可与，则以身执事，不可与，则以物助，但不别立庙为位行事而已。后世如欲立宗子，当从此义。虽不祭，情亦可安。若不立宗子，徒欲废祭，适足长惰慢之志，不若使之祭，犹愈于已也。

真元之气，气之所由生，不与外气相杂以外气涵养而已。若鱼在水，鱼之性命非是水为之，但必以水涵养，鱼乃得生尔。人居天地气中，与鱼在水无异。至于饮食之养，皆是外气涵养之道。出入之息者，阖辟之机而已。所出之息，非所入之气，但真元自能生气，所入之气，止当阖时，随之而入，非假此气以助真元也。

古者八岁入小学，十五入大学，择其才可教者聚之，不肖者复之田亩。盖士农不易业，既入学则不治农，然后士农判。在学之养，若士大夫之子则不虑无养，虽庶人之子，既入学则亦必有养。古之士者，自十五入学，至四十方仕，中间自有二十五年学，又无利可趋，则所志可知，须去趋善，便自此成德。后之人，自童稚间，已有汲汲趋利之意，何由得向善？故古人必使四十而仕，然后志定。只营衣食却无害，惟利禄之诱最害人。人有养便方定志于学。

做官夺人志。

星辰。若以日月之次为辰，则辰上恐不容二十八舍。若谓五星，则不可称辰。或恐只是言北辰。皆星也，何贵乎北辰？北辰自是不动。只不动，便是为气之主，故为星之最尊者。

先王之乐，必须律以考其声。今律既不可求，人耳又不可全信，正惟此为难。求中声，须得律。律不得，则中声无由见。律者自然之数。至如今之度量权衡亦非正也。今之法且以为准则可，非如古法也。此等物，虽出于自然之数，亦须人为之。但古人为之，得其自然，至于规矩，则极尽天下之方圆。

律历之法，今亦粗存，但人用之小耳。律之遗，则如三命是也。其法只用五行支干纳音之类。历之遗，则是星算人生数，然皆有此理，苟无此理，却推不行。

《素问》之书，必出于战国之末，观其气象知之，天之气运只如此，但系看者如何。设如定四方，分五行，各配与一方，是一般络角而看之，又一般分而为二十四，又一般规模大则大，规模小则小，然善言亦多。如言"善言天者必有验于人，善言古者必有验于今，善观人者必有见于己。"

近取诸身，百理皆具。屈伸往来之义，只于鼻息之间见之。屈伸往来只是理，不必将既屈之气，复为方伸之气。生生之理，自然不息。如复言七日来复，其间元不断续，阳已复生，物极必返，其理须如此。有生便有死，有始便有终。

"守身为大"，其事固有大者，正惟养疾亦是守身之一。齐、战、疾，圣人之所慎。

自天子至于庶人，五服未尝有异，皆至高祖。服既如是，祭祀亦须如是。其疏数之节，未有可考，但其理必如此。七庙、五庙，亦只是祭及高祖。大夫士虽或三庙、二庙、一庙，或祭寝庙，则虽异亦不害祭及高祖，若止祭祢，只为知母而不知父，禽兽道也。祭祢而不及祖，非人道也。

天子曰禘，诸侯曰祫，其理皆是合祭之义。禘从帝，禘其祖之所自出之帝，以所出之帝为东向之尊，其余合食于其前，是为禘也。诸侯无所出之帝，只是于太祖庙以群庙之主合食，是为祫。鲁所以有禘者，只为得用天子礼乐，故于《春秋》之中，不见言祫，只言禘，言大事者即是祫。言"大事于太庙，跻僖公"，即是合食闵、僖二公之义。若时祭即当言"有事"。吉禘于庄公，只是禘祭，言吉者以其行之太早也。四时之祭，有禘之名，只是礼文交错。

郊祀配天，宗祀配上帝，天与上帝一也。在郊言天，以其冬至生物之始，故祭于圜丘，而配以祖，陶匏稿鞂，埽地而祭。宗祀言上帝，以季秋成物之时，故祭于明堂，而配以父，其礼必以宗庙之礼享之。此义甚彰灼。但《孝经》之文，有可疑处。周公祭祀，当推成王为主人，则当推武王以配上帝，不当言文王配。若文王配，则周公自当祭祀矣。周公必不如此。

仁义礼智信，于性上要言此五事，须要分别出。若仁则固一，一所以为仁。恻隐则属爱，乃情也，非性也。恕者入仁之门，而恕非仁也。因其恻隐之心，知其有仁。惟四者有端而信无端。只有不信，更无信。如东西南北已有定体，更不可言信。若以东为西，以南为北，则是有不信。如东即东，西即西，则无不信。

说书必非古意，转使人薄。学者须是潜心积虑，优游涵养，使之自得。今一日说尽，只是教得薄。至如汉时说下帷讲诵，犹未必说书。

圣狂，圣不必是睿圣，狂不必是狂猖。只是智通者便言圣，如圣义忠和，岂必是圣人？

尸如配位时，男男尸，女女尸。祭事主严，虽同时共室，亦无嫌，与丧祭执事不嫌同义。执事且尔，况今日事之，便如国之先君与夫人，如合祭之时，考妣当各异位。盖人情亦无舅妇同坐之礼，如特祭其庙之时，则不害夫妇并祭。

学者先务，固在心志。有谓欲屏去闻见知思，则是"绝圣弃智"。有欲屏去思虑，患其纷乱，则是须坐禅入定。如明镜在此，万物毕照，是镜之常，难为使之不照。人心不能不交感万物，亦难为使之不思虑。若欲免此，唯是心有主。如何为主？敬而已矣。有主则虚，虚谓邪不能入。无主则实，实谓物来夺之。今夫瓶罂，有水实内，则虽江海之浸，无所能入，安得不虚？无水于内，则停注之水，不可胜注，安得不实？大凡人心，不可二用，用于一事，则他事更不能入者，事为之主也。事为之主，尚无思虑纷扰之患，若主于敬，又焉有此患乎？所谓敬者，主一之谓敬。所谓一者，无適之谓一。且欲涵泳“主一”之义，一则无二三矣。言敬，无如圣人之言。《易》所谓“敬以直内，义以方外”，须是直内，乃是主一之义。至于不敢欺、不敢慢、尚不愧于屋漏，皆是敬之事.也。但存此涵养，久之自然天理明。

闲邪存诚，闲邪则诚自存。如人有室，垣墙不修，不能防寇，寇从东来，逐之则复有自西入；逐得一人，一人复至。不如修其垣墙，则寇自不至，故欲闲邪也。

学禅者常谓天下之忙者，无如市井之人。答以市井之人虽日营利，然犹有休息之时。至忙者无如禅客。何以言之？禅者之行住坐卧，无不在道。存无不在道之心，此便是常忙。

《论语》有二处“尧、舜其犹病诸”。“博施济众”，岂非圣人之所欲？然五十乃衣帛，七十乃食肉，圣人之心，非不欲少者亦衣帛食肉，然所养有所不赡，此病其施之不博也。圣人所治，不过九州四海，然九州四海之外，圣人亦非不欲兼济，然所治有所不及，此病不能济众也。推此以求，“修己以安百姓”，则为病可知。苟以为吾治已足，则便不是圣人。修己以安百姓，须有所施为，乃能安人。此则自我所生，学至尧、舜，则自有尧、舜之事。言孝者必言曾子，不可谓曾子之孝已甚。

“集义所生，非义袭而取之也。”“集义”是积义，“所生”如集大成。若累土为山，须是积土乃成山，非是山已成形，乃名为义。（一作山，一作土。）浩然之气难识，须要认得。当行不慊于心之时，自然有此气象。然亦未尽，须是见“至大”“至刚”“以直”之三德，方始见浩然之气。若要见时，且看取地道。《坤》六二：“直方大，不习无不利。”方便是刚，大便是大，直便是直。于《坤》不言刚而言方者，言刚则害于地道，故下复云：“至柔而动也刚。”以其先言柔而后云刚，无害。大，只是对小而言是大也。刚，只是对柔而言是刚也。直，只是对曲而言是直也。如此自然不习无不利。《坤》之六二，只为已是地道，又是二，又是六，地道之精纯者。至如六五便不同。欲得学，且只看取地道。《坤》虽是学者之事，然亦有圣人之道。《乾》九二是圣人之事，《坤》六二是学者之事。圣贤之道，其发无二，但至有深浅大小。

严威俨恪，非敬之道，但致敬须自此入。

“止于至善”，“不明乎善”，此言善者，义理之精微，无可得名，且以至善目之。“继之者善”，此言善，却言得轻，但谓继斯道者莫非善也，不可谓恶。

“舜孳孳为善”，若未接物，如何为善？只是主于敬，便是为善也。以此观之，圣人之道，不是但嘿然无言。

颜子择中庸，得善拳拳，中庸如何择？如博学之，又审问之，又明辨之，所以能择中庸也。虽然，学问明辨，亦何所据，乃识中庸？此则存乎致知。致知者，此则在学者自加功也。大凡于道，择之则在乎智，守之则在乎仁，断之则在乎勇。人之于道，只是患在不能守，不能断。

“必有事焉”，谓必有所事，是敬也。勿正，正之为言轻，勿忘是敬也。正之之甚，遂至于助长。

编辟整续终自正。和叔未知终自得否？

墨子之书，未至大有兼爱之意，及孟子之时，其流浸远，乃至若是之差。杨子为我亦是义，墨子兼爱则是仁，惟差之毫厘，缪以千里，直至无父无君，如此之甚。

世人之学，博闻强识者岂少？其终无有不入禅学者。就其间特立不惑，无如子厚、尧夫，然其说之流，恐未免此敝。

杨子似出于子张，墨子似出于子夏，其中更有过不及，岂是师、商不学于圣人之门？

约。（敬是。）

与叔、季明以知思闻见为患，某甚喜此论，邂逅却正语及至要处。世之学者，大敝正在此，若得他折难坚叩，方能终其说，直须要明辨。

康仲问：“人之学非愿有差，只为不知之故，遂流于不同，不知如何持守？”先生言：“且未说到持守。持守甚事？须先在致知。致知，尽知也。穷理格物，便是致知。”

“礼，孰为大？时为大”，亦须随时。当随则随，当治则治。当其时作其事，便是能随时。“随时之义大矣哉！”寻常人言随时，为且和同，只是流徇耳，不可谓和，和则已是和于义。故学者患在不能识时。时出之，亦须有溥博渊泉，方能出之。今之人自是与古之人别，其风气使之，至如寿考形貌皆异。古人皆不减百余岁，今岂有此人？观古人形象被冠冕之类，今人岂有此等人？故笾豆簠簋，自是不可施于今人，自时不相称，时不同也。时上尽穷得理。孟子言：“五百年必有王者兴，其间必有名世者，以其时考之则可矣。”他嘿识得此体用，大约是如此，岂可催促得他？尧之于民，匡直辅翼，圣贤于此间，见些功用。举此数端可以常久者示人。殷因于夏，周因于殷，损益可知。嘿观得者，须知三王之礼与物不必同。自画卦垂衣裳，至周文方备，只为时也。若不是随时，则一圣人出百事皆做了，后来者没事。又非圣人智虑所不及，只是时不可也。

只归之自然，则无可观，更无可玩索。

“云从龙，风从虎”，龙阴物也，出来则溼气烝然自出，如溼物在日中，气亦自出。虽木石之微，感阴气尚亦有气，则龙之兴云不足怪。虎行处则风自生。龙只是兽，茅山华阳洞曾跳出，其状殊可爱，亦有时乾处能行，其行步如虎。茅山者则不啮人，北五台者则伤人。又有曾于铁狗庙下穿得一龙卵，后寄于金山寺，龙能壅水上寺门，取卵不得。龙所以知者，许大物亦自灵也。龙以卵生者，亦非神。更一等龙，必须胎生。

极，无適而不为中。

河南程氏遗书卷第十六　伊川先生语 二

己巳冬所闻

问："孔子称伯夷、叔齐曰：'不念旧恶，怨是用希。'何也？"曰："以夷、齐之隘，若念旧恶，将不能处世矣。"

问："子贡曰：'博施于民而能济众，可谓仁乎？'子曰：'何事于仁？必也圣乎！'仁圣何以相别？"曰："此子贡未识仁，故测度而设问也。惟圣人为能尽仁，然仁在事，不可以为圣。"又问："'尧、舜其犹病诸'，果乎？"曰："诚然也。圣人惟恐所及不远不广。四海之治也，孰若兼四海之外亦治乎？是尝以为病也。博施济众事大，故仁不足以名之。"

赵景平问："'子罕言利与命与仁'，所谓利者何利？"曰："不独财利之利，凡有利心，便不可。如作一事，须寻自家稳便处，皆利心也。圣人以义为利，义安处便为利。如释氏之学，皆本于利，故便不是。"

赵景平问："'未见蹈仁而死者'，何谓蹈仁而死？"曰："赴水火而死者有矣，杀身成仁者，未之有也。"

河南程氏遗书卷第十七　伊川先生语 三

三王之法，各是一王之法，故三代损益文质，随时之宜。若孔子所立之法，乃通万世不易之法。孔子于他处亦不见说，独答颜回云："行夏之时，乘殷之辂，服周之冕，乐则《韶》舞。"此是于四代中举这一个法式，其详细虽不可见，而孔子但示其大法，使后人就上修之，二千年来，亦无一人识者。

义之精者，须是自求得之，如此则善求义也。

善读《中庸》者，只得此一卷书，终身用不尽也。

《睽》之上九，《离》也。《离》之为德，在诸卦莫不以为明，独于《睽》便变为恶。以阳在上则为亢，以刚在上则为狠，以明在上变而为察，以狠以察，所以为《睽》之极也，故曰："见豕负涂，载鬼一车。"皆自任己察之所致。然往而遇雨则吉，遇雨者，睽解也。睽解有二义：一是物极则必反，故睽极则必通，若睽极不通，却终于睽而已；二是所以能解睽者，却是用明之功也。

大抵卦爻始立，义既具，即圣人别起义以错综之。如《春秋》以前，既已立例，到近后来，书得全别，一般事便书得别有意思，若依前例观之，殊失之也。

先生尝说："某于《易传》，今却已自成书，但逐旋修改，期以七十，其书可出。韩退之称'聪明不及于前时，道德日负于初心'，然某于《易传》，后来所改者无几，不知如何，故且更期之以十年之功，看如何。《春秋》之书，待刘绚文字到，却用功亦不多也。今人解《诗》，全无意思，此却待出些文字。《中庸》书却已成。今农夫祁寒暑雨，深耕易耨，播种五谷，吾得而食之。今百工技艺作为器用，吾得而用之。甲胄之士披坚执锐以守土宇，吾得而安之。却如此闲过了日月，即是天地间一蠹也。功泽又不及民，别事又做不得，惟有补缉圣人遗书，庶几有补尔。”（陈长方见尹于姑苏，问《中庸解》。尹子云：“先生自以为不满意，焚之矣。”）

“致知在格物”，格物之理，不若察之于身，其得尤切。

酒者，古人养老祭祀之所用，今官有榷酤，民有买扑，无故辄令人聚饮，亦大为民食之蠹也。损民食，惰民业，招刑聚寇，皆出于此。如损节得酒课，民食亦为小充。分明民食，却酿为水后，令人饮之，又不当饥饱。若未能绝得买扑，若且只诸县都鄙为之，亦利不细。

人要明理，若止一物上明之，亦未济事，须是集众理，然后脱然自有悟处。然于物上理会也得，不理会也得。且须于学上格物，不可不诣理也。

常见伯淳所在临政，便上下响应，到了人众后便成风，成风则有所鼓动。天地间，只是一个风以动之也。

大凡儒者，未敢望深造于道，且只得所存正，分别善恶，识廉耻。如此等人多，亦须渐好。

或问：“古之道如是之明，后世之道如是不明，其故何也？”曰：“此无他，知道者多即道明，知者少即道不明也。知者多少，亦由乎教也。以鲁国言之，止及今之一大州，然一时间所出大贤十余人，岂不是有教以致然也？盖是圣人既出，故有许多贤者。以后世天下之大，经二千年间，求如一颜、闵者，不可得也。”

大抵儒者潜心正道，不容有差，其始甚微，其终则不可救。如“师也过，商也不及”，于圣人中道，师只是过于厚些，商只是不及些，然而厚则渐至于兼爱，不及则便至于为我，其过不及同出于儒者，其末遂至杨、墨。至如杨、墨，亦未至于无父无君，孟子推之，便至于此。盖其差必至于是也。

孟子辨舜、跖之分，只在义、利之间。言“间”者，谓相去不甚远，所争毫末尔。义与利，只是个公与私也。才出义，便以利言也。只那计较，便是为有利害。若无利害，何用计较？利害者，天下之常情也。人皆知趋利而避害，圣人则更不论利害，惟看义当为与不当为，便是命在其中也。

传经为难。如圣人之后才百年，传之已差。圣人之学，若非子思、孟子，则几乎息矣。道何尝息？只是人不由之。道非亡也，幽、厉不由也。

人或劝先生以加礼近贵。先生曰：“何不见责以尽礼，而责之以加礼？礼尽则已，岂有加也？”

圣人之语，因人而变化；语虽有浅近处，即却无包含不尽处。如樊迟于圣门，最是学之浅者，及其问仁，曰“爱人”，问知，曰“知人”，且看此语有甚包含不尽处？他人之语，语近则遗远，语远则不知近，惟圣人之言，则远近皆尽。

今之为学者，如登山麓，方其迤逦，莫不阔步，及到峻处，便逡巡。（一本云：“或以竣而遂止，或以难而稍缓。苟能遇难而益坚，闻过则改，何逮弗至也？”）

先代帝王陵寝下，多有闲田。推其后，每处只消与田十顷，与一闲官世守之。至如唐狄仁杰、颜杲卿之后，朝廷与官一人，死则却绝，不若亦如此处之，亦与田五七顷。

后世骨肉之间，多至仇怨忿争，其实为争财。使之均布，立之宗法，官为法则无所争。后世人理全废，小失则入于夷狄，大失则入于禽兽。

大凡礼，必须有义。礼之所尊，尊其义也。失其义，陈其数，祝史之事也。

“《益》长裕而不设”，谓固有此理而就上充长之，“设”是撰造也，撰造则为伪也。

人或以礼官为闲官。某谓礼官之责最大，朝廷一有违礼，皆礼官任其责，岂得为闲官？

陈平虽不知道，亦知学。如对文帝以宰相之职，非知学，安能如此？

曹参去齐，以狱市为托。后之为政者，留意于狱者则有之矣，未闻有治市者。

学莫大于致知，养心莫大于礼义。古人所养处多，若声音以养其耳，舞蹈以养其血脉。今人都无，只有个义理之养，人又不知求。

或谓人莫不知和柔宽缓，然临事则反至于暴厉。曰："只是志不胜气，气反动其心也。"

学者所贵闻道，执经而问，但广闻见而已。然求学者，不必在同人中；非同人，又却无学者。

孟子言"圣而不可知之谓神"，非是圣上别有一等神人，神即圣而不可知。（又曰："谓圣之至妙，人所不能测。"）

《儒行》之篇，此书全无义理，如后世游说之士所为夸大之说。观孔子平日语言，有如是者否？

陈司败问昭公知礼乎？孔子对曰："知礼。"彼国人来问君知礼否，不成说不知礼也？如陈司败数昭公失礼之事而问之，则有所不答，顾左右而言他。及巫马期来告，正合不答，然孔子答之者，以陈司败必俟其反命，故须置答也。

或问："如何学可谓之有得？"曰："大凡学问，闻之知之，皆不为得。得者，须默识心通。学者欲有所得，须是笃，诚意烛理。上知，则颖悟自别，其次，须以义理涵养而得之。古有教，今无教。以其无教，直坏得人质如此不美。今人比之古人，如将一至恶物，比一至美物。造道深后，虽闻常人语，言浅近事，莫非义理。"

古者家有塾，党有庠，故人未有不入学者。三老坐于里门，出入察其长幼揖让之序。如今所传之辞，人人讽诵，莫非止于礼义之言。今人虽白首，未尝知有《诗》，至于里俗之言，尽不可闻，皆系其习也。以古所习，安得不善？以今所习，安得不恶？

唐太宗，后人只知是英主，元不曾有人识其恶，至如杀兄取位。若以功业言，不过只做得个功臣，岂可夺元良之位？至如肃宗即位灵武，分明是篡也。

《革》言水火相息，息，止息也。既有止息之理，亦有生息之理。《睽》卦不见四德，盖不容著四德。繇言“小事吉”者，止是方睽之时，犹足以致小事之吉。不成终睽而已？须有济睽之道。

文中子言“古之学者聚道”，不知道如何聚得？

凡为政，须立善法，后人有所变易，则无可奈何。虽周公，亦知立法而已，后人变之，则无可奈何也。

《临》言“八月有凶”，谓至八月是《遯》也。当其刚浸长之时，便戒以阴长之意。

“纪侯大去其国”，大名责在纪也，非齐之罪也。齐侯、陈侯、郑伯遇于垂，方谋伐之，纪侯遂去其国。齐师未加而已去，故非齐之罪也。

《春秋》之文，莫不一一意在示人，如土功之事，无小大莫不书之，其意止欲人君重民之力也。

书大雩，雩及上帝，以见鲁不当为，与书郊者同义。

书公伐齐纳纠，纠不当立，故不言子纠。若书子纠，则正了他当得立也。

凡《易》卦，有就卦才而得其义者，亦有举两体便得其义者。《随》“刚来而下柔，动而说随”，此是就卦才而得随之义。“泽中有雷随”，此是就象上得随之义也。

宗子之法不立，则朝廷无世臣。宗法须是一二巨公之家立法。宗法立，则人人各知来处。

宗子者，谓宗主祭祀也。

礼，长子不得为人后，若无兄弟，又继祖之宗绝，亦当继祖。礼虽不言，可以义起。

凡大宗与小宗，皆不在庙数。

收族之义，止为相与为服，祭祀相及。

所谓宗者，以己之旁亲兄弟来宗于己，所以得宗之名，非己宗于人也。

凡小宗以五世为法，亲尽则族散。若高祖之子尚存，欲祭其父，则见为宗子者。虽是六世、七世，亦须计会今日之宗子，然后祭其父。宗子有君道。

祭祀须别男女之分。生既不可杂坐，祭岂可杂坐？

祭，非主则无依，非尸则无享。

今行冠礼，若制古服而冠，冠了又不常著，却是伪也，必须用时之服。

丧须三年而祔，若卒哭而祔，则三年却都无事。礼卒哭犹存朝夕哭，若无主在寝，哭于何处？

物有自得天理者，如蜂蚁知卫其君，豺獭知祭。礼亦出于人情而已。

祭先之礼，不可得而推者，无可奈何，其可知者，无远近多少，须当尽祭之。祖又岂可不报？又岂可厌多？盖根本在彼，虽远，岂得无报？

宗子虽七十，无无主妇，此谓承祭祀也。然亦不当道七十，只道虽老，无无主妇便得。

礼云：宗子不为殇。宗子有君之道，岂有殇之理？

“喜怒哀乐未发谓之中”，只是言一个体。既是喜怒哀乐未发，那里有个甚么？只可谓之中。如乾体便是健，及分在诸处，不可皆名健，然在其中矣。天下事事物物皆有中。“发而皆中节谓之和”，非是谓之和便不中也，言和则中在其中矣。中便是含喜怒哀乐在其中矣。

如眼前诸人，要特立独行，煞不难得，只是要一个知见难。人只被这个知见不通透。人谓要力行，亦只是浅近语。人既能知见，岂有不能行？一切事皆所当为，不必待著意做。才著意做，便是有个私心。这一点意气，能得几时了？

今人欲致知，须要格物。物不必谓事物然后谓之物也，自一身之中，至万物之理，但理会得多，相次自然豁然有觉处。

杨子拔一毛不为，墨子又摩顶放踵为之，此皆是不得中。至如子莫执中，欲执此二者之中，不知怎么执得？识得则事事物物上皆天然有个中在那上，不待人安排也。安排著，则不中矣。

知之必好之，好之必求之，求之必得之。古人此个学是终身事，果能颠沛造次必于是，岂有不得道理？

“立则见其参于前”，所见者何事？

颜渊问仁，而孔子告之以礼，仁与礼果异乎？

说先于乐者，乐由说而后得，然非乐则亦未足以语君子。

河南程氏遗书卷第十八　伊川先生语 四

刘元承手编

问仁。曰："此在诸公自思之，将圣贤所言仁处，类聚观之，体认出来。孟子曰：'恻隐之心，仁也。'后人遂以爱为仁。恻隐固是爱也。爱自是情，仁自是性，岂可专以爱为仁？孟子言恻隐为仁，盖为前已言'恻隐之心，仁之端也'，既曰仁之端，则不可便谓之仁。退之言'博爱之谓仁'，非也。仁者固博爱，然便以博爱为仁，则不可。"

又问："仁与圣何以异？"曰："人只见孔子言：'何事于仁？必也圣乎！'便谓仁小而圣大。殊不知此言是孔子见子贡问博施济众，问得来事大，故曰：'何止于仁？必也圣乎！'盖仁可以通上下言之，圣则其极也。圣人，人伦之至。伦，理也。既通人理之极，更不可以有加。若今人或一事是仁，亦可谓之仁，至于尽仁道，亦谓之仁，此通上下言之也。如曰：'若圣与仁，则吾岂敢？'此又却仁与圣俱大也。大抵尽仁道者，即是圣人，非圣人则不能尽得仁道。"问曰："人有言：'尽人道谓之仁，尽天道谓之圣。'此语何如？"曰："此语固无病，然措意未是。安有知人道而不知天道者乎？道一也，岂人道自是人道，天道自是天道？《中庸》言：'尽己之性，则能尽人之性；能尽人之性，则能尽物之性；能尽物之性，则可以赞天地之化育。'此言可见矣。杨子曰：'通天地人曰儒，通天地而不通人曰伎。'此亦不知道之言。岂有通天地而不通人者哉？如止云通天之文与地之理，虽不能此，何害于儒？天地人只一道也。才通其一，则余皆通。如后人解《易》，言《乾》天道也，《坤》地道也，便是乱说。论其体，则天尊地卑；如论其道，岂有异哉?”

问：“‘孝弟为仁之本’，此是由孝弟可以至仁否?”曰：“非也。谓行仁自孝弟始。盖孝弟是仁之一事，谓之行仁之本则可，谓之是仁之本则不可。盖仁是本也，孝弟是用也。性中只有仁义礼智四者，几曾有孝弟来?仁主于爱，爱莫大于爱亲。故曰：‘孝弟也者，其为仁之本欤!’”

孔子未尝许人以仁。或曰：“称管仲‘如其仁’，何也?”曰：“此圣人阐幽明微之道。只为子路以子纠之死，管仲不死为未仁，此甚小却管仲，故孔子言其有仁之功。此圣人言语抑扬处，当自理会得。”

问：“克伐怨欲不行，可以为仁。”曰：“人无克伐怨欲四者，便是仁也。只为原宪著一个‘不行’，不免有此心，但不行也，故孔子谓‘可以为难’。此孔子著意告原宪处，欲他有所启发。他承当不得，不能再发问也。孔门如子贡者，便能晓得圣人意。且如曰：‘女以予为多学而识之欤?’对曰：‘然。’便复问曰：‘非欤?’孔子告之曰：‘非也。予一以贯之。’原宪则不能也。”

问：“仁与心何异?”曰：“心是所主处，仁是就事言。”曰：“若是，则仁是心之用否?”曰：“固是。若说仁者心之用，则不可。心譬如身，四端如四支。四支固是身所用，只可谓身之四支。如四端固具于心，然亦未可便谓之心之用。”或曰：“譬如五谷之种，必待阳气而生。”曰：“非是。阳气发处，却是情也。心譬如谷种，生之性便是仁也。”

问：“四端不及信，何也?”曰：“性中只有四端，却无信。为有不信，故有信字。且如今东者自东，西者自西，何用信字?只为有不信，故有信字。”又问：“莫在四端之间?”曰：“不如此说。若如此说时，只说一个义字亦得。”

问：“忠恕可贯道否?”曰：“忠恕固可以贯道，但子思恐人难晓，故复于《中庸》降一等言之，曰‘忠恕违道不远’。忠恕只是体用，须要理会得。”又问：“恕字，学者可用功否?”曰：“恕字甚大，然恕不可独用，须得忠以为体。不忠，何以能恕?看忠恕两字，自见相为用处。孔子曰：‘君子之道四，丘未能一焉。’恕字甚难。孔子曰：‘有一言可以终身行之者，其恕乎!’”

问：“人有以‘君子敬而无失与人’为一句，是否?”曰：“不可。敬是持己，恭是接人。与人恭而有礼，言接人当如此也。近世浅薄，以相欢狎为相与，以无圭角为相欢爱，如此者安能久?若要久，须是恭敬。君臣朋友，皆当以敬为主也。《比》之上六曰：‘比之无首凶。’《象》曰：‘比之无首，无所终也。’比之有首，尚惧无终。既无首，安得有终?故曰‘无所终也’。《比》之道，须当有首。”或曰：“君子淡以成，小人甘以坏。”曰：“是也。岂有甘而不坏者?”

问：“‘出门如见大宾，使民如承大祭。’方其未出门、未使民时，如何?”曰：“此‘俨若思’之时也。当出门时，其敬如此，未出门时可知也。且见乎外者，出乎中者也。使民、出门者，事也。非因是事上方有此敬，盖素敬也。如人接物以诚，人皆曰诚人，盖是素来诚，非因接物而始有此诚也。俨然正其衣冠，尊其瞻视，其中自有个敬处。虽曰无状，敬自可见。”

问：“人有专务敬以直内，不务方外，何如?”曰：“有诸中者，必形诸外。惟恐不直内，内直则外必方。”

敬是闲邪之道。闲邪存其诚，虽是两事，然亦只是一事。闲邪则诚自存矣。天下有一个善，一个恶。去善即是恶，去恶即是善。譬如门，不出便入，岂出入外更别有一事也?

义还因事而见否?曰：“非也。性中自有。”或曰：“无状可见。”曰：“说有便是见，但人自不见，昭昭然在天地之中也。且如性，何须待有物方指为性?性自在也。贤所言见者事，某所言见者理。”(如日不见而彰是也。)

人多说某不教人习举业，某何尝不教人习举业也?人若不习举业而望及第，却是责天理而不修人事。但举业，既可以及第即已，若更去上面尽力求必得之道，是惑也。

人注拟差遣，欲就主簿者。问其故，则曰责轻于尉。某曰："却是尉责轻。尉只是捕盗，不能使民不为盗。簿佐令以治一邑，使民不为盗，簿之责也，岂得为轻?"或问："簿，佐令者也，簿所欲为，令或不从，奈何?"曰："当以诚意动之。今令与簿不和，只是争私意。令是邑之长，若能以事父兄之道事之，过则归己，善则惟恐不归于令，积此诚意，岂有不动得人?"问："授司理，如何?"曰："甚善。若能充其职，可使一郡无冤民也。""幙官言事不合，如之何?"曰："必不得已，有去而已。须权量事之大小，事大于去，则当去；事小于去，亦不须去也。事大于争，则当争；事小于争，则不须争也。今人只被以官为业，如何去得?"

人有实无学而气盖人者，其气有刚柔也。故强猛者当抑之，畏缩者当充养之。古人佩韦弦之戒，正为此耳。然刚者易抑，如子路，初虽圣人亦被他陵，后来既知学，便却移其刚来克己甚易。畏缩者气本柔，须索勉强也。

藻鉴人物，自是人才有通悟处，学不得也。张子厚善鉴裁，其弟天祺学之，便错。

问："学何以有至觉悟处?"曰："莫先致知。能致知，则思一日愈明一日，久而后有觉也。学而无觉，则何益矣？又奚学为?'思曰睿，睿作圣。'才思便睿，以至作圣，亦是一个思。故曰：'勉强学问，则闻见博而智益明。'"又问："莫致知与力行兼否?"曰："为常人言才知得非礼不可为，须用勉强，至于知穿窬不可为，则不待勉强，是知亦有深浅也。古人言乐循理之谓君子，若勉强，只是知循理，非是乐也。才到乐时，便是循理为乐，不循理为不乐，何苦而不循理，自不须勉强也。若夫圣人不勉而中，不思而得，此又上一等事。"

问："张旭学草书，见担夫与公主争道，及公孙大娘舞剑，而后悟笔法，莫是心常思念至此而感发否?"曰："然。须是思方有感悟处，若不思，怎生得如此？然可惜张旭留心于书，若移此心于道，何所不至？”

“思曰睿”，思虑久后，睿自然生。若于一事上思未得，且别换一事思之，不可专守著这一事。盖人之知识，于这里蔽著，虽强思亦不通也。（一本此下云：“或问思一事，或泛及佗事，莫足心不专否？曰：‘心若专，怎生解及别事？’”）

与学者语，正如扶醉人，东边扶起却倒向西边，西边扶起却倒向东边，终不能得佗卓立中途。

古之学者一，今之学者三，异端不与焉。一曰文章之学，二曰训诂之学，三曰儒者之学。欲趋道，舍儒者之学不可。

今之学者有三弊：一溺于文章，二牵于训诂，三惑于异端。苟无此三者，则将何归？必趋于道矣。

或曰：“人问某以学者当先识道之大本，道之大本如何求？某告之以君臣、父子、夫妇、兄弟、朋友，于此五者上行乐处便是。”曰：“此固是。然怎生地乐？勉强乐不得，须是知得了，方能乐得。故人力行，先须要知。非特行难，知亦难也。《书》曰：‘知之非艰，行之惟艰。’此固是也，然知之亦自艰。譬如人欲往京师，必知是出那门，行那路，然后可往。如不知，虽有欲往之心，其将何之？自古非无美材能力行者，然鲜能明道，以此见知之亦难也。”

问：“忠信进德之事，固可勉强，然致知甚难。”曰：“子以诚敬为可勉强，且恁地说。到底须是知了方行得。若不知，只是觑却尧学他行事，无尧许多聪明睿知，怎生得如他动容周旋中礼？有诸中，必形诸外。德容安可妄学？如子所言，是笃信而固守之，非固有之也。且如《中庸》九经，修身也，尊贤也，亲亲也。《尧典》‘克明峻德，以亲九族’。亲亲本合在尊贤上，何故却在下？须是知所以亲亲之道方得。未致知，便欲诚意，是躐等也。学者固当勉强，然不致知，怎生行得？勉强行者，安能持久？除非烛理明，自然乐循理。性本善，循理而行是须理事，本亦不难，但为人不知，旋安排著，便道难也。知有多少般数，煞有深浅。向亲见一人，曾为虎所伤，因言及虎，神色便变。傍有数人，见佗说虎，非不知虎之猛可畏，然不如佗说了有畏惧之色，盖真知虎者也。学者深知亦如此。且如脍炙，贵公子与野人莫不皆知其美，然贵人闻著便有欲嗜脍炙之色，野人则不然。学者须是真知，才知得是，便泰然行将去也。某年二十时，解释经义，与今无异，然思今日，觉得意味与少时自别。”

信有二般：有信人者，有自信者。如七十子于仲尼，得佗言语，便终身守之，然未必知道这个怎生是，怎生非也。此信于人者也。学者须要自信，既自信，怎生夺亦不得。

或问：“进修之术何先？”曰：“莫先于正心诚意。诚意在致知，致知在格物。格，至也，如‘祖考来格’之格。凡一物上有一理，须是穷致其理。穷理亦多端：或读书，讲明义理；或论古今人物，别其是非；或应接事物而处其当，皆穷理也。”或问：“格物须物物格之，还只格一物而万理皆知？”曰：“怎生便会该通？若只格一物便通众理，虽颜子亦不敢如此道。须是今日格一件，明日又格一件，积习既多，然后脱然自有贯通处。”

涵养须用敬，进学则在致知。

问：“人有志于学，然智识蔽固，力量不至，则如之何？”曰：“只是致知。若致知，则智识当自渐明，不曾见人有一件事终思不到也。智识明，则力量自进。”问曰：“何以致知？”曰：“在明理。或多识前言往行，识之多则理明，然人全在勉强也。”

士之于学也，犹农夫之耕。农夫不耕则无所食，无所食则不得生。士之于学也，其可一日舍哉？

学者言入乎耳，必须著乎心，见乎行事。如只听佗人言，却似说他人事，己无所与也。

问：“学者须志于大，如何？”曰：“志无大小。且莫说道，将第一等让与别人，且做第二等。才如此说，便是自弃，虽与不能居仁由义者差等不同，其自小一也。言学便以道为志，言人便以圣为志。自谓不能者，自贼者也；谓其君不能者，贼其君者也。”

或问："人有耻不能之心，如何?"曰："人耻其不能而为之，可也。耻其不能而掩藏之，不可也。"问："技艺之事，耻己之不能，如何?"曰："技艺不能，安足耻? 为士者，当知道。己不知道，可耻也。为士者当博学，己不博学，可耻也。耻之如何，亦曰勉之而已，又安可嫉人之能而讳己之不能也?"

学欲速不得，然亦不可怠。才有欲速之心，便不是学。学是至广大的事，岂可以迫切之心为之?

问："敬还用意否?"曰："其始安得不用意? 若不用意，却是都无事了。"又问："敬莫是静否?"曰："才说静，便入于释氏之说也。不用'静'字，只用'敬'字。才说著静字，便是忘也。孟子曰：'必有事焉而勿正，心勿忘，勿助长也。'必有事焉，便是心勿忘；勿正，便是勿助长。"

问："至诚可以蹈水火，有此理否?"曰："有之。"曰："列子言商丘开之事，有乎?"曰："此是圣人之道不明后，庄、列之徒各以私智探测至理而言也。"曰："巫师亦能如此，诚邪? 欺邪?"曰："此辈往往有术，常怀一个欺人之心，更那里得诚来!"

或问："独处一室，或行暗中，多有惊惧，何也?"曰："只是烛理不明。若能烛理，则知所惧者妄，又何惧焉? 有人虽知此，然不免惧心者，只是气不充。须是涵养久，则气充，自然物动不得。然有惧心，亦是敬不足。"

问："世言鬼神之事，虽知其无，然不能无疑惧，何也?"曰："此只是自疑尔。"曰："如何可以晓悟其理?"曰："理会得精气为物、游魂为变，与原始要终之说，便能知也。须是于'原'字上用工夫。"或曰："游魂为变，是变化之变否?"曰："既是变，则存者亡，坚者腐，更无物也。鬼神之道，只恁说与贤，虽会得亦信不过，须是自得也。"或曰："何以得无恐惧?"曰："须是气定，自然不惑。气未充，要强不得。"（因说与长老游山事。）

人语言紧急，莫是气不定否? 曰："此亦当习。习到言语自然缓时，便是气质变也。学至气质变，方是有功。人只是一个习。

今观儒臣自有一般气象，武臣自有一般气象，贵戚自有一般气象，不成生来便如此？只是习也。某旧尝进说于主上及太母，欲令上于一日之中亲贤士大夫之时多，亲宦官宫人之时少，所以涵养气质，薰陶德性。”

或问：“人或倦怠，岂志不立乎？”曰：“若是气体，劳后须倦。若是志，怎生倦得？人只为气胜志，故多为气所使。如人少而勇，老而怯，少而廉，老而贪，此为气所使者也。若是志胜气时，志既一定，更不可易。如曾子易箦之际，其气之微可知，只为他志已定，故虽死生许大事，亦动他不得。盖有一丝发气在，则志犹在也。”

问：“人之燕居，形体怠惰，心不慢，可否？”曰：“安有箕踞而心不慢者？昔吕与叔六月中来缑氏，闲居中，某尝窥之，必见其俨然危坐，可谓敦笃矣。学者须恭敬，但不可令拘迫，拘迫则难久矣。”（尹子曰：“尝亲闻此，乃谓刘质夫也。”）

昔吕与叔尝问为思虑纷扰，某答以但为心无主，若主于敬，则自然不纷扰。譬如以一壶水投于水中，壶中既实，虽江湖之水，不能入矣。曰：“若思虑果出于正，亦无害否？”曰：“且如在宗庙则主敬，朝廷主庄，军旅主严，此是也；如发不以时，纷然无度，虽正亦邪。”

问：“游宣德云：‘人能戒慎恐惧于不睹不闻之时，则无声无臭之道可以驯致。’此说如何？”曰：“驯致，渐进也，然此亦大纲说，固是自小以致大，自修身可以至于尽性至命；然其间有多少般数，其所以至之之道当如何？荀子曰：‘始乎为士，终乎为圣人。’今人学者须读书，才读书便望为圣贤，然中间至之之方，更有多少。荀子虽能如此说，却以礼义为伪，性为不善，佗自情性尚理会不得，怎生到得圣人？大抵以尧所行者欲力行之，以多闻多见取之，其所学者皆外也。”

问：“人有日诵万言，或妙绝技艺，此可学否？”曰：“不可。大凡所受之才虽加勉强，止可少进，而钝者不可使利也。惟理可进。除是积学既久，能变得气质，则愚必明，柔必强。盖大贤以下即论才，大贤以上更不论才。圣人与天地合德，日月合明。六尺之躯，能有多少技艺？人有身，须用才，圣人忘己，更不论才也。”

问：“人于议论，多欲己直，无含容之气，是气不平否？”曰：“固是气不平，亦是量狭。人量随识长，亦有人识高而量不长者，是识实未至也。大凡别事人都强得，惟识量不可强。今人有斗筲之量，有釜斛之量，有钟鼎之量，有江河之量。江河之量亦大矣，然有涯，有涯亦有时而满，惟天地之量则无满。故圣人者，天地之量也。圣人之量，道也。常人之有量者，天资也。天资有量者，须有限。大抵六尺之躯，力量只如此，虽欲不满，不可得。且如人有得一荐而满者，有得一官而满者，有改京官而满者，有入两府而满者，满虽有先后，然卒不免。譬如器盛物，初满时尚可以蔽护，更满则必出。此天资之量，非知道者也。昔王随甚有器量，仁庙赐飞白书曰：‘王随德行，李淑文章。’当时以德行称，名望甚重；及为相，有一人求作三路转运使，王薄之，出鄙言，当时人皆惊怪。到这里，位高后便动了，人之量只如此。古人亦有如此者多。如邓艾位三公，年七十，处得甚好，及因下蜀有功，便动了，言姜维云云。谢安闻谢玄破苻坚，对客围棋，报至不喜，及归折屐齿，强终不得也。更如人大醉后益恭谨者，只益恭便是动了，虽与放肆者不同，其为酒所动一也。又如贵公子位益高，益卑谦，只卑谦便是动了，虽与骄傲者不同，其为位所动一也。然惟知道者，量自然宏大，不勉强而成。今人有所见卑下者，无佗，亦是识量不足也。”

人才有意于为公，便是私心。昔有人典选，其子弟系磨勘，皆不为理，此乃是私心。人多言古时用直不避嫌得，后世用此不得。自是无人，岂是无时？（因言少师典举、明道荐才事。）

圣人作事甚宏裕。今人不知义理者，更不须说，才知义理便迫窄。若圣人，则绰绰有余裕。

问："观物察己，还因见物，反求诸身否？"曰："不必如此说。物我一理，才明彼即晓此，合内外之道也。语其大，至天地之高厚，语其小，至一物之所以然，学者皆当理会。"又问："致知，先求之四端，如何？"曰："求之性情，固是切于身，然一草一木皆有理，须是察。"

观物理以察己，既能烛理，则无往而不识。

天下物皆可以理照，有物必有则，一物须有一理。

穷理、尽性、至命，只是一事。才穷理便尽性，才尽性便至命。

声色臭味四字，虚实一般。凡物有形必有此四者，意言象数亦然。

为人处世间，得见事无可疑处，多少快活。

问："学者不必同，如仁义忠信之类，只于'一'字上求之，可否？"曰："且如《六经》，则各自有个蹊辙，及其造道，一也。仁义忠信只是一体事，若于一事上得之，其佗皆通也。然仁是本。"

问："人之学，有觉其难而有退志，则如之何？"曰："有两般：有思虑苦而志气倦怠者，有惮其难而止者。向尝为之说：今人之学，如登山麓，方其易处，莫不阔步，及到难处便止，人情是如此。山高难登，是有定形，实难登也；圣人之道，不可形象，非实难然也，人弗为耳。颜子言'仰之弥高，钻之弥坚'，此非是言圣人高远实不可及，坚固实不可入也，此只是譬喻，却无事，大意却是在'瞻之在前，忽焉在后'上。"又问："人少有得而遂安者，如何？"曰："此实无所得也。譬如以管窥天，乍见星斗粲烂，便谓有所见，喜不自胜，此终无所得。若有大志者，不以管见为得也。"

问："家贫亲老，应举求仕，不免有得失之累，何修可以免此？"曰："此只是志不胜气。若志胜，自无此累。家贫亲老，须用禄仕，然得之不得为有命。"曰："在己固可，为亲奈何？"曰：

“为己为亲，也只是一事。若不得，其如命何！孔子曰：‘不知命无以为君子。’人苟不知命，见患难必避，遇得丧必动，见利必趋，其何以为君子！然圣人言命，盖为中人以上者设，非为上知者言也。中人以上，于得丧之际，不能不惑，故有命之说，然后能安。若上智之人，更不言命，惟安于义，借使求则得之，然非义则不求，此乐天者之事也。上智之人安于义，中人以上安于命，乃若闻命而不能安之者，又其每下者也。”（孟子曰：“求之有道，得之有命。”求之虽有道，奈何得之须有命！）

问：“前世所谓隐者，或守一节，或惇一行，然不知有知道否？”曰：“若知道，则不肯守一节一行也。如此等人，鲜明理，多取古人一节事专行之。孟子曰：‘服尧之服，行尧之行。’古人有杀一不义，虽得天下不为，则我亦杀一不义，虽得天下不为。古人有高尚隐逸，不肯就仕，则我亦高尚隐逸不仕。如此等，则放效前人所为耳，于道鲜自得也。是以东汉尚名节，有虽杀身不悔者，只为不知道也。”

问：“方外之士有人来看他，能先知者，有诸？”（因问王子真事。陈本注云：“伊川一日入嵩山，王佺已候于松下。问何以知之？曰：去年已有消息来矣。盖先生前一年尝欲往，以事而止。”）曰：“有之。向见嵩山董五经能如此。”问：“何以能尔？”曰：“只是心静，静而后能照。”又问：“圣人肯为否？”曰：“何必圣贤？使释氏稍近道理者，便不肯为。（释氏常言庵中坐，却见庵外事，莫是野狐精。）释子犹不肯为，况圣人乎？”

问：“神仙之说有诸？”曰：“不知如何。若说白日飞升之类则无，若言居山林间，保形炼气以延年益寿，则有之。譬如一炉火，置之风中则易过，置之密室则难过，有此理也。”又问：“杨子言：‘圣人不师仙，厥术异也。’圣人能为此等事否？”曰：“此是天地间一贼，若非窃造化之机，安能延年？使圣人肯为，周、孔为之久矣。”

问：“恶外物，如何？”曰：“是不知道者也。物安可恶？释氏之学便如此。释氏要屏事不问。这事是合有邪？合无邪？若是合有，又安可屏？若是合无，自然无了，更屏什么？彼方外者苟且务静，乃远迹山林之间，盖非明理者也，世方以为高，惑矣。”

释氏有出家出世之说。家本不可出，却为他不父其父，不母其母，自逃去固可也。至于世，则怎生出得？既道出世，除是不戴皇天，不履后土始得，然又却渴饮而饥食，戴天而履地。

问：“某尝读《华严经》，第一真空绝相观，第二事理无碍观，第三事事无碍观，譬如镜灯之类，包含万象，无有穷尽。此理如何？”曰：“只为释氏要周遮，一言以蔽之，不过曰万理归于一理也。”又问：“未知所以破佗处。”曰：“亦未得道他不是。百家诸子个个谈仁谈义，只为他归宿处不是，只是个自私。为轮回生死，却为释氏之辞善遁，才穷著他，便道我不为这个，到了写在册子上，怎生遁得？且指他浅近处，只烧一文香，便道我有无穷福利，怀却这个心，怎生事神明？”

释氏言成住坏空，便是不知道。只有成坏，无住空。且如草木初生既成，生尽便枯坏也。他以谓如木之生，生长既足却自住，然后却渐渐毁坏。天下之物，无有住者。婴儿一生，长一日便是减一日，何尝得住？然而气体日渐长大，长的自长，减的自减，自不相干也。

问释氏理障之说。曰：“释氏有此说，谓既明此理，而又执持是理，故为障。此错看了理字也。天下只有一个理，既明此理，夫复何障？若以理为障，则是己与理为二。”

今之学禅者，平居高谈性命之际，至于世事，往往直有都不晓者，此只是实无所得也。

问：“释氏有一宿觉言下觉之说，如何？”曰：“何必浮图，孟子尝言‘觉’字矣，曰：‘以先知觉后知，以先觉觉后觉。’知是知此事，觉是觉此理。古人云：‘共君一夜话，胜读十年书。’若于言下即悟，何啻读十年书？”

问：“明道先生云：‘昔之惑人也，乘其迷暗；今之入人也，因其高明。'既曰高明，又何惑乎?”曰：“今之学释氏者，往往皆高明之人，所谓‘知者过之’也。然所谓高明，非《中庸》所谓‘极高明’。如‘知者过之’，若是圣人之知，岂更有过?”

问：“世之学者多入于禅，何也?”曰：“今人不学则已，如学焉，未有不归于禅也。却为佗求道未有所得，思索既穷，乍见宽广处，其心便安于此。”曰：“是可反否?”曰：“深固者难反。”

问：“《西铭》何如?”曰：“此横渠文之粹者也。”曰：“充得尽时如何?”曰：“圣人也。”“横渠能充尽否?”曰：“言有多端，有有德之言，有造道之言。有德之言说自己事，如圣人言圣人事也。造道之言则知足以知此，如贤人说圣人事也。横渠道尽高，言尽醇，自孟子后儒者，都无佗见识。”

问：“横渠之书，有迫切处否?”曰：“子厚谨严，才谨严，便有迫切气象，无宽舒之气。孟子却宽舒，只是中间有些英气，才有英气，便有圭角。英气甚害事。如颜子便浑厚不同。颜子去圣人，只毫髮之间。孟子大贤，亚圣之次也。”或问：“英气于甚处见?”曰：“但以孔子之言比之，便见。如冰与水精非不光，比之玉，自是有温润含蓄气象，无许多光耀也。”

问：“邵尧夫能推数，见物寿长短始终，有此理否?”曰：“固有之。”又问：“或言人寿但得一百二十数，是否?”曰：“固是，此亦是大纲数，不必如此。马牛得六十（按《皇极经世》，当作‘三十’），猫犬得十二，燕雀得六年之类，盖亦有过不及。”又问：“还察形色？还以生下日数推考?”曰：“形色亦可察，须精方验。”

邵尧夫数法出于李挺之，至尧夫推数方及理。

邵尧夫临终时，只是谐谑，须臾而去。以圣人观之，则亦未是，盖犹有意也。比之常人，甚悬绝矣。他疾甚革，某往视之，因警之曰：“尧夫平生所学，今日无事否?”他气微不能答。次日见之，却有声如丝髮来，大答云：“你道生姜树上生，我亦只得依你说。”是时，诸公都在厅上议后事，各欲迁葬城中。（尧夫已自为茔。）佗在房间便闻得，令人唤大郎来云："不得迁葬。"众议始定。又诸公恐喧他，尽出外说话，佗皆闻得。（一人云：有新报云云，尧夫问有甚事？曰有某事。尧夫曰："我将为收却幽州也。"）以他人观之，便以为怪，此只是心虚而明，故听得。问曰："尧夫未病时不如此，何也？"曰："此只是病后气将绝，心无念虑，不昏，便如此。"又问："释氏临终，亦先知死，何也？"曰："只是一个不动心。释氏平生只学这个事，将这个做一件大事。学者不必学他，但烛理明，自能之。只如邵尧夫事，佗自如此，亦岂尝学也？孔子曰：'未知生，焉知死？'人多言孔子不告子路，此乃深告之也。又曰：'原始要终，故知死生之说。'人能原始，知得生理，便能要终，知得死理。若不明得，便虽千万般安排著，亦不济事。"

张子厚罢礼官归，过洛阳相见。某问云："在礼院，有甚职事？"曰："多为礼房检正所夺，只定得数个谥，并龙女衣冠。"问："如何定龙女衣冠？"曰："请依品秩。"曰："若使某当是事，必不如此处置。"曰："如之何？"曰："某当辨云，大河之塞，天地之灵，宗庙之祐，社稷之福，与吏士之力，不当归功水兽。龙，兽也，不可衣人衣冠。"子厚以为然。

问："荆公可谓得君乎？"曰："后世谓之得君可也，然荆公之智识，亦自能知得。如《表》云：'忠不足以信上，故事必待于自明；智不足以破奸，故人与之为敌。'智不破奸，此则未然。若君臣深相知，何待事事使之辨明也？举此一事便可见。"曰："荆公'勿使上知'之语？信乎？"曰："须看他当时因甚事说此话。且如作此事当如何，更须详审，未要令上知之。又如说一事，未甚切当，更须如何商量体察，今且勿令上知。若此类，不成是欺君也？凡事未见始末，更切子细，反复推究方可。"

人之有寤寐，犹天之有昼夜。阴阳动静，开阖之理也。如寤寐，须顺阴阳始得。问："人之寐何也？"曰："人寐时，血气皆聚于内，如血归肝之类。"（今人不睡者多损肝。）

问："魂魄何也？"曰："魂只是阳，魄只是阴。魂气归于天，体魄归于地是也。如道家三魂七魄之说，妄尔。"

或曰："传记有言，太古之时，人有牛首蛇身者，莫无此理否？"曰："固是。既谓之人，安有此等事？但有人形似鸟喙，或牛首者耳。《荀子》中自说。"问："太古之时，人还与物同生否？"曰："同。""莫是纯气为人，繁气为虫否？"曰："然。人乃五行之秀气，此是天地清明纯粹气所生也。"或曰："人初生时，还以气化否？"曰："此必烛理，当徐论之。且如海上忽露出一沙岛，便有草木生。有土而生草木，不足怪。既有草木，自然禽兽生焉。"或曰："先生《语录》中云：'焉知海岛上无气化之人？'如何？"曰："是。近人处固无，须是极远处有，亦不可知。"曰："今天下未有无父母之人。古有气化，今无气化，何也？"曰："有两般。有全是气化而生者，若腐草为萤是也。既是气化，到合化时自化。有气化生之后而种生者。且如人身上著新衣服，过几日，便有虮虱生其间，此气化也。气既化后，更不化，便以种生去。此理甚明。"或问："宋齐丘《化书》云：'有无情而化为有情者，有有情而化为无情者。无情而化为有情者，若枫树化为老人是也。有情而化为无情者，如望夫化为石是也。'此语如何？"曰："莫无此理。枫木为老人，形如老人也，岂便变为老人？川中有蝉化为花，蚯蚓化为百合，如石蟹、石燕、石人之类有之。固有此理。某在南中时，闻有采石人，因采石石陷，遂在石中，幸不死，饥甚，只取石膏食之。不知几年后，因别人复来采石，见此人在石中，引之出，渐觉身硬，才出，风便化为石。此无可怪，盖有此理也。若望夫石，只是临江山有石如人形者。今天下凡江边有石立者，皆呼为望夫石。"（如呼马鞍牛头之类，天下同之。）

问："上古人多寿，后世不及古，何也？莫是气否？"曰："气便是命也。"曰："今人不若古人寿，是盛衰之理欤？"曰："盛衰之运，卒难理会。且以历代言之，二帝、三王为盛，后世为衰。一代言之，文、武、成、康为盛，幽、厉、平、桓为衰。以一君言之，开元为盛，天宝为衰。以一岁，则春夏为盛，秋冬为衰。以一月，则上旬为盛，下旬为衰。以一日，则寅卯为盛，戌亥为衰。一时亦然。如人生百年，五十以前为盛，五十以后为衰。然有衰而复盛者，有衰而不复反者。若举大运而言，则三王不如五帝之盛，两汉不如三王之盛，又其下不如汉之盛。至其中间，又有多少盛衰。如三代衰而汉盛，汉衰而魏盛，此是衰而复盛之理。譬如月既晦则再生，四时往复来也。若论天地之大运，举其大体而言，则有日衰削之理。如人生百年，虽赤子才生一日，便是减一日也。形体日自长，而数日自减，不相害也。”

天下有多少才，只为道不明于天下，故不得有所成就。且古者“兴于《诗》，立于礼，成于乐”，如今人怎生会得？古人于《诗》，如今人歌曲一般，虽闾里童稚，皆习闻其说而晓其义，故能兴起于《诗》。后世老师宿儒尚不能晓其义，怎生责得学者？是不得兴于《诗》也。古礼既废，人伦不明，以至治家皆无法度，是不得立于礼也。古人有歌咏以养其性情，声音以养其耳，舞蹈以养其血脉。今皆无之，是不得成于乐也。古之成材也易，今之成材也难。

今习俗如此不美，然人却不至大故薄恶者，只是为善在人心者不可忘也。魏郑公言：“使民浇漓，不复返朴，今当为鬼为魅。”此言甚是。只为秉彝在人，虽俗甚恶，亦灭不得。

苏季明问：“中之道与喜怒哀乐未发谓之中，同否？”曰：“非也。喜怒哀乐未发是言在中之义，只一个‘中’字，但用不同。”或曰：“喜怒哀乐未发之前求中，可否？”曰：“不可。既思于喜怒哀乐未发之前求之，又却是思也。既思即是已发。（思与喜怒哀乐一般。）才发便谓之和，不可谓之中也。”又问：“吕学士言：‘当求于喜怒哀乐未发之前。’信斯言也，恐无著摸，如之何而可？”曰：“看此语如何地下。若言存养于喜怒哀乐未发之时，则可；若言求中于喜怒哀乐未发之前，则不可。”又问：“学者于喜怒哀乐发时固当勉强裁抑，于未发之前当如何用功？”曰：“于喜怒哀乐未发之前，更怎生求？只平日涵养便是。涵养久，则喜怒哀乐发自中节。”或曰：“有未发之中，有既发之中。”曰：“非也。既发时，便是和矣。发而中节，固是得中，时中之类。只为将中和来分说，便是和也。”

季明问：“先生说喜怒哀乐未发谓之中是在中之义，不识何意？”曰：“只喜怒哀乐不发，便是中也。”曰：“中莫无形体，只是个言道之题目否？”曰：“非也。中有甚形体？然既谓之中，也须有个形象。”曰：“当中之时，耳无闻，目无见否？”曰：“虽耳无闻，目无见，然见闻之理在始得。”曰：“中是有时而中否？”曰：“何时而不中？以事言之，则有时而中。以道言之，何时而不中？”曰：“固是所为皆中，然而观于四者未发之时，静时自有一般气象，及至接事时又自别，何也？”曰：“善观者不如此，却于喜怒哀乐已发之际观之。贤且说静时如何？”曰：“谓之无物则不可，然自有知觉处。”曰：“既有知觉，却是动也，怎生言静？人说‘复其见天地之心’，皆以谓至静能见天地之心，非也。《复》之卦下面一画，便是动也，安得谓之静？自古儒者皆言静见天地之心，唯某言动而见天地之心。”或曰：“莫是于动上求静否？”曰：“固是，然最难。释氏多言定，圣人便言止。且如物之好，须道是好；物之恶，须道是恶。物自好恶，关我这里甚事？若说道我只是定？更无所为，然物之好恶，亦自在里。故圣人只言止。所谓止，如人君止于仁，人臣止于敬之类是也。《易》之《艮》言止之义曰：‘艮其止，止其所也。’言随其所止而止之，人多不能止。盖人万物皆备，遇事时各因其心之所重者，更互而出，才见得这事重，便有这事出。若能物各付物，便自不出来也。”或曰：“先生于喜怒哀乐未发之前下动字，下静字？”曰：“谓之静则可，然静中须有物始得，这里最是难处。学者莫若且先理会得敬，能敬则自知此矣。”或曰：“敬何以用功？”曰：“莫若主一。”季明曰：“昞尝患思虑不定，或思一事未了，佗事如麻又生，如何？”曰：“不可。此不诚之本也。须是习。习能专一时便好。不拘思虑与应事，皆要求一。”或曰：“当静坐时，物之过乎前者，还见不见？”曰：“看事如何。若是大事，如祭祀，前旒蔽明，黈纩充耳，凡物之过者，不见不闻也。若无事时，目须见，耳须闻。”或曰：“当敬时，虽见闻，莫过焉而不留否？”曰：“不说道非礼勿视勿听？勿者禁止之辞，才说弗字便不得也。”问：“《杂说》中以赤子之心为已发，是否？”曰：“已发而去道未远也。”曰：“大人不失赤子之心，若何？”曰：“取其纯一近道也。”曰：“赤子之心与圣人之心若何？”曰：“圣人之心，如镜，如止水。”

问：“日中所不欲为之事，夜多见于梦，此何故也？”曰：“只是心不定。今人所梦见事，岂特一日之间所有之事，亦有数十年前之事。梦见之者，只为心中旧有此事，平日忽有事与此事相感，或气相感，然后发出来。故虽白日所憎恶者，亦有时见于梦也。譬如水为风激而成浪，风既息，浪犹汹涌未已也。若存养久底人，自不如此，圣贤则无这个梦。只有朕兆，便形于梦也。人有气清无梦者，亦有气昏无梦者。圣人无梦，气清也。若人困甚时，更无梦，只是昏气蔽隔，梦不得也。若孔子梦周公之事，与常人梦别。人于梦寐间，亦可以卜自家所学之浅深，如梦寐颠倒，即是心志不定，操存不固。”（如扬子江宿浪。）

问：“人心所系著之事，则夜见于梦。所著事善，夜梦见之者，莫不害否？”曰：“虽是善事，心亦是动。凡事有朕兆入梦者，却无害，舍此皆是妄动。”或曰：“孔子尝梦见周公，当如何？”曰：“此圣人存诚处也。圣人欲行周公之道，故虽一梦寐，不忘周公。及既衰，知道之不可行，故不复梦见。然所谓梦见周公，岂是夜夜与周公语也？人心须要定，使佗思时方思乃是。今人都由心。”曰：“心谁使之？”曰：“以心使心则可，人心自由便放去也。”

“政也者，蒲卢也。”言化之易也。螟蛉与果蠃，自是二物，但气类相似，然祝之久，便能肖。政之化人，宜甚于蒲卢矣。然蒲卢二物，形质不同，尚祝之可化。人与圣人，形质无异，岂学之不可至耶？

“诚者自成”，如至诚事亲则成人子，至诚事君则成人臣。“不诚无物，诚者物之终始”，犹俗说彻头彻尾不诚，更有甚物也。“其次致曲”，曲，偏曲之谓，非大道也。“曲能有诚”，就一事中用志不分，亦能有诚。且如技艺上可见，养由基射之类是也。“诚则形”，诚后便有物。如“立则见其参于前，在舆则见其倚于衡”，“如有所立卓尔”，皆若有物方见。其无形，是见何物也？“形则著”，又著见也。“著则明”，是有光辉之时也。“明则动”，诚能动人也。君子所过者化，岂非动乎？或曰：“变与化何别？”曰：“变如物方变而未化，化则更无旧迹，自然之谓也。庄子言变大于化，非也。”

问：“命与遇何异？”（张横渠云：“行同报异，犹难语命，语遇可也。”）先生曰：“人遇不遇，即是命也。”曰：“长平之战，四十万人死，岂命一乎？”曰：“是亦命也。只遇著白起，便是命当如此。又况赵卒皆一国之人。使是五湖四海之人，同时而死，亦是常事。”又问：“或当刑而王，或为相而饿死，或先贵后贱，或先贱后贵，此之类皆命乎？”曰：“莫非命也。既曰命，便有此不同，不足怪也。”

问：“人之形体有限量，心有限量否？”曰：“论心之形，则安得无限量？”又问：“心之妙用有限否？”曰：“自是人有限量。以有限之形，有限之气，苟不通之以道，安得无限量？孟子曰：‘尽其心，知其性。’心即性也。在天为命，在人为性，论其所主为心，其实只是一个道。苟能通之以道，又岂有限量？天下更无性外之物。若云有限量，除是性外有物始得。”

问：“心有善恶否？”曰：“在天为命，在义为理，在人为性，主于身为心，其实一也。心本善，发于思虑，则有善有不善。若既发，则可谓之情，不可谓之心。譬如水，只谓之水，至于流而为派，或行于东，或行于西，却谓之流也。”（在义为理，疑是在物为理。）

问："喜怒出于性否?"曰："固是。才有生识，便有性，有性便有情。无性安得情?"又问："喜怒出于外，如何?"曰："非出于外，感于外而发于中也。"问："性之有喜怒，犹水之有波否?"曰："然。湛然平静如镜者，水之性也。及遇沙石，或地势不平，便有湍激；或风行其上，便为波涛汹涌。此岂水之性也哉?人性中只有四端，又岂有许多不善底事?然无水安得波浪，无性安得情也?"

问："人性本明，因何有蔽?"曰："此须索理会也。孟子言人性善是也。虽荀、杨亦不知性。孟子所以独出诸儒者，以能明性也。性无不善，而有不善者才也。性即是理，理则自尧、舜至于涂人，一也。才禀于气，气有清浊。禀其清者为贤，禀其浊者为愚。"又问："愚可变否?"曰："可。孔子谓上智与下愚不移，然亦有可移之理，惟自暴自弃者则不移也。"曰："下愚所以自暴弃者，才乎?"曰："固是也，然却道佗不可移不得。性只一般，岂不可移?却被他自暴自弃，不肯去学，故移不得。使肯学时，亦有可移之理。"

凡解文字，但易其心，自见理。理只是人理，甚分明，如一条平坦底道路。《诗》曰："周道如砥，其直如矢。"此之谓也。且如《随》卦言"君子向晦入宴息"，解者多作遵养时晦之晦。或问："作甚晦字?"曰："此只是随时之大者，向晦则宴息也，更别有甚义?"或曰："圣人之言，恐不可以浅近看佗。"曰："圣人之言，自有近处，自有深远处。如近处，怎生强要凿教深远得?杨子曰：'圣人之言远如天，贤人之言近如地。'某与改之曰：'圣人之言，其远如天，其近如地。'"

学者不泥文义者，又全背却远去，理会文义者，又滞泥不通。如子濯孺子为将之事，孟子只取其不背师之意，人须就上面理会事君之道如何也。又如万章问舜完廪浚井事，孟子只答佗大意，人须要理会浚井如何出得来，完廪又怎生下得来，若此之学，徒费心力。

问："圣人之经旨，如何能穷得？"曰："以理义去推索可也。学者先须读《论》《孟》。穷得《论》《孟》，自有个要约处，以此观他经，甚省力。《论》《孟》如丈尺权衡相似，以此去量度事物，自然见得长短轻重。某尝语学者，必先看《论语》《孟子》。今人虽善问，未必如当时人。借使问如当时人，圣人所答，不过如此。今人看《论》《孟》之书，亦如见孔、孟何异？"

《孟子》养气一篇，诸君宜潜心玩索。须是实识得方可。勿忘勿助长，只是养气之法，如不识，怎生养？有物始言养，无物又养个甚么？浩然之气，须见是一个物。如颜子言"如有所立卓尔"，孟子言"跃如也"。卓尔、跃如，分明见得方可。

"不得于言，勿求于心，不可"，此观人之法。心之精微，言有不得者，不可便谓不知，此告子浅近处。

"持其志，无暴其气"，内外交相养也。

"配义与道，谓以义理养成此气，合义与道。方其未养，则气自是气、义自是义。及其养成浩然之气，则气与义合矣。本不可言合，为未养时言也。如言道，则是一个道都了。若以人而言，则人自是人，道自是道，须是以人行道始得。言义又言道，道、体也，义、用也，就事上便言义。

北宫黝之勇必行，孟施舍无惧。子夏之勇本不可知，却因北宫黝而可见。子夏是笃信圣人而力行，曾子是明理。

问："必有事焉，当用敬否？"曰："敬只是涵养一事。必有事焉，须当集义。只知用敬，不知集义，却是都无事也。"又问："义莫是中理否？"曰："中理在事，义在心内。苟不主义，浩然之气从何而生？理只是发而见于外者。且如恭敬，币之未将也恭敬，虽因币帛威仪而后发见于外，然须心有此恭敬，然后著见。若心无恭敬，何以能尔？所谓德者得也，须是得于己，然后谓之德也。"（币之未将之时，已有恭敬，非因币帛而后有恭敬也。）问："敬义何别？"曰："敬只是持己之道，义便知有是有非。顺理而行，是为义也。若只守一个敬，不知集义，却是都无事也。且如欲为孝，不成只守著一个孝字？须是知所以为孝之道，所以侍奉当如何，温清当如何，然后能尽孝道也。”又问：“义只在事上，如何？”曰：“内外一理，岂特事上求合义也？”

问：“人敬以直内，气便能充塞天地否？”曰：“气须是养，集义所生。积集既久，方能生浩然气象。人但看所养如何，养得一分，便有一分；养得二分，便有二分。只将敬，安能便到充塞天地处？且气自是气体所充，自是一件事，敬自是敬，怎生便合得？如曰‘其为气，配义与道’，若说气与义时自别，怎生便能使气与义合？”

“‘性相近也，习相远也’，性一也，何以言相近？”曰：“此只是言气质之性。如俗言性急性缓之类，性安有缓急？此言性者，生之谓性也。”又问：“上智下愚不移是性否？”曰：“此是才。须理会得性与才所以分处。”又问：“中人以上可以语上，中人以下不可以语上，是才否？”曰：“固是，然此只是大纲说，言中人以上可以与之说近上话，中人以下不可以与说近上话也。”“生之谓性。”“凡言性处，须看他立意如何。且如言人性善，性之本也；生之谓性，论其所禀也。孔子言性相近，若论其本，岂可言相近？只论其所禀也。告子所云固是，为孟子问佗，他说，便不是也。”

“乃若其情，则可以为善。若夫为不善，非才之罪。”此言人陷溺其心者，非关才事。才犹言材料，曲可以为轮，直可以为梁栋。若是毁凿坏了，岂关才事？下面不是说人皆有四者之心？或曰：“人才有美恶，岂可言非才之罪？”曰：“才有美恶者，是举天下之言也。若说一人之才，如因富岁而赖，因凶岁而暴，岂才质之本然邪？”

问：“‘舍则亡’，心有亡，何也？”曰：“否。此只是说心无形体，才主著事时（先生以目视地），便在这里，才过了便不见。如‘出入无时，莫知其乡’，此句亦须要人理会。心岂有出入？亦以操舍而言也。‘放心’，谓心本善，而流于不善，是放也。”

问：“尽己之谓忠，莫是尽诚否？”“既尽己，安有不诚？尽己则无所不尽。如孟子所谓尽心。”曰：“尽心莫是我有恻隐、羞恶如此之心，能尽得，便能知性否？”曰：“何必如此数，只是尽心便了。才数著，便不尽。如数一百，少却一，便为不尽也。大抵禀于天曰性，而所主在心。才尽心即是知性，知性即是知天矣。”（罗本以为吕与叔问。）

问：“出辞气，莫是于言语上用工夫否？”曰：“须是养乎中，自然言语顺理。今人熟底事，说得便分明；若是生事，便说得蹇涩。须是涵养久，便得自然。若是慎言语不妄发，此却可著力。”

孔子教人，“不愤不启，不悱不发”。盖不待愤悱而发，则知之不固，待愤悱而后发，则沛然矣。学者须是深思之，思而不得，然后为佗说，便好。初学者，须是且为佗说，不然，非独佗不晓，亦止人好问之心也。

孔子既知宋桓魋不能害己，又却微服过宋。舜既见象之将杀己，而又象忧亦忧，象喜亦喜。国祚长短，自有命数，人君何用汲汲求治？禹、稷救饥溺者，过门不入，非不知饥溺而死者自有命，又却救之如此其急。数者之事，何故如此？须思量到“道并行而不相悖”处可也。（今且说圣人非不知命，然于人事不得不尽，此说未是。）

问：“圣人与天道何异？”曰：“无异。”“圣人可杀否？”曰：“圣人智足以周身，安可杀也？只如今有智虑人，已害他不得，况于圣人？”曰：“昔瞽瞍使舜完廪浚井，舜知其欲杀己而逃之乎？”曰：“本无此事，此是万章所传闻，孟子更不能理会这下事，只且说舜心也。如下文言‘琴朕，干戈朕，二嫂使治朕栖’，尧为天子，安有是事？”

问：“‘加我数年，五十以学《易》，可以无大过矣。’不知圣人何以因学《易》后始能无过？”曰：“先儒谓孔子学《易》后可以无大过，此大段失却文意。圣人何尝有过？如待学《易》后无大过，却是未学《易》前，尝有大过也。此圣人如未尝学《易》，何以知其可以无过？盖孔子时学《易》者支离，《易》道不明。仲尼既修佗经，惟《易》未尝发明，故谓弟子曰：‘加我数年，五十以学《易》。’期之五十，然后赞《易》，则学《易》者可以无大过差，若所谓赞《易》道而黜《八索》是也。”（前此学《易》者甚众，其说多过。圣人使弟子俟其赞而后学之，其过鲜也。）

问：“博我以文，约我以礼。”曰：“此是颜子称圣人最切当处。圣人教人，只是如此，既博之以文，而后约之以礼，所谓‘博学而详说之，将以反说约也’。博与约相对。圣人教人，只此两字。博是博学多识，多闻多见之谓。约只是使之知要也。”又问：“‘君子博学于文，约之以礼，亦可以弗畔矣夫！’与此同乎？”曰：“这个只是浅近说，言多闻见而约束以礼，虽未能知道，庶几可以弗畔于道。此言善人君子多识前言往行而能不犯非礼者尔，非颜子所以学于孔子之谓也。”又问：“此莫是小成否？”曰：“亦未是小成，去知道甚远。如曰：‘多闻，择其善者而从之，多见而识之，知之次也。’闻见与知之甚异，此只是闻之者也。”又曰：“圣人之道，知之莫甚难？”曰：“圣人之道，安可以难易言？圣人未尝言易，以骄人之志；亦未尝言难，以阻人之进。仲尼但曰：‘未之思也，夫何远之有？’此言极有涵畜意思。孟子言：‘夫道若大路然，岂难知哉？’只下这一个‘岂’字，便露筋骨，圣人之言不如此。如下面说人‘病不求耳，子归而求之，有余师’，这数句却说得好。孔、孟言有异处，亦须自识得。”

或问：“‘子畏于匡，颜渊后。子曰：“吾以女为死矣。”曰：“子在，回何敢死？”’然设使孔子遇难，颜渊有可死之理否？”曰：“无可死之理，除非是鬬死，然鬬死非颜子之事。若云遇害，又不当言敢不敢也。”又问：“使孔子遇害，颜子死之否乎？”曰：“岂特颜子之于孔子也？若二人同行遇难，固可相死也。”又问：“亲在则如之何？”曰：“且譬如二人捕虎，一人力尽，一人须当同去用力。如执干戈卫社稷，到急处，便遁逃去之，言我有亲，是大不义也。当此时，岂问有亲无亲？但当预先谓吾有亲，不可行则止。岂到临时却自规避也？且如常人为不可独行也，须结伴而出。至于亲在，为亲图养，须出去，亦须结伴同去，便有患难相死之道。昔有二人，同在嵩山，同出就店饮酒。一人大醉，卧在地上，夜深归不得，一人又无力扶持，寻常旷野中有虎豹盗贼，此人遂只在傍，直守到晓，不成不顾了自归也？此义理所当然者也。《礼》言亲在不许友以死者，此言亦在人用得。盖有亲在可许友以死者，有亲不在不可许友以死者。可许友以死，如二人同行之类是也。不可许友以死，如战国游侠，为亲不在，乃为人复仇，甚非理也。"

问："'不迁怒，不贰过'，何也？《语录》有怒甲不迁乙之说，是否？"曰："是。"曰："若此则甚易，何待颜氏而后能？"曰："只被说得粗了，诸君便道易，此莫是最难。须是理会得，因何不迁怒？如舜之诛四凶，怒在四凶，舜何与焉？盖因是人有可怒之事而怒之，圣人之心本无怒也。譬如明镜，好物来时，便见是好，恶物来时，便见是恶，镜何尝有好恶也？世之人固有怒于室而色于市。且如怒一人，对那人说话，能无怒色否？有能怒一人而不怒别人者，能忍得如此，已是煞知义理。若圣人，因物而未尝有怒，此莫是甚难。君子役物，小人役于物。今人见有可喜可怒之事，自家著一分陪奉他，此亦劳矣。圣人心如止水。"

问："颜子勇乎？"曰："孰勇于颜子？观其言曰：'舜何人也，予何人也，有为者亦若是。'孰勇于颜子？如'有若无，实若虚，犯而不校'之类，抑可谓大勇者矣。"

曾子传圣人道，只是一个诚笃。《语》曰："参也鲁。"如圣人之门，子游、子夏之言语，子贡、子张之才辨聪明者甚多，卒传圣人之道者，乃质鲁之人。人只要一个诚实。圣人说忠信处甚多。曾子，孔子在时甚少，后来所学不可测，且易箦之事，非大贤以上作不得。曾子之后有子思，便可见。

曾子执亲之丧，水浆不入口者七日，不合礼，何也？曰："曾子者，过于厚者也。圣人大中之道，贤者必俯而就，不肖者必跂而及。若曾子之过，过于厚者也。若众人，必当就礼法。自大贤以上，则看佗如何，不可以礼法拘也。且守社稷者，国君之职也，太王则委而去之。守宗庙者，天子之职也，尧、舜则以天下与人。如三圣贤则无害，佗人便不可。然圣人所以教人之道，大抵使之循礼法而已。”

“金声而玉振之”，此孟子为学者言终始之义也。乐之作，始以金奏，而以玉声终之，《诗》曰“依我磬声”是也。始于致知，智之事也。行所知而至其极，圣之事也。《易》曰“知至至之，知终终之”是也。

“惟圣人然后践形”，言圣人尽得人道也。人得天地之正气而生，与万物不同。既为人，须尽得人理。众人有之而不知，贤人践之而未尽，能践形者，唯圣人也。

“佚道使民”，谓本欲佚之也，故虽“劳而不怨”。“生道杀民”，谓本欲生之也。且如救水火，是求所以生之也，或有焚溺而死者，却“虽死不怨”。

“仁言”，谓以仁厚之言加于民。“仁声”如“仁闻”，谓风声足以感动人也，此尤见仁德之昭著也。

问：“行之而不著，习矣而不察。”曰：“此言大道如此，而人由之不知也。‘行之而不著’，谓人行之而不明晓也。‘习矣而不察’，谓人习之而不省察也。”曰：“先生有言，虽孔门弟子亦有此病，何也？”曰：“在众人习而不察者，只是饥食渴饮之类，由之而不自知也。如孔门弟子，却是闻圣人之化，入于善而不自知也。众者，言众多也。”

问：“‘可以取，可以无取’，天下有两可之事乎？”曰：“有之。如朋友之馈，是可取也，然己自可足，是不可取也，才取之，便伤廉矣。”曰：“取伤廉，固不可，然与伤惠何害？”曰：“是有害于惠也。可以与，然却可以不与。若与之时，财或不赡，却于合当与者无可与之。且博施济众，固圣人所欲，然却五十者方衣帛，七十者方食肉，如使四十者衣帛，五十者食肉，岂不更好？然力不可以给，合当衣帛食肉者便不足也。此所以伤惠。”

问："人有不为，然后可以有为。"曰："此只是有所择之人能择其可为不可为也。才有所不为，便可以有为也。若无所不为，岂能有为邪？"

问："'非礼之礼，非义之义'，何谓也？"曰："恭本为礼，过恭是非礼之礼也。以物与人为义，过与是非义之义也。"曰："此事何止大人不为？"曰："过恭、过与是细人之事，犹言妇人之仁也，只为佗小了。大人岂肯如此？"

问："'天民''天吏''大人'，何以别？"曰："顺天行道者，天民也。顺天为政者，天吏也。大人者，又在二者之上。孟子曰：'充实而有光辉之谓大。'圣人岂不为天民天吏？如文王、伊尹是也。'大而化之之谓圣，圣而不可知之之谓神。'非是圣人上别有一等神人，但圣人有不可知处便是神也。化与变化之化同。若到圣人，更无差等也。"或曰："尧、舜、禹、汤、文、武如何？"曰："孔子尝论尧、舜矣，如曰：'惟天为大，惟尧则之。'如此等事甚大，惟尧、舜可称也。若汤、武，虽是事不同，不知是圣人不是圣人。"或曰："可以汤、武之心求之否？"曰："观其心，如'行一不义，杀一不辜，虽得天下不为'，此等事，大贤以上人方为得。若非圣人，亦是亚圣一等人也。若文王，则分明是大圣人也。禹又分明如汤、武，观舜称其不矜不伐，与孔子言'无间然'之事，又却别有一个气象。大抵生而知之，与学而知之，及其成功一也。"

苏季明问："舜'执其两端'，注以为'过不及之两端'，是乎？"曰："是。"曰："既过不及，又何执乎？"曰："执犹今之所谓执持使不得行也。舜执持过不及，使民不得行，而用其中使民行之也。"又问："此执与汤执中如何？"曰："执只是一个执。舜执两端，是执持而不用。汤执中而不失，将以用之也。若子莫执中，却是子莫见杨、墨过不及，遂于过不及二者之间执之，却不知有当摩顶放踵利天下时，有当拔一毛利天下不为时。执中而不通变，与执一无异。"

季明问："'君子时中'，莫是随时否？"曰："是也。'中'字最难识，须是默识心通。且试言：一厅则中央为中，一家则厅中非中而堂为中，言一国则堂非中而国之中为中，推此类可见矣。且如初寒时，则薄裘为中；如在盛寒而用初寒之裘，则非中也。更如三过其门不入，在禹、稷之世为中，若居陋巷，则不中矣。居陋巷，在颜子之时为中，若三过其门不入，则非中也。"或曰："男女不授受之类皆然。"曰："是也。男女不授受，中也，在丧祭则不如此矣。"

问："尧、舜、汤、武事迹虽不同，其心德有间否？"曰："无间。"曰："孟子言：'尧、舜性之，汤、武身之。'汤、武岂不性之邪？"曰："尧、舜生知，汤、武学而知之，及其成功一也。身之，言履之也。反之，言归于正也。"

或问："'夫子贤于尧、舜'，信诸？"曰："尧、舜岂可贤也？但门人推尊夫子之道，以谓仲尼垂法万世，故云尔。然三子之论圣人，皆非善称圣人者。如颜子，便不如此道，但言'仰之弥高，钻之弥坚'而已。后来惟曾子善形容圣人气象，曰：'子温而厉，威而不猛，恭而安。'又《乡党》一篇，形容得圣人动容注措甚好，使学者宛如见圣人。"

观水有术，必观其澜，澜湍急处，于此便见源之无穷。今人以波对澜，非也。下文"日月有明，容光必照"，以言其容光无不照，故知日月之明无穷也。

问："孟子曰：'人之所以异于禽兽者几希。庶民去之，君子存之。'且人与禽兽甚悬绝矣，孟子言此者，莫是只在'去之''存之'上有不同处？"曰："固是。人只有个天理，却不能存得，更做甚人也？泰山孙明复有诗云：'人亦天地一物耳，饥食渴饮无休时。若非道义充其腹，何异鸟兽安须眉？'上面说人与万物皆生于天地意思，下面二句如此。"或曰："退之《杂说》有云：'人有貌如牛首蛇形鸟喙而心不同焉，可谓之非人乎？即有颜如渥丹者，其貌则人，其心则禽兽，又恶可谓之人也？'此意如何？"曰："某不尽记其文，然人只要存一个天理。”

问：“守身如何？”曰：“守身，守之本。既不能守身，更说甚道义？”曰：“人说命者，多不守身，何也？”曰：“便是不知命。孟子曰：‘知命者不立岩墙之下。’”或曰：“不说命者又不敢有为。”曰：“非特不敢为，又有多少畏恐，然二者皆不知命也。”

莫之为而为，莫之致而致，便是天理。司马迁以私意妄窥天道而论伯夷曰：“天道无亲，常与善人。若伯夷者，可谓善人非邪？”天道甚大，安可以一人之故，妄意窥测？如曰颜何为而殀？跖何为而寿？皆指一人计较天理，非知天也。

问：“‘桎梏而死者，非正命也’，然亦是命否？”曰：“圣人只教人顺受其正，不说命。”或曰：“桎梏死者非命乎？”曰：“孟子自说了，‘莫非命也’，然圣人却不说是命。”

“故者以利为本”，故是本如此也，才不利便害性，利只是顺。天下只是一个利，孟子与《周易》所言一般。只为后人趋著利便有弊，故孟子拔本塞源，不肯言利。其不信孟子者，却道不合非利，李觏是也。其信者，又直道不得近利。人无利，直是生不得，安得无利？且譬如椅子，人坐此便安，是利也，如求安不已，又要褥子，以求温暖，无所不为，然后夺之于君，夺之于父，此是趋利之弊也。利只是一个利，只为人用得别。

博弈小数，不专心致志，犹不可得，况学道而悠悠，安可得也？仲尼言：“吾尝终日不食，终夜不寝，以思，无益，不如学也。”又曰：“朝闻道，夕死可矣。”不知圣人有甚事来，追切了底死地如此。文意不难会，须是求其所以如此何故，始得。圣人固是生知，犹如此说，所以教人也。“学如不及，犹恐失之”，才说姑待来日，便不可也。

“子之燕居，申申夭夭”，如何？曰：“申申是和乐中有中正气象，夭夭是舒泰气象，此皆弟子善形容圣人处也。为‘申申’字说不尽，故更著‘夭夭’字。今人不怠惰放肆，必太严厉，严厉时则著此四字不得，放肆时亦著此四字不得。除非是圣人，便自有中和之气。

问："'务民之义，敬鬼神而远之'，何以为知？"曰："只此两句，说知亦尽。且人多敬鬼神者，只是惑，远者又不能敬，能敬能远，可谓知矣。"又问："莫是知鬼神之道，然后能敬能远否？"曰："亦未说到如此深远处，且大纲说，当敬不惑也。"问："今人奉佛，莫是惑否？"曰："是也。敬佛者必惑，不敬者只是孟浪不信。"又问："佛当敬否？"曰："佛亦是胡人之贤智者，安可慢也？至如阴阳卜筮择日之事，今人信者必惑，不信者亦是孟浪不信。如出行忌太白之类，太白在西，不可西行，有人在东方居，不成都不得西行？又却初行日忌，次日便不忌，次日不成不冲太白也？如使太白为一人为之，则鬼神亦劳矣。如行遇风雨之类，则凡在行者皆遇之也。大抵人多记其偶中耳。"

问："伯夷不念旧恶，何也？"曰："此清者之量。伯夷之清，若推其所为，须不容于世，必负石赴河乃已，然却为他不念旧恶，气象甚宏裕，此圣人深知伯夷处。"问："伯夷叩马谏武王，义不食周粟，有诸？"曰："叩马则不可知。非武王诚有之也，只此便是佗隘处。君尊臣卑，天下之常理也。伯夷知守常理，而不知圣人之变，故隘。不食周粟，只是不食其禄，非饿而不食也。至如《史记》所载谏词，皆非也。武王伐商即位，已十一年矣，安得父死不葬之语？"

问："'伐国不问仁人'，如何？"曰："不知怎生地伐国？如武王伐纣，都是仁人，如柳下惠之时则不可。当时诸侯，以土地之故，糜烂其民，皆不义之伐，宜仁人不忍言也。"

问："宋襄公不鼓不成列，如何？"曰："此愚也。既与他战，又却不鼓不成列，必待佗成列，图个甚？"

问："羊祜、陆抗之事如何？"曰："如送绢偿禾之事，甚好；至抗饮祜药，则不可。羊祜虽不是酖人底人，然两军相向，其所饷药，自不当饮。"

问："用兵，掩其不备、出其不意之事，使王者之师，当如此否?”曰:“固是。用兵须要胜,不成要败?既要胜,须求所以胜之之道。但汤、武之兵,自不烦如此,‘罔有敌于我师’,自可见,然汤亦尝升自陑,陑亦间道。且如两军相向,必择地可攻处攻之,右实则攻左,左实则攻右,不成道我不用计也?且如汉、楚既约分鸿沟,乃复还袭之,此则不可。如韩信囊沙壅水之类,何害?他师众非我敌,决水,使他一半不得渡,自合如此,有甚不得处?”又问:“间谍之事如何?”曰:“这个不可也。”

问:“冉子为子华请粟,而与之少;原思为之宰,则与之多。其意如何?”曰:“原思为宰,宰必受禄,禄自有常数,故不得而辞。子华使于齐,师使弟子,不当有所请,冉子请之,自不是,故圣人与之少。佗理会不得,又请益,再与之亦少,圣人宽容,不欲直拒佗,冉子终不喻也。”

问:“子使漆雕开仕,对曰:‘吾斯之未能信。’漆雕开未可仕,孔子使之仕,何也?”曰:“据佗说这一句言语,自是仕有余,兼孔子道可以仕,必是实也。如由也志欲为千乘之国,孔子止曰‘可使治其赋’;求也欲为小邦,孔子止曰‘可使为之宰’之类,由、求之徒,岂止如此?圣人如此言,便是优为之也。”

问:“‘丘也幸,苟有过,人必知之’,注言‘讳君之恶’,是否?”曰:“是。”“何以归过于己?”曰:“非是归过于己。此事却是陈司败欲使巫马期以娶同姓之事去问是知礼不知礼,却须要回报言语也。圣人只有一个不言而已。若说道我为讳君之恶,不可也。又不成却以娶同姓为礼,亦不可也。只可道:‘丘也幸,苟有过,人必知之。’”

问:“‘行不由径’,径是小路否?”曰:“只是不正当处,如履田畴之类,不必不由小路。昔有一人因送葬回,不觉被仆者引自他道归,行数里,方觉不是,却须要回就大路上,若此非中理。若使小路便于往来,由之何害?”

问:“古者何以不修墓?”曰:“所以不修墓者,欲初为墓时,必使至坚固,故须必诚必敬。若不诚敬,安能至久?”曰:“孔子为墓，何以速崩如此邪?”曰：“非孔子也。孔子先反修虞事，使弟子治之，弟子诚敬不至，才雨而墓崩，其为之不坚固可知。然修之亦何害?圣人言不修者，所以深责弟子也。”

问：“‘先进于礼乐，野人也；后进于礼乐，君子也。’孔子何以不从君子而从野人?”曰：“请诸君细思之。”曰：“先儒有变文从质之说，是否?”曰：“固是。然君子野人者，据当时谓之君子野人也。当时谓之野人，是言文质相称者也。当时谓之君子，则过乎文者也。是以不从后进而从先进也。盖当时文弊已甚，故仲尼欲救之云尔。”

“我不欲人之加诸我也，吾亦欲无加诸人。”《中庸》曰“施诸己而不愿，亦勿施于人”，正解此两句。然此两句甚难行，故孔子曰：“赐也，非尔所及也。”

问：“‘质直而好义，察言而观色，虑以下人’，何以为达?”曰：“此正是达也。只好义与下人，已是达了。人所以不下人者，只为不达。达则只是明达。‘察言而观色’，非明达而何?”又问：“子张之问达，如何?”曰：“子张之意，以人知为达，才达则人自知矣，此更不须理会。子张之意，专在人知，故孔子痛抑之，又曰‘夫闻也者，色取仁而行违，居之不疑’也。学者须是务实，不要近名，方是。有意近名，则大本已失，更学何事?为名而学，则是伪也。今之学者，大抵为名。为名与为利，清浊虽不同，然其利心则一也。今市井闾巷之人，却不为名。为名而学者，志于名而足矣，然其心犹恐人之不知。韩退之直是会道言语，曰：‘内不足者急于人知，沛然有余，厥闻四驰。’大抵为名者，只是内不足；内足者，自是无意于名。如孔子言‘疾没世而名不称’，此一句人多错理会。此只是言君子惟患无善之可称，当汲汲为善，非是使人求名也。”

问：“‘在邦无怨，在家无怨’，不知怨在己，在人?”曰：“在己。”曰：“既在己何以有怨?”曰：“怨只是一个怨，但其用处不同。舜自是怨。如舜不怨，却不是也。学须是通，不得如此执泥。

如言‘仁者不忧’，又却言‘作《易》者其有忧患’，须要知用处各别也。天下只有一个‘忧’字，一个‘怨’字。既有此二字，圣人安得无之？如王通之言甚好，但为后人附会乱却。如魏徵问：‘圣人有忧乎？’曰：‘天下皆忧，吾独得不忧？’问疑，曰：‘天下皆疑，吾独得不疑？’谓董常曰：‘乐天知命，吾何忧？穷理尽性，吾何疑？’如此自不相害，说得极好，至下面数句言心迹之判，便不是，此皆后人附会，適所以为赘也。”

问：“‘民可使由之，不可使知之’，是圣人不使之知耶？是民自不可知也？”曰：“圣人非不欲民知之也。盖圣人设教，非不欲家喻户晓，比屋皆可封也。盖圣人但能使天下由之耳，安能使人人尽知之？此是圣人不能，故曰：‘不可使知之。’若曰圣人不使民知，岂圣人之心？是后世朝三暮四之术也。某尝与谢景温说此一句，他争道朝三暮四之术亦不可无，圣人亦时有之，此大故无义理。说圣人顺人情处亦有之，岂有为朝三暮四之术哉？”（谢景温，一作赵景平。）

问为政迟速。曰：“仲尼尝言之矣：‘苟有用我者，期月而已可也，三年有成。’仲尼言有成者，盖欲立致治之功业，如尧、舜之时，夫是之谓有成。此圣人之事，佗人不可及。某尝言后世之论治者，皆不中理。汉公孙丞相言：‘三年而化，臣弘尚窃迟之。’唐李石谓：‘十年责治太迫。’此二者，皆率尔而言。圣人之言自有次序，所谓‘期月而已可也’者，谓纪纲布也；‘三年有成’，治功成也。圣人之事，后世虽不敢望如此，然二帝之治，惟圣人能之；三王以下事业，大贤可为也。”又问：“孔子言用我者，三年有成，言王者，则曰‘必世而后仁’，何也？”曰：“所谓仁者，风移俗易，民归于仁。天下变化之时，此非积久，何以能致？其曰‘必世’，理之然也。‘有成’者，谓法度纪纲有成而化行也。如欲民仁，作必世安可？”

问：“‘大则不骄，化则不吝’，此语何如？”曰：“若以‘大而化之’解此，则未是；然‘大则不骄’此句，却有意思，只为小便骄也。‘化则不吝’，‘化’煞高，‘不吝’未足以言之。‘骄’与‘吝’两字正相对，骄是气盈，吝是气歉。”曰：“吝何如则是？”曰：“吝是吝啬也，且于啬上看，便见得吝啬止是一事。且人若吝时，于财上亦不足，于事上亦不足，凡百事皆不足，必有歉歉之色也。”曰：“‘有周公之才之美，使骄且吝，其余不足观也已’，此莫是甚言骄吝之不可否？”曰：“是也。若言周公之德，则不可下骄吝字。此言虽才如周公，骄吝亦不可也。”

仲尼当周衰，辙环天下，颜子何以不仕？曰：“此仲尼之任也。使孔子得行其道，颜子不仕可矣。然孔子既当此任，则颜子足可闭户为学也。”

孟子有功于圣门不可言。如仲尼只说一个“仁”字（立人之道曰仁与义），孟子开口便说仁义；仲尼只说一个“志”，孟子便说许多养气出来；只此二字，其功甚多。

未知道者如醉人：方其醉时，无所不至，及其醒也，莫不愧耻。人之未知学者，自视以为无缺，及既知学，反思前日所为，则骇且惧矣。

圣人《六经》，皆不得已而作，如耒耜陶冶，一不制，则生人之用熄。后世之言，无之不为缺，有之徒为赘，虽多何益也？圣人言虽约，无有包含不尽处。

言贵简，言愈多，于道未必明。杜元凯却有此语云：“言高则旨远，辞约则义微。”大率言语须是含蓄而有余意，所谓“书不尽言，言不尽意”也。

《中庸》之书，其味无穷，极索玩味。

问：“《坎》之六四‘樽酒簋贰用缶，纳约自牖’，何义也？”曰：“《坎》，险之时也，此是圣人论大臣处险难之法。‘樽酒簋贰用缶’，谓当险难之时，更用甚得？无非是用至诚也。‘纳约自牖’，言欲纳约于君，当自明处。牖者，开明之处也。欲开悟于君，若于君所蔽处，何由入得？如汉高帝欲易太子，他人皆争以嫡庶之分。夫嫡庶之分，高祖岂不知得分明？直知不是了犯之。

此正是高祖所蔽处，更岂能晓之？独留侯招致四皓，此正高祖所明处。盖高祖自匹夫有天下，皆豪杰之力，故惮之。留侯以四皓辅太子，高祖知天下豪杰归心于惠帝，故更不易也。昔秦伐魏，欲以长安君为质，太后不可。左师触龙请见，云云，遂以长安君为质焉。夫太后只知爱子，更不察利害，故左师以爱子之利害开悟之也。"

《易》八卦之位，元不曾有人说。先儒以为《乾》位西北，《坤》位西南，言《乾》《坤》任六子，而自处于无为之地，此大故无义理。风雷山泽之类，便是天地之用，岂天地外别有六子，如人生六子，则有各任以事，而父母自闲？风雷之类于天地间，如人身之有耳目手足，便是人之用也。岂可谓手足耳目皆用，而身无为乎？因见卖兔者，曰："圣人见《河图》《洛书》而画八卦。然何必《图》《书》，只看此兔，亦可作八卦，数便此中可起。古圣人只取神物之至著者耳。只如树木，亦可见数。兔何以无尾，有血无脂？只是为阴物。大抵阳物尾长，阳盛者尾愈长。如雉是盛阳之物，故尾极长，又其身文明。今之行车者，多植尾于车上，以候雨晴，如天将雨，则尾先垂向下，才晴便直立。"

或问："刘牧言上经言形器以上事，下经言形器以下事。"曰："非也。上经言云雷《屯》，云雷岂无形耶？"曰："牧又谓上经是天地生万物，下经是男女生万物。"曰："天地中只是一个生。人之生于男女，即是天地之生，安得为异？"曰："牧又谓《乾》《坤》与《坎》《离》男女同生。"曰："非也。譬如父母生男女，岂男女与父母同生？既有《乾》《坤》，方三索而得六子。若曰《乾》《坤》生时，六子生理同有，则有此理。谓《乾》《坤》《坎》《离》同生，岂有此事？既是同生，则何言六子耶？"

或曰："凡物之生，各随气胜处化。"曰："何以见？"曰："如木之生，根既长大，根却无处去。"曰："克也。"曰："既克，则是土化为木矣。"曰："不是化，只是克。五行，只古人说迭王字说尽了，只是个盛衰自然之理也。人多言五行无土不得，木得土方能生火，火得土方能生金，故土寄王于四时。某以为不然，木生火，火生土，土生金，金生水，水生木，只是迭盛也。"

问："刘牧以《坎》《离》得正性，《艮》《巽》得偏性，如何?"曰："非也。佗据方位如此说。如居中位便言得中气，其余岂不得中气也?"或曰："五行是一气。"曰："人以为一物，某道是五物。既谓之五行，岂不是五物也？五物备然后能生。且如五常，谁不知是一个道？既谓之五常，安得混而为一也?"

问："刘牧以下经四卦相交，如何?"曰："怎生地交？若论相交，岂特四卦，如《屯》《蒙》《师》《比》皆是相交。一颠一倒。卦之序皆有义理，有相反者，有相生者，爻变则义变也。"（下来却以义起，然亦是以爻也，爻变则义变。）"刘牧言两卦相比，上经二阴二阳相交，下经四阴四阳相交，是否?"曰："八卦已相交了，及重卦，只取二象相交为义，岂又于卦画相交也?《易》须是默识心通，只如此穷文义，徒费力。"

问："'莫见乎隐，莫显乎微'，何也?"曰："人只以耳目所见闻者为显见，所不见闻者为隐微，然不知理却甚显也。且如昔人弹琴，见螳螂捕蝉，而闻者以为有杀声。杀在心，而人闻其琴而知之，岂非显乎？人有不善，自谓人不知之，然天地之理甚著，不可欺也。"曰："如杨震四知，然否?"曰："亦是。然而若说人与我，固分得；若说天地，只是一个知也。且如水旱，亦有所致，如暴虐之政所感，此人所共见者，固是也。然人有不善之心积之多者，亦足以动天地之气，如疾疫之气亦如此。不可道事至目前可见，然后为见也。更如尧、舜之民，何故仁寿？桀、纣之民，何故鄙夭？才仁便寿，才鄙便夭。寿夭乃是善恶之气所致。仁则善气也，所感者亦善。善气所生，安得不寿？鄙则恶气也，所感者亦恶。恶气所生，安得不夭?"

问："天地明察，神明彰矣。"曰："事天地之义，事天地之诚，既明察昭著，则神明自彰矣。"问："神明感格否?"曰："感格固在其中矣。孝弟之至，通于神明。神明孝弟，不是两般事，只孝弟便是神明之理。”又问：“王祥孝感事，是通神明否?”曰：“此亦是通神明一事。此感格便是王祥诚中来，非王祥孝于此而物来于彼也。”

问：“《行状》云：‘尽性至命，必本于孝弟。’不识孝弟何以能尽性至命也?”曰：“后人便将性命别作一般事说了；性命、孝弟只是一统底事，就孝弟中便可尽性至命。至如洒埽应对与尽性至命，亦是一统底事，无有本末，无有精粗，却被后来人言性命者别作一般高远说。故举孝弟，是于人切近者言之。然今时非无孝弟之人，而不能尽性至命者，由之而不知也。”

问：“穷神知化，由通于礼乐，何也?”曰：“此句须自家体认。人往往见礼坏乐崩，便谓礼乐亡，然不知礼乐未尝亡也。如国家一日存时，尚有一日之礼乐，盖由有上下尊卑之分也。除是礼乐亡尽，然后国家始亡。虽盗贼至所为不道者，然亦有礼乐。盖必有总属，必相听顺，乃能为盗，不然则叛乱无统，不能一日相聚而为盗也。礼乐无处无之，学者要须识得。”问：“‘明则有礼乐，幽则有鬼神’，何也?”曰：“鬼神只是一个造化，‘天尊地卑，《乾》《坤》定矣，鼓之以雷霆，润之以风雨’是也。”

“礼云礼云，玉帛云乎哉？乐云乐云，钟鼓云乎哉?”“此固有礼乐，不在玉帛钟鼓。先儒解者，多引‘安上治民莫善于礼，移风易俗莫善于乐’。此固是礼乐之大用也，然推本而言，礼只是一个序，乐只是一个和。只此两字，含畜多少义理。”又问：“礼莫是天地之序？乐莫是天地之和?”曰：“固是。天下无一物无礼乐。且置两只椅子，才不正便是无序，无序便乖，乖便不和。”又问：“如此，则礼乐却只是一事。”曰：“不然。如天地阴阳，其势高下甚相背，然必相须而为用也。有阴便有阳，有阳便有阴。有一便有二，才有一二，便有一二之间，便是三，已往更无穷。老子亦曰：‘三生万物。’此是生生之谓易，理自然如此。‘维天之命，於穆不已’，自是理自相续不已，非是人为之。如使可为，虽使百万般安排，也须有息时。只为无为，故不息。《中庸》言：‘不见而彰，不动而变，无为而成，天地之道可一言而尽也。'使释氏千章万句，说得许大无限说话，亦不能逃此三句。只为圣人说得要，故包含无尽。释氏空周遮说尔，只是许多。"

问："'及其至也，圣人有所不能'，不知圣人亦何有不能、不知也？"曰："天下之理，圣人岂有不尽者？盖于事有所不遍知，不遍能也。至纤悉委曲处，如农圃百工之事，孔子亦岂能知哉？"或曰："至之言极也，何以言事？"曰："固是。极至之至，如至微至细。上文言'夫妇之愚，可以与知'，愚，无知者也，犹且能知，乃若细微之事，岂可责圣人尽能？圣人固有所不能也。"

"君子之道费而隐"，费，日用处。

"时措之宜"，言随时之义，若"溥博渊泉而时出之"。

"王天下有三重"，言三王所重之事。上焉者，三王以上，三皇已远之事，故无证。下焉者，非三王之道，如诸侯霸者之事，故民不尊。

"思曰睿，睿作圣。"致思如掘井，初有浑水，久后稍引动得清者出来。人思虑，始皆溷浊，久自明快。

问："召公何以疑周公？"曰："召公何尝疑周公？"曰："《书》称'召公不说'，何也？""请观《君奭》一篇，周公曾道召公疑他来否？古今人不知《书》之甚。《书》中分明说'召公为保，周公为师，相成王为左右，召公不说，周公作《君奭》'，此已上是孔子说也。且召公初升为太保，与周公并列，其心不安，故不说尔。但看此一篇，尽是周公留召公之意，岂有召公之贤而不知周公者乎？《诗》中言周大夫刺朝廷之不知。岂特周大夫？当时之人，虽甚愚者，亦知周公刺朝廷之不知者为成王尔。成王煞是中才，如天大雷电以风，而启《金縢》之书。成王无事而启《金縢》之书作甚？盖二公道之如此，欲成王悟周公尔。近人亦错看却其诗，云'荀子书犹非孟子，召公心未说周公'，甚非也。"

又问："《金縢》之书，非周公欲以悟成王乎？何既祷之后，藏其文于金縢也？"曰："近世祝文，或焚或埋。必是古人未有焚埋之礼，欲敬其事，故藏之金縢也。”“然则周公不知命乎？”曰：“周公诚心，只是欲代其兄，岂更问命耶？”

或问：“人有谓周公营洛，则成王既迁矣。或言平王东迁，非也。周公虽圣，其能逆知数百载下有犬戎之祸乎？是说然否？”曰：“《诗》中自言王居镐京，将不能以自乐，何更疑也？周公只是为犬戎与镐京相逼，知其后必有患，故营洛也。”

问：“高宗得傅说于梦，文王得太公于卜。古之圣贤相遇多矣，何不尽形于梦卜乎？”曰：“此是得贤之一事，岂必尽然？盖高宗至诚，思得贤相，寤寐不忘，故朕兆先见于梦。如常人梦寐间事有先见者多矣，亦不足怪。至于卜筮亦然。今有人怀诚心求卜，有祷辄应，此理之常然。”又问：“高宗梦往求傅说耶？傅说来入高宗梦耶？”曰：“高宗只是思得贤人，如有贤人，自然应他感。亦非此往，亦非彼来。譬如悬镜于此，有物必照，非镜往照物，亦非物来入镜也。大抵人心虚明，善则必先知之，不善必先知之。有所感必有所应，自然之理也。”又问：“或言高宗于傅说，文王于太公，盖已素知之矣，恐群臣未信，故托梦卜以神之。”曰：“此伪也，圣人岂伪乎？”

问：“舜能化瞽、象，使不格奸，何为不能化商均？”曰：“所谓‘不格奸’者，但能使之不害己与不至大恶也。若商均则不然。舜以天下授人，欲得如己者。商均非能如己尔，亦未尝有大恶。大抵五帝官天下，故择一人贤于天下者而授之。三王家天下，遂以与子。论其至理，治天下者，当得天下最贤者一人，加诸众人之上，则是至公之法。后世既难得人而争夺兴，故以与子。与子虽是私，亦天下之公法，但守法者有私心耳。”

问：“四凶，尧不诛，而舜诛之，何也？”曰：“四凶皆大才也，在尧之时，未尝为恶，尧安得而诛之？及举舜加其上，然后始有不平之心而肆其恶，故舜诛之耳。”曰：“尧不知四凶乎？”曰：“惟尧知之。”“知其恶而不去，何也？”曰：“在尧之时，非特不为恶，亦赖以为用。”

"纳于大麓。"麓，足也，百物所聚，故麓有大录万几之意。若司马迁谓纳舜于山麓，岂有试人而纳于山麓耶？此只是历试舜也。

放勋非尧号，盖史称尧之道也，谓三皇而上，以神道设教，不言而化，至尧方见于事功也。后人以放勋为尧号，故记《孟子》者，遂以"尧曰"为"放勋曰"也。若以尧号放勋，则皋陶当号允迪，禹曰文命，下言"敷于四海"有甚义？

问："《诗》如何学？"曰："只在《大序》中求。《诗》之《大序》，分明是圣人作此以教学者，后人往往不知是圣人作。自仲尼后，更无人理会得《诗》。如言'后妃之德'，皆以为文王之后妃。文王，诸侯也，岂有后妃？又如'乐得淑女以配君子，忧在进贤，不淫其色'，以为后妃之德如此。配惟后妃可称，后妃自是配了，更何别求淑女以为配？淫其色，乃男子事，后妃怎生会淫其色？此不难晓。但将《大序》看数遍，则可见矣。"或曰："《关雎》是后妃之德当如此否？乐得淑女之类，是作《关雎》诗人之意否？"曰："是也。《大序》言：'是以《关雎》乐得淑女以配君子，忧在进贤，不淫其色，哀窈窕，思贤才，而无伤善之心焉。'是《关雎》之义也。只著个是'以'字，便自有意思。"曰："如言'又当辅佐君子，则可以归安父母'，言'能逮下'之类，皆为其德当如此否？"曰："是也。"问："《诗小序》何人作？"曰："但看《大序》即可见矣。"曰："莫是国史作否？"曰："《序》中分明言'国史明乎得失之迹'，盖国史得诗于采诗之官，故知其得失之迹。如非国史，则何以知其所美所刺之人？使当时无《小序》，虽圣人亦辨不得。"曰："圣人删诗时，曾删改《小序》否？"曰："有害义理处，也须删改。今之《诗序》，却煞错乱，有后人附之者。"曰："《关雎》之诗，是何人所作？"曰："周公作。周公作此以风教天下，故曰'用之乡人焉，用之邦国焉，上以风化下，下以风刺上'，盖自天子至于庶人，正家之道当如此也。《二南》之诗，多是周公所作。如《小雅·六月》所序之诗，亦是周公作。""后人多言《二南》为文王之诗，盖其中有文王事也。”曰：“非也。附文王诗于中者，犹言古人有行之者，文王是也。”

问：“‘《关雎》乐而不淫，哀而不伤’，何谓也？”曰：“大凡乐必失之淫，哀必失之伤，淫伤则入于邪矣。若《关雎》，则止乎礼义。故如哀窈窕，思贤才，言哀之则思之甚切，以常人言之，直入于邪始得，然《关雎》却止乎礼义，故不至乎伤，则其思也，其亦异乎常人之思也矣。”

唐棣乃今郁李，看此，便可以见诗人兴兄弟之意。

“执柯伐柯，其则不远”，人犹以为远。君子之道，本诸身，发诸心，岂远乎哉？

问：“《周礼》有复仇事，何也？”曰：“此非治世事，然人情有不免者。如亲被人杀，其子见之，不及告官，遂逐杀之，此复仇而义者，可以无罪。其亲既被人杀，不自诉官，而他自谋杀之，此则正其专杀之罪可也。”问：“避仇之法如何？”曰：“此因赦罪而获免，便使避之也。”

问：“《周礼》之书有讹缺否？”曰：“甚多。周公致治之大法，亦在其中，须知道者观之，可决是非也。”又问：“司盟有诅万民之不信者，治世亦有此乎？”曰：“盛治之世，固无此事。然人情亦有此事，为政者因人情而用之。”

问：“严父配天，称‘周公其人’，何不称武王？”曰：“大抵周家制作，皆周公为之，故言礼者必归之周公焉。”

“赵盾弑君之事，圣人不书赵穿，何也？”曰：“此《春秋》大义也。赵穿手弑其君，人谁不知？若盾之罪，非《春秋》书之，更无人知也。仲尼曰：‘惜哉！越境乃免。’此语要人会得。若出境而反，又不讨贼也，则不免；除出境遂不反，乃可免也。”

“纪侯大去其国”，如“梁亡”，“郑弃其师”，“齐师歼于遂”，“郭亡”之类。郭事实不明，如上四者，是一类事也。国君守社稷，虽死守之可也。齐侯、卫侯方遇于垂，纪侯遂去其国，岂齐之罪哉？故圣人不言齐灭之者，罪纪侯轻去社稷也。（纪侯大名也。）

问王通。曰："隐德君子也。当时有些言语，后来被人傅会，不可谓全书。若论其粹处，殆非荀、杨所及也。若续经之类，皆非其作。"

杨雄去就不足观，如言"明哲煌煌，旁烛无疆"，此甚悔恨，不能先知。"逊于不虞，以保天命"，则是只欲全身也。若圣人先知，必不至于此，必不可奈何，天命亦何足保耶？"问："《太玄》之作如何？"曰："是亦赘矣。必欲撰《玄》，不如明《易》。邵尧夫之数，似玄而不同。数只是一般，但看人如何用之。虽作十玄亦可，况一玄乎？"

荀卿才高，其过多。杨雄才短，其过少。韩子称其"大醇"，非也。若二子，可谓大驳矣。然韩子责人甚恕。

韩退之颂伯夷，甚好，然只说得伯夷介处。要知伯夷之心，须是圣人。《语》曰："不念旧恶，怨是用希。"此甚说得伯夷心也。

问："退之《读墨》篇如何？"曰："此篇意亦甚好，但言不谨严，便有不是处。且孟子言墨子爱其兄之子犹邻之子，墨子书中何尝有如此等言？但孟子拔本塞源，知其流必至于此。大凡儒者学道，差之毫厘，缪以千里。杨朱本是学义，墨子本是学仁，但所学者稍偏，故其流遂至于无父无君，孟子欲正其本，故推至此。退之乐取人善之心，可谓忠恕，然持教不知谨严，故失之。至若言孔子尚同兼爱，与墨子同，则甚不可也。后之学者，又不及杨、墨。杨、墨本学仁义，后人乃不学仁义。但杨、墨之过，被孟子指出，后人无人指出，故不见其过也。"

韩退之作《羑里操》云："臣罪当诛兮，天王圣明。"道得文王心出来，此文王至德处也。

退之晚年为文，所得处甚多。学本是修德，有德然后有言，退之却倒学了。因学文日求所未至，遂有所得。如曰："轲之死不得其传。"似此言语，非是蹈袭前人，又非凿空撰得出，必有所见。若无所见，不知言所传者何事？（《原性》等文皆少时作。）

退之正在好名中。

退之言："汉儒补缀，千疮百孔。"汉儒所坏者不少，安能补也？

凡读史，不徒要记事迹，须要识治乱安危兴废存亡之理。且如读高帝一纪，便须识得汉家四百年终始治乱当如何，是亦学也。

问："汉儒至有白首不能通一经者，何也？"曰："汉之经术安用？只是以章句训诂为事。且如解《尧典》二字，至三万余言，是不知要也。东汉则又不足道也。东汉士人尚名节，只为不明理。若使明理，却皆是大贤也。自汉以来，惟有三人近儒者气象：大毛公、董仲舒、杨雄。本朝经术最盛，只近二三十年来议论专一，使人更不致思。"

问："陈平当王诸吕时，何不极谏？"曰："王陵争之不从，乃引去。如陈平复诤，未必不激吕氏之怒矣。且高祖与群臣，只是以力相胜，力强者居上，非至诚乐愿为之臣也。如王诸吕时，责他死节，他岂肯死？"

周勃入北军，问曰："为刘氏左袒，为吕氏右袒。"既知为刘氏，又何必问？若不知而问，设或右袒，当如之何？已为将，乃问士卒，岂不谬哉？当诛诸吕时，非陈平为之谋，亦不克成。及迎文帝至霸桥，曰"愿请闲"，此岂请闲时邪？至于罢相就国，每河东守行县至绛，必令家人被甲执兵而见，此欲何为？可谓至无能之人矣。

王介甫咏张良诗最好，曰："汉业存亡俯仰中，留侯当此每从容。"人言高祖用张良，非也，张良用高祖尔。秦灭韩，张良为韩报仇，故送高祖入关。既灭秦矣，故辞去。及高祖兴义师，诛项王，则高祖之势可以平天下，故张良助之。良岂愿为高祖臣哉？无其势也。及天下既平，乃从赤松子游，是不愿为其臣可知矣。张良才识尽高，若鸿沟既分，而劝汉王背约追之，则无行也。或问："张良欲以铁槌击杀秦王，其计不已疏乎？"曰："欲报君仇之急，使当时若得以铁槌击杀之，亦足矣，何暇自为谋耶？"

"王通言：'诸葛无死，礼乐其有兴。'信乎？"曰："诸葛近王佐才，礼乐兴不兴则未可知。"问曰："亮果王佐才，何为僻守一蜀，而不能有为于天下？"曰："孔明固言，明年欲取魏，几年定天下，其不及而死，则命也。某尝谓孙觉曰：'诸葛武侯有儒者气象。'孙觉曰：'不然。圣贤行一不义，杀一不辜，虽得天下不为。武侯区区保完一国，不知杀了多少人耶？'某谓之曰：'行一不义，杀一不辜，以利一己，则不可。若以天下之力，诛天下之贼，杀戮虽多，亦何害？陈恒弑君，孔子请讨，孔子岂保得讨陈恒时不杀一人邪？盖诛天下之贼，则有所不得顾尔。'"曰："三国之兴，孰为正？"曰："蜀志在兴复汉室，则正也。"

汉文帝杀薄昭，李德裕以为杀之不当，温公以为杀之当，说皆未是。据史，不见他所以杀之之故，须是权事势轻重论之。不知当时薄昭有罪，汉使人治之，因杀汉使也，还是薄昭与汉使饮酒，因忿怒而致杀之也？汉文帝杀薄昭，而太后不安，奈何？既杀之，太后不食而死，奈何？若汉治其罪而杀汉使，太后虽不食，不可免也。须权佗那个轻，那个重，然后论他杀得当与不当也。论事须著用权。古今多错用权字，才说权，便是变诈或权术。不知权只是经所不及者，权量轻重，使之合义，才合义，便是经也。今人说权不是经，便是经也。权只是称锤，称量轻重。孔子曰："可与立，未可与权。"

问："第五伦视其子之疾，与兄子之疾不同，自谓之私，如何？"曰："不特安寝与不安寝，只不起与十起，便是私也。父子之爱本是公，才著些心做，便是私也。"又问："视己子与兄子有间否？"曰："圣人立法曰：'兄弟之子犹子也。'是欲视之犹子也。"又问："天性自有轻重，疑若有间然。"曰："只为今人以私心看了。孔子曰：'父子之道天性也。'此只就孝上说，故言父子天性。若君臣、兄弟、宾主、朋友之类，亦岂不是天性？只为今人小看，却不推其本所由来故尔。己之子与兄之子，所争几何？是同出于父者也。只为兄弟异形，故以兄弟为手足。人多以异形故，亲己之子，异于兄弟之子，甚不是也。”又问：“孔子以公冶长不及南容，故以兄之子妻南容，以己之子妻公冶长，何也?”曰：“此亦以己之私心看圣人也。凡人避嫌者，皆内不足也。圣人自是至公，何更避嫌？凡嫁女，各量其才而求配。或兄之子不甚美，必择其相称者为之配；己之子美，必择其才美者为之配。岂更避嫌耶?若孔子事，或是年不相若，或时有先后，皆不可知。以孔子为避嫌，则大不是。如避嫌事，虽贤者且不为，况圣人乎?”

《素问》书出于战国之末，气象可见。若是三皇五帝典坟，文章自别。其气运处绝浅近，如将二十四气移换名目，便做千百样亦得。

《阴符经》，非商末则周末人为之。若是先王之时，圣道既明，人不敢为异说。及周室下衰，道不明于天下，才智之士甚众，既不知道所趋向，故各自以私智窥测天地，盗窃天地之机，分明是大盗，故用此以簧鼓天下。故云“天有五贼，见之者昌”云云，岂非盗天地乎?

问：“老子书若何?”曰：“老子书，其言自不相入处，如冰炭。其初意欲谈道之极玄妙处，后来却入做权诈者上去（如‘将欲取之，必固与之’之类)。然老子之后有申、韩，看申、韩与老子道甚悬绝，然其原乃自老子来。苏秦、张仪则更是取道远。初秦、仪学于鬼谷，其术先揣摩其如何，然后捭阖，捭阖既动，然后用钩钳，钩其端然后钳制之。其学既成，辞鬼谷去，鬼谷试之，为张仪说所动。（如入庵中说令出之。）然其学甚不近道，人不甚惑之，孟子时已有置而不足论也。”

问：“世传成王幼，周公摄政，荀卿亦曰：‘履天下之籍，听天下之断。’周公果践天子之位，行天子之事乎?”曰：“非也。周公位冢宰，百官总已以听之而已，安得践天子之位?”又问：“君薨，百官听于冢宰者三年尔，周公至于七年，何也?”曰：“三年，谓嗣王居忧之时也。七年，为成王幼故也。”又问：“赐周公以天子之礼乐，当否?”曰：“始乱周公之法度者，是赐也。人臣安得用天子之礼乐哉？成王之赐，伯禽之受，皆不能无过。《记》曰：‘鲁郊非礼也，其周公之衰乎！’圣人尝讥之矣。说者乃云：周公有人臣不能为之功业，因赐以人臣所不得用之礼乐，则妄也。人臣岂有不能为之功业哉？借使功业有大于周公，亦是人臣所当为尔。人臣而不当为，其谁为之？岂不见孟子言‘事亲若曾子可也’，曾子之孝亦大矣，孟子才言可也。盖曰：子之事父，其孝虽过于曾子，毕竟是以父母之身做出来，岂是分外事？若曾子者，仅可以免责尔。臣之于君，犹子之于父也。臣之能立功业者，以君之人民也，以君之势位也。假如功业大于周公，亦是以君之人民势位做出来，而谓人臣所不能为可乎？使人臣恃功而怀怏怏之心者，必此言矣。若唐高祖赐平阳公主葬以鼓吹则可，盖征战之事实，非妇人之所能为也，故赐以妇人所不得用之礼乐。若太宗却不知此，太宗佐父平天下，论其功不过做得一功臣，岂可夺元良之位？太子之与功臣，自不相干。唐之纪纲，自太宗乱之。终唐之世无三纲者，自太宗始也。李光弼、郭子仪之徒，议者谓有人臣不能为之功，非也。”

秦以暴虐，焚《诗》《书》而亡。汉兴，鉴其弊，必尚宽德崇经术之士，故儒者多。儒者多，虽未知圣人之学，然宗经师古，识义理者众，故王莽之乱，多守节之士。世祖继起，不得不褒尚名节，故东汉之士多名节。知名节而不知节之以礼，遂至于苦节，故当时名节之士，有视死如归者。苦节既极，故魏、晋之士变而为旷荡，尚浮虚而亡礼法。礼法既亡，与夷狄无异，故五胡乱华。夷狄之乱已甚，必有英雄出而平之，故隋、唐混一天下。隋不可谓有天下，第能驱除尔。唐有天下，如贞观、开元间，虽号治平，然亦有夷狄之风，三纲不正，无父子、君臣、夫妇，其原始于太宗也。故其后世子弟，皆不可使。玄宗才使肃宗，便篡。肃宗才使永王璘，便反。君不君，臣不臣，故藩镇不宾，权臣跋扈，陵夷有五代之乱。汉之治过于唐，汉大纲正，唐万目举。本朝大纲甚正，然万目亦未尽举。（因问“十世可知”，遂推此数端。）

“洪水滔天”，尧时亦无许多大洪水，宜更思之。汉武帝问禹、汤水旱，厥咎何由，公孙弘对尧遭洪水，使禹治之，不闻禹之有水也，更不答其所由，公孙弘大是奸人。

问：“东海杀孝妇而旱，岂国人冤之所致邪？”曰：“国人冤固是，然一人之意，自足以感动得天地，不可道杀孝妇不能致旱也。”或曰：“杀姑而雨，是众人怨释否？”曰：“固是众人冤释，然孝妇冤亦释也。其人虽亡，然冤之之意自在，不可道杀姑不能释妇冤而致雨也。”

问：“人有不善，霹雳震死，莫是人怀不善之心，闻霹雳震惧而死否？”曰：“不然，是雷震之也。”“如是雷震之，还有使之者否？”曰：“不然。人之作恶，有恶气，与天地之恶气相击搏，遂以震死。霹雳，天地之怒气也。如人之怒，固自有正，然怒时必为之作恶，是怒亦恶气也。怒气与恶气相感故尔。且如今人种荞麦，自有畦陇，霜降时杀麦，或隔一畦麦有不杀者，岂是此处无霜，盖气就相合处去也。”曰：“雷所击处必有火，何也？”曰：“雷自有火。如钻木取火，如使木中有火，岂不烧了木？盖是动极则阳生，自然之理。不必木，只如两石相戛，亦有火出。惟铁无火，然戛之久必热，此亦是阳生也。”

钻木取火，人谓火生于木，非也。两木相戛，用力极则阳生。今以石相轧，便有火出。非特木也，盖天地间无一物无阴阳。

雨木冰，上温而下冷。陨霜不杀草，上冷而下温。

天火曰灾，人火曰火，人火为害者亦曰灾。

问：“日月有定形，还自气散，别自聚否？”曰：“此理甚难晓。究其极，则此二说归于一也。”问：“月有定魄，而日远于月，月受日光，以人所见为有盈亏，然否？”曰：“日月一也，岂有日高于月之理？月若无盈亏，何以成岁？盖月一分光则是魄亏一分也。”

霜与露不同。霜，金气，星月之气。露亦星月之气。看感得甚气即为露，甚气即为霜。如言露结为霜，非也。

雹是阴阳相搏之气，乃是沴气。圣人在上无雹，虽有，不为灾。虽不为灾，沴气自在。

问："'凤鸟不至，河不出图'，不知符瑞之事果有之否？"曰："有之。国家将兴，必有祯祥。人有喜事，气见面目。圣人不贵祥瑞者，盖因灾异而修德则无损，因祥瑞而自恃则有害也。"问："五代多祥瑞，何也？"曰："亦有此理。譬如盛冬时发出一朵花，相似和气致祥，乖气致异，此常理也，然出不以时，则是异也。如麟是太平和气所生，然后世有以麟驾车者，却是怪也。譬如水中物生于陆、陆中物生于水，岂非异乎？"又问："汉文多灾异，汉宣多祥瑞，何也？"曰："且譬如小人多行不义，人却不说，至君子未有一事，便生议论，此是一理也。至白者易汙，此是一理也。《诗》中幽王大恶为小恶，宣王小恶为大恶，此是一理也。"又问："日食有常数，何治世少而乱世多，岂人事乎？"曰："理会此到极处，煞烛理明也。天人之际甚微，宜更思索。"曰："莫是天数人事看那边胜否？"曰："似之，然未易言也。"又问："鱼跃于王舟，火覆于王屋，流为乌，有之否？"曰："鱼与火则不可知，若兆朕之先，应亦有之。"

问："十月何以谓之阳月？"曰："十月谓之阳月者，阳尽，恐疑于无阳也，故谓之阳月也。然何时无阳？如日有光之类。盖阴阳之气有常存而不移者，有消长而无穷者。"

问："作文害道否？"曰："害也。凡为文，不专意则不工，若专意则志局于此，又安能与天地同其大也？《书》曰'玩物丧志'，为文亦玩物也。吕与叔有诗云：'学如元凯方成癖，文似相如始类俳；独立孔门无一事，只输颜氏得心斋。'此诗甚好。古之学者，惟务养情性，其佗则不学。今为文者，专务章句，悦人耳目。既务悦人，非俳优而何？"曰："古者学为文否？"曰："人见《六经》，便以谓圣人亦作文，不知圣人亦摅发胸中所蕴，自成文耳，所谓'有德者必有言'也。"曰："游、夏称文学，何也？"曰：

“游、夏亦何尝秉笔学为词章也？且如‘观乎天文以察时变，观乎人文以化成天下’，此岂词章之文也？”

或问：“诗可学否？”曰：“既学时，须是用功，方合诗人格。既用功，甚妨事。古人诗云‘吟成五个字，用破一生心’，又谓‘可惜一生心，用在五字上’。此言甚当。”先生尝说：“王子真曾寄药来，某无以答他，某素不作诗，亦非是禁止不作，但不欲为此闲言语。且如今言能诗无如杜甫，如云‘穿花蛱蝶深深见，点水蜻蜓欸欸飞’，如此闲言语，道出做甚？某所以不常作诗。今寄谢王子真诗云：‘至诚通化药通神，远寄衰翁济病身。我亦有丹君信否？用时还解寿斯民。’子真所学，只是独善，虽至诚洁行，然大抵只是为长生久视之术，止济一身，因有是句。”

问：“先生曾定六礼，今已成未？”曰：“旧日作此，已及七分，后来被召入朝，既在朝廷，则当行之朝廷，不当为私书，既而遭忧，又疾病数年，今始无事，更一二年可成也。”曰：“闻有《五经解》，已成否？”曰：“惟《易》须亲撰，诸经则关中诸公分去，以某说撰成之。《礼》之名数，陕西诸公删定，已送与吕与叔，与叔今死矣，不知其书安在也？然所定只礼之名数，若礼之文，亦非亲作不可也。《礼记》之文，亦删定未了，盖其中有圣人格言，亦有俗儒乖谬之说。乖谬之说，本不能混格言，只为学者不能辨别，如珠玉之在泥沙。泥沙岂能混珠玉？只为无人识，则不知孰为泥沙，孰为珠玉也。圣人文章，自然与学为文者不同。如《系辞》之文，后人决学不得，譬之化工生物。且如生出一枝花，或有翦裁为之者，或有绘画为之者，看时虽似相类，然终不若化工所生，自有一般生意。”

冠昏丧祭，礼之大者，今人都不以为事。某旧曾修六礼（冠、昏、丧、祭、乡、相见）。将就后，被召遂罢，今更一二年可成。家间多恋河北旧俗，未能遽更易，然大率渐使知义理，一二年书成，可皆如法。（礼从宜，事从俗，有大故害义理者，须当去。）每月朔必荐新（如仲春荐含桃之类），四时祭用仲月（用仲，见物成也。古者天子诸侯于孟月者，为首时也)。时祭之外，更有三祭：冬至祭始祖（厥初生民之祖)，立春祭先祖，季秋祭祢，他则不祭。冬至，阳之始也。立春者，生物之始也。季秋者，成物之始也。祭始祖，无主，用祝，以妣配于庙中，正位享之。(祭只一位者，夫妇同享也。）祭先祖，亦无主。先祖者，自始祖而下，高祖而上，非一人也，故设二位。(祖妣异坐，一云二位。异所者，舅妇不同享也。）常祭止于高祖而下。(自父而推，至于三而止者，缘人情也。）旁亲有后者自为祭，无后者祭之别位。(为叔伯父之后也。如殇，亦各祭。）凡配，止以正妻一人，如诸侯用元妃是也。或奉祀之人是再娶所生者，即以所生母配。(如葬，亦惟元妃同穴。后世或再娶皆同穴而葬，甚渎礼经，但于左右祔葬可也。）忌日，必迁主，出祭于正寝（今正厅正堂也)，盖庙中尊者所据，又同室难以独享也。(于正寝，可以尽思慕之意。）家必有庙（古者庶人祭于寝，士大夫祭于庙。庶人无庙，可立影堂)，庙中异位（祖居中，左右以昭穆次序，皆夫妇自相配为位，舅妇不同坐也)，庙必有主。(既祧，当埋于所葬处，如奉祀人之高祖而上，即当祧也。）其大略如此。且如豺獭皆知报本，今士大夫家多忽此，厚于奉养而薄于祖先，甚不可也。凡事死之礼，当厚于奉生者。至于尝新必荐，享后方食（荐数则渎，必因告朔而荐乃合宜)。人家能存得此等事数件，虽幼者渐可使知礼义。凡物，知母而不知父，走兽是也；知父而不知祖，飞鸟是也。惟人则能知祖，若不严于祭祀，殆与鸟兽无异矣。

问："祭酒用几奠？"曰："家中寻常用三奠，祭法中却用九奠。"(以礼有九献，乐有九奏也。）又问："既奠之酒，何以置之？"曰："古者灌以降神，故以茅缩酌，谓求神于阴阳有无之间，故酒必灌于地。若谓奠酒，则安置在此。今人以浇在地上，甚非也。既献，则彻去可也。"(倾在他器。）

或问："今拜埽之礼何据？"曰："此礼古无，但缘习俗，然不害义理。古人直是诚质（专一也)，葬只是藏体魄，而神则必归于庙，既葬则设木主，既除几筵，则木主安于庙，故古人惟专精祀于庙。今亦用拜埽之礼，但简于四时之祭也。”

“木主必以栗，何也?”曰：“周用栗，土所产之木，取其坚也。今用栗，从周制也。若四方无栗，亦不必用，但取其木之坚者可也。”

凡祭必致齐。齐之日，思其居处，思其笑语，此孝子平日思亲之心，非齐也。齐不容有思，有思则非齐。“齐三日，必见其所为齐者”，此非圣人之语。齐者湛然纯一，方能与鬼神接，然能事鬼神，已是上一等人。

古者男为男尸，女为女尸。自周以来，女无可以为尸者，故无女尸。后世遂无尸，能为尸者亦非寻常人。

今无宗子法，故朝廷无世臣。若立宗子法，则人知尊祖重本。人既重本，则朝廷之势自尊。古者子弟从父兄，今父兄从子弟（子弟为强），由不知本也。且如汉高祖欲下沛时，只是以帛书与沛父老，其父老便能率子弟从之。又如相如使蜀，亦移书责父老，然后子弟皆听其命而从之。只有一个尊卑上下之分，然后顺从而不乱也。若无法以联属之，安可？且立宗子法，亦是天理。譬如木，必从根直上一榦（如大宗），亦必有旁枝。又如水，虽远，必有正源，亦必有分派处，自然之势也。然又有旁枝达而为榦者。故曰：古者天子建国，诸侯夺宗云。

凡言宗者，以祭祀为主，言人宗于此而祭祀也。“别子为祖”，上不敢宗诸侯，故不祭，下亦无人宗之，此无宗亦莫之宗也。别子之嫡子，即继祖为大宗，此有大宗无小宗也。别子之诸子，祭其别子，别子虽是祖，然是诸子之祢。继祢者为小宗，此有小宗而无大宗也。（有小宗而无大宗，此句极难理会。）盖本是大宗之祖，别子之诸子称之，却是祢也。

今人多不知兄弟之爱。且如闾阎小人，得一食，必先以食父母，夫何故？以父母之口重于己之口也。得一衣，必先以衣父母，夫何故？以父母之体重于己之体也。至于犬马亦然。待父母之犬马，必异乎己之犬马也。独爱父母之子，却轻于己之子，甚者至若仇敌，举世皆如此，惑之甚矣。

伯、叔，父之兄弟，伯是长，叔是少，今人乃呼伯父、叔父为伯、叔，大无义理。呼为伯父、叔父者，言事之之礼与父同也。

或曰："事兄尽礼，不得兄之懽心，奈何？"曰："但当起敬起孝，尽至诚，不求伸己可也。"曰："接弟之道如何？"曰："尽友爱之道而已。"

问："妻可出乎？"曰："妻不贤，出之何害？如子思亦尝出妻。今世俗乃以出妻为丑行，遂不敢为，古人不如此。妻有不善，便当出也。只为今人将此作一件大事，隐忍不敢发，或有隐恶，为其阴持之，以至纵恣，养成不善，岂不害事？人修身，刑家最急，才修身便到刑家上也。"又问："古人出妻，有以对姑叱狗，梨蒸不熟者，亦无甚恶而遽出之，何也？"曰："此古人忠厚之道也。古之人绝交不出恶声，君子不忍以大恶出其妻，而以微罪去之，以此见其忠厚之至也。且如叱狗于亲前者，亦有甚大故不是处，只为他平日有故，因此一事出之尔。"或曰："彼以此细故见逐，安能无辞？兼他人不知是与不是，则如之何？"曰："彼必自知其罪。但自己理直可矣，何必更求他人知？然有识者，当自知之也。如必待彰暴其妻之不善，使他人知之，是亦浅丈夫而已。君子不如此。大凡人说话，多欲令彼曲我直。若君子，自有一个含容意思。"或曰："古语有之：'出妻令其可嫁，绝友令其可交。'乃此意否？"曰："是也。"

问："士未仕而昏，用命服，礼乎？"曰："昏姻重礼。重其礼者，当盛其服。况古亦有是（士乘墨车之类），今律亦许假借。"曰："无此服而服之，恐伪。"曰："不然。今之命服，乃古之下士之服。古者有其德则仕，士未仕者也，服之其宜也。若农商则不可，非其类也。"或曰："不必用可否？"曰："不得不可以为悦，今得用而用之，何害？过期非也。"

昏礼不用乐，幽阴之义，此说非是。昏礼岂是幽阴？但古人重此大礼，严肃其事，不用乐也。昏礼不贺，人之序也，此说却是。妇质明而见舅姑，成妇也，三日而后宴乐，礼毕也；宴不以夜，礼也。

问："臣拜君，必于堂下，子拜父母，如之何？"对曰："君臣以义合，有贵贱，故拜于堂下。父子主恩，有尊卑，无贵贱，故拜于堂上。若妇于舅姑，亦是义合，有贵贱，故拜于堂下，礼也。"

问："嫂叔古无服，今有之，何也？"曰："《礼记》曰：'推而远之也。'此说不是。嫂与叔，且远嫌，姑与嫂，何嫌之有？古之所以无服者，只为无属。其夫属乎父道者，妻皆母道也。其夫属乎子道者，妻皆妇道也。今上有父有母，下有子有妇。叔父伯父，父之属也，故叔母伯母之服，与叔父伯父同。兄弟之子，子之属也，故兄弟之子之妇服，与兄弟之子同。若兄弟，则己之属也，难以妻道属其妻，此古者所以无服。以义理推不行也。今之有服亦是。岂有同居之亲而无服者？"又问："既是同居之亲，古却无服，岂有兄弟之妻死，而己恝然无事乎？"曰："古者虽无服，若哀戚之心自在。且如邻里之丧，尚舂不相不巷歌，匍匐救之，况至亲乎？"

服有正，有义，有从，有报。古者妇丧舅姑以期，今以三年，于义亦可，但名未正，此可谓之从服（从夫也。盖与夫同奉几筵，而已不可独无服）。报服，若姑之子为舅之子服是也。异姓之服，只推得一重。若为母而推，则及舅而止。若为姑而推，则可以及其子。故舅之子无服，却为既与姑之子为服，姑之子须当报之也，故姑之子，舅之子，其服同。

八岁为下殇，十四为中殇，十九为上殇，七岁以下为无服之殇。无服之殇，更不祭。下殇之祭，父母主之，终父母之身。中殇之祭，兄弟主之，终兄弟之身。上殇之祭，兄弟之子主之，终兄弟之子之身。若成人而无后者，兄弟之孙主之，亦终其身。凡此，皆以义起也。

问："女既嫁而为父母服三年，可乎？"曰："不可。既归夫家，事佗舅姑，安得伸己之私？"

问："人子事亲学医，如何？"曰："最是大事。今有璞玉于此，必使玉人雕琢之。盖百工之事，不可使一人兼之，故使玉人雕琢之也。若更有珍宝物，须是自看，却必不肯任其自为也。今人视父母疾，乃一任医者之手，岂不害事？必须识医药之道理，别病是如何，药当如何，故可任医者也。"或曰："己未能尽医者之术，或偏见不到，适足害事，奈何？"曰："且如识图画人，未必画得如画工，然他却识别得工拙。如自己曾学，令医者说道理，便自见得，或已有所见，亦可说与他商量。"

上古之时，自伏羲、尧、舜，历夏、商以至于周，或文或质，因袭损益，其变既极，其法既详，于是孔子参酌其宜，以为百王法度之中制，此其所以《春秋》作也。孙明复主以无王而作，亦非是。但颜渊问为邦，圣人对之以"行夏之时，乘殷之辂，服周之冕，乐则《韶》舞"，则是大抵圣人以道不得用，故考古验今，参取百王之中制，断之以义也。

禘者，鲁僭天子之大祭也。灌者，祭之始也。以其僭上之祭，故自灌以往，不欲观之。

凡观书，不可以相类泥其义，不尔则字字相梗，当观其文势上下之意。如"充实之谓美"与《诗》之美不同。

学者后来多耽《庄子》。若谨礼者不透，则是佗须看《庄子》，为佗极有胶固缠缚，则须求一放旷之说以自适。譬之有人于此，久困缠缚，则须觅一个出身处。如东汉之末尚节行，尚节行太甚，须有东晋放旷，其势必然。

冬至书云，亦有此理，如《周礼》观祲之义。古太史既有此职，必有此事。又如太史书，不知周公一一曾与不曾看过，但甚害义理，则必去之矣。如今灵台之书，须十去八九，乃可行也。今历法甚好，其佗禁忌之书，如葬埋昏嫁之类，极有害。

《论语》问同而答异者至多，或因人材性，或观人之所问意思而言及所到地位。

“极高明，道中庸”，所以为民极，极之为物，中而能高者也。

“君子不成章不达”，《易》曰：“美在其中，畅于四支。”成章之谓也。

予官吉之永丰簿，沿檄至临川，见刘元承之子县丞諴，问其父所录伊川先生语，蒙示以元承手编，伏读叹仰，因乞传以归。建炎元年十月晦日，庵山陈渊谨书。

河南程氏遗书卷第十九　伊川先生语 五

杨遵道录

问："格物是外物，是性分中物？"曰："不拘。凡眼前无非是物，物物皆有理。如火之所以热，水之所以寒，至于君臣父子间皆是理。"又问："只穷一物，见此一物，还便见得诸理否？"曰："须是遍求。虽颜子亦只能闻一知十，若到后来达理了，虽亿万亦可通。"又问："如荆公穷物，一部《字解》，多是推五行生成。如今穷理，亦只如此著工夫，如何？"曰："荆公旧年说话煞得，后来却自以为不是，晚年尽支离了。"

问："古之学者为己。不知初设心时，是要为己，是要为人？"曰："须先为己，方能及人。初学只是为己。郑宏中云：'学者先须要仁。'仁所以爱人，正是颠倒说却。"

"新民"，以明德新民。

问："日新有进意，抑只是无敝意？"曰："有进意。学者求有益，须是日新。"

问："'有所忿懥、恐惧、忧患，心不得其正。'是要无此数者，心乃正乎？"曰："非是谓无，只是不以此动其心。学者未到不动处，须是执持其志。"

"师出以律，否臧凶。"律有二义：有出师不以义者，有行师而无号令节制者，皆失律也。师出当以律，不然，虽臧亦凶。今人用师，惟务胜而已。

"弟子舆尸，贞凶。"帅师以长子，今以弟子众主之，亦是失律，故虽贞亦凶也。

“豮豕之牙。”豕牙最能啮害人，只制其牙，如何制得？今人为恶，却只就他恶禁之，便无由禁止，此见圣人机会处。

“丧羊于易。”羊群行而触物。《大壮》众阳并进，六五以阴居位，惟和易然后可以丧羊。易非难易之易，乃和易、乐易之易。

《易》有百余家，难为遍观。如素未读，不晓文义，且须看王弼、胡先生、荆公三家。理会得文义，且要熟读，然后却有用心处。

读《易》须先识卦体。如《乾》有元亨利贞四德，缺却一个便不是《乾》，须要认得。

“反复道也”，言终日乾乾往来，皆由于道也。三位在二体之中，可进而上，可退而下，故言反复。“知至至之”，如今学者且先知有至处，便从此至之，是“可与几也”。非知几者，安能先识至处？“知终终之”，知学之终处而终之，然后“可与守义”。王荆公云：“九三知九五之位可至而至之。”大煞害事，使人臣常怀此心，大乱之道，亦自不识汤、武。“知至至之”，只是至其道也。

荆公言，用九只在上九一爻，非也。六爻皆用九，故曰：“见群龙无首，吉。”用九便是行健处。“天德不可为首”，言乾以至刚健，又安可更为物先？为物先则有祸，所谓“不敢为天下先”。《乾》顺时而动，不过处，便是不为首，六爻皆同。

问：“胡先生解九四作太子，恐不是卦义。”先生云：“亦不妨，只看如何用。当储贰，则做储贰。使九四近君，便作储贰亦不害，但不要拘一。若执一事，则三百八十四爻只作得三百八十四件事，便休也。”

看《易》，且要知时。凡六爻，人人有用。圣人自有圣人用，贤人自有贤人用，众人自有众人用，学者自有学者用；君有君用，臣有臣用，无所不通。因问：“《坤》卦是臣之事，人君有用处否？”先生曰：“是何无用？如‘厚德载物’，人君安可不用？”

阴为小人，利为不善，不可一概论。夫阴助阳以成物者君子也，其害阳者小人也。夫利和义者善也，其害义者不善也。

“利贞者，性情也”，言利贞便是《乾》之性情。因问：“利与‘以利为本’之利同否?”先生曰：“凡字只有一个，用有不同，只看如何用。凡顺理无害处便是利，君子未尝不欲利。然孟子言‘何必曰利’者，盖只以利为心则有害。如‘上下交徵利而国危’，便是有害。‘未有仁而遗其亲，未有义而后其君。’不遗其亲，不后其君，便是利。仁义未尝不利。”

谢师直为长安漕，明道为鄠县簿，论《易》及《春秋》。明道云：“运使《春秋》犹有所长，《易》则全理会不得。”师直一日说与先生。先生答曰：“据某所见，二公皆深知《易》者。”师直曰：“何故?”先生曰：“以运使能屈节问一主簿，以一主簿敢言运使不知《易》，非深知《易》道者不能。”

“云行雨施”，是《乾》之亨处。

《乾》六爻，如欲见圣人曾履处，当以舜可见：在侧陋便是潜，陶渔时便是见，升闻时便是乾乾，纳于大麓时便是跃。

介甫以武王观兵为九四，大无义理，兼观兵之说亦自无此事。如今日天命绝，则今日便是独夫，岂容更留之三年?今日天命未绝，便是君也，为人臣子，岂可以兵胁其君?安有此义?又纣鸷很如此，太史公谓有七十万众，未知是否，然《书》亦自云，纣之众若林。三年之中，岂肯容武王如此便休得也?只是《太誓》一篇前序云“十有一年”，后面正经便说“惟十有三年”，先儒误妄，遂转为观兵之说。先王无观兵之事，不是前序一字错却，便是后面正经三字错却。

先儒以六为老阴，八为少阴，固不是。介甫以为进君子而退小人，则是圣人旋安排义理也。此且定阴阳之数，岂便说得义理?九六只是取纯阴纯阳。惟六为纯阴，只取《河图》数见之，过六则一阳生，至八便不是纯阴。

或以《小畜》为臣畜君，以《大畜》为君畜臣。先生云：“不必如此。《大畜》只是所畜者大，《小畜》只是所畜者小，不必指定一件事。便是君畜臣，臣畜君，皆是这个道理，随大小用。”

陈莹中答吴国华书，天在山中，说云："便是芥子纳须弥之义。"先生谓正南北说，却须弥无体，芥子无量。

问："莹中尝爱文中子'或问学《易》，子曰：终日乾乾可也。'此语最尽。文王所以圣，亦只是个不已。"先生曰："凡说经义，如只管节节推上去，可知是尽。夫终日乾乾，未尽得《易》。据此一句，只做得九三使。若谓乾乾是不已，不已又是道，渐渐推去，则自然是尽，只是理不如此。"

"子在川上，曰逝者如斯夫"，言道之体如此，这里须是自见得。张绎曰："此便是无穷。"先生曰："固是道无穷，然怎生一个无穷便了得他？"

问："括囊事还做得在位使否？"先生曰："六四位是在上，然《坤》之六四却是重阴，故云'贤人隐'，便做不得在位。"又问："恐后人缘此，谓有朝隐者。"先生曰："安有此理？向林希尝有此说，谓杨雄为禄隐。杨雄后人只为见他著书，便须要做他是，怎生做得是？"因问："如《剧秦》文，莫不当作？"先生云："或云非是美之，乃讥之也。然王莽将来族诛之，亦未足道，又何足讥？讥之济得甚事？或云且以免死，然已自不知明哲煌煌之义，何足以保身？作《太玄》本要明《易》，却尤晦如《易》，其实无益，真屋下架屋，床上叠床。他只是于《易》中得一数为之，于历法虽有合，只是无益。今更于《易》中推出来，做一百般《太玄》亦得，要尤难明亦得，只是不济事。"

"大明终始。"人能大明《乾》之终始，便知六位时成，却时乘六龙以当天事。

"先迷后得"是一句，"主利"是一句，盖《坤》道惟是主利，《文言》"后得主而有常"处，脱却一"利"字。

介甫解"直、方、大"云："因物之性而生之，直也；成物之形而不可易，方也。"人见似好，只是不识理。如此，是物先有个性，《坤》因而生之，是甚义理？全不识也。

"至大"，"至刚"，"以直"，此三者不可阙一，阙一便不是浩然之气。如《坤》所谓“直、方、大”是也。但《坤》卦不可言刚，言刚则害《坤》体。然孔子于《文言》又曰：“《坤》至柔而动也刚。”方即刚也。因问：“见李籲录明道语中，却与先生说别。解‘至刚’处云：‘刚则不屈’，则是于至刚已带却直意。又曰：‘以直道顺理而养之’，则是以直字连下句，在学者著工夫处说却。”先生曰：“先兄无此言，便不讲论到此。旧尝令学者不要如此编录，才听得，转动便别。旧曾看，只有李籲一本无错编者。他人多只依说时，不敢改动，或脱忘一两字，便大别。李籲顾却得其意，不拘言语，往往录得都是。不知尚有此语。只‘刚则不屈’，亦未稳当。”

孔子教人，各因其材，有以政事入者，有以言语入者，有以德行入者。

性出于天，才出于气，气清则才清，气浊则才浊。譬犹木焉，曲直者性也，可以为栋梁、可以为榱桷者才也。才则有善与不善，性则无不善。“惟上智与下愚不移”，非谓不可移也，而有不移之理。所以不移者，只有两般：为自暴、自弃，不肯学也。使其肯学，不自暴自弃，安不可移哉？

杨雄、韩愈说性，正说著才也。

韩退之说：叔向之母闻杨食我之生，知其必灭宗。此无足怪，其始便禀得恶气，便有灭宗之理，所以闻其声而知之也。使其能学，以胜其气，复其性，可无此患。

“性相近也”，此言所禀之性，不是言性之本。孟子所言，便正言性之本。

问：“先生云：性无不善，才有善不善，杨雄、韩愈皆说著才。然观孟子意，却似才亦无有不善，及言所以不善处，只是云‘舍则失之’，不肯言初禀时有不善之才。如云：‘非天之降才尔殊。’是不善不在才，但以遇凶岁陷溺之耳。又观‘牛山之木，人见其濯濯也，以为未尝有材焉，此岂山之性？’是山之性未尝无材，只为斧斤牛羊害之耳。又云：‘人见其禽兽也，以为未尝有才焉，是岂人之情也哉?’所以无才者，只为‘旦昼之所为有梏亡之耳’。又云：‘乃若其情则可以为善矣，乃所谓善；若夫为不善，非才之罪也。’则是以情观之，而才未尝不善。观此数处，切疑才是一个为善之资，譬如作一器械，须是有器械材料，方可为也，如云‘恻隐之心，仁也’云云，故曰：‘求则得之，舍则失之，或相倍蓰而无算者，不能尽其才也。’则四端者便是为善之才，所以不善者，以不能尽此四端之才也。观孟子意，似言性、情、才三者皆无不善，亦不肯于所禀处说不善。今谓才有善不善，何也？或云：善之地便是性，欲为善便是情，能为善便是才，如何?”先生云：“上智下愚便是才，以尧为君而有象，以瞽瞍为父而有舜，亦是才。然孟子只云‘非才之罪’者，盖公都子正问性善，孟子且答他正意，不暇一一辨之，又恐失其本意。如万章问象杀舜事，夫尧已妻之二女，迭为宾主，当是时，已自近君，岂复有完廪浚井之事？象欲使二嫂治栖，当是时，尧在上，象还自度得道杀却舜后，取其二女，尧便了得否？必无此事。然孟子未暇与辨，且答这下意。”

生而知之，学而知之，亦是才。问：“生而知之要学否?”先生曰：“生而知之固不待学，然圣人必须学。”

先生每与司马君实说话，不曾放过；如范尧夫，十件事只争得三四件便已。先生曰：“君实只为能受尽言，尽人忤逆终不怒，便是好处。”

君实尝问先生云：“欲除一人给事中，谁可为者？愿为光说一人。”先生曰：“相公何为若此言也？如当初泛论人才却可，今既如此，某虽有其人，何可言?”君实曰：“出于公口，入于光耳，又何害?”先生终不言。（一本云：“先生曰：‘某断不说。’”）

“先进”“后进”，如今人说前辈、后辈。“先进于礼乐”，谓旧时前辈之人于礼乐，在今观之以为朴野。“后进于礼乐”，谓今晚进之人于礼乐，在今观之以为君子。君子者，文质彬彬之名。盖周末文盛，故以前人为野，而自以当时为君子，不知其过于文也。

故孔子曰："则吾从先进。"

孔子弟子善问，直穷到底，如问"乡人皆好之，何如?"曰"未可也"，便又问："乡人皆恶之，何如?"又说"足食足兵，民信之矣"，便问"必不得已而去，于斯三者何先?"才说"去兵"，便问："不得已而去，于斯二者何先?"自非圣人不能答，便云："去食，自古皆有死，民无信不立。"不是孔子弟子不能如此问，不是圣人不能如此答。

《礼记·儒行》《经解》，全不是。因举吕与叔解亦云："《儒行》夸大之语，非孔子之言，然亦不害义理。"先生曰："煞害义理。恰限《易》，便只'洁静精微'了却；《诗》，便只'温柔敦厚'了却，皆不是也。"

《祭法》如夏后氏郊鲧一片，皆未可据。

问："圣人有为贫而仕者否?"曰："孔子为乘田委吏是也。"又问："或云乘田委吏非为贫，为之兆也。"先生曰："乘田委吏却不是为兆，为鲁司寇便是为兆。"（一本此下有十六字云："有人云先生除国子监之命不受，是固也。'"先生因言："近煞有人以此相勉，某答云：待饥饿不能出门户时，当别相度。"）

荀、杨性已不识，更说甚道?

邓文孚问："孟子还可为圣人否?"曰："未敢便道他是圣人，然学已到至处。"又问："《孟子》书中有不是处否?"曰："只是门人录时，错一两字。如说'大人则藐之'，夫君子毋不敬，如有心去藐他人，便不是也。更说夷、惠处云'皆古圣人'，须错字，若以夷、惠为圣之清、圣之和则可，便以为圣人则不可。看孟子意，必不以夷、惠为圣人。如伊尹又别，初在畎亩，汤使人问之，曰：'我何以汤之聘幣为哉?'是不肯仕也。及汤尽礼，然后翻然而从之，亦是圣之时。如五就汤，五就桀，自是后来事。盖已出了，则当以汤之心为心，所以五就桀，不得不如此。"

荆公尝与明道论事不合，因谓明道曰："公之学如上壁。"言难行也。明道曰："参政之学如捉风。"及后来逐不附已者，独不怨明道，且曰："此人虽未知道，亦忠信人也。"

张戬尝于政事堂与介甫争辨事，因举经语引证。介甫乃曰："安石却不会读书，贤却会读书。"戬不能答。先生因云："却不向道，只这个便是不会读书。"

佛家有印证之说，极好笑。岂有我晓得这个道理后，因他人道是了方是，他人道不是便不是？又五祖令六祖三更时来传法，如期去便传得，安有此理？

谢良佐与张绎说："某到山林中静处，便有喜意？觉著此不是。"先生曰："人每至神庙佛殿处便敬，何也？只是每常不敬，见彼乃敬。若还常敬，则到佛殿庙宇，亦只如此。不知在闹处时，此物安在？直到静处乃觉。"绎言："伊云，只有这些子已觉。"先生曰："这回比旧时煞长进。这些子已觉固是，若谓只有这些子，却未敢信。"（胡本注云："朱子权亲见谢先生云：'某未尝如此说。'恐传录之误也。"）

"屡空"兼两意。惟其能虚中，所以能屡空。货殖便生计较，才计较便是不受命，不受命者，不能顺受正命也。吕与叔解作如货殖，先生云："传记中言子贡货殖处亦多，此子贡始时事。"

万物皆有良能，如每常禽鸟中，做得窠子，极有巧妙处，是他良能，不待学也。人初生，只有吃乳一事不是学，其他皆是学，人只为智多害之也。

"人心"，私欲也；"道心"，正心也。"危"言不安，"微"言精微。惟其如此，所以要精一。"惟精惟一"者，专要精一之也。精之一之，始能"允执厥中"。中是极至处。或云：介甫说以一守，以中行，只为要事事分作两处。

《诗小序》便是当时国史作。如当时不作，虽孔子亦不能知，况子夏乎？如《大序》，则非圣人不能作。

"用之乡人焉，用之邦国焉。"如《二南》之诗及《大雅》《小雅》，是当时通上下皆用底诗，盖是修身治家底事。

"《关雎》乐得淑女以配君子"，淑女即后妃也，故言配荇菜以兴后妃之柔顺。“左右流之”，左右者随水之貌。“左右采之”者，顺水而采之。“左右笔之”者，顺水而笔之。皆是言荇菜柔顺之貌，以兴后妃之德。“琴瑟友之，钟鼓乐之”，言后妃之配君子，和乐如此也。

“忧在进贤，不淫其色，哀窈窕，思贤才，而无伤善之心焉”，自是《关雎》之义如此，非谓后妃也。此一行甚分明，人自错解却。

口目耳鼻四支之欲，性也，然有分焉，不可谓我须要得，是有命也。仁义礼智，天道在人，赋于命有厚薄，是命也，然有性焉，可以学，故君子不谓命。

“则以学文”，便是读书。人生便知有父子兄弟，须是先尽得孝弟，然后读书，非谓已前不可读书。

礼胜则离，故“礼之用和为贵，先王之道斯为美，小大由之”。乐胜则流，故“有所不行，知和而和，不以礼节之，亦不可行”。礼以和为贵，故先王之道以此为美，而小大由之。然却有所不行者，以“知和而和，不以礼节之”，故亦不可行也。

“望道而未之见”，言文王视民如伤，以纣在上，望天下有道而未之见。“汤执中，武王不泄迩”，非谓武王不能执中，汤却泄迩，盖各因一件事言之。人谓各举其最盛者非也，圣人亦无不盛。

鲁得用天子礼乐，使周公在，必不肯受，故孔子曰：“周公之衰乎！”孔子以此为周公之衰，是成王之失也。介甫谓周公有人臣不能为之功，故得用人臣所不得用之礼，非也。臣子身上，没分外过当底事。凡言舜言曾子为孝，不可谓曾子、舜过于孝也。

“克明峻德”，只是说能明峻德之人。“凡为天下国家有九经”，曰修身也，尊贤也，亲亲也。盖先尊贤，然后能亲亲。夫亲亲固所当先，然不先尊贤，则不能知亲亲之道。《礼记》言“克明峻德，顾諟天之明命，皆自明也”者，皆由于明也。

“平章百姓”，百姓只是民。凡言百姓处皆只是民，百官族姓已前无此说。

陈平只是幸而成功，当时顺却诸吕，亦只是畏死。汉之君臣，当恁时岂有朴实头为社稷者？使后来少主在，事变却时，他也则随却。如令周勃先入北军，陈平亦不是推功让能底人，只是占便宜，令周勃先试难也。其谋甚拙，其后成功亦幸。如人臣之义，当以王陵为正。

周勃当时初入北军，亦甚拙，何事令左袒则甚？忽然当时皆右袒，后还如何？当时已料得必左袒，又何必更号令？如未料得，岂不生变？只合驱之以义，管它从与不从。

韩信初亡，萧何追之，高祖如失左右手，却两日不追，及萧何反，问之曰："何亡也？"曰："臣非亡，乃追亡者也。"当时高祖岂不知此二人，乃肯放与项羽，两日不追邪？乃是萧何与高帝二人商量做来，欲致韩信之死尔。当时史官已被高祖瞒过，后人又被史官瞒。

惜乎，韩信与项羽，诸葛亮与司马仲达，不曾合战。更得这两个战得几阵，不妨有可观。

先生每读史到一半，便掩卷思量，料其成败，然后却看有不合处，又更精思，其间多有幸而成，不幸而败。今人只见成者便以为是，败者便以为非，不知成者煞有不是，败者煞有是底。

读史须见圣贤所存治乱之机，贤人君子出处进退，便是格物。今人只将他见成底事便做是使，不知煞有误人处。

先生在讲筵，尝典钱使。诸公因问，必是俸给大段不足，后乃知到任不曾请俸。诸公遂牒户部，问不支俸钱。户部索前任历子。先生云："某起自草莱，无前任历子。"（旧例，初入京官时，用下状出给料钱历，其意谓朝廷起我，便当廪人继粟，庖人继肉也。）遂令户部自为出券历，户部只欲与折支，诸公又理会，馆阁尚请见钱，岂有经筵官只请折支？又检例，已无崇政殿说书多时，户部遂定，已前未请者只与折支，自后来为始，支见钱。先生后自涪陵归，复官半年，不曾请俸。粮料院吏人忽来索请券状子，先生云："自来不会写状子。"受事人不去，只令子弟录与受官月日。

先生在经筵时，与赵侍郎、范纯甫同在后省行，见晓示，至节令，命妇进表，贺太皇及太后太妃。赵、范更问备办，因问先生。先生云："某家无命妇。"二公愕然，问何不叙封，先生曰："某当时起自草莱，三辞然后受命，岂有今日乃为妻求封之理？"(其夫人至今无封号。）问："今人陈乞恩例，义当然否？""人皆以为本分者不为害。"先生曰："只为而今士大夫道得个'乞'字惯却，动不动又是乞也。"因问："陈乞封父祖，如何？"先生曰："此事体又别。"再三请益，但云："其说甚长，待别时说。"

范尧夫为蜀漕，成都帅死，尧夫权府。是时，先生随侍过成都，尧夫出送，先生已行二里，急遣人追及之，回至门头僧寺相见。尧夫因问："先生在此，有何所闻？"先生曰："闻公尝言：'当使三军之士知事帅君如事父母。'不知有此语否？"尧夫愕然，疑其言非是。先生曰："公果有此语，一国之福也。"尧夫方喜。先生却云："恐公未能使人如此。"尧夫再三问之。先生曰："只如前日公权府，前帅方死，便使他臣子张乐大排，此事当时莫可罢？"尧夫云："便是纯仁当时不就席，只令通判伴坐。"先生曰："此尤不是。"尧夫惊愕，即应声曰："悔当初只合打散便是。"先生曰："又更不是。夫小人心中，只得些物事时便喜，不得便不足。他既不得物事，却归去思量，因甚不得此物，元来是为帅君。小人须是切已，乃知思量。若只与他物事，他自归去，岂更知有思量？"尧夫乃嗟叹曰："今日不出，安得闻此言？"

先生云："韩持国服义最不可得。一日某与持国、范夷叟泛舟于颍昌西湖，须臾客将云：'有一官员上书，谒见大资。'某将谓有甚急切公事，乃是求知己。某云：'大资居位，却不求人，乃使人倒来求己，是甚道理？"夷叟云：'只为正叔太执，求荐章，常事也。'某云：'不然。只为曾有不求者不与，来求者与之，遂致人如此。'持国便服。"

先生初受命，便在假，欲迤逦寻医，既而供职。门人尹焞深难之，谓供职非是。先生曰："新君即位，首蒙大恩，自二千里放回，亦无道理不受。某在先朝，则知某者也。当时执政大臣皆相知，故不当如此受。今则皆无相知，朝廷之意只是怜其贫，不使饥饿于我土地。某须领他朝廷厚意，与受一月料钱，然官则某必做不得。既已受他诰，却不供职，是与不受同。且略与供职数日，承顺他朝廷善意了，然后惟吾所欲。"

先生因言："今日供职，只第一件便做他底不得。吏人押申转运司状，某不曾签。国子监自系台省，台省系朝廷官。外司有事，合行申状，岂有台省倒申外司之理？只为从前人只计较利害，不计较事体，直得恁地。须看圣人欲正名处，见得道名不正时，便至礼乐不兴，自然住不得。夫礼乐，岂玉帛之交错，钟鼓之铿锵哉？今日第一件便如此。人不知，一似好做作只这些子。某便做他官不得，若久做他底时，须一一与理会。"

谢某曾问："涪州之行，知其由来，乃族子与故人耳。"族子谓程公孙，故人谓邢恕。先生答云："族子至愚，不足责。故人至厚，不敢疑。孟子既知系之天，安用尤臧氏？"因问："邢七虽为恶，然必不到更倾先生也。"先生曰："然。邢七亦有书到某云：'屡于权宰处言之。'不知身为言官，却说此话。未知倾与不倾，只合救与不救，便在其间。"又问："邢七久从先生，想都无知识，后来极狼狈。"先生曰："谓之全无知则不可，只是义理不能胜利欲之心，便至如此也。"

先生云："某自十七八读《论语》，当时已晓文义，读之愈久，但觉意味深长。《论语》，有读了后全无事者，有读了后其中得一两句喜者，有读了后知好之者，有读了后不知手之舞之足之蹈之者。"

今人不会读书。如："诵《诗》三百，授之以政，不达；使于四方，不能专对；虽多，亦奚以为？"须是未读《诗》时，授以政不达，使四方不能专对；既读《诗》后，便达于政，能专对四方，始是读《诗》。"人而不为《周南》《召南》，其犹正墙面而立。"须是未读《周南》《召南》，一似面墙，到读了后，便不面墙，方是有验。大抵读书，只此便是法。如读《论语》，旧时未读是这个人，及读了后又只是这个人，便是不曾读也。

大率上一爻皆是师保之任，足以当此爻也。

若要不学佛，须是见得他小，便自然不学。

文中子本是一隐君子，世人往往得其议论，附会成书。其间极有格言，荀、杨道不到处。又有一件事，半截好，半截不好。如魏徵问："圣人有忧乎？"曰："天下皆忧，吾独得不忧？"问疑，曰："天下皆疑，吾独得不疑？"徵退，谓董常曰："乐天知命吾何忧？穷理尽性吾何疑？"此言极好。下半截却云："徵所问者迹也，吾告汝者心也，心迹之判久矣。"便乱道。

文中子言："封禅之费，非古也，其秦、汉之侈心乎！"此言极好。古者封禅，非谓夸治平，乃依本分祭天地，后世便把来做一件矜夸底事。如《周颂》告成功，乃是陈先王功德，非谓夸自己功德。

文中子续经甚谬，恐无此。如续《书》始于汉，自汉已来制诏，又何足记？续《诗》之备六代，如晋、宋、后魏、北齐、后周、隋之诗，又何足采？

韩退之言"孟子醇乎醇"，此言极好，非见得孟子意，亦道不到。其言"荀、杨大醇小疵"，则非也。荀子极偏驳，只一句"性恶"，大本已失。杨子虽少过，然已自不识性，更说甚道？

韩退之言"博爱之谓仁，行而宜之之谓义，由是而之焉之谓道，足乎己无待于外之谓德"，此言却好。只云"仁与义为定名，道与德为虚位"，便乱说。只如《原道》一篇极好。退之每有一两处，直是搏得亲切，直似知道，然却只是博也。

问："文中子谓：'诸葛亮无死，礼乐其有兴乎！'诸葛亮可以当此否？"先生曰："礼乐则未敢望他，只是诸葛已近王佐。"又问："如取刘璋事，如何？"先生曰："只有这一事大不是，便是计较利害。当时只为不得此，则无以为资。然岂有人特地出迎他，却于坐上执之？大段害事，只是个为利。君子则不然，只一个义不可便休，岂可苟为？”又问：“如汤兼弱攻昧，如何？”先生曰：“弱者兼之，非谓并兼取他，只为助能，与之相兼也。昧者乃攻，乱者乃取，亡者乃侮。”

张良亦是个儒者，进退间极有道理。人道汉高祖能用张良，却不知是张良能用高祖。良计谋不妄发，发必中。如后来立太子事，皆是能使高祖必从，使之左便左，使之右便右，岂不是良用高祖乎？良本不事高祖，常言为韩王送沛公。观良心，只是为天下，且与成就却事。后来与赤松子游，只是个不肯事高祖如此。

五德之运，却有这道理。凡事皆有此五般，自小至大，不可胜数。一日言之，便自有一日阴阳；一时言之，便自有一时阴阳，一岁言之，便自有一岁阴阳；一纪言之，便自有一纪阴阳；气运不息，如王者一代，又是一个大阴阳也。唐是土德，便少河患；本朝火德，多水灾。盖亦有此理，只是须于这上有道理。如关朗卜百年事最好，其间须言如此处之则吉，不如此处之则凶，每事如此，盖虽是天命，可以人夺也，如仙家养形，以夺既衰之年，圣人有道，以延已衰之命，只为有这道理。

或云：“寻常观人出辞气，便可知人。”先生曰：“亦安可尽？昔横渠尝以此观人，未尝不中，然某不与他如此。后来其弟戬亦学他如此，观人皆不中，此安可学？”

观《素问》文字气象，只是战国时人作。谓之《三坟》书，则非也，道理却总是。想当时亦须有来历，其间只是气运使不得。错不错未说，就使其法不错，亦用不得。除是尧、舜时，十日一风，五日一雨，始用得。且如说潦旱，今年气运当潦，然有河北潦，江南旱时，此且做各有方气不同，又却有一州一县之中潦旱不同者，怎生定得？

学佛者多要忘是非，是非安可忘得？自有许多道理，何事忘为？夫事外无心，心外无事。世人只被为物所役，便觉苦事多。若物各付物，便役物也。世人只为一齐在那昏惑迷暗海中，拘滞执泥坑里，便事事转动不得，没著身处。

庄子齐物，夫物本齐，安俟汝齐？凡物如此多般，若要齐时，别去甚处下脚手？不过得推一个理一也。物未尝不齐，只是你自家不齐，不干物不齐也。

先生在经筵，闻禁中下后苑作坊取金水桶贰只，因见潞公问之。潞公言："无。彦博曾入禁中，见只是朱红，无金为者。"某遂令取文字示潞公，潞公始惊怪。某当时便令问，欲理会，却闻得长乐宫遂已。当时恐是皇帝阁中，某须理会。

先生旧在讲筵，说《论语》"南容三复白圭"处，内臣贴却"容"字，因问之，内臣云："是上旧名。"先生讲罢，因说："适来臣讲书，见内臣贴却'容'字。夫人主处天下之尊，居亿兆之上，只嫌怕人尊奉过当，便生骄心，皆是左右近习之人养成之也。尝观仁宗时，宫嫔谓正月为初月，蒸饼为炊饼，皆此类。请自后只讳正名，不讳嫌名及旧名。"才说了，次日孙莘老讲《论语》，读"子畏于匡"为"正"。先生云："且著个地名也得。子畏于正，是甚义理？"又讲"君祭先饭"处，因说："古人饮食必祭，食谷必思始耕者，食菜必思始圃者，先王无德不报如此。夫为人臣者，居其位，食其禄，必思何所得爵禄来处，乃得于君也。必思所以报其君，凡勤勤尽忠者，为报君也。如人主所以有崇高之位者，盖得之于天，与天下之人共戴也，必思所以报民。古之人君视民如伤，若保赤子，皆是报民也。"每讲一处，有以开道人主之心处便说。始初内臣宫嫔门皆携笔在后抄录，后来见说著佞人之类，皆恶之。吕微仲使人言："今后且刻可伤触人。"范尧夫云："但不道著名字，尽说不妨。"（又讲君祭以下，莆田本添。）

或问："横渠言圣人无知，因问有知。"先生曰："才说无知，便不堪是圣人。当人不问时，只与木石同也？"

先生云："吕与叔守横渠学甚固，每横渠无说处皆相从，才有说了，便不肯回。"

苏昞录横渠语云："和叔言香声。横渠云：'香与声犹是有形，随风往来，可以断续，犹为粗耳。不如清水。今以清冷水置之银器中，隔外便见水珠，曾何漏隙之可通？此至清之神也。'先生云：'此亦见不尽，却不说此是水之清，银之清。若云是水，因甚置甆椀中不如此？'"

河南程氏遗书卷第二十　伊川先生语 六

周伯忱录

问："左氏言子路助卫辄，观其学已升堂，肯如是否？"曰："子路非助辄，只为孔悝陷于不义，欲救之耳。盖蒯聩不用君父之命而入立，强盟孔悝，孔悝不合从之故也。"曰："子路当时可以免难否？"曰："不可免。"

问："《左传》可信否？"曰："不可全信，信其可信者耳。某年二十时，看《春秋》，黄赘隅问某如何看，答之曰：'有两句法云：以传考经之事迹，以经别传之真伪。'"又问："《公》《谷》如何？"曰："又次于左氏。""左氏即是丘明否？"曰："《传》中无丘明字，不可考。"

问："'此之谓自慊'与'吾何慊乎哉'之'慊'，同否？"曰："慊字则一也。不足谓之慊，动于中亦谓之慊，看用处如何。"

河南程氏遗书卷第二十一上　伊川先生语七 上

师说　门人张绎录

宣仁山陵，程子往赴，吕汲公为使。时朝廷以馆职授子，子固辞。公谓子曰："仲尼亦不如是。"程子对曰："公何言哉？某何人，而敢比仲尼？虽然，某学仲尼者，于仲尼之道，固不敢异。公以谓仲尼不如是，何也？"公曰："陈恒弑其君，请讨之，鲁不用则亦已矣。"子未及对，会殿帅苗公至，子辟之幕府，见公婿王谠。谠曰："先生不亦甚乎？欲朝廷如何处先生也？"子曰："且如朝廷议北郊，所议不合礼，取笑天下。后世岂不曰有一程某，亦尝学礼，何为而不问也？"谠曰："北郊如何？"曰："此朝廷事，朝廷不问而子问之，非可言之所也。"其后有问："汲公所言陈恒之事，是欤？"曰："于《传》，仲尼是时已不为大夫，公误言也。"

吕汲公以百缣遗子，子辞之。时子族兄子公孙在旁，谓子曰："勿为已甚，姑受之。"子曰："公之所以遗某者，以某贫也。公位宰相，能进天下之贤，随才而任之，则天下受其赐也。何独某贫也？天下贫者亦众矣，公帛固多，恐公不能周也。"

殿帅苗公问程子曰："朝廷处先生，如何则可？"程子对曰："且如山陵事。苟得专处，虽永安尉可也。"

程子曰："古之学者易，今之学者难。古人自八岁入小学，十五入大学，有文采以养其目，声音以养其耳，威仪以养其四体，歌舞以养其血气，义理以养其心。今则俱亡矣，惟义理以养其心尔，可不勉哉！"

范公尧夫摄帅成都，程子将告归，别焉。公曰："愿少留，某将别。”子曰：“既别矣，何必复劳舆卫？”遂行。公使人要于路曰：“愿一见也。”既见，曰：“先生何以教我？”子曰：“公尝言为将帅当使士卒视己如父母，然后可用，然乎？”公曰：“如何？”子曰：“公言是也。然公为政不若是，何也？”公曰：“可得闻欤？”子曰：“旧帅新亡，而公张乐大飨将校于府门，是教之视帅如父母乎？”曰：“亦疑其不可，故使属官摄主之也。”子曰：“是尤不可也。公与旧帅同僚也，失同僚之义，其过小；属官于主帅，其义重。”曰：“废飨而颁之酒食，如何？”曰：“无颁也。武夫视酒食为重事，弗颁，则必思其所以而知事帅之义，乃因事而教也。”公曰：“若从先生言而不来，则不闻此矣。”其喜闻义如此。

程子在讲筵，执政有欲用之为谏官者。子闻，以书谢曰：“公知射乎？有人执弓于此，发而多中，人皆以为善射矣。一日，使羿立于其傍，道之以彀率之法。不从，羿且怒而去矣。从之，则戾其故习而失多中之功。故不若处羿于无事之地，则羿得尽其言，而用舍羿不恤也。某才非羿也，然闻羿之道矣，虑其害公之多中也。”

谢湜自蜀之京师，过洛而见程子。子曰：“尔将何之？”曰：“将试教官。”子弗答。湜曰：“何如？”子曰：“吾尝买婢，欲试之，其母怒而弗许，曰：‘吾女非可试者也。’今尔求为人师而试之，必为此媪笑也。”湜遂不行。（一本云，湜不能用。又云：谢湜求见者三，不许，因陈经正以请，先生曰：“闻其来问《易》，遂为说以献贵人。”注云：献蔡卞，如用说桎梏之类。）

谢愔见程子，子留语，因请曰：“今日将沐。”子曰：“岂无他日？”曰：“今日吉也。”子曰：“岂为士而惑此也邪？”曰：“愔固无疑矣。在己庸何恤？第云不利父母。”子曰：“有人呼于市者曰：‘毁瓦画墁则利父母也，否则不利于父母。’子亦将毁瓦画墁乎？”曰：“此狂人之言也，何可信？”“然则子所信者，亦狂言尔。”

先生谓绎曰：“吾受气甚薄，三十而浸盛，四十五十而后完。今生七十二年矣，校其筋骨，于盛年无损也。”又曰：“人待老而求保生，是犹贫而后蓄积，虽勤亦无补矣。”绎曰：“先生岂以受气之薄而后为保生邪？”夫子默然曰：“吾以忘生徇欲为深耻。”

程子与客语为政。程子曰：“甚矣，小人之无行也！牛壮食其力，老则屠之。”客曰：“不得不然也。牛老不可用，屠之犹得半牛之价，复称贷以买壮者，不尔则废耕矣。且安得刍粟养无用之牛乎？”子曰：“尔之言，知计利而不知义者也。为政之本，莫大于使民兴行，民俗善而衣食不足者，未之有也。水旱螟虫之灾，皆不善之致也。”

邵尧夫谓程子曰：“子虽聪明，然天下之事亦众矣，子能尽知邪？”子曰：“天下之事，某所不知者固多。然尧夫所谓不知者何事？”是时适雷起，尧夫曰：“子知雷起处乎？”子曰：“某知之，尧夫不知也。”尧夫愕然曰：“何谓也？”子曰：“既知之，安用数推也？以其不知，故待推而后知。”尧夫曰：“子以为起于何处？”子曰：“起于起处。”尧夫瞿然称善。

张子厚罢太常礼院，归关中，过洛而见程子。子曰：“比太常礼院所议，可得闻乎？”子厚曰：“大事皆为礼房检正所夺，所议惟小事尔。”子曰：“小事谓何？”子厚曰：“如定谥及龙女衣冠。”子曰：“龙女衣冠如何？”子厚曰：“当依夫人品秩，盖龙女本封善济夫人。”子曰：“某则不然。既曰龙，则不当被人衣冠。矧大河之塞，本上天降祐，宗庙之灵，朝廷之德，而吏士之劳也。龙何功之有？又闻龙有五十三庙，皆曰三娘子，一龙邪？五十三龙邪？一龙则不当有五十三庙，五十三龙则不应尽为三娘子也。”子厚默然。

韩持国帅许，程子往见，谓公曰：“适市中聚浮图，何也？”公曰：“为民祈福也。”子曰：“福斯民者，不在公乎？”

韩公持国使掾为亭，成而莲已生其前，盖掾盆植而置之。公甚喜。程子曰：“斯可恶也。使之为亭，而更为此以说公，非端人也。”公曰：“奈何人见之则喜！”

韩公持国与范公彝叟、程子为泛舟之游。典谒白有士人坚欲见公。程子曰："是必有故，亟见之。"顷之，遽还。程子问："客何为者？"曰："上书。"子曰："言何事？"曰："求荐尔。"子曰："如斯人者，公无荐，夫为国荐贤，自当求人，岂可使人求也？"公曰："子不亦甚乎？"范公亦以子为不通。子曰："大抵今之大臣，好人求己，故人求之。如不好，人岂欲求怒邪？"韩公遂以为然。

韩持国罢门下侍郎，出帅南阳，已出国门，程子往见之。子时在讲筵，公惊曰："子来见我乎？子亦危矣。"程子曰："只知履安地，不知其危。"坐顷之，公不言。子曰："公有不豫色，何也？"公曰："在维固无足道，所虑者贻兄姊之忧耳。"子曰："领帅南阳，兄姊何所忧？"公悟曰："正为定力不固耳。"

谢公师直与程子论《易》，程子未之许也。公曰："昔与伯淳，亦谓景温于《春秋》则可，《易》则未也。"程子曰："以某观之，二公皆深于《易》者也。"公曰："何谓也？"子曰："以监司论学，而主簿敢以为非，为监司者不怒，为主簿者敢言，非深于《易》而何？"

张闳中以书问《易传》不传，及曰"《易》之义本起于数"。程子答曰："《易传》未传，自量精力未衰，尚冀有少进尔。然亦不必直待身后，觉老耄则传矣。书虽未出，学未尝不传也，第患无受之者尔。来书云：'《易》之义本起于数。'谓义起于数则非也。有理而后有象，有象而后有数。《易》因象以明理，由象以知数，得其义则象数在其中矣。必欲穷象之隐微，尽数之毫忽，乃寻流逐末，术家之所尚，非儒者之所务也，管辂、郭璞之学是也。"又曰："理无形也，故因象以明理。理见乎辞矣，则可由辞以观象。故曰'得其义则象数在其中矣。'"

子言范公尧夫之宽大也，"昔余过成都，公时摄帅，有言公于朝者，朝廷遣中使降香峨眉，实察之也。公一日访予款语，子问曰：'闻中使在此，公何暇也？'公曰：'不尔则拘束。'已而中使果怒，以鞭伤传言者耳。属官喜谓公曰：'此一事足以塞其谤，请闻于朝。’公既不折言者之为非，又不奏中使之过也。其有量如此。”

程子过成都，时转运判官韩宗道议减役，至三大户亦减一人焉。子曰：“只闻有三大户，不闻两也。”宗道曰：“三亦可，两亦可，三之名不从天降地出也。”子曰：“乃从天降地出也。古者朝有三公，国有三老，‘三人占则从二人之言’，‘三人行，则必得我师焉’。若止两大户，则一人以为是，一人以为非，何从而决？三则从二人之言矣。虽然，近年诸县有使之分治者，亦失此意也。”

绎曰：“邹浩以极谏得罪，世疑其卖直也。”先生曰：“君子之于人也，当于有过中求无过，不当于无过中求有过。”

程子之盩厔，时枢密赵公瞻持丧居邑中，杜门谢客，使侯鹭语子以释氏之学。子曰：“祸莫大于无类。释氏使人无类，可乎？”鹭以告赵公。公曰：“天下知道者少，不知道者众，自相生养，何患乎无类也？若天下尽为君子，则君子将谁使？”侯子以告。程子曰：“岂不欲人人尽为君子哉？病不能耳，非利其为使也。若然，则人类之存，不赖于圣贤，而赖于下愚也。”赵公闻之，笑曰：“程子未知佛道弘大耳。”程子曰：“释氏之道诚弘大，吾闻传者以佛逃父入山，终能成佛。若儒者之道，则当逃父时已诛之矣，岂能俟其成佛也？”

韩公持国与程子语，叹曰：“今日又暮矣。”程子对曰：“此常理，从来如是，何叹为？”公曰：“老者行去矣。”曰：“公勿去可也。”公曰：“如何能勿去？”子曰：“不能则去可也。”

河南程氏遗书卷第二十一下　伊川先生语七 下

附师说后

幽王失道，始则万物不得其性，而后恩衰于诸侯以及其九族，其甚也，至于视民如禽兽。《鱼藻》之什，其序如此。

孔子之时，诸侯甚强大，然皆周所封建也。周之典礼虽甚废坏，然未泯绝也。故齐、晋之霸，非挟尊王之义，则不能自立。至孟子时则异矣。天下之大国七，非周所命者四，先王之政绝而泽竭矣。夫王者，天下之义主也。民以为王，则谓之天王、天子，民不以为王，则独夫而已矣。二周之君，虽无大恶见绝于天下，然独夫也。故孟子勉齐、梁以王者，与孔子之所以告诸侯不同。君子之救世，时行而已矣。

不动心有二：有造道而不动者，有以义制心而不动者。此义也，此不义也，义吾所当取，不义吾所当舍，此以义制心者也。义在我，由而行之，从容自中，非有所制也，此不动之异。

凡有血气之类，皆具五常，但不知充而已矣。

勇者所以敌彼者也，苟为造道而心不动焉，则所以敌物者，不赖勇而裕如矣。

理也，性也，命也，三者味尝有异。穷理则尽性，尽性则知天命矣。天命犹天道也，以其用而言之则谓之命，命者造化之谓也。

《书》言天叙、天秩，天有是理，圣人循而行之，所谓道也。圣人本天，释氏本心。

忠者，无妄之谓也。忠，天道也。恕，人事也。忠为体，恕为用。“忠恕违道不远”，非一以贯之之忠恕也。

真近诚，诚者无妄之谓。

气有善不善，性则无不善也。人之所以不知善者，气昏而塞之耳。孟子所以养气者，养之至则清明纯全，而昏塞之患去矣。或曰养心，或曰养气，何也？曰：“养心则勿害而已，养气则在有所帅也。”

贱妾得进御于君，是其僭恣可行，而分限得逾之时也。乃能谨于“抱衾与裯”，而知“命之不犹”，则教化至矣。

心生道也，有是心，斯具是形以生。恻隐之心，人之生道也，虽桀、跖不能无是以生，但戕贼之以灭天耳。始则不知爱物，俄而至于忍，安之以至于杀，充之以至于好杀，岂人理也哉？

有欲乱之人，而无与乱者，则虽有强力，弗能为也。今有劫人以杀人者，则先治劫者，而杀者次之。将以垂训于后世，则先杀者而后劫者。《春秋》书“郑公子归生弑其君夷”是也。

诸葛瑾使蜀，其弟亮，与瑾非公会不觌。亮之处瑾为得矣。使吴之知瑾，如备之遇亮，复何嫌而不得悉兄弟之懽也！

《春秋》丧、昏无讥，盖日月自见，不必讥也。唯哀姜以禫中纳幣，则重叠讥之：曰“逆妇”，曰“夫人至”，恐后世不以为非也。他皆曰“逆女”，此独云“妇”，而又不曰“夫人”，盖已纳幣则为妇，违礼而昏则不可谓之夫人。

“贞而不谅”，犹大信不约也。

智出于人之性。人之为智，或入于巧伪，而老、庄之徒遂欲弃智，是岂性之罪也哉？善乎孟子之言：“所恶于智者，为其凿也。”

孔子之时，道虽不明，而异端之害未甚，故其论伯夷也以德。孟子之时，道益不明，异端之害滋深，故其论也以学。道未尽乎圣人，则推而行之，必有害矣。故孟子推其学术而言之也。夫辟邪说以明先王之道，非拔本塞源不能也。

《青蝇》诗言樊、棘、榛，言一人、四国。自樊而观之，则樊为近而棘、榛为远，自二人而观之，则二人为小而四国为大。谗人之情，常欲汙白以为黑也，而其言不可以直达，故必营营往来，或自近而至于远，或自小而至于大，然后其说得行矣。

文王之德，正与天合，“明明于下”者，乃“赫赫于上”者也。

孟子曰：“强恕而行，求仁莫近焉。”有忠矣，而行之以恕，则以无我为体，以恕为用。所谓“强恕而行”者，知以己之所好恶处人而已，未至于无我也。故“己欲立而立人，己欲达而达人”，所以“为仁之方”也。

富文忠公辞疾归第，以其俸券还府，府受之。先生曰：“受其纳券者固无足议，然纳者亦未为得也。留之而无请可矣。”

名分正则天下定。

“人心惟危，道心惟微。”心，道之所在；微，道之体也。心与道，浑然一也。对放其良心者言之，则谓之道心；放其良心则危矣。“惟精惟一”，所以行道也。

伊川先生病革，门人郭忠孝往视之，子瞑目而卧。忠孝曰：“夫子平生所学，正要此时用。”子曰：“道著用便不是。”忠孝未出寝门而子卒。（一本作或人仍载尹子之言曰：“非忠孝也。忠孝自党事起，不与先生往来，先生卒，亦不致奠。”）

河南程氏遗书卷第二十二上　伊川先生语八 上

伊川杂录　宜兴唐棣彦思编

棣初见先生，问："初学如何？"曰："入德之门，无如《大学》。今之学者，赖有此一篇书存，其他莫如《论》《孟》。"

先生曰："古人有声音以养其耳，采色以养其目，舞蹈以养其血脉，威仪以养其四体。今之人只有理义以养心，又不知求。"

又问："如何是格物？"先生曰："格，至也，言穷至物理也。"又问："如何可以格物？"曰："但立诚意去格物，其迟速却在人明暗也。明者格物速，暗者格物迟。"

先生曰："孔子弟子，颜子而下，有子贡。"伯温问："子贡，后人多以货殖短之。"曰："子贡之货殖，非若后世之丰财，但此心未去耳。"（周恭先字伯温。）

潘子文问："'由之瑟，奚为于丘之门'，如何？"曰："此为子路于圣人之门有不和处。"伯温问："子路既于圣人之门有不和处，何故学能至于升堂？"曰："子路未见圣人时，乃暴悍之人，虽学至于升堂，终有不和处。"（潘旻字子文。）

先生曰："古人有言曰：'共君一夜话，胜读十年书。'若一日有所得，何止胜读十年书也？尝见李初平问周茂叔云：'某欲读书，如何？'茂叔曰：'公老矣，无及也。待某只说与公。'初平遂听说话，二年乃觉悟。"

先生语子良曰："纳拜之礼，不可容易。非己所尊敬、有德义服人者不可。余平生只拜二人，其一吕申公，其一张景观奉议也。昔有数人同坐，说一人短，其间有二人不说。问其故，其一曰：

‘某曾拜他。’其一曰：‘某曾受他拜。’王拱辰君贶初见周茂叔，为与茂叔世契，便受拜。及坐上，大风起，说《大畜》卦（一作“说风天《小畜》卦”），君贶乃起曰：‘某适来，不知受却公拜，今某却当纳拜。’茂叔走避。君贶此一事亦过人。”谢用休问：“当受拜，不当受拜？”曰：“分已定，不受乃是。”（谢天申字用休，温州人。）

先生曰：“曾见韩持国说，有一僧，甚有所得，遂招来相见，语甚可爱。一日谒之，其僧出，暂憩其室，见一老行，遂问其徒曰：‘为谁？’曰：‘乃僧之父，今则师孙也。’因问：‘僧如何待之？’曰：‘待之甚厚。凡晚参时，必曰此人老也，休来。’以此遂更不见之，父子之分，尚已颠倒矣。”

先生曰：“祭祀之礼，难尽如古制，但以义起之可也。”富公问配享，先生曰：“合葬用元妃，配享用宗子之所出。”又问：“祭用三献，何如？”曰：“公是上公之家，三献太薄。古之乐九变，乃是九献。”曰：“兄弟可为昭穆否？”曰：“国家弟继兄，则是继位，故可为昭穆，士大夫则不可。”

棣问：“《礼记》言：‘有忿懥、忧患、恐惧、好乐，则心不得其正。’如何得无此数端？”曰：“非言无，只言有此数端则不能以正心矣。”又问：“圣人之言可践否？”曰：“苟不可践，何足以垂教万世？”

伯温问：“学者如何可以有所得？”曰：“但将圣人言语玩味久，则自有所得。当深求于《论语》，将诸弟子问处便作己问，将圣人答处便作今日耳闻，自然有得。孔、孟复生，不过以此教人耳。若能于《论》《孟》中深求玩味，将来涵养成甚生气质！”

又问：“颜子如何学孔子到此深邃？”曰：“颜子所以大过人者，只是得一善则拳拳服膺，与能屡空耳。”棣问：“去骄吝，可以为屡空否？”曰：“然。骄吝最是不善之总名。骄，只为有己。吝，如不能改过，亦是吝。”

伯温又问：“心术最难，如何执持？”曰：“敬。”

棣问："看《春秋》如何看？"先生曰："某年二十时看《春秋》，黄赘隅问某如何看？某答曰：'以传考经之事迹，以经别传之真伪。'"

先生曰："《史记》载宰予被杀，孔子羞之。尝疑田氏不败，无缘被杀。若为齐君而死，是乃忠义。孔子何羞之有？及观左氏，乃是阚止为陈恒所杀，亦字子我，谬误如此。"

用休问："夫子贤于尧、舜，如何？"子曰："此是说功。尧、舜治天下，孔子又推尧、舜之道而垂教万世。门人推尊，不得不然。"伯温又问："尧、舜，非孔子，其道能传后世否？"曰："无孔子，有甚凭据处？"

子文问："'师也过，商也不及'，如论交，可见否？"曰："气象间亦可见。"又曰："子夏、子张皆论交，子张所言是成人之交，子夏是小子之交。"又问："'主忠信，毋友不如己者'，如何？"曰："毋友不忠信之人。"

棣问："使孔、孟同时，将与孔子并驾其说于天下邪？将学孔子邪？"曰："安能并驾？虽颜子亦未达一间耳。颜、孟虽无大优劣，观其立言，孟子终未及颜子。昔孙莘老尝问颜、孟优劣，答之曰：'不必问，但看其立言如何。凡学者读其言便可以知其人，若不知其人，是不知言也。'"

又问："《大学》知本，止说'听讼吾犹人也，必也使无讼乎？无情者不得尽其辞，大畏民志'，何也？"曰："且举此一事，其他皆要知本，听讼则必使无讼是本也。"

李嘉仲问："'裁成天地之道，辅相天地之宜'，如何？"曰："天地之道，不能自成，须圣人裁成辅相之。如岁有四时，圣人春则教民播种，秋则教民收获，是裁成也；教民锄耘灌溉，是辅相也。"又问："'以左右民'如何？""古之盛时，未尝不教民，故立之君师，设官以治之。周公师保万民，与此卦言'左右民'，皆是也。后世未尝教民，任其自生自育，只治其鬬而已。"（李处遁字嘉仲。）

张思叔问："'贤贤易色'如何？"曰："见贤即变易颜色，愈加恭敬。"

棣问："《春秋》书'王'如何？"曰："圣人以王道作经，故书'王'。"范文甫问："杜预以谓周王，如何？"曰："圣人假周王以见意。"棣又问："汉儒以谓'王'加'正月'上，是正朔出于天子，如何？"曰："此乃自然之理。不书'春王正月'，将如何书？此汉儒之惑也。"

先生将伤寒药与兵士，因曰："在坟所与庄上，常合药与人。有时自笑，以此济人，何其狭也！然只做得这个事。"

思淑告先生曰："前日见教授夏侯旄，甚叹服。"曰："前时来相见，问后极说与他来。既问，却不管他好恶，须与尽说与之。学之久，染习深，不是尽说，力抵介甫，无缘得他觉悟。亦曾说介甫不知事君道理，观他意思，只是要'乐子之无知'。如上表言：'秋水既至，因知海若之无穷；大明既升，岂宜爝火之不息？'皆是意思常要己在人主上。自古主圣臣贤，乃常理，何至如此！又观其说鲁用天子礼乐云：'周公有人臣所不能为之功，故得用人臣所不得用之礼乐。'此乃大段不知事君。大凡人臣身上，岂有过分之事？凡有所为，皆是臣职所当为之事也。介甫平居事亲最孝，观其言如此，其事亲之际，想亦洋洋自得，以为孝有余也。臣子身上皆无过分事，惟是孟子知之，如说曾子，只言'事亲若曾子可矣'。不言有余，只言可矣。唐子方作一事，后无闻焉，亦自以为报君足矣，当时所为，盖不诚意。"嘉仲曰："陈瓘亦可谓难得矣。"先生曰："陈瓘却未见其已。"（夏侯旄字节夫。）

伯温问："西狩获麟已后，又有二年经，不知如何？"曰："是孔门弟子所续。当时以谓必能尽得圣人作经之意，及再三考究，极有失作经意处。"

亨仲问："《表记》言'仁右也，道左也，仁者人也，道者义也'，如何？"曰："本不可如此分别，然亦有些子意思。"又问："莫是有轻重否？"曰："却是有阴阳也。此却是儒者说话。如《经解》，只是弄文墨之士为之。”

又问：“如臧武仲之知，公绰之不欲，卞庄子之勇，冉求之艺，文之以礼乐，亦可以为成人矣。”曰：“须是合四人之能，又文之以礼乐，亦可以为成人矣。然而论大成，则不止此；如今之成人，则又其次也。”

又问：“介甫言‘尧行天道以治人，舜行人道以事天’，如何？”曰：“介甫自不识‘道’字。道未始有天人之别，但在天则为天道，在地则为地道，在人则为人道。如言《尧典》，于舜、丹朱、共工、驩兜之事皆论之，未及乎升黜之政；至《舜典》，然后禅舜以位，四罪而天下服之类，皆所以在天下，舜所以治，是何义理？四凶在尧时，亦皆高才，职事皆修，尧如何诛之？然尧已知其恶，非尧亦不能知也。及尧一旦举舜于侧微，使四凶北面而臣之，四凶不能堪，遂逆命，鲧功又不成，故舜然后远放之。如《吕刑》言‘遏绝苗民’，亦只是舜，孔安国误以为尧。”（章内“皆尧所以在天下”句，疑有脱误。）

又问：“伯夷、叔齐逃，是否？”曰：“让不立则可，何必逃父邪？叔齐承父命，尤不可逃也。”又问：“中子之立，是否？”曰：“安得是？只合招叔齐归立则善。”伯温曰：“孔子称之曰仁，何也？”曰：“如让国亦是清节，故称之曰仁，如与季札是也。札让不立，又不为立贤而去，卒有杀僚之乱，故圣人于其来聘，书曰：‘吴子使札来聘。’去其公子，言其不得为公子也。”

嘉仲问“《否》之匪人”，曰：“《泰》之时，天地交泰而万物生，凡生于天地之间者，皆人道也。至《否》之时，天地不交，万物不生，无人道矣，故曰‘《否》之匪人’。”

亨仲问：“‘自反而缩’，如何？”曰：“缩只是直。”又问曰：“北宫黝似子夏，孟施舍似曾子，如何？”曰：“北宫黝之养勇也，必为而已，未若舍之能无惧也。无惧则能守约也。子夏之学虽博，然不若曾子之守礼为约，故以黝为似子夏，舍似曾子也。”

棣问：“‘考仲子之宫’，非与？”曰：“圣人之意又在下句，见其‘初献六羽’也。言初献，则见前此八羽也。《春秋》之书，百王不易之法。三王以后，相因既备，周道衰，而圣人虑后世圣人不作，大道遂坠，故作此一书。此义，门人皆不得闻，惟颜子得闻，尝语之曰：‘行夏之时，乘殷之辂，服周之冕，乐则《韶》舞’是也。此书乃文质之中，宽猛之宜，是非之公也。”

范季平问：“‘博学而笃志，切问而近思，仁在其中’，如何?”曰：“仁即道也，百善之首也。苟能学道，则仁在其中矣。”亨仲问：“如何是近思?”曰：“以类而推。”

亨仲问：“‘吾与女弗如也’之‘与’，比‘吾与点也’之‘与’，如何?”曰：“‘与’字则一般，用处不同。孔子以为‘吾与女弗如’者，勉进学者之言。使子贡喻圣人之言，则知勉进己也；不喻其言，则以为圣人尚不可及，不能勉进，则谬矣。”

棣问：“纪裂繻为君逆女，如何?”曰：“逆夫人是国之重事，使卿逆亦无妨。先儒说亲逆甚可笑。且如秦君娶于楚，岂可越国亲迎耶？所谓亲迎者，迎于馆耳。文王迎于渭，亦不是出疆远迎，周国自在渭傍。先儒以此，遂泥于亲迎之说，直至谓天子须亲迎。况文王亲迎之时，乃为公子，未为君也。”

贵一问；“齐王谓时子欲养弟子以万钟，而使国人有所矜式，孟子何故拒之?”曰：“王之意非尊孟子，乃欲赂之尔，故拒之。”

用休问：“‘温故而知新’，如何‘可以为师’?”曰：“不然。只此一事可师。如此等处，学者极要理会得。若只指认温故知新便可为人师，则窄狭却气象也。凡看文字，非只是要理会语言，要识得圣贤气象。如孔子曰：‘盍各言尔志。’而由曰：‘愿车马，衣轻裘，与朋友共，敝之而无憾。’颜子曰：‘愿无伐善，无施劳。’孔子曰：‘老者安之，朋友信之，少者怀之。’观此数句，便见圣贤气象大段不同。若读此不见得圣贤气象，他处也难见。学者须要理会得圣贤气象。”

嘉仲问：“《韶》尽美矣，又尽善也。”先生曰：“非是言武王之乐未尽善，言当时传舜之乐则尽善尽美，传武王之乐则未尽善耳。"

先生曰:"'子在济闻《韶》,三月不知肉味',非是'三月',本是'音'字。'文胜质则史',史乃《周官》府史胥徒之史。史,管文籍之官,故曰:'史掌官书以赞治',文虽多而不知其意,文胜正如此也。"

又曰:"学者须要知言。"

周伯温问:"'回也三月不违仁',如何?"曰:"不违处,只是无纤毫私意。有少私意,便是不仁。"又问:"博施济众,何故仁不足以尽之?"曰:"既谓之博施济众,则无尽也。尧之治,非不欲四海之外皆被其泽,远近有间,势或不能及。以此观之,能博施济众,则是圣也。"又问:"孔子称管仲'如其仁',何也?"曰:"但称其有仁之功也。管仲其初事子纠,所事非正。《春秋》书'公伐齐纳纠',称'纠'而不称'子纠',不当立者也。不当立而事之,失于初也。及其败也,可以死,亦可以无死。与人同事而死之,理也。知始事之为非而改之,义也。召忽之死,正也。管仲之不死,权其宜可以无死也。故仲尼称之曰'如其仁',谓其有仁之功也。使管仲所事子纠正而不死,后虽有大功,圣人岂复称之耶?若以为圣人不观其死不死之是非,而止称其后来之是非,则甚害义理也。"又问:"如何是仁?"曰:"只是一个公字。学者问仁,则常教他将公字思量。"

又问:"郑人来渝平。"曰:"更成也。国君而轻变其平,反复可罪。"又问:"终隐之世,何以不相侵伐?"曰:"不相侵伐固足称,然轻欲变平,是甚国君之道?"

又问:"宋穆公立与夷,是否?"曰:"大不是。左氏之言甚非。穆公却是知人,但不立公子冯,是其知人处。若以其子享之为知人,则非也。后来卒致宋乱,宣公行私惠之过也。"

先生曰:"凡看《语》《孟》,且须熟玩味,将圣人之言语切己,不可只作一场话说。人只看得此二书切己,终身尽多也。"

棣问:"'退而省其私,亦足以发',如何?"曰:"孔子退省其中心，亦足以开发也。”又问：“岂非颜子见圣人之道无疑欤?”曰：“然也。孔子曰：‘一以贯之。’曾子便理会得，遂曰‘唯’，其他门人便须辩问也。”

又问：“祭如在，祭神如神在。”曰：“‘祭如在’，言祭祖宗。‘祭神如神在’，则言祭神也。祭先，主于孝。祭神，主于恭敬。”

又问：“祭起于圣人制作以教人否?”曰：“非也。祭先本天性，如豺有祭，獭有祭，鹰有祭，皆是天性，岂有人而不如物乎?圣人因而裁成礼法以教人耳。”又问：“今人不祭高祖，如何?”曰：“高祖自有服，不祭甚非。某家却祭高祖。”又问：“天子七庙，诸侯五，大夫三，士一，如何?”曰：“此亦只是礼家如此说。”又问：“今士庶家不可立庙，当如何也?”“庶人祭于寝，今之正厅是也。凡礼，以义起之可也。如富家及士，置一影堂亦可，但祭时不可用影。”又问：“用主如何?”曰：“白屋之家不可用，只用牌子可矣。如某家主式，是杀诸侯之制也。大凡影不可用祭，若用影祭，须无一毫差方可，若多一茎鬚，便是别人。”

棣又问：“克己复礼，如何是仁?”曰：“非礼处便是私意。既是私意，如何得仁?凡人须是克尽己私后，只有礼，始是仁处。”

谢用休问：“入太庙，每事问。”曰：“虽知亦问，敬谨之至。”又问：“旅祭之名如何?”曰：“古之祭名皆有义，如旅亦不可得而知。”

棣问：“如《仪礼》中礼制，可考而信否?”曰：“信其可信。如言昏礼云，问名、纳吉、纳幣，皆须卜，岂有问名了而又卜?苟卜不吉，事可已邪?若此等处难信也。”“又尝疑卜郊亦非，不知果如何?”曰：“《春秋》却有卜郊，但卜上辛不吉，则当卜中辛，中辛又不吉，则当便用下辛，不可更卜也。如鲁郊三卜、四卜、五卜，而至不郊，非礼。”又问：“三年一郊，与古制如何?”曰：“古者一年之间，祭天甚多，春则因民播种而祈谷，夏则恐旱暵而大雩，以至秋则明堂，冬则圜丘，皆人君为民之心也。凡人子不可一日不见父母，国君不可一岁不祭天，岂有三年一亲郊之理？”

用休问北郊之礼。曰：“北郊不可废。元祐时朝廷议行，只为五月间天子不可服大裘，皆以为难行。不知郊天郊地，礼制自不同。天是资始，故凡用物皆尚纯，藉用藁秸，器用陶匏，服用大裘是也。地则资生，安可亦用大裘？当时诸公知大裘不可服，不知别用一服。向日宣仁山陵，吕汲公作大使，某与坐说话次，吕相责云：‘先生不可如此。圣人当时不曾如此，今先生教朝廷怎生则是？’答曰：‘相公见圣人不如此处怎生？圣人固不可践及，然学圣人者，不可轻易看了圣人。只如今朝廷，一北郊礼不能行得，又无一人道西京有程某，复问一句也。’吕公及其婿王某等便问：‘北郊之礼当如何？’答曰：‘朝廷不曾来问，今日岂当对诸公说邪？’是时苏子瞻便据‘昊天有成命’之《诗》，谓郊祀同。文潞公便谓譬如祭父母，作一处何害？曰：‘此《诗》冬至、夏至皆歌，岂不可邪？郊天地又与共祭父母不同也。此是报本之祭，须各以类祭，岂得同时邪？’”

又问六天之说。曰：“此起于谶书，郑玄之徒从而广之，甚可笑也。帝者，气之主也。东则谓之青帝，南则谓之赤帝，西则谓之白帝，北则谓之黑帝，中则谓之黄帝。岂有上帝而别有五帝之理？此因《周礼》言祀昊天上帝，而后又言祀五帝亦如之，故诸儒附此说。”又问：“《周礼》之说果如何？”曰：“《周礼》中说祭祀，更不可考证。六天之说，正与今人说六子是《乾》《坤》退居不用之时同也。不知《乾》《坤》外，甚底是六子？譬如人之四肢，只是一体耳。学者大惑也。”

又问：“郊天冬至当卜邪？”曰：“冬至祭天，夏至祭地，此何待卜邪？”又曰：“天与上帝之说如何？”曰：“以形体言之谓之天，以主宰言之谓之帝，以功用言之谓之鬼神，以妙用言之谓之神，以性情言之谓之乾。”

又问：“《易》言‘知鬼神之情状’，果有情状否？”曰：“有之。”又问：“既有情状，必有鬼神矣。”曰：“《易》说鬼神，便是造化也。”又问：“如名山大川能兴云致雨，何也？”曰：“气之蒸成耳。”又问：“既有祭，则莫须有神否？”曰：“只气便是神也。今人不知此理，才有水旱，便去庙中祈祷。不知雨露是甚物，从何处出，复于庙中求耶？名山大川能兴云致雨，却都不说著，却只于山川外木土人身上讨雨露，木土人身上有雨露耶？”又问：“莫是人自兴妖？”曰：“只妖亦无，皆人心兴之也。世人只因祈祷而有雨遂指为灵验耳。岂知適然？某尝至泗州，恰值大圣见。及问人曰：‘如何形状？’一人曰如此，一人曰如彼，只此可验其妄。兴妖之人皆若此也。昔有朱定，亦尝来问学，但非信道笃者，曾在泗州守官，值城中火，定遂使兵士舁僧伽避火。某后语定曰：‘何不舁僧伽在火中？若为火所焚，即是无灵验，遂可解天下之惑。若火遂灭，因使天下人尊敬可也。此时不做事，待何时邪？’惜乎定识不至此。”

贵一问：“日月有明，容光必照。”曰：“日月之明有本，故凡容光必照；君子之道有本，故无不及也。”

用休问：“老者安之，少者怀之，朋友信之。”曰：“此数句最好。先观子路、颜渊之言，后观圣人之言，分明圣人是天地气象。”

孟敦夫问：“庄子《齐物论》如何？”曰：“庄子之意，欲齐物理耶？物理从来齐，何待庄子而后齐？若齐物形，物形从来不齐，如何齐得？此意是庄子见道浅，不奈胸中所得何，遂著此论也。”

伯温问：“祭用祝文否？”曰：“某家自来相承不用，今待用也。”又问：“有五祀否？”曰：“否。祭此全无义理。释氏与道家说鬼神甚可笑。道家狂妄尤甚，以至说人身上耳目口鼻皆有神。”

周伯温见，问：“‘至大’，‘至刚’，‘以直’，以此三者养气否？”曰：“不然。是气之体如此。”又问：“养气以义否？”曰：“然。”又问：“‘配义与道’，如何？”曰：“配道言其体，配义言其用。”又问：“‘我知言，我善养吾浩然之气’，如何？”曰：“知言然后可以养气，盖不知言无以知道也。此是答公孙丑‘夫子乌乎长'之问，不欲言'我知道'，故以知言、养气答之。"又问："'夜气'如何？"曰："此只是言休息时气清耳。至平旦之气，未与事接，亦清。只如小儿读书，早晨便记得也。"又问："孔子言血气，如何？"曰："此只是大凡言血气，如《礼记》说'南方之强'是也。南方人柔弱，所谓强者，是义理之强，故君子居之。北方人强悍，所谓强者，是血气之强，故小人居之。凡人血气，须要理义胜之。"

又问："'吾不复梦见周公'，如何？"曰："孔子初欲行周公之道，至于梦寐不忘；及晚年不遇、哲人将萎之时，自谓不复梦见周公矣。"因此说梦便可致思，思圣人与众人之梦如何，梦是何物？"高宗梦得说，如何？"曰："此是诚意所感，故形于梦。"

又问："《金縢》，周公欲代武王死，如何？"曰："此只是周公之意。"又问："有此理否？"曰："不问有此理无此理，只是周公人臣之意，其辞则不可信，只是本有此事，后人自作文足此一篇。此事与舜喜象意一般，须详看舜、周公用心处。《尚书》文颠倒处多，如《金縢》尤不可信。"

高宗好贤之意，与《易·姤》卦同，九五"以杞包瓜，含章，有陨自天"。杞生于最高处，瓜美物生低处，以杞包瓜，则至尊逮下之意也。既能如此，自然有贤者出，故有陨自天也。后人遂有天祐生贤佐之说。

棣问："福善祸淫如何？"曰："此自然之理，善则有福，淫则有祸。"又问："天道如何？"曰："只是理，理便是天道也。且如说皇天震怒，终不是有人在上震怒？只是理如此。"又问："今人善恶之报如何？"曰："幸不幸也。"

"知者乐水，仁者乐山"，言其体动静如此。知者乐，所运用处皆乐，仁者寿，以静而寿。仁可兼知，而知不可兼仁。如人之身，统而言之，则只谓之身，别而言之，则有四支。

世间术数多，惟地理之书最无义理。祖父葬时，亦用地理人，尊长皆信，惟先兄与某不然。后来只用昭穆法。或问："凭何文字择地？”曰：“只昭、穆两字便是书也。但风顺地厚处足矣。某用昭穆法葬一穴，既而尊长召地理人到葬处，曰：“此是商音绝处，何故如此下穴？”某应之曰：“固知是绝处，且试看如何。”某家至今，人已数倍之矣。

在讲筵时，曾说与温公云：“更得范纯夫在筵中尤好。”温公彼时一言亦失，却道他见修史自有门路。某应之曰：“不问有无门路，但筵中须得他。”温公问何故，某曰：“自度少温润之气，纯夫色温而气和，尤可以开陈是非，道人主之意。”后来遂除侍讲。

周休问：“井田今可行否？”曰：“岂有古可行而今不可行者？或谓今人多地少，不然。譬诸草木，山上著得许多，便生许多。天地生物常相称，岂有人多地少之理？”

嘉仲问：“封建可行否？”曰：“封建之法，本出于不得已。柳子厚有论，亦窥测得分数。秦法固不善，亦有不可变者，罢侯置守是也。”

伯温问：“梦帝与我九龄。”曰：“与龄之说不可信。安有寿数而与人移易之理？”棣问：“孔子梦坐奠于两楹之间，如何？”曰：“于理有之。”

陈贵一问：“人之寿数可以力移否？”曰：“盖有之。”棣问：“如今人有养形者，是否？”曰：“然，但甚难。世间有三件事至难，可以夺造化之力：为国而至于祈天永命，养形而至于长生，学而至于圣人。此三事，功夫一般分明，人力可以胜造化，自是人不为耳。故关朗有‘周能过历，秦止二世’之说，诚有此理。”

棣问：“孔、孟言性不同，如何？”曰：“孟子言性之善，是性之本，孔子言性相近，谓其禀受处不相远也。人性皆善，所以善者，于四端之情可见，故孟子曰：‘是岂人之情也哉？’至于不能顺其情而悖天理，则流而至于恶，故曰：‘乃若其情，则可以为善矣。’若，顺也。”又问：“才出于气否？”曰：“气清则才善，气浊则才恶。禀得至清之气生者为圣人，禀得至浊之气生者为愚人，如韩愈所言、公都子所问之人是也。然此论生知之圣人。若夫学而知之，气无清浊，皆可至于善而复性之本。所谓‘尧、舜性之’，是生知也，‘汤、武反之’，是学而知之也。孔子所言上知下愚不移，亦无不移之理，所以不移，只有二，自暴、自弃是也。”又问：“如何是才？”曰：“如材植是也。譬如木，曲直者性也；可以为轮辕，可以为梁栋，可以为榱桷者，才也。今人说有才，乃是言才之美者也。才乃人之资质，循性修之，虽至恶可胜而为善。”又问：“性如何？”曰：“性即理也，所谓理，性是也。天下之理，原其所自，未有不善。喜怒哀乐未发，何尝不善？发而中节，则无往而不善。凡言善恶，皆先善而后恶，言吉凶，皆先吉而后凶；言是非，皆先是而后非。”又问：“佛说性如何？”曰：“佛亦是说本善，只不合将才做缘习。”又问：“说生死如何？”曰：“譬如水沤，亦有些意思。”又问：“佛言生死轮回，果否？”曰：“此事说有说无皆难，须自见得。圣人只一句尽断了，故对子路曰：‘未知生，焉知死？’佛亦是西方贤者，方外山林之士，但为爱胁持人说利害，其实为利耳。其学譬如以管窥天，谓他不见天不得，只是不广大。”

问：“丧止于三年，何义？”曰：“岁一周则天道一变，人心亦随以变。惟人子孝于亲，至此犹未忘，故必至于再变；犹未忘，又继之以一时。”

伯温问：“‘尽其心则知其性，知其性则知天矣’，如何？”曰：“尽其心者，我自尽其心；能尽心，则自然知性知天矣。如言‘穷理尽性以至于命’，以序言之，不得不然，其实，只能穷理，便尽性至命也。”又问事天。曰：“奉顺之而已。”

尝语先生曰：“先生最天下闲人。”曰：“某做不得天下闲人。相公将谁作天下最忙人？”曰：“先生试为我言之。”曰：“禅伯是也。”曰：“禅伯行住坐卧无不在道，何谓最忙？”曰：“相公所言乃忙也。今市井贾贩人，至夜亦息。若禅伯之心，何时休息？”

先生尝与一官员一僧同会。一官员说条贯，既退，先生问僧曰：“晓之否邪？”僧曰：“吾释子不知条贯。”曰：“贤将竟三界外事邪？天下岂有二理？”

贵一问：“‘兴于《诗》’，如何？”曰：“古人自小讽诵，如今人讴唱，自然善心生而兴起。今人不同，虽老师宿儒不知《诗》也。‘人而不为《周南》《召南》’，此乃为伯鱼而言，盖恐其未能尽治家之道尔。欲治国治天下，须先从修身齐家来。不然，则犹‘正墙面而立’。”

或问：“‘伯夷、叔齐不念旧恶’，如何？”曰：“观其清处，其衣冠不正，便望望然去之，可谓隘矣，疑若有恶矣，然却能不念旧恶，故孔子特发明其情。武王伐纣，伯夷只知君臣之分不可，不知武王顺天命诛独夫也。”问：“武王果杀纣否？”曰：“武王不曾杀纣，人只见《洪范》有‘杀纣’字尔。武王伐纣而纣自杀，亦须言‘杀纣’也。向使纣曾杀帝乙，则武王却须杀纣也。石曼卿有诗，言伯夷‘耻居汤武干戈地，来死唐虞揖让墟’，亦有是理。首阳乃在河中府虞乡也。”问：“不食周粟如何？”曰：“不食禄耳。”

用休问：“陈文子之清，令尹子文之忠，使圣人为之，则是仁否？”曰：“不然。圣人为之，亦只是清忠。”

《乡党》分明画出一个圣人出。“降一等”，是自堂而出降阶，当此时，放气不屏，故“逞颜色”。“复其位”，复班位之序。“过位”是过君之虚位。“享礼有容色”，此享燕宾客之时，有容色者，盖一在于庄，则情不通也。“私觌”则又和悦矣。皆孔子为大夫出入起居之节。“缁衣羔裘，素衣麑裘，黄衣狐裘”，各有用。不必云缁衣是朝服，素衣是丧服，黄衣是蜡服。麑是鹿儿。“齐必有明衣布”，欲其洁。明衣如今凉衫之类。缁衣、明衣，皆恶其文之著而为之也。“非帷裳必杀之”，帷裳固不杀矣，其他衣裳亦杀也。“吉月必朝服而朝”者，子在鲁致仕时月朔朝也。“乡人傩”，古人以驱厉气，亦有此理，天地有厉气，而至诚作威严以驱之。式凶服，负版，盖在车中。

居敬则自然简。“居简而行简”，则似乎简矣，然乃所以不简。

盖先有心于简，则多却一简矣。居敬则心中无物，是乃简也。

“仁者先难而后获”，何如？曰：“有为而作，皆先获也，如利仁是也。古人惟知为仁而已，今人皆先获也。”

又问：“‘述而不作’，如何？”曰：“此圣人不得位，止能述而已。”

公山弗扰、佛肸召，子欲往者，圣人以天下无不可与有为之人，亦无不可改过之人，故欲往。然终不往者，知其必不能改也。子路遂引“亲于其身为不善”为问，孔子以坚白匏瓜为对。“系而不食”者，匏瓜系而不为用之物，“不食”，不用之义也。匏瓜亦不食之物，故因此取义也。

唐棣之华乃千叶郁李，本不偏反，喻如兄弟，今乃偏反，则喻兄弟相失也。兄弟相失，岂不尔思，但居处相远耳。孔子曰：“未之思也，夫何远之有？”盖言权实不相远耳。权之为义，犹称锤也。能用权乃知道，亦不可言权便是道也。自汉以下，更无人识“权”字。

“我不欲人之加诸我，吾亦欲无加诸人”，正《中庸》所谓“施诸己而不愿，亦勿施于人”。

“盖有不知而作之者”，凡人作事皆不知，惟圣人作事无有不知。

或问：“善人之为邦，如何可胜残去杀？”曰：“只是能使人不为不善。善人，‘不践迹亦不入于室’之人也。‘不践迹’是不践己前为恶之迹，然未入道也。”

又问：“‘王者必世而后仁’，何如？”曰：“三十曰壮，有室之时，父子相继为一世。王者之效则速矣。”又问：“善人教民七年，亦可以即戎矣。”曰：“教民战至七年，则可以即戎矣。凡看文字，如七年、一世、百年之事，皆当思其如何作为，乃有益。”

问《小畜》。曰：“《小畜》是所畜小，及所畜虽大而少，皆小畜也。不必专言君畜臣，臣畜君。”

问“大德不逾闲，小德出入可也”，曰：“大德是大处，小德是小处，出入如可以取可以无取之类是也。”又问：“‘言不必信，行不必果’，是出入之事否？”曰：“亦是也，然不信乃所以为信，不果乃所以为果。”

范文甫将赴河清尉，问：“到官三日，例须谒庙，如何？”曰：“正者谒之，如社稷及先圣是也。其他古先贤哲，亦当谒之。”又问：“城隍当谒否？”曰：“城隍不典。土地之神，社稷而已。何得更有土地邪？”又问：“只恐骇众尔。”曰：“唐狄仁杰废江浙间淫祠千七百处，所存惟吴太伯、伍子胥二庙尔。今人做不得，以谓时不同，是诚不然，只是无狄仁杰耳。当时子胥庙存之亦无谓。”

畅中伯问“密云不雨，自我西郊。”，曰：“西郊阴所，凡雨须阳倡乃成，阴倡则不成矣。今云过西则雨，过东则否，是其义也。所谓‘尚往’者，阴自西而往，不待阳矣。”

凡看文字，先须晓其文义，然后可求其意，未有文义不晓而见意者也。学者看一部《论语》，见圣人所以与弟子许多议论而无所得，是不易得也。读书虽多，亦奚以为？

子文问：“民可使由之，不可使知之。”曰：“不可使知之者，非民不足与知也，不能使之知尔。”

或问：“诸葛孔明亦无足取。大凡杀一不辜而得天下，则君子不为，亮杀戮甚多也。”先生曰：“不然。所谓杀一不辜，非此之谓。亮以天子之命，诛天下之贼，虽多何害？”

周伯温见先生，先生曰：“从来觉有所得否？学者要自得。《六经》浩渺，乍来难尽晓，且见得路迳后，各自立得一个门庭，归而求之可矣。”伯温问：“如何可以自得？”曰：“思。‘思曰睿，睿作圣’，须是于思虑间得之，大抵只是一个明理。”棣问：“学者见得这道理后，笃信力行时，亦有见否？”曰：“见亦不一，果有所见后，和信也不要矣。”又问：“莫是既见道理，皆是当然否？”曰：“然。凡理之所在，东便是东，西便是西，何待信？凡言信，只是为彼不信，故见此是信尔。孟子于四端不言信，亦可见矣。”

伯温又问：“孟子言心、性、天，只是一理否？”曰：“然。自理言之谓之天，自禀受言之谓之性，自存诸人言之谓之心。”又问：“凡运用处是心否？”曰：“是意也。”棣问：“意是心之所发否？”曰：“有心而后有意。”又问：“孟子言心‘出入无时’，如何？”曰：“心本无出入，孟子只是据操舍言之。”伯温又问：“人有逐物，是心逐之否？”曰：“心则无出入矣，逐物是欲。”

河南程氏遗书卷第二十二下　伊川先生语八 下

附杂录后

问："郑伯以璧假许田，左氏以谓易祊田，黎淳以隐十一年入许之事破左氏，谓许田是许之田，如何？"曰："左氏说是也。既是许之田，如何却假之于鲁？十一年虽入许，许未尝灭，许叔已奉祀也。"

问："桓四年无秋冬，如何？"曰："圣人作经备四时也。如桓不道，背逆天理，故不书秋冬。《春秋》只有两处如此，皆言其无天理也。"

用休问哀公问社于宰我之事。曰："'社'字本是'主'字，文误也。宰我不合道'使民战栗'，故仲尼有后来言语。"

先生曰："诚不以富，亦袛以异"，本不在"是惑也"之后，乃在"齐景公有马千驷"之上，文误也。

问："'揖让而升，下而饮'，是下堂饮否？"曰："古之制罚爵皆在堂下。"又问："唯不胜下饮否？"曰："恐皆下堂，但胜者饮不胜者也。"

思叔问："荀彧如何？"曰："彧才高，识不足。"孟纯问："何颙尝称其有王佐才。"曰："不是王佐才。"嘉仲问："如霍光、萧、曹之徒如何？"曰："此可为汉时王佐才。"棣问："史称董仲舒是王佐才，如何？"曰："仲舒是言其学术。若论至王佐才，须是伊、周，其次莫如张良、诸葛亮、陆宣公。"

问："'夏，逆妇姜于齐'，何故便书'妇'？"曰："此是文公在丧服将满之时纳幣，故圣人于其逆时，便成之为妇，罪其居丧而取也。春秋微显阐幽，乃在如此处。凡事分明可见者，圣人更不微文以见意，只直书而已。如桓三年及宣元年逆女，皆分明在丧服中成昏，故只书‘逆女’也。文公则但在丧服纳幣，至逆女却在四年，圣人欲显其居丧纳幣之罪，故书‘妇姜’，便成之为妇也。其意言虽至四年方逆女，其实与丧昏同也。”

先生曰：“周公之于兄，舜之于弟，皆一类，观其用心为如何哉，推此心以待人，亦只如此，然有差等矣。”

问：“《春秋》书日食，如何？”曰：“日食有定数，圣人必书者，盖欲人君因此恐惧修省，如治世而有此变，则不能为灾，乱世则为灾矣。人气血盛，虽遇寒暑邪秽，不能为害，其气血衰，则为害必矣。”

问：“荧惑退舍，果然否？”曰：“观宋景公，不能至是。”问：“反风如何？”曰：“亦未必然。成王一中才之主，圣人为之臣，尚几不能保。《金縢》书，成王亦安知？只是二公知之，因此以示王。弭变，非有动天之德，不能至也。”

问：“四岳一人否？”曰：“然。以二十二人数考之，固然。观对尧言众则曰‘佥’，四岳则曰‘岳’，亦可见也。”

晋侯之执曹伯，是否？曰：“曹伯有弑逆之罪，即执之是也。晋与之同盟而后执之，故书‘曹伯’而不去其爵。晋侯不夺爵，未至于夺爵也。‘归自京师’，则言若无罪，而归罪天王不能行爵赏也。凡言‘归’者，易辞，‘归之’者，强归之辞。”

问：“龙能有能无，如何？”曰：“安能无？但能隐见耳。所以能隐见者，为能屈伸尔。非特龙，凡小物甚有能屈伸者。”

问：“书‘至’，如何？”曰：“告庙而书，亦有不缘告庙而书者。”又问“还复”，曰：“还只是归复，如今所谓倒回。”又问：“隐皆不书至。”曰：“告庙之礼不行。”

先生指庭下群雀示诸弟子曰：“地上元有物，则群雀集而食之。人故与之，则不即来食，须是久乃集，盖人有意在尔。若负粟者过，适遗下，则便集而食矣。”

问："禘于太庙用'致'，夫人是哀姜否?"曰："文姜也。文姜与桓公如齐，终启弑桓之恶，其罪大矣，故圣人于其逊于齐，致于庙，皆止曰'夫人'，而去其姜氏，以见大义与国人已绝矣。然弑桓之恶，文姜实不知，但缘文姜而启尔，庄公母子之情则不绝，故书'夫人'焉。文姜逊齐，止称'夫人'；此禘致于庙，亦只称'夫人'，则是文姜明矣。此最是圣人用法致严处，可以见大义，又以见子母之义。本朝太祖皇帝立法，极合《春秋》之意，法中有夫因妇而被杀者，以妇为首，正与此合。"

问："禘是如何?"曰："禘是天子之祭，五年一禘，祭其祖之所自出也。"又问祫。曰："祫，合祭也，诸侯亦祭祫。只是祠、禴、尝、烝之祭，为庙礼烦，故每年于四祭中，三祭合食于祖庙，惟春则遍祭诸庙也。"

问："祧庙如何?"曰："祖有功，宗有德，文、武之庙永不祧也。所祧者，文、武以下庙。"曰："兄弟相继，如何?"曰："此皆自立庙。然如吴太伯兄弟四人相继，若上更有二庙不祧，则遂不祭祖矣。故庙虽多，亦不妨祧，只祧得服绝者，以义起之可也。如本朝太祖、太宗皆万世不祧之庙，河东、闽、浙诸处皆太宗取之，无可祧之理。"

问："孀妇于理似不可取，如何?"曰："然。凡取，以配身也。若取失节者以配身，是已失节也。"又问："或有孤孀贫穷无托者，可再嫁否?"曰："只是后世怕寒饿死，故有是说。然饿死事极小，失节事极大。"

或问："汉高祖可比太祖否?"曰："汉高祖安能比太祖?太祖仁爱，能保全诸节度使，极有术。天下既定，皆召归京师，节度使竭土地而还，所畜不赀，多财，亦可患也。太祖逐人赐地一方盖第，所费皆数万。又尝赐宴，酒酣，乃宣各人子弟一人扶归。太祖送至殿门，谓其子弟曰：'汝父各许朝廷十万缗矣。'诸节度使醒，问所以归，不失礼于上前否，子弟各以缗事对。翌日，各以表进如数。此皆英雄御臣之术。"

宣仁山陵时，会吕汲公于陵下。公曰："国家养兵乃良策，凡四方有警，百姓皆不知。"先生曰："相公岂不见景德中事耶？驱良民刺面，以至及士人。盖有限之兵，忽损三五千人，将何自而补？要知兵须是出于民可也。"

太祖初有天下，士卒人许赏二百缗。及即位，以无钱久不赐，士卒至有题诗于后苑。太祖一日游后苑见诗，乃曰"好诗"，遂索笔和之。以故，每于郊时，各赐赏给，至今因以为例，不能去。或问："今欲新兵不给郊赏，数十年后可革否？"曰："新兵本无此望，不与可也，不数十年可革。"

思叔问："孟子言'善推其所为'，是欤？"曰："圣人则不待推。"

霍光废昌邑，其始乃光之罪。当时不合立之，只被见是武帝孙，担当不过，须立之也。此又与伊尹立太甲不同也。伊尹知太甲必能思庸，故放之桐三年。当时汤既崩，太丁未立而死，外丙方二岁，仲壬方四岁，故须立太甲也。太甲又有思庸之资，若无是质，伊尹亦不立也。《史记》以孟子二年、四年之言，遂言汤崩六年之后，太甲方立。不知年只是"岁"字。顷吕望之曾问及此，亦曾说与他。后来又看《礼》，见王巡狩，问百年者，益知《书传》亦称岁为年。二年、四年之说，纵别无可证，理亦必然。且看《尚书》，分明说成汤既没，太甲元年。又看王徂桐宫，居忧三年，终能思庸，伊尹以冕服奉嗣王。可知凡文字理是后，不必引证。

问："东向西向，以南方为上；南向北向，以西方为上；如何？"曰："此言坐位，非祭祀昭穆之位。昭穆之位，太祖面东，左昭右穆，自内以及外。古之坐位，皆以右为尊。"范文甫问："韩信得广武君，使东向坐，而西面师事之，是否？"曰："今则以左为尊，是或一道也。"

问："'侨如以夫人姜氏至'，书'以'，如何？"曰："当然。此却言公子能主其事，以夫人至也。如书'公与夫人如齐'，只书

‘与’而不书‘及’，却有意，盖言‘及’则主在公也，言‘与’则公不能制明矣。”

孔子愿乘桴浮于海，居九夷，皆以天下无一贤君，道不行，故言及此尔。子路不知其意，便谓圣人行矣。“无所取材”，言其不能斟酌也。

问：“‘肆大眚’，如何?”曰：“大眚而肆之，其失可知。《书》言眚灾肆赦者，言眚则肆之，眚是自作之罪也；灾则赦之，灾是过失之事故也。凡赦何尝及得善人？诸葛亮在蜀，十年不赦，审此尔。”

兵强弱亦有时。往时陈、许号劲兵，今陈、许最近畿，亦不闻劲。今河东最盛。

学者不可不通世务。天下事譬如一家，非我为则彼为，非甲为则乙为。

子路“片言可以折狱”，故鲁愿与小邾、射盟，而射止愿得季路一言，乃其证也。

曰“予欲无言”，盖为子贡多言，故告之以此。

问“务民之义”，曰：“如项梁立义帝，谓从民望者是也。”

棣问：“‘天王使宰咺来归惠公、仲子之赗’，如何?”答曰：“书‘天王’者，以春秋之始，周方书此一件事，且存天王之号以正名分，非谓此事当理而书也，故书宰之名以示贬。仲子是惠公再娶之夫人，诸侯无再娶理，故只书惠公、仲子，不称‘夫人’也。”又问：“左氏以为未薨，预凶事，非礼也。”曰：“不然，岂有此理？夫人子氏自是隐公之妻，不干仲子事。”

又问：“再娶皆不合礼否?”曰：“大夫以上无再娶礼。凡人为夫妇时，岂有一人先死，一人再娶，一人再嫁之约？只约终身夫妇也。但自大夫以下，有不得已再娶者，盖缘奉公姑，或主内事尔。如大夫以上，至诸侯、天子，自有嫔妃可以供祀礼，所以不许再娶也。”

《春秋》书“盟”，如何？先王之时有盟否？或疑《周官》司盟者。曰：“先王之时所以有盟者，亦因民而为之，未可非司盟也。但春秋时信义皆亡，日以盟诅为事，上不遵周王之命，《春秋》书，皆贬也。唯胥命之事稍为近正，故终齐、卫二君之世不相侵伐，亦可喜也。”

“纪子伯莒子盟于密”，此是‘伯’上脱一字也，必是三人同盟。若不是脱字，别无义理。

“齐高固来逆叔姬，《公》《谷》有‘子’字，如何?”曰：“‘子’者言是公女，其他则姊妹之类也。”

又问：“‘丁丑，夫人姜氏入’，何故独书曰‘入’?”曰：“此娶仇女，故书‘入’，言宗庙不受也。”

又问“公子结媵陈人之妇于鄄，遂及齐侯、宋公盟。”曰：“此是本去媵妇，却遂及诸侯盟，圣人罪之之意，在遂事也。”

又问：“‘祭公来，遂逆王后于纪’，如何?”曰：“此祭公受命逆后，却因过鲁，遂行朝会之礼，圣人深罪之，故先书其来，使若以朝鲁为主，而逆后为遂也。”曰：“或说逆王后，亦使鲁为主，如何?”曰：“筑王姬之馆，单伯送王姬之类，皆是鲁为主。盖只是王姬下嫁，则同姓诸侯为主，如逆王后，无使诸侯为主之理。”

问：“独宋共姬书首尾最详，何故?”曰：“贤伯姬，故详录之。昔胡先生常说伯姬是妇人中伯夷，为其不下堂而死也。”曰：“如成八年、九年、十年，三书来媵，皆以伯姬之故书否?”曰：“然。”“媵之礼如何?”曰：“古有之。”

又问：“汉儒谈《春秋》灾异，如何?”曰：“自汉以来，无人知此。董仲舒说天人相与之际，亦略见些模样，只被汉儒推得太过。亦何必说某事有某应?”

河南程氏遗书卷第二十三　伊川先生语 九

鲍若雨录

今语小人曰不违道，则曰不违道，然卒违道，语君子曰不违道，则曰不违道，终不肯违道。譬如牲牢之味，君子曾尝之，说与君子，君子须增爱；说与小人，小人非不道好，只是无增爱心，其实只是未知味。“守死善道”，人非不知，终不肯为者，只是知之浅，信之未笃。

志不可不笃，亦不可助长。志不笃则忘废。助长，于文义上也且有益，若于道理上助长，反不得。杜预云：“优而柔之，使自求之；厌而饫之，使自趣之；若江海之浸，膏泽之润，涣然冰释，怡然理顺，然后为得也。”此数句煞好。

《论语》是孔门高弟所撰，观其立言，直是得见圣人处。如：“闵子侍侧，訚訚如也；子路行行如也，冉有、子贡侃侃如也，子乐。”不得圣人处，怎生知得子乐？訚訚、行行、侃侃，亦是门人旁观见得。如“子温而厉，威而不猛，恭而安”，皆是善观圣人者。

夫子删《诗》，赞《易》，叙《书》，皆是载圣人之道，然未见圣人之用，故作《春秋》。《春秋》，圣人之用也。如曰：“知我者，其惟《春秋》乎！罪我者，其惟《春秋》乎！”便是圣人用处。

人谓尽己之谓忠，尽物之谓恕。尽己之谓忠固是，尽物之谓恕则未尽。推己之谓恕，尽物之谓信。

问：“《武》未尽善处，如何？”曰：“说者以征诛不及揖让，征诛固不及揖让，然未尽善处，不独在此，其声音节奏亦有未尽善者。《乐记》曰：‘有司失其传也。’若非有司失其传，则武王之志荒矣。孔子‘自卫反鲁，然后乐正，《雅》《颂》各得其所’，是知既正之后，不能无错乱者。”

小人之怒在己，君子之怒在物。小人之怒，出于心，作于气，形于身，以及于物，以至无所不怒，是所谓迁也。若君子之怒，如舜之去四凶。

问：“‘吾道一以贯之’，而曰‘忠恕而已矣’，则所谓‘一’者，便是仁否？”曰：“固是。只这一字，须是子细体认。一还多在忠上，多在恕上？”曰：“多在恕上。”曰：“不然。多在忠上。才忠便是一，恕即忠之用也。”

又问：“令尹子文忠矣，孔子不许其仁，何也？”曰：“此只是忠，不可谓之仁。若比干之忠，见得时便是仁也。”

螟蛉蜾蠃，本非同类，为其气同，故祝则肖之。又况人与圣人同类者？大抵须是自强不息，将来涵养成就到圣人田地，自然气貌改变。

问：“‘有杀身以成仁，无求生以害仁。’窃谓苟所利者大，一身何足惜也？”曰：“但看生与仁孰重。夫子曰：‘朝闻道，夕死可矣。’人莫重于生，至于舍得死，道须大段好如生也。”曰：“既死矣，敢问好处如何？”曰：“圣人只睹一个是。”

问：“夫子曰：‘吾不复梦见周公。’圣人固尝梦见周公乎？”曰：“不曾。孔子昔尝寤寐间思周公，后不复思尔。若谓梦见周公，大段害事，即不是圣人也。”又曰：“圣人果无梦乎？”曰：“有。夫众人日有所思，夜则成梦，设或不思而梦，亦是旧习气类相应。若是圣人，梦又别。如高宗梦傅说，真个有傅说在傅岩也。”

问：“富贵、贫贱、寿夭，固有分定，君子先尽其在我者，则富贵、贫贱、寿夭，可以命言；若在我者未尽，则贫贱而夭，理所当然，富贵而寿，是为徼幸，不可谓之命。”曰：“虽不可谓之命，然富贵、贫贱、寿夭，是亦前定。孟子曰：‘求则得之，舍则失之，是求有益于得也，求在我者也；求之有道，得之有命，是求无益于得也，求在外者也。'故君子以义安命，小人以命安义。"

《中庸》之说，其本至于"无声无臭"，其用至于"礼仪三百，威仪三千"。自"礼仪三百，威仪三千"，复归于"无声无臭"，此言圣人心要处。与佛家之言相反，尽教说无形迹、无色，其实不过无声无臭，必竟有甚见处？大抵语论间不难见。如人论黄金曰黄色，此人必是不识金。若是识金者，更不言，设或言时，别自有道理。张子厚尝谓佛如大富贫子。横渠论此一事甚当。

圣人与理为一，故无过，无不及，中而已矣。其他皆以心处这个道理，故贤者常失之过，不肖者常失之不及。

陈恒弑其君，孔子沐浴而朝，请讨之。左氏载孔子之言，谓："陈恒弑其君，民之不与者半，以鲁之众加齐之半，可克也。"恁地是圣人以力角胜，都不问义理也。孔子请伐齐，以弑君之事讨之。当时哀公能从其请，孔子必有处置，须使颜回使周，子路使晋，天下大计可立而遂。孔子临老，有此一件事好做，奈何哀公不从其请，可惜。

问："横渠言'由明以至诚，由诚以至明'，此言恐过当。"曰："'由明以至诚'，此句却是。'由诚以至明'，则不然，诚即明也。孟子曰：'我知言，我善养吾浩然之气。'只'我知言'一句已尽。横渠之言不能无失，类若此。若《西铭》一篇，谁说得到此？今以管窥天，固是见北斗，别处虽不得见，然见北斗，不可谓不是也。"

问："孔子对冉求曰：'其事也，非政。'政与事何异？"曰："闵子骞不肯为大夫，曾皙不肯为陪臣，皆知得此道理。若季路、冉求，未能知此。夫政出于国君。冉求为季氏家臣，只是家事，安得为政？当时季氏专政，孔子因以明之。"或问："季路、冉求稍明圣人之道，何不知此？"曰："当时陪臣执国命，目见耳闻，习熟为常，都不知有君，此言不足怪。季氏问季路、冉求，可谓大臣与？孔子曰：'所谓大臣者，以道事君，不可则止。今由与求也，可谓具臣矣。’‘然则从之者与?’曰：‘弑父与君，亦不从也。’除却弑父与君，皆为之。”

“期月而已，三年有成”，何也？曰：“公孙弘谓：‘三年有成，臣切迟之。’唐文宗时，李石责以宰相之职，谓‘臣犹以为太速’。二者皆不是。须是知得迟速之理。昔尝对哲宗说此事曰：‘陛下若问如何措置，三年有成，臣即陈三年有成之事；若问如何措置，期月而已，臣即陈期月之事。当时朝廷无一人问著，只李邦直但云称职称职，亦不曾问著一句。”

《春秋》书陨石、陨霜，何故不言石陨、霜陨？此便见得天人一处。昔尝对哲宗说：“天人之间甚可畏，作善则千里之外应之，作恶则千里之外违之。昔子陵与汉光武同寝，太史奏客星侵帝座甚急。子陵匹夫，天应如此，况一人之尊，举措用心，可不戒慎!”

“暴其民甚，则身弑国亡，不甚，则身危国削，名之曰幽、厉，虽孝子慈孙，百世不能改也。”汉之君，都为美谥，何似休因问：“桀、纣是谥否?”曰：“不是。天下自谓之桀、纣。”

“王天下有三重”，三重即三王之礼。三王虽随时损益，各立一个大本，无过不及，此与《春秋》正相合。

先生前日教某思“君子和而不同”。某思之数日，便觉胸次广阔，其意味有不可以言述。窃有一喻，愿留严听。今有人焉，久寓远方，一日归故乡，至中途，適遇族兄者，俱抵旅舍，异居而食，相视如途人。彼岂知为族弟，此亦岂知为族之兄邪？或告曰：彼之子，公之族兄某人也；彼之子，公之族弟某人也。既而惧然相从，无有二心。向之心与今之心，岂或异哉？知与不知而已。今学者苟知大本，则视天下犹一家，亦自然之理也。先生曰：“此乃善喻也。”

先生教某思孝弟为仁之本。某窃谓：人之初生，受天地之中，禀五行之秀，方其禀受之初，仁固已存乎其中。及其既生也，幼而无不知爱其亲，长而无不知敬其兄，而仁之用于是见乎外。当是时，唯知爱敬而已，固未始有事物之累。及夫情欲窦于中，事物诱于外，事物之心日厚，爱敬之心日薄，本心失而仁随丧矣。故圣人教之曰："君子务本，本立而道生。孝弟也者，其为仁之本与!"盖谓修为其仁者，必本于孝弟故也。先生曰："能如此寻究，甚好。夫子曰：'敬亲者不敢慢于人，爱亲者不敢恶于人。'不敢慢于人，不敢恶于人，便是孝弟。尽得仁，斯尽得孝弟；尽得孝弟，便是仁。"又问："为仁先从爱物上推来，如何?"曰："不敬其亲而敬他人者，谓之悖礼，不爱其亲而爱他人者，谓之悖德，故君子'亲亲而仁民，仁民而爱物'。能亲亲，岂不仁民？能仁民，岂不爱物？若以爱物之心推而亲亲，却是墨子也。"因问："舜与曾子之孝，优劣如何?"曰："《家语》载耘瓜事，虽不可信，却有义理。曾子耘瓜，误斩其根。曾皙建大杖以击其背，曾子仆地，不知人事，良久而苏，欣然起，进曰：'大人用力教参，得无疾乎?'乃退，援琴而歌，使知体康。孔子闻而怒。曾子至孝如此，亦有这些失处。若是舜，百事从父母，只杀他不得。"又问："如申生待烹之事，如何?"曰："此只是恭也。若舜，须逃也。"

问："先生曰：'尽其道谓之孝弟。'夫以一身推之，则身者资父母血气以生者也。尽其道者则能敬其身，敬其身者则能敬其父母矣。不尽其道则不敬其身，不敬其身则不敬父母，其斯之谓欤?"曰："今士大夫受职于君，尚期尽其职事，又况亲受身于父母，安可不尽其道?"

夫民，合而听之则圣，散而听之则愚。合而听之，则大同之中，有个秉彝在前，是是非非，无不当理，故圣。散而听之，则各任私意，是非颠倒，故愚。盖公义在，私欲必不能胜也。

河南程氏遗书卷第二十四　伊川先生语 十

邹德久本

“天下雷行，物与无妄”，先天、后天皆合于天理者也，人欲则伪矣。

修身，当学《大学》之序。《大学》，圣人之完书也，其间先后失序者，已正之矣。

《诗》言后妃之德，非指人而言，或谓太姒，大失之矣。周公作乐章，歌之以感化天下，其后继以文王诗者，言古之人有行之者，文王是也。《周南》天子之事，故系之周。周，王室也。《召南》诸侯之事，故系之召。召，诸侯长也。曰公者，后人误加之也。夫妇道一，《关雎》虽后妃之事，亦可歌于下。至若《鹿鸣》以下，则各主其事，《皇华》遣使臣之类是也。《颂》有二：或美盛德，则燕飨通用之；或告成功，则祭祀专用之。

《诗》有六义：曰风者，谓风动之也；曰赋者，谓铺陈其事也；曰比者，直比之，“温其如玉”之类是也；曰兴者，因物而兴起，“关关雎鸠”“瞻彼淇澳”之类是也；曰雅者，雅言正道，“天生蒸民，有物有则”之类是也；曰颂者，称颂德美，“有匪君子，终不可谖兮”之类是也。

《国风》《大小雅》《三颂》，《诗》之名也。六义，《诗》之义也。篇之中有备六义者，有数义者。（一本章首云“能治乱丝者，可以治《诗》。”）

四始，犹四端也。

十五《国风》，各有次序，看《诗》可见。

《诗大序》，孔子所为，其文似《系辞》，其义非子夏所能言也。《小序》，国史所为，非后世所能知也。

人心私欲，故危殆。道心天理，故精微。灭私欲则天理明矣。

《太誓》书曰“一月”，曰：“商历已绝，周历未建，故用人正，今之正月也。不书商历，以见纣自绝于天矣。圣人一言一动，无不合于天理如此。”

看《书》，须要见二帝、三王之道。如二《典》，即求尧所以治民，舜所以事君。

“五年须暇”者，圣人讨伐，必不太早，自当缓之，非再驾之谓也。此周公所知，无显迹可推也。

犬、牛、人，知所去就，其性本同，但限以形，故不可更。如隙中日光，方圆不移，其光一也。惟所禀各异，故生之谓性，告子以为一，孟子以为非也。

庾公之斯遇子濯孺子，虚发四矢，甚无谓也。国之安危在此举，则杀之可也；舍之而无害于国，权轻重可也，何用虚发四矢乎？

“尧、舜性之”，生知也。“汤、武身之”，学而知之也。

“仁之于父子，至知之于贤者”，谓之命者，以其禀受有厚薄清浊故也。然其性善，可学而尽，故谓之性焉。禀气有清浊，故其材质有厚薄。禀于天谓性，感为情，动为心，质幹为才。

“生之谓性”，与“天命之谓性”，同乎？“性”字不可一概论。“生之谓性”，止训所禀受也。“天命之谓性”，此言性之理也。今人言天性柔缓，天性刚急，俗言天成，皆生来如此，此训所禀受也。若性之理也则无不善，曰天者，自然之理也。

“天下言性，则故而已”者，言性当推其元本，推其元本，无伤其性也。

伊尹受汤委寄，必期天下安治而已。太甲如不终惠，可废也。孟子言贵戚之卿与此同。然则始何不择贤？盖外丙二岁，仲壬四岁，惟太甲长耳。使太甲有下愚之质，初不立也。苟无三人，必得于宗室，宗室无人，必择于汤之近戚；近戚无人，必择于天下之贤者而与之，伊尹不自为也。刘备托孔明以嗣子，“不可，使自为之”，非权数之言，其利害昭然也。立者非其人，则刘氏必为曹氏屠戮，宁使孔明为之也。霍光废昌邑，不待放，知其下愚不移也，始之不择，则光之罪大矣。若伊尹与光是太甲、昌邑所用之臣，而不受先王之委寄，谏不用，去之可也，放废之事，不可为也，义理自昭然。

先生始看史传，及半，则掩卷而深思之，度其后之成败，为之规画，然后复取观焉。然成败有幸不幸，不可以一概看。

看史必观治乱之由，及圣贤修己处事之美。

孔明有王佐之心，道则未尽。王者如天地之无私心焉，行一不义而得天下不为。孔明必求有成，而取刘璋。圣人宁无成耳，此不可为也。若刘表子琮，将为曹公所并，取而兴刘氏可也。

孔明不死，三年可以取魏，且宣王有英气，久不得伸，必沮死不久也。

孔明庶几礼乐。

孔明营五丈原，宣王言“无能为”，此伪言，安一军耳，兵自高地来可胜。先生尝自观五丈原，非此地不可据。英雄欺人，不可尽信。

荀爽从董卓辟，逊迹避祸，君子亦有之，然圣人明哲保身，亦不至转身不得处。如杨子投阁，失之也。荀爽自度其材，能兴汉室乎，起而图之可也。知不足而强图之，非也。

西汉儒者有风度，惟董仲舒、毛苌、杨雄。苌解经虽未必皆当，然味其言，大概然耳。

东汉赵苞为边郡守，虏夺其母，招以城降，苞遽战而杀其母，非也。以君城降而求生其母，固不可。然亦当求所以生母之方，奈何遽战乎？不得已，身降之可也。王陵母在楚，而使楚质以招陵，陵降可也。徐庶得之矣。

义训宜，礼训别，智训知，仁当何训？说者谓训觉、训人，皆非也。当合孔、孟言仁处，大概研穷之，二三岁得之，未晚也。

先生云：“吾四十岁以前读诵，五十以前研究其义，六十以前反覆紬绎，六十以后著书。”（著书不得已。）

人思如涌泉，浚之愈新。

释道所见偏，非不穷深极微也，至穷神知化，则不得与矣。

先生在经筵时，上服药。即日就医官问动止。天子方幼，建言选宫人四十以上者侍左右，所以远纷华、养心性。

尽己为忠，尽物为信。极言之，则尽己者尽己之性也，尽物者尽物之性也。信者，无伪而已，于天性有所损益，则为伪矣。《易·无妄》曰：“天下雷行，物与无妄。”动以天理故也。其大略如此，更须研究之，则自有得处。

韩文不可漫观，晚年所见尤高。

在天曰命，在人曰性。贵贱寿夭命也，仁义礼智亦命也。

动物有知，植物无知，其性自异，但赋形于天地，其理则一。

四端不言信者，既有诚心为四端，则信在其中矣。

充实而有光辉，所谓修身见于世也。

昏礼执雁者，取其不再偶尔，非随阳之物。

亚夫夜半军扰，直至帐下，坚卧不动，安在其持重也。

圣人无优劣，有则非圣人也。

主一者谓之敬。一者谓之诚。主则有意在。

荀氏八龙，岂尽贤者？但得一二贤子弟相薰习皆然耳。

犬吠屠人，世传有物随之，非也，此正如海上鸥尔。

河南程氏遗书卷第二十五　伊川先生语 十一

畅潜道录（胡氏注云："识者疑其间多非先生语。"）

《大学》曰："物有本末，事有终始，知所先后，则近道矣。"人之学莫大于知本末终始。致知在格物，则所谓本也，始也；治天下国家，则所谓末也，终也。治天下国家，必本诸身，其身不正而能治天下国家者无之。格犹穷也，物犹理也，犹曰穷其理而已也。穷其理，然后足以致之，不穷则不能致也。格物者适道之始，欲思格物，则固已近道矣。是何也？以收其心而不放也。

知者吾之所固有，然不致则不能得之，而致知必有道，故曰"致知在格物"。

《大学》论意诚以下，皆穷其意而明之，独格物则曰"物格而后知至"，盖可以意得而不可以言传也。自格物而充之，然后可以至圣人。不知格物而先欲意诚心正身修者，未有能中于理者。

"致知在格物"，非由外铄我也，我固有之也。因物有迁，迷而不知，则天理灭矣，故圣人欲格之。

随事观理，而天下之理得矣。天下之理得，然后可以至于圣人。君子之学，将以反躬而已矣。反躬在致知，致知在格物。

学莫贵于自得，得非外也，故曰自得。

学莫大于平心，平莫大于正，正莫大于诚。

君子之学，在于意、必、固、我既亡之后，而复于喜怒哀乐未发之前，则学之至也。

心至重，鸡犬至轻。鸡犬放则知求之，心放则不知求，岂爱其至轻而忘其至重哉？弗思而已矣。今世之人，乐其所不当乐，不乐其所当乐；慕其所不当慕，不慕其所当慕，皆由不思轻重之分也。

颜渊叹孔子曰："仰之弥高，钻之弥坚，瞻之在前，忽焉在后。夫子循循然善诱人，博我以文，约我以礼，欲罢不能，既竭吾才，如有所立卓尔，虽欲从之，末由也已。"此颜子所以善学孔子而深知孔子者也。

有学不至而言至者，循其言亦可以入道。荀子曰："真积力久则入。"杜预曰："优而柔之，使自求之；厌而饫之，使自趋之。"管子曰："思之思之，又重思之，思之而不通，鬼神将通之，非鬼神之力也，精神之极也。"此三者，循其言皆可以入道，而荀子、管子、杜预初不能及此。

自其外者学之，而得于内者，谓之明。自其内者得之，而兼于外者，谓之诚。诚与明一也。

闻见之知，非德性之知。物交物则知之，非内也，今之所谓博物多能者是也。德性之知，不假闻见。

君子不以天下为重而身为轻，亦不以身为重而天下为轻。凡尽其所当为者，如"可以仕则仕""入则孝"之类是也，此孔子之道也。蔽焉而有执者，杨、墨之道也。

能尽饮食、言语之道，则可以尽去就之道；能尽去就之道，则可以尽死生之道。饮食言语，去就死生，小大之势一也。故君子之学，自微而显，自小而章。《易》曰："闲邪存其诚。"闲邪则诚自存，而闲其邪者，乃在于言语、饮食、进退与人交接之际而已矣。

人皆可以至圣人，而君子之学必至于圣人而后已。不至于圣人而后已者，皆自弃也。孝其所当孝，弟其所当弟，自是而推之，则亦圣人而已矣。

多权者害诚，好功者害义，取名者贼心。

君贵明，不贵察；臣贵正，不贵权。

称性之善谓之道，道与性一也。以性之善如此，故谓之性善。

性之本谓之命，性之自然者谓之天，自性之有形者谓之心，自性之有动者谓之情，凡此数者皆一也。圣人因事以制名，故不同若此。而后之学者，随文析义，求奇异之说，而去圣人之意远矣。

自性而行，皆善也。圣人因其善也，则为仁义礼智信以名之，以其施之不同也，故为五者以别之。合而言之皆道，别而言之亦皆道也。舍此而行，是悖其性也，是悖其道也。而世人皆言性也，道也，与五者异，其亦弗学欤！其亦未体其性也欤！其亦不知道之所存欤！

道孰为大？性为大。千里之远，数千岁之日，其所动静起居，随若亡矣。然时而思之，则千里之逺在于目前，数千岁之久无异数日之近，人之性则亦大矣。噫！人之自小者，亦可哀也已。人之性一也，而世之人皆曰吾何能为圣人，是不自信也。其亦不察乎！

自得者所守固，而自信者所行不疑。

学贵信，信在诚。诚则信矣，信则诚矣。不信不立，不诚不行。

或问："周公勋业，人不可为也已。"曰："不然。圣人之所为，人所当为也。尽其所当为，则吾之勋业，亦周公之勋业也。凡人之弗能为者，圣人弗为。"

君子之学，要其所归而已矣。

民可明也，不可愚也；民可教也，不可威也，民可顺也，不可强也；民可使也，不可欺也。

孔子曰："枨也欲，焉得刚？"甚矣！欲之害人也。人之为不善，欲诱之也。诱之而弗知，则至于天理灭而不知反。故目则欲色，耳则欲声，以至鼻则欲香，口则欲味，体则欲安，此皆有以使之也。然则何以窒其欲？曰思而已矣。学莫贵于思，唯思为能窒欲。曾子之三省，窒欲之道也。

好胜者灭理，肆欲者乱常。

可以仕则仕，可以止则止，可以久则久，可以速则速，此皆时也，未尝不合中，故曰“君子而时中”。

“喜怒哀乐之未发谓之中。”中也者，言寂然不动者也，故曰“天下之大本”。“发而皆中节谓之和。”和也者，言感而遂通者也，故曰“天下之达道”。

学也者，使人求于内也。不求于内而求于外，非圣人之学也。何谓不求于内而求于外？以文为主者是也。学也者，使人求于本也。不求于本而求于末，非圣人之学也。何谓不求于本而求于末？考详略、采同异者是也。是二者皆无益于身，君子弗学。

墨子之德至矣，而君子弗学也，以其舍正道而之他也。相如、太史迁之才至矣，而君子弗贵也，以所谓学者非学也。

庄子，叛圣人者也，而世之人皆曰矫时之弊。矫时之弊，固若是乎？伯夷、柳下惠，矫时之弊者也，其有异于圣人乎？抑无异乎？庄周、老聃，其与伯夷、柳下惠类乎？不类乎？子夏曰：“虽小道，必有可观者焉，致远恐泥。”子曰：“攻乎异端，斯害也已。”此言异端有可取，而非道之正也。

君子以识为本，行次之。今有人焉，力能行之，而识不足以知之，则有异端者出，彼将流宕而不知反。内不知好恶，外不知是非，虽有尾生之信，曾参之孝，吾弗贵矣。

学莫贵于知言，道莫贵于识时，事莫贵于知要。所闻者所见者外也，不可以动吾心。

孟子曰：“其为气也，至大至刚，以直养而无害。”此盖言浩然之气至大至刚且直也，能养之则无害矣。

伊尹之耕于有莘，傅说之筑于傅岩，天下之事，非一一而学之，天下之贤才，非一一而知之，明其在己而已矣。

君子不欲才过德，不欲名过实，不欲文过质。才过德者不祥，名过实者有殃，文过质者莫之与长。

或问：“颜子在陋巷而不改其乐，与贫贱而在陋巷者，何以异乎？”曰：“贫贱而在陋巷者，处富贵则失乎本心。颜子在陋巷犹是，处富贵犹是。”

通乎昼夜之道，而知昼夜，死生之道也。

知生之道，则知死之道；尽事人之道，则尽事鬼之道。死生人鬼，一而二，二而一者也。

孔子曰："有德者必有言。"何也？和顺积于中，英华发于外也。故言则成文，动则成章。

学不贵博，贵于正而已矣。言不贵多，贵于当而已矣。政不贵详，贵于顺而已矣。

意、必、固、我既亡之后，必有事焉，此学者所宜尽心也。夜气之所存者良知也，良能也，苟扩而充之，化旦昼之所害为夜气之所存，然后可以至于圣人。

孟子曰："尽其心者知其性也，知其性则知天矣。"心也，性也，天也，非有异也。

人皆有是道，唯君子为能体而用之。不能体而用之者，皆自弃也。故孟子曰："苟能充之，足以保四海，苟不充之，不足以事父母。"夫充与不充，皆在我而已。

德盛者，物不能扰而形不能病。形不能病，以物不能扰也。故善学者，临死生而色不变，疾痛惨切而心不动，由养之有素也，非一朝一夕之力也。

心之躁者，不热而烦，不寒而栗，无所恶而怒，无所悦而喜，无所取而起。君子莫大于正其气，欲正其气，莫若正其志。其志既正，则虽热不烦，虽寒不栗，无所怒，无所喜，无所取，去就犹是，死生犹是，夫是之谓不动心。

志顺者气不逆，气顺志将自正。志顺而气正，浩然之气也。然则养浩然之气也，乃在于持其志无暴其气耳。

《中庸》曰："道不可须臾离也，可离非道也。"又曰："道不远人。"此特圣人为始学者言之耳。论其极，岂有可离与不可离而远与近之说哉？

学为易，知之为难。知之非难也，体而得之为难。

"致曲"者，就其曲而致之也。

人人有贵于己者，此其所以人皆可以为尧、舜。

学者当以《论语》《孟子》为本。《论语》《孟子》既治，则《六经》可不治而明矣。读书者，当观圣人所以作经之意，与圣人所以用心，与圣人所以至圣人，而吾之所以未至者，所以未得者，句句而求之，昼诵而味之，中夜而思之，平其心，易其气，阙其疑，则圣人之意见矣。

人之生也，小则好驰骋弋猎，大则好建立功名，此皆血气之盛使之然耳。故其衰也，则有不足之色；其病也，则有可怜之言。夫人之性至大矣，而为形气之所役使而不自知，哀哉！

吾未见啬于财而能为善者也，吾未见不诚而能为善者也。

君子之学也，“使先知觉后知，使先觉觉后觉”，而老子以为“非以明民，将以愚之”，其亦自贼其性欤！

有求为圣人之志，然后可与共学，学而善思，然后可与适道；思而有所得，则可与立；立而化之，则可与权。

“非礼勿视，非礼勿听，非礼勿言，非礼勿动”，视、听、言、动一于礼之谓仁，仁之与礼非有异也。孔子告仲弓曰：“出门如见大宾，使民如承大祭，己所不欲，勿施于人。”夫君子能如是用心，能如是存心，则恶有不仁者乎？而其本可以一言而蔽之曰“思无邪”。

无好学之志，则虽有圣人复出，亦无益矣。然圣人在上而民多善者，以涵泳其教化深且远也，习闻之久也。

《礼记》除《中庸》《大学》，唯《乐记》为最近道，学者深思自求之。《礼记》之《表记》，其亦近道矣乎！其言正。

学者必求其师。记问文章不足以为人师，以所学者外也。故求师不可不慎。所谓师者何也？曰理也，义也。

“少成若天性，习惯成自然。”虽圣人复出，不易此言。孔子曰：“性相近也，习相远也，唯上智与下愚不移。”下愚非性也，不能尽其才也。

君子所以异于禽兽者，以有仁义之性也，苟纵其心而不知反，则亦禽兽而已。

形易则性易，性非易也，气使之然也。

“礼仪三百，威仪三千”，非绝民之欲而强人以不能也，所以防其欲，戒其侈，而使之入道也。

“多识于鸟兽草木之名”，所以明理也。

至显者莫如事，至微者莫如理，而事理一致，微显一源。古之君子所谓善学者，以其能通于此而已。

君子之学贵乎一，一则明，明则有功。

德盛者言传，文盛者言亦传。

名数之学，君子学之而不以为本也。言语有序，君子知之而不以为始也。

孔子之道，发而为行，如《乡党》之所载者，自诚而明也。由《乡党》之所载而学之，以至于孔子者，自明而诚也。及其至焉，一也。

“闻善言则拜”，禹所以为圣人也。“以能问不能，以多问寡”，颜子所以为大贤也。后之学者有一善而自足，哀哉！

为学之道，必本于思，思则得之，不思则不得也。故《书》曰：“思曰睿，睿作圣。”思所以睿，睿所以圣也。

学以知为本，取友次之，行次之，言次之。

信不足以尽诚，犹爱不足以尽仁。

董仲舒曰：“正其谊不谋其利，明其道不计其功。”此董子所以度越诸子。

尧、舜之为善，与桀、跖之为恶，其自信一也。

老子曰：“失道而后德，失德而后仁，失仁而后义，失义而后礼。”则道、德、仁、义、礼，分而为五也。

圣人无优劣。尧、舜之让，禹之功，汤、武之征伐，伯夷之清，柳下惠之和，伊尹之任，周公在上而道行，孔子在下而道不行，其道一也。

不深思则不能造于道，不深思而得者，其得易失。然而学者有无思无虑而得者，何也？曰：以无思无虑而得者，乃所以深思而得之也。以无思无虑为不思而自以为得者，未之有也。

原始则足以知其终，反终则足以知其始，死生之说，如是而已矣。故以春为始而原之，其必有冬；以冬为终而反之，其必有春。死生者，其与是类也。

“其次致曲”者，学而后知之也，而其成也，与生而知之者不异焉。故君子莫大于学，莫害于画，莫病于自足，莫罪于自弃。学而不止，此汤、武所以圣也。

“古之学者为己”，其终至于成物。今之学者为物，其终至于丧己。

“杞柳”，荀子之说也。“湍水”，杨子之说也。

圣人所知，宜无不至也，圣人所行，宜无不尽也，然而《书》称尧、舜，不曰刑必当罪，赏必当功，而曰：“罪疑惟轻，功疑惟重，与其杀不辜，宁失不经。”异乎后世刻核之论矣。

自夸者近刑，自喜者不进，自大者去道远。

君子之学必日新，日新者日进也。不日新者必日退，未有不进而不退者。唯圣人之道无所进退，以其所造者极也。

事上之道莫若忠，待下之道莫若恕。

《中庸》之书，学者之至也，而其始则曰：“戒慎乎其所不睹，恐惧乎其所不闻。”盖言学者始于诚也。

杨子，无自得者也，故其言蔓衍而不断，优游而不决。其论性则曰：“人之性也善恶混，修其善则为善人，修其恶则为恶人。”荀子，悖圣人者也，故列孟子于十二子，而谓人之性恶。性果恶邪？圣人何能反其性以至于斯耶？

圣人之言远如天，近如地。其远也若不可得而及，其近也亦可得而行。杨子曰：“圣人之言远如天，贤人之言近如地。”非也。

或问贾谊。曰：“谊之言曰‘非有孔子、墨翟之贤’，孔与墨一言之，其识末矣，其亦不善学矣。”

必井田，必封建，必肉刑，非圣人之道也。善治者，放井田而行之而民不病，放封建而使之而民不劳，放肉刑而用之而民不怨。故善学者，得圣人之意而不取其迹也。迹也者，圣人因一时之利而制之也。

夫人幼而学之，将欲成之也；既成矣，将以行之也。学而不能成其学，成而不能行其学，则乌足贵哉？

待人有道，不疑而已。使夫人有心害我邪？虽疑不足以化其心。使夫人无心害我邪？疑则己德内损，人怨外生。故不疑则两得之矣，疑则两失之矣，而未有多疑能为君子者也。

昔者圣人"立人之道曰仁曰义"，孔子曰："仁者人也，亲亲为大；义者宜也，尊贤为大。"唯能亲亲，故"老吾老以及人之老，幼吾幼以及人之幼"；唯能尊贤，故"贤者在位，能者在职"。唯仁与义，尽人之道，尽人之道，则谓之圣人。

学者不可以不诚，不诚无以为善，不诚无以为君子。修学不以诚，则学杂；为事不以诚，则事败；自谋不以诚，则是欺其心而自弃其忠；与人不以诚，则是丧其德而增人之怨。今小道异端，亦必诚而后得，而况欲为君子者乎？故曰：学者不可以不诚。虽然，诚者在知道本而诚之耳。

古者卜筮，将以决疑也。今之卜筮则不然，计其命之穷通，校其身之达否而已矣。噫！亦惑矣。

不思故有惑，不求故无得，不问故不知。

世之服食欲寿者，其亦大愚矣。夫命者，受之于天，不可增损加益，而欲服食而寿，悲哉！

见摄生者而问长生，谓之大愚。见卜者而问吉凶，谓之大惑。

或问性。曰："顺之则吉，逆之则凶。"

孔子没，曾子之道日益光大。孔子没，传孔子之道者，曾子而已。曾子传之子思，子思传之孟子，孟子死，不得其传，至孟子而圣人之道益尊。

孟子曰："可以仕则仕，可以止则止，可以久则久，可以速则速，孔子也。孔子，圣之时者也。"故知《易》者，莫若孟子。孟子曰："王者之迹熄而《诗》亡，诗亡然后《春秋》作。《春秋》无义战，彼善于此则有之矣。"征者上伐下也，敌国不相征也。故知《春秋》者，莫若孟子。

礼之本，出于民之情，圣人因而道之耳。礼之器，出于民之俗，圣人因而节文之耳。圣人复出，必因今之衣服器用而为之节文。其所谓贵本而亲用者，亦在时王斟酌损益之耳。

附录

明道先生行状

（见《伊川先生文集》）

门人朋友叙述并序

（序见《伊川先生文集》）

河间刘立之曰：

先生幼有奇质，明慧惊人，年数岁，即有成人之度。尝赋《酌贪泉》，诗曰："中心如自固，外物岂能迁？"当世先达许其志操。及长，豪勇自奋，不溺于流俗。从汝南周茂叔问学，穷性命之理，率性会道，体道成德，出处孔、孟，从容不勉。逾冠，应书京师，声望蔼然，老儒宿学，皆自以为不及，莫不造门愿交。

释褐，主永兴军鄠县簿。永兴帅府，其出守皆禁密大臣，待先生莫不尽礼。为令晋城，其俗朴陋，民不知学，中间几百年，无登科者。先生择其秀异，为置学舍粮具，聚而教之。朝夕督厉，诱进学者，风靡日盛。熙宁、元丰间，应书者至数百，登科者十余人。先生为政，条教精密，而主之以诚心。晋城之民，被服先生之化，暴桀子弟至有耻不犯。迄先生去，三年间，编户数万众，罪入极典者才一人，然乡闾犹以不遵教令为深耻。熙宁七年，立之得官晋城，距先生去已十余年，见民有聚口众而不析异者。问其所以，云守程公之化也。其诚心感人如此。

荐为御史，神宗召对，问所以为御史。对曰："使臣拾遗补阙，裨赞朝廷，则可；使臣掇拾臣下短长，以沽直名，则不能。"神宗叹赏，以为得御史体。神宗厉精求治，王荆公执政，议法改令。言者攻之甚力，至有发愤肆骂，无所不至者。先生独以至诚，开纳君相。疏入辄削稿，不以示子侄。常曰："扬己矜众，吾所不为。"尝被旨赴中堂议事，荆公方怒言者，厉色待之。先生徐曰："天下之事，非一家私议，愿公平气以听。"荆公为之愧屈善谈。

太中公得请领崇福，先生求折资监当以便养。归洛，从容亲庭，日以读书劝学为事。先生经术通明，义理精微，乐告不倦。士大夫从之讲学者，日夕盈门，虚往实归，人得所欲。先生在御史，有南士游执政门者，方自南还，未至而附会之说先布都下，且其人素议亏阙，先生奏言其行。后先生被命判武学，其人已位通显，惧先生复进，乃抗章言先生新法之初，首为异论。先生笑曰："是岂诬我邪?"复以便亲乞汝州监局。先生高才远业，沦屈卑冗，人为先生叹息，而先生处之恪勤匪懈，曰："执事安得不谨!"

今皇帝即位，以宗正丞召。朝廷方且用之，未赴阙，得疾以终。先生有天下重望，士民以其出处，卜时隆污。闻讣之日，识与不识，莫不陨涕。

自孟轲没，圣学失传，学者穿凿妄作，不知入德。先生杰然自立于千载之后，芟辟榛秽，开示本原，圣人之庭户晓然可入，学士大夫始知所向。然高才世希，造其藩阈者盖鲜，况堂奥乎?

先生德性充完，粹和之气盎于面背，乐易多恕，终日怡悦。立之从先生三十年，未尝见其忿厉之容。接人温然，无贤不肖，皆使之款曲自尽。闻人一善，咨嗟奖劳，惟恐其不笃。人有不及，开道诱掖，惟恐其不至。故虽桀傲不恭，见先生，莫不感悦而化服。风格高迈，不事标饰，而自有畦畛。望其容色，听其言教，则放心邪气不复萌于胸中。

太中公告老而归，家素清窭，僦居洛城。先生以禄养，族大食众，菽粟仅足，而老幼各尽其欢。中外幼孤穷无托者，皆收养之，抚育诲道，期于成人。嫁女娶妇，皆先孤遗而后及己子。食无重肉，衣无兼副。女长过期，至无赀以遣。

先生达于从政，以仁爱为本，故所至，民戴之如父母。立之尝问先生以临民，曰："使民各得输其情。"问御吏，曰："正己格物。"虽愚不肖，佩服先生之训，不敢忘怠。

先生抱经济大器，有开物成务之才，虽不用于时，然至诚在天下，惟恐一物不得其所，见民疾苦，如在诸己。闻朝廷兴作小失，则忧形颜色。尝论所以致君尧、舜，措俗成、康之意，其言感激动人。千五百年，一生斯人，时命不会如此，美志不行，利泽不施，惜哉！

立之家与先生有累世之旧，先人高爽有奇操，与先生好尤密。先人早世，立之方数岁，先生兄弟取以归，教养视子侄，卒立其门户。末世俗薄，朋友道衰，闻先生之风，宜有愧耻。

立之从先生最久，闻先生教最多，得先生行事为最详。先生终，系官朔陲，不得与于行服之列，哭泣之哀，承讣悲号，摧裂肝膈。先生大节高谊，天下莫不闻，至于委曲纤细，一言一行，足以垂法来世，而人所不及知者，大惧堙没不传，以为门人羞，辄书所知，以备采摭。

沛国朱光庭曰：

呜呼！道之不明不行也久矣。自子思笔之于书，其后孟轲倡之。轲死而不得其传，退之之言信矣。大抵先生之学，以诚为本。仰观乎天，清明穹窿，日月之运行，阴阳之变化，所以然者，诚而已。俯察乎地，广博持载，山川之融结，草木之蕃殖，所以然者，诚而已。人居天地之中，参合无间，纯亦不已者，其在兹乎！盖诚者天德也。圣人自诚而明，其静也渊停，其动也神速，天地之所以位，万物之所以育，何莫由斯道也？

先生得圣人之诚者也。自始学至于成德，虽天资颖彻，绝出等夷，然卓约之见，一主于诚。故推而事亲则诚孝，事君则诚忠，友于兄弟则绰绰有裕，信于朋友则久要不忘，修身慎行则不愧于屋漏，临政爱民则如保乎赤子。非得夫圣人之诚，孰能与于斯？才周万物而不自以为高，学际三才而不自以为足，行贯神明而不自以为异，识照古今而不自以为得。至于《六经》之奥义，百家之异说，研穷搜抉，判然胸中。天下之事虽万变交于前，而烛之不失毫厘，权之不失轻重。凡贫贱富贵死生，皆不足以动其心，真可谓大丈夫者。非所得之深，所养之厚，能至于是欤？

鸣呼！天之生斯人，使之平治天下，功德岂小补哉？方当圣政日新，贤者彙进，殆将以斯道觉斯民，而天夺之速，可谓不幸之甚矣。孔子曰："朝闻道，夕死可矣。"自孟轲以来，千有余岁，先王大道得先生而后传，其补助天地之功，可谓盛矣。虽不得高位以泽天下，然而以斯道倡之于人，亦已较著，其间见而知之，尚能似之，先生为不亡矣。

河间邢氏恕曰：

先生德性绝人，外和内刚，眉目清峻，语声铿然。恕早从先生之弟学，初见先生于磁州。其气貌，清明夷粹；其接人，和以有容，其断义，刚而不犯；其思索，妙造精义；其言近，而测之益远。恕盖始恍然自失，而知天下有成德君子，所谓完人者，若先生是已。

先生为澶州幕官，岁余罢归。恕后过澶州，问村民，莫不称先生，咨嗟叹息。盖先生之从政，其视民如子，忧公如家。其诚心感人，虽为郡僚佐，又止岁余而去，至使田父野人皆知其姓名，又称叹其贤。使先生为一郡，又如何哉？使先生行乎天下，又如何哉？

既不用于朝廷，而以奉亲之故，禄仕于莞库以为养。居洛几十年，玩心于道德性命之际，有以自养其浑浩冲融，而必合乎规矩准绳。盖真颜氏之流，黄宪、刘迅之徒不足道也。洛实别都，乃士人之区薮，在仕者皆慕化之，从之质疑解惑；闾里士大夫皆高仰之，乐从之游；学士皆宗师之，讲道劝义；行李之往来过洛者，苟知名有识，必造其门，虚而往，实而归，莫不心醉敛衽而诚服。于是先生身益退，位益卑，而名益高于天下。

今皇帝即位，太皇太后同听断，凡政事之利者存，害者去，复起司马公君实以为门下侍郎，用吕公晦叔为尚书左丞，而先生亦以宗正丞召。执政日须其来，将大用之。讣至京师，诸公人人叹嗟，为朝廷惜，士大夫下至布衣诸生闻之，莫不相吊，以为哲人云亡也。

呜呼！惟先生以直道言事不合，去国十有七年。今太母制政下令，不出房闼，天下固已晏然。方大讲求政事之得失，救偏矫枉，资人材以成治功之时，如先生之材，大小左右内外，用之无不宜。盖其所知，上极尧、舜、三代帝王之治，其所以包涵博大，悠远纤悉，上下与天地同流，其化之如时雨者，先生固已默而识之；至于兴造礼乐，制度文为，下至行师用兵，战阵之法，无所不讲，皆造其极；外之夷狄情状，山川道路之险易，边鄙防戍城寨斥堠控带之要，靡不究知；其吏事操决，文法簿书，又皆精密详练。若先生，可谓通儒全才矣。而所有不试其万一，又不究于高年，此有志之士所以恸哭而流涕也。

成都范祖禹曰：

先生为人，清明端洁，内直外方。其学，本于诚意正心，以圣贤之道可以必至，勇于力行，不为空文。其在朝廷，与道行止，主于忠信，不崇虚名。其为政，视民如子，惨怛教爱，出于至诚，建利除害，所欲必得。故先生所至，民赖之如父母，去久而思之不忘。先生尝言，县之政可达于天下，一邑者天下之式也。

先生以亲老，求为闲官，居洛阳殆十余年，与弟伊川先生讲学于家，化行乡党。家贫，疏食或不继，而事亲务养其志，赒赡族人必尽其力。士之从学者不绝于馆，有不远千里而至者。先生于经，不务解析为枝词，要其用在己而明于知天。其教人曰："非孔子之道，不可学也。"盖自孟子没而《中庸》之学不传，后世之士不循其本而用心于末，故不可与入尧、舜之道。先生以独智自得，去圣人千有余岁，发其关键，直睹堂奥，一天地之理，尽事物之变。故其貌肃而气和，志定而言厉，望之可畏，即之可亲，叩之者无穷，从容以应之，其出愈新，真学者之师也。成就人才，于时为多。虽久去朝廷，而人常以其出处为时之通塞。既除宗正丞，天下日望先生入朝，以为且大用。及闻其亡，上自公卿，下至闾巷士民，莫不哀之，曰时不幸也，其命矣夫！

书行状后

游酢

先生道德之高致，经纶之远图，进退之大节，伊川季先生与门人高第既论其实矣，酢复何言？谨拾其遗事，备采录云。

先生生而有妙质，闻道甚早。年逾冠，明诚夫子张子厚友而师之。子厚少时自喜其才，谓提骑卒数万，可横行匈奴，视叛羌为易与耳，故从之游者，多能道边事；既而得闻先生论议，乃归谢其徒，尽弃其旧学，以从事于道。其视先生虽外兄弟之子，而虚心求益之意，恳恳如不及，逮先生之官，犹以书抵扈，以定性未能不动致问。先生为破其疑，使内外动静，道通为一，读其书可考而知也。其后子厚学成德尊，识者谓与孟子比，然犹秘其学，不多为人讲之。其意若曰："虽复多闻，不务畜德，徒善口耳而已。"故不屑与之言。先生谓之曰："道之不明于天下久矣，人善其所习，自谓至足，必欲如孔门不愤不启，不悱不发，则师资势隔，而先王之道或几乎熄矣。趣今之时，且当随其资而诱之，虽识有明暗，志有浅深，亦各有得焉，而尧、舜之道庶可驯致。"子厚用其言，故关中学者躬行之多，与洛人并。推其所自，先生发之也。擢为御史，睿眷甚渥，亟承德音，所献纳必据经术，事常辨于早而戒于渐。一日，神宗纵言及于辞命。先生曰："人主之学，唯当务为急，辞命非所先也。"神宗为之动颜。会同天节宫嫔争献奇巧，为天子寿。先生既言于朝，又顾谓执政戒之。执政曰："宫嫔实为，非上意也，庸何伤?"先生曰："作淫巧以荡上心，所伤多矣，公之言非是。"执政辞遂屈。是时有同在台列者，志未必同，然心慕其为人，尝语人曰："他人之贤者，犹可得而议也。乃若伯淳，则如美玉然，反复视之，表里洞彻，莫见疵瑕。"

先生平生与人交，无隐情，虽僮仆必托以忠信，故人亦不忍欺之。尝自澶渊遣奴持金诣京师贸用物，计金之数可当二百千。奴无父母妻子，同列闻之，莫不骇且诮。既而奴持物如期而归，众始叹服。盖诚心发于中，畅于四支，见之者信慕，事之者革心，大抵类此。

先生少长亲闱，视之如伤，又气象清越，洒然如在尘外，宜不能劳苦；及遇事，则每与贱者同起居饮食，人不堪其难，而先生处之裕如也。尝董役，虽祁寒烈日，不拥裘，不御盖，时所巡行，众莫测其至；故人自致力，常先期毕事。异时夫伍，中夜多哗，一夫或怖，万夫竞起，奸人乘虚为盗者，不可胜数；先生以师律处之，遂讫去无哗者。及役罢夫散，部伍犹肃整如常。

初至鄠，有监酒税者，以贿播闻，然怙力文身自号能杀人，众皆惮之，虽监司州将未敢发。先生至，将与之同事。其人心不自安，辄为言曰："外人谓某自盗官钱，新主簿将发之。某势穷，必杀人。"言未讫，先生笑曰："人之为言，一至于此！足下食君之禄，讵肯为盗？万一有之，将救死不暇，安能杀人?"其人默不敢言，后亦私偿其所盗，卒以善去。州从事有既孤而遭祖母丧者，身为嫡孙，未果承重。先生为推典法意，告之甚悉，其人从之，至今遂为定令，而天下搢绅始习为常。盖先生御小人使不丽于法，助君子使必成其美，又大抵类此。

先生虽不用，而未尝一日忘朝廷。然久幽之操，确乎如石，胸中之气冲如也。所至，士大夫多弃官从之学，朝见而夕归，饮其和，茹其实，既久而不能去。其徒有贫者，以单衣御冬，累年而志不变，身不屈。盖先生之教，要出于为己。而士之游其门者，所学皆心到自得，无求于外，以故甚贫者忘饥寒，已仕者忘爵禄，鲁重者敏，谨细者裕，强者无拂理，懦者有立志，可以修身，可以齐家，可以治国平天下。非若世之士，妄意空无，追咏昔人之糟粕，而身不与焉，及措之事业，则伥然无据而已也。

方朝廷图任真儒，以惠天下，天下有识者谓先生行且大用矣。不幸而先生卒。呜呼！道之行与废，果非人力所能为也，悲夫！哭而为之赞曰：

天地之心，其太一之体欤！天地之化，其太和之运欤！确然高明，万物覆焉，隤然博厚，万物载焉；非以其一欤！阳自此舒，阴自此凝；消息满虚，莫见其形；非以其和欤！夫子之德，其融心涤虑，默契于此欤！不然，何穆穆不已，浑浑无涯，而能言之士，莫足以颂其美欤！嗟乎！孰谓此道未施，此民未觉，而先觉者逝欤！百世之下，有想见夫子而不可得者，亦能观诸天地之际欤！

哀词

吕大临

呜呼！去圣远矣，斯文丧矣。先王之流风善政，泯没而不可见；明师贤弟子传授之学，断绝而不得闻。以章句训诂为能穷遗经，以仪章度数为能尽儒术；使圣人之道玩于腐儒讽诵之余，隐于百姓日用之末；反求诸已，则罔然无得；施之于天下，则若不可行；异端争衡，犹不与此。

先生负特立之才，知《大学》之要；博文强识，躬行力究；察伦明物，极其所止；涣然心释，洞见道体。其造于约也，虽事变之感不一，知应以是心而不穷；虽天下之理至众，知反之吾身而自足。其致于一也，异端并立而不能移，圣人复起而不与易。

其养之成也，和气充浃，见于声容，然望之崇深，不可慢也；遇事优为，从容不迫，然诚心恳恻，弗之措也。其自任之重也，宁学圣人而未至，不欲以一善成名；宁以一物不被泽为己病，不欲以一时之利为己功。其自信之笃也，吾志可行，不苟洁其去就；吾义所安，虽小官有所不屑。

夫位天地，育万物者，道也；传斯道者，斯文也；振已坠之文，达未行之道者，先生也。使学不卒传，志不卒行，至于此极者，天也。先生之德，可形容者，犹可道也；其独智自得，合乎天，契乎先圣者，不可得而道也。元丰八年六月，明道先生卒。门人学者皆以所自得者名先生之德，先生之德未易名也，亦各伸其志尔。汲郡吕大临书。

明道先生墓表

（见《伊川先生文集》）

伊川先生年谱

先生名颐，字正叔，明道先生之弟也。（明道生于明道元年壬申，伊川生于明道二年癸酉。）幼有高识，非礼不动。（见《语录》。）年十四五，与明道同受学于春陵周茂叔先生。（见哲宗、徽宗《实录》。）皇祐二年，年十八，上书阙下，劝仁宗以王道为心，生灵为念，黜世俗之论，期非常之功，且乞召对，面陈所学。不报。间游太学，时海陵胡翼之先生方主教道，尝以“颜子所好何学论”试诸生。得先生所试，大惊，即延见，处以学职。（见《文集》。）吕希哲原明与先生邻斋，首以师礼事焉。既而四方之士，从游者日益众。（见《吕氏童蒙训》。）举进士，嘉祐四年廷试报罢，遂不复试。太中公屡当得任子恩，辄推与族人。（见《涪陵记善录》。）治平、熙宁间，近臣屡荐，自以为学不足，不愿仕也。（见《文集》。又按《吕申公家传》云：“公判太学，命众博士即先生之居，敦请为太学正。先生固辞，公即命驾过之。”又《杂记》："治平三年九月，公知蔡州，将行，言曰：‘伏见南省进士程颐，年三十四，有特立之操，出群之姿。嘉祐四年，已与殿试，自后绝意进取，往来太学，诸生愿得以为师。臣方领国子监，亲往敦请，卒不能屈。臣尝与之语，洞明经术，通古今治乱之要，实有经世济物之才，非同拘士曲儒，徒有偏长。使在朝廷，必为国器。伏望特以不次旌用。’”《明道行状》云："神宗尝使推择人材，先生所荐数人，以父表弟张载暨弟颐为称首。”）

元丰八年，哲宗嗣位。门下侍郎司马公光，尚书左丞吕公公著，及西京留守韩公绛，上其行义于朝。（见哲宗、徽宗《实录》。按《温公集》与吕申公同篇劄子曰："臣等窃见河南处士程颐，力学好古，安贫守节，言必忠信，动遵礼义，年逾五十，不求仕进，真儒者之高蹈，圣世之逸民。伏望特加召命，擢以不次，足以矜式士类，裨益风化。”又按《胡文定公文集》云："是时谏官朱光庭又言，颐道德纯备，学问渊博，材资劲正，有中立不倚之风；识虑明彻，至知几其神之妙；言行相顾而无择，仁义在躬而不矜。若用斯人，俾当劝讲，必能辅养圣德，启道天聪，一正君心，为天下福。”又谓："颐究先王之蕴，达当世之务，乃天民之先觉，圣代之真儒。俾之日侍经筵，足以发扬圣训；兼掌学校，足以丕变斯文。”又论："祖宗时起陈抟、种放，高风素节，闻于天下。揆颐之贤，抟、放未必能过之。颐之道，则有抟、放所不及知者。观其所学，真得圣人之传，致思力行，非一日之积，有经天纬地之才，有制礼作乐之具。乞访问其至言正论，所以平治天下之道。”又谓："颐，以言乎道，则贯彻三才而无一毫之或间；以言乎德，则并包众美而无一善之或遗；以言乎学，则博通古今而无一物之不知；以言乎才，则开物成务而无一理之不总。是以圣人之道，至此而传。况当天子进学之初，若俾真儒得专经席，岂不盛哉！”）十一月丁巳，授汝州团练推官，西京国子监教授。（见《实录》。）先生再辞，寻召赴阙。

元祐元年三月，至京师。（王严叟奏云：“伏见程颐学极圣人之精微，行全君子之纯粹，早与其兄颢，俱以德名显于时。陛下复起颐而用之，颐趣召以来，待诏阙下，四方俊乂，莫不翘首向风，以观朝廷所以待之者如何，处之者当否，而将议焉。则陛下此举，系天下之心。臣愿陛下加所以待之之礼，择所以处之之方，而使高贤得为陛下尽其用，则所得不独颐一人而已，四海潜光隐德之士，皆将相招而为朝廷出矣。”）除宣德郎，秘书省校书郎。先生辞曰：“祖宗时，布衣被召，自有故事。今臣未得入见，未敢祗命。”（王严叟奏云：“臣伏闻圣恩特除程颐京官，仍与校书郎，足以见陛下优礼高贤，而使天下之人归心于盛德也。然臣区区之诚，尚有以为陛下言者，愿陛下一召见之，试以一言，问为国之要，陛下至明，遂可自观其人。臣以颐抱道养德之日久，而潜神积虑之功深，静而阅天下之义理者多，必有某言以新圣听，此臣所以区区而进颐。然非为颐也，欲成陛下之美耳。陛下一见而后命之以官，则颐当之而无愧，陛下与之而不悔，授受之间，两得之矣。”）于是召对。太皇太后面喻，将以为崇政殿说书。先生辞，不获，始受西监之命。且上奏，论经筵三事：其一，以上富于春秋，辅养为急，宜选贤德，以备讲官，因使陪侍宿直，陈说道义，所以涵养气质，薰陶德性。其二，请上左右内侍宫人，皆选老成厚重之人，不使侈靡之物、浅俗之言，接于耳目，仍置经筵祗应内臣十人，使伺上在宫中动息，以语讲官，其或小有违失，得以随事规谏。其三，请令讲官坐讲，以养人主尊儒重道之心，寅畏祗惧之德。而曰：“若言可行，敢不就职？如不可用，愿听其辞。”（劄子三道，见《文集》。又按《刘忠肃公文集》有章疏论先生辞卑居尊，未被命而先论事为非是，盖不知先生出处语默之际，其义固已精矣。）既而命下，以通直郎充崇政殿说书。（见《实录》。）先生再辞而后受命。

四月，例以暑热罢讲。先生奏言：“辅道少主，不宜疏略如此。乞令讲官以六参日上殿问起居，因得从容纳诲，以辅上德。”

（见《文集》。）五月，差同孙觉、顾临及国子监长贰，看详国子监条制。（见《实录》。）先生所定，大概以为学校礼义相先之地，而月使之争，殊非教养之道，请改试为课，有所未至，则学官召而教之，更不考定高下；制尊贤堂，以延天下道德之士；镌解额，以去利诱；省繁文，以专委任；励行检，以厚风教；及置待宾吏师斋，立观光法，如是者亦数十条。（见《文集》。旧《实录》云："礼部尚书胡宗愈谓先帝聚士以学，教人以经，三舍科条固已精密，宜一切仍旧，因是深诋先生，谓不宜使在朝廷。"）

六月，上疏太皇太后，言今日至大至急，为宗社生灵长久之计，惟是辅养上德；而辅养之道，非徒涉书史，览古今而已，要使跬步不离正人，乃可以涵养薰陶，成就圣德。今间日一讲，解释数行，为益既少。又自四月罢讲，直至中秋，不接儒臣，殆非古人旦夕承弼之意。请俟初秋，即令讲官轮日入侍，陈说义理；仍选臣僚家十一二岁子弟三人，侍上习业。且以迩英迫隘暑热，恐于上体非宜，而讲日宰臣史官皆入，使上不得舒泰悦怿；请自今，一月再讲于崇政殿，然后宰臣史官入侍，余日讲于延和殿，则后楹垂帘，而太皇太后时一临之。不惟省察主上进业，其于后德，未必无补，且使讲官欲有所言，易以上达，所系尤大。又讲读官例兼他职，请亦罢之，使得积诚意以感上心。皆不报。

八月，差兼判登闻鼓院。先生引前说，且言入谈道德，出领诉讼，非用人之体，再辞不受。（见《文集》。杨时曰："事道与禄仕不同。常夷甫以布衣入朝，神宗欲优其禄，令兼数局，如鼓院染院之类，夷甫一切受之。及伊川先生为讲官，朝廷亦欲使兼他职，则固辞。盖前日所以不仕者为道也，则今日之仕，须其官足以行道乃可受，不然是苟禄也。然后世道学不明，君子辞受取舍，人鲜知之。故常公之受，人不以为非，而先生之辞，人亦不以为是也。"）

二年，又上疏论延和讲读垂帘事，且乞时召讲官至帘前，问上进学次第。又奏迩英暑热，乞就崇政、延和殿，或他宽凉处讲读。给事中顾临以殿上讲读为不可，有旨修展迩英阁。先生复上疏，以为修展则臣所请遂矣。然祖宗以来，并是殿上坐讲，自仁宗始就迩英，而讲官立侍，盖从一时之便耳，非若临之意也。今临之意，不过以尊君为说，而不知尊君之道。若以其言为是，则误主上知见。臣职当辅道，不得不辨。

先生在经筵，每当进讲，必宿斋豫戒，潜思存诚，冀以感动上意。（见《文集》。）而其为说，常于文义之外，反复推明，归之人主。一日当讲“颜子不改其乐”章。门人或疑此章非有人君事也，将何以为说，及讲，既毕文义，乃复言曰：“陋巷之士，仁义在躬，忘其贫贱。人主崇高，奉养备极，苟不知学，安能不为富贵所移？且颜子，王佐之才也，而箪食瓢饮；季氏，鲁国之蠹也，而富于周公。鲁君用舍如此，非后世之监乎？”闻者叹服（见胡氏《论语详说》），而哲宗亦尝首肯之。（见文集。）不知者或诮其委曲已甚。先生曰：“不于此尽心竭力，而于何所乎？”上或服药，即日就医官问起居（见《语录》），然入侍之际，容貌极庄。时文潞公以太师平章重事，或侍立终日不懈，上虽喻以少休，不去也。人或以问先生曰：“君之严，视潞公之恭，孰为得失？”先生曰：“潞公四朝大臣，事幼主，不得不恭。吾以布衣职辅道，亦不敢不自重也。”（见《邵氏见闻录》。）尝闻上在宫中起行漱水，必避蝼蚁。因请之曰：“有是乎？”上曰：“然，诚恐伤之尔。”先生曰：“愿陛下推此心以及四海，则天下幸甚。”（见《语录》。）

一日，讲罢未退，上忽起凭槛，戏折柳枝。先生进曰：“方春发生，不可无故摧折。”上不悦。（见马永卿所编《刘谏议语录》，且云：“温公闻之亦不悦。”或云：“恐无此事。”）所讲书有“容”字，中人以黄覆之，曰：“上藩邸嫌名也。”先生讲罢，进言曰：“人主之势，不患不尊，患臣下尊之过甚而骄心生尔。此皆近习辈养成之，不可以不戒。请自今旧名嫌名皆勿复避。”（见《语录》。）时神宗之丧未除，而百官以冬至表贺。先生言节序变迁，时思方切，请改贺为慰。及除丧，有司又将以开乐致宴。先生又奏请罢宴，曰："除丧而用吉礼，则因事用乐可矣。今特设宴，是喜之也。"（见《文集》。）尝闻后苑以金制水桶，问之，曰："崇庆宫物也。"先生曰："若上所御，则吾不敢不谏。"在职累月，不言禄，吏亦弗致，既而诸公知之，俾户部特给焉。又不为妻求邑封。或问之，先生曰："某起于草莱，三辞不获而后受命。今日乃为妻求封乎？"（见《语录》。）经筵承受张茂则尝招诸讲官啜茶观画。先生曰："吾平生不啜茶，亦不识画。"竟不往。（见《龟山语录》。或云："恐无此事。"）文潞公尝与吕、范诸公入侍经筵，闻先生讲说，退相与叹曰："真侍讲也。"一时人士归其门者甚盛，而先生亦以天下自任，论议褒贬，无所顾避。由是同朝之士有以文章名世者，疾之如仇，与其党类巧为谤诋。（见《龟山语录》《王公系年录》《吕申公家传》及先生之子端中所撰《集序》。又按：苏轼奏状亦自云："臣素疾程某之奸，未尝假以辞色。"又按：侍御史吕陶言："明堂降赦，臣僚称贺讫。而两省官欲往奠司马光。是时，程颐言曰：'子于是日哭则不歌，岂可贺赦才了，却往吊丧？'坐客有难之曰：'子于是日哭则不歌，即不言歌则不哭。今已贺赦了，却往吊丧，于礼无害。'苏轼遂以鄙语戏程颐，众皆大笑。结怨之端，盖自此始。"又《语录》云："国忌行香，伊川令供素馔。子瞻诘之曰：'正叔不好佛，胡为食素？'先生曰：'礼，居丧不饮酒，不食肉。忌日，丧之余也。'子瞻令具肉食，曰：'为刘氏者左袒。'于是范醇夫辈食素，秦、黄辈食肉。"又鲜于绰《传信录》云："旧例，行香斋筵，两制以上及台谏官并设蔬馔，然以粗粝，遂轮为食会，皆用肉食矣。元祐初，崇政殿说书程正叔以食肉为非是，议为素食，众多不从。一日，门人范醇夫当排食，遂具蔬馔。内翰苏子瞻因以鄙语戏正叔。正叔门人朱公掞辈衔之，遂立敌矣。是后蔬馔亦不行。"又《语录》云："时吕申公为相，凡事有疑，必质于伊川。进退人才，二苏疑伊川有力，故极诋之。"又曰："朝廷欲以游酢为某官，苏右丞沮止，毁及伊川。宰相苏子容曰：'公未可如此，颂观过其门者，无不肃也。'"又按：刘谏议

《尽言集》亦有异论，刘非苏党，盖不相知耳。）

一日赴讲，会上疮疹，不坐已累日。先生退，诣宰臣，问上不御殿，知否？曰："不知。"先生曰："二圣临朝，上不御殿，太皇太后不当独坐。且人主有疾，而大臣不知，可乎？"翌日，宰臣以先生言，奏请问疾，由是大臣亦多不悦。而谏议大夫孔文仲因奏先生汙下憸巧，素无乡行，经筵陈说，僭横忘分，遍谒贵臣，历造台谏，腾口间乱，以偿恩仇，致市井目为五鬼之魁，请放还田里，以示典刑。

八月，差管勾西京国子监。（见旧《实录》。又《文仲传》载吕申公之言曰："文仲为苏轼所诱胁，其论事皆用轼意。"又《吕申公家传》亦载其与吕大防、刘挚、王存同驳文仲所论朱光庭事，语甚激切。且云："文仲本以伉直称，然蠢不晓事，为浮薄辈所使，以害忠良，晚乃自知为小人所绐，愤郁呕血而死。"按：旧录固多妄，然此类亦不为无据，新录皆删之，失其实矣。又《范太史家传》云："元祐九年，奏曰：'臣伏见元祐之初，陛下召程颐对便殿，自布衣除崇政殿说书，天下之士，皆谓得人，实为希阔之美事。而才及岁余，即以人言罢之。颐之经术行谊，天下共知。司马光、吕公著皆与颐相知二十余年，然后举之。此二人者，非为欺罔以误圣聪也。颐在经筵，切于皇帝陛下进学，故其讲说语常繁多。草茅之人，一旦入朝，与人相接，不为关防，未习朝廷事体，而言者谓颐大佞大邪，贪黩请求，奔走交结，又谓颐欲以故旧倾大臣，以意气役台谏，其言皆诬罔非实也。盖当时台谏官王岩叟、朱光庭、贾易皆素推服颐之经行，故不知者指以为颐党。陛下慎择经筵之官，如颐之贤，乃足以补道圣学。至如臣辈，叨备讲职，实非敢望颐也。臣久欲为颐一言，怀之累年，犹豫不果。使颐受诬罔之谤于公正之朝，臣每思之，不无愧也。今臣已乞去职，若复召颐劝讲，必有补于圣明，臣虽终老在外，无所憾矣。'"）先生既就职，再上奏乞归田里曰："臣本布衣，因说书得朝官。今以罪罢，则所授官不当得。"三年又请，皆不报，乃乞致仕至再，又不报。五年正月，丁太中公忧去官。

七年服除，除直秘阁，判西京国子监。（《王公系年录》云："元祐七年三月四日，延和奏事，三省进呈，程颐服除，欲与馆职判检院。帘中以其不靖，令只与西监，遂除直秘阁，判西京国子监。初颐在经筵，归其门者甚盛；而苏轼在翰林，亦多附之者，遂有洛党、蜀党之论。二党道不同，互相非毁，颐竟为蜀党所挤。今又適轼弟辙执政，才进禀，便云：但恐不肯靖。帘中入其说，故颐不复得召。"）先生再辞，极论儒者进退之道。（见《文集》。）而监察御史董敦逸奏，以为有怨望轻躁语。五月，改授管勾崇福宫。（见《旧录》。）未拜，以疾寻医。

元祐九年，哲宗初亲政，申秘阁西监之命。先生再辞不就。（见《文集》。）绍圣间，以党论放归田里。

四年十一月，送涪州编管。（见《实录》。）门人谢良佐曰："是行也，良佐知之，乃族子公孙与邢恕之为尔。"先生曰："族子至愚不足责，故人情厚不敢疑。孟子既知天，焉用尤臧氏？"（见《语录》。）

元符二年正月，《易传》成而序之。三年正月，徽宗即位。移峡州。四月，以赦复宣德郎，任便居住（制见《曲阜集》），还洛。（《记善录》云："先生归自涪州，气貌容色髭髪，皆胜平昔。"）十月，复通直郎，权判西京国子监。先生既受命，即谒告，欲迁延为寻医计，既而供职。门人尹焞深疑之。先生曰："上初即位，首被大恩，不如是，则何以仰承德意？然吾之不能仕，盖已决矣。受一月之俸焉，然后唯吾所欲尔。"（见《文集》《语录》。又刘忠肃公家《私记》云："此除乃李邦直、范彝叟之意。"）建中靖国二年五月，追所复官，依旧致仕。（前此未尝致仕，而云依旧致仕，疑西监供职不久，即尝致仕也。未详。）

崇宁二年四月，言者论其本因奸党论荐得官，虽尝明正罪罚，而叙复过优（已追所复官，又云叙复过优，亦未详），今复著书，非毁朝政。于是有旨追毁出身以来文字，其所著书，令监司觉察。

(《语录》云:“范致虚言程某以邪说诐行,惑乱众听,而尹焞、张绎为之羽翼。事下河南府体究,尽逐学徒,复隶党籍。”)先生于是迁居龙门之南,止四方学者曰:“尊所闻,行所知可矣,不必及吾门也。”(见《语录》。)

五年,复宣义郎,致仕。(见《实录》。)时《易传》成书已久,学者莫得传授,或以为请。先生曰:“自量精力未衰,尚觊有少进耳。”其后寝疾,始以授尹焞、张绎。(尹焞曰:“先生践履尽《易》,其作《传》只是因而写成,熟读玩味,即可见矣。”又云:“先生平生用意,惟在《易传》,求先生之学者,观此足矣。《语录》之类,出于学者所记,所见有浅深,故所记有工拙,盖未能无失也。”见《语录》。)

大观元年九月庚午,卒于家,年七十有五。(见《语录》。)于疾革,门人进曰:“先生平日所学,正今日要用。”先生力疾微视曰:“道著用便不是。”其人未出寝门而先生没。(见《语录》。一作门人郭忠孝。尹子云:“非也。忠孝自党事起,不与先生往来,及卒,亦不致奠。”)

初,明道先生尝谓先生曰:“异日能使人尊严师道者,吾弟也。若接引后学,随人材而成就之,则予不得让焉。”(见《语录》。侯仲良曰:“朱公掞见明道于汝州,逾月而归,语人曰:‘光庭在春风中坐了一月。’游定夫、杨中立来见伊川。一日先生坐而瞑目,二子立侍,不敢去。久之,先生乃顾曰:‘二子犹在此乎?日暮矣,姑就舍。’二子者退,则门外雪深尺余矣。其严厉如此。晚年接学者,乃更平易,盖其学已到至处,但于圣人气象差少从容尔。明道则已从容,惜其早死,不及用也。使及用于元祐间,则不至有今日事矣。’”)先生既没,昔之门人高第,多已先亡,无有能形容其德美者。然先生尝谓张绎曰:“我昔状明道先生之行,我之道盖与明道同。异时欲知我者,求之于此文可也。”(见《集序》。尹焞曰:“先生之学,本于至诚,其见于言动事为之间,处中有常,疏通简易,不为矫异,不为狷介,宽猛合宜,庄重有体。

或说匍匐以吊丧，诵《孝经》以追荐，皆无此事。衣虽紬素，冠襟必整；食虽简俭，蔬饭必洁。太中年老，左右致养无违，以家事自任，悉力营办，细事必亲，赡给内外亲族八十余口。”又曰：“先生于书，无所不读，于事无所不能。”谢良佐曰：“伊川才大，以之处大事，必不动声色，指顾而集矣。”或曰：“人谓伊川守正则尽，通变不足，子之言若是，何也？”谢子曰：“陕右钱以铁，旧矣，有议更以铜者，已而会所铸子不逾母，谓无利也，遂止。伊川闻之曰：‘此乃国家之大利也。利多费省，私铸者众；费多利少，盗铸者息，民不敢盗铸，则权归公上，非国家之大利乎？’又有议增办盐之直者。伊川曰：‘价平则盐易洩，人人得食，无积而不售者，岁入必倍矣，增价则反是。’已而果然。司马公既相，荐伊川而起之。伊川曰：‘将累人矣。使韩、富当国时，吾犹可以有行也。’及司马公大变熙、丰，复祖宗之旧，伊川曰：‘役法当讨论，未可轻改也。’公不然之，既而数年纷纷不能定。由是观之，亦可以见其梗概矣。”）

祭文

张绎

鸣呼！利害生于身，礼义根于心。伊此心丧于利害，而礼义以为虚也。故先生踽踽独行斯世，而众乃以为迂也。惟尚德者以为卓绝之行，而忠信者以为孚也。立义者以为不可犯，而达权者以为不可拘也。在吾先生，曾何有意？心与道合，泯然无际。无欲可以系羁兮，自克者知其难也；不立意以为言兮，知言者识其要也。德輶如毛，毛犹有伦；无声无臭，夫何可亲？鸣呼！先生之道，不可得而名也；伊言者反以为病兮，此心终不得而形也。惟泰山以为高兮，日月以为明也；春风以为和兮，严霜以为清也。

在昔诸儒，各行其志；或得于数，或观于礼；学者趣之，世济其美。独吾先生，淡乎无味；得味之真，死其乃已。

某等受教，七年于兹；含孕化育，以蕃以滋。天地其容我兮，父母其生之；君亲其临我兮，夫子其成之。欲报之心，何日忘之？先生有言，见于文字者有七分之心，绘于丹青者有七分之仪。七分之仪，固不可益；七分之心，犹或可推。而今而后，将筑室于伊、洛之滨，望先生之墓，以毕吾此生也。

呜呼！夫子没而微言绝，则固不可得而闻也。然天不言而四时行，地不言而百物生。惟与二三子洗心去智，格物去意，期默契斯道，在先生为未亡也。呜呼！二三子之志，不待物而后见；先生之行，不待诔而后徵；然而山颓梁坏，何以寄情？凄风一奠，敬祀于庭；百年之恨，并此以倾。

尹子曰：先生之葬，洛人畏入党，无敢送者，故祭文惟张绎、范域、孟厚及焞四人。乙夜，有素衣白马至者，视之，邵溥也，乃附名焉。盖溥亦有所畏而薄暮出城，是以后。又按《语录》云：先生以《易传》授门人曰："只说得七分，学者更须自体究。"故祭文有七分之语云。

奏状（节略）

胡安国

伏见元祐之初，宰臣司马光、吕公著秉政当国，急于得人，首荐河南处士程颐，乞加召命，擢以不次，遂起韦布，超居讲筵。自司劝讲，不为辩辞，解释文义，所以积其诚意，感通圣心者，固不可得而闻也。及当官而行，举动必由乎礼；奉身而去，进退必合乎义。其修身行法，规矩准绳，独出诸儒之表，门人高第，莫获继焉。虽崇、宁间曲加防禁，学者向之，私相传习，不可遏也。其后颐之门人，如杨时、刘安节、许景衡、马伸、吴给等，稍稍进用，于是士大夫争相淬厉。而其间志于利禄者，托其说以自售，学者莫能别其真伪，而河、洛之学几绝矣。

壬子年，臣尝至行阙，有仲并者言伊川之学近日盛行。臣语之曰："伊川之学，不绝如线，可谓孤立，而以为盛行，何也？岂以其说满门，人人传写，耳纳口出，而以为盛乎？"自是服儒冠者，以伊川门人妄自标榜，无以屈服士人之心，故众论汹汹，深加诋诮。夫有为伊、洛之学者，皆欲屏绝其徒，而乃上及于伊川，臣窃以为过矣。

夫圣人之道，所以垂训万世，无非《中庸》，非有甚高难行之说，此诚不可易之至论也。然《中庸》之义，不明久矣。自颐兄弟始发明之，然后其义可思而得。不然，则或谓高明所以处己，中庸所以接物，本末上下，析为二途，而其义愈不明矣。士大夫之学，宜以孔、孟为师，庶几言行相称，可济时用。此亦不可易之至论也。然孔、孟之道不传久矣，自颐兄弟始发明之，而后其道可学而至也。不然，则或以《六经》《语》《孟》之书资口耳，取世资，而干利禄，愈不得其门而入矣。今欲使学者蹈中庸，师孔、孟，而禁使不得从颐之学，是入室而不由户也，不亦误乎？

夫颐之文，于《易》，则因理以明象，而知体用之一原；于《春秋》，则见诸行事，而知圣人之大用；于诸经、《语》《孟》，则发其微旨，而知求仁之方，入德之序。然则狂言怪语，淫说鄙喻，岂其文也哉？颐之行：其行己接物，则忠诚动于州里；其事亲从兄，则孝弟显于家庭；其辞受取舍，非其道义，则一介不以取与诸人，虽禄之千钟，有必不顾也。其余则亦与人同尔，然则幅巾大袖，高视阔步，岂其行也哉？

昔者伯夷、柳下惠之贤，微仲尼，则西山之饿夫、东国之黜臣尔。本朝自嘉祐以来，西都有邵雍、程颢及弟颐，关中有张载。此四人者，皆道学德行，名于当世；会王安石当路，重以蔡京得政，曲加排抑，故有西山、东国之阨。其道不行，深可惜也。

今雍所著有《皇极经世》书，载有《正蒙》书，颐有《易》《春秋传》；颢虽未及著述，而门弟子质疑请益答问之语，存于世者甚多，又有书疏铭诗，并行于世，而传者多失其真。臣愚伏望陛下，特降指挥，下礼官讨论故事，以此四人加之封号，载在祀典，以见圣世虽当禁暴诛乱、奉词伐罪之时，犹有崇儒重道、尊德乐义之意，仍诏馆阁裒集四人之遗书，委官校正，取旨施行，便于学者传习。羽翼六经，以推尊仲尼、孟子之道，使邪说者不得乘间而作，而天下之道术定，岂曰小补之哉！

河南程氏外书

河南程氏外书卷第一

朱公掞录拾遗

性静者可以为学。（淳）

学在知其所有，又养其所有。（淳）

实是实非能辨，则循实是，天下之事归于一是，是乃理也，循此理乃可进学至形而上者也。（正）

“学如不及，犹恐失之”，不得放过也。（正）

忠信为基本，所以进德也；辞修诚意立，所以居业也，此乃《乾》道，由此二句可至圣人也。（淳）

得意则可以忘言，然无言又不见其意。（正）

心得之，然后可以为己物。（淳）

“君子敬以直内，义以方外”，为学本。

默而识之，吾不得而见之矣，得见善问者斯可矣。

治其器必求其用，学道者当如何尔。

学始于不欺暗室。

学者多蔽于解释注疏，不须用功深。

大率把捉不定，皆是不仁。

去不仁，则仁存。

仁载此四事：由行而宜之谓义，履此之谓礼，知此之谓智，诚此之谓信。

神也者，妙万物而为言，若上竿弄瓶，至于斲轮，诚至则不可得而知。上竿初习数尺，而后至于百尺，习化其高，矧圣人诚至之事，岂可得而知？（淳）

人必以忠信为本，“无友不如己者”，无忠信者也。“子以四教：文、行、忠、信。”忠信礼之本，人无忠信，则不可以为学。

士大夫必建家庙，庙必东向，其位取地洁不喧处。设席坐位皆如事生，以太祖面东，左昭右穆而已。男女异位，盖舅妇生无共坐也。姑妇之位亦同。太祖之设，其主皆刻木牌，取生前行第或衔位而已。妇各从夫。每月告朔，茶酒。四时：春以寒食，夏以端午，秋以重阳，冬以长至，此时祭也。每祭讫，则藏主于北壁夹室。拜坟则十月一日拜之，感霜露也。寒食则又从常礼。祭之饮食，则称家有无。祭器坐席，皆不可杂用。庙门，非祭则严扃之，童孩奴妾皆不可使亵而近也。

仁者在己，何忧之有？凡不在己，逐物在外，皆忧也。“乐天知命故不忧”，此之谓也。若颜子箪瓢，在他人则忧，而颜子独乐者，仁而已。

作《诗》者未必皆圣贤，当时所取者，取其意思止于礼义而已。其言未必尽善，如比君以硕鼠、狡童之类。

《诗》有取其意思可取者，如《无衣》之诗。亦有时而迫切取兴，有一事含数件事者，如“瞻彼日月，悠悠我思”。

诐辞偏蔽，淫辞陷溺深，邪辞信其说至于耽惑，遁辞生于不正，穷著便遁，如墨者夷之之辞，此四者杨、墨兼有。

“不以文害辞。”文，文字之文，举一字则是文，成句是辞。诗为解一字不行，却迁就他说，如“有周不显”，自是作文当如此。

“子见南子，子路不说”，以孔子本以见卫君行道，反以非礼见迫。孔子叹“予所否者，天厌之”，天丧予之意。否，否泰之否，天厌吾道也。

性与天道，此子贡初时未达，此后能达之，故发此叹辞，非谓孔子不言。其意义渊奥如此，人岂易到？

曰：“山梁雌雉，时哉时哉！色斯举矣，翔而后集。子路闻之，竦然共立后，三嗅而作。”文如此顺，恐后人编简脱错。“嗅”

字又不知古作甚字，又近呗字（薄资切）。

“日知其所亡，月无忘其所能”，今人不为也。

信之不笃，执德无由弘。

“立则见其参于前也，在舆则见其倚于衡也”，然后可以祈益。

《无衣》，若以王道出军行师，我则修我戈矛，与子同仇。

《七月》，《豳风》大意，忧思深远，有终久底意，不惟豳国当如此。又成王中变，自然发起周公言终久意思。“一之日，二之日”，语辞如此。今人尚道甚时如何，又如何，不可谓变月言日。“女心伤悲”，采蘩女功之时，悲则思虑意，当女功事，思虑一家之所须，君子之奉，殆及君子同享。此不须执辞，此是终久底意思。

鸱鸮，恶鸟，谓之“既取我子，无毁我室”，言惜巢之甚。在鸟如此，在人则是不坏王室。不必以子为管、蔡，鸱鸮是管、蔡。此一篇阙文难解。

《出车》“喓喓草虫”，意是南征西夷怨，薄伐西戎时如此。

《采薇》“彼尔”，戍役。“戍役维何，维常之华”，言与将帅相承副如常棣之华。路，路车也。君子，将帅也。“君子所依，小人所腓”，喻君子之凭依士众，小人则腓也。《易》“咸其腓”，腓，脚肚动貌。“作止”，“柔止”，喻时。

《皇华》，送之以礼乐，君不能自行，故遣使以谕诚意于四方。若无忠信，安得诚意？言此诗是如此，不必诗中求。

《九罭》遵渚不宜刺朝廷。言公之不归，于女信安乎？得无以我公归乎？

《诗》若还以乐天知命处之，则一时都无事。其中也有君子情意不到处。

《诗》可以怨，讥刺总是。

《小弁》与舜之怨别。舜是自怨，《小弁》直怨“我罪伊何”。

大要则止乎礼义，其情则是国人之情。

《考槃》，观其名早已可见君子之心，处之已安，知天下决然不可复为。虽然如此退处，至于其心，寤寐间永思念，不得复告于君，畎亩不忘君之意。

《候人》言不称其君臣相遇。"荟兮蔚兮"，草木蘩茂貌。山有荟蔚之草木，便朝跻而采之；室有婉娈之少女，人便斯饥而思之。荟蔚言其材，婉娈言其德。

《白华》，自是沤之为菅；白茅，自是为束，各自为用。如后妾各自有职分，之子却远此义理，云结为雨露，所以均被菅茅。王之遇妃妾，贵贱亦当均被，我天运艰难，故"之子不犹"。"硕人"，幽王也。"樵彼桑薪"，薪之善者也。申后宜待之以礼，今反薄。鼓"声闻于外"，我之诚意反不能感动于君，此有鹙得所之不若也。鸳鸯戢翼，其常如此。扁石，登高以升车，今舍此履卑，如舍申適褒。

《丘中有麻》，大都言丘，言阿，言山，多喻朝廷。丘中是物所生聚处，麻是亦生其间。不谓丘中更丰美，但言丘中有麻。麻能衣人，有用底物，喻贤者有益于人。言朝廷当有贤者，今彼留乃小人，贤者却咨嗟不见用。"将其来施施"，思其来，当有贤者以施惠泽也。麦，人所赖以食，亦喻贤者，却反在乡国，故思其来食。"李"徒能悦人口，而不足以济人，如小人在位，徒能悦人，而无实效及于民。又"贻我佩玖"，止以其玩好而不切于用，贤者则如麻麦之衣食人。

丘中有麻，不是所宜有处。

"硕人颀颀"，"硕人敖敖"，疑颀颀、敖敖两句先言庄公。衣褧衣，非妇人服。"说于农郊"，言其勤政，已下始言庄姜翟茀以朝，劝勉庄公，使"大夫夙退，无使君劳"。不说使骄上僭，却言其勤政，见庄姜贤处，含怒不妒争意。"施罛濊濊，鳣鲔发发"，言罛非取鱼之意，不能得大鱼，兴庄姜不见答，徒有"葭菼揭"，似"庶姜孽孽"。骄且上僭，故"庶士有朅"，言国人闵而忧之也。罛，小器也。鳣鲔，大鱼也。葭菼，冗杂貌。罛中又隐无子意。

"自牧归荑"，卑以自牧之意。荑，柔顺意。自牧归顺，信美且异，此非是女能如此美，乃贤美人贻之。如此深美之，所以切责之。《序》言卫君无道，夫人无德。

《式微》，“式”，辞。微卫君之“故”，故字，以其职而言，以其为方伯连帅，故暴露于中野。微卫君之“躬”，指其人也。又切指其人者，以仁人君子望之。“泥中”，泥涂之中也。大率诗意贵优柔不迫切，此乃治《诗》之法。以为君若不在此，我胡为在此，斥黎君也。乃是胁君以归，又迫切时几乎骂。

《旄丘》，地名，前高后下。“诞之节兮”，言葛节短也。延蔓相属，叔伯何故却不相救衈？何字之意，黎在卫之西，狄在卫之北。我黎之臣子非无车，但汝不与我同故也。

《中谷有蓷》，蓷，茺苇，当在水，不当在谷中，是失所意。“修”字非修长之修，疑同《周礼》脩脯之脩，过于乾底意。暵，暴也。其乾犹未甚，但遇尔艰难，我便不善。去湿则其性之湿都无，言其息意已绝。“啜其泣矣，何嗟及矣”，嗟时也。

“三英粲兮”，粲然光明貌，英乃若五紽类，自是衣服礼数制度，非三德也。

《芄兰》蔓生草，柔弱不能自立，须依附方成枝叶，兴惠公柔弱童子，佩成人之服，虽佩人君成人之服，其才能却不我知。“垂带悸兮”，临朝悸悸然执心不定。“甲”，长也，才能却不能君长我庶民。

《兔爰》，兔，奔走意。《诗序》闵周，由桓王失信，故诸侯背叛，构怨连祸，而使王师伤败，却周人受其祸难。罗本以罝兔，今却雉离于罗，如诸侯不轨，周人受害。

“雄雉于飞，泄泄其羽”，双飞之意。此男怨之辞，言雄雉尚得其配匹，己反不如，我之怀思，自罹此阻隔。次章女怨。“下上其音”，相应和之辞。“日月”取其迭往迭来之意，又日月阴阳相配而不相见，又旦暮所见，动人情思，总意包其间。“百尔君子”责为政者，汝岂不知德行？战国间惟是报怨，不然贪人土地，未尝有以义兴师动众。言汝但“不忮不求”，何所用而不臧？忮，报怨也。求，贪土地也。若以义发师，妇人何怨之有？妇人犹勉之，正也。若谓夫从役，妇便怨，成何义理？

《狡童》《褰裳》，此两篇都只一意，别无异义，然谓君为狡童，于义有害。《离骚》之中，忧君之心则至，然谓之不合道者，后面比君为禽。又况目之曰“狡童”，言“不与我”，即是郑国人臣罪当诛。天王圣明，文王之心以纣为圣明，何可比君为禽？又况目之狡童？但作诗者未必皆圣人，孔子各有所取，此则取其不能与贤人图事。

《清人》一篇，却是咏歌其事，含情意在其间。“消”“彭”“轴”，莫也是地名？“左旋右抽，中军作好”，不必言射，犹言高克之进不以礼。

《摽有梅》，汲汲惟恐不及时。

《有女同车》，前说忽不娶齐女，后言齐女，却失却本意。忽不娶齐，谓齐大非偶，却不因色。此则是设辞，下言“彼美”结。他诗中似如此者亦多。

《丰》，以诸事丰备。此诗主意，言男则须言女。是俟我于巷，非不下我，又俟我于堂，非不有礼。“将”，迎，不可训作送，但女家因事不得将迎也。“衣锦”“裳锦”即是丈夫，若妇人则惟欲其显，安有恶其文之著？古之锦疑今之缓，是装锦相副之物，如男女相配。“叔兮伯兮”，故“驾予与行”，都主男女怨思失期意。

《东门之杨》言婚自昏时，今则“明星煌煌”而不至。杨，最得阳气之先者，言人反不及时。

凡说婚姻男女多言东，东取生育之意。人君多言南，凶丧多言北。又有各就其国所有而言者，如周《诗》多言南。

“羔裘豹袪”不是相称，犹君臣民须一体，今反不相卹，民则惟惠之怀，言“岂无他人，惟子之故”。

《汾沮洳》。“沮洳”，水浸下湿之地，虽有生物，众人亦弃之不采，而君去采之，言其俭啬太过。众人弃之如此，彼其之子反美爱之无度。“公路”“公行”，非公道如此，非众人所共取即非公道。公族，公类。公路，众人所共由之路。

《伐檀》。檀，材可適用者。言君子虽不得进，亦自致身于清洁之地。檀美材，须是作梁栋用，至于轮辐，非檀可为。

《东门之墠》。除地曰墠。“茹藘”可以染色。言以礼则坦平如墠，以色则艰阻如阪，所以致民如此者，正谓其室家则迩，其人甚远。大抵《丰》《东门之杨》尽是已许昏后，以礼不足，不能成昏，至于过时后，上又不能使人杀礼，故使人至淫奔。妇人腆修枣栗若以礼时，则是践履此室家之道。岂不思欲得以礼如此，但“子不我即”，故待礼不得也。

《葛屦》，俭啬便机巧计较所得也。“纠纠”，牢固意，言牢做葛屦，亦以履霜。“掺掺”，贵者，言衣服亦分贵贱。礼：诸母不漱裳。“要之襋之”，补绽意。“提提”，据字义劳意。“宛然左辟”，右插衣，古者短右袂，谓便于事。此皆贱者之事，却佩象揥贵者之服，此等总生于褊心。

《无衣》，武公始并晋国而能请命于天子之使，故美其可美也。当时使来到国，故请之。七与六，衣中一个数目，无以六为节。此惟美其能请命一事。以篡国杀君不以为羞，至于衣服僭侈何难，然其心不安，至于请命然后安，此意思却可取。又圣人不独取其如此，亦以见当时之善，虽大恶有如此诗亦可取。《鲁风》诗非无大恶，然圣人录其《颂》，不录其《风》，此则为君讳也；观其《颂》之善止于此，其他则可知。

“扬之水，白石凿凿。”同介甫说：“素衣朱襮”，见其美于外，如桓叔在下，反见其德泽于民，使晋人从之。

《采苓》，苓是甘草，喻谗最好，若首阳之上却无。

河南程氏外书卷第二

朱公掞问学拾遗

“在邦无怨，在家无怨”，在理可使无怨，于事亦难，天地之大也，人犹有所憾。(伯淳)

子贡问为仁，孔子告以为仁之资，非极力言仁也。(正叔)

“知及之，仁不能守之”，无得也。有始有卒，先后之序也。

凡下学人事，便是上达天理。(正叔)

“毋意”，毋私意也。毋必为，毋固滞，毋彼我，乃曾子所言也。(伯淳)

“人无远虑，必有近忧”，思虑当在事外。(正叔)

忠者天下大公之道，恕所以行之也。忠言其体，天道也；恕言其用，人道也。(正叔)

其言之不怍，所为言之不愧。(伯淳)

“畏天命”，则可以不失付畀之重。“畏大人”，如此尊严而亦自可畏。“畏圣人之言”，则可以进德。(伯淳)

周，至也。君子周至而不阿比。(正叔)

“动容貌”，举一身而言也。动容周旋中礼，斯远暴慢矣。正颜色则不妄，斯近信矣。出辞气，正由中出，斯远鄙倍矣。正身而不外求，故曰“笾豆之事，则有司存”。(伯淳)

“尊五美，屏四恶”，为政在己。(伯淳)

“闻道”，知所以为人也。“夕死可矣”，是不虚生也。(伯淳)

性与天道，非自得之则不知，故曰“不可得而闻”。(伯淳)

如“形而上者谓之道”，不可移“谓”字在“之”字下，此孔

子文章。（伯淳）

“弘”，宽广也。“毅”，奋然也。弘而不毅，则无规矩；毅而不弘，则隘陋。（伯淳）

君子以矜庄自持，不与人争。（正叔）

九思各专其一。（伯淳）

“何莫由斯道也？”可离非道。（伯淳）

“吾斯之未能信”，不先自信，何以治人？（伯淳）

“里仁为美”，里人之所止。（伯淳）

见贤便思齐，有为者亦若是。见不贤而内自省，盖莫不在己。（伯淳）

生理本直。罔，不直也，亦生者，幸而免也。（伯淳）

知之者，在彼而我知之也。好之者，虽笃而未能有之。至于乐之，则为己之所有。（正叔）

民亦人也，“务人之义”乃知也。鬼神不敬则是不知，不远则至于渎，敬而远之所以为知。（伯淳）

“先难”，克己也。（伯淳）

圣乃仁之成德。谓仁为圣，譬犹雕木为龙。木乃仁也，龙乃圣也，指木为龙可乎？故博施济众乃圣之事，举仁而言之，则能近取譬是也。（伯淳）

“能近取譬”，反身之谓也。（伯淳）

“以能问于不能，以多问于寡，有若无，实若虚，犯而不校”，颜子当之。（正叔）

彼之事是，则吾当师之；彼之事非是，则吾又何校焉，是以君子未尝校也。（伯淳）

司马牛问仁。子曰：“仁者其言也讱。”司马牛多言，故及此。然圣人之言，亦止此为是。（正叔）

贫不怨则谄，谄尤甚于怨，盖守不固而有所为也。（伯淳）

君子为善，只有上达；小人为不善，只有下达。（伯淳）

“古之学者为己”，为己，在己也。（伯淳）

“不怨天，不尤人”，在理当如此。（伯淳）

乐取于人为善，便是与人为善，与人为善乃公也。（正叔）

知性善以忠信为本，此先立其大者。（伯淳）

公孙丑问孟子，加齐之卿相，恐有所不胜而动心。北宫黝之勇气，亦不知守也。孟施舍之勇，知守气而不知守约也。曾子之所谓勇，乃守约，守约乃义也，与孟子之勇同。（伯淳）

告子“不得于言，勿求于心”，盖不知义在内也。志帅气也。持定其志，无暴乱其气，两事也。志专一则动气，气专一则动志，然志动气为多。且若志专在淫辟，岂不动气？气专在喜怒，岂不动志？故“蹶者趋者反动其心”。志者，心之所之也。（伯淳）

自曾子守义，皆说笃实自内正本之学，则观人可以知言。蔽、陷、遁、穷，皆离本也。宰我、子贡善为说辞，冉牛、闵子、颜渊善言德行，孔子兼之。盖有德者必有言，而曰“我于辞命不能”者，不尚言也。《易》所谓“尚口乃穷”也。（伯淳）

宰我、子贡、有若其智足以知圣人，汙曲亦不至阿其所好。以孔子之道弥纶天壤，固贤于尧、舜，而观生民以来，有如夫子者乎？然而未为尽论，但不至阿其所好也。（伯淳）

“所存者神”，在已也；“所过者化”，及物也。（伯淳）

“驩虞”，有所造为而然，岂能久也？耕田凿井，帝力何有于我哉？如天之自然，乃王者之政。（伯淳）

色形，所有也。圣人人伦之至，故可以践形。（伯淳）

“盎于背”，厚也。（正叔）

“此亦妄人也”，是以义断。在圣人如天地涵容，但哀矜而已。（子厚）

自反而忠，而横逆者犹若是，君子曰又何难焉。此一事已处了，若圣人哀矜，又别一事。（正叔）

“不下带”，言近也。（正叔）

“不祥”，凶也。君子好成物，故吉。小人好败物，故凶。（正叔）

日月之明，但容光者无不照。(正叔)

保民如赤子，此所以为大人，谓不失婴儿之心，不若保民如赤子为大。

“汤、武反之也”，“汤、武身之也”。身，践履也。反，复也。复则至圣人之地。(伯淳)

羞恶则有所不为。知所止，乃义之端。(伯淳)

“舜明于庶物，察于人伦”，然后由仁义行。(正叔)

仁推之及人，若“老吾老以及人之老”，于民则可，于物则不可。统而言之则皆仁，分而言之则有序。(正叔)

《坤》六二《文言》云云，坤道也。诚为统体，敬为用。敬则内自直。诚合内外之道，则万物流形，故义以方外。

圣人斋戒，敬也，以神明其德。恶人斋戒，亦敬也，故可以事上帝。

先见则吉可知，不见故致凶。(伯淳)

“幽赞于神明而生蓍”，用蓍以求卦，非谓有蓍而后画卦。(伯淳)

“祗”与“底”通，使底至也，无至于悔。(伯淳)

“巽以行权”，义理所顺处所以行权。(伯淳)

“安安”，安于理之所安者。(伯淳)

圣人无过。汤、武反之也，其始未必无过。所谓如日月之食，乃君子之过。

人心，人欲；道心，天理。(正叔)

《大学》之道，在明其明德，明德乃止于至善也。知既至，自然意诚。颜子有不善未尝不知，知之至也；知之至，故未尝复行。他人复行，知之不至也。(正叔)

“致知在格物。”格，至也。物，事也。事皆有理，至其理，乃格物也。然致知在所养，养知莫过于“寡欲”二字。(正叔)

君子所不可及者，其惟人之所不见乎！《诗》曰：“相在尔室，尚不愧于屋漏。”君子慎独。(伯淳)

敬则自然“俨若思，安定辞”，其德可以安民。（伯淳）

有余便是过。慥，笃实貌。

正其理则万事一，一以贯之也。（正叔）

“君子而时中”，无时不中。（伯淳）

荀子曰：“养心莫善于诚。”周茂叔谓：“荀子元不识诚。”伯淳曰：“既诚矣，心焉用养邪？荀子不知诚。”

河南程氏外书卷第三

陈氏本拾遗

“朝闻道，夕死可矣”，死得是也。

“三月不违仁”，言其久；过此，则“从心不逾矩”，圣人也。圣人则浑然无间断，故不言三月。此孔子所以惜其未止也。

圣人，天地之用也。

“养心莫善于寡欲。”多欲皆自外来，公欲亦寡矣。

“兴于《诗》”者，吟咏性情、涵畅道德之中而歆动之，有“吾与点”之气象。

“老者安之，朋友信之，少者怀之”，乃天道也。

由孟子可以观《易》。

“复其见天地之心。”一言以蔽之，天地以生物为心。

圣人无一事不顺天时，故“至日闭关”。

人之一肢病，不知痛痒，谓之不仁。人之不仁，亦犹是也。盖不知仁道之在己也。知仁道之在己而由之，乃仁也。

“克”者，胜也。难胜莫如己，胜己之私则能有诸己，是反身而诚者也。凡言仁者，能有诸己也。（一作“凡言克者，未能有诸己也”。）必诚之在己，然后为克己。礼亦理也，有诸己则无不中于理。君子慎独，“敬以直内，义以方外”，所以为“克己复礼”也。克己复礼则事事皆仁，故曰“天下归仁”。人之视最先，“非礼”而视，则所谓开目便错了。次“听”，次“言”，次“动”，有先后之序。人能克己，则心广体胖，仰不愧，俯不怍，其乐可知，有息则馁矣。

“一言可以兴邦”，公也。“一言可以丧邦”，私也。公生明。

“极高明而道中庸”，非二事。中庸，天理也。天理固高明，不极乎高明，不足以道中庸。中庸乃高明之极。（伯淳）

君子有义有命。“求则得之，舍则失之，是求有益于得也，求在我者也”，此言义也。“求之有道，得之有命，是求无益于得也，求在外者也”，此言命也。至于圣人，则惟有义而无命。“行一不义，杀一不辜，而得天下，不为也”，此言义不言命也。

“人心惟危”，人欲也。“道心惟微”，天理也。

为恶之人未尝知有思，有思则为善矣。思至于再则已审，三则惑矣。

“艮其背”，止欲于无见。若欲见于彼而止之，所施各异。若“艮其止，止其所也”，止各当其所也。圣人所以应万变而不穷者，事各止当其所也。若镜在此，而物之妍媸自见于彼也。圣人不与焉，时止则止，时行则行。时行对时止而言，亦止其所也。

“艮，思不出其位”，乃止其所也。“动静不失其时”，皆止其所也。“艮其背”，乃止也。背无欲无思也，故可止。

“加我数年，五十以学《易》”，时年未五十也。孔子未发明《易》道之时，如《八索》之类，不能无谬乱；既赞《易》道，黜《八索》，则《易》之道可以无过谬。言“学”与“大”，皆谦也。

子贡善形容孔子德美，“温”以接物，“良”乃善心，“恭”则不侮，“俭”则无欲，“让”则不好胜，至于是邦，宜必闻政。

孔子，生而知之者也，自十五以下，事皆学而知之者，所以教人也。三十有所立，四十能不惑，五十知天命而未至命，六十闻一以知百，耳顺心通也。凡人闻一言则滞于一言，一事则滞于一事，不能贯通。耳顺者，闻言则喻，无所不通。七十从心，然后至于命。

“愿无伐善”，则不私矣；“无施劳”，则仁矣。颜子之志，则可谓大而无以加矣。然以孔子之言观之，则颜子之言出于有心也。至于“老者安之，朋友信之，少者怀之”，犹天地之化，付与万物，而已不劳焉，此圣人之所为也。今夫羁靮以御马，而不以制牛；人皆知羁约之制在乎人，而不知羁靮之生由于马。圣人之化，亦犹是也。

孔子之见南子，礼当见之也。南子之欲见孔子，亦其善心也，圣人岂得而拒之？子路不悦，故夫子陈之曰：“予所否塞者，天厌之。”言使我至此者天命也。

孔子曰：“二三子以我为隐乎？吾无隐乎尔。”无知之谓也。圣人之教人，俯就之若此，犹恐众人以为高远而不亲也。圣人之言，必降而自卑，不如此则人不亲。贤人之言，必引而自高，不如此则道不尊。观孔子、孟子则可见矣。

“叩其两端”者，如“樊迟问仁，子曰爱人；问知，子曰知人”。举其近者，众人之所知，极其远者，虽圣人亦如是矣。其与人莫不皆然，终始两端，皆竭尽矣。

圣人愈自卑而道已高，贤人不高则道不尊，圣贤之分也。“不为酒困”是也。

子路、冉有、公西华皆欲得国而治之，故孔子不取。曾皙狂者也，未必能为圣人之事，而能知孔子之志，故曰“浴乎沂，风乎舞雩，咏而归”，言乐而得其所也。孔子之志在于“老者安之，朋友信之，少者怀之”，使万物莫不遂其性，曾点知之，故孔子喟然叹曰：“吾与点也。”

仲尼“三年有成”，因周之旧。

喜怒在事，则理之当喜怒也，不在血气，则“不迁”。

于义理无害，虽贫亦乐，有害则慊慊不乐。

桀溺言：天下衰乱，无道者滔滔皆是也，孔子虽欲行其教，而谁可以化而易之？孔子言：如使天下有道，我则无所治，不与易之也；今所以周流四方，为时无道故也。圣人不敢有忘天下之心，知其不可而犹为之，故其言如此。

二帝、三王之道，后世无以加焉，孔子之所常言，故弟子聚而记之。夫子得邦家，亦犹是也。（《尧曰篇》。）

语之而敬，故“不惰”，言其好学也。

“瞻之在前”，过者；“忽然在后”，不及也；“如有所立卓尔”，圣人之中也。

“子在，回何敢死?”死当为，先死非回之所当为。所当为者，上告天子，下告方伯，以讨其罪尔。

举前代之善者，准此以损益之，此成法也。郑声使人淫溺，佞人使人危殆，放远之，然后可守成法。

“不逾闲”者，不逾矩也。“小德”，出入于法度之中。大德如孔子。小德如颜子，有一不善，是亦出入也。

圣人之教，未尝私厚其子。学《诗》学《礼》，止可告之若此，学必待其自肯。

孔子与恶人言，故以逊辞免祸。“言不必信，行不必果，惟义所在”，此之谓也。然而孔子未尝不欲仕，但仕于阳虎之时则不可。“吾将仕矣”，未为非信也。

公山召我，“而岂徒哉?”是孔子意：他虽叛而召我，其心不徒然，往而教之迁善，使不叛则已，此则于义直有可往之理，而孔子亦有实知其不能改而不往者。佛肸召亦然。

“禘自既灌而往”，皆不足观，从首至末皆非也。知孔子不欲观之说，则于天下知万事各正其名，则其治如“示诸掌”。

“获罪于天”时无所祈祷。何为媚奥？何为媚灶？奥，尊者所居，喻贵臣。灶，一家所切，喻当权。

孔门弟子，自孔子没后，各自离散，只有曾子便别。如子夏、子张欲以所事孔子事有若，独曾子便道不可。自子贡以上，必皆不肯。某自涪陵归，见门人皆已支离，不知他日身后又何如也。但得个信时，便自有长进处。孔子弟子甚多，亦不能皆合于孔子。如子路言“子之迂也”，又曰“末之也已”，及其退思，终合于孔子，只为他信，便自然思量到也。

“皆不及门”，今不在焉。

“德不孤，必有邻”，一德立而百善从之。

“唐棣之华，偏其反而。岂不尔思？室是远而。”只取不远之意。

“山梁雌雉，时哉！时哉！”此圣人叹雉在山梁得其时，而民不得其时也。子路不察，乃“共之”，“三嗅而作”，使子路知我意不在是也。

“毋意”，“毋”非禁止之辞。圣人绝此四者，何用禁止？“毋意”与“毋我”相近，“毋固”与“毋必”相近，须要分别不同。意与志别，志是所存处，意是发动处。如“先意承志”，自别也。意发而当，即是理也，非意也；发而不当，是私意也。又问：“圣人莫是任理而不任意否？”曰：“是。”

河南程氏外书卷第四

程氏学拾遗　李参录

“格物”者，格，至也，物者，凡遇事皆物也，欲以穷至物理也。穷至物理无他，唯思而已矣。“思曰睿，睿作圣”，圣人亦自思而得，况于事物乎？

“惟圣人可以践形”者，人生禀五行之秀气，头圆足方以肖天地，则形色天性也，惟圣人为能尽人之道，故可以践形。人道者，君臣、父子、兄弟、夫妇之类皆是也。

“唯仁者能好人，能恶人。”仁者用心以公，故能好恶人。公最近仁。人循私欲则不忠，公理则忠矣。以公理施于人，所以恕也。

“天下之言性也，则故而已矣，故者以利为本。”故者，旧也，言凡性之初未尝不以顺利为主。谓之利者，唯不害之谓也。一篇之义，皆欲顺利之而已。

“文王望道而未之见”，谓望天下有治道太平而未得见也。“武王不泄迩，不忘远”者，谓远迩之人之事也。

“人心之所同然者何也？谓理也，义也。”何谓理？何谓义？学者当深思。

汉之儒者，所以从学者数百人，非惟风俗，亦皆笃行君子也。晋人高尚，不足道矣。

质夫曰：“尽心知性，佛亦有至此者。存心养性，佛本不至此。”先生曰：“尽心知性，不假存养，其惟圣人乎！”

质夫云：“频复不已，遂至迷复。”

河南程氏外书卷第五

冯氏本拾遗

《春秋》书灾异，盖非偶然。不云霜陨，而云陨霜；不云夷伯之庙震，而云震夷伯之庙，分明是有意于人也。天人之理，自有相合。人事胜，则天不为灾；人事不胜，则天为灾。人事常随天理，天变非应人事。如祁寒暑雨，天之常理，然人气壮，则不为疾；气羸弱，则必有疾。非天固欲为害，人事德不胜也。如汉儒之学，皆牵合附会，不可信。

自孔子赞《易》之后，更无人会读《易》。先儒不见于书者，有则不可知；见于书者，皆未尽。如王辅嗣、韩康伯，只以庄、老解之，是何道理？某于《易传》，杀曾下工夫。如学者见问，尽有可商量，书则未欲出之也。

今时人看《易》，皆不识得《易》是何物，只就上穿凿。若念得不熟与，就上添一德亦不觉多，就上减一德亦不觉少。譬如不识此兀子，若减一只脚亦不知是少，添一只脚亦不知是多。若识，则自添减不得也。

庶母亦当为主，但不可入庙，子当祀于私室。主之制度则一，盖有法象，不可增损，增损则不成矣。

“祭如在”，言祭自己祖先。“祭神如神在”，言其他所祭者，如天地山川皆是也。

“非其鬼”，言己不当祭者。既知其非，然且为之，是“无勇”也。无勇虽因上文，然不止于此一事。

《论语》《孟子》，只剩读著便自意足，学者须是玩味。若以语言解著，意便不足。某始作此二书文字，既而思之，又似剩。只有些先儒错会处，却待与整理过。

某尝谓世间有三事，工夫一般。国家之祈天永命，道家之长生久视，儒者之入于圣人，理道皆一。

释氏之学，正似用管窥天，一直便见，道他不是不得，只是却不见全体。

不信神怪事，亦不得便放猛，须是知道理。若是只放猛，不知道理，撞出来后，如何处置？

《月令》尽是一部好书，未易破他。柳子厚破得他不是。若春行赏，秋行刑，只是举大纲如此。如云“汤执中，文王视民如伤，武王不泄迩、不忘远”，不成圣人各只有一事可称也？且据一处言之耳。又如“冬日则饮汤，夏日则饮水”，不成冬日不得饮水，夏日不得饮汤也？

四时改火，不得不然。盖水之为患常少，火之为患常多。龙见而雩可见。寒食禁火，只是将出新火，必尽熄天下之火然后出之也。世间风俗，盖讹谬之甚耳。四时取火，用木各异，必据时之所宜，不必尽考也。

儒者只合言人事，不得言有数，直到不得已处，然后归之于命可也。

颜子有不善未尝不知，知之未尝复行。如颜子地位，岂有不善？所谓不善者，只是微有差失，才差失便能知之，知之便更不萌作。颜子大率与圣人皆同，只这便有分别。若无，则便是圣人。曾子三省，只是紧约束，颜子便能三月之久。到这些地位，工夫尤难，直是峻绝，又大段著力不得。

合葬须以元妃，配享须以宗子之嫡母，此不易之道。

河南程氏外书卷第六

罗氏本拾遗

凡看书，各有门庭。《诗》《易》《春秋》不可逐句看，《尚书》《论语》可以逐句看。

“赤舄几几”，只是形容周公一个气象，乃孟子所谓“睟面盎背，四体不言而喻”之意。“雍雍在宫，肃肃在庙”，亦只是形容文王气象。大抵古人形容圣人，多此类。如“倬彼云汉，为章于天”，亦是形容圣人也。

“不识不知”，言文王化其民，“日用不知”，皆由天理也。

“与子游闻之”，当作“于子游闻之”。若两人同闻，安得一个知，一个不知？

“利”字不联“牝马”为义。如云“利牝马之贞”，则《坤》便只有三德。

阴必从阳，然后“乃终有庆”也。

“黄”，中色，“裳”，宜在下；则“元吉”。

他卦皆有悔、凶、咎，惟《谦》未尝有；他卦有待而亨，惟《谦》则便亨。

《谦》，君子所以有终，故不言吉。裒取其多而增益其寡，天理也。六二鸣谦，处中得正而有德者，故鸣谦者，乃“中心得也”。上六鸣谦，乃有求者也，有求之小，止于征国邑而已，故曰“志未得也”。

《蹇》“以反身修德”，故往者在外也，在外必蹇；来者在内也，在内则有誉。“无尤”，“来连”，“朋来”，“来硕”，皆反身修德之谓也。“蹇蹇”，不暴进，内顾之象也。暴进出外则无事矣。“连”音平。连则无穷也。朋来则众来，言朋来未免于有思也。至于来硕，则来处于大人之事也，故曰“从贵”。

阖辟便是易，一阖一辟谓之变。

尧之亲九族，以明俊德之人为先。盖有天下国家者，以知人为难，以亲贤为急。

善学者，要不为文字所梏。故文义虽解错，而道理可通行者不害也。

《论语》，曾子、有子弟子论譔。所以知者，唯曾子、有子不名。（伊川）

“学而时习之”，鹰乃学习之义。“子路有闻，未之能行，唯恐有闻。”说在心，乐主发散在外。（伊川）

孝弟本其所以生，乃为仁之本。孝弟有不中理，或至于犯上，然亦鲜矣。孟子曰：“孰不为事？事亲，事之本也。孰不为守？守身，守之本也。”不失其身而事亲，乃诚孝也。推此，亦可以知为仁之本。（明道）

“敬事而信”以下事，论其所存，未及治具，故不及礼乐刑政。（伊川）

“行有余力”者，当先立其本也。有本而后学文，然有本则文自至矣。（明道）

“致身”犹言致力，乃委质也。（明道）

人安重则学坚固。（伊川）

“礼之用，和为贵”，有不可行者，偏也。（伊川）

贫而能乐，富而能好礼，随贫富所治当如此。子贡引切磋、琢磨，盖治之之谓也。若贫而言好礼，则至于卑，富而言乐，则至于骄。然贫而乐，非好礼不能；富而好礼，非乐不能。（明道）

“为政以德”，然后无为。（伊川）

回于孔子之道无所不说，故“如愚”。退而省其所自得，亦足以开发矣，故曰“不愚”。

“视其所以”，所为也；“观其所由”，所从也；“察其所安”，所处也。察其所处，则见其心之所存。在己者能知言穷理，则能以此察人如圣人也。（明道）

“君子不器”，无所不施也。若一才一艺，则器也。（伊川）

子贡问君子，孔子告以“先行其言而后从之”，而“可以为君子”，因子贡多言而发也。（伊川）

“先行其言而后从之”，谓观人者彼能先行其言，吾然后信之。（伊川）

“周”谓周旋，“不比”谓不相私比也。（伊川）

“学而不思”则无得，故“罔”。“思而不学”则不进，故“殆”。博学之，审问之，慎思之，明辨之，笃行之，五者废其一，非学也。（伊川）

“尤”，罪自外至也；“悔”，理自内出也。修天爵则人爵至，“禄在其中”矣。子张学干禄，故告之以此，使定其心而不为利禄动。若颜、闵则不然矣。君子谋道不谋食，学也禄在其中矣。然学不必得禄，犹耕之不必得食，亦有馁在其中矣。君子知其如此，故忧道不忧贫，此所以告干禄也。（伊川）

奢自文生，文过则为奢，不足则为俭。文者称实而为饰，文对实已为两物，奢又文之过，则去本远矣。俭乃文不足，此所以为礼之本。（伊川）

仁者如射，射而不中，不怨胜己者，反求诸己而已，岂有争也？故曰“其争也君子”。（伊川）

“下而饮”，非谓下堂而饮，离去射位而饮也。若下堂而饮，则辱之甚，无此。（伊川）

“素”喻质，“绘”喻礼。凡绘，先施素地而加采，如有美质而更文之以礼。（伊川）

灌以降神，禘之始也。“既灌而往者”，自始以至终，皆无足观，言鲁祭之非礼也。“不知”者，盖为鲁讳。如自此事而正之，其于天下，如指掌之易。（伊川）

“为力”犹言为功。射有五善，为功不一，故曰“不同科”。所谓五善者，观德行，别邪正，辨威仪云云。（伊川）

“事君尽礼”，在他人言之，必曰小人以为谄也；圣人道弘，故止曰“人以为谄也”。（伊川）

“乐得淑女以配君子，不淫其色”，是“乐而不淫”。“哀窈窕，思贤才，求之不得，展转反侧”，是“哀而不伤”。（明道）

“成事不说”至“既往不咎”者，大概相似。重言之，所以深责之也。如今人嗟惜一事，未尝不再三言之也。（伊川）

成汤放桀，惟有惭德，武王亦然，故未尽善。尧、舜、汤、武，其揆一也。征伐非其所欲，所遇之时然耳。（伊川）

“里”，居也，择仁而处之为美。（明道）

“知者利仁”，知者以仁为利而行之。至若欲有名而为之之类，皆是以为利也。

知者知仁为美，择而行之，是“利仁”也。心有其仁，故曰利。（伊川）

“君子怀德”，惟善之所在；“小人怀土”，惟事之所在。“君子怀刑”，惟法之所在，“小人怀惠”，惟利之所在。（伊川）

子贡问：“赐也何如？”赐自矜其长，而孔子以瑚琏之器答者，但瑚琏可施礼容于宗庙，如子贡之才可使于四方，可使与宾客言而已。（伊川）

未能自信，不可以治人，孔子所以说漆雕开之对。（明道）

子贡常方人，故孔子答以“不暇”，而又问“与回也孰愈”，所以抑其方人也。

“闻一知十”，“闻一知二”，举多少而言也。“曰吾与女弗如也”，使子贡喻其言，知其在勉；不喻，则亦可使慕之，皆有教也。

“不欲人之加诸我”者，“施诸已而不愿”者也。“无加诸人”者，“己所不欲，勿施于人”者也。此“无伐善，无施劳”者能之，故非子贡所及。（伊川）

“夫子言性与天道，不可得而闻”，唯子贡亲达其理，故能为是叹美之辞，言众人不得闻也。（伊川）

“蔡”与“采”同。大夫有采地，而为山节藻棁之事，不知也。山节藻棁，诸侯之事也。（伊川）

“三月不违仁”，言其久也，然非成德之事。

“祝鮀之佞”，所谓巧言；“宋朝之美”，所谓令色。当衰世，非此难免。（伊川）

“上知”，高远之事，非中人以下所可告，盖踰涯分也。（伊川）

民之所宜者务之，所欲与之聚，所恶勿施尔也。人之所以近鬼神而亵之者，盖惑也，故有非鬼而祭之、淫祀以求福，知者则敬而远之。（明道）

知如水之流，仁如山之安。动、静，仁、知之体也，动则自乐，静则自寿。非体仁知之深者，不能如此形容之。（伊川）

觚之为器，不得其法制，则非觚矣。举一器而天下之物莫不皆然，天下之事亦犹是也。（伊川）

宰我言：如井中有人，仁者当下而从之否？子曰：君子可使之往，不可陷以非其所履；可欺以其方，难罔以非其道。（明道）

博学于文，而不约之以礼，必至于汗漫。所谓约之以礼者，能守礼而由于规矩者也。未及知之也，止可以不畔道而已。“多闻，择其善者而从之，多见而识之，知之次也”，与此相近。颜渊曰：“博我以文，约我以礼，欲罢不能。”是已知之而进不止者也。（明道）

中庸之德，不可须臾离，民鲜有久行其道者也。（伊川）

圣则无大小，至于仁，兼上下大小而言之。博施济众亦仁也，爱人亦仁也。“尧、舜其犹病诸”者，犹难之也。博则广而无极，众则多而无穷，圣人必欲使天下无一人之恶，无一物不得其所，然亦不能，故曰“病诸”。“修己以安百姓”，亦犹是也。（伊川）

人于文采，皆不曰吾犹人也，皆曰胜于人尔。至于躬行君子，

则吾未见其人也。（伊川）

泰伯知王季之贤，必能开基成王业，故为天下而三让之，言其公也。（明道）

泰伯三以天下让者，立文王则道被天下，故泰伯以天下之故而让之也。不必革命，使纣贤，文王为三公矣。（伊川）

凡人有所计校者，皆私意也。孟子曰：“惟仁者为能以大事小。”仁者欲人之善而矜人之恶，不计校小大强弱而事之，故能保天下。“犯而不校”，亦乐天顺理者也。（伊川）

人而不仁，君子当教养之。不尽教养，而惟疾之甚，必至于乱。（明道）

为学三年，而不至于善，是不善学也。（明道）

乱，治也。师挚始治《关雎》之乐，其声洋洋乎盈耳哉，美之也。（明道）

“洋洋盈耳”，美也。孔子反鲁，乐正，《雅》《颂》各得其所。其后自太师而下，入河蹈海，由乐正，鲁不用，而放弃之也。（伊川）

“禹，吾无间然矣”，言德纯完，无可非间。（明道）

“子罕言利”，非使人去利而就害也，盖人不当以利为心。《易》曰：“利者，义之和。”以义而致利斯可矣。罕言仁者，以其道大故也。《论语》一部，言仁岂少哉？盖仁者大事，门人一一纪录，尽平生所言如此，亦不为多也。（伊川）

“吾有知乎哉？无知也”者，尽以告人，他无知也，与“吾无隐乎尔”同。（伊川）

“叩”，就也。“两端”犹曰两头，谓始终告鄙夫也。（伊川）

“凤鸟不至，河不出图，吾已矣夫”者，嗜欲将至，有开必先也。（伊川）

“可与共学”，所以求之也。“可与适道”，知其所往也。“可与立”者，笃志固执而不变也。“权”与权衡之“权”同，称物而知其轻重者也。人无权衡，则不能知轻重。圣人则不以权衡而知轻

重矣，圣人则是权衡也。（伊川）

寝食不当言语，时必齐如也，临祭则敬也。（明道）

“色斯举矣”，不至悔吝；“翔而后集”，审择其处。（明道）

山梁雌雉得其时，遂其性；而人逢乱世，反不得其所。子路不达，故共具之。孔子俾子路复审言详意，故三嗅而起，庶子路知之也。（伊川）

“先进”犹言前辈也，“后进”犹言后辈也。“先进之于礼乐”，有其诚意而质也，故曰“野人”。“后进之于礼乐”，习其容止而文者也，故曰“君子”。孔子患时之文弊，而欲救之以质，故曰“如用之，则吾从先进”，取其诚意之多也。（明道）

“先进于礼乐，野人也”，谓其质朴。“后进于礼乐，君子也”，谓其得宜。周末文弊，当时之人自谓得宜，而以古人为质朴，故孔子欲从古人，古人非质朴也。（伊川）

“从我于陈、蔡者，皆不及门”，言此时皆无及孔子之门者，思其人，故数颜子以下十人有德行者、政事者、言语者、文学者，皆从于陈、蔡者也。（明道）

四科，乃从夫子于陈、蔡者尔。门人之贤者，固不止此，曾子传道而不与焉，故知十哲，世俗之论也。（明道）

闵子之于父母昆弟，尽其道而处之，故人无非间之言。（伊川）

“过犹不及”，如琴张、曾皙之狂，皆过也，然而行不掩焉，是无实也。（明道）

才高者过，过则一出一入；卑者不及，则怠惰废弛。（明道）

师、商过不及，其弊为杨、墨。杨出于义，墨出于仁。仁义虽天下之美，然如此者，失之毫厘，谬以千里。（伊川）

曾子少孔子，始也鲁，观其后明道，岂鲁也哉？（明道）

善人，非豪杰特立之士不能自达者也，苟不履圣贤之迹，则亦不入其奥，故为邦必至于百年，乃可以胜残去杀也。孟子以乐正子为善人信人。有诸己之谓信，能充实之，可以至于圣贤，然其始必循辙迹而后能入也。论笃，言之笃厚者也，取于人者，惟言之笃厚者是与。君子者乎？色庄者乎？未可知也。不可以论笃遂与之，必观其行事乃可也。（明道）

“一日克己复礼，天下归仁”者，言一旦能克己复礼，则天下称其仁，非一日之间也。（伊川）

子路之言信，故“片言可以折狱”。（伊川）

“宿”谓预也，非一宿之“宿”也。（伊川）

子张少仁，无诚心爱民，则必倦而不尽心者也，故孔子因问而告之。（伊川）

“先之劳之”者，昔周公师保万民，《易》曰：“以左右民。”师保左右，先之也。劳，勉也，又劳勉之。（伊川）

子路问政，孔子既告之矣，及请益，则曰“无倦”而已，未尝复有所告，姑使深思之也。（明道）

凡有物有形则有名，有名则有理。如以大为小，以高为下，则言不顺，至于民无所措手足也。（伊川）

“苟有用我者，期月而已可也，三年有成”，如何？曰：“昔在经筵时尝说，因言陛下若以期月之事问臣，臣便以期月之事对，若以三年之事问臣，臣便以三年之事对。期月而已者，整顿大纲也。若夫有成，则在三年也。然期月、三年之说，今世又不同，须从头整理可也。汉公孙弘言：‘三年而化，臣窃迟之。’李石对唐文宗以谓：‘陛下责治太急。’皆率尔之言，本不知期月。三年之事。”（伊川）

三十年为一世，三十壮有室也。“必世而后仁”，化浃也。（伊川）

冉子谓季氏之所行为政，孔子抑之曰：“其事也。”言季氏之家事而已，谓之政者僭也。如国有政，吾虽不用，犹当与闻之也。（伊川）

“言不必信，行不必果，唯义所在”，大人之事。“言必信，行必果，硁硁然”，小人之事。小人对大人为小，非为恶之小人也，

故亦可以为士。（明道）

“刚”者坚之体，发而有勇曰“毅”，“木”者质朴，“讷”者迟钝。此四者比之巧言令色则近于仁，亦犹不得中行而与狂狷也。（伊川）

“切切”如体之相磨，“偲偲”则以意。此言告子路，故曰“切切，偲偲，怡怡如也”。（明道）

“善人教民七年，亦可以即戎”，圣人度其时可矣，如小国五年，大国七年云。（伊川）

原宪，孔子高弟，问有所未尽。盖克伐怨欲四者无，然后可以为仁，有而不行，未至于无，故止告之以为难。（伊川）

“邦有道谷，邦无道谷，耻也”，此泛举也。“直哉史鱼”，不若“君子哉蘧伯玉”。然则“危言危行”“危行言逊”，乃孔子事也。危，犹独也，与众异不安之谓。邦无道，行虽危而言不可不逊也。（明道）

“直哉史鱼”，不若“君子哉蘧伯玉”。“卷而怀之”，乃“危行言逊”也。“危行”者，严厉其行而不苟，言则当逊。（伊川）

“晋文公谲而不正，齐桓公正而不谲”，此为作《春秋》而言也。晋文公实有勤王之心，而不知召王之为不顺，故谲掩其正。齐桓公伐楚，责包茅，虽其心未必尊王，而其事则正，故正掩其谲。孔子言之以为戒。正者正行其事耳，非大正也，亦犹管仲之仁，止以事功而言也。（伊川）

桓公杀公子纠，管仲不死而从之。杀兄之人，固可从乎？曰：“桓公、子纠，襄公之二弟也，桓公兄而子纠弟也。襄公死，则桓公当立，此以《春秋》知之也。《春秋》书桓公，则曰‘齐小白’，言当有齐国也，于子纠，则止曰‘纠’，不言‘齐’，以不当有齐也，不言‘子’，非君嗣了也。《公》《谷》并注四处皆书‘纳纠’，《左传》独言‘子纠’，误也。然书齐人取子纠杀之者，齐大夫尝与鲁盟于蔇，既欲纳纠以为君，又杀之，故书‘子’，是二罪也。管仲始事纠，不正也，终从于正，义也。召忽不负所事，亦义也。

如魏徵、王珪不死建成之难，而从太宗，可谓害于义矣。（伊川）

“君子固穷”者，固守其穷也。（伊川）

“知及之，仁不能守之”，此言中人以下也。若夫真知，未有不能行者。（伊川）

民于为仁，甚于畏水火，水火犹有蹈而死者，言民之不为仁也。（伊川）

为仁在己，无所与让也。（明道）

谅与信异，自大体是信，亮必为也。（明道）

谅，固执也，与“亮”同，古字通用。孟子曰：“君子不亮，乌乎执？”（伊川）

“性相近”，对“习相远”而言，相近犹相似也。上智下愚才也，性则皆善。自暴自弃然后不可移，不然则可移。（伊川）

“吾其为东周乎？”若用孔子，必行王道。东周衰乱，所不肯为也，亦非革命之谓也。（明道）

“恭则不侮”，盖一恭则仁道尽矣，又宽以得众，信为人所任，敏而有功，惠以使人，行五者于天下，其仁可知矣。（明道）

佛肸召子，必不徒然，其往义也，然终不往者，度其不足与有为也。

六言六蔽，正与“恭而无礼则劳”，“宽而栗，刚而无虐”之义。盖好仁而不好学，乃所以愚，非能仁而愚，徒好而不知学乃愚。（明道）

《二南》，人伦之本，王化之基，苟不为之，则无所自入。古之学者必“兴于《诗》”。“不学《诗》无以言”，故犹“正墙面而立”。（明道）

孟子曰：“教亦多术矣，予不屑之教诲也，是亦教诲之而已矣。”孔子不见孺悲，所以深教之也。（明道）

“君子不施其亲。”施，与也，言其不私其亲昵也。（伊川）

与人交际之道，则子张为广，圣人亦未尝拒人也。（明道）

“日知其所亡，月无忘其所能”，此可以为人师法矣，非谓此可以为人师道。

学不博则不能守约，志不笃则不能力行，切问近思在己者，则仁在其中矣。（明道）

“望之俨然”，秉天阳高明气象。“即之也温”，中心和易而接物也温，备人道也。“听其言也厉”，则如东西南北正定，地道也，盖非礼勿言也。君子之道，三才备矣。（明道）

“大德不逾闲”，指君臣父子之大义。小德如援溺之事，更推广之。（伊川）

学既优则可以仕，仕既优则可以学。优裕，优闲，一也。（伊川）

子张既除丧而见，予之琴，扣之而和，弹之而成声，作而曰：“先王制礼，不敢不至焉。”推此言之，子张过于薄，故“难与并为仁矣”。（明道）

子贡言性与天道，以夫子聪明而言；“绥之斯来，动之斯和”，以夫子德性而言。（伊川）

“因民之所利而利之”，若耕稼陶渔，皆因其顺利而道之。（明道）

知言之善恶是非，乃可以知人，孟子所谓“知言”是也。必有诸己，然后知言，知之则能格物而穷理。（伊川）

今之城郭，不为保民。（明道）

君子道弘，故可大受：而不可小了知测。此孟子所以四十不动心，小人反是。（明道）

有若等自能知夫子之道，假使汙下，必不为阿好而言，谓其论可信也。（伊川）

恻恻然隐，如物之隐应也，此仁之端绪。赤子入井，其颡有泚，推之可见。（伊川）

墨子爱其兄之子犹邻之子，《墨子》书中未尝有如此等言，但孟子拔本塞源，知其流必至于是，故直之也。（伊川）

“广居”，“正位”，“大道”，一也。不处小节，即是广居。

事亲若曾子而曰“可”者，非谓曾子未尽善也。人子事亲，岂有大过曾子？孟子之心，皆可见矣。（明道）

“君仁莫不仁，君义莫不义。”天下之治乱系乎人君仁不仁耳。离是而非，则生于其心，必害于其政，岂待乎作之于外哉？昔者孟子三见齐王而不言事，门人疑之。孟子曰：“我先攻其邪心，心既正，然后天下之事可从而理也。”夫政事之失，用人之非，知者能更之，直者能谏之。然非心存焉，则一事之失，救而正之，后之失者，将不胜救矣。格其非心，使无不正，非大人其孰能之？（伊川）

君子小人泽及五世者，善恶皆及后世也。（伊川）

“可以仕则仕，可以止则止，可以久则久，可以速则速”，此皆时也，未尝不合中，故曰“君子而时中”。（伊川）

孔子于孺悲，所谓不屑之教诲者也。（伊川）

命皆一也。莫之致而至者，正命也。桎梏而死者，君子不谓命。（伊川）

而恕者，入仁之门。（伊川）

仁，理也。人，物也。以仁合在人身言之，乃是人之道也。（伊川）

“充实而有光辉”，所谓修身见于世也。（伊川）

“带”盖指其近处，“下”犹舍也，离也。古人于一带，必皆有意义。“不下带而道存”，犹云只此便有至理存焉。（此一段伊川语，得之马时仲。按：伊川弟子马伸，字时中。）

“经德不回”，乃教上等人。祸福之说，使中人以下知所畏惧修省，亦自然之理耳，若释氏怖死以学道，则立心不正矣。（明道）

河南程氏外书卷第七

胡氏本拾遗

明道曰："'维天之命，於穆不已'，不其忠乎？'天地变化，草木蕃'，不其恕乎？"

伊川曰："'维天之命，於穆不已'，忠也；'乾道变化，各正性命'，恕也。"

心敬则内自直。

匹夫悍卒见难而能死者，有之矣；惟情欲之牵，妻孥之爱，断而不惑者鲜矣。

思虑，不得至于苦。

合天、人，通义、命，此大贤以上事。

人之多闻识，却似药物，须要博识，是所切用也。

为天下，安可求近效？才计较著利害，便不是。

程子与侯仲良语及牛、李事，因言温公在朝，欲尽去元丰间人。程子曰："作新人才难，变化人才易。今诸人之才皆可用，且人岂肯甘为小人？在君相变化如何耳。若宰相用之为君子，孰不为君子？此等事教他们自做，未必不胜如吾曹。"仲良曰："若然，则无绍圣间事也。"（尹子亲注云：此一段可疑。）

世事与我了不相关。（明道）

勇一也，而用不同，有勇于气者，有勇于义者。君子勇于义，小人勇于气。

伊川在经筵已，闻上盥漱喷水避蚁。他日，先生进曰："愿陛下推此心以及天下。"

程子葬父，使周恭叔主客。客欲酒，恭叔以告，先生曰："勿陷人于恶。"

风竹便是感应无心。如人怒我，勿留胸中，须如风动竹。

或谓伊川曰："先生于上前委曲已甚，不亦过乎？"曰："不于此致力尽心，而于何所？"

圣人之责人也常缓，便见只欲事正，无显人过恶之意。

圣人，凡一言便全体用。

圣人，责己感也处多，责人应也处少。

有人疑，祖杀其父则告之，其罪如何？律：孙告祖当死，此不可告，明矣。然则父杀其子如何？律：徒一年，以理考之，当徒二年。虽是子，亦天子之民也，不当杀而专杀之，是违制也，违制徒二年。

吾尝见一贵人，吾进退以礼，而彼巍巍，其自视也惟恐不中节，岂不劳哉？

"君子而时中"，谓即时而中。如禹、稷当颜子之时，不为颜子所为，非中也。颜子亦然。

自信，则无所疑而不动心。公孙丑不知孟子，故问不动心有道。如数子者，皆中有主，便心不动。

性无不善，其所以不善者才也。受于天之谓性，禀于气之谓才，才之善不善由气之有偏正也。乃若其情，则无不善矣。今夫木之曲直，其性也；或可以为车，或可以为轮，其才也。然而才之不善，亦可以变之，在养其气以复其善尔。故能持其志，养其气，亦可以为善。故孟子曰："人皆可以为尧、舜。"惟自弃自暴，则不可以为善。

凡声皆阳声，大鸣则大震，小鸣则小震。

或问："《维摩诘》云：'火中生莲花。'是可谓希有。在欲而行禅，希有亦如是，此岂非儒者事？"子曰："此所以与儒者异也。人伦者，天理也。彼将其妻子当作何等物看？望望然以为累者，文王不如是也。有生者，必有死；有始者，必有终；此所以为常也。为释氏者，以成坏为无常，是独不知无常乃所以为常也。今夫人生百年者常也，一有百年而不死者，非所谓常也。释氏推其私智所及而言之，至以天地为妄，何其陋也！张子厚尤所切齿者此耳。”

问：“张子曰：‘阴阳之精，互藏其宅’，然乎？”曰：“此言甚有味，由人如何看。水离物不得，故水有《离》之象。火能入物，故火有《坎》之象。”

作《易》，自天地幽明至于昆虫草木微物无不合。

《春秋》有三《传》，及三本正《经》，共是六本。书子纠事，五处皆言“纠”，独左氏言“子纠”。且纠与小白皆公子，非当立，而小白长则当立也。今纠争立，故皆不言“子”，及杀之，然后言“子纠”，盖谓既已立之矣，故须以未逾年君称之。以此校之，则管仲之去纠事小白，皆非正，去就轻也。非如建成既为太子，而秦王夺之，魏徵去建成而事秦王，不义之大也。

“学而时习之。”所以学者，将以行之也；时习之，则所学者在我，故说习如禽之习飞。

“孝弟也者，其为仁之本与！”非谓孝弟即是仁之本，盖谓为仁之本当以孝弟，犹忠恕之为道也。

饰过则失实，故宁俭，丧主于哀戚。

“我不欲人之加诸我也，吾亦欲无加诸人”，恕也，近于仁，故曰：“赐也，非尔所及也。”然未至于仁也，以其有“欲”字尔。

邦无道，则能沉晦以免祸，故曰“不可及也”。亦有不当“愚”者，比干是也。

“仁之方”，方术也。

“三月不违仁”，三月言其久，天道小变之节，盖言颜子经天道之变，而为仁如此，其能久于仁也。

鲜于侁问伊川曰：“颜子何以能不改其乐？”正叔曰：“颜子所乐者何事？”侁对曰：“乐道而已。”伊川曰：“使颜子而乐道，不为颜子矣。”侁未达，以告邹浩。浩曰：“夫人所造如是之深，吾今日始识伊川面。”（《胡文定公集》记此事云：安国尝见邹至完，论近世人物，因问程明道如何，至完曰：“此人得志，使万物各得其所。”又问伊川如何，曰：“却不得比明道。”又问何以不得比，曰：“为有不通处。”又问侍郎，先生言伊川不通处，必有言行可证，愿闻之，至完色动，徐曰：“有一二事，恐门人或失其传。”后来在长沙，再论河南二先生学术，至完却曰：“伊川见处极高。”因问何以言之，曰：“昔鲜于侁曾问：‘颜子在陋巷，不改其乐，不知所乐者何事?’伊川却问曰：‘寻常说颜子所乐者何?’侁曰：‘不过是说颜子所乐者道。’伊川曰：‘若说有道可乐，便不是颜子。’以此见伊川见处极高。”又曰：“浩昔在颍昌，有赵均国者，自洛中来，浩问：‘曾见先生，有何语?’均国曰：‘先生语学者曰：除却神祠庙宇，人始知为善。古人观象作服，便是为善之具。’”又《震泽语录》云：伊川问学者，颜子所乐者何事？或曰：“乐道。”伊川曰：“若说颜子乐道，孤负颜子。”郑至完曰：“吾虽未识伊川面，已识伊川心。何其所进之深也！”）

乐山、乐水，气类相合。

“文莫吾犹人也”，文皆欲胜人，至躬行则未尝得也。

古之学者，必先学《诗》。学《诗》则诵读，其善恶是非劝戒，有以起发其意，故曰兴。人无礼以为规矩，则身无所处，故曰立。此礼之文也。中心斯须不和不乐，则鄙诈之心入之。不和乐则无所自得，故曰成。此乐之本也。古者玉不去身，无故不徹琴瑟。自成童入学，四十而出仕，所以教养之者备矣。理义以养其心，礼乐以养其血气，故其才高者为圣贤，下者亦为吉士，由养之至也。

所谓利者一而已，财利之利与利害之利，实无二义，以其可利，故谓之利。圣人于利，不能全不较论，但不至妨义耳。乃若惟利是辨，则忘义矣，故罕言。

“色斯举矣”，知几莫如圣人。“翔而后集”，不止择君，凡事必详审也。

兼四人之所长，而又“文之以礼乐，亦可以为成人矣”，成人之难也。武仲之智非正也。若文之以礼乐，则无不正者。今之成人者，“见利思义，见危授命”，谓忠也；“久要不忘平生之言”，信也。有忠信而不及礼乐，亦可以为成人，又其次也。

伊川先生将属纩时，顾谓端中曰：“立子。”盖指其嫡子端彦也，语绝而没。既除丧，明道之长孙昂，自以当立，侯师圣不可，昂曰：“明道不得入庙耶？”师圣曰：“我不敢容私。明道先太中而卒，继太中主祭者伊川也。今继伊川，非端彦而何？”议始定。或谓师圣曰：“明道既死，其长子不当立乎？”曰：“立庙自伊川始。又明道长子死已久。况古者有诸侯夺宗、庶姓夺嫡之说，可以义起矣。况立庙自伊川始乎？”（尹子亲注云：此一段差误。）

学者必知所以入德。不知所以入德，未见其能进也。故孟子曰：“不明乎善，不诚其身。”《易》曰：“知至至之。”

别本拾遗

明道见神宗论人材。上曰：“朕未之见也。”明道曰：“陛下奈何轻天下士？”上耸然曰：“朕不敢！朕不敢！”（此段见《行状》，无“上曰朕未之见也”一句。）

子曰：“游酢得《西铭》诵之，即涣然不逆于心，曰：‘此《中庸》之理也，能求于语言之外者也。’”（此一条已见于《大全集》，然颇有缺误，故复出此。）

崇宁党禁方严，子徙居龙门之南，止南方学者曰：“苟能尊所闻，力行所知，则可矣，不必及门也。”

或问乎范祖禹曰：“或谓夫子有言曰：‘人有笃学力行而不知道者，信乎？’”祖禹曰：“吾尝闻之夫子，有所指而言之也。”（时范公在温公《通鉴》局中。）

河南程氏外书卷第八

游氏本拾遗

问文中子"圆者动，方者静"，先生曰："此正倒说了。静体圆，动体方。"

问："管仲设使当时有必死之理，管仲还肯死否?"曰："董仲舒道得好，惟仁人正其义不谋其利，明其道不计其功。"

问知崇礼卑。曰："崇的便是知，卑的便是礼。"

问："充塞乎天地之间，莫是用于天地间无窒碍处否?"曰："此语固好，然孟子却是说气之体。"

问寝不尸，曰："毋不敬。"

因论持其志，先生曰："只这个也是私。然学者不恁地不得。"

古者大享，夫人有见宾之礼。南子虽妾，灵公既以夫人处之，使孔子见，于是时岂得不见?

"天且不违，况于鬼神乎?"鬼神言其功用，天言其主宰。

"天下雷行，物与无妄"，先天后天，皆合乎天理也，人欲则伪矣。

"古人善推其所为而已矣"，此特告齐王云尔，圣人则不待推。

仲尼圣人，其道大，当定、哀之时，人莫不尊之。后弟子各以其所学行，异端遂起，至孟子时，不得不辨也。

"岁寒然后知松柏之后凋"，只取坚不变之义。

"鼓万物而不与圣人同忧"，圣人有为之功，天地不宰之功。

孔子之时，周室虽微，天下诸侯尚知尊周为义，故《春秋》之法，以尊周为本。至孟子时，七国争雄，而天下不知有周，然而生民涂炭，诸侯是时能行王道则可以王矣，盖王者天下之义主也，故孟子所以劝齐之可以王者此也。

初见先生，次日先生复礼，因问安下饭食稳便。因谓君子食无求饱，居无求安，颜子箪瓢陋巷不改其乐，箪瓢陋巷何足乐？盖别有所乐以胜之耳。（伊川）

问："佛戒杀生之说如何？"曰："儒者有两说。一说，天生禽兽，本为人食，此说不是。岂有人为虮虱而生耶？一说，禽兽待人而生，杀之则不仁，此说亦不然。大抵力能胜之者皆可食，但君子有不忍之心尔。故曰：'见其生不忍见其死，闻其声不忍食其肉，是以君子远庖厨也。'旧先兄尝见一蝎，不忍杀，放去。颂中有二句云：'杀之则伤仁，放之则害义。'"（伊川）

"敬以直内，义以方外"，与"德不孤"，一也。为善者以类应，有朋自远方来，充之至于塞乎天地，皆不孤也。

伯夷，孟子言其迹得圣人之清，孔子言清而有量，故曰："不念旧恶，怨是用希。"又曰："求仁而得仁，又何怨？"若曰饿于首阳之下，但不食周粟，贫且饿尔，非谓不食周粟，至于采薇而食之，如史迁之说也。

乐随风气，至《韶》则极备。若尧之洪水方割，四凶未去，和有未至也。至舜以圣继圣，治之极，和之至，故《韶》为备。

舜巡狩，每五载一方。

仁在己，让不可也。若善名在外，则不可不让。

管仲不死，观其九合诸侯，不以兵车，乃知其仁也。若无此，则贪生惜死，虽匹夫匹妇之谅亦无也。

河南程氏外书卷第九

春秋录拾遗

《诗》《书》《易》言圣人之道备矣，何以复作《春秋》？盖《春秋》圣人之用也。《诗》《书》《易》如律，《春秋》如断案；《诗》《书》《易》如药方，《春秋》如治法。

始隐，周之衰也；终麟，感之始也。世衰道不行，有述作之意旧矣，但因麟而发耳。麟不出，《春秋》亦须作也。

元年，标始年耳，犹人家长子呼大郎。先儒穿凿，不可用。

或言绝笔后，王者可革命，大非也。孔子时，唯可尊周；孟子时，方可革命。时变然也。前一日不可，后一日不可。

范文甫问赵盾弑其君夷皋，又问许世子弑其君买，皆从《传》说。

《春秋》书战，以战之者为客，受战者为主，以此见圣人深意。盖彼无义来战，则必上告于天子，次告于方伯，近赴于邻国，不如是而与之战者，是以圣人深责之也。若不得已而与之战者，则异文以示意，来战于乾时是也。

《公羊》说《春秋》，书弟谓"母弟"，此大害义。禽兽则知母而不知父，人必知本，岂论同母与不同母乎？

桓、宣与闻乎弑，然圣人如其意而书即位，与僖、文等，同辞则其恶自见，乃所以深责之也。定公至六月方即位，又以见季氏制之也。

始隐，孙明复之说是也。孙大概唯解《春秋》之法，不见圣人所寓微意。若如是看，有何意味乎？

蒯聩得罪于父，不得复立；辄亦不得背其父而不与其国，委于所可立，使不失先君之社稷，而身从父，则义矣。

《春秋》大抵重嫡妾之分，及用兵、土功。尝因说伐颛臾事，对上言《春秋》重兵，如来战于郎，潞公甚喜。

河南程氏外书卷第十

大全集拾遗

圣人未尝无喜也，“象喜亦喜”；圣人未尝无怒也，“一怒而安天下之民”；圣人未尝无哀也，“哀此茕独”；圣人未尝无惧也，“临事而惧”；圣人未尝无爱也，“仁民而爱物”；圣人未尝无欲也，“我欲仁，斯仁至矣”。但中其节，则谓之和。

荀卿才高学陋，以礼为伪，以性为恶，不见圣贤，虽曰尊子弓，然而时相去甚远。圣人之道，至卿不传。杨子云仕莽贼，谓之“旁烛无疆”，可乎？隐可也，仕不可也。

刘子之学甚支离，只立名做法语，便不是了。

游酢于《西铭》，读之已能不逆于心，言语之外，别立得这个义理，便道中庸矣。

向日与向火意思别，火只是一个酷烈底性，日则自然一般生底气，便与人气接。

问星辰。曰：“星是二十八宿，辰是日月五星。”

井泉之异，全由地脉一溜之别。伯淳在扶沟，扶沟水皆咸，惟僧舍井小甘，不欲令妇女往汲之，乃禁之。既禁之，又一县无水。乃相一端凿一井，其味適别，地脉是一溜也。又如在襄城，寺中水咸，寺外即甘。一日观其墙下有地皮一旋裂，于是试令近墙凿井，遂亦甘，只是要相地脉如何。

冬桃，今视之似先春，其实晚桃也，直到如今方发。

南京三十六冈改葬，只是台中人为之，要得自振其术以营利也。

有人葬埋，至有毁伐其亲之尸以祈福利，然偶获祸。其事虽未必然，然据理，安得不招此祸？

冬至与诸友贺，先生不出，云有司法服，慰乃出。

《子夏易》虽非卜商作，必非杜子夏所能为，必得于师传也。

《易》因爻象论变化，因变化论神，因神论人，因人论德行，大体通论《易》道，而终于“默而成之，不言而信，存乎德行”。

复者反本也，本有而去之，今“来复”，乃见天地之心也，乃天理也，此贤人之事也。

“惟圣罔念作狂”，如《周官》六德之圣，通明之谓也。

徽柔懿恭，四事也。徽懿皆美也。懿，美中似有宽裕意，研其意味乃得之。若渊亦深也，渊则深中有奥意。

《周礼》不全是周公之礼法，亦有后世随时添入者，亦有汉儒撰入者。如《吕刑》《文侯之命》，通谓之《周书》。

学者有所得，不必在谈经论道间，当于行事动容周旋中礼得之。

学者不学圣人则已，欲学之，须是熟玩圣人气象，不可止于名上理会。如是，只是讲论文字。

《易》学，后来曾子、子夏学得煞到上面也。

君实近年病渐较煞放得下也。

致知在格物，格、至也，穷理而至于物，则物理尽。

先生曰：“司马迁为近古，书中多有前人格言。如作《纪》本《尚书》，但其间有晓不得《书》意，有错用却处。”嘉仲问：“项籍作《纪》，如何？”曰：“《纪》只是有天下方可作。”又问：“班固尝议迁之失，如何？”曰：“后人议前人固甚易。”

天下宁无魏公之忠亮，而不可无君臣之义。昔事建成而今事太宗，可乎？

薛公言黥布出上策，则关东非汉有，非也。使出上策，亦败。

赵襄子姊为代国夫人，襄子既杀代王，将夺其国，夫人距战，是也。身为代国夫人，社稷无主，独当其任，义不可弃社稷以与弟，则战而杀之，非姊杀弟也，代国夫人杀贼也。

陈寔见张让，是故旧，见之可也，不然则非矣。此所谓太丘道广。

唐之有天下数百年，自是无纲纪。太宗、肃宗皆篡也，更有甚君臣父子？其妻则取之不正。又妻杀其夫，篡其位，无不至也。若太宗，言以功取天下，此尤不可，最启僭夺之端。其恶大，是杀兄篡位，又取元吉之妻。后世以为圣明之主，不可会也。太宗与建成，史所书却是也。肃宗则分明是乘危而篡。若是，则今后父有事，安敢使其子？

《新书》且未说义中否，且如与小人说能，亦有至言，然只是一个气象。今日《新书》读之，便有一个支离气象。(疑有误字。)

观太学诸生数千人，今日之学，要之亦无有自信者。如游酢、杨时等二三人游其间，诸人遂为之警动，敬而远之。

先生自少时未尝乘轿。顷在蜀，与二使者游二峡，使者相强乘轿，不可。诘其故，语之曰："某不忍乘，分明以人代畜。若疾病及泥泞，则不得已也。"二使者亦将不乘，某语之曰："使者安可不乘？"既至，留题壁间，先生曰："毋书某名。"诘其故，曰："以使者与一闲人游，若铮客。"当时竟不乘轿，亦不留名。

村酒肆，要之蠹米麦，聚闲人，妨农工，致词讼，藏贼盗，州县极有害。

正叔谓子厚在礼院所定龙女衣冠，使依封号夫人品秩为准。正叔语其非，此事合理会。夫大河之塞，莫非上天降鉴之灵，官吏勤职，士卒效命。彼龙，水兽也，何力焉？今最宜与他正人畜分，不宜使畜产而用人之衣服。

汝之多瘿，以地气壅滞。尝有人以器杂贮州中诸处水，例皆重浊，至有水脚如胶者，食之安得无瘿？治之之术，于中开凿数道沟渠，泄地之气，然后少可也。

介甫言律是八分书，是他见得。又有学律者，言今之人析言破律。正叔谓律便是此律否？但恐非也。学者以传世已来，未之或能改也，惟近年改了一字。旧言指斥乘舆言理恶者死，今改曰情理，亦非也。今有人极一场凶恶，无礼于上，犹不当死，须是反逆得死也邪？

酒是麴蘖为之，以乱其气。人苟持其志，则不到于乱。乃知饮酒须德持之，未有害也。志之为力极可怪。

石炭穴中遗火，则连蔓火不绝，故有数百千年。今火山盖为山中时有火光，必是此个火时发于山间也。

昔聂觉倡不信鬼神之说，故身杀湫鱼。其同行者有不食鱼而病死者，有食鱼亦不病不死者，只是其心打得过。或食而病，或不食而病。要之，山中阴森之气，心怀忧思，以致动其气血也。如太一湫鱼，自唐以来，自不敢取，今当不可容，然亦只如此者，盖自相食及亦有死伤也。若晋祠之鱼则极多，必是吞鱼之鱼不众也。伯淳尝到其水滨，鱼可俯拾，然众人不取，以神为畏，而特不残及于此鱼也。

今人家买乳婢，亦多有不得已者。或不能自乳，须著使人。然食己子而杀人之子，不是道理。必不得已，用二乳而食二子，我之子。又足备他虞，或乳母病且死，则不能为害。或以势要二人，又不更为己子而杀人子，要之只是有所费。若不幸致误其子，害孰大焉？

今人居覆载中，却不知天地在照临之内，却不理会得日月，此冥然而行者也。

凡人有斗筲之量，有钟鼎之量，有釜斛之量。江海亦大矣，然尚有限。惟圣人之量与天地并，故至多不盈，至少不虚。凡人为器量所拘，到满后自然形见。本朝向敏中号有度量，至作相，却与张齐贵争取一妻，为其有十万囊橐故也。王随亦有德行，仁宗尝称"王随德行，李淑文章"。至作相，萧端公欲得作三路运使，及退，随语堂中人曰："何不以溺自照面，看做得三路运使无？"皆量所动也。今人何尝不动？只得绫写一卷与便动，又干他身分甚事？

程、苏之姓传于天下者不蕃，至如张、王、李、赵，虽其出不一，要之其姓蕃衍，此亦受姓之祖，其流之盛，固有定分也。

日再中，只是新垣平诈言也，史册实之，后世遂以为诚然。如丁谓天书之类，当时人却未必全信，却是后世观史者已信矣。

太行山千里一块，石更无间，故于石上起峰。

天下独高处，无如河东上党者，言上与天为党也。泽州北望有桑林村，盖汤自为牺牲处。汤十一迁，所居皆言亳，却似今言京师之比。

佛毕竟不知性命。世之人相诋曰尔安知性命，是果报知之。

问："古人所谓衣冠不正，无容止为身之耻。今学佛者反以为幻妄，此诚为理否?"曰："只如一株树，春华秋枯，乃是常理，若是常华，则无此理，却是妄也。今佛氏以死为无常，有死则有常，无死却是无常。"

周茂叔谓一部《法华经》，只消一个《艮》卦可了。

要之，释氏之学，他只是一个自私奸黠，闭眉合眼，林间石上自适而已。

明言吾理，使学者晓然审其是非，始得。

释氏之说，其归欺诈。今在法欺诈，虽赦不原，为其罪重也。及至释氏，自古至今，欺诈天下，人莫不溺其说，而不自觉也，岂不谓之大惑耶?原释祖只是一个黠胡，亦能窥测，因缘转化。其始亦只似譬喻，其徒识卑，看得入于形器，故后来只去就上结果。其说始以世界为幻妄，而谓有天宫，后亦以天为幻，卒归之无。佛有髪，而僧复毁形；佛有妻子舍之，而僧绝其类。若使人尽为此，则老者何养?幼者何长?以至剪帛为衲，夜食欲省，举事皆反常，不近人情。至如夜食后睡要败阳气，其意尤不美，直如此奈何不下。

大宗小宗图子，六七年前被人将出，后来京师印却便是这本。

河南程氏外书卷第十一

时氏本拾遗

或问："老子言'天地不仁''圣人不仁'，如何？"曰："谓'天地不仁，以万物为刍狗'，是也。谓'圣人不仁，以百姓为刍狗'，非也。圣人岂有不仁？所患者不仁也。天地何意于仁？'鼓舞万物而不与圣人同忧'，圣人则仁，此其为能弘道也。"

或问《记》曰："《康诰》曰：'如保赤子。'心诚求之，虽不中，不远矣。未有学养子而后嫁者也。"先生曰："今母保养赤子，其始何尝学来？当保养之时，自然中所欲。若推此心保民，设不中其所欲，亦不远。"因说昔杨轼为宣州签判，一日差王某为杖直。当日晚，有同姓名者来陈状，乞分产。轼疑其杖直，便决替了。赤子不能言，尚能中其欲。民能言，却不知其情。大抵只是少察。

学者今日无可添，唯有可减，减尽便无事。

《大学》"举而不能先，命也"，"命"当作"怠"，字之误也。

穷理，尽性，至命，一事也。才穷理便尽性，尽性便至命。因指柱曰："此木可以为柱，理也；其曲直者，性也；其所以曲直者，命也。理，性，命，一而已。"

或问忠恕之别，曰："犹形影也，无忠则不能为恕矣。"

尹子曰："伊川先生尝言，《中庸》乃孔门传授心法。"

郭忠孝议《易传序》曰："《易》即道也，又何从道？"或以问伊川，伊川曰："人随时变易为何？为从道也。"

范文甫问四象，子曰："左、右、前、后。"杨中立问四象，子言四方。

嶲不疑说《春秋》则非，处事应机则不异于古人。董仲舒论事先引《春秋》，论事则是，引《春秋》则非。

王道与儒道同，皆通贯天地，学纯则纯王纯儒也。

或问刘蕡，曰："浚恒之凶，始求深也。"曰："然则宜如何？"曰："尺蠖之屈，以求伸也。疏远小臣，一旦欲以新间旧，难矣。"

或问："贞观之治，不几三代之盛乎？"曰："《关雎》《麟趾》之意安在？"

德至于无我者，虽善言美行，无非所过之化也。

教人者，养其善心而恶自消。治民者，导之敬让而争自息。

天地之化，一息不留，疑其速也，然寒暑之变甚渐。

世之人务穷天地万物之理，不知反之一身，五脏六腑毛发筋骨之所存，鲜或知之。善学者，取诸身而已。自一身以观天地。

李朴（字先之）请教，先生曰："当养浩然之气。"又问，曰："观张子厚所作《西铭》，能养浩然之气者也。"

子谓尹焞鲁，张绎俊。俊，恐他日过之，鲁者终有守也。

尹子、张子见。先生曰："二子于某言如何？"尹子对曰："闻先生之言，言下领意，焞不如绎。能终守先生之学，绎亦不如焞。"先生欣然曰："各中其病。"

王信伯问学于伊川曰："愿闻一言。"先生曰："勿信吾言，但信取理。"

先生过成都，坐于所馆之堂读《易》。有造桶者前视之，指《未济》卦问，先生曰："何也？"曰："三阳皆失位。"先生异之，问其姓与居，则失之矣。《易传》曰："闻之成都隐者。"（《西室所闻》云田夫释耒者，误。）

朝廷议授游定夫以正言，苏右丞沮止，毁及伊川。宰相苏子容曰："公未可如此。颂观过其门者无不肃也。"

朱公掞以谏官召，过洛，见伊川，显道在坐，公掞不语。伊川指显道谓之曰："此人为切问近思之学。"

张思叔请问，其论或太高。伊川不答，良久曰："累高必自下。"

尹子问范淳夫之为人，子曰："其人如玉。"

有死而复苏者，故礼三日而敛。然赵简子七日犹苏，虽蛆食其舌鼻犹不害。唯伏地甚者，遂致并腹肿背冷。故未三日而敛，皆有杀之之理。

知德斯知言，故言使不动。孟子知武王，故不信漂杵之说。

学者要先会疑。

邵尧夫诗曰："梧桐月向怀中照，杨柳风来面上吹。"明道曰："真风流人豪也。"

伊川曰："邵尧夫在急流中，被渠安然取十年快乐。"

石曼卿诗云："乐意相关禽对语，生香不断树交花。"明道曰："此语形容得浩然之气。"（《龟山语录》：潘千之云："张师雍曾问伊川云：'昔明道尝与学者论浩然之气，因举古诗云云如何？"伊川沈吟，看著师雍曰：'好。'"）

或问："孝，天之经，何也？"曰："本乎天者亲上，轻清者是也。本乎地者亲下，重浊者是也。天地之常，莫不反本。人之孝，亦反本之谓也。"

《元经》，天子之史也，书帝正月，非也。

章氏之子与明道之子，王氏婿也。明道子死，章纳其妇。先生曰："岂有生为亲友，死娶其妇者？"他日，王氏来馈送，一皆谢遣。章来欲见其子，先生曰："母子无绝道，然君乃其父之罪人也。"

范尧夫经筵坐睡，先生语人曰："自胸中无事如此。"有朝士入朝，倒执手板，先生曰："此人胸中不是无事。"

陈经正问曰："据贵一所见，盈天地间皆我之性，更不复知我身之为我。"伊川笑曰："他人食饱，公无馁乎？"

不能克己，则为杨氏为我，不能复礼，则为墨氏兼爱。故曰："亲亲而仁民，仁民而爱物。"此之谓也。

或问涵养。曰："若造得到，更说甚涵养？"

《易·无妄》曰："天下雷行，物与无妄。"动以天理故也。其大略如此，又须研究之，则自有得处。

三代忠质文，其因时之尚然也。夏近古，人多忠诚，故为忠。忠弊，故救之以质；质弊，故救之以文，非道有弊也。后世不守，故浸而成弊，虽不可以一二事观之，大概可知。如尧、舜、禹之相继，其文章气象亦自小异也。

心定者其言重以舒，不定者其言轻以疾。

立宗必有夺宗法，如卑幼为大臣，以今之法，自合立庙，不可使从宗子以祭。

杨子曰："观乎天地，则见圣人。"伊川曰："不然。观乎圣人，则见天地。"

朱公掞为御史，端笏正立，严毅不可犯，班列肃然。苏子瞻语人曰："何时打破这'敬'字？"

尹子曰："冯理自号东皋居士，曰：'二十年闻先生教诲，今有一奇特事。'先生曰：'何如？'理曰：'夜间宴坐，室中有光。'先生曰：'颐亦有奇特事。'理请闻之，先生曰：'每食必饱。'"

崇宁初，范致虚言："程颐以邪说诐行，惑乱众听，尹焞、张绎为之羽翼。"遂下河南府体究。学者往别，因言世故，先生曰："三代之治，不可复也。有贤君作，能致小康，则有之。"

尹子曰：邵尧夫家以墓志属明道，许之，太中、伊川不欲，因步月于庭。明道曰："颢已得尧夫墓志矣，尧夫之学，可谓安且成。"太中乃许。

吕与叔作《横渠行状》，有"见二程，尽弃其学"之语。尹子言之，先生曰："表叔平生议论，谓颐兄弟有同处则可，若谓学于颐兄弟则无是事。顷年属与叔删去，不谓尚存斯言，几于无忌惮。"（按《行状》今有两本。一本云："尽弃其学而学焉。"一本云："于是尽弃异学，淳如也。"恐是后来所改。）

《西室所闻》云："圣人气数顺，无横逆死。学入圣域，其数亦随气斡转。”先生曰：“学而至圣，为夺造化者，以此。”

又问聪明如何磨去，曰：“使之则有，不使则亡。”

崇宁间，言者范致虚攻先生为元祐邪说，朝廷下河南府尽逐学徒。后数月，马伸（时举）及门求见，先生辞之。伸欲先弃官而来，先生曰：“近日尽逐学徒，恐非公仕进所利，公能弃官，则官不必弃也。”建炎间，伸为御史论事，公论与之。

范淳夫之女读《孟子》“出入无时，莫知其乡，惟心之谓与”，语人曰：“孟子不识心，心岂有出入？”先生闻之曰：“此女虽不识孟子，却能识心。”后嫁耿氏而卒。

或谓孔子尊周，孟子欲齐王行王政，何也？先生曰：“譬如一树，有可栽培之理则栽培之，不然须别种。贤圣何心，视天命之改与未改尔。”

有患心疾，见物皆狮子。伊川教之以见即直前捕执之，无物也，久之疑疾遂愈。

或问：“世传有人化虎，理有之乎？”曰：“有之。昔在涪，见村民爪甲渐变如虎，毛班班然通身。夜开关延虎，食其牢中之豕，化虽未成，而气类相感，其情已通矣。”

温公薨，朝廷命伊川先生主其丧事。是日也，祀明堂礼成，而二苏往哭温公，道遇朱公掞，问之，公掞曰：“往哭温公，而程先生以为庆、吊不同日。”二苏怅然而反，曰：“鏖糟陂里叔孙通也。”言其山野。自是时时谑伊川。他日国忌，祷于相国寺，伊川令供素馔。子瞻诘之曰：“正叔不好佛，胡为食素？”正叔曰：“礼，居丧不饮酒食肉。忌日，丧之余也。”子瞻令具肉食，曰：“为刘氏者左袒。”于是范淳夫辈食素，秦、黄辈食肉。吕申公为相，凡事有疑，必质于伊川，进退人才，二苏疑伊川有力，故极口诋之云。

伊川主温公丧事，子瞻周视无阙礼，乃曰：“正叔丧礼何其熟也？”又曰：“轼闻居丧未葬读丧礼。太中康宁，何为读丧礼乎？”伊川不答。邹至完闻之曰：“伊川之母先亡，独不可以治丧礼乎？”

范淳夫尝与伊川论唐事，及为《唐鉴》，尽用先生之论。先生谓门人曰："淳夫乃能相信如此。"

或谓科举事业夺人之功，是不然。且一月之中，以十日为举业，余日足可为学。然人不志此，必志于彼。故科举之事，不患妨功，惟患夺志。

或谓汉史天子建中和之极，学者甚病"中"与"极"之语。曰："此亦有理。中和犹木材也，极犹屋之极。有中和斯有极，如有木材斯可建屋之极。学者须识此气象。"（此一段，温州传录。）

程氏自先生兄弟，所葬以昭穆定穴，不用墓师，以五色帛埋旬日，视色明暗，卜地气善否。

官婢行酒，畅大隐力拒之，先生闻而不善之也。（畅字潜道。）

明道先生每与门人讲论，有不合者，则曰"更有商量"，伊川则直曰"不然"。

谢显道崇宁间上殿不称旨，先生闻之喜，已而就监门之职。陈贵一问："谢显道如何人？"先生曰："由、求之徒。"（或云建中间。）

尹子曰："先生谓侯师圣议论，只好隔壁听。"

尹子曰："先生年七十四，得风痺疾，服大承气汤则小愈。是年九月，服之辄利。医者语家人曰："侍讲病不比常时。"时大观元年九月也。十六日入视，先生以白夹被被体，坐竹床，举手相揖。焞喜，以为疾去，先生曰："疾去而气复者安候也，颐愈觉羸劣。"焞既还，十七日有叩门者，报先生倾殂。

司马温公辞副枢，名冠一时，天下无贤不肖，浩然归重。吕申公亦以论新法不合，罢归。熙宁末，申公起知河阳，明道以诗送行，复为诗与温公，盖恐其以不出为高也。及申公自河阳乞在京宫祠，神宗大喜，召登枢府。人以二公出处为优劣。二先生曰："吕公世臣，不得不归见上，司马公诤臣，不得不退处。"

《西室所闻》云："颜子得淳和之气，何故夭？"曰："衰周天地和气有限，养得仲尼已是多也。"圣贤以和气生，须和气养。常人之生，亦借外养也。

问："踧踖如也，与与如也。"曰："恭而安。与与，容与之貌，有雍容气象。"又王信伯语云：问踧踖如也。曰："恭而安。"王信伯问伊川，又曰："与与，容与之貌。"又问："孔子言舜之《韶》尽善，武王之《武》未尽善，何也。"曰："此圣人之心有所未足。"

伊川以《易传》示门人曰："只说得七分，后人更须自体究。"

释氏谈道，非不上下一贯，观其用处，便作两截。

问："吕与叔云：'不倚之谓中'，先生谓近之，而词未莹，如何?"曰："无倚著虚。"

陈经邦问："《诗说》言唐、魏已变先代之风，又言先圣流风遗俗尽，故次以陈，两意似不异，何以分先后?"先生曰："圣人之都，风化所厚；圣人之国，典法所存。唐、魏，圣人之都，其风虽变，而典法尚在。陈，舜之后，圣人之国，亦被夷狄之风，则典法随而亡矣。三代之后，有志之士，欲复先王之治而不能者，皆由典法不备。故典法尚存，有人举而行之，无难矣。"

张思叔作《商税院题名记》，先生以为得体。李邦直卒，委思叔作祭文，多溢美。先生顾思叔曰："《商税院题名记》，是公所为乎?"思叔唯唯。他日别制祭文用之，曰："世推文章，位登丞辅；编简见其才华，廊庙存其步武。"

范温讥张思叔曰："买取锦屏三亩地，蒲轮未至且躬耕。"先生闻之曰："于张绎有何加损也?"

范淳夫之葬，先生为之经理，掘地深数丈，不置一物，葬之日，招左近父老犒以酒食示之。其后发冢者相继，而淳夫墓独完。

横渠学堂双牖，右书《订顽》，左书《砭愚》。伊川曰："是起争端。"改之曰《东铭》《西铭》。

内直则其气浩然，养之至则为大人。

孟子知言，即知道也。诐淫邪遁是观人之言而知之，亦可以考其书，然本意唯为观人之言也。

或问："旱乾水溢，则变置社稷。社稷土地之神，如何变置？"曰："勾龙配食于社，弃配食于稷。诸侯之国，亦各以其有功水土者为配。旱乾水溢，则变置所配之人。"曰："所配者果能致力于水旱乎？"曰："古之人作事，唯实而已。始以其有功水土，故祀之，今以其水旱，故易之。"

精一便是执中底道理。

或问："孔子何讥大阅？"曰："讲武必于农隙，鲁之八月，夏之六月也。盛夏阅兵，妨农害人，其失甚矣。有警而为之，则无及也；无事而为之，则妄动也。"

子言《左传》非丘明作。"虞不腊矣"，并"庶长"，皆秦官秦语。

子谓"事亲舍药物可也"，是非君子之言。

河南程氏外书卷第十二

传闻杂记

“可以死，可以无死，死伤勇。”夫人之于死也，何以知可不可哉？盖视义为去就耳。予尝曰：“死生之际，惟义所在，则义所以对死者也。”程伯淳闻而谓予曰：“义无对。”

御史俸薄，故台中有“聚厅向火，分厅吃饭”之语。熙宁初，程伯淳入台为里行，则反之，遂聚厅吃食，分厅向火。伯淳为予言。

右二事见王氏《麈史》（王得臣字彦辅）。

程正叔先生曰：“枢密院乃虚设，大事三省同议，其他乃有司之事，兵部尚书之职。然艺祖用此以分宰相之权。神宗改官制，亦循此意。”

治平中，见正叔先生云：“今之守令，唯制民之产一事不得为，其他在法度中，甚有可为者，忠人不为耳。”

右二事见《吕氏家塾记》（吕希哲字原明）。

二程之学，以圣人为必可学而至，而己必欲学而至于圣人。

温公薨，门人或欲遗表中入规谏语。程正叔云：“是公平生未尝欺人，可死后欺君乎？”

右二事见吕氏《发明义理》）（同上）。

程正叔言：同姓相见，当致亲亲之意，而不可叙齿以拜，盖昭穆高下，未可知也。

右一事见吕氏《酬酢事变》（同上）。

元祐二年正月二十五日戊寅，内侍至资善传旨，权罢讲一日。

二十七日庚辰，资善吏报冯宗道云："上前日微伤食物，曾取动药，恐未能久坐，令讲读少进说。"是日，正叔略讲毕，奏云："臣等前日临赴讲筵，忽传圣旨权罢讲。臣等甚惊，圣躬别无事否?"上曰："别无事。"自初御迩英至是，始发德音。

二月十五日戊戌，正叔讲"一言可终身行之，其恕乎"，因言人君当推己欲恶，知小民饥寒稼穑艰难。明宗年六十余即位，犹书田家诗二首于殿壁，其诗（云云），进说甚多。

三月二十六日戊寅，正叔独奏，乞自四月就宽凉处讲读。二十八日，移讲读就延和。

四月六日丁亥，讲读依旧迩英阁。顾子敦封驳，以为延和执政得一赐坐啜茶，已为至荣，岂可使讲读小臣坐殿上，违咸造勿亵之义。持国、微仲进呈，令修迩英阁，多置轩窗。已得旨，而吕公方入，令修延义阁。帘内云：此待别有擘画，未知何所也。

十五日丙申，迩英进讲，文公以下预焉。迩英新修展，御坐比旧近后数尺，门南北皆朱漆，钓牕前帘设青幕障日，殊宽凉矣。

右《范太史日记》（范祖禹字淳夫）。

先生离京，曾面言，令光庭说与淳夫，为资善堂见畜小鱼，恐近冬难畜，托淳夫取来，投之河中。数次朝中不遇，故因循至此，专奉手启，幸便为之。

右《朱给事与范太史帖》（朱光庭字公掞）。

元符末，徽宗即位，皇太后垂帘听政，有旨，复哲宗元祐皇后孟氏位号。时有论其不可者曰："上于元祐后，叔嫂也，叔无复嫂之礼。"伊川先生谓邵伯温曰："元祐后之贤固也，论者之言，亦未为无理。"伯温曰："子甚宜其妻，父母不悦，出。子不宜其妻，父母曰是善事我，子行夫妇之礼焉。太后，于哲庙，母也；于元祐后，姑也。母之命，姑之命，何为不可，非上以叔复嫂也。"先生喜曰："子之言得之矣。"

元丰八年，神宗升遐，遗诏至洛。程宗丞伯淳为汝州酒官，以檄来举哀府治，既罢，谓留守韩康公之子宗师兵部曰："颢以言新法不便，忤大臣，同列皆谪官，颢独除监司，颢不敢当。念先帝见知之恩，终无以报。”已而泣。兵部问：“今日朝廷之事如何?”宗丞曰：“司马君实、吕晦叔作相矣。”兵部曰：“二公果作相，当如何?”宗丞曰：“当与元丰大臣同。若先分党与，他日可忧。”兵部曰：“何忧?”宗丞曰：“元丰大臣皆嗜利者，若使自变其已甚害民之法则善矣。不然，衣冠之祸未艾也。君实忠直，难与议。晦叔解事，恐力不足耳。”既而皆验。宗丞论此时，范醇夫、朱公掞、杜孝锡、伯温同闻之。

荆公置条例司，用程伯淳为属。一日盛暑，荆公与伯淳对语，公子雱囚首跣足，携妇人冠以出，问荆公曰：“所言何事?”荆公曰：“新法数为人沮，与程君议。”雱箕踞以坐，大言曰：“枭韩琦、富弼之首于市，则新法行矣。”荆公遽曰：“儿误矣。”伯淳正色曰：“方与参政论国事，子弟不可预，姑退。”雱不乐去。伯淳自此与荆公不合。

元祐初，文潞公以太师平章军国重事，召程正叔为崇政殿说书。正叔以师道自居，侍上讲，色甚庄，以讽谏，上畏之。潞公对上甚恭，进士唱名，侍立终日。上屡曰：“太师少休。”顿首谢立不去，时年八十矣。或谓正叔曰：“君之倨视潞公之恭，议者以为未尽。”正叔曰：“潞公三朝大臣，事幼主，不得不恭。吾以布衣为上师傅，其敢不自重?吾与潞公所以不同也。”识者服其言。

伯淳先生尝曰：“熙宁初，王介甫行新法，并用君子小人。君子正直不合，介甫以为俗学，不通世务，斥去。小人苟容谄佞，介甫以为有才，知变通，適用之。君子如司马君实不拜副枢以去，范尧夫辞修注得罪，张天祺以御史面折介甫被责。介甫性很愎，众人以为不可，则执之愈坚。君子既去，所用小人争为刻薄，故害天下益深。使众君子未与之敌，俟其势久自缓，委曲平章，尚有听从之理，则小人无隙可乘，其害不至如此之甚也。”

伊川先生贬涪州，渡汉江，中流船几覆。舟中人皆号哭，伊川独正襟安坐如常。已而及岸，同舟有老父问曰：“当船危时，君正坐色甚庄，何也？”伊川曰：“心存诚敬耳。”老父曰：“心存诚敬固善，然不若无心。”伊川欲与之言，而老父径去。

宗丞先生谓伯温曰：“人之为学，忌先立标准，若循循不已，自有所至矣。”先人敝庐，厅后无门，由旁舍委曲以出。先人既没，伯温凿壁为门。侍讲先生见之曰：“先生规画必有理，不可改作。”伯温亟塞之。伯温初入仕，侍讲曰：“凡所部公吏，虽有罪，亦当立案而后决，或出于私怒，比具案，怒亦散，不至仓卒伤人。每决人未经杖责者，宜慎之，恐其或有立也。”

右七事见《邵氏闻见录》（邵伯温字子文，康节先生之子）。

孔子曰：“天之将丧斯文也，后死者不得与于斯文也。天之未丧斯文也，匡人其如予何！”于“天之将丧斯文”下，便言“后死者不得与于斯文”，则是文之兴丧在孔子，与天为一矣。盖圣人德盛，与天为一，出此等语，自不觉耳。孟子地位未能到此，故曰：“天未欲平治天下也，如欲平治天下，当今之世，舍我其谁？”听天所命，未能合一。（明道云）

或问明道先生：“如何斯可谓之恕？”先生曰：“充扩得去则为恕。”“心如何是充扩得去底气象？”曰：“天地变化，草木蕃。”“充扩不去时如何？”曰：“天地闭，贤人隐。”

敢问何谓浩然之气，孟子曰：“难言也。”明道先生云：“只他道个难言也，便知这汉肚里有尔许大事。若是不理会得底，便撑拄胡说将去。”

横渠尝言：“吾十五年学个恭而安不成。”明道曰：“可知是学不成，有多少病在。”

明道尝曰：“吾学虽有所受，‘天理’二字却是自家体贴出来。”

陕西曾有议欲罢铸铜钱者，以谓官中费一贯铸得一贯为无利。伊川曰：“此便是公家之利。利多费省，私铸者众；费多利薄，盗铸者息。盗铸者息，权归公上，非利而何？”又曾有议解盐钞欲高其价者，增六千为八千。伊川曰：“若增钞价，卖数须减。盐出既众，低价易之，人人食盐，盐不停积，岁入必敷。”已而增钞价，岁额果亏，减之而岁入溢。温公初起时，欲用伊川。伊川曰：“带累人去里。使韩、富在时，吾犹可以成事。”后来温公欲变法，伊川使人语之曰：“切未可动著役法，动著即三五年不能得定叠去。”未几变之，果纷纷不能定。

温公作《中庸解》，不晓处阙之，或语明道。明道曰：“阙甚处?”曰：“如‘强哉矫’之类。”明道笑曰：“由自得里，将谓从‘天命之谓性’处便阙却?”

明道尝论吕微仲曰：“宰相，吕微仲须做，只是这汉俗。”

明道先生善言《诗》，佗又浑不曾章解句释，但优游玩味，吟哦上下，便使人有得处。“瞻彼日月，悠悠我思；道之云远，曷云能来?”思之切矣。终曰：“百尔君子，不知德行；不忮不求，何用不臧!”归于正也。

“孟子曰：‘养心莫善于寡欲。’此一句如何?”谢子曰：“吾昔亦曾问伊川先生，曰：‘此一句浅近，不如“理义之悦我心，犹刍豢之悦我口”，最亲切有滋味。然须是体察得理义之悦我心，真个犹刍豢始得。’”明道先生曰：“‘操则存，舍则亡，出入无时’，非圣人之言也，心安得有出入乎?”

问庄周与佛如何，伊川曰：“周安得比他佛?佛说直有高妙处，庄周气象大，故浅近。如人睡初觉时，乍见上下东西，指天说地，怎消得恁地?只是家常茶饭，夸逞个甚底?”

吾曾历举佛说与吾儒同处问伊川先生，曰：“恁地同处虽多，只是本领不是，一齐差却。”

谢子与伊川别一年，往见之。伊川曰：“相别又一年，做得甚工夫?”谢曰：“也只去个‘矜’字。”曰：“何故?”曰：“子细检点得来，病痛尽在这里。若按伏得这个罪过，方有向进处。”伊川点头，因语在坐同志者曰：“此人为学，切问近思者也。”

问有鬼神否，明道先生曰：“待向你道无来，你怎生信得及?待向你道有来，你且去寻讨看。”

谢子曰："吾尝习'忘'以养生。"明道曰："施之养生则可，于道则有害。习忘可以养生者，以其不留情也。学道则异于是，必有事焉而勿正，何谓乎？且出入起居，宁无事者？正心待之，则先事而迎。忘则涉乎去念，助则近于留情。故圣人心如镜，孟子所以异于释氏，此也。"

苗履见伊川，语及一武帅。苗曰："此人旧日宣力至多，今官高而自爱，不肯向前。"伊川曰："何自待之轻乎？位愈高则当愈思所以报国者。饥则为用，饱则扬去，是以鹰犬自期也。"

二十年前往见伊川（一本作"伯淳"），伊川曰："近日事如何？"某对曰："天下何思何虑？"伊川曰："是则是有此理，贤却发得太早在。"伊川直是会锻炼得人，说了又道，恰好著工夫也。

明道初见谢，语人曰："此秀才展拓得开，将来可望。"

每进语相契，伯淳必曰："更须勉力。"

昔伯淳教诲，只管著他言语。伯淳曰："与贤说话，却似扶醉汉，救得一边，倒了一边，只怕人执著一边。"

明道先生坐如泥塑人，接人则浑是一团和气。

正叔视伯淳坟，尝侍行，问佛儒之辨。正叔指坟围曰："吾儒从里面做，岂有不见？佛氏只从墙外见了，却不肯入来做，不可谓佛氏无见处。"

学者先学文，鲜有能至道。至如博观泛览，亦自为害。故明道先生教余尝曰："贤读书，慎不要寻行数墨。"

谢子见河南夫子，辞而归，尹子送焉，问曰："何以教我？"谢子曰："吾徒朝夕从先生，见行则学，闻言则识。譬如有人服乌头者，方其服也，颜色悦怿，筋力强盛，一旦乌头力去，将如之何？"尹子反以告夫子，夫子曰："可谓益友矣。"

昔录《五经》语作一册，伯淳见，谓曰："玩物丧志。"

明道见谢子记问甚博，曰："贤却记得许多。"谢子不觉身汗面赤。先生曰："只此便是恻隐之心。"（恻然有隐于心。）

伯淳谓正叔曰："异日能尊师道，是二哥。若接引后学，随人才成就之，则不敢让。”

伯淳常谈《诗》，并不下一字训诂，有时只转却一两字，点（平声）掇地念过，便教人省悟。又曰：“古人所以贵亲炙之也。”

邢七云：“一日三点检。”伯淳曰：“可哀也哉！其余时多会甚事？盖仿‘三省’之说错了，可见不曾用功。”又多逐人面上说一般话，伯淳责之。邢曰：“无可说。”伯淳曰：“无可说，便不得不说？”

张横渠著《正蒙》时，处处置笔砚，得意即书。伯淳云：“子厚却如此不熟。”

或举伯淳语云：“人有四百四病，皆不由自家，则是心须教由自家。”

伊川与君实语，终日无一句相合；明道与语，直是道得下。

尧夫《易》数甚精。自来推长历者，至久必差，惟尧夫不然，指一二近事，当面可验。明道云：“待要传与某兄弟，某兄弟那得工夫？要学，须是二十年工夫。”明道闻说甚熟，一日因监试无事，以其说推算之，皆合，出谓尧夫曰：“尧夫之数，只是加一倍法，以此知《太玄》都不济事。”尧夫惊抚其背，曰：“大哥你恁聪明！”伊川谓尧夫：“知《易》数为知天？知《易》理为知天？”尧夫云：“须还知《易》理为知天。”因说今年雷起甚处，伊川云：“尧夫怎知？某便知。”又问：“甚处起？”伊川云：“起处起。”尧夫愕然。他日，伊川问明道曰：“加倍之数如何？”曰：“都忘之矣。”因叹其心无偏系如此。

举明道云：“忠恕两字，要除一个除不得。”

明道语云：“病卧于床，委之庸医，比于不慈不孝。事亲者，亦不可不知医。”

伯淳先生云：“别人吃饭从脊皮上过，我吃饭从肚里去。”

范夷叟欲同二程去看劚地黄。明道率先生，先生以前辈为辞。明道云：“又何妨？一般是人。”

右三十七条见《上蔡语录》（谢良佐字显道，二先生门人）。

明道云："必有《关雎》《麟趾》之意，然后可行周公法度。"

先生曰："明道尝言：学者不可以不看《诗》，看《诗》便使人长一格价。"

明道在颍昌，先生寻医，调官京师，因往颍昌从学。明道甚喜，每言曰："杨君最会得容易。"及归，送之出门，谓坐客曰："吾道南矣。"先是，建安林志宁，出入潞公门下求教。潞公云："某此中无相益。有二程先生者，可往从之。"因使人送明道处。志宁乃语定夫及先生，先生谓不可不一见也，于是同行。时谢显道亦在。谢为人诚实，但聪悟不及先生，故明道每言杨君聪明，谢君如水投石，然亦未尝不称其善。伊川自涪归，见学者凋落，多从佛学，独先生与谢丈不变，因叹曰："学者皆流于夷狄矣，唯有杨、谢二君长进。"

明道先生作县，凡坐处皆书"视民如伤"四字，常曰："颢常愧此四字。"

伊川二十四五时，吕原明首师事之。

右四条见《龟山语录》（杨时字中立，二先生门人也）。

扶沟地卑，岁有水旱，明道先生经画沟洫之法以治之，未及兴工而先生去官。先生曰："以扶沟之地尽为沟洫，必数年乃成。吾为经画十里之间，以开其端。后之人知其利，必有继之者矣。夫为令之职，必使境内之民，凶年饥岁免于死亡，饱食逸居有礼义之训，然后为尽。故吾于扶沟，兴设学校、聚邑人子弟教之，亦几成而废。夫百里之施至狭也，而道之兴废系焉。是数事者，皆未及成，岂不有命与？然知而不为，而责命之兴废，则非矣。此吾所以不敢不尽心也。"

右一事见《庭闻稿录》（杨公之子迥所记）。

朱公掞来见明道于汝，归，谓人曰："光庭在春风中坐了一个月。"游、杨初见伊川，伊川瞑目而坐，二子侍立。既觉，顾谓曰："贤辈尚在此乎？日既晚，且休矣。"及出门，门外之雪深一尺。

伊川先生在经筵，每进讲，必博引广喻以晓悟人主。讲退，范尧夫曰："先生怎生记得许多?"先生曰："只为不记，故有许多。若还记，却无许多也。"

明道先生谓谢子虽少鲁，直是诚笃理会事，有不透，其颡有泚，其愤悱如此。

右三事见《侯子雅言》(侯仲良字师圣，二先生之内弟)。

和靖尝以《易传序》请问曰："'至微者理也，至著者象也，体用一原，显微无间'，莫太泄露天机否?"伊川曰："如此分明说破，犹自人不解悟。"(祁宽录云：伊川曰："汝看得如此甚善。"吕坚中录云：伊川曰："亦不得已言之耳。")

和靖尝请曰："某今日解得'心广体胖'之义。"伊川正色曰："如何?"和靖曰："莫只是乐否?"伊川曰："乐亦没处著。"

和靖偶学虞书。伊川曰："贤那得许多工夫?"

思叔诟詈仆夫，伊川曰："何不动心忍性?"思叔惭谢。

暇日静坐，和靖、孟敦夫(名厚，颍川人)、张思叔侍，伊川指面前水盆语曰："清静中一物不可著，才著物便摇动。"

一日置酒，伊川曰："饮酒不妨，但不可过。'惟酒无量，不及乱。'圣人岂有作乱者事?但恐乱其气血致疾，或语言错颠，容貌倾侧，皆乱也。"

伊川归自涪州，气貌容色髭发皆胜平昔，门人问何以得此?先生曰："学之力也。大凡学者，学处患难贫贱若富贵荣达，即不须学也。"

鲍若雨、刘安世、刘安节数人自太学谒告来洛，见伊川，问："尧、舜之道，孝弟而已矣。尧、舜之道，何故止于孝弟?"伊川曰："曾见尹焞否?"曰："未也。"请往问之。诸公遂来见和靖，以此为问，和靖曰："尧、舜之道，止于孝弟。孝弟非尧、舜不能尽。自冬温夏凊，昏定晨省，以至听于无声，视于无形，又如事父孝故事天明，事母孝故事地察，天地明察，神明彰矣，直至通于神明，光于四海，非尧、舜大圣人，不能尽此。"复以此语白伊川，伊川曰："极是。纵使某说，亦不过此。"

右八事《涪陵记善录》（冯忠恕所记尹公语。尹名焞，字彦明，伊川先生门人）。

游定夫酢问伊川曰："戒慎乎其所不睹，恐惧乎其所不闻，便可驯致于无声无臭否？"伊川曰："固是。"后谢显道良佐问伊川如定夫之问，伊川曰："虽即有此理，然其间有多少般数。"谢曰："既云可驯致，更有何般数？"伊川曰："如荀子谓始乎为士，终乎为圣人，此语有何不可，亦是驯致之道，然他却以性为恶，桀、纣性也，尧、舜伪也，似此驯致，便不错了？"

杨子安侍郎学禅，不信伊川，每力攻其徒，又使其亲戚王元致问难于和靖先生曰："六经盖药也，无病安所用乎？"先生曰："固是。只为开眼即是病。"王屈服以归。伊川自涪陵归，过襄阳，子安在焉。子安问《易》从甚处起，时方挥扇，伊川以扇柄画地一下，曰："从这里起。"子安无语。后至洛中，子安举以告和靖先生，且曰："某当时悔不更问，此画从甚处起？"和靖以告伊川，伊川曰："待他问时，只与嘿然得似个子安更喜懽也。"先生举示子安，子安由此遂服。

伊川与和靖论义命。和靖曰："命为中人以下说，若圣人只有个义。"伊川曰："何谓也？"和靖曰："行一不义、杀一不辜而得天下，皆不为也，奚以命为？"伊川大赏之。又论动静之际，闻寺僧撞钟，和靖曰："说著静，便多一个'静'字，说动亦然。"伊川颔之。和靖每曰："动静只是一理，阴阳死生亦然。"

谢显道习举业，已知名，往扶沟见明道先生受学，志甚笃。明道一日谓之曰："尔辈在此相从，只是学某言语，故其学心口不相应。盍若行之？"请问焉，曰："且静坐。"伊川每见人静坐，便叹其善学。

先生曰："伊川常爱衣皂，或博褐䌷袄，其袖亦如常人。所戴纱巾，背后望之如钟形，其制乃似今道士谓之仙桃巾者，然不曾传得样。不知今人谓之习伊川学者，大袖方顶何谓？先生在洛中，常裹昌黎巾。

先生尝问伊川："'鸢飞戾天，鱼跃于渊'，莫是上下一理否？"伊川曰："到这里只得点头。"

郭忠孝每见伊川问《论语》，伊川皆不答。一日，伊川语之曰："子从事于此多少时，所问皆大。且须切问而近思！"

先生曰："张思叔一日于伊川坐上理会尽心、知性、知天、事天。伊川曰：'释氏只令人到知天处休了，更无存心养性事天也。'思叔曰：'知天便了，莫更省事否？'伊川曰：'子何似颜子？颜子犹视听言动，不敢非礼，乃所以事天也。子何似颜子？'"

先生尝问于伊川："如何是道？"伊川曰："行处是。"

先生曰："有人问明道先生：'如何是道？'明道先生曰：'于君臣、父子、兄弟、朋友、夫妇上求。'"

昔刘质夫作《春秋传》，未成。每有人问伊川，必对曰："已令刘绚作之，自不须某费工夫也。"刘《传》既成，来呈伊川，门人请观。伊川曰："却须著某亲作。"竟不以刘《传》示人。伊川没后，方得见今世《传》解至闵公者。昔又有蜀人谢湜提学（字持正）解《春秋》成，来呈伊川，伊川曰："更二十年后，子方可作。"谢久从伊川学，其《传》竟不曾敢出。

张思叔三十岁方见伊川，后伊川一年卒。初以文闻于乡曲，自见伊川后，作文字甚少。伊川每云："张绎朴茂。"

先生曰："初见伊川时，教某看'敬'字，某请益。伊川曰：'主一则是敬。'当时虽领此语，然不若近时看得更亲切。"宽问："如何是主一，愿先生善喻。"先生曰："敬有甚形影？只收敛身心便是主一。且如人到神祠中致敬时，其心收敛，更著不得毫髮事，非主一而何？"又曰："昔有赵承议从伊川学，其人性不甚利，伊川亦令看'敬'字。赵请益，伊川整衣冠、齐容貌而已。赵举示先生，先生于赵言下有个省觉处。"

谢收问学于伊川，答曰："学之大无如仁。汝谓仁是如何？"谢久之无入处，一日再问曰："爱人是仁否？"伊川曰："爱人乃仁之端，非仁也。”谢收去，先生曰：“某谓仁者公而已。”伊川曰：“何谓也？”先生曰：“能好人，能恶人。”伊川曰：“善涵养。”

先生曰：“司马温公平生用心甚苦，每患无著心处，明道、伊川常叹其未止。一日，温公谓明道：‘某近日有个著心处，甚安’，明道曰：‘何谓也？’曰：‘只有一个中字，著心于中，甚觉安乐。’明道举似伊川。伊川曰：‘司马端明，却只是拣得一个好字，却不如只教他常把一串念珠，却似省力。试说与时，他必不受也。’又曰：‘著心！只那著的是何？’”

谢显道久住太学，告行于伊川云：“将还蔡州取解，且欲改经《礼记》。”伊川问其故。对曰：“太学多士所萃，未易得之，不若乡中可必取也。”伊川曰：“不意子不受命如此！子贡不受命而货殖，盖如是也。”显道复还，次年获国学解。

韩持国与伊川善。韩在颍昌，欲屈致伊川、明道，预戒诸子侄，使治一室，至于修治窗户，皆使亲为之，其诚敬如此。二先生到，暇日与持国同游西湖，命诸子侍行。行次，有言貌不庄敬者，伊川回视，厉声叱之曰：“汝辈从长者行，敢笑语如此，韩氏孝谨之风衰矣。”持国遂皆逐去之。（先生闻于持国之子彬叔，名宗质。）

王介甫为舍人时，有《杂说》行于时，其粹处有曰：“莫大之恶，成于斯须不忍。”又曰：“道义重，不轻王公；志意足，不骄富贵。”有何不可？伊川尝曰：“若使介甫只做到给事中，谁看得破？”

伊川归自涪陵，谢显道自蔡州来洛中，再亲炙焉。久之，伊川谓先生及张思叔绎曰：“可去同见谢良佐问之，此回见吾，有何所得。”尹、张如所戒，谢曰：“此来方会得先生说话也。”张以告伊川，伊川然之。

周恭叔行己。自太学早年登科，未三十，见伊川，持身严苦，块坐一室，未尝窥牖。幼议母党之女，登科后其女双瞽，遂娶焉，爱过常人。伊川曰：“某未三十时，亦做不得此事。然其进锐者其退速。”每叹惜之。周以官事求来路中，监水南籴场，以就伊川。会伊川有涪陵行。后数年，周以酒席有所属意，既而密告人曰：“勿令尹彦明知。”又曰：“知又何妨，此不害义理。”伊川归路，先生以是告之。伊川曰：“此禽兽不若也，岂得不害义理？”（又曰：“以父母遗体偶倡贱，其可乎？”）

温州鲍若雨（商霖）与乡人十辈，久从伊川。一日，伊川遣之见先生。鲍来见，且问：“‘尧、舜之道孝弟而已矣’，如何？”先生曰：“贤澷，只为将尧、舜做天道，孝弟做人道，便见得尧、舜道大，孝弟不能尽也。孟子下个‘而已’字，岂欺我哉？《孝经》：‘事父孝，故事天明；事母孝，故事地察。’只为天地父母只一个道理。”诸公尚疑焉，先生曰：“《曲礼》‘视于无形，听于无声’，亦是此意也。”诸公释然，归以告伊川。伊川曰：“教某说，不过如是。”次日，先生见伊川，伊川曰：“诸人谓子靳学，不以教渠，果否？”先生曰：“某以诸公远来依先生之门受学，某岂敢輙为他说。万一有少差，便不误他一生？”伊川颔之。

王介甫与曾子固巩善，役法之变，皆曾参酌之，晚年亦相睽。伊川常言：“今日之祸，亦是元祐做成。以子瞻定役法，凡曰元丰者，皆用意更改。当时若使子固定，必无损益者，又是他党中，自可杜绝后人议也。因其睽，必能变之，况又元经他手，当知所裁度也。此坐元祐术故也。”伊川每曰：“青苗决不可行，旧役法大弊，须量宜损益。”（此段可疑。）

伊川论国朝名相，必曰李文靖。

伊川与韩持国善，尝约候，韩年八十一往见之。□□间，正月一日，因弟子贺正，乃曰：“某今年有一债未还，春中须当暂往颍昌见韩持国。”盖韩八十也。春中往造焉，久留颍昌，韩早晚伴食，体貌加敬。一日，韩密谓子彬叔曰：“先生远来，无以为意。我有黄金药楪一，重二十两，似可为先生寿，然未敢遽言。我当以他事使子侍食，因从容道吾意。”彬叔侍食，如所戒，试启之。先生曰：“某与乃翁道义交，故不远而来，奚以是为？”诘朝遂归。

韩谓彬叔曰："我不敢面言，正谓此尔。"再三谢过而别。

王子真佺期来洛中，居于刘寿臣园亭中。一日，出谓园丁曰："或人来寻，慎勿言我所向。"是日，富韩公来见焉，不遇而还。子真晚归。又一日，忽戒洒埽，又于刘丐茶二杯，炷香以待。是日，伊川来，欵语终日，盖初未尝夙告也。刘诘之。子真曰："正叔欲来，信息甚大。"又嵩山前有董五经，隐者也。伊川闻其名，谓其为穷经之士，特往造焉。董平日未尝出庵，是日不值。还至中途，遇一老人负茶果以归，且曰："君非程先生乎？"伊川异之。曰："先生欲来，信息甚大，某特入城置少茶果，将以奉待也。"伊川以其诚意，复与之同至其舍，语甚欵，亦无大过人者，但久不与物接，心静而明也。先生问于伊川，伊川曰："静则自明也。"

先生尝问伊川《春秋解》，伊川每曰："已令刘绚去编集，俟其来。"一日，刘集成，呈于伊川，先生复请之。伊川曰："当须自做也。"自涪陵归，方下笔，竟不能成书，刘集终亦不出。

孟敦夫（厚）来伊川，又从王氏，而举业特精，独处一室，粪秽不治。尝献书于伊川，伊川曰："孟厚初时说得也似，其后须没事生事。"一日，语之曰："子胡不见尹焞、张绎？朋友间最好讲学。"然三公皆同齿也。敦夫来见先生曰："先生令某来见二公，若彦明则某所愿见，如思叔莫不消见否？"先生曰："只不消见思叔之心，便是不消见某之心也。"伊川尝谓学者曰："孟厚不治一室，竟亦何益？学不在此，假使埽洒得洁净，莫更快人意否？"

宽因问伊川谓永叔如何，先生曰："前辈不言人短，每见人论前辈，则曰汝辈且取他长处。"

横渠昔在京师，坐虎皮，说《周易》，听从甚众。一夕，二程先生至，论《易》。次日，横渠撤去虎皮，曰："吾平日为诸公说者，皆乱道。有二程近到，深明《易》道，吾所弗及，汝辈可师之。"（逐日虎皮出，是日更不出虎皮也。）横渠乃归陕西。

先生曰："昔与范元长同见伊川，偶有斡，先起下阶。伊川谓范曰：'君看尹彦明，他时必有用于世。'"

明道说：仁宗一日问："折米折几分？"曰："折六分。"怪其太甚也，有旨，只令折五分。次供进偶觉，藏府曰："习使然也。"却令如旧。又禁中进膳，饭中有砂石，含以密示嫔御曰："切勿语人，朕曾食之，此死罪也。"又一日思生荔枝，有司言已供尽。近侍曰："市有鬻者，请买之。"上曰："不可令买之，来岁必增上供之数，流祸百姓无穷。"又一日，夜中甚饥，思烧羊头。近侍乞宣取，上曰："不可。今次取之，后必常备。日杀三羊，暴殄无穷。"竟夕不食。

先生曰："杨中立答伊川论《西铭》书云云，尾说渠判然无疑。伊川曰：'杨时也未判然。'"

先生曰：某才十七八岁，见苏季明教授。时某亦习举业，苏曰："子修举业，得状元及第便是了也。"先生曰："不敢望此。"苏曰："子谓状元及第便是了否？唯复这学更有里？"先生疑之，日去见苏，乃指先生见伊川。后半年，方得《大学》《西铭》看。

先生与思叔共学之久，一日，伊川问二子："寻常见处同否？为我言之。"先生曰："某不逮思叔。如凡有请问未达，必三四请益，尚有未得处，久之乃得。如思叔，则先生才说，便点头会意，往往造妙。只是某虽愚钝，自保守得。若思叔，则某未敢保他。"伊川笑曰："也是，也是。"自后每同请益退，伊川必谓诸郎曰："张秀才如此不待，尹秀才肯待。"

南方学者从伊川既久，有归者。或问曰："学者久从学于门，谁最是有得者？"伊川曰："岂便敢道他有得处，且只是指与得个歧径，令他寻将去不错了，已是忒大儹。若夫自得，尤难其人。谓之得者，便是己有也，岂不难哉？若论随力量而有见处，则不无其人也。"

司马温公修《通鉴》，伊川一日问："修至何代？"温公曰："唐初也。"伊川曰："太宗、肃宗端的如何？"温公曰："皆篡也。"伊川曰："此复何疑！"伊川曰："魏徵如何？"温公曰："管仲，孔子与之。某于魏徵亦然。"伊川曰："管仲知非而反正，忍死以成功业，此圣人所取其反正也。魏徵只是事仇，何所取耶？”然温公竟如旧说。管仲虽初有过，善补者也。魏徵初实无过者也，功业虽多，何足法乎？

与叔问伊川曰：“某见孟子亦有疑处。舜为法于后世，我犹未免为乡人。忧之如何？如舜而已。”伊川曰：“圣人忧则有之，疑则无。夫何故？人所当忧，不得不忧。如孔子‘是吾忧也’，若疑则无之矣。”

先生曰：“近有人说伊川自比孔、孟。”先生曰：“某不识明道，每见伊川说学问，‘某岂敢比先兄’，由是推之，决无此语也。”

先生曰：“悟则句句皆是这个道理，道理已明后，无不是此事也。如孔子谓‘六十而耳顺’，闻无不通，然后可至不踰矩也。”明道作洛河竹木务时，过一寺门，墙上有人题“要不闷，守本分”。时田明之随行，明道每过，必曰好语。一日明之问之，明道曰：“只被人不守本分也。”后先生闻此语，复问伊川。伊川曰：“只为人不能尽分。”先生谓宽曰：“看伊川此语，岂不是悟则句句是？凡一言一句便推到极处，看尽分字是大小气象。”又谓宽曰：“才说尽分，便不消说闷也。”

先生曰：“伊川《易序》既成，其中有曰：‘体用一源，显微无间。’”先生告伊川曰：“似太泄漏天机。”伊川曰：“汝看得如此甚善。”伊川作《诗序》二篇，昔人传之不真。先生一日请问：“曾作否？”伊川曰：“有之，但不欲示人。”再三请，乃得之，曰：“为子出此二篇。”今传之者是也。

先生一日看《大学》有所得，欲举似伊川。伊川问之，先生曰：“心广体胖只是自乐。”伊川曰：“到这里，和乐字也著不得。”

右四十一条见祁宽所记《尹和靖语》。（宽字居之。）

先生云：初见伊川先生，一日有江南人鲍某守官西京，见伊川问仁曰：“仁者爱人便是仁乎？”伊川曰：“爱人，仁之事耳。”先生时侍坐，归，因取《论语》中说仁事致思，久之忽有所得，遂见伊川请益曰："某以仁惟公可尽之。"伊川沈思久之，曰："思而至此，学者所难及也。天心所以至仁者，惟公尔。人能至公，便是仁。"

伊川使人抄范纯夫《唐鉴》。先生问曰："此书如何？"伊川曰："足以垂世。"《唐鉴》议论，多与伊川同，如中宗在房陵事之类。

伊川自涪陵归，《易传》已成，未尝示人。门弟子请益，有及《易》书者，方命小奴取书箧以出，身自发之，以示门弟子，非所请不敢多阅。一日出《易传序》示门弟子，先生受之归，伏读数日后，见伊川。伊川问所见，先生曰："某固欲有所问，然不敢发。"伊川曰："何事也？"先生曰："'至微者理也，至著者象也。体用一源，显微无间'，似太露天机也。"伊川叹美曰："近日学者何尝及此？某亦不得已而言焉耳。"

明道尝谓人曰："天下事只是感与应耳。"先生初闻之，以问，伊川曰："此事甚大，人当自识之。"先生曰："'绥之斯来，动之斯和'，是亦感与应乎？"曰："然。"

门弟子请问《易传》事，虽有一字之疑，伊川必再三喻之，盖其潜心甚久，未尝容易下一字也。

先生又云："见王信伯云：昔时问'鼓万物而不与圣人同忧'之意于张思叔，思叔对曰：'尧、舜其犹病诸！'后因侍伊川，伊川问：'鼓万物而不与圣人同忧，如何说？'则对以思叔之语。伊川曰：'不然。天地以无心，故不忧。圣人致有为之事，故忧。'"

游定夫问伊川："'戒慎乎其所不睹，恐惧乎其所不闻'，及其至也，至于无声无臭乎？"伊川曰："驯此可以至矣。"后先生与周恭叔以此语问伊川。伊川曰："然其间亦岂无事？"恭叔请问，伊川曰："如荀子云'学者始乎为士，终乎为圣人'，可以明之。"

昔尝请益于伊川曰："某谓动静一理。"伊川曰："试喻之。"适闻寺钟声，某曰："譬如此寺钟，方其未撞时，声固在也。"伊川喜曰："且更涵养。"

有人说无心。伊川曰："无心便不是，只当云无私心。"

游定夫忽自太学归蔡，过扶沟见伊川。伊川问："试有期，何以归也?"定夫曰："某读礼太学，以是应试者多，而乡举者实少。"伊川笑之。定夫请问，伊川曰："是未知学也。岂无义无命乎?"定夫即复归太学，是岁登第。(定夫字误，当作显道。)

昔见伊川问《易》，《乾》《坤》二卦斯可矣。伊川曰："圣人设六十四卦，三百八十四爻，后世尚不能了。《乾》《坤》二卦，岂能尽也?"既坐，伊川复曰："子以为何人分上事?"对曰："圣人分上事。"曰："若圣人分上事，则《乾》《坤》二卦亦不须，况六十四乎?"

伊川所戴帽，桶八寸，檐七分，四直。

鲍若雨与同志数人见伊川，问："尧、舜之道，孝弟而已矣。恐孝弟不足以尽尧、舜之道。"伊川令与和靖商量。诸人见和靖，和靖对曰："此何所疑？孝以事亲，弟以事长。能尽孝弟之道者，惟尧、舜能之。"诸人未喻。和靖曰："且如孝子视于无形，听于无声，孝弟之至，通于神明。且道此个道理如何?"鲍复见伊川，伊川曰："某亦不过如此说。"鲍又曰："尹秀才直是秘此道，不肯容易说。"伊川后问之，和靖曰："此道众所公共，某何敢秘其说?但恐一语有差，则有累学者。"伊川曰："某思虑不及。"

张思叔与和靖侍伊川，伊川问曰："贤辈寻常商量事，有疑处否?"对曰："张某所说，某不疑；某所说，张某不疑。张某聪明，道头知尾。某必待再三问然后晓。然但恐张某守不定如某。"伊川喜。

右十四条见吕坚中所记《尹和靖语》。(坚中字景实。)

问："将孔、孟之言切要处思索如何?"曰："须是熟看《语》《孟》，玩味咀嚼。伊川云'若熟看《语》《孟》，亦自得'者此也。当时门人有问：'且将《语》《孟》紧要处看如何?'伊川曰：'固是好，若有得，终不浃洽。盖吾道非如释氏，一见了便从空寂去。'"

问："伊川说：'人之生也直，是天命之谓性。'谢显道云：'顺理之谓直。窃谓顺理是率性之事，天命之性无待于顺理也。’二说异同?”曰：“伊川说上一截，显道说下一截。”

先生曰：“明道犹有谑语，若伊川则全无。”问：“如何谑语?”曰：“明道闻司马温公解《中庸》，至‘人莫不饮食，鲜能知味’，有疑遂止，笑曰：‘我将谓从天命之谓性便疑了。’伊川直是谨严，坐间无问尊卑长幼，莫不肃然。”

一日，偶见秦少游，问“‘天若知也和天瘦’是公词否?”少游意伊川称赏之，拱手逊谢。伊川云：“上穹尊严，安得易而侮之?”少游面色骍然。

先生曰：“伊川四十以后，记性愈进。今人年长则健忘，岂可不知其故哉?”

伊川涪陵之行，过滟滪，波涛汹涌，舟中之人皆惊愕失措，独伊川凝然不动。岸上有樵者，厉声问曰：“舍去如斯，达去如斯。”欲答之，而舟已行。

右五条见《震泽语录》(王蘋信伯门人信州周宪所记)。

说之见伊川先生论曾子易箦事，先生曰：“是礼也。君子所以贵乎礼者，为其以之而生，以之而死，如此其明也。”说之曰：“是礼，古人孰不然?盖曾子独有传焉尔。后世之士自贱其身而绝于礼，此事始废。或者似有得于此，而蔽于浮屠、老子虚诞之说，乃不谓之礼而谓之达，安知吾道之所以贵哉?”先生曰：“然。”

右一事见《晁詹事文集》(说之以道)。

神宗问明道以张载、邢恕之学，奏云：“张载臣所畏，邢恕从臣游。”

伊川谓明道曰：“吾兄弟近日说话太多。”明道曰：“使见吕晦叔，则不得不少，见司马君实，则不得不多。”

张子《正蒙》云：“冰之融释，海不得而与焉。”伊川改“与”为“有”。

游定夫问伊川“阴阳不测之谓神”，伊川曰：“贤是疑了问?是拣难底问?”

元祐中，客有见伊川者，几案间无他书，惟印行《唐鉴》一部。先生曰："近方见此书，三代以后，无此议论。"

右五条见《晁氏客语》（不知何人所录）。

正献公既荐常秩，后差改节，尝对伯淳有悔荐之意。伯淳曰："愿侍郎宁百受人欺，不可使好贤之心少替。"公敬纳焉。

伊川尝言："今僧家读一卷经，便要一卷经中道理受用。儒者读书，却只闲了，都无用处。"

伊川先生言："人有三不幸：年少登高科，一不幸；席父兄之势为美官，二不幸；有高才能文章，三不幸也。"

明道先生尝至禅寺，方饭，见趋进揖逊之盛，叹曰："三代威仪，尽在是矣。"

右四条见《吕氏童蒙训》（吕本中字居仁，原明侍讲之孙）。

有言鬼物于伊川先生者，先生云："君曾亲见邪？"伊川以为若是人传，必不足信；若是亲见，容是眼病。

尹彦明与思叔同时师事伊川先生。思叔以高识，彦明以笃行，俱为先生所称。先生没，思叔亦病死。彦明穷居教学，未尝少自贬屈，常以先生教人，专以"敬以直内"为本，彦明独能力行之。

彦明尝言：先生教人，只是专令用"敬以直内"，若用此理，则百事不敢轻为，不敢妄作，不愧屋漏矣。习之既久，自然有所得也。因说往年先生归自涪陵，日日见之。一日，因读《易》至"敬以直内"处，因问先生"不习无不利"时，则更无睹，当更无计较也耶？先生深以为然，且曰："不易见得如此，且更涵养，不要轻说。"

晁以道常说：顷尝以书问伊川先生云："某平生所愿学者，康节先生也。康节先生没，不可见，康节之友惟先生在，愿因先生问康节之学。"伊川答书云："某与尧夫同里巷居三十年余，世间事无所不论，惟未尝一字及数耳。"

崇宁初，家叔舜从，以党人子弟补外官，知河南府巩县，请见伊川先生，问："当今新法初行，当如何做？"先生云："只有

'义命'两字。当行不当行者义也，得失祸福命也。君子所处，只说义如何耳。"

以道见伊川先生，论难反复，以道曰："如此，是先生亦欲人同己也。"先生不答。门人云："先生所欲同者，非同己也，正欲道之同耳。"

崇宁元年，叔父舜从至洛中，请见伊川先生，先生召食，食五品，亦甚丰洁。坐间问事甚众，先生一一酬答。临行，又请教，语甚详，既而微笑云："只被公家学佛。"

伊川先生甚爱《表记》中说"君子庄敬日强，安肆日偷"，盖常人之情才放肆则日就旷荡，自检束则日就规矩。

右八事《吕氏杂志》(同上)。

伊川先生自涪州顺流而归，峡江峻急，风作浪涌，舟人皆失色，而先生端坐不动。岸旁有问者云："达后如此？舍后如此？"先生意其非凡人也，欲起揖之，而舟去远矣。(亲见吕舍人十一丈说。按此段已见《邵氏闻见录》及《震泽语录》，恐当以邵氏所记为正。)

伊川先生自涪州归，过襄州，杨畏为守，待之甚厚。先生曰："某罪戾之余，安敢当此？"畏曰："今时事已变。"先生曰："时事虽变，某安敢变？"(此乃刘子驹处见其祖所录，今省记此。)

右二事汪端明记。

左谏议大夫孔文仲言：谨按通直郎崇政殿说书程颐，人物纤汙，天资憸巧。贪黩请求，元无乡曲之行，奔走交结，常在公卿之门，不独交口褒美，又至连章论奏；一见而除朝籍，再见而升经筵。臣顷任起居舍人，屡侍讲席，观颐陈说，凡经义所在，全无发明，必因借一事，汎滥援引，借无根之语，以摇撼圣听，推难考之迹，以眩惑渊虑。上德未有嗜好，而常启以无近酒色；上意未有信向，而常开以勿用小人。岂惟劝道以所不为，实亦矫欺以所无有。每至讲罢，必曲为卑佞附合之语。借如曰："虽使孔子复生，为陛下陈说，不过如此。"又如曰："伏望陛下燕闲之余，深思臣之说，无忘臣之论。”又如曰：“臣不敢子细敷奏，虑烦圣听，恐有所疑，伏乞非时特赐宣问，容臣一一开陈。”当陛下三年不言之际，颐无日无此语以感切上听，陛下亦必黾勉为之应答。又如陛下因咳嗽罢讲，及御迩英，学士以下侍讲读者六七人，颐官最小，乃越次独候问圣体，横僭过甚，并无职分，如唐之王伾、王叔文、李训、郑注是也。

右孔文仲《章疏》。（按文仲所言，虽极其诬诋，然所载经筵进说，尤见先生所以爱君之心，有门弟子所不及闻者，故今特附于此。《吕申公家传》云：“文仲本以伉直称，然惷不晓事，为浮薄辈所使，以害善良，晚乃自知为小人所绐，愤郁呕血而死。”然则此疏，不掩防微纳忠之善言，乃其伉直所发，而凡丑诋无根之语，则为浮薄辈所使，而晚乃悔之者也。）

河南程氏文集

河南程氏文集卷第一　明道先生文一

表疏

上殿劄子

臣伏谓君道之大，在乎稽古正学，明善恶之归，辨忠邪之分，晓然趋道之正；故在乎君志先定，君志定而天下之治成矣。所谓定志者，一心诚意，择善而固执之也。夫义理不先尽，则多惪而易惑；志意不先定，则守善而或移。惟在以圣人之训为必当从，先王之治为必可法，不为后世驳杂之政所牵制，不为流俗因循之论所迁惑，自知极于明，信道极于笃，任贤勿贰，去邪勿疑，必期致世如三代之隆而后已也。然天下之事，患常生于忽微，而志亦戒乎渐习。是故古之人君，虽出入从容闲燕，必有诵训箴谏之臣，左右前后无非正人，所以成其德业。

伏愿陛下礼命老成贤儒，不必劳以职事，俾日亲便座，讲论道义，以辅养圣德；又择天下贤俊，使得陪侍法从，朝夕延见，开陈善道，讲磨治体，以广闻听。如是则圣智益明，王猷允塞矣。今四海靡靡，日入偷薄，末俗哓哓，无复廉耻，盖亦朝廷尊德乐道之风未孚，而笃诚忠厚之教尚郁也。惟陛下稽圣人之训，法先王之治，一（一作正。）心诚意，体乾刚健而力行之，则天下幸甚！

请修学校尊师儒取士劄子

臣伏谓治天下以正风俗、得贤才为本，宋兴百余年，而教化未大醇，人情未尽美。士人微谦退之节，乡闾无廉耻之行，刑虽繁而奸不止，官虽冗而材不足者，此盖学校之不修，师儒之不尊，无以风劝养励之使然耳。

窃以去圣久远，师道不立，儒者之学几于废熄，惟朝廷崇尚教育之，则不日而复。古者一道德以同俗，苟师学不正，则道德何从而一？方今人执私见，家为异说，支离经训，无复统一，道之不明不行，乃在于此。

臣谓宜先礼命近侍贤儒，各以类举，及百执事方岳州县之吏，悉心推访，凡有明先王之道，德业充备，足为师表者，其次有笃志好学、材良行修者，皆以名闻。其高蹈之士，朝廷当厚礼延聘，其余命州县敦遣，萃于京师，馆之宽闲之宇，丰其廪饩，卹其家之有无，以大臣之贤典领其事，俾群儒朝夕相与讲明正学。其道必本于人伦，明乎物理；其教自小学洒扫应对以往，修其孝悌忠信，周旋礼乐，其所以诱掖激厉渐摩成就之道，皆有节序，其要在于择善修身，至于化成天下，自乡人而可至于圣人之道。其学行皆中于是者为成德。

又其次取材识明达、可进于善者，使日受其业，稍久则举其贤杰以备高任。择其学业大明、德义可尊者，为太学之师，次以分教天下之学，始自藩府，至于列郡。择士之愿学、民之俊秀者入学，皆优其廪给而蠲其身役。凡其有父母骨肉之养者，亦通其优游往来，以察其行。其大不率教者，斥之从役。渐自太学及州郡之学，择其道业之成、可为人师者，使教于县之学，如州郡之制。异日则十室之乡，达于党遂皆当修其庠序之制，为之立师，学者以次而察焉。县令每岁与学之师，以乡饮之礼会其乡老。学者众推经明行修、材能可任之士，升于州之学，以观其实。学荒行亏者，罢归而罪其吏与师，其升于州而当者，复其家之役。郡守又岁与学之师，行乡饮酒之礼，大会郡士，以经义、性行、材能三物宾兴其士于太学，太学又聚而教之；其学不明、行不修与材之下者，罢归以为郡守学师之罪。升于太学者，亦听其以时还乡里，复来于学。

太学岁论其贤者能者于朝，谓之选士，朝廷问之经以考其言，试之职以观其材，然后辨论其等差而命之秩。凡处郡县之学与太学者，皆满三岁，然后得充荐，其自州郡升于太学者，一岁而后荐；其有学行超卓、众所信服者，虽不处于学，或处学而未久，亦得备数论荐。

凡选士之法，皆以性行端洁，居家孝悌，有廉耻礼逊，通明学业，晓达治道者。在州县之学，则先使其乡里长老，次及学众推之。在太学者，先使其同党，次及博士推之。其学之师与州县之长，无或专其私，苟不以实，其怀奸罔上者，师长皆除其仕籍，终身不齿，失者亦夺官二等，勿以赦及去职论。州县之长，涖事未满半岁者，皆不荐士师，皆取学者成否之分数为之赏罚。

凡公卿大夫之子弟皆入学，在京师者入太学，在外者各入其所在州之学，谓之国子。其有当补荫者，并如旧制，惟不选于学者，不授以职。每岁诸路别言一路国子之秀者升于太学，其升而不当者，罪其监司与州郡之师。太学岁论国子之有学行材能者于朝，其在学宾兴考试之法，皆如选士。

国子自入学，中外通及七年，或太学五年。年及三十以上，所学不成者，辨而为二等。上者听授以筦库之任，自非其后学业修进，中于论选，则不复使亲民政。其下者罢归之。虽岁满愿留学者，亦听。其在外学七岁而不中升选者，皆论致太学而考察之，为二等之法。国子之大不率教者，亦斥罢之。凡有职任之人，其学业材行应荐者，诸路及近侍以闻，处之太学，其论试亦如选士之法，取其贤能而进用之。凡国子之有官者，中选则增其秩。

臣谓既一以道德仁义教养之，又专以行实材学升进，去其声律小碎、糊名誊录、一切无义理之弊，不数年间，学者靡然丕变矣。岂惟得士浸广，天下风俗将日入醇正，王化之本也。臣谓帝王之道，莫尚于此，愿陛下特留宸意，为万世行之。（熙宁元年上，时为监察御史里行。）

论王霸劄子

臣伏谓得天理之正，极人伦之至者，尧、舜之道也；用其私心，依仁义之偏者，霸者之事也。王道如砥，本乎人情，出乎礼义，若履大路而行，无复回曲。霸者崎岖反侧于曲径之中，而卒不可与入尧、舜之道。故诚心而王则王矣，假之而霸则霸矣，二者其道不同，在审其初而已。《易》所谓“差若毫厘，缪以千里”者，其初不可不审也。故治天下者，必先立其志，正志先立，则邪说不能移，异端不能惑，故力进于道而莫之御也。苟以霸者之心而求王道之成，是衒石以为玉也。故仲尼之徒无道桓、文之事，而曾西耻比管仲者，义所不由也，况下于霸者哉？

陛下躬尧、舜之资，处尧、舜之位，必以尧、舜之心自任，然后为能充其道。汉、唐之君，有可称者，论其人则非先王之学，考其时则皆驳杂之政，乃以一曲之见，幸致小康，其创法垂统，非可继于后世者，皆不足为也。然欲行仁政而不素讲其具，使其道大明而后行，则或出或入，终莫有所至也。

夫事有大小，有先后。察其小，忽其大，先其所后，后其所先，皆不可以适治。且志不可慢，时不可失。惟陛下稽先圣之言，察人事之理，知尧、舜之道备于己，反身而诚之，推之以及四海，择同心一德之臣，与之共成天下之务，《书》所谓“尹躬暨汤，咸有一德”，又曰“一哉王心”，言致一而后可以有为也。古者三公不必备，惟其人，诚以谓不得其人而居之，则不若阙之之愈也。盖小人之事，君子所不能同，岂圣贤之事，而庸人可参之哉？欲为圣贤之事，而使庸人参之，则其命乱矣。既任君子之谋，而又入小人之议，则聪明不专而志意惑矣。今将救千古深锢之弊，为生民长久之计，非夫极听览之明，尽正邪之辨，致一而不二，其能胜之乎？

或谓人君举动，不可不慎，易于更张，则为害大矣。臣独以为不然。所谓更张者，顾理所当耳。其动皆稽古质义而行，则为慎莫大焉，岂若因循苟简，卒致败乱者哉？自古以来，何尝有师圣人之言，法先王之治，将大有为而返成祸患者乎？愿陛下奋天锡之勇智，体乾刚而独断，霈然不疑，则万世幸甚！（熙宁二年上，时为监察御史里行。）

论十事劄子（师傅 六官 经界 乡党 贡士 兵役 民食 四民 山泽 分数）

臣窃谓圣人创法皆本诸人情，极乎物理，虽二帝、三王不无随时因革，踵事增损之制；然至乎为治之大原，牧民之要道，则前圣后圣，岂不同条而共贯哉？盖无古今，无治乱，如生民之理有穷，则圣王之法可改。后世能尽其道则大治，或用其偏则小康，此历代彰灼著明之效也。苟或徒知泥古，而不能施之于今，姑欲循名而遂废其实，此则陋儒之见，何足以论治道哉！

然傥谓今人之情皆已异于古，先王之迹不可复于今，趣便目前，不务高远，则亦恐非大有为之论，而未足以济当今之极弊也。谓如衣服饮食、宫室器用之类，苟便于今而有法度者，岂亦遽当改革哉？惟其天理之不可易，人所赖以生，非有古今之异，圣人之所必为者，固可概举。然行之有先后，用之有缓速，若夫裁成运动，周旋曲当，则在朝廷讲求设施如何耳。古者自天子达于庶人，必须师友以成就其德业，故舜、禹、文、武之圣，亦皆有所从学。今师傅之职不修，友臣之义未著，所以尊德乐善之风未成于天下，此非有古今之异者也。

王者必奉天建官，故天地四时之职，历二帝、三王未之或改，所以百度修而万化理也。至唐，犹仅存其略。当其治时，尚得纲纪小正。今官秩淆乱，职业废弛，太平之治所以未至，此亦非有古今之异也。

天生蒸民，立之君使司牧之，必制其恒产，使之厚生，则经界不可不正，井地不可不均，此为治之大本也。唐尚能有口分授田之制，今则荡然无法，富者跨州县而莫之止，贫者流离饿殍而莫之恤。幸民虽多，而衣食不足者，盖无纪极。生齿日益繁，而不为之制，则衣食日蹙，转死日多，此乃治乱之机也，岂可不渐图其制之之道哉？此亦非有古今之异者也。

古者政教始乎乡里，其法起于比闾族党、州乡酂遂，以相联属统治，故民相安而亲睦，刑法鲜犯，廉耻易格，此亦人情之所自然，行之则效，亦非有古今之异者也。

庠序之教，先王所以明人伦，化成天下；今师学废而道德不一，乡射亡而礼义不兴，贡士不本于乡里而行实不修，秀民不养于学校而人材多废，此较然之事，亦非有古今之异者也。

古者府史胥徒受禄公上，而兵农未始判也。今骄兵耗匮，国力亦已极矣。臣谓禁卫之外，不渐归之于农，则将贻深虑；府史胥徒之役，毒遍天下，不更其制，则未免大患；此亦至明之理，非有古今之异者也。

古者民必有九年之食，无三年之食者，以为国非其国。臣观天下耕之者少，食之者众，地力不尽，人功不勤，虽富室强宗，鲜有余积，况其贫弱者乎？或一州一县有年岁之凶，即盗贼纵横，饥羸满路。如不幸有方三二千里之灾，或连年之歉，则未知朝廷以何道处之，则其患不可胜言矣。岂可曰昔何久不至是，因以幸为可恃也哉？固宜渐从古制，均田务农，公私交为储粟之法，以为之备。此亦无古今之异者也。

古者四民各有常职，而农者十居八九，故衣食易给，而民无所苦困。今京师浮民，数逾百万，游手不可赀度；观其穷蹙辛苦，孤贫疾病，变诈巧伪，以自求生，而常不足以生。日益岁滋，久将若何！事已穷极，非圣人能变而通之，则无以免患。岂可谓无可奈何而已哉？此在酌古变今，均多恤寡，渐为之业，以救之耳。此亦非有古今之异者也。

圣人奉天理物之道，在乎六府；六府之任，治于五官，山虞泽衡，各有常禁，故万物阜丰，而财用不乏。今五官不修，六府不治，用之无节，取之不时。岂惟物失其性，材木所资，天下皆已童赭，斧斤焚荡，尚且侵寻不禁，而川泽渔猎之繁，暴殄天物，亦已耗竭，则将若之何！此乃穷弊之极矣。惟修虞衡之职，使将养之，则有变通长久之势，此亦非有古今之异者也。

古者冠婚丧祭，车服器用，等差分别，莫敢逾僭，故财用易给，而民有恒心。今礼制未修，奢靡相尚，卿大夫之家莫能中礼，而商贩之类或逾王公，礼制不足以检饬人情，名数不足以旌别贵贱，既无定分，则奸诈攘夺，人人求厌其欲而后已，岂有止息者哉？此争乱之道也。则先王之法，岂得不讲求而损益之哉？此亦非有古今之异者也。

此十者特其端绪耳，臣特论其大端，以为三代之法有必可施行之验。如其纲条度数、施为注措之道，则审行之，必也稽之经训而合，施之人情而宜，此晓然之定理，岂徒若迂疎无用之说哉？惟圣明裁择！

论养贤劄子

臣窃以议当代者，皆知得贤则天下治，而未知所以致贤之道也。是虽众论纷然，未极其要，朝廷亦以行之为艰而不为也。三代养贤，必本于学，而德化行焉，治道出焉。本朝踵循唐旧，而馆阁清选，止为文字之职，名实未正，欲招贤养材以辅时赞化，将何从而致之也？

臣历观古先哲王所以虚己求治，何尝不尽天下之才以成己之德也！故曰："大舜有大焉，善与人同，乐取于人以为善。"今天下之大，岂为乏贤？而朝廷无养贤之地，以容徐察其器识高下而进退之也。

臣今欲乞朝廷设延英院以待四方之贤，凡公论推荐及岩穴之贤，必招致优礼，视品给俸，而不可遽进以官，止以应诏命名，凡有政治则委之详定，凡有典礼则委之讨论，经画得以奏陈，而治乱得以讲究也。俾群居切磨，日尽其材，行其志，使政府及近侍之臣，互与相接，陛下时赐召对，诏以治道，可观其材识器能也。察以累岁，人品益分，然后使贤者就位，能者任职，或委付郡县，或师表士儒，其德业尤异，渐进以帅臣职司之任，为辅弼，为公卿，无施之不称也。若是，则引彙并进，野无遗贤，陛下尊贤待士之心，可谓无负于天下矣。取进止。

乞留张载状

臣伏闻差著作佐郎张载往明州推勘苗振公事。窃谓载经术德义，久为士人师法，近侍之臣以其学行论荐，故得召对，蒙陛下亲加延问，屡形天奖，中外翕然知陛下崇尚儒学，优礼贤俊，为善之人，孰不知劝？今朝廷必欲究观其学业，详试其器能，则事固有系教化之本，原于政治之大体者；傥使之讲求议论，则足以尽其所至。

夫推按讼狱，非谓儒者之不当为，臣今所论者，朝廷待士之道尔。盖试之以治狱，虽足以见其钩深炼覈之能，攻擿断击之用，正可试诸能吏，非所以尽儒者之事业。徒使四方之人谓朝廷以儒术贤业进之，而以狱吏之事试之，则抱道修洁之士，益难自进矣。于朝廷尊贤取士之体，将有所失。况苗振罪犯明白，情状已具，得一公平幹敏之人，便足了事。伏乞朝廷别赐选差，贵全事体，谨具状奏闻。（熙宁二年闰十一月上，时为监察御史里行。）

谏新法疏（熙宁三年三月四日）

臣近累上言，乞罢预俵青苗钱利息及汰去提举官事，朝夕以觊，未蒙施行。

臣窃谓明者见于未形，智者防于未乱，况今日事理显白易知，若不因机亟决，持之愈坚，必贻后悔。悔而后改，则为害已多。

盖安危之本在乎人情，治乱之机系乎事始；众心睽乖则有言不信，万邦协和则所为必成；固不可以威力取强，语言必胜。而近日所闻，尤为未便。伏见制置条例司疏驳大臣之奏，举劾不奉行之官，徒使中外物情愈致惊骇，是乃举一偏而尽沮公议，因小事而先失众心。权其轻重，未见其可。

臣窃谓陛下固已烛见事体，究知是非，在圣心非吝改张，由柄臣尚持固必，是致舆情大郁，众论益讙，若欲遂行，必难终济。伏望陛下奋神明之威断，审成败之先机。与其遂一失而废百为，孰若沛大恩而新众志？外汰使人之扰，亟推去息之仁。况糶糴之法兼行，则储蓄之资自广；在朝廷未失于举措，使议论何名而沸腾？伏乞检会臣所上言，早赐施行，则天下幸甚！

（徐本、吕本全文后有注："时为监察御史里行。上语及程颢疏，安石曰：'颢至中书，臣略谕以方镇沮毁朝廷法令，朝廷申明使知法意，不得谓之疏驳大臣章奏。颢乃言，大臣论列，事当包含。此言尤为害理。若不申明法意，使中外具知，则是纵使邪说诬民，而令诏令本意更不明于天下，如此则异议何由帖息？'"

再上疏（熙宁三年四月十七日）

臣闻天下之理，本诸简易，而行之以顺道，则事无不成。故曰："智者若禹之行水，行其所无事也。"舍而至于险阻，则不足以言智矣。盖自古兴治，虽有专任独决，能就事功者，未闻辅弼大臣人各有心，睽戾不一，致国政异出，名分不正，中外人情交谓不可，而能有为者也。况于措置失宜，沮废公议，一二小臣实与大计，用贱陵贵，以邪妨正者乎？凡此皆天下之理不宜有成，而智者之所不行也。设令由此侥幸，事小有成而兴利之臣日进，尚德之风浸衰，尤非朝廷之福。矧复天时未顺，地震连年，四方人心日益摇动，此皆陛下所当仰测天意，俯察人事者也。

臣奉职不肖，议论无补，望允前奏，早赐降责。（时权监察御史里行，由是罢为权发遣京西路，同提点刑狱。）

辞京西提刑奏状

臣伏蒙圣恩，差权发遣京西路提点刑狱。已沥恳诚，不敢祗受，愿从窜谪，日冀允俞。不避烦渎，辄再陈请。

臣出自冗散，过蒙陛下拔擢，寘在言责。伏自供职已来，每有论列，惟知以忧国爱君为心，不敢以扬己矜众为事。陛下亮其愚直，每加优容，故常指陈安危，辨析邪正。知人主不当自圣，则未尝为谄谀之言；知人臣义无私交，则不忍为阿党之计。明则陛下，幽则鬼神，臣之微诚，实仰临照。

然臣学术寡陋，智识阔疎，徒有捧土之心，曾微回天之力。近以力陈时政之失，并论大臣之非，不能裨补圣明，是臣隳废职业。既已抗章自劾，屏居俟命。岂意刑书未正，而恩典过颁。使臣粗知廉隅，必不敢蒙耻顾就。如其见利忘义，靦面受之，陛下有臣如此，亦将安用？况台谏之任，朝廷纲纪所凭，使不以言之是非，皆得进职而去，臣恐纲纪自此弛废。臣虽无状，敢以死请。伏望陛下开白日之照，厉严霜之刑，投谪荒陬，实所甘分。臣无任沥血祈天之至！

（徐本、吕本全文后有注：“熙宁三年四月上。上谓王安石曰：‘人情如此纷纷，奈何?’安石曰：‘陈襄、程颢专党吕公著，都无助陛下为治之实。今当邪说纷纷之时，乃用襄知制诰，颢提点刑狱，人称其平正。此辈小人，若附公著，得行其志，则天下之利皆归之；既不得志，又不失陛下奖用，何为肯退听而不为善?’乃以为佥书镇宁军节度判官事。”

谢澶州签判表

论议无补，职业不修；国有典刑，罪在诛戮；曲蒙弘贷，仰荷鸿私；期于糜捐，莫可报谢。中谢。

臣性质朴鲁，学术空虚，志意粗修，智识无取，陛下讲图大政，博谋群材，过听侍臣之言，猥加风宪之任。臣既遭遇明圣，亦思誓竭疲驽，惟知直道以事君，岂忍曲学而阿世！屡进阔疏之论，愧非击搏之才，徒尝刳沥肺肝，曾无裨补毫髮。既不能绳愆纠缪，固不愿沽直买名。岂敢冒宠以居？惟是奉身而退。自劾之章继上，阖门之请采坚。天意未回，宪章尚屈；更奉发中之诏，俾分提宪之权。不惟沮诤论之风，亦惧废赏刑之实；力形奏述，恭俟诛夷。

此盖伏遇皇帝陛下极天清明，普日临照，洞正邪之心迹，辨真伪于幽微，察臣忠诚，恕臣狂直，不忍寘诸重辟，投之远荒，解其察视之官，处以便安之地。生成之赐，义固等于乾坤；涵容之恩，重益逾于山岳。臣敢不日新素学，力蹈所知，秉心不回，信道愈笃？愿徇小夫之志，不为儒者之羞，或能自进于寻常，庶可仰酬于万一！

河南程氏文集卷第二　明道先生文 二

书 记（程文附）

答横渠张子厚先生书

承教，谕以定性未能不动，犹累于外物，此贤者虑之熟矣，尚何俟小子之言！然尝思之矣，敢贡其说于左右。

所谓定者，动亦定，静亦定，无将迎，无内外。苟以外物为外，牵己而从之，是以己性为有内外也。且以性为随物于外，则当其在外时，何者为在内？是有意于绝外诱，而不知性之无内外也。既以内外为二本，则又乌可遽语定哉？

夫天地之常，以其心普万物而无心，圣人之常，以其情顺万事而无情。故君子之学，莫若廓然而大公，物来而顺应。《易》曰："贞吉，悔亡。憧憧往来，朋从尔思。"苟规规于外诱之除，将见灭于东而生于西也。非惟日之不足，顾其端无穷，不可得而除也。

人之情各有所蔽，故不能适道，大率患在于自私而用智。自私则不能以有为为应迹，用智则不能以明觉为自然。今以恶外物之心，而求照无物之地，是反镜而索照也。《易》曰："艮其背，不获其身，行其庭，不见其人。"孟氏亦曰："所恶于智者，为其凿也。"与其非外而是内，不若内外之两忘也。两忘则澄然无事矣。无事则定，定则明，明则尚何应物之为累哉？

圣人之喜，以物之当喜；圣人之怒，以物之当怒。是圣人之喜怒，不系于心而系于物也。是则圣人岂不应于物哉？乌得以从外者为非，而更求在内者为是也？今以自私用智之喜怒，而视圣人喜怒之正为如何哉？夫人之情，易发而难制者，惟怒为甚。第能于怒时遽忘其怒，而观理之是非，亦可见外诱之不足恶，而于道亦思过半矣。

心之精微，口不能宣；加之素拙于文辞，又吏事匆匆，未能精虑，当否，伫报。然举大要，亦当近之矣。道近求远，古人所非，惟聪明裁之！

晋城县令题名记

古者诸侯之国，各有史记，故其善恶皆见于后世。自秦罢侯置守令，则史亦从而废矣。其后自非杰然有功德者，或记之循吏，与夫凶忍残杀之极者，以酷见传，其余则泯然无闻矣。如汉、唐之有天下，皆数百年，其间郡县之政，可书者宜亦多矣，然其见书者，率才数十人。使贤者之政不幸而无传，其不肖者复幸而得盖其恶，斯与古史之意异矣。

夫图治于长久者，虽圣知为之，且不能仓卒苟简而就，盖必本之人情而为之法度，然后可使去恶而从善。则其纪纲条教，必审定而后下；其民之服循渐渍，亦必待久乃淳固而不变。今之为吏三岁，而代者固已迟之矣。使皆知礼义者，能自始至，即皇皇然图所施设，亦教令未熟，民情未孚，而更书已至矣。傥后之人所志不同，复有甚者，欲新己之政，则尽其法而去之，其迹固无余矣。而况因循不职者乎？噫！以易息之政，而复无以托其传，则宜其去皆未几，而善恶无闻焉。

故欲闻古史之善而不可得，则因谓今有题前政之名氏以为记者，尚为近古。而斯邑无之，乃考之案牍，访之吏民，才得自李君而降二十一人，第其岁月先后而记之，俾民观其名而不忘其政，后之人得从而质其是非以为师戒云耳。来者请嗣书其次。

南庙试佚道使民赋（民得终佚，劳固无怨）

人情莫不乐利，圣政为能使民，以佚道而敦敕，俾当时之服循。教本于农，虽极勤劳之事；功收于后，自无怨讟之因。

厥惟生民，各有常职；劳而获养，则乐服其事；勤而无利，则重烦其力。惟王谨以政令，驱之稼穑。且为生之本，宜教使以良勤；则从上也轻，盖丰余之自得。蠢尔农俗，陶乎教风；知所劳者为乎己，图所利者存乎终；莫不勉勉以从令，于于而劝功。志在便人，役以农畴之务；时虽毕力，乐于岁事之丰。虽复教令时颁，科条日出，严刑以董其或惰，加赋以戒其不一；然而俗乐趋劝，时无怨疾。择可劳而劳也，敢惮初勤？因所利而利焉，自全终佚。

大抵善治俗者，率俗以敦本；善使民者，顺民而不劳；道皆出于优佚，令无勤于绎骚。不夺其时，道以厚生之利；将求其欲，岂闻力穑之逃！勿谓民之冥而无知，勿谓农之劳而不务。趋其利则虽劳而乐，害其事则虽冥而惧。志取丰益，业其安固，便尔农于垦殖，纵极勤劬；异有国之力征，自膺饶裕。得非纳于丰富之道，教以便安之途。在服劳而虽至，顾有憾以曾无。体《兑》象之悦民，下安其教，同周《诗》之戒事，众乐而趋。异夫！虽上之行，抑民所愿；或躬籍以为率，或名官而申劝国，是皆俾民有乐佚之道焉，虽劳何怨！

南庙试九叙惟歌论

论曰：民受天地之中而生者也。水火金木土谷，民所赖而生者也；树之君，使修举其所赖而养之者也。修之有道，行之有节，上焉天顺之，下焉民乐之，正德焉，利用焉，厚生焉，此其所以秉统持正而制天下之命者也。在《书》禹之《谟》曰“九功惟叙，九叙惟歌”，其指言乎是也。舜、禹明其道，圣也，后世不及焉，功也，万世所利焉。宜其事有次叙，而民歌乐之也。

噫！舜之君，禹之臣，其歌之之民，日闻其道，日被其泽，其见而知之或言或歌可矣。今去圣久远，逾数千祀，然可覆而举之者，何也？得非一于道乎？道之大原在于经，经为道，其发明天地之秘，形容圣人之心，一也。然当推本夫明其次，著其迹者言之。在《洪范》之九章，一曰五行，次二曰五事，统之以大中，终之以福极，圣人之道，其见于是乎！

盖五行者天之道也，五事者人之道也，修人事而致天道，此王者所以治也。五事修，五行叙，则其生材也美焉，阜焉，民居其中，享其利而安焉，岂非皇极之道用而致乎？五材之生，天也，非人也。五事之修，人也，非天也。虽然，五事正，则五材自然得其性矣。是则天之道，亦王者之所为也。王者既修五事而致五材，则又举正德之教而率之，明利用之源而阜之，开厚生之道而养之，五行协于上，六府利于下，三事举于中。修焉，其功之叙也，和焉，其德之行也。如是，则民浩浩然，于于然，欢娱于下而歌颂其政矣。

或曰：子之言五行然矣，然六府之兼乎谷，何也？答曰：五行，气也；五材，形也。君之所致者气也，民之所用者形也。五气既叙，五材既丰，民并用焉。然谷者，民之所生也，不可一日无之，此六府所以兼谷也。要其本，则五气之生而已，夫何惑焉？

窃原《春秋》之文，求圣人之志，火之书者十一，大水之书者七，不雨之书者九，大旱之书者二，无麦苗、大无麦禾之书者各一。盖言五行失其序，则六府失其宜。物失其宜，则尚何次叙之有乎？民失其所，则尚何歌咏之有乎？可以见圣人之心，重时政而谨民事，勤勤乎如是也。

由是言之，则舜之德其至也。地平天成矣，万世永赖矣，其民陶其教，遂其生，九功之德皆歌之矣。戒之用休，董之用威，劝之以九歌，俾勿坏，其终之之道也，道是而已矣。

或问行于后者当何如？曰：五事本也，谨而明之；六府外也，时而治之。教之以德，节之以政。古之五正各司其方，可复也。周之六官各主其事，可用也。此其略也，其道则具于经矣。推而明之，勤而修之，是亦舜之政也。夫何远哉？顾力行何如尔。谨论。（此篇“经为道”“道是而已矣”两处疑有脱误。）

南庙试策五道

第一道

问：礼曰：“凡养老，五帝宪，三王有乞言。”厚人伦之义也。是以鳏寡孤独皆有养。后世则不然，教化之不明，衣食之不足，黎民老而不得其养，饥寒转死于沟壑者，往往而是。今将考古养老之礼而行之，惟帝尧而上，不可闻已，虞、夏、商、周之时，其所养何老？所处何学？所衣何服？所食何礼？一岁凡几行之？宜诵所闻，悉著于篇。

对：王者高拱于穆清之上，而化行于裨海之外，何修何饰而致哉？以纯王之心，行纯王之政尔。纯王之心，纯王之政，老吾老以及人之老，幼吾幼以及人之幼，此纯王之心也。使老者得其养，幼者得其所，此纯王之政也。尚虑其未也，则又尊国老而躬事之，优庶老而时养之。风行海流，民陶其化，孰有怠于亲而慢于长者哉？虞、夏、商、周之盛王，由是道也。人伦以正，风俗以厚，鳏寡孤独无不得其养焉。后世礼废法坏，教化不明，播弃其老，饥寒转死者往往而是。呜呼！率是而行，而欲王道之成，犹却行而求及前，抑有甚焉尔。今朝廷清明，政教修举，方欲稽讲坠典，以风天下。明执事欲将明上意，故访诸生以古之道，俾讲求其说，敢不道其所闻，以裨一二哉？盖古者择三公之有年德者，天子以父事之，谓之三老；孤卿之有年德者，天子以兄事之，谓之五更；皆一人尔。大夫士之以年致仕者，亦皆养之于其乡里之庠序焉。所处则有虞氏，国老养于上庠，庶老养于下庠；夏后氏，国老养于东序，庶老养于西序；商人，国老养于右学，庶老养于左学；周人，国老养于东膠，庶老养于虞庠是也。所服则深燕缟玄之衣，四代所服也。所食则飨燕食之礼，三代之制也，周人修而兼用之。一岁所行之数：则礼所谓春飨孤子，秋飨耆老，与夫释菜释奠之礼，亦其时乎！此古之略也。若夫润饰之，则在乎时矣。谨对。

第二道

问：昔者孔子伤时王之无政，而作《春秋》，所以褒善贬恶，为后王法也。自去圣既远，诸儒异论，圣人之法得之者寡。至唐陆淳学于啖、赵，号为达者，其存书有《纂例》《微旨》《义统》，今之学者莫不观焉。若夫诸儒之所失，与陆氏之所得，学者必有所取舍也。试为条其大要，庶以质其是非。

对：《春秋》何为而作哉？其王道之不行乎！孟子有言曰"《春秋》，天子之事"是也。去圣逾远，诸儒纷纭，家执异论，人为殊说，互相弹射，甚于仇雠。开元秘书言《春秋》者，盖七百余家矣。然圣人之法，得者至寡，至于弃经任传，杂以符纬，胶固不通，使圣人之心郁而不显。吁！可痛也。独唐陆淳得啖先生、赵夫子而师之，讲求其学，积三十年，始大光莹，绝出于诸家外；虽未能尽圣作之蕴，然其攘异端，开正途，功亦大矣。惜夫其书之粹者，在乎《集传》，而世微其传矣。今所存者，请概言其一二，亦可以观其道之所至焉。

《春秋》之法，大者在乎侵伐战取，围入执杀，盟会如聘，禘郊蒸尝，归复入纳，灾异赋役焉。然诸家之论，前矛后盾，未见其能一也。其间书侵者三十七，伐者二百四十三；书围者四十四，入者二十七。圣人之意，其详且备也如是，岂苟然哉？盖诛其祸乱之道耳。彼岂有是哉？先儒徒随事而传之，《三传》往往从而美之者有矣。未有一言发明圣人诛之之心者也。独陆君用啖氏之说，曰：《春秋》纪师，何无曲直之辞？曰一之也，不一则祸乱之门辟矣。若夫其差者甚者，则在乎其文矣。此则见圣人绝恶之源，原情之法，此表里之论也。其余若盟若会，其法皆用是也。

禘郊之议，诡谲殊状。左氏之文，略而不解；《公》《谷》之论，泥而失真；何、杜之流，汎汎其间耳。陆氏之学，独能斥先郑之失，明诸侯之僭，谓禘为王者之祭，明郊非周公之志，皆足以见其所存之博大，得圣师救乱明上下之心也。余若书郑伯之克，谓克下之辞，明君臣之义，异乎所谓"如二君"与"能杀者"屑屑之论矣。书次于郎，则言非有俟而次，则已将为贼尔，防兵乱之源，殊乎所谓过信次止者，区区之谈矣。发言侵言伐之例，则曰无名行师与称罪致讨之异，远乎阔略之言，贼害之语矣。且取邑之条，则云力得之，不是其专夺，异乎不用师徒，不宜取之浅矣。其余称将称师，纪名纪氏之类，亦皆度越于诸家远甚。

旨义之众，莫可历数。要其归，以圣人之道公，不以己得他见而立异，故其所造也远，而所得也深。噫！圣门之学，吾不得而见焉，幸得见其几者矣。则子厚之愿扫其门，宜乎！对问之下，不能详悉，故献其略。谨对。

第三道

问：官之有属，犹身之有臂，臂之有指也。自建官以来，未有无属焉者也。举今之官，则治其小者有属，治其大者无属。外郡县，内群有司，此治其小者。内公府，外刺部，此治其大者。治其小，且有属；治其大，乃无属；何其重轻劳佚之不侔哉？岂因其故常而恬莫之举欤？抑举之未见其益欤？刺部之属，向尝增之，直与其长等尔，非所谓属也。公府之属，今或存之，直他官而已，非所谓属也。请悉陈前古治大有属之法，可施于今者，皆何名？何选？何职？古何以有，而今何以无？古何以可，而今何以不可？详之于说，以究当今之便。

对：窃观治天下之道，如构室焉，其大者栋也，梁也，栋梁岂能独立哉？其所与相助而承上者，榱桷也。置官亦如是矣。古之三公之府，诸侯郡国各有其属，以成其政，后世改易不常。今则外之一郡一邑，内之一官一局，各有属焉。至于公府机务之烦，外台刺举之重，则反无之。此诚小大重轻之贸焉，非必谓无益而莫之为也，直因循故常未之更尔。向者漕计之司，尝为之置副矣，副则职亚其长者也。其下亦尝创宾从之名者矣，是亦其属也，第旋去之耳。近世宰相之官，兼门下之目，则府以其省名矣。今其属者，乃省官尔，非丞相之属。

策谓前古治大有属之法可施于今者，则周冢宰之职有小宰焉，小宰之下皆其属也，其余五官亦各有属焉，然其爵位有尊卑之差矣。外则牧伯之国，今刺举之任也，其属则其臣尔。汉之三公，府则有长史司直焉，东曹西曹之掾焉；内则御史，外则刺部，亦各自用其吏为掾属。其选之之道，则周六官以下，其属皆命于天子牧伯之臣，则其卿而下，其君选于其国尔。汉之三公，开府辟召；唐之藩镇，亦自荐延。其位其职，则系其长之所任而分治之耳。今公府任其小事者非无也，直无若三公之孤，六卿之丞，共其事者尔。其治文书掌劳役者备矣，其职亦几矣。苟欲慎其选，清其流，而易其官之名，则可矣。若欲夫预闻政事，则贤明之佐，谟谋于庙堂之上，又何细吏之间焉？若夫刺举之属，则在选任之尔。谨对。

第四道

问：今天下费益广，财益匮，食加冗，农加困，货愈笼，文愈密，而旱乾水溢，无岁无之；又未尝得清源端本之术，少纾其弊。虽有智者，或任非其责，噤不出一语。呜呼！忍而视斯民之残也！今欲使财无匮，农无困，文无密，以拯斯民之残，敢问何策之为先？何修而后可？勿疎勿泛，以直所论。

对：天下大器，群生重畜，惟君上所制养焉。今土地之广，人民之众，较之近代，未为甚盛也。然近岁费益广，财益匮，食加冗，农加困，货愈笼，文愈密者，何也？殆基本似有所未立，法度似有所未举尔。三代之制，今不能收功于旦夕也。试取其切近于体务者言之。

今财之匮，食之冗，农之困，货愈笼，文愈密者，弊虽烦，而其原一而已。其始在费益广也。费益广，则取于民者众，实于府者鲜，财不得不匮，农不得不困矣。彼食冗者，亦费之一端尔。费既广，财既匮，农既困，则货不得不笼。货之笼，则文不得不密矣。所谓费益广者，不曰待哺之兵众乎？夷狄之遗重乎？游食之徒烦乎？无用之供厚乎？为今之计，兵之众，岂能遽去之哉？在汰其冗而择其精。戎狄之遗，岂能遽绝之哉？在备于我而图其后。游食之徒烦，则在禁其末而驱之农。无用之供厚，则在绝其源而损其数。然其所以制之者，有其道也。夫水利之兴，屯田之制，府兵之复，义仓之设，皆济时之大利。顾搢绅议之熟矣，惟不以为旧说之迂而忽之，则财以丰，食以足，货利可宽，文法可损矣。虽旱乾水溢之变，系乎岁数之常，亦吾有备焉尔。谨对。

第五道

问：子曰："苟有用我者，三年有成"，何其效之疾欤？又曰："善人为邦百年，亦可以胜残去杀矣"，何其效之迟欤？又曰："如有王者，必世而后仁"，必世云者，较诸善人则已疾，合诸圣人则已迟。三者之效，不能齐一。然则圣何道而疾？善何术而迟？王何务而必世？愿以前代已然之迹，质于此三者。

对：圣人之道，无所苟而已矣。以圣人之才，施于天下，其易矣，犹必曰三年而有成也。然方之善人之效，则圣人之治，其疾也远矣。仲尼曰："善人为邦百年，亦可以胜残去杀矣。"夫善人者，所谓"不践迹亦不入于室"者也，既不循前人之弊而守之，又不得圣人之道而行之，宜其缓且久也。有人焉，相继而往，则百年而后可至治矣。所谓"王者必世而后仁"，则蒙谓作礼乐之时尔。夫民之情，不可暴而使也，不可猝而化也，三年而成，大法定矣。渐之仁，摩之义，浃于肌肤，沦于骨髓，然后礼乐可得而兴也。盖礼乐者，虽上之所以教民也，然其原则本于民，而成于上尔。则圣人之效所以疾，善人之效所以迟与！夫王者之仁，其道可见矣，复请以前代已然之迹而明之。孟子曰："小国七年，大国五年，可为政于天下。"此圣人之效也。若仲由谓三年使知方，伯禽之三年报政，虽不能若圣人之道醇且具也，然亦承圣师之教，奉周公之训，其庶乎其次也。若汉之业创乎高祖，循乎吕、惠，文帝守之以淳俭，孝景绍之以恭默。当时汉之兴，几百年矣，其风俗宽厚，几致措刑，亦胜残去杀之效乎！周承文王之业，历武王之治，至成王之世，而周公作礼乐焉，此必世后仁之效乎！谨对。

河南程氏文集卷第三　明道先生文 三

铭　诗

颜乐亭铭（为孔周翰作）

天之生民，是为物则；非学非师，孰觉孰识？圣贤之分，古难其明；有孔之遇，有颜之生。圣以道化，贤以学行，万世心目，破昏为醒。周爰阙里，惟颜旧止；巷汙以榛，井堙而圮。乡间蚩蚩，弗视弗履；有卓其谁，师门之嗣。追古念今，有恻其心；良价善谕，发帑出金。巷治以辟，井渫而深；清泉泽物，佳木成阴。载基载落，亭曰颜乐；昔人有心，予忖予度。千载之上，颜惟孔学；百世之下，颜居孔作。盛德弥光，风流日长；道之无疆，古今所常。水不忍废，地不忍荒。呜呼正学，其何可忘！

游鄠县山诗十二首（有序）

仆自幼时，已闻秦山多奇占，有鄠者尤复秀出，常恨游赏无便。嘉祐二年，始应举得官，遂请于天官氏，愿主簿书于是邑，谓厌饫云山，以偿素志。今到官几二年矣，中间被符移奔走外干者三居其二，其一则簿书期会，仓廥出入，固无暇息。惟白云特在山面，最为近邑，常乘间两至，其余佳处，都未得往。变化初心，辜负泉石。五年二月初吉，闻贰车晁公来游诸山。先是，晁见约同往，会探吏失期。二日早，晁公以书见命，始知车骑已留草堂，走白邑大夫张君。时民产有在山麓者，以罪没官，府符方命量其租入之数，因请以往。鞭马至山，而晁公已由高观登紫阁，还憩下院，见待已久。遂奉陪西游，经李氏五花庄，息驾池上，夜宿白云精舍。诘旦，晁公西首，仆复并山，东游紫阁，登南山，望仙掌，回抵高观谷，探石穴，窥石潭，因周视所定田，徜徉于花林水竹间。夜止草堂。是晚，雨气自西山来，始虑不得遍诣诸境，一霎遂霁。明旦，入太平谷，憩息于重云下院。自入太平谷，山水益奇绝，殆非人境。石道甚巇，下视可悸，往往步乱石间。入长啸洞，过虎溪西南，下至重云，转西阁，访凤池，观云顶、凌霄、罗汉三峰；登东岭，望大顶积雪；复东北来云际下深涧，白石磷磷于水间，水声清泠可爱，坐石掬水，恋恋不能去者久之，遂宿大定寺。凌晨，登上方，候日初上，西望药山，北眺大顶，千峰万峦，目极无际。下山缘东涧，渡横桥，复憩于重云下院。出谷游太平宫故基而归。马上率尔口语，往往成诗章。自入山至归，凡四日，得长短咏共十二篇，姑存之，以志游览之次第云。

白云道中

吏身拘绊同疏属，俗眼尘昏甚瞽矇。孤负终南好泉石，一年一度到山中。

马上偶成

身劳无补公家事，心冗空令学业衰。世路崄巇功业远，未能归去不男儿。

游紫阁山

仙掌远相招，萦纡度石桥；暝云生涧底，寒雨下山腰。树色千层乱，天形一罅遥。吏纷难久驻，回首羡渔樵。

猕猴山（僧云：“晏元献公来，猕猴满山。”）

闻说猕猴性颇灵，相车来便满山迎。鞭羸到此何曾见，始觉毛虫更世情。

高观谷

轰雷叠鼓响前峰，来自彤云翠蔼中。洞壑积阴成气象，鬼神凭暗弄威风。喷崖雨露千寻溼，落石珠玑万颗红。纵有虬龙难驻足，还应不是旱时功。

草堂寺（在竹林之心，其竹盖将十顷）

参差台殿绿云中，四面筼筜一径通。曾读华阳《真诰》上，神仙居在碧琳宫。

长啸岩中得冰以石敲餐甚佳

车倦人烦渴思长，岩中冰片玉成方。老仙笑我尘劳久，乞与云膏洗俗肠。

游重云

久厌尘笼万虑昏，喜寻泉石暂清神。目劳足倦深山里，犹胜低眉对俗人。

长啸洞北回望大顶如列屏障比到山前却不见盖为仙掌所蔽

行尽重云几曲山，回头方见碧峰寒。天将仙掌都遮断，元恐尘中俗眼看。

凌霄三峰

长啸岩东古寺前，三峰相倚势相连。偶逢云静得见日，若有路通须近天。阴吹响雷生谷底，老松如箸见崖颠。结根不得居平地，犹与莲花远比肩。

云际山

南药东边白阁西，登临身共白云齐。上方顶上朝来望，陡觉群峰四面低。

下山偶成

襟裾三日绝尘埃，欲上篮舆首重回。不是吾儒本经济，等闲争肯出山来？

是游也得小松黄杨各四本植于公署之西窗戏作五绝呈邑令张寺丞（兴宗）

中春时节百花明，何必繁弦列管声？借问近郊行乐地，潢溪山水照人清。

心闲不为管弦乐，道胜岂因名利荣？莫谓冗官难自适，暇时还得肆游行。

功名未是关心事，富贵由来自有天。任是榷酤亏课利，不过抽得俸中钱。

有生得遇唐虞圣，为政仍逢守令贤。纵得无能闻主簿，嬉游不负艳阳天。

狱讼已闻冤滞雪，田农还喜土膏匀。只应野叟犹相笑，不与溪山作主人。

偶成（时作鄠县主薄）

云淡风轻近午天，望花随柳过前川。旁人不识予心乐，将谓偷闲学少年。

郊行即事

芳原绿野恣行时，春入遥山碧四围。兴逐乱红穿柳巷，困临流水坐苔矶。莫辞盏酒十分醉，只恐风花一片飞。况是清明好天气，不妨游衍莫忘归。

下白径岭先寄孔周翰郎中

骤经微雨过芳郊，转觉长河气象豪。归骑已登吴坂峻，飞云犹认华山高。门前歧路通西国，城上楼台压巨涛。欲问《甘棠》奋风化，主人邀客醉春醪。

春日江上

新蒲嫩柳满汀洲，春入渔舟一棹浮。云幕倒遮天外日，风帘轻扬竹间楼。望穷远岫微茫见，兴逐归槎汗漫游。不畏蛟螭起波浪，却怜清泚向东流。

题淮南寺

南去北来休便休，白蘋吹尽楚江秋。道人不是悲秋客，一任晚山相对愁。

桃花菊

仙人绀发粉红腮，近自武陵源上来。（此花近岁方有。）不似常花羞晚发，故将春色待秋开。存留金蕊天偏与，漏泄春香众始猜。兼得佳名共坚节，晓霜还独对楼台。

早寒

一夜威霜特地严，朝来寒气入书帘。乍须火暖亲炉兽，初觉冰澌结砚蟾。败叶卷风轻簌簌，远峰经晓静尖尖。出门未要貂狐燠，且着轻裘次第添。

新晴野步二首

青帝方成万物春，如何淫雨害芳晨？乞求共指云间日，悔恨轻嫌陌上尘。消尽风威犹料峭，放开山色已嶙峋。燕游莫道王孙乐，亦有羲皇更上人。

阴曀消除六幕宽，嬉游何事我心闲。鸟声人意融和候，草色花芳杳霭间。水底断霞光出岸，云头斜日影衔山。缘情若论诗家兴，却恐骚人合厚颜。

中秋月

云静好风微，清光溢四垂。金行方盛日，阴魄正中时。仿佛窥瑶阙，分明露桂枝。遴英同醉赏，谁复叹官羁？

盆荷二首

庭下竹青青，盆荷水面平。谁言无远趣？自觉有余清。影倒假山翠，波光朝日明。涟漪尤绿净，凉吹夜来生。

衡茅岑寂掩柴关，庭下萧疏竹数竿。狭地难容大池沼，浅盆聊作小波澜。澄澄皓月供宵影，瑟瑟凉风助晓寒。不校蹄涔与沧海，未知清兴有谁安？

象戏

大都博奕皆戏剧，象戏翻能学用兵。车马尚存周战法，偏裨兼备汉官名。中军八面将军重，河外尖斜步卒轻。却凭纹楸聊自笑，雄如刘项亦闲争。

九日访张子直承出看花戏书学舍五首

平昔邀相见，过门又不逢。贪随看花伴，应笑我龙钟。

须知春色酿于酒，醉得游人意自狂。直使华颠老公子，看花争人少年场。

贪花自是少年事，泥酒定嫌醒者非。顾我疎慵老山野，却骑归马背斜晖。

下马问老仆，言公赏花去。只在近园中，丛深不知处。

桃李飘零杏子青，满城车马响春霆。就中得意张公子，十日花前醉不醒。

戏题

曾是去年赏春日，春光过了只逡巡。却是去年春自去，我心依旧去年春。

赠王永甫铁如意

妖言莫信传张恶，虚气休将碎唾壶。借问闲窗静抓背，何如争胜击珊瑚？

和家君早寒之什

满地清霜结晓寒，平明飞霰洒柴关。乍凭酒力温肌骨，陡觉风威著面颜。闾里相呼泥北户，牛羊收牧下前山。急须趁日藏薪炭，冻后高枝不易攀。

和咏草

渐觉东皇意思匀，陈根初动夜来新。忽惊平地有轻绿，已盖六衢无旧尘。莫为枯荣吟野草，且怜愁醉梶香轮。诗人空怨王孙远，极目萋萋又一春。

和邵尧夫打乖吟二首

打乖非是要安身，道大方能混世尘。陋巷一生颜氏乐，清风千古伯夷贫。客求墨妙多携卷，天为诗豪剩借春。尽把笑谈亲俗子，德容犹足畏乡人。

圣贤事业本经纶，肯为巢由继后尘？三幣未回伊尹志，万钟难换子舆贫。且因经世藏千古，已占西轩度十春。时止时行皆有命，先生不是打乖人。

和尧夫首尾吟

先生非是爱吟诗，为要形容至乐时。醉里乾坤都寓物，闲来风月更输谁？死生有命人何与，消长随时我不悲。直到希夷无事处，先生非是爱吟诗。

和尧夫西街之什二首

先生相与赏西街，小子亲携几杖来。行次每容参剧论，坐隅还许侍余杯。槛前流水心同乐，林外青山眼重开。时泰身闲难两得，直须乘兴数追陪。

先生高蹈隐西街，风月犹牵赋咏才。暂到隣家赏池馆，便将佳句写琼瑰。壮图已让心先快，剧韵仍降字占掇。只有一条夸大甚，水边曾未两三杯。

游月陂

月陂堤上四徘徊，北有中天百尺台。万物已随秋气改，一樽聊为晚凉开。水心云影闲相照，林下泉声静自来。世事无端何足计，但逢佳日约重陪。

秋日偶成二首

寥寥天气已高秋，更倚凌虚百尺楼。世上利名群蠛蠓，占来兴废几浮沤。退安陋巷颜回乐，不见长安李白愁。两事到头须有得，我心处处自优游。

闲来无事不从容，睡觉东窗日已红。万物静观皆自得，四时佳兴与人同。道通天地有形外，思入风云变态中。富贵不淫贫贱乐，男儿到此是豪雄。

代少卿和王宣徽游崇福宫

睿祖开真宇，祥光下紫微。威容凝粹穆，仙仗俨周围。嗣圣严追奉，神游遂此归。冕旒临袐殿，天日照西畿。朱凤衔星盖，青童护玉衣。鹤笙鸣远吹，珠蕊弄晴晖。瑶草春常在，琼霜晓未晞。木文灵象出，太一醴泉飞。醮夕思飒驭，香晨望绛闱。衰迟愧宫职，萧洒自忘机。

和王安之五首

小园

闲坊西曲奉常家，景物天然占一窳。恰似庾园基址小，全胜浥涧路途赊。知君陋巷心犹乐，比我侨居事已夸。且喜杖藜相过易，隔墙无用小游车。（白乐天有诗戏卢中丞，浥涧山居去城之远。）

野轩

谁怜大第多奇景，自爱贫家有古风。会向红尘生野思，始知泉石在胸中。

汙亭

强洁犹来真有为，好高安得是无心？汙亭妙旨君须会，物我何争事莫侵。

药轩

囊中数味应千种，砌下栽苗过百名。好是微风入庭户，清香交送满檐楹。

晚晖亭

亭下花光春正好，亭头山色晚尤佳。欲知剩占清风处，思顺街东第一家。

和花庵

得意即为適，种花非贵多。一区才丈席，满目自云萝。静听禽声乐，闲招月色过。期公在康济，终奈此情何！

子直示以新诗一轴偶为四韵奉谢

治剧君能佚，闲居我更慵。自惟降藻丽，不解继春容。寡和知高唱，深情见古风。静吟《梁甫》意，真似卧隆中。

和诸公梅台

急须乘兴赏春英，莫待空枝谩寄声。淑景煖风前日事，淡云微雨此时情。

后一日再和

常劝嬉游须及辰，莫辞巾屦染埃尘。只应风雨梅台上，已减前时一半春。

送吕晦叔赴河阳

晓日都门颭旆旌，晚风铙吹入三城。知君再为苍生起，不是寻常刺史行。

赠司马君实

二龙闲卧洛波清，今日都门独饯行。愿得贤人均出处，始知深意在苍生。

哭张子厚先生

叹息斯文约共修，如何夫子便长休！东山无复苍生望，西土谁共后学求？千古声名联棣萼，二年零落去山丘。寝门恸哭知何限，岂独交亲念旧游？

陪陆子履游白石万固

条山苍苍河流黄，中蒲形势天下强。帝得贤侯殿一方，四年不更慰民望。元丰戊午季春月，上心闵雨愁黎苍。使车四出走群望，我亦奉命来陕疆。精诚感格天意顺，诏书才下雨已霶。病麦还青禾出土，野农鼓舞歌君王。故人相见不道旧，为雨权喜殊未央。圣主宽忧小臣乐，自可放荡舒胸肠。白石万固皆胜地，主人为我携壶觞。况逢佳日俗所尚，车马未晓填康庄。扶提十里杂老幼，迤逦千骑明戈枪。初听鸣铙入青霭，渐见朱旆辉朝阳。遨头自是谢康乐，后乘独惭元漫郎。侯来虽知有宾客，众喜更为将丰穰。临溪坐石遍岩谷，幽处往往闻丝簧。山光似迎好客动，日景定为游人长。乘高望远兴不尽，恋恋不知歧路忙。人生汩没苦百态，得此乐事真难常。我辞佳境已惆怅，侯亦那得久此乡？他时会合重相语，孤负泉石何能忘？

陈公廙园修禊事席上赋

盛集兰亭旧，风流洛社今。坐中无俗客，水曲有清音。香篆来还去，花枝泛复沉。未须愁日暮，天际是轻阴。

春雪

二月将临尾，群阴久退潜。只知桃李艳，何复雪霜嫌？密霰仍先集，飘霙忽散沾。带风成料峭，和雨作廉纤。江汉初弥望，珠玑亦间兼。片痕才著瓦，斜势渐穿帘。鸟化辽城鹤，途铺越女缣。落英时斗舞，飞絮或同黏。直把琼瑶比，谁疑鹄鹭挦？透肌锥共利，洒面刃争铦。寒怯开闱赏，光凝伴月觇。价增樵市炭，兴入酒家帘。驻足银妆履，昂头玉裹髯。如何欺煦律，重复困穷阎？薪乏经朝备，衣因恃暖拈。撷芳游女恨，忧岁老农占。惜竹频敲叶，愁花旋覆苫。失权悲太皞，助虐有飞廉。骤降初疑勇，旋消亦讶谦。朔云虽借便，水后可无厌。纵任阴灵巧，难令木气歼。寒威徒自奋，春气亦时添。积势方平栊，撕流已坠檐。暗空犹沓沓，近地即占占。远水难遮面，高峰不裹尖。著墙聊画粉，盖地岂成盐？纨扇惊尘噎，昆冈认火炎。端来荐融释，空复助洳渐。积润终滋嫩，惊雷亦震淹。东君莫惆怅，杲日待重瞻。

晚春

人生百年永，光景我逾半。中间几悲欢，况复多聚散。青阳变晚春，弱条成老榦。不为时节惊，把酒欲谁劝？

西湖

溟水桥边鸭子陂，楼台只在郡城西。烟波乍见心先快，岛屿将寻路欲迷。尽日无风横舴艋，有时经雨饮虹霓。如何咫尺尘埃地，能使游人意不齐？

环翠亭

城居不见万山重，因起高亭破远空。虚旷直疑天宇外，周旋如在画屏中。凝岚散霭层层出，削玉排青面面同。暂得登临已忘去，四时佳致属贤公。

酬韩持国资政湖上独酌见赠

对花酌酒公能乐，饭糗羹藜我自贫。若语至诚无内外，却应分别更迷真。（韩维《湖上独酌呈范彝叟朝散程伯淳奉议》诗云："曲肱饮水程夫子，宴坐焚香范使君。愧我未能忘外乐，绿尊红芰对西曛。"）

河南程氏文集卷第四　明道先生文 四

行状 墓志 祭文

故户部侍郎致仕彭公行状

公讳思永，字季长。其先京兆人，唐之中世有为吉州刺史者，因家焉，今为庐陵人。尚书治经术，以能诗名于世，慷慨有大节，仕不得志，未老以东宫官退居临湘，公其次子也。

公性淳粹明重，材质瑰秀。孩提时即异于常儿，未尝为戏弄之事，数岁已自知为学。尚书每抚其背曰："兴吾家者，必是儿也。"未冠，居尚书丧，以孝闻。家贫无以葬，昼夜号泣，营治岁终，卒能襄事，扶丧数千里归庐陵，知者无不咨叹。终丧，益自奋励，力学有文称。

天圣五年，举进士擢第，授南康军判官。计臣言其材，遂监泰州角斜盐场。当路益知其贤，交荐之。秩满，迁大理寺丞，监洪州盐务，移知广州南海县。以母丧去职。服除，知洪州分宁县。二邑素号难治，前令比以罪去，民化公之诚，相戒以毋犯法，至于无讼。既又通判睦州。会海水大上，夜败台州城，郡人多死。诏监司择良吏往抚之，公遂行。将至，吏民皆号诉于道。公悉心救养，不惮劳苦，至忘寝食，尽葬溺死者，为文以祭之，问疾苦，赈饥乏，去盗贼，抚羸弱。其始至也，城无完舍，公周行相视，为之规画，朝夕暴露，未尝憩息。民贫不能营葺者，命工伐木以助之。数月而公私之舍毕复，人安其居。公视故城庳坏，仅有仿佛，思为远图，召寮属而谓之曰："郡濒海而无城，此水所以为害也。当与诸君图之。”程役劝功，民忘其劳，城成，遂为永利。天子嘉之，锡书奖异。后去台还睦，二州之民，喜跃啼恋者交于道。未几，就移知潮州。潮民岁苦修堤之役，吏缘为奸，贫者尤被其害。公为之法，役均而费省，民大悦。代还，知常州。时为都官员外郎，寻召为侍御史。极论内降授官赏之弊，以谓斜封非公朝之事，仁宗深然之。皇祐祀明堂前一日，有传赦语，百官皆得迁秩者。公方从驾宿景灵宫，亟上言，不宜滥恩，以益侥幸。既肆赦，果然。时张尧佐以妃族进，王守忠以亲侍帷幄被宠。参知政事阙员，尧佐朝暮待命，守忠亦求为节度使，物议讙动。公帅同列言之，皆曰宜待命行。公曰：“宜以先事得罪，命出而不可救，则为朝廷失矣。”遂独抗疏极言，至曰：“陛下行此覃恩，无意孤寒，独为尧佐、守忠故取悦众人耳。”且言妃族秉政，内臣用事，皆非国家之福。疏入，仁宗震怒，人皆为公危之。公曰：“苟二人之命不行，虽赴鼎镬无恨。”于是御史中丞郭劝，谏官吴奎，皆为上言其忠，当蒙听纳，不宜加罪。仁宗怒解，而尧佐、守忠之望遂格。公犹以汎恩罢台职，以司封员外郎出守宣州。前守以赃败，郡政隳弛，岁复大歉。公至，修纪纲、抚凋瘵，奏发官庾以活饥莩，卒无流亡。体量安抚使上公治状，为诸路之最。

侬智高连陷州郡，岭表用兵，饷馈仰于荆、湖。除北路转运使至部，奏黜守令之残暴疲懦者各一人，而八州知劝。下溪蛮酋彭仕羲恃险而骄，将帅群蛮为乱，先移文骂辰州守将，将不能制，请公诛之。公行部至辰，仕羲畏公，即遣亲信持书迎谒，礼甚谨。公推诚待之，谕以祸福，皆悚惧感服，请自悛革，边患遂息。

时大农以利诱诸路使，以羡余为献。公曰：“裒民取赏，吾不忍为。”遂无所献。南寇平，公以劳进工部郎中，召为度支判官，升刑部。岁余，出为益州路转运使。始直史馆，赐三品服。入辞，仁宗谕之曰：“益部远方，以卿安抚，吾无忧矣。”至蜀，会成都阙守，诏公权领府事。前政多务姑息，寖失法度，至有吏盗官钱千缗，付狱已三岁，犹纵其出入自若者。公命穷治之，一日而狱具。蜀人以交子贸易，皆藏于腰间，盗善以小刃取之于稠人中如己物，民病苦之。公得其状，即捕获一人，使疏其党类，得十余辈，悉黥隶诸军，盗者遂绝。二罪而人知畏法，蜀乃大治。

岁有中贵人祠峨嵋，常留成都中数十日，诛取珍货奇玩，例至数百万钱，一出于民间。公命三省其二，使者恨怒而去，公不之顾。任中迁兵部郎中，召还为户部副使。岁余，以天章阁待制，充陕西都转运使。河朔谋帅，以公镇高阳，仍进秩谏议大夫。英宗嗣位，恩升给事中。时狃于承平，治兵者鲜明纪律，而三关为甚。公为帅，方重严正，犯者颇以军法从事，骄兵大戢。河北旧以桑麻为产籍之高下，民惧不敢艺植，故益贫。公奏更其法，自是丝绩之利，岁岁增益。在镇二年，边圉帖宁，人民浃和。

公恶边臣之邀功启事者，屡加裁正，遂与大臣持议不合。由是以病请解兵任，求为江南官，徙知江宁府。潮与江宁旧多火灾，迄公去未尝作，人以为德政之感。留金陵岁余，复召权御史中丞。时追崇濮王大号，复有称亲之议，谏官御史以典礼未正，相继论列者六七人，皆以罪去。公始拜中司，力陈其不可，且请召还言事者。上未之察，更为疏极论其事，言益切至。英宗深加听纳，事几施行，而大臣持之甚力，故不果。公因求解宪职，以章言者五，进见而面陈者，多至不记。会英宗不豫，公方忧惧，不复自言。

今天子践祚，正拜御史中丞，请裁损山陵用度，务从俭约，以称先志，上嘉纳之。会御史蒋之奇奏发大臣阴事，其说盖盛于都下，而之奇欲扳公为助，乃曰公尝言之。公亦谓帷箔之私，非外人所知，诚难究诘，然亦有以取之，故谤言一兴，而人以为信，且其首为濮园议，违典礼以犯众怒，不宜更在政府。而执政以之奇所论，冥昧不可质，迫公言其所从来。三问而公奏益急，且曰："风闻者以广聪明也。今必问其所从来，因而罪之，则后无闻矣。宁甘重谪，不敢废国家开言路之法。"因极陈大臣朋党专恣，非朝廷计。翌日，降授给事中，知黄州，道徙太平州。郊祀推恩，复工部侍郎，知亳州。未满岁，移扬州。熙宁三年，上书告老，迁户部侍郎，致仕。朝廷怜之，故诏辞甚美，所以宠耀其终始焉。

公晚乐历阳风土，遂徙居之。将归，十一月过金陵，二十六日，以疾终，享年七十有一。金陵之人奔走供事，往来哭于道路，其得人心如此。公任官四十五年，累阶至某，勋某，爵某，食邑若干。

公精慎，长于政事。遇繁剧，他人若不可堪，而公处之裕然，故世称有大体精吏治者，必归之公。其事业磊落，见于时者为不少矣，然其德性之美，心术之醇，世尤尊之，盖资禀有过于人者也。故其仁厚诚恕，出于自然。

年八九岁时，尚书为岳州从事，公晨起将就学舍，得金钗于门外，公默坐其处，以伺访者。有一吏徘徊久之，问故，果坠钗者也。公诘其状，验之信，则出付之。吏谢以数百金，公笑不受曰："我若欲之，取钗不过于数百金邪？"吏叹骇而去。

始就举时，贫无余赀，惟持金钏数只，棲于旅舍。同举者过之，众请出钏为玩。客有坠其一于袖间者，公视之不言。众莫知也，皆惊求之。公曰："数止此耳，非有失也。"将去，袖钏者揖而举手，钏坠于地，众服公之量。

抚宗族有恩意，外姻孤女，收视之如己子，为择善士而嫁之。守常一，不妄迁习。与朋友交，尽信义，始卒无移改。廉洁纯俭，本之天性。居母丧，贫甚，乡人争馈之，皆谢去，风俗为之化。后居显仕，自奉养不改其素。平生无声色奇巧之玩。其气宇高爽，议论清淡，而端庄恭谨，动必由礼，未尝有惰慢之色，戏侮之言，见者皆知畏重。然襟度夷旷，不可澄挠，与人处，虽终岁莫见其喜怒之变。遇事明白，不事襮饰，接人无贵贱高下，一以忠信，动无疑忌，即之温然，有大雅之德。

为政本仁惠，吏民爱之如父母，惟不喜矫情悦众，扬己取誉。常曰："牢宠之事，吾所不为。"居宪府，多所论奏，未尝以语人。或疵其少言，惟谢之，终不自辨。每谓人曰："吾不为他学，但幼即学平心以待物耳。”又尝教其子弟曰：“吾数岁时，冬处被中，则知思天下之寒者矣。”盖源流如此，宜其仁恕之善，见于天下，自朝廷至于庶人，推其诚长者。至其持守刚劲，不可毫髮迁夺，喜善嫉恶，勇于断决，不为势利诱，不以威武移。潮州州宅，旧传多怪，前后守臣无宁处者，公迄去，未尝问其有无。其达理守正若此，凛乎其丈夫也。故历事三朝，人主信之。

公娶晏氏，故相元宪公之侄，而刑部侍郎讳容之子也，封延安郡君，有贤行，为宗党所尊。二男：长曰卫，前赵州军事判官，孝谨和厚，以亲老不忍去左右，解官归侍者十年矣；次曰衎，俊敏有高才，方举进士而卒。五女子：长適知鄂州嘉鱼县胡从，次適宜春李伯英，次即颢之室，又次適太常博士田祐，次適著作佐郎齐域，而归李氏、齐氏者皆早世。孙四人：曰该，曰谘，并试将作监主簿，询、䜣尚幼。孙女五人，俱未嫁。

公终之明年，嗣子将以某月某日，奉公之丧，葬于和州历阳县某乡某里某地。前期，得公之官次行事于其家，若公之道德，则颢所亲炙而知者，谨加编录，请求志于盛德君子，以图不朽。谨状。

程邵公墓志

邵公，广平程颢之次子也，生于治平始元仲秋之四日，死于熙宁首祼仲夏之十四日，越三日，葬之于伊阳县神阴乡祖茔之东。邵公，其幼名也；端慤，其名也。

生而有奇质，未满岁而温粹端重之态，完然可爱，聪明日发，而方厚淳美之气益备。其始言也，或授之以《诗》，率未三四过，即已成诵矣，久亦不复忘去。虽警悟俊颖，若照彻内外，而出之从容，故敏于见知，而安于言动。坐立必庄谨，不妄瞻视，未尝有戏慢之色。孝友信让之性，盖出于自然。与人言则温然，及其有所不为，则确乎其守也。大凡其心有所许，后虽以百事诱迫，终不复移矣。日视群儿，相与狎弄欢笑跳梁于前，泊乎如不闻知，虽有喜相侵暴者，亦莫之敢侮。盖厥生五年，而人不见其有喜怒好欲。是岂特异于常儿哉？皆老于学者之所难能也，而吾儿之资乃成于生之初。呜呼！使其降年之永，则吾不知其所至也。吾弟颐亦以斯文为己任，尝意是儿当世吾兄弟之学。今则已矣，则吾之恸，亦不特以父子之亲也。

夫动静者阴阳之本，况五气交运，则益参差不齐矣。赋生之类，宜其杂揉者众，而精一者间或值焉。以其间值之难，则其数或不能长，亦宜矣。吾儿其得气之精一而数之局者欤？天理然矣，吾何言哉！以其葬日之迫，刊刻之不暇也，惟砂书于砖，以志其圹。

程殿丞墓志铭

程氏居永宁之博野；土风浑厚，世以忠廉孝谨闻。少师贵重于朝，始赐第京师，为开封人。世风不衰，子孙多好善。如吾叔父，可谓能守其家法者矣。叔讳瑜，字叔宝：少师讳羽、清河太君张氏、襄陵太君贾氏之曾孙，尚书虞部员外郎讳希振、高密县君崔氏之孙，赠大理寺丞讳道、天水赵氏、长寿县太君任氏之子。

少以族兄广平文简公荫，试将作监主簿。未冠，为荆南监利尉，即以幹敏称。再调永州零陵簿，益以才著。时谿蛮啸动，焚劫县邑，道州宁远最当贼冲，部使者命公摄令事。至止之日，邑无城壁，府无兵械，公经营创治，夜以继日。完集未几，蛮寇大至，设长围以逼城。公激励士卒躬冒矢石，捍守累日，以奇兵由水中旁出贼后，合战甚苦，贼乃败去。既而同守者皆论功丐赏，公曰："城守吾事也。城获完，足矣，尚当以为利乎？"卒不自言。

代还，得为汝州龙兴令。计省言其材，遂监解州盐池，岁课羡溢。改大理寺丞，签书磁州判官公事。太守武人不知为政，公从容开赞，一郡大治。事虽出公，而人莫窥其迹，谦晦不伐，率皆此类。以年劳，升太子赞善大夫，赐五品服。就移知邛州依政县。时长寿太君春秋高，公惧有远行之劳，即上书愿就监临，以便奉养。改舒州皖口监辖，乃以考课迁殿中丞。还朝，知濮州雷泽县。未行，暴疾，终于京师，实嘉祐七年三月十八日也。

公姿仪伟秀，风度平雅，端庄谨厚，不妄言笑，进退动止，皆有法度，衣冠整理。望之肃然。三岁而孤，长寿太君教养严至，恂恂奉事，恪恭朝夕，未尝少懈。善与人交，久而益笃。呜呼！行足以励俗，才足以有为，不幸短命，未究所施，殁之年方四十三矣。

公娶张氏，封福昌县君，和慈孝睦，族人推其贤。三子：曰预，以疾废；曰顗，曰颢，皆为儒学。三女：长適前常州军事推官王师古，仲適襄陵贾芮，季適汝南周纯明。

熙宁二年八月丙申，公之从兄司农，葬公于河南府伊阳县神阴乡先茔之次。颢以父命，得预役事，又掇公之官世行业而为之志，既又系之以铭曰：

谨于奉亲，勤于事君，端于立身，无愧乎古人。山可夷，谷可堙，斯言不泯。

李寺丞墓志铭

予友李君仲通，讳敏之，世居北燕；高祖避乱南徙，今为濮人。丞相文定公迪，乃其世父也。曾祖令珣，祖护，皆以丞相故赠太师尚书。令考逊，用子贵，赠吏部尚书。

仲通生而有贤资，端厚仁恕，见于孩提之时。举动齐整，不妄言笑，燕居终日，泊然而无惰容，望之者皆知其君子人矣。与人言，无隐情，惟闻人之过则未尝复出于口。安靖寡欲，居贫守约，裕如也。好古力学，博观群书，尤精于《春秋》《诗》《易》。其后所得，殊为高深。方勇厉自进，不幸短命，惜夫未见其止也！死之年才三十矣。

仲通之德，盖完于天成，孝友之性，尤为绝异。侍太夫人疾，衣不解带者累月，及居丧，哀毁过甚。中外数百口，上爱下信，人无间言。群从聚居，臧获使令者众，虽驭之过严，不能使之无犯。惟偶为仲通所责，则其人必惭怅累日，痛自饬励。及仲通之亡，濮之人无贤不肖，皆失声痛惜，或为陨涕。非至诚及物，其能有是乎？

仲通外甚和易，遇物如恐伤之，虽家人未始见其喜怒。及其出辞气，当事为，则庄厉果断，不可以非义回屈。始用荫补郊社斋郎，调虔州瑞金县主簿。会剧贼戴小八攻害数邑，朝廷患之，命御史督视。仲通时承尉乏，与其令谋曰："刘右鹘、石门罗姓者，皆健贼，诏捕之累年矣；小八不能连二盗以自张，吾知其无能为也。当说使自效，则贼为不足破矣。"乃遣人谕二盗。皆曰："我服李君仁信久矣，愿为之死。然召我亦有以为信乎？"仲通即以其符诰与之，且约曰："某日当以甲二百来见我于邑中。"众皆恐惧，仲通曰："彼欲为恶，虽不召将至。且吾信于邑人，彼亦吾人也，何惮乎？"乃将二盗，与之周旋，卒得其死力，遂斩小八，尽平其党。朝廷嘉之，迁卫尉寺丞，仍升一任。御史用间者言，将诛刘、罗二党。仲通以为失信不义，抗论甚力，久始见从。仲通又自言于朝，请因其立功，縻以冗职，可绝后患。书奏不报。其罗姓者，果复为害。

仲通宰江宁之上元，有古循吏之风。邑之旧田税不均，贫弱受其弊，仲通为法以平之。豪猾恶其害己，共为谤语，借势于上官以摇其事。人皆为仲通危，仲通坚处不变，未满岁而所均者万七千室。事业虽百未一施，概是二节，则高明之见，刚勇之气，发于事者，亦可知已。呜呼！人非有古今之殊，特患夫忽近而慕远耳。如吾仲通之材之美，古独可以多乎哉？向若天假之年，成就其所学，自当无愧于古人，况使得与古之人并，而亲炙于圣人之时乎？则吾知其果不后曾、闵之列矣。

仲通以治平三年五月终于家，熙宁七年二月庚寅葬于濮州鄄城县遗直乡之先茔。夫人王氏祔焉。夫人，太子中舍杲之女，贤慧靖淑，雅有法度，及寡居，益自晦重，素衣一食以终身焉，盖后仲通六年而亡。仲通尝生二女，皆夭，卒无子，以兄之子孝和为嗣。

仲通平生相知之深者莫如予，故将葬，其家以志文来属，其可辞乎？铭曰：

二气交运兮，五行顺施；刚柔杂揉兮，美恶不齐；禀生之类兮，偏驳其宜；有钟粹美兮，会元之期。圣虽可学兮，所贵者资；便儇皎厉兮去道远，而展矣仲通兮，赋材特奇。进复甚勇兮，其造可知。德何完兮命何亏？秀而不实圣所悲。孰能使我无愧辞，后欲有考观铭诗。

程郎中墓志

公讳璠，字仲韫，姓程氏，世居中山之博野。宋兴，先少师以勋德显重，赐第京师，始为开封人。少师讳羽，其媲曰清河太君张氏，襄陵太君贾氏，是生虞部府君讳希振，娶博陵崔氏，封高密县君，是生尚书府君讳遹。公即尚书之仲子，母曰孝感太君，长安太君，皆张氏。

公生数岁而孤，教养于伯兄。十六，以族兄广平文简公荫，试将作监主簿。始冠，为常州户曹掾。时朝廷遣使安抚二浙，表言公才，就除明州司法。力抗暴守，数活疑狱。当途者交荐之，遂改京官，知寿州安丰。邑富，多强猾，小民困于侵渔，为令者常苦其难制。公至未几，皆敛手莫敢犯，盗贼亦越逸他境。增治芍陂，以广灌溉，人赖其赐，道路谣颂，闻于京师。大豪陈顺谋去其母，绐之醉，宿旁舍，因诬以为嫁，使其党证之。公察其情，即命捕置，果已亡去。权至能使监司移其狱，公拒弗与，根索益急。顺乃持金谒审官吏，谋去公以缓其事。吏即为谩奏，移公兴元府西县。公具得行赂状。人或劝公辨之朝，公曰："吾岂与吏辨者乎?”曹吏以谬误自陈，得改洪州之丰城。江水尝环城，人大饥。邑豪吴氏以赀得官，藏粟闭籴。公召谕之，不从，谓曰：“民饿且死，令亦不敢自保禄位，当杖尔以取之。”吴氏大惧，哀祈请命。于是富人争出粟，民用以济。

以谋葬其先世，求知河南伊阙县。秩满，签书河东节度判官公事。丁长安太君忧，服除，知永安县，兼陵台令。奉陵寝皆中贵人，前令多务姑息，往往侵暴邑人。公待之有方，皆敛戢就法度。内韩挚守洛，丑公正直，诬以非罪，洛人不直其事，欢闻道路，而公卒不自辨。还朝，通判和州。

先是，蔡州妖尼惠普，以左道惑众，数年之间，四方响动，奔走奉事，唯恐不至。其后奸迹暴露，有司犹薄其罪，但坐杖背，羁置历阳。时朝廷当有赦，惠普即诈疾以俟，卒得免杖，人皆神之，谓果不可得而刑也。居和未久，崇奉者稍稍自远而至，郡守礼之甚谨。公始戾止，会守以谪去，权领郡事。一日捽至庭下，布狱械于前，使具道所以罔人之状。故其奸谋诡说，皆掀揭呈露，乃正其罪而刑之。有识之士以谓微公之断，不能解天下之惑。有李洞元者，为神怪之说，妄言受知昭陵，尝以金字书赐之，江、淮之间，从者如市，公亦按置于法。由是远近悚服。复通判隰州。岁大饥，力为赈助，所存活者甚众。熙宁乙卯夏四月，代还。甲申，以疾终于河南，享年五十七。

公资质瑰壮，明辨刚决，接人诚厚，动有恩意，轻财好义，中怀豁如。材长于治民，严而有爱，敏而不苛，区繁剸剧，常有余裕。其所断狱，人自以为不冤，故前所涖去，久而人思之。识用高爽，有大过人者。凡是山川道途，人物名氏，目所一见，耳所暂闻，阅年虽多，不复忘废。丰城大邑，公为之三年，识其民且半，其余政事条理，从可知矣。

官自卫尉寺丞，九迁为比部郎中，以年劳赐五品服。始娶倪氏，事姑不谨，公以义罢遣。继以曹氏，魏襄悼公利用之孙，封仁寿县君。二子：曰顾，曰颉，皆太庙斋郎。四女：长適国子博士张昭立，次早亡，其二未嫁。

公平生不惑流俗邪妄之说，常曰："吾死，慎勿为浮屠事及用阴阳拘忌之术。"公殁，家人奉以从事。熙宁十年仲秋丙申，公兄司农葬公河南府伊阳县神阴乡，祔于先茔，且命颢论公之官世才行以志其墓。

澶娘墓志铭

澶娘，广平程颢之幼女也，其父佐澶渊军而生，故命之曰澶。其第，四十七。生于熙宁四年季秋之丁未，死于十年季夏之壬午。其质端而厚，其气温而良，其举动知思，安静沉远，殆如老成，众皆意其福且寿。事固有莫可计者，命矣夫！

始病痘，疮工药之过剂。善医者论之曰："痘疮之初，诚欲利者也，然当视其气之强弱，为药之可否；疾之重轻，为剂之大小。今概以大药下之，宜其死也。"噫！是亦命欤？人理之未至，吾容当责命于天，言之以为世戒云耳。悲夫！

澶娘既死七十五日，而葬于河南伊阳县神阴乡先茔之东，与其姊娇儿同兆。铭曰：

合而生，非来；尽而死，非往。然而精气本于天，形魄归于地，谓之往亦可矣。

邵尧夫先生墓志铭

熙宁丁巳孟秋癸丑，尧夫先生疾终于家。洛之人吊哭者相属于途，其尤亲且旧者，又聚谋其所以葬。先生之子泣以告曰："昔先人有言，志于墓者，必以属吾伯淳。"噫！先生知我者，以是命我，我何可辞？

谨按邵本姬姓，系出召公，故世为燕人。大王父令进，以军职逮事艺祖，始家衡漳。祖德新，父古，皆隐德不仕。母李氏，其继杨氏。先生之幼，从父徙共城，晚迁河南，葬其亲于伊川，遂为河南人。先生生于祥符辛亥，至是盖六十七年矣。雍，先生之名，而尧夫其字也。娶王氏，伯温、仲良，其二子也。

先生之官，初举遗逸，试将作监主簿，后又以为颍州团练推官，辞疾不赴。

先生始学于伯原，坚苦刻厉，冬不炉，夏不扇，夜不就席者数年，卫人贤之。先生叹曰："昔人尚友于古，而吾未尝及四方，遽可已乎？"于是走吴適楚，过齐、鲁，客梁、晋。久之而归，曰"道其在是矣"，盖始有定居之意。

先生少时，自雄其材，慷慨有大志。既学，力慕高远，谓先王之事为可必致。及其学益老，德益邵，玩心高明，观于天地之运化，阴阳之消长，以达乎万物之变，然后颓然其顺，浩然其归。在洛几三十年，始至蓬荜环堵，不蔽风雨，躬爨以养其父母，居之裕如。讲学于家，未尝强以语人，而就问者日众。乡里化之，远近尊之，士人之道洛者，有不之公府，而必之先生之庐。

先生德气粹然，望之可知其贤，然不事表暴，不设防畛，正而不谅，通而不汙，清明坦夷，洞彻中外，接人无贵贱亲疎之间，群居燕饮，笑语终日，不取甚异于人，顾吾所乐何如耳。病畏寒暑，常以春秋时行游城中，士大夫家听其车音，倒屣迎致，虽儿童奴隶，皆知惧喜尊奉。其与人言，必依于孝弟忠信，乐道人之善，而未尝及其恶，故贤者悦其德，不贤者服其化，所以厚风俗、成人材者，先生之功多矣。

昔七十子学于仲尼，其传可见者，惟曾子所以告子思，而子思所以授孟子者耳。其余门人，各以其材之所宜为学，虽同尊圣人，所因而入者，门户则众矣。况后此千余岁师道不立，学者莫知其从来。独先生之学为有传也。先生得之于李挺之，挺之得之于穆伯长，推其源流，远有端绪。今穆、李之言及其行事，概可见矣。而先生淳一不杂，汪洋浩大，乃其所自得者多矣。然而名其学者，岂所谓门户之众，各有所因而入者欤？语成德者，昔难其居。若先生之道，就所至而论之，可谓安且成矣。

先生有书六十二卷，命曰《皇极经世》；古律诗二千篇，题曰《击壤集》。先生之葬，附于先茔，实其终之年孟冬丁酉也。铭曰：

呜呼先生，志豪力雄；阔步长趋，凌高厉空；探幽索隐，曲畅旁通。在古或难，先生从容；有问有观，以饫以丰。天不慭遗，哲人之凶；鸣皋在南，伊流在东；有宁一宫，先生所终。

华阴侯先生墓志铭

先生姓侯氏，名可，字无可。其先太原人，宦学四方，因徙家华阴。少时倜傥不羁，以气节自喜。既壮，尽易前好，笃志为学。祁寒酷暑，未尝废业，博极群书，声闻四驰，就学者日众，虽边隅远人，皆顾受业。诸侯交以书幣迎致，有善其礼命者，亦时往应之。故自陕而西，多宗先生之学。

元昊盗边，时名卿贤儒，结辙西使，服先生之名，莫不愿见。亲老而家益贫，思得禄养，勉就科举。再试春官，卒无所遇。因喟然太息曰："丈夫之事，止于是乎？"会蛮酋侬智高攻陷二广。孙威敏公奉命出征，习先生之贤，请干其军事。先生奋然从之，振旅奏功。初命武爵，言事者以为非宜，遂改文资，调知巴州化成县。巴俗尚鬼而废医，惟巫言是用，虽父母之疾，皆弃去弗视。先生诲以义理，严其禁戒，或亲至病家，为视医药，所活既众，人亦知化。巴人娶妇，必责财于女氏，贫人至有老不得嫁者。先生为立制度，称其家之有无，与之约曰："逾是者有诛。"未阅岁，邑无过时之女，遂变其俗。巴山土薄民贫，丝帛之赋反倍他所，日益凋弊。先生抗议计司，争之数十，卒得均之。旁郡境多虎暴，农者不敢朝暮耕，商旅俟众而后行。先生日夜治器械，发徒众，亲执弓矢，与之从事，迹而追之，远或数百里，所杀不可胜数，后皆避人远去，不复为害。

再调耀州华原主簿。有富人不占地籍，惟以利诱贫民而质其田券，多至万亩，岁责其人。先生晨驰至其家，发椟出券，召其主而归之，失业者复安其生。郡胥赵至诚，贪狡凶暴，持郡吏短长而为奸利，前后为守者莫能去，一郡患之。先生暴其罪，荷校置于狱。自守而下，畏恐生祸，交为之请。先生不顾，卒言于帅府而诛之，闻者快服。

用荐者，监庆州折博务。岁满，授仪州军事判官。计省第折博之最，就改大理评事。部使者丐留，遂复签书本官事。韩忠献公镇长安，荐知泾阳县。至则凿小郑泉以广灌溉，议复郑白旧利。未几，召至阙下，得对便殿。始命计工兴役，旋复专总其事。邀功害能之人，疾其不自己出，渠功有绪而谗毁交至，以微文细故为先生罪，遂罢其役，美利不究，论者惜之。元丰己未季夏，先生以疾终于家，享年七十有三。

先生纯诚孝友，刚正明决，非其义一毫不以屈于人，视贪邪奸佞若寇贼仇怨，显攻面数，意其人改而后已。虽甚贵势，视之藐然。遇人之善，友之助之，欲其成达，不啻如在己也。博物强记，贯涉万类，若礼之制度，乐之形声，《诗》之比兴，《易》之象数，天文地理，阴阳气运，医药算数之学，无不究其渊源。先生发强壮厉，勇于有为，而平易仁恕，中怀洞然。至于轻财乐义，安贫守约，急人之急，忧人之忧，谋其道不谋其利，忠于君不顾其身，古人所难能者，先生安而行之，盖出于自然，非勉强所及。

少与申颜为友，易衣互出，而谋食以养，二家如一。颜病，先生徒步千里，为之求医。归而颜死矣，其目不瞑。人曰："其待侯君乎？"未敛而先生至，抚之而瞑。颜谋葬其先世而未能，颜死无子，又不克葬，先生辛勤百图，不足则卖衣以益之，卒襄其事。时方天寒，先生与其子单服以居。適有馈白金者，先生顾颜之孤妹为忧，未遑衄己，遂以嫁之。近世朋友道薄，临患难鲜不爱其力，闻先生之风，可以激颓波而起废疾。

先生家无甔石之储，而人有不得其所者，必以先生为归。非力能也，诚使然也。一日自远归，家人方以窭告。友人郭行者诣门曰："吾父病亟，医须百千乃为治，卖吾庐而不售。"先生悯然，计囊中装适当其数，尽以与之。尝随计诣京师，里中出金赆行，比还，悉散其所余，曰："此金，乡里所以资应诏也，不可以为他利，当与同举者共之。"且行，闻乡人有病于逆旅者，先生曰："吾归则彼死矣。"遂留不去。病者瘉，贫无以为车乘。先生曰："子行则未能，留则将困。"因推其马与之，躧步而归。其克己济物，若是者多矣。

少喜穰苴、孙武之学，兵家事无所不通。尤详于西北形势，谈其山川道路、郡县部族，纤细备具，听之者宛如在目前。熙河未开之时，韩忠献公请先生谋渭源之地。先生驰至境上，召其酋豪六百人，谕以朝廷恩德，为明利害，皆感悟喜跃，翌日，诣军门输土纳命，愿为藩篱。一尘不惊，而开地八千顷，因城熟羊以抚之。忠献公上其功，朝廷赏以减考绩之年。治平中，虏尝寇边，主将出兵御战，转运使以为妄举，互言于朝。时虏去未远，遣先生按视其迹，受命即行，人皆为之寒心。先生以数十骑驰涉虏境，日暮猝与虏遇，乃分其骑为三四，令之曰："高尔旗帜，旋山徐行。"虏循环间见，疑以为大兵诱己，终不敢击。秦州旧苦蕃酋反覆，絷其亲爱而质之，多至七百人，久者已数十岁，公家之费不赀，杂羌离怨益甚。其后释而归之，戎人感服，乃先生发其谋也。

平生以劝学新民为己任。主华学之教育者几二十年。官之所至，必为之治学舍，兴弦诵，其所以成就材德，可胜道哉？先生之文，尤长于诗，晚益玩心于天人性命之学，其自乐者深矣。病革，命其子曰："吾死，慎勿为浮屠事。焚楮货，徼福觊利，非吾志也。"呜呼！死而不忘于正，可谓至矣。

大王父讳元，王父讳暠，当五代之乱，皆隐德弗耀。父讳道济，润州丹徒令，赠尚书比部员外郎。母刁氏，追封福昌县太君。妻刘氏，早卒，封延长县君。继以其妹，封永寿县君。二子：曰孚，曰淳。三孙，尚幼。先生之官，自评事四迁为殿中丞，阶宣奉郎，勋骑都尉，服赐五品。既终之明年仲春八日，葬于华阴县保德乡先茔之次，举前夫人祔焉。

颢，先生女兄之子也，知先生之道为详，故得论载行治之美，以诏后人。铭曰：

南山崇崇，其下也先生之宫；惟其清风，与山无穷。

祭彭侍郎文

悠悠彼苍，顾佑有常；如何不淑，歼时之良？胡不慭遗，以慰士大夫之望？呜呼哀哉！昔我穉齿，为公所器；教之诲之，实妻以子。二姓之欢，畴可伦拟？逾二十年，顾爱终始。我谪柯北，公薨建康，义不得往，神魂飞翔。望南风之萧条，想丹旐之悠扬。泪如流水，不到公之堂；号声动天，不彻公之丧。

惟公德尊本朝，行高当世；为四国之矜式，被三朝之注倚；风谊传于后人，事业存乎国史；磊落明白，掀揭天地。纵绵百世之长，公为不亡。虽竭无能之鄙辞，何足以增盛德之辉光？惟寓愚之诚兮，因远致乎肴觞。公其来飨兮，慰余之悲伤！长言恩礼之厚兮，知何时之可忘？呜呼哀哉！伏惟尚飨！

祭富韩公文

维元丰六年，岁次癸亥，十一月壬寅朔，十九日庚申，奉议郎监汝州盐酒税，轻车都尉，赐绯鱼袋程颢，谨遣外甥张敷，以清酌庶羞之奠，敢昭告于太尉文忠公之灵。

呜呼！粤稽古昔，得全实难，惟夔、契出乎唐、虞之际，而姬、吕位乎文、武之间。其余虽有钜贤硕辅，仅或济一时之险艰；真儒大圣，多处非其位而孤蹇。孰如我公，道行乎重熙累洽之运，而身享乎尊富安荣之完；事系天下之重，位极人臣之班，生逢四世，皆上圣之主，时历七纪，膺太平之安。勋业揭乎日月，闻望塞乎天渊，优游里第者犹十有三年。于人之职，可谓无负；在天之理，亦为曲全。然而捐馆之日，远近闻之，孰不赍咨而涕涟？尚以公之没也，为有憾焉。

呜呼！世之常态，苟于自便；终始之节，艰于永肩；屏伏者以忧责不及而怠懈，休老者以血气既衰而志迁。惟公年弥高而志愈厉，身久退而诚益坚，惟是爱君忧国之道，极昼夜之拳拳。迨乎瞑目之旦，属纩之前，万物已莫累乎心胸，而朝廷之念独有进乎昔日之当权。宜乎易名之谥典，号为摭实；祭册之圣诏，极于哀怜。则士大夫以公之没为憾者，盖非偶然。

颢愚不肖，辱公礼遇；顾相期于义理，非见私于趋附。公薨于洛，贱居在汝；官守有制，欲往无路；敛不望棺，葬不临墓；引领西风，悲恸何数！诚寓鄙文，祭陈菲具；恭崇道周，后期无所。呜呼哀哉！伏惟尚飨！

河南程氏文集卷第五　伊川先生文 一

上书

上仁宗皇帝书（皇祐二年）

草莽贱臣程颐，谨昧死再拜上书皇帝阙下。

臣伏观前古圣明之主，无不好闻直谏，博采刍荛，故视益明而听益聪，纪纲正而天下治；昏乱之主，无不恶闻过失，忽弃正言，故视益蔽而听益塞，纪纲废而天下乱；治乱之因，未有不由是也。伏惟陛下德侔天地，明并日月，宽慈仁圣，自古无比，曷尝害一忠臣，戮一正士！群臣虽有以言事得罪者，旋复拔擢，过其分际，此千载一遇，言事之秋也。桀、纣暴乱，残贼忠良，然而义士不顾死以尽其节。明圣在上，其仁如天，布衣之士虽非当言责也，苟有可以裨圣治，何忍默默而不言哉？今臣竭其愚忠，非有斧钺之虞也。所虑进言者至众，岂尽有取，狂愚必多，而陛下因谓贱士之言无适用者。臣虽披心腹，沥肝胆，不见省览，只成徒为，此臣之所惧也。傥或陛下少留圣虑，则非臣之幸，实天下之幸。臣请自陈所学，然后以臣之学议天下之事。

臣所学者，天下大中之道也。圣人性之为圣人，贤者由之为贤者，尧、舜用之为尧、舜，仲尼述之为仲尼。其为道也至大，其行之也至易，三代以上，莫不由之。自秦而下，衰而不振；魏、晋之属，去之远甚；汉、唐小康，行之不醇。自古学之者众矣，而考其得者盖寡焉。道必充于己，而后施以及人；是故道非大成，不苟于用。然亦有不私其身，应时而作者也。出处无常，惟义所在。所谓道非大成，不苟于用，颜回、曾参之徒是也。天之大命在夫子矣，故彼得自善其身，非至圣人则不出也。在于平世，无所用者亦然。所谓不私其身，应时而作者，诸葛亮及臣是也。亮感先主三顾之义，闵生民涂炭之苦，思致天下于三代，义不得自安而作也。如臣者，生逢圣明之主，而天下有危乱之虞，义岂可苟善其身，而不以一言悟陛下哉？故曰出处无常，惟义所在。

臣请议天下之事。不识陛下以今天下为安乎，危乎？治乎，乱乎？乌可知危乱而不思救之之道！如曰安且治矣，则臣请明其未然。方今之势，诚何异于抱火厝之积薪之下而寝其上，火未及然，因谓之安者乎？《书》曰："民惟邦本，本固邦宁。"窃惟固本之道，在于安民；安民之道，在于足衣食，今天下民力匮竭，衣食不足，春耕而播，延息以待，一岁失望，便须流亡。以此而言，本未得为固也。臣料陛下仁慈，爱民如子，必不忍使之困苦，一至于是。臣窃疑左右前后壅蔽陛下聪明，使陛下不得而知。今国家财用，常多不足，不足则责于三司，三司责诸路转运。转运何所出？诛剥于民尔。或四方有事，则多非时配卒，毒害尤深。急令诛求，竭民膏血，往往破产亡业，骨肉离散。众人观之，犹可伤痛；陛下为民父母，岂不悯哉？民无储备，官廪复空。臣观京师缘边以至天下，率无二年之备。卒有连岁凶灾，如明道中，不知国家何以待之？坐食之卒，计逾百万，既无以供费，将重敛于民，而民已散矣。强敌乘隙于外，奸雄生心于内，则土崩瓦解之势，深可虞也。太宁之世，圣人犹不忘为备，必有九年之蓄，以待凶岁。况今百姓困苦，愁怨之气上冲于天，灾沴凶荒，是所召也。陛下能保其必无乎？中民之家有十金之产，子孙不能守，则人皆谓之不孝。陛下承祖宗基业，而前有土崩瓦解之势，可不惧哉？

戎狄强盛，自古无比。幸而目前尚守盟誓，果能以金帛厌其欲乎？能必料其常为今日之计乎？则夫沿边岂宜无备？益以兵则用不足，省其成则力弗支，皆非长久之策也。前者昊贼叛逆，西垂用兵，数年之间，天下大困。盖内外经制，多失其宜，陕西之民，苦毒尤甚。及多逃散，重以军法禁之，以至人心大怨，皆有思寇之言。悖逆之深，不敢以闻圣听，顾恐陛下亦颇知之。故曰：“无恒产而有恒心者，惟士为能。”彼庶民者，饥寒既切于内，父子不相保，尚能顾忠义哉？非民无良，政使然也。当时秦中，寇盗屡起，傥稽扑灭，必多响应，幸而寻时尽能诛翦。尚赖社稷之福，西虏亦疲，彼知未可远图，遂且诡辞称顺。向若更相牵制，未得休兵，内衅将生，言之可骇。今天下劳敝，不比景祐以前。复有如曩时之役，臣愚窃恐不能堪矣。况为患者，岂止西戎？臣每思之，神魂飞越。不知朝廷议者以为如何，亦尝置之虑乎？其谓制之无术乎？

臣窃谓今天下犹无事，人命未甚危，陛下宜早警惕于衷，思行王道。不然，臣恐岁月易失，因循不思，事势观之，理无常尔。虽我太祖之有天下，救五代之乱，不戮一人，自古无之，非汉、唐可比，固知赵氏之祀安于泰山。然而损陛下之圣明，陷斯民于荼毒，深可痛也。臣料群臣，必未尝有为陛下陈王道者，以陛下圣明，岂有言而不行者乎？

窃惟王道之本，仁也。臣观陛下之仁，尧、舜之仁也。然而天下未治者，诚由有仁心而无仁政尔。故孟子曰：“今有仁心仁闻，而民不被其泽，不可法于后世者，不行先王之道也。”陛下精心庶政，常惧一夫不获其所，未尝以一喜怒杀一无辜；官吏有犯人人罪者，则终身弃之。是陛下爱人之深也。然而凶年饥岁，老弱转死于沟壑，壮者散而之四方，为盗贼，犯刑戮者，几千万人矣。岂陛下爱人之心哉？必谓岁使之然，非政之罪欤？则何异于刺人而杀之，曰：“非我也，兵也？”三代之民，无是病也，岂三代之政不可行于今邪？州县之吏有陷人于辟者，陛下必深恶之，然而民不知义，复迫困穷，放辟邪侈而入于罪者，非陛下陷之乎？必谓其自然，则教化，圣人之妄言邪？天下之治，由得贤也。天下不治，由失贤也。世不乏贤，顾求之之道如何尔。今夫求贤，本为治也。治天下之道，莫非五帝、三王、周公、孔子治天下之道也。求乎明于五帝、三王、周公、孔子治天下之道者，各以其所得大小而用之。有宰相事业者，使为宰相；有卿大夫事业者，使为卿大夫；有为郡之术者，使为刺史，有治县之政者，使为县令。各得其任，则无职不举，然而天下弗治者，未之有也。

国家取士，虽以数科，然而贤良方正，岁止一二人而已，又所得不过博闻强记之士尔，明经之属，唯专念诵，不晓义理，尤无用者也。最贵盛者，唯进士科，以词赋声律为工。词赋之中，非有治天下之道也，人学之以取科第，积日累久，至于卿相。帝王之道，教化之本，岂尝知之？居其位，责其事业，则未尝学之。譬如胡人操舟，越客为御，求其善也，不亦难乎？往者丁度建言："祖宗以来，得人不少。"愚瞽之甚，议者至今切齿。使墨论墨，固以墨为善矣。今天下未治，诚由有君而无臣也。岂世无人？求之失其道尔。苟欲取士必得，岂无术哉？王道之不行二千年矣。后之愚者，皆云时异事变，不可复行，此则无知之深也。然而人主往往惑于其言。今有人得物于道，示玉曰玉也；示众人，曰石也。则将以玉工为是乎？以众人为然乎？必以玉工为是矣。何则？识与不识也。圣人垂教，思以治后世，而愚者谓不可行于今。则将守圣人之道乎？从众人之言乎？谓众人以王道可行，其犹诘瞽者以五色之鲜，询聋者以八音之美，其曰不然，宜也。彼非憎五色而恶八音，闻见限也。

臣观陛下之心，非不忧虑天下也。以陛下忧虑天下之心行王道，岂难乎哉？孟子曰："以齐王，犹反手也。"又曰："师文王，大国五年，小国七年，必为政于天下矣。"以诸侯之位，一国之地，五年可以王天下。况陛下居天子之尊，令行四海，如风之动，苟行王政，奚啻反手之易哉？昔者大禹治水，八年于外，三过其门而不入，思以利天下，虽劳苦不避也。今陛下行王政，非有苦身体劳思虑之难也，何惮而不为哉？《孝经》曰："立身行道，扬名于后世，以显父母，孝之终也。”匹夫犹当行道以显父母，况陛下贵为天子，岂不发愤求治，思齐尧、舜，纳民仁寿，上光祖考，垂休无穷？凡所谓孝，无大于此者也。

臣以谓治今天下，犹理乱丝，非持其端，条而举之，不可得而治也。故臣前所陈，不及历指政治之阙，但明有危乱之虞，救之当以王道也。然而行王之道，非可一二而言，愿得一面天颜，罄陈所学。如或有取，陛下其置之左右，使尽其诚；苟实可用，陛下其大用之，若行而不效，当服罔上之诛，亦不虚受陛下爵禄也。陛下问群臣，群臣必谓寒贱之士，未可使近上侧。自臣思之，以为不然。臣高祖羽，太祖朝年六十余，为县令，一言遭遇，圣祖特加拔擢，攀附太宗，终于兵部侍郎。顾遇之厚，群臣无比，备存家牒，不敢繁述。臣曾祖希振，既以父任，后祖遹复被推恩。国家录先世之勋臣，父珦又蒙延赏，今为国子博士。非有横草之功，食君禄四世，一百年矣。臣料天下受国恩之厚，无如臣家者。臣自识事以来，思为国家尽死，未得其路尔。则臣进见，宜无疑也。或者更为强词，言其不可，此乃自负阴私，惧防诋讦者也。伏望陛下出于圣断，勿徇众言，以王道为心，以生民为念，黜世俗之论，期非常之功。昔汉武笑齐宣不行孟子之说，自致不王，而不用仲舒之策；隋文笑汉武不用仲舒之策，不至于道，而不听王通之言。二主之昏，料陛下亦尝笑之矣。臣虽不敢望三子之贤，然臣之所学，三子之道也。陛下勿使后之视今，犹今之视昔，则天下不胜幸甚！望陛下特留意焉。臣愚无任逾越狂狷恐惧之极，臣颐昧死顿首谨言。

代彭思永上英宗皇帝论濮王典礼疏（治平二年四月）

臣思永言：伏见近日以濮王称亲事，言事之臣章奏交上，中外论议沸腾。此盖执政大臣违乱典礼，左右之臣不能开陈理道，而致陛下圣心疑惑，大义未明。臣待罪宪府，不得不为陛下明辨其事。窃以濮王之生陛下，而仁宗皇帝以陛下为嗣，承祖宗大统，则仁庙，陛下之皇考；陛下，仁庙之適子，濮王，陛下所生之父，于属为伯，陛下，濮王出继之子，于属为侄。此天地大义，生人大伦，如乾坤定位，不可得而变易者也。固非人意所能推移，苟乱大偷，人理灭矣。陛下，仁庙之子，则曰父，曰考，曰亲，乃仁庙也。若更称濮王为亲，是有二亲。则是非之理昭然自明，不待辩论而后见也。

然而圣意必欲称之者，岂非陛下大孝之心，义虽出继，情厚本宗，以濮王实生圣躬，曰伯则无以异于诸父，称王则不殊于臣列，思有以尊大，使绝其等伦，如此而已，此岂陛下之私心哉？盖大义所当，典礼之正，天下之公论。而执政大臣不能将顺陛下大孝之心，不知尊崇之道，乃以非礼不正之号上累濮王，致陛下于有过之地，失天下之心，贻乱伦之咎。言事之臣又不能详据典礼，开明大义，虽知称亲之非，而不知为陛下推所生之至恩，明尊崇之正礼，使濮王与诸父夷等，无有殊别。此陛下之心所以难安而重违也。

臣以为所生之义，至尊至大。虽当专意于正统，岂得尽绝于私恩？故所继主于大义，所生存乎至情。至诚一心，尽父子之道，大义也；不忘本宗，尽其恩义，至情也。先王制礼，本缘人情。既明大义以正统绪，复存至情以尽人心。是故在丧服，恩义别其所生，盖明至重与伯叔不同也。此乃人情之顺，义理之正，行于父母之前，亦无嫌闲。至于名称，统绪所系，若其无别，斯乱大伦。今濮王陛下之所生，义极尊重，无以复加，以亲为称，有损无益。何哉？亲与父同，而所以不称父者，陛下以身继大统，仁庙父也，在于人伦，不可有贰，故避父而称亲。则是陛下明知称父为决不可也。既避父而称亲，则是亲与父异。此乃奸人以邪说惑陛下，言亲义非一，不止谓父。臣以谓取父义，则与称父正同，决然不可；不取父义，则其称甚轻。今宗室疎远卑幼，悉称皇亲，加于所生，深恐非当。孝者以诚为本，乃以疑似无正定之名，黩于所尊，体属不恭，义有大害。称之于仁庙，乃有向背之嫌；去之于濮王，不损所生之重；绝无小益，徒乱大伦。

臣料陛下之意，不必须要称亲，止谓不加殊名，无以别于臣列。臣以为不然。推所生之义，则不臣自明；尽致恭之礼，则其尊可见。况当揆量事体，别立殊称，要在得尽尊崇，不愆礼典。言者皆欲以高官大国加于濮王，此甚非知礼之言也。先朝之封，岂陛下之敢易？爵秩之命，岂陛下之敢加？臣以为当以濮王之子袭爵奉祀，尊称濮王为濮国太王，如此则复然殊号，绝异等伦。凡百礼数，必皆称情，请举一以为率。借如既置嗣袭，必伸祭告，当曰侄嗣皇帝名，敢昭告于皇伯父濮国太王。自然在濮国极尊崇之道，于仁庙无嫌贰之失，天理人心，诚为允合。不独正今日之事，可以为万世之法。复恐议者以“太”字为疑，此则不然。盖系于濮国下，自于大统无嫌。今亲之称，大义未安。言事者论列不已，前者既去，后者复然，虽使台臣不言，百官在位亦必继进，理不可夺，势不可遏，事体如此，终难固持。仁宗皇帝在位日久，海寓亿兆涵被仁恩。陛下嗣位之初，功德未及天下，而天下倾心爱戴者，以陛下仁庙之子也。今复闻以濮王为亲，含生之类，发愤痛心。盖天下不知陛下孝事仁皇之心，格于天地，尊爱濮王之意，非肯以不义加之国但见误致名称，所以深怀疑虑，谓濮王既复称亲，则仁庙不言自绝，群情汹惧，异论喧嚣。夫王者之孝，在乎得四海之欢心，胡为以不正无益之称，使亿兆之口指斥谤讟，致濮王之灵不安于上？臣料陛下仁孝，岂忍如斯！皆由左右之臣不能为陛下开明此理，在于神道不远人情。故先圣谓事死如事生，事亡如事存。设如仁皇在位，濮王居藩，陛下既为冢嗣，复以亲称濮王，则仁皇岂不震怒？濮王岂不侧惧？是则君臣兄弟立致衅隙，其视陛下当如何也？神灵如在，亦岂不然？以此观之，陛下虽加名称，濮王安肯当受？

伏愿陛下深思此理，去称亲之文，以明示天下，则祖宗、濮王之灵交欢于上，皆当垂祐陛下，享福无穷，率土之心，翕然慰悦，天下化德，人伦自正，大孝之名光于万世矣。夫奸邪之人，希恩固宠，自为身谋，害义伤孝，以陷陛下。今既公论如此，不无徊徨，百计搜求，务为巧饰，欺罔圣听，枝梧言者，徼冀得已，尚图自安，正言未省，而巧辩已至，使陛下之心无由而悟。伏乞将臣此章，省览数遍，裁自宸衷，无使奸人与议。其措心用意，排拒人言，隐迹藏形，阴赞陛下者，皆奸人也。幸陛下察而辨之，勿用其说，则自然圣心开悟，至理明白，天下不胜大愿。

为家君应诏上英宗皇帝书（治平二年）

臣珦言：伏睹八月八日诏敕，以比年以来，水潦为沴，八月庚寅大雨，应中外臣僚并许上实封言时政阙失及当世利病。此盖皇帝陛下承祖宗大业，严恭天命，只畏警惧之深也。天下士民钦闻德音，苟有知见，孰不愿披忠沥恳，上达天听？臣虽至愚，官为省郎，职分郡寄，敢不竭其区区之诚，以应明诏。惟陛下宽其狂易之诛，赐之省览，则天下幸甚！

臣闻水旱之沴，由阴阳之不和；阴阳不和，系政事之所致。是以自昔明王，或遇灾变，则必警惧以省躬之过，思政之阙，广延众论，求所以当天心，致和气，故能消弭变异，长保隆平。昔在商王中宗之时，有桑谷之祥；高宗之时，有雊雉之异；二王以为惧而修政行德，遂致王道复兴，皆为商宗，百世之下颂其圣明。今陛下嗣位之初，比年阴沴，圣心警畏，下明诏以求政之阙，诚圣明之为也。然臣观近古以来，引咎之诏，自新之言，亦世有之。其如人君不由于至诚，天下徒以为虚语，岂复有如商之二宗兴王道于既衰者乎？臣愿陛下因此天戒，奋兴善治，思商宗之休实，鉴后代之虚饰，不独消复灾沴于今日，将永保丕基于无穷。伏观诏旨："时政阙失，当世利病，可以佐元元者，悉心以陈，毋有所讳。"臣窃惟天下之势所甚急者，在安危治乱之机；若夫指一政之阙失，陈一事之利病，徒为小补，不足以救当世之弊，而副陛下勤求之意也。所谓安危治乱之机，臣请条其大端。

所谓安且治者：朝廷有纲纪权持，总摄百职庶务，天下之治，如网之有纲，裘之有领，举之而有条，委之而不紊也；郡县之官，得人而职修，惠养有道，朝廷政化宣达于下也；百姓安业，衣食足而有恒心，知孝悌忠信之教，率之易从，劳之不怨，心附于上，固而不可摇也；化行政肃，无奸宄盗贼之患，设有之，不足为虑，盖有歼灭之备，而无响应之虞也；民心和而阴阳顺，无水旱虫螟之灾，虽有之，不能为害，盖仓廪实而府库充，官用给于上，民食足于下也；武备修而威灵振，蛮夷戎狄无敢不服，虽有之，不足为忧，盖甲兵利而储备丰，将善谋而士素练也。

此六者，所谓安且治者。今之事，一皆反是。朝廷纪纲汗漫离散，莫可总摄，本原如此，治将安出？郡县之官，选不以道，更易之数，虽时谓才者，尚莫能称其职，况庸常者乎？循常苟安，狃以成俗，举世以为当然。政治废乱，生民困苦，朝廷虽有惠泽，孰能宣布以达于下？所与共理者如此，天下斯可知矣。百姓穷蹙，日以加甚，而重敛繁赋，消削之不息；天下户口虽众，而自足者益寡。司牧者治其事尔，非有师保左右之也，其善恶勤惰，趋利避害，或昧而反之，一从其自然，而困之陷之之道又非一涂。人用无聊，苟度岁月，驱之于治则难格，率之于恶则易摇。民惟邦本，本根如是，邦国奈何？民无生业，极困则虑生；不渐善教，思利而志动；乘间隙则萌奸宄，逼冻馁则为盗贼。今兹幸无大故，尚尔苟安，设或遇大饥馑，有大劳役，奸雄一呼，所在必应。以今无事之时，尚恐力不能制，况劳扰多事之际乎？天下安危，实系于此。保民之道，以食为本。今自京师至于天下，计平时之用，率无三年之蓄，民间空匮，则又甚焉。以万室之邑观之，有厚蓄者百无二三，困衣食者十居六七，统而较之，天下虚竭可知矣。丰年乐岁，饥寒见于道路，一谷不稔，便致流转，卒有方数千里连数年之水旱，不知可以待之？奸盗蜂起于内，夷狄乘隙于外，虽欲为之，未如何矣。戎狄强盛，古未有比，岁输金帛以修好，而好不可恃；穷天下之力以养兵，而兵不足用。尚幸二虏无谋，厌小欲而忘大利，故我得以纾朝夕之急。若其连衡而来，则必兴数十万之众，宿于边境，馈饷不继，财用不充，将何以济乎？骄惰之兵，纵无奔溃之患，旷日持久，终有穷极之虞。又况征敛兴发，而民人转亡；饥馑愁怨，而奸雄竞起。事至于此，兴衰可知。以今观之，天下之势，安乎？危乎？

凡此数端，皆有危亡之虞，而未至于是者，不识朝廷制置能使之然邪？抑亦天幸而偶然邪？幸然之事，其可常乎？先皇帝至仁格天地，保持之以至于今，历时既已久，言者既已多，朝廷遂以为果不足忧也，可以常然，姑维持之而已，虽闻至深至切之言，不为动也。呜呼！贻天下之患，必由于是乎！今天下尚无事，朝廷宜急思所以救时之道。不然，臣恐因循岁月，前之所陈者一事至，则为之晚矣。中人之家，有百金之产，子孙保守，不敢不念。陛下承祖宗大业，可不惧乎？

今言当世之务者，必曰所先者：宽赋役也，劝农桑也，实仓廪也，备灾害也，修武备也，明教化也。此诚要务，然犹未知其本也。臣以为所尤先者有三焉，请为陛下陈之。一曰立志，二曰责任，三曰求贤。今虽纳嘉谋，陈善算，非君志先立，其能听而用之乎？君欲用之，非责任宰辅，其孰承而行之乎？君相协心，非贤者任职，其能施于天下乎？三者本也，制于事者用也。有其本，不患无其用。三者之中，复以立志为本，君志立而天下治矣。所谓立志者，至诚一心，以道自任，以圣人之训为可必信，先王之治为可必行，不狃滞于近规，不迁惑于众口，必期致天下如三代之世，此之谓也。夫以一夫之身，立志不笃，则不能自修，况天下之大，非体乾刚健，其能治乎？自昔人君，孰不欲天下之治？然而或欲为而不知所措，或始锐而不克其终，或安于积久之弊而不能改为，或惑于众多之论而莫知适用。此皆上志不立故也。

臣观朝廷，每有善政，鲜克坚守，或行之而天下不从，请举近年一二事以明之。朝廷以今之任人未尝选择，一用荐举之定式，患所举不得其人也，故诏以饬之，非不丁宁，然而当其任者如弗闻也。陛下以为自后所举果得其人乎？曾少异于旧乎？又以守令数易之害治也，诏廉察之官，举其有善政者俾之再任，于今未闻有应诏者。岂天下守令无一人有善政邪？苟诚无之，朝廷负生民，不已甚乎？且以为善而行之，何不使天下奉承以见其效？若曰："非不欲必行也，奈天下不从何？"如此则是政令不行矣，将如天下何？此亦在陛下而已。苟陛下之志先立，奋其英断以必行之，虽强大诸侯，跋扈藩镇，亦将震慑，莫敢违也，况郡县之吏乎？故臣愿陛下以立志为先，如臣前所陈，法先王之治，稽经典之训，笃信而力行之，救天下深沈固结之弊，为生民长久治安之计，勿以变旧为难，勿以众口为惑，则三代之治可望于今日也。

若曰人君所为，不可以易，易而或失，其害则大。臣以为不然。稽古而行，非为易也。历观前史，自古以来，岂有法先王，稽训典，将大有为而致败乱者乎？惟动不师古，苟安袭弊，卒至危亡者则多矣。事据昭然，无可疑也。愿陛下不以臣之疏贱而易其言，则天下幸甚！所谓责任者：夫以海宇之广，亿兆之众，一人不可以独治，必赖辅弼之贤，然后能成天下之务。自古圣王，未有不以求任辅相为先者也。在商王高宗之初，未得其人，则恭默不言，盖事无当先者也。及其得说而命之，则曰济川作舟楫，岁旱作霖雨，和羹惟盐梅，其相须倚赖之如是。此圣人任辅相之道也。

夫图任之道，以慎择为本。择之慎，故知之明，知之明；故信之笃，信之笃；故任之专，任之专，故礼之厚而责之重。择之慎，则必得其贤，知之明，则仰成而不疑；信之笃，则人致其诚；任之专，则得尽其才，礼之厚，则体貌尊而其势重；责之重，则其自任切而功有成。是故推诚任之，待以师傅之礼，坐而论道，责之以天下治，阴阳和；故当之者，自知礼尊而任专，责深而势重，则挺然以天下为己任，故能称其职也。虽有奸谀巧佞，知其交深而不可间，势重而不可摇，亦将息其邪谋，归附于正矣。

后之任相者异于是。其始也不慎择，择之不慎，故知之不明；知之不明，故信之不笃；信之不笃，故任之不专；任之不专，故礼之不厚，而责之亦不重矣。择不慎，则不得其人；知不明，则用之犹豫；信不笃，则人怀疑虑；任不专，则不得尽其能；礼不厚，则其势轻而易摇；责不重，则不称其职。是故任之不尽其诚，待之不以其礼，仆仆趋走，若吏史然，文案纷冗，下行有司之事。当之者自知交不深而其势轻，动怀顾虑，不肯自尽，上惧君心之疑，下虞群议之夺，故蓄缩不敢有为，苟循常以图自安尔。君子弗愿处也。奸邪之人亦知其易摇，日伺间隙。如是其能自任以天下之重乎？

若曰非任之艰，知之惟艰，且何以知其贤而任之？或失其人，治乱其系。此人君所以难之也。臣以为知人诚难，亦系取之之道如何尔。皋陶为帝舜谟曰："在知人。"禹吁而难之，及其陈九德，载采采，则曰底可绩，盖询行考实，人焉廋哉？历观前史，自古以来，岂有履道之士，孝闻于家，行著于乡，德推于朝廷，节见于事为，其言合圣人之道，其施蹈经典之训，及用之于朝，反致败乱者乎？用是而求，其有差乎？

若乃人君以为贤，而用之卒败厥事者，古亦多矣。稽迹其由，盖取之不以其道也。大率以言事合于己心，则谓之才而用之，曾不循核本末，稽考名实，如前之云。伤明害政，不亦宜乎？四海之大，未始乏贤，诚能广聪明，扬侧陋，至诚降礼，求之以道，虽皋、夔、伊、周之比，亦可必有，贤德志道之士，皆可得而用也。

愿陛下如臣前所陈，既坚求治之志，则以责任宰辅为先，待之尽其礼，任之尽其诚，责之尽其职。不患其不为，患其不能为；不患其不能为，患其不得为。盖不为者可责之必为，不能者可勉求而能，惟不得为则已矣。所谓不得为者，君臣之志不通，怀顾虑而不肯自尽，此由失待任之道也。今执政大臣皆先朝之选，天下重望，在陛下责任之而已。臣愿陛下召延宰执，从容访问今天下之事，为安为危，为治为乱，当维持以度岁月乎？当有为以救其弊乎？如曰当为，则愿示之以必为之意，询之以所为之政，审虑之，力行之，时不可后，事不可缓也。

如曰非不为也，患不能也。则天下之广，岂无贤德可以礼问？朝廷之上，岂无英髦可以讨论？有先王之政可以考观，有经典之训可以取则，道岂远哉？病不求尔。在君相协心勤求，力为之而已。

如曰无妄为也，姑守常而已，则在陛下深思而明辨之。唐文宗之时，大权渐夺，天下将乱，而牛僧孺欺以为治矣。史册书之，可为明鉴。今陛下圣明，执政忠良，无是事也。愿陛下不以臣之疏贱而易其言，则天下幸甚！

所谓求贤者，夫古之圣王所以能致天下之治，无佗术也。朝廷至于天下，公卿大夫，百职群僚，皆称其任而已。何以得称其任？贤者在位，能者在职而已？何以得贤能而任之？求之有道而已。虽天下常用易得之物，未有不求而得者也。金生于山，木生于林，非匠者采伐，不登于用。况贤能之士，杰出群类，非若山林之物广生而无极也，非人君搜择之有道，其可得而用乎？自昔邦家张官置吏，未尝不取士也，顾取之之道如何尔。

今取士之弊，议者亦多矣。臣不暇条析，而言大概。投名自荐，记诵声律，非求贤之道尔。求不以道，则得非其贤，间或得才，適由偶幸，非知其才而取之也。朝廷选任，尽自其中，曾不虞贤俊之弃遗于下也。果天下无遗贤邪？抑虽有之，吾姑守法于上，不足以为意邪？将科举所得之贤，已足致治而不乏邪？臣以为治天下今日之弊，盖由此也。以今选举之科，用今进任之法，而欲得天下之贤，兴天下之治，其犹北辕適越，不亦远乎？

臣愿陛下如臣前所陈，既立求治之志，又思责任之道，则以求贤为先。苟不先得贤，虽陛下焦心劳思，将安所施？诚得天下之贤，置之朝廷，则端拱无为而天下治矣。此所谓劳于求贤，逸于得人也。历观前史，自古以来，称治之君，有不以求贤为事者乎？有规规守常，以资任人，而能致大治者乎？有国家之兴，不由得人者乎？由此言之，用贤之验，不其甚明？若曰非不欲贤也，病求之之难也。臣以为不然。夫以人主之势，心之所向，天下风靡景从。设若珍禽异兽瓌宝奇玩之物，虽遐方殊域之所有，深山大海之所生，志所欲者，无不可致。盖上心所好，奉之以天下之力也。若使存好贤之心如是，则何岩穴之幽不可求？何山林之深不可致？所患好之不笃尔。

夫人君用贤，亦赖公卿大臣推援荐达之力。今朝廷未尝求贤，公卿大臣亦不以求贤取士为意。相先引彙，世所罕闻，访道求师，贵达所耻。大率以为任己可也，士将安补？今世无贤，求之何益？夫以周公之圣，其自任足矣，尚汲汲求贤以自辅也。以其圣且好贤，知人之明，宜天下之贤皆为之用，莫有遗也，尚乃日不暇食，恐失天下之士。后之人其才不及周公，而自谓足矣，不求贤以自辅也。以其不求，且知之不明，宜贤者在下之多也，乃曰天下无贤矣。噫！何其用心与周公异也！欲其助皇明烛幽隐，不可得也。然亦系上之所为而已。陛下诚能专心致志，孜孜不倦，以求贤为事，常恐天下有遗弃之才，朝廷之上，推贤援能者登进之，蔽贤自任者疏远之，自然天下向风。自上及下，孰不以相先为善行，荐达为急务？搜罗既广，虽小才片善，无所隐晦。如此则士益贵而守益坚，廉耻格而风教厚矣。天下之贤，其有遗乎？既得天下之贤，则天下之治不足道也。

今世人情浅近，积惯成俗，朝廷进人，苟循常法。则虽千百而取，群伍而用，庸恶混杂，曾不以为非。设或拔一贤，进一善，出于不次，则求摭小差，众议嚣沸。如真庙擢种放，先朝用范仲淹是也。设非君心笃信，宁免疑惑，反自以为过。此所以非常之举，旷久不行也。伏见近日陛下不由言荐，擢范纯仁置之言路，在今世为非常之举。纯仁名臣之子，有才名，在位多言其能，陛下擢之当也。然臣愿陛下自信勿疑。纯仁果贤，则陛下知人之明也。如用之而无显效，则亦曰吾劳心任人，虽未得其效，亦无愧于天下矣。设或大败厥职，则亦曰吾知之失也，当益务选择，期于得人尔。盖拔十得五，才不可胜用；求贤而失，尚愈于不求。诚持是心，何患不得贤也！方陛下用纯仁，识者皆喜，臣独忧之。何者？陛下始奋英断拔一人，诚恐或有差失，遂抑圣心，以为专守常规，可以无过，不复以简擢为意，则天下将何望焉？此在陛下自信勿疑而已。愿陛下不以臣之疏贱而易其言，则天下幸甚。

臣前所陈三者，治天下之本也。臣非不知有兴利除害之方，安国养民之术，边境备御之策，教化根本之论，可以为陛下陈之。顾三者不先，徒虚言尔。三者既行，不患为之无术也。愿陛下以社稷为心，以生民为念，鉴苟安之弊，思永世之策，赐之省览，察其深诚，万一有毫髪之补于圣朝，臣虽被妄言之诛，无所悔恨。昔贾谊为汉文言治乱，汉文不能用，百世之下为讥病。愿陛下勿使后之视今，犹今之视昔，则天下不胜幸甚。狂瞽之言，惟圣明裁恕。干冒宸严，臣无任兢皇战汗，激切屏营之至。

为家君上神宗皇帝论薄葬书（治平四年）

具位臣程珦皇恐昧死，再拜上书皇帝陛下。臣闻孝莫大于安亲，忠莫先于爱主，人伦之本，无越于斯。人无知愚，靡不知忠孝之为美也，然而不得其道则反害之。故自古为君者，莫不欲孝其亲，而多获不孝之讥；为臣者莫不欲忠其君，而常负不忠之罪。何则？有其心，行之不得其道也。伏惟陛下以至德承洪业，以大孝奉先帝，圣心切至，天下共知。然臣以疏贱，复敢区区冒万死以进其说者，愿陛下以至孝之心尽至孝之道，鉴历古之失为先帝深虑，则天下臣子之心无不慰安。

所谓历古之失，臣观秦、汉而下，为帝王者，居天下之尊，有四海之富，其生也奉养之如之何，其亡也安厝之如之何，然而鲜克保完其陵墓者，其故何哉？独魏文帝、唐太宗所传嗣君，能尽孝道，为之远虑，至今安全，事迹昭然，存诸简策。呜呼！二嗣君不苟为崇侈以徇己意，乃以安亲为心，可谓至孝矣。汉武之葬，霍光秉政，暗于大体，奢侈过度，至使陵中不复容物，赤眉之乱，遂见发掘。识者谓赤眉之暴，无异光自为之，为其不能深虑以致后害也。二君从俭，后世不谓其不孝；霍光厚葬，千古不免为罪人。自古以来，观此明鉴而不能行之者，无佗，众议难违，人情所迫尔。苟若务合常情，遂亡远虑，是乃厚于人情而薄于先君也，不亦惑乎！魏文帝所作终制，及唐虞世南所上封事，皆足取法。其指陈深切，非所忍言，愿陛下取而观之，可以见明君贤臣所虑深远。古人有言曰：死者无终极，国家有废兴。自昔人臣当大事之际，乃以兴废之言为忌讳，莫敢议及，如此苟循人情，辜负往者，不忠之大者也。

臣窃虑陛下追念先帝，圣情罔极，必欲崇厚陵寝，以尽孝心。臣愚以为违先帝之俭德，损陛下之孝道，无益于实，有累于后，非所宜也。伏愿陛下损抑至情，深为远虑，承奉遗谮，严饬有司，凡百规模，尽依魏文之制，明器所须，皆以瓦木为之，金银铜铁珍宝奇异之物无得入圹，然后昭示遐迩，刊之金石，如是则陛下之孝显于无穷，陛下之明高于旷古。至于纨帛易朽之物，亦能为患于数百年之后，汉薄后陵是也。

或曰：山陵崇大虽使无藏，安能信于后世？臣以为不然。天下既知之，后世必知之。臣尝游秦中，历观汉、唐诸陵，无有完者，惟昭陵不犯。陵旁居人尚能道当日俭素之事，此所以历数百年，屡经寇乱而独全也。夫臣之于君，犹子之于父，岂有陛下欲厚其亲，而臣反欲薄于其君乎？诚以厚于先帝，无厚于此者也。遗簪坠履，尚当保而藏之，不敢不恭，况于园陵，得不穷深极远以虑之乎？

陛下嗣位方初，群臣畏威，臣苟不言，必虑无敢言者。陛下以臣言为妄而罪之，则臣死且不悔；以臣言为是而从之，则可以为先帝之福，大陛下之孝，安天下之心，垂万世之法，所补岂不厚哉？臣哀诚内激，言意狂率，愿陛下详览而深察之，天下不胜大愿。臣无任逾越狂狷恐惧之极，臣昧死顿首谨言。

代吕公著应诏上神宗皇帝书（熙宁八年十月）

伏睹今月十三日诏敕，以彗出东方，许中外臣僚直言朝廷阙失。臣自言事得罪，久去朝廷，无所补报，退就闲冗。尚敢区区以言自进者，诚见陛下寅畏天命，有恐惧修省之意。草莱之人，尚思效其忠恳。况臣世荷国恩，久忝近侍，虽罪衅之余，敢不竭其愚诚，以应明诏？

臣伏观前史所载，彗之为变多矣，鲜有无其应者，盖上天之意，非徒然也。今陛下既有警畏之心，当思消弭之道。且以今日之变，孰从而来？《书》曰："天视自我民视，天听自我民听。"岂非政之所致欤？如曰非政之由，则经为诬矣，臣复何言？诏之所求，亦为虚设。若以为政之所致，则改以顺天，在陛下而已。晏子所谓"可祝而来，亦可禳而去"也。《传》曰："天之有彗，以除秽也。"又曰："所以除旧布新。"臣愿陛下只若天戒，思当除者何事，而当新者何道。如曰旧政既善，无所可除，则天为诬矣，臣复何言？若以为当求自新，则在陛下思之而已。

自非大无道之世，何尝不遇灾而惧？然而能自新者盖寡，大率蔽于所欲，惑于所任，明不足以自辨也。视是而为非，以邪而为正，败亡至而不寤，天亦不能戒也。岂其恶存而好亡，憎治而喜乱哉？亦惑而不能辨尔。臣以为辨之非艰，顾不得其道也。诚能省己之存心，考己之任人，察己之为政，思己之自处，然后质之人言，何惑之不可辨哉？能辨其惑，则知所以应天自新之道矣。臣请为陛下辨之。

所谓省己之存心者：人君因亿兆以为尊，其抚之治之之道，当尽其至诚恻怛之心，视之如伤，动敢不慎？兢兢然惟惧一政之不顺于天，一事之不合于理。如此，王者之公心也。若乃恃所据之势，肆求欲之心，以严法令举条纲为可喜，以富国家强兵甲为自得，锐于作为，快于自任，贪惑至于如此，迷错岂能自知？若是者，以天下徇其私欲者也。勤身劳力，适足以致负败，夙兴夜寐，适足以招后悔。以是而致善治者，未之闻也。愿陛下内省于心，有近于是者乎？苟有之，则天之所戒也，当改而自新者也。

所谓考已之任人者：夫王者之取人，以天下之公而不以已，求其见正而不求其从欲，逆心者求诸道，巽志者察其非，尚孜孜焉惧或失也。此王者任人之公也。若乃喜同而恶异，偏信而害明，谓彼所言者吾之所大欲也，悦而望之，信而惑之，至于甚恶而不察，恣欺而不悟。推是而往，鹿可以为马矣。愿陛下考已之任人，有近于是者乎？苟有之，则天之所戒也，当改而自新者也。

方陛下思治之初，未有所偏主，好恶取舍一以公议，天下谓之贤，陛下从而贤之者众矣，进之于朝者有矣。及乎既有为也，皆以不合而去之，更用后来之人，皆昔未尝以为贤者也，然后议论无违。始之所贤者皆愚，始之未尝贤者皆贤，此为天下之公乎？已意之私乎？自论议无违之后，逆耳怫心之言亦罕闻矣。夫以居至尊之位，负出世之资，而不闻怫逆之言，可惧之大者也。知人之难，虽至明不能无失。然至于朝合则为不世之贤，暮隙则有无穷之罪，颠错亦已甚矣。在任人之道当改亦明矣。

所谓察已之为政者，为政之道，以顺民心为本，以厚民生为本，以安而不扰为本。陛下以今日之事，方于即位之初，民心为欢悦乎？为愁怨乎？民生为阜足乎？为穷蹙乎？政事为安之乎？为扰之乎？亿兆之口非不能言也，顾恐察之不审尔。苟有不察，则天之所戒也，当改而自新者也。

所谓思已之自处者，圣人谓“亡者保其存者也，乱者有其治者也”，陛下必不以斯言为妄。自古以来，何尝有以危亡为忧而至危亡者乎？惟其自谓治安而危亡卒至者则多矣。不识陛下平日自处，以天下为如何，圣心所自知也。苟有忧危恐惟之心，常虑所任者非其人，所由者非其道，唯恐不闻天下之言，如此则圣王保天下之心也，上帝其鉴之矣。或以为已安且治，所任者当矣，所为者至矣，天下之言不足恤矣，如此则天之所戒也，当改而自新者也。所谓质之人言者，当有其方。欲询之于众人乎？众人之言可使同也。欲访之下民乎？下民之言亦可为也。察之以一人之心，而蔽之以众人之智，其可胜乎？是不足以辨惑，而足以固其蔽尔。臣以为在外一二老臣，事先朝数十年，久当大任，天下共知其非欺妄人也，知其非覆败邦家者也，臣愿陛下礼而问之，宜可信也。及天下所谓贤人君子，陛下闻之于有为之前，而不在今日利害之间者，亦可访也。以是数者参考之，则所当改者何事，所当新者何道，固可见矣。

天下之人，一闻诏音，莫不鼓舞相庆，谓陛下必能上应天心，召迎和气。臣以为唯至诚可以动天，在陛下诚意而已。昔在商王中宗之时有桑谷之祥，高宗之时有雊雉之异，二王以为惧而修政，遂致王道复兴，皆为商宗，百世之下颂其圣明。近世以来，引咎之诏，自新之言，亦常有之，倘人君不由于至诚，则天下徒以为虚语，其能感天心弭灾变乎？臣愿陛下因此天戒，奋然改为，思商宗之休实，鉴后代之虚饰，不独消复灾沴于今日，将永保丕基于无穷，天下幸甚！

代富弼上神宗皇帝论永昭陵疏（元丰三年）

臣弼伏睹太皇太后山陵有期，老臣之心有所甚切，不忍不言，昧死以闻，惟陛下深思而力行之，不胜大愿！往者营奉昭陵时，英宗皇帝方不豫，未能听事，朝廷罔然不知其制，失于迫卒，不复深虑博访，凡百规画，一出匠者之拙谋，中人之私意，以巨木架石为之屋，计不百年，必当损坠。圹中又为铁罩，重且万斤，以木为骨，大止数寸，不过二三十年，决须摧毁。梓宫之厚度不盈尺，异日以亿万钧之石，自高而坠，其将奈何！思之及此，骨寒胆丧。臣始则不知其详，后则无以为计。士民之间有知之者，无不痛心饮恨，况老臣之心乎？况陛下之心乎！其后厚陵始为石藏，议者窃意主事大臣已悟昭陵之事，独陛下未知之尔。今也不幸，太皇太后奄弃天下之养，因此事会，当为之谋。

窃以周公制合葬之礼，仲尼善鲁人之礼。历代诸陵，虽不尽用，亦多行之。太祖皇帝神谋圣虑，超越万古，昭宪太后亦合安陵。夫以周公之制，仲尼之训，历代之旧，艺祖之法，循而行之，可无疑也。老臣愿陛下思安亲之道，为后日之虑，决于圣心，勿循浮议，奉太皇太后合祔昭陵，因得彻去铁罩，用厚陵石藏之制，仍更别加裁处，使异日虽木坏石坠，不能为害，救仁皇必至之祸，成陛下莫大之孝。复何难哉？在陛下断之而已。

既合礼典，又顺人情，虽无知之人必不敢以为非是。但恐有以阴阳拘忌之说上惑圣聪者，在陛下睿断，不难辨也。不遵圣训，不度事宜，而规规于拘忌者，为贤乎？为愚乎？且阴阳之说，设为可信，吉凶之应，贵贱当同。今天下臣庶之家，夫妇莫不同穴，未闻以为忌也。独国家忌之，有何义理？唐中宗庸昏之主，尚能守礼法，尽孝心，责严善思愚惑之论，卒祔乾陵。其后高宗子孙历世延永，是合葬非不利也。老臣位至三公，年将八十，复何求哉？所保者名节而已，肯以不是事劝陛下取讥于后世乎？复恐陛下谓臣心虽忠切，而识虑愚暗，不能晓达事理。臣诚至愚，然臣所言者，欲陛下守经典之训，遵艺祖之规，使仁宗皇帝得安全之道，于太皇太后极崇奉之意，岂独老臣之心哉？天下之心莫不然也。陛下不信，试以臣之所陈，访于群臣，必无以为非者。若以臣言为非，则是使仁宗遗骨圣体碎于巨石之下而不恤，乃为是也。凡有血气之类，孰肯为此意乎？臣事仁宗皇帝三十余年，位至宰相，聋瞽之蔽，不能早知而救之于始，已为大罪。今遇可为之时，若更惜情顾己，不能极言，天地神灵，必加诛殛死，何面目见仁宗于地下？且陛下不知则已，今既闻之，在常人之情，无可忍而不为之理，况陛下至仁大孝乎？惟陛下深思而力行之，则天下不胜大愿。

富公见托为此奏，颐以拙于文辞，辞之再三，其意甚切，义不可拒。数日之间，遂生顾虑，不克上。惜乎其不果于义也，遂为忠孝罪人！

河南程氏文集卷第六　伊川先生文 二

表疏

辞免西京国子监教授表（元丰八年十一月）

臣颐言：今月日，准汝州牒，送到官诰一道，伏蒙圣恩，授臣汝州团练推官，充西京国子监教授者。臣愚陋小儒，晦处草野，忽承明命，不任震惊。中谢。

伏念臣才识迂疏，学术肤浅，自治不足，焉能教人？岂敢贪冒宠荣，致朝廷于过举？所降诰命，不敢当受，谨奉表辞免以闻。

再辞免表

臣颐言：今月日，准汝州牒，备到尚书礼部符，奉圣旨，不许辞免恩命者。中谢。

伏以皇帝陛下嗣位之初，方图大治，首拔一人于畎亩之中，宜得英异之才，寘之于位，则天下耸动，知朝廷急贤，不特济一时之用，足以为后世之光。今乃取庸常之人，命之以官，则天下何望？后世何观？朝廷之举也何为？臣之受也何义？臣虽至愚，敢贪宠禄，以速戾厥躬？是以罔虞刑威，而必尽其辞也。臣愿陛下扩知臣之明以照四方，充取臣之心以求真贤，求之以其方，待之以其道，虽圣贤亦将为陛下出。况如臣者，何足道哉？冒犯天严，臣无任战恐激切屏营之至。

辞免馆职状（元祐元年闰二月二十四日）

伏蒙圣恩，授臣宣德郎，秘书省校书郎，闻命震惊，不知所措。臣昨蒙恩，授西京国子监教授，方再具辞免，奉圣旨，令乘递马赴阙。祗命而来，未获进见，遽然有此除授。伏念臣草莱之人，既蒙赐召，礼合见君，先受恩命，义理未安。况祖宗朝布衣被召者，故事具存。伏望圣慈，令臣入见。所降诰命，不敢当受。伏候敕旨。

乞再上殿论经筵事劄子

新授汝州团练推官，西京国子监教授臣程颐。右臣昨日上殿，辞免前降恩命。面奉德音，除臣崇政殿说书。臣虽沥恳辞避，不蒙俞允。臣辄有愚诚，昧死上闻天听。

窃以知人则哲，帝尧所难。虽陛下圣鉴之明，然臣方获进对于顷刻之间，陛下见其何者，遽加擢任？今取臣于畎亩之中，骤置经筵，盖非常之举，朝廷责其报效，天下之所观瞩。苟或不当，则失望于今而贻讥于后，可不慎哉？臣亦未敢必辞，只乞再令臣上殿，进劄子三道，言经筵事。所言而是，则陛下用臣为不误，臣之受命为无愧；所言而非，是其才不足用也，固可听其辞避。如此，则朝廷无举动之过，愚臣得去就之宜。伏望圣慈特赐俞允，臣无任。

贴黄

臣不候命下，便有奏陈，盖欲朝廷审处于未授之前，免烦回改成命。

贴黄

如以臣昨日已上殿，只乞指挥许臣实封劄子进呈，逐一分明贴黄，亦与口陈无异。

论经筵第一劄子

臣伏观自古人君守成而致盛治者，莫如周成王。之所以成德，由周公之辅养。昔者周公辅成王，幼而习之，所见必正事，所闻必正言，左右前后皆正人，故习与智长，化与心成。今士大夫家善教子弟者，亦必延名德端方之士，与之居处，使之薰染成性，故曰："少成若天性，习惯如自然。"

伏以皇帝陛下春秋之富，虽睿圣之资得于天禀，而辅养之道不可不至。所谓辅养之道，非谓告诏以言，过而后谏也，在涵养薰陶而已。大率一日之中，亲贤士大夫之时多，亲寺人宫女之时少，则自然气质变化，德器成就。欲乞朝廷慎选贤德之士，以侍劝讲，讲读既罢，常留二人直日，夜则一人直宿，以备访问。皇帝习读之暇，游息之间，时于内殿召见，从容宴语。不独渐磨道义，至于人情物态，稼穑艰难，积久自然通达。比之常在深宫之中，为益岂不甚大？

窃闻间日一开经筵，讲读数行，群官列侍，俨然而退，情意略不相接。如此而责辅养之功，不亦难乎？今主上冲幼，太皇太后慈爱，亦未敢便乞频出。但时见讲官，久则自然接熟。大抵与近习处久熟则生亵慢，与贤士大夫处久熟则生爱敬，此所以养成圣德，为宗社生灵之福。天下之事，无急于此。取进止。

贴黄

臣窃料众人之意，必以为皇帝尚幼，未烦如此，此乃浅近之见。夫幼而习之，为功则易；发然后禁，礼经所非。古人所以自能食能言而教者，盖为此也。

第二

臣闻三代之时，人君必有师傅保之官：师，道之教训；傅，傅其德义；保，保其身体。后世作事无本，知求治而不知正君，知规过而不知养德，傅德义之道固已琉矣，保身体之法复无闻焉。

伏惟太皇太后陛下，聪明睿哲，超越前古，皇帝陛下春秋之富，辅养之道，当法先王。臣以为傅德义者，在乎防见闻之非，节嗜好之过，保身体者，在乎适起居之宜，存畏慎之心。臣欲乞皇帝左右扶侍祗应宫人内臣，并选年四十五已上厚重小心之人；服用器玩皆须质朴，一应华巧奢丽之物，不得至于上前；要在侈靡之物不接于目，浅俗之言不入于耳。及乞择内臣十人，充经筵祗应，以伺候皇帝起居，凡动息必使经筵官知之，有翦桐之戏则随事箴规，违持养之方则应时谏止。调护圣躬，莫过于此。取进止。

贴黄

今不设保傅之官，傅德义保身体之责皆在经筵，皇帝在宫中语言动作衣服饮食，皆当使经筵官知之。

第三

臣窃以人主居崇高之位，持威福之柄，百官畏惧，莫敢仰视，万方承奉，所欲随得。苟非知道畏义，所养如此，其惑可知。中常之君，无不骄肆；英明之主，自然满假。此自古同患，治乱所系也。故周公告成王，称前王之德，以寅畏祗惧为首。从古以来，未有不尊贤畏相而能成其圣者也。

皇帝陛下未亲庶政，方专问学。臣以为辅养圣德，莫先寅恭，动容周旋，当主于此，岁月积习，自成圣性。臣窃闻经筵臣寮侍者皆坐，而讲者独立，于礼为悖。欲乞今后，特令坐讲，不惟义理为顺，所以养主上尊儒重道之心。取进止。

贴黄

窃闻讲官在御案旁，以手指书，所以不坐；欲乞别一人指书，讲官稍远御案坐讲。

贴黄

臣窃意朝廷循沿旧体，只以经筵为一美事。臣以为，天下重任，唯宰相与经筵：天下治乱系宰相，君德成就责经筵。由此言之，安得不以为重？

辞免崇政殿说书表

臣颐言：准阁门告报，伏蒙圣恩，除臣通直郎，充崇政殿说书者。臣昨上殿，面奉德音，已尝沥恳辞避；及继有陈奏，愚诚已竭，天听不回。中谢。

窃以儒者得以经术进说于人主之前，言信则志行。自昔抱道之士，孰不愿之？顾恨弗获。臣何人哉？有此遭遇。然臣窃观前古君臣道合，靡不由至诚感动，信以发志。今臣道未行于家室，善未信于乡党，何足以感动人主之心乎？苟不度其诚之未至，而欲善辞说于进对之间，为一时之观则可矣。必欲通于神明，光于四海，久诚而无教，臣知其不可也。臣是以欲进而思义，喜时而愧己，冒犯天威，而尽其区区之说。

伏以皇帝陛下春秋之富，方赖左右前后之人辅养圣性。劝讲之职，任莫重焉。窃惟海宇之广，贤俊至多。臣愿朝廷博谋群臣，旁加收择，期得出类之贤，寘诸左右，辅成圣德，为庙社生灵之福。如臣之愚，实惧不足以当重任。所有诰命，不敢当受。谨奉表辞免以闻。

再辞免状

臣蒙恩授通直郎，崇政殿说书，寻具表辞免。准尚书省劄子，奉圣旨，不许辞免者。

臣闻古之人见行可而后仕。臣虽至愚，读书为儒，敢不先民是宪？臣近进劄子三道，未闻进止，伏望圣慈，更赐省览。如小有可用，则臣受命，不敢复辞；或狂妄无取，则乞许臣辞避。所贵朝廷无取人之失，小臣尽进退之道。臣山野之人，不能文饰，倾竭悃诚，愿赐开纳。伏候敕旨。

乞六参日上殿劄子（元祐元年四月）

臣窃以朝廷置劝讲之官，辅道人主，岂止讲明经义？所以薰陶性质。古所谓承弼厥辟，出入起居者焉，宜朝夕纳诲，以辅上德。自来暑热罢讲，直至中秋，方御经筵。数月之间，讲读官无由进见。夫以文、武之齐圣，而欲旦夕承弼。今乃数月不接儒臣，甚非先王辅道养德之意。方主上春秋之富，辅养之道，岂可疏略如此？臣欲乞未御讲筵，每遇六参日，宰臣奏事退，许讲读官上殿问圣体。数日一对儒臣，不惟有益人主，在劝讲之礼亦当然。伏望圣慈，特赐俞允。

上太皇太后书（元祐元年）

六月日，具位臣程颐，昧死再拜上书太皇太后陛下。

臣愚鄙之人，自少不喜进取，以读书求道为事，于兹几三十年矣。当英祖朝暨神宗之初，屡为当涂者称荐。臣于斯时，自顾学之不足，不愿仕也。及皇帝陛下嗣位，太皇太后陛下临朝，求贤愿治，大臣上体圣意，搜扬岩穴，首及微贱，蒙恩除西京学官。臣于斯时，未有意于仕也。辞避方再，而遽有召命。臣门下学者，促臣行者半，劝臣勿行者半。促臣行者则曰："君命召，礼不俟驾。"劝臣勿行者则曰："古之儒者，召之则不往。"臣以为召而不往，惟子思、孟轲则可。盖二人者，处宾师之位，不往，所以规其君也。己之微贱，食土之毛而为王民，召而不至，邦有常宪，是以奔走应命。到阙，蒙恩授馆职，方以义辞，遂蒙召对。臣于斯时，尚未有意于仕也。进至帘前，咫尺天光，未尝敢以一言及朝政。陛下视臣，岂求进者哉？既而亲奉德音，擢至经筵，事出望外，惘然惊惕。臣窃内思，儒者得以道学辅人主，盖非常之遇，使臣自择所处，亦无过于此矣。民於斯时，虽以不才而辞，然许国之心，实已萌矣。尚虑陛下贪贤乐善，果于取人，知之或未审也，故又进其狂言，以觊详察。如小有可用，则敢不就职？或狂妄无取，则乞听辞避。章再上，再命祗受，是陛下不以为妄也，臣于是受命。供职而来，夙夜毕精竭虑，惟欲主上德如尧、舜，异日天下享尧、舜之治，庙社固无穷之基，乃臣之心也。臣本山野之人，禀性朴直，言辞鄙拙，则有之矣；至于爱君之心，事君之礼，告君之道，敢有不尽？上赖圣明，可以昭鉴。臣自惟至愚，蒙陛下特达之知，遭遇如此，愿效区区之诚，庶几毫髪之补。惟陛下留意省览，不胜幸甚。

伏以太皇太后陛下，心存至公，躬行大道，开纳忠言，委用耆德，不止维持大业，且欲兴致太平，前代英主所不及也。但能日慎一日，天下之事不足虑也。臣以为今日至大至急，为宗社生灵久长之计，惟是辅养上德而已。历观前古，辅养幼主之道，莫备于周公。周公之为，万世之法也。臣愿陛下扩高世之见，以圣人之言为可必信，先王之道为可必行，勿狃滞于近规，勿迁惑于众口。古人所谓周公，岂欺我哉？周公作《立政》之书，举言常伯，至于缀衣虎贲，以为知恤兹者鲜。一篇之中，丁宁重复，惟在此一事而已。又曰“仆臣正，厥后克正”，又曰“后德惟臣，不德惟臣”；又曰“侍御仆从，罔匪正人，以旦夕承弼厥辟，出入起居，罔有不钦”。是古人之意，人主跬步不可离正人也。盖所以涵养气质，薰陶德性，故能习与智长，化与心成。后世不复知此，以为人主就学，所以涉书史，览古今也。不知涉书史，览古今，乃一端尔。若止于如是，则能文宫人可以备劝讲，知书内侍可以充辅道，何用置官设职，精求贤德哉？大抵人主受天之命，禀赋自殊。历考前史，帝王才质，鲜不过人。然而完德有道之君至少，其故何哉？皆辅养不得其道，而位势使之然也。

伏惟皇帝陛下，天资粹美，德性仁厚，必为有宋令主，但恨辅养之道有未至尔。臣供职以来，六侍讲筵，但见诸臣拱手默坐，当讲者立案傍，解释数行而退。如此，虽弥年积岁，所益几何？与周公辅养成王之道，殊不同矣。或以为主上方幼，且当如此。此不知本之论也。古人生子，能食能言而教之小学之法，以豫为先。人之幼也，知思未有所主，便当以格言至论日陈于前。虽未晓知，且当薰聒，使盈耳充腹，久自安习，若固有之，虽以他言惑之，不能入也。若为之不豫，及乎稍长，私意偏好生于内，众口辩言铄于外，欲其纯完，不可得也。故所急在先人，岂有太早者乎？

或又以为主上天资至美，自无违道，不须过虑。此尤非至论。夫圣莫圣于舜，而禹、皋陶未尝忘规戒，至曰："无若丹朱好慢游，作傲虐。"且舜之不为慢游傲虐，虽至愚亦当知之，岂禹而不知乎？盖处崇高之位，儆戒之道不得不如是也。且人心岂有常哉？以唐太宗之英睿，躬历艰难，力平祸乱，年亦长矣，始恶隋炀侈丽，毁其层观广殿，不六七年，复欲治乾阳殿。是人心果可常乎？所以圣贤，虽明盛之际，不废规戒，为虑岂不深远也哉？况冲幼之君，闲邪拂违之道，可少懈乎？

伏自四月末，间以暑热罢讲，比至中秋，盖逾三月。古人欲旦夕承弼，出入起居。而今乃三月不一见儒臣，何其与古人之意异也？今士大夫家子弟，亦不肯使经时累月不亲儒士。初秋渐凉，臣欲乞于内殿，或后苑清凉处，召见当日讲官，俾陈说道义。纵然未有深益，亦使天下知太皇太后用意如此。又一人独对，与众见不同，自然情意易通，不三五次，便当习熟。若不如此渐致，待其自然，是辅道官都不为力，将安用之？将来伏假既开，且乞依旧轮次直日，所贵常得一员独对。

开发之道，盖自有方，朋习之益，最为至切。故周公辅成王，使伯禽与之处。圣人所为，必无不当。真庙使蔡伯希侍仁宗，乃师古也。臣欲乞择臣寮家子弟，十岁已上，十二已下，端谨颖悟者三人，侍上左右。上所读之书，亦使读之，辨色则入，昏而罢归。常令二人入侍，一人更休。每人择有年宫人、内臣二人，随逐看承，不得暂离。常情笑语，亦勿禁止，唯须言语必正，举动必庄。仍使日至资善堂，呈所习业。讲官常加教劝，使知严惮。年才十三，便令罢去，岁月之间，自觉其益。自来宰臣十日一至经筵，亦止于默坐而已。又间日讲读，则史官一人立侍。史官之职，言动必书，施于视政时则可。经筵讲疑之所，乃燕处也。主上方问学之初，宜心泰体舒，乃能悦怿。今则前对大臣，动虞有失，旁立史官，言出辄书。使上欲游其志，得乎？欲发于言，敢乎？深妨问学，不得不改。欲乞特降指挥，宰臣一月两次，与文彦博同赴经筵。遇宰臣赴日，即乞就崇政殿讲说，因令史官入侍。崇政殿说书之职，置来已久，乃是讲说之所。汉、唐命儒士讲论，亦多在殿上，盖故事也。迩英迫狭，讲读官内臣近三十人在其中。四月间尚未甚热，而讲官已流汗。况主上气体嫩弱，岂得为便？春夏之际，人气涤薄，深可虑也。祖宗之时，偶然在彼，执为典故，殊无义理。欲乞今后，只于延和殿讲读。后楹垂帘，帘前置御座。太皇太后每遇政事稀简，圣体康和时，至帘下观讲官进说。不惟省察主上进业，于陛下圣聪，未必无补。兼讲官辅道之间，事意不少有当奏禀，便得上闻。亦不可烦劳圣躬，限以日数，但旬月之间意適则往可也。

今讲读官共五人，四人皆兼要职，独臣不领别官，近复差修国子监太学条制，是亦兼他职也。乃无一人专职辅道者，执政之意可见也。盖惜人才，不欲使之闲尔。又以为虽兼他职，不妨讲读，此尤不思之甚也。不敢言告君之道，只以告众人言之。夫告于人者，非积其诚意，不能感而入也。故圣人以蒲卢喻政，谓以诚化之也。今夫钟，怒而击之则武，悲而击之则哀，诚意之感而入也。告于人亦如是。古人所以斋戒而告君者，何谓也？臣前后两得进讲，未尝敢不宿斋豫戒，潜思存诚，觊感动于上心。若使营营于职事，纷纷其思虑，待至上前，然后善其辞说，徒以颊舌感人，不亦浅乎？此理非知学者不能晓也。道衰学废，世俗何尝闻此？虽闻之，必以为迂诞。陛下高识远见，当蒙鉴知。以朝廷之大，人主之重，置二三臣专职辅道，极非过当。今诸臣所兼皆要官，若未能遽罢，且乞免臣修国子监条制，俾臣夙夜精思竭诚，专在辅道。不惟事理当然，且使天下知朝廷以为重事，不以为闲所也。

陛下擢臣于草野之中，盖以其读圣人书，闻圣人道。臣敢不以其所学，上报圣明？窃以圣人之学，不传久矣。臣幸得之于遗经，不自度量，以身任道。天下骇笑者虽多，而近年信从者亦众。方将区区驾其说以示学者，觊能传于后世。不虞天幸之至，得备讲说于人主之侧，使臣得以圣人之学，上沃圣聪，则圣人之道有可行之望，岂特臣之幸哉？如陛下未以臣言为信，何不一赐访问？臣当陈圣学之端绪，发至道之渊微。陛下圣鉴高明，必蒙照纳。如其妄伪，愿从诛殛。臣愚，不任恳悃惶惧待罪之至。

辞免判登闻鼓院奏状（元祐元年八月）

臣今月二十二日，准尚书省黄牒，奉敕差臣兼权判登闻鼓院。臣不敢避斧钺之诛，倾沥悃诚，上烦天听。窃以劝讲之官，体宜专任。臣昨于六月中所进文字，论之甚详，不敢重叠叙陈。伏望圣慈将臣前来文字，再赐省览，惟求义理之当，不以臣微贱而废其言。前件敕命不敢当受，伏乞特降睿旨，许令辞免。冒渎宸严，臣无任。

贴黄

自来鼓院官出入以时，若使兼领，遇讲说日，或有急诉讼，必须留滞。伏望圣慈，特赐详察。

再辞免状

臣准尚书省劄子，以臣辞免兼权判登闻鼓院，奉圣旨不许辞免者。微贱小官，冒渎天威，甘从显戮。既荷朝廷宽大之赐，敢复尽其区区之诚。如陛下擢臣草野之中，置之劝讲之列，天下耸然知陛下崇儒重道，留意大本，岂特一时之美事？足为后世之盛谈。今复命臣兼判鼓院，使臣入则侍人主而谈道德，出则坐司局而领诉讼。臣愚，窃谓失朝廷用人之体。况臣禀性朴愚，唯知为学，今时之务，皆所未谙，使临事局，必致废阙。若得专心致志，穷研圣学，以备顾问，臣愚不胜至愿。伏望圣慈矜察，特许辞免。伏候敕旨。

论冬至称贺劄子（元祐元年）

臣伏闻冬至日，百官拜表称贺。臣以为节序变迁，时思方切，若受表贺，大失居丧之礼；万方后世，轻笑朝廷，无以风化天下。臣欲乞特降中旨，改贺作慰。臣备员劝讲，职在以经术辅道人主，见此违经失礼，不敢不言。取进止。

贴黄

臣窃虑圣意以去年冬至及今岁旦已受贺表，不欲改更，此甚不然。后是可以盖前非，改过不吝，成汤所以称圣也。

又上太皇太后疏（元祐二年春）

臣颐倾竭愚诚，冒闻天听，狂妄之诛，非所敢避。伏念臣草莱贱士，蒙陛下拔擢，置之劝讲之列，夙夜毕精竭虑，思所以补报万一。昨于去年六月中，尝有奏陈，言辅道人主之事，已逾半年，不蒙施行一事。臣愚窃思所言甚多，如皆不可用，其狂妄亦甚矣。虽朝廷宽大，不欲以言罪人，然主上春秋方富，宜亲道德之士，岂可以狂妄之人，置之左右？臣彷徨疑虑，不能自已。况臣所言，非出己意，皆先王之法，祖宗之旧，不应无一事合圣心者。臣窃疑文字烦多，陛下不能详览；或虽蒙览，而未察愚意。

臣不敢一一再言，止取一事最切者，复为陛下陈之。

臣前上言，乞于延和殿讲读，太皇太后每遇政事稀简，圣体康和，时至帘下观讲官进说，不惟省察主上进业，于陛下圣聪，未必无补；兼讲官辅道之间，事意不少有当奏禀，便得上闻。臣今思之，太皇太后双日垂帘听政，只日若更亲临讲读，亦恐烦劳圣躬。欲乞只就垂帘日听政罢，圣体不倦时，召当日讲官至帘前，问当主上进业次第，讲说所至，如何开益。使天下知陛下于辅养人主之道，用意如此。延对儒臣，自古以为美事。陛下试从臣言，后当知其不谬。此一时之事，且非定制。如其无益，罢之何晚？自来经筵，赐坐啜茶，盖人主崇儒重道之体。今太皇太后省察主上进业，虽或使之讲说，亦无此礼。臣所以再言此一事者，盖辅道之间，有当奏知之事，无由上达。若得时至帘前，可以陈说，所系甚大。

陛下必谓主上幼冲，间日讲读足矣，更无他事。此甚不然。盖从前不曾有为陛下极陈辅养少主之道者，故陛下未深思尔。愿陛下圣明，不以臣之微贱而忽其言。察臣区区之心，岂有他哉？惟欲有补于人主尔。臣披沥肝胆，言尽于此。伏望圣慈采纳，天下幸甚！

乞就宽凉处讲读奏状（元祐二年三月二十六日）

臣伏见迩英阁讲读，入夏渐热。去年四月后，侵晨讲读，亦甚有暑气，恐于圣体非宜。欲乞特降圣旨，移就一宽凉处，贵得稳便。谨录奏闻，伏候敕旨。

贴黄

虽祖宗以来只在迩英，缘主上圣体少嫩，尤须过意慎护。祖宗法度，固有不可改者；至于讲读处所，即无不可从便之理。

贴黄

如别无稳便，只乞就崇政或延和殿，只日讲读，与双日垂帘自不相妨。

又上太皇太后书（元祐二年四月）

月日，具位臣程颐，昧死再拜上书太皇太后陛下。

臣近言迩英讲读渐热，乞移就宽凉处。贴黄称，如别无稳便处所，只乞就崇政或延和殿。窃闻给事中顾临有言，以延和讲读为不可。臣本谓迩英热，恐于圣体非宜。今闻修展迩英，苟得宽凉，则臣志愿遂矣。于临之言，在臣自可不恤。然有所甚害，不得不为陛下辨之。若临之言止于移惑太皇太后圣意，臣官非谏诤，不辨尚可也。今以临言为是，则误主上知见，臣职当辅道，安得不辨？

臣窃谓自古国家所患，无大于在位者不知学。在位者不知学，则人主不得闻大道，朝廷不能致善治。不闻道，则浅俗之论易入，道义之言难进。人君功德高下，一系于此。臣非敢以谀言悦陛下。窃闻陛下博览前史，请陛下历观简策，前世母后临朝，有不坏纪纲者乎？有以至公为心，孜孜求治为英主之事，如陛下者乎？此陛下所自知也。陛下有简策所无之盛德，则天下亦望陛下为简策所无之功业，不止维持岁月，俟人主长大而已。盖望陛下致海内于治安，诒孙谋于久大。诒谋致治之道，当使圣德日济，善治日新。进德在于求道，图治莫如稽古。道必询于有道之士，古必访诸稽古之人。若夫世俗浅士，以守道为迂，以稽古为泥，適足以惑乱人主之听。

近年以来，士风益衰，志趣汙下，议论鄙浅，高识远见之士益少，习以成风矣。此风不革，臣以为非兴隆之象，乃陵替之势也。大率浅俗之人，以顺从为爱君，以卑折为尊主，以随俗为知变，以习非为守常，此今日之大患也。苟如是者众，则人君虽有高世之见，岂能独任哉？臣不知进道德之言，足以增益圣德者有几，而损陛下之远图，移陛下之善意则有矣。如顾临之言是也。臣料临之意，不过谓讲官不可坐于殿上，以尊君为说尔。夫殿上讲说，义理之至当，古者所常行也。臣不暇远引，只以本朝故事言之。太祖皇帝召王昭素讲《易》；真宗令崔颐正讲《尚书》，邢昺讲《春秋》，皆在殿上。当时仍是坐讲。立讲之仪，只始于明肃太后之意。此乃祖宗尊儒重道之盛美，岂独子孙当以为法，万世帝王所当法也，而临以为非。临谓讲官不可坐殿上，则昭素布衣之士，其不可更甚矣。迩英讲读，只自仁宗时，亦从便尔，非是避殿上也。若避殿上，则不应置崇政说书之职。虽以殿名设职，不必须在本殿说书，然亦必不肯于不可讲说之处置说书官也。臣每进讲，未尝不规劝主上以祖宗美事为法。如临之意，则是禁止主上不得复为优礼昭素之事，及有崇政设职之意。祖宗美事，而使主上独不得为，若主上信以为然，所损岂不甚大？殿上说书，亦是常事。人主崇儒之道，甚有重于此者。臣今口未敢言，然中心惟欲辅养主上重道之心，如前代明王，光耀史册，不止此一事而已。临之见与臣之心，何其异也！且讲经与饮宴孰重？真宗、仁宗时皆宴讲读官于崇政殿。从来侍宴皆在殿上，而讲经独不得在殿上，臣未谕其义也。临之意必曰：“彼一时之事尔，日常则不可。”夫于义苟当，日常何害？义或不可，一时亦不可也。

臣始言之，执政大臣未以为非也，及临一言，则是而从之。以臣度之，以临之言为是者，亦或有之。若谓四五大臣皆以为是，则必不然。盖非难知之事，不应四五人所见皆如是也。特以陛下信临之言，而又迫于尊君之意，故不敢言尔，恐非以道事君之义。今世俗之人，能为尊君之言，而不知尊君之道。人君唯道德益高则益尊，若位势则崇高极矣，尊严至矣，不可复加也。过礼则非礼，强尊则不尊。汉明帝于桓荣亲自执业，可谓谦屈矣。周宣帝称天，自比上帝，群臣斋戒清身数日方得朝见，可谓自尊矣。然以理观之，汉明帝贤明之君，百世所尊也；周宣帝昏乱之主，百世所贱也。如临之见，则必以桓荣为不能尊君，以周宣之臣为能尊君矣。不知道之人益进，不合理之言日闻，虽人主圣明，习熟见闻，亦恐不能无损尔。后世功业益卑，先王粹美之道不复见于世者，正由浅俗之论易信而得行尔。

夫先王之道，虽未能尽行，然稽古之心，不可无也。犹学者于圣贤之事虽未能尽行，然希慕之心，不可无也。此乃进学求益之道。今临之意，则以古先之事为不足法，今日之事足矣，不可更有进也。此乃塞进善之门，绝稽古之路。方主上春秋之富，进德之际，而其所献纳如是。使劝讲之官稍思职业，敢不辨乎？若陛下以臣言为非，则狂妄之诛，不敢避也。万一以臣言为是，则愿陛下明示好古求道之意，使朝廷在位皆知之。虽鄙陋之人，见陛下圣虑高明，不喜浅近，亦将勉思义理，不敢任其卑俗之见，惧获鄙于圣鉴矣。诚如是，则将见道学日明，至言日进，弊风日革。为益孰大于此？臣职当辨明，义不敢默。臣无任悬切惶惧待罪之至。

论开乐御宴奏状（元祐二年夏）

臣伏睹有司排备，开乐御宴。臣备员劝讲，职在以经义辅道人主，事有害义，不敢不言。

夫居丧用丧礼，除丧用吉礼，因事而行，乃常道也。今若为开乐张宴，则是特为一喜庆之事。失礼意，害人情，无大于此。虽曰故事，祖宗亦不尽行，或以故而罢，或因事而行。臣愚窃恐祖宗之意，亦疑未安故也。

自古太平日久，则礼乐纯备，盖讲求损益而渐至尔。虽祖宗故事固有不可改者，有当随事损益者。若以为皆不可改，则是昔所未遑，今不得复作；前所未安，后不得复正。朝廷之事，更无损益之理，得为是乎？况先朝美事，亦何尝必行？臣前日所言殿上讲说是也。故事未安，则守而不改，臣前日所言冬至受表贺是也。

臣前后累进狂言，未尝得蒙采用，而言之不已者，盖职之所当，不敢旷废。伏望圣慈特赐听纳，自中降旨，罢开乐宴。直候因事而用，于义为安，冒渎天威，臣无任。

乞归田里第一状（元祐二年十一月初六日）

臣昨任崇政殿说书，忽奉敕差权同管勾西京国子监。传闻有言事官言臣罪状。臣既知是责命，礼当奔走就职。今已到任讫，方敢倾沥恳诚，仰干天听。

窃念臣本草莱之人，因二三大臣论荐，遂蒙朝廷擢任，以寘之经筵，故授以朝阶。今既有罪，不使劝讲，则所受之官，理当还夺。虽朝廷务存宽厚，在臣义所难处。伏望圣慈许臣纳官归田里，以安愚分。冒渎宸严，臣无任。

贴黄

若臣元是朝官，朝廷用为说书，虽罢说书，却以朝官去，乃其分也。臣本无官，只因说书授以朝官。既罢说书，独取朝官而去，极无义理。

第二状（十二月十八日）

臣今月十四日准河南府送到尚书省劄子一道，以臣乞归田里，奉圣旨不允所乞者。闻命惶惧，不知所安。须至再竭悃诚，上烦天听。

臣昨自崇政殿说书受敕权同管勾西京国子监。传闻因谏官有言，臣虽不知所言何事，必是罪恶有实。窃念臣畎亩之人，因司马光、吕公著、韩绛等以行义称荐，蒙朝廷授官。今既有罪恶，是无行义，自当追夺，以正误朝廷之罪。尚叨禄位，有何义理？臣愚窃意朝廷顾惜事体，以尝旌用，不欲放弃。臣窃以为不然。始闻其善而用之，陛下急贤之心也；后见其恶而去之，至公之道也。伏望圣慈，俯鉴丹诚，许归田里。

第三状（元祐三年春）

臣窃以见善而用，见不善而退，人主黜陟之至公；道合则从，不合则去，儒者进退之大节。黜陟失当，则乱所由生；进退忘义，则道所由废。

愚臣无状，蒙陛下擢自衡茅，寘之劝讲，旋以人言，至于黜逐。朝廷信其恶矣，愚臣道不用矣。信其恶而使之在官，恐非黜陟之当。道不用而徒兹苟禄，殊乖进退之义。臣是以不敢遑宁，继上封章，愿归田里。待命三月，未奉俞音。在臣义既当去，敢不固请？与其至于渎而加罪，曷若因其请而使去？臣非不知享禄胜于躬耕，贫匮不如温足。顾以读书为儒，粗知廉耻，不敢枉道以求苟安。伏望圣慈，矜察至诚，俾完素守。苟遂丘园之请，敢忘天地之恩！罔避诛夷，必期俞允。

乞致仕第一状

臣伏自到任，三具奏陈，乞归田里。待命又已三月，未得指挥。在臣所以求去之义，前后陈述尽矣，不敢重叠，烦渎圣听。窃以朝廷特起臣于畎亩之中，寘之经筵，使辅道人主，非常之举也。既以罪去，若包羞苟得，不顾去就之义，实惧万世之下，非笑圣朝之举。臣是以屡冒天威，必期得请。自古为臣陈力，不能则致其仕，礼也。窃恐朝廷顾惜事体，既已招来，不欲放弃。臣更不敢乞归田里，只乞令臣致仕。伏望圣慈，察其恳诚，特赐俞允。

第二状

臣自到任，三请归田，一乞致仕。至今未得指挥，须至再竭恳诚，仰冀省察。

方皇帝陛下嗣位之初，太皇太后临朝之始，一新政事，首及人才，擢臣草野之中，处以劝讲之职。观陛下好贤之心，可谓至矣。惟陛下用人之意，不其深乎！历观简策，自古母后临朝，未有能为如此之事者。岂止耸动一时？足以辉光千古！臣既遭遇如此，宜有令德重望，为朝廷光。而乃德义不修，诚意不至，上不能取信人主，下不能镇服浮议，遂致诋毁潜加，罪衅阴积，招延未几，斥逐随至，使陛下高古之盛美，翻为天下所讥议。古之君子，用之则其君尊荣。今臣之进，乃为圣明之累，则臣之罪大矣，尚以何义复齿仕列？臣是以累上封章，愿归田里。臣若得去，则天下后世当谓陛下前日招延，虽不得获上有道、明哲保身之士，犹不失行己有耻、进退顾义之人。则朝廷之举，未为大过；二三大臣之荐，未为甚欺。故臣之累请，不止自为，亦所以为朝廷也。

不知臣者，不以臣为忿躁，必以臣为沽激。臣岂然哉？臣身传至学，心存事道，不得行于时，尚当行于己，不见信于今，尚期信于后，安肯失礼害义，以自毁于后世乎？盖质之圣贤，考之经义，为当然尔。况去就之义，岂独臣知之？学道者所共知也。愿陛下遍询辅臣，臣之请为义乎，为非义乎？如以为非义，是臣所学偏谬，不敢避愚妄烦渎之罪。如以为义，则乞从臣之请。或朝廷顾惜事体，不欲使归田里，只乞令臣致仕。

辞免服除直秘阁判西京国子监状（元祐七年四月）

臣今月一日，准河南府差人送到官诰一道。伏蒙圣恩，授臣左通直郎、直秘阁、权判西京国子监者。臣昨被责命，出为外官，夙夜靡遑，惟是内省。始蒙招致之礼，旋为黜逐之人，将胡颜以立朝？当自劾而引去。至于五请而未听，岂可力辩以求伸？遂且从容，以须替罢。未及任满，遽丁家艰，思无忝于所生，惟坚持于素节。未终丧制，已降除书，上体眷恩，内深愧惧。

伏念臣志存守道，识昧随时，俗所忌憎，动招谤毁。昨蒙擢任，既以人言被黜，为朝廷羞矣。今复授以职任，适足重为朝廷羞，无所益于明时，徒取笑于后世。伏望圣慈，矜察愚诚，追寝恩命。臣昨因丁忧既已去官，今来所降诰命，不敢祇受，已于河南府寄纳。伏乞朝廷检会臣前来五次奏陈，特赐指挥，许归田里。

再辞免表

臣颐言：昨蒙圣恩，授臣左通直郎、直秘阁、权判西京国子监，寻具状辞免。今月十九日，河南府送到尚书省劄子，奉圣旨不许辞免者。斥逐之人，分当远引；甄收之命，义实难安。（中谢。）

伏念臣力学有年，以身任道，唯知耕养以求志，不希闻达以干时。皇帝陛下诏起臣于草野之中，面授臣以讲说之职。臣窃思之，得以讲学侍人主，苟能致人主得尧、舜、禹、汤、文、武之道，则天下享唐、虞、夏、商、周之治。儒者逢时，孰过于此？臣是以慨然有许国之心。在职岁余，夙夜毕精竭虑，盖非徒为辩辞解释文义，唯欲积其诚意，感通圣心，傒交发志之孚，方进沃心之论，实觊不传之学复明于今日，作圣之效远继于先王。自二年春后来，臣每进说，陛下常首肯应臣。臣知陛下圣资乐学，诚自以谓千载之遇也。

而不思道大则难容，迹孤者易蹶。入朝见嫉，世俗之常态；名高毁甚，史册之明言。如臣至愚，岂免众口？不能取信于上，而欲为继古之事，成希世之功，人皆知其难也。臣何狂简，敢尔觊幸？宜其获罪明时，见嗤公论。志既乖于事道，义当致于为臣。屡恳请而未从，俄遭忧而罢去。衔恤既终于丧制，退身当遂于初心。岂舍王哉？忠恋之诚虽至，不得已也，去就之义当然。

自惟衰迈之躯，得就安闲之地。闻今传后，更有望于残年，行道致君，甘息心于圣世。岂期矜贷，尚俾甄升？恩虽甚隆，义则难处。前日朝廷不知其不肖，使之劝学人主。不用则亦已矣，若复无耻以苟禄位，孟子所谓“是为垄断也”。儒者进退，当如是乎？臣非苟自重，实惧上累圣明，使天下后世谓朝廷特起之士乃贪利苟得之人，甚可羞也。臣犹羞之，况朝廷乎？在臣无可受之理，敢冒万死，上还恩命。伏乞检会臣前后累奏，特赐指挥。

贴黄

臣家传忠孝，世受国恩，擢自草莱，久侍经阁，岂无爱君报国之心？义迫当去，无路自效。惟今日冒死，为陛下陈儒者进退之道，为臣去就之义，觊望有补，乃区区上报之心也。

贴黄

臣求去与辞官前后七章，陈说进退之义，既已详明，言亦尽于此矣。皆据经义，非出私意。伏望圣明，特赐省察。

谢管勾崇福宫状（元祐七年五月）

臣昨蒙圣恩，除臣左通直郎、直秘阁、权判西京国子监。两具表状辞免，乞归田里。今月十日，准敕特授左通直郎、管勾西京嵩山崇福宫者。误蒙甄录，再露封章。不敢逊言，惟尽敬主之意；深陈古义，盖存报国之心。天听至高，言已尽而诚乎未格，君威难犯，虑其渎而忧惧交深。非特畏于刑章，实愿存于国体。幸蒙宽贷，岂敢频烦？臣更不敢固违朝命，所降敕牒，臣已领讫。伏为见患腰跨，拜受未得，候痊损日，谢恩就职次。

申河南府乞寻医状（元祐七年八月）

颐昨准敕授左通直郎、管勾嵩山崇福宫。寻具奏闻，为患腰跨，拜受未得，候痊损日，谢恩就职次。今来已满百日，未得痊安。窃惧久稽朝命，欲乞寻医，谨具申西京留府，伏乞依条施行。

辞免再除直秘阁判监状（元祐九年春）

臣今月十四日，准河南府送到官诰一道，尚书省劄子一道。伏蒙圣恩，授臣依前左通直郎、直秘阁、权判西京国子监，专主教道者。祇荷睿恩，不任惶惧。

恭以皇帝陛下亲政之初，万邦黎献至于海隅苍生夷狄蛮貊之人，莫不仰首以观，倾耳而听。今听政未及两月，而念及劝学旧臣，收录于退藏之中，兹见陛下圣明，崇儒重道，事无不察，足以耸动天下。然而处得其道，用当其人，乃允公论，为盛美之事，不然则四方传议，反累圣政。伏念臣去年丁忧服阕之初，已蒙朝廷授此职任。臣以于义未安，两具奏辞免，陈儒者进退之义，已极详明。但恐微贱之言，系常程文字，即以付外，不曾得经圣览。既而改命祠宫，遂以寻医得去。方安愚分，忽被误恩。虽仰荷于甄收，敢自渝其节守！伏望圣慈，曲怜旧物，深鉴丹诚，将臣前来辞免表状，特赐省览，则知臣所以辞者，盖守古义，非出私意。所降诰命，不敢祇受，已于河南府寄纳。冒渎宸严，臣无任。

再辞免状

臣昨蒙圣恩，授臣依前左通直郎、直秘阁、权判西京国子监。寻具状辞免。今月十七日，河南府送到尚书省劄子一道，奉圣旨不许辞免者。闻命惶惧，不知所措。臣闻“邦有道，危言危行；邦无道，危行言孙”，今主上亲政之初，臣未极其言，而遽为孙言，则不敬莫大乎是。臣是以不避斧钺之诛，而必尽其辞也。

臣昨被恩命，即具奏陈，乞将臣丁忧服阕之初，辞免表状，特赐省览，则知臣所以辞者，盖守古义，非出私意。今奉圣旨，不许辞免。臣诚至愚，不喻朝廷之意，不知以臣前日所陈进退之义为是乎，为非乎？若以为是，则受为非义。臣四十年学圣人之道，敢以非义而受，致朝廷于过举乎？若以臣前日所陈为非是，臣狂妄不知义理，狂妄不知义理之人，使去宜也，岂可处教道之职？不知使臣以何义受之？臣窃思之：岂非朝廷以臣微贱，去就不足为轻重，故忽弃其言，陛下不经省览，而辅臣莫以告也？臣诚微贱，然臣之言本诸圣贤之言，臣之进退，守儒者进退之道。虽朝廷不见省察，臣恐天下后世有诵其言、思其义，而以进退儒者之道议朝廷也。故臣区区爱君之意，不能自已，尚冀微诚，感悟圣心。谨昧死以闻，不敢受命。再渎宸严，臣无任。

谢复官表（元符三年十月）

臣颐言：今月二十日，准河南府送到官诰一道。伏蒙圣恩，授臣通直郎、权判西京国子监者。始窜遐荒，分甘终废；岂期洪造，复畀旧官？仰荷恩私，伏增愧惧。（中谢。）

窃念臣天资愚暗，自致放投；既仰荷于宽恩，如安居于乐土；忽遇非常之宥，继蒙牵复之恩。兹盖伏遇皇帝陛下道大兼容，明无不照；念先帝经筵之旧，推至仁爱物之心。臣敢不益善其身，励精所学，期有传于后世，以上报于深恩！

河南程氏文集卷第七　伊川先生文 三

学 制

三学看详文（元祐元年五月）

一、三学制。看详旧制，公私试，试上舍，补内舍，盖无虚月，皆糊名考校，排定高下，烦劳费用，不可胜言，于学者都无所益。学校，礼义相先之地，而月使之争，殊非教养之道。今立法改试为课，更不考定高下，只轮番请召学生，当面下点抹，教其未至。所贵有益学者，不失庠序之体。旧制考察行艺，以不犯罚为行，试在高等为艺，有注官、免省试、免解三等旌擢。今不用旧考察法，只于内舍推择才学行艺为众所称者，升为上舍。上舍学行才器堪为时用者，长贰状其行能，闻于朝廷。

一、三学制。看详太学旧制，博士二人，同讲一经，《论语》《孟子》又置学谕分讲。圣人之道虽一，而治经家法各有不同。二人同讲一经，则学者所从不一。今立法，置博士十人，六人分讲六经，余四人分讲《论语》《孟子》。讲大经终者，却讲小经。诸经轮互讲说，有专经者，亦许通那。

一、律学制。看详律学之设，盖欲居官者知为政之方。其未出官及未有官人，且当专意经术，并令人太学，乃学古入官之义。今立法，到吏部人方许入律学。

一、武学制。看详所治经书，有《三略》《六韬》《尉缭子》，鄙浅无取。今减去，却添入《孝经》《论语》《孟子》《左氏传》言兵事。

一、三学制。看详旧来条制，有期亲尊长服，不许应举。后来改法，虽祖父母丧，亦许应举。夫尊祖之义，人道之本。若许居丧进取，深害义理。今立法，学生遭祖父母丧，给长假，行服。贡举条贯，乞朝廷指挥修改。

论改学制事目

一、旧来博士，只是讲说考校，不治学事，所以别置正录十员。今已立法，博士分治学事，及增置职事人。其正录并合减罢。所减罢官，乞与比类差遣，俸给如旧，及依元条年限改官。

一、旧制八十斋，每斋三十人，学生以二千四百人为额；每斋五间，容三十人，极甚迫窄，至两人共一卧榻，暑月难处，遂更互请假出外。学者失所如此，而愿留者，止为解额优宽而已。今欲以七间为一斋，容三十人，除学官职事人及诸般占使外，可为五十斋，所容千五百人。在朝廷广教之意，虽为未足，而斋舍未能遽增，所容止可如此。若朝廷选通儒为教道之官，去利诱，来实学之士，人数虽减，成才必多。

一、国学解额，嘉祐以前一百人，自元丰后欲得举人入学，遂设利诱之法，改作太学解额五百人；又患来者遽去，复立一年之限，以拘留之。近日朝廷知其非便，已改去逐次科场一年之限。然而人数岁岁增添，以外处解名比之，五百人额当有万余人奔凑。使万余人舍父母之养，忘骨肉之爱，往来道路，旅寓他土，人心日偷，士风日薄，所费财几何？所破产几何？少年子弟远父兄而放荡者几何？父母骨肉离别悲念以至失所者几何？以万余人聚之京师，弊害不可胜言。今欲量留一百人解额，以待在学者取应，余四百人分在州郡解额窄处，自然士人各安乡土，养其孝爱之心，息其奔趋流浪之志，风俗亦当稍厚。况人于乡里，行迹易知，冒滥之弊，因而少革。

一、近年编修敕条，并立看详，要见删改因依。今来国子监敕令，是有司所行条贯已立。看详外有三学制，皆是庠序之事，与他处条贯体面不同。今来条立所存，旧文甚少，观文可见义理，乞更不立看详。

回礼部取问状

准尚书礼部帖子，仰国子监修太学条制手分，依下项所问事理，具印状送尚书礼部。

一、本部看详创法，有司推行之际，须有条目事实，方可经久施行。今来尊贤立堂，待宾吏师立斋，并系创立，即未见得：祭酒司业以下，如何延请尊礼学录以下，如何供亿？条目合有几？其人在学若干岁月？朝廷如何进用？又待宾吏师二斋，不言无人即虚，若无其人未委，合与不合亦虚？

勘会学制，尊贤堂以延天下道德之士，学者所矜式者，长贰以下尊礼之。学录一人，专主供亿，无其人则虚之。所谓道德之士，不必远引古者，以近时言之。如胡太常瑗、张著作载、邵推官雍之辈，所居之乡，学者不远千里而至，愿一识其面，一闻其言，以为模楷。有如此之人至于京师，则长贰造门求见，道学者愿得矜式之意，延请居于堂中，或一至，或时来，或淹留旬时，不可必其久速也。不独学者得以矜式而已，又以见长贰之为教，不敢足诸已，既上求古之人，复博采今之士，取善服义，如恐不及，乃为教之大本，化人之要道。如此待之，即是尊礼。所谓供亿，只是洒扫堂室，供给饮膳，学录专主，所贵整肃，不须更立条目。待宾吏师体皆相类，无人则虚，理自当尔。只于一处立文，自可见矣。

一、看详文称朝廷广教之意，不当有限，只于斋舍立定可容人数，每斋改为七间，系减二十四斋，止容一千六百余人，即是立限，比旧更窄。又条称三舍，每斋七楹，其看详文却称七间为一斋，有此间架不同。又称旧制每斋五间，至两人共一卧榻，暑月难处，未见得：今来各展两间，设与不设三十卧榻。其太学见今屋宇，若依新立条贯，一斋七间，修截得若干斋舍，有无妨阙？又条称若学行著闻，及曾得解人，并免试便入内舍，如何容著？

勘会看详文，称朝廷广教之意，不当有限，盖谓不当立定二千四百人之限。若逐斋人数，自是据地位所容，难为强使之多。斋舍多少，则系朝廷处之。虽使未及，徐图之可也。盖无立定限数之意。若不恤斋舍宽窄，苟欲人数之多，使学者不安其居，乃是徒为美观，不务实事，非圣朝立事之意。所称每斋七楹，则是七间，别无间架不同。见今学舍，除学官职事人及诸般占使外，可为五十余斋，每斋置三十卧榻，并是量度丈尺，算计可容。旧来常是二人，或有三人共一榻，不惟暑月难处，兼亵渎至甚。其学行著闻，及曾得解人免试入学，逐斋人数自定，即无容著不得之理。

一、旧制考行艺，以不犯罚为行，试在高等为艺。今来看详文称不用旧考察法，只于内舍推择才学行艺为众所称者，升为上舍，上舍学行才器堪为时用者，长贰状其行能，闻于朝廷，未见得：长贰如何推择？及状其行能，其条目事实，各合如何闻于朝廷？如何推恩？又既不用旧法考察，若曾犯罚，及课曾在退等，合与不合推择？如推择有不当，及生员在斋供课代笔，窃用佗人文字，如何防察？

勘会旧考察法，专据文簿，计校等差，所以今来立法，只委长贰，以公议推择。凡所推择，一系长贰鉴裁。长贰公明与否，则系朝廷所任用。在朝廷岂可不信所任用，而专考验于案籍？自古推贤进善，未闻如此。今但取学行才器堪为时用者，闻于朝廷。所推恩数，自系朝廷裁处，有司不当立法。所状行能，各随人之所有，难为更立条目。既推学行才器之人，推择不当，自有论如律之文，更不须繁文勘会。犯罚退等之类，其在斋供课，明有长谕察视，不得交互课卷之文。兼供课与旧来公私试不同，别无陞黜，自少代笔窃用之事，有则自当罚格。若更苛细，曲为防闲，甚失庠序之体。

一、举人及仕宦家子弟，斗殴使酒等，本监采察，牒开封府或本贯施行。本部看详条称仕宦家子弟，据文即虽作工商诸色在公之人，其家各曾仕宦，及见仕宦，亦是仕宦家子弟，如何却令国子监采察？若本监止是采察仕宦家子弟为举人者，即今来立文未尽。又称举人及仕宦家子弟，据文即举人家子弟亦在其中。若本监不采察举人家子弟，即立文亦是未尽。兼看详假有举人本贯是广南，因游学在西川，若有犯牒与本贯施行，有无迂枉？

本所勘会监敕称举人及仕宦家子弟，盖是两般，犹言举人若仕宦家子弟也。凡文若是一事而言及者，必须以重及轻，未有以轻及重者。岂有先言举人，以及仕宦之理？如或以为不明，即可改及为若。古者四民各世其业，后世法度不立，失守易业，仕族之贵而为工商杂类者有矣。此朝廷当禁而未能者，固未尝立文许其然也。既流落入于非类，岂复能责其士人行检？况自来条制，凡为品官家立法，皆是仕族之体，未尝更开说若为工商之类时则如何也。略举一二事以为证。如旧衣服令五品以上子孙婚听假以爵弁，即不言若充军及遭黥杖者之类，许假与否。又杂令品官家虽不请券，并听入驿，即不言子弟为卒仆乞丐者之类，许入驿与否。此盖大体立法，不可亦谓之立文不尽。欲厚风教，当由仕族始，所以立法之意，欲并包仕族子弟。若指定为举人者，则年少学业未成，或治家不暇应举者，皆不及也。所云牒开封府或本贯施行，或者疑辞，量可而行尔。安得便见迂枉？必云牒本贯者，盖人之恶最耻闻于乡里，立文所以为警，且暴一罪而使一乡知戒，所益甚大。

一、新制称四方士人愿观光者，掌仪引入游览堂舍，观礼仪，听弦诵，唯不得入斋。愿观光者既不得入斋，即未见得，于何处观礼仪听弦诵？又其观听系在何时？若愿观光者，无时得入，即掌仪疲于接引，亦非学校之体。若限以时，则新制无法。又言士人愿观讲说者，听堂上相见。今看详愿观讲说者，未见令何人引人，如何相见？若愿观之人众，至位次不足，如何序齿，如何令坐，皆未有法。

本所勘会太学首善之地，将以流化天下。从来宾客不得过客位，天下之士徒闻朝廷有学，而不得见其规制，视其法度，所以今来立观光之法。观学者出入往来，少长有序，威仪济济，即是观礼仪。行廊庑之间，闻诸斋弦诵之声，即是听弦诵。自可使观光之士，以为盛谈，流传天下。何必须入斋中，及更立处所？学制通客之时，自有明文，即无无时得入之说。所谓掌仪疲于引接，亦无是理。以太学之大，掌仪八人之多，又早晚不许通客，不当升堂，掌礼之时，常轮一人延接四方之士，极非过当。设使美化大行，愿观者众，数时之间，不过数番而已。乐使人向善者，固不惮其烦也。况又更休，愿观讲说者即是宾客，明有学制，门吏白直学，后报所见之人，相见自有常仪，坐位自有爵齿，不须烦文。往年胡博士瑗讲《易》，常有外来请听者，多或至千数人；孙殿丞复说《春秋》，初讲旬日间，来者莫知其数，堂上不容，然后谢之，立听户外者甚众，当时《春秋》之学为之一盛，至今数十年传为美事。

一、合支用条制所不载者，长贰裁度支破。今要见如何裁度支破？因何删去旧条“比类”二字？

本所勘会本监支费，随宜应用，条制岂能具载？旧条，长贰审量比类支给。若须比类，必多拘碍；或无类例，亦须裁度。所以立法，但云裁度，删去“比类”二字。用“比类”字，则关防之意多；去二字，则委付之意重。朝廷之任长贰，自当有体。

论礼部看详状

准都省送下礼部状，看详三学制，国子监敕勒送国子监长贰，与元修官同共再行看详。已于某月日，与长贰同状供去讫。窃虑朝廷只见礼部一面辞说，未尽见元初立法之意，今却将礼部看详事节，逐一开析如后。

一、学制，尊贤堂、待宾斋、吏师斋等，先准礼部帖子，取问修条制所："今来尊贤立堂，待宾吏师立斋，即未见得祭酒以下，如何延请？尊礼学录以下，如何供亿？条目各合有几？其人在学若干岁月？朝廷如何进用？"本所为见礼部所问，与立法意全不相似，遂逐一开析供答。今来送到礼部看详所驳之事，却已改换了前来所难之意，却称学士大夫有贤可尊，朝廷自当褒显，以劝多士，不应有遗，却于学校立法，俟其自至京师，然后祭酒以下延请尊礼。再详所驳，依前误认立法之意。虽是朝廷褒显之士，苟未大用，何妨学校延请？何必须待朝廷所遗，方得尊礼？不应有遗之说，大非朝廷用心。虽古盛治之世，贤才并用，尚旁求博采，未尝敢言已无遗也。又云："若一至，或时来，或淹留旬时，殆非尊礼之实，亦恐道德之士，出处去来，不应如此。"此盖因礼部取问其人在学若干岁月，故本所如此供答。大意谓道德之士，一见其人，足以矜式，一闻其言，足以兴起，得其一至，犹足为益，况淹久乎？或速或久，系其人所处之势，固难必也。如此，尊贤之道可谓至矣。而礼部以为非尊贤之实，不知如何乃谓之实也？夫与人为善，君子所乐；乱国之聘，夫子亦往。从太学之礼请，而云"道德之士，出处去来，不应如此"，似不知君子出处之道。本所供答礼部状称，全文具《回礼部取问状》内。今来礼部看详，引所供状，只至"矜式而已"字便住，将一段文义，中间截断，要切义理，都将删去。又云："尊贤堂称无人则虚，待宾、吏师二斋不言无人则虚，有司无所执守。"窃缘学制是学校之事，将付之儒臣以治学者，与寻常吏文不同。今来礼部，盖欲全用吏文。若使吏人以吏文格之，则新修之学制，皆不可用。

一、礼部看详，四方士人愿观光一事，但云"难议施行"，不言所以，伏乞朝廷详酌。

一、礼部看详：旧法，每斋五间，容三十人，不闻有诉窄狭者。今新立条制，每斋展为七间，止容得一千六百余人，有八百余人须至遣出。勘会自来暑月斋舍中难处，须至更互请假出外，今年尤甚，应是在学已及一年，可以应举者，往往迁出。朝廷立定斋舍间数，岂有学者自诉窄狭之理？今来立定逐斋所容人数之法，亦须乘学者稀少之时，渐次修展，某年只几人。岂有一旦遣出之事？以至增添床榻，皆有法度，并是据间架丈尺算计，不惟宽凉，兼是齐整。又云即是斋舍数目，未有定论。夫今日所设学官职事人及其余事，皆是且据今日学舍为之，安用须立数目定论？太平日久，则文风益盛，学者益众。故唐至贞观六年以后，学生增至三千二百。异日朝廷美化大行，事力充盛，学生之员，增至唐生员之数，未为过也。何必须要立定数目？

一、三舍升补推择法，礼部所驳最详。窃以旧法，惟三舍升补一事，最为未便。天下人所以论议，言者所以为言，朝廷所以重修，及争竞之端，狱讼之兴，皆由于此。而礼部乃云，三舍升补法，最为完密，不可以废，则礼部用意可见。其看详云："行法以来，至今七年，得推恩授官才一人，其中选艰难又如此。"夫朝廷养士，唯欲成材之多，岂以艰难为贵？以二千人之众，七年之久，通其去来，不知几千人矣。应授官者才一人，何其少也？正由书行艺考察之法不可用尔。夫人之美行，天之尊爵，莫过于仁义忠信，乐善不倦。不知前日有书此而蒙考察者乎？又云："今来一切略去此法，惟令长贰推择行艺众所称者升为上舍，缘行艺若无法考验，即无事实可据，恐人情不服，别致争讼。"夫案文责迹，有司之事，非庠序育材论秀之道。且立之以格，考之以文，则人案迹以求差殊，争心所以起也。授之贤才，重其委任，则人无辞以犯分，义讼所以息也。今以专任长贰为不可，是不知治体之甚。古之时，天子择宰相而任之政，宰相择诸司长官而委之治，诸司长官各择其属而授以事，治功所以成也。后世朝廷授法，必达乎下，长官守法而不得有为，前日考察之法是也。始于诸斋，而由正录博士以及长贰诸斋所取，学官就其中而论之，不得有易也。学官所考，长贰就其中而论之，不得有易也。易之则按文责迹，入于罪矣。是事成于下，而下得以制其上，此后世所以不治也。今欲朝廷专任长贰。长贰自委之属官，以达于下。取舍在长贰，则上下之体顺，而各得致其功，先王为治之道也。难者必曰：长贰得人则善矣，或非其人，不若使防闲详密，上下相制，为可循守也。此世俗鄙论，乌足以言治道？先王制法，待人而行，未闻立不得人之法也。苟长贰非人，不知教育之道，徒守虚文密法，果足以成人才乎？自古以来，未有如是而能成治者也。

一、礼部看详："博士十人，六人分讲六经，四人分讲《论语》《孟子》，难以施行。"今详礼部所驳之意，却是不知太学有四堂，自来分讲诸经，四处各讲《论语》《孟子》。又云："诸经轮互讲说，若治经家法不同，愈见纷乱。"夫人讲一经则终一经，是一家之学，比之人讲一授，安得却为纷乱？又云："一人日专一经，不惟已劳，如有疾故在假，月日稍久，不免别那博士代讲，学者所从，亦安能一？"博士之职，比之佗官，极为清简，日讲书一授，不足为劳，人专一经，所从自一。若疾病稍久，或佗事故则出，无可奈何，不当以此为限。

一、礼部看详："武学入学之法，难以施行。"乃是礼部未喻立法之意。乞自朝廷详察。其中，更不引试，便入外舍，尤为疎简。其间岂无隳业苟求之人？亦是礼部未详外舍之法。其外舍立法，已甚详密，不过一月须试，又不许请假。隳业之人，无由久容。

一、礼部看详："律学本以教习法律，今来却令讲经读史，不唯事情迂阔，兼妨废生员专意法律。"夫法律之意，盖本诸经。先能知经，乃可议律。专意法律者，胥吏之事，可以行文案治，期会贯通。经义者，士人之事也，可以为政治民。所以律学，必使兼治经史。又云："太学博士，通取幕职州县官；律学博士，却止取承务郎以上，难以施行。"缘太学生只是布衣之士，或未出官人。设有已历官人愿入，亦是能自折节之人。律学皆是已从仕者，所以教官须宜稍重。

一、礼部看详："武学制减去《三略》《六韬》《尉缭子》，却合添习《孝经》《论语》《孟子》，于事情迂阔，难以施行。"勘会元立法减去《三略》等，盖为鄙浅无取。今礼部以为有取，恐是不曾研究。其添入《孝经》《论语》等，盖欲武勇之士能知义理，比之汉明帝令羽林通《孝经》，唐太宗使飞骑受经，尚未足为迂阔。

一、礼部看详："未有官人，不许入律学，即举人尽当遣出。"但立入学之法，先在学之人，久须自去，岂有遣出之理？又云："已有官人，使之习学法律，以应吏部试格，正其宜分，难令与未有官人一例，不许入学，难以施行。"夫学古入官，古之制也。未出官人，且令入太学，专治经术，最为善意，不可改也。

一、礼部看详："国子监敕主簿书库官职事，不至繁重，难以不依常制。"举官勘会主簿专管庄土支收文案诸事，最为繁重。书库官本职外，准备本监逐时差委幹当，皆须公勤幹敏之人。立法不依常制，举官所贵得人。礼部又引本所修立上条，不曾申明得旨，敕条不许。既曰修条，即须损益旧法，岂可却引旧条，破难朝廷？差官修条，即当尽其所见，听朝廷取舍。若令逐事先申明取旨，不唯于体非是，兼亦于法无文。

一、礼部看详："助教虽缘进纳，亦系有官人，难以却令缴纳诰敕，系抵牾勘会上条系旧法。"窃详元初立法之意，盖为助教皆是富民，只纳数百千，便得为士人，即恐流类混杂，又不可绝人进善，所以愿纳诰身，乃许入学。今来礼部驳难，必为专指助教。其余进纳官，却无此法。盖进纳自斋郎以上，朝廷许其临政治民，难为不许入学。监学立法，又不可侵议进纳条贯，所以专指助教。

一、礼部看详，大率以检察士人为不可。窃以朝廷欲厚风教，必自士人始。近世士风薄恶，士人不修行检，或无异于市井小人，朝廷未尝有法以教励检束之也。近年方有检察举人条贯。今来立法，更加增益，使之详备。盖欲士人有所忌惮，而天下知朝廷欲厚风教之意，习俗渐化。今礼部难云，牒开封府或本贯施行，即不说如何施行事节。又帖子（文具《回礼部取同状》）勘会学生在学，有犯则依学规。待学者之道也。举人及仕族子弟有犯于外，自有条法。更令本监察访者，盖欲朝廷有法检束，士人知所戒惧尔。况所察皆是显恶，失士人之行者，难为因本监察访，不用常宪。又云："假有举人本贯是广南，游学在西川，若有所犯，却牒广南施行，显是迂枉。"今令本监采访，及牒开封府，则是在京。所以更云或本贯者，或者疑辞，盖量宜可牒本贯，则牒本贯，欲其一乡知戒尔。礼部有西川牒广南之说，乃是误认立法之意。

一、礼部看详称："三舍升补法，不可以废，须用命官正录。其三舍升补旧法，事理甚明白，贤愚所共知，系在朝廷取舍。"又云："新条添置学生，充正录人，给钱米屋若干，未见支钱米去处。"窃缘自来职事人，皆有俸钱，礼部合知支钱去处。又云："屋见系出赁，收掠房钱，难以施行。"钱既可支，屋亦何异？新条明载于闲慢处支拨，无难行之理。

一、礼部看详："旧条钱物，格令所不载者，长贰审量比类支给。今来所修新条，删去'比类'二字，只令长贰裁度支破。缘存'比类'二字，即临时轻重多寡，有所依仿，不至过有支破。合依旧存'比类'二字。礼部先有帖子取问一本，所因何删去旧条'比类'二字？"本所供答称，勘会本监支费（文具《回礼部取问状》内），其事理甚明，乞自朝廷详酌。

一、礼部勘会："官员在职，遭祖父母丧，不许解官行服。今若独令举人不得应举，考之人情法意，皆所未安。"窃以官员在职，盖守其常。举人应举，乃是求进。律禁冒哀求仕，不闻禁冒哀守常也。官员与举人事体不同。又云："今乞修改贡举条贯，及立到上条，遭祖父母丧，给长假奔丧等事，难议施行。"学生遭祖父母丧，非有君事官守，安然不奔，自非不孝甚恶之人，不应至此。学校所以厚人伦。立法固当教以尊祖，若祖父母丧不许奔，深害人理。

一、礼部看详："新制，博士减去二员，又令一人专讲一经，无轮讲法。又添分治学事，比旧已是烦劳。兼月课先须考较，缘又考课卷不少，又令五人为番请召，对面点抹，虑日力不给，却成苟简。亦生员请益，恐不暇应答，难以施行。”自来学中生员整会假限，辩理事节，自有牒诉，如听讼之所，今来修改法制，无致讼之端。学事清简，博士日逐说书治学，事不为烦劳。改试为课，乃学校大体。当面点抹教告，为益最多。旧来公私试排比名次，众人争计高下，必铢铢而校之，用功甚多。当面读过，指其瑕病，用力甚少。一日只请三番，计人数十日可毕。今限半月，已甚优游。又有长贰察其当否之法，无日力不足却成苟简之事。自来学官学生，皆不相识，今则人人相接，易为诱益。

一、礼部看详：“改斋谕为学谕，名称不正。”自庆历学制，逐斋置学谕。盖学正者太学之正也，学论者教论为学者也，义各不同，非是名称不正。斋谕之名，不成意义。今来改作学谕，本为正名。又云：“长贰选差，与旧法不同，难议施行。”帖子称旧令系令博士参预，不唯知接生员，亲于长贰，亦或互相防检，无所容私。新条立意，大率唯是欲朝廷重倚任，故使长贰自委其属。礼部所难，大率唯是欲密为防检，恐其有私。若使属与其长互相防检，非先王之道。

一、礼部看详：“保官状式，旧条称私罪徒，今条称私罪情重。旧条称傜人并相容隐之人，不许为保，今条内删去。又旧条称曾经屏斥之人，不许人保，今条内称自来士行无阙。旧条称未及七十，今条内称年若干。并无删改因依，兼虑士行无阙，立文太泛，有司难以执用勘会。”私罪虽不至徒，有情重不可为保者。傜人与归明无异，相隐之人及七十以上，自有海行格式。既云士行无阙，则曾经屏斥在其中矣。

一、礼部看详：“学规旧制，不齿之罚，一曰盗博斗殴，今删去‘盗’字。即未委犯盗，合如何施行？若谓行止乖恶，注云：乖恶多端，犯名教者皆是，包盗在内。又缘谤讪、悖慢、凶恣、受赇、斗殴之类，亦是有犯名教，亦合包括在内。今却分立。兼行止乖恶，旧无此一项。”窃念学校所以检束学者，不可设盗贼之法。况有行止乖恶一条，凡言之丑者皆丽其中。他犯可言者，自合分立条项。

修立孔氏条制（元祐元年十月。奏状阙）

一、添赐田并旧赐为五百顷，设沟，封为奉圣乡，世袭奉圣公爵，以奉祭祀，不使更为他官，位在中大夫之下。如有高才重德，朝廷必赖其用，即令嗣子奉祀事。

一、所赐田，免税赋，依乡川厚薄，召人种佃。其佃户，并免差傜夫役。

一、奉圣公表章庆贺、进奉圣节，并依兖州例。朝廷颁历赐衣等恩数，并依兖州知州。每遇大礼，许入觐陪位。

一、奉圣公差当直兵士三十人。（一作二十人。）

一、奉圣公宅教授一人，主导翊袭封之人，及教道其嗣子。吏部于举到学官内选差。

一、置官一员，主其家事，或只令僊源县簿尉兼管。

河南程氏文集卷第八　伊川先生文 四

杂著

颜子所好何学论

（先生始冠，游太学，胡安定以是试诸生，得此论，大惊异之，即请相见，遂以先生为学职。）

圣人之门，其徒三千，独称颜子为好学。夫《诗》《书》六艺，三千子非不习而通也。然则颜子所独好者，何学也？学以至圣人之道也。圣人可学而至欤？曰：然。学之道如何？曰：天地储精，得五行之秀者为人。其本也真而静，其未发也五性具焉，曰仁义礼智信。形既生矣，外物触其形而动于中矣。其中动而七情出焉，曰喜怒哀乐爱恶欲。情既炽而益荡，其性凿矣。是故觉者约其情使合于中，正其心，养其性，故曰性其情。愚者则不知制之，纵其情而至于邪僻，梏其性而亡之，故曰情其性。凡学之道，正其心，养其性而已。中正而诚，则圣矣。君子之学，必先明诸心，知所养，然后力行以求至，所谓自明而诚也。故学必尽其心。尽其心，则知其性，知其性，反而诚之，圣人也。故《洪范》曰："思曰睿，睿作圣。"诚之之道，在乎信道笃。信道笃则行之果，行之果则守之固。仁义忠信不离乎心，造次必于是，颠沛必于是，出处语默必于是。久而弗失，则居之安，动容周旋中礼，而邪僻之心无自生矣。

故颜子所事，则曰："非礼勿视，非礼勿听，非礼勿言，非礼勿动。"仲尼称之，则曰"得一善，则拳拳服膺而弗失之矣"；又曰：“不迁怒，不贰过，有不善未尝不知，知之未尝复行也。”此其好之笃，学之之道也。视听言动皆礼矣，所异于圣人者，盖圣人则不思而得，不勉而中，从容中道，颜子则必思而后得，必勉而后中。故曰：颜子之与圣人，相去一息。孟子曰：“充实而有光辉之谓大，大而化之之谓圣，圣而不可知之谓神。”颜子之德，可谓充实而有光辉矣，所未至者，守之也，非化之也。以其好学之心，假之以年，则不日而化矣。故仲尼曰：“不幸短命死矣。”盖伤其不得至于圣人也。所谓化之者，入于神而自然，不思而得，不勉而中之谓也，孔子曰“七十而从心所欲不逾矩”是也。

或曰：“圣人，生而知之者也。今谓可学而至，其有稽乎？”曰：“然。孟子曰：‘尧、舜性之也，汤、武反之也。’性之者，生而知之者也。反之者，学而知之者也。”又曰：“孔子则生而知也，孟子则学而知也。后人不达，以谓圣本生知，非学可至，而为学之道遂失。不求诸己而求诸外，以博闻强记巧文丽辞为工，荣华其言，鲜有至于道者。则今之学，与颜子所好异矣。”

养鱼记（时年二十二）

书斋之前有石盆池。家人贾鱼子食猫，见其煦沫也，不忍，因择可生者，得百余，养其中，大者如指，细者如箸。支颐而观之者竟日。始舍之，洋洋然，鱼之得其所也，终观之，戚戚焉，吾之感于中也。

吾读古圣人书，观古圣人之政禁，数罟不得入洿池，鱼尾不盈尺不中杀，市不得鬻，人不得食。圣人之仁，养物而不伤也如是。物获如是，则吾人之乐其生，遂其性，宜何如哉？思是鱼之于是时，宁有是困耶？推是鱼，孰不可见耶？

鱼乎！鱼乎！细钩密网，吾不得禁之于彼；炮燔咀嚼，吾得免尔于此。吾知江海之大，足使尔遂其性，思置汝于彼，而未得其路，徒能以斗斛之水，生汝之命。生汝诚吾心。汝得生已多，万类天地中，吾心将奈何？鱼乎！鱼乎！感吾心之戚戚者，岂止鱼而已乎？因作《养鱼记》。至和甲午季夏记。

吾昔作《养鱼记》，于兹几三十年矣，故稿中偶见之。窃自叹，少而有志，不忍毁去。观昔日之所知，循今日之所至，愧负初心，不几于自弃者乎？示诸小子，当以吾为戒。元丰己未正月戊戌西斋南窗下书。

为家君作试汉州学策问三首

问：士之所以贵乎人伦者，以明道也。若止于治声律，为禄利而已，则与夫工技之事，将何异乎？夫所谓道，固若大路然，人皆可勉而至也。如不可学而至，则古圣人何为教之勤勤如是？岂其欺后世邪？然学之之道当如何？后之儒者，莫不以为文章、治经术为务。文章则华靡其词，新奇其意，取悦人耳目而已。经术则解释辞训，较先儒短长，立异说以为己工而已。如是之学，果可至于道乎？仲尼之门，独称颜子为好学，则曰"不迁怒，不贰过"也。与今之学，不其异乎？或曰：如是则在修身谨行而已。夫检于行者，设曰勉强之可也。通诸心者，姑谨修而可能乎？况无诸中不能强于外也？此为儒之本，谅诸君之所素存也。幸明辨而详著于篇。

问：圣人之道，传诸经学者，必以经为本。然而诸经之奥，多所难明。今取其大要，各举其一以言之。夫《易》卦之德，曰元亨利贞。或为四：曰元也，亨也，利也，贞也。或为二：曰大亨也，利于贞也。其词既同，义可异乎？所以异者何谓？《春秋》垂褒贬之法，所贬则明矣，所褒者何事？《诗》之美刺，圣人取其止乎礼义者，以为法于后世。晋武公身为并夺，《无衣》美之，其教安在？《书》为王者轨范，不独著圣王之事以为法也，亦存其失以示戒尔，《五子之歌》是也。如盘庚之迁国，穆王之训刑，为是而可法邪？为非而可戒邪？《礼记》杂出于汉诸儒所传，谬乱多矣，考之完合于圣人者，其篇有几？夫古人之学贵专，不以泛滥为贤。诸君之于经，必各有所治，人言其所学可也，惟毋泛毋略。

问：儒者积学于己，以待用也。当世之务，固当讲明。若夫朝廷之治，君相谟之，斯无间矣。以一郡而言，守之职岂不以养人为本？然而民产不制，何术以济乎困穷？吏繇有数，何道以宽乎力役？比闾无法，教化何由而可行？衣食不足，风俗何缘而可厚？自唐而上，世有循吏，著之史册，何今世独无其人？岂古之治不可行于今邪？抑为之者不得其道邪？思欲仰希前哲之为，上副圣朝之寄，何所施设而能及斯？诸君从事于学，既勤且久，为政之方，固当明其体要，至于民俗利病，皆耳目之所接也。愿陈高论，得以矜式。

为家君书家藏太宗皇帝宝字后

先臣少师，以府僚事太宗皇帝于开封，被眷特异，前后所赐亲笔多矣。天圣中，遭家难，诸父继亡。臣时未冠，复在远方，京师赐第，外姻守之。宝藏之物，既于盗手，于今在者，乃其遗也。故太宗亲书惟存十三字，其六乃开封文移，皆缘祭祀及贡举事。臣恭思太宗皇帝以介弟之贵，晋王之重，尹正天府，而常事之小者，皆亲书之，（自来大臣领州，小事多不亲书。）圣心可见矣。盖于祀事之严，取士之重，虽细故必亲，诚孝恭虔之心也，急贤好士之心也。呜呼！成万世无穷之基，岂不由是心乎？愚臣窃谓是心也，宜为后圣法。元祐四年己巳十一月癸未，太中大夫致仕上柱国永年县开国伯，食邑九百户，臣程珦谨题。

易传序

《易》，变易也，随时变易以从道也。其为书也，广大悉备，将以顺性命之理，通幽明之故，尽事物之情，而示开物成务之道也。圣人之忧患后世，可谓至矣。去古虽远，遗经尚存。然而前儒失意以传言，后学诵言而忘味。自秦而下，盖无传矣。予生千余载之后，悼斯文之湮晦，将俾后人沿流而求源，此《传》所以作也。

《易》有圣人之道四焉："以言者尚其辞，以动者尚其变，以制器者尚其象，以卜筮者尚其占。"吉凶消长之理，进退存亡之道，备于辞。推辞考卦，可以知变，象与占在其中矣。君子居则观其象而玩其辞，动则观其变而玩其占。得于辞，不达其意者有矣，未有不得于辞而能通其意者也。至微者理也，至著者象也。体用一源，显微无间。观会通以行其典礼，则辞无所不备。故善学者，求言必自近。易于近者，非知言者也。予所传者辞也，由辞以得意，则在乎人焉。有宋元符二年己卯正月庚申，河南程颐正叔谨序。

春秋传序

天之生民，必有出类之才，起而君长之，治之而争夺息，道之而生养遂，教之而伦理明，然后人道立，天道成，地道平。二帝而上，圣贤世出，随时有作，顺乎风气之宜，不先天一作时。以开人，各因时而立政。暨乎三王迭兴，三重既备，子丑寅之建正，忠质文之更尚，人道备矣，天运周矣。圣王既不复作，有天下者，虽欲仿古之迹，亦私意妄为而已。事之谬，秦至以建亥为正；道之悖，汉专以智力持世；岂复知先王之道也？夫子当周之末，以圣人不复作也，顺天应时之治不复有也，于是作《春秋》

为百王不易之大法，所谓“考诸三王而不谬，建诸天地而不悖，质诸鬼神而无疑，百世以俟圣人而不惑”者也。

先儒之《传》曰：“游、夏不能赞一辞。”辞不待赞也，言不能与于斯耳。斯道也，惟颜子尝闻之矣。“行夏之时，乘殷之辂，服周之冕，乐则《韶》舞”，此其准的也。后世以史视《春秋》，谓褒善贬恶而已，至于经世之大法则不知也。《春秋》大义数十。其义虽大，炳如日星，乃易见也，惟其微辞隐义，时措从宜者为难知也。或抑或纵，或与或夺，或进或退，或微或显，而得乎义理之安，文质之中，宽猛之宜，是非之公乃制事之权衡，揆道之模范也。

夫观百物，然后识化工之神；聚众材，然后知作室之用。于一事一义而欲窥圣人之用心，非上智不能也。故学《春秋》者，必优游涵泳，默识心通，然后能造其微也。后王知《春秋》之义，则虽德非禹、汤，尚可以法三代之治。自秦而下，其学不传。予悼夫圣人之志不明于后世也，故作《传》以明之，俾后之人通其文而求其义，得其意而法其用，则三代可复也。是《传》也，虽未能极圣人之蕴奥，庶几学者得其门而入矣。有宋崇宁二年癸未四月乙亥，伊川程颐序。

禊饮诗序

上巳禊饮，风流远矣，而兰亭之会，最为后人所称慕者，何哉？盖其游多豪逸之才，而右军之书，复为好事者所重尔。事之显晦，未尝不在人也。

颍川陈公廙始治洛居，则引流回环为泛觞之所。元丰乙未，首修禊事。公廙好古重道，所会皆儒学之士。既乐嘉宾，形于咏歌，有不愧山阴之句。诸君属而和者，皆有高致。野人程颐不能赋诗，因论今昔之异，而为之评曰：以好贤方逐乐之心，礼义为疏旷之比，道艺当笔札之功，诚不愧矣。安知后日之视今日，不若今人之慕昔人也哉？

论汉文杀薄昭事

古人谓忠孝不两全，恩义有相夺，非至论也。忠孝，恩义，一理也。不忠则非孝，无恩则无义，并行而不相悖。故或捐亲以尽节，或舍君而全孝，惟所当而已。

唐李卫公以为：汉文诛薄昭，断则明矣，义则未安。司马温公以为：法者天下之公器，惟善持法者，亲疎如一，无所不行。皆执一之论，未尽于义也。义既未安，则非明也，有所不行，不害其为公器也。不得于义，则非恩之正。害恩之正，则不得为义。使薄昭盗长陵土，则太后虽不食而死，昭不可不诛也。其杀汉使，为类亦有异焉。若昭有罪，命使往治，昭执而杀之，太后之心可伤也，昭不可赦也。后若必丧其生，则存昭以全后可也。或与忿争而杀之，则贷昭以慰母心可也。此之谓能权。盖先王之制也，八议设而后重轻得其宜，义岂有屈乎？法主于义，义当而谓之屈法，不知法者也。

与人论立赈济法事

不制民之产，无储蓄之备，饥而后发廪以食之，廪有竭而饥者不可胜济也。今不暇论其本。救目前之死亡，唯有节则所及者广。

尝见今时州县济饥之法，或给之米豆，或食以粥饭，来者与之，不复有辨，中虽欲辨之亦不能也。谷贵之时，何人不愿得食？仓廪既竭，则殍死者在前，无以救之矣。

数年前，一亲戚为郡守，爱恤之心，可谓至矣。鸡鸣而起，亲视俵散，官吏后至者，必责怒之，于是流民歌咏，至者日众。未几谷尽，殍者满道。愚常矜其用心，而嗤其不善处事。

救饥者，使之免死而已，非欲其丰肥也。当择宽广之处，宿戒使晨入，至巳则阖门不纳，午而后与之食，申而出之。给米者午即出。日得一食则不死矣，其力自能营一食者皆不来矣。比之不择而与，当活数倍之多也。

凡济饥，当分两处。择羸弱者，作稀粥，早晚两给，勿使至饱，俟气稍完，然后一给。第一先营宽广居处，切不得令相枕籍。如作粥饭，须官员亲尝，恐生及入石灰。不给浮浪游手，无是理也。平日当禁游惰，至其饥饿，则哀矜之一也。

记蜀守

成都人称近时镇蜀之善者，莫如田元钧。文潞公语不善者，必曰蒋堂、程戡。故谣言曰："彦博亏（犹言不如也）田况，程戡胜蒋堂。"言最善之中田更优，不善之中程犹差胜也。

予尝访之士大夫，以至闾里间，察其善不善之迹。所谓善者，得民心之悦，固有可善焉。所谓最不善者，乃可谓最善者也。至今人言及蒋公时事，必有不乐之言。问其所不乐者，众口所同，惟三事而已：减损遨乐，毁后土庙及诸淫祠，伐江渎庙木修府舍也。其尤失人心者，节遨乐也。前蒋者数十年为政。（后阙。）

雍行录

元丰庚申岁，予行雍、华间，关西学者相从者六七人。予以千钱挂马鞍，比就舍则亡矣。仆夫曰："非晨装而亡之，则涉水而坠之矣。"予不觉叹曰："千钱可惜。"坐中二人应声曰："千钱亡去，甚可惜也。"次一人曰："千钱微物，何足为意？"后一人曰："水中囊中，可以一视。人亡人得，又何叹乎？"予曰："使人得之，则非亡也。吾叹夫有用之物，若沈水中，则不复为用矣。"

至雍，以语吕与叔曰："人之器识固不同。自上圣至于下愚，不知有几等。同行者数人耳，其不同如此也！"与叔曰："夫数子之言何如?”予曰：“最后者善。”与叔曰：“诚善矣。然观先生之言，则见其有体而无用也。”予因书而志之。

后十五年（绍圣乙亥秋九月），因阅故编，偶见之，思与叔之不幸早死，为之泣下。

杂说三首

父母之于子，爱之至也。子不孝，则爱心弛焉。圣人之于民，虽穷凶极恶而陷于刑戮，哀矜之心无有异也。情有替也，诚无息也。

言命所以安义，从义不复语命。以命安义，非循理者也。

仲尼之徒，岂皆圣人？其见岂能尽同于仲尼？惟其不敢信己而信其师，故常舍己以求合圣人之教，是以卒归于不异也。及夫子没，则渐异矣。

四箴（有序）

颜渊问克己复礼之目，夫子曰：“非礼勿视，非礼勿听，非礼勿言，非礼勿动。”四者身之用也，由乎中而应乎外，制于外所以养其中也。颜渊事斯语，所以进于圣人。后之学圣人者，宜服膺而勿失也。因箴以自警。

视箴

心兮本虚，应物无迹；操之有要，视为之则。蔽交于前，其中则迁；制之于外，以安其内。克己复礼，久而诚矣。

听箴

人有秉彝，本乎天性，知诱物化，遂亡其正。卓彼先觉，知止有定；闲邪存诚，非礼勿听。

言箴

人心之动，因言以宣；发禁躁妄，内斯静专。矧是枢机，兴戎出好；吉凶荣辱，惟其所召。伤易则诞，伤烦则支；己肆物忤，出悖来违。非法不道，钦哉训辞！

动箴

哲人知几，诚之于思，志士励行，守之于为。顺理则裕，从欲惟危；造次克念，战兢自持；习与性成，圣贤同归。

印铭

我祖乔伯，始封于程；及其后世，以国为姓。惟我皇考，卜居近程，复爵为伯，子孙是称。程伯之后，崇宁癸未岁二月丁卯，颐铭。

闻舅氏侯无可应辟南征诗（时年十八）

词华奔竞至道离，茫茫学者争驱驰。先生独奋孟轲舌，扶持圣教增光辉。志期《周礼》制区夏，人称孔子生关西。当途闻声交荐牍，苍生无福徒尔为。道大不为当世用，著书将期来者知。今朝有客关内至，闻从大幕征南垂。南垂凶寇陷州郡，久张螳臂抗天威。圣皇赫怒捷书涣，虎侯秉钺驱熊罴。宏才未得天下宰，良谋且作军中师。蕞尔小蛮何足殄，庶几聊吐胸中奇！

谢王佺期寄丹诗

至诚通圣药通神，远寄衰翁济病身。我亦有丹君信否？用时还解寿斯民。

游嵩山诗

鞭羸百里远来游，岩谷阴云暝不收。遮断好山教不见，如何天意异人谋？

河南程氏文集卷第九　伊川先生文 五

书 启

为家君上宰相书

珦闻古之君子相其君而能致天下于大治者，无他术，善恶明而劝惩之道至焉尔。劝得其道而天下乐为善，惩得其道而天下惧为恶，二者为政之大权也。然行之必始于朝廷，而至要莫先于谥法。何则？刑罚虽严，可警于一时；爵赏虽重，不及于后世。惟美恶之谥一定，则荣辱之名不朽矣。故历代圣君贤相，莫不持此以励世风。伏惟阁下以上贤之资，为圣主之辅，深功厚德，卓出前古，所以致今日之治者，盖由尽心劝惩之道，而天下之善恶明也。今若有善人于此而不得彰显，以至于泯没，则于阁下，岂不甚惜，而欲闻之乎？珦是以敢忘其僭易之罪，而布其诚恳于左右。

伏念珦之曾祖当五代之乱，弃官避世，以俟真主之兴，我朝受命，首赴阙庭，一言遭遇，受圣祖非常之知，及太宗皇帝之在晋藩，亲自选擢，俾之辅佑，于时真宗皇帝亲受经训；太宗纂绪，顾遇益隆，凡所献替，无不开纳，称其忠厚，待以腹心，前后两欲相之。而奸臣卢多逊恶其方正，皆因四方之事，荐之使行。暨于还朝，复将大用，而先祖自以衰老，沥恳辞避，乃特为改置文明殿学士之职，俾处庶僚之右。制辞丁宁，复示终用为相之旨，至于没身，不许告老。历事两朝，受恩三圣，终始一节，存没异遇。考于谥法，宜得美名。而当时有司失于举行，门生故吏不能论请，以至于今，未有易其名者。珦大惧年祀浸远，遂至湮晦，近三请于朝廷，而有司引条例，以既葬为限。

夫圣人作谥之意，本以彰善瘅恶，若以请之后时，遂废其礼，则是为善者未必见褒，而为恶者得以自隐也。况国家推恩，率循旧例。窃见近日王嗣宗辈，亦是已葬，朝廷恩旨，特许追赐。独珦之曾祖以条例为限，某窃惑焉。若以官言之，则三品以上，皆应令文。以德言之，则先祖清俭之节，淳厚之德，宽大之量，周通之才，比于嗣宗，诚亦无愧。何嗣宗得请于无例之前，而先祖见抑于有例之后？若以先祖非两府而异之耶？则太宗皇帝眷遇如此，累将柄用，至于老疾，圣意未已。制词具在，遗旨如存，继圣之朝，得不念之哉？

古之圣贤，生非其时，身无其位，不得主惩劝于天下，尚犹论古之人，观其言，考其世，以分别其贤愚善恶。何哉？有至仁之心，而自任之重也。故人有一善，晦而不显，其心愧耻，若己抢之。今阁下当明盛之时，居宰执之任，褒贤劝善，是所职也。若使本朝贤士名迹湮晦，以为朝廷之阙，阁下得不惜之乎？矧主上以至孝御天下，祖宗之朝，一政一令，靡所更易，一器一玩，弗忍遗弃，而恩旧之臣，岂不存念？伏望阁下体圣祖选擢之意，感太宗恩遇之厚，念真皇受经之旧，副主上继志之心，力赐主张许循近例。如此则恩漏泉底，光生后昆，则珦阖门粉骨，不足以报厚德矣。

谢吕晦叔待制书

窃以古之时，公卿大夫求于士，故士虽自守穷阎，名必闻，才必用；今之时，士求于公卿大夫，故干进者显荣，守道者沈晦。颐处乎今之世，才微学寡，不敢枉道妄动，虽亲戚乡闾间，鲜克知其所存者，矧敢期知于公卿大夫乎？伏承阁下屈近侍之尊，下顾愚陋，仰荷厚礼，愧不足以当之。

噫！公卿不下士久矣。颐晦于贱贫，世莫之顾，而公独降礼以就之。非好贤乐善之深，孰能如是乎？幸甚幸甚。愿阁下持是好贤之心，广求之之方，尽待之之道，异日登庙堂，翊明天子治，以之自辅，以福天下，岂不厚与！鄙朴之人，不善文词，姑竭其区区。少致谢恳。

为家君请宇文中允典汉州学书

中允明公执事：

窃以生民之道，以教为本。故古者自家党遂至于国，皆有教之之地。民生八年则入于小学，是天下无不教之民也。既天下之人莫不从教，小人修身，君子明道，故贤能群聚于朝，良善成风于下，礼义大行，习俗粹美，刑罚虽设而不犯。此三代盛治由教而致也。后世不知为治之本，不善其心而驱之以力，法令严于上，而教不明于下，民放僻而入于罪，然后从而刑之。噫！是可以美风俗而成善治乎？

往者朝廷深念其然，究思治本，诏京师至于郡县皆立学。虽未能如古之时，比屋人人而教之，可以教为士者矣。诚能教之由士始，使为士者明倫理而安德义，知治乱之道，政化之本，处足以为乡里法，出可以备朝廷用，如是，则虽未能详备如古之教，亦得其大端近古而有渐矣。是朝廷为教之意，非不正也。顾州县之吏奉承之何如尔。

珦庸琐之质，叨恩领郡，虽才不足以有为，然少承父师之训，久从士大夫之后，涉闻学古为政之道，不敢断断如俗吏之为，专以簿书期会为事，勉思所以副朝廷明教化育贤才之意，以学校为先务。然念教道之职，非得豪杰之士，学术足以待问，行义足以率人，则何以为众人之矜式？

窃闻执事懿文高行，为时所推，仕不合则奉身而退，不为荣利屈其志，归安田间，道义为乡里重。岂特今人之难能？古人所难能也。愚谓执事非甘于退处而乐于自善也，盖道既不偶，去就之义，不得不然。在执事之心，谅无一日忘天下，不以行道济物为意也。盖闻贤人君子，未得其位，无所发施其素蕴，则推其道以淑诸人，讲明圣人之学，开道后进，使其教益明，其传益广，故身虽隐而道光，迹虽处而教行，出处虽异，推己及人之心则一也。此乡人所望于执事，而执事所宜自任也。珦是以敢布其区区之意。愿执事从乡人之望，枉屈轩驭，来憩郡庠，俾后进子弟得所依归。不独一郡学者渐被善教，四方之士闻风慕义，亦将奔走门下。是执事之道虽未用于时，而所及人者固已博矣。孟子所谓"天下之乐也"，执事岂无意乎？或赐允从，不胜幸甚。

再书

近者书具鄙悃，陈于左右，辄欲邀致轩从。内省不度，方负愧惕，辱教之答，词意甚厚，且承燕居休適，感慰深矣。然而过持谦巽，未许临屈。区区之意，有所未尽，辄敢再浼听览。

珦至郡之初，延见僚吏士民，首道朝廷所以忧念远方，爱养元元之意；既则询州郡之贤人，足以取则为治者，于是闻执事之名于众人之口。珦退而三思三省之。始曰：彼乡先生也，吾将奉之以教郡人。既而曰：贤者以类至，惟贤能致贤，彼贤岂我屑耶？既而曰：贤者虽有为而退，岂将自善其身耶？必将化道乡里，教育后进。自古贤者，未有不然者也。岂特守之为乎？于是决之不疑，以请于左右。岂意执事未赐深亮，拒而弗从。

珦窃观在《易·观》之上九曰："观其生，君子无咎。"《象》曰："观其生，志未平也。"上九以阳刚之德，居无位之地，是贤人君子抱道德而不居其位，为众人仰观法式者也。虽不当位，然为众人所观，固不得安然放意，谓已无与于天下也；必观其所生，君子矣乃得无咎。圣人又从而赞之，谓志当在此，固未得安然平定无所虑也。观圣人教示后贤如是之深，贤者存心如是之仁，与夫索隐行怪，独善其身者异矣。今执事居是乡，为一乡所宗仰，适当观上九之义。岂得图一身之安逸，而不以化道为意乎？

见谕："日近多微疾，惮于应接。"此大不然。古者庠序为养老之地，所养皆眉寿之人；其礼有扶，有杖，有鲠噎之祝，则其羸废可知。盖资其道德模范，岂尚其筋力也哉？幸执事观《观》爻之义，详圣人赞之之意，思贤人君子所当用心，勉从乡人之愿，不胜幸甚！

答横渠先生书

累书所论，病倦不能详说，试以鄙见道其略，幸不责其妄易。

观吾叔之见，至正而谨严。如"虚无即气则虚无"之语，深探远赜，岂后世学者所尝虑及也？（然此语未能无过。）余所论，以大概气象言之，则有苦心极力之象，而无宽裕温厚之气。非明睿所照，而考索至此，故意屡偏而言多窒，小出入时有之。（明所照者，如目所睹，纤微尽识之矣。考索至者，如揣料于物，约见仿佛尔，能无差乎？）更愿完养思虑，涵泳义理，他日自当条畅。何日得拜见，当以来书为据，句句而论，字字而议，庶及精微。牵勉病躯，不能周悉。

谢生佛祖礼乐之说，相知之浅者，亦可料也，何吾叔更见问？大哥书中云"语圣人之悟，前后矛盾"，不知谓何，莫不至此否？

再答

昨□书中所示之意，于愚意未安，敢再请于左右。今承盈幅之谕，详味三反，鄙意益未安。此非侍坐之间，从容辨析，不能究也，岂尺书所可道哉？况十八叔大哥皆在京师，相见且请熟议，异日当请闻之。

内一事，云已与大哥议而未合者，试以所见言之。所云"孟子曰：'必有事焉而勿正心，勿忘勿助长也。'此信乎入神之奥。若欲以思虑求之，是既已自累其心于不神矣，恶得而求之哉？"颐以为有所事，乃有思也，无思则无所事矣。孟子之是言，方言养气之道如是，何遽及神乎？气完则理正，理正则不私。不私之至，则神。自养气至此犹远，不可骤同语也。以孟子观之，自见其次第也。当以"必有事焉而勿正"为句，"心"字属下句。此说与大哥之言固无殊，但恐言之未详尔。远地末由拜见，岂胜倾恋之切？余意未能具道。

所谕"勿忘者，但不舍其虚明善应之心尔"，此言恐未便。既有存于心而不舍，则何谓虚明？安能善应邪？虚明善应，乃可存而不忘乎？

上富郑公书

伊川程颐斋心裁书，再拜献于致政司空相公阁下。

颐鄙野之人，未尝请谒有位，故不获从乡里士子趋进门下。今者来自山中，闻太皇太后厌代，心诚有所迫切，无路上达，敢以闻于左右。盖非公无可告者，非公无肯为者。

颐顷岁见治昭陵制度规画，一出匠者之拙谋，中人之私意。宰执而下，受成而已，莫复置思，以巨木架石为之屋。计不百年，必当损坠。既又观陵中之物，见所谓铁罩者，铁几万斤，以木为骨，大不及三寸，其相穿叩之处，厚才寸余。远不过二三十年，决须摧朽，压于梓宫。于时私心惶骇，不能自已。使人闻于魏公，魏公不以为意。以魏公之忠孝，于仁皇非不尽心，其蔽于众论，昧于远虑，以天下之力，葬一人于至危之地，可不痛哉！陵土既覆，固知无可奈何。然每一念之，心悸魄丧，或终夕不寐。今乡邻之间，有如是事，可为谋而不以告人，必谓之不信，况仁皇天下父母乎？

今也不幸，太皇太后奄弃宫闱。因此事会，可为之谋。夫合葬之礼，周公以来，未之有改；近取诸唐，帝后亦或同穴。至于乾陵，乃是再启。太祖皇帝神谋远虑，超越万古，昭宪太后，亦合安陵。稽典礼则得尊亲之道，徇俗法则皆享福之永。此为可行，无足疑者。

伏愿公忠诚奋发，为朝廷极论其事，请奉太皇太后合祔昭陵，因得撤去铁罩，用厚陵石椰之制，仍更别加裁处，使异日虽木坏石坠，不能为害。救仁皇必至之祸，成主上莫大之孝，任此事者，非公孰能？诚能为之，天祐忠孝，必俾公炽昌寿臧，子孙保无疆之休。

窃惟公事仁宗皇帝三十余年，位极人臣，恩遇无比。料公之心，苟能使仁皇圣体保其安全，虽陷祸患，所不避也。况一言之易，肯顾虑而不发乎？事理至明，顾主上素未知尔。以公言之重，竭诚致恳，再三陈之，不忧朝廷之不悟，独系公为不为尔。哀诚愤激，语辞鄙直，内省狂易，战灼无地。不宣。

答富公小简

昨日妄有布闻，方怀烦渎之惧。乃辱教诲，加赐酒食，仰荷台意之厚，不胜愧悚！尊者之赐，礼不敢辞。然颐方有言于左右。公若见取，虽执鞭门下，盖所欣慕，况受赐乎？苟不见从，是忘忠义。公之赐也，实为颐羞，未敢拜贶。谨复上纳，渎冒台严，第深战栗。

上河东帅书

颐荷德既深，思报宜异，辄以狂言，浼闻台听。公到镇之初，必多询访。众人对公之语，颐能料之。当曰："虏既再寇河外，必不复来，公可高枕矣。"是常言也，未知奇胜之道。兵法曰："攻必取者，攻其所不守也。"谓其不来，乃其所以来也。又曰："彼兴大众，岂徒然哉？河外空矣，复来何利？"是大不然。诚使彼得出不意，破荡数垒，足以劳弊一道，为利大矣，何必负载而归，然后为利也？窃恐谋士悦于宽忧，计司幸于镪责，众论既一，公虽未信，而上下之心已懈矣，是可虑也。

宁捐力于不用，毋惜功而致悔。莫若使彼闻严备而绝意，则疆场安矣。岂独使敌人知有备而不来？当使内地之人信可恃而愿往，则一二年间，便可致完实，长久之策也。自古乘塞御敌，必用骁猛；招徕抚养，多在儒将。今日之事则异矣，愿公念之。

答人示奏草书

辱示奏稿，足以见仁人君子爱民之心，深切如此。钦服钦服！子弟当勉公以速且坚，何可已也？然于愚意有未安者，敢布左右。

观公之意，专以畏乱为主。颐欲公以爱民为先，力言百姓饥且死，丐朝廷哀怜，因惧将为寇乱可也。不惟告君之体当如是，事势亦宜尔。公方求财以活人，祈之以仁爱，则当轻财而重民；惧之以利害，则将恃财以自保。古之时得丘民则得天下，财散则人聚。后世苟私利于目前，以兵制民，以财聚众。聚财者能守，保民者为迂。秦、汉而下，莫不然也。窃虑庙堂诸贤，未能免此。惟当以诚意感动，觊其有不忍之心而已。浅见无取，惟公裁之！

答朱长文书（或云明道先生之文）

相去之远，未知何日复为会合，人事固难前期也。中前奉书，以足下心虚气损，奉劝勿多作诗文。而见答之辞乃曰："为学上能探古先之陈迹，综群言之是非，欲其心通而默识之，固未能也。"又曰："使后人见之，犹庶几曰不忘乎善也。苟不如是，诚惧没而无闻焉。此为学之末，宜兄之见责也。使吾日闻夫子之道而忘乎此，岂不善哉？"（恐不记书中之言，故却录去。）此疑未得为至当之言也。某于朋友间，其问不切者，未尝敢语也。以足下处疾，罕与人接，渴闻议论之益，故因此可论，而为吾弟尽其说，庶几有小补也。

向之云无多为文与诗者，非止为伤心气也，直以不当轻作尔。圣贤之言，不得已也。盖有是言，则是理明；无是言，则天下之理有阙焉。如彼耒耜陶冶之器，一不制，则生人之道有不足矣。圣人之言，虽欲已，得乎？然其包涵尽天下之理，亦甚约也。后之人，始执卷，则以文章为先，平生所为，动多于圣人。然有之无所补，无之靡所阙，乃无用之赘言也。不止赘而已，既不得其要，则离真失正，反害于道必矣。诗之盛莫如唐，唐人善论文莫如韩愈。愈之所称，独高李、杜。二子之诗，存者千篇，皆吾弟所见也，可考而知矣。苟足下所作皆合于道，足以辅翼圣人，为教于后，乃圣贤事业，何得为学之末乎？某何敢以此奉责？

又言欲使后人见其不忘乎善。人能为合道之文者，知道者也。在知道者，所以为文之心，乃非区区惧其无闻于后，欲使后人见其不忘乎善而已。此乃世人之私心也。夫子“疾没世而名不称”焉者，疾没身无善可称云尔，非谓疾无名也。名者可以厉中人。君子所存，非所汲汲。

又云：“上能探古先之陈迹，综群言之是非，欲其心通默识，固未能也。”夫心通乎道，然后能辨是非，如持权衡以较轻重，孟子所谓知言是也。揆之以道，则是非了然，不待精思而后见也。学者当以道为本。心不通乎道，而较古人之是非，犹不持权衡而酌轻重，竭其目力，劳其心智，虽使时中，亦古人所谓“亿则屡中”，君子不贵也。

临纸遽书，不复思绎，故言无次序，多注改。勿讶辞过烦矣，理或未安。却请示下，足以代面话。

上文潞公求龙门庵地小简

颐窃见胜善上方旧址，从来荒废为无用之地。野人率易，敢有干闻，欲得葺幽居于其上，为避暑著书之所。唐王龟创书堂于西谷，松斋之名，传之至今。颐虽不才，亦能为龙门山添胜迹于后代，为门下之美事。可否，俟命。

上韩持国资政书

颐辄恃顾遇之厚，敢以哀诚，上烦台听。

家兄学术才行，为世所重，自朝廷至于草野，相知何啻千数。今将归葬伊川，当求志述，以传不朽。然念相知者虽多也，能知其道者则鲜矣；有文者亦众也，而其文足以发明其志意，形容其德美者，则鲜矣；能言者非少也，而名尊德重，足以取信于人者则鲜矣。如是，志之作岂易哉？

颐窃谓智足以知其道学，文足以彰其才德，言足以取信后世，莫如阁下。家兄素出门下，受知最深，不幸早世，当蒙哀恻。顾其道不得施于时，学不及传之书，遂将泯没无闻，此尤深可哀也。恭惟阁下至诚待物，与人有终，知其生必当念其死，爱其人必欲成其名。愿丐维文，以光窀穸，俾伯夷不泯于西山，展季得显于东国。则死生受赐，子孙敢忘？捐躯殖命，未足为报。率妄之罪，非所敢逃。

上孙叔曼侍郎书

颐辄恃垂顾，敢以哀诚，上烦台听。

家兄学术才行，为时所重，出入门下，受知最深，不幸短命，天下孰不哀之？又其功业不得施于时，道学不及传之书，遂将泯没无闻，此尤深可哀也。

窃惟自昔有道之士，名或未彰，贤人君子为之发扬而后显于后世者多矣。今将归葬伊川，太一资政韩公为志其墓，思得大贤之笔，共久其传。恭惟阁下名足以取重将来，道足以流光后世，致诚待物，与人有终，知其生必当念其死，爱其人必欲成其名。

愿求真迹，以贲窀穸。倘蒙哀矜，曲赐开允，则死生受赐，子孙敢忘！内循率妄，战越无地。

答杨时慰书

颐泣启。颐罪恶不弟，感招祸变，不自死灭，兄长丧亡，哀苦怨痛，肝心摧裂。日月迅速，忽将三月，追思痛切，不可堪处。远承慰问，及寄示祭文哀辞，足见岁寒之意。

家兄道学行义，足以泽世垂后，不幸至此，天乎奈何！颐悲苦之余，仅存气息，筋骸支离，尤倦执笔，况哀诚非书所能尽。所幸老父经此烦恼，饮食起居如常，不烦深虑。伏纸摧咽，言不伦次。颐泣启杨君法曹。（九月十二日。）

十月二十四日葬，韩持国为志，行状颐自作，徐当寄去。

谢韩康公启

窃以朝廷取士，所以为致治之先；公卿荐贤，固必有知人之哲；允谐公议，始厌众闻。颐也不才，少而从学，致知格物，粗窥圣道之端倪；明善诚身，未得古人之仿佛。徒忘怀于白首，窃有志于斯文。时和岁丰，已足素望；言扬德进，敢有觊心？属嗣皇访落之初，乃元老告猷之会。岂虞过听，猥被明扬？文陛进登，被德音之温厚；西清入侍，密宸扆之光辉。考于近世以来，可谓非常之遇。荷恩为愧，揣分则逾。若何行为，可以报称？惟殚素学，勉副厚知，过此以还，不知所措。末缘望履，徒切向风。悃愊所怀，敷宣罔既。

又谢简

颐惶恐再拜启。仲夏毒热，伏惟台候动止万福。颐执耕畎亩，于门下未尝有一日之素，猥蒙过听，荐之于朝，沾被恩命，何以称报？末由展觌，伏冀上为宗社，善护寝兴。下情区区之至。

答吕进伯简三

相别累年，区区企渴之深，言不尽意。按部往来，想亦劳止。秦人疮瘵未复，而偶此旱暵，赖贤使者措置，受赐何涯！儒者逢时，生灵之幸。勉成休功，乃所愿望。颐备员于此，夙夜自竭，未见其补，时望赐书，开谕不逮。与叔每过从，至慰至幸。引傃门墙，坐驰神爽。所欲道者，非面不尽。惟千万自爱。

别纸见谕，持法为要，其来已久矣。既为今日官，当于今日事中，图所设施。旧法之拘，不得有为者，举世皆是也。以颐观之，苟迁就于法中，所可为者尚多。先兄明道之为邑，及民之事多。众人所谓法所拘者，然为之未尝大戾于法，众亦不甚骇。谓之得伸其志则不可，求小补，则过今之为政者远矣。人虽异之，不至指为狂也。至谓之狂，则大骇矣。尽诚为之，不容而后去，又何嫌乎？鄙见如此，进伯以为如何？

荷公知遇之厚，辄有少见，上补聪明；亦久怀愤郁，无所控告，遇公而伸尔。王者父天母地，昭事之道，当极严恭。汉武远祀地祇于汾脽，既为非礼。后世复建祠宇，其失已甚。因唐妖人作《韦安道传》，遂为塑像以配食，诬渎天地。天下之妄，天下之恶，有大于此者乎？公为使者，此而不正，将正何事？愿以其像投之河流。慎勿先露，先露则传骇观听矣。勿请勿议，必见沮矣。毋虞后患，典宪不能相及，亦可料也。愿公勿疑。

与吕大临论中书

（此书其全不可复见，今只据吕氏所录到者编之。）

大临云：中者道之所由出。

先生曰：中者道之所由出，此语有病。

大临云：谓中者道之所由出，此语有病，已悉。所谕："但论其所同，不容更有二名；别而言之，亦不可混为一事。"如所谓"天命之谓性，率性之谓道"，又曰"中者天下之大本，和者天下之达道"，则性与道，大本与达道，岂有二乎？

先生曰：中即道也。若谓道出于中，则道在中外，别为一物矣。所谓"论其所同，不容更有二名，别而言之，亦不可混为一事"，此语固无病。若谓性与道，大本与达道，可混而为一，即未安。在天曰命，在人曰性，循性曰道。性也，命也，道也，各有所当。大本言其体，达道言其用，体用自殊，安得不为二乎？

大临云：既云"率性之谓道"，则循性而行莫非道。此非性中别有道也，中即性也。在天为命，在人为性，由中而出者莫非道，所以言道之所由出也，与"率性之谓道"之义同，亦非道中别有中也。

先生曰："中即性也"，此语极未安。中也者，所以状性之体段。若谓性有体段亦不可，姑假此以明彼。如称天圆地方，遂谓方圆即天地可乎？方圆既不可谓之天地，则万物决非方圆之所出。如中既不可谓之性，则道何从称出于中？盖中之为义，无过不及而立名。若只以中为性，则中与性不合，与"率性之谓道"其义自异。性、道不可合一而言。中止可言体，而不可与性同德。

又曰：观此义，谓不可与性同德，字亦未安。子居对以中者性之德，却为近之。（子居，和叔之子，一云义山之字。）

又曰：不偏之谓中。道无不中，故以中形道。若谓道出于中，则天圆地方，谓方圆者天地所自出，可乎？

大临云：不倚之谓中，不杂之谓和。

先生曰：不倚之谓中，甚善。语犹未整。不杂之谓和，未当。

大临云：喜怒哀乐之未发，则赤子之心。当其未发，此心至虚，无所偏倚，故谓之中。以此心应万物之变，无往而非中矣。孟子曰："权然后知轻重，度然后知长短，物皆然，心为甚。"此心度物，所以甚于权衡之审者，正以至虚无所偏倚故也。有一物存乎其间，则轻重长短皆失其中矣，又安得如权如度乎？故大人不失其赤子之心，乃所谓允执其中也。大临始者有见于此，便指此心名为中，故前言中者道之所由出也。今细思之，乃命名未当尔。此心之状，可以言中，未可便指此心名之曰中。所谓以中形道，正此意也。"率性之谓道"者，循性而行，无往而非理义也。以此心应万事之变，亦无往而非理义也。皆非指道体而言也。若论道体，又安可言由中而出乎？先生以为此言未是。

先生曰："喜怒哀乐未发谓之中。"赤子之心，发而未远于中，若便谓之中，是不识大本也。

大临云：圣人智周万物，赤子全未有知，其心固有不同矣。然推孟子所云，岂非止取纯一无伪，可与圣人同乎？非谓无毫髮之异也。大临前日所云，亦取诸此而已。此义，大临昔者既闻先生君子之教，反求诸己，若有所自得，参之前言往行，将无所不合。由是而之焉，似得其所安，以是自信不疑，拳拳服膺，不敢失坠。今承教，乃云已失大本，茫然不知所向。窃恐辞命不明，言不逮意，致高明或未深喻，辄露所见，求益左右，卒为赐教，指其迷谬，幸甚。

圣人之学，以中为大本。虽尧、舜相授以天下，亦云"允执其中"。中者，无过不及之谓也。何所准则而知过不及乎？求之此心而已。此心之动，出入无时，何从而守之乎？求之于喜怒哀乐未发之际而已。当是时也，此心即赤子之心（纯一无伪），即天地之心，神明不测。即孔子之绝四，四者有一物存乎其间，则不得其中，即孟子所谓"物皆然，心为甚"。心无偏倚，则至明至平，其察物甚于权度之审，即《易》所谓“寂然不动，感而遂通天下之故”。此心所发，纯是义理，与天下之所同然，安得不和？大临前日敢指赤子之心为中者，其说如此。

来教云：“赤子之心可谓之和，不可谓之中。”大临思之，所谓和者，指已发而言之。今言赤子之心，乃论其未发之际，纯一无伪，无所偏倚，可以言中。若谓已发，恐不可言心。

来教云：“所谓循性而行，无往而非理义，言虽无病，而圣人气味殊少。”大临反而思之，方觉辞气迫窘，无沈浸醲厚之风，此则浅陋之罪，敢不承教？大临更不敢拜书先生左右，恐烦枉答，只令义山持此请教。蒙塞未达，不免再三浼渎，惟望乘间口谕义山，传诲一二，幸甚！幸甚！

先生曰：所云非谓无毫髮之异，是有异也。有异者得为大本乎？推此一言，余皆可见。

大临云：大临以赤子之心为未发，先生以赤子之心为已发。所谓大本之实，则先生与大临之言，未有异也。但解赤子之心一句不同尔。大临初谓赤子之心，止取纯一无伪，与圣人同。恐孟子之义亦然，更不曲折。一一较其同异，故指以为言，固未尝以已发不同处为大本也。先生谓凡言心者，皆指已发而言。然则未发之前，谓之无心可乎？窃谓未发之前，心体昭昭具在，已发乃心之用也。此所深疑未喻，又恐传言者失指，切望指教。

先生曰：所论意，虽以已发者为未发；反求诸言，却是认已发者为说。词之未莹，乃是择之未精尔。凡言心者，指已发而言，此固未当。心一也，有指体而言者，寂然不动是也。有指用而言者，感而遂通天下之故是也。惟观其所见如何耳。大抵论愈精微，言愈易差。所谓传言者失指，及反覆观之，虽曰有差，亦不失大意。又如前论“中即性也”，已是分而为二，不若谓之性中。性中语未甚莹。以谓圣人气味殊少，亦不须言圣人。第二书所答去者，极分明矣。

答杨时论西铭书

前所寄史论十篇，其意甚正，才一观，便为人借去，俟更子细看。《西铭》之论，则未然。横渠立言，诚有过者，乃在《正蒙》。《西铭》之为书，推理以存义，扩前圣所未发，与孟子性善、养气之论同功（二者亦前圣所未发），岂墨氏之比哉？《西铭》明理一而分殊，墨氏则二本而无分。（老幼及人，理一也。爱无差等，本二也。）分殊之蔽，私胜而失仁；无分之罪，兼爱而无义。分立而推理一，以止私胜之流，仁之方也。无别而迷兼爱，至于无父之极，义之贼也。子比而同之，过矣。且谓言体而不及用。彼欲使人推而行之，本为用也，反谓不及，不亦异乎？

代人上宰相论郑白渠书

某闻天下之事，有甚难而易者，有甚易而难者，独系在上之人，为与不为而已。昔韩欲罢秦兵，使郑国说以凿泾水溉田，注填阏之水，溉潟南之地四万顷，亩收常一钟，关中遂为沃壤，无凶年，秦以富强。至汉，白公复引泾水以溉田，民得其饶。歌之曰："田于何所？池阳谷口。郑国在前，白渠起后。衣食关中，亿万之口。"此两渠之功也。秦、汉而下，皆获其利。熙宁中，神宗皇帝讲求治功，兴葺遗利。时先祖殿丞，建明郑、白之利，神宗皇帝赐对便殿，大称圣心，付以其事，兴役逾年，功已有叙，而害能者巧为沮止，不终厥功。陕右之人，至今为恨。某每思神宗皇帝知其利而欲兴之意，与先祖尽其力而被沮之恨，某未尝不愤叹至于流涕也。阁下尝尹长安矣，必闻其事。

今则又非昔年之比也。泾水低下，渠口高仰，灌溉之功，几尽废矣。民用困乏，物斛踊贵，职此之由。今方外有不顺之羌，师旅之兴，储备为急。诚使秦中岁增谷数百千万斛，所济岂不甚大？某，关西陋儒也，自幼小稔知其事，人微处远，无由自伸其愤郁。幸遇仆射相公，以经纬之才，逢时得君，以天下事为己任。某是以不敢避狂妄之诛，尘渎钧听。倘蒙采录，或致成功，不使先祖抱恨泉下，则某平生志愿足矣。

上谢帅师直书

颐皇恐上诉于知府安抚宝文阁下。颐至愚学道，几五十年，惟是自信，行其所知，不敢为世俗所移。知之罪之，则系乎人焉。伏睹律节文：诸医为人合药，误不如本方杀人者，徒二年半；故不如本方杀伤人者，以故杀伤论，虽不伤人，杖六十。古人造律之意，非特矜死者之无辜，亦以警惧庸医，使不敢轻妄，致害人命，则其为益，岂不甚大？近世以来，律虽存而实不用。俗吏拘文，乃云律称合药，误不如本方，若用药不如方论，虽日杀千人，法所不禁，官不当治也。遂使庸医辈恣其盲妄，无所忌惮，杀人如麻。耳目所闻见，士大夫为庸医反阴阳，背方论而杀之者，不可胜数。况天下之大，民庶之众，可胜言哉？独嘉祐中，族兄太中嗣宗，知扶沟县，尝以医者用药，过剂杀人，送府鞭其背。过剂乃用药之失，非合药误也。当时众论称之。盖他人未尝用此律故也。

今死者之家，莫肯与医者辨者，其故有三。以当官者无爱人之心，苟欲省事，不肯为之穷辨，一也。与医者习熟，不忍讼之，二也。虑今而后，难复用医，三也。是皆以利害为心，而无顾骨肉之义，知其冤死而不为之辨，骨肉之义绝矣。既不能辨，则为之词曰，彼无恶意，又曰讼之无益矣，又曰己之命也。此皆至愚，不知义理之言。

彼有恶意，自当从故杀伤之法，此律正为无故意者设也。辨之所以申骨肉之义，岂系有益无益也？谓己之命，则为人殴而杀之，亦可以不校矣。世之人，虽其父母本非死疾，为医所杀，隐忍而不辨者多矣。众人观之，亦不以为非也。习俗之迷人也如是。今之士大夫，使马医治马，误杀马而杖马医者，目所常见，耳所常闻，众人不以为非也。至以父母骨肉为医所杀而责医者，则未尝见。岂爱亲不若爱马乎？愚惑不思之甚也。

凡人之疾病？误医者多矣。若风疾与气药，肝病而攻脾之类，虽不中病，未能害人。其死乃病死，未得为医杀之也。若医经明言下之则死，是不下则不死也。今下而杀之，与操刃而断其喉何异？古人立法，原其意本不恶，故罪止于徒，恕之至也。若听其妄杀人而不加治，岂为政之道乎？

侄子某为令醴泉，病阴证伤寒，而邑之医者乃大下之，又与《洗心散》，遂至冤死。今有状披诉。伏惟明公居大帅之任，操劝惩之柄，经术政事闻于天下，尚识远见卓然绝俗。法之所无者，尚可权其宜而行之，况有法可依者乎？民之于令，其义最重。致令之死，而不加一毫之罪，于义得为安乎？窃闻邑中愤叹不平之声，闻于道路。岂当任者独不念之乎？重思阁下，天下吏师，诚能行之，郡县必多效之者。若使远近传之，庸医之辈皆知戒惧，不敢轻视人命，则公及人之功，岂细也哉？匪惟先兄父子怀结草之报，当获上天之祐，后昆享繁衍盛大之福。不胜哀恳，颐皇恐上诉。

与金堂谢君书

颐启。前月末，吴斋郎送到书信，即递中奉报，计半月方达。冬寒，远想雅履安和。侨居旋为客次，日以延望，乃知止行，甚悒悒也。来春江水稳善，候有所授，能一访甚佳。只云忠涪间看亲，人必不疑也。

颐偕小子甚安。来春本欲作《春秋》文字，以此无书，故未能，却先了《论》《孟》或《礼记》也。《春秋》大义数十，皎如日星，不容遗忘，只恐微细义例，老年精神，有所漏落。且请推官用意寻究，后日见助，如往年所说，许止、蔡般书葬类是也。若欲治《易》，先寻绎令熟，只看王弼、胡先生、王介甫三家文字，令通贯，余人《易》说，无取枉费功。年亦长矣，宜汲汲也。未相见间，千百慎爱。十一月初九日，颐启。

答周孚先问（并跋）

问：先生旧语门人云："天下至忙者，无如禅客。市井之人，虽曰营利，犹有休息时。禅客行住坐卧，无不在道。存无不在道之心，便是至忙。"孚先窃谓此语，如孟子所谓"必有事焉而勿正，心勿忘勿助长"也。若正若助长，即是忙也。或者谓此语非为学者设，谓以圣人方之，禅客未尝闲？若学者须是行住坐卧在道。

存无不在道之心，便是助长。方其学也，固当有事，亦当知助长之非。

问：《书》曰："惟圣罔念作狂，惟狂克念作圣。"孚先窃谓，圣者谓有圣人资质，一不念则流入于狂。狂者进取，曾皙之徒是也。借如颜子，不能拳拳服膺，亦必至于此。若是圣人，则从心所欲不逾矩，虽不念亦无害也。

六德：知、仁、圣、义、中、和。圣，通明之称。狂，狂愚之称。

问：孔子曰："知者乐水，仁者乐山；知者动，仁者静；知者乐，仁者寿。"孚先窃谓乐山乐水，状仁知之体；动静述仁知之用；乐与寿明仁知之效。知则能知之，能知之则务穷物理，务穷物理则运用不息，故乐水。水谓其周流也，故动。动谓其理之无穷也，故乐。乐谓其无疑也。仁则能体之，能体之则有得于所性，有得于所性则循理而行之，故乐山。山谓其安止也，故静。静谓其无待于外也，故寿。寿谓其达生理也。

言意未能体仁知，且宜潜思。

问：孔子曰："知及之，仁不能守之，虽得之，必失之。知及之，仁能守之，不庄以涖之，则民不敬。知及之，仁能守之，庄以涖之，动之不以礼，未善也。"孚先窃谓此语是告学者，亦是入道之序。故知及之者，见得到也；仁能守之者，孳孳于此也；庄以涖之者，外设藩垣以远暴慢也；动之以礼，观时应用皆欲中节也。或者谓此是人君事。

临政处己，莫不皆然。所谓仁能守之者，孳孳于此也，此言未能尽仁，且宜致思。仁则安矣，所以云守也。

孚先旧讲习太学，建中靖国庚辰冬，过洛阳，游伊川先生之门，预群弟子之列，亲炙模范，时闻诲语。越明年暮春，归省庭闱，期岁复入学，以所疑为书，请质于先生，皆得亲笔开谕，逮今几四十年矣。以今日视前日，固知学之不博，问之不切。日月逝矣，功不加倍，只益自歉。绍兴丁巳冬，周孚先谨书。

答张闳中书

《易传》未传，自量精力未衰，尚觊有少进尔。然亦不必直待身后，觉耄则传矣。书虽未出，学未尝不传也，第患无受之者尔。

来书云《易》之义本起于数，谓义起于数则非也。有理而后有象，有象而后有数。《易》因象以明理，由象而知数。得其义，则象数在其中矣。必欲穷象之隐微，尽数之毫忽，乃寻流逐末，术家之所尚，非儒者之所务也。管辂、郭璞之徒是也。

理无形也，故因象以明理。理既见乎辞矣，则可由辞以观象。故曰：得其义，则象数在其中矣。

答杨时书

颐启。相别多年，常深渴想。前日自伊川归，得十一月十五日南康发来书，知赴新任，体况安佳，甚慰远怀。颐如常，自去冬来，多在伊川。见谋居斯，力薄未能遽成耳。

朝廷设教官，盖欲教人修身齐家治国平天下之道。苟能修职，则“不素餐兮”，孰大于是？赴省试令子，不知其名，中第可喻及也。名迪者好学质美，当成远器，应未有北来期。两小子（大者项城尉，小者鄢陵尉）承问，故及之。此独与诸孙处，岁计稔，则自余无足道。春暄，惟进学自爱，不宣。颐启杨君教授。三月六日。

答杨迪书

相别累月，思渴。前承惠书，恐已出京，故不复奉答。近又收书，乃知未行。喜闻夏暑安佳。

前书所问心迹之说，固知未能无疑也。若以心迹有判，则象忧亦忧，乃伪矣。是宜精索，未易晓也。又云：“有道，又有易，何如?”此语全未是。更将《传序》详思，当自通矣。变易而后合道，“易”字与“道”字不相似也。大率所论，辞与意太多。孔、孟之门人，岂能尽与孔、孟同？唯其不敢信己而信其师之说，是以能思而卒同也。若纷然致疑，终亦必亡而已。勉之！勉之！盛暑在途，千百自爱。

答门人书

前者奉答，適病倦不能详。后来亲知讲论，几盈箱矣。设端虽多，大率意不相远。于大概尚弗识，况屈伸久速之际乎？平日不谓至如是，岂皆知不足以及之？盖为众说漂煦，不能自立尔。此由见信不笃故也。孔、孟之门岂皆贤哲？固多众人。以众人观圣贤，弗识者多矣。惟其不敢信己而信其师，是故求而后得。今诸君于颐言，才不合则置不复思，所以终异也。不可便放下，更且思之，致知之方也。姑求自晓，无庸他恤。深尤不知者，甚无谓也。

答鲍若雨书并答问

颐咨。诸君处，常问知动止。忽领惠书，审已安康，其慰可知。颐如常，不烦见念。示及所疑，百忙中谢君告行，不暇周悉，略奉答，思之可也。祥暑，千百善爱。五月十日，颐咨鲍君秀才。

疑难六，谨写拜呈，伏乞详赐指谕。若雨拜覆。

佛氏轮回之说，凡为善者死，则复生为善人，为恶者死，则变而为禽兽之类。虽无此实应，窃恐有此理。何则？凡禀冲气以生者，未始不同。圣人先得人之所同者而践履之，故能保全太和。至死，其气冥会于中和之所，造化之中，自然有复生为人之理。愚者平居作恶，而冲气已丧。至死，其气则会于缪戾之所，造化之中，自然有为禽兽之理。故曰恐有此理也。

夫子曰："未知生，焉知死？"知生则知死矣，能原始则能要终矣。

《易》曰："阴阳不测之谓神。"又曰："神妙万物而为言。"观此，则佛氏所谓鬼神者妄矣。然"祖考来格""敬鬼神而远之"之说，则似乎有佛氏所谓，意者气类感应处，便是来格，但当致诚，不当亵近，近得却有也。不知此说如何？

潜心久当自明。

孟子曰："其为气也，至大至刚；以直养而无害，则塞于天地之间。"尝谓凡人气量窄狭，只为私心隔断。苟以直养而无害，则无私心。苟无私心，则志气自然广大，充塞于天地之间。气象有可以意会而莫能状者，此所谓难言也。或谓塞于天地之间，只是到处去得，此言似无气味。

如是涵养。

乐正子见孟子，孟子曰："子亦来见我乎？"云云。观此一篇，都无圣人气象。或谓乐正子从子敖，有激而云，不得不然。

此无疑，真孟子之言。

“今之成人者何必然？见利思义，见危授命，久要不忘平生之言，亦可以为成人矣。”此言是子路说耶？孔子说耶？

仲尼言。

孟子曰：“不孝有三，无后为大。”所谓二不孝何如？说者谓陷父于不义，与家贫亲老，不求禄仕，窃恐不然。

何以知不然？所谓禄仕，凡所以养皆同。

定亲书

颐启。伏以古重大婚，盖将传万世之嗣；礼称至敬，所以合二姓之欢。顾族望之非华，愧声猷之弗竞。不量非偶，妄意高门。以颐第几男，虽已胜冠，未谐受室。恭承贤阁第几小娘子，性质甚茂，德容有光。辄缘事契之家，敢有婚姻之愿。岂期谦厚，遽赐允从？穆卜良辰，恭伸言定。有少仪物，具如别笺。

又书

不量衰族，久慕高闳。辄凭咫尺之书，已诺婚姻之好。有少仪物，具如别笺。

答求婚书

颐启。族望非高，声猷弗竞，猥蒙谦眷，屡致勤诚，爰稽合姓之文，将卜宜家之庆。伏承某人，性质挺立，器蕴夙成，以颐第几女子，年已及笄，义当有适，特枉缄题之及，俾交秦、晋之欢。仰认深诚，敢言非偶！在姆师之训，虽愧未闲；而箕帚之勤，愿俾恭事。

河南程氏文集卷第十　伊川先生文 六

礼

婚礼

纳采

纳采，谓婿氏为女氏所采，故致礼以成其意。使辞曰："吾子有惠，贶某室也；某婿父。有先人之礼，使某也敢纳采。"

问名

问名，谓问所娶女子之名，若今之小名也。使者请辞曰："某既受命，将加诸卜，敢请女为谁氏。"

纳吉

纳吉，谓婿氏既得女名，以告神而卜之，得吉兆，又往告女氏，犹今之言定。使辞曰："吾子有贶命，某加诸卜，占曰吉，使某也敢告。"

纳徵

徵，证也，成也，用皮帛以证成娶妇之礼。使辞曰："吾子有命，贶室某也，某有先人之礼某物，使某也请纳徵。"

请期

请期，实告婚期也，必先礼请以示谦。使辞曰："吾子有贶命，某既申受命矣，惟是三族之不虞，使某也请吉日。”女氏对曰：“某既前受命矣，惟命之从。”使又曰：“某使某听命于吾子。”女氏固辞使曰：“某使某受命，吾子不许，某敢不告期，曰某日。”日犹言甲乙之类。

成婚

期日，婿氏告迎于庙。初婚（礼虽云初婚，然当量居之远近）婿受命于所尊（谓醮而受告戒之命），出乘，前引妇车（受命而出，乘马前引妇车，迎妇之车也，今或用担子），执烛前马（使徒役持火炬居前照道，今用烛四或二）。宾将至（宾，婿也），女氏之摈，俟于大门之外，主人俟于门内。宾降（下车也），摈进揖请事。宾对（今以介对）曰：“某（称婿父）命某（婿名）以兹初婚，将请承命。”摈对曰：“主人固以恭俟。”摈揖入门，主人揖宾及阶。主人揖升，介以宾升。介南面，赞宾就位（东面）。再拜，赞即席内告具。主人肃宾而先，宾从之见于庙（见女氏之先祖）。至于中堂，见女之尊者，遍见女之党于东序。赞者延宾出就位（赞者以女氏之子侄为之），卒食，兴辞（介以宾辞）。主人请入戒女氏，奉女辞于庙，至于中堂。母南面于房外，女出于母左，父西面醴女而戒之，母施衿结帨（今谓之整冠饰），戒诸西阶之上。摈者出，婿降立于庭中，北面。妇降自西阶，婿揖，前道，立于车前。既升，而先俟于门外。（先之者，道之也。门外，婿家大门外也。）妇至，主人（婿也）揖妇以入。及寝门，揖入，婿退就次。及期（期谓早暮之节），赞者引婿入（赞者婿氏之女相），立东席，西面。姆侍奉妇立西席，东面。赞揖婿再拜，男下女也。姆侍扶妇答拜，遂即席。女之从者沃婿盥于南，婿之从者沃妇盥于北。（沃盥，以水濯手也，于坐席之南北。）婿搢笏举妇蒙首（盖头也），复位。赞者进酌（用常爵），三爵，用卺，姆助妇举。卒食，相者以婿妇兴，说服。女之从者受婿服，婿之从者受妇服。烛出（康成云：礼毕），女侍待呼于外。夙兴，妇纚笄衣服以俟见。质明，赞见妇于舅姑，进拜，奠贽还又拜，见属之尊者长者于东偏，南面东上，属自为别（是为见已，不复特见）。若异宫，则见诸父各就其寝。幼者贱者，皆见于堂下，西面北上。舅姑入于室。妇盥，馈。舅姑飨妇于堂之西偏。卒食，妇降自阼阶。（飨礼谓嫡妇。）翌日，婿拜于妇氏之门。

奠菜

三月预祭祀，事舅姑，复三月然后奠菜。祝称妇之姓曰某氏来妇，敢奠菜于舅某子姑某氏。（此段义有未详。）

葬说（并图）

卜其宅兆，卜其地之美恶也，非阴阳家所谓祸福者也。地之美者，则其神灵安，其子孙盛。若培拥其根而枝叶茂，理固然矣。地之恶者则反是。然则曷谓地之美者？土色之光润，草木之茂盛，乃其验也。父祖子孙同气，彼安则此安，彼危则此危，亦其理也。而拘忌者惑以择地之方位，决日之吉凶，不亦泥乎？甚者不以奉先为计，而专以利后为虑，尤非孝子安厝之用心也。惟五患者不得不慎，须使异日不为道路，不为城郭，不为沟池，不为贵势所夺，不为耕犁所及。（一本所谓五患者，沟渠，道路，避村落，远井窑。）五患既慎，则又凿地必至四五丈，遇石必更穿之，防水润也。既葬，则以松脂涂棺椁，石灰封墓门，此其大略也。若夫精画，则又在审思虑矣。其火葬者，出不得已，后不可迁就，同葬矣。至于年祀寖远，曾、高不辨，亦在尽诚，各具棺椁葬之，不须假梦寐蓍龟而决也。葬之穴，尊者居中，左昭右穆而次，后则或东或西，亦左右相对而启穴也。出母不合葬，亦不合祭。弃女还家，以殇穴葬之。

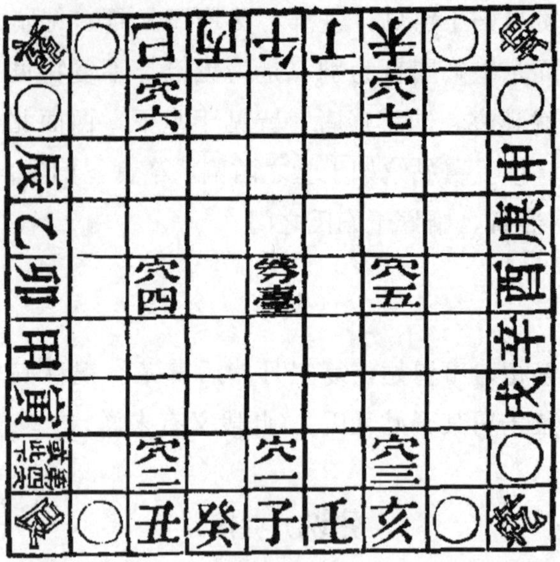

下穴昭穆图

葬法决疑

古者圣人制卜葬之礼，盖以市朝迁变，莫得预测，水泉交浸，不可先知，所以定吉凶，决善恶也。后代阴阳家流，竞为诡诞之说，葬书一术，遂至百二十家。为害之大，妄谬之甚，在分五姓。五姓之说，验诸经典，本无证据，古阴阳书亦无此说，直是野俗相传，竟无所出之处。惟《堪舆经》黄帝对天老，乃有五姓之言。且黄帝之时，只有姬、姜二三姓。其诸姓氏尽出后代，何得当时已有此语？固谬妄无稽之言。其所谓五姓者，宫商角徵羽是也。天下万物，悉配属之，行事吉凶，依此为法。至如以张、王等为商，武、庾等为羽，是则同韵相求。及其以柳姓为宫，以赵姓为角，又非四声相管。其间亦有同是一姓，分属宫、商，复姓数字，徵、角不辨，都无凭据，只信其臆说尔。

夫姓之于人也，其始也亦如万物之同形者，呼其白黑小大以为别尔。后世圣人乃为之制，因生赐姓，胙土命氏，其后子孙因邑因官，分枝布叶，而庶姓益广。如管、蔡、郕、霍、鲁、卫、毛、聃、郜、雍、曹、滕、毕、原、丰、郇，本皆姬姓，华、向、萧、亳、皇甫，本皆子姓。其余皆尔，不可胜举。今若用其祖姓，则往往数经更易，难尽寻究。况复葬书不载古姓，若用今姓，则皆后代所受，乃是吉凶随时变改也。人之分宗，譬如木之异枝。木之性，有所宜之地也。取其枝而散植之，其性所宜，宁有异乎？若一祖之裔，姓音不同，同葬一地，遂言彼凶而此吉，决无是理。设有人父本宫姓，子以功勋更赐商姓，则将如何用之？今二人同言，则必择其贤者信之。葬礼圣人所制，五姓俗人所说。何乃舍圣制而从俗说，不亦患乎？昔三代之时，天下诸侯之国，卿大夫之家，久者千余岁？其下至数百岁不绝。此时葬者未有五姓也。古之时，庶人之年不可得而见矣。君卿大夫，史籍所可见者，往往八九十岁百岁者不少矣。自唐而来，五姓葬法行于世矣，数世百岁之家鲜矣，人寿七八十岁者希矣。苟吉凶长短，不由于葬邪？则安用违圣人之制而从愚俗所尚？吉凶长短，果由于葬邪？是乃今之法，徒使人家不久长，寿命短促，大凶之道也。进退无取，何足言哉！

夫葬者藏也，一藏之后，不可复改，必求其永安。故孝子慈孙，尤所慎重。欲地之安者，在乎水之利。水既利，则终无虞矣。不止水一事，此大概也。而今之葬者，谓风水随姓而异，此尤大害也。愚者执信，将求其吉，反获其凶矣。

至于卜选时日，亦多乖谬。按葬者逢日食则舍于道左，待明而行。是必须晴明，不可用昏黑也。而葬书用乾、艮二时为吉，此二时皆是夜半，如何用之？又曰："己亥日葬，凶。"今按《春秋》之中，此日葬者二十余人，皆无其应。宜忌者不忌，而不宜忌者反忌之，颠倒虚妄之甚也。下穴之位，不分昭穆，易乱尊卑，死者如有知，居之其安乎？如此背谬者多矣，不欲尽斥，但当弃而勿用，自从正法耳。

记葬用柏棺事

古人之葬，欲比化不使土亲肤。今奇玩之物，尚保藏固密，以防损污，况亲之遗骨，当如何哉？世俗浅识，惟欲不见而已，又有求速化之说。是岂知必诚必信之义？且非欲其不化也，未化之间，保藏当如是尔。

吾自少时，谋葬曾祖虞部已下，积年累岁，精意思索，欲知何物能后骨而朽。后闻咸阳原上有人发东汉时墓，柏棺尚在。又韩修王城圮，得古柏木，皆坚润如新。谚有松千柏万之说，于是知柏最可以久。然意犹未已，因观杂书，有松脂入地，千年为茯苓，万年为琥珀之说。疑物莫久于此，遂以柏为棺，而涂以松脂，特出臆计，非有稽也。不数月，嵩山法王寺下乡民，穿地得古棺，裹以松脂，乃知古人已用之矣。自是三十四年，七经葬事。求安之道，思之至矣。地中之事，察之详矣。地中之患有二，惟虫与水而已。所谓毋使土亲肤，不惟以土为污，有土则有虫，虫之侵骨，甚可畏也。世人墓中多置铁以辟土兽。希有之物尚知备之，虫为必有，而不知备，何也？惟木坚缝完，则不能入。求坚莫如柏，求完莫如漆。然二物亦不可保，柏有入土数百年而不朽者，有数十年而朽者。人多以为柏心不朽，而心之朽者，见亦多矣。（后阙。）

作主式（用古尺）

作主用栗，取法于时月日辰。趺方四寸，象岁之四时。高尺有二寸，象十二月。身博三十分，象月之日。厚十二分，象日之辰。（身、趺皆厚一寸二分。）剡上五分为圆首，寸之下勒前为颔而判之，一居前，二居后。（前四分，后八分。）陷中以书爵姓名行（曰故某官某公讳某字某第几神主。陷中长六寸，阔一寸。

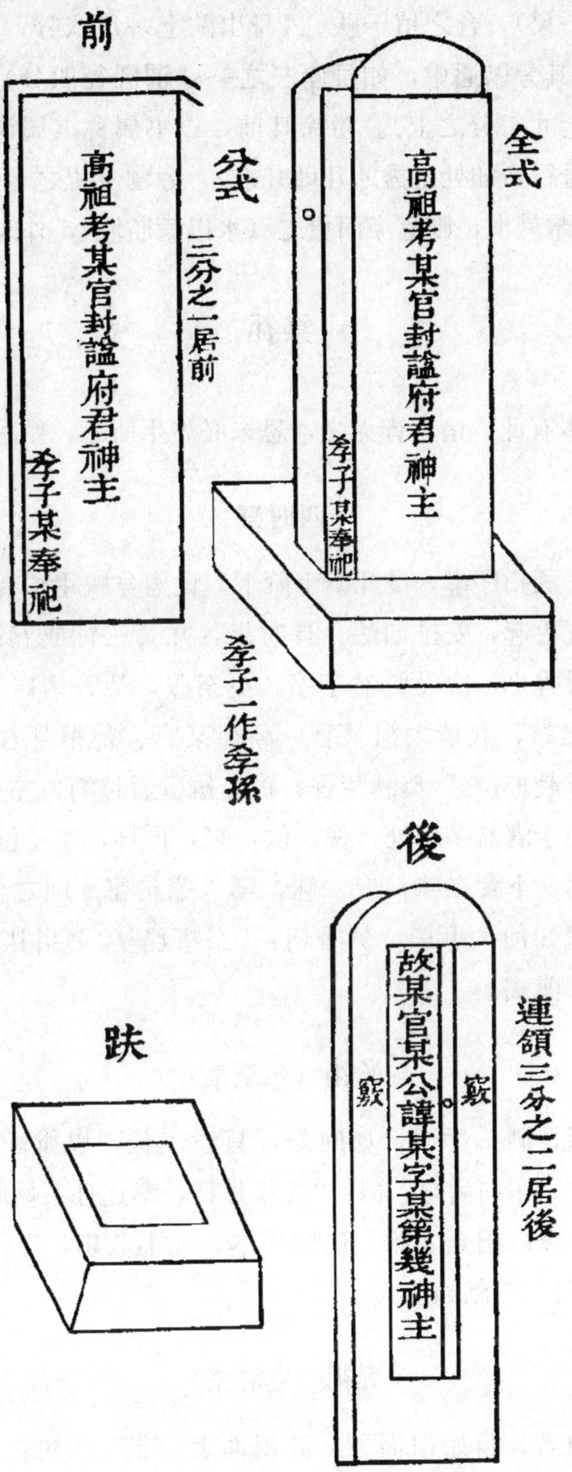
前
分式
三分之一居前
高祖考某官封謚府君神主
孝子某奉祀
全式
高祖考某官封謚府君神主
孝子某奉祀
孝子一作孝孫
後
故某官某公諱某字某第幾神主
竅
竅
連領三分之二居後
趺

一本云长一尺），合之植于趺。（身出趺上一尺八分，并趺高一尺二寸。）窍其旁以通中，如身厚三之一（谓圆径四分），居二分之上（谓在七寸二分之上）。粉涂其前，以书属称（属谓商曾祖考，称谓官或号行，如处士秀才几郎几翁），旁题主祀之名（曰孝子某奉祀），加赠易世，则笔涤而更之（水以满庙墙），外改中不改。

祭礼

（罗氏本有此，诸本皆无之，恐未必先生所著，姑附于此。）

四时祭

凡祭，洒扫厅事，设几案于阶下，设盥盆帨手巾。祭前一日，视涤濯，五更起，安排如法。具时果，并菜三饤或五饤，盏盘匙筯讫。次设香卓，次设盥盆茅缩。更祭服，焚香请曰："孝孙某，今以仲春之祭，共请太祖某官、高祖某官、曾祖某官、祖某官、考某官，降赴神位。"奠酒焚香，跪，执事者过酒，左手把盘，右手以酒浇酹于灌盆茅缩处。俛，伏，兴，再拜，左避位，遂行献。执事者注酒，下食二味，或一味，随人家贫富。顷之再拜，亚献如前，三献如前。事毕，焚香曰："祭事已毕。"揖执事者彻馔。祭祖妣亦如前式。

始祖（冬至祭）

祭始祖，洒扫厅事，如时祭，只设一位，以妣配。祝执辞，出主人之左，东向读之，曰："维年月日，孝远孙某，敢昭告于某氏之祖妣，今以阳至之始，追惟报本，礼不敢忘，谨备清酌庶羞之奠，尚享！"三献如前式。

先祖（立春祭）

祭先祖者，自始祖而下，高祖而上，非一人也，故设二位。

曰："维年月日，孝远孙某，今以生物之始，恭请先祖祖妣以下降居神位。"余如前式。

祢（季秋祭）

祭祢曰："孝子某，今以成物之始，恭请考君某官，妣某官某封某氏，降居神位。"余如前式。

河南程氏文集卷第十一　伊川先生文 七

行状 墓志 祭文

明道先生行状

曾祖希振，任尚书虞部员外郎；妣，高密县君崔氏。祖遹，赠开府仪同三司吏部尚书；妣，孝感县太君张氏，长安县太君张氏。父珦，见任太中大夫，致仕；母，寿安县君侯氏。先生名颢，字伯淳，姓程氏。其先曰乔伯，为周大司马，封于程，后遂以为氏。先生五世而上，居中山之博野。高祖赠太子少师，讳羽，太宗朝以辅翊功显，赐第于京师，居再世。曾祖而下，葬河南，今为河南人。

先生生而神气秀爽，异于常儿。未能言，叔祖母任氏太君抱之行，不觉钗坠，后数日方求之。先生以手指示，随其所指而往，果得钗，人皆惊异。数岁，诵诗书，强记过人。十岁能为诗赋。十二三时，群居庠序中，如老成人，见者无不爱重。故户部侍郎彭公思永谢客到学舍，一见异之，许妻以女。踰冠，中进士第，调京兆府鄠县主簿。令以其年少，未知之。民有借其兄宅以居者，发地中藏钱。兄之子诉曰："父所藏也。"令曰："此无证佐，何以决之?"先生曰："此易辨尔。"问兄之子曰："尔父藏钱几何时矣?"曰："四十年矣。""彼借宅居几何时矣?"曰："二十年矣。"即遣吏取钱十千视之，谓借宅者曰："今官所铸钱，不五六年即遍天下。此钱皆尔未居前数十年所铸，何也?"其人遂服。令大奇之。

南山僧舍有石佛，岁传其首放光，远近男女聚观，昼夜杂处，为政者畏其神，莫敢禁止。先生始至，诘其僧曰："吾闻石佛岁现光，有诸?"曰："然。"戒曰："俟复见，必先白吾，职事不能往，当取其首就观之。"自是不复有光矣。府境水害，仓卒兴役，诸邑率皆狼狈；惟先生所部，饮食茇舍无不安便。时盛暑泄利大行，死亡甚众，独鄠人无死者。所至治役，人不劳而事集。尝谓人曰："吾之董役，乃治军法也。"当路者欲荐之，多问所欲。先生曰："荐士当以才之所堪，不当问所欲。"再期，以避亲罢，再调江宁府上元县主簿。田税不均，比他邑尤甚。盖近府美田，为贵家富室以厚价薄其税而买之，小民苟一时之利，久则不胜其弊。先生为令画法，民不知扰，而一邑大均。其始，富者不便，多为浮论，欲摇止其事，既而无一人敢不服者。后诸路行均税法，邑官不足，益以他官，经岁历时，文案山积，而尚有诉不均者，计其力比上元不啻千百矣。会令罢去，先生摄邑事。上元剧邑，诉讼日不下二百。为政者疲于省览，奚暇及治道?先生处之有方，不阅月，民讼遂简。江南稻田，赖陂塘以溉。盛夏塘堤大决，计非千夫不可塞。法当言之府，府禀于漕司，然后计功调役，非月余不能兴作。先生曰："比如是，苗槁久矣，民将何食?救民获罪，所不辞也。"遂发民塞之，岁则大熟。江宁当水运之冲，舟卒病者，则留之为营以处，曰小营子，岁不下数百人，至者辄死。先生察其由，盖既留然后请于府，给券乃得食，比有司文具，则困于饥已数日矣。先生白漕司，给米贮营中，至者与之食，自是生全者大半。措置于纤微之间，而人已受赐，如此之比，所至多矣。先生常云："一命之士，苟存心于爱物，于人必有所济。"

仁宗登遐，遗制官吏成服，三日而除。三日之朝，府尹率群官将释服。先生进曰："三日除服，遗诏所命，莫敢违也。请尽今日。若朝而除之，所服止二日尔。"尹怒不从。先生曰："公自除之，某非至夜不敢释也。"一府相视，无敢除者。

茅山有龙池，其龙如蜴蜥而五色。祥符中，中使取二龙。至中途，中使奏一龙飞空而去。自昔严奉以为神物，先生尝捕而脯之，使人不惑。其始至邑，见人持竿道旁，以黏飞鸟，取其竿折之，教之使勿为。及罢官，舣舟郊外。有数人共语：自主簿折黏竿，乡民子弟不敢畜禽鸟。不严而令行，大率如此。再期，就移泽州晋城令。泽人淳厚，尤服先生教命。民以事至邑者，必告之以孝弟忠信，入所以事父兄，出所以事长上。度乡村远近为伍保，使之力役相助、患难相恤，而奸伪无所容。凡孤茕残废者，责之亲戚乡党，使无失所。行旅出于其涂者，疾病皆有所养。诸乡皆有校。暇时亲至，召父老而与之语；儿童所读书，亲为正句读；教者不善，则为易置。俗始甚野，不知为学。先生择子弟之秀者，聚而教之。去邑才十余年，而服儒服者盖数百人矣。乡民为社会，为立科条，旌别善恶，使有劝有耻。邑几万室，三年之间，无强盗及斗死者。秩满，代者且至，吏夜叩门，称有杀人者。先生曰："吾邑安有此？诚有之，必某村某人也。"问之果然。家人惊异，问何以知之？曰："吾常疑此人恶少之弗革者也。"

河东财赋窘迫，官所科买，岁为民患。虽至贱之物，至官取之，则其价翔踊，多者至数十倍。先生常度所需，使富家预储，定其价而出之。富室不失倍息，而乡民所费，比常岁十不过二三。民税常移近边，载往则道远，就籴则价高。先生择富民之可任者，预使购粟边郡，所费大省，民力用纾。县库有杂纳钱数百千，常借以补助民力。部使者至？则告之曰："此钱令自用而不敢私，请一切不问。"使者屡更，无不从者。先时民惮差役，役及则互相纠诉，乡邻遂为仇雠。先生尽知民产厚薄，第其先后，按籍而命之，无有辞者。

河东义勇，农隙则教以武事，然应文备数而已。先生至，晋城之民遂为精兵。晋俗尚焚尸，虽孝子慈孙，习以为安。先生教谕禁止，民始信之。而先生去后，郡官有母死者，惮于远致，以投烈火，愚俗视效，先生之教遂废，识者恨之。先生为令，视民如子。欲辨事者，或不持牒，径至庭下，陈其所以。先生从容告语，谆谆不倦。在邑三年，百姓爱之如父母，去之日，哭声振野。

用荐者，改著作佐郎。寻以御史中丞吕公公著荐，授太子中允，权监察御史里行。神宗素知先生名，召对之日，从容咨访，比二三见，遂期以大用，每将退，必曰："频求对来，欲常相见尔。"一日，论议甚久，日官报午正，先生遽求退。庭中中人相谓曰："御史不知上未食邪?"前后进说甚多，大要以正心窒欲，求贤育材为先。先生不饰辞辨，独以诚意感动人主。神宗尝使推择人才，先生所荐者数十人，而以父表弟张载暨弟颐为首。所上章疏，子侄不得窥其稿。尝言人主当防未萌之欲，神宗俯身拱手曰："当为卿戒之。"及因论人才：曰："陛下奈何轻天下士?"神宗曰："朕何敢如是?"言之至于再三。

时王荆公安石日益信用，先生每进见，必为神宗陈君道以至诚仁爱为本，未尝及功利。神宗始疑其迂，而礼貌不衰。尝极陈治道。神宗曰："此尧、舜之事，朕何敢当?"先生愀然曰："陛下此言，非天下之福也。"荆公浸行其说，先生意多不合，事出必论列，数月之间，章数十上。尤极论者：辅臣不同心，小臣与大计，公论不行，青苗取息，卖祠部牒，差提举官多非其人及不经封驳，京东转运司剥民希宠不加黜责，兴利之臣日进，尚德之风浸衰等十余事。荆公与先生虽道不同，而尝谓先生忠信。先生每与论事，心平气和，荆公多为之动。而言路好直者，必欲力攻取胜，由是与言者为敌矣。先生言既不行，恳求外补，神宗犹重其去，上章及面请至十数，不许，遂阖门待罪。神宗将黜诸言者，命执政除先生监司差权发遣京西路提点刑狱。复上章曰："臣言是愿行之。如其妄言，当赐显责。请罪而获迁，刑赏混矣。"累请得罢。既而神宗手批，暴白同列之罪，独于先生无责，改差签书镇宁军节度判官事。为守者严刻多忌，通判而下，莫敢与辩事。始意先生尝任台宪，必不尽力职事，而又虑其慢已。既而先生事之甚恭，虽筦库细务，无不尽心，事小未安，必与之辨，遂无不从者，相与甚欢。屡平反重狱，得不死者前后盖十数。

河清卒于法不他役。时中人程昉为外都水丞，怙势，蔑视州郡，欲尽取诸埽兵治二股河，先生以法拒之。昉请于朝，命以八百人与之。天方大寒，昉肆其虐，众逃而归。州官晨集城门，吏报河清兵溃归，将入城。众官相视，畏昉欲弗纳。先生曰："此逃死自归，弗纳必为乱。昉有言，某自当之。"即亲往，开门抚谕，约归休三日复役，众欢呼而入。具以事上闻，得不复遣。后昉奏事过州，见先生，言甘而气慑，既而扬言于众曰："澶卒之溃，乃程中允诱之，吾必诉于上。"同列以告，先生笑曰："彼方惮我，何能尔也?"果不敢言。

会曹村埽决，时先生方救护小吴，相去百里。州帅刘公涣以事急告，先生一夜驰至。帅俟于河桥。先生谓帅曰："曹村决，京城可虞。臣子之分，身可塞亦为之。请尽以厢兵见付。事或不集，公当亲率禁兵以继之。"帅义烈士，遂以本镇印授先生，曰："君自用之。"先生得印，不暇入城省亲，径走决堤，谕士卒曰："朝廷养尔辈，正为缓急尔。尔知曹村决则注京城乎? 吾与尔曹以身捍之。"众皆感激自效。论者皆以为势不可塞，徒劳人尔。先生命善泅者衔细绳以渡，决口水方奔注，达者百一，卒能引大索以济众，两岸并进，昼夜不息，数日而合。其将合也，有大木自中流而下，先生顾谓众曰："得彼巨木横流入口，则吾事济矣。"语才已，木遂横，众以为至诚所致。其后曹村之下复决，遂久不塞，数路困扰，大为朝廷忧。人以为，使先生在职，安有是也?

郊祀霈恩，先生曰："吾罪涤矣，可以去矣。"遂求监局，以便亲养，得罢归。自是丑正者竞扬避新法之说。岁余，得监西京洛河竹木务。荐者言其未尝叙年劳，丐迁秩，特改太常丞。神宗犹念先生，会修《三经义》，尝语执政曰："程某可用。"执政不对。又尝有登对者自洛至，问曰："程某在彼否?"连言"佳士"。其后彗见翼轸间，诏求直言，先生应诏论朝政极切。还朝，执政屡进拟，神宗皆不许，既而手批与府界知县，差知扶沟县事。先生诣执政，复求监当。执政谕以上意不可改也。数月，右府同荐，除判武学。新进者言其新法之初，首为异论，罢复旧任。

先生为治，专尚宽厚，以教化为先，虽若甚迂，而民实风动。扶沟素多盗，虽乐岁，强盗不减十余发。先生在官，无强盗者几一年。广济蔡河出县境，濒河不逞之民，不复治生业，专以胁取舟人物为事，岁必焚舟十数以立威。先生始至，捕得一人，使引其类，得数十人，不复根治旧恶，分地而处之，使以挽舟为业，且察为恶者。自是邑境无焚舟之患。畿邑田税重，朝廷岁常蠲除以为惠泽。然而良善之民惮督责而先输，逋负获除者皆顽民也。先生为约，前料获免者，今必如期而足，于是惠泽始均。司农建言，天下输役钱，达户四等，而畿内独止第三，请亦及第四。先生力陈不可，司农奏其议，谓必获罪，而神宗是之，畿邑皆得免。先生为政，常权谷价，不使至甚贵甚贱。会大旱，麦苗且枯。先生教人掘井以溉，一井不过数工，而所灌数亩，阖境赖焉。水灾民饥，先生请发粟贷之。邻邑亦请。司农怒，遣使阅实。使至邻邑，而令遽自陈谷且登，无贷可也。使至，谓先生盍亦自陈？先生不肯，使者遂言不当贷。先生力言民饥，请贷不已，遂得谷六千石，饥者用济。而司农益怒，视贷籍户同等而所贷不等，檄县杖主吏。先生言，济饥当以口之众寡，不当以户之高下；且令实为之，非吏罪，乃得已。内侍都知王中正巡阅保甲，权宠至盛，所至凌慢县官，诸邑供帐，竞务华鲜，以悦奉之。主吏以请，先生曰："吾邑贫，安能效他邑？且取于民，法所禁也。今有故青帐，可用之。"先生在邑岁余，中正往来境上，卒不入。邻邑有冤诉府，愿得先生决之者，前后五六。有犯小盗者，先生谓曰："汝能改行，吾薄汝罪。"盗叩首愿自新。后数月，复穿窬。捕吏及门，盗告其妻曰："我与大丞约，不复为盗，今何面目见之邪？"遂自经。

官制改，除奉议郎。朝廷遣官括牧地，民田当没者千顷，往往持累世契券以自明，皆弗用。诸邑已定，而扶沟民独不服。遂有朝旨，改税作租，不复加益，及听卖易如私田。民既倦于追呼，又得不加赋，乃皆服。先生以为不可。括地官至，谓先生曰："民愿服而君不许，何也?"先生曰："民徒知今日不加赋，而不知后日增租夺田，则失业无以生矣。"因为言仁厚之道。其人感动，谢曰："宁受责，不敢违公。"遂去之他邑。不逾月，先生罢去。其人复至，谓摄令者曰："程奉议去矣，尔复何恃而敢稽违朝旨?"督责甚急，数日而事集。邻邑民犯盗，系县狱而逸，既又遇赦。先生坐是以特旨罢。邑人知先生且罢，诣府及司农丐留者千数。去之日，不使人知，老稚数百，追及境上，攀挽号泣，遣之不去。

以亲老求近乡监局，得监汝州酒税。今上嗣位，覃恩，改承议郎。先生虽小官，贤士大夫视其进退，以卜兴衰。圣政方新，贤德登进，先生特为时望所属，召为宗正寺丞。未行，以疾终，元丰八年六月十五日也，享年五十有四。士大夫识与不识，莫不哀伤，为朝廷生民恨惜。

先生资禀既异，而充养有道：纯粹如精金，温润如良玉；宽而有制，和而不流；忠诚贯于金石，孝弟通于神明。视其色，其接物也，如春阳之温；听其言，其入人也，如时雨之润。胸怀洞然，彻视无间；测其蕴，则浩乎若沧溟之无际；极其德，美言盖不足以形容。先生行已内主于敬，而行之以恕；见善若出于已，不欲勿施于人；居广居而行大道，言有物而动有常。先生为学，自十五六时，闻汝南周茂叔论道，遂厌科举之业，慨然有求道之志。未知其要，泛滥于诸家，出入于老、释者几十年，返求诸《六经》而后得之。明于庶物，察于人伦。知尽性至命，必本于孝悌；穷神知化，由通于礼乐。辨异端似是之非，开百代未明之惑，秦、汉而下，未有臻斯理也。谓孟子没而圣学不传，以兴起斯文为己任。其言曰："道之不明，异端害之也。昔之害近而易知，今之害深而难辨。昔之惑人也，乘其迷暗；今之入人也，因其高明。自谓之穷神知化，而不足以开物成务。言为无不周遍，实则外于伦理；穷深极微，而不可以入尧、舜之道。天下之学，非浅陋固滞，则必入于此。自道之不明也，邪诞妖异之说竞起，涂生民之耳目，溺天下于汙浊；虽高才明智，膠于见闻，醉生梦死，不自觉也。是皆正路之蓁芜，圣门之蔽塞，辟之而后可以入道。”

先生进将觉斯人，退将明之书；不幸早世，皆未及也。其辨析精微，稍见于世者，学者之所传尔。先生之门，学者多矣。先生之言，平易易知，贤愚皆获其益，如群饮于河，各充其量。先生教人，自致知至于知止，诚意至于平天下，洒扫应对至于穷理尽性，循循有序；病世之学者舍近而趋远，处下而窥高，所以轻自大而卒无得也。先生接物，辨而不间，感而能通。教人而人易从，怒人而人不怨，贤愚善恶咸得其心，狡伪者献其诚，暴慢者致其恭，闻风者诚服，觌德者心醉。虽小人以趋向之异，顾于利害，时见排斥，退而省其私，未有不以先生为君子也。

先生为政，治恶以宽，处烦而裕。当法令繁密之际，未尝从众，为应文逃责之事。人皆病于拘碍，而先生处之绰然；众忧以为甚难，而先生为之沛然。虽当仓卒，不动声色。方监司竞为严急之时，其待先生，率皆宽厚，设施之际，有所赖焉。先生所为纲条法度，人可效而为也；至其道之而从，动之而和，不求物而物应，未施信而民信，则人不可及也。

彭夫人封仁和县君，严正有礼，事舅以孝称，善睦其族，先一年卒。子曰端懿，蔡州汝阳县主簿；曰端本，治进士业。女適假承务郎朱纯之。卜以今年十月乙酉，葬于伊川先茔。谨书家世行业及历官行事之大概，以求志于作者，谨状。元丰八年八月日弟颐状。

明道先生门人朋友叙述序（叙述四篇，见《遗书》附录）

先兄明道之葬，颐状其行，以求志铭，且备异日史氏采录。既而门人朋友为文以叙其事迹、述其道学者甚众。其所以推尊称美之意，人各用其所知，盖不同也；而以为孟子之后，传圣人之道者，一人而已，是则同。文多不能尽取，取其有补于《行状》

之不及者数篇，附于《行状》之后。

明道先生墓表

大宋明道先生程君伯淳之墓

宋太师致仕潞国公文彦博题

先生名颢，字伯淳，葬于伊川。潞国太师题其墓，曰“明道先生”。弟颐序其所以而刻之石曰：

周公没，圣人之道不行；孟轲死，圣人之学不传。道不行，百世无善治；学不传，千载无真儒。无善治，士犹得以明夫善治之道，以淑诸人，以传诸后；无真儒，天下贸贸焉莫知所之，人欲肆而天理灭矣。先生生千四百年之后，得不传之学于遗经，志将以斯道觉斯民。天不慭遗，哲人早世。乡人士大夫相与议曰：道之不明也久矣。先生出，倡圣学以示人，辨异端，辟邪私，开历古之沉迷，圣人之道得先生而后明，为功大矣。于是帝师采众议而为之称，以表其墓。学者之于道知所向，然后见斯人之为功；知所至，然后见斯名之称情。山可夷，谷可堙，明道之名亘万世而长存。勒石墓傍，以诏后人。元丰乙丑十月戊子书。

孝女程氏墓志

孝女程氏，其第二十九，有宋名臣讳羽之后，故宗正寺丞颢之女。幼而庄静，不妄言笑；风格潇洒，趣向高洁；发言虑事，远出人意；终日安坐，俨然如齐；未尝教之读书，而自通文义。举族爱重之，择配欲得称者。其父名重于时，知闻遍天下，有识者皆愿出其门。访求七八年，未有可者。既长矣，亲族皆以为忧，交旧咸以为非，谓自古未闻以贤而不嫁者。不得已而下求，尝有所议，不忍使之闻知，盖度其不屑也。母亡，持丧尽哀，虽古笃孝之士，无以过也，遂以毁死。病既革，颐念无以适其意，谓之曰："尔喜闻道义，吾为尔言之。"曰："何不素教我？今且惛矣。我死无憾，独以不胜丧为恨尔。"尽召兄弟舅甥侄，人人教诫，幼者抚视，顷之而绝。呜呼！是虽女子，亦天地中一异人也。如其高识卓行，使之享年，足以名世励俗，并前古贤妇，垂光简册。不幸短命，何痛如之！

众人皆以未得所归为恨，颐独不然。颐与其父以圣贤为师，所为尚恐不当其意，苟未遇贤者而以配世俗常人，是使之抱羞辱以没世。颐恨其死，不恨其未嫁也。其生以嘉祐辛丑九月庚戌，其卒以元丰乙丑二月丙寅，葬于伊川先茔之东，是年十月乙酉也。叔父颐志。

为家君祭司马温公文

呜呼公乎！诚贯天地，行通神明。徇己者私，众口或容于异论；合听则圣，百姓曾无于间言。老始逢时，心期行道；致君泽物，虽有志而未终；救弊除烦，则为功而已大。何天乎之不吊，斯人也而遽亡！溥天兴殄瘁之悲，明主失倚毗之望。如其可赎，人百其身。死生既极于哀荣，名德永高于今古。藐兹羸老，夙被深知；抚柩兴哀，聊陈薄奠。

为家君祭韩康公文

呜呼惟公！天赋忠义，世推孝友。忠以事君，完始终之大节；孝施有政，作仪刑于四方。乐善本乎至诚，好学至于没齿。故有识之士，无思不服；垂老之年，其猷益壮。位虽极于将相，志则歉于施为。恢弘之度，若海渎之难量；高邈之风，非世俗之可企。推贤奖善，惟日不足；周急乐施，室几屡空。方逢时之尚年，遽奉身而勇退。如何不吊，奄及云亡！忠义之表，天下慭遗；孝友之规，世将安仿？寒族有姻家之契，二男蒙国士之知。感恩德而未酬，痛音容之遽隔。兹焉归葬，复阻临穴。恭陈薄奠，以写哀诚。

为家君祭吕申公文

呜呼！公禀则异，得天之粹；遘兹昌辰，出为嘉瑞。生而富贵，处之无累；幼而聪明，充之能至。学既知真，仕则为道；出入屡更，夷险一操。二圣临御，人望是从；起藩入辅，命相册公。平日视公，静默恂恂；国论所断，一言万钧。谓公无位，位为相臣；谓公得志，志存未伸。然公心如权衡，所以无间言于率土；德如山岳，所以致敬心于人主。从容语默之间，人孰量其所补？胡上天之不吊，不一老之慭遗！渊水无涯，将孰求于攸济？百身莫赎，为有识之同悲。呜呼哀哉！羸老余生，辱知有素；二男论忘势之交，不偶无雠知之路；阻临穴以伸哀，姑托文而披露。想英灵兮如在，监丹诚而来顾！

为家君祭李屯田九县君文

呜呼！夫妇不幸，皆终盛年，美才不克究其施，淑德不克久其芳，此亲戚交旧知闻所共悲也。及兹归葬，去故乡之沮洳，得水土之深厚，幽安显慰，其善之报而幸之厚与！羸老不任远之，莫由临穴，尽于一哀，聊为薄奠，尚其来飨！

祭刘质夫文

呜呼！圣学不传久矣。吾生百世之后，志将明斯道，兴斯文于既绝，力小任重，而不惧其难者，盖亦有冀矣，以谓苟能使知之者广，则用力者众，何难之不易也？游吾门者众矣，而信之笃、得之多、行之果、守之固，若子者几希。方赖子致力以相辅，而不幸遽亡，使吾悲传学之难，则所以惜子者，岂止游从之情哉？兹焉归葬，不克临穴，姑因薄奠，以叙其哀。

祭李端伯文

鸣呼！自予兄弟倡明道学，世方惊疑，能使学者视效而信从，子与刘质夫为有力矣。质夫于子为外兄弟，同邑而居，同门而学，才器相类，志尚如一。予谓二子可以大受，期之远到，而半年之间，相继以亡，使予忧事道者鲜，悲传学之难。鸣呼！天于斯文，何其艰哉！官制有拘，不克临穴，寄文为奠，以叙其哀。

祭杨应之文

鸣呼！昔予与君，邂逅相遇于大江之南，言契气合，遂从予游；岁将三纪，情均骨肉。忽闻来讣，何痛如之！鸣呼应之！谁谓君而止于此乎？高才伟度，绝出群类，善志奇蕴，曾未得施；天胡为厚其禀而啬其年？人谁不死？君之死为可恨也，奚止交旧之情，悲哀而已？管城之原，归袝先兆；属予衰年，惮于长道；不能临穴一恸，以伸余情，姑致菲薄之奠。魂兮其来，歆此诚意！

祭朱公掞文

鸣呼！道既不明，世罕信者。不信则不求，不求则何得？斯道之所以久不明也。自予兄弟倡学之初，众方惊异，君时甚少，独信不疑。非夫豪杰特立之士，能如是乎？笃学力行，至于没齿，志不渝于金石，行可质于神明；在邦在家，临民临事，造次动静，一由至诚。上论古人，岂易其比？蹇蹇王臣之节，凛凛循吏之风，著见事为，皆可纪述。谓当大施于时，必得其寿，天胡难忱，遽止于此。鸣呼哀哉！不幸七八年之间，同志共学之人，相继而逝；

刘质夫、李端伯、吕与叔、范巽之、杨应之相继而逝也。今君复往，使予踽踽于世，忧道学之寡助；则予之哭君，岂特交朋之情而已？邙山之阳，归祔先宅；思平生之深契，痛音容之永隔。陈薄奠以将诚，庶英灵兮来格！

河南程氏文集卷第十二　伊川先生文 八

墓志 家传 祭文

书先公自撰墓志后

程姓，珦名，伯温字。姓源世系，详于家牒，故不复书。曾王父，尚书兵部侍郎，赠太子少师，讳羽。曾王母，清河太君张氏，襄陵太君贾氏。王父，尚书虞部员外郎，讳希振。王母，高密县君崔氏。考，赠司空，讳遹。妣，追封赵国太夫人张氏，冀国太夫人张氏。

予性质颛蒙，学术黯浅，不能自奋，以嗣先世。天圣中，仁宗皇帝念及祖宗旧臣，例录子孙一人，补郊社斋郎。历黄州黄陂、吉州庐陵二县尉，润州观察支使。由按察官论荐，改大理寺丞，知虔州兴国县，龚州，徐州沛县。监在京西染院，知凤、磁、汉三州事。熙宁中，厌于职事，丐就闲局，管勾西京嵩山崇福宫。岁满再任，遂请致仕。官自大理寺丞十三迁至太中大夫。勋自骑都尉至上柱国。爵，永年县伯。食邑，户九百。

娶侯氏，赠尚书比部员外郎道济之长女，封寿安县君，先三十八年卒，追封上谷郡君。男六人：长应昌，次天锡，皆幼亡；次颢，承议郎宗正寺丞，先卒；次颐，今为通直郎；次韩奴、蛮奴，皆夭。女四人：长婆娇，幼亡；次适奉礼郎席延年；次冯儿，幼亡；次适都官郎中李正臣。孙男五人：端懿，蔡州汝阳县主簿，监西京酒；次端中，治进士业；次端辅，早亡；次端本，治进士业；次端彦，郊社斋郎。孙女八人：长适宣义郎李偲，次适假承务郎朱纯之，次適安定席彦正，次未嫁而卒，次为李偲继室，次適清河张敷，次幼亡。曾孙六人：昂，昪，昺，旻，晔。曾孙女一人。

元祐五年庚午春正月十三日己卯，以疾终于正寝（先居暖室，既得疾，命迁正寝），享年八十五。越三月孟夏庚戌望，葬于伊川先茔之次，上谷郡君祔焉。

予历官十二任，享禄六十年。但知廉慎宽和，孜孜夙夜，无勋劳可以报国，无异政可以及民，始终得免瑕谪，为幸多矣。葬日，切不用干求时贤，制撰铭志。既无事实可纪，不免虚词溢美，徒累不德尔。只用此文，刻于石，向壁安置。若或少违遗命，是不以为有知也。

先公太中，年七十，则自为墓志及书戒命于后，后十五年终寿。子孙奉命不敢违，惟就其阙处（事未至者，皆缺字，使后人加之）加所迁官爵，晚生诸孙及享年之数，终葬时日而已。醇德懿行，宜传后世者，皆莫敢志，著之家牒。孤颐泣血书。

先公太中家传

先公太中讳珦，字伯温。旧名温，字君玉，既登朝，改后名。景德三年丙午正月二十三日，生于京师泰宁坊赐第。性仁孝温厚，恪勤畏慎。开府事父兄谨敬过人，责子弟甚严，公才十余岁，则使治家事。事有小不称意旨，公恐惧若无所容。自少为族兄文简公所器。

开府终于黄陂，公年始冠，诸父继亡，聚属甚众，无田园可依，遂寓居黄陂。劳身苦志，奉养诸母，教抚弟妹。时长弟璠七岁，从弟瑜六岁，余皆孩幼。后数岁，朝廷录旧臣之后，授公郊社斋郎，以口众不能偕行，遂不赴调。文简公义之，为请于朝，就注黄陂县尉。任满，又不能调，闲居安贫，以待诸弟之长。至长弟与从弟皆得官娶妇，二妹既嫁，乃复赴调。授吉州庐陵县尉。

时刘丞相沆已贵显，其子弟有恃势暴横于乡里者，郡守以下皆为之屈，公独不与接。刘丞相闻而愧之，待公甚厚。再调润州观察支使。有侍禁曹元哲者，挟权要势，与人争田。守畏逼，属公右之，公弗为挠。润当途，事烦剧，多赖公以济。声闻甚著。部使者至，无有不论荐者。改大理寺丞，知虔州兴国县事。虔人素号难治，而邑之衣锦乡尤为称首，自昔治之与他乡异。前令欲以惨酷威之，盛冬使争者对立于庭，以雪埋及膝，而人益不服。公善告谕之，与他乡一视，人遂信服。在邑几二年，而狱空者岁余。江西狡民善为古券契，田讼最为难辨，而虔尤甚。旁邑有争，积十余岁不能决，部使者以委公。根连证佐，嚣然盈庭，公独呼争者前讯之，不十数语，尽得其情，遂皆服。事决于顷刻之间，人以为神。

就移知龚州事。时宜州反獠欧希范既诛，乡人忽传其降，言当为我南海立祠，于是迎其神以往。自宜至龚，历数州矣，莫之禁也。公使诘之，对曰："过浔州，守以为妖，投奉神之具于江中，逆流而上，守惧，乃更致礼。"公曰："试再投之。"越人畏鬼，甚于畏官，皆莫敢前。公杖不奉命者，及投之，乃流去，人方信其为妄。在州二岁，部使者未尝入境。时潘师旦为提点刑狱，最称严察，一道慑畏，尝过境上，以书谢公曰："既闻猜治，不须至也。"迁太子中舍。明堂覃恩，改殿中丞。代还在涂，而侬智高作乱，破州城，后守贷死羁置，人皆以公获免为积善之报。授知徐州沛县事。会久雨，平原出水，谷既不登，晚种不入，民无卒岁具。公谓："俟可耕而种，则时已过矣。"乃募富家，得豆数千石以贷民，使布之水中，水未尽涸而甲已露矣。是年，遂不艰食。有丐于市者，自称僧伽之弟，愚者相倡，争遗金钱，公杖之而出诸境。

迁国子博士，赐绯鱼袋。归监在京西染院，迁尚书虞部员外郎，知凤州事。凤当川、蜀之冲，轺传旁午，毁誉易得。为守者相承，务丰厨传，主吏多至破产。公裁减几半，曰："是足以为礼，未为薄也。”会汉中不稔，饥民自褒斜山谷而出。公教于路口为糜粥以待之，所济甚众。

迁司门员外郎。丁崇国太夫人忧，服除，权判鸿胪寺。英宗嗣位，覃恩，迁库部员外郎，知磁州事。磁城，赵简子所筑，东南隅水泉恶，灌濯亦不可用。居民安于久习，妇女晨出远汲，不惟劳，且乏用，风俗以之弊。历千余岁，无为虑者。公度城曲之地，曰：“此去濠水数步之近，渐渍既久，地脉当变矣。”穿二井，果美泉也，人甚赖之。时久雨，自河以北，城垒皆圯。公言于帅府，请发众治之。帅不敢主，使听命于朝。公请于朝者三，不报。盖自北虏通好，未尝发众治城。时韩魏公秉政，使人谕公曰：“城坏，州当自治，何以请为?”公曰：“役大，法不许擅兴。且完旧，非创筑，何害?”乃得请。后数月始概命诸州治城。

每岁春首，兴役治河，民间自秋成则为之备，贫室尚患不及。是年，二役并兴，人甚苦之。独磁先已毕工，民得复营河役之用，又筑于未冻之前，城得坚固。迁水部郎中。神宗即位，覃恩，迁司门郎中。是岁，城中瓦屋及濠水上，冰澌盘屈，成花卉之状，奇怪骇目，郡官皆以为嘉瑞，请以上闻。公曰：“石晋之末尝有此，朝廷岂不恶之?”众皆服。

代还，知汉州事，迁库部郎中。蜀俗轻浮，而公临之以安静。视事之翌日，上谢表，命园中取竹为筩。众吏持筩走白，杀青而文见于中，曰“君王万岁”。公知其伪，不应，吏惧而退。中元节宴开元寺，盖盛游也。酒方行，众呼曰：“佛光见。”观者相腾践，不可禁。公安坐不动，顷之乃定。大兴州学，亲视敦勉，士人从化者甚众。汉守有园圃公田之入，素称优厚，至者无不厚藏而归。公始被命，亲旧以其素贫，皆为之喜。公择而取之，终任所获，布数百匹而已。

熙宁中，议行新法，州县嚣然，皆以为不可，公未尝深论也。及法出，为守令者奉行惟恐后。成都一道，抗议指其有未便者，独公一人。时李元瑜为使者，挟朝廷势，凌蔑州郡，沮公以为妄议。公奏请不俟满罢去，不报。乃移疾，乞授代，不复视事。归朝，愿就闲局，得管勾西京嵩山崇福宫。岁满再任，迁司农少卿。南郊恩，赐金紫。以年及七十，乞致仕。家贫口众，仰禄以生，据礼引年，略不以生事为虑，人皆服公勇决。两经南郊恩，以子叙，迁中散大夫、中大夫。今上即位，覃恩，迁太中大夫，累封永年县开国伯，食邑九百户，勋上柱国。

元祐五年正月十三日，以疾终于西京国子监公舍。先居暖室，病革，命迁正寝，享年八十有五。太师文彦博，西京留守韩公缜，今左丞苏公颂等九人，相继以公清节言于朝。诏赐帛二百匹，仍命有司供其葬事。以四月十五日，葬于伊川先茔之次。

始少师厌五代河北之多乱，徙葬少监于京兆之兴平，将谋居醴泉；及贵，赐第于泰宁坊，遂再世居京师。嘉祐初，公卜葬祖考于伊川，始居河南。

公娶侯氏，赠尚书比部员外郎道济之女，封寿安县君，先公三十八年终，追封上谷郡君。男六人：长曰应昌，次曰天锡，皆幼亡；次曰颢，任承议郎宗正寺丞，先公五年卒；次颐也，次韩奴，次蛮奴，皆幼亡。女四人：长幼亡，次適奉礼郎席延年，次幼亡，次適都官郎中李正臣。

公孝于奉亲，顺于事长，慈于抚幼，宽于治民。一岁丧母，祖母崔夫人抚爱异于他孙，尝以漆钵贮钱与之，公终身保藏其钵，命子孙宝之。开府再娶崇国太夫人。时方八岁，已能亲顺颜色，崇国爱之如己出，奉养五十年，崇国未尝形愠色。开府喜饮酒，公平生遇美酒，未尝不思亲。颐自垂髫至白首，不记其曾偶忘也。遇人与开府同年而生者，士人也无贤愚高下必拜之，贱者亦待之加礼。开府尝从赵炎者贷钱五千，未偿。公记其姓名，而不知其子孙乡里，终身访求，以不获为恨。

始公抚育诸孤弟，其长二人仕登朝省，二十余年闻皆亡。长弟之子九岁，从弟之子十一岁，公复抚养，至于成长，毕其婚宦。育二孤皆再世，亦异事也。前后五得任子，以均诸父子孙。嫁遣孤女，必尽其力；所得俸钱，分赡亲戚之贫者。伯母刘氏寡居，公奉养甚至。其女之夫死，公迎从女兄以归，教养其子，均于子侄。既而女兄之女又寡，公惧女兄之悲思，又取甥女以归，嫁之。时小官禄薄，克己为义，人以为难。后遇刘氏之族子于襄邑，偶询其宗系，知姻家也。未几刘生卒，其子立之才七岁，公取归教养，今登进士第，为宣德郎矣。

公慈恕而刚断。平居与幼贱语，惟恐有伤其意，至于犯义理，则不假也。左右使令之人，无日不察其饥饱寒暖。与人接，淡而有常。不妄交游，于所信爱，久而益笃。在虔时，常假倅南安军，一狱掾周惇实，年甚少，不为守所知。公视其气貌非常人，与语，果为学知道者，因与为友；及为郎官，故事当举代，每迁授，辄一荐之。

闻人有庆乐事，喜之如在己。不为皎皎之行，平生不亲附权势，而请谒常礼，亦不废也。至于亲旧之贵显者，既不与之加亲，亦不示之疎远，故贤者莫不敬爱，不贤者亦无敢慢。寓居黄陂时，主簿贪凶人也，常曰："谚云明镜为丑妇之冤，君居此照我，何其不幸也！"遂颇自敛。有欧阳乾曜者，以才华自负，多肆轻傲，易公年少，常以语侵公，公如不闻。后公官岭下，乾曜適倦道路，公以人船济之。乾曜曰："可谓汪汪如千顷之陂也。"南昌黄灏有高才，名动江表，然颇不羁，稠人广坐，无所不狎侮。公时最少，独见礼重，常目公曰："长者无笑我。"自少时德度服人已如此，

居官临事，孜孜不倦。历守四郡，温恭待下，身率以清慎，所至，寮属无有敢贪纵者。自朝廷行考课法，无岁不居上。平生居官，不以私事笞扑人。公之亲爱者，常有所怒，坚请杖之，曰："吏卒小人，不加以威，是使之慢也。"公曰："当官用刑，盖假手耳，岂可用于私也?"终不从。谦退不伐善，常欿然自不以为足；所能者，虽曲艺小事，人莫知也。平生所为诗甚多，自谓非工，即弃去；退休后所作，方稍编录，亦未尝以示人也。

自少师以来，家传清白，而公处己尤约。官至四品，奉养如

寒士，缣素之衣，有二三十年不易者。终身非宴会不重肉。既谢事，遂屏朝衣。宾客来者，无贵贱见之，虽公相亦不往谢。方仕宦时，每叹曰："我贫，未能舍禄仕。苟得早退，休闲十年，志愿足矣。"自领崇福，外无职事，内不问家有无者，盖二十余年。居常默坐，人问："静坐既久，宁无闷乎?"公笑曰："吾无闷也。"家人欲其怡悦，每劝之出游，时往亲戚之家，或园亭佛舍，然公之乐不在此也。尝从二子游寿安山，为诗曰："藏拙归来已十年，身心世事不相关。洛阳山水寻须遍，更有何人似我闲?"顾谓二子曰："游山之乐，犹不如静坐。"盖亦非好也。晚与文潞公、席君从、司马伯康为同甲会，洛中图画，传为盛事。

年八十，丧长子，亲旧以其慈爱素厚，忧不能堪；公以理自处，无过哀也。颐时未仕，阖门皇皇，不知所以为生，公不以为忧也。及颐被召，叨备劝讲，人皆庆之，公无甚喜也。尝有疾，召医眡脉，曰："无害。"公笑曰："吾年至此矣，有害无害皆可也。"虽疾病，服药必加巾。年七十，则自为墓志，纪履历始终而已。书其后以戒子孙曰："吾历官十二任，享禄六十年，但知廉慎宽和，孜孜夙夜，无勋劳可以报国，无异政可以及民，始终得免瑕谪，为幸多矣。葬日，切不用干求时贤，制撰铭志，既无事实可纪，不免虚辞溢美，徒累不德；只用此文刻于石，向壁安置。若或少违遗命，是不以为有知也。"不肖孤奉命不敢违，于葬既无铭，述家传所记，不敢一辞溢美，取诬亲之罪，承公志也。

上谷郡君家传

先妣夫人姓侯氏，太原盂县人，行第二。世为河东大姓。曾祖元，祖嵩，当五代之乱，以武勇闻。刘氏偏据日，锡土于乌河川，以控寇盗，亡其爵位。父道济，始以儒学中科第，为润州丹徒县令，赠尚书比部员外郎。母福昌县太君刁氏。

夫人幼而聪悟过人，女功之事，无所不能，好读书史，博知古今。丹徒君爱之过于子，每以政事问之，所言雅合其意，常叹曰："恨汝非男子。"七八岁时，常教以古诗曰："女人不夜出，夜出秉明烛。"自是日暮则不复出房阁。刁夫人素有风厥之疾，多夜作，不知人者久之，夫人涕泣扶侍，常连夕不寐。

年十九，归于我公。事舅姑以孝谨称，与先公相待如宾客。德容之盛，内外亲戚无不敬爱。众人游观之所，往往舍所观而观夫人。先公赖其内助，礼敬尤至，而夫人谦顺自牧，虽小事未尝专，必禀而后行。

仁恕宽厚，抚爱诸庶，不异己出。从叔幼孤，夫人存视，常均己子。治家有法，不严而整。不喜笞扑奴婢，视小臧获如儿女。诸子或加呵责，必戒之曰："贵贱虽殊，人则一也。汝如此大时，能为此事否？"道路遗弃小儿，屡收养之。有小商，出未还而其妻死，儿女散，逐人去，惟幼者始三岁，人所不取，夫人惧其必死，使抱以归。时聚族甚众，人皆有不欲之色，乃别籴以食之。其父归，谢曰："幸蒙收养，得全其生，愿以为献。"夫人曰："我本以待汝归，非欲之也。"好为药饵，以济病者。大寒，有负炭而摰者过门，家人欲呼之。夫人劝止之曰："慎勿为此，胜则贫者困矣。"

先公凡有所怒，必为之宽解，唯诸儿有过则不掩也。常曰："子之所以不肖者，由母蔽其过而父不知也。"夫人男子六人，所存惟二，其爱慈可谓至矣，然于教之之道，不少假也。才数岁，行而或踣，家人走前扶抱，恐其惊啼，夫人未尝不呵责曰："汝若安徐，宁至踣乎？"饮食常置之坐侧，尝食絮羹，皆叱止之，曰："幼求称欲，长当如何？"虽使令辈，不得以恶言骂之。故颐兄弟平生于饮食衣服无所择，不能恶言骂人，非性然也，教之使然也。与人争忿，虽直不右，曰："患其不能屈，不患其不能伸。"及稍长，常使从善师友游，虽居贫，或欲延客，则喜而为之具。其教女，常以曹大家《女戒》。居常教告家人曰："见人善，则当如己善，必共成之；视他物，当如己物，必加爱之。"先公罢尉庐陵，赴调，寓居历阳。会叔父亦解掾毗陵，聚口甚众，储备不足，夫人经营转易，得不困乏。先公归，问其所为，叹曰："良转运使才也。"所居之处，邻妇里媪皆愿为之用，虽劳不怨。始寓丹阳，僦葛氏舍以居。守舍王氏翁媪庸狡，前后居者无不苦之。夫人待之有道，遂反柔良。及迁去，王媪涕恋不已。

夫人安于贫约，服用俭素，观亲族间纷华相尚，如无所见。少女方数岁，忽失所在，乳媪辈悲泣叫号。夫人骂止之，曰："在当求得。苟亡失矣，汝如是，将何为?"在庐陵时，公宇多怪，家人告曰："物弄扇。"夫人曰："热尔。"又曰："物击鼓。"夫人曰："有椎乎？可与之。"后家人不敢复言怪，怪亦不复有，遂获安居。

夫人有知人之鉴。姜应明者，中神童第，人竞观之。夫人曰："非远器也。"后果以罪废。颐兄弟幼时，夫人勉之读书，因书线贴上曰"我惜勤读书儿"，又并书二行，曰"殿前及第程延寿"，先兄幼时名也；次曰"处士"。及先兄登第，颐以不才罢应科举，方知夫人知之于童稚中矣。宝藏手泽，使后世子孙知夫人之精鉴。

夫人好文，而不为辞章，见世之妇女以文章笔札传于人者，深以为非。平生所为诗，不过三十篇，皆不存。独记在历阳时，先公觐亲河朔，夜闻鸣雁，尝为诗曰："何处惊飞起？雝雝过草堂。早是愁无寐，忽闻意转伤。良人沙塞外，羁妾守空房。欲寄回文信，谁能付汝将?"读史，见奸邪逆乱之事，常掩卷愤叹；见忠孝节义之士，则钦慕不已。尝称唐太宗得御戎之道，其识虑高远，有英雄之气。夫人之弟可世，称名儒，才智甚高，尝自谓不如夫人。

夫人自少多病，好方饵修养之术，甚得其效。从先公官岭外，偶迎凉露寝，遂中瘴疠，及北归，道中病革，召医视脉，曰"可治"，谓二子曰："绐尔也。"未终前一日，命颐曰："今日百五，为我祀父母，明年不复祀矣。"夫人以景德元年甲辰十月十三日，生于太原；皇祐四年壬辰二月二十八日，终于江宁，享年四十九。始封寿安县君，追封上谷郡君。

叔父朝奉墓志铭

叔父名琉，字季聪，赠太子少师讳羽、清河郡太君张氏、襄陵郡太君贾氏之曾孙，尚书虞部员外郎讳希振、高密县君崔氏之孙，赠开府仪同三司讳遹、荣国太夫人张氏、崇国太夫人张氏之子，先公太中之季弟。其上世居深州之博野，累代聚居，以孝义称。至少师显于朝，赐第京师，始居开封。先君葬祖考于伊川，遂迁河南。

公天性孝友淳质，不事文饰。幼孤，事崇国能竭其力。于宗族笃恩义，爱幼稺如己生。事伯兄丘嫂如父母。与人接，倾尽心腑，信人如己，屡致欺而不变。人多笑之，而好德者重之。

年四十五，始以伯兄太中恩，补郊社斋郎，调怀州修武县主簿。秩满，授权泽州端氏县令，阅岁即真。用荐者，改大理寺丞，复四迁，至朝奉郎。积勋至上轻车都尉，赐服银绯。历河中府龙门、汝州襄城县事，权管勾西京国子监，遂致官事。公当官竭力，不择难易，尽心于爱人，故所至民爱之。尝捕蝗，徒步执箠，为众人先，其不爱力皆此类。喜求民利病，力可行者行之，不能者言之上官，虽沮却不恨。

年五十始有子，伤从兄无嗣，遂以继之。先君六得任子恩，公与二子实居其三，则公之见爱于兄，与先君之厚于弟，可见矣。

娶贾氏，追封宜兴县君。继室张氏，封寿光县君。子二人：长曰頔，郊社斋郎，出继从伯父后；次曰颙，太庙斋郎。女二人：长適承议郎刘立之，次適进士王霦。公生于天圣元年四月壬寅，终于绍圣四年六月乙酉，历年七十有五。是年十月某日，葬于伊川，祔先茔。孤侄颐号泣而铭其穴曰：

孝于事亲，顺于事兄；质直而好义，勤瘁以奉公。家无间言，仕有善效；古之所谓躬行君子，公其是乎！归全于斯，呜呼！哀哉！

家世旧事

少师影帐画侍婢二人：曰凤子，一曰宜子。颐幼时犹记伯祖母指其为谁，今则无能识者。抱笏苍头曰福郎，家人传曰，画工呼使啜茶，视而写之。福郎寻卒，人以为画杀。叔父七郎中影帐亦画侍者二人：大者曰楚云，小者曰僅奴，未几二人皆卒。由是家中益神其事。人寿短长有定数，岂画能杀？盖偶然尔。

成都寺院皆无高门限，传云少师脚短，当时皆去之，至今犹不复用。

少师卜居醴泉，第舍卑狭。颐少时尝到，宛然如旧，诸房门皆题谁居，先公太中所记也。后十年再到，则已为四翁（名逢尧）房子孙所卖，更易房室，不忍复观矣。自少师贵显，居京师，醴泉第宅，大评事诸孙居之，后遂分而卖之，先公未尝问也。券契皆存，以其上有少师书字，故不忍毁去；然收藏甚密，家中子弟有未尝见者。先公守凤时，四翁问："欲得宅否？"先公答以"叔有之，与珦有之正同，当善守而已"。又出一少师小印合示颐，曰："祖物也，可收之。"颐曰："翁能保之足矣。"不敢受者，所以安其疑心也。又如太宗皇帝御书及少监真像皆在，亦未敢求见。不意才数年，四翁卒，比再至醴泉，则散失尽矣。思之痛伤。后又二十年，颐到醴泉，改葬少师，始求得少监、段太君诰于三翁家，少师犀带于长安太监簿家，少师绿玉枕于四翁女种家，鞍瓦于三翁家。

少师厌河北五代兵戈，及宰醴泉，遂谋居焉，徙葬少监于县城之西。既显，虽赐第居京师，囊橐至于御书诰敕皆多在醴泉。从高祖、大评事、四评事，治生事皆淳俭严整，大评事家人未尝见笑，惟长孙始生（长安虞部也），一老妪白曰："承旨（将军也。）新妇生男。"微开颜曰："善视之。"曾祖母崔夫人亦留醴泉，与从曾祖母雷氏（将军之室）奉事二叔舅，晨夕兢畏，平居必曳长裙。烹饪少有失节则不食，拱手而起。二妇恐惧，不敢问所由，伺其食美，取所余尝之，然后知所嗜。太高祖母杨氏前卒，四高祖母李氏主内事，性尤严峻。二妇昼则供侍，夜复课以女工之事。雷氏不堪其劳，有间则泣于后庭，潘夫人每劝勉之，竟得羸疾而终，崔夫人怡怡如也，叔舅姑遂加爱之。后外祖崔驾部过雍，见其难苦之甚，属少师取至京师，不撤帷帐，尽置囊箧，云暂往省觐，叔舅姑方听其来。少师之待兄弟，崔夫人之事叔舅姑，后世所当法也。

少师治醴泉，惠爱及人至深。其后诸房子弟既多，不无侵损于邑人，而邑人敬爱之不衰。有争忿者，及门则止，俟过而复争。小儿持盘卖果，为族中群儿夺取，啼而不敢较。嘉祐初，颐过邑，去少师时八十年矣。驴足病，呼医治之，问知姓程，辞钱不受。昔时村妇多持香茶祈蚕于冢，因掐取其土以乞灵，后禁止之。

族父文简公应举来京师，馆于厅旁书室，唯乘一驴，更无余资，至则卖驴，得钱数千。伯祖殿直轻财好义，待族人甚厚，日责文简公具酒肴，欲观其器度。文简公诉曰："驴儿已吃至尾矣。"

文简公一夕梦紫衣持箱幞，其中若敕书，授之曰："寿州陈氏。"不测所谓，以问伯祖殿直，亦莫能晓。后登科，有媒氏来告，有陈氏求婿，必欲得高第者。问其乡里，乃寿州人。文简公年少才高，欲婚名家，弗许。伯祖曰："尔梦如是，尽默定矣，岂可违也?"强之使就，后累年犹怏怏。陈夫人贤德宜家，夫妇偕老，享封大国，子孙相继，岂偶然哉?

叔祖寺丞有知人之鉴，常谓文简公公辅之器。文简公为著作佐郎时，贾文元尚少，一日侍叔祖坐，曰："某昨夜梦坐此，有一人乘驴而来，索纸写门状，复乘驴而去，坐中有一人指之曰，此将来宰相也。"顷之，文简公乘驴而来，索纸写门状，复登驴而出，正如所说之梦。贾文元曰："程六当为宰相。"叹羡不已。叔祖谓曰："尔无羡彼，尔作相当在先。"及文简公为两制，贾方小官；及参大政，风望倾朝，众谓旦夕爰立，俄以事罢去，比三易藩郡，而贾已登庸，方拜使相。虽古之精于术者，无以过也。

叔祖寺丞年四十，谓家人曰："吾明年死矣。"居数月，又指堂前屋曰："吾去死，如隔此屋矣。"又数月指室中窗曰："吾之死，止如隔此纸尔。"未几而卒。叔祖多才艺。与人会射，发矢能如其意。常从主人之后，主人中则亦中，主人远则亦远，不差尺寸。

伯祖殿直喜施，而与人周。一日苦寒，有儒生造门，即持绵袴与之。其人大惊曰："何以知我无袴也?"盖于游从间，常察其不足也。至晚年，家资悬罄，而为义不衰。有儒生以讲说醵钱。时家无所有，偶伯祖母有珠子装抹胸，卖得十三千，尽以与之。

明道先生宰晋城时，有富民张氏子，其父死未几，晨起，有老父立于门外，问之，曰"我汝父也，今来就汝居"，具陈其由。张氏子惊疑莫测，相与诣县，请辨之。老父曰："业医，远出治疾，而妻生子，贫不能养，以与张氏。某年某月某日某人抱去，某人某人见之。"先生谓曰："岁久矣，尔何记之详也?"老父曰："某归而知之，则书于药法策后。"因怀中取策进之。其所记曰："某年月日，某人抱儿与张三翁家。"先生问张氏子曰："尔年几何?"曰："三十六矣。""尔父而在，年几何?"曰："七十六矣。"谓老父曰："是子之生，其父年才四十，已谓之三翁乎?"老父惊骇服罪。

明道主簿上元时，谢师直为江东转运判官。师宰来省其兄，尝从明道假公仆掘桑白皮。明道问之曰："漕司役卒甚多，何为不使?"曰："《本草》说桑白皮出土见日者杀人。以伯淳所使人不欺，故假之尔。"师宰之相信如此。谢师直尹洛时，尝谈经与鄙意不合，因曰："伯淳亦然。往在上元，某说《春秋》，犹时见取，至言《易》，则皆曰非是。"颐谓曰："二君皆通《易》者也。监司谈经，而主簿乃曰非是，监司不怒，主簿敢言，非通《易》能如是乎?"

改葬告少监文

维元祐六年辛未二月癸卯，玄孙右承议郎权司管勾西京国子监轻车都尉赐绯鱼袋琥，谨遣侄颐就坟所，以酒肴之具，祭告于高祖少监、高祖母京兆太君段氏之灵。秦人之俗，以开发冢墓为事。近年以来，大评事、四评事墓继遭盗劫。少师墓亦尝有穴，固不知完否。苟不完矣，理当改厝。幸而尚完，异日之祸，不得不虑。今将改葬少师，而迁公丘封，使后人不知墓之所在，以图永安。谨具昭告，伏惟鉴飨！

祭席仁叟文

年月日，河南程颐谨以香醪致奠于亡姊夫奉礼郎席仁叟之灵。自我未冠，与君为姻。游从嬉戏，不殊同队之鱼；情好恩义，无异一门之亲。知吾心而丹诚相照，信吾道而白首逾新。仁叟晚年见信益笃。于聚散之间，尚不胜于凄惨；况死生之隔，何以喻其悲辛？昔我姊之云亡，望君舍而来奔。悼彼中途之夭逝，各怀哀愤以难伸。表情诚之不替，遂婚姻之重论。于是君之女以女于吾侄，我之息复归于君门。敦契义之如是，岂浅薄之所存？何其降年不永，讣音遽闻！相去千里，徒增劳于魂梦；逮兹三稔，始获展于丘坟。宿草虽久，予哀未泯。挈甥女以将归，叙中怀而告违。清香一炷，芳醪一卮，君其飨之，当鉴我心之悲！

祭张子直文

妹夫故尚书虞部员外郎张君子直之灵。呜呼！与君游从，岁逾一终。情在睦姻，我于君而既厚；心存乐善，君于我而弥隆。会则尽合簪之欢，别则有索居之叹，信吾道而白首益坚，知余心而中怀靡间。君在洛南，我居畿甸。常为命驾之约，方切离群之恋。忽承置邮之书，重有婚姻之愿。虽稚女之爱怜，感君心之勤眷。遽报诺音，曾未几月。走介欻来，言君被疾。观遗辞之甚遽，已惊皇而自失。走十舍之修途，冒如焚之赫日。始及近郊，已闻捐室。抚孤嫠而长恸，痛死生之遂隔。呜呼子直！惟君之生，为善是力。临官政有慈惠幹济之称，居乡里推谨厚淳和之德。谓所享之宜长，胡降衷之莫测？祐薄命短，人之所悲；母老子幼，祸兮何极？虽道路以犹嗟，宜亲朋之共惜。何君命之若斯，俾我心之重衋。羁旅之次，肴羞粗饰；惟君之灵，监斯诚而来格！

祭四十一郎文

叔父颐令昂具酒肴致祭于侄四十一郎之灵。呜呼！乃祖乃父，世积庆善，而汝兄弟姊妹皆不克寿。天造差忒，至如是乎！惟汝资禀，善和修谨，无子弟之过，期汝有成，而遽死耶？吾方以罪戾，窜絷远方，生不获视汝疾，死不获抚汝柩，冤痛之深，衷肠如割。吾知汝有未伸之志，抱无穷之恨，吾当致力，慰尔心于泉下。又汝妇盛年，自今当待之加厚，冀其安室。嗣子循良，今已可见，当教诲之，期于成立，则汝为有后矣。此外吾无以致其力矣。呜呼！吾将七十，望汝收我，而我反哭汝，天乎！冤哉！

祭李邦直文

呜呼！惟公世推文章，位登丞辅。简编见其才华，廊庙存其步武，固不待诔而后知也。自与公别，于兹九年。既升沉之异迹，望履舄以无缘。惟期与公挂冠之后，居洛之滨。葛巾藜杖，日以相亲。何志愿之未谐，遂音容之永隔！追念平昔，悲辛填臆。呜呼哀哉！颐也少服公名，晚识公面。重以姻媾，始终异眷。感怀知遇，丹诚莫见。一恸灵筵，聊伸薄奠。

祭李通直文（先生之婿）

呜呼！余周流天下，阅人多矣，求其忠孝仁厚如子者几希。宜得其寿，而遽死邪？余老矣，有赖于子，而反哭子，何其酷邪！薄奠致诚，尚其来飨！

遗文

放蝎颂（见游氏本《拾遗》）

杀之则伤仁，放之则害义。

酌贪泉诗（见刘立之《叙述》）

中心如自固，外物岂能迁？

书县厅壁（见《龟山语录》）

视民如伤。

右明道先生文

易上下篇义（见《易传》后）

《乾》《坤》，天地之道，阴阳之本，故为上篇之首；《坎》《离》，阴阳之成质，故为上篇之终。《咸》《恒》，夫妇之道，生育之本，故为下篇之首；《未济》，《坎》《离》之合，《既济》，《坎》《离》之交，合而交则生物，阴阳之成功也，故为下篇之终。二篇之卦既分，而后推其义以为之次，《序卦》是也。

卦之分则以阴阳。阳盛者居上，阴盛者居下。所谓盛者，或以卦，或以爻。卦与爻取义有不同。如《剥》以卦言，则阴长阳剥也；以爻言，则阳极于上，又一阳为众阴主也。如《大壮》以卦言，则阳长而壮；以爻言，则阴盛于上，用各于其所，不相害也。

《乾》，父也，莫亢焉；《坤》，母也，非《乾》无与为敌也。故卦有《乾》者居上篇，有《坤》者居下篇。而《复》阳生，《临》阳长，《观》阳盛，《剥》阳极，则虽有《坤》而居上；《姤》阴生；《遯》阴长，《大壮》阴盛，《夬》阴极，则虽有《乾》而居下。

其余有《乾》者皆在上篇，《泰》《否》《需》《讼》《小畜》《履》《同人》《大有》《无妄》《大畜》也。有《坤》而在上篇，皆一阳之卦也。卦五阴而一阳，则一阳为之主，故一阳之卦皆在上篇，《师》《谦》《豫》《比》《复》《剥》也。

其余有《坤》者皆在下篇，《晋》《明夷》《萃》《升》也。卦一阴五阳者，皆有《乾》也，又阳众而盛也，虽众阳说于一阴，说之而已，非如一阳为众阴主也。王弼云“一阴为之主”，非也。故一阴之卦皆在上篇，《小畜》《履》《同人》《大有》也。

卦二阳者，有《坤》则居下篇；《小过》虽无《坤》，阴过之卦也，亦在下篇。其余二阳之卦，皆一阳生于下而达于上，又二体皆阳，阳之盛也，皆在上篇，《屯》《蒙》《颐》《习坎》也。阳生于下，谓《震》《坎》在下。《震》，生于下也。《坎》，始于中也。达于上，谓一阳至上，或得正位也。生于下而上达，阳之畅盛也。阳生于下而不达于上，又阴众而阳寡，复失正位，阳之弱也，《震》也，《解》也。上有阳而下无阳，无本也，《艮》也，《蹇》也。《震》《坎》《艮》，以卦言则阳也，以爻言则皆始变，微也。而《震》之上《艮》之下无阳，《坎》则阳陷，皆非盛也。唯《习坎》则阳上达矣，故为盛卦。

二阴者，有《乾》则阳盛可知，《需》《讼》《大畜》《无妄》

也；无《乾》而为盛者，《大过》也，《离》也。《大过》阳盛于中，上下之阴弱矣。阳居上下，则纲纪于阴，《颐》是也。阴居上下，不能主制于阳而反弱也；必上下各二阴，中唯两阳，然后为胜，《小过》是也。《大过》《小过》之名可见也。《离》则二体上下皆阳，阴实丽焉，阳之盛也。其余二阴之卦，二体俱阴，阴盛也，皆在下篇，《家人》《睽》《革》《鼎》《巽》《兑》《中孚》也。

卦三阴三阳者敌也，则以义为胜。阴阳尊卑之义，男女长少之序，天地之大经也。阳少于阴而居上，则为胜。《蛊》，少阳居长阴上；《贲》，少男在中女上，皆阳盛也。《坎》虽阳卦，而阳为阴所陷，弱也，又与阴卦重，阴盛也。故阴阳敌而有《坎》者，皆在下篇，《困》《井》《涣》《节》《既济》《未济》也。

或曰：一体有《坎》，尚为阳陷，二体皆《坎》，反为阳盛，何也？曰：一体有《坎》，阳为阴所陷，又重于阴也；二体皆《坎》，阳生于下而达于上，又二体皆阳，可谓盛矣。

男在女上，乃理之常，未为盛也。若失正位而阴反居尊，则弱也。故《恒》《损》《归妹》《丰》皆在下篇。女在男上，阴之胜也。凡女居上者，皆在下篇，《咸》《益》《渐》《旅》《困》《涣》《未济》也。唯《随》与《噬嗑》，则男下女，非女胜男也。故《随》之《彖》曰："刚来而下柔。"《噬嗑》彖曰："柔得中而上行。"长阳非少阴可敌，以长男下中少女，故为下之。若长少敌，势力侔，则阴在上为陵，阳在下为弱，《咸》《益》之类是也。《咸》亦有下女之象，非以长下少也，乃二少相感以相与，所以致陵也，故有利贞之诫。《困》虽女少于男，乃阳陷而为阴掩，无相下之义也。

《小过》二阳居四阴之中，则为阴盛；《中孚》二阴居四阳之中，而不为阳盛，何也？曰：阳体实，《中孚》中虚也。然则《颐》中四阴不为虚乎？曰：《颐》二体皆阳卦，而本末皆阳，盛之至也。《中孚》二体皆阴卦，上下各二阳，不成本末之象，以其中虚，故为《中孚》，阴盛可知矣。

易序（见《性理群书》）

《易》之为书，卦爻彖象之义备，而天地万物之情见。圣人之忧天下来世，其至矣：先天下而开其物，后天下而成其务。是故极其数以定天下之象，著其象以定天下之吉凶。六十四卦，三百八十四爻，皆所以顺性命之理，尽变化之道也。散之在理，则有万殊；统之在道，则无二致。所以"《易》有太极，是生两仪"。太极者道也，两仪者阴阳也。阴阳，一道也。太极，无极也。万物之生，负阴而抱阳，莫不有太极，莫不有两仪，絪缊交感，变化不穷。形一受其生，神一发其智，情伪出焉，万绪起焉。

《易》，所以定吉凶而生大业，故《易》者阴阳之道也，卦者阴阳之物也，爻者阴阳之动也。卦虽不同，所同者奇耦；爻虽不同，所同者九六。是以六十四卦为其体，三百八十四爻互为其用。远在六合之外，近在一身之中，暂于瞬息，微于动静，莫不有卦之象焉，莫不有爻之义焉。

至哉《易》乎！其道至大而无不包，其用至神而无不存。时固未始有一，而卦亦未始有定象；事固未始有穷，而爻亦未始有定位。以一时而索卦，则拘于无变，非《易》也。以一事而明爻，则窒而不通，非《易》也。知所谓卦爻彖象之义，而不知有卦爻彖象之用，亦非《易》也。故得之于精神之运，心术之动，与天地合其德，与日月合其明，与四时合其序，与鬼神合其吉凶，然后可以谓之知《易》也。

虽然，《易》之有卦，《易》之已形者也；卦之有爻，卦之已见者也。已形已见者可以言知，未形未见者不可以名求。则所谓《易》者，果何如哉？此学者所当知也。

礼序（同上）

礼经三百，威仪三千，皆出于性，非伪貌饰情也。鄙夫野人卒然加敬，逡巡逊却而不敢受；三尺童子拱而趋市，暴夫悍卒莫敢狎焉。彼非素有于教与邀誉于人而然也，盖其所有于性，物感而出者如此。故天尊地卑，礼固立矣；类聚群分，礼固行矣。

人者，位乎天地之间，立乎万物之上；天地与吾同体，万物与吾同气，尊卑分类，不设而彰。圣人循此，制为冠、昏、丧、祭、朝、聘、射、飨之礼，以行君臣、父子、兄弟、夫妇、朋友之义。其形而下者，具于饮食器服之用；其形而上者，极于无声无臭之微；众人勉之，贤人行之，圣人由之。故所以行其身与其家与其国与其天下，礼治则治，礼乱则乱，礼存则存，礼亡则亡。上自古始，下逮五季，质文不同，罔不由是。然而世有损益，惟周为备。是以夫子尝曰："郁郁乎文哉！吾从周。"逮其弊也，忠义之薄，情文之繁，林放有礼本之问，而孔子欲先进之从，盖所以矫正反弊也。然岂礼之过哉？为礼者之过也。

秦氏焚灭典籍，三代礼文大坏。汉兴购书，《礼记》四十九篇杂出诸儒传记，不能悉得圣人之旨。考其文义，时有牴牾。然而其文繁，其义博。学者观之，如适大通之肆，珠珍器帛随其所取；如游阿房之宫，千门万户随其所入；博而约之，亦可以弗畔。盖其说也，粗在应对进退之间，而精在道德性命之要；始于童幼之习，而终于圣人之归。惟达于道者，然后能知其言；能知其言，然后能得于礼。然则礼之所以为礼，其则不远矣。昔者颜子之所从事，不出乎视听言动之间，而《乡党》之记孔子，多在于动容周旋之际，此学者所当致疑以思，致思以达也。

禘说（见朱子文集）

禘，其祖之所自出，始受姓者也；其祖配之，以始祖配也。文、武必以稷配，后世必以文王配。所出之祖无庙，于太祖之庙禘之而已。万物本乎天，人本乎祖，故以所出之祖配天也。周之后稷生于姜嫄，姜嫄以上更推不去也。文、武之功起于后稷，故配天者须以后稷。严父莫大于配天，宗祀文王于明堂，以配上帝，帝即天也。聚天之神而言之，则谓之上帝。此武王祀文王，推父以配上帝，须以父也。

曰“昔者周公郊祀后稷以配天，宗祀文王于明堂以配上帝”，不曰武王者，以周之礼乐出于周公制作，故以其作礼乐者言之。犹言“鲁之郊禘非礼，周公其衰”，是周公之法坏也。若是成王祭上帝，则须配以武王。配天之祖则不易，虽百世惟以后稷，配上帝则必以父。若宣王祭上帝，则亦以厉王。虽圣如尧、舜，不可以为父；虽恶如幽、厉，不害其为所生也。故《祭法》言“有虞氏宗尧”，非也。如此则须舜是尧之子。苟非其子，虽授舜以天下之重，不可谓之父也。如此，则是尧养舜以为养男也，禅让之事蔑然矣。

以始祖配天，须在冬至，一阳始生，万物之始，祭用圜丘，器用陶匏稿秸，服用大裘。而祭宗祀九月，万物之成，父者我之所自生，帝者生物之祖，故推以为配，而祭于明堂也。

本朝以太祖配于圜丘，以祢配于明堂，自介甫此议方正。先此祭五帝，又祭昊天上帝，并配者六位。自介甫议，惟祭昊天上帝，以祢配之。太祖而上，有僖、顺、翼、宣。先尝以僖祧之矣，介甫议以为不当祧，顺以下祧可也。何者？本朝推僖祖为始，已上不可得而推也。或难以僖祖无功业，亦当祧。以是言之，则英雄以得天下自己力为之，并不得与祖德。或谓：灵芝无根，醴泉无源，物岂有无本而生者？今日天下基本，盖出于此人，安得为无功业？故朝廷复立僖祖庙为得礼。介甫所见，终是高于世俗之儒。

书铭（见《微言》）

含其英，茹其实；精于思，贯于一。

与方元寀手帖（见《近思录》）

圣人之道，坦如大路，学者病不得其门耳，得其门，无远之不可到也。求入其门，不由于经乎？今之治经者亦众矣，然而买椟还珠之蔽，人人皆是。经所以载道也，诵其言辞，解其训诂，而不及道，乃无用之糟粕耳。觊足下由经以求道，勉之又勉，异日见卓尔有立于前，然后不知手之舞，足之蹈，不加勉而不能自止矣。

（按：朱子跋此帖有二，其一有应举耕田之语，又尝得先生年廿五时与方氏帖，惜皆不可见，姑记朱语云。）

谢执政书（见张绎《师说》）

公知射乎？有人执弓于此，发而多中，人皆以为善射矣。一日，使羿立于其傍，道之以彀率之法。不从，羿且怒而去矣；从之，则戾其故习而失多中之功。故不若处羿于无事之地，则羿得尽其言，而用舍羿不恤也。颐才非羿也，然闻羿之道矣，虑其害公之多中也。

谢傅（耆）伯寿手谒（见朱子文集）

颐谨诣行馆拜谢长官秘书。十月日，河南程颐状。

答晁以道书（见《吕氏杂志》）

颐与尧夫同里巷居三十年余，世间事无所不论，惟未尝一字及“数”耳。

与横渠简（见《朱子语类》）

尧夫说《易》好，今夜试来听他说看。（一作：“说《先天图》甚有理，可试往听他说看。”）

答谢良佐书

（见《微言》。〇又杨遵道录，但是问答，不云有书。）

族子至愚，无足责；故人素厚，不敢疑。孟子既知天，安用尤臧氏？

寄范淳夫书（同上）

丞相久留，左右所助。一意正道者，实在原明耳。

右伊川先生文

博闻续记

（此记系取朱子《名臣言行录》及邵氏《易学辨惑》所载，以补《遗书》《外书》之未备。若夫他书，岂无附见，然未敢必信，故不复取云。）

一日，二程先生侍太中公访康节于天津之庐。康节携酒，饮月陂上，欢甚，语其平生学术出处之大致。明日，明道怅然谓门生周纯明曰："昨从尧夫先生游，听其论议，振古之豪杰也。惜其无所用于世。"纯明曰："所言何如?"明道曰："内圣外王之道也。"是日，康节有诗，明道和之，今各见集中。(《闻见录》)

右二先生语

李文定公为举子时，从种放明逸先生学。将试京师，携明逸书见柳开仲涂，以文卷为贽，与谒俱入。久之，仲涂出，曰："读君之文，须沐浴乃敢见。"因留之门下。一日，仲涂自出题，令文定与其诸子及门下客同赋。赋成，惊曰："君必魁天下，为宰相。"令门下客与诸子拜之，曰："异日无忘也。"及文定为宰相，仲涂门下客有柳某者，文定命长子东之娶其女，不忘仲涂之言也。文定所拟赋题不传。如王沂公曾，初作《有物混成赋》，识者知其决为宰相。盖所养所学，发为言辞者，可以观矣。程明道先生为伯温云。(《闻见录》)

神宗欲用温公，召知许州令过阙上殿。方下诏，谓监察御史里行程颢曰："朕召司马光，卿度光来否?"颢对曰："陛下能用其言，光必来；不能用其言，光必不来。"帝曰："未论用其言，如光者常在左右，人主自可无过。"公果辞召命。(同上)

熙宁十年春，吕申公起知河阳，河南尹贾公昌衡率温公、程伯淳饯于福先寺上东院，康节以疾不赴。明日，伯淳语康节曰："君实与晦叔席上各辩论出处不已，颢以诗解之。"云云。(同上)

陈左司瓘曰："范公淳夫尝论颜子不迁怒不贰过，惟伯淳能之。"予问公曰："伯淳谁也?"公默然久之，曰："不知有程伯淳邪?"予谢曰："生长东南，实未知也。"予常以寡陋自愧。了翁之子正由云："了翁自是每得明道先生之文，必冠带然后读之。"(《范太史遗事》)

右明道先生语

曹彬攻金陵，垂克，忽称疾不视事。诸将皆来问疾，彬曰："余之病非药石所愈。惟须诸公共发诚心，自誓以克城之日，不妄杀一人，则自愈矣。"诸将许诺，共焚香为誓。明日稍愈。及克金陵，城中皆按堵如故。曹翰克江州，忿其久不下，屠戮无遗。彬之子孙贵盛，至今不绝。翰卒不三十年，子孙有乞丐于海上者矣。程颐云。（《涑水记闻》）

程伊川曰："凡从安定先生学者，其醇厚和易之气，望之可知也。"（《闻见录》）

或问伊川，量可学否？曰："可。学进则识进，识进则量进。"曰："如魏公可学否？"曰："魏公是闲气。"（《胡氏传家录》）

异时，伊川同朱公掞访先君，先君留之饮酒，因以论道。伊川指面前食卓曰："此卓安在地上，不知天地安在甚处？"先君为之极论天地万物之理，以及六合之外。伊川叹曰："平生唯见周茂叔论至此，然不及先生之有条理也。"（《易学辩惑》）

伊川又同张子坚来，方春时，先君率同游天门街看花。伊川辞曰："平生未尝看花。"先君曰："庸何伤乎？物物皆有至理。吾侪看花，异于常人，自可以观造化之妙。"伊川曰："如是则愿从先生游。"（同上）

先君病且革，伊川曰："先生至此，他人无以致力，愿先生自主张。"先君曰："平生学道，固知此矣，然亦无可主张。"伊川犹相问难不已。先君戏之曰："正叔可谓生姜树头生，必是生姜树头死也。"伊川曰："从此与先生永诀矣，更有可以见告者乎？"先君声气已微，举张两手以示之。伊川曰："何谓也？"先君曰："面前路径，须常令宽。路径窄，则自无著身处，况能使人行也？"（同上）

右伊川先生语

附录

晦庵辩论胡本错误书（南轩语附）

近略到城中，归方数日，见平父，示近间承寄声存问，感感。但所论二先生集，则愚意不能无疑。伯逢主张家学，固应如此，熹不敢议。所不可解者，以老兄之聪明博识，钦夫之造诣精深，而不晓此，此可怪耳。若此书是文定所著，即须依文定本为正。今此乃是二先生集，但彼中本偶出文定家。文定当时，亦只是据所传录之本。虽文定，盖不能保其无一字之讹也。今别得善本，复加补缀，乃是文定所欲闻。文定复生，亦无嫌间。不知二兄何苦尚尔依违也？此间所用二本，固不能尽善，亦有灼然却是此间本误者，当时更不曾写去，但只是平气虚心，看得义理通处，便当从之。岂可肚里先横却一个胡文定，后不复信道理邪？

如《定性书》及《明道叙述》《上富公与谢帅书》中，删却数十字，及《辞官表》倒却次序，《易传序》改“沿”为“泝”，《祭文》改“侄”为“犹子”之类，皆非本文，必是文定删改。熹看得此数处，有无甚害者，但亦可惜改却本文，盖本文自不害义理故也，《叙述》及《富谢书》是也。有曲为回互，而反失事实，害义理者，《辞表》是也。曲为回互，便是私意害义理矣。惟《定性书》首尾虽非切要之辞，然明道谓横渠实父表弟。闻道虽有先后，然不应以闻道之故，傲其父兄如此。《语录》说二先生与学者语有不合处，明道则曰“更有商量”，伊川则直云“不是”。明道气象如此，与今所删之书，气象类乎？不类乎？且文定答学者书，虽有不合，亦甚宛转，不至如此无含畜，况明道乎？今如此删去，不过是减得数十个闲字，而坏却一个从容和乐底大体气象。恐文定亦是偶然一时意思，欲直截发明向上事，更不暇照管此等处。或是当时未见全本，亦不可知。今岂可曲意徇从邪？

向见李先生本，出龟山家，犹杂以游察院之文。比访得游集，乃知其误，以白先生。先生叹息曰："此书所自来，可谓端的，犹有此误，况其他又可尽信邪？"只此便是虚己从善，公平正大之心。本亦不是难事，但今人先著一个私意，横在肚里，便见此等事为难及耳。

又"犹子"二字，前论未尽。《礼记》云："丧服，兄弟之子，犹子也。"言人为兄弟之子丧服犹己之子，非所施于平时也。况"犹"字本亦不是称呼，只是记礼者之辞。如下文"嫂叔之无服，姑姊妹之薄也"，今岂可沿此遂谓嫂为"无服"，而名姑姊妹以"薄"乎？古人固不谓兄弟之子为侄，然亦无云犹子者。但云兄之子，弟之子，孙亦曰兄孙耳。二先生非不知此，然犹从俗称侄者，盖亦无害于义理也。此等处，文定既得以一时己见，改易二程本文，今人乃不得据相传别本，改正文定所改之未安处，此何理邪？

又明道《论王霸劄子》等数篇，胡本亦无。乃此间录去，有所脱误，非文定之失。伊川《上仁庙书》，此间本无，后来乃是用钦夫元寄胡家本校，亦脱两句。此非以他人本改文定本，乃是印本自不曾依得文定本耳。似此之类，恐是全不曾参照，只见人来说自家刻得文字多错，校得不精，便一切逆拒之，几何而不为訑訑之声音颜色，拒人于千里之外乎？

夫乐闻过，勇迁善，有大于此者，犹将有望于两兄。不意只此一小事，便直如此，殊失所望。然则区区所以剧论不置者，正恐此私意根株，消磨不去，随事滋长，为害不细，亦不专为二先生之文也。如必以胡氏之书一字不可改易，则又请以一事明之。集中《与吕与叔论中书》注云："子居，和叔之子。"胡氏编《语录》时，意其为邢恕之子，遂削此注，直于正文“子居”之上，加一“邪”字。顷疑吕氏亦有和叔，因以书问钦夫，答云：“尝问之邢氏，果无子居者。”以此例之，则胡氏之书，亦岂能一无缪误？乃欲不问是非，一切从之乎？况此乃文字间舛误，与其本原节目处，初无所妨，何必一一遵之而不敢改乎？近以文定当立祠于乡郡说，应求、邦彦二公皆指其小节疑之，魏元履至为扼腕。今二兄欲尊师之，而又守其尤小节处，以为不可改，是文定有所谓大者，终不见知于当世也。此等处，非特二先生之文之不幸，亦文定之不幸耳。今既用官钱刊一部书，却全不睹是，只守却胡家错本文字，以为至当，可谓直截不成议论，恐文定之心却须该遍流通，决不如是之陋也。若说文定决然主张此书，以为天下后世必当依此，即与王介甫主张《三经》《字说》何异？作是说者，却是谤文定矣。设使微似有此，亦是克未尽底己私，所谓贤者之过。横渠所谓其不善者共改之，正所望于后学，不当守己残而妒道真，使其遗风余弊波荡于末流也。程子尝言人之为学，其失在于自主张太过。横渠犹戒以自处太重，无复以来天下之善。今观二兄主张此事，得无近此？圣贤稽众舍己，兼听并观之意，似不然也。胡子《知言》亦云：“学欲约，不欲陋。”此得无近于陋邪？如云当于他处别刊，此尤是不情悠悠之说，与月攘一鸡何异？非小生所敢闻也。每恨此道衰微，邪说昌炽，举世无可告语者。望二兄于千里之外，盖不翅饥渴之于饮食，乃不知主意如此偏枯。若得从容宾客之后，终日正言，又不知所以不合者复几何耳。钦夫尊兄，不及别状，所欲言者，不过如此，幸为呈似。所言或不中理，却望指教，熹却不敢惮改也。向所录去数纸，合改处当时极费心力，又且劳烦，众人意以为必依此改正，故此间更无别本，今既不用，切勿毁弃，千万尽为收拾，便中寄来，当什袭藏之，以俟后世耳。向求数十本，欲遍遗朋友，今亦不须寄来，熹不敢以此等错本文字误朋友也。天寒手冻，作字不成，不能倾竭怀抱，惟加察而恕其狂妄可也。（朱子与刘共父。）

昨见共父家问，以为二先生集中误字，老兄以为尝经文定之手，更不可改，愚意未晓所谓。夫文定固有不可改者，如尊君父，攘夷狄，讨乱臣，诛贼子之大伦大法，虽圣贤复出，不能改也。若文字之讹，安知非当时所传亦有未尽善者，而未得善本以正之欤？至所特改数处，窃以义理求之，恐亦不若先生旧文之善。若如老兄所论，则是伊川所谓“昔所未遑，今不得复作，前所未安，后不得复正”者，又将起于今日矣。已作共父书详言之，复此具禀。更望虚心平气，去彼我之嫌，而专以义理求之，则于取舍从违之间，知所处矣。

道术衰微，俗学浅陋极矣。振起之任，平日深于吾兄望之。忽闻此论，大以为忧。若每事自主张如此，则必无好闲察言之理，将来任事，必有不满人意处，而其流风余弊，又将传于后学，非適一时之害也。只如近世诸先达，闻道固有浅深，涵养固有厚薄，扩充运用固有广狭，然亦不能不各有偏倚处，但公吾心以玩其气象，自见有当矫革处，不可以火济火，以水济水，而益其疾也。

熹闻道虽晚，赖老兄提掖之赐，今幸略窥仿佛。然于此不能无疑，不敢自鄙外于明哲，故敢控沥，一尽所言。不审尊意以为如何？其详则又具于共父书中，幸取而并观之，无怪其词之太直也。（与张钦夫。）

“不先天而开人，各因时而立政。”胡本天作时。钦夫云：“作天字大害事。”愚谓此言先天，与《文言》之先天不同。《文言》之云先天后天，乃是左右参赞之意，如《左传》云实先后之意，思却在中间，正合天运，不差毫髮，所谓啐啄同时也。此序所云先天，却是天时未至，而妄以私意先之，若耕获菑畲之类耳。两先天，文同而意不同。先天先时却初不异，但上言天，下言人，上言时，下言政，于文为协耳。

“窥圣人之用心。”胡本无心字。钦夫云：“著心字亦大害事，请深思之。”愚谓孟子云：“尧、舜之治天下，岂无所用其心哉？”言用心，莫亦无害于理否？（并同上。）

称侄固未安，称犹子亦不典。按礼有从祖从父之名，则亦当有从子从孙之目矣。以此为称，似稍稳当。虑偶及此，因以求教，非敢复议改先生之文也。

《与富公及谢帅书》，全篇反复，无非义理，卒章之言，止是直言义理之效，感应之常。如《易》六十四卦，无非言吉凶祸福；《书》四十八篇，无非言灾祥成败；《诗》之《雅》《颂》，极陈福禄寿考之盛，以歆动其君而告戒之者，尤不为少。（《卷阿》尤著。）孟子最不言利，然对梁王亦曰："未有仁义而遗后其君亲者。"答宋牼亦曰："然而不王者，未之有也。"此岂以利害动之哉？但人自以私心计之，便以为利。故不肖者则起贪欲之心，贤者则有嫌避之意，所趣虽殊，然其处心之私则一也。若夫圣贤以大公至正之心，出大公至正之言，原始要终，莫非至理，又何嫌疑之可避哉？若使先生全篇主意专用此说，则诚害理矣。向所见教同行异情之说，于此亦可见矣。

《春秋序》两处，观其语脉文势，似熹所据之本为是。先天二字，卷中论之已详，莫无害于理否？理既无害，文意又协，何为而不可从也？"圣人之用"下，著心字语意方足，尤见亲切主宰处，下文所谓"得其意"者是也。不能窥其用心，则其用岂易言哉？故得其意，然后能法其用，语序然也。其精微曲折，盖有不苟然者矣。若谓用心非所以言圣人，则《孟子》《易传》中言圣人之用心者多矣。盖人之用处，无不是心，自圣人至于下愚一也。但所以用之者有精粗邪正之不同，故有圣贤下愚之别。不可谓圣人全不用心，又不可谓圣人无心可用，但其用也，妙异乎常人之用耳。然又须知即心即用，非有是心而又有用之者也。（别纸。）

伏蒙垂谕，向论程集之误，《定性书》《辞官表》两处，已蒙收录，其他亦多见纳用。此见高明择善而从，初无適莫，而小人向者妄发之过也。然所谓不必改，不当改者，反复求之，又似未能不惑于心，辄复条陈，以丐指喻。

夫所谓不必改者，岂以为文句之间小小同异，无所系于义理之得失，而不必改邪？熹所论出于己意，则用此说可也。今此乃是集诸本而证之，按其旧文，然后刊正。虽或不能一一尽同，亦是类会数说，而求其文势语脉所趋之便。除所谓疑当作某一例之外，未尝敢妄以意更定一点画也。此其合于先生当日本文无疑。今若有尊敬重正而不敢忽易之心，则当一循其旧，不容复有毫髪苟且迁就于其间，乃为尽善。惟其不尔，故字义迂晦者，必承误强说而后通；如遵误作尊，今便强说为尊其所闻之类是也。语句刓阙者，须以意属读然后备。如尝食絮羹叱止之，无皆字则不成文之类是也。此等，不惟于文字有害，反求诸心，则隐微之间，得无未免于自欺邪？

且如吾辈秉笔书事，唯务明白，其肯故舍所宜用之字，而更用他字，使人强说而后通邪？其肯故为刓阙之句，使人属读而后备邪？人情不大相远，有以知其必不然矣。改之，不过印本字数稀密不匀，不为观美，而他无所害。然则胡为而不改也？卷子内如此处，已悉用朱圈其上，复以上呈。然所未圈者，似亦不无可取，方执笔时，不能不小有嫌避之私，故不能尽此心。今人又来督书，不容再阅矣，更乞详之可也。

所谓不当改者，岂谓《富谢书》《春秋序》之属，而书中所喻沿泝、犹子二说，又不当改之尤者邪？以熹观之，所谓尤不当改者，乃所以为尤当改也。大抵熹之愚意，止是不欲专辄改易前贤文字，稍存谦退敬让之心耳。若圣贤成书，稍有不惬己意处，便率情奋笔，恣行涂改，恐此气象，亦自不佳。盖虽所改尽善，犹启末流轻肆自大之弊，况未必尽善乎？伊川先生尝语学者，病其于己之言有所不合，则置不复思，所以终不能同也。杨迪及门二书见集。今熹观此等改字处，窃恐先生之意，尚有不可不思者，而改者未之思也。盖非特己不之思，又使后人不复得见先生手笔之本文，虽欲思之以达于先生之意，亦不可得，此其为害，岂不甚哉？

夫以言乎己，则失其恭敬退让之心，以言乎人，则启其轻肆妄作之弊，以言乎先生之意，则恐犹有未尽者，而绝人之思。姑无问其所改之得失，而以是三者论之，其不可已晓然矣。老兄试思：前圣入太庙，每事问，存饩羊，谨阙文，述而不作，信而好古，深戒不知而作，教人多闻阙疑之心为如何；而视今日纷更专辄之意象，又为如何。审此，则于此宜亦无待乎熹之言而决。且知熹之所以再三冒渎，贡其所不乐闻者，岂好己之说胜，得已而不已者哉？熹请复论沿泝犹子之说，以实前议。夫改沿为泝之说，熹亦窃闻之矣。如此晓破，不为无力。然所以不可改者：盖先生之言垂世已久，此字又无大害义理，若不以文辞害其指意，则只为沿字，而以因字寻字循字之属训之，于文似无所害，而意亦颇宽舒。必欲改为泝字，虽不无一至之得，然其气象却殊迫急，似有强探力取之弊。疑先生所以不用此字之意，或出于此。不然，夫岂不知沿泝之别而有此谬哉？盖古书沿字，亦不皆为顺流而下之字也。（《荀子》云："反铅察之。"注云："盼与沿同，循也。"）惜乎当时莫或疑而扣之，以祛后人之惑；后之疑者，又不能阙而遽改之。是以先生之意终已不明，而举世之人亦莫之思也。

大抵古书有未安处，随事论著，使人知之可矣；若遽改之以没其实，则安知其果无未尽之意邪？汉儒释经，有欲改易处，但云某当作某，后世犹或非之，况遽改乎？且非特汉儒而已。孔子删《书》，"血流漂杵"之文，因而不改，孟子继之，亦曰："吾于《武成》取二三策而已。"终不刊去此文，以从己意之便也。然熹又窃料改此字者当时之意，亦但欲使人知有此意，未必不若孟子之于《武成》，但后人崇信太过，便凭此语，涂改旧文，自为失耳。愚窃以为此字决当从旧，尤所当改。若老兄必欲存之，以见泝字之有力，则请正文只作沿字，而注其下云（某人云："沿当作泝。"），不则云（胡本沿作泝），不则但云（或人可也）。如此两存，使读者知用力之方，改者无专辄之咎，而先生之微音余韵，后世尚有默而识之者，岂不两全其道而无所伤乎？

犹子之称，谓不当改，亦所未喻。盖来教但云侄止是相沿称之，而未见其害义，不可称之，意云称犹子尚庶几焉，亦未见其所以庶几之说，是以愚懵未能卒晓。然以书传考之，则亦有所自来。盖《尔雅》云：女子谓兄弟之子为侄，注引左氏侄其从姑以释之，而反复考寻，终不言男子谓兄弟之子为何也。以《汉书》考之，二疏乃今世所谓叔侄，而传以父子称之，则是古人直谓之子，虽汉人犹然也。盖古人淳质，不以为嫌，故如是称之，自以为安。降及后世，则心有以为不可不辨者，于是假其所以自名于姑者而称焉。虽非古制，然亦得别嫌明微之意；而伯父叔父与夫所谓姑者，又皆吾父之同气也，亦何害于亲亲之义哉？今若欲从古，则直称子而已。若且从俗，则伊川、横渠二先生者皆尝称之。伊川尝言“礼从宜，使从俗有大害义理处，则须改之。”夫以其言如此，而犹称侄云者，是必以为无大害于义理故也。故其遗文出于其家，而其子序之以行于世，举无所谓犹子云者，而胡本特然称之，是必出于家庭之所笔削无疑也。若日何故他处不改，盖有不可改者，如祭文则有对偶之类是也。若以称侄为非，而改之为是，亦当存其旧文，而附以新意，况本无害理而可遽改之乎？今所改者出于《檀弓》之文，而彼文止为丧服兄弟之子与己子同，故曰“兄弟之子犹子也”，与下文“嫂叔之无服也，姑姊妹之薄也”之文同耳，岂以为亲属之定名哉？犹即如也，其义系于上文，不可殊绝明矣。若单称之，即与世俗歇后之语无异。若平居假借称之，犹之可也，岂可指为亲属之定名乎？若必以为是，则自我作古，别为一家之俗，夫亦孰能止之？似不必强挽前达，使之同己，以起后世之惑也。故愚于此，亦以为尤所当改，以从其奋者。若必欲改之，则请亦用前例，正文作侄，注云胡本作犹子。则亦可矣。

《春秋序》《富谢书》，其说略具卷中。不知是否，更欲细论以求可否。此人行速，屡来督书，不暇及矣。若犹以为疑，则亦且注其下云（元本有某某若干字），庶几读者既见当时言意之实，又不掩后贤删削之功，其他亦多类此。幸赐详观，即见区区。非有偏主必胜之私，但欲此集早成完书，不误后学耳。计老兄之意，岂异于此？但恐见理太明，故于文意琐细之间，不无阔略之处，用心太刚，故于一时意见所安，必欲主张到底，所以纷纷未能卒定。如熹则浅暗迟钝，一生在文义上做窠窟，苟所见未明，实不敢妄为主宰，农马智专，所以于此等处不敢便承诲谕，而不自知其僭易也。伏惟少赐宽假，使得尽愚。将来改定新本，便中幸白共父寄两本来，容更参定笺注求教。（所以欲两本者，盖欲留得一本作底，以备后复有所稽考也。）傥蒙矜恕，不录其过而留听焉，不胜幸甚幸甚。（同上。）

右明道先生遗文九篇。长沙学官既刻二先生文集，后三年，新安朱熹复以此寄栻，云得之玉山汪应辰，敬以授教授何蕴，俾嗣刻之。乾道己丑四月朔，广汉张栻谨书。（南轩《书明道先生遗文后》）

河南《二程先生文集》，宪使杨公已锓板三山学官。《遗书》《外书》则庾司旧有之，乙未之火，与他书俱毁不存。诸书虽未能复，是书胡可缓？师耕承乏此来，亟将故本易以大字，与《文集》为一体，刻之后圃明教堂。赖吾同志相与校订，视旧加密，二先生之书于是乎全。时淳祐丙午古汴赵师耕书。（麻沙本后序。）

《程氏遗书》，长沙本最善，而字颇小，阅岁之久，板已漫漶。教授王君湜出示五羊本，参校既精，大字亦便观览，然无《外书》。袭之乃模锓于春陵郡库，又取长沙所刊《外书》附刻焉。愿与同志者共学。淳祐六年立秋日，东川李袭之谨题。（春陵本后序。）

右《河南程氏遗书》《外书》俱出程门弟子手记，考亭朱夫子家藏，类访旁搜，先后次第为此，世所刊本，无不同者。独二先生《文集》出胡文定公家，颇有改削，如《定性书》及《明道行述》《上富公与谢帅书》中删却数十字，《辞官表》之颠倒次第，《易传序》之改沿为泝，《祭文》之改侄为犹子。刘、张二公以是本刻之长沙，考亭定其所当改者数纸，与共父刘帅书，及与南轩张子屡书，凛然承舛习讹、末流波荡之为惧，而卒亦莫之从也。今所传《文集》，大率潭本，是固不能无余论矣。临川谭善心元之早读二书。虑其传本浸少，悉为刻枣，而于《文集》复加详审，与蜀郡虞槃叔常往复讨论，以复乎考亭所改之旧，且注刘、张本异同于其下，其余遗文，凡集所未录者，各以类附焉。至若《伊川经说》，其目见《近思录》，其书见时氏本，特《易传》止《系辞》上篇，《春秋传》止鲁桓九年，《书解》止“舜格于文祖”，《诗解》止“四方以无拂”，《论语解》止“吾从下”，恨多误字，不敢臆决。惟《易系》取吕氏《精义》所编，《春秋传》取尹氏《纂集》所补，以旧板本审校先刊，而他书则俟求善本，雠校续刻。此其为意，固将以集程氏书文之全，明程、朱授受之正，稽之往哲而不悖，传之来裔而亡穷。观此书者，如抱座春而立门雪，俱非苟然为之也。呜乎！元之之用心，亦可谓勤也已。装褫成帙，家学人诵，谨缉大意，书于左方。至治二年壬戌之秋，七月既望，临川后学邹次陈谨识。

周、二程、张、邵书，余以晁昭德《读书志》校之：周子《通书》一卷，明道《中庸解》一卷，《程氏易》十卷，《书说》一卷，《诗说》两卷，《论语说》十卷，《孟子解》十四卷，《伊川集》二十卷，《程氏杂说》十卷，《张子正蒙书》十卷，《渔樵对问》一卷，《信闻纪》一卷，《孟子解》十四卷，《易说》十卷，《春秋说》一卷，《横渠崇文集》十卷，《邵子皇极经世》十二卷，《观物篇》六卷，《击壤集》二十卷，凡十九部，一百五十四卷。所谓《程氏杂说》十卷者，疑即朱子所谓诸公各自为书，散出并行之一者也。而《遗书》所录，不见其目，朱子因其先人旧藏，益以类访，为《遗书》二十五卷，又为《外书》十二卷，益多《杂说》数倍，而《杂说》固不传。合晁氏所记，与今所传读，盖可考矣。然今所传本，皆家藏故书，数十年前所刻，就令刻板具在，意且漫漶废弃不少矣。清庙雅乐，姑以备数，而郑、卫之声，人争爱之，则此日少而彼日多者，亦其势然也。近年始有新刊邵子书，闻风而起者，或诮为迂阔，且笑之。宜黄谭善心，同邑傅君友谅之门人也，奋然不顾，取《二程遗书》《文集》刻之，且将考订《程氏经说》，以次锓木。槃托中表之好，乃得预闻其说，喜其事之有成，而学者得以传读先儒之遗文而不倦，其卓然之见，良有可取，故题其后，以勉同志之士云。蜀郡后学虞槃。

大儒全集丛书

二程全集

【下】

周易程氏传
河南程氏经说
河南程氏粹言

【宋】程颢 程颐 著
张旭辉 整理

长江出版传媒
崇文書局

周易程氏传

易传序

易，变易也，随时变易以从道也。其为遵也，广大悉备，将以顺性命之理，通幽明之故，尽事物之情，而示开物成务之道也。圣人之忧患后世，可谓至矣。去古虽远，遗经尚存。然而前儒失意以传言，后学诵言而忘味。自秦而下，盖无传矣。予生千载之后，悼斯文之湮晦，将俾后人沿流而求源，此《传》所以作也。

《易》有圣人之道四焉："以言者尚其辞，以动者尚其变，以制器者尚其象，以卜筮者尚其占。"吉凶消长之理，进退存亡之道，备于辞。推辞考卦，可以知变，象与占在其中矣。君子居则观其象而玩其辞，动则观其变而玩其占。得于辞，不达其意者有矣，未有不得于辞而能通其意者也。至微者理也，至著者象也。体用一源，显微无间。观会通以行其典礼，则辞无所不备。故善学者，求言必自近。易于近者，非知言者也。予所传者辞也，由辞以得其意，则在乎人焉。有宋元符二年己卯正月庚申，河南程颐正叔序。

易序

《易》之为书，卦爻彖象之义备，而天地万物之情见。圣人之忧天下来世，其至矣：先天下而开其物，后天下而成其务。是故极其数以定天下之象，著其象以定天下之吉凶。六十四卦，三百八十四爻，皆所以顺性命之理，尽变化之道也。散之在理，则有万殊；统之在道，则无二致。所以“《易》有太极，是生两仪”。太极者道也，两仪者阴阳也。阴阳，一道也。太极，无极也。万物之生，负阴而抱阳，莫不有太极，莫不有两仪，絪缊交感，变化不穷。形一受其生，神一发其智，情伪出焉，万绪起焉。

《易》所以定吉凶而生大业。故《易》者阴阳之道也，卦者阴阳之物也，爻者阴阳之动也。卦虽不同，所同者奇耦；爻虽不同，所同者九六。是以六十四卦为其体，三百八十四爻互为其用。远在六合之外，近在一身之中，暂于瞬息，微于动静，莫不有卦之象焉，莫不有爻之义焉。

至哉《易》乎！其道至大而无不包，其用至神而无不存。时固未始有一，而卦亦未始有定象；事固未始有穷，而爻亦未始有定位。以一时而索卦，则拘于无变，非《易》也。以一事而明爻，则窒而不通，非《易》也。知所谓卦爻彖象之义，而不知有卦爻彖象之用，亦非《易》也。故得之于精神之运，心术之动，与天地合其德，与日月合其明，与四时合其序，与鬼神合其吉凶，然后可以谓之知《易》也。

虽然，《易》之有卦，《易》之已形者也；卦之有爻，卦之已见者也。已形已见者可以言知，未形未见者不可以名求。则所谓《易》者，果何如哉？此学者所当知也。

上下篇义

《乾》《坤》，天地之道，阴阳之本，故为上篇之首，《坎》《离》，阴阳之成质，故为上篇之终。《咸》《恒》，夫妇之道，生育之本，故为下篇之首；《未济》，《坎》《离》之合，《既济》，《坎》《离》之交，合而交则生物，阴阳之成功也，故为下篇之终。二篇之卦既分，而后推其义以为之次，《序卦》是也。

卦之分则以阴阳。阳盛者居上，阴盛者居下。所谓盛者，或以卦，或以爻。卦与爻取义有不同。如《剥》：以卦言，则阴长阳剥也；以爻言，则阳极于上，又一阳为众阴主也。如《大壮》：以卦言，则阳长而壮；以爻言，则阴盛于上，用各于其所，不相害也。

《乾》，父也，莫亢焉；《坤》，母也，非《乾》无与为敌也。故卦有《乾》者居上篇，有《坤》者居下篇。而《复》阳生，《临》阳长，《观》阳盛，《剥》阳极，则虽有《坤》而居上；《姤》阴生，《遯》阴长，《大壮》阴盛，《夬》阴极，则虽有《乾》而居下。

其余有《乾》者皆在上篇，《泰》《否》《需》《讼》《小畜》《履》《同人》《大有》《无妄》《大畜》也。有《坤》而在上篇，皆一阳之卦也。卦五阴而一阳，则一阳为之主，故一阳之卦皆在上篇，《师》《谦》《豫》《比》《复》《剥》也。

其余有《坤》者皆在下篇，《晋》《明夷》《萃》《升》也。卦一阴五阳者，皆有《乾》也，又阳众而盛也，虽众阳说于一阴，说之而已，非如一阳为众阴主也。王弼云“一阴为之主”，非也。故一阴之卦皆在上篇，《小畜》《履》《同人》《大有》也。

卦二阳者，有《坤》则居下篇；《小过》虽无《坤》，阴过之卦也，亦在下篇。其余二阳之卦，皆一阳生于下而达于上，又二体皆阳，阳之盛也，皆在上篇，《屯》《蒙》《颐》《习坎》也。阳生于下，谓《震》《坎》在下。《震》，生于下也。《坎》，始于中也。达于上，谓一阳至一作在。上，或得正位也。生于下而上达，阳畅之盛也。阳生于下而不达于上，又阴众而阳寡，复失正位，阳之弱也，《震》也，《解》也。上有阳而下无阳，无本也，《艮》也，《蹇》也。《震》《坎》《艮》，以卦言则阳也，以爻言则皆始变，微也。而《震》之上《艮》之下无阳，《坎》则阳陷，皆非盛也。惟《习坎》则阳上达矣，故为盛卦。

二阴者，有《乾》则阳盛可知，《需》《讼》《大畜》《无妄》也；无《乾》而为盛者，《大过》也，《离》也。《大过》阳盛于中，上下之阴弱矣。阳居上下，则纲纪于阴，《颐》是也。阴居上下，不能主制于阳而反弱也；必上下各二阴，中惟两阳，然后为胜，《小过》是也。《大过》《小过》之名可见也。《离》则二体上下皆阳，阴实丽焉，阳之盛也。其余二阴之卦，二体俱阴，阴盛也，皆在下篇，《家人》《睽》《革》《鼎》《巽》《兑》《中孚》也。

卦三阴三阳者敌也，则以义为胜。阴阳尊卑之义，男女长少之序，天地之大经也。阳少于阴而居上，则为胜。《蛊》，少阳居长阴上；《贲》，少男在中女上，皆阳盛也，《坎》虽阳卦，而阳为阴所陷溺也，又与阴卦重，阴盛也。故阴阳敌而有《坎》者，皆在下篇，《困》《井》《涣》《节》《既济》《未济》也。

或曰：一体有《坎》，尚为阳陷，二体皆《坎》，反为阳盛，何也？曰：一体有《坎》，阳为阴所陷，又重于阴也；二体皆《坎》，阳生于下而达于上，又二体皆阳，可谓盛矣。

男在女上，乃理之常，未为盛也。若失正位而阴反居尊，则弱也。故《恒》《损》《归妹》《丰》皆在下篇。女在男上，阴之胜也。凡女居上者，皆在下篇，《咸》《益》《渐》《旅》《困》《涣》《未济》也。唯《随》与《噬嗑》，则男下女，非女胜男也。故《随》之《彖》曰："刚来而下柔。"《噬嗑》彖曰："柔得中而上行。"长阳非少阴可敌，以长男下中少女，故为下之。若长少敌，势力侔，则阴在上为陵，阳在下为弱，《咸》《益》之类是也。《咸》亦有下女之象，非以长下少也，乃二少相感以相与，所以致陵也，故有利贞之诫。《困》虽女少于男，乃阳陷而为阴掩，无相下之义也。

《小过》，二阳居四阴之中，则为阴盛；《中孚》，二阴居四阳之中，而不为阳盛，何也？曰：阳体实，《中孚》中虚也。然则《颐》中四阴不为虚乎？曰：《颐》二体皆阳卦，而本末皆阳，盛之至也。《中孚》二体皆阴卦，上下各二阳，不成本末之象，以其中虚，故为《中孚》，阴盛可知矣。

周易程氏传卷第一

周易上经上

☰ 乾下 乾上

乾：元，亨，利，贞。

上古圣人始画八卦，三才之道备矣。因而重之，以尽天下之变，故六画而成卦。重乾为《乾》。乾，天也。天者天之形体，乾者天之性情。乾，健也，健而无息之谓乾。夫天，专言之则道也，天且弗违是也；分而言之，则以形体谓之天，以主宰谓之帝，以功用谓之鬼神，以妙用谓之神，以性情谓之乾。乾者万物之始，故为天，为阳，为父，为君，元亨利贞谓之四德。元者万物之始，亨者万物之长，利者万物之遂，贞者万物之成。惟《乾坤》有此四德，在他卦则随事而变焉。故元专为善大，利主于正固，亨贞之体，各称其事。四德之义，广矣大矣。

初九，潜龙勿用。

下爻为初。九，阳数之盛，故以名阳爻。理无形也，故假象以显义。乾以龙为象。龙之为物，灵变不测，故以象乾道变化，阳气消息，圣人进退。初九在一卦之下，为始物之端，阳气方萌。圣人侧微，若龙之潜隐，未可自用，当晦养以俟时。

九二，见龙在田，利见大人。

田，地上也。出见于地上，其德已著。以圣人言之，舜之田渔时也。利见大德之君，以行其道。君亦利见大德之臣，以共成其功。天下利见大德之人，以被其泽。大德之君，九五也。乾坤纯体，不分刚柔，而以同德相应。

九三，君子终日乾乾，夕惕若，厉，无咎。

三虽人位，已在下体之上，未离于下而尊显者也。舜之玄德升闻时也。日夕不懈而兢惕，则虽处危地而无咎。在下之人而君德已著，天下将归之，其危惧可知。虽言圣人事，苟不设戒，则何以为教？作《易》之义也。

九四，或跃在渊，无咎。

渊，龙之所安也。或，疑辞，谓非必也。跃不跃，惟及时以就安耳。圣人之动，无不时也。舜之历试，时也。

九五，飞龙在天，利见大人。

进位乎天位也。圣人既得天位，则利见在下大德之人，与共成天下之事。天下固利见夫大德之君也。

上九，亢龙，有悔。

九五者，位之极中正者。得时之极，过此则亢矣。上九至于亢极，故有悔也。有过则有悔。唯圣人知进退存亡而无过，则不至于悔也。

用九，见群龙，无首，吉。

用九者，处乾刚之道，以阳居乾体，纯乎刚者也。刚柔相济为中，而乃以纯刚，是过乎刚也。见群龙，谓观诸阳之义，无为首则吉也。以刚为天下先，凶之道也。

《彖》曰：大哉乾元！万物资始乃统天。云行雨施，品物流形。大明终始，六位时成，时乘六龙以御天。乾道变化，各正性命，保合太和，乃利贞。首出庶物，万国咸宁。

卦下之辞为彖。夫子从而释之，通谓之彖。彖者，言一卦之义。故知者观其彖辞，则思过半矣。大哉乾元，赞乾元始万物之道大也。四德之元，犹五常之仁，偏言则一事，专言则包四者。万物资始乃统天，言元也。乾元统言天之道也。天道始万物，物资始于天也。云行雨施，品物流形，言亨也。天道运行，生育万物也。大明天道之终始，则见卦之六位，各以时成。卦之初终，乃天道终始，乘此六爻之时，乃天运也。以御天，谓以当天运。

乾道变化，生育万物，洪纤高下，各以其类，各正性命也。天所赋为命，物所受为性。保合太和乃利贞，保谓常存，合谓常和，保合太和，是以利且贞也。天地之道，常久而不已者，保合太和也。天为万物之祖，王为万邦之宗。乾道首出庶物而万彙亨，君道尊临天位而四海从。王者体天之道，则万国咸宁也。

《象》曰：天行健，君子以自强不息。

卦下象解一卦之象，爻下象解一爻之象。诸卦皆取象以为法。乾道覆育之象至大，非圣人莫能体，欲人皆可取法也，故取其行健而已，至健固足以见天道也。君子以自强不息，法天行之健也。

潜龙勿用，阳在下也。

阳气在下，君子处微，未可用也。

见龙在田，德施普也。

见于地上，德化及物，其施已普也。

终日乾乾，反复道也。

进退动息，必以道也。

或跃在渊，进无咎也。

量可而进，适其时则无咎也。

飞龙在天，大人造也。

大人之为，圣人之事也。

亢龙有悔，盈不可久也。

盈则变，有悔也。

用九，天德不可为首也。

用九，天德也。天德阳刚，复用刚而好先，则过矣。

《文言》曰：元者善之长也，亨者嘉之会也，利者义之和也，贞者事之幹也。

他卦，《彖》《象》而已，独《乾》《坤》更设《文言》以发明其义，推乾之道，施于人事。元亨利贞，乾之四德，在人则元者众善之首也，亨者嘉美之会也，利者和合于义也，贞者幹事之用也。

君子体仁足以长人，

体法于乾之仁，乃为君长之道，足以长人也。体仁，体元也。比而效之谓之体。

嘉会足以合体，

得会通之嘉，乃合于礼也。不合礼则非理，岂得为嘉？非理安有亨乎？

利物足以和义，

和于义乃能利物。岂有不得其宜，而能利物者乎？

贞固足以幹事。

贞固所以能幹事也。

君子行此四德者，故曰乾元亨利贞。

行此四德，乃合于乾也。

初九曰“潜龙勿用”，何谓也？子曰：龙德而隐者也。不易乎世，不成乎名，遯世无闷，不见是而无闷，乐则行之，忧则违之，确乎其不可拔，潜龙也。

自此以下，言乾之用，用九之道也。初九阳之微，龙德之潜隐，乃圣贤之在侧陋也。守其道，不随世而变；晦其行，不求知于时；自信自乐，见可而动，知难而避，其守坚不可夺，潜龙之德也。

九二曰“见龙在田，利见大人”，何谓也？子曰：龙德而正中者也，庸言之信，庸行之谨，闲邪存其诚，善世而不伐，德博而化。《易》曰“见龙在田，利见大人”，君德也。

以龙德而处正中者也。在卦之正中，为得正中之义。庸信庸谨，造次必于是也。既处无过之地，则唯在闲邪。邪既闲，则诚存矣。善世而不伐，不有其善也。德博而化，正己而物正也。皆大人之事，虽非君位，君之德也。

九三曰“君子终日乾乾，夕惕若，厉，无咎”，何谓也？子曰：君子进德修业。忠信，所以进德也；修辞立其诚，所以居业也。知至至之，可与几也；知终终之，可与存义也。是故居上位而不骄，

在下位而不忧，故乾乾因其时而惕，虽危无咎矣。

三居下之上，而君德已著，将何为哉？唯进德修业而已。内积忠信，所以进德也。择言笃志，所以居业也。知至至之，致知也。求知所至而后至之，知之在先，故可与几，所谓“始条理者知之事也”。知终终之，力行也。既知所终，则力进而终之，守之在后，故可与存义，所谓“终条理者圣之事也”。此学之始终也。君子之学如是，故知处上下之道而无骄忧，不懈而知惧，虽在危地而无咎也。

九四曰“或跃在渊，无咎”，何谓也？子曰：上下无常，非为邪也。进退无恒，非离群也。君子进德修业，欲及时也，故无咎。

或跃或处，上下无常；或进或退，去就从宜；非为邪枉，非离群类，进德修业，欲及时耳。时行时止，不可恒也，故云“或”。深渊者，龙之所安也。在渊谓跃就所安。渊在深而言跃，但取进就所安之义。或，疑辞，随时而未可必也。君子之顺时，犹影之随形，可离非道也。

九五曰“飞龙在天，利见大人”，何谓也？子曰：同声相应，同气相求，水流溼，火就燥，云从龙，风从虎，圣人作而万物睹。本乎天者亲上，本乎地者亲下，则各从其类也。

人之与圣人，类也。五以龙德升尊位，人之类莫不归仰，况同德乎？上应于下，下从于上，同声相应，同气相求也。流溼就燥，从龙、从虎，皆以气类，故圣人作而万物皆睹。上既见下，下亦见上。物，人也，古语云人物物论，谓人也。《易》中“利见大人”，其言则同，义则有异。如《讼》之利见大人，谓宜见大德中正之人，则其辩明，言在见前。《乾》之二五，则圣人既出，上下相见，共成其事，所利者见大人也，言在见后。本乎天者，如日月星辰。本乎地者，如虫兽草木。阴阳各从其类，人物莫不然也。

上九曰“亢龙有悔”，何谓也？子曰：贵而无位，高而无民，贤人在下位而无辅，是以动而有悔也。

九居上而不当尊位，是以无民无辅，动则有悔也。

潜龙勿用，下也。

此以下言乾之时。勿用，以在下未可用也。

见龙在田，时舍也。

随时而止也。

终日乾乾，行事也。

进德修业也。

或跃在渊，自试也。

随时自用也。

飞龙在天，上治也。

得位而行上之治也。

亢龙有悔，穷之灾也。

穷极而灾至也。

乾元用九，天下治也。

用九之道，天与圣人同，得其用则天下治也。

潜龙勿用，阳气潜藏。

此以下言乾之义。方阳微潜藏之时，君子亦当晦隐，来可用也。

见龙在田，天下文明。

龙德见于地上，则天下见其文明之化也。

终日乾乾，与时偕行。

随时而进也。

或跃在渊，乾道乃革。

离下位而升上位，上下革矣。

飞龙在天，乃位乎天德。

正位乎上，位当天德。

亢龙有侮，与时偕极。

时既极，则处时者亦极矣。

乾元用九，乃见天则。

用九之道，天之则也。天之法则谓天道也。或问：《乾》之六爻皆圣人之事乎？曰：尽其道者圣人也。得失则吉凶存焉，岂特《乾》哉？诸卦皆然也。

乾元者，始而亨者也；

又反覆详说以尽其义。既始则必亨，不亨则息矣。

利贞者，性情也。

乾之性情也。既始而亨，非利贞其能不息乎？

乾始能以美利利天下，不言所利，大矣哉！

乾始之道，能使庶类生成，天下蒙其美利，而不言所利者，盖无所不利，非可指名也。故赞其利之大曰："大矣哉！"

大哉乾乎！刚、健，中、正，纯、粹，精也。六爻发挥，旁通情也。时乘六龙，以御天也。云行雨施，天下平也。

大哉，赞乾道之大也。以刚、健、中、正、纯、粹六者，形容乾道。精谓六者之精极。以六爻发挥旁通，尽其情义。乘六爻之时以当天运，则天之功用著矣。故见云行雨施，阴阳溥畅，天下和平之道也。

君子以成德为行，日可见之行也。潜之为言也，隐而未见，行而未成，是以君子弗用也。

德之成，其事可见者行也。德成而后可施于用。初方潜隐未见，其行未成。未成未著也，是以君子弗用也。

君子学以聚之，问以辩之，宽以居之，仁以行之。《易》曰："见龙在田，利见大人。"君德也。

圣人在下，虽已显而未得位，则进德修业而已。学、聚、问、辨，进德也。宽居、仁行，修业也。君德已著，利见大人，而进以行之耳。进居其位者，舜、禹也。进行其道者，伊、傅也。

九三重刚而不中，上不在天，下不在田，故乾乾因其时而惕，虽危无咎矣。

三重刚，刚之盛也。过中而居下之上，上未至于天，而下已离于田，危惧之地也。因时顺处，乾乾兢惕以防危，故虽危而不至于咎。君子顺时兢惕，所以能泰也。

九四重刚而不中，上不在天，下不在田，中不在人，故或之。或之者，疑之也，故无咎。

四不在天，不在田而出人之上矣，危地也。疑者未决之辞。处非可必也，或进或退，唯所安耳，所以无咎也。

夫大人者：与天地合其德，与日月合其明，与四时合其序，与鬼神合其吉凶，先天而天弗违，后天而奉天时。天且弗违，而况于人乎？况于鬼神乎？

大人与天地日月四时鬼神合者，合乎道也。天地者道也，鬼神者造化之迹也。圣人先于天而天同之，后于天而能顺天者，合于道而已。合于道，则人与鬼神岂能违也？

亢之为言也，知进而不知退，知存而不知亡，知得而不知丧。其唯圣人乎！知进退存亡而不失其正者，其唯圣人乎！

极之甚为亢。至于亢者，不知进退存亡得丧之理也。圣人则知而处之，皆不失其正，故至于亢也。

☷ 坤下 坤上

坤：元，亨，利，牝马之贞。

坤，乾之对也。四德同，而贞体则异。乾以刚固为贞，坤则柔顺而贞。牝马柔顺而健行，故取其象曰牝马之贞。

君子有攸往，

君子所行柔顺而利且贞，合坤德也。

先迷，后得，主利。

阴，从阳者也，待倡而和。阴而先阳，则为迷错，居后乃得其常也。主利，利万物则主于坤，生成皆地之功也。臣道亦然，君令臣行，劳于事者臣之职也。

西南得朋，东北丧朋，安贞，吉。

西南阴方，东北阳方。阴必从阳，离丧其朋类，乃能成化育之功，而有安贞之吉。得其常则安，安于常则贞，是以吉也。

《彖》曰：至哉坤元！万物资生，乃顺承天。坤厚载物，德合无疆；

资生之道，可谓大矣。乾既称“大”，故坤称“至”。至义差缓，不若大之盛也。圣人于尊卑之辨，谨严如此。万物资乾以始，资坤以生，父母之道也。顺承天施，以成其功，坤之厚德，持载万物，合于乾之无疆也。

含弘光大，品物咸亨。牝马地类，行地无疆；柔顺利贞，君子攸行。

以含、弘、光、大四者形容坤道，犹乾之刚、健、中、正、纯、粹也。含，包容也。弘，宽裕也。光，昭明也。大，博厚也。有此四者，故能成承天之功，品物咸得亨遂。取牝马为象者，以其柔顺而健行，地之类也。行地无疆，谓健也。乾健坤顺，坤亦健乎？曰：非健何以配乾？未有乾行而坤止也。其动也刚，不害其为柔也。柔顺而利贞，乃坤德也，君子之所行也。君子之道合坤德也。

先迷失道，后顺得常。西南得朋，乃与类行；东北丧朋，乃终有庆。安贞之吉，应地无疆。

乾之用，阳之为也。坤之用，阴之为也。形而上曰天地之道，形而下曰阴阳之功。先迷后得以下，言阴道也。先倡则迷失阴道，后和则顺而得其常理。西南阴方，从其类，得朋也。东北阳方，离其类，丧朋也。离其类而从阳，则能成生物之功，终有吉庆也。与类行者本也，从于阳者用也。阴体柔躁，故从于阳则能安贞而吉，应地道之无疆也。阴而不安贞，岂能应地之道？《彖》有三“无疆”，盖不同也：“德合无疆”，天之不已也。“应地无疆”，地之无穷也。“行地无疆”，马之健行也。

《象》曰：地势坤，君子以厚德载物。

坤道之大犹乾也，非圣人孰能体之？地厚而其势顺倾，故取其顺厚之象，而云地势坤也。君子观坤厚之象，以深厚之德，容载庶物。

初六，履霜，坚冰至。

阴爻称六，阴之盛也。八则阳生矣，非纯盛也。阴始生于下，至微也。圣人于阴之始生，以其将长，则为之戒。阴之始凝而为霜，履霜则当知阴渐盛而至坚冰矣。犹小人始虽甚微，不可使长，长则至于盛也。

《象》曰：履霜坚冰，阴始凝也；驯致其道，至坚冰也。

阴始凝而为霜，渐盛则至于坚冰。小人虽微，长则渐至于盛，故戒于初。驯谓习，习而至于盛，习因循也。

六二，直、方、大，不习无不利。

二，阴位在下，故为坤之主，统言坤道中正在下，地之道也。以直方大三者形容其德用，尽地之道矣。由直、方、大，故不习而无所不利。不习谓其自然，在坤道则莫之为而为也，在圣人则从容中道也。直、方、大，孟子所谓至大、至刚、以直也。在坤体，故以方易刚，犹贞加牝马也。言气，则先大。大，气之体也。于坤，则先直方，由直方而大也。直方大足以尽地道，在人识之耳。乾坤纯体，以位相应。二，坤之主，故不取五应，不以君道处五也。乾则二五相应。

《象》曰：六二之动，直以方也。不习无不利，地道光也。

承天而动，直以方耳，直方则大矣。直方之义，其大无穷，地道光显，其功顺成。岂习而后利哉？

六三，含章可贞，或从王事，无成有终。

三居下之上，得位者也。为臣之道，当含晦其章美，有善则归之于君，乃可常而得正。上无忌恶之心，下得柔顺之道也。可贞谓可贞固守之，又可以常久而无悔咎也。或从上之事，不敢当其成功，惟奉事以守其终耳。守职以终其事，臣之道也。

《象》曰：含章可贞，以时发也。

夫子惧人之守文而不达义也，又从而明之，言为臣处下之道，不当有其功善，必含晦其美，乃正而可常，然义所当为者，则以时而发，不有其功耳。不失其宜，乃以时也，非含藏终不为也。含而不为，不尽忠者也。

或从王事，知光大也。

象只举上句解义，则并及下文，他卦皆然。或从王事，而能无成有终者，是其知之光大也。唯其知之光大，故能含晦。浅暗之人有善唯恐人之不知，岂能含章也？

六四，括囊无咎，无誉。

四居近五之位，而无相得之义，乃上下闭隔之时。其自处以正，危疑之地也。若晦藏其知，如括结囊口而不露，则可得无咎，不然则有害也。既晦藏，则无誉矣。

《象》曰：括囊无咎，慎不害也。

能慎如此，则无害也。

六五，黄裳元吉。

坤虽臣道，五实君位，故为之戒云："黄裳元吉。"黄，中色。裳，下服。守中而居下，则元吉，谓守其分也，元，大而善也。爻象唯言守中居下则元吉，不尽发其义也。黄裳既元吉，则居尊为天下大凶可知。后之人未达，则此义晦矣，不得不辨也。五，尊位也。在他卦，六居五，或为柔顺，或为文明，或为暗弱；在坤，则为居尊位。阴者臣道也，妇道也。臣居尊位，羿、莽是也，犹可言也。妇居尊位，女娲氏、武氏是也，非常之变，不可言也，故有黄裳之戒而不尽言也。或疑在《革》，汤、武之事犹尽言之，独于此不言，何也？曰：废兴，理之常也；以阴居尊位，非常之变也。

《象》曰：黄裳元吉，文在中也。

黄中之文，在中不过也。内积至美而居下，故为元吉。

上六，龙战于野，其血玄黄。

阴从阳者也，然盛极则抗而争。六既极矣，复进不已，则必战，故云战于野。野谓进至于外也。既敌矣，必皆伤，故其血玄黄。

《象》曰：龙战于野，其道穷也。

阴盛至于穷极，则必争而伤也。

用六，利永贞。

坤之用六，犹乾之用九，用阴之道也。阴道柔而难常，故用六之道，利在常永贞固。

《象》曰：用六永贞，以大终也。

阴既贞固不足，则不能永终。故用六之道，利在盛大于终，能大于终，乃永贞也。

《文言》曰：坤至柔而动也刚，至静而德方。后得主而有常，含万物而化光。坤道其顺乎！承天而时行。

坤道至柔，而其动则刚；坤体至静，而其德则方。动刚故应乾不违，德方故生物有常。阴之道不倡而和，故居后为得，而主利成万物，坤之常也。含容万类，其功化光大也。“主”字下脱“利”字。坤道其顺乎，承天而时行，承天之施，行不违时，赞坤道之顺也。

积善之家，必有余庆；积不善之家，必有余殃。臣弑其君，子弑其父，非一朝一夕之故，其所由来者渐矣，由辩之不早辩也。《易》曰“履霜，坚冰至”，盖言顺也。

天下之事，未有不由积而成。家之所积者善，则福庆及于子孙；所积不善，则灾殃流于后世。其大至于弑逆之祸，皆因积累而至，非朝夕所能成也。明者则知渐不可长，小积成大，辩之于早，不使顺长，故天下之恶无由而成，乃知霜冰之戒也。霜而至于冰，小恶而至于大，皆事势之顺长也。

直其正也，方其义也。君子敬以直内，义以方外，敬义立而德不孤。直方大，不习无不利，则不疑其所行也。

直言其正也，方言其义也。君子主敬以直其内，守义以方其外。敬立而内直，义形而外方。义形于外，非在外也。敬义既立，其德盛矣，不期大而大矣，德不孤也。无所用而不周，无所施而不利，孰为疑乎？

阴虽有美，含之以从王事，弗敢成也。地道也，妻道也，臣道也。地道无成而代有终也。

为下之道，不居其功，含晦其章美，以从王事，代上以终其事而不敢有其成功也。犹地道代天终物而成功，则主于天也。妻道亦然。

天地变化，草木蕃。天地闭，贤人隐。《易》曰："括囊无咎无誉。"盖言谨也。

四居上，近君而无相得之义，故为隔绝之象。天地交感，则变化万物，草木蕃盛。君臣相际而道亨。天地闭隔，则万物不遂。君臣道绝，贤者隐遁。四于闭隔之时，括囊晦藏，则虽无令春，可得无咎，言当谨自守也。

君子黄中通理，正位居体，美在其中，而畅于四支，发于事业，美之至也。

黄中，文居中也。君子文中而达于理，居正位而不失为下之体。五尊位，在坤则惟取中正之义。美积于中，而通畅于四体，发见于事业，德美之至盛也。

阴疑于阳必战，为其嫌于无阳也，故称龙焉，犹未离其类也，故称血焉。夫玄黄者，天地之杂也。天玄而地黄。

阳大阴小，阴必从阳。阴既盛极，与阳偕矣，是疑于阳也。不相从则必战。卦虽纯阴，恐疑无阳，故称龙，见其与阳战也。于野，进不已而至于外也。盛极而进不已，则战矣。虽盛极，不离阴类也，而与阳争，其伤可知，故称血。阴既盛极，至与阳争，虽阳不能无伤，故其血玄黄。玄黄，天地之色，谓皆伤也。

䷂ 震下 坎上

《屯》，《序卦》曰："有天地，然后万物生焉。盈天地之间者惟万物，故受之以屯。屯者盈也，屯者物之始生也。"万物始生，郁结未通，故为盈塞于天地之间。至通畅茂盛，则塞意亡矣。天地生万物，屯，物之始生，故继乾坤之后。以二象言之，云雷之兴，阴阳始交也。以二体言之，震始交于下，坎始交于中，阴阳相交，乃成云雷。阴阳始交，云雷相应而未成泽，故为屯，若已成泽，则为《解》也。又动于险中，亦屯之义。阴阳不交则为否，始交而未畅则为屯。在时，则天下屯难，未亨泰之时也。

屯：元，亨，利，贞。勿用有攸往，利建侯。

屯有大亨之道，而处之利在贞固。非贞固何以济屯？方屯之时，未可有所往也。天下之屯，岂独力所能济？必广资辅助，故利建侯也。

《彖》曰：屯，刚柔始交而难生，动乎险中。

以云雷二象言之，则刚柔始交也。以坎、震二体言之，动乎险中也。刚柔始交，未能通畅，则艰屯，故云难生。又动于险中，为艰屯之义。

大亨贞，雷雨之动满盈。

所谓大亨而贞者，雷雨之动满盈也。阴阳始交，则艰屯未能通畅；及其和洽，则成雷雨，满盈于天地之间，生物乃遂，屯有大亨之道也。所以能大亨，由夫贞也。非贞固安能出屯？人之处屯，有致大亨之道，亦在夫贞固也。

天造草昧，宜建侯而不宁。

上文言天地生物之义，此言时事。天造谓时运也。草，草乱无伦序。昧，冥昧不明。当此时运，所宜建立辅助，则可以济屯。虽建侯自辅，又当忧勤兢畏，不遑宁处，圣人之深戒也。

《象》曰：云雷屯，君子以经纶。

坎不云雨而云云者，云为雨而未成者也。未能成雨，所以为屯。君子观屯之象，经纶天下之事，以济于屯难。经纬，纶缉，谓营为也。

初九，磐桓，利居贞，利建侯。

初以阳爻在下，乃刚明之才，当屯难之世，居下位者也。未能便往济屯，故磐桓也。方屯之初，不磐桓而遽进，则犯难矣，故宜居正而固其志。凡人处屯难，则鲜能守正。苟无贞固之守，则将失义，安能济时之屯乎？居屯之世，方屯于下，所宜有助乃居屯济屯之道也。故取建侯之义，谓求辅助也。

《象》曰：虽磐桓，志行正也。

贤人在下，时苟未利，虽磐桓未能遂往济时之屯，然有济屯之志与济屯之用，志在行其正也。

以贵下贱，大得民也。

九当屯难之时，以阳而来居阴下，为以贵下贱之象。方屯之时，阴柔不能自存，有一刚阳之才，众所归从也。更能自处卑下，所以大得民也。或疑方屯于下，何有贵乎？夫以刚明之才而下于阴柔，以能济屯之才而下于不能，乃以贵下贱也。况阳之于阴，自为贵乎？

六二，屯如邅如，乘马班如，匪寇婚媾。女子贞不字，十年乃字。

二以阴柔居屯之世，虽正应在上，而逼于初刚，故屯难。邅、回，如，辞也。乘马，欲行也。欲从正应，而复班如，不能进也。班，分布之义。下马为班，与马异处也。二当屯世，虽不能自济，而居中得正，有应在上，不失义者也，然逼近于初。阴乃阳所求，柔者刚所陵，柔当屯时，固难自济，又为刚阳所逼，故为难也。设匪逼于寇难，则往求于婚媾矣。婚媾，正应也。寇，非理而至者。二守中正，不苟合于初，所以不字。苟贞固不易，至于十年，屯极必通，乃获正应而字育矣。以女子阴柔，苟能守其志节，久必获通，况君子守道不回乎？初为贤明刚正之人，而为寇以侵逼于人，何也？曰：此自据二以柔近刚而为义，更不计初之德如何也。《易》之取义如此。

《象》曰：六二之难，乘刚也。十年乃字，反常也。

六二居屯之时，而又乘刚，为刚阳所逼，是其患难也。至于十年，则难久必通矣，乃得反其常，与正应合也，十数之终也。

六三，即鹿无虞，惟入于林中。君子几不如舍，往吝。

六三以阴柔居刚，柔既不能安屯，居刚而不中正，则妄动，虽贪于所求，既不足以自济，又无应援，将安之乎？如即鹿而无虞人也。入山林者，必有虞人以导之。无导之者，则惟陷入于林莽中。君子见事之几微，不若舍而勿逐，往则徒取穷吝而已。

《象》曰：即鹿无虞，以从禽也。君子舍之，往吝穷也。

事不可而妄动，以从欲也。无虞而即鹿，以贪禽也。当屯之时，不可动而动，犹无虞而即鹿，以有从禽之心也。君子则见几而舍之不从，若往则可吝而困穷也。

六四，乘马班如，求婚媾。往吉，无不利。

六四以柔顺居近君之位，得于上者也，而其才不足以济屯，故欲进而复止，乘马班如也。己既不足以济时之屯，若能求贤以自辅，则可济矣。初阳刚之贤，乃足正应，己之婚媾也。若求此阳刚之婚媾，往与共辅阳刚中正之君，济时之屯，则吉而无所不利也。居公卿之位，己之才虽不足以济时之屯，若能求在下之贤亲而用之，何所不济哉？

《象》曰：求而往，明也。

知己不足，求贤自辅而后往，可谓明矣。居得致之地，己不能而遂已，至暗者也。

九五，屯其膏，小贞吉，大贞凶。

五居尊得正，而当屯时，若有刚明之贤为之辅，则能济屯矣。以其无臣也，故屯其膏。人君之尊，虽屯难之世，于其名位，非有损也。唯其施为有所不行，德泽有所不下，是屯其膏，人君之屯也。既膏泽有所不下，是威权不在己也。威权去己，而欲骤正之，求凶之道，鲁昭公、高贵乡公之事是也。故小贞则吉也。小贞谓渐正之也。若盘庚、周宣修德用贤，复先王之政，诸侯复朝，盖以道驯致，为之不暴也。又非恬然不为，若唐之僖、昭也，不为则常屯，以至于亡矣。

《象》曰：屯其膏，施未光也。

膏泽不下及，是以德施未能光大也。人君之屯也。

上六，乘马班如，泣血连如。

六以阴柔居屯之终，在险之极，而无应援，居则不安，无所之，乘马欲往，复班如不进，穷厄之甚，至于泣血涟如，屯之极也。若阳刚而有助，则屯既极可济矣。

《象》曰：泣血涟如，何可长也！

屯难穷极，莫知所为，故至泣血。颠沛如此，其能长久乎？夫卦者事也，爻者事之时也。分三而又两之，足以包括众理，引而伸之，触类而长之，天下之能事毕矣。

䷃ 坎下 艮上

《蒙》，《序卦》：“屯者盈也，屯者物之始生也。物生必蒙，故受之以蒙。蒙者蒙也，物之穉也。”屯者物之始生，物始生穉小，蒙昧未发，《蒙》所以次《屯》也。为卦艮上坎下。艮为山，为止；坎为水，为险。山下有险，遇险而止，莫知所之，蒙之象也。水必行之物，始出未有所之，故为蒙。及其进，则为亨义。

蒙：亨，匪我求童蒙，童蒙求我。初筮告，再三渎，渎则不告。利贞。

蒙有开发之理，亨之义也。卦才时中，乃致亨之道。六五为蒙之主，而九二发蒙者也。我谓二也。二非蒙主，五既顺巽于二，二乃发蒙者也，故主二而言。匪我求童蒙，童蒙求我。五居尊位，有柔顺之德，而方在童蒙，与二为正应，而中德又同，能用二之道以发其蒙也。二以刚中之德在下，为君所信向，当以道自守，待君至诚求己，而后应之，则能用其道，匪我求于童蒙，乃童蒙来求于我也。筮，占决也。初筮告，谓至诚一意以求己则告之。再三则渎慢矣，故不告也。发蒙之道，利以贞正；又二虽刚中，然居阴，故宜有戒。

《彖》曰：蒙，山下有险，险而止，蒙。蒙亨，以亨行时中也。匪我求童蒙，童蒙求我，志应也。

山下有险，内险不可处，外止莫能进，未知所为，故为昏蒙之义。蒙亨，以亨行时中也。蒙之能亨，以亨道行也，所谓亨道时中也。时谓得君之应，中谓处得其中，得中则时也。匪我求童蒙，童蒙求我，志应也。二以刚明之贤处于下，五以童蒙居上。非是二求于五，盖五之志应于二也。贤者在下，岂可自进以求于君？苟自求之，必无能信用之理。古之人所以必待人君致敬尽礼而后往者，非欲自为尊大，盖其尊德乐道，不如是不足与有为也。

初筮告，以刚中也。再三渎，渎则不告，渎蒙也。

初筮，谓诚一而来求决其蒙，则当以刚中之道，告而开发之。再三，烦数也。来筮之意烦数，不能诚一，则渎慢矣，不当告也。告之必不能信受，徒为烦渎，故曰渎蒙也。求者告者皆烦渎矣。

蒙以养正，圣功也。

《卦辞》曰"利贞"，《彖》复伸其义，以明不止为戒于二，实养蒙之道也。未发之谓蒙，以纯一未发之蒙而养其正，乃作圣之功也。发而后禁则扞格而难胜。养正于蒙，学之至善也。蒙之六爻，二阳为治蒙者，四阴皆处蒙者也。

《象》曰：山下出泉，蒙，君子以果行育德。

山下出泉，出而遇险，未有所之，蒙之象也。若人蒙穉，未知所適也。君子观蒙之象，以果行育德：观其出而未能通行，则以果决其所行，观其始出而未有所向，则以养育其明德也。

初六，发蒙，利用刑人，用说桎梏，以往吝。

初以阴暗居下，下民之蒙也。爻言发之之道。发下民之蒙，当明刑禁以示之，使之知畏，然后从而教道之。自古圣王为治，设刑罚以齐其众，明教化以善其俗，刑罚立而后教化行，虽圣人尚德而不尚刑，未尝偏废也。故为政之始，立法居先。治蒙之初，威之以刑者，所以说去其昏蒙之桎梏，桎梏谓拘束也。不去其昏蒙之桎梏，则善教无由而入。既以刑禁率之，虽使心未能喻，亦当畏威以从，不敢肆其昏蒙之欲，然后渐能知善道而革其非心，则可以移风易俗矣。苟专用刑以为治，则蒙虽畏而终不能发，苟免而无耻，治化不可得而成矣，故以往则可吝。

象曰：利用刑人，以正法也。

治蒙之始，立其防限，明其罪罚，正其法也，使之由之，渐至于化也。或疑发蒙之初，遽用刑人，无乃不教而诛乎？不知立法制刑，乃所以教也。盖后之论刑者，不复知教化在其中矣。

九二，包蒙吉，纳妇吉，子克家。

包，含容也。二居蒙之世，有刚明之才，而与六五之君相应，中德又同，当时之任者也。必广其含容，哀矜昏愚，则能发天下之蒙，成治蒙之功。其道广，其施博，如是则吉也。卦唯二阳爻，上九刚而过，唯九二有刚中之德，而应于五，用于时而独明者也。苟恃其明，专于自任，则其德不弘。故维妇人之柔暗，尚当纳其所善，则其明广矣。又以诸爻皆阴，故云妇。尧、舜之圣，天下所莫及也，尚曰清问下民，取人为善也。二能包纳，则克济其君之事，犹子能治其家也。五既阴柔，故发蒙之功，皆在于二。以家言之：五、父也，二、子也。二能主蒙之功，乃人子克治其家也。

《象》曰：子克家，刚柔接也。

子而克治其家者，父之信任专也。二能主蒙之功者，五之信任专也。二与五，刚柔之情相接，故得行其刚中之道，成发蒙之功。苟非上下之情相接，则二虽刚中，安能尸其事乎？

六三，勿用取女，见金夫不有躬，无攸利。

三以阴柔处蒙暗，不中不正，女之妄动者也。正应在上，不能远从，近见九二为群蒙所归，得时之盛，故舍其正应而从之，是女之见金夫也。女之从人，当由正礼，乃见人之多金，说而从之，不能保有其身者也。无所往而利矣。

《象》曰：勿用取女，行不顺也。

女之如此，其行邪僻不顺，不可取也。

六四，困蒙吝。

四以阴柔而蒙暗，无刚明之亲援，无由自发其蒙，困于昏蒙者也，其可吝甚矣。吝，不足也，谓可少也。

《象》曰：困蒙之吝，独远实也。

蒙之时，阳刚为发蒙者。四，阴柔而最远于刚，乃愚蒙之人，而不比近贤者，无由得明矣，故困于蒙。可羞吝者，以其独远于贤明之人也。不能亲贤以致困，可吝之甚也。实谓阳刚也。

六五，童蒙吉。

五以柔顺居君位，下应于二，以柔中之德，任刚明之才，足以治天下之蒙，故吉也。童，取未发而资于人也。为人君者，苟能至诚任贤以成其功，何异乎出于己也？

《象》曰：童蒙之吉，顺以巽也。

舍己从人，顺从也。降志下求，卑巽也。能如是，优于天下矣。

上九，击蒙，不利为寇，利御寇。

九居蒙之终，是当蒙极之时。人之愚蒙既极，如苗民之不率，为寇为乱者，当击伐之。然九居上，刚极而不中，故戒不利为寇。治人之蒙，乃御寇也。肆为刚暴，乃为寇也。若舜之征有苗，周公之诛三监，御寇也；秦皇、汉武穷兵诛伐，为寇也。

《象》曰：利用御寇，上下顺也。

利用御寇，上下皆得其顺也。上不为过暴，下得击去其蒙，御寇之义也。

䷄ 乾下 坎上

《需》，《序卦》："蒙者蒙也，物之稚也。物稚不可不养也，故受之以需，需者饮食之道也。"夫物之幼稚，必待养而成。养物之所需者饮食也，故曰"需者饮食之道也"。云上于天，有蒸润之象。饮食所以润益于物，故需为饮食之道，所以次蒙也。卦之大意，须待之义，《序卦》取所须之大者耳。乾健之性，必进者也，乃处坎险之下，险为之阻，故须待而后进也。

需：有孚，光亨，贞吉，利涉大川。

需者须待也。以二体言之，乾之刚健上进，而遇险未能进也，故为需待之义。以卦才言之，五居君位，为需之主，有刚健中正之德，而诚信充实于中，中实有孚也。有孚则光明而能亨通，得贞正而吉也。以此而需，何所不济？虽险无难矣，故利涉大川也。凡贞吉，有既正且吉者，有得正则吉者，当辨也。

《彖》曰：需，须也，险在前也。刚健而不陷，其义不困穷矣。

需之义，须也。以险在于前，未可遽进，故需待而行也。以乾之刚健，而能需待，不轻动，故不陷于险，其义不至于困穷也。刚健之人，其动必躁，乃能需待而动，处之至善者也。故夫子赞之云，其义不困穷矣。

需有孚，光亨，贞吉，位乎天位以正中也。

五以刚实居中，为孚之象，而得其所需，亦为有孚之义。以乾刚而至诚，故其德光明而能亨通，得贞正而吉也。所以能然者，以居天位而得正中也。居天位，指五。以正中，兼二言，故云正中。（徐本此下复引"杨氏曰：需之义有二，有需于人者，有为人所需者。需于人者，初、二、三、四、上是也。为人所需者，五是也。性为人所需者，既中正而居天位，则虽险在前而终必克济，非若蹇之见险而土也；虽坎居上而刚健不陷，非若困之刚掩也。"）

利涉大川，往有功也。

既有孚而贞正，虽涉险阻，往则有功也，需道之至善也。以乾刚而能需，何所不利？

《象》曰：云上于天，需，君子以饮食宴乐。

云气蒸而上升于天，必待阴阳和洽，然后成雨。云方上于天，未成雨也，故为须待之义。阴阳之气交感而未成雨泽，犹君子畜其才德而未施于用也。君子观云上于天，需而为雨之象，怀其道德，安以待时，饮食以养其气体，宴乐以和其心志，所谓居易以俟命也。

初九，需于郊，利用恒，无咎。

需者，以遇险，故需而后进。初最远于险，故为需于郊。郊，旷远之地也。处于旷远，利在安守其常，则无咎也。不能安常，则躁动犯难，岂能需于远而无过也？

《象》曰：需于郊，不犯难行也。利用恒，无咎，未失常也。

处旷远者，不犯冒险难而行也。阳之为物，刚健上进者也。初能需待于旷远之地，不犯险难而进，复宜安处不失其常，则可以无咎矣。虽不进，而志动者不能安其常也。君子之需时也，安静自守，志虽有须，而恬然若将终身焉，乃能用常也。

九二，需于沙，小有言，终吉。

坎为水，水近则有沙。二去险渐近，故为需于沙。渐近于险难，虽未至于患害，已小有言矣。凡患难之辞，大小有殊。小者至于有言，言语之伤，至小者也。二以刚阳之才，而居柔守中，宽裕自处，需之善也。虽去险渐近，而未至于险，故小有言语之伤，而无大害，终得其吉也。

《象》曰：需于沙，衍在中也。虽小有言，以吉终也。

衍，宽绰也。二虽近险，而以宽裕居中，故虽小有言语及之，终得其吉，善处者也。

九三，需于泥，致寇至。

泥，逼于水也。既进逼于险，当致寇难之至也。三，刚而不中，又居健体之上，有进动之象，故致寇也。苟非敬慎，则致丧败矣。

《象》曰：需于泥，灾在外也。自我致寇，敬慎不败也。

三切逼上体之险难，故云灾在外也。灾，患难之通称，对眚而言则分也。三之致寇，由己进而迫之，故云自我。寇自己致，若能敬慎，量宜而进则无丧败也。需之时，须而后进也。其义在相时而动，非戒其不得进也，直使敬慎毋失其宜耳。

六四，需于血，出自穴。

四以阴柔之质，处于险，而下当三阳之进，伤于险难者也，故云需于血。既伤于险难，则不能安处，必失其居，故云出自穴。

穴，物之所安也。顺以从时，不竞于险难，所以不至于凶也。以柔居阴，非能竞者也。若阳居之，则必凶矣。盖无中正之德，徒以刚竞于险，適足以致凶耳。

《象》曰：需于血，顺以听也。

四以阴柔居于险难之中，不能固处，故退出自穴。盖阴柔不能与时竞，不能处则退，是顺从以听于时，所以不至于凶也。

九五，需于酒食，贞吉。

五以阳刚居中，得正位乎天位，克尽其道矣。以此而需，何需不获？故宴安酒食以俟之，所须必得也。既得贞正，而所需必遂，可谓吉矣。

《象》曰：酒食贞吉，以中正也。

需于酒食而贞且吉者，以五得中正而尽其道也。

上六，入于穴，有不速之客三人来，敬之终吉。

需以险在前，需时而后进。上六居险之终，终则变矣；在需之极，久而得矣。阴止于六，乃安其处，故为入于穴。穴，所安也。安而既止，后者必至。不速之客三人，谓下之三阳。乾之三阳，非在下之物，需时而进者也。需既极矣，故皆上进。不速，不促之而自来也。上六既需得其安处，群刚之来，苟不起忌疾忿竞之心，至诚尽敬以待之，虽甚刚暴，岂有侵陵之理，故终吉也。或疑以阴居三阳之上，得为安乎？曰：三阳乾体，志在上进，六、阴位，非所止之正，故无争夺之意，敬之则吉也。

《象》曰：不速之客来，敬之终吉，虽不当位，未大失也。

不当位，谓以阴而在上也。爻以六居阴为所安。象复尽其义，明阴宜在下，而居上，为不当位也。然能敬慎以自处，则阳不能陵，终得其吉，虽不当位，而未至于大失也。

䷅ 坎下 乾上

《讼》，《序卦》：“饮食必有讼，故受之以讼。”人之所需者饮食，既有所须，争讼所由起也，讼所以次《需》也。为卦，乾上坎下。以二象言之，天阳上行，水性就下，其行相违，所以成讼也。以二体言之，上刚下险，刚险相接，能无讼乎？又人，内险阻而外刚强，所以讼也。

讼：有孚，窒惕，中吉，终凶。

讼之道，必有其孚实。中无其实，乃是诬妄，凶之道也。卦之中实，为有孚之象。讼者与人争辩，而待决于人，虽有孚，亦须窒塞未通。不窒，则已明无讼矣。事既未辩，吉凶未可必也，故有畏惕。中吉，得中则吉也。终凶，终极其事则凶也。

利见大人，不利涉大川。

讼者，求辩其曲直也，故利见于大人。大人则能以其刚明中正，决所讼也。讼非和平之事，当择安地而处，不可陷于危险，故不利涉大川也。

《彖》曰：讼，上刚下险，险而健讼。

讼之为卦，上刚下险，险而又健也；又为险健相接，内险外健，皆所以为讼也。若健而不险，不生讼也；险而不健，不能讼也。险而又健，是以讼也。

讼有孚，窒惕，中吉，刚来而得中也。

讼之道固如是。又据卦才而言，九二以刚自外来而成讼，则二乃讼之主也。以刚处中，中实之象，故为有孚。处讼之时，虽有孚信，亦必艰阻窒塞而有惕惧，不窒则不成讼矣。又居险陷之中，亦为窒塞惕惧之义。二以阳刚，自外来而得中，为以刚来讼而不过之义，是以吉也。卦有更取成卦之由为义者，此是也。卦义不取成卦之由，则更不言所变之爻也。据卦辞，二乃善也，而爻中不见其善。盖卦辞取其有孚得中而言，乃善也；爻则以自下讼上为义，所取不同也。

终凶，讼不可成也。

讼非善事，不得已也，安可终极其事？极意于其事则凶矣，故曰不可成也。成谓穷尽其事也。

利见大人，尚中正也。

讼者求辩其是非也。辩之当，乃中正也，故利见大人，以所尚者中正也。听者非其人，则或不得其中正也。中正大人，九五是也。

不利涉大川，入于渊也。

与人讼者，必处其身于安平之地，若蹈危险，则陷其身矣，乃入于深渊也。卦中有中正险陷之象。

《象》曰：天与水违行，讼，君子以作事谋始。

天上水下，相违而行，二体违戾，讼之由也。若上下相顺，讼何由兴？君子观象，知人情有争讼之道，故凡所作事，必谋其始，绝讼端于事之始，则讼无由生矣。谋始之义广矣，若慎交结、明契券之类是也。

初六，不永所事，小有言，终吉。

六以柔弱居下，不能终极其讼者也。故于讼之初，因六之才，为之戒曰：若不长永其事，则虽小有言，终得吉也。盖讼非可长之事，以阴柔之才而讼于下，难以吉矣。以上有应援，而能不永其事，故虽小有言，终得吉也。有言，灾之小者也。不永其事而不至于凶，乃讼之吉也。

《象》曰：不永所事，讼不可长也。

六以柔弱而讼于下，其义固不可长永也。永其讼，则不胜而祸难及矣。又于讼之初，即戒讼非可长之事也。

虽小有言，其辩明也。

柔弱居下，才不能讼，虽不永所事，既讼矣，必有小灾，故小有言也。既不永其事，义上有刚阳之正应，辩理之明，故终得其吉也。不然，其能免乎？在讼之义，同位而相应，相与者也，故初于四为获其辩明；同位而不相得，相讼者也，故二与五为对敌也。

九二，不克讼，归而逋其邑人三百户，无眚。

二、五相应之地，而两刚不相与，相讼者也。九二自外来，以刚处险，为讼之主，乃与五为敌。五以中正处君位，其可敌乎？是为讼而义不克也。若能知其义之不可，退归而逋避，以寡约自处，则得无过眚也。必逋者，避为敌之地也。三百户，邑之至小者。若处强大，是犹竞也，能无眚乎？眚，过也，处不当也，与知恶而为有分也。

《象》曰：不克讼，归逋，窜也。

义既不敌，故不能讼，归而逋窜，避去其所也。

自下讼上，患至掇也。

自下而讼其上，义乖势屈，祸患之至，犹拾掇而取之，言易得也。

六三，食旧德，贞，厉终吉。

三虽居刚而应上，然质本阴柔，处险而介二刚之间，危惧，非为讼者也。禄若称德而受。食旧德，谓处其素分。贞，谓坚固自守。厉终吉，谓虽处危地，能知危惧，则终必获吉也。守素分而无求，则不讼矣。处危，谓在险而承乘皆刚，与居讼之时也。

或从王事无成。

柔从刚者也，下从上者也。三不为讼，而从上九所为，故曰或从王事无成，谓从上而成不在己也。讼者刚健之事，故初则不永，三则从上，皆非能讼者也。二爻皆以阴柔不终而得吉，四亦以不克而渝得吉，讼以能止为善也。

《象》曰：食旧德，从上吉也。

守其素分，虽从上之所为，非由己也，故无成而终得其吉也。

九四，不克讼，复即命，渝安贞，吉。

四以阳刚而居健体，不得中正，本为讼者也。承五，履三，而应初。五，君也，义不克讼。三居下而柔，不与之讼。初，正应而顺从，非与讼者也。四虽刚健欲讼，无与对敌，其讼无由而兴，故不克讼也。又居柔以应柔，亦为能止之义。既义不克讼，若能克其刚忿欲讼之心，复即就于命，革其心，平其气，变而为安贞，则吉矣。命谓正理，失正理为方命，故以即命为复也。方，不顺也。

《书》云："方命圮族。"孟子云："方命虐民。"夫刚健而不中正，则躁动，故不安；处非中正，故不贞。不安贞，所以好讼也。若义不克讼而不讼，反就正理，变其不安贞为安贞，则吉矣。

《象》曰：复即命，渝安贞，不失也。

能如是，则为无失矣，所以吉也。

九五，讼，元吉。

以中正居尊位，治讼者也。治讼得其中正，所以元吉也。元吉，大吉而尽善也。吉大而不尽善者有矣。

《象》曰：讼元吉，以中正也。

中正之道，何施而不元吉？

上九，或锡之鞶带，终朝三褫之。

九以阳居上，刚健之极，又处讼之终，极其讼者也。人之肆其刚强，穷极于讼，取祸丧身，固其理也。设或使之善讼能胜，穷极不已，至于受服命之赏，是亦与人仇争所获，其能安保之乎？故终一朝而三见褫夺也。

《象》曰：以讼受服，亦不足敬也。

穷极讼事，设使受服命之宠，亦且不足敬，而可贱恶，况又祸患随至乎？

䷆ 坎下 坤上

《师》，《序卦》："讼必有众起，故受之以师。"师之兴，由有争也，所以次讼也。为卦，坤上坎下。以二体言之，地中有水，为众聚之象。以二卦之义言之，内险外顺，险道而以顺行，师之义也。以爻言之，一阳而为众阴之主，统众之象也。《比》以一阳为众阴之主而在上，君之象也。《师》以一阳为众阴之主而在下，将帅之象也。

师：贞，丈人吉，无咎。

师之道，以正为本。兴师动众以毒天下，而不以正，民弗从也，强驱之耳。故师以贞为主。其动虽正也，帅之者必丈人，则吉而无咎也。盖有吉而有咎者，有无咎而不吉者。吉且无咎，乃尽善也。丈人者，尊严之称。帅师总众，非众所尊信畏服，则安能得人心之从？故司马穰苴擢自微贱，授之以众，乃以众心未服，请庄贾为将也。所谓丈人，不必素居崇贵，但其才谋德业，众所畏服，则是也。如穰苴既诛庄贾，则众心畏服，乃丈人矣。又如淮阴侯起于微贱，遂为大将，盖其谋为有以使人尊畏也。

《彖》曰：师，众也。贞，正也。能以众正，可以王矣。

能使众人皆正，可以王天下矣。得众心服从而归正，王道止于是也。

刚中而应，行险而顺，

言二也。以刚处中，刚而得中道也。六五之君为正应，信任之专也。虽行险道，而以顺动，所谓义兵，王者之师也。上顺下险，行险而顺也。

以此毒天下而民从之，吉，又何咎矣？

师旅之兴，不无伤财害人，毒害天下，然而民心从之者，以其义动也。古者东征西怨，民心从也。如是故吉而无咎。吉谓必克，无咎谓合义。又何咎矣，其义固无咎也。

《象》曰：地中有水，师，君子以容民畜众。

地中有水，水聚于地中，为众聚之象，故为师也。君子观地中有水之象，以容保其民，畜聚其众也。

初六，师出以律，否臧凶。

初，师之始也，故言出师之义，及行师之道。在邦国兴师而言，合义理，则是以律法也，谓以禁乱诛暴而动。苟动不以义，则虽善亦凶道也。善谓克胜，凶谓殃民害义也。在行师而言，律谓号令节制。行师之道，以号令节制为本，所以统制于众。不以律，则虽善亦凶，虽使胜捷，犹凶道也。制师无法，幸而不败且胜者时有之矣，圣人之所戒也。

《象》曰：师出以律，失律凶也。

师出当以律，失律则凶矣。虽幸而胜，亦凶道也。

九二，在师中吉，无咎，王三锡命。

《师》卦惟九二一阳，为众阴所归，五居君位，是其正应，二乃师之主，专制其事者也。居下而专制其事，唯在师则可。自古命将，阃外之事得专制之。在师专制而得中道，故吉而无咎。盖恃专则失为下之道，不专则无成功之理，故得中为吉。凡师之道，威和并至则吉也。既处之尽其善，则能成功而安天下，故王锡宠命至于三也。凡事至于三者，极也。六五在上，既专倚任，复厚其宠数。盖礼不称，则威不重而下不信也。他卦九二为六五所任者有矣，唯《师》专主其事，而为众阴所归，故其义最大。人臣之道，于事无所敢专，唯阃外之事则专制之，虽制之在己，然因师之力而能致者，皆君所与而职当为也。世儒有论鲁祀周公以天子礼乐，以为周公能为人臣不能为之功，则可用人臣不得用之礼乐。是不知人臣之道也：夫居周公之位，则为周公之事，由其位而能为者，皆所当为也，周公乃尽其职耳。子道亦然。唯孟子为知此义，故曰"事亲若曾子者可也"，未尝以曾子之孝为有余也，盖子之身所能为者，皆所当为也。

《象》曰：在师中吉，承天宠也，王三锡命，怀万邦也。

在师中吉者，以其承天之宠任也。天谓王也。人臣非君宠任之，则安得专征之权，而有成功之吉？象以二专主其事，故发此义，与前所云世儒之见异矣。王三锡以恩命，褒其成功，所以怀万邦也。

六三，师或舆尸，凶。

三居下卦之上，居位当任者也。不唯其才阴柔，不中正；师旅之事，任当专一。二既以刚中之才为上信倚，必专其事，乃有成功，若或更使众人主之，凶之道也。舆尸，众主也。盖指三也。以三居下之上，故发此义。军旅之事，任不专一，覆败必矣。

《象》曰：师或舆尸，大无功也。

倚付二三，安能成功？岂唯无功，所以致凶也。

六四，师左次，无咎。

师之进，以强勇也。四以柔居阴，非能进而克捷者也。知不能进而退，故左次。左次，退舍也，量宜进退，乃所当也，故无咎。见可而进，知难而退，师之常也。唯取其退之得宜，不论其才之能否也。度不能胜，而完师以退，愈于覆败远矣。可进而退，乃为咎也。《易》之发此义以示后世。其仁深矣。

《象》曰：左次无咎，未失常也。

行师之道，因时施宜，乃其常也，故左次未必为失也。如四退次，乃得其宜，是以无咎。

六五，田有禽，利执言，无咎。长子帅师，弟子舆尸，贞凶。

五，君位，兴师之主也，故言兴师任将之道。师之兴，必以蛮夷猾夏，寇贼奸宄，为生民之害，不可怀来，然后奉辞以诛之。若禽兽入于田中，侵害稼穑，于义宜猎取，则猎取之，如此而动，乃得无咎。若轻动以毒天下，其咎大矣。执言，奉辞也，明其罪而讨之也。若秦皇、汉武皆穷山林以索禽兽者也，非田有禽也。任将授师之道，当以长子帅师。二在下而为师之主，长子也。若以弟子众主之，则所为虽正，亦凶也。弟子，凡非长者也。自古任将不专而致覆败者，如晋荀林父邲之战，唐郭子仪相州之败是也。

《象》曰：长子帅师，以中行也；弟子舆尸，使不当也。

长子，谓二以中正之德合于上，而受任以行。若复使其余者众尸其事，是任使之不当也，其凶宜矣。

上六，大君有命，开国承家，小人勿用。

上，师之终也，功之成也。大君，以爵命赏有功也。开国，封之为诸侯也。承家，以为卿大夫也。承，受也。小人者，虽有功不可用也，故戒使勿用。师旅之兴，成功非一道，不必皆君子也，故戒以小人有功不可用也，赏之以金帛禄位可也，不可使有国家而为政也。小人平时易致骄盈，况挟其功乎？汉之英、彭，所以亡也。圣人之深虑远戒也。此专言师终之义，不取爻义，盖以其大者。若以爻言，则六以柔居顺之极，师既终而在无位之地，善处而无咎者也。

《象》曰：大君有命，以正功也；小人勿用，必乱邦也。

大君持恩赏之柄，以正军旅之功。师之终也，虽赏其功，小人则不可以有功而任用之，用之必乱邦。小人恃功而乱邦者，古有之矣。

䷇ 坤下 坎上

《比》，《序卦》："众必有所比，故受之以比。"比，亲辅也。人之类，必相亲辅，然后能安。故既有众，则必有所比，比所以次《师》也。为卦，上坎下坤。以二体言之，水在地上，物之相切比无间，莫如水之在地上，故为比也。又众爻皆阴，独五以阳刚居君位，众所亲附，而上亦亲下，故为比也。

比：吉，原筮，元永贞，无咎。

比，吉道也。人相亲比，自为吉道。故《杂卦》云："比乐师忧。"人相亲比，必有其道，苟非其道，则有悔咎，故必推原占决，其可比者而比之。筮谓占决卜度，非谓以蓍龟也。所比得元永贞则无咎。元谓有君长之道，永谓可以常久，贞谓得正道。上之比下，必有此三者；下之从上，必求此三者，则无咎也。

不宁方来，后，夫凶。

人之不能自保其安宁，方且来求亲比，得所比则能保其安。当其不宁之时，固宜汲汲以求比。若独立自恃，求比之志不速而后，则虽夫亦凶矣。夫犹凶，况柔弱者乎？夫，刚立之称。《传》曰："子南，夫也。"又曰："是谓我非夫。"凡生天地之间者，未有不相亲比而能自存者也。虽刚强之至，未有能独立者也。比之道，由两志相求。两志不相求，则暌矣。君怀抚其下，下亲辅于上，亲戚、朋友、乡党皆然，故当上下合志以相从。苟无相求之意，则离而凶矣。大抵人情相求则合，相持则睽。相持，相待莫先也。人之相亲固有道，然而欲比之志，不可缓也。

《象》曰：比吉也。比辅也，下顺从也。

比吉也，比者吉之道也。物相亲比，乃吉道也。比辅也，释比之义，比者相亲辅也。下顺从也，解卦所以为比也。五以阳居尊位，群下顺从以亲辅之，所以为比也。

原筮，元永贞，无咎，以刚中也。

推原筮决相比之道，得元永贞而后可以无咎。所谓元永贞，如五是也，以阳刚居中正，尽比道之善者也。以阳刚当尊位为君德，元也。居中得正，能永而贞也。卦辞本泛言比道，《象》言元永贞者，九五以刚处中正是也。

不宁方来，上下应也。

人之生，不能保其安宁，方且来求附比。民不能自保，故戴君以求宁；君不能独立，故保民以为安。不宁而来比者，上下相应也。以圣人之公言之，固至诚求天下之比，以安民也。以后王之私言之，不求下民之附，则危亡至矣。故上下之志，必相应也。在卦言之，上下群阴比于五，五比其众，乃上下应也。

后夫凶，其道穷也。

众必相比，而后能遂其生。天地之间，未有不相亲比而能遂者也。若相从之志不疾而后，则不能成比，虽夫亦凶矣。无所亲比，困屈以致凶，穷之道也。

《象》曰：地上有水，比，先王以建万国，亲诸侯。

夫物相亲比而无间者，莫如水在地上，所以为比也。先王观比之象，以建万国，亲诸侯。建立万国，所以比民也。亲抚诸侯，所以比天下也。

初六，有孚，比之无咎。

初六，比之始也。相比之道，以诚信为本。中心不信而亲人，人谁与之？故比之始，必有孚诚，乃无咎也。孚，信之在中也。

有孚盈缶，终来有他吉。

诚信充实于内，若物之盈满于缶中也。缶，质素之器。言若缶之盈实其中，外不加文饰，则终能来有他吉也。他，非此也，外也。若诚实充于内，物无不信，岂用饰外以求比乎？诚信中实，虽他外皆当感而来从。孚信，比之本也。

《象》曰：比之初六，有他吉也。

言比之初六者，比之道在乎始也。始能有孚，则终致有他之吉。其始不诚，终焉得吉？上六之凶，由无首也。

六二，比之自内，贞吉。

二与五为正应，皆得中正，以中正之道相比者也。二处于内，自内谓由己也。择才而用，虽在乎上，而以身许国，必由于己。己以得君，道合而进，乃得正而吉也。以中正之道应上之求，乃自内也，不自失也。汲汲以求比者，非君子自重之道，乃自失也。

《象》曰：比之自内，不自失也。

守己中正之道，以待上之求，乃不自失也。《易》之为戒严密。二虽中正，质柔体顺，故有贞吉自失之戒。戒之自守，以待上之求，无乃涉后凶乎？曰：士之修己，乃求上之道；降志辱身，非自重之道也。故伊尹、武侯救天下之心非不切，必待礼至，然后出也。

六三，比之匪人。

三不中正，而所比皆不中正。四，阴柔而不中；二，存应而比初；皆不中正，匪人也。比于匪人，其失可知，悔吝不假言也，故可伤。二之中正，而谓之匪人，随时取义，各不同也。

《象》曰：比之匪人，不亦伤乎！

人之相比，求安吉也，乃比于匪人，必将反得悔吝，其亦可伤矣。深戒失所比也。

六四，外比之，贞吉。

四与初不相应，而五比之，外比于五，乃得贞正而吉也。君臣相比，正也。相比相与，宜也。五，刚阳中正，贤也；居尊位在上也。亲贤从上，比之正也，故为贞吉。以六居四，亦为得正之义。又阴柔不中之人，能比于刚明中正之贤，乃得正而吉也。又比贤从上，必以正道则吉也。数说相须，其义始备。

《象》曰：外比于贤，以从上也。

外比谓从五也。五，刚明中正之贤，又居君位，四比之，是比贤且从上，所以吉也。

九五，显比，王用三驱，失前禽，邑人不诫，吉。

五居君位，处中得正，尽比道之善者也。人君比天下之道，当显明其比道而已。如诚意以待物，恕己以及人，发政施仁，使天下蒙其惠泽，是人君亲比天下之道也。如是，天下孰不亲比于上？若乃暴其小仁，违道干誉，欲以求下之比，其道亦狭矣，其能得天下之比乎？故圣人以九五尽比道之正，取三驱为喻，曰："王用三驱，失前禽，邑人不诫，吉。"先王以四时之畋，不可废也，故推其仁心，为三驱之礼，乃《礼》所谓天子不合围也。成汤祝网，是其义也。天子之畋，围合其三面，前开一路，使之可去，不忍尽物，好生之仁也。只取其不用命者，不出而反入者也。禽兽前去者皆免矣，故曰失前禽也。王者显明其比道，天下自然来比。来者抚之，固不煦煦然求比于物，若田之三驱，禽之去者从而不追，来者则取之也。此王道之大，所以其民皞皞，而莫知为之者也。邑人不诫吉，言其至公不私，无远通亲疎之别也。邑者居邑，《易》中所言"邑"皆同。王者所都，诸侯国中也。诫，期约也。待物之一，不期诫于居邑，如是则吉也。圣人以大公无私治天下，于显比见之矣。非惟人君比天下之道如此，大率人之相比莫不然。以臣于君言之：竭其忠诚，致其才力，乃显其比，君之道也，用之与否，在君而已，不可阿谀逢迎，求其比己也。在朋友亦然，修身诚意以待之，亲己与否，在人而已，不可巧言令色，曲从苟合，以求人之比己也。于乡党亲戚，于众人，莫不皆然，三驱失前禽之义也。

《象》曰：显比之吉，位正中也。

显比所以吉者，以其所居之位得正中也。处正中之地，乃由正中之道也。比以不偏为善，故云正中。凡言正中者，其处正得中也，《比》与《随》是也，言中正者，得中与正也，《讼》与《需》是也。

舍逆取顺，失前禽也。

礼取不用命者，乃是舍顺取逆也，顺命而去者皆免矣。比以向背而言，谓去者为逆，来者为顺也。故所失者前去之禽也，言来者抚之，去者不追也。

邑人不诫，上使中也。

不期诫于亲近，上之使下，中平不偏，远近如一也。

上六，比之无首，凶。

六居上，比之终也。首谓始也。凡比之道，其始善则其终善矣。有其始而无其终者，或有矣；未有无其始而有终者也。故比之无首，至终则凶也。此据比终而言。然上六阴柔不中，处险之极，固非克终者也。始比不以道，隙于终者，天下多矣。

《象》曰：比之无首，无所终也。

比既无首，何所终乎？和比有首，犹或终违。始不以道，终复何保？故曰无所终也。

䷈ 乾下 巽上

《小畜》，《序卦》："比必有所畜，故受之以小畜。"物相比附则为聚，聚，畜也。又相亲比，则志相畜，小畜所以次比也。畜，止也，止则聚矣。为卦，巽上乾下。乾在上之物，乃居巽下。夫畜止刚健，莫如巽顺，为巽所畜，故为畜也。然巽，阴也，其体柔顺，唯能以巽顺柔其刚健，非能力止之也，畜道之小者也。又四以一阴得位，为五阳所说，得位得柔，巽之道也；能畜群阳之志，是以为畜也。小畜谓以小畜大，所畜聚者小。所畜之事小，以阴故也。《彖》专以六四畜诸阳为成卦之义，不言二体，盖举其重者。

小畜：亨。密云不雨，自我西郊。

云，阴阳之气。二气交而和，则相畜固而成雨，阳倡而阴和，顺也，故和。若阴先阳倡，不顺也，故不和，不和则不能成雨。云之畜聚虽密，而不成雨者，自西郊故也。东北，阳方。西南，阴方。自阴倡，故不和而不能成雨。以人观之，云气之兴，皆自四远，故云郊。据四而言，故云自我。畜阳者四，畜之主也。

《彖》曰：小畜，柔得位而上下应之，曰小畜。

言成卦之义也。以阴居四，又处上位，柔得位也，上下五阳皆应之，为所畜也。以一阴而畜五阳，能系而不能固，是以为小畜也。《彖》解成卦之义，而加“曰”字者，皆重卦名，势当然。单名卦，惟《革》有“曰”字，亦文势然也。

健而巽，刚中而志行，乃亨。

以卦才言也。内健而外巽，健而能巽也。二五居中，刚中也。阳性上进，下复乾体，志在于行也。刚居中为刚而得中，又为中刚。言畜阳则以柔巽，言能亨则由刚中。以成卦之义言，则为阴畜阳；以卦才言，则阳为刚中。才如是，故畜虽小而能亨也。

密云不雨，尚往也。自我西郊，施未行也。

畜道不能成大，如密云而不成雨。阴阳交而和，则相固而成雨。二气不和，阳尚往而上，故不成雨。盖自我阴方之气先倡，故不和而不能成雨，其功施未行也。小畜之不能成大，犹西郊之云不能成雨也。

《象》曰：风行天上，小畜，君子以懿文德。

乾之刚健，而为巽所畜。夫刚健之性，惟柔顺为能畜止之；虽可以畜止之，然非能固制其刚健也，但柔顺以扰系之耳，故为小畜也。君子观小畜之义，以懿美其文德。畜聚为蕴畜之义。君子所蕴畜者，大则道德经纶之业，小则文章才艺。君子观小畜之象，以懿美其文德，文德方之道义为小也。

初九，复自道，何其咎？吉。

初九阳爻而乾体。阳，在上之物，又刚健之才，足以上进，而复与在上同志，其进复于上，乃其道也，故云复自道。复既自道，何过咎之有？无咎而又有吉也。诸爻言无咎者，如是则无咎矣，故云无咎者善补过也。虽使爻义本善，亦不害于不如是则有咎之义。初九乃由其道而行，无有过咎，故云何其咎，无咎之甚明也。

《象》曰：复自道，其义吉也。

阳刚之才，由其道而复，其义吉也。初与四为正应，在畜时乃相畜者也。

九二，牵复吉。

二以阳居下体之中，五以阳居上体之中，皆以阳刚居中，为阴所畜，俱欲上复。五虽在四上，而为其所畜则同，是同志者也。夫同患相忧，二、五同志，故相牵连而复。二阳并进，则阴不能胜，得遂其复矣，故吉也。曰：遂其复，则离畜矣乎？曰：凡爻之辞，皆谓如是则可以如是，若已然，则时已变矣，尚何教诫乎？五为巽体，巽畜于乾，而反与二相牵，何也？曰：举二体而言，则巽畜乎乾；全卦而言，则一阴畜五阳也。在《易》，随时取义，皆如此也。

《象》曰：牵复在中，亦不自失也。

二，居中得正者也，刚柔进退，不失乎中道也。阳之复，其势必强。二以处中，故虽强于进，亦不至于过刚，过刚乃自失也。《爻》止言牵复而吉之义，《象》复发明其在中之美。

九三，舆说辐，夫妻反目。

三以阳爻，居不得中，而密比于四，阴阳之情，相求也。又暱比而不中，为阴畜制者也，故不能前进，犹车舆说去轮辐，言不能行也。夫妻反目，阴制于阳者也，今反制阳，如夫妻之反目也。反目谓怒目相视，不顺其夫，而反制之也。妇人为夫宠惑，既而遂反制其夫，未有夫不失道而妻能制之者也。故说辐反目，三自为也。

《象》曰：夫妻反目，不能正室也。

夫妻反目，盖由不能正其室家也。三自处不以道，故四得制之不使进，犹夫不能正其室家，故致反目也。

六四，有孚，血去惕出，无咎。

四于畜时处近君之位，畜君者也。若内有孚诚，则五志信之，从其畜也。卦独一阴，畜众阳者也，诸阳之志系乎四。四苟欲以力畜之，则一柔敌众刚，必见伤害，唯尽其孚诚以应之，则可以感之矣。故其伤害远，其危惧免也。如此，则可以无咎。不然，则不免乎害矣。此以柔畜刚之道也。以人君之威严，而微细之臣有能畜止其欲者，盖有孚信以感之也。

《象》曰：有孚惕出，上合志也。

四既有孚，则五信任之，与之合志，所以得惕出而无咎也。惕出则血去可知，举其轻者也。五既合士心，众阳皆从之矣。

九五，有孚挛如，富以其邻。

小畜，众阳为阴所畜之时也。五以中正居尊位，而有孚信，则其类皆应之矣，故曰挛如，谓牵连相从也。五必援挽，与之相济，是富以其邻也。五以居尊位之势，如富者推其财力与邻比共之也。君子为小人所困，正人为群邪所厄，则在下者必攀挽于上，期于同进，在上者必援引于下，与之戮力，非独推己力以及人也，固资在下之助以成其力耳。

《象》曰：有孚挛如，不独富也。

有孚挛如，盖其邻类皆牵挛而从之，与众同欲，不独有其富也。君子之处艰厄，唯其至诚，故得众力之助，而能济其众也。

上九，既雨既处，尚德载，妇贞厉。

九以巽顺之极，居卦之上，处畜之终，从畜而止者也，为四所止也。既雨，和也。既处，止也。阴之畜阳，不和则不能止，既和而止，畜之道成矣。《大畜》畜之大，故极而散。《小畜》畜之小，故极而成。尚德载，四用柔巽之德，积满而至于成也。阴柔之畜刚，非一朝一夕能成，由积累而至，可不戒乎？载，积满也。《诗》云："厥声载路。"妇贞厉，妇谓阴。以阴而畜阳，以柔而制刚，妇若贞固守此，危厉之道也。安有妇制其夫，臣制其君，而能安者乎？

月几望，君子征凶。

月望，则与日敌矣。几望，言其盛将敌也。阴已能畜阳，而云几望，何也？此以柔巽畜其志也，非力能制也。然不已，则将盛于阳而凶矣。于几望而为之戒曰：妇将敌矣，君子动则凶也。君子谓阳。征，动也。几望将盈之时，若已望，则阳已消矣，尚何戒乎？

《象》曰：既雨既处，德积载也。君子征凶，有所疑也。

既雨既处，言畜道积满而成也。阴将盛极，君子动则有凶也。阴敌阳则必消阳，小人抗君子则必害君子，安得不疑虑乎？若前知疑虑而警惧，求所以制之，则不至于凶矣。

䷉ 兑下 乾上

《履》，《序卦》："物畜然后有礼，故受之以履。"夫物之聚，则有大小之别，高下之等，美恶之分，是物畜然后有礼，履所以继畜也。履，礼也。礼，人之所履也。为卦，天上泽下。天而在上，泽而处下，上下之分，尊卑之义，理之当也，礼之本也，常履之道也，故为履。履，践也，借也。履物为践，履于物为借。以柔借刚，故为履也。不曰刚履柔，而曰柔履刚者，刚乘柔，常理不足道。故《易》中唯言柔乘刚，不言刚乘柔也。言履借于刚，乃见卑顺说应之义。

履虎尾，不咥人，亨。

履，人所履之道也。天在上而泽处下，以柔履借于刚，上下各得其义，事之至顺，理之至当也。人之履行如此，虽履至危之地，亦无所害。故履虎尾而不见咥啮，所以能亨也。

《彖》曰：履，柔履刚也。说而应乎乾，是以履虎尾，不咥人，亨。

兑以阴柔，履藉乾之阳刚，柔履刚也。兑以说顺应乎乾刚而履藉之，下顺乎上，阴承乎阳，天下之正理也。所履如此，至顺至当，虽履虎尾，亦不见伤害。以此履行，其亨可知。

刚中正，履帝位而不疚，光明也。

九五以阳刚中正，尊履帝位，苟无疚病，得履道之至善，光明者也。疚谓疵病："夬履"是也。光明，德盛而辉光也。

《象》曰：上天下泽，履，君子以辨上下，定民志。

天在上，泽居下，上下之正理也。人之所履当如是，故取其象而为履。君子观履之象，以辨别上下之分，以定其民志。夫上下之分明，然后民志有定。民志定，然后可以言治。民志不定，天下不可得而治也。古之时，公卿大夫而下，位各称其德，终身居之，得其分也。位未称德，则君举而进之。士修其学，学至而君求之，皆非有预于己也。农工商贾勤其事，而所享有限，故皆有定志而天下之心可一。后世自庶士至于公卿，日志于尊荣，农工商贾日志于富侈，亿兆之心，交骛于利，天下纷然，如之何其可一也？欲其不乱，难矣。此由上下无定志也。君子观履之象，而分辨上下，使各当其分，以定民之心志也。

初九，素履，往无咎。

履不处者，行之义。初处至下，素在下者也，而阳刚之才，可以上进，若安其卑下之素而往，则无咎矣。夫人不能自安于贫贱之素，则其进也，乃贪躁而动，求去乎贫贱耳，非欲有为也。既得其进，骄溢必矣，故往则有咎。贤者则安履其素，其处也乐，其进也将有为也，故得其进则有为而无不善，乃守其素履者也。

《象》曰：素履之往，独行愿也。

安履其素而往者，非苟利也，独行其志愿耳。独，专也。若欲贵之心与行道之心，交战于中，岂能安履其素也？

九二，履道坦坦，幽人贞吉。

九二居柔，宽裕得中，其所履坦坦然，平易之道也。虽所履得坦易之道，亦必幽静安恬之人处之，则能贞固而吉也。九二阳志上进，故有幽人之戒。

《象》曰：幽人贞吉，中不自乱也。

履道在于安静。其中恬正，则所履安裕。中若躁动，岂能安其所履？故必幽人，则能坚固而吉。盖其中心安静，不以利欲自乱也。

六三，眇能视，跛能履，履虎尾，咥人凶，武人为于大君。

三以阴居阳，志欲刚而体本阴柔，安能坚其所履？故如盲眇之视，其见不明；跛躄之履，其行不远。才既不足，而又处不得中，履非其正，以柔而务刚，其履如此，是履于危地，故曰履虎尾。以不善履履危地，必及祸患，故曰咥人凶。武人为于大君，如武暴之人而居人上，肆其躁率而已，非能顺履而远到也。不中正而志刚，乃为群阳所与，是以刚躁蹈危而得凶也。

《象》曰：眇能视，不足以有明也。跛能履，不足以与行也。

阴柔之人，其才不足，视不能明，行不能远，而乃务刚，所履如此，其能免于害乎？

咥人之凶，位不当也。武人为于大君，志刚也。

以柔居三，履非其正，所以致祸害，被咥而凶也。以武人为喻者，以其处阳，才弱而志刚也。志刚则妄动，所履不由其道，如武人而为大君也。

九四，履虎尾，愬愬，终吉。

九四阳刚而乾体，虽居四，刚胜者也，在近君多惧之地，无相得之义。五复刚决之过，故为履虎尾。愬愬，畏惧之貌。若能畏惧，则当终吉。盖九虽刚而志柔，四虽近而不处，故能兢慎畏惧，则终免于危而获吉也。

《象》曰：愬愬终吉，志行也。

能愬愬畏惧，则终得其吉者，志在于行而不处也。去危则获吉矣。阳刚，能行者也，居柔，以顺自处者也。

九五，夬履，贞厉。

夬，刚决也。五以阳刚乾体，居至尊之位，任其刚决而行者也。如此，则虽得正，犹危厉也。古之圣人，居天下之尊，明足以照，刚足以决，势足以专，然而未尝不尽天下之议，虽刍荛之微必取，乃其所以为圣也，履帝位而光明者也。若自任刚明，决行不顾，虽使得正，亦危道也，可固守乎？有刚明之才，苟专自任，犹为危道，况刚明不足者乎？《易》中云贞厉，义各不同，随卦可见。

《象》曰：夬履贞厉，位正当也。

戒夬履者，以其正当尊位也。居至尊之位，据能专之势，而自任刚决，不复畏惧，虽使得正，亦危道也。

上九，视履考祥，其旋元吉。

上处履之终，于其终视其所履行，以考其善恶祸福，若其旋，则善且吉也。旋谓周旋完备，无不至也。人之所履，考视其终，若终始周完无疚，善之至也，是以元吉。人之吉凶，系其所履善恶之多寡，吉凶之小大也。

《象》曰：元吉在上，大有庆也。

上，履之终也。人之所履，善而吉至；其终周旋无亏，乃大有福庆之人也。人之行，贵乎有终。

䷊ 乾下 坤上

《泰》，《序卦》："履而泰，然后安，故受之以泰。"履得其所则舒泰，泰则安矣，泰所以次履也。为卦，坤阴在上，乾阳居下。天地阴阳之气相交而和，则万物生成，故为通泰。

泰，小往大来，吉亨。

小谓阴，大谓阳。往，往之于外也。来，来居于内也。阳气下降，阴气上交也。阴阳和畅，则万物生遂，天地之泰也。以人事言之：大则君上，小则臣下，君推诚以任下，臣尽诚以事君，上下之志通，朝廷之泰也，阳为君子，阴为小人，君子来处于内，小人往处于外，是君子得位，小人在下，天下之泰也。泰之道，吉而且亨也。不云元吉、元亨者，时有污隆，治有小大，虽泰，岂一概哉？言吉亨则可包矣。

《彖》曰：泰，小往大来，吉亨，则是天地交而万物通也，上下交而其志同也。

小往大来，阴往而阳来也，则是天地阴阳之气相交，而万物得遂其通泰也。在人，则上下之情交通，而其志意同也。

内阳而外阴，内健而外顺，内君子而外小人，君子道长，小人道消也。

阳来居内，阴往居外，阳进而阴退也。乾健在内，坤顺在外，为内健而外顺，君子之道也。君子在内，小人在外，是君子道长，小人道消，所以为泰也。既取阴阳交和，又取君子道长。阴阳交和，乃君子之道长也。

《象》曰：天地交泰，后以财成天地之道，辅相天地之宜，以左右民。

天地交而阴阳和，则万物茂遂，所以泰也。人君当体天地通泰之象，而以财成天地之道，辅相天地之宜，以左右生民也。财成，谓体天地交泰之道，而财制成其施为之方也。辅相天地之宜，天地通泰，则万物茂遂，人君体之而为法制，使民用天时，因地利，辅助化育之功，成其丰美之利也。如春气发生万物，则为播植之法；秋气成实万物，则为收敛之法；乃辅相天地之宜，以左右辅助于民也。民之生，必赖君上为之法制以教率辅翼之，乃得遂其生养，是左右之也。

初九，拔茅茹，以其彙征，吉。

初以阳爻居下，是有刚明之才而在下者也。时之否，则君子退而穷处；时既泰，则志在上进也。君子之进，必与其朋类相牵援，如茅之根然，拔其一则牵连而起矣。茹，根之相牵连者，故以为象。彙，类也。贤者以其类进同志以行其道，是以吉也。君子之进，必以其类，不唯志在相先，乐于与善，实乃相赖以济。故君子小人，未有能独立不赖朋类之助者也。自古君子得位，则天下之贤萃于朝廷，同志协力，以成天下之泰；小人在位，则不肖者并进，然后与党胜而天下否矣，盖各从其类也。

《象》曰：拔茅征吉，志在外也。

时将泰，则群贤皆欲上进。三阳之志欲进，同也，故取茅茹彙征之象。志在外，上进也。

九二，包荒，用冯河，不遐遗，朋亡，得尚于中行。

二以阳刚得中，上应于五；五以柔顺得中，下应于二。君臣同德，是以刚中之才，为上所专任，故二虽居臣位，主治泰者也，所谓上下交而其志同也。故治泰之道，主二而言。包荒，用冯河，不遐遗，朋亡，四者处泰之道也。人情安肆，则政舒缓而法度废弛，庶事无节。治之之道，必有包含荒秽之量，则其施为宽裕详密，弊革事理而人安之。若无含弘之度，有忿疾之心，则无深远之虑，有暴扰之患，深弊未去，而近患已生矣，故在包荒也。用冯河：泰宁之世，人情习于久安，安于守常，惰于因循，惮于更变，非有冯河之勇，不能有为于斯时也。冯河，谓其刚果足以济深越险也。自古泰治之世，必渐至于衰替，盖由狃习安逸，因循而然。自非刚断之君，英烈之辅，不能挺特奋发以革其弊也，故曰用冯河。或疑上云包荒，则是包含宽容；此云用冯河，则足奋发改革，似相反也。不知以含容之量，施刚果之用，乃圣贤之为也。不遐遗：泰宁之时，人心狃于泰，则苟安逸而已，恶能复深思远虑，及于遐远之事哉？治夫泰者，当周及庶事，虽遐远不可遗。若事之微隐，贤才之在僻陋，皆遐远者也，时泰则固遗之矣。朋亡：夫时之既泰，则人习于安，其情肆而失节。将约而正之，非绝去其朋与之私，则不能也，故云朋亡。自古立法制事，牵于人情，卒不能行者多矣。若夫禁奢侈则害于近戚，限田产则妨于贵家，如此之类，既不能断以大公而必行，则是牵于朋比也。治泰不能朋亡，则为之难矣。治泰之道，有此四者，则能合于九二之德，故曰得尚于中行，言能配合中行之义也。尚，配也。

《象》曰：包荒，得尚于中行，以光大也。

《象》举“包荒”一句，而通解四者之义。言如此，则能配合中行之德，而其道光明显大也。

九三，无平不陂，无往不复，艰贞无咎。勿恤其孚，于食有福。

三居泰之中，在诸阳之上，泰之盛也。物理如循环，在下者必升，居上者必降。泰久而必否。故于泰之盛与阳之将进，而为之戒曰：无常安平而不险陂者，谓无常泰也；无常往而不返者，谓阴当复也。平者陂，往者复，则为否矣。当知天理之必然，方泰之时，不敢安逸，常艰危其思虑，正固其施为，如是则可以无咎。处泰之道，既能艰贞，则可常保其泰，不劳忧恤，得其所求也，不失所期。为孚如是，则于其禄食有福益也。禄食谓福祉。善处泰者，其福可长也。盖德善日积，则福禄日臻，德逾于禄，则虽盛而非满。自古隆盛，未有不失道而丧败者也。

《象》曰：无往不复，天地际也。

无往不复，言天地之交际也。阳降于下，必复于上；阴升于上，必复于下；屈伸往来之常理也。因天地交际之道，明否泰不常之理，以为戒也。

六四，翩翩，不富以其邻，不戒以孚。

六四处泰之过中，以阴在上，志在下复，上二阴亦志在趋下。翩翩，疾飞之貌。四翩翩就下，与其邻同也。邻，其类也，谓五与上。夫人富，而其类从者，为利也。不富而从者，其志同也。三阴皆在下之物，居上乃失其实，其志皆欲下行，故不富而相从，不待戒告而诚意相合也。夫阴阳之升降，乃时运之否泰，或交或散，理之常也。泰既过中，则将变矣。圣人于三，尚云艰贞则有福，盖三为将中，知戒则可保。四已过中矣，理必变也，故专言始终反复之道。五，泰之主，则复言处泰之义。

《象》曰：翩翩不富，皆失实也。不戒以孚，中心愿也。

翩翩，下往之疾。不待富而邻从者，以三阴在上，皆失其实故也。阴本在下之物，今乃居上，是失实也。不待告戒而诚意相与者，盖其中心所愿故也。理当然者天也，众所同者时也。

六五，帝乙归妹，以祉，元吉。

史谓汤为天乙，厥后有帝祖乙，亦贤王也，后又有帝乙。《多士》曰："自成汤至于帝乙，罔不明德恤祀。"称帝乙者，未知谁是。以爻义观之，帝乙，制王姬下嫁之礼法者也。自古帝女，虽皆下嫁，至帝乙然后制为礼法，使降其尊贵，以顺从其夫也。六五以阴柔居君位，下应于九二刚明之贤。五能倚任其贤臣而顺从之，如帝乙之归妹然，降其尊而顺从于阳，则以之受祉，且元吉也。元吉，大吉而尽善者也，谓成治泰之功也。

《象》曰：以祉元吉，中以行愿也。

所以能获祉福且元吉者，由其以中道合而行其志愿也。有中德，所以能任刚中之贤，所听从者皆其志愿也。非其所欲，能从之乎？

上六，城复于隍，勿用师。自邑告命，贞吝。

掘隍土积累以成城，如治道积累以成泰。及泰之终，将反于否，如城土颓圮，复反于隍也。上，泰之终，六以小人处之，行将否矣。勿用师；君之所以能用其众者，上下之情通而心从也；今泰之将终，失泰之道，上下之情不通矣，民心离散，不从其上，岂可用也？用之则乱。众既不可用，方自其亲近而告命之，虽使所告命者得其正，亦可羞吝。邑，所居，谓亲近，大率告命必自近始，凡贞凶贞吝，有二义：有贞固守此则凶吝者，有虽得正亦凶吝者。此不云贞凶，而云贞吝者，将否而方告命，为可羞吝，否不由于告命也。

《象》曰：城复于隍，其命乱也。

城复于隍矣，虽其命之，乱不可止也。

䷋ 坤下 乾上

《否》，《序卦》："泰者通也，物不可以终通，故受之以否。"夫物理往来，通泰之极则必否，否所以次泰也。为卦，天上地下。天地相交，阴阳和畅，则为泰。天处上，地处下，是天地隔绝，不相交通，所以为否也。

否之匪人，

天地交而万物生于中，然后三才备，人为最灵，故为万物之首。凡生天地之中者，皆人道也。天地不交，则不生万物，是无人道，故曰匪人，谓非人道也。消长阖辟，相因而不息。泰极则复，否极则倾。无常而不变之理，人道岂能无也？既否则泰矣。

不利君子贞，大往小来。

夫上下交通，刚柔和会，君子之道也。否则反是，故不利君子贞。君子正道否塞不行也。大往小来，阳往而阴来也。小人道长，君子道消之象，故为否也。

《彖》曰：否之匪人，不利君子贞，大往小来，则是天地不交而万物不通也，上下不交而天下无邦也。内阴而外阳，内柔而外刚，内小人而外君子，小人道长，君子道消也。

夫天地之气不交，则万物无生成之理。上下之义不交，则天下无邦国之道。建邦国所以为治也。上施政以治民，民戴君而从命，上下相交，所以治安也。今上下不交，是天下无邦国之道也。阴柔在内，阳刚在外，君子往居于外，小人来处于内，小人道长，君子道消之时也。

《象》曰：天地不交，否，君子以俭德辟难，不可荣以禄。

天地不相交通，故为否。否塞之时，君子道消，当观否塞之象，而以俭损其德，避免祸难，不可荣居禄位也。否者，小人得志之时，君子居显荣之地，祸患必及其身，故宜晦处穷约也。

初六，拔茅茹，以其彙贞，吉亨。

泰与否皆取茅为象者，以群阳群阴同在下，有牵连之象也。泰之时，则以同征为吉。否之时，则以同贞为亨。始以内小人外君子为否之义，复以初六否而在下，为君子之道，《易》随时取义，变动无常。否之时，在下者君子也。否之三阴，上皆有应，在否隔之时，隔绝不相通，故无应义。初六能与其类贞固其节，则处否之吉，而其道之亨也。当否而能进者小人也，君子则伸道免祸而已。君子进退，未尝不与其类同也。

《象》曰：拔茅贞吉，志在君也。

爻以六自守于下，明君子处下之道，《象》复推明以象君子之心。君子固守其节以处下者，非乐于不进，独善也，以其道方否，不可进，故安之耳，心固未尝不在天下也。其志常在得君而进，以康济天下，故曰志在君也。

六二，包承，小人吉，大人否亨。

六二，其质则阴柔，其居则中正。以阴柔小人而言，则方否于下，志所包畜者，在承顺乎上以求济，其否为身之利，小人之吉也。大人当否，则以道自处，岂肯枉己屈道，承顺于上，唯自守其否而已，身之否，乃其道之亨也。或曰：上下不交，何所承乎？曰：正则否矣，小人顺上之心，未尝无也。

《象》曰：大人否亨，不乱群也。

大人于否之时，守其正节，不杂乱于小人之群类，身虽否而道之亨也，故曰否亨。不以道而身亨，乃道之否也。不云君子而云大人，能如是则其道大矣。

六三，包羞。

三以阴柔，不中不正而居否，又切近于上，非能守道安命，穷斯滥矣，极小人之情状者也。其所包畜谋虑，邪滥无所不至，可羞耻也。

《象》曰包羞，位不当也。

阴柔居否，而不中不正，所为可羞者，处不当故也。处不当位，所为不以道也。

九四，有命无咎，畴离祉。

四以阳刚健体，居近君之位，是有济否之才，而得高位者也，足以辅上济否，然当君道方否之时，处逼近之地，所恶在居功取忌而已。若能使动必出于君命，威柄一归于上，则无咎，而其志行矣。能使事皆出于君命，则可以济时之否，其畴类皆附离其福祉。离，丽也。君子道行，则与其类同进，以济天下之否，畴离祉也。小人之进，亦以其类同也。

《象》曰：有命无咎，志行也。

有君命则得无咎，乃可以济否，其志得行也。

九五，休否，大人吉。其亡其亡，系于苞桑。

五以阳刚中正之德，居尊位，故能休息天下之否，大人之吉也。大人当位。能以其道休息天下之否，以驯致于泰。犹未离于否也，故有其亡之戒。否既休息，渐将反泰，不可便为安肆，当深虑远戒，常虞否之复来，曰其亡矣，其亡矣。其系于苞桑，谓为安固之道，如维系于苞桑也。桑之为物，其根深固，苞谓丛生者，其固尤甚，圣人之戒深矣。汉王允、唐李德裕，不知此戒，所以致祸败也。《系辞》曰："危者安其位者也，亡者保其存者也，乱者有其治者也。是故君子安而不忘危，存而不忘亡，治而不忘乱，是以身安而国家可保也。"

《象》曰：大人之吉，位正当也。

有大人之德，而得至尊之正位，故能休天下之否，是以吉也。无其位，则虽有其道，将何为乎？故圣人之位，谓之大宝。

上九，倾否，先否后喜。

上九，否之终也。物理极而必反，故泰极则否，否极则泰。上九否既极矣，故否道倾覆而变也。先极，否也；后倾，喜也。否倾则泰矣，后喜也。

《象》曰：否终则倾，何可长也！

否终则必倾，岂有长否之理？极而必反，理之常也。然反危为安，易乱为治，必有刚阳之才而后能也。故否之上九则能倾否，屯之上六则不能变屯也。

☰☲ 离下 乾上

《同人》，《序卦》："物不可以终否，故受之以同人。"夫天地不交则为否，上下相同则为同人，与否义相反，故相次。又世之方否，必与人同力乃能济，同人所以次否也。为卦，乾上离下。以二象言之，天在上者也，火之性炎上，与天同也，故为同人。以二体言之，五居正位，为乾之主，二为离之主，二爻以中正相应，上下相同，同人之义也。又卦唯一阴，众阳所欲同，亦同人之义也。他卦固有一阴者，在同人之时而二五相应，天火相同，故其义大。

同人于野，亨，利涉大川，利君子贞。

野谓旷野，取远与外之义。夫同人者，以天下大同之道，则圣贤大公之心也。常人之同者，以其私意所合，乃暱比之情耳。故必于野，谓不以暱近情之所私，而于郊野旷远之地，既不系所私，乃至公大同之道，无远不同也，其亨可知。能与天下大同，是天下皆同之也。天下皆同，何险阻之不可济？何艰危之不可亨？故利涉大川，利君子贞。上言于野，止谓不在暱比，此复言宜以君子正道。君子之贞，谓天下至公大同之道。故虽居千里之远，生千岁之后，若合符节，推而行之，四海之广，兆民之众，莫不同。小人则唯用其私意，所比者虽非亦同，所恶者虽是亦异，故其所同者则为阿党，盖其心不正也。故同人之道，利在君子之贞正。

《彖》曰：同人，柔得位，得中而应乎乾，曰同人。

言成卦之义。柔得位，谓二以阴居阴，得其正位也。五，中正，而二以中正应之，得中而应乎乾也。五，刚健中正，而二以柔顺中正应之，各得其正，其德同也，故为同人。五，乾之主，故云应乎乾。《象》取天火之象，而《彖》专以二言。

同人曰

此三字羡文。

同人于野，亨，利涉大川，乾行也。

至诚无私，可以蹈险难者，乾之行也。无私，天德也。

文明以健，中正而应，君子正也。

又以二体言其义。有文明之德，而刚健以中正之道相应，乃君子之正道也。

唯君子为能通天下之志。

天下之志万殊，理则一也。君子明理，故能通天下之志。圣人视亿兆之心犹一心者，通于理而已。文明则能烛理，故能明大同之义；刚健则能克己，故能尽大同之道；然后能中正合乎乾行也。

《象》曰：天与火，同人，君子以类族辨物。

不云火在天下，天下有火，而云天与火者，天在上，火性炎上，火与天同，故为同人之义。君子观同人之象，而以类族辨物，各以其类族辨物之同异也。若君子小人之党，善恶是非之理，物情之离合，事理之异同，凡异同者君子能辨明之，故处物不失其方也。

初九，同人于门，无咎。

九居同人之初，而无系应，是无偏私，同人之公者也，故为出门。同人出门谓在外，在外则无私昵之偏，其同溥而公，如此则无过咎也。

《象》曰：出门同人，又谁咎也？

出门同人于外，是其所同者广，无所偏私。人之同也，有厚薄亲疎之异，过咎所由生也。既无所偏党，谁其咎之？

六二，同人于宗，吝。

二与五为正应，故曰同人于宗，宗谓宗党也。同于所系应，是有所偏与，在同人之道为私狭矣，故可吝。二若阳爻，则为刚中之德，乃以中道相同，不为私也。

《象》曰：同人于宗，吝道也。

诸卦以中正相应为善，而在同人则为可吝，故五不取君义。盖私比非人君之道，相同以私为可吝也。

九三，伏戎于莽，升其高陵，三岁不兴。

三以阳居刚而不得中，是刚暴之人也。在同人之时，志在于同。卦惟一阴，诸阳之志皆欲同之，三又与之比，然二以中正之道与五相应，三以刚强居二五之间，欲夺而同之。然理不直，义不胜，故不敢显发，伏藏兵戎于林莽之中，怀恶而内负不直，故又畏惧，时升高陵以顾望，如此至于三岁之久，终不敢兴。此爻深见小人之情状，然不曰凶者，既不敢发，故未至凶也。

《象》曰：伏戎于莽，敌刚也。三岁不兴，安行也？

所敌者五，既刚且正，其可夺乎？故畏惮伏藏也。至于三岁不兴矣，终安能行乎？

九四，乘其墉，弗克攻，吉。

四刚而不中正，其志欲同二，亦与五为仇者也。墉垣所以限隔也。四切近于五，如隔墉耳。乘其墉，欲攻之，知义不直而不克也。苟能自知义之不直而不攻，则为吉也。若肆其邪欲，不能反思义理，妄行攻夺，则其凶大矣。三以刚居刚，故终其强而不能反。四以刚居柔，故有困而能反之义，能反则吉矣。畏义而能改，其吉宜矣。

《象》曰：乘其墉，义弗克也。其吉，则困而反则也。

所以乘其墉而弗克攻之者，以其义之弗克也。以邪攻正，义不胜也。其所以得吉者，由其义不胜，困穷而反于法则也。二者，众阳所同欲也。独三四有争夺之义者，二爻居二五之间也，初终远，故取义别。

九五，同人，先号咷而后笑，大师克相遇。

九五同于二，而为三四二阳所隔。五自以义直理胜，故不胜愤抑，至于号咷。然邪不胜正，虽为所隔，终必得合，故后笑也。大师克相遇；五与二正应，而二阳非理隔夺，必用大师克胜之，乃得相遇也。云大师、云克者，见二阳之强也。九五君位，而爻不取人君同人之义者，盖五专以私暱应于二，而失其中正之德。人君当与天下大同，而独私一人，非君道也。又先隔则号咷，后遇则笑，是私暱之情，非大同之体也。二之在下，尚以同于宗为吝，况人君乎？五既于君道无取，故更不言君道，而明二人同心，不可间隔之义。《系辞》云："君子之道，或出或处，或默或语，二人同心，其利断金。中诚所同，出处语默无不同，天下莫能间也。同者一也，一不可分，分乃二也。一可以通金石，冒水火，无所不能入，故云其利断金。其理至微，故圣人赞之曰："同心之言，其臭如兰。"谓其言意味深长也。

《象》曰：同人之先，以中直也；大师相遇，言相克也。

先所以号咷者，以中诚理直，故不胜其忿切而然也。虽其敌刚强，至用大师，然义直理胜，终能克之，故言能相克也。相克谓能胜，见二阳之强也。

上九，同人于郊，无悔。

郊，在外而远之地。求同者必相亲相与，上九居外而无应，终无与同者也。始有同则至，终或有睽悔。处远而无与，故虽无同，亦无悔。虽欲同之志不遂，而其终无所悔也。

《象》曰：同人于郊，志未得也。

居远莫同，故终无所悔。然而在同人之道，求同之志不得，遂虽无悔，非善处也。

䷍ 乾下 离上

《大有》，《序卦》："与人同者，物必归焉，故受之以大有。"夫与人同者，物之所归也，大有所以次同人也。为卦，火在天上。火之处高，其明及远，万物之众，无不照见，为大有之象。又一柔居尊，众阳并应，居尊执柔，物之所归也。上下应之，为大有之义。大有，盛大丰有也。

大有：元亨。

卦之才可以元亨也。凡卦德，有卦名自有其义者，如《比》吉、《谦》亨是也；有因其卦义便为训戒者：如《师》贞丈人吉、《同人》于野亨是也；有以其卦才而言者，《大有》元亨是也。由刚健文明，应天时行，故能元亨也。

《彖》曰：大有，柔得尊位，大中而上下应之，曰大有。

言卦之所以为大有也。五以阴居君位，柔得尊位也，处中得大中之道也，为诸阳所宗，上下应之也。夫居尊执柔，固众之所归也，而又有虚中文明大中之德，故上下同志应之，所以为大有也。

其德刚健而文明，应乎天而时行，是以元亨。

卦之德，内刚健而外文明。六五之君，应于乾之九二。五之性柔顺而明，能顺应乎二。二，乾之主也，是应乎乾也。顺应乾行，顺乎天时也，故曰应乎天而时行。其德如此，是以元亨也。王弼云："不大通，何由得大有乎？大有则必元亨矣。"此不识卦义离乾成大有之义。非大有之义便有元亨，由其才故得元亨。大有而不善者，与不能亨者，有矣。诸卦具元亨利贞，则彖皆释为大亨，恐疑与乾坤同也；不兼利贞，则释为元亨，尽元义也，元有大善之义。有元亨者四卦：《大有》《蛊》《升》《鼎》也。唯《升》之《彖》，误随他卦，作大亨。曰：诸卦之元与乾不同，何也？曰：元之在乾，为元始之义，为首出庶物之义，他卦则不能有此义，为善为大而已。曰：元之为大可矣，为善何也？曰：元者物之先也，物之先岂有不善者乎？事成而后有败，败非先成者也。兴而后有衰，衰固后于兴也。得而后有失，非得则何以有失也？至于善恶治乱是非，天下之事莫不皆然，必善为先。故《文言》曰："元者善之长也。"

《象》曰：火在天上，大有，君子以遏恶扬善，顺天休命。

火高在天上，照见万物之众多，故为大有。大有，繁庶之义。君子观大有之象，以遏绝众恶，扬明善类，以奉顺天休美之命。万物众多，则有善恶之殊。君子享大有之盛，当代天工，治养庶类。治众之道，在遏恶扬善而已。恶惩善劝，所以顺天命而安群生也。

初九，无交害，匪咎，艰则无咎。

九居大有之初，未至于盛，处卑无应与，未有骄盈之失，故无交害，未涉于害也。大凡富有，鲜不有害。以子贡之贤，未能尽免，况其下者乎？匪咎，艰则无咎，言富有本匪有咎也，人因富有自为咎耳，若能享富有而知难处，则自无咎也。处富有而不能思艰兢畏，则骄侈之心生矣，所以有咎也。

《象》曰：大有初九，无交害也。

在大有之初，克念艰难，则骄溢之心无由生矣，所以不交涉于害也。

九二，大车以载，有攸往，无咎。

九以阳刚居二，为六五之君所倚任，刚健则才胜，居柔则谦顺，得中则无过，其才如此，所以能胜大有之任，如大车之材强壮，能胜载重物也。可以任重行远，故有攸往而无咎也。大有丰盛之时，有而未极，故以二之才可往而无咎，至于盛极，则不可以往矣。

《象》曰：大车以载，积中不败也。

壮大之车，重积载于其中而不损败，犹九二材力之强，能胜大有之任也。

九三，公用亨于天子，小人弗克。

三居下体之上，在下而居人上，诸侯人君之象也。公侯上承天子，天子居天下之尊，率土之滨，莫非王臣，在下者何敢专其有？凡土地之富，人民之众，皆王者之有也，此理之正也。故三当大有之时，居诸侯之位，有其富盛，必用亨通乎天子，谓以其有为天子之有也，乃人臣之常义也。若小人处之，则专其富有以为私，不知公以奉上之道，故曰小人弗克也。

《象》曰：公用亨于天子，小人害也。

公当用亨于天子，若小人处之，则为害也。自古诸侯能守臣节，忠顺奉上者，则蕃养其众，以为王之屏翰，丰殖其财，以待上之徵赋。若小人处之，则不知为臣奉上之道，以其为己之私，民众财丰，则反擅其富强，益为不顺，是小人大有则为害，又大有为小人之害也。

九四，匪其彭，无咎。

九四居大有之时，已过中矣，是大有之盛者也。过盛则凶咎所由生也。故处之之道，匪其彭则得无咎，谓能谦损，不处其太盛，故得无咎也。四近君之高位，苟处太盛，则致凶咎。彭，盛多之貌。《诗·载驱》云："汶水汤汤，行人彭彭。"行人盛多之状。《雅·大明》云："驷騵彭彭。"言武王戎马之盛也。

《象》曰：匪其彭无咎，明辩晳也。

能不处其盛而得无咎者，盖有明辩之智也。晳，明智也。贤智之人，明辩物理，当其方盛，则知咎之将至，故能损抑，不敢至于满极也。

六五，厥孚交如，威如，吉。

六五当大有之时，居私位，虚中，为孚信之象。人君执柔守中，而以孚信接于下，则下亦尽其信诚以事于上，上下孚信相交也。以柔居尊位，当火有之时，人心安易，若专尚柔顺，则陵慢生矣，故必威如则吉。威如，有威严之谓也。既以柔和孚信接于下，众志说从，又有威严使之有畏，善处有者也，吉可知矣。

《象》曰：厥孚交如，信以发志也。威如之吉，易而无备也。

下之志，从乎上者也。上以孚信接于下，则下亦以诚信事其上，故厥孚交如。由上有孚信以发其下孚信之志，下之从上，犹飨之应声也。威如之所以吉者，谓若无威严，则下易慢而无戒备也，谓无恭畏备上之道。备谓备上之求责也。

上九，自天祐之，吉无不利。

上九在卦之终，居无位之地，是大有之极，而不居其有者也。处离之上，明之极也。唯至明所以不居其有，不至于过极也。有极而不处，则无盈满之灾，能顺乎理者也。五之孚信，而履其上，为蹈履诚信之义。五有文明之德，上能降志以应之，为尚贤崇善之义。其处如此，合道之至也，自当享其福庆，自天祐之。行顺乎天而获天祐，故所往皆吉，无所不利也。

《象》曰：大有上吉，自天祐也。

大有之上，有极当变。由其所为顺天合道，故天祐助之，所以吉也。君子满而不溢，乃天祐也。《系辞》复申之云：“天之所助者顺也，人之所助者信也。履信思乎顺，又以尚贤也，是以自天祐之，吉无不利也。”履信谓履五，五虚中，信也。思顺谓谦退不居。尚贤谓志从于五。大有之世，不可以盈丰，而复处盈焉，非所宜也。六爻之中，皆乐据权位，唯初上不处其位，故初九无咎，上九无不利。上九在上，履信思顺，故在上而得吉，盖自天祐也。

周易程氏传卷第二

周易上经下

䷎ 艮下 坤上

《谦》，《序卦》："有大者不可以盈，故受之以谦。"其有既大，不可至于盈满，必在谦损，故大有之后，受之以谦也。为卦，坤上艮下，地中有山也。地体卑下，山高大之物，而居地之下，谦之象也，以崇高之德，而处卑之下，谦之义也。

谦：亨，君子有终。

谦有亨之道也。有其德而不居，谓之谦。人以谦巽自处，何往而不亨乎？君子有终：君子志存乎谦巽，达理，故乐天而不竞，内充，故退让而不矜，安履乎谦，终身不易，自卑而人益尊之，自晦而德益光显，此所谓君子有终也。在小人则有欲必竞，有德必伐，虽使勉慕于谦，亦不能安行而固守，不能有终也。

《彖》曰：谦亨，天道下济而光明，地道卑而上行。

"济"当为"际"。此明谦而能亨之义。天之道，以其气下际，故能化育万物，其道光明。下际谓下交也。地之道，以其处卑，所以其气上行，交于天，皆以卑降而亨也。

天道亏盈而益谦，

以天行而言，盈者则亏，谦者则益，日月阴阳是也。

地道变盈而流谦，

以地势而言，盈满者倾变而反陷，卑下者流注而益增也。

鬼神害盈而福谦，

鬼神谓造化之迹。盈满者祸害之，谦拟者福祐之，凡过而损，不足而益者，皆是也。

人道恶盈而好谦。

人情疾恶于盈满，而好与于谦巽也。谦者人之至德，故圣人详言，所以戒盈而劝谦也。

谦尊而光，卑而不可逾，君子之终也。

谦为卑巽也，而其道尊大而光显，自处虽卑屈，而其德实高不可加尚，是不可逾也。君子至诚于谦，恒而不变，有终也，故尊光。

《象》曰：地中有山，谦，君子以裒多益寡，称物平施。

地体卑下，山之高大而在地中，外卑下而内蕴高大之象，故为谦也。不云山在地中，而曰地中有山，言卑下之中蕴其崇高也。若言崇高蕴于卑下之中，则文理不顺。诸象皆然，观文可见。君子以裒多益寡，称物平施；君子观谦之象，山而在地下，是高者下之，卑者上之，见抑高举下、损过益不及之义；以施于事，则裒取多者，增益寡者，称物之多寡以均其施与，使得其平也。

初六，谦谦君子，用涉大川，吉。

初六以柔顺处谦，又居一卦之下，为自处卑下之至，谦而又谦也，故曰谦谦。能如是者，君子也。自处至谦，众所共与也，虽用涉险难，亦无患害，况居平易乎？何所不吉也？初处谦而以柔居下，得无过于谦乎？曰：柔居下，乃其常也，但见其谦之至，故为谦谦，未见其失也。

《象》曰：谦谦君子，卑以自牧也。

谦谦，谦之至也。谓君子以谦卑之道自牧也。自牧，自处也。《诗》云："自牧归荑。"

六二，鸣谦，贞吉。

二以柔顺居中，是为谦德积于中。谦德充积于中，故发于外，见于声音颜色，故曰鸣谦。居中得正，有中正之德也，故云贞吉。孔贞吉，有为贞且吉者，有为得贞则吉者，六二之贞吉，所自有也。

《象》曰：鸣谦贞吉，中心得也。

二之谦德，由至诚积于中，所以发于声音，中心所自得也，非勉为之也。

九三，劳谦，君子有终，吉。

三以阳刚之德而居下体，为众阴所宗，履得其位，为下之上，是上为君所任，下为众所从，有功劳而持谦德者也，故曰劳谦。古之人有当之者，周公是也。身当天下之大任，上奉幼弱之主，谦恭自牧，夔夔如畏然，可谓有劳而能谦矣。既能劳谦，又须君子行之有终，则吉。夫乐高喜胜，人之常情。平时能谦，固已鲜矣，况有功劳可尊乎？虽使知谦之善，勉而为之，若矜负之心不忘，则不能常久，欲其有终，不可得也。唯君子安履谦顺，乃其常行，故久而不变，乃所谓有终，有终则吉也。九三以刚居正，能终者也。此爻之德最盛，故象辞特重。

《象》曰：劳谦君子，万民服也。

能劳谦之君子，万民所尊服也。《系辞》云："劳而不伐，有功而不德，厚之至也。语以其功下人者也。德言盛，礼言恭。谦也者，致恭以存其位者也。"有劳而不自矜伐，有功而不自以为德，是其德弘厚之至也。言以其功劳而自谦，以下于人也。德言盛，礼言恭。以其德言之，则至盛，以其自处之礼言之，则至恭，此所谓谦也。夫谦也者，谓致恭以存其位者也。存，守也。致其恭巽以守其位，故高而不危，满而不溢，是以能终吉也。夫君子履谦，乃其常行，非为保其位而为之也。而言存其位者，盖能致恭所以能存其位，言谦之道如此。如言为善有令名，君子岂为令名而为善也哉？亦言其令名者，为善之故也。

六四，无不利撝谦。

四居上体，切近君位，六五之君又以谦柔自处，九三又有大功德，为上所任、众所宗，而己居其上，当恭畏以奉谦德之君，卑巽以让劳谦之臣，动作施为，无所不利于撝谦也。撝，施布之象，如人手之撝也。动息进退，必施其谦，盖居多惧之地，又在贤臣之上故也。

《象》曰：无不利撝谦，不违则也。

凡人之谦，有所宜施，不可过其宜也。如六五或用侵伐是也。唯四以处近君之地，据劳臣之上，故凡所动作，靡不利于施谦，如是然后中于法则，故曰不违则也，谓得其宜也。

六五，不富以其邻，利用侵伐，无不利。

富者众之所归，唯财为能聚人。五以君位之尊，而执谦顺以接于下，众所归也，故不富而能有其邻也。邻，近也。不富而得人之亲也，为人君而持谦顺，天下所归心也。然君道不可专尚谦柔，必须威武相济，然后能怀服天下，故利用行侵伐也。威德并著，然后尽君道之堂，而无所不利也。盖五之谦柔，当防于过，故发此义。

《象》曰：利用侵伐，征不服也。

征其文德谦巽所不能服者也。文德所不能服，而不用威武，何以平治天下？非人君之中道，谦之过也。

上六，鸣谦，利用行师，征邑国。

六以柔处柔，顺之极，又处谦之极，极乎谦者也。以极谦而反居高，未得遂其谦之志，故至发于声音，又柔处谦之极，亦必见于声色，故曰鸣谦。虽居无位之地，非任天下之事，然人之行己，必须刚柔相济。上，谦之极也，至于太甚，则反为过矣。故利在以刚武自治。邑国，己之私有。行师，谓用刚武。征邑国，谓自治其私。

《象》曰：鸣谦，志未得也，可用行师征邑国也。

谦极而居上，欲谦之志未得，故不胜其切，至于鸣也。虽不当位，谦既过极，宜以刚武自治其私，故云利用行师征邑国也。

☳☷ 坤下 震上

《豫》，《序卦》："有大而能谦必豫，故受之以豫。"承二卦之义而为次也，有既大而能谦，则有豫乐也。豫者，安和悦乐之义。为卦，震上坤下，顺动之象。动而和顺，是以豫也。九四为动之主，上下群阴所共应也，坤又承之以顺，是以动而上下顺应，故为和豫之义。以二象言之，雷出于地上。阳始潜闭于地中，及其动而出地，奋发其声，通畅和豫，故为豫也。

豫：利建侯行师。

豫，顺而动也。豫之义，所利在于建侯行师。夫建侯树屏，所以共安天下，诸侯和顺则万民悦服，兵师之兴，众心和悦，则顺从而有功，故悦豫之道，利于建侯行师也。又上动而下顺，诸侯从王，师众顺令之象。君万邦，聚大众，非和悦不能使之服从也。

《彖》曰：豫，刚应而志行，顺以动，豫。

刚应，谓四为群阴所应，刚得众应也。志行，谓阳志上行，动而上下顺从，其志得行也。顺以动豫，震动而坤顺为动而顺理，顺理而动又为动而众顺，所以豫也。

豫顺以动，故天地如之，而况建侯行师乎？

以豫顺而动，则天地如之而弗违，况建侯行师，岂有不顺乎？天地之道，万物之理，唯至顺而已。大人所以先天后天而不违者，亦顺乎理而已。

天地以顺动，故日月不过而四时不忒；圣人以顺动，则刑罚清而民服。

复详言顺动之道。天地之运，以其顺动，所以日月之度不过差，四时之行不愆忒；圣人以顺动，故经正而民兴于善，刑罚清简而万民服也。

豫之时义大矣哉！

既言豫顺之道矣，然其旨味渊永，言尽而意有余也，故复赞之云："豫之时义大矣哉！"欲人研味其理，优柔涵泳而识之也。时义，谓豫之时义。诸卦之时与义用"大"者，皆赞其大矣哉，《豫》以下十一卦是也：《豫》《遯》《姤》《旅》言时义，《坎》《睽》《蹇》言时用，《颐》《大过》《解》《革》言时，各以其大者也。

《象》曰：雷出地奋，豫，先王以作乐崇德，殷荐之上帝，以配祖考。

雷者，阳气奋发，阴阳相薄而成声也。阳始潜闭地中，及其动，则出地奋震也。始闭郁，及奋发则通畅和豫，故为豫也。坤顺震发，和顺积中而发于声，乐之象也。先王观雷出地而奋，和畅发于声之象，作声乐以褒崇功德，其殷盛至于荐之上帝，推配之以祖考。殷，盛也。礼有殷奠，谓盛也。荐上帝，配祖考，盛之至也。

初六，鸣豫，凶。

初六以阴柔居下，四豫之主也，而应之，是不中正之小人处豫，而为上所宠，其志意满极，不胜其豫，至发于声音，轻浅如是，必至于凶也。鸣，发于声也。

《象》曰：初六鸣豫，志穷凶也。

云初六，谓其以阴柔处下，而志意穷极，不胜其豫，至于鸣也，必骄肆而致凶矣。

六二，介于石，不终日，贞吉。

逸豫之道，放则失正，故豫之诸爻，多不得正，才与时合也。唯六二一爻处中正，又无应，为自守之象。当豫之时，独能以中正自守，可谓特立之操，是其节介如石之坚也。介于石，其介如石也。人之于豫乐，心悦之，故迟迟遂至于耽恋不能已也。二以中正自守，其介如石，其去之速，不俟终日，故贞正而吉也。处豫不可安且久也，久则溺矣。如二，可谓见几而作者也。夫子因二之见几，而极言知几之道，曰："知几其神乎！君子上交不谄，下交不渎，其知几乎！几者动之微、吉之先见者也。君子见几而作，不俟终日。《易》曰：'介于石，不终日，贞吉。'介如石焉，宁用终日，断可识矣。君子知微知彰，知柔知刚，万夫之望。"夫见事之几微者，其神妙矣乎！君子上交不至于谄，下交不至于渎者，盖知几也。不知几，则至于过而不已。交于上以恭巽，故过则为谄；交于下以和易，故过则为渎。君子见于几微，故不至于过也。所谓几者，始动之微也，吉凶之端可先见而未著者也。独言吉者，见之于先，岂复至有凶也？君子明哲，见事之几微，故能其介如石，其守既坚，则不惑而明，见几而动，岂俟终日也？断，别也。其判别可见矣。微与彰，柔与刚，相对者也。君子见微则知彰矣，见柔则知刚矣，知几知是，众所仰也，故赞之曰“万夫之望”。

《象》曰：不终日贞吉，以中正也。

能不终日而贞且吉者，以有中正之德也。中正故其守坚，而能辨之早，去之速。爻言六二处豫之道，为教之意深矣。

六三，盱豫，悔，迟有悔。

六三阴而居阳，不中不正之人也。以不中正而处豫，动皆有悔。盱，上视也。上瞻望于四，则以不中正不为四所取，故有悔也。四，豫之主，与之切近，苟迟迟而不前，则见弃绝，亦有悔也。盖处身不正，进退皆有悔吝。当如之何？在正身而已。君子处己有道，以礼制心，虽处豫时，不失中正，故无悔也。

《象》曰：盱豫有悔，位不当也。

自处不当，失中正也，是以进退有悔。

九四，由豫，大有得，勿疑，朋盍簪。

豫之所以为豫者，由九四也，为动之主，动而众阴悦顺，为豫之义。四，大臣之位，六五之君顺从之，以阳刚而任上之事，豫之所由也，故云出豫。大有得，言得火行其志，以致天下之豫也。勿疑，朋盍簪：四居大臣之位，承柔弱之君，而当天下之任，危疑之地也，独当上之倚任，而下无同德之助，所以疑也；唯当尽其至诚，勿有疑虑，则朋类自当盍聚。夫欲上下之信，唯至诚而已。苟尽其至诚，则何患乎其无助也？簪，聚也。簪之名簪，取聚发也。或曰：卦唯一阳，安得同德之助？曰：居上位而至诚求助，理必得之。《姤》之九五曰有陨自天是也。四以阳刚，迫近君位，而专主乎豫，圣人宜为之戒，而不然者，豫和顺之道也，由和顺之道，不失为臣之正也。如此而专主于豫，乃是任天下之事而致时于豫者也，故唯戒以至诚勿疑。

《象》曰：由豫，大有得，志大行也。

由己而致天下于乐豫，故为大有得，谓其志得大行也。

六五，贞疾，恒不死。

六五以阴柔居君位，当豫之时，沈溺于豫，不能自立者也。权之所主，众之所归，皆在于四。四之阳刚得众，非耽惑柔弱之君所能制也，乃柔弱不能自立之君，受制于专权之臣也，居得君位贞也，受制于下有疾苦也。六居尊位，权虽失而位未亡也，故云贞疾恒不死，言贞而有疾，常疾而不死，如汉、魏末世之君也。人君致危亡之道非一，而以豫为多。在四不言失正，而于五乃见其强逼者，四本无失，故于四言大臣任天下之事之义，于五则言柔弱居尊，不能自立，威权去己之义，各据爻以取义，故不同也。若五不失君道，而四主于豫，乃是任得其人安享其功，如太甲、成王也。《蒙》亦以阴居尊位，二以阳为蒙之主，然彼吉而此疾者，时不同也。童蒙而资之于人，宜也；耽豫而失之于人，危亡之道也。故《蒙》相应，则倚任者也；《豫》相逼，则失权者也。又上下之心专归于四也。

《象》曰：六五贞疾，乘刚也；怪不死，中未亡也。

贞而疾，由乘刚为刚所逼也。恒不死，中之尊位未亡也。

上六，冥豫成，有渝无咎。

上六阴柔，非有中正之德，以阴居上，不正也。而当豫极之时，以君子居斯时，亦当戒惧，况阴柔乎？乃耽肆于豫，昏迷不知反者也。在豫之终，故为昏冥已成也。若能有渝变，则可以无咎矣。在豫之终，有变之义。人之失，苟能自变，皆可以无咎，故冥豫虽已成，能变则善也。圣人发此义，所以劝迁善也，故更不言冥之凶，专言渝之无咎。

《象》曰：冥豫在上，何可长也？

昏冥于豫，至于终极，灾咎行及矣。其可长然乎？当速渝也。

䷐ 震下 兑上

《随》，《序卦》："豫必有随，故受之以随。"夫悦豫之道，物所随也，随所以次豫也。为卦，兑上震下，兑为说，震为动，说而动，动而说，皆随之义。女随人者也，以少女从长男，随之义也。又震为雷，兑为泽，雷震于泽中，泽随而动，随之象也。又以卦变言之，乾之上来居坤之下，坤之初往居乾之上，阳来下于阴也；以阳下阴，阴必说随，为随之义。凡成卦，既取二体之义，又有取爻义者，复有更取卦变之义者，如随之取义，尤为详备。

随：元，亨，利，贞，无咎。

随之道，可以致大亨也。君子之道，为众所随，与己随于人，及临事择所随，皆随也。随得其道，则可以致大亨也。凡人君之从善，臣下之奉命，学者之徙义，临事而从长，皆随也。随之道，利在于贞正，随得其正，然后能大亨而无咎。失其正则有咎矣，岂能亨乎？

《彖》曰：随，刚来而下柔，动而说，随。大亨贞，无咎，而天下随时。

卦所以为随，以刚来而下柔，动而说也，谓乾之上九来居坤之下，坤之初六往居乾之上，以阳刚来下于阴柔，是以上下下，以贵下贱，能如是，物之所说随也。又下动而上说，动而可说也，所以随也。如是则可大亨而得正，能大亨而得正，则为无咎。不能亨，不得正，则非可随之道，岂能使天下随之乎？天下所随者时也，故云"天下随时"。

随时之义大矣哉！

君子之道，随时而动，从宜适变，不可为典要，非造道之深，知几能权者，不能与于此也，故赞之曰"随时之义大矣哉！"凡赞之者，欲人知其义之大，玩而识之也。此赞随时之义大，与《豫》等诸卦不同，诸卦时与义是两事。

《象》曰：泽中有雷，随，君子以向晦入宴息。

雷震于泽中，泽随震而动，为随之象。君子观象，以随时而动。随时之宜，万事皆然，取其最明且近者言之。君子以向晦入宴息：君子昼则自强不息，及向昏晦，则入居于内，宴息以安其身，起居随时，适其宜也。《礼》：君子昼不居内，夜不居外，随时之道也。

初九，官有渝，贞吉，出门交有功。

九居随时而震体且动之主，有所随者也。官，主守也。既有所随，是其所主守有变易也，故曰官有渝贞吉，所随得正则吉也。有渝而不得正，乃过动也。出门交有功：人心所从，多所亲爱者也。常人之情，爱之则见其是，恶之则见其非，故妻孥之言虽失而多从，所憎之言虽善为恶也。苟以亲爱而随之，则是私情所与，岂合正理，故出门而交则有功也。出门谓非私暱，交不以私，故其随当而有功。

《象》曰：官有渝，从正吉也。

既有随而变，必所从得正则吉也。所从不正，则有悔吝。

出门交有功，不失也。

出门而交，非牵于私，其交必正矣，正则无失而有功。

六二，系小子，失丈夫。

二应五而比初，随先于近柔，不能固守，故为之戒云：若系小子，则失丈夫也。初阳在下，小子也；五正应在上，丈夫也。二若志系于初，则失九五之正应，是失丈夫也。系小子而失丈夫，舍正应而从不正，其咎大矣。二有中正之德，非必至如是也，在随之时，当为之戒也。

《象》曰：系小子，弗兼与也。

人之所随，得正则远邪，从非则失是，无两从之理。二苟系初，则失五矣，弗能兼与也。所以戒人从正当专一也。

六三，系丈夫，失小子，随有求得，利居贞。

丈夫九四也，小子初也。阳之在上者丈夫也，居下者小子也。三虽与初同体，而切近于四，故系于四也。大抵阴柔不能自立，常亲系于所近老。上系于四，故下失于初，舍初从上，得随之宜也，上随则善也。如昏之随明，事之从善，上随也。背是从非，舍明逐暗，下随也。四亦无应，无随之者也，近得三之随，必与之亲善。故三之随四，有求必得也。人之随于上，而上与之，是得所求也。又凡所求者可得也。虽然，固不可非理枉道以随于上，苟取爱说以遂所求。如此，乃小人邪谄趋利之为也，故云利居贞。自处于正，则所谓有求而必得者，乃正事君子之随也。

《象》曰：系丈夫，志舍下也。

既随于上，则是其志舍下而不从也。舍下而从上，舍卑而从高也，于随为善矣。

九四，随有获，贞凶。有孚，在道，以明，何咎？

九四以阳刚之才，处臣位之极，若于随有获，则虽正亦凶。有获，谓得天下之心随之己。为臣之道，当使恩威一出于上，众心皆随于君。若人心从己，危疑之道也，故凶。居此地者奈何？唯孚诚积于中，动为合于道，以明哲处之，则又何咎？古之人有行之者，伊尹、周公、孔明是也，皆德及于民，而民随之。其得民之随，所以成其君之功，致其国之安，其至诚存乎中，是有孚也，其所施为无不中道，在道也；唯其明哲，故能如是以明也，复何过咎之有？是以下信而上不疑，位极而无逼上之嫌，势重而无专强之过。非圣人大贤，则不能也。其次如唐之郭子仪，威震主而主不疑，亦由中有诚孚而处无甚失也，非明哲能如是乎？

《象》曰：随有获，其义凶也。有孚在道，明功也。

居近君之位而有获，其义固凶。能有孚而在道，则无咎，盖明哲之功也。

九五，孚于嘉，吉。

九五居尊得正而中实，是其中诚在于随善，其吉可知。嘉，善也。自人君至于庶人，随道之吉，唯在随善而已。下应二之正中，为随善之义。

《象》曰：孚于嘉吉，位正中也。

处正中之位，由正中之道，孚诚所随者正中也，所谓嘉也，其吉可知。所孚之嘉，谓六二也。随以得中为善，随之所防者过也，尽心所说随，则不知其过矣。

上六，拘系之，乃从维之，王用亨于西山。

上六以柔顺而居随之极，极乎随者也。拘系之，谓随之极，如拘持縻系之。乃从维之，又从而维系之也，谓随之固结如此。王用亨于西山，随之极如是。晋者太王用此道，亨王业于西山。太王避狄之难，去豳来岐，豳人老稚扶携以随之如归市，盖其人心之随，固结如此，用此故能亨盛其王业于西山。西山，岐山也。周之王业，盖兴于此。上居随极，固为太过，然在得民之随，与随善之固，如此乃为善也，施于他则过矣。

《象》曰：拘系之，上穷也。

随之固如拘系维持，随道之穷极也。

䷑ 巽下 艮上

《蛊》，《序卦》：“以喜随人者必有事，故受之以蛊。”承二卦之义以为次也。夫喜悦以随于人者，必有事也。无事，则何喜、何随？蛊所以次随也。蛊，事也。蛊非训事，蛊乃有事也。为卦，山下有风，风在山下，遇山而回则物乱，是为蛊象。蛊之义，坏乱也。在文为虫皿，皿之有虫，蛊坏之义。《左氏传》云：“风落山，女惑男。”以长女下于少男，乱其情也。风遇山而回，物皆挠乱，是为有事之象，故云蛊者事也。既蛊而治之，亦事也。以卦之象言之，所以成蛊也；以卦之才言之，所以治蛊也。

蛊：元，亨，利涉大川。

即蛊则有复治之理。自古治必因乱，乱则开治，理自然也。如卦之才以治蛊，则能致元亨也。蛊之大者，济时之艰难险阻也，故曰利涉大川。

先甲三日，后甲三日。

甲，数之首，事之始也，如辰之甲乙；甲第、甲令，皆谓首也，事之端也。治蛊之道，当思虑其先后三日，盖推原先后，为救弊可久之道。先甲谓先于此，究其所以然也。后甲谓后于此，虑其将然也。一日二日至于三日，言虑之深，推之远也。究其所以然，则知救之之道；虑其将然，则知备之之方。善救则前弊可革，善备则后利可久，此古之圣王所以新天下而垂后世也。后之治蛊者，不明圣人先甲后甲之诫，虑浅而事近，故劳于救世而乱不革，功未及成而弊已生矣。甲者事之首，庚者变更之首。制作政教之类，则云甲，举其首也。发号施令之事，则云庚，庚犹更也，有所更变也。

《彖》曰：蛊，刚上而柔下，巽而止，蛊。

以卦变及二体之义而言。刚上而柔下，谓乾之初九上而为上九，坤之上六下而为初六也。阳刚，尊而在上者也，今往居于上，阴柔，卑而在下者也，今来居于下。男虽少而居上，女虽长而在下，尊卑得正，上下顺理，治蛊之道也。由刚之上、柔之下，变而为艮巽。艮，止也。巽，顺也。下巽而上止，止于巽顺也。以巽顺之道治蛊，是以元亨也。

蛊元亨而天下治也。

治蛊之道，如卦之才，则元亨而天下治矣。夫治乱者，苟能使尊卑上下之义正，在下者巽顺，在上者能止齐安定之，事皆止于顺，则何蛊之不治也？其道大善而亨也，如此则天下治矣。

利涉大川，往有事也。

方天下坏乱之际，宜涉艰险以往而济之，是往有所事也。

先甲三日，后甲三日，终则有始，天行也。

夫有始则必有终，既终则必有始，天之道也。圣人知终始之道，故能原始而究其所以然，要终而备其将然，先甲后甲而为之虑，所以能治蛊而致元亨也。

《象》曰：山下有风，蛊，君子以振民育德。

山下有风，风遇山而回，则物皆散乱，故为有事之象。君子观有事之象，以振济于民，养育其德也。在己则养德，于天下则济民，君子之所事，无大于此二者。

初六，幹父之蛊，有子，考无咎，厉终吉。

初六虽居最下，成卦由之，有主之义。居内在下而为主，子幹父蛊也。子幹父蛊之道，能堪其事则为有子，而其考得无咎。不然，则为父之累，故必惕厉，则得终吉也。处卑而尸尊事，自当兢畏。以六之才，虽能巽顺，体乃阴柔，在下无应而主幹，非有能济之义。若以不克幹而言，则其义甚小，故专言为子幹蛊之道，必克济则不累其父，能厉则可以终吉，乃备见为子幹蛊之大法也。

《象》曰：幹父之蛊，意承考也。

子幹父蛊之道，意在承当于父之事也，故只敬其事，以置父于无咎之地，常怀惕厉，则终得其吉也。尽诚于父事吉之道也。

九二，幹母之蛊，不可贞。

九二阳刚，为六五所应，是以阳刚之才在下，而幹夫在上，阴柔之事也，故取子幹母蛊为义。以刚阳之臣，辅柔弱之君，义亦相近。二巽体而处柔，顺义为多，幹母之蛊之道也。夫子之于母，当以柔巽辅道之，使得于义。不顺而致败蛊，则子之罪也。从容将顺，岂无道乎？以妇人言之，则阴柔可知。若伸己刚阳之道，遽然矫拂则伤恩，所害大矣，亦安能入乎？在乎屈己下意，巽顺将承，使之身正事治而已，故曰不可贞。谓不可贞固，尽其刚直之道，如是乃中道也，又安能使之为甚高之事乎？若于柔弱之君，尽诚竭忠，致之于中道则可矣，又安能使之大有为乎？且以周公之圣辅成王，成王非甚柔弱也，然能使之为成王而已，守成不失道则可矣，固不能使之为羲、黄、尧、舜之事也。二巽体而得中，是能巽顺而得中道，合不可贞之义，得幹母蛊之道也。

《象》曰：幹母之蛊，得中道也。

二得中道而不过刚，幹母蛊之善者也。

九三，幹父之蛊，小有悔，无大咎。

三以刚阳之才，居下之上，主幹者也，子幹父之蛊也。以阳处刚而不中，刚之过也。然而在巽体，虽刚过而不为无顺。顺，事亲之本也。又居得正，故无大过。以刚阳之才，克幹其事，虽以刚过，而有小小之悔，终无大过咎也。然有小悔，已非善事亲也。

《象》曰：幹父之蛊，终无咎也。

以三之才，幹父之蛊，虽小有悔，终无大咎也。盖刚断能幹，不失正而有顺，所以终无咎也。

六四，裕父之蛊，往见吝。

四以阴居阴，柔顺之才也，所处得正，故为宽裕以处其父事者也。夫柔顺之才而处正，仅能循常自守而已。若往幹过常之事，则不胜而见吝也。以阴柔而无应助，往安能济？

《象》曰：裕父之蛊，往未得也。

以四之才，守常居宽裕之时则可矣，欲有所往，则未得也。加其所任，则不胜矣。

六五，幹父之蛊，用誉。

五居尊位，以阴柔之质，当人君之幹，而下应于九二，是能任刚阳之臣也。虽能下应刚阳之贤而倚任之，然己实阴柔，故不能为创始开基之事，承其旧业则可矣，故为幹父之蛊。夫创业垂统之事，非刚明之才则不能。继世之君，虽柔弱之资，苟能任刚贤，则可以为善继而成令誉也。太甲、成王，皆以臣而用誉者也。

《象》曰：幹父用誉，承以德也。

幹父之蛊，而用有令誉者，以其在下之贤承辅之以刚中之德也。

上九，不事王侯，高尚其事。

上九居蛊之终，无系应于下，处事之外，无所事之地也。以刚明之才，无应援而处无事之地，是贤人君子不偶于时，而高洁自守，不累于世务者也，故云不事王侯，高尚其事。古之人有行之者，伊尹、太公望之始，曾子、子思之徒是也。不屈道以徇时，既不得施设于天下，则自善其身，尊高敦尚其事，守其志节而已。

士之自高尚，亦非一道：有怀抱道德，不偶于时，而高洁自守者；有知止足之道，退而自保者；有量能度分，安于不求知者；有清介自守，不屑天下之事，独洁其身者。所处虽有得失小大之殊，皆自高尚其事者也。《象》所谓志可则者，进退合道者也。

《象》曰：不事王侯，志可则也。

如上九之处事外，不累于世务，不臣事于王侯，盖进退以道，用舍随时，非贤者能之乎？其所存之志，可为法则也。

䷒ 兑下 坤上

《临》，《序卦》：“有事而后可大，故受之以临。”“临者大也”，“蛊者事也”，有事则可大矣，故受之以临也。韩康伯云：“可大之业，由事而生。”二阳方长而盛大，故为临也。为卦，泽上有地。泽上之地，岸也，与水相际，临近乎水，故为临。天下之物，密近相临者，莫若地与水，故地上有水则为比，泽上有地则为临也。临者，临民、临事，凡所临皆是。在卦，取自上临下临民之义。

临：元，亨，利，贞。

以卦才言也。临之道，如卦之才，则大亨而正也。

至于八月，有凶。

二阳方长于下，阳道向盛之时，圣人豫为之戒曰：阳虽方长，至于八月，则其道消矣，是有凶也。大率圣人为戒，必于方盛之时。方盛而虑衰，则可以防其满极，而图其永久。若既衰而后戒，亦无及矣。自古天下安治，未有久而不乱者，盖不能戒于盛也。方其盛而不知戒，故狃安富则骄侈生，乐舒肆则纲纪坏，忘祸乱则衅孽萌，是以浸淫不知乱之至也。

《彖》曰：临，刚浸而长，说而顺，刚中而应，大亨以正，天之道也。

浸，渐也。二阳长于下而渐进也。下兑上坤，和说而顺也。刚得中道而有应助，是以能大亨而得正，合天之道。刚正而和顺，天之道也。化育之功所以不息者，刚正和顺而已。以此临人，临事，临天下，莫不大亨而得正也。兑为说，说乃和也。《夬·彖》云：决而和。

至于八月有凶，消不久也。

临，二阳生，阳方渐盛之时，故圣人为之戒云：阳虽方长，然至于八月，则消而凶矣。八月，谓阳生之八月。阳始生于复，自复至遯凡八月，自建子至建未也，二阴长而阳消矣，故云消不久也。在阴阳之气言之，则消长如循环，不可易也。以人事言之，则阳为君子，阴为小人，方君子道长之时，圣人为之诫，使知极则有凶之理而虞备之，常不至于满极，则无凶也。

《象》曰：泽上有地，临，君子以教思无穷，容保民无疆。

泽之上有地。泽，岸也，水之际也。物之相临与含容，无若水之在地，故泽上有地为临也。君子观亲临之象，则教思无穷，亲临于民，则有教道之意思也。无穷，至诚无斁也。观含容之象，则有容保民之心。无疆，广大无疆限也。含容有广大之意，故为无穷无疆之义。

初九，咸临，贞吉。

咸，感也。阳长之时，感动于阴。四应于初，感之者也，比他卦相应尤重。四，近君之位。初得正位，与四感应，是以正道为当位所信任，得行其志，获乎上而得行其正道，是以吉也。他卦初上爻不言得位失位，盖初终之义为重也。临则以初得位居正为重。凡言贞吉，有既正且吉者，有得正则吉者，有贞固守之则吉者，各随其事也。

《象》曰：咸临贞吉，志行正也。

所谓贞吉，九之志在于行正也。以九居阳，又应四之正，其志正也。

九二，咸临吉，无不利。

二方阳长而渐盛，感动于六五中顺之君，其交之亲，故见信任，得行其志，所临吉而无不利也。吉者已然，如是故吉也。无不利者将然，于所施为，无所不利也。

《象》曰：咸临吉无不利，未顺命也。

未者，非遽之辞。孟子：或问劝齐伐燕有诸？曰："未也。"又云："仲子所食之粟，伯夷之所树与？抑亦盗跖之所树与？是未可知也。"《史记》侯嬴曰："人固未易知。"古人用字之意皆如此，今人大率用对"已"字，故意似异，然实不殊也。九二与五感应以临下，盖以刚德之长，而又得中，至诚相感，非由顺上之命也，是以吉而无不利。五顺体而二说体，又阴阳相应，故《象》特明其非由说顺也。

六三，甘临，无攸利，既忧之，无咎。

三居下之上，临人者也。阴柔而说体，又处不中正，以甘说临人者也。在上而以甘说临下，失德之甚，无所利也。兑性既说，又乘二阳之上，阳方长而上进，故不安而益甘，既知危惧而忧之，若能持谦守正，至诚以自处，则无咎也。邪说由己，能忧而改之，复何咎乎？

《象》曰：甘临，位不当也。既忧之，咎不长也。

阴柔之人，处不中正，而居下之上，复乘二阳，是处不当位也。既能知惧而忧之，则必强勉自改，故其过咎不长也。

六四，至临，无咎。

四居上之下，与下体相比，是切临于下，临之至也。临道尚近，故以比为至。四居正位，而下应于刚阳之初，处近君之位，守正而任贤，以亲临于下，是以无咎，所处当也。

《象》曰：至临无咎，位当也。

居近君之位，为得其任；以阴处四，为得其正，与初相应，为下贤；所以无咎，盖由位之当也。

六五，知临，大君之宜，吉。

五以柔中顺体，居尊位，而下应于二刚中之臣，是能倚任于二，不劳而治，以知临下者也。夫以一人之身，临乎天下之广，若区区自任，岂能周于万事？故自任其知者，适足为不知。惟能取天下之善，任天下之聪明，则无所不周。是不自任其知，则其知大矣。五顺应于九二刚中之贤，任之以临下，乃己以明知临天下，大君之所宜也，其吉可知。

《象》曰：大君之宜，行中之谓也。

君臣道合，盖以气类相求。五有中德，故能倚任刚中之贤，得大君之宜，成知临之功，盖由行其中德也。人君之于贤才，非道同德合，岂能用也？

上六，敦临，吉，无咎。

上六，坤之极，顺之至也，而居临之终，敦厚于临也。与初二虽非正应，然大率阴求于阳，又其至顺，故志在从乎二阳，尊而应卑，高而从下，尊贤取善，敦厚之至也，故曰敦临，所以吉而无咎。阴柔在上，非能临者，宜有咎也。以其敦厚于顺刚，是以吉而无咎。六居临之终，而不取极义，临无过极，故止为厚义。上，无位之地，止以在上言。

《象》曰：敦临之吉，志在内也。

志在内，应乎初与二也。志顺刚阳而敦笃，其吉可知也。

䷓ 坤下 巽上

《观》，《序卦》："临者大也，物大然后可观，故受之以观。"观所以次临也。凡观视于物则为观（平声），为观于下则为观（去声）。如楼观谓之观者，为观于下也。人君：上观天道，下观民俗，则为观；修德行政，为民瞻仰，则为观。风行地上，遍触万类，周观之象也。二阳在上，四阴在下，阳刚居尊，为群下所观，仰观之义也。在诸爻，则惟取观见，随时为义也。

观：盥而不荐，有孚颙若。

予闻之胡翼之先生曰："君子居上，为天下之表仪，必极其庄敬，则下观仰而化也。故为天下之观，当如宗庙之祭，始盥之时，不可如既荐之后，则下民尽其至诚，颙然瞻仰之矣。"盥，谓祭祀之始，盥手酌郁鬯于地，求神之时也。荐，谓献腥献熟之时也。盥者事之始，人心方尽其精诚，严肃之至也。至既荐之后，礼数繁缛，则人心散，而精一不若始盥之时矣。居上者，正其表仪，以为下民之观，当庄严如始盥之初，勿使诚意少散，如既荐之后，则天下之人，莫不尽其孚诚，颙然瞻仰之矣。颙，仰望也。

《彖》曰：大观在上，顺而巽，中正以观天下。

五居尊位，以刚阳中正之德，为下所观，其德甚大，故曰大观在上。下坤而上巽，是能顺而巽也。五居中正，以巽顺中正之德为观于天下也。

观盥而不荐，有孚颙若，下观而化也。

为观之道，严敬如始盥之时，则下民至诚瞻仰而从化也。不荐，谓不使诚意少散也。

观天之神道而四时不忒，圣人以神道设教而天下服矣。

天道至神，故曰神道。观天之运行，四时无有差忒，则见其神妙。圣人见天道之神，体神道以设教，故天下莫不服也。夫天道至神，故运行四时，化育万物，无有差忒。至神之道，莫可名言，惟圣人默契，体其妙用，设为政教，故天下之人涵泳其德而不知其功，鼓舞其化而莫测其用，自然仰观而戴服，故曰："以神道设教而天下服矣。"

《象》曰：风行地上，观，先王以省方观民设教。

风行地上，周及庶物，为由历周览之象，故先王体之为省方之礼，以观民俗而设政教也。天子巡省四方，观视民俗，设为政教，如奢则约之以俭，俭则示之以礼是也。省方，观民也。设教，为民观也。

初六，童观，小人无咎，君子吝。

六以阴柔之质，居远于阳，是以观见者浅近，如童稚然，故曰童观。阳刚中正在上，圣贤之君也，近之则见其道德之盛，所观深远。初乃远之，所见不明，如童蒙之观也。小人，下民也，所见昏浅，不能识君子之道，乃常分也，不足谓之过咎，若君子而如是，则可鄙吝也。

《象》曰：初六童观，小人道也。

所观不明，如童稚，乃小人之分，故曰小人道也。

六二，闚观，利女贞。

二应于五，观于五也。五，刚阳中正之道，非二阴暗柔弱所能观见也，故但如闚觇之观耳。闚觇之观，虽少见而不能甚明也。二既不能明见刚阳中正之道，则利如女子之贞。虽见之不能甚明，而能顺从者，女子之道也，在女子为贞也。二既不能明见九五之道，能如女子之顺从，则不失中正，乃为利也。

《象》曰：闚观女贞，亦可丑也。

君子不能观见刚阳中正之大道，而仅闚觇其仿佛，虽能顺从，乃同女子之贞，亦可羞丑也。

六三，观我生，进退。

三居非其位，处顺之极，能顺时以进退者也。若居当其位，则无进退之义也。观我生，我之所生，谓动作施为出于己者，观其所生而随宜进退，所以处虽非正，而未至失道也。随时进退，求不失道，故无悔咎，以能顺也。

《象》曰：观我生，进退，未失道也。

观己之生，而进退以顺乎宜，故未至于失道也。

六四，观国之光，利用宾于王。

观莫明于近。五以刚阳中正，居尊位，圣贤之君也；四切近之，观见其道，故云观国之光，观见国之盛德光辉也。不指君之身而云国者，在人君而言，岂止观其行一身乎？当观天下之政化，则人君之道德可见矣。四虽阴柔，而巽体居正，切近于五，观见而能顺从者也。利用宾于王：夫圣明在上，则怀抱才德之人，皆愿进于朝廷，辅戴之以康济天下。四既观见人君之德，国家之治，光华盛美，所宜宾于王朝，效其智力，上辅于君，以施泽天下，故云利用宾于王也。古者有贤德之人，则人君宾礼之，故士之仕进于王朝，则谓之宾。

《象》曰：观国之光，尚宾也。

君子怀负才业，志在乎兼善天下，然有卷怀自守者，盖时无明君，莫能用其道，不得已也，岂君子之志哉？故孟子曰："中天下而立，定四海之民，君子乐之。"既观见国之盛德光华，古人所谓非常之遇也，所以志愿登进王朝，以行其道，故云观国之光尚宾也。尚谓志尚，其志意愿慕宾于王朝也。

九五，观我生，君子无咎。

九五居人君之位，时之治乱，俗之美恶，系乎己而已。观己之生：若天下之俗皆君子矣，则是己之所为政化善也，乃无咎矣；若天下之俗未合君子之道，则是己之所为政治未善，不免于咎也。

《象》曰：观我生，观民也。

我生，出于己者。人君欲观己之施为善否，当观于民，民俗善则政化善也。王弼云观民以察己之道，是也。

上九，观其生，君子无咎。

上九以阳刚之德处于上，为下之所观，而不当位，是贤人君子不在于位，而道德为天下所观仰者也。观其生，观其所生也，谓出于己者，德业行义也，既为天下所观仰，故自观其所生，若皆君子矣，则无过咎也；苟未君子，则何以使人观仰矜式，是其咎也。

《象》曰：观其生，志未平也。

虽不在位，然以人观其德，用为仪法，故当自慎省，观其所生，常不失于君子，则人不失所望而化之矣，不可以不在于位故，安然放意无所事也。是其志意未得安也，故云志未平也。平谓安宁也。

䷔ 震下 离上

《噬嗑》，《序卦》："可观而后有所合，故受之以噬嗑，嗑者合也。"既有可观，然后有来合之者也，噬嗑所以次观也。噬啮也，嗑合也，口中有物间之，啮而后合之也。卦，上下二刚爻而中柔，外刚中虚，人颐口之象也；中虚之中，又一刚爻，为颐中有物之象。口中有物，则隔其上下，不得嗑，必啮之，则得嗑，故为噬嗑。圣人以卦之象，推之于天下之事，在口则为有物隔而不得合，在天下则为有强梗或谗邪间隔于其间，故天下之事不得合也，当用刑罚，小则惩戒，大则诛戮以除去之，然后天下之治得成矣。凡天下至于一国一家，至于万事，所以不和合者，皆由有间也，无间则合矣。以至夫地之生，万物之成，皆合而后能遂，凡未合者皆有间也。若君臣父子亲戚朋友之间，有离贰怨隙者，盖谗邪间于其间也，除去之则和合矣。故间隔者，夫下之大害也。圣人观噬嗑之象，推之于天下万事，皆使去其间隔而合之，则无不和且治矣。噬嗑者，治天下之大用也。去天下之间，在任刑罚，故卦取用刑为义。在二体，明照而威震，乃用刑之象也。

噬嗑：亨，利用狱。

噬嗑亨，卦自有亨义也。天下之事所以不得亨者，以有间也，噬而嗑之，则亨通矣。利用狱：噬而嗑之之道，宜用刑狱也。天下之间，非刑狱何以去之？不云利用刑，而云利用狱者，卦有明照之象，利于察狱也。狱者所以究察情伪，得其情则知为间之道，然后可以设防与致刑也。

《象》曰：颐中有物曰噬嗑，噬嗑而亨。

颐中有物，故为噬嗑。有物闲于颐中则为害，噬而嗑之，则其害亡，乃亨通也，故云噬嗑而亨。

刚柔分动而明，雷电合而章。

以卦才言也。刚爻与柔爻相间，刚柔分而不相杂，为明辨之象。明辨，察狱之本也。动而明，下震上离，其动而明也。雷电合而章，雷震而电耀，相须并见，合而章也。照与威并行，用狱之道也。能照则无所隐情，有威则莫敢不畏。上既以二象言其动而明，故复言威照并用之意。

柔得中而上行，虽不当位，利用狱也。

六五以柔居中，为用柔得中之义。上行，谓居尊位。虽不当位，谓以柔居五为不当。而利于用狱者，治狱之道，全刚则伤于严暴，过柔则失于宽纵五为用狱之主，以柔处刚而得中，得用狱之宜也。以柔居刚为利用狱，以刚居柔为利否？曰：刚柔质也，居用也，用柔非治狱之宜也。

《象》曰：雷电，噬嗑，先王以明罚敕法。

象无倒置者，疑此文互也。雷电，相须并见之物，亦有嗑象，电明而雷威。先王观雷电之象，法其明与威，以明其刑罚，饬其法令。法者，明事理而为之防者也。

初九，屦校减趾，无咎。

九居初，最下无位者也，下民之象，为受刑之人，当用刑之，始罪小而刑轻。校，木械也，其过小，故屦之于足，以灭伤其趾。人有小过，校而灭其趾，则当惩惧，不敢进于恶矣，故得无咎。《系辞》云：“小惩而大诫，此小人之福也。”言惩之于小与初，故得无咎也。初与上无位，为受刑之人，余四爻皆为用刑之人。初居最下，无位者也。上处尊位之上，过于尊位，亦无位者也。王弼以为无阴阳之位，阴阳系于奇偶，岂容无也？然诸卦初上不言当位不当位者，盖初终之义为大。临之初九，则以位为正。若需上六云不当位，乾上九云无位，爵位之位，非阴阳之位也。

《象》曰：屦校灭趾，不行也。

屦校而灭伤其趾，则知惩诫而不敢长其恶，故云不行也。古人制刑，有小罪，则校其趾，盖取禁止其行，使不进于恶也。

六二，噬肤灭鼻，无咎。

二，应五之位，用刑者也。四爻皆取噬为义，二居中得正，是用刑得其中正也。用刑得其中正，则罪恶者易服，故取噬肤为象。噬啮人之肌肤，为易入也。灭，没也，深入至没其鼻也。二以中正之道，其刑易服，然乘初刚，是用刑于刚强之人。刑刚强之人，必须深痛，故至灭鼻而无咎也。中正之道，易以服人，与严刑以待刚强，义不相妨。

《象》曰：噬肤灭鼻，乘刚也。

深至灭鼻者，乘刚故也。乘刚乃用刑于刚强之人，不得不深严也。深严则得宜，乃所谓中也。

六三，噬腊肉，遇毒，小吝，无咎。

三居下之上，用刑者也。六居三，处不当位，自处不得其当，而刑于人，则人不服而怨怼悖犯之，如噬啮乾腊坚韧之物，而遇毒恶之味，反伤于口也。用刑而人不服，反致怨伤，是可鄙吝也。然当噬嗑之时，大要噬间而嗑之，虽其身处位不当，而强梗难服，至于遇毒，然用刑非为不当也，故虽可吝，而亦小噬而嗑之，非有咎也。

《象》曰：遇毒，位不当也。

六三以阴居阳，处位不当，自处不当，故所刑者难服而反毒之也。

九四，噬乾胏，得金矢，利艰贞，吉。

九四居近君之位，当噬嗑之任者也。四已过中，是其间愈大而用刑愈深也，故云噬乾胏。胏，肉之有联骨者。乾肉而兼骨，至坚难噬者也。噬至坚而得金矢，金取刚，矢取直。九四阳德刚直，为得刚直之道，虽用刚直之道，利在克艰其事而贞固其守，则吉也。九四刚而明体，阳而居柔。刚明则伤于果，故戒以知难；居柔则守不固，故戒以坚贞。刚而不贞者有矣，凡失刚者皆不贞也。在噬嗑，四最为善。

《象》曰：利艰贞吉，未光也。

凡言未光，其道未光大也。戒于利艰贞，盖其所不足也，不得中正故也。

六五，噬乾肉，得黄金，贞厉无咎。

五在卦愈上，而为噬乾肉，反易于四之乾胏者，五居尊位，乘在上之势，以刑于下，其势易也。在卦将极矣，其为间甚大，非易嗑也，故为噬乾肉也。得黄金，黄中色，金刚物。五居中为得中道，处刚而四辅以刚，得黄金也。五无应，而四居大臣之位，得其助也。贞厉无咎：六五虽处中刚，然实柔体，故戒以必正固而怀危厉，则得无咎也。以柔居尊而当噬嗑之时，岂可不贞固而怀危惧哉？

《象》曰：贞厉无咎，得当也。

所以能无咎者，以所为得其当也。所谓当，居中用刚，而能守正虑危也。

上九，何校灭耳，凶。

上过乎尊位，无位者也，故为受刑者。居卦之终，是其间大，噬之极也。《系辞》所谓“恶积而不可掩，罪大而不可解”者也，故何校而灭其耳，凶可知矣。何，负也，谓在颈也。

《象》曰：何校灭耳，聪不明也。

人之聋暗不悟，积其罪恶，以至于极。古人制法，罪之大者，何之以校，为其无所闻知，积成其恶，故以校而灭伤其耳，诫聪之不明也。

䷕ 离下 艮上

《贲》，《序卦》：“嗑者合也，物不可以苟合而已，故受之以贲，贲者饰也。”物之合则必有文，文乃饰也。如人之合聚，则有威仪上下，物之合聚，则有次序行列，合则必有文也，贲所以次噬嗑也。为卦，山下有火。山者，草木百物之所聚也，下有火，则照见其上，草木品彚皆被其光采，有贲饰之象，故为贲也。

贲：亨，小利有攸往。

物有饰而后能亨，故曰无本不立，无文不行，有实而加饰，则可以亨矣。文饰之道，可增其光采，故能小利于进也。

《彖》曰：贲亨，柔来而文刚，故亨。分刚上而文柔，故小利有攸往。天文也，文明以止，人文也。

卦为贲饰之象，以上下二体，刚柔交相为文饰也。下体本乾，柔来文其中而为离；上体本坤，刚往文其上而为艮，乃为山下有火，止于文明而成贲也。天下之事，无饰不行，故贲则能亨也。柔来而文刚故亨：柔来文于刚，而成文明之象，文明所以为贲也。贲之道能致亨，实由饰而能亨也。分刚上而文柔，故小利有攸往：分乾之中爻，往文于艮之上也。事由饰而加盛，由饰而能行，故小利有攸往。夫往而能利者，以有本也。贲饰之道，非能增其实也，但加之文采耳。事由文而显盛，故为小利有攸往。亨者，亨通也。往者，加进也。二卦之变，共成贲义，而彖分言上下，各主一事者，盖离明足以致亨，文柔又能小进也。天文也，文明以止，人文也，此承上文言阴阳刚柔相文者，天之文也；止于文明者，人之文也。止谓处于文明也。质必有文，自然之理。理必有对待，生生之本也。有上则有下，有此则有彼，有质则有文，一不独立，二则为文。非知道者，孰能识之？天文，天之理也；人文，人之道也。

观乎天文，以察时变；

天文谓日月星辰之错列，寒暑阴阳之代变。观其运行，以察四时之迁改也。

观乎人文，以化成天下。

人文，人理之伦序。观人文以教化天下，天下成其礼俗，乃圣人用贲之道也。贲之象，取山下有火，又取卦变，柔来文刚，刚上文柔。凡卦，有以二体之义及二象而成者，如《屯》取动乎险中，与云雷《讼》取上刚下险与天水违行是也。有取一爻者，成卦之由也，柔得位而上下应之，曰《小畜》，柔得尊位，大中而上下应之，曰《大有》是也。有取二体，又取消长之义者，雷在地中《复》，山附于地《剥》是也。有取二象兼取二爻交变为义者，风雷《益》兼取损上益下，山下有泽《损》兼取损下益上是也。有既以二象成卦，复取爻之义者，《夬》之刚决柔，《姤》之柔遇刚是也。有以用成卦者，巽乎水而上水《井》，木上有火《鼎》是也，《鼎》又以卦形为象。有以形为象者，山下有雷《颐》，颐中有物曰《噬嗑》是也。此成卦之义也。如刚上柔下、损上益下，谓刚居上，柔在下，损于上，益于下，据成卦而言，非谓就卦中升降也。如《讼》《无妄》云刚来，岂自上体而来也？凡以柔居五者，皆云柔进而上行，柔居下者也，乃居尊位，是进而上也，非谓自下体而上也。卦之变，皆自《乾》《坤》，先儒不达，故谓《贲》本是《泰》卦，岂有乾坤重而为泰，又由泰而变之理？下离，本乾中爻变而成离；上艮，本坤上爻变而成艮。离在内，故云柔来，艮在上，故云刚上，非自下体而上也。乾坤变而为六子，八卦重而为六十四，皆由乾坤之变也。

《象》曰：山下有火，贲，君子以明庶政，无敢折狱。

山者草木百物之所聚生也，火在其下而上照，庶类皆被其光明，为贲饰之象也。君子观山下有火明照之象，以修明其庶政，成文明之治，而无果敢于折狱也。折狱者，人君之所致慎也，岂可恃其明而轻自用乎？乃圣人之用心也，为戒深矣。象之所取，唯以山下有火，明照庶物，以用明为戒，而贲亦自有无敢折狱之义。折狱者，专用情实，有文饰则没其情矣，故无敢用文以折狱也。

初九，贲其趾，舍车而徒。

初九以刚阳居明体而处下，君子有刚明之德而在下者也。君子在无位之地，无所施于天下，惟自贲饰其所行而已。趾取在下而所以行也。君子修饰之道，正其所行，守节处义，其行不苟，义或不当，则舍车舆而宁徒行，众人之所羞，而君子以为贲也。舍车而徒之义，兼于比应取之。初比二而应四，应四正也，与二非正也。九之刚明守义，不近与于二而远应于四，舍易而从难，如舍车而徒行也。守节义，君子之贲也。是故君子所贲，世俗所羞；世俗所贵，君子所贱。以车徒为言者，因趾与行为义也。

《象》曰：舍车而徒，义弗乘也。

舍车而徒行者，于义不可以乘也。初应四正也，从二非正也。近舍二之易，而从四之难，舍车而徒行也。君子之贲，守其义而已。

六二，贲其须。

卦之为贲，虽由两爻之变，而文明之义为重。二实贲之主也，故主言贲之道。饰于物者，不能大变其质也，因其质而加饰耳，故取须义。须，随颐而动者也，动止唯系于所附，犹善恶不由于贲也。二之文明，惟为贲饰，善恶则系其质也。

《象》曰：贲其须，与上兴也。

以须为象者，谓其与上同兴也。随上而动，动止惟系所附也。犹加饰于物，因其质而贲之，善恶在其质也。

九三，贲如，濡如，永贞吉。

三处文明之极，与二、四二阴，间处相贲，贲之盛者也，故云贲如。如，辞助也。贲饰之盛，光采润泽，故云濡如。光采之盛，则有润泽。《诗》云："麀鹿濯濯。"永贞吉，三与二四非正应，相比而成相贲，故戒以常永贞正。贲者饰也，贲饰之事，难乎常也，故永贞则吉。三与四相贲，又下比于二，二柔文一刚，上下交贲，为贲之盛也。

《象》曰：永贞之吉，终莫之陵也。

饰而不常，且非正人所陵侮也，故戒能永正则吉也。其贲既常而正，谁能陵之乎？

六四，贲如，皤如，白马翰如，匪寇婚媾。

四与初为正应，相贲者也。本当贲如，而为三所隔，故不获相贲而皤如。皤，白也，未获贲也。马，在下而动者也，未获相贲，故云白马。其从正应之志如飞，故云翰如。匪为九三之寇仇所隔，则婚媾遂其相亲矣。已之所乘与动于下者，马之象也。初四正应，终必获亲，第始为其间隔耳。

《象》曰：六四当位，疑也。匪寇婚媾，终无尤也。

四与初其远，而三介于其间，是所当之位为可疑也。虽为三寇仇所隔，未得亲于婚媾，然其正应，理直义胜，终必得合，故云终无尤也。尤，怨也，终得相贲，故无怨尤也。

六五，贲于丘园，束帛戋戋，吝，终吉。

六五以阴柔之质，密比于上九刚阳之贤，阴比于阳，复无所系应，从之者也，受贲于上九也。自古设险守国，故城垒多依丘坂，丘谓在外而近且高者。园圃之地，最近城邑，亦在外而近者。丘园谓在外而近者，指上九也。六五虽居君位，而阴柔之才，不足自守，与上之刚阳相比而志从焉，获贲于外比之贤，贲于丘园也。若能受贲于上九，受其裁制，如束帛而戋戋，则虽其柔弱，不能自为，为可吝少，然能从于人，成贲之功，终获其吉也。戋戋，翦裁分裂之状。帛未用则束之，故谓之束帛；及其制为衣服，必翦裁分裂戋戋然。束帛喻六五本质，戋戋谓受人翦制而成用也。其资于人，与《蒙》同，而《蒙》不言吝者，盖童蒙而赖于人，乃其宜也，非童幼而资贲于人为可吝耳，然享其功，终为吉也。

《象》曰：六五之吉，有喜也。

能从人以成贲之功，享其吉美，是有喜也。

上九，白贲，无咎。

上九，贲之极也。贲饰之极，则失于华伪。惟能质白其贲，则无过失之咎。白，素也。尚质素，则不失其本真。所谓尚质素者，非无饰也，不使华没实耳。

《象》曰：白贲无咎，上得志也。

白贲无咎，以其在上而得志也。上九为得志者，在上而文柔成贲之功，六五之君，又受其贲，故虽居无位之地，而实尸贲之功为得志也。与他卦居极者异矣。既在上而得志，处贲之极，将有华伪失实之咎，故戒以质素则无咎，饰不可过也。

☶☷ 坤下 艮上

《剥》，《序卦》：“贲者饰也，致饰然后亨则尽矣，故受之以剥。”夫物至于文饰，亨之极也，极则必反，故贲终则剥也。卦，五阴而一阳，阴始自下生，渐长至于盛极，群阴消剥于阳，故为剥也。以二体言之，山附于地，山高起地上，而反附著于地，颓剥之象也。

剥：不利有攸往。

剥者，群阴长盛，消剥于阳之时。众小人剥丧于君子，故君子不利有所往，惟当巽言晦迹，随时消息，以免小人之害也。

《彖》曰：剥，剥也，柔变刚也。不利有攸往，小人长也。

剥，剥也，谓剥落也。柔变刚也，柔长而刚变也。夏至一阴生而渐长，一阴长则一阳消，至于建戌，则极而成剥，是阴柔变刚阳也。阴，小人之道方长盛，而剥消于阳，故君子不利有所往也。

顺而止之，观象也。君子尚消息盈虚，天行也。

君子当剥之时，知不可有所往，顺时而止，乃能观剥之象也。卦有顺止之象，乃处剥之道，君子当观而体之。君子尚消息盈虚，天行也：君子存心消息盈虚之理而能顺之，乃合乎天行也。理有消衰，有息长，有盈满，有虚损，顺之则吉，逆之则凶，君子随时敦尚，所以事天也。

《象》曰：山附于地，剥，上以厚下安宅。

艮重于坤，山附于地也。山高起于地，而反附著于地，圮剥之象也。上，谓人君与居人上者，观剥之象而厚固其下，以安其居也。下者，上之本，未有基本固而能剥者也。故上之剥必自下，下剥则上危矣。为人上者，知理之如是，则安养人民，以厚其本，乃所以安其居也。《书》曰："民惟邦本，本固邦宁。"

初六，剥床以足，蔑贞凶。

阴之剥阳，自下而上。以床为象者，取身之所处也。自下而剥，渐至于身也。剥床以足，剥床之足也。剥始自下，故为剥足。阴自下进渐，消蔑于贞正，凶之道也。蔑，无也，谓消亡于正道也。阴剥阳，柔变刚，是邪侵正，小人消君子，其凶可知。

《象》曰：剥床以足，以灭下也。

取床足为象者，以阴侵没阳于下也。灭，没也。侵灭正道，自下而上也。

六二，剥床以辨，蔑贞凶。

辨，分隔上下者，床之幹也。阴渐进而上剥至于辨，愈蔑于正也，凶益甚矣。

《象》曰：剥床以辨，未有与也。

阴之侵剥于阳，得以益盛，至于剥辨者，以阳未有应与故也。小人侵剥君子，若君子有与，则可以胜小人，不能为害矣；唯其无与，所以被蔑而凶。当消剥之时而无徒与，岂能自存也？言未有与，剥之未盛，有与犹可胜也，示人之意深矣。

六三，剥之无咎。

众阴剥阳之时，而三独居刚应刚，与上下之阴异矣。志从于正，在剥之时，为无咎者也。三之为，可谓善矣，不言吉，何也？曰：方群阴剥阳，众小人害君子，三虽从正，其势孤弱，所应在无位之地，于斯时也，难乎免矣，安得吉也？其义为无咎耳。言其无咎，所以劝也。

《象》曰：剥之无咎，失上下也。

三居剥而无咎者，其所处与上下诸阴不同，是与其同类相失，于处剥之道为无咎，如东汉之吕强是也。

六四，剥床以肤，凶。

始剥于床足，渐至于肤。肤，身之外也，将灭其身矣，其凶可知。阴长已盛，阳剥已甚，贞道已消，故更不言蔑贞，直言凶也。

《象》曰：剥床以肤，切近灾也。

五为君位，剥已及四在人则剥其腐矣。剥及其肤，身垂于亡矣，切近于灾祸也。

六五，贯鱼以宫人宠，无不利。

剥及君位，剥之极也，其凶可知，故更不言剥，而别设义以开小人迁善之门。五，群阴之主也。鱼，阴物，故以为象。五能使群阴顺序，如贯鱼然，反获宠爱于在上之阳如宫人，则无所不利也。宫人，宫中之人，妻妾侍使也。以阴言，且取获宠爱之义；

以一阳在上，众阴有顺从之道，故发此义。

《象》曰：以宫人宠，终无尤也。

群阴消剥于阳，以至于极，六五若能长率群阴，骈首顺序，反获宠爱于阳，则终无过尤也。于剥之将终，复发此义，圣人劝迁善之意，深切之至也。

上九，硕果不食，君子得舆，小人剥庐。

诸阳消剥已尽，独有上九一爻尚存，如硕大之果，不见食，将见复生之理。上九亦变，则纯阴矣。然阳无可尽之理，变于上则生于下，无间可容息也。圣人发明此理，以见阳与君子之道，不可亡也。或曰：剥尽则为纯坤，岂复有阳乎？曰：以卦配月，则坤当十月。以气消息言，则阳剥为坤，阳来为复；阳未尝尽也，剥尽于上，则复生于下矣。故十月谓之阳月，恐疑其无阳也。阴亦然，圣人不言耳。阴道盛极之时，其乱可知。乱极则自当思治，故众心愿载于君子，君子得舆也。《诗·匪风》《下泉》所以居变风之终也。理既如是，在卦亦众阴宗阳，为共载之象。小人剥庐：若小人，则当剥之极，剥其庐矣，无所容其身也。更不论爻之阴阳，但言小人处剥极，则及其庐矣。庐，取在上之象。或曰：阴阳之消，必待尽而后复生于下，此在上便有复生之义，何也？《夬》之上六，何以言终存凶？曰：上九居剥之极，上有一阳，阳无可尽之理，故明其有复生之义，见君子之道，不可亡也。夬者，阳消阴，阴，小人之道也，故但言其消亡耳，何用更言却有复生之理乎？

《象》曰：君子得舆，民所载也；小人剥庐，终不可用也。

正道消剥既极，则人复思治，故阳刚君子为民所承载也。若小人处剥之极，则小人之穷耳，终不可用也。非谓九为小人，但言剥极之时，小人如是也。

䷗ 震下 坤上

《复》，《序卦》：“物不可以终尽，剥穷上反下，故受之以复。”

物无剥尽之理，故剥极则复来，阴极则阳生，阳剥极于上而复生于下，穷上而反下也，复所以次剥也。为卦，一阳生于五阴之下，阴极而阳复也。岁十月，阴盛既极，冬至则一阳复生于地中，故为复也。阳，君子之道。阳消极而复反，君子之道消极而复长也，故为反善之义。

复：亨，出入无疾，朋来无咎。

复亨，既复则亨也。阳气复生于下，渐亨盛而生育万物，君子之道既复，则渐以亨通，泽于天下，故复则有亨盛之理也。出入无疾：出入谓生长，复生于内入也，长进于外出也。先云出，语顺耳。阳生非自外也，来于内，故谓之入。物之始生，其气至微，故多屯艰。阳之始生，其气至微，故多摧折。春阳之发，为阴寒所折，观草木于朝暮，则可见矣。出入无疾，谓微阳生长，无害之者也。既无害之，而其类渐进而来，则将亨盛，故无咎也。所谓咎，在气则为差忒，在君子则为抑塞不得尽其理。阳之当复，虽使有疾之，固不能止其复也，但为阻碍耳。而卦之才有无疾之义，乃复道之善也。一阳始生至微，固未能胜群阴而发生万物，必待诸阳之来，然后能成生物之功而无差忒，以朋来而无咎也。三阳子丑寅之气生成万物，众阳之功也。若君子之道，既消而复，岂能便胜于小人？必待其朋类渐盛，则能协力以胜之也。

反复其道，七日来复，利有攸往。

谓消长之道，反复迭至。阳之消，至七日而来复。《姤》阳之始消也，七变而成《复》，故云七日，谓七更也，《临》云八月有凶，谓阳长至于阴长，历八月也。阳进则阴退，君子道长则小人道消，故利有攸往也。

《彖》曰：复亨，刚反。动而以顺行，是以出入无疾，朋来无咎。

复亨，谓刚反而亨也。阳刚消极而来反，既来反，则渐长盛而亨通矣。动而以顺行，是以出入无疾，朋来无咎，以卦才言其所以然也。下动而上顺，是动而以顺行也。阳刚反而顺动，是以得出入无疾，朋来而无咎也。朋之来，亦顺动也。

反复其道，七日来复，天行也。利有攸往，刚长也。复其见天地之心乎！

其道反复往来，迭消迭息。七日而来复者，天地之运行如是也。消长相因，天之理也。阳刚君子之道长，故利有攸往。一阳复于下，乃天地生物之心也。先儒皆以静为见天地之心，盖不知动之端乃天地之心也。非知道者，孰能识之？

《象》曰：雷在地中，复，先王以至日闭关，商旅不行，后不省方。

雷者，阴阳相薄而成声，当阳之微，未能发也。雷在地中，阳始复之时也。阳始生于下而甚微，安静而后能长。先王顺天道，当至日阳之始生，安静以养之，故闭关，使商旅不得行，人君不省视四方，观复之象而顺天道也。在一人之身亦然，当安静以养其阳也。

初九，不远复，无祇悔，元吉。

复者，阳反来复也。阳，君子之道，故复为反善之义。初刚阳来复，处卦之初，复之最先者也，是不远而复也。失而后有复，不失则何复之有？惟失之不远而复，则不至于悔，大善而吉也。祇宜音柢，抵也，《玉篇》云適也，义亦同。无祇悔，不至于悔也。《坎》卦曰祇既平无咎，谓至既平也。颜子无形显之过，夫子谓其庶几，乃无祇悔也。过既未形而改，何悔之有？既未能不勉而中，所欲不逾矩，是有过也，然其明而刚，故一有不善未尝不知，既知未尝不遽改，故不至于悔，乃不远复也。祇，陆德明音支，《玉篇》《五经文字》《群经音辨》并见衣部。

《象》曰：不远之复，以修身也。

不远而复者，君子所以修其身之道也。学问之道无他也，唯其知不善则速改以从善而已。

六二，休复吉。

二虽阴爻，处中正而切比于初，志从于阳，能下仁也，复之休美者也，复者，复于礼也，复礼则为仁。初阳复，复于仁也。

二比而下之，所以美而吉也。

《象》曰：休复之吉，以下仁也。

为复之休美而吉者，以其能下仁也。仁者，天下之公，善之本也。初复于仁，二能亲而下之，是以吉也。

六三，频复，厉无咎。

三以阴躁，处动之极，复之频数而不能固者也。复贵安固，频复频失，不安于复也。复善而屡失，危之道也。圣人开迁善之道，与其复而危其屡失，故云厉无咎。不可以频失而戒其复也，频失则为危，屡复何咎？过在失而不在复也。

《象》曰：频复之厉，义无咎也。

频复频失，虽为危厉，然复善之义则无咎也。

六四，中行独复。

此爻之义，最宜详玩。四行群阴之中，而独能复，自处于正，下应于阳刚，其志可谓善矣。不言吉凶者，盖四以柔居群阴之间，初方甚微，不足以相援，无可济之理，故圣人但称其能独复，而不欲言其独从道而必凶也。曰：然则不言无咎，何也？以阴居阴，柔弱之甚，虽有从阳之志，终不克济，非无咎也。

《象》曰：中行独复，以从道也。

称其独复者，以其从阳刚君子之善道也。

六五，敦复，无悔。

六五以中顺之德，处君位，能敦笃于复善者也，故无悔。虽本善，戒亦在其中矣。阳复方微之时，以柔居尊，下复无助，未能致亨吉也，能无悔而已。

《象》曰：敦复无悔，中以自考也。

以中道自成也。五以阴居尊，处中而体顺，能敦笃其志，以中道自成，则可以无悔也。自成谓成其中顺之德。

上六，迷复凶，有灾眚，用行师，终有大败，以其国君凶，至于十年不克征。

以阴柔居复之终，终迷不复者也。迷而不复，其凶可知。有灾眚：灾，天灾，自外来；眚，己过，由自作。既迷不复善，在己则动皆过失，灾祸亦自外而至，盖所招也。迷道不复，无施而可，用以行师，则终有大败，以之为国，则君之凶也。十年者，数之终。至于十年不克征，谓终不能行。既迷于道，何时而可行也？

《象》曰：迷复之凶，反君道也。

复则合道，既迷于复，与道相反也，其凶可知。以其国君凶，谓其反君道也。人君居上而治众，当从天下之善，乃迷于复，反君之道也。非止人君，凡人迷于复者，皆反道而凶也。

䷘ 震下 乾上

《无妄》，《序卦》："复则不妄矣，故受之以无妄。"复者反于道也，既复于道，则合正理而无妄，故复之后受之以无妄也。为卦，乾上震下。震，动也，动以天为无妄，动以人欲则妄矣。无妄之义大矣哉！

无妄：元亨，利贞。其匪正有眚，不利有攸往。

无妄者至诚也，至诚者天之道也。天之化育万物，生生不穷，各正其性命，乃无妄也。人能合无妄之道，则所谓与天地合其德也。无妄有大亨之理，君子行无妄之道，则可以致大亨矣。无妄，天之道也，卦言人由无妄之道也。利贞：法无妄之道，利在贞正，失贞正则妄也。虽无邪心，苟不合正理，则妄也乃邪心也，故有匪正则为过眚。既已无妄，不宜有往，往则妄也。

《象》曰：无妄，刚自外来，而为主于内。

谓初九也。坤初爻变而为震，刚自外而来也。震以初爻为主，成卦由之，故初为无妄之主。动以天为无妄，动而以天，动为主也。以刚变柔，为以正去妄之象。又刚正为主于内，无妄之义也。九居初，正也。

动而健，刚中而应，大亨以正，天之命也。

下动而上健，是其动刚健也。刚健，无妄之体也。刚中而应：五以刚居中正，二复以中正相应，是顺理而不妄也。故其道大亨通而贞正，乃天之命也。天命谓天道也，所谓无妄也。

其匪正有眚，不利有攸往。无妄之往何之矣？天命不祐行矣哉！

所谓无妄，正而已。小失于正，则为有过，乃妄也，所谓匪正，盖由有往。若无妄而不往，何由有匪正乎？无妄者，理之正也。更有往，将何之矣？乃入于妄也。往则悖于天理，天道所不祐，可行乎哉？

《象》曰：天下雷行，物与无妄，先王以茂对时，育万物。

雷行于天下，阴阳交和，相薄而成声，于是惊蛰藏，振萌芽，发生万物，其所赋与，洪纤高下，各正其性命，无有差妄，物与无妄也。先王观天下雷行发生赋与之象，而以茂对天时，养育万物，使各得其宜，如天与之无妄也。茂，盛也。茂对之为言，犹盛行永言之比。对时，谓顺合天时。天道生万物，各正其性命而不妄；王者体天之道，养育人民，以至昆虫草木，使各得其宜，乃对时育物之道也。

初九，无妄，往吉。

九以阳刚为主于内，无妄之象，以刚实变柔而居内，中诚不妄者也。以无妄而往，何所不吉？卦辞言不利有攸往，谓既无妄，不可复有往也，过则妄矣。爻言往吉，谓以无妄之道而行，则吉也。

《象》曰：无妄之往，得志也。

以无妄而往，无不得其志也。盖诚之于物，无不能动，以之修身则身正，以之治事则事得其理，以之临人则人感而化，无所往而不得其志也。

六二，不耕获，不菑畬，则利有攸往。

凡理之所然者非妄也，人所欲为者乃妄也，故以耕获、菑畬譬之。六二居中得正，又应五之中正，居动体而柔顺，为动能顺乎中正，乃无妄者也，故极言无妄之义。耕，农之始，获，其成终也。田一岁曰菑，三岁曰畬。不耕而获，不菑而畬，谓不首造其事，因其事理所当然也。首造其事，则是人心所作为，乃妄也。因事之当然，则是顺理应物，非妄也，获与畬是也。盖耕则必有获，菑则必有畬，是事理之固然，非心意之所造作也。如是则为无妄，不妄则所往利而无害也。或曰：圣人制作以利天下者，皆造端也，岂非妄乎？曰：圣人随时制作，合乎风气之宜，未尝先时而开之也。若不待时，则一圣人足以尽为矣，岂待累圣继作也？时乃事之端，圣人随时而为也。

《象》曰：不耕获，未富也。

未者，非必之辞，临卦曰未顺命是也。不耕而获，不菑而畬，因其事之当然，既耕则必有获，既菑则必成畬，非必以获畬之富而为也。其始耕菑，乃设心在于求获畬，是以其富也，心有欲而为者则妄也。

六三，无妄之灾，或系之牛，行人之得，邑人之灾。

三以阴柔而不中正，是为妄者也；又志应于上，欲也，亦妄也；在无妄之道，为灾害也。人之妄动，由有欲也。妄动而得，亦必有失，虽使得其所利，其动而妄，失已大矣，况复凶悔随之乎？知者见妄之得，则知其失必与称也。故圣人因六三有妄之象，而发明其理云：无妄之灾，或系之牛，行人之得，邑人之灾。言如三之为妄，乃无妄之灾害也，设如有得，其失随至。如或系之牛，或谓设或也，或系得牛，行人得之以为有得，邑人失牛乃是灾也。借使邑人系得马，则行人失马，乃是灾也。言有得则有失，不足以为得也。行人邑人，但言有得则有失，非以为彼己也。妄得之福，灾亦随之，妄得之得，失亦称之，固不足以为得也。人能知此，则不为妄动矣。

《象》曰：行人得牛，邑人灾也。

行人得牛，乃邑人之灾也。有得则有失，何足以为得乎？

九四，可贞，无咎。

四刚阳而居乾体，复无应与，无妄者也。刚而无私，岂有妄乎？可贞固守此，自无咎也。九居阴，得为正乎？曰：以阳居乾体，若复处刚，则为过矣，过则妄也。居四，无尚刚之志也。可贞与利贞不同。可贞谓其所处可贞固守之，利贞谓利于贞也。

《象》曰：可贞无咎，固有之也。

贞固守之，则无咎也。

九五，无妄之疾，勿药有喜。

九以中正当尊位，下复以中正顺应之，可谓无妄之至者也，其道无以加矣。疾，为之病者也。以九五之无妄，如其有疾，勿以药治，则有喜也。人之有疾，则以药石攻去其邪，以养其正。若气体平和，本无疾病而攻治之，则反害其正矣，故勿药则有喜也。有喜谓疾自亡也。无妄之所谓疾者，谓若治之而不治，率之而不从，化之而不革，以妄而为无妄之疾，舜之有苗，周公之管、蔡，孔子之叔孙武叔是也。既已无妄，而有疾之者，则当自如无妄之疾，不足患也。若遂自攻治，乃是渝其无妄而迁于妄也。五既处无妄之极，故惟戒在动，动则妄矣。

《象》曰：无妄之药，不可试也。

人之有妄，理必修改。既无妄矣，复药以治之，是反为妄也，其可用乎？故云不可试也。试，暂用也，犹曰少尝之也。

上九，无妄，行有眚，无攸利。

上九居卦之终，无妄之极者也。极而复行，过于理也，过于理则妄也。故上九而行，则有过眚，而无所利矣。

《象》曰：无妄之行，穷之灾也。

无妄既极，而复加进，乃为妄矣，是穷极而为灾害也。

☶ 乾下 艮上

《大畜》，《序卦》："有无妄然后可畜，故受之以大畜。"无妄则为有实，故可畜聚，大畜所以次无妄也。为卦，艮上乾下，天而在于山中，所畜至大之象。畜为畜止，又为畜聚，止则聚矣。

取天在山中之象，则为蕴畜；取艮之止乾，则为畜止。止而后有积，故止为畜义。

大畜：利贞，不家食吉，利涉大川。

莫大于天，而在山中，艮在上而止乾于下，皆蕴畜至大之象也。在人，为学术道德充积于内，乃所畜之大也。凡所畜聚，皆是专言其大者。人之蕴畜，宜得正道，故云利贞。若夫异端偏学，所畜至多，而不正者固有矣。既道德充积于内，宜在上位以享天禄，施为于天下，则不独于一身之吉，天下之吉也。若穷处而自食于家，道之否也，故不家食则吉。所畜既大，宜施之于时，济天下之艰险，乃大畜之用也，故利涉大川。此只据大畜之义而言，《彖》更以卦之才德而言，诸爻则惟有止畜之义。盖《易》体道随宜，取明且近者。

《彖》曰：大畜刚健、笃实、辉光，日新其德。

以卦之才德而言也。乾体刚健，艮体笃实。人之才刚健笃实，则所畜能大，充实而有辉光；畜之不已，则其德日新也。

刚上而尚贤，能止健，大正也。

刚上，阳居上也。阳刚居尊位之上为尚贤之义。止居健上，为能止健之义。止乎健者，非大正则安能以刚阳在上与尊尚贤德？能止至健，皆大正之道也。

不家食吉，养贤也。利涉大川，应乎天也。

大畜之人，所宜施其所畜以济天下，故不食于家则吉，谓居天位享天禄也。国家养贤，贤者得行其道也。利涉大川，谓大有蕴畜之人，宜济天下之艰险也。《彖》更发明卦才云：所以能涉大川者，以应乎天也。六五、君也，下应乾之中爻，乃大畜之君，应乾而行也。所行能应乎天，无艰险之不可济，况其他乎？

《象》曰：天在山中，大畜，君子以多识前言往行，以畜其德。

天为至大而在山之中，所畜至大之象。君子观象以大其蕴畜。人之蕴畜，由学而大，在多闻前古圣贤之言与行，考迹以观其用，察言以求其心，识而得之，以畜成其德，乃大畜之义也。

初九，有厉利已。

大畜，艮止畜乾也，故乾三爻皆取被止为义。艮三爻皆取止之为义。初以阳刚，又健体而居下，必上进者也；六四在上，畜止于已，安能敌在上得位之势？若犯之而进，则有危厉，故利在已而不进也。在他卦，则四与初为正应相援者也；在大畜，则相应乃为相止畜。上与三皆阳，则为合志，盖阳皆上进之物，故有同志之象，而无相止之义。

《象》曰：有厉利已，不犯灾也。

有危则宜已，不可犯灾危而行也，不度其势而进，有灾必矣。

九二，舆说辕。

二为六五所畜止，势不可进也。五据在上之势，岂可犯也？二虽刚健之体，然其处得中道，故进止无失。虽志于进，度其势之不可，则止而不行，如车舆脱去轮輹，谓不行也。

《象》曰：舆说輹，中无尤也。

舆说輹而不行者，盖其处得中道，动不失宜，故无过尤也。善莫善于刚中。柔中者不至于过柔耳。刚中，中而才也。初九处不得中，故戒以有危宜已。二得中，进止自无过差，故但言舆说輹，谓其能不行也，不行则无尤矣。初与二乾体，刚健而不足以进，四与五阴柔而能止。时之盛衰，势之强弱，学易《者》所宜深识也。

九三，良马逐，利艰贞，曰闲舆卫，利有攸往。

三刚健之极，而上九之阳亦上进之物，又处畜之极而思变也，与三乃不相畜，而志同相应以进者也。三以刚健之才，而在上者与合志而进，其进如良马之驰逐，言其速也。虽其进之势速，不可恃其才之健与上之应而忘备与慎也，故宜艰难其事，而由贞正之道。舆者用行之物，卫者所以自防，当自曰常闲习其车舆与其防卫，则利有攸往矣。三，乾体而居正能贞者也，当有锐进，故戒以知难与不失其贞也。志既锐于进，虽刚明，有时而失，不得不诫也。

《象》曰：利有攸往，上合志也。

所以利有攸往者，以与在上者合志也。上九阳性上进，且畜已极，故不下畜三，而与合志上进也。

六四，童牛之牿，元吉。

以位而言，则四下应于初，畜初者也。初居最下，阳之微者，微而畜之则易制，犹童牛而加牿，大善而吉也。概论畜道，则四艮体居上位而得正，是以正德居大臣之位，当畜之任者也。大臣之任，上畜止人君之邪心，下畜止天下之恶人。人之恶，止于初则易，既盛而后禁，则扞格而难胜。故上之恶既甚，则虽圣人救之，不能免违拂；下之恶既甚，则虽圣人治之，不能免刑戮。莫若止之于初，如童牛而加牿，则元吉也。牛之性觝触以角，故牿以制之。若童犊始角，而加之以牿，使觝触之性不发，则易而无伤，以况六四能畜止上下之恶于未发之前，则大善之吉也。

《象》曰：六四元吉，有喜也。

天下之恶，已盛而止之，则上劳于禁制，而下伤于刑诛，故畜止于微小之前，则大善而吉，不劳而无伤，故可喜也。四之畜初是也，上畜亦然。

六五，豮豕之牙，吉。

六五居君位，止畜天下之邪恶。夫以亿兆之众，发其邪欲之心，人君欲力以制之，虽密法严刑，不能胜也。夫物有总摄，事有机会，圣人操得其要，则视覆元本亿兆之心犹一心，道之斯行，止之则戢，故不劳而治，其用若豮豕之牙也。豕，刚躁之物，而牙为猛利，若强制其牙，则用力劳而不能止其躁猛，虽絷之维之，不能使之变也。若豮去其势，则牙虽存，而刚躁自止，其用如此，所以吉也。君子发豮豕之义，知天下之恶，不可以力制也，则察其机，持其要，塞绝其本原，故不假刑罚严峻而恶自止也。且如止盗，民有欲心，见利则动，苟不知教而迫于饥寒，虽刑杀日施，其能胜亿兆利欲之心乎？圣人则知所以止之之道，不尚威刑，而修政教，使之有农桑之业，知廉耻之道，虽赏之不窃矣，故止恶之道，在知其本，得其要而已。不严刑于彼，而修政于此，是犹患豕牙之利，不制其牙而豮其势也。

《象》曰：六五之吉，有庆也。

在上者不知止恶之方，严刑以敌民欲，则其伤甚而无功。若知其本，制之有道，则不劳无伤而俗革，天下之福庆也。

上九，何天之衢，亨。

予闻之胡先生曰："天之衢亨，误加'何'字。"事极则反，理之常也，故畜极而亨。小畜畜之小，故极而成；大畜畜之大，故极而散。极既当变，又阳性上行，故遂散也。天衢，天路也，谓虚空之中，云气飞鸟往来，故谓之天衢。天衢之亨，谓其亨通旷阔，无有蔽阻也。在畜道则变矣，变而亨，非畜道之亨也。

《象》曰：何天之衢？道大行也。

何以谓之天衢？以其无止碍，道路大通行也。以天衢非常语，故象特设问曰：何谓天之衢？以道路大通行，取空豁之状也。以象有何字，故爻下亦误加之。

䷚ 震下 艮上

《颐》，《序卦》："物畜然后可养，故受之以颐。"夫物既畜聚，则必有以养之，无养则不能存息，颐所以次大畜也。卦，上艮下震，上下二阳爻，中含四阴，上止而下动，外实而中虚，人颐颔之象也。颐，养也。人口所以饮食养人之身，故名为颐。圣人设卦，推养之义，大至于天地养育万物，圣人养贤以及万民，与人之养生、养形、养德、养人，皆颐养之道也。动息节宣，以养生也，饮食衣服，以养形也；威仪行义，以养德也，推己及物，以养人也。

颐：贞吉，观颐，自求口实。

颐之道，以正则吉也。人之养身、养德，养人、养于人，皆以正道则吉也。天地造化，养育万物，各得其宜者，亦正而已矣。

观颐自求口实，观人之所颐，与其自求口实之道，则善恶吉凶可见矣。

《象》曰：颐贞吉，养正则吉也。观颐，观其所养也。自求口实，观其自养也。

贞吉，所养者正则吉也。所养，谓所养之人与养之之道。自求口实，谓其肖求养身之道，皆以正则吉也。

天地养万物，圣人养贤以及万民，颐之时大矣哉！

圣人极言颐之道，而赞其大。天地之道，则养育万物，养育万物之道，正而已矣。圣人则养贤才，与之共天位，使之食天禄，俾施泽于天下，养贤以及万民也，养贤所以养万民也。夫天地之中，品物之众，非养则不生。圣人裁成天地之道，辅相天地之宜，以养天下，至于鸟兽草木，皆有养之之政，其道配天地，故夫子推颐之道，赞天地与圣人之功曰："颐之时大矣哉！"或云"义"，或云"用"，或止云"时"，以其大者也。万物之生与养，时为大，故云时。

《象》曰：山下有雷，颐，君子以慎言语，节饮食。

以二体言之，山下有雷，雷震于山下，山之生物，皆动其根荄，发其萌芽，为养之象。以上下之义言之，艮止而震动，上止下动，颐颔之象。以卦形言之，上下二阳，中含四阴，外实中虚，颐口之象，口所以养身也。故君子观其象以养其身，慎言语以养其德，节饮食以养其体。不唯就口取养义，事之至近而所系至大者，莫过于言语饮食也。在身为言语，于天下则凡命令政教出于身者皆是，慎之则必当而无失；在身为饮食，于天下则凡货资财用养于人者皆是，节之则适宜而无伤。推养之道，养德养天下，莫不然也。

初九，舍尔灵龟，观我朵颐，凶。

《蒙》之初六，蒙者也，爻乃主发蒙而言。《颐》之初九，亦假外而言，尔谓初也。舍尔之灵龟，乃观我而朵颐，我对尔而设。初之所以朵颐者四也，然非四谓之也，假设之辞尔。九，阳体刚明，其才智足以养正者也。龟能咽息不食，灵龟喻其明智，而可以不求养于外也。才虽如是，然以阳居动体，而在颐之时，求颐，人所欲也，上应于四，不能自守，志在上行，说所欲而朵颐者也。心既动，则其自失必矣。迷欲而失己，以阳而从阴，则何所不至？是以凶也。朵颐为朵动其颐颔，人见食而欲之，则动颐垂涎，故以为象。

《象》曰：观我朵颐，亦不足贵也。

九，动体。朵颐，谓其说阴而志动，既为欲所动，则虽有刚健明智之才，终必自失，故其才亦不足贵也。人之贵乎刚者，为其能立而不屈于欲也；贵乎明者，为其能照而不失于正也。既惑所欲而失其正，何刚明之有？为可贱也。

六二，颠颐，拂经，于丘颐，征凶。

女不能自处，必从男；阴不能独立，必从阳。二，阴柔，不能自养，待养于人者也。天子养天下，诸侯养一国，臣食君上之禄，民赖司牧之养，皆以上养下，理之正也。二既不能自养，必求养于刚阳；若反下求于初，则为颠倒，故云颠颐。颠则拂违经常，不可行也。若求养于丘，则往必有凶。丘，在外而高之物，谓上九也。卦止二阳，既不可颠颐于初，若求颐于上九，往则有凶。在颐之时，相应则相养者也。上非其应而往求养，非道妄动，是以凶也。颠颐则拂经，不获其养尔；妄求于上，往则得凶也。今有人，才不足以自养，见在上者势力足以养人，非其族类，妄往求之，取辱得凶必矣。六二中正，在他卦多吉，而凶，何也？曰：时然也。阴柔既不足以自养，初、上二爻皆非其与，故往求则悖理而得凶也。

《象》曰：六二征凶，行失类也。

征而从上则凶者，非其类故也。往求而失其类，得凶宜矣。行，往也。

六三，拂颐，贞凶，十年勿用，无攸利。

颐之道，唯正则吉。三以阴柔之质，而处不中正，又在动之极，是柔邪不正而动者也。其养如此，拂违于颐之正道，是以凶也。得颐之正，则所养皆吉，求养养人则合于义，自养则成其德。三乃拂违正道，故戒以十年勿用。十，数之终，谓终不可用，无所往而利也。

《象》曰：十年勿用，道大悖也。

所以戒终不可用，以其所由之道，大悖义理也。

六四，颠颐，吉。虎视眈眈，其欲逐逐，无咎。

四在人上，大臣之位，六以阴居也，阴柔不足以由养，况养天下乎？初九以刚阳居下，在下之贤也，与四为应，四又柔顺而正，是能顺于初，赖初之养也。以上养下则为顺，今反求卜之养，颠倒也，故曰颠颐。然己不胜其任，求在下之贤而顺从之，以济其事，则天下得其养，而己无旷败之咎，故为吉也。去居上位者，必有才德威望，为下民所尊畏，则事行而众心服从。若或下易其上，则政出而人违，刑施而怨起，轻于陵犯，乱之由也。六四虽能顺从刚阳，不废厥职，然质本阴柔，赖人以济，人之所轻，故必养其威严，眈眈然如虎视，则能重其体貌，下不敢易。又从于人者必有常，若间或无继，则其政败矣。其欲，谓所须用者，必逐逐相继而不乏，则其事可济；若取于人而无继，则困穷矣。既有威严，又所施不穷，故能无咎也。二颠颐则拂经，四则吉，何也？曰：二在上而反求养于下，下非其应类，故为拂经。四则居上位，以贵下贱，使在下之贤由己以行其道，上下之志相应而施于民，何吉如之？自三以下，养口体者也；四以上，养德义者也。以君而资养于臣，以上位而赖养于下，皆养德也。

《象》曰：颠颐之吉，上施光也。

颠倒求养，而所以吉者，盖得刚阳之应以济其事，致己居上之德施，光明被于天下，吉孰大焉？

六五，拂经，居贞吉，不可涉大川。

六五颐之时，居君位，养天下者也，然其阴柔之质，才不足以养天下，上有刚阳之贤，故顺从之，赖其养己以济天下。君者养人者也，反赖人之养，是违拂于经常。既以己之不足而顺从于贤师傅，上，师傅之位也，必居守贞固，笃于委信，则能辅翼其身，泽及天下，故吉也。阴柔之质，无贞刚之性，故戒以能居贞则吉。以阴柔之才，虽倚赖刚贤，能持循于平时，不可处艰难变故之际，故云不可涉大川也。以成王之才，不至甚柔弱也，当管、蔡之乱，几不保于周公，况其下者乎？故《书》曰："王亦未敢诮公，赖二公得终信。"故艰险之际，非刚明之主，不可恃也。不得已而济艰险者则有矣。发此义者，所以深戒于为君也。于上九，则据为臣致身尽忠之道言，故不同也。

《象》曰：居贞之吉，顺以从上也。

居贞之吉者，谓能坚固顺从于上九之贤，以养天下也。

上九，由颐，厉吉，利涉大川。

上九以刚阳之德，居师傅之任，六五之君，柔顺而从于己，赖己之养，是当天下之任，天下由之以养也。以人臣而当是任，必常怀危厉则吉也。如伊尹、周公，何尝不忧勤兢畏？故得终吉。夫以君之才不足，而倚赖于己，身当天下大任，宜竭其才力，济天下之艰危，成天下之治安，故曰利涉大川。得君如此之专，受任如此之重，苟不济天下艰危，何足称委遇而谓之贤乎？当尽诚竭力，而不顾虑，然惕厉则不可忘也。

《象》曰：由颐厉吉，大有庆也。

若上九之当大任如是，能兢畏如是，天下被其德泽，是大有福庆也。

䷛ 巽下 兑上

《大过》，《序卦》曰："颐者养也，不养则不可动，故受之以大过。"凡物养而后能成，成则能动，动则有过，大过所以次颐也。为卦，上兑下巽，泽在木上，灭木也。泽者润养于木，乃至灭没于木，为大过之义。大过者，阳过也，故为大者过，过之大，与大事过也。圣贤道德功业，大过于人，凡事之大过于常者皆是也。夫圣人尽人道，非过于理也，其制事以天下之正理，矫时之用，小过于中者则有之，如行过乎恭，丧过乎哀，用过乎俭是也。盖矫之小过，而后能及于中，乃求中之用也。所谓大过者，常事之大者耳，非有过于理也。惟其大，故不常见；以其比常所见者大，故谓之大过。如尧、舜之禅让，汤、武之放伐，皆由道也。道无不中，无不常，以世人所不常见，故谓之大过于常也。

大过：栋桡，利有攸往，亨。

小过，阴过于上下；大过，阳过于中。阳过于中，而上下弱矣，故为栋桡之象。栋取其胜重，四阳聚于中，可谓重矣。九三、九四，皆取栋象，谓任重也。桡取其本末弱，中强而本末弱，是以桡也。阴弱而阳强，君子盛而小人衰，故利有攸往而亨也。栋，今人谓之檩。

《彖》曰：大过，大者过也。

大者过，谓阳过也。在事为事之大者过，与其过之大。

栋桡，本末弱也。

谓上下二阴衰弱。阳盛则阴衰，故为大者过。在小过，则曰小者过，阴过也。

刚过而中，巽而说行，利有攸往，乃亨。

言卦才之善也。刚虽过，而二、五皆得中，是处不失中道也。下巽上兑，是以巽顺和说之道而行也。在大过之时，以中道巽说而行，故利有攸往，乃所以能亨也。

大过之时，大矣哉！

大过之时，其事甚大，故赞之曰大矣哉。如立非常之大事，舆百世之大功，成绝俗之大德，皆大过之事也。

《象》曰：泽灭木，大过，君子以独立不惧，遁世无闷。

泽，润养于木者也，乃至灭没于木，则过甚矣，故为大过。君子观大过之象，以立其大过人之行。君子所以大过人者，以其能独立不惧，遁世无闷也。天下非之而不顾，独立不惧也。举世不见知而不悔，遁世无闷也。如此，然后能自守，所以为大过人也。

初六，借用白茅，无咎。

初以阴柔巽体而处下，过于畏慎者也。以柔在下，用茅借物之象。不错诸地，而借以茅，过于慎也，是以无咎。茅之为物虽薄而用可重者，以用之能成敬慎之道也。慎守斯术而行，岂有失乎？大过之用也。《系辞》云："苟错诸地而可矣，借之用茅，何咎之有？慎之至也。"夫茅之为物薄而用可重也，慎斯术也以往，其无所失矣，言敬慎之至也。茅虽至薄之物，然用之可甚重。以之借荐，则为重慎之道，是用之重也。人之过于敬慎，为之非难，而可以保其安而无过，苟能慎斯道，推而行之于事，其无所失矣。

《象》曰：借用白茅，柔在下也。

以阴柔处卑下之道，惟当过于敬慎而已。以柔在下，为以茅借物之象，敬惧之道也。

九二，枯杨生稊，老夫得其女妻，无不利。

阳之大过，比阴则合，故二与五皆有生象。九二当大过之初，得中而居柔，与初密比而相与。初既切比于二，二复无应于上，其相与可知。是刚过之人，而能以中自处，用柔相济者也。过刚则不能有所为，九三是也。得中用柔，则能成大过之功，九二是也。杨者，阳气易感之物，阳过则枯矣。杨枯槁而复生稊，阳过而未至于极也。九二阳过而与初，老夫得女妻之象。老夫而得女妻，则能成生育之功。二得中居柔而与初，故能复生稊，而无过极之失，无所不利也。在大过，阳爻居阴则善，二与四是也。二不言吉，方言无所不利，未遽至吉也。稊，根也。刘琨《劝进表》云："生繁华于枯荑。"谓枯根也。郑玄《易》亦作荑字，与稊同。

《象》曰：老夫女妻，过以相与也。

老夫之说少女，少女之顺老夫，其相与过于常分，谓九二、初六阴阳相与之和，过于常也。

九三，栋桡凶。

夫居大过之时，兴大过之功，立大过之事，非刚柔得中，取于人以自辅，则不能也。既过于刚强，则不能与人同常常之功，尚不能独立，况大过之事乎？以圣人之才，虽小事必取于人，当天下之大任，则可知矣。九三以大过之阳，复以刚自居而不得中，刚过之甚者也。以过甚之刚，动则违于中和而拂于众心，安能当大过之任乎？故不胜其任，如栋之桡，倾败其室，是以凶也。取栋为象者，以其无辅，而不能胜重任也。或曰：三，巽体而应于上，岂无用柔之象乎？曰：言《易》者，贵乎识势之重轻，时之变易。三居过而用刚，巽既终而且变：岂复有用柔之义？应者谓志相从也。三方过刚，上能系其志乎？

《象》曰：栋桡之凶，不可以有辅也。

刚强之过，则不能取于人，人亦不能亲辅之，如栋桡折，不可支辅也。栋当室之中，不可加助，是不可以有辅也。

九四，栋隆吉，有它吝。

四居近君之位，当大过之任者也。居柔为能用柔相济，既不过刚，则能胜其任，如栋之隆起，是以吉也。隆起，取不下桡之义。大过之时，非阳刚不能济，以刚处柔，为得宜矣，若又与初六之阴相应，则过也。既刚柔得宜，而志复应阴，是有它也。有它则有累于刚，虽未至于大害，亦可吝也。盖太过之时，动则过也。有它谓更有它志，吝为不足之义，谓可少也。或曰：二比初则无不利，四若应初则为吝，何也？曰：二得中而比于初？为以柔相济之义；四与初为正应，志相系者也。九既居四，刚柔得宜矣，复牵系于阴，以害其刚，则可吝也。

《象》曰：栋隆之吉，不桡乎下也。

栋隆起则吉，不桡曲以就下也，谓不下系于初也。

九五，枯杨生华，老妇得其士夫，无咎，无誉。

九五当大过之时，本以中正居尊位，然下无应助，固不能成大过之功，而上比过极之阴，其所相济者，如枯杨之生华。枯杨下生根稊，则能复生，如大过之阳兴成事功也；上生华秀，虽有所发，无益于枯也。上六过极之阴，老妇也。五虽非少，比老妇则为壮矣，于五无所赖也，故反称妇得。过极之阴，得阳之相济，不为无益也。以士夫而得老妇，虽无罪咎，殊非美也，故云无咎无誉，象复言其可丑也。

《象》曰：枯杨生华，何可久也！老妇士夫，亦可丑也。

枯杨不生根而生华，旋复枯矣，安能久乎？老妇而得士夫，岂能成生育之功？亦为可丑也。

上六，过涉灭顶凶，无咎。

上六以阴柔处过极，是小人过常之极者也。小人之所谓大过，非能为大过人之事也，直过常越理，不恤危亡，履险蹈祸而已。如过涉于水，至灭没其顶，其凶可知。小人狂躁以自祸，盖其宜也，复将何尤，故曰无咎，言自为之，无所怨咎也。因泽之象而取涉义。

《象》曰：过涉之凶，不可咎也。

过涉至溺，乃自为之，不可以有咎也，曰无所怨咎。

䷜ 坎下 坎上

《习坎》，《序卦》：“物不可以终过，故受之以坎，坎者陷也。”理无过而不已，过极则必陷，坎所以次大过也。习谓重习。他卦虽重，不加其名，独坎加习者，见其重险，险中复有险，其义大也。卦中一阳上下二阴，阳实阴虚，上下无据，一阳陷于二阴之中，故为坎陷之义。阳居阴中则为陷，阴居阳中则为丽。凡阳在上者止之象，在中陷之象，在下动之象。阴在上说之象，在中丽之象，在下巽之象。陷则为险。习，重也，如学习温习，皆重复之义也。坎，陷也。卦之所言，处险难之道。坎，水也。一始于中，有生之最先者也，故为水。陷水之体也。

习坎有孚，维心亨，行有尚。

阳实在中，为中有孚信。维心亨，维其心诚一，故能亨通。

至诚可以通金石，蹈水火，何险难之不可亨也！行有尚，谓以诚一而行，则能出险，有可嘉尚，谓有功也。不行则常在险中矣。

《彖》曰：习坎，重险也。水流而不盈，行险而不失其信。

习坎者，谓重险也，上下皆坎，两险相重也。初六云坎窞，是坎中之坎，重险也。水流而不盈，阳动于险中，而未出于险，乃水性之流行而未盈于坎，既盈则出乎坎矣。行险而不失其信，阳刚中实，居险之中，行险而不失其信者也。坎中实，水就下，皆为信义有孚也。

维心亨，乃以刚中也。

维其心可以亨通者，乃以其刚中也。中实为有孚之象。至诚之道，何所不通？以刚中之道而行，则可以济险难而亨通也。

行有尚，往有功也。

以其刚中之才而往，则有功，故可嘉尚；若止而不行，则常在险中矣。坎以能行为功。

天险不可升也，地险山川丘陵也。王公设险以守其国。险之时用大矣哉！

高不可升者，天之险也。山川丘陵，地之险也。王公，君人者。观坎之象，知险之不可陵也，故设为城郭沟池之险，以守其国，保其民人，是有用险之时，其用甚大，故赞其大矣哉！山河城池，设险之大端也。若夫尊卑之辨，贵贱之分，明等威，异物采，凡所以杜绝陵僭，限隔上下者，皆体险之用也。

《象》曰：水洊至，习坎，君子以常德行习教事。

坎为水，水流仍洊而至。两坎相习，水流仍洊之象也。水自涓滴至于寻丈，至于江海，洊习而不骤者也。其因势就下，信而有常。故君子观坎水之象取其有常，则常久其德行。人之德行，不常则伪也，故当如水之有常，取其洊习相受，则以习熟其教令之事。夫发政行教，必使民熟于闻听，然后能从，故三令五申之；若骤告未喻，遽责其从，虽严刑以驱之不能也，故当如水之洊习。

初六，习坎，入于坎窞，凶。

初以阴柔居坎险之下，柔弱无援，而处不得当，非能出乎险也，唯益陷于深险耳。窞，坎中之陷处。已在习坎中，更入坎窞，其凶可知。

《象》曰：习坎入坎，失道凶也。

由习坎而更入坎窞，失道也，是以凶。能出于险，乃不失道也。

九二，坎有险，求小得。

二当坎险之时，陷上下二阴之中，乃至险之地，是有险也。然其刚中之才，虽未能出乎险中，亦可小自济，不至如初益陷入于深险，是所求小得也。君子处险难而能自保者，刚中而已。刚则才足自卫，中则动不失宜。

《象》曰：求小得，未出中也。

方为二阴所陷：在险之地，以刚中之才，不至陷于深险，是所求小得，然未能出坎中之险也。

六三，来之坎坎，险且枕，入于坎窞，勿用。

六三在坎陷之时，以阴柔而居不中正，其处不善，进退与居，皆不可者也。来下则入于险之中，之上则重险也，退来与进之皆险，故云来之坎坎。既进退皆险，而居亦险。枕谓支倚。居险而支倚以处，不安之甚也。所处如此，唯益入于深险耳，故云入于坎窞。如三所处之道，不可用也，故戒勿用。

《象》曰：来之坎坎，终无功也。

进退皆险，处又不安，若用此道，当益入于险，终岂能有功乎？以阴柔处不中正，虽平易之地，尚致悔咎，况处险乎？险者人之所欲出也，必得其道，乃能去之。求去而失其道，益困穷耳。故圣人戒如三所处，不可用也。

六四，樽酒簋贰，用缶，纳约自牖，终无咎。

六四阴柔而下无助，非能济天下之险者。以其在高位，故言为臣处险之道。大臣当险难之时，唯至诚见信于君，其交固而不可间，又能开明君心，则可保无咎矣。夫欲上之笃信，唯当尽其质实而已。多仪而尚饰，莫如燕享之礼，故以燕享喻之，言当不尚浮饰，唯以质实。所用一樽之酒，二簋之食，复以瓦缶为器，质之至也。其质实如此，又须纳约自牖。纳约谓进结于君之道。牖，开通之义，室之暗也，故设牖所以通明。自牖，言自通明之处，以况君心所明处。《诗》云："天之牖民，如壎如篪。"毛公训牖为道，亦开通之谓。人臣以忠信之道结于君心，必自其所明处乃能入也。人心有所蔽，有所通。所蔽者暗处也，所通者明处也。当就其明处而告之，求信则易也，故云纳约自牖。能如是，则虽艰险之时，终得无咎也。且如君心蔽于荒乐，唯其蔽也故尔。虽力诋其荒乐之非，如其不省何？必于所不蔽之事，推而及之，则能悟其心矣。自古能谏其君者，未有不因其所明者也。故讦直强劲者率多取忤，而温厚明辩者其说多行。且如汉祖爱戚姬，将易太子，是其所蔽也。群臣争之者众矣。嫡庶之义，长幼之序，非不明也，如其蔽而不察何？四老者，高祖素知其贤而重之，此其不蔽之明心也，故因其所明而及其事，则悟之如反手。且四老人之力，孰与张良群公卿及天下之士？其言之切，孰与周昌、叔孙通？然而不从彼而从此者，由攻其蔽与就其明之异耳。又如赵王太后爱其少子长安君，不肯使质于齐，此其蔽于私爱也。大臣谏之虽强，既曰蔽矣，其能听乎？爱其子而欲使之长久富贵者，其心之所明也，故左师触龙因其明而道之以长久之计，故其听也如响。非惟告于君者如此，为教者亦然。夫教必就人之所长，所长者心之所明也，从其心之所明而入，然后推及其余，孟子所谓成德达才是也。

《象》曰：樽酒簋贰，刚柔际也。

《象》只举首句，如此比多矣。樽酒簋贰，质实之至，刚柔相际接之道能如此，则可终保无咎。君臣之交，能固而常者，在诚实而已。刚柔指四与五，谓君臣之交际也。

九五，坎不盈，祇既平，无咎。

九五在坎之中，是不盈也，盈则平而出矣。祇宜音柢，抵也，

《复》卦云："无祇悔。"必抵于已平，则无咎。既曰不盈，则是未平而尚在险中，未得无咎也。以九五刚中之才，居尊位，宜可以济于险，然下无助也。二陷于险中未能出，余皆阴柔，无济险之才，人君虽才，安能独济天下之险？居君位而不能致天下出于险，则为有咎，必只既平，乃得无咎。

《象》曰：坎不盈，中未大也。

九五刚中之才，而得尊位，当济天下之险难，而坎尚不盈，乃未能平乎险难，是其刚中之道未光大也。险难之时，非君臣协力，其能济乎？五之道未大，以无臣也。人君之道，不能济天下之险难，则为未大，不称其位也。

上六，系用徽纆，寘于丛棘，三岁不得，凶。

上六以阴柔而居险之极，其陷之深者也。以其陷之深，取牢狱为喻。如系缚之以徽纆，囚寘于丛棘之中，阴柔而陷之深，其不能出矣。故云至于三岁之久，不得免也，其凶可知。

《象》曰：上六失道凶，三岁也。

以阴柔而自处极险之地，是其失道也，故其凶至于三岁也。三岁之久，而不得免焉，终凶之辞也。言久，有曰十，有曰三，随其事也。陷于狱，至于三岁，久之极也。他卦以年数言者，亦各以其事也，如三岁不兴，十年乃字是也。

䷝ 离下 离上

《离》，《序卦》："坎者陷也，陷必有所丽，故受之以离，离者丽也。"陷于险难之中，则必有所附丽，理自然也，离所以次坎也。离，丽也，明也。取其阴丽于上下之阳，则为附丽之义；取其中虚，则为明义。离为火，火体虚，丽于物而明者也。又为日，亦以虚明之象。

离：利贞，亨。畜牝牛，吉。

离，丽也，万物莫不皆有所丽，有形则有丽矣。在人则为所亲附之人，所由之道，所主之事，皆其所丽也。人之所丽，利于贞正，得其正则可以亨通，故曰离利贞亨。畜牝牛吉：牛之性顺，而又牝焉，顺之至也，既附丽于正，必能顺于正道如牝牛，则吉也。畜牝牛，谓养其顺德。人之顺德，由养以成，既丽于正，当养习以成其顺德也。

《彖》曰：离丽也，日月丽乎天，百谷草木丽乎土。

离，丽也，谓附丽也。如日月则丽于天，百谷草木则丽于土。万物莫不各有所丽，天地之中，无无丽之物，在人当审其所丽，丽得其正则能亨也。

重明以丽乎正，乃化成天下。

以卦才言也。上下皆离，重明也。五二皆处中正，丽乎正也，君臣上下皆有明德，而处中正，可以化天下，成文明之俗也。

柔丽乎中正，故亨，是以畜牝牛吉也。

二五以柔顺丽于中正，所以能亨。人能养其至顺，以丽中正，则吉，故曰畜牝牛吉也。或曰：二则中正矣，五以阴居阳，得为正乎？曰：离主于所丽。五，中正之位，六，丽于正位，乃为正也。学者知时义而不失轻重，则可以言易矣。

《象》曰：明两，作离，大人以继明照于四方。

若云两明，则是二明，不见继明之义，故云明两，明而重两，谓相继也。作离，明两而为离，继明之义也。震巽之类，亦取洊随之义，然离之义尤重也。大人，以德言则圣人，以位言则王者。大人观离明相继之象，以世继其明德，照临于四方。大凡以明相继，皆继明也。举其大者，故以世袭继照言之。

初九，履错然，敬之无咎。

阳固好动，又居下而离体。阳居下，则欲进。离性炎上，志在上丽，几于躁动。其履错然，谓交错也。虽未进，而迹已动矣，动则失居下之分而有咎也。然其刚明之才，若知其义而敬慎之，则不至于咎矣。初在下，无位者也。明其身之进退，乃所丽之道也。其志既动，不能敬慎则妄动，是不明所丽，乃有咎也。

《象》曰：履错之敬，以辟咎也。

履错然欲动，而知敬慎，不敢进，所以求辟免过咎也。居明而刚，故知而能辟，不刚明则妄动矣。

六二黄离，元吉。

二居中得正，丽于中正也。黄，中之色，文之美也。文明中正，美之盛也，故云黄离。以文明中正之德，上同于文明中顺之君，其明如是，所丽如是，大善之吉也。

《象》曰：黄离元吉，得中道也。

所以元吉者，以其得中道也。不云正者，离以中为重。所以成文明，由中也，正在其中矣。

九三，日昃之离，不鼓缶而歌，则大耋之嗟，凶。

八纯卦皆有二体之义。乾，内外皆健；坤，上下皆顺；震，威震相继；巽，上下顺随；坎，重险相习；离，二明继照；艮，内外皆止；兑，彼己相说。而离之义，在人事最大；九三居下体之终，是前明将尽，后明当继之时，人之始终，时之革易也，故为日昃之离，日下昃之明也，昃则将没矣。以理言之，盛必有衰，始必有终，常道也。达者顺理为乐。缶，常用之器也。鼓缶而歌，乐其常也。不能如是，则以大耋为嗟忧，乃为凶也。大耋，倾没也。人之终尽，达者则知其常理，乐天而已，遇常皆乐，如鼓缶而歌。不达者则恐恒有将尽之悲，乃大耋之嗟，为其凶也。此处死生之道也。耋与昳同。

《象》曰：日昃之离，何可久也！

日既倾昃，明能久乎？明者知其然也，故求人以继其事，退处以休其身，安常处顺，何足以为凶也！

九四，突如其来如，焚如，死如，弃如。

九四，离下体而升上体，继明之初，故言继承之义。在上而近君，继承之地也。以阳居离体而处四，刚躁而不中正，且重刚。以不正而刚盛之势，突如而来，非善继者也。夫善继者，必有巽让之诚，顺承之道，若舜、启然。今四突如其来，失善继之道也。

又承六五阴柔之君，其刚盛陵烁之势，气焰如焚然，故云焚如。四之所行，不善如此，必被祸害，故曰死如。失继绍之义，承上之道皆逆德也，众所弃绝，故云弃如。至于死弃，祸之极矣，故不假言凶也。

《象》曰：突如其来如，无所容也。

上陵其君，不顺所承，人恶众弃，天下所不容也。

六五，出涕沱若，戚嗟若，吉。

六五居尊位而守中，有文明之德，可谓善矣。然以柔居上，在下无助，独附丽于刚强之间，危惧之势也。唯其明也，故能畏惧之深，至于出涕；忧虑之深，至于戚嗟，所以能保其吉也。出涕戚嗟，极言其忧惧之深耳，时当然也。居尊位而文明，知忧畏如此，故得吉。若自恃其文明之德，与所丽中正，泰然不惧，则安能保其吉也？

《象》曰：六五之吉，离王公也。

六五之吉者，所丽得王公之正位也。据在上之势，而明察事理，畏惧忧虞以持之，所以能吉也。不然，岂能安乎？

上九，王用出征，有嘉。

九以阳居上，在离之终，刚明之极者也。明则能照，刚则能断。能照足以察邪恶，能断足以行威刑，故王者宜用。如是刚明以辨天下之邪恶，而行其征伐，则有嘉美之功也。征伐，用刑之大者。

折首，获匪其丑，无咎。

夫明极则无微不照，断极则无所宽宥，不约之以中，则伤于严察矣。去天下之恶，若尽究其渐染诖误，则何可胜诛？所伤残亦甚矣，故但当折取其魁首，所执获者非其丑类，则无残暴之咎也。《书》曰："歼厥渠魁，胁从罔治。"

《象》曰：王用出征，以正邦也。

王者用此上九之德，明照而刚断，以察除天下之恶，所以正治其邦国，刚明居上之道也。

周易程氏传卷第三

周易下经上

䷞ **艮下 兑上**

《咸》，《序卦》："有天地然后有万物，有万物然后有男女，有男女然后有夫妇，有夫妇然后有父子，有父子然后有君臣，有君臣然后有上下，有上下然后礼义有所错。"天地万物之本，夫妇人伦之始，所以上经首《乾》《坤》，下经首《咸》继以《恒》也。天地二物，故二卦分为天地之道。男女交合而成夫妇，故《咸》与《恒》皆二体合为夫妇之义。咸，感也，以说为主，恒，常也，以正为本。而说之道自有正也，正之道固有说焉：巽而动，刚柔皆应，说也。咸之为卦，兑上艮下，少女少男也。男女相感之深，莫如少者，故二少为咸也。艮体笃实，止为诚悫之义。男志笃实以下交，女心说而上应，男感之先也。男先以诚感，则女说而应也。

咸：亨，利贞，取女吉。

咸，感也。不曰感者，咸有皆义，男女交相感也。物之相感，莫如男女，而少复甚焉。凡君臣上下，以至万物，皆有相感之道。物之相感，则有亨通之理。君臣能相感，则君臣之道通；上下能相感，则上下之志通；以至父子、夫妇、亲戚、朋友，皆情意相感，则和顺而亨通。事物皆然，故咸有亨之理也。利贞，相感之道利在于正也。不以正，则入于恶矣，如夫妇之以淫姣，君臣之以媚说，上下之以邪僻，皆相感之不以正也。取女吉，以卦才言也。卦有柔上刚下，二气感应，相与止而说，男下女之义。以此义取女，则得正而吉也。

《彖》曰：咸，感也。柔上而刚下，二气感应，以相与止而说，男下女，是以亨利贞，取女吉也。

咸之义感也。在卦，则柔爻上而刚爻下，柔上变刚而成兑，刚下变柔而成艮，阴阳相交，为男女交感之义。又兑女在上，艮男居下，亦柔上刚下也。阴阳二气，相感相应而和合，是相与也。止而说，止于说，为坚悫之意。艮止于下，笃诚相下也，兑说于上，和说相应也。以男下女，和之至也。相感之道如此，是以能亨通而得正，取女如是则吉也。卦才如此，大率感道利于正也。

天地感而万物化生，圣人感人心而天下和平。观其所感，而天地万物之情可见矣。

既言男女相感之义，复推极感道，以尽天地之理、圣人之用。天地二气交感而化生万物，圣人至诚以感亿兆之心而天下和平。天下之心所以和平，由圣人感之也。观天地交感化生万物之理，与圣人感人心致和平之道，则天地万物之情可见矣。感通之理，知道者默而观之可也。

《象》曰：山上有泽，咸，君子以虚受人。

泽性润下，土性受润，泽在山上而其渐润通彻，是二物之气相感通也。君子观山泽通气之象，而虚其中以受于人。夫人中虚则能受，实则不能入矣。虚中者，无我也。中无私主，则无感不通。以量而容之，择合而受之，非圣人有感必通之道也。

初六，咸其拇。

初六在下卦之下，与四相感。以微处初，其感未深，岂能动于人？故如人拇之动，未足以进也。拇，足大指。人之相感，有浅深轻重之异，识其时势，则所处不失其宜矣。

《象》曰：咸其拇，志在外也。

初志之动，感于四也，故曰在外。志虽动而感未深，如拇之动，未足以进也。

六二，咸其腓，凶，居吉。

二以阴居下，与五为应，故设咸腓之戒。腓，足肚，行则先动，足乃举之，非如腓之自动也。二若不守道，待上之求，而如腓自动，则躁妄自失，所以凶也。安其居而不动，以待上之求，则得进退之道而吉也。二，中正之人，以其在咸而应五，故为此戒。复云居吉，若安其分，不自动，则吉也。

《象》曰：虽凶，居吉，顺不害也。

二居中得正，所应又中正，其才本善，以其在咸之时，质柔而上应，故戒以先动求君则凶，居以自守则吉。《象》复明之云：非戒之不得相感，唯顺理则不害，谓守道不先动也。

九三，咸其股，执其随，往吝。

九三以阳居刚，有刚阳之才，而为主于内，居下之上，是宜自得于正道，以感于物，而乃应于上六。阳好上而说，阴上居感说之极，故三感而从之。股者，在身之下，足之上，不能自由，随身而动者也，故以为象，言九三不能自主，随物而动，如股然，其所执守者随于物也。刚阳之才，感于所说而随之，如此而往，可羞吝也。

《象》曰：咸其股，亦不处也，志在随人，所执下也。

云亦者，盖《象》辞本不与《易》相比，自作一处，故诸爻之《象》辞，意有相续者。此言亦者，承上爻辞也。上云："咸其拇，志在外也，虽凶居吉，顺不害也。"咸其股，亦不处也。前二阴爻皆有感而动，三虽阳爻亦然，故云"亦不处也"。不处谓动也。有刚阳之质，而不能自主，志反在于随人，是所操执者卑下之甚也。

九四，贞吉，悔亡。憧憧往来，朋从尔思。

感者，人之动也，故皆就人身取象。拇取在下而动之微，腓取先动，股取其随。九四无所取，直言感之道，不言咸其心，感乃心也。四在中而居上，当心之位，故为感之主，而言感之道：贞正则吉而悔亡，感不以正，则有悔也。又四说体，居阴而应初，故戒于贞感之道，无所不通，有所私系，则害于感通，乃有悔也。圣人感天下之心，如寒暑雨暘，无不通，无不应者，亦贞而已矣。贞者，虚中无我之谓也。憧憧往来，朋从尔思：夫贞一则所感无不通，若往来憧憧然，用其私心以感物，则思之所及者有能感而动，所不及者不能感也，是其朋类则从其思也，以有系之私心，既主于一隅一事，岂能廓然无所不通乎？《系辞》曰："天下何思何虑？天下同归而殊涂，一致而百虑，天下何思何虑？"夫子因咸极论感通之道。夫以思虑之私心感物，所感狭矣。天下之理一也，涂虽殊而其归则同，虑虽百而其致则一。虽物有万殊，事有万变，统之以一，则无能违也。故贞其意，则穷天下无不感通焉，故曰："天下何思何虑？"用其思虑之私心，岂能无所不感也？"日往则月来，月往则日来，日月相推而明生焉。寒往则暑来，暑往则寒来，寒暑相推而岁成焉。往者屈也，来者信也，屈信相感而利生焉。"此以往来屈信明感应之理。屈则有信，信则有屈，所谓感应也。故日月相推而明生，寒暑相推而岁成，功用由是而成，故曰屈信相感而利生焉。感，动也，有感必有应。凡有动皆为感，感则必有应，所应复为感，感复有应，所以不已也。"尺蠖之屈，以求信也。龙蛇之蛰，以存身也。精义入神，以致用也。利用安身，以崇德也。过此以往，未之或知也。"前云屈信之理矣，复取物以明之。尺蠖之行，先屈而后信，盖不屈则无信，信而后有屈，观尺蠖则知感应之理矣。龙蛇之藏，所以存息其身，而后能奋迅也，不蛰则不能奋矣。动息相感，乃屈信也。君子潜心精微之义，入于神妙，所以致其用也。潜心精微，积也；致用，施也。积与施乃屈信也。"利用安身，以崇德也"，承上文致用而言：利其施用，安处其身，所以崇大其德业也。所为合理，则事正而身安，圣人能事尽于此矣，故云："过此以往，未之或知也。""穷神知化，德之盛也。"既云"过此以往，未之或知"，更以此语终之，云穷极至神之妙，知化育之道，德之至盛也，无加于此矣。

《象》曰；贞吉悔亡，未感害也；憧憧往来，未光大也。

贞则吉而悔亡，未为私感所害也；系私应则害于感矣。憧憧往来，以私心相感，感之道狭矣，故云未光大也。

九五，咸其脢，无悔。

九居尊位，当以至诚感天下，而应二比上。若系二而说上，则偏私浅狭，非人君之道，岂能感天下乎？脢，背肉也，与心相背而所不见也。言能背其私心，感非其所见而说者，则得人君感天下之正，而无悔也。

《象》曰：咸其脢，志末也。

戒使背其心而咸脢者，为其存心浅末，系二而说上，感于私欲也。

上六，咸其辅颊舌。

上阴柔而说体，为说之主，又居感之极，是其欲感物之极也，故不能以至诚感物，而发见于口舌之间，小人、女子之常态也，岂能动于人乎？不直云口，而云辅颊舌，亦犹今人谓口过曰唇吻，曰颊舌也，辅颊舌皆所用以言也。

《象》曰：咸其辅颊舌，滕口说也。

唯至诚为能感人，乃以柔说腾扬于口舌，言说岂能感于人乎？

䷟ 巽下 震上

《恒》，《序卦》："夫妇之道，不可以不久也，故受之以恒，恒，久也。"咸，夫妇之道。夫妇终身不变者也，故咸之后受之以恒也。咸，少男在少女之下，以男下女，是男女交感之义。恒，长男在长女之上，男尊女卑，夫妇居室之常道也。论交感之情，则少为亲切；论尊卑之序，则长当谨正；故兑艮为咸，而震巽为恒也。男在女上，男动于外，女顺于内人理之常，故为恒也。又刚上柔下，雷风相与，巽而动，刚柔相应，皆恒之义也。

恒：亨，无咎；利贞，利有攸往。

恒者，常久也。恒之道可以亨通，恒而能亨，乃无咎也。恒而不可以亨，非可恒之道也，为有咎矣。如君子之恒于善，可恒之道也，小人恒于恶，失可恒之道也。恒所以能亨，由贞正也，故云利贞。夫所谓恒，谓可恒久之道，非守一隅而不知变也，故利于有往。唯其有往，故能恒也，一定则不能常矣。又常久之道，何往不利？

《彖》曰：恒，久也。

恒者长久之义。

刚上而柔下，雷风相与，巽而动，刚柔皆应，恒。

卦才有此四者，成恒之义也。刚上而柔下，谓乾之初上居于四，坤之初下居于初，刚爻上而柔交下也。二爻易处则成震巽，震上巽下，亦刚上而柔下也。刚处上而柔居下，乃恒道也。雷风相与：雷震则风发，二者相须，交助其势，故云相与，乃其常也。巽而动：下巽顺，上震动，为以巽而动。天地造化，恒久不已者，顺动而已。巽而动，常久之道也。动而不顺，岂能常也？刚柔皆应：一卦刚柔之爻皆相应。刚柔相应，理之常也。此四者，恒之道也，卦所以为恒也。

恒亨，无咎，利贞，久于其道也。

恒之道，可致亨而无过咎，但所恒宜得其正，失正则非可恒之道也，故曰久于其道。其道，可恒之正道也。不恒其德，与恒于不正，皆不能亨而有咎也。

天地之道，恒久而不已也。

天地之所以不已，盖有恒久之道。人能恒于可恒之道，则合天地之理也。

利有攸往，终则有始也。

天下之理，未有不动而能恒者也。动则终而复始，所以恒而不穷。凡天地所生之物，虽山岳之坚厚，未有能不变者也，故恒非一定之谓也，一定则不能恒矣。唯随时变易，乃常道也，故云利有攸往。明理之如是，惧人之泥于常也。

日月得天而能久照，四时变化而能久成，圣人久于其道而天下化成。观其所恒，而天地万物之情可见矣。

此极言常理。日月，阴阳之精气耳，唯其顺天之道，往来盈缩，故能久照而不已。得天，顺天理也。四时，阴阳之气耳，往来变化，生成万物，亦以得天，故常久不已。圣人以常久之道，行之有常，而天下化之以成美俗也。观其所恒，谓观日月之久照、四时之久成、圣人之道所以能常久之理。观此，则天地万物之情理可见矣。天地常久之道，天下常久之理，非知道者孰能识之？

《象》曰：雷风，恒，君子以立不易方。

君子观雷风相与成恒之象，以常久其德，自立于大中常久之道，不变易其方所也。

初六，浚恒，贞凶，无攸利。

初居下而四为正应，柔暗之人，能守常而不能度势：四震体而阳性，以刚居高，志上而不下，又为二三所隔，应初之志异乎常矣，而初乃求望之深，是知常而不知变也。浚，深之也。浚恒谓求恒之深也。守常而不度势，求望于上之深，坚固守此，凶之道也。泥常如此，无所往而利矣。世之责望故素而致悔吝者，皆浚恒者也。志既上求之深，是不能恒安其处者也。柔微而不恒安其处，亦致凶之道。凡卦之初终，浅与深、微与盛之地也。在下而求深，亦不知时矣。

《象》曰：浚恒之凶，始求深也。

居恒之始，而求望于上之深，是知常而不知度势之甚也，所以凶，阴暗不得恒之宜也。

九二，悔亡。

在恒之义，居得其正，则常道也。九，阳爻，居阴位，非常理也。处非其常，本当有悔，而九二以中德而应于五，五复居中，以中而应中，其处与动，皆得中也是能恒久于中也。能恒久于中，则不失正矣。中重于正，中则正矣，正不必中也。九二以刚中之德而应于中，德之胜也，足以亡其悔矣。人能识重轻之势，则可以言《易》矣。

《象》曰：九二悔亡，能久中也。

所以得悔亡者，由其能恒久于中也。人能恒久于中，岂止亡其悔，德之善也。

九三，不恒其德，或承之羞，贞吝。

三，阳爻，居阳位，处得其位，是其常处也，乃志从于上六，不唯阴阳相应，风复从雷，于恒处而不处，不恒之人也。其德不恒，则羞辱或承之矣。或承之，谓有时而至也。贞吝：固守不恒以为恒，岂不可羞吝乎？

《象》曰：不恒其德，无所容也。

人既无恒，何所容处？当处之地，既不能恒，处非其据，岂能恒哉？是不恒之人，无所容处其身也。

九四，田无禽。

以阳居阴，处非其位，处非其所，虽常何益？人之所为，得其道则久而成功，不得其道则虽久何益？故以田为喻，言九之居四，虽使恒久，如田猎而无禽兽之获，谓徒用力而无功也。

《象》曰：久非其位，安得禽也？

处非其位，虽久何所得乎？以田为喻，故云安得禽也。

六五，恒其德，贞。妇人吉，夫子凶。

五应于二，以阴柔而应阳刚，居中而所应又中，阴柔之正也，故恒久其德则为贞也。夫以顺从为恒者，妇人之道，在妇人则为贞，故吉；若丈夫而以顺从于人为恒，则失其刚阳之正，乃凶也。五，君位，而不以君道言者，如六五之义：在丈夫犹凶，况人君之道乎？在它卦，六居君位而应刚，未为失也；在恒，故不可耳。君道岂可以柔顺为恒也？

《象》曰：妇人贞吉，从一而终也；夫子制义，从妇凶也。

如五之从二，在妇人则为正而吉，妇人以从为正，以顺为德，当终守于从一。夫子则以义制者也，从妇人之道，则为凶也。

上六，振恒，凶。

六居恒之极，在震之终，恒极则不常，震终则动极。以阴居上，非其安处，又阴柔不能坚固其守，皆不常之义也，故为振恒，以振为恒也。振者，动之速也，如振衣，如振书，抖擞运动之意。在上而其动无节，以此为恒，其凶宜矣。

《象》曰：振恒在上，大无功也。

居上之道，必有恒德，乃能有功；若躁动不常，岂能有所成乎？居上而不恒，其凶甚矣。《象》又言其不能有所成立，故曰大无功也。

䷠ 艮下 乾上

《遯》，《序卦》："恒者久也，物不可以久居其所，故受之以遯，遯者退也。"夫久则有去，相须之理也，遯所以继恒也。遯，退也，避也，去之之谓也。为卦，天下有山。天，在上之物，阳性上进。山，高起之物，形虽高起，体乃止。物有上陵之象而止不进，天乃上进而去之，下陵而上去，是相违遯，故为遯去之义。二阴生于下，阴长将盛，阳消而退，小人渐盛，君子退而避之，故为遯也。

遯：亨，小利贞。

遯者，阴长阳消，君子遯藏之时也。君子退藏以伸其道，道不屈则为亨，故遯所以有亨也。在亦有由遯避而亨者。虽小人道长之时，君子知几退避，固善也。然事有不齐，与时消息，无必同也。阴柔方长，而未至于甚盛，君子尚有迟迟致力之道，不可大贞，而尚利小贞也。

《象》曰：遯亨，遯而亨也。

小人道长之时，君子遯退，乃其道之亨也。君子遯藏，所以伸道也。此言处遯之道，自"刚当位而应"以下，则论时与卦才，尚有可为之理也。

刚当位而应，与时行也。

虽遯之时，君子处之，未有必遯之义。五以刚阳之德，处中正之位，又下与六二以中正相应，虽阴长之时，如卦之才，尚当随时消息，苟可以致其力，无不至诚自尽以扶持其道，未必于遯藏而不为，故曰与时行也。

小利贞，浸而长也。遯之时义大矣哉！

当阴长之时，不可大贞，而尚小利贞者，盖阴长必以浸渐，未能遽盛，君子尚可小贞其道，所谓小利贞，扶持使未遂亡也。遯者阴之始长，君子知微，故当深戒，而圣人之意未便遽已也，故有“与时行，小利贞”之教。圣贤之于天下，虽知道之将废，岂肯坐视其乱而不救？必区区致力于未极之间，强此之衰，艰彼之进，图其暂安，苟得为之，孔、孟之所屑为也，王允、谢安之于汉、晋是也。若有可变之道，可亨之理，更不假言也，此处遯时之道也。故圣人赞其时义大矣哉！或久或速，其义皆大也。

《象》曰：天下有山，遯，君子以远小人，不恶而严。

天下有山，山下起而乃止，天上进而相违，是遯避之象也。君子观其象，以避远乎小人，远小人之道，若以恶声厉色，适足以致其怨忿，唯在乎矜庄威严，使知敬畏，则自然远矣。

初六，遯尾厉，勿用有攸往。

他卦以下为初。遯者往遯也，在前者先进，故初乃为尾。尾，在后之物也，遯而在后不及者也，是以危也。初以柔处微，既已后矣，不可往也，往则危矣。微者易于晦藏，往既有危，不若不往之无灾也。

《象》曰：遯尾之厉，不往何灾也？

见几先遯，固为善也；遯而为尾，危之道也。往既有危，不若不往而晦藏，可免于灾，处微故也。古人处微下，隐乱世，而不去者多矣。

六二，执之用黄牛之革，莫之胜说。

二与五为正应，虽在相违遯之时，二以中正顺应于五，五以中正亲合于二，其交自固。黄，中色，牛，顺物，革，坚固之物。二五以中正顺道相与，其固如执系之以牛革也。莫之胜说，谓其交之固，不可胜言也。在遯之时，故极言之。

《象》曰：执用黄牛，固志也。

上下以中顺之道相固结，其心志甚坚，如执之以牛革也。

九三，系遯，有疾厉，畜臣妾吉。

阳志说阴，三与二切比系乎二者也。遯贵速而远，有所系累，则安能速且远也？害于遯矣，故为有疾也。遯而不速，是以危也。臣妾，小人女子，怀恩而不知义，亲爱之则忠其上。系恋之私恩，怀小人女子之道也，故以畜养臣妾，则得其心为吉也。然君子之待小人，亦不如是也。三与二非正应，以昵比相亲，非待君子之道。若以正，则虽系，不得为有疾，蜀先主之不忍弃士民是也。虽危，为无咎矣。

《象》曰：系遯之厉，有疾惫也；畜臣妾吉，不可大事也。

遯而有系累，必以困惫致危；其有疾，乃惫也，盖力亦不足矣。以此昵爱之心畜养臣妾则吉，岂可以当大事乎？

九四，好遯，君子吉，小人否。

四与初为正应，是所好爱者也。君子虽有所好爱，义苟当遯，则去而不疑，所谓克己复礼，以道制欲，是以吉也。小人则不能以义处，昵于所好，牵于所私，至于陷辱其身而不能已，故在小人则否也否，不善也。四，乾体能刚断者。圣人以其处阴而有系，故设小人之戒，恐其失于正也。

《象》曰：君子好遯，小人否也。

君子虽有好而能遯，不失于义；小人则不能胜其私意，而至于不善也。

九五，嘉遯，贞吉。

九五中正，遁之嘉美者也。处得中正之道，时止时行，乃所谓嘉美也，故为贞正而吉。九五非无系应，然与二皆以中正自处，是其心志及乎动止，莫非中正，而无私系之失，所以为嘉也。在

《彖》则概言遯时，故云“与时行，小利贞”，尚有济遯之意，于爻至五，遯将极矣，故唯以中正处遯言之。遁非人君之事，故不主君位言，然人君之所避远乃遯也，亦在中正而已。

《象》曰：嘉遯贞吉，以正志也。

志正则动必由正，所以为遯之嘉也。居中得正，而应中正，是其志正也，所以为吉。人之遯也，止也，唯在正其志而已矣。

上九，肥遯，无不利。

肥者，充大宽裕之意。遯者，唯飘然远逝，无所系滞之为善。上九乾体刚断，在卦之外矣，又下无所系，是遯之远而无累，可谓宽绰有余裕也。遯者穷困之时也，善处则为肥矣。其遯如此，何所不利？

《象》曰：肥遯无不利，无所疑也。

其遯之远，无所疑滞也。盖在外则已远，无应则无累，故为刚决无疑也。

☳ 乾下 震上

《大壮》，《序卦》：“遯者退也，物不可以终遯，故受之以大壮。”遯为违去之义，壮为进盛之义，遯者，阴长而阳遯也。大壮，阳之壮盛也。衰则必盛，消息相须，故既遯则必壮，大壮所以次遯也。为卦，震上乾下。乾刚而震动，以刚而动，大壮之义也，刚阳大也，阳长已过中矣，大者壮盛也。又雷之威震而在天上，亦大壮之义也。

大壮：利贞。

大壮之道，利于贞正也。大壮而不得其正，强猛之为耳，非君子之道壮盛也。

《彖》曰：大壮，大者壮也，刚以动故壮。

所以名大壮者，谓大者壮也。阴为小，阳为大。阳长以盛，是大者壮也。下刚而上动，以乾之至刚而动，故为大壮。为大者壮，与壮之大也。

大壮利贞，大者正也。正大而天地之情可见矣。

大者既壮，则利于贞正。正而大者道也，极正大之理，则天地之情可见矣。天地之道，常久而不已者，至大至正也。正大之理，学者默识心通可也。不云大正，而云正大，恐疑为一事也。

《象》曰：雷在天上，大壮，君子以非礼弗履。

雷震于天上，大而壮也。君子观大壮之象，以行其壮。君子之大壮者，莫若克己复礼。古人云："自胜之谓强。"《中庸》于"和而不流"，"中立而不倚"，皆曰"强哉矫"，"赴汤火"，"蹈白刃"，武夫之勇可能也。至于克己复礼，则非君子之大壮不可能也，故云：君子以非礼弗履。

初九，壮于趾，征凶有孚。

初，阳刚乾体而处下，壮于进者也。在下而用壮，壮于趾也。趾，在下而进动之物。九在下，用壮而不得其中。夫以刚处壮，虽居上犹不可行，况在下乎？故征则其凶有孚。孚，信也，谓以壮往，则得凶可必也。

《象》曰：壮于趾，其孚穷也。

在最下而用壮以行，可必信其穷困而凶也。

九二，贞吉

二虽以阳刚当大壮之时，然居柔而处中，是刚柔得中，不过于壮，得贞正而占也。或曰：贞非以九居二为戒乎？曰：《易》取所胜为义。以阳刚健体当大壮之时，处得中道，无不正也。在四，则有不正之戒。人能识时义之轻重，则可以学《易》矣。

《象》曰：九二贞吉，以中也。

所以贞正而吉者，以其得中道也。中则不失正，况阳刚而乾体乎？

九三，小人用壮，君子用罔，贞厉，羝羊触藩，羸其角。

九三以刚居阳而处壮，又当乾体之终，壮之极者也。极壮如此，在小人则为用壮，在君子则为用罔。小人尚力，故用其壮勇；

君子志刚，故用罔。罔，无也，犹云蔑也。以其至刚，蔑视于事，而无所忌惮也。君子、小人以地言，如“君子有勇而无义为乱”。刚柔得中，则不折不屈，施于天下而无不宜。苟刚之太过，则无和顺之德，多伤莫与，贞固守此，则危道也。凡物莫不用其壮：齿者啮，角者触，蹏者踶。羊壮于首，羝为喜触，故取为象。羊喜触藩篱，以藩篱当其前也。盖所当必触，喜用壮如此，必羸困其角矣。犹人尚刚壮，所当必用，必至摧困也。三壮甚如此，而不至凶，何也？曰：如三之为，其往足以致凶，而方言其危，故未及于凶也。凡可以致凶而未至者，则曰厉也。

《象》曰：小人用壮，君子罔也。

在小人，则为用其强壮之力。在君子，则为用罔。志气刚强，蔑视于事，靡所顾惮也。

九四，贞吉悔亡，藩决不羸，壮于大舆之輹。

四，阳刚长盛，壮已过中，壮之甚也。然居四为不正，方君子道长之时，岂可有不正也？故戒以贞则吉而悔亡。盖方道长之时，小失则害亨进之势，是有悔也。若在他卦，重刚而居柔，未必不为善也，大过是也。藩所以限隔也，藩篱决开，不复羸困其壮也。高大之车，轮輹强壮，其行之利可知，故云壮于大舆之輹。輹，轮之要处也。车之败，常在折輹，輹壮则车强矣。云壮于輹，谓壮于进也。輹与辐同。

《象》曰：藩决不羸，尚往也。

刚阳之长，必至于极。四虽已盛，然其往未止也。以至盛之阳，用壮而进，故莫有当之。藩决开而不羸困，其力也。尚往，其进不已也。

六五，丧羊于易，无悔。

羊群行而喜触，以象诸阳并进。四阳方长而并进，五以柔居上，若以力制，则难胜而有悔，唯和易以待之，则群阳无所用其刚，是丧其壮于和易也。如此，则可以无悔。五以位言则正，以德言则中，故能用和易之道，使群阳虽壮无所用也。

《象》曰：丧羊于易，位不当也。

所以必用柔和者，以阴柔居尊位故也。若以阳刚中正得尊位，则下无壮矣。以六五位不当也，故设丧羊于易之义。然大率治壮不可用刚。夫君臣上下之势，不相侔也。苟君之权足以制乎下，则虽有强壮跋扈之人，不足谓之壮也。必人君之势有所不足，然后谓之治壮。故治壮之道，不可以刚也。

上六，羝羊触藩，不能退，不能遂，无攸利，艰则吉。

羝羊但取其用壮，故阴爻亦称之。六以阴处震终而当壮极，其过可知。如羝羊之触藩篱，进则碍身，退则妨角，进退皆不可也。才本阴柔，故不能胜己以就义，是不能退也。阴柔之人，虽极用壮之心，然必不能终其壮，有摧必缩，是不能遂也。其所为如此，无所往而利也。阴柔处壮，不能固其守，若遇艰困，必失其壮。失其壮，则反得柔弱之分矣，是艰则得吉也。用壮则不利，知艰而处柔则吉也。居壮之终，有变之义也。

《象》曰：不能退，不能遂，不详也；艰则吉，咎不长也。

非其处而处，故进退不能，是其自处之不详慎也。艰则吉：柔遇艰难，又居壮终，自当变矣，变则得其分，过咎不长乃吉也。

䷢ 坤下 离上

《晋》，《序卦》："物不可以终壮，故受之以晋，晋者进也。"物无壮而终止之理，既盛壮则必进，晋所以继大壮也。为卦，离在坤上，明出地上也。日出于地，升而益明，故为晋。晋，进而光明盛大之意也。凡物渐盛为进，故《彖》云晋进也。卦有有德者，有无德者，随其宜也。《乾》《坤》之外，云元亨者，固有也；云利贞者，所不足而可以有功也。有不同者，《革》《渐》是也，随卦可见。晋之盛而无德者，无用有也。晋之明盛，故更不言亨，顺乎大明，无用戒正也。

晋康侯，用锡马蕃庶，昼日三接。

晋为进盛之时，大明在上，而下体顺附，诸侯承王之象也，故为康侯。康侯者，治安之侯也。上之大明，而能同德，以顺附治安之侯也，故受其宠数，锡之马众多也。车马，重赐也；蕃庶，众多也。不唯锡与之厚，又见亲礼，昼日之中，至于三接，言宠遇之至也。晋进盛之时，上明下顺，君臣相得。在上而言，则进于明盛；在臣而言，则进升高显，受其光宠也。

《彖》曰：晋，进也。明出地上，顺而丽乎大明，柔进而上行，是以康侯用锡马蕃庶，昼日三接也。

晋，进也，明进而盛也。明出于地，益进而盛，故为晋。所以不谓之进者，进为前进，不能包明盛之义。明出地上，离在坤上也。坤丽于离，以顺丽于大明，顺德之臣上附于大明之君也。柔进而上行：凡卦，离在上者，柔居君位，多云柔进而上行，《噬嗑》《睽》《鼎》是也。六五以柔居君位，明而顺丽，为能待下宠遇亲密之义，是以为康侯用锡马蕃庶，昼日三接也。大明之君，安天下者也。诸侯能顺附天子之明德，是康民安国之侯也，故谓之康侯，是以享宠锡而见亲礼，昼日之间，三接见于天子也。不曰公卿而曰侯：天子治于上者也，诸侯治于下者也，在下而顺附于大明之君，诸侯之象也。

《象》曰：明出地上，晋，君子以自昭明德。

昭，明之也。《传》曰："昭德塞违，昭其度也。"君子观明出地上而益明盛之象，而以自昭其明德。去蔽致知，昭明德于己也；明明德于天下，昭明德于外也。明明德在己，故云自昭。

初六，晋如，摧如，贞吉，罔孚，裕无咎。

初居晋之下，进之始也。晋如，升进也。摧如，抑退也。于始进而言，遂其进，不遂其进，唯得正则吉也。罔孚者，在下而始进，岂遽能深见信于上？苟上未见信，则当安中自守雍容宽裕，无急于求上之信也。苟欲信之心切，非汲汲以失其守，则悻悻以伤于义矣，皆有咎也。故裕则无咎，君子处进退之道也。

《象》曰：晋如摧如，独行正也，裕无咎，未受命也。

无进无抑，唯独行正道也。宽裕则无咎者，始欲进而未当位故也。君子之于进退，或迟或速，唯义所当，未尝不裕也。圣人恐后之人不达宽裕之义，居位者废职失守以为裕，故特云初六裕则无咎者，始进未受命当职任故也，若有官守，不信于上而失其职，一日不可居也。然事非一概，久速唯时，亦容有为之兆者。

六二，晋如，愁如，贞吉；受兹介福，于其王母。

六二在下，上无应援，以中正柔和之德，非强于进者也，故于进为可忧愁，谓其进之难也。然守其贞正，则当得吉，故云晋如愁如贞吉。王母，祖母也，谓阴之至尊者，指六五也。二以中正之道自守，虽上无应援，不能自进，然其中正之德，久而必彰，上之人自当求之。盖六五大明之君，与之同德，必当求之，加之宠禄，受介福于王母也。介，大也。

《象》曰：受兹介福，以中正也。

受兹介福，以中正之道也。人能守中正之道，久而必亨，况大明在上而同德，必受大福也。

六三，众允，悔亡。

以六居三，不得中正，宜有悔咎，而三在顺体之顺之极者也。三阴皆顺上者也，是三之顺上，与众同志，众所允从，其悔所以亡也。有顺上向明之志，而众允从之，何所不利？或曰：不由中正，而与众同，得为善乎？曰：众所允者必至当也，况顺上之大明，岂有不善也？是以悔亡，盖亡其不中正之失矣。古人曰：“谋从众，则合天心。”

《象》曰：众允之志，上行也。

上行，上顺丽于大明也。上从大明之君，众志之所同也。

九四，晋如鼫鼠，贞厉。

以九居四，非其位也。非其位而居之，贪据其位者也。贪处高位，既非所安，而又与上同德，顺丽于上。三阴皆在己下，势必上进，故其心畏忌之。贪而畏人者鼫鼠也，故云晋如鼫鼠。贪于非据，而存畏忌之心，贞固守此，其危可知。言贞厉者，开有改之道也。

《象》曰：鼫鼠贞厉，位不当也。

贤者以正德，宜在高位，不正而处高位，则为非据。贪而惧失则畏人，固处其地，危可知也。

六五，悔亡，失得勿恤，往吉，无不利。

六以柔居尊位，本当有悔，以大明而下皆顺附，故其悔得亡也。下既同德顺附，当推诚委任，尽众人之才，通天下之志，勿复自任其明，恤其失得，如此而往，则吉而无不利也。六五，大明之主，不患其不能明照，患其用明之过，至于察察，失委任之道，故戒以失得勿恤也。夫私意偏任不察则有蔽，尽天下之公，岂当复用私察也？

《象》曰：失得勿恤，往有庆也。

以大明之德，得下之附，推诚委任，则可以成天下之大功，是往而有福庆也。

上九，晋其角，维用伐邑，厉吉，无咎，贞吝。

角，刚而居上之物。上九以刚居卦之极，故取角为象，以阳居上刚之极也。在晋之上，进之极也。刚极则有强猛之过，进极则有躁急之失。以刚而极于进，失中之甚也。无所用而可，维独用于伐邑，则虽厉而吉，且无咎也。伐四方者，治外也；伐其居邑者，治内也。言伐邑，谓内自治也。人之自治，刚极则守道愈固，进极则迁善愈速。如上九者，以之自治，则虽伤于厉，而吉且无咎也。严厉非安和之道，而于自治则有功也。复云贞吝以尽其义；极于刚进，虽自治有功，然非中和之德，故于贞正之道为可吝也。不失中正为贞。

《象》曰：维用伐邑，道未光也。

维用伐邑，既得吉而无咎，复云贞吝者，贞道未光大也，以正理言之，犹可吝也。夫道既光大，则无不中正，安有过也？今以过刚，自治虽有功矣，然其道未光大，故亦可吝。圣人言尽善之道。

䷣ 离下 坤上

《明夷》，《序卦》：“晋者进也，进必有所伤，故受之以明夷，夷者伤也。”夫进之不已，必有所伤，理自然也，明夷所以次晋也。为卦，坤上离下，明入地中也。反晋成明夷，故义与晋正相反。晋者明盛之卦，明君在上，群贤并进之时也。明夷昏暗之卦，暗君在上，明者见伤之时也。日入于地中，明伤而昏暗也，故为明夷。

明夷：利艰贞。

君子当明夷之时，利在知艰难而不失其贞正也。在昏暗艰难之时，而能不失其正，所以为明君子也。

《彖》曰：明入地中，明夷。内文明而外柔顺，以蒙大难，文王以之。

明入于地，其明灭也，故为明夷。内卦离，离者文明之象；外卦坤，坤者柔顺之象。为人，内有文明之德，而外能柔顺也。昔者文王如是，故曰文王以之。当纣之昏暗，乃明夷之时，而文王内有文明之德，外柔顺以事纣，蒙犯大难，而内不失其明圣，而外足以远祸患，此文王所用之道也，故曰文王以之。

利艰贞，晦其明也。内难而能正其志，箕子以之。

明夷之时，利于处艰戹而不失其贞正，谓能晦藏其明也。不晦其明，则被祸患；不守其正，则非贤明。箕子当纣之时，身处其国内，切近其难，故云内难。然箕子能藏晦其明，而自守其正志，箕子所用之道也，故曰箕子以之。

《象》曰：明入地中，明夷，君子以莅众，用晦而明。

明所以照，君子无所不照，然用明之过，则伤于察，太察则尽事而无含弘之度。故君子观明入地中之象，于莅众也，不极其明察而用晦，然后能容物和众，众亲而安，是用晦乃所以为明也。若自任其明，无所不察，则己不胜其忿疾，而无宽厚含容之德，人情睽疑而不安，失莅众之道，适所以为不明也。古之圣人，设前旒屏树者，不欲明之尽乎隐也。

初九，明夷于飞，垂其翼；君子于行，三日不食，有攸往，主人有言。

初九，明体而居明夷之初，见伤之始也。九，阳明上升者也，故取飞象。昏暗在上，伤阳之明，使不得上进，是于飞而伤其翼也。翼见伤，故垂朵。凡小人之害君子，害其所以行者。君子于行，三日不食：君子明照，见事之微，虽始有见伤之端，未显也，君子则能见之矣，故行去避之。君子于行，谓去其禄位而退藏也，三日不食，言困穷之极也。事未显而处甚艰，非见几之明不能也。夫知几者，君子之独见，非众人所能识也。故明夷之始，其见伤未显而去之，则世俗孰不疑怪？故有所往适，则主人有言也。然君子不以世俗之见怪，而迟疑其行也。若俟众人尽识，则伤已及而不能去矣。此薛方所以为明，而杨雄所以不获其去也。或曰：伤至于垂翼，伤已明矣，何得众人犹未识也？曰：初伤之始也，云垂其翼，谓伤其所以飞尔，其事则未显也。君子见几，故亟去之。世俗之人未能见也，故异而非之。如穆生之去楚，申公、白公且非之，况世俗之人乎？但讥其责小礼，而不知穆生之去，避胥靡之祸也。当其言曰："不去，楚人将钳我于市。"虽二儒者亦以为过甚之言也。又如袁闳于党事未起之前，名德之士方锋起，而独潜身土室，故人以为狂生，卒免党锢之祸。所往而人有言，胡足怪也？

《象》曰：君子于行，义不食也。

君子遯藏而困穷，义当然也。唯义之当然，故安处而无闷，虽不食可也。

六二，明夷，夷于左股，用拯马壮吉。

六二以至明之才，得中正而体顺，顺时自处，处之至善也。虽君子自处之善，然当阴暗小人伤明之时，亦不免为其所伤，但君子自处有道，故不能深相伤害，终能违避之尔。足者，所以行也，股在胫足之上，于行之用为不甚切，左又非便用者。手足之用，以右为便，唯蹶张用左，盖右立为本也。夷于左股，谓伤害其行而不甚切也。虽然，亦必自免有道。拯用壮健之马，则获免之速而吉也。君子为阴暗所伤，其自处有道，故其伤不甚；自拯有道，故获免之疾。用拯之道不壮，则被伤深矣，故云马壮则吉也。二以明居阴暗之下，所谓吉者，得免伤害而已，非谓可以有为于斯时也。

《象》曰：六二之吉，顺以则也。

六二之得吉者，以其顺处而有法则也。则，谓中正之道。能顺而得中正，所以处明伤之时而能保其吉也。

九三，明夷于南狩，得其大首，不可疾贞。

九三，离之上，明之极也，又处刚而进。上六，坤之上，暗之极也。至明居下而为下之上，至暗在上而处穷极之地，正相敌应，将以明去暗者也。斯义也，其汤、武之事乎！南，在前而明方也；狩，畋而去害之事也。南狩谓前进而除害也。当克获其大首，大首谓暗之魁首上六也。三与上正相应，为至明克至暗之象。不可疾贞，谓诛其元恶。旧染污俗未能遽革，必有其渐，革之遽，则骇惧而不安。故《酒诰》云："惟殷之迪诸臣百工，乃湎于酒，勿庸杀之，姑惟教之。"至于既久，尚曰余风未殄，是渐渍之俗，不可以遽革也，故曰不可疾贞，正之不可急也。上六虽非君位，以其居上而暗之极，故为暗之主，谓之大首。

《象》曰：南狩之志，乃大得也。

夫以下之明除上之暗，其志在去害而已。如商、周之汤、武，岂有意于利天下乎？得其大首，是能去害，而大得其志矣。志苟不然，乃悖乱之事也。

六四，入于左腹，获明夷之心，于出门庭。

六四以阴居阴，而在阴柔之体，处近君之位，是阴邪小人居高位，以柔邪顺于君者也。六五，明夷之君位，伤明之主也，四以柔邪顺从之，以固其交。夫小人之事君，未有由显明以道合者也，必以隐僻之道，自结于上。右当用，故为明显之所；左不当用，故为隐僻之所。人之手足，皆以右为用。世谓僻所为僻左，是左者隐僻之所也。四由隐僻之道，深入其君，故云入于左腹。

入腹谓其交深也。其交之深，故得其心。凡奸邪之见信于其君，皆由夺其心也。不夺其心，能无悟乎？于出门庭：既信之于心，而后行之于外也。邪臣之事暗君，必先蛊其心，而后能行于外。

《象》曰：入于左腹，获心意也。

入于左腹，谓以邪僻之道入于君而得其心意也。得其心，所以终不悟也。

六五，箕子之明夷，利贞。

五为君位，乃常也。然《易》之取义，变动随时。上六处坤之上而明夷之极，阴暗伤明之极者也。五切近之，圣人因以五为切近至暗之人，以见处之之义，故不专以君位言。上六阴暗伤明之极，故以为明夷之主。五切近伤明之主，若显其明，则见伤害必矣，故当如箕子之自晦藏，则可以免于难。箕子，商之旧臣，而同姓之亲，可谓切近于纣矣，若不自晦其明，被祸可必也，故佯狂为奴，以免于害。虽晦藏其明，而内守其正，所谓内难而能正其志，所以谓之仁与明也，若箕子，可谓贞矣。以五阴柔，故为之戒云利贞，谓宜如箕子之贞固也。若以君道言，义亦如是。人君有当含晦之时，亦外晦其明，而内正其志也。

《象》曰：箕子之贞，明不可息也。

箕子晦藏，不失其贞固，虽遭患难，其明自存，不可灭息也。若逼祸患，遂失其所守，则是亡其明，乃灭息也，古之人如杨雄者是也。

上六，不明晦，初登于天，后入于地。

上居卦之终，为明夷之主，又为明夷之极。上，至高之地。明在至高，本当远照，明既夷伤，故不明而反昏晦也。本居于高明，当及远，初登于天也；乃夷伤其明而昏暗，后入于地也。上，明夷之终，又坤阴之终，明伤之极者也。

《象》曰：初登于天，照四国也，后入于地，失则也。

初登于天，居高而明，则当照及四方也，乃被伤而昏暗，是后入于地，失明之道也，失则失其道也。

☲☴ **离下 巽上**

《家人》，《序卦》：“夷者伤也，伤于外者必反其家，故受之以家人。”夫伤困于外，则必反于内，家人所以次明夷也。家人者，家内之道，父子之亲，夫妇之义，尊卑长幼之序，正伦理，笃恩义，家人之道也。卦，外巽内离，为风自火出。火炽则风生，风生自火，自内而出也。自内而出，由家而及于外之象。二与五正男女之位于内外为家人之道。明于内而巽于外，处家之道也。夫人有诸身者则能施于家，行于家者则能施于国，至于天下治。治天下之道，盖治家之道也，推而行之于外耳，故取自内而出之象，为家人之义也。《文中子》书以明内齐外为义，古今善之，非取象之意也。所谓齐乎巽，言万物洁齐于巽方，非巽有齐义也。如战乎乾，乾非有战义也。

家人：利女贞。

家人之道，利在女正，女正则家道正矣。夫夫妇妇而家道正，独云利女贞者，夫正者身正也，女正者家正也，女正则男正可知矣。

《彖》曰：家人，女正位乎内，男正位乎外，男女正，天地之大义也。

彖以卦才而言。阳居五，在外也；阴居二，处内也，男女各得其正位也。尊卑内外之道，正合天地阴阳之大义也。

家人有严君焉，父母之谓也。

家人之道，必有所尊严而君长者，谓父母也。虽一家之小，无尊严则孝敬衰，无君长则法度废。有严君而后家道正，家者国之则也。

父父、子子、兄兄、弟弟、夫夫、妇妇，而家道正，正家而天下定矣。

父子兄弟夫妇各得其道，则家道正矣。推一家之道，可以及天下，故家正则天下定矣。

《象》曰：风自火出，家人，君子以言有物而行有恒。

正家之本，在正其身。正身之道，一言一动，不可易也。君子观风自火出之象，知事之由内而出，故所言必有物，所行必有恒也。物谓事实，恒谓常度法则也。德业之著于外，由言行之谨于内也。言慎行修，则身正而家治矣。

初九，闲有家，悔亡。

初，家道之始也。闲谓防闲法度也。治其有家之始，能以法度为之防闲，则不至于悔矣。治家者，治乎众人也，苟不闲之以法度，则人情流放，必至于有悔，失长幼之序，乱男女之别，伤恩义，害伦理，无所不至，能以法度闲之于始，则无是矣，故悔亡也。九，刚明之才，能闲其家者也。不云无悔者，群居必有悔，以能闲故亡耳。

《象》曰：闲有家，志未变也。

闲之于始，家人志意未变动之前也。正志未流散变动而闲之，则不伤恩，不失义，处家之善也，是以悔亡。志变而后治，则所伤多矣，乃有悔也。

六二，无攸遂，在中馈，贞吉。

人之处家，在骨肉父子之间，大率以情胜礼，以恩夺义，唯刚立之人，则能不以私爱失其正理。故家人卦，大要以刚为善，初三上是也。六二以阴柔之才而居柔，不能治于家者也，故无攸遂，无所为而可也。夫以英雄之才，尚有溺情爱而不能自守者，况柔弱之人，其能胜妻子之情乎？如二之才，若为妇人之道，则其正也。以柔顺处中正，妇人之道也，故在中馈则得其正而吉也。妇人，居中而主馈者也，故云中馈。

《象》曰：六二之吉，顺以巽也。

二以阴柔居中正，能顺从而卑巽者也，故为妇人之贞吉也。

九三，家人嗃嗃，悔厉吉；妇子嘻嘻，终吝。

嗃嗃，未详字义，然以文意及音义观之，与嗷嗷相类，又若急束之意。九三在内卦之上，主治乎内者也。以阳居刚而不中，虽得正而过乎刚者也。治内过刚，则伤于严急，故家人嗃嗃然。治家过严，不能无伤，故必悔于严厉，骨肉恩胜，严过故悔也。

虽悔于严厉，未得宽猛之中，然而家道齐肃，人心祗畏，犹为家之吉也。若妇子嘻嘻，则终至羞吝矣。在卦，非有嘻嘻之象，盖对嗃嗃而言，谓与其失于放肆，宁过于严也。嘻嘻，笑乐无节也。自恣无节，则终致败家，可羞吝也。盖严谨之过，虽于人情不能无伤，然苟法度立，伦理正，乃恩义之所存也。若嘻嘻无度，乃法度之所由废，伦理之所由乱，安能保其家乎？嘻嘻之甚，则致败家之凶，但云吝者，可吝之甚，则至于凶，故未遽言凶也。

《象》曰：家人嗃嗃，未失也；妇子嘻嘻，失家节也。

虽嗃嗃，于治家之道未为甚失，若妇子嘻嘻，是无礼法，失家之节，家必乱矣。

六四，富家大吉。

六以巽顺之体而居四，得其正位，居得其正，为安处之义。巽顺于事而由正道，能保有其富者也。居家之道，能保有其富，则为大吉也。四高位，而独云富者，于家而言高位，家之尊也，能有其富，是能保其家也，吉孰大焉？

《象》曰：富家大吉，顺在位也。

以巽顺而居正位，正而巽顺，能保有其富者也。富，家之大吉也。

九五，王假有家，勿恤吉。

九五男而在外，刚而处阳，居尊而中正，又其应顺正于内，治家之至正至善者也。王假有家：五君位，故以王言；假，至也，极乎有家之道也。夫王者之道，修身以齐家，家正则天下治矣。自古圣王，未有不以恭己正家为本。故有家之道既至，则不忧劳而天下治矣，勿恤而吉也。五恭己于外，二正家于内，内外同德，可谓至矣。

《象》曰：王假有家，交相爱也。

王假有家之道者，非止能使之顺从而已，必致其心化诚合，夫爱其内助，妇爱其刑家，交相爱也。能如是者，文王之纪乎？若身修法立，而家未化，未得为假有家之道也。

上九，有孚，威如，终吉。

上，卦之终，家道之成也，故极言治家之本。治家之道，非至诚不能也，故必中有孚信，则能常久，而众人自化为善。不由至诚，己且不能常守也，况欲使人乎？故治家以有孚为本。治家者，在妻孥情爱之间，慈过则无严，恩胜则掩义，故家之患，常在礼法不足而渎慢生也。长失尊严，少忘恭顺，而家不乱者，未之有也，故必有威严则能终吉。保家之终，在有孚威如二者而已，故于卦终言之。

《象》曰：威如之吉，反身之谓也。

治家之道，以正身为本，故云反身之谓。爻辞谓治家当有威严，而夫子又复戒云，当先严其身也，成严不先行于己，则人怨而不服，故云威如而吉者，能自反于身也。孟子所谓“身不行道，不行于妻子”也。

䷥ 兑下 离上

《睽》，《序卦》：“家道穷必乖，故受之以睽，睽者乖也。”家道穷则睽乖离散，理必然也，故家人之后，受之以睽也。为卦，上离下兑，离火炎上，兑泽润下，二体相违，睽之义也。又中少二女，虽同居而所归各异，是其志不同行也，亦为睽义。

睽：小事吉。

睽者，睽乖离散之时，非吉道也。以卦才之善，虽处睽时，而小事吉也。

《彖》曰：睽，火动而上，泽动而下。二女同居，其志不同行。

《彖》先释睽义，次言卦才，终言合睽之道，而赞其时用之大。火之性动而上，泽之性动而下，二物之性违异，故为睽义。中少二女虽同居，其志不同行，亦为睽义。女之少也同处，长则各适其归，其志异也。言睽者，本同也，本不同则非睽也。

说而丽乎明，柔进而上行，得中而应乎刚，是以小事吉。

卦才如此，所以小事吉也。兑，说也，离，丽也，又为明，故为说顺而附丽于明。凡离在上，而《象》欲见柔居尊者，则曰柔进而上行，《晋》《鼎》是也。方睽乖之时，六五以柔居尊位，有说顺丽明之善，又得中道而应刚，虽不能合天下之睽，成天下之大事，亦可以小济，是于小事吉也。五以明而应刚，不能致大吉，何也？曰：五，阴柔，虽应二，而睽之时，相与之道未能深固，故二必遇主于巷，五噬肤则无咎也。天下睽散之时，必君臣刚阳中正，至诚协力，而后能合也。

天地睽而其事同也，男女睽而其志通也，万物睽而其事类也。睽之时用大矣哉！

推物理之同，以明睽之时用，乃圣人合睽之道也。见同之为同者，世俗之知也。圣人则明物理之本同，所以能同天下而和合万类也。以天地男女万物明之：天高地下，其体睽也，然阳降阴升，相合而成化育之事则同也；男女异质，睽也，而相求之志则通也；生物万殊，睽也，然而得天地之和，禀阴阳之气，则相类也。物虽异而理本同，故天下之大，群生之众，睽散万殊，而圣人为能同之。处睽之时，合睽之用，其事至大，故云大矣哉。

《象》曰：上火下泽，睽，君子以同而异。

上火下泽，二物之性违异，所以为睽离之象。君子观睽异之象，于大同之中而知所当异也。夫圣贤之处世，在人理之常，莫不大同，于世俗所同者则有时而独异，盖于秉彝则同矣，于世俗之失则异也。不能大同者，乱常拂理之人也；不能独异者，随俗习非之人也；要在同而能异耳，《中庸》曰“和而不流”是也。

初九，悔亡，丧马，勿逐自复，见恶人无咎。

九居卦初，睽之始也。在睽乖之时，以刚动于下，有悔可知，所以得亡者，九四在上，亦以刚阳，睽离无与，自然同类相合：同是阳爻，同居下，又当相应之位；二阳本非相应者，以在睽故合也，上下相与，故能亡其悔也。在睽，诸爻皆有应。夫合则有睽，本异则何睽？唯初与四，虽非应而同德相与，故相遇。马者所以行也，阳，上行者也，睽独无与，则不能行，是丧其马也。四既与之合，则能行矣，是勿逐而马复得也。恶人，与己乖异者也。见者，与相通也。当睽之时，虽同德者相与，然小人乖异者至众，若弃绝之，不几尽天下以仇君子乎？如此则失含弘之义，致凶咎之道也，又安能化不善而使之合乎？故必见恶人则无咎也。古之圣王所以能化奸凶为善良，革仇敌为臣民者，由弗绝也。

《象》曰：见恶人，以辟咎也。

睽离之时，人情乖违，求和合之，且病其不能得也，若以恶人而拒绝之，则将众仇于君子，而祸咎至矣。故必见之，所以免避怨咎也。无怨咎，则有可合之道。

九二，遇主于巷，无咎。

二与五正应，为相与者也。然在睽乖之时，阴阳相应之道衰，而刚柔相戾之意胜，学《易》者识此，则知变通矣。故二五虽正应，当委曲以相求也。二以刚中之德居下，上应六五之君，道合则志行，成济睽之功矣。而居睽离之时，其交非固，二当委曲求于相遇，觊其得合也，故曰遇主于巷。必能合而后无咎，君臣睽离，其咎大矣。巷者，委曲之途也。遇者，会逢之谓也。当委曲相求，期于会遇，与之合也。所谓委曲者，以善道宛转将就使合而已，非枉己屈道也。

《象》曰：遇主于巷，未失道也。

当睽之时，君心未合，贤臣在下，竭力尽诚，期使之信合而已；至诚以感动之，尽力以扶持之，明义理以致其知，杜蔽惑以诚其意，如是宛转以求其合也。遇非枉道迎逢也，巷非邪僻曲径也，故夫子特云：遇主于巷，未失道也。未非必也，非必谓失道也。

六三，见舆曳，其牛掣，其人天且劓，无初有终。

阴柔于平时，且不足以自立，况当睽离之际乎？三居二刚之间，处不得其所安，其见侵陵可知矣。三以正应在上，欲进与上合志，而四阻于前，二牵于后。车牛，所以行之具也。舆曳牵于后也，牛掣阻于前也。在后者牵曳之而已，当前者进者之所力犯也，故重伤于上，为四所伤也。其人天且劓：天，髡首也；劓，截鼻也。三从正应而四隔止之，三虽阴柔处刚而志行，故力进以犯之，是以伤也。天而又劓，言重伤也。三不合于二与四，睽之时自无合义，适合居刚守正之道也。其于正应，则睽极有终合之理：始为二阳所戹，是无初也；后必得合，是有终也。掣，从制从手，执止之义也。

《象》曰：见舆曳，位不当也；无初有终，遇刚也。

以六居三，非正也，非正则不安；又在二阳之间，所以有如是难戹，由位不当也。无初有终者，终必与上九相遇而合，乃遇刚也。不正而合，未有久而不离者也。合以正道，自无终睽之理。故贤者顺理而安行，智者知几而固守。

九四，睽孤，遇元夫，交孚，厉无咎。

九四当睽时，居非所安，无应而在二阴之间，是睽离孤处者也。以刚阳之德，当睽离之时，孤立无与，必以气类相求而合，是以遇元夫也。夫，阳称；元，善也。初九当睽之初，遂能与同德，而亡睽之悔，处睽之至善者也，故目之为元夫，犹云善士也。四则过中，为睽已甚，不若初之善也。四与初皆以阳处一卦之下，居相应之位，当睽乖之时，各无应援，自然同德相亲，故会遇也。同德相遇，必须至诚相与交孚，各有孚诚也。上下二阳以至诚相合，则何时之不能行，何危之不能济？故虽处危厉而无牲也。当睽离之时，孤居二阴之间，处不当位，危且有咎也。以遇元夫而交孚，故得无咎也。

《象》曰：交孚无咎，志行也。

初四皆阳刚。君子当睽乖之时，上下以至诚相交，协志同力，则其志可以行，不止无咎而已。卦辞但言无咎，夫子又从而明之，云可以行其志，救时之睽也。盖以君子阳刚之才，而至诚相辅，何所不能济也？唯有君子，则能行其志矣。

六五，悔亡。厥宗噬肤，往何咎？

六以阴柔当睽离之时，而居尊位，有悔可知，然而下有九二刚阳之贤，与之为应以辅翼之，故得悔亡。厥宗，其党也，谓九二正应也。噬肤，噬啮其肌肤而深入之也。当睽之时，非入之者深，岂能合也？五虽阴柔之才，二辅以阳刚之道而深入之，则可往而有庆，复何过咎之有？以周成之幼稚，而兴盛王之治；以刘禅之昏弱，而有中兴之势，盖由任贤圣之辅，而姬公、孔明所以入之者深也。

《象》曰：厥宗噬肤，往有庆也。

爻辞但言厥宗噬肤则可以往而无咎，《象》复推明其义，言人君虽己才不足，若能信任贤辅，使以其道深入于己，则可以有为，是往而有福庆也。

上九，睽孤，见豕负涂，载鬼一车，先张之弧，后说之弧，匪寇婚媾，往遇雨则吉。

上居卦之终，睽之极也。阳刚居上，刚之极也。在离之上，用明之极也。睽极则咈戾而难合，刚极则躁暴而不详，明极则过察而多疑。上九有六三之正应，实不孤，而其才性如此，自睽孤也。如人虽有亲党，而多自疑猜，妄生乖离，虽处骨肉亲党之间，而常孤独也。上之与三，虽为正应，然居睽极，无所不疑，其见三如豕之污秽，而又背负泥涂，见其可恶之甚也。既恶之甚，则猜成其罪恶，如见载鬼满一车也。鬼本无形，而见载之一车，言其以无为有，妄之极也。物理极而必反，以近明之：如人适东，东极矣，动则西也；如升高，高极矣，动则下也；既极则动而必反也。上之睽乖既极，三之所处者正理。大凡失道既极，则必反正理，故上于三，始疑而终必合也。先张之弧，始疑恶而欲射之也。疑之者妄也，妄安能常？故终必复于正。三实无恶，故后说弧而弗射，睽极而反，故与三非复为寇雠，乃婚媾也。此匪寇婚媾之语，与他卦同，而义则殊也。阴阳交而和畅则为雨。上于三，始疑而睽，睽极则不疑而合。阴阳合而益和则为雨，故云往遇雨则吉。往者，自此以往也，谓既合而益和则吉也。

《象》曰：遇雨之吉，群疑亡也。

雨者，阴阳和也。始睽而能终和，故吉也。所以能和者，以群疑尽亡也。其始睽也，无所不疑，故云群疑；睽极而合，则皆亡矣。

䷦ 艮下 坎上

《蹇》，《序卦》："睽者乖也，乖必有难，故受之以蹇，蹇者难也。"睽乖之时，必有蹇难，蹇所以次睽也。蹇，险阻之义，故为蹇难。为卦，坎上艮下。坎，险也，艮，止也，险在前而止不能进也。前有险陷，后有峻阻，故为蹇也。

蹇：利西南，不利东北，利见大人，贞吉。

西南，坤方。坤，地也，体顺而易。东北，艮方。艮，山也，体止而险。在蹇难之时，利于顺处平易之地，不利止于危险也。处顺易，则难可纾；止于险，则难益甚矣。蹇难之时，必有圣贤之人，则能济天下之难，故利见大人也。济难者必以大正之道，而坚固其守，故贞则吉也。凡处难者，必在乎守贞正。设使难不解，不失正德，是以吉也。若遇难而不能固其守，入于邪滥，虽使苟免，亦恶德也，知义命者不为也。

《彖》曰：蹇，难也，险在前也。

蹇，难也。蹇之为难，如乾之为健，若易之为难，则义有未足。蹇有险阻之义。屯亦难也，困亦难也，同为难而义则异：屯者始难而未得通，困者力之穷，蹇乃险阻艰难之义，各不同也。险在前也：坎险在前，下止而不得进，故为蹇。

见险而能止，知矣哉！

以卦才言处蹇之道也。上险而下止，见险而能止也。犯险而进，则有悔咎，故美其能止为知也。方蹇难之时，唯能止为善，故诸爻除五与二外，皆以往为失，来为得也。

蹇利西南，往得中也；不利东北，其道穷也。

蹇之时，利于处平易。西南坤方为顺易，东北艮方为险阻。九上居五而得中正之位，是往而得平易之地。故为利也。五居坎险之中而谓之平易者，盖卦本坤，由五往而成坎，故但取往而得中，不取成坎之义也。方蹇而又止危险之地，则蹇益甚矣，故不利东北。其道穷也，谓蹇之极也。

利见大人，往有功也，当位贞吉，以正邦也。

蹇难之时，非圣贤不能济天下之蹇，故利于见大人也。大人当位，则成济蹇之功矣，往而有功也。能济天下之蹇者，唯大正之道。夫子又取卦才而言，《蹇》之诸爻，除初外，余皆当正位，故为贞正而吉也。初六虽以阴居阳而处下，亦阴之正也。以如此正道正其邦，可以济于蹇矣。

蹇之时用大矣哉！

处蹇之时，济蹇之道，其用至大，故云大矣哉。天下之难，岂易平也？非圣贤不能，其用可谓大矣。顺时而处，量险而行，从平易之道，由至正之理，乃蹇之时用也。

《象》曰：山上有水，蹇，君子以反身修德。

山之峻阻，上复有水，坎水为险陷之象，上下险阻，故为蹇也。君子观蹇难之象，而以反身修德。君子之遇艰阻，必反求诸己而益自修。孟子曰："行有不得者，皆反求诸己。"故遇艰蹇，必自省于身：有失而致之乎？是反身也。有所未善则改之，无歉于心则加勉，乃自修其德也。君子修德以俟时而已。

初六，往蹇，来誉。

六居蹇之初，往进则益入于蹇，往蹇也。当蹇之时，以阴柔无援而进，其蹇可知。来者，对往之辞。上进则为往，不进则为来。止而不进，是有见几知时之美，来则有誉也。

《象》曰：往蹇来誉，宜待也。

方蹇之初，进则益蹇，时之未可进也，故宜见几而止以待时，可行而后行也。诸爻皆蹇往而善来，然则无出蹇之义乎？曰：在蹇而往，则蹇也；蹇终则变矣，故上已有硕义。

六二，王臣蹇蹇，匪躬之故。

二以中正之德，居艮体，止于中正者也；与五相应，是中正之人为中正之君所信任，故谓之王臣。虽上下同德，而五方在大蹇之中，致力于蹇难之时，其艰蹇至甚，故为蹇于蹇也。二虽中正，以阴柔之才，岂易胜其任？所以蹇于蹇也。志在济君于蹇难之中，其蹇蹇者非为身之故也。虽使不胜，志义可嘉，故称其忠荩不为己也。然其才不足以济蹇也，小可济，则圣人当盛称以为劝矣。

《象》曰：王臣蹇蹇，终无尤也。

虽艰戹于蹇时，然其志在济君难，虽未成功，然终无过尤也。圣人取其志义，而谓其无尤，所以劝忠荩也。

九三，往蹇来反。

九三以刚居正，处下体之上，当蹇之时，在下者皆柔，必依于三，是为下所附者也。三与上为正应，上阴柔而无位，不足以为援，故上往则蹇也。来，下来也。反，还归也。三为下二阴所喜，故来为反其所也，稍安之地也。

《象》曰：往蹇来反，内喜之也。

内，在下之阴也。方蹇之时，阴柔不能自立，故皆附于九三之阳而喜爱之。九之处三，在蹇为得其所也。处蹇而得下之心，可以求安，故以来为反，犹《春秋》之言归也。

六四，往蹇，来连。

往则益入于坎险之深，往蹇也。居蹇难之时，同处艰戹者，其志不谋而同也。又四居上位，而与在下者同有得位之正，又与三相比相亲者也，二与初同类相与者也，是与下同志，众所从附也，故曰来连。来则与在下之众相连合也，能与众合，得处蹇之道也。

《象》曰：往蹇来连，当位实也。

四当蹇之时，居上位，不往而来，与下同志，固足以得众矣；

又以阴居阴，为得其实，以诚实与下，故能连合而下之。二三亦各得其实，初以阴居下，亦其实也。当同患之时，相交以实，其合可知，故来而连者，当位以实也。处蹇难，非诚实何以济？当位不曰正而曰实，上下之交，主于诚实，用各有其所也。

九五，大蹇，朋来。

五居君位，而在蹇难之中，是天下之大蹇也。当蹇而又在险中，亦为大蹇。大蹇之时，而二在下，以中正相应，是其朋助之来也。方天下之蹇，而得中正之臣相辅，其助岂小也？得朋来而无吉，何也？曰：未足以济蹇也。以刚阳中正之君，而方在大蹇之中非得刚阳中正之臣相辅之，不能济天下之蹇也。二之中正，固有助矣，欲以阴柔之助，济天下之难，非所能也。自古圣王济天下之蹇，未有不由贤圣之臣为之助者，汤、武得伊、吕是也。中常之君，得刚明之臣而能济大难者则有矣，刘禅之孔明，唐肃宗之郭子仪，德宗之李晟是也。虽贤明之君，苟无其臣，则不能济于难也。故凡六居五、九居二者，则多由助而有功，《蒙》《泰》之类是也；九居五、六居二，则其功多不足，《屯》《否》之类是也。盖臣贤于君，则辅君以君所不能；臣不及君，则赞助之而已，故不能成大功也。

《象》曰：大蹇朋来，以中节也。

朋者，其朋类也。五有中正之德，而二亦中正，虽大蹇之时，不失其守，蹇于蹇以相应助，是以其中正之节也。上下中正而弗济者，臣之才不足也。自古守节秉义，而才不足以济者，岂少乎？汉李固、王允，晋周顗、王导之徒是也。

上六，往蹇，来硕，吉，利见大人。

六以阴柔居蹇之极，冒极险而往，所以蹇也。不往而来，从五求三，得刚阳之助，是以硕也。蹇之道，戹塞穷蹙。硕，大也，宽裕之称。来则宽大，其蹇纾矣。蹇之极，有出蹇之道。上六以阴柔，故不得出，得刚阳之助，可以纾蹇而已，在蹇极之时，得纾则为吉矣。非刚阳中正，岂能出乎蹇也？利见大人：蹇极之时，见大德之人则能有济于蹇也。大人谓五，以相比发此义。五，刚阳中正，而居君位，大人也。在五不言其济蹇之功，而上六利见之，何也？曰：在五不言，以其居坎险之中，无刚阳之助，故无能济蹇之义；在上六，蹇极而见大德之人，则能济于蹇，故为利也。各爻取义不同，如《屯》初九之志正，而于六二则目之为寇也。诸爻皆不言吉，上独言吉者，诸爻皆得正，各有所善，然皆未能出于蹇，故未足为吉，唯上处蹇极而得宽裕，乃为吉也。

《象》曰：往蹇来硕，志在内也，利见大人，以从贵也。

上六应三而从五，志在内也，蹇既极而有助，是以硕而吉也。六以阴柔当蹇之极，密近刚阳中正之君，自然其志从附，以求自济，故利见大人，谓从九五之贵也。所以云从贵，恐人不知大人为指五也。

䷧ 坎下 震上

《解》，《序卦》：“蹇者难也，物不可以终难，故受之以解。”物无终难之理，难极则必散，解者散也，所以次蹇也。为卦，震上坎下。震，动也，坎，险也，动于险外，出乎险也，故为患难解散之象。又震为雷，坎为雨，雷雨之作，盖阴阳交感，和畅而缓散，故为解。解者，天下患难解散之时也。

解：利西南，无所往，其来复吉，有攸往，夙吉。

西南，坤方。坤之体，广大平易。当天下之难方解，人始离艰苦，不可复以烦苛严急治之，当济以宽大简易，乃其宜也。如是，则人心怀而安之，故利于西南也。汤除桀之虐，而以宽治；武王诛纣之暴，而反商政，皆从宽易也。无所往，其来复吉，有攸往，夙吉：无所往，谓天下之难已解散，无所为也；有攸往，谓尚有所当解之事也。夫天下国家，必纪纲法度废乱。而后祸患生。圣人既解其难而安平无事矣，是无所往也；则当修复治道，正纪纲，明法度，进复先代明王之治，是来复也，谓反正理也，天下之吉也。其，发语辞。自古圣王救难定乱，其始未暇遽为也；既安定，则为可久可继之治。自汉以下，乱既除，则不复有为，姑随时维持而已，故不能成善治，盖不知来复之义也。有攸往夙吉，谓尚有当解之事，则早为之乃吉也。当解而未尽者，不早去，则将复盛；事之复生者，不早为，则将渐大，故夙则吉也。

《彖》曰：解，险以动，动而免乎险，解。

坎险，震动，险以动也。不险则非难，不动则不能出难。动而出于险外，是免乎险难也，故为解。

解利西南，往得众也。

解难之道，利在广大平易，以宽易而往济解，则得众心之归也。

其来复吉，乃得中也。

不云无所往，省文尔。救乱除难，一时之事，未能成治道也，必待难解，无所往，然后来复先王之治，乃得中道，谓合宜也。

有攸往，夙吉，往有功也。

有所为则夙吉也。早则往而有功，缓则恶滋而害深矣。

天地解而雷雨作，雷雨作而百果草木皆甲坼。解之时大矣哉！

既明处解之道，复言天地之解，以见解时之大。天地之气开散，交感而和畅，则成雷雨；雷雨作而万物皆生发甲坼。天地之功，由解而成，故赞解之时大矣哉！王者法天道，行宽宥，施恩惠，养育兆民，至于昆虫草木，乃顺解之时，与天地合德也。

《象》曰：雷雨作，解，君子以赦过宥罪。

天地解散而成雷雨，故雷雨作而为解也。与明两而作离，语不同。赦，释之。宥，宽之。过失则赦之可也，罪恶而赦之，则非义也，故宽之而已。君子观雷雨作解之象，体其发育，则施恩仁，体其解散，则行宽释也。

初六，无咎。

六居解初，患难既解之时，以柔居刚，以阴应阳，柔而能刚之义。既无患难，而自处得刚柔之宜。患难既解，安宁无事，唯自处得宜，则为无咎矣。方解之初，宜安静以休息之。爻之辞寡，所以示意。

《象》曰：刚柔之际，义无咎也。

初四相应，是刚柔相际接也。刚柔相际，为得其宜。难既解而处之刚柔得宜，其义无咎也。

九二，田获三狐，得黄矢，贞吉。

九二以阳刚得中之才，上应六五之君，用于时者也。天下小人常众，刚明之君在上，则明足以照之，威足以惧之，刚足以断之，故小人不敢用其情，然犹常存警戒，虑其有间而害正也。六五以阴柔居尊位，其明易蔽，其威易犯，其断不果而易惑，小人一近之，则移其心矣。况难方解而治之初，其变尚易。二既当用，必须能去小人，则可以正君心而行其刚中之道。田者，去害之事。狐者，邪媚之兽。三狐指卦之三阴，时之小人也。获谓能变化除去之，如田之获狐也，获之则得中直之道，乃贞正而吉也。黄中色，矢直物，黄矢谓中直也。群邪不去，君心一入，则中直之道无由行矣。桓敬之不去武三思是也。

《象》曰：九二贞吉，得中道也。

所谓贞吉者，得其中道也。除去邪恶，使其中直之道得行，乃正而吉也。

六三，负且乘，致寇至，贞吝。

六三阴柔，居下之上，处非其位，犹小人宜在下以负荷，而且乘车，非其据也，必致寇夺之至，虽使所为得正，亦可鄙吝也。小人而窃盛位，虽勉为正事，而气质卑下，本非在上之物，终可吝也。若能大正则如何？曰：大正非阴柔所能也，若能之，则是化为君子矣。三，阴柔小人，宜在下而反处下之上，犹小人宜负而反乘，当致寇夺也。难解之时，而小人窃位，复致寇矣。

《象》曰：负且乘，亦可丑也。自我致戎，又谁咎也？

负荷之人，而且乘载，为可丑恶也。处非其据，德不称其器，则寇戎之致，乃己招取，将谁咎乎？圣人又于《系辞》明其致寇之道，谓："作《易》者，其知盗乎！"盗者乘衅而至，苟无衅隙，则盗安能犯？负者小人之事，乘者君子之器。以小人而乘君子之器，非其所能安也，故盗乘衅而夺之。小人而居君子之位，非其所能堪也，故满假而陵慢其上，侵暴其下，盗则乘其过恶而伐之矣。伐者，声其罪也。盗，横暴而至者也。货财而轻慢其藏，是教诲乎盗，使取之也。女子而夭冶其容，是教诲淫者，使暴之也。小人而乘君子之器，是招盗使夺之也，皆自取之之谓也。

九四，解而拇，朋至斯孚。

九四以阳刚之才，居上位，承六五之君，大臣也，而下与初六之阴为应。拇，在下而微者，谓初也。居上位而亲小人，则贤人正士远退矣。斥去小人，则君子之党进，而诚相得也。四能解去初六之阴柔，则阳刚君子之朋来至而诚合矣。不解去小人，则己之诚未至，安能得人之孚也？初六其应，故谓远之为解。

《象》曰：解而拇，未当位也。

四虽阳刚，然居阴，于正疑不足，若复亲比小人，则其失正必矣，故戒必解其拇，然后能来君子，以其处未当位也。解者，本合而离之也，必解拇而后朋孚。盖君子之交，而小人容于其间，是与君子之诚未至也。

六五，君子维有解吉，有孚于小人。

六五居尊位，为解之主，人君之解也，以君子通言之。君子所亲比者，必君子也；所解去者，必小人也；故君子维有解则吉也。小人去，则君子进矣，吉孰大焉？有孚者，世云见验也。可验之于小人。小人之党去，则是君子能有解也。小人去，则君子自进，正道自行，天下不足治也。

《象》曰：君子有解，小人退也。

君子之所解者，谓退去小人也。小人去，则君子之道行，是以吉也。

上六，公用射隼于高墉之上，获之无不利。

上六尊高之地，而非君位，故曰公，但据解终而言也。隼，鸷害之物，象为害之小人。墉，墙内外之限也。害若在内，则是未解之时也；若出墉外，则是无害矣，复何所解？故在墉上，离乎内而未去也。云高，见防限之严，而未去者，上解之极也。解极之时，而独有未解者，乃害之坚强者也。上居解极，解道已至，器已成也，故能射而获之。既获之，则天下之患，解已尽矣，何所不利？夫子于《系辞》复伸其义曰："隼者禽也，弓矢者器也，射之者人也。君子藏器于身，待时而动，何不利之有？动而不括，是以出而有获，语成器而动者也。"鸷害之物在墉上，苟无其器，与不待时而发，则安能获之？所以解之之道，器也；事之当解与已解之之道至者，时也。如是而动，故无括结，发而无不利矣。括结谓阻碍。圣人于此发明藏器待时之义。夫行一身至于天下之事，苟无其器，与不以时而动，小则括塞，大则丧败。自古喜有为而无成功，或颠覆者，皆由是也。

《象》曰：公用射隼，以解悖也。

至解终而未解者，悖乱之大者也。射之，所以解之也，解则天下平矣。

䷨ 兑下 艮上

《损》，《序卦》："解者缓也，缓必有所失，故受之以损。"纵缓则必有所失，失则损也，损所以继解也。为卦，艮上兑下。山体高，泽体深，下深则上益高，为损下益上之义；又泽在山下，其气上通，润及草木百物，是损下而益上也；又下为兑说，三爻皆上应，是说以奉上，亦损下益上之义；又下兑之成兑，由六三之变也，上艮之成艮，自上九之变也，三本刚而成柔，上本柔而成刚，亦损下益上之义。损上而益于下则为益，取下而益于上则为损。在人，上者施其泽以及下则益也，取其下以自厚则损也。譬诸垒土，损于上以培厚其基本，则上下安固矣，岂非益乎？取于下以增上之高，则危坠至矣，岂非损乎？故损者损下益上之义，益则反是。

损：有孚，元吉，无咎，可贞，利有攸往。

损，减损也。凡损抑其过，以就义理，皆损之道也。损之道，必有孚诚，谓至诚顺于理也。损而顺理，则大善而吉；所损无过差，可贞固常行，而利有所往也。人之所损，或过，或不及，或不常，皆不合正理，非有孚也。非有孚，则无吉而有咎，非可贞之道，不可行也。

曷之用？二簋可用享。

损者，损过而就中，损浮末而就本实也。圣人以宁俭为礼之本，故为损发明其义，以享祀言之。享祀之礼，其文最繁，然以诚敬为本，多仪备物，所以将饰其诚敬之心，饰过其诚，则为伪矣。损饰所以存诚也，故云"曷之用，二簋可用享"。二簋之约，可用享祭，言在乎诚而已，诚为本也。天下之害，无不由末之胜也。峻宇雕墙，本于宫室；酒池肉林，本于饮食；淫酷残忍，本于刑罚；穷兵黩武，本于征讨。凡人欲之过者，皆本于奉养，其流之远，则为害矣。先王制其本者，天理也；后人流于末者，人欲也。损之义，损人欲以复天理而已。

《彖》曰：损，损下益上，其道上行。

损之所以为损者，以损于下而益于上也。取下以益上，故云其道上行。夫损上而益下则为益，损下而益上则为损，损基本以为高者，岂可谓之益乎？

损而有孚，元吉，无咎，可贞，利有攸往。

谓损而以至诚，则有此元吉以下四者，损道之尽善也。

曷之用？二簋可用享。二簋应有时，损刚益柔有时。

夫子特释"曷之用？二簋可用享"，卦辞简直，谓当损去浮饰。曰何所用哉，二簋可以享也。厚本损末之谓也。夫子恐后人不达，遂以为文饰当尽去，故详言之。有本必有末，有实必有文，天下万事，无不然者。无本不立，无文不行。父子主恩，必有严顺之体；君臣主敬，必有承接之仪；礼让存乎内，待威仪而后行；

尊卑有其序，非物采则无别；文之与实，相须而不可缺也。及夫文之胜，末之流，远本丧实，乃当损之时也。故云曷所用哉，二簋足以荐其诚矣。谓当务实而损饰也。夫子恐人之泥言也，故复明之曰，二簋之质，用之当有时，非其所用而用之，不可也。谓文饰未过而损之，与损之至于过甚，则非也。损刚益柔，有时刚为过，柔为不足，损益皆损刚益柔也，必顺时而行，不当时而损益之，则非也。

损益盈虚，与时偕行。

或损或益，或盈或虚，唯随时而已。过者损之，不足者益之，亏者盈之，实者虚之，与时偕行也。

《象》曰：山下有泽，损，君子以惩忿窒欲。

山下有泽，气通上润，与深下以增高，皆损下之象。君子观损之象，以损于己：在修己之道所当损者，唯忿与欲，故以惩戒其忿怒，窒塞其意欲也。

初九，已事遄往，无咎，酌损之。

损之义，损刚益柔，损下益上也。初以阳刚应于四，四以阴柔居上位，赖初之益者也。下之益上，当损己而不自以为功，所益于上者，事既已，则速去之，不居其功，乃无咎也。若享其成功之美，非损己益上也，于为下之道为有咎矣。四之阴柔，赖初者也，故听于初；初当酌度其宜，而损己以益之，过与不及，皆不可也。

《象》曰：已事遄往，尚合志也。

尚，上也，时之所崇用为尚。初之所尚者，与上合志也。四赖于初，初益于四，与上合志也。

九二，利贞，征凶，弗损益之。

二以刚中，当损刚之时，居柔而说体，上应六五阴柔之君，以柔说应上则失其刚中之德，故戒所利在贞正也。征，行也。离乎中，则失其贞正而凶矣，守其中乃贞也。弗损益之：不自损其刚贞，则能益其上，乃益之也；若失其刚贞，而用柔说，适足以损之而已，非损己而益上也。世之愚者，有虽无邪心，而唯知竭力顺上为忠者，盖不知弗损益之之义也。

《象》曰：九二，利贞，中以为志也。

九居二非正也，处说非刚也，而得中为善。若守其中德，何有不善？岂有中而不正者？岂有中而有过者？二所谓利贞，谓以中为志也。志存乎中，则自正矣。大率中重于正，中则正矣，正不必中也。能守中，则有益于上矣。

六三，三人行则损一人，一人行则得其友。

损者，损有余也；益者，益不足也。三人，谓下三阳，上三阴。三阳同行，则损九三以益上；三阴同行，则损上六以为三，三人行则损一人也。上以柔易刚而谓之损，但言其减一耳。上与三虽本相应，由二爻升降而一卦皆成，两相与也。初、二二阳，四、五二阴，同德相比，三与上应，皆两相与，则其志专，皆为得其友也。三虽与四相比，然异体而应上，非同行者也。三人则损一人，一人则得其友；盖天下无不二者，一与二相对待，生生之本也，三则余而当损矣，此损益之大义也。夫子又于《系辞》尽其义曰："天地絪缊，万物化醇，男女构精，万物化生。《易》曰：'三人行则损一人，一人行则得其友。'言致一也。"絪缊，交密之状。天地之气，相交而密，则生万物之化醇。醇谓醲厚，醲厚犹精一也。男女精气交构，则化生万物，唯精醇专一，所以能生也。一阴一阳，岂可三也？故三则当损，言专致乎一也。天地之间，当损益之，明且大者莫过此也。

《象》曰：一人行，三则疑也。

一人行而得一人，乃得友也。若三人行，则疑所与矣，理当损去其一人，损其余也。

六四，损其疾，使遄有喜，无咎。

四以阴柔居上，与初之刚阳相应。在损时而应刚，能自损以从刚阳也，损不善以从善也。初之益四，损其柔而益之以刚，损其不善也，故曰损其疾，疾谓疾病不善也。损于不善，唯使之遄速，则有喜而无咎。人之损过，唯患不速，速则不至于深过，为可喜也。

《象》曰：损其疾，亦可喜也。

损其所疾，固可喜也。云亦，发语辞。

六五，或益之十朋之龟，弗克违，元吉。

六五于损时，以中顺居尊位，虚其中以应乎二之刚阳，是人君能虚中自损，以顺从在下之贤也。能如是，天下孰不损己自尽以益之？故或有益之之事，则十朋助之矣。十，众辞。龟者，决是非吉凶之物。众人之公论，必合正理，虽龟筴不能违也。如此，可谓大善之吉矣。古人曰："谋从众，则合天心。"

《象》曰：六五元吉，自上祐也。

所以得元吉者，以其能尽众人之见，合天地之理，故自上天降之福祐也。

上九，弗损益之，无咎，贞吉，利有攸往，得臣无家。

凡损之义有三：损己从人也，自损以益于人也，行损道以损于人也。损己从人，徙于义也；自损益人，及于物也；行损道以损于人，行其义也；各因其时，取大者言之。四、五二爻，取损己从人；下体三爻，取自损以益人；损时之用，行损道以损天下之当损者也。上九则取不行其损为义。九居损之终，损极而当变者也。以刚阳居上，若用刚以损削于下，非为上之道，其咎大矣。若不行其损，变而以刚阳之道益于下，则无咎而得其正，且吉也。如是，则宜有所往，往则有益矣。在上能不损其下而益之，天下孰不服从？从服之众，无有内外也，故曰得臣无家。得臣，谓得人心归服，无家，谓无有远近内外之限也。

《象》曰：弗损益之，大得志也。

居上，不损下而反益之，是君子大得行其志也。君子之志，唯在益于人而已。

䷩ 震下 巽上

《益》，《序卦》："损而不已必益，故受之以益。"盛衰损益如循环，损极必益，理之自然，益所以继损也。为卦，巽上震下。雷风二物，相益者也，风烈则雷迅，雷激则风怒，两相助益，所以为益，此以象言也。巽震二卦，皆由下变而成。阳变而为阴者，损也；阴变而为阳者，益也。上卦损而下卦益，损上益下，所以为益，此以义言也。下厚则上安，故益下为益。

益：利有攸往，利涉大川。

益者，益于天下之道也，故利有攸往。益之道，可以济险难，利涉大川也。

《彖》曰：益，损上益下，民说无疆，自上下下，其道大光。

以卦义与卦才言也。卦之为益，以其损上益下也。损于上而益下，则民说之无疆，谓无穷极也。自上而降己以下下，其道之大光显也。阳下居初，阴上居四，为自上下下之义。

利有攸往，中正有庆。

五以刚阳中正居尊位，二复以中正应之，是以中正之道益天下，天下受其福庆也。

利涉大川，木道乃行。

益之为道，于平常无事之际，其益犹小，当艰危险难，则所益至大，故利涉大川也。于济艰险，乃益道大行之时也。益误作木，或以为上巽下震，故云木道，非也。

益，动而巽，日进无疆。

又以二体言卦才。下动而上巽，动而巽也。为益之道，其动巽顺于理，则其益日进，广大无有疆限也。动而不顺于理，岂能成大益也？

天施地生，其益无方。

以天地之功，言益道之大，圣人体之以益天下也。天道资始，地道生物，天施地生，化育万物，各正性命，其益可谓无方矣。方，所也。有方所，则有限量。无方，谓广大无穷极也。天地之益万物，岂有穷际乎？

凡益之道，与时偕行。

天地之益无穷者，理而已矣。圣人利益天下之道，应时顺理，与天地合，与时偕行也。

《象》曰：风雷，益，君子以见善则迁，有过则改。

风烈则雷迅，雷激则风怒，二物相益者也。君子观风雷相益之象，而求益于己：为益之道，无若见善则迁，有过则改也。见善能迁，则可以尽天下之善；有过能改，则无过矣。益于人者，无大于是。

初九，利用为大作，元吉，无咎。

初九，震动之主，刚阳之盛也。居益之时，其才足以益物，虽居至下，而上有六四之大臣应于己。四，巽顺之主，上能巽于君，下能顺于贤才也。在下者不能有为也，得在上者应从之，则宜以其道辅于上，作大益天下之事，利用为大作也。居下而得上之用，以行其志，必须所为大善而吉，则无过咎。不能元吉，则不唯在己有咎，乃累乎上，为上之咎也。在至下而当大任，小善不足以称也，故必元吉，然后得无咎。

《象》曰：元吉无咎，下不厚事也。

在下者本不当处厚事，厚事，重大之事也，以为在上所任，所以当大事，必能济大事而致元吉，乃为无咎。能致元吉，则在上者任之为知人，己当之为胜任，不然，则上下皆有咎也。

六二，或益之十朋之龟，弗克违，永贞吉，王用享于帝，吉。

六二处中正而体柔顺，有虚中之象。人处中正之道，虚其中以求益，而能顺从天下，孰不愿告而益之？孟子曰：“夫苟好善，则四海之内，皆将轻千里而来，告之以善。”夫满则不受，虚则来物，理自然也。故或有可益之事，则众朋助而益之。十者，众辞。众人所是，理之至当也。龟者，占吉凶、辨是非之物，言其至是龟不能违也。永贞吉，就六二之才而言。二，中正虚中，能得众人之益者也，然而质本阴柔，故戒在常永贞固，则吉也。求益之道，非永贞则安能守也？拟之六五，十朋之龟元吉者，盖居尊自损，应下之刚，以柔而居刚，柔为虚受，刚为固守，求益之至善，故元吉也。六二虚中求益，亦有刚阳之应，而以柔居柔，疑益之未固也，故戒能常永贞固则吉也。王用享于帝吉，如二之虚中而能永贞，用以享上帝，犹当获吉，况与人接物，其意有不通乎？求益于人，有不应乎？祭天，天子之事，故云王用也。

《象》曰：或益之，自外来也。

既中正虚中，能受天下之善而固守，则有有益之事，众人自外来益之矣。或曰：自外来，岂非谓五乎？曰：如二之中正虚中，天下孰不愿益之？五为正应，固在其中矣。

六三，益之，用凶事无咎，有孚，中行，告公用圭。

三居下体之上，在民上者也，乃守令也。居阳应刚，处动之极，居民上而刚决，果于为益者也。果于为益，用之凶事则无咎。凶事谓患难非常之事。三居下之上，在下当承禀于上，安得自任，擅为益乎？唯于患难非常之事，则可量宜应卒，奋不顾身，力庇其民，故无咎也。下专自任，上必忌疾，虽当凶难，以义在可为，然必有其孚诚，而所为合于中道，则诚意通于上，而上信与之矣。专为而无为上爱民之至诚，固不可也，虽有诚意，而所为不合中行，亦不可也。圭者，通信之物。礼云："大夫执圭而使，所以申信也。"凡祭祀朝聘用圭玉，所以通达诚信也。有诚孚而得中道，则能使上信之，是犹告公上用圭玉也，其孚能通达于上矣。在下而有为之道，固当有孚中行。又三阴爻而不中，故发此义。或曰：三乃阴柔，何得反以刚果任事为义？曰：三，质虽本阴，然其居阳，乃自处以刚也。应刚乃志在乎刚也。居动之极，刚果于行也。以此行益，非刚果而何？《易》以所胜为义，故不论其本质也。

《象》曰：益用凶事，固有之也。

六三益之独可用于凶事者，以其固有之也，谓专固自任其事也。居下当禀承于上，乃专任其事，唯救民之凶灾，拯时之艰急，则可也。乃处急难变故之权宜，故得无咎，若平时，则不可也。

六四，中行告公从，利用为依，迁国。

四当益时，处近君之位，居得其正，以柔巽辅上，而下顺应于初之刚阳，如是可以益于上也。唯处不得其中，而所应又不中，是不足于中也。故云：若行得中道，则可以益于君上，告于上而获信从矣。以柔巽之体，非有刚特之操，故利用为依。迁国为依，依附于上也。迁国，顺下而动也。上依刚中之君而致其益，下顺刚阳之才以行其事，利用如是也。自古国邑，民不安其居则迁，迁国者，顺下而动也。

《象》曰：告公从，以益志也。

爻辞但云，得中行则告公而获从，《象》复明之曰：告公而获从者，告之以益天下之志也。志苟在于益天下，上必信而从之。事君者，不患上之不从，患其志之不诚也。

九五，有孚，惠心，勿问元吉，有孚惠我德。

五，刚阳中正，居尊位，又得六二之中正相应，以行其益，何所不利？以阳实在中，有孚之象也。以九五之德、之才、之位，而中心至诚，在惠益于物，其至善大吉，不问可知，故云勿问元吉。人君居得致之位，操可致之权，苟至诚益于天下，天下受其大福，其元吉不假言也。有孚惠我德：人君至诚，益于天下，天下之人，无不至诚爱戴，以君之德泽为恩惠也。

《象》曰：有孚惠心，勿问之矣；惠我德，大得志也。

人君有至诚惠益天下之心，其元吉不假言也，故云勿问之矣。天下至诚怀吾德以为惠，是其道大行，人君之志得矣。

上九，莫益之，或击之，立心勿恒，凶。

上居无位之地，非行益于人者也，以刚处益之极，求益之甚者也；所应者阴，非取善自益者也。利者，众人所同欲也。专欲益己，其害大矣。欲之甚，则昏蔽而忘义理；求之极，则侵夺而致仇怨。故夫子曰："放于利而行，多怨。"孟子谓先利则不夺不餍，圣贤之深戒也。九以刚而求益之极，众人所共恶，故无益之者，而或攻击之矣。立心勿恒凶：圣人戒人存心不可专利，云勿恒如是，凶之道也，所当速改也。

《象》曰：莫益之，偏辞也，或击之，自外来也。

理者天下之至公，利者众人所同欲。苟公其心，不失其正理，则与众同利，无侵于人，人亦欲与之。若切于好利，蔽于自私，求自益以损于人，则人亦与之力争，故莫肯益之，而有击夺之者矣。云莫益之者，非其偏己之辞也。苟不偏己，合于公道，则人亦益之，何为击之乎？既求益于人，至于甚极，则人皆恶而欲攻之，故击之者自外来也。人为善，则千里之外应之。六二中正虚己，益之者自外而至，是也。苟为不善，则千里之外违之。上九求益之极，击之者自外而至，是也。《系辞》曰："君子安其身而后动，易其心而后语，定其交而后求，君子修此三者故全也。危以动，则民不与也；惧以语，则民不应也；无交而求，则民不与也；莫之与，则伤之者至矣。《易》曰：'莫益之，或击之，立心勿恒，凶。'"君子言动与求，皆以其道，乃完善也；不然，则取伤而凶矣。

䷪ 乾下 兑上

《夬》，《序卦》："益而不已必决，故受之以夬，夬者决也。"益之极，必决而后止，理无常益，益而不已，已乃决也，夬所以次益也。为卦，兑上乾下。以二体言之：泽，水之聚也，乃上于至高之处，有溃决之象。以爻言之：五阳在下，长而将极；一阴在上，消而将尽；众阳上进，决去一阴，所以为夬也。夬者，刚决之义。众阳进而决去一阴，君子道长，小人消衰将尽之时也。

夬：扬于王庭，孚号有厉。

小人方盛之时，君子之道未胜，安能显然以正道决去之？故含晦俟时，渐图消之之道。今既小人衰微，君子道盛，当显行之于公朝，使人明知善恶，故云扬于王庭。孚，信之在中，诚意也。号者，命众之辞。君子之道虽长盛，而不敢忘戒备，故至诚以命众，使知尚有危道，虽以此之甚盛，决彼之甚衰，若易而无备，则有不虞之悔，是尚有危理，必有戒惧之心，则无患也。圣人设戒之意深矣。

自邑，不利即戎，利有攸往。

君子之治小人，以其不善也，必以己之善道胜革之，故圣人诛乱，必先修己。舜之敷文德是也。邑，私邑。告自邑，先自治也。以众阳之盛，决于一阴，力固有余，然不可极其刚至于太过，太过乃如《蒙》上九之为寇也。戎兵者，强武之事。不利即戎，谓不宜尚壮武也。即，从也。从戎，尚武也。利有攸往：阳虽盛，未极乎上；阴虽微，犹有未去；是小人尚有存者，君子之道有未至也，故宜进而往也。不尚刚武，而其道益进，乃夬之善也。

《彖》曰：夬，决也，刚决柔也。健而说，决而和。

夬为决义，五阳决上之一阴也。健而说，决而和，以二体言卦才也。下健而上说，是健而能说，决而能和，决之至善也。兑说为和。

扬于王庭，柔乘五刚也。

柔虽消矣，然居五刚之上，犹为乘陵之象。阴而乘阳，非理之甚。君子势既足以去之，当显扬其罪于王朝大庭，使众知善恶也。

孚号有厉，其危乃光也。

尽诚信以命其众，而知有危惧，则君子之道，乃无虞而光大也。

告自邑，不利即戎，所尚乃穷也。

当先自治，不宜专尚刚武。即戎，则所尚乃至穷极矣。夬之时所尚，谓刚武也。

利有攸往，刚长乃终也。

阳刚虽盛，长犹未终，尚有一阴，更当决去，则君子之道纯一而无害之者矣，乃刚长之终也。

《象》曰：泽上于天，夬，君子以施禄及下，居德则忌。

泽，水之聚也，而上于天至高之处，故为夬象。君子观泽决于上而注溉于下之象，则以施禄及下，谓施其禄泽以及于下也。观其决溃之象，则以居德则忌：居德，谓安处其德则约也；忌，防也，谓约立防禁，有防禁，则无溃散也。王弼作明忌，亦通。不云泽在天上，而云泽上于天，上于天，则意不安而有决溃之势；云在天上，乃安辞也。

初九，壮于前趾，往不胜，为咎。

九，阳爻而乾体，刚健在上之物，乃在下而居决时，壮于前进者也。前趾，谓进行。人之决于行也，行而宜，则其决为是，往而不宜，则决之过也，故往而不胜则为咎也。夬之时而往，往决也，故以胜负言。九，居初而壮于进，躁于动者也，故有不胜之戒。阴虽将尽，而己之躁动，自宜有不胜之咎，不计彼也。

《象》曰：不胜而往，咎也。

人之行，必度其事可为，然后决之，则无过矣。理不能胜，而且往，其咎可知。凡行而有咎者，皆决之过也。

九二，惕号，莫夜有戎，勿恤。

夬者，阳决阴，君子决小人之时，不可忘戒备也。阳长将极之时，而二处中居柔，不为过刚，能知戒备，处夬之至善也。内怀兢惕，而外严诫号，虽莫夜有兵戎，亦可勿恤矣。

《象》曰：有戎勿恤，得中道也。

莫夜有兵戎，可惧之甚也，然可勿恤者，以自处之善也。既得中道，又知惕惧，且有戒备，何事之足恤也？九居二，虽得中，然非正，其为至善，何也？曰：阳决阴，君子决小人，而得中，岂有不正也？知时识势，学《易》之大方也。

九三，壮于頄，有凶。君子夬夬，独行遇雨，若濡，有愠，无咎。

爻辞差错，安定胡公移其文曰："壮于頄，有凶，独行遇雨，若濡有愠，君子夬夬，无咎。"亦未安也。当云："壮于頄，有凶，独行遇雨，君子夬夬，若濡有愠，无咎。"夬决，尚刚健之时。三居下体之上，又处健体之极，刚果于决者也。頄，颧骨也，在上而未极于上者也。三居下体之上，虽在上而未为最上，上有君而自任其刚决，壮于頄者也，有凶之道也。独行遇雨：三与上六为正应，方群阳共决一阴之时，已若以私应之，故不与众同而独行，则与上六阴阳和合，故云遇雨。《易》中言雨者，皆谓阴阳和也。君子道长，决去小人之时，而已独与之和，其非可知。唯君子处斯时，则能夬夬，谓夬其夬，果决其断也。虽其私与，当远绝之，若见濡污，有愠恶之色，如此则无过咎也。三健体而处正，非必有是失也，因此义以为教耳。爻文所以交错者，由有遇雨字，又有濡字，故误以为连也。

《象》曰：君子夬夬，终无咎也。

牵梏于私好，由无决也。君子义之与比，决于当决，故终不至于有咎也。

九四，臀无肤，其行次且，牵羊悔亡，闻言不信。

臀无肤，居不安也。行次且，进不前也。次且，进难之状。九四以阳居阴，刚决不足，欲止则众阳并进于下，势不得安，犹臀伤而居不能安也；欲行则居柔失其刚壮，不能强进，故其行次且也。牵羊悔亡：羊者群行之物，牵者挽拽之义，言若能自强，而牵挽以从群行，则可以亡其悔。然既处柔，必不能也，虽使闻是言，亦必不能信用也。夫过而能改，闻善而能用，克己以从义，唯刚明者能之。在它卦，九居四，其失未至如此之甚，在夬而居柔，其害大矣。

《象》曰：其行次且，位不当也；闻言不信，聪不明也。

九处阴位，不当也；以阳居柔，失其刚决，故不能强进，其行次且。刚然后能明，处柔则迁失其正性，岂复有明也？故闻言而不能信者，盖其聪听之不明也。

九五，苋陆夬夬，中行无咎。

五虽刚阳中正，居尊位，然切近于上六，上六说体，而卦独一阴，阳之所比也。五为决阴之主，而反比之，其咎大矣。故必决其决，如苋陆然，则于其中行之德，为无咎也。中行，中道也。苋陆，今所谓马齿苋是也，曝之难乾，感阴气之多者也，而脆易折。五若如苋陆，虽感于阴而决断之易，则于中行无过咎矣，不然，则失其中正也。感阴多之物，苋陆为易断，故取为象。

《象》曰：中行无咎，中未光也。

卦辞言夬夬，则于中行为无咎矣。《象》复尽其义云：中未光也。夫人心正意诚，乃能极中正之道，而充实光辉。五心有所比，以义之不可而决之，虽行于外，不失中正之义，可以无咎，然于中道，未得为光大也。盖人心一有所欲，则离道矣，夫子于此，示人之意深矣。

上六，无号，终有凶。

阳长将极，阴消将尽，独一阴处穷极之地，是众君子得时，决去危极之小人也，其势必须消尽，故云无用号咷畏惧，终必有凶也。

《象》曰：无号之凶，终不可长也。

阳刚君子之道，进而益盛，小人之道，既已穷极，自然消亡，岂复能长久乎？虽号咷，无以为也，故云终不可长也。先儒以卦中有孚号惕号，欲以无号为无号，作去声，谓无用更加号令，非也。一卦中適有两去声字，一平声字，何害？而读《易》者率皆疑之。或曰：圣人之于天下，虽大恶，未尝必绝之也，今直使之无号，谓必有凶，可乎？曰：夬者，小人之道消亡之时也。决去小人之道，岂必尽诛之乎？使之变革，乃小人之道亡也，道亡乃其凶也。

䷫ 巽下 乾上

《姤》，《序卦》：“夬决也，决必有所遇，故受之以姤，姤遇也。”决，判也，物之决判，则有遇合，本合则何遇？姤所以次夬也。为卦，乾上巽下。以二体言之：风行天下，天之下者万物也；

风之行，无不经触，乃遇之象。又一阴始生于下，阴与阳遇也，故为姤。

姤：女壮，勿用取女。

一阴始生，自是而长，渐以盛矣，是女之将长壮也。阴长则阳消，女壮则男弱，故戒勿用取如是之女。取女者，欲其柔和顺从，以成家道。姤乃方进之阴，渐壮而敌阳者，是以不可取也。女渐壮，则失男女之正，家道败矣。姤虽一阴甚微，然有渐壮之道，所以戒也。

《彖》曰：姤，遇也，柔遇刚也。

姤之义，遇也。卦之为姤，以柔遇刚也。一阴方生，始与阳相遇也。

勿用取女，不可与长也。

一阴既生，渐长而盛，阴盛则阳衰矣。取女者，欲长久而成家也，此渐盛之阴，将消胜于阳，不可与之长久也。凡女子、小人、夷狄，势苟渐盛，何可与久也？故戒勿用取如是之女。

天地相遇，品物咸章也。

阴始生于下，与阳相遇，天地相遇也。阴阳不相交遇，则万物不生。天地相遇，则化育庶类，品物咸章，万物章明也。

刚遇中正，天下大行也。

以卦才言也。五与二皆以阳刚居中与正，以中正相遇也。君得刚中之臣，臣遇中正之君，君臣以刚阳遇中正，其道可以大行于天下矣。

姤之时义大矣哉！

赞姤之时，与姤之义至大也。天地不相遇，则万物不生；君臣不相遇，则政治不兴；圣贤不相遇，则道德不亨；事物不相遇，则功用不成。姤之时与义，皆甚大也。

《象》曰：天下有风，姤，后以施命诰四方。

风行天下，无所不周，为君后者，观其周遍之象，以施其命令，周诰四方也。风行地上，与天下有风，皆为周遍庶物之象，而行于地上，遍触万物，则为《观》，经历观省之象也；行于天下，周遍四方，则为《姤》，施发命令之象也。诸象或称先王，或称后，或称君子大人。称先王者，先王所以立法制建国，作乐省方，敕法闭关，育物享帝皆是也。称后者，后王之所为也，财成天地之道，施命诰四方是也。君子则上下之通称，大人者王公之通称。

初六，系于金柅，贞吉，有攸往，见凶，羸豕孚蹢躅。

姤，阴始生而将长之卦。一阴生，则长而渐盛，阴长则阳消，小人道长也，制之当于其微而未盛之时。柅，止车之物，金为之坚强之至也。止之以金柅，而又系之，止之固也。固止使不得进，则阳刚贞正之道吉也。使之进往，则渐盛而害于阳，是见凶也。羸豕孚蹢躅：圣人重为之戒，言阴虽甚微，不可忽也。豕，阴躁之物，故以为况。羸弱之豕，虽未能强猛，然其中心在乎蹢躅。蹢躅，跳踯也。阴微而在下，可谓羸矣，然其中心常在乎消阳也。君子小人异道，小人虽微弱之时，未尝无害君子之心，防于微则无能为矣。

《象》曰：系于金柅，柔道牵也。

牵者，引而进也。阴始生而渐进，柔道方牵也。系之于金柅，所以止其进也。不使进，则不能消正道，乃贞吉也。

九二，包有鱼，无咎，不利宾。

姤，遇也。二与初密比，相遇者也。在他卦则初正应于四，在姤则以遇为重。相遇之道，主于专一。二之刚中，遇固以诚，然初之阴柔，群阳在上，而又有所应者，其志所求也，阴柔之质，鲜克贞固，二之于初，难得其诚心矣。所遇不得其诚心，遇道之乖也。包者，苴裹也。鱼：阴物之美者。阳之于阴，其所悦美，故取鱼象。二于初，若能固畜之，如包苴之有鱼，则于遇为无咎矣。宾，外来者也。不利宾：包苴之鱼，岂能及宾？谓不可更及外人也。遇道当专一，二则杂矣。

《象》曰：包有鱼，义不及宾也。

二之遇初，不可使有二于外，当如包苴之有鱼，包苴之鱼，义不及于宾客也。

九三，臀无肤，其行次且，厉无大咎。

二与初既相遇，三说初而密比于二，非所安也，又为二所忌恶，其居不安，若臀之无肤也。处既不安，则当去之，而居姤之时，志求乎遇，一阴在下，是所欲也，故处虽不安，而其行则又次且也。次且，进难之状，谓不能遽舍也。然三刚正而处巽，有不终迷之义。若知其不正，而怀危惧，不敢妄动，则可以无大咎也。非义求遇，固已有咎矣；知危而止，则不至于大咎也。

《象》曰：其行次且，行未牵也。

其始志在求遇于初，故其行迟迟未牵，不促其行也；既知危而改之，故未至于大咎也。

九四，包无鱼，起凶。

包者，所裹畜也。鱼，所美也。四与初为正应，当相遇者也，而初已遇于二矣，失其所遇，犹包之无鱼，亡其所有也。四当姤遇之时，居上位而失其下，下之离，由己之失德也。四之失者，不中正也。以不中正而失其民，所以凶也。曰：初之从二，以比近也，岂四之罪乎？曰：在四而言，义当有咎，不能保其下，由失道也。岂有上不失道而下离者乎？遇之道，君臣、民主、夫妇、朋友皆在焉。四以下睽，故主民而言。为上而下离，必有凶变。起者，将生之谓。民心既离，难将作矣。

《象》曰：无鱼之凶，远民也。

下之离，由己致之。远民者，己远之也，为上者有以使之离也。

九五，以杞包瓜，含章，有陨自天。

九五，下亦无应，非有遇也，然得遇之道，故终必有遇。夫上下之遇，由相求也。杞，高木而叶大。处高体大，而可以包物者，杞也。美实之在下者，瓜也。美而居下者，侧微之贤之象也。九五尊居君位，而下求贤才，以至高而求至下，犹以杞叶而包瓜，能自降屈如此；又其内蕴中正之德，充实章美，人君如是，则无有不遇所求者也。虽屈己求贤，若其德不正，贤者不屑也，故必含蓄章美，内积至诚，则有陨自天矣，犹云自天而降，言必得之也。自古人君至诚降屈，以中正之道，求天下之贤，未有不遇者也。高宗感于梦寐，文王遇于渔钓，皆由是道也。

《象》曰：九五含章，中正也。

所谓含章，谓其含蕴中正之德也。德充实，则成章而有辉光。

有陨自天，志不舍命也。

命，天理也。舍，违也。至诚中正，屈己求贤，存志合于天理，所以有陨自天，必得之矣。

上九，姤其角，吝，无咎。

至刚而在最上者，角也。九以刚居上，故以角为象。人之相遇，由降屈以相从，和顺以相接，故能合也。上九高亢而刚极，人谁与之？以此求遇，固可吝也。己则如是，人之远之，非他人之罪也。由己致之，故无所归咎。

《象》曰：姤其角，上穷吝也。

既处穷上，刚亦极矣，是上穷而致吝也。以刚极居高而求遇，不亦难乎？

䷬ 坤下 兑上

《萃》，《序卦》：“姤者遇也，物相遇而后聚，故受之以萃，萃者聚也。”物相会遇则成群，萃所以次姤也。为卦，兑上坤下，泽上于地，水之聚也，故为萃。不言泽在地上，而云泽上于地，言上于地，则为方聚之义也。

萃：亨，王假有庙。

王者萃聚天下之道，至于有庙，极也。群生至众也，而可一其归仰，人心莫知其乡也，而能致其诚敬；鬼神之不可度也，而能致其来格。天下萃合人心，总摄众志之道非一，其至大莫过于宗庙，故王者萃天下之道，至于有庙，则萃道之至也。祭祀之报，本于人心，圣人制礼以成其德耳。故豺獭能祭，其性然也。“萃”下有“亨”字，羡文也，“亨”字自在下，与《涣》不同。《涣》则先言卦才，萃乃先言卦义，彖辞甚明。

利见大人，亨，利贞。

天下之聚，必得大人以治之。人聚则乱，物聚则争，事聚则紊，非大人治之，则萃所以致争乱也。萃以不正，则人聚为苟合，财聚为悖入，安得亨乎？故利贞。

用大牲吉，利有攸往。

萃者，丰厚之时也，其用宜称，故用大牲吉。事莫重于祭，故以祭享而言。上交鬼神，下接民物，百用莫不皆然。当萃之时，而交物以厚，则是享丰富之吉也，天下莫不同其富乐矣。若时之厚，而交物以薄，乃不享其丰美，天下莫之与，而悔吝生矣。盖随时之宜，顺理而行，故《彖》云顺天命也。夫不能有为者，力之不足也。当萃之时，故利有攸往。大凡兴工立事，贵得可为之时，萃而后用，是以动而有裕，天理然也。

《彖》曰：萃，聚也；顺以说，刚中而应，故聚也。

萃之义，聚也。顺以说，以卦才言也。上说而下顺，为上以说道使民，而顺于人心；下说上之政令，而顺从于上。既上下顺说，又阳刚处中正之位，而下有应助，如此故能聚也。欲天下之萃，才非如是不能也。

王假有庙，致孝享也。

王者萃人心之道，至于建立宗庙，所以致其孝享之诚也。祭祀，人心之所自尽也，故萃天下之心者，无如孝享。王者萃天下之道，至于有庙，则其极也。

利见大人，亨，聚以正也。

萃之时，见大人则能亨，盖聚以正道也。见大人，则其聚以正道，得其正则亨矣。萃不以正，其能亨乎？

用大牲吉，利有攸往，顺天命也。

用大牲，承上“有庙”之文，以享祀而言。凡事莫不如是。

丰聚之时，交于物者当厚，称其宜也。物聚而力赡，乃可以有为，故利有攸往。皆天理然也，故云顺天命也。

观其所聚，而天地万物之情可见矣。

观萃之理，可以见天地万物之情也。天地之化育，万物之生成，凡有者皆聚也。有无动静终始之理，聚散而已。故观其所以聚，则天地万物之情可见矣。

《象》曰：泽上于地，萃，君子以除戎器，戒不虞。

泽上于地，为萃聚之象。君子观萃象，以除治戎器，用戒备于不虞。凡物之萃，则有不虞度之事，故众聚则有争，物聚则有夺。大率既聚则多故矣，故观萃象而戒也。除谓简治也，去弊恶也。除而聚之，所以戒不虞也。

初六，有孚，不终，乃乱，乃萃，若号，一握为笑，勿恤往，无咎。

初与四为正应，本有孚以相从者也。然当萃时，三阴聚处，柔无守正之节，若舍正应而从其类，乃有孚而不终也。乃乱，惑乱其心也。乃萃，与其同类聚也。初若守正，不从号呼，以求正应，则一握笑之矣。一握，俗语一团也，谓众以为笑也。若能勿恤，而往从刚阳之正应，则无过咎，不然，则入小人之群矣。

《象》曰：乃乱乃萃，其志乱也。

其心志为同类所惑乱，故乃萃于群阴也。不能固其守，则为小人所惑乱，而失其正矣。

六二，引吉，无咎，孚乃利用禴。

初阴柔，又非中正，恐不能终其孚，故因其才而为之戒。二虽阴柔，而得中正，故虽戒而微辞。凡爻之辞，关得失二端者，为法为戒，亦各随其才而设也。引吉无咎：引者相牵也。人之交，相求则合，相待则离。二与五为正应，当萃者也，而相远，又在群阴之间，必相牵引，则得其萃矣。五居尊位，有中正之德，二亦以中正之道往与之萃，乃君臣和合也。其所共致，岂可量也？是以吉而无咎也。无咎者，善补过也。二与五不相引，则过矣。

孚乃利用禴：孚，信之在中，诚之谓也；禴，祭之简薄者也。菲薄而祭，不尚备物，直以诚意交于神明也。孚乃者，谓有其孚则可不用文饰，专以至诚交于上也。以禴言者，谓荐其诚而已，上下相聚而尚饰焉，是未诚也。盖其中实者，不假饰于外，用禴之义也。孚信者，萃之本也。不独君臣之聚，凡天下之聚，在诚而已。

《象》曰：引吉无咎，中未变也。

萃之时，以得聚为吉，故九四为得上下之萃。二与五虽正应，然异处有间，乃当萃而未合者也，故能相引而萃，则吉而无咎。以其有中正之德，未遽至改变也，变则不相引矣。或曰：二既有中正之德，而《象》云未变，辞若不足，何也？曰：群阴比处，乃其类聚。方萃之时，居其间，能自守不变，远须正应，刚立者能之。二，阴柔之才，以其有中正之德，可觊其未至于变耳，故《象》含其意以存戒也。

六三，萃如嗟如，无攸利，往无咎，小吝。

三，阴柔不中正之人也，求萃于人，而人莫与求。四则非其正应，又非其类，是以不正，为四所弃也。与二，则二自以中正应五，是以不正为二所不与也。故欲萃如，则为人弃绝而嗟如，不获萃而嗟恨也。上下皆不与，无所利也。惟往而从上六，则得其萃，为无咎也。三与上虽非阴阳正应，然萃之时，以类相从，皆以柔居一体之上，又皆无与，居相应之地，上复处说顺之极，故得其萃而无咎也。《易》道变动无常，在人识之。然而小吝，何也？三始求萃于四与二，不获而后往从上六，人之动为如此，虽得所求，亦可小羞吝也。

《象》曰：往无咎，上巽也。

上居柔说之极，三往而无咎者，上六巽顺而受之也。

九四，大吉，无咎。

四当萃之时，上比九五之君，得君臣之聚也；下比下体群阴，得下民之聚也。得上下之聚，可谓善矣。然四以阳居阴，非正也，虽得上下之聚，必得大吉然后为无咎也。大为周遍之义，无所不周，然后为大，无所不正，则为大吉，大吉则无咎也。夫上下之聚，固有不由正道而得者。非理枉道而得君者，自古多矣；非理枉道而得民者，盖亦有焉；如齐之陈恒，鲁之季氏是也。然得为大吉乎？得为无咎乎？故九四必能大吉，然后为无咎也。

《象》曰：大吉无咎，位不当也。

以其位之不当，疑其所为未能尽善，故云必得大吉然后为无咎也。非尽善，安得为大吉乎？

九五，萃有位，无咎。匪孚，元永贞，悔亡。

九五居天下之尊，萃天下之众而君临之，当正其位，修其德。以阳刚居尊位，称其位矣，为有其位矣，得中正之道，无过咎也。如是而有不信而未归者，则当自反以修其元永贞之德，则无思不服，而悔亡矣。元永贞者，君之德，民所归也，故比天下之道与萃天下之道，皆在此三者。王者既有其位，又有其德，中正无过咎，而天下尚有未信服归附者，盖其道未光大也，元永贞之道未至也，在修德以来之。如苗民逆命，帝乃诞敷文德。舜德非不至也，盖有远近昏明之异，故其归有先后，既有未归，则当修德也。所谓德，元永贞之道也。元，首也，长也，为君德首出庶物，君长群生，有尊大之义焉，有主统之义焉，而又恒永贞固，则通于神明，光于四海，无思不服矣，乃无匪孚而其悔亡也。所谓悔，志之未光，心之未慊也。

《象》曰：萃有位，志未光也。

《象》举爻上句。王者之志，必欲诚信著于天下，有感必通，含生之类，莫不怀归，若尚有匪孚，是其志之未光大也。

上六，齎咨涕洟，无咎。

六，说之主，阴柔小人，说高位而处之，天下孰肯与也？求萃而人莫之与，其穷至于齎咨而涕洟也。齎咨，咨嗟也。人之绝之，由己自取，又将谁咎？为人恶绝，不知所为，则陨获而至嗟涕，真小人之情状也。

《象》曰：齎咨涕洟，未安上也。

小人所处，常失其宜：既贪而从欲，不能自择安地，至于困穷，则颠沛不知所为。六之涕洟，盖不安于处上也。君子慎其所处，非义不居，不幸而有危困，则泰然自安，不以累其心。小人居不择安，常履非据，及其穷迫，则陨获躁挠，甚至涕洟，为可羞也。未者，非遽之辞，犹俗云未便也。未便能安于上也。阴而居上，孤处无与，既非其据，岂能安乎？

䷭ 巽下 坤上

《升》，《序卦》："萃者聚也，聚而上者谓之升，故受之以升。"物之积聚而益高大，聚而上也，故为升，所以次于萃也。为卦，坤上巽下，木在地下，为地中生木。木生地中，长而益高，为升之象也。

升：元亨，用见大人，勿恤，南征吉。

升者，进而上也。升进则有亨义，而以卦才之善，故元亨也。用此道以见大人，不假忧恤，前进则吉也。南征，前进也。

《彖》曰：柔以时升。巽而顺，刚中而应，是以大亨。

以二体言，柔升谓坤上行也。巽既体卑而就下，坤乃顺时而上升以时也，谓时当升也。柔既上而成升，则下巽而上顺，以巽顺之道升，可谓时矣。二以刚中之道应于五，五以中顺之德应于二，能巽而顺，其升以时，是以元亨也。《彖》文误作大亨，解在《大有》卦。

用见大人勿恤，有庆也。

凡升之道，必由大人。升于位则由王公，升于道则由圣贤。用巽顺刚中之道以见大人，必遂其升。勿恤，不忧其不遂也。遂其升，则己之福庆，而福庆及物也。

南征吉，志行也。

南，人之所向。南征，谓前进也。前进则遂其升，而得行其志，是以吉也。

《象》曰：地中生木，升，君子以顺德，积小以高大。

木生地中，长而上升，为升之象。君子观升之象，以顺修其德，积累微小，以至高大也。顺则可进，逆乃退也。万物之进，皆以顺道也。善不积不足以成名。学业之充实，道德之崇高，皆由积累而至。积小所以成高大，升之义也。

初六，允升大吉。

初以柔居巽体之下，又巽之主，上承于九二之刚，巽之至者也。二以刚中之德，上应于君，当升之任者也。允者，信从也。初之柔巽，唯信从于二，信二而从之同升，乃大吉也。二以德言，则刚中，以力言，则当任。初之阴柔，又无应援，不能自升，从于刚中之贤以进，是由刚中之道也，吉孰大焉？

《象》曰：允升大吉，上合志也。

与在上者合志同升也。上谓九二。从二而升，乃与二同志也。能信从刚中之贤，所以大吉。

九二，孚乃利用禴，无咎。

二，阳刚而在下；五，阴柔而居上。夫以刚而事柔，以阳而从阴，虽有时而然，非顺道也。以暗而临明，以刚而事弱，若黾勉于事势，非诚服也。上下之交不以诚，其可以久乎？其可以有为乎？五虽阴柔，然居尊位。二虽刚阳，事上者也，当内存至诚，不假文饰于外，诚积于中，则自不事外饰，故曰利用禴，谓尚诚敬也。自古刚强之臣，事柔弱之君，未有不为矫饰者也。禴，祭之简质者也。云孚乃，谓既孚乃宜不用文饰，专以其诚感通于上也。如是则得无咎。以刚强之臣而事柔弱之君，又当升之时，非诚意相交，其能免于咎乎？

《象》曰：九二之孚，有喜也。

二能以孚诚事上，则不唯为臣之道无咎而已，可以行刚中之道，泽及天下，是有喜也。凡《象》言有庆者，如是则有福庆及于物也，言有喜者，事既善而又有可喜也，如《大畜》童牛之牿元吉，《象》云有喜，盖牿于童则易，又免强制之难，是有可喜也。

九三，升虚邑。

三以阳刚之才，正而且巽，上皆顺之，复有援应，以是而升，如入无人之邑，孰御哉？

《象》曰：升虚邑，无所疑也。

入无人之邑，其进无疑阻也。

六四，王用亨于岐山，吉，无咎。

四，柔顺之才，上顺君之升，下顺下之进，己则止其所焉，以阴居柔，阴而在下，止其所也。昔者文王之居岐山之下，上顺天子，而欲致之有道，下顺天下之贤，而使之升进，己则柔顺谦恭，不出其位，至德如此，周之王业，用是而亨也。四能如是，则亨而吉，且无咎矣。四之才固自善矣，复有无咎之辞，何也？曰：四之才虽善，而其位当戒也。居近君之位，在升之时，不可复升，升则凶咎可知，故云如文王则吉而无咎也。然处大臣之位，不得无事于升，当上升其君之道，下升天下之贤，己则止其分焉。分虽当止，而德则当升也，道则当亨也。尽斯道者，其唯文王乎！

《象》曰：王用亨于岐山，顺事也。

四居近君之位，而当升时，得吉而无咎者，以其有顺德也。以柔居坤，顺之至也。文王之亨于岐山，亦以顺时而已。上顺于上，下顺乎下，己顺处其义，故云顺事也。

六五，贞吉，升阶。

五以下有刚中之应，故能居尊位而吉，然质本阴柔，必守贞固，乃得其吉也。若不能贞固，则信贤不笃，任贤不终，安能吉也？阶，所由而升也。任刚中之贤，辅之而升，犹登进自阶，言有由而易也。指言九二正应，然在下之贤，皆用升之阶也，能用贤则彙升矣。

《象》曰：贞吉升阶，大得志也。

倚任贤才，而能贞固，如是而升，可以致天下之大治，其志可大得也。君道之升，患无贤才之助尔，有助则犹自阶而升也。

上六，冥升，利于不息之贞。

六以阴居升之极，昏冥于升，知进而不知止者也，其为不明甚矣。然求升不已之心，有时而用于贞正，而当不息之事，则为宜矣。君子于贞正之德，终日乾乾，自强不息，如上六不已之心，用之于此则利也。以小人贪求无已之心，移于进德，则何善如之？

《象》曰：冥升在上，消不富也。

昏冥于升，极上而不知已，唯有消亡，岂复有加益也？不富，无复增益也。升既极，则有退而无进也。

周易程氏传卷第四

周易下经下

䷮ 坎下 兑上

《困》，《序卦》：“升而不已必困，故受之以困。”升者自下而上，自下升上，以力进也，不已必困矣，故升之后受之以困也。困者惫乏之义。为卦，兑上而坎下。水居泽上，则泽中有水也，乃在泽下，枯涸无水之象，为困乏之义。又兑以阴在上，坎以阳居下，与上六在二阳之上，而九二陷于二阴之中，皆阴柔掩于阳刚，所以为困也。君子为小人所掩蔽，穷困之时也。

困：亨，贞大人吉，无咎，有言不信。

如卦之才，则困而能亨，且得贞正，乃大人处困之道也，故能吉而无咎。大人处困，不唯其道自吉，乐天安命，乃不失其吉也。况随时善处，复有裕乎？有言不信：当困而言，人谁信之？

《彖》曰：困，刚揜也。

卦所以为困，以刚为柔所掩蔽也。陷于下而掩于上，所以困也。陷亦揜也。刚阳君子而为阴柔小人所掩蔽，君子之道困窒之时也。

险以说，困而不失其所亨，其唯君子乎！

以卦才言处困之道也。下险而上说，为处险而能说，虽在困穷艰险之中，乐天安义，自得其说乐也。时虽困也，处不失义，则其道自亨，困而不失其所亨也。能如是者，其唯君子乎！若时当困而反亨，身虽亨，乃其道之困也。君子，大人通称。

贞大人吉，以刚中也。

困而能贞，大人所以吉也，盖其以刚中之道也。五与二是也。非刚中，则遇困而失其正矣。

有言不信，尚口乃穷也。

当困而言，人所不信，欲以口免困，乃所以致穷也。以说处困，故有尚口之戒。

《象》曰：泽无水，困，君子以致命遂志。

泽无水，困乏之象也。君子当困穷之时，既尽其防虑之道，而不得免，则命也，当推致其命以遂其志。知命之当然也，则穷塞祸患不以动其心，行吾义而已。苟不知命，则恐惧于险难，陨获于穷戹，所守亡矣，安能遂其为善之志乎？

初六，臀困于株木，入于幽谷，三岁不觌。

六以阴柔处于至卑，又居坎险之下，在困不能自济者也。必得在上刚明之人为援助，则可以济其困矣。初与四为正应，九四以阳而居阴为不正，失刚而不中，又方困于阴掩，是恶能济人之困？犹株木之下不能荫覆于物。株木，无枝叶之木也。四近君之位，在他卦不为无助，以居困而不能庇物，故为株木。臀，所以居也。臀困于株木，谓无所庇而不得安其居，居安则非困也。入于幽谷：阴柔之人，非能安其所遇，既不能免于困，则益迷暗妄动，入于深困。幽谷，深暗之所也。方益入于困，无自出之势，故至于三岁不觌，终困者也。不觌，不遇其所亨也。

《象》曰：入于幽谷，幽不明也。

幽，不明也，谓益入昏暗，自陷于深困也。明则不至于陷矣。

九二，困于酒食，朱绂方来，利用享祀，征凶，无咎。

酒食，人所欲而所以施惠也。二以刚中之才，而处困之时，君子安其所遇，虽穷戹险难，无所动其心，不恤其为困也。所困者，唯困于所欲耳。君子之所欲者，泽天下之民，济天下之困也。二未得遂其欲、施其惠，故为困于酒食也。大人君子怀其道而困于下，必得有道之君求而用之，然后能施其所蕴。二以刚中之德困于下，上有九五刚中之君，道同德合，必来相求，故云朱绂方来。方来，方且来也。朱绂，王者之服，蔽膝也。以行来为义，故以蔽膝言之。利用享祀：享祀，以至诚通神明也。在困之时，利用至诚，如享祀然，其德既诚，自能感通于上。自昔贤哲困于幽远，而德卒升闻，道卒为用者，惟自守至诚而已。征凶无咎：方困之时，若不至诚安处以俟命，征而求之，则犯难得凶，乃自取也，将谁咎乎？不度时而征，乃不安其所，为困所动也。失刚中之德，自取凶悔，何所怨咎？诸卦二、五以阴阳相应而吉，惟《小畜》与《困》，乃戹于阴，故同道相求：《小畜》，阳为阴所畜；《困》，阳为阴所掩也。

《象》曰：困于酒食，中有庆也。

虽困于所欲，未能施惠于人，然守其刚中之德，必能致亨而有福庆也。虽使时未亨通，守其中德，亦君子之道，亨乃有庆也。

六三，困于石，据于蒺藜，入于其宫，不见其妻，凶。

六三以阴柔不中正之质，处险极而用刚。居阳，用刚也，不善处困之甚者也。石，坚重难胜之物。蒺藜，刺不可据之物。三以刚险而上进，则二阳在上，力不能胜，坚不可犯，益自困耳，困于石也。以不善之德，居九二刚中之上，其不安犹藉刺，据于蒺藜也。进退既皆益困，欲安其所，益不能矣。宫，其居所安也。妻，所安之主也。知进退之不可，而欲安其居，则失其所安矣。进退与处皆不可，唯死而已，其凶可知。《系辞》曰："非所困而困焉，名必辱；非所据而据焉，身必危。既辱且危，死期将至，妻其可得见耶？"二阳不可犯也，而犯之以取困，是非所困而困也。名辱，其事恶也。三在二上，固为据之，然苟能谦柔以下之，则无害矣；乃用刚险以乘之，则不安而取困，如据蒺藜也。如是，死期将至，所安之主可得而见乎？

《象》曰：据于蒺藜，乘刚也；入于其宫，不见其妻，不祥也。

据于蒺藜，谓乘九二之刚，不安犹藉刺也。不祥者，不善之征；失其所安者，不善之效；故云不见其妻不祥也。

九四，来徐徐，困于金车，吝，有终。

唯力不足故困，亨困之道，必由援助。当困之时，上下相求，理当然也。四与初为正应，然四以不中正处困，其才不足以济人之困。初比二，二有刚中之才，足以拯困，则宜为初所从矣。金，刚也。车，载物者也。二以刚在下载己，故谓之金车。四欲从初而阻于二，故其来迟疑而徐徐，是困于金车也。己之所应，疑其少己而之他，将从之，则犹豫不敢遽前，岂不可羞吝乎？有终者，事之所归者正也。初四正应，终必相从也。寒士之妻，弱国之臣，各安其正而已，苟择势而从，则恶之大者，不容于世矣。二与四皆以阳居阴，而二以刚中之才，所以能济困也。居阴者，尚柔也；得中者，不失刚柔之宜也。

《象》曰：来徐徐，志在下也，虽不当位，有与也。

四应于初而隔于二，志在下求，故徐徐而来；虽居不当位为未善，然其正应相与，故有终也。

九五，劓刖，困于赤绂，乃徐有说，利用祭祀。

截鼻曰劓，伤于上也。去足为刖，伤于下也。上下皆掩于阴，为其伤害，劓刖之象也。五，君位也。人君之困，由上下无与也。赤绂，臣下之服，取行来之义，故以跋言。人君之困，以天下不来也，天下皆来，则非困也。五虽在困，而有刚中之德，下有九二刚中之贤，道同德合必相应而来，共济天下之困，是始困而徐有喜说也。利用祭祀：祭祀之事，必致其诚敬，而后受福。人君在困时，宜念天下之困，求天下之贤，若祭祀然，致其诚敬，则能致天下之贤，济天下之困矣。五与二同德，而云上下无与，何也？曰：阴阳相应者，自然相应也，如夫妇骨肉，分定也。五与二皆阳爻，以刚中之德，同而相应，相求而后合者也。如君臣朋友，义合也。方其始困，安有上下之与？有与，则非困，故徐合而后有说也。二云享祀，五云祭祀，大意则宜用至诚，乃受福也。祭与祀享，泛言之则可通，分而言之，祭天神，祀地祇，享人鬼。五君位言祭，二在下言享，各以其所当用也。

《象》曰：劓刖，志未得也；乃徐有说，以中直也；利用祭祀，受福也。

始为阴掩，无上下之与，方困未得志之时也。徐而有说，以中直之道，得在下之贤，共济于困也。不曰中正，与二合者云直乃宜也。直比正意差缓。尽其诚意，如祭祀然，以求天下之贤，则能亨天下之困，而享受其福庆也。

上六，困于葛藟，于臲卼，曰动悔有悔，征吉。

物极则反，事极则变。困既极矣，理当变矣。葛藟，缠束之物，臲卼，危动之状。六处困之极，为困所缠束，而居最高危之地，困于葛藟与臲卼也。动悔，动辄有悔，无所不困也。有悔，咎前之失也。曰，自谓也。若能曰，如是动皆得悔，当变前之所为，有悔也，能悔，则往而得吉也。困极而征，则出于困矣，故吉。三以阴在下卦之上而凶，上居一卦之上而无凶，何也？曰：三居刚而处险，困而用刚，险故凶。上以柔居说，唯为困极耳，困极则有变困之道也。《困》与《屯》之上，皆以无应居卦终，《屯》则泣血涟如，《困》则有悔征吉，《屯》险极而《困》说体故也，以说顺进，可以离乎困也。

《象》曰：困于葛藟，未当也，动悔有悔，吉行也。

为困所缠，而不能变，未得其道也，是处之未当也。知动则得悔，遂有悔而去之，可出于困，是其行而吉也。

☵☴ 巽下 坎上

《井》，《序卦》：“困乎上者必反下，故受之以井。”承上“升而不已必困”为言，谓上升不已而困，则必反于下也。物之在下者莫如井，井所以次困也。为卦，坎上巽下。坎水也，巽之象则木也，巽之义则入也。木，器之象。木入于水下而上乎水，汲井之象也。

井：改邑不改井，无丧无得，往来井井。

井之为物，常而不可改也。邑可改而之他，井不可迁也，故曰改邑不改井。汲之而不竭，存之而不盈，无丧无得也。至者皆得其用，往来井井也。无丧无得，其德也常，往来井井，其用也周。常也，周也，井之道也。

汔至，亦未繘井，羸其瓶，凶。

汔，几也。繘，绠也。井以济用为功，几至而未及用，亦与未下繘于井同也。君子之道，贵乎有成，所以五谷不熟，不如荑稗；掘井九仞而不及泉，犹为弃井。有济物之用，而未及物，犹无有也。羸败其瓶而失之，其用丧矣，是以凶也。羸，毁败也。

《彖》曰：巽乎水而上水，井。井，养而不穷也。改邑不改井，乃以刚中也。

巽入于水下而上其水者井也。井之养于物，不有穷已，取之而不竭，德有常也。邑可改，井不可迁，亦其德之常也。二、五之爻，刚中之德，其常乃如是，卦之才与义合也。

汔至亦未繘井，未有功也；羸其瓶，是以凶也。

虽使几至，既未为用，亦与未繘井同。井以济用为功，水出乃为用，未出则何功也？瓶所以上水而致用也，羸败其瓶，则不为用矣，是以凶也。

《象》曰：木上有水，井，君子以劳民劝相。

木承水而上之，乃器汲水而出井之象。君子观井之象，法井之德，以劳徕其民，而劝勉以相助之道也。劳徕其民，法井之用也；劝民使相助，法井之施也。

初六，井泥不食，旧井无禽。

井与鼎皆物也，就物以为义。六以阴柔居下，上无应援，无上水之象。不能济物，乃井之不可食也。井之不可食，以泥汙也。在井之下，有泥之象。井之用，以其水之养人也，无水，则舍置不用矣。井水之上，人获其用，禽鸟亦就而求焉。旧废之井，人既不食，水不复上，则禽鸟亦不复往矣，盖无以济物也。井本济人之物，六以阴居下，无上水之象，故为不食。井之不食，以泥也，犹人当济物之时，而才弱无援，不能及物，为时所舍也。

《象》曰：井泥不食，下也，旧井无禽，时舍也。

以阴而居井之下，泥之象也。夫水而泥，人所不食也。人不食，则水不上，无以及禽鸟，禽鸟亦不至矣。见其不能济物，为时所舍置不用也。若能及禽鸟，是亦有所济也。舍，上声，与乾之时舍，音不同。

九二，井谷射鲋，甕敝漏。

二虽刚阳之才而居下，上无应而比于初，不上而下之象也。井之道，上行者也；涧谷之水，则旁出而就下。二居井而就下，失井之道，乃井而如谷也。井上出，则养人而济物，今乃下就污泥，注于鲋而已。鲋，或以为虾，或以为蟇，井泥中微物耳。射，注也，如谷之下流，注于鲋也。甕敝漏，如甕之破漏也。阳刚之才，本可以养人济物，而上无应援，故不能上而就下，是以无济用之功。如水之在甕，本可为用，乃破敝而漏之，不为用也。井之初二无功，而不言悔咎，何也？曰：失则有悔，过则为咎。无应援而不能成用，非悔咎也。居二比初，岂非过乎？曰：处中非过也。不能上，由无援，非以比初也。

《象》曰：井谷射鲋，无与也。

井以上出为功。二，阳刚之才，本可济用，以在下而上无应援，是以下比而射鲋。若上有与之者，则当汲引而上，成井之功矣。

九三，井渫不食，为我心恻，可用汲，王明并受其福。

三以阳刚居得其正，是有济用之才者也，在井下之上，水之清洁可食者也。井以上为用，居下，未得其用也。阳之性上，又志应上六，处刚而过中，汲汲于上进，乃有才用而切于施为；未得其用，则如井之渫治清洁，而不见食，为心之恻怛也。三居井之时，刚而不中，故切于施为，异乎“用之则行，舍之则藏”者也。然明王用人，岂求备也？故王明则受福矣。三之才足以济用，如井之清洁，可用汲而食也。若上有明王，则当用之而得其效。贤才见用，则己得行其道，君得享其功，下得被其泽，上下并受其福也。

《象》曰：井渫不食，行恻也；求王明，受福也。

井渫治而不见食，乃人有才知而不见用，以不得行为忧恻也。既以不得行为恻，则岂免有求也？故求王明而受福，志切于行也。

六四，井甃无咎。

四虽阴柔而处正，上承九五之君，才不足以广施利物，亦可自守者也，故能修治，则得无咎。甃，砌累也，谓修治也。四虽才弱，不能广济物之功，修治其事，不至于废可也。若不能修治，废其养人之功，则失井之道，其咎大矣。居高位而得刚阳中正之君，但能处正承上，不废其事，亦可以免咎也。

《象》曰：井甃无咎，修井也。

甃者，修治于井也。虽不能大其济物之功，亦能修治不废也，故无咎，仅能免咎而已。若在刚阳，自不至如是，如是则可咎矣。

九五，井洌寒泉食。

五以阳刚中正，居尊位，其才其德，尽善尽美，井洌寒泉食也。洌，谓甘洁也。井泉以寒为美。甘洁之寒泉，可为人食也。于井道为至善也，然而不言吉者，井以上出为成功，未至于上，未及用也，故至上而后言元吉。

《象》曰：寒泉之食，中正也。

寒泉而可食，井道之至善者也。九五中正之德，为至善之义。

上六，井收勿幕，有孚元吉。

井以上出为用。居井之上，井道之成也。收，汲取也。幕，蔽覆也。取而不蔽，其利无穷，井之施广矣，大矣。有孚，有常而不变也。博施而有常，大善之吉也。夫体井之用，博施而有常，非大人孰能？他卦之终，为极为变，唯《井》与《鼎》终乃为成功，是以吉也。

《象》曰：元吉在上，大成也。

以大善之吉，在卦之上，井道之大成也。井以上为成功。

䷰ 离下 兑上

《革》，《序卦》："井道不可不革，故受之以革。"井之为物，存之则秽败，易之则清洁，不可不革者也，故井之后，受之以革也。为卦，兑上离下，泽中有火也。革，变革也。水火，相息之物，水灭火，火涸水，相变革者也。火之性上，水之性下，若相违行，则暌而已。乃火在下，水在上，相就而相克，相灭息者也，所以为革也。又二女同居，而其归各异，其志不同，为不相得也，故为革也。

革：巳日乃孚，元亨，利贞，悔亡。

革者，变其故也。变其故，则人未能遽信，故必巳日，然后人心信从。元亨利贞悔亡：弊坏而后革之，革之所以致其通也，故革之而可以大亨；革之而利于正，道则可久而得去故之义；无变动之悔，乃悔亡也。革而无甚益，犹可悔也，况反害乎？古人所以重改作也。

《彖》曰：革，水火相息，二女同居，其志不相得，曰革。

泽火相灭息，又二女志不相得，故为革。息为止息，又为生息。物止而后有生，故为生义。革之相息，谓止息也。

巳日乃孚，革而信之。

事之变革，人心岂能便信？必终日而后孚。在上者于改为之际，当详告申令，至于巳日，使人信之。人心不信，虽强之行，不能成也。先王政令，人心始以为疑者有矣，然其久也必信。终不孚而成善治者，未之有也。

文明以说，大亨以正，革而当，其悔乃亡。

以卦才言革之道也。离为文明，兑为说。文明则理无不尽，事无不察；说则人心和顺。革而能照察事理，和顺人心，可致大亨，而得贞正。如是，变革得其至当，故悔亡也。天下之事，革之不得其道，则反致弊害，故革有悔之道。惟革之至当，则新旧之悔皆亡也。

天地革而四时成，汤、武革命，顺乎天而应乎人。革之时大矣哉！

推革之道，极乎天地变易，时运终始也。天地阴阳推迁改易而成四时，万物于是生长成终，各得其宜，革而后四时成也。时运既终，必有革而新之者。王者之兴，受命于天，故易世谓之革命。汤、武之王，上顺天命，下应人心，顺乎天而应乎人也。天道变改，世故迁易，革之至大也，故赞之曰，革之时大矣哉！

《象》曰：泽中有火，革，君子以治历明时。

水火相息为革，革，变也。君子观变革之象，推日月星辰之迁易，以治历数，明四时之序也。夫变易之道，事之至大，理之至明，迹之至著，莫如四时；观四时而顺变革，则与天地合其序矣。

初九，巩用黄牛之革。

变革，事之大也，必有其时，有其位，有其才，审虑而慎动，而后可以无悔。九，以时则初也，动于事初，则无审慎之意，而有躁易之象；以位则下也，无时无援而动于下，则有僭妄之咎，而无体势之重；以才则离体而阳也，离性上而刚体健，皆速于动也。其才如此，有为则凶咎至矣，盖刚不中而体躁，所不足者中与顺也，当以中顺自固而无妄动则可也。巩，局束也。革，所以包束。黄，中色。牛，顺物。巩用黄牛之革，谓以中顺之道自固，不妄动也。不云吉凶，何也？曰：妄动则有凶咎，以中顺自固，则不革而已，安得便有吉凶乎？

《象》曰：巩用黄牛，不可以有为也。

以初九时，位才皆不可以有为，故当以中顺自固也。

六二，巳日乃革之，征吉，无咎。

以六居二，柔顺而得中正，又文明之主，上有刚阳之君，同德相应。中正则无偏蔽，文明则尽事理，应上则得权势，体顺则无违悖。时可矣，位得矣，才足矣，处革之至善者也。然臣道不当为革之先，又必待上下之信，故巳日乃革之也。如二之才德，所居之地，所逢之时，足以革天下之弊，新天下之治，当进而上辅于君，以行其道，则吉而无咎也。不进则失可为之时，为有咎也。以二体柔而处当位，体柔则其进缓，当位则其处固。变革者，事之大，故有此戒。二得中而应刚，未至失于柔也。圣人因其有可戒之疑，而明其义耳，使贤才不失可为之时也。

《象》曰：巳日革之，行有嘉也。

巳日而革之，征则吉而无咎者，行则有嘉庆也，谓可以革天下之弊，新天下之事，处而不行，是无救弊济世之心，失时而有咎也。

九三，征凶，贞厉，革言三就，有孚。

九三以刚阳为下之上，又居离之上而不得中，躁动于革者也。在下而躁于变革，以是而行，则有凶也。然居下之上，事苟当革，岂可不为也？在乎守贞正而怀危惧，顺从公论，则可行之不疑。革言，谓当革之论。就，成也，合也。审察当革之言，至于三而皆合，则可信也。言重慎之至能如是，则必得至当，乃有孚也。己可信而众所信也如此，则可以革矣。在革之时，居下之上，事之当革，若畏惧而不为，则失时为害；唯当慎重之至，不自任其刚明，审稽公论，至于三就而后革之，则无过矣。

《象》曰：革言三就，又何之矣？

稽之众论，至于三就，事至当也。又何之矣？乃俗语更何往也？如是而行，乃顺理时行，非己之私意所欲为也，必得其宜矣。

九四，悔亡，有孚，改命吉。

九四，革之盛也。阳刚，革之才也。离下体而进上体，革之时也。居水火之际，革之势也。得近君之位，革之任也。下无系应，革之志也。以九居四，刚柔相际，革之用也。四既具此，可谓当革之时也。事之可悔而后革之，革之而当，其悔乃亡也。革之既当，唯在处之以至诚，故有孚则改命吉。改命，改为也，谓革之也。既事当而弊革，行之以诚，上信而下顺，其吉可知。四非中正，而至善，何也？曰：唯其处柔也，故刚而不过，近而不逼，顺承中正之君，乃中正之人也。《易》之取义无常也，随时而已。

《象》曰：改命之吉，信志也。

改命而吉，以上下信其志也。诚既至，则上下信矣。革之道，以上下之信为本。不当不孚则不信。当而不信，犹不可行也，况不当乎？

九五，大人虎变，未占有孚。

九五以阳刚之才，中正之德，居尊位，大人也。以大人之道，革天下之事，无不当也，无不时也，所过变化，事理炳著，如虎之文采，故云虎变。龙虎，大人之象也。变者，事物之变。曰虎，何也？曰：大人变之，乃大人之变也。以大人中正之道变革之，炳然昭著，不待占决，知其至当而天下必信也。天下蒙大人之革，不待占决，知其至当而信之也。

《象》曰：大人虎变，其文炳也。

事理明著，若虎文之炳焕明盛也，天下有不孚乎？

上六，君子豹变，小人革面，征凶，居贞吉。

革之终，革道之成也。君子谓善人，良善则已从革而变，其著见若豹之彬蔚也。小人，昏愚难迁者，虽未能心化，亦革其面以从上之教令也。龙虎，大人之象，故大人云虎，君子云豹也。人性本善，皆可以变化，然有下愚，虽圣人不能移者。以尧、舜为君，以圣继圣百有余年，天下被化，可谓深且久矣，而有苗、有象，其来格烝乂，盖亦革面而已。小人既革其外，革道可以为成也。苟更从而深治之，则为已甚，已甚非道也。故至革之终而又征，则凶也，当贞固以自守。革至于极，而不守以贞，则所革随复变矣。天下之事，始则患乎难革，已革则患乎不能守也，故革之终戒以居贞则吉也。居贞非为六戒乎？曰：为革终言也，莫不在其中矣。人性本善，有不可革者，何也？曰：语其性则皆善也，语其才则有下愚之不移。所谓下愚有二焉：自暴也，自弃也。人苟以善自治，则无不可移者，虽昏愚之至，皆可渐磨而进也。唯自暴者，拒之以不信；自弃者，绝之以不为；虽圣人与居，不能化而入也，仲尼之所谓下愚也。然天下自弃自暴者，非必皆昏愚也，往往强戾而才力有过人者，商辛是也。圣人以其自绝于善，谓之下愚，然考其归，则诚愚也。既曰下愚，其能革面，何也？曰：心虽绝于善道，其畏威而寡罪，则与人同也。唯其有与人同，所以知其非性之罪也。

《象》曰：君子豹变，其文蔚也；小人革面，顺以从君也。

君子从化迁善，成文彬蔚，章见于外也。中人以上，莫不变革，虽不移之小人，则亦不敢肆其恶，革易其外，以顺从君上之教令，是革面也。至此，革道成矣。小人勉而假善，君子所容也，更往而治之，则凶矣。

☲ 巽下 离上

《鼎》，《序卦》："革物者莫若鼎，故受之以鼎。"鼎之为用，所以革物也，变腥而为熟，易坚而为柔，水火不可同处也，能使相合为用而不相害，是能革物也，鼎所以次革也。为卦，上离下巽。所以为鼎，则取其象焉，取其义焉。取其象者有二：以全体言之，则下植为足，中实为腹，受物在中之象，对峙于上者耳也，横亘乎上者铉也，鼎之象也；以上下二体言之，则中虚在上，下有足以承之，亦鼎之象也。取其义，则木从火也，巽入也，顺从之义，以木从火，为然之象。火之用惟燔与亨。燔不假器，故取亨象而为鼎，以木巽火，亨饪之象也。制器取其象也，乃象器以为卦乎？曰：制器取于象也，象存乎卦，而卦不必先器。圣人制器，不待见卦而后知象，以众人之不能知象也，故设卦以示之。卦器之先后，不害于义也。或疑鼎非自然之象，乃人为也。曰：固人为也，然亨饪可以成物，形制如是则可用，此非人为，自然也。在井亦然。器虽在卦先，而所取者乃卦之象，卦复用器以为义也。

鼎：元吉亨。

以卦才言也。如卦之才，可以致元亨也。止当云元亨，文羡

“吉”字。卦才可以致元亨，未便有元吉也。《彖》复止云元亨，其羡明矣。

《彖》曰：鼎，象也。

卦之为鼎，取鼎之象也。鼎之为器，法卦之象也。有象而后有器，卦复用器而为义也。鼎，大器也，重宝也，故其制作形模，法象尤严。鼎之名正也，古人训方，方实正也。以形言，则耳对梢于上，足分峙于下，周圆内外，高卑厚薄，莫不有法而至正，至正然后成安重之象。故鼎者法象之器，卦之为鼎，以其象也。

以木巽火，亨饪也；圣人亨以享上帝，而大亨以养圣贤。

以二体言鼎之用也。以木巽火，以木从火，所以亨饪也。鼎之为器，生人所赖至切者也。极其用之大，则圣人亨以享上帝，大亨以养圣贤。圣人，古之圣王。大，言其广。

巽而耳目聪明，柔进而上行，得中而应乎刚，是以元亨。

上既言鼎之用矣，复以卦才言。人能如卦之才，可以致元亨也。下体巽，为巽顺于理；离明而中虚于上，为耳目聪明之象。凡离在上者，皆云柔进而上行。柔，在下之物，乃居尊位，进而上行也。以明居尊，而得中道，应乎刚，能用刚阳之道也。五居中，而又以柔而应刚，为得中道。其才如是，所以能元亨也。

《象》曰：木上有火，鼎，君子以正位凝命。

木上有火，以木巽火也，烹饪之象，故为鼎。君子观鼎之象，以正位凝命。鼎者法象之器，其形端正，其体安重。取其端正之象，则以正其位，谓正其所居之位。君子所处必正，其小至于席不正不坐，毋跛毋倚。取其安重之象，则凝其命令，安重其命令也。凝，聚止之义，谓安重也。今世俗有凝然之语，以命令而言耳，凡动为皆当安重也。

初六，鼎颠趾，利出否，得妾以其子，无咎。

六在鼎下，趾之象也，上应于四，趾而向上，颠之象也。鼎覆则趾颠，趾颠则覆其实矣，非顺道也。然有当颠之时，谓倾出败恶以致洁取新，则可也。故颠趾利在于出否。否，恶也。四近君，大臣之位，初在下之人，而相应，乃上求于下，下从其上也。上能用下之善，下能辅上之为，可以成事功，乃善道，如鼎之颠趾，有当颠之时，未为悖理也。得妾以其子无咎：六阴而卑，故为妾，得妾谓得其人也；若得良妾，则能辅助其主使无过咎也；子，主也，以其子，致其主于无咎也。六阴居下，而卑巽从阳，妾之象也。以六上应四为颠趾，而发此义。初六本无才德可取，故云得妾，言得其人则如是也。

《象》曰：鼎颠趾，未悖也。

鼎覆而趾颠，悖道也。然非必为悖者，盖有倾出否恶之时也。

利出否，以从贵也。

去故而纳新，泻恶而受美，从贵之义也。应于四，上从于贵者也。

九二，鼎有实，我仇有疾，不我能即，吉。

二以刚实居中，鼎中有实之象。鼎之有实，上出则为用。二，阳刚有济用之才，与五相应，上从六五之君，则得正而其道可亨。然与初密比，阴从阳者也。九二居中而应中，不至失正，己虽自守，彼必相求，故戒能远之，使不来即我，则吉也。仇，对也。阴阳相对之物，谓初也。相从则非正而害义，是有疾也。二当以正自守，使之不能来就己。人能自守以正，则不正不能就之矣，所以吉也。

《象》曰：鼎有实，慎所之也。

鼎之有实，乃人之有才业也，当慎所趋向，不慎所往，则亦陷于非义。二能不暱于初，而上从六五之正应，乃是慎所之也。

我仇有疾，终无尤也。

我仇有疾，举上文也。我仇，对己者，谓初也。初比己而非正，是有疾也。既自守以正，则彼不能即我，所以终无过尤也。

九三，鼎耳革，其行塞，雉膏不食，方雨，亏悔终吉。

鼎耳，六五也，为鼎之主。三以阳居巽之上，刚而能巽，其才足以济务，然与五非应而不同。五，中而非正。三，正而非中，不同也，未得于君者也。不得于君，则其道何由而行？革，变革为异也，三与五异而不合也。其行塞，不能亨也。不合于君，则不得其任，无以施其用。膏，甘美之物，象禄位。雉指五也，有文明之德，故谓之雉。三有才用而不得六五之禄位，是不得雉膏食之也。君子蕴其德，久而必彰，守其道，其终必亨。五有聪明之象，而三终上进之物，阴阳交畅则雨。方雨，且将雨也，言五与三方将和合。亏悔终吉，谓不足之悔，终当获吉也。三怀才而不偶，故有不足之悔，然其有阳刚之德，上聪明而下巽正，终必相得，故吉也。三虽不中，以巽体，故无过刚之失。若过刚，则岂能终吉？

《象》曰：鼎耳革，失其义也。

始与鼎耳革异者，失其相求之义也。与五非应，失求合之道也；不中，非同志之象也；是以其行塞而不通。然上明而下才，终必和合，故方雨而吉也。

九四，鼎折足，覆公餗，其形渥，凶。

四，大臣之位，任天下之事者也。天下之事，岂一人所能独任？必当求天下之贤智，与之协力。得其人，则天下之治，可不劳而致也，用非其人，则败国家之事，贻天下之患。四下应于初，初，阴柔小人，不可用者也，而四用之，其不胜任而败事，犹鼎之折足也。鼎折足，则倾覆公上之餗，餗，鼎实也。居大臣之位，当天下之任，而所用非人，至于覆败，乃不胜其任，可羞愧之甚也。其形渥，谓赧汗也，其凶可知。《系辞》曰："德薄而位尊，知小而谋大，力小而任重，鲜不及矣。"言不胜其任也。蔽于所私，德薄知小也。

《象》曰：覆公餗，信如何也？

大臣当天下之任，必能成天下之治安，则不误君上之所倚，下民之所望，与己致身任道之志，不失所期，乃所谓信也。不然，则失其职，误上之委任，得为信乎？故曰信如何也？

六五，鼎黄耳，金铉，利贞。

五在鼎上，耳之象也。鼎之举措在耳，为鼎之主也。五有中德，故云黄耳。铉，加耳者也。二应于五，来从于耳者，铉也。二有刚中之德，阳体刚中色黄，故为金铉。五文明得中而应刚，二刚中巽体而上应，才无不足也，相应至善矣，所利在贞固而已。六五居中应中，不至于失正，而质本阴柔，故戒以贞固于中也。

《象》曰：鼎黄耳，中以为实也。

六五以得中为善，是以中为实德也。五之所以聪明应刚，为鼎之主，得鼎之道，皆由得中也。

上九，鼎玉铉，大吉，无不利。

井与鼎以上出为用。处终，鼎功之成也。在上，铉之象。刚而温者玉也。九虽刚阳，而居阴履柔，不极刚而能温者也。居成功之道，唯善处而已。刚柔适宜，动静不过，则为大吉，无所不利矣。在上为铉，虽居无位之地，实当用也，与他卦异矣。《井》亦然。

《象》曰：玉铉在上，刚柔节也。

刚而温，乃有节也。上居成功致用之地，而刚柔中节，所以大吉无不利也。《井》《鼎》皆以终为成功，而《鼎》不云元吉，何也？曰：井之功用，皆在上出，又有博施有常之德，是以元吉。鼎以烹饪为功，居上为成德，与井异，以刚柔节，故得大吉也。

䷲ 震下 震上

《震》，《序卦》："主器者莫若长子，故受之以震。"鼎者器也，震为长男，故取主器之义，而继鼎之后。长子，传国家，继位号者也，故为主器之主。《序卦》取其一义之大者，为相继之义。《震》之为卦，一阳生于二阴之下，动而上者也，故为震。震，动也。不曰动者，震有动而奋发震惊之义。乾坤之交，一索而成震，生物之长也，故为长男。其象则为雷，其义则为动。雷有震奋之象，动为惊惧之义。

震：亨。

阳生于下而上进，有亨之义。又震为动，为恐惧，为有主。

震而奋发，动而进，惧而修，有主而保大，皆可以致亨，故震则有亨。

震来虩虩，笑言哑哑；

当震动之来，则恐惧不敢自宁，周旋顾虑，虩虩然也。虩虩，顾虑不安之貌。蝇虎谓之虩者，以其周环顾虑，不自宁也。处震如是，则能保其安裕，故笑言哑哑。哑哑，笑言和適之貌。

震惊百里，不丧匕鬯。

言震动之大，而处之之道。动之大者，莫若雷。震为雷，故以雷言。雷之震动，惊及百里之远，人无不惧而自失，雷声所及百里也。唯宗庙祭祀，执匕鬯者，则不至于丧失。人之致其诚敬，莫如祭祀。匕以载鼎实，升之于俎；鬯以灌地而降神。方其酌裸以求神，荐牲而祈享，尽其诚敬之心，则虽雷震之威，不能使之惧而失守。故临大震惧，能安而不自失者，唯诚敬而已，此处震之道也。卦才无取，故但言处震之道。

《彖》曰：震亨。震来虩虩，恐致福也；笑言哑哑，后有则也。

震自有亨之义，非由卦才。震来而能恐惧，修自慎，则可反致福吉也。笑言哑哑，言自若也，由能恐惧而后自处有法则也。有则则安而不惧矣，处震之道也。

震惊百里，惊远而惧迩也。

雷之震及于百里，远者惊，迩者惧，言其威远大也。

出可以守宗庙社稷，以为祭主也。

《彖》文脱“不丧匕鬯”一句。卦辞云“不丧匕鬯”，本为诚敬之至，威惧不能使之自失。《彖》以长子宜如是，因承上文用长子之义通解之。谓其诚敬能不丧匕鬯，则君出而可以守宗庙社稷为祭主也。长子如是，而后可以守世祀，承国家也。

《象》曰：洊雷震，君子以恐惧修省。

洊，重袭也。上下皆震，故为洊雷。雷重仍则威益盛。君子观洊雷威震之象，以恐惧自修饬循省也。君子畏天之威，则修正其身，思省其过，咎而改之。不唯雷震，凡遇惊惧之事，皆当如是。

初九，震来虩虩，后笑言哑哑，吉。

初九，成震之主，致震者也；在卦之下，处震之初也。知震之来，当为之始，若能以为恐惧而周旋顾虑，虩虩然不敢宁止，则终必保其安吉，故后笑言哑哑也。

《象》曰：震来虩虩，恐致福也，笑言哑哑，后有则也。

震来而能恐惧周顾，则无患矣，是能因恐惧而反致福也。因恐惧而自修省，不敢违于法度，是由震而后有法则，故能保其安吉，而笑言哑哑也。

六二，震来厉，亿丧贝，跻于九陵，勿逐，七日得。

六二居中得正，善处震者也，而乘初九之刚，九震之主。震刚动而上奋，孰能御之？厉，猛也，危也。彼来既猛，则已处危矣。亿，度也。贝，所有之资也。跻，升也。九陵，陵之高也。逐，往追也。以震来之厉，度不能当，而必丧其所有，则升至高以避之也。九言其重。冈陵之重，高之至也。九，重之多也，如九天九地也。勿逐七日得：二之所贵者中正也，遇震惧之来，虽量势巽避，当守其中正，无自失也。亿之必丧也，故远避以自守，过则复其常矣，是勿逐而自得也。逐，即物也。以己即物，失其守矣，故戒勿逐。避远自守，处震之大方也。如二者，当危惧而善处者也。卦位有六，七乃更始，事既终，时既易也。不失其守，虽一时不能御其来，然时过事已，则复其常，故云七日得。

《象》曰：震来厉，乘刚也。

当震而乘刚，是以彼厉而已危。震刚之来，其可伤乎？

六三，震苏苏，震行无眚。

苏苏，神气缓散自失之状。三以阴居阳，不正。处不正于平时，且不能安，况处震乎？故其震惧而苏苏然。若因震惧而能行，去不正而就正，则可以无过。眚，过也。三行则至四，正也。动以就正为善，故二勿逐则自得，三能行则无眚。以不正而处震惧，有眚可知。

《象》曰：震苏苏，位不当也。

其恐惧自失苏苏然，由其所处不当故也。不中不正，其能安乎？

九四，震遂泥。

九四，居震动之时，不中不正，处柔失刚健之道，居四无中正之德，陷溺于重阴之间，不能自震奋者也，故云遂泥。泥，滞溺也。以不正之阳，而上下重阴，安能免于泥乎？遂，无反之意。处震惧，则莫能守也，欲震动，则莫能奋也。震道亡矣，岂复能光亨也？

《象》曰：震遂泥，未光也。

阳者刚物，震者动义。以刚处动，本有光亨之道，乃失其刚正，而陷于重阴，以致遂泥，岂能光也？云未光，见阳刚本能震也，以失德故泥耳。

六五，震往来厉，亿无丧有事。

六五虽以阴居阳，不当位为不正，然以柔居刚，又得中，乃有中德者也。不失中，则不违于正矣，所以中为贵也。诸卦：二、五虽不当位，多以中为美；三、四虽当位，或以不中为过，中常重于正也。盖中则不违于正，正不必中也。天下之理，莫善于中，于六二、六五可见。五之动，上往则柔不可居动之极，下来则犯刚，是往来皆危也。当君位，为动之主，随宜应变，在中而已，故当亿度，无丧失其所有之事而已。所有之事，谓中德。苟不失中，虽有危，不至于凶也。亿度，谓图虑求不失中也。五所以危，由非刚阳而无助。若以刚阳有助为动之主，则能亨矣。往来皆危，时则甚难，但期于不失中，则可自守。以柔主动，固不能致亨济也。

《象》曰：震往来厉，危行也。其事在中，大无丧也。

往来皆厉，行则有危也。动皆有危，唯在无丧其事而已。其事谓中也。能不失其中，则可自守也。大无丧，以无丧为大也。

上六，震索索，视矍矍，征凶。震不于其躬，于其邻，无咎，婚媾有言。

索索，消索不存之状，谓其志气如是。六以阴柔居震动之极，其惊惧之甚，志气殚索也。矍矍，不安定貌。志气索索，则视瞻徊徨。以阴柔不中正之质，而处震动之极，故征则凶也。震之及身，乃于其躬也。不于其躬，谓未及身也。邻者，近于身者也。能震惧于未及身之前，则不至于极矣，故得无咎。苟未至于极，尚有可改之道。震终当变，柔不固守，故有畏邻戒而能变之义。圣人于震，终示人知惧能改之义为劝深矣。婚媾，所亲也，谓同动者。有言有怨咎之言也，六居震之上，始为众动之首，今乃畏邻戒而不敢进，与诸处震者异矣，故婚媾有言也。

《象》曰：震索索，中未得也。虽凶无咎，畏邻戒也。

所以恐惧自失如此，以未得于中道也，谓过中也。使之得中，则不至于索索矣。极而复征，则凶也。若能见邻戒而知惧变于未极之前，则无咎也。上六动之极，震极则有变义也。

䷳ 艮下 艮上

《艮》，《序卦》：“震者动也，物不可以终动，止之，故受之以艮，艮者止也。”动静相因，动则有静，静则有动。物无常动之理，艮所以次震也。艮者止也。不曰止者，艮山之象，有安重坚实之意，非止义可尽也。乾坤之交，三索而成艮，一阳居二阴之上。阳动而上进之物，既至于上则止矣。阴者静也，上止而下静，故为艮也。然则与畜止之义何异？曰：畜止者，制畜之义，力止之也；艮止者，安止之义，止其所也。

艮其背，不获其身；行其庭，不见其人，无咎。

人之所以不能安其止者，动于欲也。欲牵于前而求其止，不可得也。故艮之道，当艮其背。所见者在前，而背乃背之，是所不见也。止于所不见，则无欲以乱其心，而止乃安。不获其身，不见其身也，谓忘我也。无我则止矣。不能无我，无可止之道。行其庭不见其人：庭除之间，至近也。在背，则虽至近不见，谓不交于物也。外物不接，内欲不萌，如是而止，乃得止之道，于止为无咎也。

《彖》曰：艮，止也。时止则止，时行则行，动静不失其时，其道光明。

艮为止。止之道，唯其时；行止动静不以时则妄也。不失其时，则顺理而合义。在物为理，处物为义。动静合理义，不失其时也，乃其道之光明也。君子所贵乎时，仲尼行、止、久、速是也。艮体笃实，有光明之义。

艮其止，止其所也。

艮其止，谓止之而止也。止之而能止者，由止得其所也。止而不得其所，则无可止之理。夫子曰："于止知其所止，"谓当止之所也。夫有物必有则，父止于慈，子止于孝，君止于仁，臣止于敬，万物庶事莫不各有其所，得其所则安，失其所则悖。圣人所以能使天下顺治，非能为物作则也，唯止之各于其所而已。

上下敌应，不相与也。

以卦才言也。上下二体，以敌相应，无相与之义。阴阳相应则情通而相与，乃以其敌，故不相与也。不相与，则相背，为艮其背，止之义也。

是以不获其身，行其庭不见其人，无咎也。

相背故不获其身，不见其人，是以能止，能止则无咎也。

《象》曰：兼山艮，君子以思不出其位。

上下皆山，故为兼山。此而并彼为兼，谓重复也，重艮之象也。君子观艮止之象，而思安所止，不出其位也。位者，所处之分也。万事各有其所，得其所则止而安。若当行而止，当速而久，或过或不及，皆出其位也，况逾分非据乎？

初六，艮其趾，无咎，利永贞。

六在最下，趾之象。趾，动之先也。艮其趾，止于动之初也。事止于初，未至失正，故无咎也。以柔处下，当止之时也。行则失其正矣，故止乃无咎，阴柔患其不能常也，不能固也，故方止之初，戒以利在常永贞固，则不失止之道也。

《象》曰：艮其趾，未失正也。

当止而行，非正也。止之于初，故未至失正。事止于始则易，而未至于失也。

六二，艮其腓，不拯其随，其心不快。

六二居中得正，得止之道者也。上无应援，不获其君矣。三居下之上，成止之主，主乎止者也，乃刚而失中，不得止之宜，刚止于上，非能降而下求，虽有中正之德，不能从也。二之行止，系乎所主，非得自由，故为腓之象。股动则腓随，动止在股而不在腓也。二既不得以中正之道拯救三之不中，则必勉而随之。不能拯而唯随也，虽咎不在己，然岂其所欲哉？言不听，道不行也，故其心不快，不能行其志也。士之处高位，则有拯而无随；在下位，则有当拯，有当随，有拯之不得而后随。

《象》曰：不拯其随，未退听也。

所以不拯之而唯随者，在上者未能下从也。退听，下从也。

九三，艮其限，列其夤，厉薰心。

限，分隔也，谓上下之际。三以刚居刚而不中，为成艮之主，决止之极也。已在下体之上，而隔上下之限，皆为止义，故为艮其限是确乎止而不复能进退者也。在人身，如列其夤。夤，膂也，上下之际也。列绝其夤，则上下不相从属，言止于下之坚也。止道贵乎得宜，行止不能以时，而定于一，其坚强如此，则处世乖戾，与物睽绝，其危甚矣。人之固止一隅，而举世莫与宜者，则艰蹇忿畏，焚挠其中，岂有安裕之理？厉薰心，谓不安之势薰烁其中也。

《象》曰：艮其限，危薰心也。

谓其固止不能进退，危惧之虑常薰烁其中心也。

六四，艮其身，无咎。

四，大臣之位，止天下之当止者也。以阴柔而不遇刚阳之君，故不能止物，唯自止其身，则可无咎。所以能无咎者，以止于正也。言止其身无咎，则见其不能止物，施于政则有咎矣。在上位而仅能善其身，无取之甚也。

《象》曰：艮其身，止诸躬也。

不能为天下之止，能止于其身而已，岂足称大臣之位也？

六五，艮其辅，言有序，悔亡。

五，君位，艮之主也，主天下之止者也，而阴柔之才，不足以当此义，故止以在上取辅义言之。人之所当慎而止者，惟言行也。五在上，故以辅言。辅，言之所由出也。艮于辅，则不妄出而有序也。言轻发而无序，则有悔。止之于辅，则悔亡也。有序，中节有次序也。辅与颊舌，皆言所由出，而辅在中。艮其辅，谓止于中也。

《象》曰：艮其辅，以中正也。

五之所善者中也。艮其辅，谓止于中也。言以得中为正，止之于辅，使不失中，乃得正也。

上九，敦艮吉。

九以刚实居上，而又成艮之主，在艮之终，止之至坚笃者也。敦，笃实也。居止之极，故不过而为敦。人之止，难于久终，故节或移于晚，守或失于终，事或废于久，人之所同患也。上九能敦厚于终，止道之至善，所以吉也。六爻之德，唯此为吉。

《象》曰：敦艮之吉，以厚终也。

天下之事，唯终守之为难。能敦于止，有终者也。上之吉，以其能厚于终也。

䷴ 艮下 巽上

《渐》，《序卦》：“艮者止也，物不可以终止，故受之以渐，渐者进也。”止必有进，屈伸消息之理也。止之所生亦进也，所反亦进也，渐所以次艮也。进以序为渐。今人以缓进为渐进，以序不越次，所以缓也。为卦，上巽下艮。山上有木，木之高而因山，其高有因也。其高有因，乃其进有序也，所以为渐也。

渐：女归吉，利贞。

以卦才兼渐义而言也。乾坤之变为巽艮，巽艮重而为渐。在渐体而言，中二爻交也。由二爻之交，然后男女各得正位。初终二爻，虽不当位，亦阳上阴下，得尊卑之正。男女各得其正，亦得位也。与《归妹》正相对。女之归，能如是之正，则吉也。天下之事，进必以渐者，莫如女归。臣之进于朝，人之进于事，固当有序，不以其序，则陵节犯义，凶咎随之。然以义之轻重，廉耻之道，女之从人，最为大也，故以女归为义。且男女，万事之先也。诸卦多有利贞，而所施或不同，有涉不正之疑而为之戒者，有其事必贞乃得其宜者，有言所以利者以其有贞也。所谓涉不正之疑而为之戒者，《损》之九二是也，处阴居说，故戒以宜贞也。有其事必贞乃得宜者，《大畜》是也，言所畜利于贞也。有言所以利者以其有贞者，《渐》是也，言女归之所以吉，利于如此贞正也，盖其固有，非设戒也。渐之义宜能亨，而不云亨者，盖亨者通达之义，非渐进之义也。

《彖》曰：渐之进也，女归吉也。

如渐之义而进，乃女归之吉也，谓正而有渐也。女归为大耳，他进亦然。

进得位，往有功也。

渐进之时，而阴阳各得正位，进而有功也。四复由上进而得正位，三离下而为上，遂得正位，亦为进得位之义。

进以正，可以正邦也。

以正道而进，可以正邦国，至于天下也。凡进于事、进于德、进于位，莫不皆当以正也。

其位，刚得中也。

上云“进得位往有功也”，统言阴阳得位，是以进而有功。复云“其位刚得中也”，所谓位者，五以刚阳中正得尊位也。诸爻之得正，亦可谓之得位矣，然未若五之得尊位，故特言之。

止而巽，动不穷也。

内艮止，外巽顺。止为安静之象，巽为和顺之义。人之进也，若以欲心之动，则躁而不得其渐，故有困穷。在渐之义，内止静而外巽顺，故其进动不有困穷也。

《象》曰：山上有木，渐，君子以居贤德善俗。

山上有木，其高有因，渐之义也。君子观渐之象，以居贤善之德，化美于风俗。人之进于贤德，必有其渐，习而后能安，非可陵节而遽至也。在己且然，教化之于人，不以渐，其能入乎？移风易俗，非一朝一夕所能成，故善俗必以渐也。

初六，鸿渐于干，小子厉，有言无咎。

《渐》诸爻皆取鸿象。鸿之为物，至有时而群有序，不失其时序，乃为渐也。干，水湄。水鸟止于水之湄，水至近也，其进可谓渐矣。行而以时，乃所谓渐。渐进不失，渐得其宜矣。六居初，至下也；阴之才，至弱也；而上无应援，以此而进，常情之所忧也。君子则深识远照，知义理之所安，时事之所宜，处之不疑。小人幼子唯能见已然之事，从众人之知，非能烛理也，故危惧而有言。盖不知在下所以有进也，用柔所以不躁也，无应所以能渐也，于义自无咎也。若渐之初而用刚急进，则失渐之义，不能进，而有咎必矣。

《象》曰：小子之厉，义无咎也。

虽小子以为危厉，在义理实无咎也。

六二，鸿渐于磐，饮食衎衎，吉。

二居中得正，上应于五，进之安裕者也；但居渐，故进不速。磐，石之安平者，江河之滨所有，象进之安。自干之磐，又渐进也。二与九五之君，以中正之道相应，其进之安固平易莫加焉，故其饮食和乐衎衎然，吉可知也。

《象》曰：饮食衎衎，不素饱也。

爻辞以其进之安平，故取饮食和乐为言。夫子恐后人之未喻，又释之云：中正君子，遇中正之主，渐进于上，将行其道以及天下。所谓饮食衎衎，谓其得志和乐，不谓空饱饮食而已。素，空也。

九三，鸿渐于陆，夫征不复，妇孕不育，凶，利御寇。

平高曰陆，平原也。三在下卦之上，进至于陆也。阳，上进者也。居渐之时，志将渐进，而上无应援，当守正以俟时，安处平地，则得渐之道。若或不能自守，欲有所牵，志有所就，则失渐之道。四，阴在上而密比，阳所说也。三，阳在下而相亲，阴所从也。二爻相比而无应。相比则相亲而易合，无应则无适而相求，故为之戒。夫，阳也。夫谓三。三若不守正，而与四合，是知征而不知复。征，行也。复，反也。不复谓不反顾义理。妇谓四。若以不正而合，则虽孕而不育，盖非其道也，如是则凶也。三之所利，在于御寇。非理而至者，寇也。守正以闲邪，所谓御寇也。不能御寇，则自失而凶矣。

《象》曰：夫征不复，离群丑也。妇孕不育，失其道也。利用御寇，顺相保也。

夫征不复，则失渐之正。从欲而失正，离叛其群类，为可丑也。卦之诸爻，皆无不善。若独失正，是离其群类。妇孕不由其道，所以不育也。所利在御寇，谓以顺道相保。君子之与小人比也，自守以正。岂唯君子自完其己而已乎？亦使小人得不陷于非义。是以顺道相保，御止其恶，故曰御寇。

六四，鸿渐于木，或得其桷，无咎。

当渐之时，四以阴柔进据刚阳之上，阳刚而上进，岂能安处阴柔之下？故四之处非安地，如鸿之进于木也。木渐高矣，而有不安之象。鸿趾连，不能握枝，故不木栖。桷，横平之柯。唯平柯之上，乃能安处。谓四之处本危，或能自得安宁之道，则无咎也。如鸿之于木，本不安，或得平柯而处之，则安也。四居正而巽顺，宜无咎者也。必以得失言者，因得失以明其义也。

《象》曰：或得其桷，顺以巽也。

桷者，平安之处。求安之道，唯顺与巽。若其义顺正，其处卑巽，何处而不安？如四之顺正而巽，乃得桷也。

九五，鸿渐于陵，妇三岁不孕，终莫之胜，吉。

陵，高阜也。鸿之所止，最高处也，象君之位。虽得尊位，然渐之时，其道之行，固亦非遽。与二为正应，而中正之德同，乃隔于三四。三比二，四比五，皆隔其交者也。未能即合，故三岁不孕。然中正之道，有必亨之理，不正岂能隔害之？故终莫之能胜，但其合有渐耳，终得其吉也。以不正而敌中正，一时之为耳，久其能胜乎？

《象》曰：终莫之胜吉，得所愿也。

君臣以中正相交，其道当行，虽有间其间者，终岂能胜哉？徐必得其所愿，乃渐之吉也。

上九，鸿渐于陆，其羽可用为仪，吉。

安定胡公以陆为逵，逵，云路也，谓虚空之中。《尔雅》：九达谓之逵。逵，通达无阻蔽之义也。上九在至高之位，又益上进，是出乎位之外。在他时则为过矣，于渐之时，居巽之极，必有其序，如鸿之离所止而飞于云空，在人则超逸乎常事之外者也。进至于是，而不失其渐，贤达之高致也，故可用为仪法而吉也。羽，鸿之所用进也。以其进之用，况上九进之道也。

《象》曰：其羽可用为仪，吉，不可乱也。

君子之进，自下而上，由微而著，跬步造次，莫不有序。不失其序，则无所不得其吉，故九虽穷高而不失其吉。可用为仪法者，以其有序而不可乱也。

䷵ 兑下 震上

《归妹》，《序卦》："渐者进也，进必有所归，故受之以归妹。"进则必有所至，故渐有归义，归妹所以继渐也。归妹者，女之归也。妹，少女之称。为卦，震上兑下，以少女从长男也。男动而女说，又以说而动，皆男说女，女从男之义。卦有男女配合之义者四：《咸》《恒》《渐》《归妹》也。《咸》，男女之相感也，男下女，二气感应，止而说，男女之情相感之象。《恒》，常也，男上女下，巽顺而动，阴阳皆相应，是男女居室夫妇倡随之常道。《渐》，女归之得其正也，男下女而各得正位，止静而巽顺，其进有渐，男女配合得其道也。《归妹》，女之嫁，归也，男上女下，女从男也，而有说少之义。以说而动，动以说则不得其正矣，故位皆不当。初与上虽当阴阳之位，而阳在下，阴在上，亦不当位也，与《渐》正相对。《咸》《恒》夫妇之道，《渐》《归妹》女归之义。《咸》与《归妹》，男女之情也，咸止而说，归妹动于说，皆以说也。《恒》与《渐》，夫妇之义也，恒巽而动，渐止而巽，皆以巽顺也。男女之道，夫妇之义，备于是矣。《归妹》为卦，泽上有雷，雷震而泽动，从之象也。物之随动，莫如水。男动于上而女从之，嫁归从男之象。震长男，兑少女。少女从长男，以说而动，动而相说也。人之所说者少女，故云妹为女归之象。又有长男说少女之义，故为归妹也。

归妹：征凶，无攸利。

以说而动，动而不当，故凶。不当，位不当也。征凶，动则凶也。如卦之义，不独女归，无所往而利也。

《彖》曰：归妹，天地之大义也。

一阴一阳之谓道。阴阳交感，男女配合，天地之常理也。归妹，女归于男也，故云天地之大义也。男在女上，阴从阳动，故为女归之象。

天地不交而万物不兴，归妹，人之终始也。

天地不交，则万物何从而生？女之归男，乃生生相续之道。男女交而后有生息，有生息而后其终不穷。前者有终，而后者有始，相续不穷，是人之终始也。

说以动，所归妹也。征凶，位不当也。

以二体释归妹之义。男女相感，说而动者，少女之事，故以说而动所归者妹也。所以征则凶者，以诸爻皆不当位也。所处皆不正，何动而不凶？大率以说而动，安有不失正者？

无攸利，柔乘刚也。

不唯位不当也，又有乘刚之过。三五皆乘刚。男女有尊卑之序，夫妇有倡随之礼，此常理也，如《恒》是也。苟不由常正之道，徇情肆欲，惟说是动，则夫妇渎乱，男牵欲而失其刚，妇狃说而忘其顺，如《归妹》之乘刚是也。所以凶，无所往而利也。夫阴阳之配合，男女之交媾，理之常也。然从欲而流放，不由义理，则淫邪无所不至，伤身败德，岂人理哉？归妹之所以凶也。

《象》曰：泽上有雷，归妹，君子以永终知敝。

雷震于上，泽随而动，阳动于上，阴说而从，女从男之象也，故为归妹。君子观男女配合，生息相续之象，而以永其终，知有敝也。永终谓生息嗣续，永久其传也。知敝谓知物有敝坏，而为相继之道也。女归则有生息，故有永终之义。又夫妇之道，当常永有终，必知其有敝坏之理而戒慎之。敝坏谓离隙。《归妹》，说以动者也，异乎《恒》之巽而动，《渐》之止而巽也。少女之说，情之感动，动则失正，非夫妇正而可常之道，久必敝坏。知其必敝，则当思永其终也。天下之反目者，皆不能永终者也。不独夫妇之道，天下之事，莫不有终有敝，莫不有可继可久之道。观归妹，则当思永终之戒也。

初九，归妹以娣，跛能履，征吉。

女之归，居下而无正应，娣之象也。刚阳在妇人为贤贞之德，而处卑顺，娣之贤正者也。处说居下为顺义。娣之卑下，虽贤，何所能为？不过自善其身，以承助其君而已。如跛之能履，言不能及远也。然在其分为善，故以是而行则吉也。

《象》曰：归妹以娣，以恒也；跛能履吉，相承也。

归妹之义，以说而动，非夫妇能常之道。九乃刚阳，有贤贞之德，虽娣之微，乃能以常者也。虽在下，不能有所为，如跛者之能履，然征而吉者，以其能相承助也。能助其君，娣之吉也。

九二，眇能视，利幽人之贞。

九二阳刚而得中，女之贤正者也。上有正应，而反阴柔之质，动于说者也。乃女贤而配不良，故二虽贤，不能自遂以成其内助之功，適可以善其身而小施之，如眇者之能视而已，言不能及远也。男女之际，当以正礼。五虽不正，二自守其幽静贞正，乃所利也。二有刚正之德，幽静之人也。二之才如是，而言利贞者，利，言宜于如是之贞，非不足而为之戒也。

《象》曰：利幽人之贞，未变常也。

守其幽贞，未失夫妇常正之道也。世人以媟狎为常，故以贞静为变常，不知乃常久之道也。

六三，归妹以须，反归以娣。

三居下之上，本非贱者，以失德而无正应，故为欲有归而未得其归。须，待也。待者，未有所適也。六居三，不当位，德不正也。柔而尚刚，行不顺也。为说之主，以说求归，动非礼也。上无应，无受之者也。无所適故须也。女子之处如是，人谁取之？不可以为人配矣。当反归而求为娣媵则可也，以不正而失其所也。

《象》曰：归妹以须，未当也。

未当者，其处、其德、其求归之道皆不当，故无取之者，所以须也。

九四，归妹愆期，迟归有时。

九以阳居四，四上体，地之高也。阳刚在女子为正德，贤明者也。无正应，未得其归也。过时未归，故云愆期。女子居贵高之地，有贤明之资，人情所愿娶，故其愆期乃为有时，盖自有待，非不售也，待得佳配而后行也。九居四，虽不当位，而处柔乃妇人之道。以无应故为愆期之义，而圣人推理，以女贤而愆期，盖有待也。

《象》曰：愆期之志，有待而行也。

所以愆期者，由己而不由彼。贤女，人所愿娶，所以愆期，乃其志欲有所待，待得佳配而后行也。

六五，帝乙归妹，其君之袂，不如其娣之袂良。月几望吉。

六五居尊位，妹之贵高者也。下应于二，为下嫁之象。王姬下嫁，自古而然。至帝乙而后正婚姻之礼，明男女之分，虽至贵之女，不得失柔巽之道，有贵骄之志。故《易》中阴尊而谦降者，则曰“帝乙归妹”，泰六五是也。贵女之归，唯谦降以从礼，乃尊高之德也，不事容饰以说于人也。娣媵者，以容饰为事者也。衣袂所以为容饰也。六五尊贵之女，尚礼而不尚饰，故其袂不及其娣之袂良也。良，美好也。月望，阴之盈也，盈则敌阳矣。几望，未至于盈也。五之贵高，常不至于盈极，则不亢其夫，乃为吉也。女之处尊贵之道也。

《象》曰：帝乙归妹，不知其娣之袂良也；其位在中，以贵行也。

以帝乙归妹之道言。其袂不如其娣之袂良，尚礼而不尚饰也。五以柔中，在尊高之位，以尊贵而行中道也。柔顺降屈，尚礼而不尚饰，乃中道也。

上六，女承筐无实，士刲羊无血，无攸利。

上六，女归之终而无应，女归之无终者也。妇者，所以承先祖，奉祭祀。不能奉祭祀，则不可以为妇矣。筐篚之实，妇职所供也。古者房中之俎菹歜之类，后夫人职之。诸侯之祭，亲割牲，卿大夫皆然，割取血以祭。礼云血祭，盛气也。女当承事筐篚而无实，无实则无以祭，谓不能奉祭祀也。夫妇共承宗庙，妇不能奉祭祀，乃夫不能承祭祀也。故刲羊而无血，亦无以祭也，谓不可以承祭祀也。妇不能奉祭祀，则当离绝矣，是夫妇之无终者也，何所往而利哉？

《象》曰：上六无实，承虚筐也。

筐无实，是空筐也。空筐可以祭乎？言不可以奉祭祀也。女不可以承祭祀，则离绝而已，是女归之无终者也。

䷶ 离下 震上

《丰》，《序卦》：“得其所归者必大，故受之以丰。”物所归聚，必成其大，故归妹之后，受之以丰也。丰，盛大之义。为卦，震上离下。震，动也。离，明也。以明而动，动而能明，皆致丰之道；明足以照，动足以亨，然后能致丰大也。

丰：亨，王假之，勿忧，宜日中。

丰为盛大，其义自亨。极天下之光大者，唯王者能至之。假，至也。天位之尊，四海之富，群生之众，下道之大，极丰之道，其唯王者乎！丰之时，人民之繁庶，事物之殷盛，治之岂易周？为可忧虑。宜如日中之盛明广照，无所不及，然后无忧也。

《彖》曰：丰，大也，明以动故丰。

丰者盛大之义。离明而震动，明动相资，而成丰人也。

王假之，尚大也。

王者有四海之广，兆民之众，极天下之大也，故丰大之道，唯王者能致之。所有既大，其保之治之之道亦当大也，故王者之所尚至大也。

勿忧，宜日中，宜照天下也。

所有既广，所治既众，当忧虑其不能周及，宜如日中之盛明，普照天下，无所不至，则可勿忧矣。如是，然后能保其丰大。保有丰大，岂小才小知之所能也？

日中则昃，月盈则食，天地盈虚，与时消息，而况于人乎？况于鬼神乎？

既言丰盛之至，复言其难常，以为诫也。日中盛极，则当昃昳；月既盈满，则有亏缺。天地之盈虚，尚与时消息，况人与鬼神乎？盈虚谓盛衰，消息谓进退。天地之运，亦随时进退也。鬼神谓造化之迹，于万物盛衰，可见其消息也。于丰盛之时而为此诫，欲其守中，不至过盛。处丰之道，岂易也哉？

《象》曰：雷电皆至，丰，君子以折狱致刑。

雷电皆至，明震并行也。二体相合，故云皆至。明动相资，成丰之象。离，明也，照察之象。震，动也，威断之象。折狱者必照其情实，唯明克允；致刑者以威于奸恶，唯断乃成。故君子观雷电明动之象，以折狱致刑也。《噬嗑》言先王饬法，《丰》言君子折狱。以明在上而丽于威震，王者之事，故为制刑立法。以明在下而丽于威震，君子之用，故为折狱致刑。《旅》，明在上，而云君子者，《旅》取慎用刑与不留狱，君子皆当然也。

初九，遇其配主，虽旬无咎，往有尚。

雷电皆至，成丰之象；明动相资，致丰之道。非明无以照，非动无以行，相须犹形影，相资犹表里。初九明之初，九四动之初，宜相须以成其用，故虽旬而相应。位则相应，用则相资，故初谓四为配主，己所配也。配虽匹称，然就之者也。如配天以配君子，故初于四云配，四于初云夷也。虽旬无咎：旬，均也。天下之相应者，常非均敌。如阴之应阳，柔之从刚，下之附上，敌则安肯相从？唯丰之初、四，其用则相资，其应则相成，故虽均是阳刚，相从而无过咎也。盖非明则动无所之，非动则明无所用，相资而成用。同舟则胡越一心，共难则仇怨协力，事势使然也。往而相从，则能成其丰，故云有尚，有可嘉尚也。在他卦，则不相下而离隙矣。

《象》曰：虽旬无咎，过旬灾也。

圣人因时而处宜，随事而顺理。夫势均则不相下者，常理也。然有虽敌而相资者，则相求也，初、四是也，所以虽旬而无咎也。与人同而力均者，在乎降己以相求，协力以从事。若怀先己之私，有加上之意，则患当至矣，故曰过旬灾也。均而先己，是过旬也。一求胜，则不能同矣。

六二，丰其蔀，日中见斗，往得疑疾，有孚发若，吉。

明动相资，乃能成丰。二为明之主，又得中正，可谓明者也，而五在正应之地，阴柔不正，非能动者。二五虽皆阴，而在明动相资之时，居相应之地，五才不足，既其应之才不足资，则独明不能成丰，既不能成丰，则丧其明功，故为丰其蔀。日中见斗：二，至明之才，以所应不足与而不能成其丰，丧其明功，无明功则为昏暗，故云见斗。斗，昏见者也。蔀，周匝之义，用障蔽之物掩晦于明者也。斗属阴而主运，平象。五以阴柔而当君位，日中盛明之时，乃见斗，犹丰大之时，乃遇柔弱之主。斗以昏见，言见斗，则是明丧而暗矣。二虽至明中正之才，所遇乃柔暗不正之君，既不能下求于己，若往求之，则反得疑猜忌疾，暗主如是也。然则如之何而可？夫君子之事上也，不得其心，则尽其至诚，以感发其志意而已。苟诚意能动，则虽昏蒙可开也，虽柔弱可辅也，虽不正可正也。古人之事庸君常主，而克行其道者，己之诚意上达，而君见信之笃耳。管仲之相桓公，孔明之辅后主是也。若能以诚信发其志意，则得行其道，乃为吉也。

《象》曰：有孚发若，信以发志也。

有孚发若，谓以己之孚信，感发上之心志也。苟能发，则其吉可知，虽柔暗，有可发之道也。

九三，丰其沛，日中见沬，折其右肱，无咎。

沛字，古本有作旆字者。王弼以为幡幔，则是旆也。幡幔，围蔽于内者。丰其沛，其暗更甚于蔀也。三，明体，而反暗于四者，所应阴暗故也。三居明体之上，阳刚得正，本能明者也。丰之道，必明动相资而成。三应于上，上阴柔，又无位而处震之终，既终则止矣，不能动者也。他卦至终则极，震至终则止矣。三无上之应，则不能成丰。沬，星之微小无名数者。见沬，暗之甚也。丰之时而遇上六，日中而见沬者也。右肱，人之所用，乃折矣，其无能为可知。贤智之才，遇明君则能有为于天下。上无可赖之主，则不能有为，如人之折其右肱也。人之为有所失，则有所归咎，曰由是故致是。若欲动而无右肱，欲为而上无所赖，则不能而已，更复何言？无所归咎也。

《象》曰：丰其沛，不可大事也；折其右肱，终不可用也。

三应于上，上阴而无位，阴柔无势力，而处既终，其可共济大事乎？既无所赖，如右肱之折，终不可用矣。

九四，丰其蔀，日中见斗，遇其夷主，吉。

四虽阳刚，为动之主，又得大臣之位，然以不中正，遇阴暗柔弱之主，岂能致丰大也？故为丰其蔀。蔀，周围掩蔽之物。周围则不大，掩蔽则不明。日中见斗，当盛明之时，反昏暗也。夷主，其等夷也，相应故谓之主。初四皆阳而居初，是其德同，又居相应之地，故为夷主。居大臣之位，而得在下之贤，同德相辅，其助岂小也哉？故吉也。如四之才，得在下之贤为之助，则能致丰大乎？曰：在下者上有当位为之与，在上者下有贤才为之助，岂无益乎？故吉也。然而致天下之丰，有君而后能也。五阴柔居尊，而震体，无虚中巽顺下贤之象，下虽多贤，亦将何为？盖非阳刚中正，不能致天下之丰也。

《象》曰：丰其蔀，位不当也。

位不当，谓以不中正居高位，所以暗而不能致丰。

日中见斗，幽不明也。

谓幽暗不能光明，君阴柔而臣不中正故也。

遇其夷主，吉行也。

阳刚相遇，吉之行也。下就于初，故云行；下求则为吉也。

六五，来章有庆誉，吉。

五以阴柔之才，为丰之主，固不能成其丰大。若能来致在下章美之才而用之，则有福庆，复得美誉，所谓吉也。六二，文明中正，章美之才也。为五者，诚能致之在位而委任之，可以致丰大之庆、名誉之美，故吉也。章美之才，主二而言。然初与三四，皆阳刚之才，五能用贤，则彙征矣。二虽阴，有文明中正之德，大贤之在下者也。五与二虽非阴阳正应，在明动相资之时，有相为用之义。五若能来章，则有庆誉而吉也。然六五无虚己下贤之义，圣人设此义以为教耳。

《象》曰：六五之吉，有庆也。

其所谓吉者，可以有庆福及于天下也。人君虽柔暗，若能用贤才，则可以为天下之福，唯患不能耳。

上六，丰其屋，蔀其家，闚其户，阒其无人，三岁不觌，凶。

六以阴柔之质，而居丰之极，处动之终，其满假躁动甚矣。处丰大之时，宜乎谦屈，而处极高，致丰大之功，在乎刚健，而体阴柔，当丰大之任，在乎得时，而不当位。如上六者，处无一当，其凶可知。丰其屋，处太高也。蔀其家，居不明也。以阴柔居丰大，而在无位之地，乃高亢昏暗，自绝于人，人谁与之？故闚其户，阒其无人也。至于三岁之久而不知变，其凶宜矣。不觌，谓尚不见人，盖不变也。六居卦终，有变之义，而不能迁，是其才不能也。

《象》曰：丰其屋，天际翔也。闚其户，阒其无人，自藏也。

六处丰大之极，在上而自高，若飞翔于天际，谓其高大之甚。闚其户而无人者，虽居丰大之极，而实无位之地，人以其昏暗自高大，故皆弃绝之，自藏避而弗与亲也。

䷷ 艮下 离上

《旅》，《序卦》："丰大也，穷大者必失其居，故受之以旅。"丰盛至于穷极，则必失其所安，旅所以次丰也。为卦，离上艮下。山止而不迁，火行而不居，违去而不处之象，故为旅也。又丽乎外，亦旅之象。

旅：小亨，旅贞吉。

以卦才言也。如卦之才，可以小亨，得旅之贞正而吉也。

《彖》曰：旅小亨，柔得中乎外，而顺乎刚，止而丽乎明，是以小亨旅贞吉也。

六上居五，柔得中乎外也。丽乎上下之刚，顺乎刚也。下艮止，上离丽，止而丽于明也。柔顺而得在外之中，所止能丽于明，是以小亨，得旅之贞正而吉也。旅困之时，非阳刚中正，有助于下，不能致大亨也。所谓得在外之中，中非一揆，旅有旅之中也。止丽于明，则不失时宜，然后得处旅之道。

旅之时义大矣哉！

天下之事，当随时各適其宜，而旅为难处，故称其时义之大。

《象》曰：山上有火，旅，君子以明慎用刑，而不留狱。

火之在高，明无不照。君子观明照之象，则以明慎用刑，明不可恃，故戒于慎明，而止亦慎象。观火行不处之象，则不留狱。狱者不得已而设，民有罪而入，岂可留滞淹久也？

初六，旅琐琐，斯其所取灾。

六以阴柔在旅之时，处于卑下，是柔弱之人，处旅困而在卑贱，所存污下者也。志卑之人，既处旅困，鄙猥琐细，无所不至，乃其所以致悔辱，取灾咎也。琐琐，猥细之状。当旅困之时，才质如是，上虽有援，无能为也。四，阳性而离体，亦非就下者也，又在旅，与他卦为大臣之位者异矣。

《象》曰：旅琐琐，志穷灾也。

志意穷迫，益自取灾也。灾眚，对言则有分，独言则谓灾患耳。

六二，旅即次，怀其资，得童仆贞。

二有柔顺中正之德，柔顺则众与之，中正则处不失当，故能保其所有，童仆亦尽其忠信。虽不若五有文明之德，上下之助，亦处旅之善者也。次舍，旅所安也。财货，旅所资也。童仆，旅所赖也。得就次舍，怀畜其资财，又得童仆之贞良，旅之善也。柔弱在下者童也，强壮处外者，仆也。二，柔顺中正，故得内外之心。在旅所亲比者，童仆也。不云吉者，旅寓之际，得免于灾厉，则已善矣。

《象》曰：得童仆贞，终无尤也。

羁旅之人所赖者童仆也，既得童仆之忠贞，终无尤悔矣。

九三，旅焚其次，丧其童仆贞，厉。

处旅之道，以柔顺谦下为先。三，刚而不中，又居下体之上，与艮之上，有自高之象。在旅而过刚自高，致困灾之道也。自高则不顺于上，故上不与而焚其次，失所安也。上离为焚象，过刚则暴下，故下离而丧其童仆之贞信，谓失其心也。如此，则危厉之道也。

《象》曰：旅焚其次，亦以伤矣；以旅与下，其义丧也。

旅焚失其次舍，亦以困伤矣。以旅之时，而与下之道如此，义当丧也。在旅而以过刚自高待下，必丧其忠贞，谓失其心也。在旅而失其童仆之心，为可危也。

九四，旅于处，得其资斧，我心不快。

四，阳刚，虽不居中，而处柔在上体之下，有用柔能下之象，得旅之宜也。以刚明之才，为五所与，为初所应，在旅之善者也。然四非正位，故虽得其处止，不若二之就次舍也。有刚明之才，为上下所与，乃旅而得货财之资，器用之利也。虽在旅为善，然上无刚阳之与，下唯阴柔之应，故不能伸其才，行其志，其心不快也。云我者，据四而言。

《象》曰：旅于处，未得位也；得其资斧，心未快也。

四以近君为当位，在旅，五不取君义，故四为未得位也。曰：然则以九居四不正为有咎矣。曰：以刚居柔，旅之宜也。九以刚明之才，欲得时而行其志，故虽得资斧，于旅为善，其心志未快也。

六五，射雉，一矢亡，终以誉命。

六五有文明柔顺之德，处得中道而上下与之，处旅之至善者也。人之处旅，能合文明之道，可谓善矣。羁旅之人，动而或失，则困辱随之；动而无失，然后为善。离为雉，文明之物。射雉，谓取则于文明之道而必合。如射雉，一矢而亡之，发无不中，则终能致誉命也。誉，令闻也。命，福禄也。五居文明之位，有文明之德，故动必中文明之道也。五，君位，人君无旅，旅则失位，故不取君义。

《象》曰：终以誉命，上逮也。

有文明柔顺之德，则上下与之。逮，与也。能顺承于上而上与之，为上所逮也。言上而得乎下，为下所上逮也。在旅而上下与之，所以致誉命也。旅者，困而未得所安之时也。终以誉命，终当致誉命也。已誉命，则非旅也。困而亲寡则为旅，不必在外也。

上九，鸟焚其巢，旅人先笑，后号咷，丧牛于易，凶。

鸟，飞腾处高者也。上九，刚不中而处最高，又离体，其亢可知，故取鸟象。在旅之时，谦降柔和，乃可自保，而过刚自高，失其所宜安矣。巢，鸟所安止。焚其巢，失其所安，无所止也。在离上为焚象。阳刚自处于至高，始快其意，故先笑；既而失安莫与，故号咷。轻易以丧其顺德，所以凶也。牛，顺物。丧牛于易，谓忽易以失其顺也。离火性上，为躁易之象。上承鸟焚其巢，故更加旅人字。不云旅人，则是鸟笑哭也。

《象》曰：以旅在上，其义焚也，丧牛于易，终莫之闻也。

以旅在上，而以尊高自处，岂能保其居？其义当有焚巢之事。方以极刚自高，为得志而笑，不知丧其顺德于躁易，是终莫之闻，谓终不自闻知也。使自觉知，则不至于极而号咷矣。阳刚不中而处极，固有高亢躁动之象，而火复炎上，则又甚焉。

☴ 巽下 巽上

《巽》，《序卦》："旅而无所容，故受之以巽，巽者入也。"羁旅亲寡，非巽顺何所取容？苟能巽顺，虽旅困之中，何往而不能入？巽所以次旅也。为卦，一阴在二阳之下，巽顺于阳，所以为巽也。

巽：小亨，利有攸往，利见大人。

卦之才可以小亨，利有攸往，利见大人也。巽与兑皆刚，中正巽说，义亦相类，而兑则亨，巽乃小亨者，兑阳之为也，巽阴之为也，兑柔在外用柔也，巽柔在内性柔也，巽之亨所以小也。

《象》曰：重巽以申命。

重巽者，上下皆巽也。上顺道以出命，下奉命而顺从，上下皆顺，重巽之象也。又重为重复之义。君子体重巽之义，以申复其命令。申，重复也，丁宁之谓也。

刚巽乎中正而志行，柔皆顺乎刚，是以小亨。

以卦才言也。阳刚居巽，而得中正，巽顺于中正之道也。阳性上，其志在以中正之道上行也。又上下之柔，皆巽顺于刚，其才如是，虽内柔，可以小亨也。

利有攸往，利见大人。

巽顺之道，无往不能入，故利有攸往。巽顺虽善道，必知所从，能巽顺于阳刚中正之大人，则为利，故利见大人也。如五二之阳刚中正，大人也。巽顺不于大人，未必不为过也。

《象》曰：随风巽，君子以申命行事。

两风相重，随风也。随，相继之义。君子观重巽相继以顺之象，而以申命令，行政事，随与重，上下皆顺也。上顺下而出之，下顺上而从之，上下皆顺，重巽之义也。命令政事，顺理则合民心，而民顺从矣。

初六，进退，利武人之贞。

六以阴柔居卑，巽而不中，处最下而承刚，过于卑巽者也。阴柔之人，卑巽太过，则志意恐畏而不安，或进或退，不知所从，其所利在武人之贞。若能用武人刚贞之志，则为宜也。勉为刚贞，则无过卑恐畏之失矣。

《象》曰：进退，志疑也。利武人之贞，志治也。

进退不知所安者，其志疑惧也。利用武人之刚贞以立其志，则其志治也。治谓修立也。

九二，巽在床下，用史巫纷若，吉无咎。

二居巽时，以阳处阴而在下，过于巽者也。床，人之所安。巽在床下，是过于巽，过所安矣。人之过于卑巽，非恐怯，则谄说，皆非正也。二实刚中，虽巽体而居柔，为过于巽，非有邪心也。恭巽之过，虽非正礼，可以远耻辱、绝怨咎，亦吉道也。史巫者，通诚意于神明者也。纷若，多也。苟至诚安于谦巽，能使通其诚意者多，则吉而无咎，谓其诚足以动人也。人不察其诚意，则以过巽为谄矣。

《象》曰：纷若之吉，得中也。

二以居柔在下，为过巽之象，而能使通其诚意者众多纷然，由得中也。阳居中，为中实之象。中既诚实，则人自当信之。以诚意，则非谄畏也，所以吉而无咎。

九三，频巽，吝。

三以阳处刚，不得其中，又在下体之上，以刚亢之质而居巽顺之时，非能巽者，勉而为之，故屡失也。居巽之时，处下而上临之以巽，又四以柔巽相亲，所乘者刚，而上复有重刚，虽欲不巽，得乎？故频失而频巽，是可吝也。

《象》曰：频巽之吝，志穷也。

三之才质，本非能巽，而上临之以巽，承重刚而履刚势，不得行其志，故频失而频巽，是其志穷困，可吝之甚也。

六四，悔亡，田获三品。

阴柔无援，而承乘皆刚，宜有悔也。而四以阴居阴，得巽之正，在上体之下，居上而能下也。居上之下，巽于上也。以巽临下，巽于下也。善处如此，故得悔亡。所以得悔亡，以如田之获三品也。田获三品，及于上下也。田猎之获分三品，一为乾豆，一供宾客与充庖，一颁徒御。四能巽于上下之阳，如田之获三品，谓遍及上下也。四之地本有悔，以处之至善，故悔亡而复有功。天下之事，苟善处，则悔或可以为功也。

《象》曰：田获三品，有功也。

巽于上下，如田之获三品而遍及上下，成巽之功也。

九五，贞吉悔亡，无不利，无初有终，先庚三日，后庚三日，吉。

五居尊位，为巽之主，命令之所出也。处得中正，尽巽之善，然巽者柔顺之道，所利在贞，非五之不足，在巽当戒也。既贞则吉而悔亡，无所不利。贞，中正也。处巽出令，皆以中正为吉。柔巽而不贞，则有悔，安能无所不利也？命令之出，有所变更也。无初，始未善也。有终，更之使善也。若已善，则何用命也？何用更也？先庚三日，后庚三日，吉：出命更改之道当如是也。甲者，事之端也。庚者：变更之始也。十干，戊、己为中，过中则变，故谓之庚。事之改更，当“原始要终”，如先甲、后甲之义，如是则吉也。解在蛊卦。

《象》曰：九五之吉，位正中也。

九五之吉，以处正中也。得正中之道则吉，而其悔亡也。正中，谓不过无不及，正得其中也。处柔巽与出命令，唯得中为善，失中则悔也。

上九，巽在床下，丧其资斧，贞凶。

床，人所安也。在床下，过所安之义也。九居巽之极，过于巽者也。资，所有也。斧，以断也。阳刚本有断，以过巽而失其刚断，失其所有，丧资斧也。居上而过巽，至于自失，在正道为凶也。

《象》曰：巽在床下，上穷也，丧其资斧，正乎？凶也。

巽在床下，过于巽也。处卦之上，巽至于穷极也。居上而过极于巽，至于自失，得为正乎？乃凶道也。巽本善行，故疑之曰得为正乎？复断之曰乃凶也。

䷹ 兑下 兑上

兑，《序卦》：“巽者入也，入而后说之，故受之以兑，兑者说也。”物相入则相说，相说则相入，兑所以次巽也。

兑：亨，利贞。

兑，说也。说，致亨之道也。能说于物，物莫不说而与之，足以致亨。然为说之道，利于贞正。非道求说，则为邪谄而有悔咎，故戒利贞也。

《彖》曰：兑，说也。刚中而柔外，说以利贞，是以顺乎天而应乎人。说以先民，民忘其劳，说以犯难，民忘其死。说之大，民劝矣哉！

兑之义，说也。一阴居二阳之上，阴说于阳，而为阳所说也。

阳刚居中，中心诚实之象；柔爻在外，接物和柔之象，故为说而能贞也。利贞，说之道宜正也。卦有刚中之德，能贞者也。说而能贞，是以上顺天理，下应人心，说道之至正至善者也。若夫违道以干百姓之誉者，苟说之道，违道不顺天，干誉非应人，苟取一时之说耳，非君子之正道。君子之道，其说于民，如天地之施，感于其心而说服无斁。故以之先民，则民心说随而忘其劳；率之以犯难，则民心说服于义而不恤其死。说道之大，民莫不知劝。劝谓信之，而勉力顺从。人君之道，以人心说服为本，故圣人赞其大。

《象》曰：丽泽兑，君子以朋友讲习。

丽泽，二泽相附丽也。两泽相丽，交相浸润，互有滋益之象。故君子观其象，而以朋友讲习。朋友讲习，互相益也。先儒谓天下之可说，莫若朋友讲习。朋友讲习，固可说之大者，然当明相益之象。

初九，和兑吉。

初虽阳爻，居说体而在最下，无所系应，是能卑下和顺以为说，而无所偏私者也。以和为说而无所偏私，说之正也。阳刚则不卑，居下则能巽，处说则能和，无应则不偏，处说如是，所以吉也。

《象》曰：和兑之吉，行未疑也。

有求而和，则涉于邪谄。初随时顺处，心无所系，无所为也，以和而已，是以吉也。《象》又以其处说在下而非中正，故云行未疑也。其行未有可疑，谓未见其有失也，若得中正，则无是言也。说以中正为本，爻直陈其义，《象》则推而尽之。

九二，孚兑吉，悔亡。

二承比阴柔，阴柔，小人也，说之则当有悔。二，刚中之德孚信内充，虽比小人，自守不失。君子和而不同，说而不失刚中，故吉而悔亡。非二之刚中，则有悔矣，以自守而亡也。

《象》曰：孚兑之吉，信志也。

心之所存为志。二，刚实居中，孚信存于中也。志存诚信，岂至说小人而自失乎？是以吉也。

六三，来兑，凶。

六三阴柔不中正之人，说不以道者也。来兑，就之以求说也。比于在下之阳，枉己非道，就以求说，所以凶也。之内为来。上下俱阳，而独之内者，以同体而阴性下也，失道下行也。

《象》曰：来兑之凶，位不当也。

自处不中正，无与而妄求说，所以凶也。

九四，商兑未宁，介疾有喜。

四上承中正之五，而下比柔邪之三，虽刚阳而处非正。三，阴柔，阳所说也，故不能决而商度。未宁，谓拟议所从而未决，未能有定也。两间谓之介，分限也。地之界则加田，义乃同也。故人有节守谓之介。若介然守正，而疾远邪恶，则有喜也。从五正也，说三邪也。四，近君之位，若刚介守正，疾远邪恶，将得君以行道，福庆及物为有喜也。若四者，得失未有定，系所从耳。

《象》曰：九四之喜，有庆也。

所谓喜者，若守正而君说之，则得行其刚阳之道，而福庆及物也。

九五，孚于剥，有厉。

九五得尊位而处中正，尽说道之善矣，而圣人复设有厉之戒，盖尧、舜之盛，未尝无戒也，戒所当戒而已。虽圣贤在上，天下未尝无小人，然不敢肆其恶也，圣人亦说其能勉而革而也。彼小人者，未尝不知圣贤之可说也。如四凶处尧朝，隐恶而顺命是也。圣人非不知其终恶也，取其畏罪而强仁耳。五若诚心信小人之假善为实善，而不知其包藏，则危道也。小人者，备之不至则害于善，圣人为戒之意深矣。剥者，消阳之名。阴，消阳者也，盖指上六，故孚于剥则危也。以五在说之时，而密比于上六，故为之戒。虽舜之圣，且畏巧言令色，安得不戒也？说之惑人，易入而可惧也如此。

《象》曰：孚于剥，位正当也。

戒孚于剥者，以五所处之位正当戒也。密比阴柔，有相说之道，故戒在信之也。

上六，引兑。

他卦至极则变，兑为说极则愈说。上六成说之主，居说之极，说不知已者也。故说既极矣，又引而长之。然而不至悔咎，何也？曰：方言其说不知已，未见其所说善恶也；又下乘九五之中正，无所施其邪说。六三则承乘皆非正，是以有凶。

《象》曰：上六引兑，未光也。

说既极矣，又引而长之，虽说之之心不已，而事理已过，实无所说。事之盛，则有光辉。既极而强引之长，其无意味甚矣，岂有光也？未，非必之辞，《象》中多用。非必能有光辉，谓不能光也。

䷺ 坎下 巽上

《涣》，《序卦》："兑者说也，说而后散之，故受之以涣。"说则舒散也，人之气忧则结聚，说则舒散，故说有散义，涣所以继兑也。为卦，巽上坎下。风行于水上，水遇风则涣散，所以为涣也。

涣：亨，王假有庙，利涉大川，利贞。

涣，离散也。人之离散，由乎中；人心离，则散矣。治乎散，亦本于中；能收合人心，则散可聚也。故卦之义，皆主于中。利贞，合涣散之道在乎正固也。

《彖》曰：涣亨，刚来而不穷，柔得位乎外，而上同。

涣之能亨者，以卦才如是也。涣之成涣，由九来居二，六上居四也。刚阳之来，则不穷极于下而处得其中；柔之往，则得正位于外而上同于五之中。巽顺于五，乃上同也。四、五，君臣之位，当涣而比，其义相通，同五乃从中也。当涣之时而守其中，则不至于离散，故能亨也。

王假有庙，王乃在中也。

王假有庙之义，在《萃》卦详矣。天下离散之时，王者收合人心，至于有庙，乃是在其中也。在中谓求得其中，摄其心之谓也。中者心之象。刚来而不穷，柔得位而上同，卦才之义，皆主于中也。王者拯涣之道，在得其中而已。孟子曰："得其民有道，得其心斯得民矣。"享帝立庙，民心所归从也。归人心之道，无大于此，故云至于有庙，拯涣之道极于此也。

利涉大川，乘木有功也。

治涣之道，当济于险难，而卦有乘木济川之象。上巽，木也；下坎，水，大川也。利涉险以济涣也。木在水上，乘木之象，乘木所以涉川也。涉则有济涣之功，卦有是义，有是象也。

《象》曰：风行水上，涣，先王以享于帝，立庙。

风行水上，有涣散之象。先王观是象，救天下之涣散，至于享帝立庙也。收合人心，无如宗庙。祭祀之报，出于其心。故享帝立庙，人心之所归也。系人心，合离散之道，无大于此。

初六，用拯马壮，吉。

六居卦之初，涣之始也。始涣而拯之，又得马壮，所以吉也。六爻独初不云涣者，离散之势，辨之宜早，方始而拯之，则不至于涣也，为教深矣。马，人之所托也。托于壮马，故能拯涣。马谓二也。二有刚中之才，初阴柔顺，两皆无应，无应则亲比相求。初之柔顺，而托于刚中之才，以拯其涣，如得壮马以致远，必有济矣，故吉也。涣拯于始，为力则易，时之顺也。

《象》曰：初六之吉，顺也。

初之所以吉者，以其能顺从刚中之才也。始涣而用拯，能顺乎时也。

九二，涣奔其机，悔亡。

诸爻皆云涣，谓涣之时也。在涣离之时，而处险中，其有悔可知。若能奔就所安，则得悔亡也。机者，俯凭以为安者也。俯，就下也。奔，急往也。二与初虽非正应，而当涣离之时，两皆无与，以阴阳亲比相求，则相赖者也。故二目初为机，初谓二为马。二急就于初以为安，则能亡其悔矣。初虽坎体，而不在险中也。或疑初之柔微，何足赖？盖涣之时，合力为胜。先儒皆以五为机，非也。方涣离之时，二阳岂能同也？若能同，则成济涣之功当大，岂止悔亡而已？机谓俯就也。

《象》曰：涣奔其机，得愿也。

涣散之时，以合为安。二居险中，急就于初，求安也。赖之如机而亡其悔，乃得所愿也。

六三，涣其躬，无悔。

三在涣时，独有应与，无涣散之悔也。然以阴柔之质，不中正之才，上居无位之地，岂能拯时之涣而及人也？止于其身，可以无悔而已。上加“涣”字，在涣之时，躬无涣之悔也。

《象》曰：涣其躬，志在外也。

志应于上，在外也。与上相应，故其身得免于涣而无悔。悔亡者，本有而得亡；无悔者，本无也。

六四，涣其群，元吉。涣有丘，匪夷所思。

涣，四、五二爻义相须，故通言之，《象》故曰上同也。四，巽顺而正，居大臣之位；五，刚中而正，居君位。君臣合力，刚柔相济，以拯天下之涣者也。方涣散之时，用刚则不能使之怀附，用柔则不足为之依归。四以巽顺之正道，辅刚中正之君，君臣同功，所以能济涣也。天下涣散，而能使之群聚，可谓大善之吉也。涣有丘，匪夷所思，赞美之辞也。丘，聚之大也。方涣散而能致其大聚，其功甚大，其事甚难，其用至妙。夷，平常也。非平常之见所能思及也。非大贤智，孰能如是？

《象》曰：涣其群，元吉，光大也。

称元吉者，谓其功德光大也。元吉光大不在五而在四者，二爻之义通言也。于四言其施用，于五言其成功，君臣之分也。

九五，涣汗其大号，涣王居，无咎。

五与四君臣合德，以刚中正巽顺之道，治涣得其道矣。唯在浃洽于人心，则顺从也。当使号令洽于民心，如人身之汗浃于四体，则信服而从矣。如是，则可以济天下之涣，居王位为称而无咎。大号，大政令也，谓新民之大命，救涣之大政。再云涣者，上谓涣之时，下谓处涣如是则无咎也。在四已言元吉，五唯言称其位也。涣之四、五通言者，涣以离散为害，拯之使合也。非君臣同功合力，其能济乎？爻义相须，时之宜也。

《象》曰：王居无咎，正位也。

王居，谓正位人君之尊位也。能如五之为，则居尊位为称而无咎也。

上九，涣其血去逖出，无咎。

涣之诸爻皆无系应，亦涣离之象。惟上应于三，三居险陷之极，上若下从于彼，则不能出于涣也。险有伤害畏惧之象，故云血惕。然九以阳刚处涣之外，有出涣之象，又居巽之极，为能巽顺于事理，故云若能使其血去，其惕出，则无咎也。其者，所有也。涣之时，以能合为功，独九居涣之极，有系而临险，故以能出涣远害为善也。

《象》曰：涣其血，远害也。

若如《象》文为涣其血，乃与“屯其膏”同也，义则不然。盖“血”字下脱“去”字，血去惕出，谓能远害则无咎也。

䷻ 兑下 坎上

《节》，《序卦》：“涣者离也，物不可以终离，故受之以节。”物既离散，则当节止之，节所以次涣也。为卦，泽上有水。泽之容有限，泽上置水，满则不容，为有节之象，故为节。

节：亨，苦节不可贞。

事既有节，则能致亨通，故节有亨义。节贵适中，过则苦矣。节至于苦，岂能常也？不可固守以为常，不可贞也。

《彖》曰：节亨，刚柔分而刚得中。

节之道，自有亨义，事有节则能亨也。又卦之才，刚柔分处，刚得中而不过，亦所以为节，所以能亨也。

苦节不可贞，其道穷也。

节至于极而苦，则不可坚固常守，其道已穷极也。

说以行险，当位以节，中正以通。

以卦才言也。内兑外坎，说以行险也。人于所说则不知已，遇艰险则思止。方说而止，为节之义。当位以节，五居尊当位也，在泽上，有节也。当位而以节，主节者也。处得中正，节而能通也。中正则通，过则苦矣。

天地节而四时成，节以制度，不伤财，不害民。

推言节之道。天地有节故能成四时，无节则失序也。圣人立制度以为节，故能不伤财害民。人欲之无穷也，苟非节以制度，则侈肆，至于伤财害民矣。

《象》曰：泽上有水，节，君子以制数度，议德行。

泽之容水有限，过则盈溢，是有节，故为节也。君子观节之象，以制立数度。凡物之大小、轻重、高下、文质，皆有数度，所以为节也。数，多寡。度，法制。议德行者，存诸中为德，发于外为行。人之德行当义则中节。议，谓商度求中节也。

初九，不出户庭，无咎。

户庭，户外之庭；门庭，门内之庭。初以阳在下，上复有应，非能节者也；又当节之初，故戒之谨守，至于不出户庭，则无咎也。初能固守，终或渝之。不谨于初，安能有卒？故于节之初，为戒甚严也。

《象》曰：不出户庭，知通塞也。

爻辞于《节》之初，戒之谨守，故云不出户庭则无咎也。《象》恐人之泥于言也，故复明之云：虽当谨守，不出户庭，又必知时之通塞也。通则行，塞则止，义当出则出矣。尾生之信，水至不去，不知通塞也，故君子贞而不谅。《系辞》所解，独以言者，在人所节，唯言与行，节于言则行可知，言当在先也。

九二，不出门庭，凶。

二虽刚中之质，然处阴居说而承柔。处阴，不正也，居说，失刚也；承柔，近邪也。节之道，当以刚中正。二失其刚中之德，与九五刚中正异矣。不出门庭，不之于外也，谓不从于五也。二、五非阴阳正应，故不相从。若以刚中之道相合，则可以成节之功。唯其失德失时，是以凶也。不合于五，乃不正之节也。以刚中正为节，如惩忿窒欲，损过抑有余是也。不正之节，如啬节于用，懦节于行是也。

《象》曰：不出门庭凶，失时极也。

不能上从九五刚中正之道，成节之功，乃系于私暱之阴柔，是失时之至极，所以凶也。失时，失其所宜也。

六三，不节若则嗟若，无咎。

六三不中正，乘刚而临险，固宜有咎。然柔顺而和说，若能自节而顺于义，则可以无过。不然，则凶咎必至，可伤嗟也。故不节若则嗟若，己所向致，无所归咎也。

《象》曰：不节之嗟，又谁咎也？

节则可以免过，而不能自节，以致可嗟，将谁咎乎？

六四，安节，亨。

四顺承九五刚中正之道，是以中正为节也。以阴居阴，安于正也。当位为有节之象。下应于初。四，坎体，水也。水上溢为无节，就下有节也。如四之义，非强节之，安于节者也，故能致亨。节以安为善。强守而不安，则不能常，岂能亨也？

《象》曰：安节之亨，承上道也。

四能安节之义非一，《象》独举其重者。上承九五刚中正之道以为节，足以亨矣，余善亦不出于中正也。

九五，甘节吉，往有尚。

九五刚中正，居尊位，为节之主，所谓当位以节，中正以通者也。在己则安，行天下则说，从节之甘美者也，其吉可知。以此而行，其功大矣，故往则有可嘉尚也。

《象》曰：甘节之吉，居位中也。

既居尊位，又得中道，所以吉而有功。节以中为贵，得中则正矣，正不能尽中也。

上六，苦节，贞凶，悔亡。

上六居节之极，节之苦者也。居险之极，亦为苦义。固守则凶，悔则凶亡。悔，损过从中之谓也。节之悔亡，与他卦之悔亡，辞同而义异也。

《象》曰：苦节贞凶，其道穷也。

节既苦而贞固守之则凶，盖节之道至于穷极矣。

䷼ 兑下 巽上

《中孚》，《序卦》："节而信之，故受之以中孚。"节者为之制节，使不得过越也。信而后能行，上能信守之，下则信从之，节而信之也，中孚所以次节也。为卦，泽上有风。风行泽上，而感于水中，为中孚之象。感谓感而动也。内外皆实而中虚，为中孚之象。又二、五皆阳，中实，亦为孚义。在二体则中实，在全体则中虚；中虚，信之本，中实，信之质。

中孚：豚鱼，吉，利涉大川，利贞。

豚躁鱼冥，物之难感者也。孚信能感于豚鱼，则无不至矣，所以吉也。忠信可以蹈水火，况涉川乎？守信之道，在乎坚正，故利于贞也。

《彖》曰：中孚，柔在内而刚得中，

二柔在内，中虚，为诚之象；二刚得上下体之中，中实，为孚之象；卦所以为中孚也。

说而巽，孚乃化邦也。

以二体言，卦之用也。上巽下说，为上至诚以顺巽于下，下有孚以说从其上，如是，其孚乃能化于邦国也。若人不说从，或违拂事理，岂能化天下乎？

豚鱼吉，信及豚鱼也。

信能及于豚鱼，信道至矣，所以吉也。

利涉大川，乘木舟虚也。

以中孚涉险难，其利如乘木济川，而以虚舟也。舟虚则无沈覆之患。卦虚中，为虚舟之象。

中孚以利贞，乃应乎天也。

中孚而贞，则应乎天矣。天之道，孚贞而已。

《象》曰：泽上有风，中孚，君子以议狱缓死。

泽上有风，感于泽中。水体虚，故风能入之。人心虚，故物能感之。风之动乎泽，犹物之感于中，故为中孚之象。君子观其象，以议狱与缓死。君子之于议狱，尽其忠而已；于决死，极其恻而已；故诚意常求于缓。缓，宽也。于天下之事，无所不尽其忠，而议狱缓死，最其大者也。

初九，虞吉，有他不燕。

九当中孚之初，故戒在审其所信。虞，度也，度其可信而后从也。虽有至信，若不得其所，则有悔咎，故虞度而后信则吉也。既得所信，则当诚一，若有他，则不得其燕安矣。燕，安裕也。有他，志不定也。人志不定，则惑而不安。初与四为正应，四巽体而居正，无不善也。爻以谋始之义大，故不取相应之义。若用应，则非虞也。

《象》曰：初九虞吉，志未变也。

当信之始，志未有所从，而虞度所信，则得其正，是以吉也。盖其志未有变动。志有所从，则是变动，虞之不得其正矣。在初言求所信之道也。

九二，鸣鹤在阴，其子和之，我有好爵，吾与尔靡之。

二刚实于中，孚之至者也，孚至则能感通。鹤鸣于幽隐之处，不闻也，而其子相应和，中心之愿相通也。好爵我有，而彼亦系慕，说好爵之意同也。有孚于中，物无不应，诚同故也。至诚无远近幽深之间，故《系辞》云："善则千里之外应之，不善则千里违之"，言诚通也。至诚感通之理，知道者为能识之。

《象》曰：其子和之，中心愿也。

中心愿，谓诚意所愿也，故通而相应。

六三，得敌，或鼓，或罢，或泣，或歌。

敌，对敌也，谓所交孚者，正应上九是也。三、四皆以虚中为成孚之主，然所处则异。四得位居正，故亡匹以从上；三不中失正，故得敌以累志。以柔说之质，既有所系，唯所信是从，或鼓张，或罢废，或悲泣，或歌乐，动息忧乐，皆系乎所信也。唯系所信，故未知吉凶，然非明达君子之所为也。

《象》曰：或鼓或罢，位不当也。

居不当位，故无所主，唯所信是从。所处得正，则所信有方矣。

六四，月几望，马匹亡，无咎。

四为成孚之主，居近君之位，处得其正而上信之至，当孚之任者也。如月之几望，盛之至也。已望则敌矣，臣而敌君，祸败必至。故以几望为至盛。马匹亡：四与初为正应，匹也。古者驾车用四马，不能备纯色，则两服两骖各一色，又小大必相称，故两马为匹，谓对也。马者，行物也。初上应四，而四亦进从五，皆上行，故以马为象。孚道在一，四既从五，若复下系于初，则不一而害于孚，为有咎矣。故马匹亡，则无咎也。上从五而不系于初，是亡其匹也。系初则不进，不能成孚之功也。

《象》曰：马匹亡，绝类上也。

绝其类而上从五也。类，谓应也。

九五，有孚挛如，无咎。

五居君位。人君之道，当以至诚感通天下，使天下之心信之，固结如拘挛然，则为无咎也。人君之孚，不能使天下固结如是，则亿兆之心，安能保其不离乎？

《象》曰：有孚挛如，位正当也。

五居君位之尊，由中正之道，能使天下信之，如拘挛之固，乃称其位，人君之道当如是也。

上九，翰音登于天，贞凶。

翰音者，音飞而实不从。处信之终，信终则衰，忠笃内丧，华美外扬，故云翰音登天，正亦灭矣。阳性上进，风体飞扬。九居中孚之时，处于最上，孚于上进而不知止者也。其极至于羽翰之音，登闻于天，贞固于此而不知变，凶可知矣。夫子曰“好信不好学，其蔽也贼”，固守而不通之谓也。

《象》曰：翰音登于天，何可长也！

守孚至于穷极而不知变，岂可长久也？固守而不通如是则凶也。

䷽ 艮下 震上

《小过》，《序卦》：“有其信者必行之，故受之以小过。”人之所信则必行，行则过也，小过所以继中孚也。为卦，山上有雷。雷震于高，其声过常，故为小过。又阴居尊位，阳失位而不中，小者过其常也。盖为小者过，又为小事过，又为过之小。

小过：亨，利贞。

过者，过其常也。若矫枉而过正，过所以就正也。事有时而当，然有待过而后能亨者，故小过自有亨义。利贞者，过之道利于贞也。不失时宜之谓正。

可小事，不可大事。飞鸟遗之音，不宜上，宜下，大吉。

过，所以求就中也。所过者小事也，事之大者，岂可过也？于《大过》论之详矣。飞鸟遗之音，谓过之不远也。不宜上宜下，谓宜顺也。顺则大吉，过以就之，盖顺理也。过而顺理，其吉必大。

《彖》曰：小过，小者过而亨也。

阳大阴小。阴得位，刚失位而不中，是小者过也。故为小事过，过之小。小者与小事，有时而当过，过之亦小，故为小过。

事固有待过而后能亨者，过之所以能亨也。

过以利贞，与时行也。

过而利于贞，谓与时行也。时当过而过，乃非过也，时之宜也，乃所谓正也。

柔得中，是以小事吉也。刚失位而不中，是以不可大事也。有飞鸟之象焉。

小过之道，于小事有过则吉者，而《彖》以卦才言吉义。柔得中，二五居中也。阴柔得位，能致小事吉耳，不能济大事也。刚失位而不中，是以不可大事，大事非刚阳之才不能济，三不中，四失位，是以不可大事。小过之时，自不可大事，而卦才又不堪大事，与时合也。"有飞鸟之象焉"此一句，不类《彖》体，盖解者之辞，误入《彖》中。中刚外柔，飞鸟之象，卦有此象，故就飞鸟为义。

飞鸟遗之音，不宜上，宜下，大吉，上逆而下顺也。

事有时而当过，所以从宜，然岂可甚过也？如过恭、过哀、过俭，大过则不可。所以在小过也，所过当如飞鸟之遗音。鸟飞迅疾，声出而身已过，然岂能相远也？事之当过者，亦如是。身不能甚远于声，事不可远过其常，在得宜耳。不宜上，宜下，更就鸟音取宜顺之义。过之道，当如飞鸟之遗音。夫声逆而上则难，顺而下则易，故在高则大，山上有雷，所以为过也。过之道，顺行则吉，如飞鸟之遗音宜顺也。所以过者，为顺乎宜也。能顺乎宜，所以大吉。

《象》曰：山上有雷，小过，君子以行过乎恭，丧过乎哀，用过乎俭。

雷震于山上，其声过常，故为小过。天下之事，有时当过，而不可过甚，故为小过。君子观小过之象，事之宜过者则勉之，行过乎恭，丧过乎哀，用过乎俭是也。当过而过，乃其宜也，不当过而过，则过矣。

初六，飞鸟以凶。

初六，阴柔在下，小人之象，又上应于四，四复动体。小人躁易而上有应助，于所当过，必至过甚，况不当过而过乎？其过如飞鸟之迅疾，所以凶也。躁疾如是，所以过之速且远，救止莫及也。

《象》曰：飞鸟以凶，不可如何也。

其过之疾，如飞鸟之迅，岂容救止也？凶其宜矣。不可如何，无所用其力也。

六二，过其祖，遇其妣，不及其君，遇其臣，无咎。

阳之在上者，父之象；尊于父者，祖之象。四在三上，故为祖。二与五居相应之地，同有柔中之德，心不从于三、四，故过四而遇五，是过其祖也。五阴而尊，祖妣之象；与二同德相应，在他卦则阴阳相求，过之时必过其常，故异也。无所不过，故二从五，亦戒其过。不及其君，遇其臣，谓上进而不陵及于君，适当臣道，则无咎也。遇，当也。过臣之分，则其咎可知。

《象》曰：不及其君，臣不可过也。

过之时，事无不过其常，故于上进则戒及其君，臣不可过臣之分也。

九三，弗过防之，从或戕之，凶。

小过，阴过阳失位之时，三独居正，然在下无所能为，而为阴所忌恶，故有当过者，在过防于小人。若弗过防之，则或从而戕害之矣，如是则凶也。三于阴过之时，以阳居刚，过于刚也。既戒之过防，则过刚亦在所戒矣。防小人之道，正己为先。三不失正，故无必凶之义，能过防则免矣。三居下之上，居上为下，皆如是也。

《象》曰：从或戕之，凶如何也！

阴过之时，必害于阳，小人道盛，必害君子，当过为之防，防之不至，则为其所戕矣，故曰凶如何也，言其甚也。

九四，无咎，弗过，遇之，往厉必戒，勿用永贞。

四当小过之时，以刚处柔，刚不过也，是以无咎。既弗过，则合其宜矣，故云遇之，谓得其道也。若往则有危，必当戒惧也。

往，去柔而以刚进也。勿用永贞，阳性坚刚，故戒以随宜，不可固守也。方阴过之时，阳刚失位，则君子当随时顺处，不可固守其常也。四居高位，而无上下之交，虽比五应初，方阴过之时，彼岂肯从阳也？故往则有厉。

《象》曰：弗过遇之，位不当也。往厉必戒，终不可长也。

位不当，谓处柔。九四当过之时，不过刚而反居柔，乃得其宜，故曰遇之，遇其宜也。以九居四，位不当也；居柔乃遇其宜也。当阴过之时，阳退缩自保足矣，终岂能长而盛也？故往则有危，必当戒也。长，上声，作平声则大失《易》意，以《夬》与《剥》《观》之可见。与《夬》之象，文同而音异也。

六五，密云不雨，自我西郊，公弋取彼在穴。

五以阴柔居尊位，虽欲过为，岂能成功？如密云而不能成雨。所以不能成雨，自西郊故也。阴不能成雨，《小畜》卦中已解。公弋取彼在穴：弋，射取之也，射止是射，弋有取义；穴，山中之空，中虚乃空也，在穴指六二也。五与二本非相应，乃弋而取之。五当位，故云公，谓公上也。同类相取，虽得之，两阴岂能济大事乎？犹密云之不能成雨也。

《象》曰：密云不雨，已上也。

阳降阴升，合则和而成雨。阴已在上，云虽密，岂能成雨乎？阴过不能成大之义也。

上六，弗遇，过之，飞鸟离之，凶，是谓灾眚。

六，阴而动体，处过之极，不与理遇，动皆过之，其违理过常，如飞鸟之迅速，所以凶也。离，过之远也。是谓灾眚，是当有灾眚也。灾者天殃，眚者人为。既过之极，岂唯人眚？天灾亦至，其凶可知，天理人事皆然也。

《象》曰：弗遇过之，已亢也。

居过之终，弗遇于理而过之，过已亢，极其凶，宜也。

䷾ **离下 坎上**

《既济》，《序卦》："有过物者必济，故受之以既济。"能过于物，必可以济，故小过之后，受之以既济也。为卦，水在火上。水火相交，则为用矣。各当其用，故为既济，天下万事已济之时也。

既济：亨小，利贞，初吉终乱。

既济之时，大者既已亨矣，小者尚有亨也。虽既济之时，不能无小未亨也。"小"字在下，语当然也。若言小亨，则为亨之小也。利贞，处既济之时，利在贞固以守之也。初吉，方济之时也；终乱，济极则反也。

《彖》曰：既济亨，小者亨也。利贞，刚柔正而位当也。

既济之时，大者固已亨矣，唯有小者亨也。时既济矣，固宜贞固以守之。卦才刚柔正当其位，当位者其常也，乃正固之义，利于如是之贞也。阴阳各得正位，所以为既济也。

初吉，柔得中也。

二以柔顺文明而得中，故能成既济之功。二居下体，方济之初也，而又善处，是以吉也。

终止则乱，其道穷也。

天下之事，不进则退，无一定之理。济之终，不进而止矣，无常止也，衰乱至矣，盖其道已穷极也。九五之才，非不善也，时极道穷，理当必变也。圣人至此奈何？曰：唯圣人为能通其变于未穷，不使至于极也，尧、舜是也，故有终而无乱。

《象》曰：水在火上，既济，君子以思患而豫防之。

水火既交，各得其用，为既济。时当既济，唯虑患害之生，故思而豫防，使不至于患也。自古天下既济而致祸乱者，盖不能思患而豫防也。

初九，曳其轮，濡其尾，无咎。

初以阳居下，上应于四，又火体，其进之志锐也。然时既济矣，进不已则及于悔咎，故曳其轮，濡其尾，乃得无咎。轮所以行，倒曳之使不进也。兽之涉水，必揭其尾，濡其尾则不能济。方既济之初，能止其进，乃得无咎，不知已则至于咎也。

《象》曰：曳其轮，义无咎也。

既济之初，而能止其进，则不至于极，其义自无咎也。

六二，妇丧其茀，勿逐，七日得。

二以文明中正之德，上应九五刚阳中正之君，宜得行其志也。然五既得尊位，时已既济，无复进而有为矣，则于在下贤才，岂有求用之意？故二不得遂其行也。自古既济而能用人者鲜矣。以唐太宗之用言，尚怠于终，况其下者乎？于斯时也，则刚中反为中满，坎离乃为相戾矣。人能识时知变，则可以言《易》矣。二，阴也，故以妇言。茀，妇人出门以自蔽者也。丧其茀，则不可行矣。二不为五之求用，则不得行，如妇之丧茀也。然中正之道，岂可废也？时过则行矣。逐者从物也，从物则失其素守，故戒勿逐。自守不失，则七日当复得也。卦有六位，七则变矣。七日得，谓时变也。虽不为上所用，中正之道，无终废之理，不得行于今，必行于异时也。圣人之劝戒深矣。

《象》曰：七日得，以中道也。

中正之道，虽不为时所用，然无终不行之理，故丧茀七日当复得，谓自守其中，异时必行也，不失其中则正矣。

九三，高宗伐鬼方，三年克之，小人勿用。

九三当既济之时，以刚居刚，用刚之至也。既济而用刚如是，乃高宗伐鬼方之事。高宗，必商之高宗。天下之事既济而远伐暴乱也。威武可及，而以救民为心，乃王者之事也，唯圣贤之君则可。若骋威武，忿不服，贪土地，则残民肆欲也，故戒不可用小人。小人为之，则以贪忿，私意也；非贪忿，则莫肯为也。三年克之，见其劳惫之甚。圣人因九三当既济而用刚，发此义以示人，为法为戒，岂浅见所能及也？

《象》曰：三年克之，惫也。

言惫，以见其事之至难。在高宗为之则可，无高宗之心，则贪忿以殃民也。

六四，繻有衣袽，终日戒。

四在济卦而水体，故取舟为义。四，近君之位，当其任者也。当既济之时，以防患虑变为急。繻当作濡，谓渗漏也。舟有罅漏，则塞以衣袽。有衣袽以备濡漏，又终日戒惧不怠，虑患当如是也。不言吉，方免于患也。既济之时，免患则足矣，岂复有加也？

《象》曰：终日戒，有所疑也。

终日戒惧，常疑患之将至也。处既济之时，当畏慎如是也。

九五，东邻杀牛，不如西邻之禴祭，实受其福。

五中实，孚也；二虚中，诚也；故皆取祭祀为义。东邻，阳也，谓五；西邻，阴也，谓二。杀牛，盛祭也；禴，薄祭也。盛不如薄者，时不同也。二五皆有孚诚中正之德，二在济下，尚有进也，故受福。五处济极，无所进矣，以至诚中正守之，苟未至于反耳。理无极而终不反者也。已至于极，虽善处，无如之何矣，故爻《象》唯言其时也。

《象》曰：东邻杀牛，不如西邻之时也；实受其福，吉大来也。

五之才德非不善，不如二之时也。二在下，有进之时，故中正而孚，则其吉大来，所谓受福也。吉大来者，在既济之时为大来也，亨小、初吉是也。

上六，濡其首，厉。

既济之极，固不安而危也，又阴柔处之，而在险体之上。坎为水，济亦取水义，故言其穷至于濡首，危可知也。既济之终，而小人处之，其败坏可立而待也。

《象》曰：濡其首厉，何可久也！

既济之穷，危至于濡首，其能长久乎？

䷿ 坎下 离上

《未济》，《序卦》："物不可穷也，故受之以未济终焉。"既济矣，物之穷也。物穷而不变，则无不已之理，《易》者变易而不穷也，故既济之后，受之以未济而终焉。未济则未穷也，未穷则有生生之义。为卦，离上坎下。火在水上，不相为用，故为未济。

未济：亨，小狐汔济，濡其尾，无攸利。

未济之时，有亨之理，而卦才复有致亨之道，唯在慎处。狐能度水，濡尾则不能济，其老者多疑畏，故履冰而听，惧其陷也；小者则未能畏慎，故勇于济。汔当为仡，壮勇之状。《书》曰："仡仡勇夫。"小狐果于济，则濡其尾而不能济也。未济之时，求济之道，当至慎则能亨。若如小狐之果，则不能济也。既不能济，无所利矣。

《彖》曰：未济亨，柔得中也。

以卦才言也。所以能亨者，以柔得中也。五以柔居尊位，居刚而应刚，得柔之中也。刚柔得中，处未济之时，可以亨也。

小狐迄济，未出中也。

据二而言也。二以刚阳居险中，将济者也，又上应于五。险非可安之地，五有当从之理，故果于济如小狐也。既果于济，故有濡尾之患，未能出于险中也。

濡其尾，无攸利，不续终也。

其进锐者其退速，始虽勇于济，不能继续而终之，无所往而利也。

虽不当位，刚柔应也。

虽阴阳不当位，然刚柔皆相应。当未济而有与，若能重慎，则有可济之理。二以汔济，故濡尾也。卦之诸爻，皆不得位，故为未济。《杂卦》云："未济，男之穷也。"谓三阳皆失位也。斯义也，闻之成都隐者。

《象》曰：火在水上，未济，君子以慎辨物居方。

水火不交，不相济为用，故为未济。火在水上，非其处也。君子观其处不当之象，以慎处于事物，辨其所当，各居其方，谓止于其所也。

初六，濡其尾，吝。

六以阴柔在下，处险而应四。处险则不安其居，有应则志行于上。然己既阴柔，而四非中正之才，不能援之以济也。兽之济水，必揭其尾，尾濡则不能济。濡其尾，言不能济也。不度其才力而进，终不能济，可羞吝也。

《象》曰：濡其尾，亦不知极也。

不度其才力而进，至于濡尾，是不知之极也。

九二，曳其轮，贞吉。

在他卦，九居二为居柔得中，无过刚之义也。于《未济》，圣人深取卦象以为戒，明事上恭顺之道。来济者，君道艰难之时也。五以柔处君位，而二乃刚阳之才，而居相应之地，当用者也。刚有陵柔之义，水有胜火之象。方艰难之时，所赖者才臣耳，尤当尽恭顺之道，故戒曳其轮则得正而吉也。倒曳其轮，杀其势，缓其进，戒用刚之过也。刚过，则好犯上而顺不足。唐之郭子仪、李晟，当艰危未济之时，能极其恭顺，所以为得正而能保其终吉也。于六五则言其贞吉光辉，尽君道之善；于九二则戒其恭顺，尽臣道之正；尽上下之道也。

《象》曰：九二贞吉，中以行正也。

九二得正而吉者，以曳轮而得中道乃正也。

六三，未济，征凶，利涉大川。

未济征凶，谓居险无出险之用，而行则凶也。必出险而后可征。三以阴柔不中正之才，而居险不足以济，未有可济之道、出险之用，而征所以凶也。然未济有可济之道，险终有出险之理。上有刚阳之应，若能涉险而往从之，则济矣，故利涉大川也。然三之阴柔，岂能出险而往？非时不可，才不能也。

《象》曰：未济征凶，位不当也。

三征则凶者，以位不当也，谓阴柔不中正，无济险之才也。若能涉险以从应，则利矣。

九四，贞吉，悔亡。震用伐鬼方，三年有赏于大国。

九四，阳刚居大臣之位，上有虚中明顺之主，又已出于险，未济已过中矣，有可济之道也。济天下之艰难，非刚健之才不能也。九虽阳而居四，故戒以贞固则吉而悔亡，不贞则不能济，有悔者也。震，动之极也。古之人用力之甚者，伐鬼方也，故以为义。力勤而远伐，至于三年，然后成功，而行大国之赏，必如是乃能济也。济天下之道，当贞固如是。四居柔，故设此戒。

《象》曰：贞吉悔亡，志行也。

如四之才与时合，而加以贞固，则能行其志，吉而悔亡。鬼方之伐，贞之至也。

六五，贞吉无悔，君子之光，有孚，吉。

五，文明之主，居刚而应刚，其处得中，虚其心而阳为之辅，虽以柔居尊，处之至正至善，无不足也。既得贞正，故吉而无悔。贞其固有，非戒也。以此而济，无不济也。五，文明之主，故称其光君子。德辉之盛，而功实称之，有孚也。上云吉，以贞也，柔而能贞，德之吉也。下云吉，以功也，既光而有孚，时可济也。

《象》曰：君子之光，其晖吉也。

光盛则有晖。晖，光之散也。君子积充而光盛，至于有晖，善之至也，故重云吉。

上九，有孚于饮酒，无咎，濡其首，有孚失是。

九以刚在上，刚之极也，居明之上，明之极也。刚极而能明，则不为躁而为决。明能烛理，刚能断义。居未济之极，非得济之位，无可济之理，则当乐天顺命而已。若否终则有倾，时之变也，未济则无极而自济之理，故止为未济之极，至诚安于义命而自乐，则可无咎。饮酒，自乐也。不乐其处，则忿躁陨获，入于凶咎矣。若从乐而耽肆过礼，至濡其首，亦非能安其处也。有孚，自信于中也。失是，失其宜也。如是则于有孚为失也。人之处患难，知其无可奈何，而放意不反者，岂安于义命者哉？

《象》曰：饮酒濡首，亦不知节也。

饮酒至于濡首，不知节之甚也。所以至如是，不能安义命也。能安，则不失其常矣。

系辞上[1]

天尊地卑，乾坤定矣。卑高以陈，贵贱位矣。动静有常，刚柔断矣。方以类聚，物以群分，吉凶生矣。在天成象，在地成形，变化见矣。是故刚柔相摩，八卦相荡。鼓之以雷霆，润之以风雨。日月运行，一寒一暑，乾道成男，坤道成女，乾知大始，坤作成物。乾以易知，坤以简能。易则易知，简则易从。易知则有亲，易从则有功。有亲则可久，有功则可大。可久则贤人之德，可大则贤人之业。易简而天下之理得矣。天下之理得，而成位乎其中矣。

圣人设卦观象，系辞焉而明吉凶，刚柔相推而生变化。是故吉凶者失得之象也，悔吝者忧虞之象也，变化者进退之象也，刚柔者昼夜之象也。六爻之动，三极之道也。是故君子所居而安者，易之序也；所乐而玩者，爻之辞也。是故君子居则观其象而玩其辞，动则观其变而玩其占。是以自天祐之，吉无不利。

彖者言乎象者也，爻者言乎变者也，吉凶者言乎其失得也，悔吝者言乎其小疵也，无咎者善补过也。是故列贵贱者存乎位，齐小大者存乎卦，辩吉凶者存乎辞，忧悔吝者存乎介，震无咎者存乎悔。是故卦有小大，辞有险易。辞也者，各指其所之。易与天地准，故能弥纶天地之道。仰以观于天文，俯以察于地理，是故知幽明之故。原始反终，故知死生之说。

精气为物，游魂为变，是故知鬼神之情状。与天地相似，故不违。知周乎万物，而道济天下，故不过。旁行而不流，乐天知命，故不忧。安土敦乎仁，故能爱。范围天地之化而不过，曲成万物而不遗，通乎昼夜之道而知，故神无方而易无体。一阴一阳之谓道，

---

① 校理者按：伊川先生并未为《系辞》（上下）《说卦》《杂卦》作传，为了保持《周易》经文的完整性，现特补上这四篇经传。

继之者善也，成之者性也。仁者见之谓之仁，知者见之谓之知。百姓日用而不知，故君子之道鲜矣！

显诸仁，藏诸用，鼓万物而不与圣人同忧。盛德大业至矣哉！富有之谓大业，日新之谓盛德。生生之谓易，成象之谓乾，效法之谓坤，极数知来之谓占，通变之谓事，阴阳不测之谓神。夫易，广矣大矣，以言乎远则不御，以言乎迩则静而正，以言乎天地之间则备矣。夫乾，其静也专，其动也直，是以大生焉。夫坤，其静也翕，其动也闢，是以广生焉。广大配天地，变通配四时，阴阳之义配日月，易简之善配至德。子曰："易其至矣乎！"夫易，圣人所以崇德而广业也。知崇礼卑，崇效天，卑法地，天地设位，而易行乎其中矣。成性存存，道义之门。

圣人有以见天下之赜，而拟诸其形容，象其物宜，是故谓之象。圣人有以见天下之动，而观其会通，以行其典礼，系辞焉以断其吉凶，是故谓之爻。言天下之至赜而不可恶也，言天下之至动而不可乱也。拟之而后言，议之而后动，拟议以成其变化。"鸣鹤在阴，其子和之；我有好爵，吾与尔靡之。"子曰："君子居其室，出其言善，则千里之外应之，况其迩者乎？居其室，出其言不善，则千里之外违之，况其迩者乎？"言出乎身，加乎民；行发乎迩，见乎远。言行，君子之枢机，枢机之发，荣辱之主也。言行，君子之所以动天地也，可不慎乎？"同人，先号咷而后笑。"子曰："君子之道，或出或处，或默或语。"二人同心，其利断金，同心之言，其臭如兰。

"初六，藉用白茅，无咎。"子曰："苟错诸地而可矣。"藉之用茅，何咎之有？慎之至也。夫茅之为物薄，而用可重也。慎斯术也以往，其无所失矣。"劳谦，君子有终吉。"子曰："劳而不伐，有功而不德，厚之至也。语以其功下人者也。德言盛，礼言恭，谦也者，致恭以存其位者也。""亢龙有悔。"子曰："贵而无位，高而无民，贤人在下位而无辅，是以动而有悔也。""不出户庭，无咎。"子曰："乱之所生也，则言语以为阶。君不密则失臣，臣不密则失身，几事不密则害成。是以君子慎密而不出也。”子曰：“作《易》者，其知盗乎？《易》曰：‘负且乘，致寇至。’负也者，小人之事也；乘也者，君子之器也。小人而乘君子之器，盗思夺之矣；上慢下暴，盗思伐之矣。慢藏诲盗，冶容诲淫。《易》曰：‘负且乘，致寇至。’盗之招也。”

大衍之数五十，其用四十有九。分而为二，以象两，挂一以象三；揲之以四，以象四时；归奇以扐，以象闰，五岁再闰，故再扐而后挂。天数五，地数五，五位相得而各有合。天数二十有五，地数三十。凡天地之数五十有五。此所以成变化而行鬼神也。乾之策，二百一十有六；坤之策，百四十有四。凡三百有六十，当期之日。二篇之策，万有一千五百二十，当万物之数也。是故四营而成易，十有八变而成卦，八卦而小成。引而伸之，触类而长之，天下之能事毕矣。显道神德行，是故可与酬酢，可与祐神矣。

子曰：“知变化之道者，其知神之所为乎？”易有圣人之道四焉：以言者尚其辞，以动者尚其变，以制器者尚其象，以卜筮尚其占。是以君子将有为也，将有行也，问焉而以言，其受命也如响。无有远近幽深，遂知来物。非天下之至精，其孰能与于此？参伍以变，错综其数，通其变，遂成天地之文；极其数，遂定天下之象。非天下之至变，其孰能与于此？易无思也，无为也，寂然不动，感而遂通天下之故。非天下之至神，其孰能与于此？夫易，圣人之所以极深而研几也。唯深也，故能通天下之志；唯几也，故能成天下之务；唯神也，故不疾而速，不行而至。子曰“易有圣人之道四焉”者，此之谓也。

天一地二，天三地四，天五地六，天七地八，天九地十。子曰：“夫易，何为者也？夫易，开物成务，冒天下之道，如斯而已者也。是故圣人以通天下之志，以定天下之业，以断天下之疑。”是故蓍之德圆而神，卦之德方以知，六爻之义易以贡。圣人以此洗心，退藏于密，吉凶与民同患。神以知来，知以藏往，其孰能与于此哉？古之聪明睿知神武而不杀者夫！是以明于天之道，而察于民之故，是兴神物以前民用。圣人以此齐戒，以神明其德夫。是故阖户谓之坤，辟户谓之乾，一阖一辟谓之变，往来不穷谓之通。见乃谓之象，形乃谓之器，制而用之谓之法。利用出入，民咸用之谓之神。

是故易有太极，是生两仪，两仪生四象，四象生八卦，八卦定吉凶，吉凶生大业。是故法象莫大乎天地，变通莫大乎四时，县象着明莫大乎日月，崇高莫大乎富贵，备物致用，立成器以为天下利，莫大乎圣人；探赜索隐，钩深致远，以定天下之吉凶，成天下之亹亹者，莫大乎蓍龟。是故天生神物，圣人则之；天地变化，圣人效之。天垂象，见吉凶，圣人象之。河出图，洛出书，圣人则之。易有四象，所以示也。系辞焉，所以告也。定之以吉凶，所以断也。《易》曰："自天祐之，吉无不利。"子曰："祐者助也，天之所助者顺也，人之所助者信也。履信思乎顺，又以尚贤也。是以'自天祐之，吉无不利'也。"

子曰："书不尽言，言不尽意。然则圣人之意，其不可见乎？"子曰："圣人立象以尽意，设卦以尽情伪，系辞焉以尽其言，变而通之以尽利，鼓之舞之以尽神。"乾坤其易之缊邪？乾坤成列，而易立乎其中矣。乾坤毁，则无以见易，易不可见，则乾坤或几乎息矣。是故形而上者谓之道，形而下者谓之器，化而裁之谓之变，推而行之谓之通，举而错之天下之民，谓之事业。是故夫象，圣人有以见天下之赜，而拟诸其形容，象其物宜，是故谓之象。圣人有以见天下之动，而观其会通，以行其典礼，系辞焉以断其吉凶，是故谓之爻。极天下之赜者存乎卦，鼓天下之动者存乎辞，化而裁之存乎变，推而行之存乎通，神而明之存乎其人，默而成之，不言而信，存乎德行。

系辞下

八卦成列，象在其中矣；因而重之，爻在其中矣；刚柔相推，变在其中矣；系辞焉而命之，动在其中矣。吉凶悔吝者，生乎动者也；刚柔者，立本者也；变通者，趣时者也；吉凶者，贞胜者也；天地之道，贞观者也；日月之道，贞明者也；天下之动，贞夫一者也。夫乾，确然示人易矣；夫坤，隤然示人简矣。爻也者，效此者也；象也者，像此者也。爻象动乎内，吉凶见乎外，功业见乎变，圣人之情见乎辞。天地之大德曰生，圣人之大宝曰位。何以守位？曰仁。何以聚人？曰财。理财正辞，禁民为非，曰义。

古者包牺氏之王天下也，仰则观象于天，俯则观法于地，观鸟兽之文，与地之宜。近取诸身，远取诸物，于是始作八卦，以通神明之德，以类万物之情。作结绳而为罔罟，以佃以渔，盖取诸《离》。包牺氏没，神农氏作，斲木为耜，揉木为耒，耒耨之利，以教天下，盖取诸《益》。日中为市，致天下之民，聚天下之货，交易而退，各得其所，盖取诸《噬嗑》。神农氏没，黄帝、尧、舜氏作，通其变，使民不倦，神而化之，使民宜之。易穷则变，变则通，通则久，是以自天祐之，吉无不利。黄帝、尧、舜垂衣裳而天下治，盖取诸《乾》《坤》。刳木为舟，剡木为楫，舟楫之利以济不通。致远以利天下，盖取诸《涣》。服牛乘马，引重致远，以利天下，盖取诸《随》。重门击柝，以待暴客，盖取诸《豫》。断木为杵，掘地为臼，臼杵之利，万民以济，盖取诸《小过》。弦木为弧，剡木为矢，弧矢之利，以威天下，盖取诸《睽》。上古穴居而野处，后世圣人易之以宫室，上栋下宇，以待风雨，盖取诸《大壮》。古之葬者，厚衣之以薪，葬之中野，不封不树，丧期无数，后世圣人易之以棺椁，盖取诸《大过》。上古结绳而治，后世圣人易之以书契，百官以治，万民以察，盖取诸《夬》。

是故易者，象也。象也者，像也。彖者，材也。爻也者，效天下之动者也。是故吉凶生而悔吝著也。阳卦多阴，阴卦多阳，其故何也？阳卦奇，阴卦耦，其德行何也？阳一君而二民，君子之道也；阴二君而一民，小人之道也。《易》曰："憧憧往来，朋从尔思。"子曰："天下何思何虑？天下同归而殊塗，一致而百虑，天下何思何虑？"日往则月来，月往则日来，日月相推而明生焉。寒往则暑来，暑往则寒来，寒暑相推而岁成焉。往者屈也，来者信也，屈信相感而利生焉。尺蠖之屈，以求信也；龙蛇之蛰，以存身也。精义入神，以致用也；利用安身，以崇德也。过此以往，未之或知也。穷神知化，德之盛也。

《易》曰："困于石，据于蒺藜；入于其宫，不见其妻，凶。"子曰："非所困而困焉，名必辱；非所据而据焉，身必危。既辱且危，死期将至，妻其可得而见耶？"《易》曰："公用射隼于高墉之上，获之，无不利。"子曰："隼者，禽也；弓矢者，器也；射之者，人也。君子藏器于身，待时而动，何不利之有？动而不括，是以出而有获，语成器而动者也。"子曰："小人不耻不仁，不畏不义，不见利不劝，不威不惩。小惩而大诫，此小人之福也。《易》曰'履校灭趾，无咎'，此之谓也。"善不积不足以成名，恶不积不足以灭身。小人以小善为无益而弗为也，以小恶为无伤而弗去也，故恶积而不可揜，罪大而不可解。《易》曰："何校灭耳，凶。"子曰："危者，安其位者也；亡者，保其存者也；乱者，有其治者也。是故君子安而不忘危，存而不忘亡，治而不忘乱，是以身安而国家可保也。《易》曰：'其亡其亡，系于苞桑。'"子曰："德薄而位尊，知小而谋大，力小而任重，鲜不及矣。《易》曰'鼎折足，覆公餗，其形渥，凶'，言不胜其任也。"子曰："知几其神乎？君子上交不谄，下交不渎，其知几乎？几者，动之微，吉之先见者也。君子见几而作，不俟终日。《易》曰：'介于石，不终日，贞吉。'介如石焉，宁用终日，断可识矣。君子知微知彰，知柔知刚，万夫之望。"子曰："颜氏之子，其殆庶几乎？有不善，未尝不知，知之，未尝复行也，《易》曰：'不远复，无祗悔，元吉。’”天地絪缊，万物化醇。男女构精，万物化生。《易》曰“三人行，则损一人；一人行，则得其友”，言致一也。子曰：“君子安其身而后动，易其心而后语，定其交而后求，君子修此三者，故全也。危以动，则民不与也。惧以语，则民不应也。无交而求，则民不与也。莫之与，则伤之者至矣。”《易》曰：“莫益之，或击之，立心勿恒，凶。”

子曰：“乾坤，其《易》之门邪？”乾，阳物也；坤，阴物也。阴阳合德而刚柔有体，以体天地之撰，以通神明之德。其称名也，杂而不越，于稽其类，其衰世之意邪？夫易，彰往而察来，而微显阐幽。开而当名辨物，正言断辞，则备矣。其称名也小，其取类也大，其旨远，其辞文，其言曲而中，其事肆而隐。因贰以济民行，以明失得之报。

易之兴也，其于中古乎？作《易》者，其有忧患乎？是故《履》，德之基也；《谦》，德之柄也；《复》，德之本也；《恒》，德之固也；《损》，德之修也；《益》，德之裕也；《困》，德之辨也；《井》，德之地也；《巽》，德之制也。履和而至，谦尊而光，复小而辨于物，恒杂而不厌，损先难而后易，益长裕而不设，困穷而通，井居其所而迁，巽称而隐。履以和行，谦以制礼，复以自知，恒以一德，损以远害，益以兴利，困以寡怨，井以辩义，巽以行权。

《易》之为书也不可远，为道也屡迁，变动不居，周流六虚，上下无常，刚柔相易，不可为典要，唯变所适。其出入以度，外内使知惧。又明于忧患与故，无有师保，如临父母。初率其辞而揆其方，既有典常。苟非其人，道不虚行。《易》之为书也，原始要终以为质也。六爻相杂，唯其时物也。其初难知，其上易知，本末也。初辞拟之，卒成之终。若夫杂物撰德，辩是与非，则非其中爻不备。噫！亦要存亡吉凶，则居可知矣。知者观其彖辞，则思过半矣。

二与四，同功而异位，其善不同，二多誉，四多惧，近也。柔之为道，不利远者，其要无咎，其用柔中也。三与五，同功而异位，三多凶，五多功，贵贱之等也，其柔危，其刚胜邪？《易》之为书也，广大悉备，有天道焉，有人道焉，有地道焉。兼三材而两之，故六。六者，非它也，三材之道也。道有变动，故曰爻。爻有等，故曰物。物相杂，故曰文。文不当，故吉凶生焉。《易》之兴也，其当殷之末世，周之盛德邪？当文王与纣之事邪？是故其辞危。危者使平，易者使倾，其道甚大，百物不废，惧以终始，其要无咎，此之谓《易》之道也。

夫乾，天下之至健也，德行恒易以知险。夫坤，天下之至顺也，德行恒简以知阻。能说诸心，能研诸侯之虑，定天下之吉凶，成天下之亹亹者。是故变化云为，吉事有祥，象事知器，占事知来。天地设位，圣人成能，人谋鬼谋，百姓与能。八卦以象告，爻、彖以情言，刚柔杂居而吉凶可见矣。变动以利言，吉凶以情迁，是故爱恶相攻而吉凶生，远近相取而悔吝生，情伪相感而利害生。凡易之情，近而不相得则凶，或害之，悔且吝。将叛者其辞惭，中心疑者其辞枝，吉人之辞寡，躁人之辞多，诬善之人其辞游，失其守者其辞屈。

说卦

昔者圣人之作《易》也，幽赞于神明而生蓍，参天两地而倚数，观变于阴阳而立卦，发挥于刚柔而生爻，和顺于道德而理于义，穷理尽性以至于命也。

昔者圣人之作《易》也，将以顺性命之理。是以立天之道曰阴与阳，立地之道曰柔与刚，立人之道曰仁与义。兼三才而两之，故《易》六画而成卦，分阴分阳，迭用柔刚，故《易》六位而成章。

天地定位，山泽通气，雷风相薄，水火不相射，八卦相错。数往者顺，知来者逆，是故《易》，逆数也。

雷以动之，风以散之，雨以润之，日以烜之，艮以止之，兑以说之，乾以君之，坤以藏之。帝出乎震，齐乎巽，相见乎离，致役乎坤，说言乎兑，战乎乾，劳乎坎，成言乎艮。万物出乎震，震，东方也。齐乎巽，巽，东南也，齐也者，言万物之絜齐也。离也者，明也，万物皆相见，南方之卦也，圣人南面而听天下，向明而治，盖取诸此也。坤也者，地也，万物皆致养焉，故曰“致役乎坤”。兑，正秋也，万物之所说也，故曰“说言乎兑”。“战乎乾”，乾，西北之卦也，言阴阳相薄也。坎者，水也，正北方之卦也。劳卦也，万物之所归也，故曰“劳乎坎”。艮，东北之卦也，万物之所成终而所成始也，故曰“成言乎艮”。

神也者，妙万物而为言者也。动万物者莫疾乎雷，桡万物者莫疾乎风，燥万物者莫熯乎火，说万物者莫说乎泽，润万物者莫润乎水，终万物、始万物者莫盛乎艮。故水火相逮，雷风不相悖，山泽通气，然后能变化，既成万物也。

乾，健也；坤，顺也；震，动也；巽，入也；坎，陷也；离，丽也；艮，止也；兑，说也。

乾为马，坤为牛，震为龙，巽为鸡，坎为豕，离为雉，艮为狗，兑为羊。

乾为首，坤为腹，震为足，巽为股，坎为耳，离为目，艮为手，兑为口。

乾，天也，故称乎父。坤，地也，故称乎母。震，一索而得男，故谓之长男。巽，一索而得女，故谓之长女。坎，再索而得男，故谓之中男。离，再索而得女，故谓之中女。艮，三索而得男，故谓之少男。兑，三索而得女，故谓之少女。

乾为天，为圜，为君，为父，为玉，为金，为寒，为冰，为大赤，为良马，为老马，为瘠马，为驳马，为木果。

坤为地，为母，为布，为釜，为吝啬，为均，为子母牛，为大舆，为文，为众，为柄，其于地也为黑。

震为雷，为龙，为玄黄，为旉，为大涂，为长子，为决躁，为苍莨竹，为萑苇；其于马也为善鸣，为馵足，为作足，为的颡；其于稼也，为反生；其究为健，为蕃鲜。

巽为木，为风，为长女，为绳直，为工，为白，为长，为高，为进退，为不果，为臭。其于人也为寡髪，为广颡，为多白眼，为近利市三倍；其究为躁卦。

坎为水，为沟渎，为隐伏，为矫輮，为弓轮。其于人也，为加忧，为心病，为耳痛，为血卦，为赤。其于马也，为美脊，为亟心，为下首，为薄蹄，为曳。其于舆也，为多眚，为通，为月，为盗。其于木也，为坚多心。

离为火，为日，为电，为中女，为甲胄，为戈兵。其于人也，为大腹，为乾卦，为鳖，为蟹，为蠃，为蚌，为龟。其于木也，为科上槁。

艮为山，为径路，为小石，为门阙，为果蓏，为阍寺，为指，为狗，为鼠，为黔喙之属。其于木也，为坚多节。

兑为泽，为少女，为巫，为口舌，为毁折，为附决。其于地也，为刚卤，为妾，为羊。

杂卦

《乾》刚《坤》柔。《比》乐《师》忧。临《观》之义，或与或求。《屯》见而不失其居。《蒙》杂而著。《震》，起也。《艮》，止也。《损》《益》，盛衰之始也。《大畜》，时也。《无妄》，灾也。《萃》聚，而《升》不来也。《谦》轻，而《豫》怠也。《噬嗑》，食也。《贲》，无色也。《兑》见，而《巽》伏也。《随》，无故也。《蛊》，则饬也。《剥》，烂也。《复》，反也。《晋》，昼也。《明夷》，诛也。《井》通，而《困》相遇也。《咸》，速也。《恒》，久也。《涣》，离也。《节》，止也。《解》，缓也。《蹇》，难也。《睽》，外也。《家人》，内也。《否》《泰》，反其类也。《大壮》则止，《遯》则退也。《大有》，众也。《同人》，亲也。《革》，去故也。《鼎》，取新也。《小过》，过也。《中孚》，信也。《丰》，多故也。亲寡，《旅》也。《离》上，而《坎》下也。《小畜》，寡也。《履》，不处也。《需》，不进也。《讼》，不亲也。《大过》，颠也。《姤》，遇也，柔遇刚也。《渐》，女归待男行也。《颐》，养正也。《既济》，定也。《归妹》，女之终也。《未济》，男之穷也。《夬》，决也，刚决柔也；君子道长，小人道忧也。

河南程氏经说

河南程氏经说卷第一　伊川先生

易说

系辞

“天尊，地卑。”尊卑之位定，而乾坤之义明矣。高卑既别，贵贱之位分矣。阳动阴静，各有其常，则刚柔判矣。事有理，物有形也。事则有类，形则有群，善恶分而吉凶生矣。象见于天，形成于地，变化之迹见矣。阴阳之交相摩轧，八方之气相推荡，雷霆以动之，风雨以润之，日月运行，寒暑相推，而成造化之功。得乾者成男，得坤者成女。乾当始物，坤当成物。乾坤之道，易简而已。乾始物之道易，坤成物之能简。平易，故人易知；简直，故人易从。易知则可亲就而奉顺，易从则可取法而成功。亲合则可以常久，成事则可以广大。圣贤德业久大，得易简之道也。天下之理，易简而已。有理而后有象，“成位乎其中”也。

圣人既设卦，观卦之象而系之以辞，明其吉凶之理；以刚柔相推而知变化之道。吉凶之生，由失得也。悔吝者，可忧虞也。进退消长，所以成变化也。刚柔相易而成昼夜，观昼夜，则知刚柔之道矣。三极，上中下也。极，中也，皆其时中也。三才，以物言也。三极，以位言也。六爻之动，以位为义，乃其序也；得其序则安矣。辞所以明义，玩其辞义，则知其可乐也。观象玩辞而能通其意，观变玩占而能顺其时，动不违于天矣。

《彖》言卦之象，爻随时之变，因失得而有吉凶。能如是，则得无咎。位有贵贱之分，卦兼小大之义。吉凶之道，于辞可见。

以悔吝为防，则存意于微小。震惧而得无咎者，以能悔也。卦有小大，于时之中有小大也。有小大则辞之险易殊矣，辞各随其事也。

圣人作《易》，以准则天地之道。《易》之义，天地之道也，“故能弥纶天地之道”。弥，遍也。纶，理也。在事为伦，治丝为纶。弥纶，遍理也。遍理天地之道，而复仰观天文，俯察地理，验之著见之迹，故能“知幽明之故”。在理为幽，成象为明。“知幽明之故”，知理与物之所以然也。原，究其始；要，考其终；则可以见死生之理。聚为精气，散为游魂。聚则为物，散则为变。观聚散，则见“鬼神之情状”。万物始终，聚散而已。鬼神，造化之功也。以幽明之故，死生之理，鬼神之情状观之，则可以见“天地之道”。

《易》之义，与天地之道相似，故无差违，相似，谓同也。“智周乎万物而道济天下，故不过。”义之所包，知也。其义周尽万物之理，其道足以济天下，故无过差。“旁行而不流”，旁通远及而不流失正理。顺乎理，“乐天”也。安其分，“知命”也。顺理安分故无所忧。“安土”，安所止也；“敦乎仁”，存乎同也：是以“能爱”。

“范围”，俗语谓之模量。模量天地之运化而不过差，委曲成就万物之理而无遗失，通昼夜辟阖屈伸之道而知其所以然。如此，则得天地之妙用，知道德之本源，所以见至神之妙，无有方所，而易之准道，无有形体。

道者，一阴一阳也。动静无端，阴阳无始。非知道者，孰能识之？动静相因而成变化，顺继此道，则为善也；成之在人，则谓之性也。在众人，则不能识。随其所知，故仁者谓之仁，知者谓之知，百姓则由之而不知。故君子之道，人鲜克知也。

运行之迹，生育之功，“显诸仁”也。神妙无方，变化无迹，“藏诸用”也。天地不与圣人同忧，天地不宰，圣人有心也。天地无心而成化，圣人有心而无为。天地圣人之盛德大业，可谓至矣。

"富有"，溥博也。"日新"，无穷也。生生相续，变易而不穷也。乾始物而有象，坤成物而体备，法象著矣。推数可以知来物。通变不穷，事之理也。天下之有，不离乎阴阳。惟神也，莫知其乡，不测其为刚柔动静也。

易道广大，推远则无穷，近言则安静而正。天地之间，万物之理，无有不同。乾，"静也专"，"动也直"。专，专一。直，直易。惟其专直，故其生物之功大。坤，静翕动辟。坤体动则开应，乾开阖而广生万物。"广大"，天地之功也。"变通"，四时之运也。一阴一阳，日月之行也。乾坤易简之功，乃至善之德也。

《易》之道，其至矣乎！圣人以《易》之道崇大其德业也。知则崇高，礼则卑下。高卑顺理，合天地之道也。高卑之位设，则《易》在其中矣。斯理也，成之在人则为性。（成之者性也。）人心存乎此理之所存，乃"道义之门"也。

"赜"，深远也。圣人见天下深远之事，而比拟其形容，体象其事类，故谓之象。天下之动无穷也，必"观其会通"。会通，纲要也。乃以"行其典礼"。典礼，法度也，物之则也。系之辞以断其吉凶者爻也。言天下之深远难知也，而理之所有，不可厌也，言天下之动无穷也，而物有其方，不可紊也。拟度而设其辞，商议以察其动，"拟议以成其变化"也。变化，爻之时义；拟议，议而言之也。举"鸣鹤在阴"以下七爻，拟议而言者也。余爻皆然。

有理则有气，有气则有数。行鬼神者，数也。数，气之用也。"大衍之数五十。"数始于一，备于五。小衍之而成十，大衍之则为五十。五十，数之成也。成则不动，故损一以为用。"天地之数五十有五"，"成变化而行鬼神"者也。变化言功，鬼神言用。

显明于道，而见其功用之神，故可与应对万变，可赞祐于神道矣，谓合德也。人惟顺理以成功，乃赞天地之化育也。

知变化之道，则知神之所为也。合与上文相连，不合在下章。言所以述理。"以言者尚其辞"，谓于言求理者则存意于辞也。"以动者尚其变"，动则变也，顺变而动，乃合道也。制器作事当体乎象，卜筮吉凶当考乎占。“受命如响”，“遂知来物”，非神乎？曰感而通，求而得，精之至也。

自“天一”至“地十”，合在“天数五地数五”上，简编失其次也。天一生数，地六成数。才有上五者，便有下五者。二五合而成阴阳之功，万物变化，鬼神之用也。

或曰：乾坤，《易》之门，其义难知，余卦则易知也。曰：乾坤，天地也，万物乌有出天地之外者乎？知道者统之有宗则然也，而在卦观之，乾坤之道简易，故其辞平直，余卦随时应变，取舍无常，至为难知也。知乾坤之道者，以为易则可也。

河南程氏经说卷第二　伊川先生

书解

《孔序》:“伏羲、神农、黄帝之书谓之《三坟》,言大道也;少昊、颛顼、高辛、唐、虞之书谓之《五典》,言常道也。”又曰:“孔子讨论《坟典》,断自唐、虞以下。”以《二典》之言简邃如此,其上可知。所谓大道,虽性与天道之说,固圣人所不可得而去也。如言阴阳四时、七政五行之道,亦必至要之语,非后代之繁衍末术也,固亦常道,圣人所不去也。使诚有所谓羲、农之书,乃后世称述当时之事,失其义理,如许行所为神农之言,及阴阳医方称黄帝之说耳。此圣人所以去之也。或疑《阴符》之类是,甚非也。此出战国权变之术,窃窥机要,以为变诈之用,岂上古至淳之道邪?又《五典》既皆常道,去其三,何也?盖古虽已有文字,而制立法度,为治有迹,得以纪载,有史官之职以志其事,自尧始。其八卦之说,谓之《八索》,前世说《易》之书也。《易》本八卦,故以八名。夫子赞《易》道以黜去是书,所谓“加我数年,五十以学《易》,可以无大过矣。”旧书之过可见也,芟夷繁乱,翦截浮辞,举其宏纲,撮其机要。人或疑前代之书,圣人必无所删改,此亦不然。若上古圣人之世,史官固当其人,其辞必尽善。若后世之史,未必尽当,其辞未必尽善。设如其书足以垂范,不可去之,而其或有害义,圣人不得不有芟除更易也。其不可更易者,其事耳,未必须曾删改。但辞苟有害,有可删改之理耳。或疑“血流漂杵”之辞何不改?此乃非害义理之辞也。《尧典》为《虞书》,盖虞史所修;《舜典》已下,皆当为《夏书》。故

《左氏传》引《大禹》《皋陶谟》《益稷》等，皆谓之《夏书》也。若以其虞时事当为《虞书》，则《尧典》当为《唐书》也。大抵皆是后世史所修。典，典则也。上古时淳朴，因时为治，未立法度典制。至尧而始著治迹，立政有纲，制事有法，故其治可纪，所以有书而称典也。杨子曰："法始乎伏羲，成乎尧。"盖伏羲始画卦，造书契，开其端矣；至尧而与世立则，著其典常，成其治道，故云成也。《书序》，夫子所为，逐篇序其作之之意也。

尧典

昔在帝尧，聪明文思，光宅天下，将逊于位，让于虞舜，作《尧典》。"昔在"文连下文。"光宅天下"以下，若与上文和连，则文势当云"在昔"也。听广曰聪，视远曰明，尧之神智所知所照，洞彻无不流通，故谓之聪明。文，文章也，谓伦理明顺成文也。思，谋虑意思也，谓其含蓄。言尧之神智聪明，而其动作施为，有条理文章，其发谋措事，意思深远。以此聪明文思，临治天下，故其道光显，故云"光宅"，光显居天下也。既老而将逊避帝位，因禅让于虞舜，故史官作此《尧典》之书，以载其事。此夫子之序，举一篇所纪之大要也。

《尧典》（此题书之目也）曰："若稽古帝尧。"史氏追纪前世之事，若考古之帝尧，其事"云放勋"以下是也。"尧典"字为题，下加"曰"者，谓《尧典》之辞曰也。若，发语辞，如《书》中"王若曰"之类也。古史之体如此。下若稽古帝舜、大禹、皋陶，皆谓考古之某人，其事如此也。

"曰放勋"，功迹之著也。放，依也。上古淳朴，随事为治，未立法度，至尧始明治道，因事立法，著为典常。其施政制事，皆依循法则，著见功迹，可为典常也。不惟圣人随事之宜，亦忧患后世而有作也。"放勋"上更加"曰"字者，稽古之帝尧，其事曰如此也。古史之体，发论之辞也。前儒见"云放勋"，遂以为尧之名，因而又以“重华”“文命”为舜、禹之名。若以其文同，则亦当以“允迪”为皋陶之名，而独不谓之名者。故或称尧，或称放勋，互称之。如孟子言尧事，而传录误作“放勋”。亦如传记中言仲尼，或作夫子，或作孔子之类，但举其人耳，误不足怪也。

“钦明文思安安”，以此四德行放勋之事。钦，敬慎；明，聪明；文，文章；思，谋虑。有此四者，故其所为，能得义理之至当。上“安”，其所处也；下“安”，得其理也；谓其所为放勋之事，皆安于义理之安，王介甫云：“理之所可安者，圣人安而行之。”

《序》言尧德，故云“聪明文思”；此言其立事，故云“钦明文思”，施各有所宜也。立事则钦慎为人，举德则聪明为先，各因其宜。单言明则包聪。

“允恭克让，光被四表，格于上下。”既言其有“钦明文思”之德，故所以能立事成勋，安于义理之安；又言其“允恭克让”，所以“光被四表，格于上下”。允，当也。前儒训信，信然乃当也，其实一义。恭谓钦慎。克，能也，禹曰“朕德罔克”是也。让谓谦让，不有其功之谓也。言尧其所为至当，而能钦慎；其小至能，而不自有其能。夫常人之情，自处既当，则无所顾虑，有能则自居其功。惟圣人至公无我，故虽功高天下而不自有，无所累于心。盖一介存于心，乃私心也，则有矜满之气矣。故舜称禹功能，天下莫与争而不矜伐，乃圣人之心也。故尧、舜允而恭，克而让。夫虽允虽克，足以立事成功而已，未足以光被四表而格上下也；必事当于彼，而钦慎于此，能高于己而让弗自有，此天下所以感悦信服也。孟子曰：“以善服人者，未有能服人者也。”圣人与常人异。人知允当不可矜也，则为恭巽；知能之不可眩也，则为谦让；必悦而诚服也。然作为于中而假之于外，欲常其德且难矣，况足以感人乎？孟子曰：“不诚未有能动者也。”圣人之公心，如天地之造化，生养万物，而孰尸其功？故应物而允于彼。复何存于此也？故不害钦慎之神能。亦由乎理而已，故无居有之私。天下见其至当而恭，能高而让，所以中心悦而诚服也。盖一出于公诚而已。惟其志至诚，故能光显及于四远。先儒训“光”作充。光辉照耀乃充塞也，其实一义。天下咸服其德，则是其德充塞，至于天地也。

“克明俊德，以亲九族，九族既睦，平章百姓，百姓昭明，协和万邦，黎民于变时雍。”前言尧之德，此言尧之治。其事有次序，始于明俊德。俊德，俊贤之德也，尧能辨明而择任之也。帝王之道也，以择任贤俊为本，得人而后与之同治天下。天下之治，由身及家而治，故始于以睦九族也。注云：“或疑亲睦九族，岂待任俊德乎？”盖言得贤俊而为治，治之始，自睦九族为先，故以次序言之也。以王者亲睦九族之道，岂不赖贤俊之谋乎？

九族既已亲睦，以至于平治章明。百姓，庶民也。前云“明俊德”，既明而用之，则任之之道包在其中矣，故便及庶民。王国百姓既已昭明伦理而顺治矣，则至于四方万国，皆协同和从。天下黎庶于是变恶从善，化成善俗而时雍。

“乃命羲、和，钦若昊天，历象日月星辰，敬授人时。”前言尧之治始于“明俊德”，而后由“睦九族”以至“和万邦，变时雍”。此复言其立政纲纪，分正百官之职，以成庶绩；而事之最大最先，在推测天道，明历象，钦若时令以授人也。天下万事无不本于此，故最先详载其事。圣人治天下之道，惟此二端而已。治身齐家以至平天下者，治之道也，建立治纲，分正百职，顺天时以制事，至于创制立度，尽天下之事者，治之法也。作《典》者述尧之治，尽于此矣。自“尧曰畴咨”以下，皆纪其事，以明尧之圣耳。

自上古之时，固已迎日推策矣，尧复考星以正四时，其法明而易准，乃命羲、和，使敬顺天时。历，以象日月星辰之行次。《疏》云：“递中之星，日月所会之辰，定四时节候，以班随时之政，授人时也。”又分命羲、和二氏：仲叔各主一时。分命羲仲居东方之官，主春时之政。嵎夷，东方之名。东方，阳之所生出，岁所起也，故云暘谷。主敬道出日之政，犹春气之生，举岁首之事，平均次序，东作耕播之事。又察昼夜之中，鸟宿之见，以正仲春之候，使无差天时。当是时，民析散处田野耕作，鸟兽则交接孕育。上方察正其时，举其时政，又言民物皆随天时而然也。

羲氏主二时，又重命羲叔居南方之官，主夏时之政教。孔云："讹，化也。"《释文》言，平序南方化育之事，凡顺夏时所施政教也。"厥民因"，谓春时播种在田，民因就居于野，收敛而后耕播也。

"寅饯纳日。"西，日入之方。秋，收成之时。敬随时变，终岁之事。夷，平也。秋稼将熟，岁功将毕，民获卒岁之食，心力平夷安舒也。毨，泽好也。

北方曰朔方者，朔，初也，阳生于子，谓阳初始生之方也。幽都，幽阴之处也。上云"朔方"，止言北方也：故须复云"曰幽都"。居北方之官，主顺隆阴之候，布冬时之政也。平，均也。在察也。平察终卒而反始所当更易之事也。冬，一岁之事既终，则平察改岁当更之事也。既成今岁之终，又虑来岁之始。如彼北方，终其阴而复始其阳，故云朔易。或以为朔，初也，平在其来岁初始变易之事耳，如此则不能包，是其冬为岁之初也。或又以为来岁更易之事，自是春官所职，此亦不然。古者功作之事，皆于冬月间隙之际，如修完室庐墙垣之类，非今岁之用，皆为来岁计耳。皆是一岁之事既终，则复虑其始也。若蓄种实，修耒耜，备器用，不可俟来春农事既兴，而春官遽为之也。

咨，《释诂》云：嗟也，告与语之辞。

"以闰月定四时成岁"，其法至尧而精密详具，故举其法以敕羲、和使职之。古之时分职，主察天运以正四时，遂居其方之官，主其时之政。在尧谓之四岳，于周乃卿之任，统天下之治者也。后世学其法者，不知其道，故以星历为工技之事，而与政分矣。

"允厘百工，庶绩咸熙。"自"乃命羲、和"以下，言尧设官分职，立正纲纪，以成天下之务。首举其大者，是察天道，正四时，顺时行政，使人遂其生养之道，此大本也。万事无不本于此。天下之事无不顺天时法阴阳者，律度量衡皆出于此，故首举而详载之。其他庶事，无不备言，故统云“允厘百工”，言百工之职各分命之也。各授其任，使行其治，是信使治也。允厘，信治也。百工各信治其职，故庶工皆和。史载尧治天下之事，尽于此矣。“庶绩咸熙”，治之成也。自“放勋”至“格于上下”，尧之德也。自“克明俊德”至“于变时雍”，尧治天下之道也。自“乃命羲、和”至“庶绩咸熙”，尧立治之法也。自“帝曰畴咨”以下至篇终，言尧之圣明能知人也。

“帝曰畴咨若时登庸。”咨嗟，告与语之发辞。问：谁乎能顺于是者？将登庸之。顺是，谓顺我之治也。辞不与前相连。此尧老将逊帝位，博求贤圣之意。故放齐对以“胤子朱启明”。朱本不害，故云明发而明通矣。又访问：谁能若顺我事？此又别一时求人之事也。“方鸠僝功”，言方集其功。“静言庸违”：王介甫云静则能言，用则违其言。“象恭滔天”言其外貌恭而中心怀藏奸伪，滔天莫测。〇荡荡乎，平漫之状；“怀山襄陵”，故荡荡然也。

吁，疑叹之辞。方，不顺也。命，正理也。谓其不循顺正理，而毁圮族类，倾陷忌克之人也。“汝能庸命逊朕位”，汝能用命，由正理也，其顺行帝位之事。

“明明扬侧陋”，使显扬侧陋之贤。

四岳，尧之辅臣，固贤者也。尧将禅帝位，固宜先四岳，不能当，复使之明扬在下之可当者，宜其得圣人也。后世多疑以为岳可授，则盍授之？不可授，则何命之也？夫将以天下之公器授人，尧其宜独为之乎？故先命之大臣百官，以至天下，有圣过于己者，必见推矣。递相推让，卒当得最贤者矣。事之次序，理自当然。

“瞽子父顽。”岳曰：所谓瞽叟之子也，其父顽，母嚚，象傲。烝，进也。《释诂》云：烝烝，勉益渐进之义。其愚恶难化，故渐益进之使治，不至于奸凶之罪。自“帝曰畴咨若时登庸”以下，载帝尧求人之事，所以明其圣能知人也。亲爱之至莫如朱，知其恶而弗授；共工之能言，象恭，鲧之才智，天下之大奸佞也，能隐其恶而任其职；当朝之贤如四岳，且弗能辨而称其才，况百官诸侯下民乎？是举世莫不贤之也。尧独闻举而吁，既而共工卒以恶诛，鲧绩弗成。舜居微陋，其德始升闻，师举则俞其言，遂授之位，非大圣独见，其能然乎？其曰“我其试哉”，将试观其圣德，暴之天下也。故女之以二女，命之尊位，使之慎徽五典，时叙百揆，固非未能信而试之也。

或曰：共工、鲧之徒，尧既知其恶矣，何不去也？曰：彼所谓大奸者，知恶之不可行也，则能隐其恶，立尧之朝，以助尧之治，何因而去之也？及将举而进之，则尧知其不可，盖用过其分则其恶必见。如王莽、司马懿，若使终身居卿大夫之位，必不起篡逆之谋，而终身为才能之臣矣。鲧居尧朝，虽藏方命圮族之心，饰善以取容，故举朝莫知其恶，是其恶未尝行也；及居治水之任，则其恶自显矣。盖治水，天下之大任也，非具至公之心，能舍己从人，尽天下之议，则不能成其功。岂方命圮族者所能乎？故其恶显，而舜得以诛之矣。共工、驩兜之徒，皆凶恶之人也。及舜登庸之始，侧陋之人顾居其上，又将使之臣之，此凶乱之人所以不能堪也，故其恶显，而舜得以诛之。如管、蔡在武王之世，何由作乱？当成王少，周公摄政，乘其事会，有以发其凶慝之心也。

或曰：尧知鲧不可大任，何为使之？曰：舜、禹未显。舜登庸时，始三十矣，禹幼可知。当时之人，才智无出其右者，是以四岳举之也。虽九年而功不成，然其所治，固非他人所及也。惟其功有叙，故其自任益强，咈戾圮类益甚，公议隔而人心离矣，是以恶益显而功卒不可成也，故诛之。当其大臣举之，天下贤之，又其才力实过于人，尧安得不任也？若其时朝廷大臣才智有过鲧者，则尧亦不任之矣。

舜典

《舜典》，夏时所作。篇末载舜死，夏时所作可知。故史为追纪之辞，与《尧典》同。

虞舜侧微，侧陋微贱。“重华协于帝”，盛德光华，与尧相袭，协宜于帝位，言以圣继圣，宜于天下也，故云“重华协于帝”。此句总言舜事，曰若考古之帝舜，重华协于帝。自“濬哲文明”以下，重叙其德也。如《尧典》统言“钦明文思安安”已，复云“允恭克让”以下事，重叙其德也。

“濬、哲、文、明，温、恭、允、塞”，八事。濬，渊弘。哲，睿智。文，文章。明，聪明。温，粹和。恭，恭敬。允，信当（去声）。塞，充实。八者以形容其圣德。凡称圣人，取其德美之焕发者而称之，系其人所取，不必同也。如称尧则曰“钦明文思安安”，称仲尼则曰“温良恭俭让”，要之皆圣人之德美，称之足以见其圣人耳。譬夫言玉之美者，或美其色之温润，或称其声之清越，或取其坚贞，或美其精粹，要之举一则足以知其宝矣。随人之所称，足以见其美则可也。

“玄德升闻。”玄，幽远之称。穹玄是也。舜潜德幽远之中，又其德深远，故云玄德也。

“慎徽五典，五典克从。”尧既命之以位，而舜敬美其五常之教。五典谓父子有亲，君臣有义，夫妇有别，长幼有序，朋友有信也。五者人伦也，言长幼则兄弟尊卑备矣，言朋友则乡党宾客备矣。孔氏谓父义、母慈、兄友、弟恭、子孝，乌能尽人伦哉？夫妇人伦之本，夫妇正而后父子亲，而遗之可乎？孟子云：“尧使契为司徒，教以人伦。”五者人伦大典，岂舜有以易之乎？五典克从，则左氏所谓无违教也。

“纳于百揆”，谓进置之于揆度百事之任，而其所揆裁处也。皆时叙。顺成也。

"宾于四门，四门穆穆。"宾，礼接也。门，内外之限也。京师为内，则四方皆外也；中国为内，则夷狄为外也。穆穆，和正之貌。舜礼待四方，而诸侯协和，四夷怀来，皆从其绥化也。

"纳于大麓，烈风雷雨弗迷。"进置之大麓之任，谓总领庶政也。麓，山阜，草木百物所聚也，训犹聚也，故孔子云录也。（录亦总聚之义。）前云"纳于百揆"，又云"纳于大麓"，何也？曰：百揆，揆度良事谋议之任也。大麓，总录庶政、统领百职事之任也。非是历迁数职也，各举其事言耳。云使之敬美五典则克从，使之揆事则时叙，使之宾怀四方则穆穆，使之总庶政则阴阳和。或曰：《序》云历试诸难，安知非居数职也？曰：谓历试如上诸难事耳，非历居数官也。尧得舜则置之上位，自五典而下，皆非一司之事也。大麓者，总录庶政之称，故极其全功而言，不可止举一事也。

庶绩咸熙，黎民雍和，阴阳顺序，风雨时若，无烈风雷雨之愆错逆乱也。或曰：不止言风雨弗迷，而云烈风，何也？既曰烈风矣，又曰弗迷，辞似不顺。曰：谓无烈风雷雨之迷错也。风，无时之物，故必言烈，乃见迷。若雷雨必顺时，若当暘而降，冬发夏不震，则不必迅暴然后为迷，所以独风言烈也。

"询事考言，乃言底可绩。"询谋汝所行之事，以考汝之前言，皆可致功实也。闻其言，则尧知其圣矣；见于事，至于三年，而后天下知其圣也。

"在璿玑玉衡以齐七政。"在，察也。既受终，则察七政之度不愆忒否，以观天意，盖圣人钦若昊天之道也。天意既顺，于是遂类上帝，禋六宗，望山川，遍群神，告其受命摄治也。六宗，二昭三穆也。先已受终文祖矣，故止里六庙也，尧之六庙。或曰：舜既受终，始占天意，何也？如七政有愆，则如之何？曰：未受终，则天意何缘而有顺逆？理必受而后有察也。如其有变，则天时不顺，逊避而已，何疑焉？人苟诚焉，则感于天地，通于神明，岂有二圣授受之际，而有天意不顺者乎？注云：或以为既受终，则钦若昊天，乃所当先，故考齐七政，非谓察已之意合天否也。此则不然。自尧之钦若命官，乃舜纳于大麓，其见之政久矣，既受命而君，固宜察天意也。

“肆类于上帝。”肆，遂也，犹后之属文者言于是也。

自“上日受终”，而类上帝，禋六宗，至遍群神，辑敛五瑞，徵五等诸侯也；至月终则四方诸侯至矣，远近不同，来有先后，故日日见之，不如他朝会之同期于一日也。盖欲以少接之，则得尽其询，察礼意也；既见，则颁还其瑞玉。自“岁二月”以下，言巡狩之事，非是当年二月便往，亦非一岁之中，遍历五岳也。所至协正时日，同其度量，正五等诸侯之秩序，制度之等差，是修五礼也。五等之制，古有之矣，防其乱，故巡狩所至，必修明也。正其五等制度，并其君臣所执珪幣，皆使合礼也。

“如五器卒乃复”者，诸侯尊而贽重，故已觐则复还其玉，余则否，所以礼答列辟也。五器即五瑞，以其物言则玉，以其宝言则瑞，以成形言则器。

“归格于艺祖，用特。”归格，告至于祖庙也，此记礼也。止言祖庙举尊耳，实皆告也。如告朔太庙，亦不止告祖也。四时之祭，则各有牲。如告朔、告至之类，非祭也，共用一牲而已，故云用特。若受终而禋，则是祭也。虽古礼不可详知，恐荐新之类，亦止就庙耳。惟时祭设主，则各就其室，非祭不必设主也。

每五载一巡狩，则一方之诸侯朝于岳下，故云“四朝敷奏以言，明试以功，车服以庸”。巡狩，非能遍至诸国也，至方岳，则觐见一方之君，使各进陈其为治之说，其言之善者则从之，而明考其功，有其功则赐车服以旌其功也。注曰：民功曰庸，其言善则考而褒之，其言不善则固有以告饬之矣。

“肇十有二州。”上古九州，治水之后，禹别正其九州之封界，舜始分为十二州，在洪水既平之后。此历叙舜事，故肇十二州在四罪之前，言殛鲧在说用刑之中，非是先分十二州而后殛鲧也。《禹贡》云别九州者，洪水治平而定九州之域，在后始分十二州。

“封十有二山。”《孔传》云：封，大也。必非以人力增大其山使大也，盖表其山为一州之镇耳。

“象以典刑”，象罪之轻重，立为常刑。“鞭作官刑”，治官之刑也，小过不用正刑。“朴作教刑”，凡教皆用，不必指在学校。“流宥五刑”，情之有宜矜贷，则流于远以宽宥其刑。五刑分其远近。“眚灾肆赦，怙终贼刑。”眚，过也，谓过失入于罪者。灾，害也，谓非人所致而至者。肆，缓也，今语有纵肆宽缓之义。赦，除释之也。眚者肆之，灾者赦之也。虽罪非固犯，失由于人，故必致法，矜其情而缓之耳。灾非由人，宜加恤也，故直赦之。怙恃其恶，与终固其非者，凶恶之民也，故残害之以刑，使不得为人害也，是贼刑也。上云皆舜之制刑立法如此。“钦哉钦哉，惟刑之恤哉！”史官既载舜制刑之法，而重明舜意云：舜之于刑，钦哉！钦哉！惟刑之为忧恤哉！言其敬慎哀矜之至也。注云：说者皆以为舜语，非也。

“流共工于幽州，放驩兜于崇山，窜三苗于三危，殛鲧于羽山，四罪而天下咸服。”史官载述舜之制刑，因叙其所用刑也。四罪盖肇十有二州之前。大抵流放统谓之流，故曰“流宥五刑”，而于流之中有轻重之称。流者，去远之也，如水流去，放者，屏斥之，窜者，投置之，以罪之轻重、地之善恶远迩为差。殛则诛死之也。四者，自轻及重而言。殛鲧必于羽山者，非时适在彼，则恶之彰著，或败功害事于彼耳。

“百姓如丧考妣。”百姓，庶民也。言庶民，则君子可知矣。正月元日，舜格于文祖，三年丧毕，而朝廷公卿天下诸侯皆请舜正位，故复至文祖之庙，以告见焉。孟子云其避丹朱之事，盖丧毕而不自有之，畏避也。朝廷诸侯请之，是天下从之也。推其事而言耳，故史官不载其事。或曰：舜往避于南河之南，迹之显者，《书》不云，何也？曰：《书》之纪事，不如后史之繁悉也。若五载一巡狩，则舜之在位，其所往多矣，皆不记也。

改正武成

武王伐殷，往归兽，识其政事，作《武成》。武成：惟一月壬辰，旁死魄，越翼日癸巳，王朝步自周，于征伐商，厎商之罪，告于皇天后土，所过名山大川，曰：惟有道曾孙周王发，将有大正于商。今商王受无道，暴殄天物，害虐烝民，为天下逋逃主，萃渊薮。予小子既获仁人，敢祗承上帝，以遏乱略。华夏蛮貊，罔不率俾，恭天成命。惟尔有神，尚克相予，以济兆民，无作神羞！既戊午，师逾孟津；癸亥，陈于商郊，俟天休命。甲子昧爽，受率其旅若林，会于牧野，罔有敌于我师，前徒倒戈，攻于后以北，血流漂杵。一戎衣，天下大定，释箕子囚，封比干墓，式商容闾，散鹿台之财，发钜桥之粟，大赉于四海，而万姓悦服。厥四月哉生明，王来自商至于丰，乃偃武修文，归马于华山之阳，放牛于桃林之野，示天下弗服。丁未，祀于周庙，邦甸侯卫骏奔走，执豆笾。越三日庚戌，柴望，大告武成。既生魄，庶邦冢君暨百工，受命于周。王若曰：呜呼群后！惟先王建邦启土，公刘克笃前烈，至于大王，肇基王迹，王季其勤王家，我文考文王，克成厥勋，诞膺天命，以抚方夏，大邦畏其力，小邦怀其德，惟九年大统未集，予小子其承厥志，肆予东征，绥厥士女。惟其士女，篚厥玄黄，昭我周王，天休震动，用附我大邑周，乃反商政。政由旧：列爵惟五，分土惟三，建官惟贤，位事惟能，重民五教。惟食丧祭，惇信明义，崇德报功，垂拱而天下治。

河南程氏经说卷第三　伊川先生

诗解（世传胡氏本，辞多不同，疑后人删润，今悉从旧本也）

国风

关雎（周南）

《诗》者，言之述也。言之不足而长言之，咏歌之，所由兴也。其发于诚感之深，至于不知手之舞，足之蹈，故其入于人也亦深，至可以动天地，感鬼神。虞之君臣，迭相赓和，始见于《书》。夏、商之世，虽有作者，其传鲜矣。至周而世益文，人之怨乐，必形于言；政之善恶，必见刺美。至夫子之时，所传者多矣。夫子删之，得三百篇，皆止于礼义，可以垂世立教，故曰"兴于《诗》"，又曰："诵《诗》三百，授之以政，不达，使于四方，不能专对，虽多亦奚以为？"古之人，幼而闻歌诵之声，长而识刺美之意，古人之学，由《诗》而兴。后世老师宿儒，尚不知《诗》义，后学岂能兴起也？世之能诵三百篇者多矣，果能达政专对乎？是后之人未尝知《诗》也。夫子虑后世之不知《诗》也，故序《关雎》以示之。学《诗》而不求《序》，犹欲入室而不由户也。天下之治，正家为先。天下之家正，则天下治矣。《二南》，正家之道也，陈后妃夫人大夫妻之德，推之士庶人之家，一也。故使邦国至于乡党皆用之；自朝廷至于委巷，莫不讴吟讽诵，所以风化天下。如《小雅·鹿鸣》而下，各于其事而用之也。为此《诗》者，其周公乎？古之人由是道者，文王也，故以当时之

《诗》系其后。其化之之成，至如《麟趾》《驺虞》，乃其应也。天下之治，由兹而始；天下之俗，由此而成；风之正也。自卫而下，王道衰，礼义废，今正风者无几矣。其刺上，至指诋其恶，岂复有谲谏之义也？盖发于人情怨愤，圣人取其归止于礼义而已。惟《雅》亦然，所美者正也，所刺者变也，规诲者渐失而未至于刺也。

为《诗》之义有六：曰风，曰赋，曰比，曰兴，曰雅，曰颂。风以动之，上之化下，下之风上，凡所刺美皆是也。赋者，咏述其事，“蔽芾甘棠，勿翦勿伐，召伯所茇”是也。比者，以物相比，“狼跋其胡，载疐其尾，公孙硕肤，赤舄几几”是也。兴者，兴起其义，“采采卷耳，不盈倾筐，嗟我怀人，寘彼周行”是也。雅者，陈其正理，“天生蒸民，有物有则，民之秉彝，好是懿德”是也。颂者，称美其事，“假乐君子，显显令德，宜民宜人，受禄于天”是也。学《诗》而不分六义，岂知《诗》之体也？《诗》之别有四：曰《风》，曰《小雅》，曰《大雅》，曰《颂》。言一国之事，谓之《风》；言天下之事，谓之《雅》，事有大小，《雅》亦分焉；称美盛德与告其成功，谓之《颂》。有是四端，所谓四始也。《诗》不出此四者，故曰《诗》之至也。得失之迹，刺美之义，则国史明之矣。史氏得《诗》，必载其事，然后其义可知，今《小序》之首是也，其下则说《诗》者之辞也。《关雎》《麟趾》之化，王者之风，故系之《周南》，化自周而南也。《鹊巢》《驺虞》之德，诸侯之风，国君而下，正家之道，王之所以教天下也，故系之《召南》，化自召而南也。（今本“南”字皆误作“公”。）召伯为诸侯长，故诸侯之风主之于《召南》。《二南》者，正家之道，王化之所由兴也。故《关雎》之义：乐得淑女，以为后妃，配君子也，其所忧思，代于进贤淑，非说于色也；哀窈窕，思之切也；切于思贤才，而不在于淫色，无伤善之心也，是则《关雎》之义。

汉广

《汉广》言汉之广大，犹云江永也。本言文王之道，南被江、汉之域，因取汉水为兴。水之为限，不可逾也，以兴礼义之为闲，不可犯也。南国被文王之化，家齐俗厚，妇人知守礼义。既以礼义为防，则非僻之思自绝，虽有以非礼求之者，亦不可得而犯也，不可得而犯，则不思犯矣。夫人之休于木下，必攀枝跛倚，乔木不可攀及也，故人绝欲休之思，兴女有高洁之行，非礼者自无求之之思也。重称汉水之广，不可思游泳以济；江之长永，不可思方而渡也。江大于汉，虽方尚不可，济难于泳矣，兴以礼自闲不可侵凌也。女之游者，谓旷僻独行可动之地，异乎闺门之内，姆傅之侧也。错薪翘翘然，必择其端直者刈之，如是之女，岂所不愿得哉？之子者，若得之以归，则言秣其马矣，情切之意。惟其礼法之限，不可得也。不止无非礼之私思，又知其端直之美而愿慕之也。

汝坟

《关雎》之化行，则天下之家齐俗厚，妇人皆由礼义，王道成矣。古之人有是道，使天下蒙是化者，文王是也，故以文王之诗附于《周南》之末。又周家风天下，正身齐家之道，贻谋自于文王，故其功皆推本而归焉。《汉广》，妇人之能安于礼义也；《汝坟》，则又能勉其君子以正也。君子从役于外，妇人为樵薪之事，思念君子之勤劳，如久饥也。调作輖，重也。二章，自勉之意。伐肄，见逾年矣，言将见君子不远弃我也。三章，勉君子以正，言其勤劳，犹鲂鱼之赪尾，盖王室暴政如焚焰，虽则如是，文王之德如父母，望之甚迩，被文王之德化，忘其劳苦也。

麟之趾

《关雎》而下，齐家之道备矣，故以《麟趾》言其应。《关雎》

之化行，则其应如此，天下无犯非礼也。自“衰世公子”以下，序之误也。以诗有“公子”字，故误耳。“麟趾之时”，不成辞。麟趾言之时，谬矣。《关雎》始于衽席，及于子孙，至于宗族，以被天下，故自近而言之。麟取其仁厚，趾、角、定，皆于麟取之，皆有仁厚之象也。趾不践生草，定之状必有异常物，角端有肉，公子之仁厚如是也。既言之，又叹美之，曰：“吁嗟麟兮！”

江有汜（召南）

此亦文王时《诗》，因附于此。其嫡不使备嫔妾之数，以侍君也。汜，水之分；渚，水之歧；沱，水之别。归，谓从君子也，美人君当使妾媵均承其泽，故以归言，非谓是嫁来之归也。汜，分之小，洲，渚之歧，则大矣。沱之为言，别也，几相类矣。言水之分流，兴夫人之不专君子。前二章止言嫡不由是道，其后自悔；卒章则言不过我而无怨，笑歌顺命，盖言其所以致嫡之自悔也。处，得其所处也。过，及也。笑，喜乐而已。歌之，发于中也。

谷风（邶）

习习，和风。阴阳交和，则感阴而成雨。（其感也阴，其成也雨。）夫妇之道同，黾勉和同，不宜有怨怒也。盖和则夫妇之道成而家室正，如阴阳和而成雨。采葑菲者，以其有下体也。无以，以也。夫妇之道，贵其有终。德音，好音也。当期好音无违，至于偕老，承上章意。我行道而迟迟者，中心念其有违乎此也。不远伊迩，谓此道不远而迩，何莫置我当其分乎？送，置也。畿，分也。所以疆畿者，所画之界分耳。荼，至苦也，乃以为甘。新婚，非礼之至也，反好之如弟。泾浊而渭清，今泾反以渭为浊。湜湜，清貌。视于浅处则见清，彼以为浊，而其沚自湜湜，以言其惑而不得其正也。爱其新婚，而反不以我为屑也。梁笱喻己所治家事，惜为其毁败。梁，所以壅蔽，使毋撤而逝之。笱，所以取鱼，使毋发而去之。我身之所为，且不能省阅，暇惜我既去之后乎？“就其深矣”以下，陈其躬所为治家勤劳之事，随事尽其心力而为之，深则方舟，浅则泳游，不可计其有与亡也，强勉求为之耳。不特如是治其家而已，又周睦其邻里乡党，莫不尽其道。我所为者如是，不能心知念我，而反以我为仇恶。慉，心所畜也。惟其心既阻绝我之善，故虽勤劳如是，而不见取，如贾之不售。凡人所以憎而不知其善，由心阻绝其善也。昔惟恐养生之道穷困，及尔至于颠覆，今既遂其生既饶息矣，乃比我于毒。所以蓄藏美物者，以御冬为令岁之备也，今乃止以我御穷困之时，终乃见弃。肄，习也。贻我以武暴愤怨，习而为常矣。塈，息也。不念昔之安息于我室家，心所归息也。

简兮

贤才之人，可以为王臣，而简择取之，方将使之为萬舞。日之方中，明朗之时，又在前列而处上，见之宜可辨，而不能知之也。硕德之人，俣俣然心广体胖，在公庭为萬舞也。次章又言其才艺之美。有力如虎，才武也；执辔如组，艺也。言其艺如此，非在公庭见之也。左执籥而右秉翟，言其能之备，羽籥二事皆能之也。其颜色如渥丹然，必言其颜色之充美者，以其在前，易见其才艺容色如是，而公锡之以爵而已，劳贱者之道也。榛之在山，苓之在隰，乃其宜也。贤者宜在王朝也。云谁之思？思彼王国之贤者，言彼美德之人，为王朝之臣，乃得其所也。言之，所以叹此之不得其所也。或云：美人盖谓卫之贤者，文意不然。

北风

《序》云并为威虐，谓君臣上下皆然。四时之风，春而自东，则生物也；夏而自南，则养物也；秋而自西，则成物也；冬而自北，则杀物也。以北风之杀害于物，故以兴虐政。《诗序》谓百姓不亲，相携持而去，乃述当时之事。然考《诗》之辞，乃君子见几而作，相招无及于祸患者也。风既凉冷，必将至于雨雪，既尚威虐，必将残暴于人也。以恩惠相好，则携持而去耳。虚，宽貌。徐，缓也，雍容之状。亟，急也。只且，辞也。言尚可宽容虚徐乎？既急也哉，凉气喈声雱霏皆雨散之状。行，去也。归，择所安而往也。同车，亦偕行耳。但卒章辞意益迫切。同车，已有驾之意。莫赤者匪狐乎？莫黑者匪乌乎？以其色，则知其物矣，岂难辨哉？观其为政之道，则知暴虐祸难将及于人矣。君子全身远害，惟恐去之不速，故其辞迫切，“其虚其邪，既亟只且”是也。

君子偕老（鄘）

其德之深厚，如山如河，乃称象德之服。服章之设，象其德位之宜，德尊位隆，乃称盛服。今子之不淑，奈何？一章言人君之德，服饰之盛宜如是，而奈何反不称。次章又言服章容貌之美，与德相称，则可尊仰，故云胡然而仰之如天乎？胡然而尊之为君乎？帝，君也。帝以言其有德也。三章重陈衣服德容之美，诚如此之人，乃是邦人之媛也。媛，美德之女。

定之方中

美建国之得其时制。一章言建国之事，次章言相土地之初，属文之势然也。今文首言其事，然后原其初者多矣。既度其可，然后卜以决之。卜洛亦然，古人之为皆是也。人谋臧，则龟筮从矣。卒章序其勤劳，以致殷富。塞，当也。渊，深也。当其深，所以成其富盛。

蝃蝀

言奔则女就男。卫国化文王之道，淫奔人知耻而恶绝之，诗人道是意，以风止其事。蝃蝀，阴阳气之交，映日而见，故朝西而暮东。在东者，阴方之气就交于阳也，犹《易》之“自我西郊”。夫阳唱阴和，男行女随，乃理之正。今阴来交阳，人所丑恶，故莫敢指之。今世俗不以手指者，因《诗》之言。女子之义，从于人也，必待父母之命，兄弟之议，媒妁之言，男先下之，然后从焉。不由是而奔就于男者，犹蝀之东，故以兴焉。人所丑而不敢指视也，奈何女子之行，而违背父母兄弟乎？违谓违背不由其命而奔也。朝跻升于西者，乃阳方之气，来交于阴，则理之顺，故和而为雨。崇朝，不日之义。奈何女子反远其父母兄弟乎？如是之人无他也，怀男女之欲耳。婚姻，男女之交也。人虽有欲，当有信而知义，故言其大无信，不知命，为可恶也。苟惟欲之从，则人道废而入于禽兽矣。女子以不自失为信，所谓贞信之教。违背其父母，可谓无信矣。命，正理也。以道制欲则顺命，言此所以风也。

相鼠

相鼠之为物，贪而畏人，举止惊攫，无体态，故以兴人之无礼仪。视鼠之有皮革以成其身，有牙以完其形，具形体以成物，而动作如此，犹有人之形质，而无礼仪容止，不若死也。

干旄

卿大夫公子多好善者，贤者受其礼意之厚，当以善道告之，《诗》推其意，知乐告也。干旌，注旄干首九旗皆然，九旗之物，所建各不同。若王建太常，诸侯建旗，而来就浚之郊，礼下贤者。素丝，束帛也，谓以束帛乘马，行礼于贤者。彼姝美之人，谓有美德者受其礼意如是，当何以畀之？知其必告以善道也。纰，疏布之状。组，错密之状。祝，疑为竺，厚积之意。马四至于五六，马帛之益多，见其礼之益加也。始畀之，畀与也，谓答之；中与之，谓交亲之；终告之，谓忠告之。待之益至，报之益厚，是为乐告也。郊，野外。都，邑。城，国中。好贤益笃，则贤者益至，不好贤则士亦远遁也。

淇澳（卫）

淇澳之地，润泽膏沃，而生绿竹。竹，生物之美者，兴武公之美内充，而文章威仪著于外也。“有斐”，斐然文章貌。君子有文章，由其在学以自修。“如切如磋”，言学也；“如琢如磨”，自修也；以象治玉，譬人之治学修身。“瑟兮僩兮”，恂谨庄栗貌。“赫兮喧兮”，成德显著于外也，故云威仪也。“有斐君子，终不可谖兮”，言文章君子盛德之至善，人不能忘也。此首章言德美文章，由善学自治而然。二章言其威仪之美，服饰之盛。三章言其成质之美，如金锡圭璧然。“宽兮绰兮”，宽弘裕也，绰开豁也。“重较”，大车，言其多容而任重如大车也。“善戏谑”，言其乐易而以礼自饰，防节不至于过，是不为虐也，“猗猗”言竹之态，“青青”言其色，“如箦”言其盛，密比为箦。绿竹，竹也，淇澳所有。

考槃

贤者之退，穷处涧谷间，虽德体宽裕，而心在朝廷，寤寐不能忘怀，深念其不得以善道告君，故陈其由也。

硕人

“硕人”，大人尊贤之称。颀颀，容质之伟盛，言其位尊服饰之美，又陈其家之贵盛，德容之如是。其来也，礼数之备，至近郊而说止，复整车服而后入如朝，君为之早退，以与夫人燕处，见礼之之重。“河水洋洋，北流活活”，既尽言夫人之位尊重，因以河水兴人情故纵难制，所以致嬖妾上僭，而薄于夫人。洋洋，浩荡；活活，流激貌。河水如是，故施罛不安，强大之鱼不能制也。君情放纵，故礼法不能制。“葭菼”兴众多。庶姜众多，孽孽不顺，如葭菼然，贤士大夫莫能正，有去而已。

君子阳阳（王）

簧为乐之器，房，安息之所。苟自为乐，又招其类，由安息之所也。翿，舞所持。自为歌舞，又招其侣，由傲乐之道。阳阳，自得；陶陶，自乐之状；皆不任忧责，全身自乐而已。君子居乱世，如是而已。

扬之水

周人劳于戍申，而怨思。诸侯有患，天子命保卫之，亦宜也。平王独思其母家耳，非有王者保天下之心也，人怨宜也。况天子当使方伯邻国保助之，岂当独劳畿内之民？故周人怨诸侯之人不共戍申也。“彼其之子”，谓诸侯之人。申、甫、许，皆申之地名。扬之水澜也浅，故激力不足以流薪，兴力不足也。楚蒲益轻，言力不足愈深。

中谷有蓷

蓷，谷中所生之物，待阴润而后能生，故暵则乾矣，兴夫妇乐岁则能相保，凶年则至相弃也。始章叹其遇艰难，次章叹其人之不善。歗，长吟也，悲恨深于叹矣。卒章笑其恩义之素薄，非由于今也，故云“何嗟及矣”，其怨益深也。“暵其湿矣”，当作“隰矣”，亦乾也。

丘中有麻

丘中，宛宛平笊之处，地之美者也。麻可衣，麦可食，宜植丘中，兴贤者宜在朝，则能养于人。彼，谓不贤者，乃留于朝。子之贤反穷处而咨嗟，故思望其施施而来。次章云彼乃留而子反归乡国，思望其来食于朝。李者，徒能甘人之口，而不能养人之物。丘中反有李，乃比不贤之人也。佩者外饰，玖非真玉。彼留之人所贻我者，徒文饰，而无实贻我及人者。

缁衣（郑）

武公父子相继为王司徒，善于其职，国人美其为国君而能好善道，享服章宫室禄廪之报也。缁衣，卿衣也。宜，言其称。敝又改为，言久其职。適其馆，授之宫室；授之粲，赐之禄廪。予谓王朝。还，更也，今人言还知、还解、若还，皆更义。还予，犹予还既授之居，复赐之禄也。席，安舒之义。服称其德，则安舒享此，皆善善之功也。

子衿

衿青，学者之服。青青，举家之辞。世乱，学校不修，学者弃业，贤者念之而悲伤，故曰“悠悠我心”。纵我不可以反求于汝，谓往教强聒也。子宁不思其所学，而继其音问，遂尔弃绝于善道乎？世治，则庠序之教行，有法以率之，不率教者有至于移屏不齿，又礼义廉让之风所渐陶，父兄朋友之义所劝督，故人莫不强于进学。及夫乱世，上不复主其教，则无以率之，风俗杂乱浮伦，父兄所教者趋利，朋友所习者从时，故人莫不肆情废惰，为自弃之人，虽有贤者，欲强之于学，亦岂能也？故悲伤之而已。佩为青组绶。挑，轻跃；达，放恣。不事于学，则遨游城阙而已。贤者念之，二日不见，如三月之久也。盖士之于学，不可一日忘废，一日忘之，则其志荒矣，放僻邪侈之心胜之矣。

东方之日（齐）

齐国政衰，君臣皆失道，故风俗败坏，男女淫奔。日兴君，月兴臣。日月明照，则物无隐蔽，奸慝莫容，如朝廷明于上也。今君不明，故有淫奔之俗。诗人以东方之日，刺其当明而昏也。日出当明，而姝美之人在我室；所以在我室，履我即而来也。即，就也，谓行迹履我迹而来奔也。月出亦当明照，而姝美之人在我门内；所以在我门内，履我发而来奔也。发，行步，履其行步而来奔也。由在上之人不明，容此奸慝也。

东方未明

政乱无节，动非其时，或早或暮，无常度也。挈壶氏司漏刻，而朝廷兴居不时，是其职废也。言其不能正时矣，非特刺是官也。折柳以樊圃，狂夫见之且惊瞿，知其为限也。柳，柔脆易折之物，折之以为藩篱，非坚固也，狂夫以知其有限，见之则瞿然而惊。昼夜之限，非不明也，乃不能知，而不早则晏，乃无节之甚。樊，篱也，“营营青蝇止于樊”是也。

卢令

君荒于田猎，故百姓苦之，诗人陈古之贤君畋狩以时，百姓见则善而美之。

园有桃（魏）

观此诗，可见其忧深思远矣。所刺者，不能用其民耳，不能用其民，则不能治，岂复有德教？其致侵削可知也。国无政事则亡，故诗人忧思之深也。桃，果之贱者。园有桃，亦知其实以为殽，兴国有民虽寡，能用则治。今不能用其民，故心忧之，至歌且谣，诵咏之为谣。不知我者，谓我骄慢，彼人如是，子曰何哉？盖未之知也。故言我心之忧，人莫知之。重言人不知者，不思耳，其情至深切也。棘尤贱物，可用以食也。“行国”犹“驾言出游”，所以写忧，罔极不中也。

无衣（唐）

武公始有晋国，而能请命天子，故诗人美之，美其所可美也。六七，衣之数。或曰：继世之君，比受封有降，然不知六七者何物也？燠暖亦谓安耳。

葛生

此诗思存者，非悼亡者，《序》为误矣。好攻战则多离阔之恨，葛之生托于物，蔹之生依于地，兴妇人依君子。“谁与?”“独处!”（是两句。）谁与乎？独处而已。独旦，独处至旦也。昼夜之永时，思念之情尤切，故期于死而同穴，乃不相离也。

采苓

首阳山生坚实之物，故以兴谗诬不实之人。山者物之所生，故采必于山。苓生于山颠，苦生于下，葑葑山阳之平地，又各其所也，兴采言必于诚实之人。下因诫于信谗之人，造为巧言，且无用信之。又重诫曰：置之，置之，且无以为然。人之造为言者，皆谗诬不实，何所得乎？谓不得实事也。

蒹葭（秦）

蒹葭，芦苇众多而强，草类之强者，民之象也。葭待霜而后成，犹民待礼而后治，故以兴焉。苍苍而成，白露为霜矣。伊人犹斯人，谓人情所在。人情譬诸在水之中，顺而求之则易且近，逆而求之则艰且远。“凄凄”，青苍之间也。“未晞”，未凝也，犹礼教之未至。“采采”，茂盛未已，方浓之状，未有礼教也。礼教未立，则人心不服而俗乱，国何以安乎？

终南

终南崇高厚大，以兴君位之尊。山之高大，必生美材，人君尊崇，必有令德。条梅，美材也。有令德故宜称显服，又美其容貌，称人君之位。“至止”，在此耳，不必自外至也。纪，棱角；堂，平宽。纪兴礼法，堂兴德度。山必有纪堂，君必有礼德，故宜其服，称其位，当修其身，修其德，保其位，故曰“寿考不忘”也。

晨风

《序》言始弃其贤臣，诗中又见其不求贤之意。鴥，飞疾貌。以晨风兴君子者，取其来去之疾。人君好贤，待士有道，则贤者归之，礼貌不至，则浩然去矣，如晨风之疾也。林木茂盛，则飞鸟所集，兴朝廷有道，则贤者所就也。故人君未见君子之时，当忧心钦钦然，念恐己之有未至也。人君当如此，而如何今乃忘我之多乎？此诗主贤者见弃之意而言，故云忘我。"钦钦"，不懈之意。"如何如何"，叹其如是也。上章言朝廷有道，则贤者归之，下章言当念下之有贤才也。栎，山之所有也，而有茂盛而苞者，众人之中固有秀异者矣。"隰有六驳"亦然。六，见其盛多也，义亦苞聚之类。如下之有贤，则当求而用之，故于未见，则忧而靡乐，如何反忘我乎？棣檖亦然。言树，盖其茂大者乃成树耳。"钦钦""靡乐""如醉"，浅深之次，渐言其至也。

无衣

不与民同欲，故民疾上之为，诗人言为君当与民同欲也。能同袍，则虽寒不怨矣。若推同袍之恩，则民亦同上之欲。"王于兴师"，谓若以王道兴兵，则百姓皆修其戈矛，与之同仇矣。泽，犹今谓汗衫之类。

墓门（陈）

人情不修治，则邪恶生，犹道路不修治，则荆棘生，故以兴焉。墓门，墓道之门也。有荆棘，则当以斧斤开析之。他才不善，宜得贤师良傅以道义辅正之。今"夫也不良"，众皆知之，而不去之，自昔谁如是乎？此追咎自他幼小，不择师傅，致成其恶。"谁昔然矣"，犹云从来谁如是乎？前章言有棘，言他之不善，后章言有梅，深咎辅道之使然。梅，美木，虽美木生墓门荆棘荒芜之处，则恶鸟萃矣。虽有良心善性，与不善人处，则恶归矣。"夫也不良”，诗人作诗以告责之，告责之而不我顾，必待颠沛当思我言。

防有鹊巢

起土为防垄，以为疆埸之限，上植以木，于是鹊往巢焉。有丛林之蔽翳，则鹊巢之，兴人心有蔽昏，则谗诬者至。邛，丘也，谓丘原广平之处，则有苕生之美草，兴人心高明平夷，则来善言。侜谓诪张迂回，诬罔人者必迂曲以致其恶。“予美”，心所贤者，忧谗诬贤善也。中唐，窊下之地，瓦砾所聚也，兴处汙则不善者从焉。鹝，文草也。旨，言美也。惕惕，惧也。

匪风（桧）

乱极思治，人情所然。风者天之动，以兴上政，车者人所为，以兴民俗。天气顺则风时，上德修则政举，法制备则车成，政教衰则民僻，故以兴上下焉。匪风，不和之风。匪车，无法之车。发，迅烈。偈，轩轾不定。顾瞻，盼恋思而伤怛也。飘，回旋。嘌，轻摇。吊，伤悯。鱼，美好之物，人所欲，兴善政人所思。谁能烹鱼以食人？人将喜而助之。谁能归从周之道？人将乐而与之。怀，相要结也。好音，和声，喜乐相从也。

蜉蝣（曹）

蜉蝣朝生而暮死，以兴国将亡，不能久也。蜉蝣之羽，羽，翅梢，犹曹君之奢靡，衣裳楚楚然鲜美，胡能久乎？故忧其安所归处也。翼，翅也。采采，华饰。息，止息。掘阅，升腾游翔之状。如雪，洁白。经文说（说，税也）驾皆用说字，憩也，亦有悦义，故通用。

候人

共公远君子而好近小人，则所用多小人。其进者非一也，独取候人而言者，盖时用者，其微有自候人而升者，故取其甚者而言耳。彼候人者，使荷戈祋以守疆埸，乃其宜也；如彼之人，乃使服大夫之服，又至于三百之多，所以刺也。三百，言其多尔，如三百廛、三百囷。曹国之小，岂容有三百之多?《左传》“乘轩者三百人”，盖因此诗也。鹈乃在梁，不濡而食，与无功受禄，不称其服章之美，待遇之礼。遂，称也。卒章兴小人之无所取。荟蔚，草木之盛，郁茂之状。朝隮乎南山者，以草木之盛有所取也。饥渴乎季女者，谓其有婉娈之容也。今小人无德义可取，何为而近乎?

下泉

泉之润物，犹政令膏泽之及人。泉寒冽，则不能润物，在下则不能及物，浸渍则害物。苞，丛生之茂者，乃反害之，是皆不得其所也。稂、萧、蓍，皆下泽所生。忾然既寤而叹念周道之衰也，所谓思明王之诗也。其卒也，又伤无贤伯以纠率之，故致如是。芃芃然盛之黍苗，盖阴雨膏泽使然。四方诸侯能勤王事，由郇伯劳免之故也。郇伯，古方伯之有功者。

七月（豳）

周公为此诗，欲成王知先公先王致王业之由，民之劳力趋时，稼穑之艰难如此。大火流下，岁过中而行暮矣，当有卒岁之具，御冬之备，故以“七月流火”为首章也。一，一阳之月也。“一之日”，犹云“冬之日”“夏之日”也。“同我妇子”，我妇子同来致饷也，尽室从事耕作，农官至而喜之也。“春日迟迟，采蘩祁祁，女心伤悲，殆及公子同归。”再云春日迟迟，上已（云春日载阳）此道人情之感时也。女心之感，不由（缺“日”字）而由迟迟，故重言之。蘩之用，云生蚕。《正义》云今亦用之，应是也。祁祁，众多。祁祁如云。女勤力蚕事，劳且伤悲也。盖所以为衣装之备，庶几得如富贵之子，及时而行也。○“八月萑苇”，亦蚕备也。“蚕月条桑”，当蚕长之月也。计岁气之早晚，不可指定几月也。言蚕长之月，当枝落桑，则用斧斨，亦预备其器具也。伐远扬以猗女桑，皆用斨斧。“我朱孔阳”，言染为玄黄之色，我特致功于朱使鲜明；盖所以供公上为公子之衣裳故也。“为公子裘”，“献豣于公”，皆此义也。民之知义如此，则美俗成矣。〇“其同”，谓会聚共事也。缵，继续之义，谓修肄也。后“我稼既同”，谓收聚也。斯螽、莎鸡、蟋蟀，说者虽为三物，然考诗意，恐是一物，随时异名耳。动股，始跃。振羽，翅成。穹窒（《东山》山中已解）。〇“嗟我妇子”，叹其勤劳，岁事既终，又复为改岁之事，岁暮入居室也。自“六月食郁及薁”以下，果蔬枣酒，皆为养老之具。“七月食瓜”以下，皆为壮者之食，故云“食我农夫”。〇诸种皆入，农事异矣，故叹我农夫之勤劳，又复执宫功也。“上入”，迁入都邑之居也，乘屋盖治也。绹，所用盖屋。凿冰必在岁末，而藏之须待春至，故云“三之日纳于凌阴”。藏冰所以备暑，而开冰必以仲春，所以顺时气也。其蚤用之于献羔祭韭，时夏颁冰，是其后用时也。“朋酒斯飨”，岁功既毕，朋聚以飨其乐。“杀羔羊”，谓盛礼。“公堂”，公为众人会集之所，乡校是也。称兕觥，祝觞之辞，民相与为乐，祝以寿考也。此诗多陈节物，大要言岁序之迁，人事当及时耳。所言或与《月令》异者，月令多举其始，此但言其有时，不必始有也。

鸱鸮

管、蔡流言及叛，是乱也。成王幼而未知周公之志，公为此诗，告以王业艰难，不忍其毁坏之意悟王心，此周公出征救乱之心，作诗之志也。此诗章句不完，莫可究其全体，据所存而言之可也。鸱鸮，恶鸟，呼而谓之：尔既取我子矣，无更毁坏我室。鸱鸮喻为恶者，子喻管、蔡，室喻王室。管、蔡骨肉，而与之为乱，是“既取我子”矣，毋更毁坏我王室也。“恩斯”，谓情爱。“勤斯”，谓笃厚。以骨肉情爱之心，笃厚之意，养鬻（“育”字通用）子之道，可悯恻也。今乃取之，其毒甚矣。此皆谓鸱鸮之言，不知谓之者主何物也。“迨天之未阴雨”而下，言自为安固防闲之道，深至如此，而尚或侮之，兴禽出，而谓曰：汝下民，义不安。拮据，持捋貌。捋荼，披折貌，疑其义然。蓄租，积取也；卒瘏，致病也。所以如是劳苦，以未有室家也，兴成王业之艰。予羽尾残敝，然后成室。翘翘然，高壮貌。既其成就之劳如此，故为风雨漂摇，则其声忧惧。此周公之诗，所以辞哀而意切也。

东山

完，言其完师而归，无死亡之患也。思，谓念其勤劳，思其庐室荒废也。东山，所征之地，淮夷也。滔滔，纷纷不穷之状，言其久也。阴雨则行役尤苦，蒙蒙之时，羁旅愁惨，我在东而念归则西悲，谓怀西而悲也。“制彼裳衣”，治归装也。士，事也。（孔悝《鼎铭》曰：作率庆士。）枚，历也（枚卜之枚）。“勿事行枚”，言当归也。蠋卷在叶中居，如士卒之独处，自保其身，敦然独宿于车下也。烝，上比也，犹云升也。烛在叶中，故云“烝在桑野”。其在外之久，往来之劳，每章重言，见其感念之深。丁夫于役，田事废，室庐遂荒，果赢以下是也。在彼思念其如此。町畽，庐傍畦陇，为麇鹿之场也。不可以荒毁为畏，当以为怀也。此言与“勿士行枚”，皆人情之正当，然有自勉之意。垤，丘垤也。有阴雨之候，则妇思念其劳而悲叹，又计其行之久，念其将至。“我征聿至”，谓我之行者其遂至也。“穹窒”，鼠穴穹空也。窒，所壅土也。念其将至而洒扫（甫问切），复恨其留系之久，见其思望之情切也。“有敦”，圆成之状。“瓜苦”，瓜之苦者，延蔓栗薪之上。栗薪，坚木。以其苦，人所不取，常在其所。施于坚木，言系之固，以比君子于役，久留滞不还，言如苦瓜而系坚木也。“自我不见”，今三年矣。四章言归，而及时成婚姻之礼，人情之所乐也。仓庚之羽鲜明，婚姻之时也。嫁女之归，其马皇驳，有文彩也。“亲结其缡”，女之亲结之。“九十其仪”，仪之多也。其归而成新昏且甚嘉，其旧昏相见之欢，当如何也？

破斧

是诗也，周大夫刺朝廷之不知周公也，而云恶四国，四国为乱，何足云恶也？斧也，斨也，以及锜銶，皆人之所用。建国封亲，制典礼，立政刑，皆为天下之用，犹人之有器用也，故以斧为兴。言既破毁我斧，又将缺我斨矣。（斨，方孔而大者。）商、奄始率管、蔡为流言，遂以叛，将益动天下，以伤坏王业，恶日以滋，当速诛也。周公所以东征，"四国是皇"也。（皇，《释言》："匡正也。"）周公之心，勤劳王家，如是可哀也，其德亦甚大矣。将，大也。我人，犹云我公也。云斯人可哀，迫切之辞。锜，斧属，言益将有害。讹与吪同，动也。或寝或吪，振动于四国，为是四国之乱振动，恐其益乱天下。嘉，善也。銶，不知何物，要之器之大于锜者。遒，迳急也，加切于讹。休，美也。哀周公之忠勤，谓之甚美，所以刺朝廷之不知也。豳诗：《七月》陈王业，《鸱鸮》遗王，《东山》言东征，《破斧》《伐柯》《九罭》皆刺朝廷之不知周公。于刺也，复有浅深之异，观诗可见。《狼跋》，美不失其圣。

伐柯

《破斧》言周公之忠勤，忧四国之乱，天下征之之急如此。《伐柯》乃既得罪人之后，周公迟留未归，士大夫刺朝廷之不知所以还周公之道。斧也，柯也，二物合而后成用，故以兴君臣夫妇之合。伐柯，匪斧则不能；娶妻，匪媒则不成；言各有其道。今欲周公之归，亦必有其道也。二章言其道。伐柯，其取则不远，所执而伐者乃柯也，以之为则则是矣；今欲反周公，取则于周公可也。周公者，动必以礼者也，亦当以礼致之，则周公可得而觏见也，故云：我欲觏见之子，惟以礼乃可。笾豆，礼器，所以行礼，《语》云："俎豆之事。""笾豆有践"，谓礼仪是用也。

九罭

周公为诗遗王，王未知周公之志，故公居东未反，士大夫始刺朝廷不知反周公之道，《伐柯》是也。既又思之切，刺之深，责在朝廷之人不速还公也。九罭，网之固密者也。鳟鲂，鱼之美者。《诗》云：必河之鲂。九罭之网，则得鳟鲂之鱼，用隆厚之礼，则得圣贤。我欲覯之子，当用上公之礼服往逆之。二章言公之不得其所也。鸿飞，戾天者也，今乃遵渚，言不得其所。公既征而归，则未得其所，盖朝廷未以师保重礼往迎也。使公不得所于外，于汝信安处也矣，深责在朝廷之人也。“宿”，安息也。“不复”，谓未还旧职。四章祈反周公诚切之意。“是以”，犹所以。朝廷所以有衮衣之章，用尊礼圣贤。“无以”，用也，无以是服逆我公归来，无使士民之心悲思望公也。

狼跋

周公摄政，居危疑之地，虽成王不知，四国流言，终不能损其圣德者，以其忠诚在于王家，无贪欲之私心也。狼，兽之贪者，猛于求欲，故槛于机穽，罗絷前跋后疐，进退困险。诗人取之以言夫狼之所以致祸难危困如是者，以其有贪欲故也，若周公者，至公不私，进退以道，无利欲之蔽，以谦退自处，不有其尊，不矜其德，故虽在危疑之地，安步舒泰，赤舄几几然也。硕，大也，谓崇大之位。肤，美也，谓盛美之德。孙者，避而不居也，其谦逊不以崇高圣智自处，所以天下称圣，处危而安也。几，安义，几之立名取其义也。此大舜所谓“汝惟不矜，天下莫与汝争能；汝惟不伐，天下莫与汝争功”也。使周公有贪欲崇高得名之心，其能得天下之与如是乎？唯其处己也夔夔然有恭畏之心，存诚也荡荡焉无顾虑之意，所以不失其圣，德音所以不瑕也。先儒以狼跋疐不失其猛，兴周公不失其圣。不失其猛，奚若虎豹，胡独取狼也？古之诗人，比兴以类也，是以香草譬君子，恶鸟譬小人，岂有以豺狼兴圣人乎？且上二句言跋言疐，实有几几不瑕之义，但此诗体与他诗不类，故不通耳。此诗在六义比。

小雅

鹿鸣

自《鹿鸣》以下二十二篇，各赋其事，于其事而用之，其周公之谓乎？与《二南》同也。燕群臣嘉宾，则用《鹿鸣》。鹿，食则相呼，故以兴燕乐。呦呦，和声，和声相呼，共食野之草物，情相乐也。君臣宾主相乐如此。云“我有嘉宾，鼓瑟吹笙”，言其相乐。又以幣帛将其诚意，故云“承筐是将”，承以借之，筐以贮之。既有诚乐之厚意，则人心感悦而相好，以此示我之列位，故人劝而得尽其欢心。次章又言所燕礼嘉宾，闻望昭明，示民以厚之之意，使仪法之。三章言其乐之长久无斁。

四牡

《四牡》之义，悯使臣之勤劳，故云有功而见知则说矣。上不知下之劳，则下不自尽其力，故《四牡》之义废，则君臣缺矣。周道，犹通途也。倭迟，回远。岂不怀归乎？以王事不可废败，心伤悲念此也。騑騑，不止；嘽嘽，迅疾。骆马，强而耐远。雏，翩翩能飞之物，盖或飞，或下集于所安之处，以兴使臣之勤劳，乃不暇遂其私至。“不遑将父”，将，事也。卒章劝以义也。驾而驰骤不息，岂不怀归？以王事不可废败也。是用以此义作歌，以告其母。父则知义，母主恩，故以义告之。“岂不怀归”，言使臣之心。“是用作歌，将母来念”，作是歌，使以此义告其母也。

皇皇者华

天子遣使四方，以观省风俗，采察善恶，访问疾苦，宣道化于天下，下国蒙被声教，是有光华。“皇皇”，犹煌煌，光采之状。皇华之光明于野，犹王泽之流布，光华天下也，故以为兴。“于彼原隰”，言高下皆同其光华。“征夫”，使人。“駪駪”，俊健之状。惟恐不能宣达，是“每怀靡及”也。驹、骐、骆、骃，皆以俊言。濡，鲜泽。丝，条理。“沃若”，“既均”，皆整顺之状。诹、谋、询、度，前载虽各有义，要之询访耳。采察求访，使臣之大务。

常棣

此燕乐兄弟，亲睦宗族之诗，不因管、蔡而作也。常棣，今所谓玉李花，花萼相承甚力，故以兴兄弟。“鄂不韡韡”，韡韡，鲜华壮盛之貌，不当作柎，亦可如字。亦可以花萼相依，生相亲，力相承，兴人之莫如兄弟也。次章叙兄弟相赖之事。人当死生患难之事可畏，则思兄弟之助，方困穷离散，群聚于郊野之时，则求所亲以相依恃。三章言兄弟相须之急，犹鹡鸰首尾相应。急难之际，其相应如是也。“每有良朋”，犹“岂无他人”，“每有”犹“亦有”也，“况也永叹”，校之则可永叹也。骨肉不能相为，而求他人，是可叹也。四章重明兄弟之亲，义不能忘，譬之兄弟，很阋于墙，虽有不睦之心，犹将外御其侮。若他人，则众人之分也，无兵戎之为之义。五章言平时则皆可遂其私意，急难则莫如兄弟也。六章劝其相宴乐，养恩义。陈尔笾豆，饮食饫足，兄弟既偕来，当和乐且孺也。小儿亲慕父母谓之孺子，孺，亲慕之义，和乐而相亲慕也。七章言兄弟相乐，则妻子好合，其和如鼓瑟琴。兄弟既志意翕合，故其和乐，久而不厌。卒章言能如是亲睦其宗族，则能宜其室家，乐其妻孥。穷究是理，图念是事，信其然乎？言信然。此诗句少而章多，章多所以极其郑重，句少则各陈一义故也。

伐木

山中伐木，非一人能独为，必与同志者共之。既同其事，则相亲好，成朋友之义。伐木之人，尚有此义，况士君子乎？故赋伐木之人，叙其情，推其义，以劝朋友之义，燕朋友故旧则歌之，所以风天下也。朋友故旧笃，则民德归厚矣。二人伐木，更运斧斤，声丁丁相应，相须以成其事，赋此可以见朋友之义。继言“鸟鸣嘤嘤”，又以物情兴朋友之好。“嘤嘤”，相应和之和声。鸟鸣相应和，自幽谷升乔木，相追随，嘤嘤然其鸣，盖求其应。“友声”谓应声，犹人之朋友相从也。次章因鸟以兴朋友之义。相鸟如是，岂人而不求友乎？朋友之信，常久不渝，可质于神明。“和”谓相好，“平”谓不变。三章陈伐木共力，因相聚饮食，见欢乐厚笃之意。“许许”，众人共力之状，因聚众共力，而具酒食相乐也。先儒以藇为美，未喻是否。伐木之际，尚酾酒相乐，况既有肥羜，当以召诸父也。宁其不来，无使我恩意不至也。“诸父”“诸舅”，谓朋友故旧也。四章陈厚意以具饮食，洒埽精洁，盛陈簋器，况既有肥牡，当以召诸舅也。宁其不来，不可使我有不厚之罪。五章重陈此义之不可不然。伐木于峻阪，尤须众力，故酾酒之多，况乎有盛具，笾豆成列，当以燕乐兄弟，无相疎远。兄弟，朋友也。民之失德，故不能修亲睦之道，厚朋友故旧之礼，乾餱不相及，盖人之失德也，岂当然乎？卒章陈所当然者。有酒则我酺之，无酒则我酤之，以至鼓舞我为之，我及暇时，则相与宴饮，以笃思义。

天保

恩惠周物，君之下下也；归美于君，下之报上也。《天保》之诗，盛陈人君受天之祐，福禄之厚，蒙被臣民，由君德之所致也。“天保定尔”，君位甚安固也。“俾尔单厚，何福不除。”除，更新也，日益之义。俾之多增益，莫不繁庶。次章重陈其盛。既保定尔，俾尔享福，至无所不宜，受天之百禄，众福又降尔以遐远之福，惟欲其长。三章言既受天之福禄，莫不繁庶，如山阜岗陵，如川之流聚，莫不增盛。四章言既享丰盛之福，用报祀其祖先，得无穷之寿。“君曰卜尔”，君使卜之设辞也。五章言其所获。神之至，谓降鉴则锡尔多福。民所实有，则日用饮食，谓享其丰乐质实也，群众百族，皆化上德。六章言其德，光显无亏，庇覆生民。恒亦犹升，言光照远广，如南山之无亏崩，如松柏之茂盛，无不承其庇覆。

采薇

文王之时，有昆夷、玁狁之事，遣戍役以守卫，歌此诗以遣之，叙其勤劳悲伤之情，且风以义，当时之事也，后世因用之以遣戍役。“采薇采薇”，以薇为遣戍役之候也。“曰归曰归”，深念归时在岁暮也。“作止”，生出地。舍其室家，不遑暇起居，以玁狁之故也。毒民不由上，则人怀敌忾之心矣。薇，始长而柔矣，行期将至也，念归期之远而忧也。“忧心烈烈”，如饥如渴，戍事未休已，念谁使归问安否？薇，壮而刚矣，且当行也，归期须岁之阳，王事不可盬也，故启处不遑，忧心虽甚病，我行不可归也。首章述事之由，次章三章极道劳苦忧伤之情。上能察其情，则虽劳而不怨，虽忧而能厉。四章五章则劝以义。“彼尔”犹云于彼，亦与“彼路”同。常棣之华，华萼相亲，兴下尽力以为上，言当如常棣然也。彼路何也？乃君子所乘之车也。君子则知义矣。总强盛之车甲，岂敢安居？当期成功之速。一月而三捷，言速。五章再言。“骙骙”，强盛貌，付与之重。“依”，依上所处也。“腓”，从动之义，人之腓，身行则从动也，腓是足肚也，言君子小人从其所处而动也。“翼翼”，行列整治之状，既临其众，则整练其车甲，修治其器械，弭服是也。日为戒备，玁狁之事甚急故也。先言劳苦忧伤以尽其情，次陈之以义以坚其志，戍事尽于此矣。卒章言归以悯其劳，春而往，冬而旋，行远而时久，言行道迟迟，则见其思归之切，心如饥渴，其伤悲甚哀，人莫知也。此据《小序》为说，于义无害。然《鱼丽序》云：文、武以《天保》以上治内，《采薇》以下治外，于义不然，则《采薇》等二篇或非文王时作，乃武王、成王时作。南仲不知何时人。古者戍役，再期而还，今年春暮行，明年夏代者至，复留备秋，至过十一月而归，又明年中春至、春暮遣次戍者。每秋与冬初两番，戍者皆在疆圉，乃今之防秋也。

出车

劳将率之旋也。此诗所赋，自受命至还归，其事有叙，大要在归功将率。首章陈出车于牧，王命之征，赴事之急，不敢宁也。“谓我”，命我也。次章既受命而行，有旗章之盛，见付与之重，忧劳其事也。于郊，行矣。旟旐旆旆华盛。“旆旆”，垂委之状。“胡不”犹莫不。其忧念之深，仆夫左右之人亦为之尽瘁。三章指元帅之名，以显其功赫赫，德名显盛。“襄”，上也，谓胜。“彭彭”，众多；“央央”，华盛，主言城而胜玁狁。御戎之道，守备为本，不以攻击为先，其事卒矣。四章言其归，叙其久戍也。以多难故，不遑起居。岂无思归之心？畏法令不敢自遂。五章复言出兵，而众和为一方所徯望，南仲之功，于此尤盛。草虫、阜螽，其类相应，民心之望王师犹是也。此南仲之伐西戎也。观此诗意，疑似当时西戎兵不加而服，玁狁兵加而服，或止于小大，亦不可知。卒章喜其归，因叙归时景物和妍，其欢乐可见也。讯其魁首，当讯问者。“丑”，徒众。

鱼丽

“美万物盛多，能备礼也。”太平之时，庶物繁盛，故能备礼。《六月序》云：“《鱼丽》废则法令缺矣。”物不足则不能备法度也。“文、武以《天保》以上治内”以下，传《诗》者之言也，不可取。罶，鱼笱之易作者。丽于罶者，亦美大之鱼也，见其盛多。鱼与君子之酒，皆美且多。“多且旨”同“旨且有”。多，止云酒多。有，有富有之意。物多可嘉也，有而能备礼也，盛有及时也。明王在上，养育万物，莫不盛多，故美之也。

南山有台

此诗乐君臣俱贤，邦家荣盛，为福之长也。“南山”兴君，“北山”兴臣。“台”“莱”皆草，草之衣被于山，成荟蔚之美盛，犹君子为邦家之基本。“万寿无期”，重言为福长久。“桑”“杨”，充用之物，言山生材以济用，兴君子为邦家之光荣。“无疆”犹“无期”。“杞”“李”可食之物，兴君子养人如父母。“德音不已”，言令闻无穷。“栲”“杻”，木之高者，益山之高，兴君子德音茂盛。“遐不眉寿”，犹云不遐远眉寿乎？“枸”“楰”，木之尤高大者，兴君子德泽长远，至施及后世，故云“保艾尔后”。

湛露

“湛湛”，厚浓之状。露之浓厚，匪日出则不晞，兴燕乐恩惠之厚，不醉则不归也。“厌厌”，足意之义。“丰草”，柔从而盛者，以兴同姓之亲。“在宗载考”，在同宗成欢乐礼数也。“杞”“棘”，卑下之物，兴小国诸侯，言诸国之君，皆明信君子，承王惠泽，莫不修德以奉上，忠顺之心，温克之容，皆令德也。“其桐其梓，其实离离。”“桐”“梓”，高大之木，兴大国诸侯。湛露在桐梓之上，二物之茂盛，其实离离然，言大国之君，承王惠泽，莫不皆修其令善之仪。先亲，次小，后大，德泽所怀，其序然也。“离离”犹累累。

采芑

芑，美菜。地力壮盛，则可植美菜，兴文武之将，甲兵之强，则能成茂功。“薄言”，发语辞。采芑于新田菑亩，皆地力方盛处。方叔所总临三千乘之众。“师干”，犹今云兵甲。“试”，肄习也，众且练也。“率止”，往征也。言四骐翼翼壮健，路车仪饰之盛。次章重言之。“中乡”亦美田。“旂旐央央”言整肃。首章言肄习，次章言整肃，盖其叙也。其行也受服章之尊美，言付之重。三章言虽将之才，士之众且勇，进退得宜，趣舍有节。言隼之急疾，亦集于所止，以兴兵虽强，用之有节而不过也。“钲人”，击钲者。“伐鼓”，击鼓者。方叔行师，有钲鼓为陈师鞠旅之节。“鞠”，止也。遂美之，言明信之方叔，其伐鼓也渊渊，平和不暴急；其振旅也鼓声阗阗，整缓之状。振旅之行，亦以鼓止，行则以钲。卒章言成功，因言其致伐之由。“蠢”，动而无知之义。蠢尔之蛮，乃与大邦为仇，方叔克壮其犹，故征而执获，戎车之盛如雷霆，方叔之明信，自伐玁狁时闻于四方，故荆蛮畏威来服。

车攻

文王抚有四方（四，一作西；文，一作武），至是蹙矣，故云“复文、武境土”也。此诗美其修政事，治车甲，因田狩而简车徒，诸侯顺从，军法肃治如此，故能成中兴之功。先王之政，后嗣所当守，失则罪也，故《诗》《春秋》于复古之事不加美辞，此《诗》但称其复古也。《吉日》则言美矣。“既攻”谓坚治，“既同”谓调一。“孔阜”为肥壮。“之子”犹云二三子，指所任者。“嚣嚣”，盛众貌。“有绎”，联属。“决拾”，不知是一物，是二物。“助”，射者倾助也。“射夫”，众射者。“同”谓同力。如此，故获多助。我助敛禽者举掌（土卖切），众射夫助举，见其多不倚不偏，不失驰中范也。“萧萧马鸣，悠悠旆旌”，咏肃静如此。徒御不其警戒乎？庖厨不其充盈乎？承上言。“有闻无声”，闻师之行而不闻其声，言至肃。信哉君子之治戎，其成如此之善。

吉日

宣王将田而卜吉日，见其慎微，诗人因美之，更称其接下，得群下之自尽，诗中所陈是也。戊，刚日之吉。“既伯既祷”，祭马祖而祷之，伯为马祖，据《尔雅》之文。戊日祭祷，庚午于田。“漆沮之从，天子之所”，悉率左右以燕天子，皆群下尽力奉上，以御宾客，且以酌醴，先王接下之诚意。发小豝，殪大兕，言所获耳，不须为多说也。“大兕”，牛类，今西方有之（旄牛）。

庭燎

天下之事，贵乎得中而可常，是之谓宜。苟以意之所欲而已，靡不勤于始而怠于终，故其进锐者其退速。宣王之于始也，不守法以治，尽其力以勤于事，固可知其不能于终也。夙兴视朝，固有常节，始视于夜之未央，任其勤而不知节也。无节则早晚不能常也，故次云未艾向晨也。不惟见无常节，且知其必将怠矣。此所以方美其勤，而遂以箴之也。箴之于事，如针砭之刺病矣。“央”，中也。“艾”，向尽也。“晨”，晓也。“将将”，鸾铃声。“哕哕”，车軨会聚声。“光”，明之盛。“晰晰”，明也。“辉”，光之散也。

白驹

刺不能用贤，贤者去而不留也。“皎皎”，洁白也。“驹”，马之俊者，古文“千里驹”，又曰“白驹过隙”。“白”，色之贵者。以贵色之俊马，兴贤德之才士。场圃所食，非常苗，必美蔬也。白驹当食以美物，贤才当待以殊礼。白驹则维絷之不使去，留玩乐以永日。《唐风》云：“且以永日。”人暇乐则日永也。“所谓伊人”者，宜使于此逍遥，岂当使远去也？“藿”，蔬之叶。“夕”犹朝也。贤人君子，当使于此为嘉宾。“贲然”，光彩。“来思”，思其贲然而来也。上二章言贤者当在朝廷，此一章言思其来，思其来适不在位也。“尔公尔侯”，谓公卿在位者，但逸豫无期度，不思求贤致治之道乎？戒使钦慎优游，无所事之际，当勉强思天下之有潜遁之贤者而进用之也。三章思贤者之来，是不在位也。卒章言其远遁而思之之意。远遁空谷，处穷困而享淡薄，虽所享生刍一束而已，然其人之美则如玉也。“毋金玉尔音，而有遐心”：贤者既远遁矣，国之好贤者，犹望其相闻问而不见绝也，曰毋自贵重其音声，而有远弃我之心。

白华

幽王宠褒姒而黜申后，周人为之作诗以刺王。王字误作后字。《序》自“下国化之”以下，言当时事如此，《诗》中所不及也。《诗》大意刺王专宠，失上下之分。白华则沤以为菅，白茅则用之裹束。物之美恶，其用各有其所，兴尊卑上下各有其分。今王乱贵贱之序，而远弃我，俾我穷独失所也。“之子”，谓王也。“英英白云”，云之貌。天之道云蒸露降，则菅茅皆被其泽。王如以道，则嫡妾当均被其宠。今天运艰难，而之子不犹是道也。“天步”，时运也。“犹”，如也。“滮池北流”，小水微流也，尚能浸溉稻田。王之崇高尊大，而反不能通流其宠泽，念此所以啸歌而伤怀也。“滮”，池名，无源易竭之水。“樵彼桑薪”：桑，薪之善者，樵彼桑薪不用，而我烘于煁灶，兴王之舍嫡后之尊，而专宠于嬖人也。维彼王之崇大，而所为如此，所以劳伤我心。言“之子”者，直谓是人也。言“硕人”者，言其居尊大之位而所为如是也。“鼓钟于宫”，此章自伤其诚意之不能动王也。鼓钟于宫中，而声闻于外，今我中心念子，懆懆然忧蹙，而曾不感动，视我迈迈而去。“迈迈”，去远不顾之意。鹙之在梁，鹤之在林，皆其所也。今王使我不得其所，是以伤心。鸳鸯，雄者右翼掩左，是雄之常也。今王为夫之道乃不常，“二三其德”，谓初终改易也。“扁”，乘石之形。设乘石，以为高也，而反履卑，兴王舍后之尊，而宠微贱之人也。之子见远，使我因病。“疷”，病也。此诗八章，有次序，更不烦解。第四章中，“卬”字训我也，谓幽王。我却烘于煁，今俗语如此。

大雅

旱麓

言周家承受先祖之业也。后稷、公刘积德于始，世修其业，至大王、王季，重修百福，以干天禄，申重也。人为善而获福。修善乃福也，为善而获福，所谓自求多福，乃干禄也。“瞻彼旱麓”，“旱”，山名。“麓”，山足。高峻非生物之所，麓乃百物所聚生也。瞻彼旱麓之榛楛，草木得麓之气，济济茂盛，兴此周家之恺悌君子，承其先祖恺悌之道，所以兴盛受福也。榛楛，旱山所有之木。“瑟彼玉瓒”，此章言先祖积德，必有善承之子孙也。“瑟”，密义，谓缜密温润之玉瓒，其中所盛必黄流也。恺悌君子，则福禄所降，必有贤子孙也。“瓒”，圭瓒，玉器，“黄流”，郁鬯也。“鸢飞戾天”，此章言先祖之德，可以作后人也。“鸢飞戾天”，兴上得其道，谓先祖；“鱼跃于渊”，兴下得其宜，谓后嗣。后嗣之贤，自先世之贻谋，故“恺悌君子，遐不作人”。“作”，兴起之于善也，言不远作人于善乎？“清酒既载”，此章言子孙承受其业，致其诚孝之报，先祖飨其成功也。“载”，事，谓造也。后人载酒备牲，以享祀其先君，祖先享报而子孙受福也，故云“以介景福”。“介”，至也，谓以来大福也。“瑟彼柞棫”，瑟然密茂之状。前章言先祖享成功之报，此章重明成功由先祖之力。柞棫之所以密茂，由人焚燎而然。今之君子成其王业，亦由神劳力于昔也。神指先祖。今人种榆，亦焚之使茂。“莫莫葛藟”，前章言由先祖之为，此章重言率循先祖之道，“莫莫葛藟”，柔曼茂盛之状。“施”者，谓依缘木之条干，兴君子率循先祖之道，以干天禄。“不回”，谓无邪回他道也。此诗所称恺悌君子，或目先祖，或谓子孙，观文意可辨。

皇矣

此诗美周家所以兴王业，故言天监代殷，莫若周然。此诗主意，在美王季，终言王业之成，而盛述文王之事，《序》因云：“世世修德，莫若文王”也。“皇矣上帝，临下有赫”，皇，大也，临视天下，有赫赫威明也。下章云“王赫斯怒”。“监观四方，求民之莫”，求民所定也。此泛言天祐下民，作之君长，使得安定也。“维此二国，其政不获，维彼四国，爰究爰度”；惟求民所定，故君不善则绝之，如彼夏、商二国，不得其政，谓失君道也；则于四方之国，求谋有德之君，使王天下。“究”，寻究也；“度”，谋度也。“上帝耆之，增其式廓”，“耆”，致也，《颂》云“耆定尔功”。“上帝耆之”，谓天命所归。“式廓”谓规限也，犹云规模范围也。天命所致，则增大其规限，自诸侯而升天子，由百里而抚四海，是增而大之也。“憎”字与“增”同，憎，心有所超也，义与“增”通矣。“乃眷西顾，此惟与宅”，上泛言天道如此，上所云求德可安民者，大而王之，故其眷西顾而归于周，“此维与宅”，谓使其居西土以王天下也。“作之屏之”，上章之末言天命归周，此言其居西土所兴之业。其去恶养善，生息其人民，皆以养治材木为兴。“作之”谓拔之，“屏之”谓去之。作屏之者，“其菑其翳”也。“菑”，立死。“翳”，自毙。意者，立死则全枯，翳谓枝榦之死耳。故菑上配作之，翳上配屏之。（作，并根出之。屏，伐去而已。）夫人之为恶以自亡，故以自死之木兴之。“修之平之”，修治之也。从生曰灌，行生曰栵（故字从列），谓修治其丛列，使疏密正直得其宜，此兴平治民物，各得其宜也。“启之辟之”，谓芟除也。柽椐（柽，河柳也，椐，樻也）必芟除而后茂盛，此兴养民也。上四句止言所当去者及行列，至此言柽椐，乃兴民也。二木，常木，众多者，故以兴民。“攘之剔之”，谓穿剔去其繁冗，使成长也。檿柘，待用之木，以兴养育贤才也。“帝迁明德，串夷载路”，上述其治矣，此云天监就其明德，其治如此“串夷载路”也。“串”，循顺之义，穿物一贯为串，字形亦然。夷，平也。“载路”，犹满路，谓充塞也。周家之治，顺平之道，充塞也。“天立厥配，受命既固”，言天以其德之配天，而立之使王，则其受命坚固而不易也，言天命终归之，必成王业也。“帝省其山”，此章将言王季受命配天之事，故再言“帝省其山”，以见其所为之可以配天也。“帝省其山”，言天视周家之治，以山为兴也。“柞棫”，常木，兴民；“松柏”，良材，兴贤才。“拔”，长盛，兴生民繁庶；

"兑"，润泽，兴贤才得其所。"帝作"谓天道，"邦作"谓人君之为。人君之德，能与天对合者，自太伯与王季也。○太伯虽不为人君，然其为与王季相须，皆周家之事。王季之治，能对天，而由太伯与之国，故云"自太伯、王季"也。"维此王季，因心则友"，又述其事也。"因心"者，出其天性也，言王季天性友爱其兄，故其兄贤之而让之国，卒受天命，兴王业之笃厚，周家之福庆，又成其兄让德之光显也。"载"，辞也。"锡"，与也。谓与其兄之光显，受天福禄，保而不失，以至奄有四方。"奄"字之义，在忽、遂之间。此诗本意，在美王季，故其言太伯之让，皆由王季。下言文王之事，亦归本王季也。"维此王季，帝度其心"，此章述王季之德。"帝度其心"，谓天鉴其衷诚也。"貊其德音"，貊字之义，疑是大也；"德音"，德声也。其德声既大，而其实德克明，非徒能明，又能类。类，肖也。今人能知而弗克践之者，明及之而行弗类也，是非诚有也。言王季既明，又能类，所以为至德。"长"谓能居长上之道，"君"谓能君抚人民，兴王此大国，克顺又克俾，顺谓顺道，俾，化民贻后皆是也。夫身不行道，不行于妻子，己能顺道，然后能使人，王季所以能化民成俗，贻厥子孙也。故不特俾民迁善而已，又俾其子文王守其德而不失，故无悔也。既受天福禄，而能施及于子孙，此二句结之，而下述文王之事也。"帝请文王"，上章之末言王季之业施于子孙，此章言文王承王季之绪，复受天命，终成王业也。至文王而有救民征伐之事。"畔援"，党比也。畔，近岸；援，攀援。歆，欲之动也。羡，爱羡。"诞"与"但"同义，登岸既济之义。天谓无党援以为强，无以贪欲而动，惟是所先者，济天下于险难，此谓顺天征伐之道。于是密人不恭，拒我大邦之命，既侵阮，而又往将侵共，文王赫然而怒，整其师旅，以遏止密人徂共之师，救乱安人，以厚周家之福，以答天下望周之心也。此文王征伐之始也。"依其在京"，依，凭也，京，周国。文王本据周地以兴，侵广土疆，自阮而始，谓密侵阮，文王救安之，遂归服也。开地益广，至于岐、陇高山皆有之。"陟我"，犹云广我疆宇，至登高冈也。"矢"，陈也，谓垦辟。言人无耕辟我陵阜乎？陵阜皆我之阿也。无饮我水泉乎？水泉皆我之池也。言皆属其有也。其地既广，于是择高明之处而安居之。度相其"鲜原"，鲜原谓高明之地，得其地于岐山之南，渭水之傍。"将"犹傍也，谓其傍建其都邑，其德为万国所归向，是天下万民之王也。"帝谓文王，予怀明德"，上章言文王开拓土宇，天下归服，此章乃言其圣德所以化人如此。"帝谓文王"，予怀尔之明德，不大其声色而人化。夫圣人之诚，感无不通，故所过者化，所存者神，岂暴著于形迹也哉？是不发见其大声色也。故圣人曰："声色之于化民，末也。"其化之感人，虽不大其声色，而其应之疾，人之恶不及长大而革也。夏，大也，言不待迟久而化也。民由之而不知，日迁善而不知为之者，是不识不知，而顺夫天理也。此圣人之神化，非文王孰能及之？"帝谓文王，询尔仇方"，此章首言文王之化如此，章末言圣人之化如此，而天下有昏恶之甚，不能化者，伐而诛之，则天下皆善而王业成。帝谓文王，当谋与尔为仇之方询谋也。同尔兄弟之国，以尔攻伐之具，以伐为仇之崇。"钩援"，登城之梯。"临、冲"，二车，皆兵车。"临冲闲闲"，此章述伐崇而天下畏服也。"闲闲"，徐缓之状。"言言"，犹龂龂也，校讼不服之状。凡圣人之伐，未有不俟其革心顺服者。既不服，然后攻之。崇侯迷恶，当文王徐缓之时，则龂龂不服，故文王遂加之兵，"执讯连连"之多。"连连"，属续之状；"讯"，生获者也。"安安"，不轻暴也。"馘"，斩获也。圣人之伐，杀其犯顺者，非轻肆杀戮也，故于馘也安安然审重，又为类祃之祭。古者出征，类于上帝，祃于所征之地，所以暴明其罪，告之神明，言其当诛伐。伐而告之神明，其伐合神明之道也。又明其罪恶，以著逆顺之理，是可致所不服而来附其人也。于是四方畏服，莫敢侮慢。伐而犹不服，于是力攻之。"茀茀"，盛强之状。既力攻之，崇乃仡仡然。"仡仡"，壮勇之状。坚拒守，是其恶之终不革者也，于是攻伐之。"肆"谓纵攻也。"绝"，灭之；

“忽”，灭也。天诛既行，四方畏服，无敢违拂者矣。文王之征始于密，王功之始也；终于崇，天下遂无不服，王功之成也。《文王有声》言作丰在伐崇之后，而此言度居乃在前章者，盖此章自“侵自阮疆”，言其广疆宇，以至于及远建都邑，一并尽言之耳，非谓事在伐崇前也。

河南程氏经说卷第四　伊川先生

春秋传

《春秋》，鲁史记之名也。夫子之道既不行于天下，于是因《鲁春秋》立百王不易之大法。平王东迁，在位五十一年，卒不能复兴先王之业，王道绝矣。孟子曰："王者之迹熄而《诗》亡，《诗》亡然后《春秋》作。"适当隐公之初，故始于隐公。

〇**隐公**，名息姑，惠公子。惠公元妃孟子，继室以声子生隐公。《谥法》：不尸其位曰隐。

元年，春，王正月。

元年，隐公之始年。春，天时。正月，王正。书"春王正月"，示人君当上奉天时，下承王正。明此义，则知王与天同大，人道立矣。周正月，非春也，假天时以立义尔。平王之时，王道绝矣，《春秋》假周以正王法。隐不书即位，明大法于始也。诸侯之立，必由王命，隐公自立，故不书即位，不与其为君也。法既立矣，诸公或书或不书，义各不同。既不受命于天子，以先君之命而继世者，则正其始，文、成、襄、昭、哀是也。继世者既非王命，又非先君之命，不书即位，不正其始也，庄、闵、僖是也。桓、宣、定之书即位，桓弑君而立，宣受弑贼之立，定为逐君者所立，皆无王无君，何命之受？故书其自即位也。定之比宣，则又有间矣。

三月，公及邾仪父盟于蔑。

盟誓以结信，出于人情，先王所不禁也。后世屡盟而不信，则辠也。诸侯交相盟誓，乱世之事也。凡盟，内为主，称“及”；外为主，称“会”。在鲁地，虽外为主，亦称“及”，彼来而及之也。两国以上则称“会”，彼盟而往会之也。邾，附庸国。邾子克，字仪父。附庸之君称字，同王臣也，夷狄则称名，降中国也。

夏五月，郑伯克段于鄢。

郑武公娶于申，曰武姜，生庄公及共叔段；爱段，欲立之，亟请于武公，弗许。及庄公即位，请京，使居之，谓之京城大叔。段失道，而公弗制，祭公谏而公弗听，故诗人讥其小不忍以致大乱也。段完聚，缮甲兵，具卒乘，将袭郑，夫人将启之，公闻其期，命子封伐京，京叛段，段入于鄢。公伐诸鄢，大叔出奔共。书曰“郑伯克段于鄢”。郑伯失为君之道，无兄弟之义，故称伯而不言弟。克，胜也，言胜段之强，使之强，所以致其恶也。不书奔，义不系于奔也。

秋七月，天王使宰咺来归惠公仲子之赗。

王者奉若天道，故称天王，其命曰天命，其讨曰天讨。尽此道者，王道也。后世以智力把持天下者，霸道也。《春秋》因王命以正王法，称天王以奉天命。夫妇，人伦之本，故当先正。春秋之时，嫡妾僭乱，圣人尤谨其名分。男女之配，终身不变者也，故无再配之礼。大夫而下，内无主则家道不立，故不得已而有再娶之礼。天子诸侯，内职具备，后夫人已可以摄治，无再娶之礼。春秋之始，尚有疑焉，故仲子羽数特降，僖公而后，无复辨矣。《春秋》因其窃号而书之，以志僭乱。仲子系惠公而言，故正其名，不曰夫人，曰“惠公仲子”，谓惠公仲子妾称也。以夫人礼赗人之妾，不天乱伦之甚也。然《春秋》之始，天王之义未见，故不可去天而名咺，以见其不王。王臣虽微不名，况于宰乎？

九月，及宋人盟于宿。

惠公之季年，败宋师于黄，公立而求成焉，盟于宿，鲁志也。称“及”称“人”皆非卿也。

冬十有二月，祭伯来。

祭伯，畿内诸侯，为王卿士，来朝鲁。不言朝，不与朝也。当时诸侯，不修朝觐之礼，失人臣之义，王所当治也。祭伯为王臣，不能辅王正典刑，而反与之交，又来朝之，故不与其朝，以明其罪。先儒有王臣无外交之说，甚非也。若天下有道，诸侯顺轨，岂有内外之限？其相交好，乃常礼也。然委官守而远相朝，无是道也。《周礼》所谓世相朝，谓邻国尔。

公子益师卒。

诸侯之卿，必受命于天子，当时不复请命，故诸侯之卿，皆不书官，不与其为卿也。称公子，以公子故使为卿也。惟宋王者后，得命官，故独宋卿书官。卿者，佐君以治国，其卒，国之大事，故书于此，见君臣之义矣。或日，或不日，因旧史也。古之史，记事简略，日月或不备。《春秋》因旧史，有可损而不能益也。

二年春，公会戎于潜。

周室既衰，蛮夷猾夏，有散居中国者，方伯大国，明大义而攘斥之，义也；其余列国，慎固封守可也，若与之和好，以免侵暴，非所谓“戎狄是膺”，所以容其乱华也，故《春秋》华夷之辨尤谨。居其地，而亲中国、与盟会者，则与之。公之会戎，非义也。

夏五月，莒人入向。

莒子娶于向，向姜不安莒而归，莒人入向，以姜氏还。天下有道，礼乐征伐自天子出。春秋之时，诸侯擅相侵伐，举兵以侵伐人，其罪著矣。《春秋》直书其事，而责常在被侵伐者。盖彼加兵于己，则当引咎，或自辩，喻之以礼义，不得免焉，则固其封疆，告于天子方伯，若忿而与战，则以与战者为主，处己绝乱之道也。书莒人，微者也。凡将尊师众曰某帅师，将尊师少曰某伐某，将卑师众曰某师，将卑师少曰某人，不知众寡将帅名氏亦曰某人。书入，入其国也。侵人之境固为暴，况入人之国乎？

无骇帅师入极。

古者卿皆受命于天子，春秋之时，诸侯自命也。赐族者则书族，不书族者未赐也。赐族者，皆命之世为卿也。

秋八月庚辰，公及戎盟于唐。

戎猾夏而与之盟，非义也。

九月，纪裂繻来逆女。

非命卿皆书名，以君命来逆夫人也。在鲁，故称女。内女嫁为诸侯夫人，则书逆，书归，明重事也。来逆非卿，则书归而已，见其礼之薄也。先儒皆谓诸侯当亲迎。亲迎者，迎于所馆，故有亲御授绥之礼，岂有委宗庙社稷，远适他国以逆妇者乎？非惟诸侯，卿大夫而下皆然。《诗》称文王亲迎于渭，未尝出疆也。

冬十月，伯姬归于纪。

送之者虽公子公孙，非卿则不书。

纪子伯、莒子盟于密。

阙文也。当云纪侯某伯、莒子盟于密。左氏附会作帛，杜预以为裂繻之字。《春秋》无大夫在诸侯上者，《公羊》《谷梁》皆作伯。

十有二月乙卯，夫人子氏薨。

隐公夫人也。薨，上坠之声。诸侯国内称之，小君同。妇人从夫者也，公在，故不书葬，于此见夫妇之义矣。

郑人伐卫。

声其罪曰伐。卫服，故不战。卫服，可免矣。郑之擅兴戎，王法所不容也。

三年春，王二月，己巳，日有食之。

月，王月也。事在二月，则书王二月；在三月，则书王三月；无事，则书时，书首月。盖有事则道在事，无事则存天时，天时备则岁功成，王道存则人理立，《春秋》之大义也。日有食之，有食之者也，更不推求者，何也？太阳君也，而被侵食，君道所忌，然有常度，灾而非异也。星辰陵历亦然。

三月庚戌，天王崩。

崩，上坠之形。四海之内，皆当奔赴，鲁君不往，恶极罪大，不可胜诛，不书而自见也。

夏四月辛卯，尹氏卒。

尹氏，王之世卿。古者使以德，爵以功，世禄而不世官，是以俊杰在位，庶绩咸熙。及周之衰，士皆世官，政由是败。尹氏世为王官，故于其卒书曰“尹氏”，见其世继也。

秋，武氏子来求赙。

武氏，王之卿士，称“武氏”，见其世官。天王崩，诸侯不供其丧，故武氏遣其子徵求于四国。书之以见天子失道，诸侯不臣之甚也。

八月庚辰，宋公和卒。

吉凶庆吊，讲好修睦，邻国之常礼，人情所当然。诸侯之卒，与国之大，故来告则书。

冬十有二月，齐侯、郑伯盟于石门。

天下无王，诸侯不守信义，数相盟誓，所以长乱也，故外诸侯盟，来告者则书之。

癸未，葬宋穆公。

诸侯告丧，鲁往会葬，则书。春秋之时，皆不请谥，称私谥，所以罪其臣子。

四年春，王二月，莒人伐杞，取牟娄。

诸侯土地有所受，伐之其辠，而夺取其土，恶又甚焉，王法所当诛也。

戊申，卫州吁弑其君完。

卫庄公娶于齐，曰庄姜，无子，陈女戴妫生桓公，庄姜以为己子。公子州吁，嬖人之子也，有宠而好兵，公弗禁。石碏谏，弗听，其子厚与州吁游，禁之不可，桓公立，乃老。州吁弑桓公而立。自古篡弑多公族，盖谓先君子孙，可以为君，国人亦以为然而奉之。《春秋》于此，明大义以示万世，故春秋之初，弑君者皆不称公子公孙，盖身为大恶，自绝于先君矣，岂复得为先君子孙也？古者公族刑死则无服，况杀君乎？大义既明于初矣，其后弑立者，则皆以属称，或见其以亲而宠之太过，任之太重，以至于乱；或见其天属之亲而为寇仇，立义各不同也。《春秋》大率所书事同则辞同，后人因谓之例，然有事同而辞异者，盖各有义，非可例拘也。

夏，公及宋公遇于清。

诸侯相见而不行朝会之礼，如道路之相遇，故书曰“遇”，非《周礼》“冬见曰遇”之遇也。

宋公、陈侯、蔡人、卫人伐郑。

宋以公子冯在郑，故与诸侯伐之也。日搂诸侯以伐郑，固为辠矣；而卫弑其君，天下所当诛也，乃与修好而同伐人，其恶甚矣。

秋，翚帅师，会宋公、陈侯、蔡人、卫人伐郑。

宋虐用其民，卫当诛之贼，而与之同伐人，其罪大矣。二国构怨，而他国与之同伐，其辠均也。再序四国，重言其辠。左氏以为再伐，妄也。翚不称公子，弑逆之人，积其强恶，非一朝一夕，辨之宜早，故去其公子。隐公不能辨，是以及祸。

九月，卫人杀州吁于濮。

州吁未能和其民，厚问定君于石子。石子曰：“王觐为可。”曰：“何以得觐？”曰：“陈侯方有宠于王，若朝陈使请，必可得也。”厚从州吁如陈。石碏使告于陈曰：“此二人者，实弑寡君，敢即图之！”陈人执之，而请涖于卫，卫人使右宰丑涖杀州吁于濮，石碏使其宰獳羊肩涖杀石厚于陈。称“卫人”，众辞也，举国杀之也。

冬十有二月，卫人立晋。

卫人逆公子晋于邢而立之。书曰“卫人立晋”，卫人立之也。诸侯之立，必受命于天子，当时虽不受命于天子，犹受命于先君。卫人以晋公子也，可以立，故立之，《春秋》所不与也。虽先君子孙，不由天子、先君之命，不可立也，故去其公子。

五年春，公观鱼于棠。

诸侯非王事、民事不远出，远出观鱼，非道也。

夏四月，葬卫桓公。

卫乱，是以缓。称桓公，见国人私谥也。鲁往会，故书。送终大事也，必就正寝，不没于妇人之手。曾子易箦而没，岂苟然乎？死而加之不正之谥，知忠孝者肯为乎？

秋，卫师入郕。

晋乘乱得立，不思安国保民之道，以尊王为先，居丧为重，乃兴戎修怨，入人之国，书其失道也。

九月，考仲子之宫，初献六羽。

诸侯无再娶，仲子不得为夫人。春秋之初，尚以为疑，故别宫以祀之。考，始成而祀也，书以见非礼。成王赐鲁用天子礼乐祀周公，后世遂群庙皆用。仲子别宫，故不敢同群庙而用六羽也。书"初献"，见前此用八之僭也，仲尼以鲁之郊禘为周公之道衰。用天子之礼祀周公，成王之过也。

邾人、郑人伐宋。

宋人取邾田，邾人告于郑曰："请君释憾于宋，敝邑为道。"邾人、郑人伐宋，先邾人，为主也。

螟。

书螟，书螽，皆为灾也。国之大事，故书。

冬十有二月，宋人伐郑，围长葛。

伐国而围邑，肆其暴也。

六年春，郑人来输平。

鲁与郑旧修好，既而迫于宋、卫，遂与之同伐郑，故郑来绝交。输平，变其平也。匹夫且不肯失信于人，为国君而负约，可羞之甚也。

夏五月辛酉，公会齐侯，盟于艾。

始平于齐也。

秋七月。

无事，书首月天时，王月备而后成岁也。

冬，宋人取长葛。

宋之围长葛，岁且周矣，其虐民无道之甚，而天子弗治，方伯弗征，郑视其民之危困，而不能保有赴诉，卒丧其邑，皆辠也。宋之强取，不可胜诛矣。

七年春，王三月，叔姬归于纪。

伯姬为纪夫人，叔姬其娣也，待年于家，今始归。娣归不书，闵其无终也。

滕侯卒。

不名，史阙也。

夏，城中丘。

为民立君，所以养之也。养民之道，在爱其力。民力足则生养遂，生养遂则教化行而风俗美，故为政以民力为重也。《春秋》，凡用民力必书。其所兴作，不时害义，固为罪也；虽时且义，必书，见劳民为重事也。后之人君知此义，则知慎重于用民力矣。然有用民力之大而不书者，为教之意深矣。僖公修泮宫，复閟宫，非不用民力也，然而不书，二者复古兴废之大事，为国之先务，如是而用民力，乃所当用也。人君知此义，则知为政之先后轻重矣。凡书城者，完旧也；书筑者，创始也。城中丘，使民不以时，非人君之用心也。

齐侯使其弟年来聘。

凡不称公子而称弟者，或责失兄弟之义，或罪其以弟之爱而宠任之过。左氏、《公羊传》皆曰年，齐僖公之母弟。先儒母弟之说，盖缘礼文有立嫡子同母弟之说。其曰同母弟，盖谓嫡尔，非以同母为加亲也。若以同母为加亲，是不知人理，近于禽道也。天下不明斯义也久矣。僖公爱年，其子尚礼秩如嫡，卒致篡弑之祸。书弟，见其以弟之爱而宠任之过也。桓三年同。

秋，公伐邾。

《左氏传》："为宋讨也。"擅兴甲兵，为人而伐人，非义之甚也。

冬，天王使凡伯来聘。

周礼：时聘以结诸侯之好。诸侯不修臣职而聘之，非王体也。

戎伐凡伯于楚丘以归。

初，戎朝于王，发幣于公卿，凡伯弗宾。王使凡伯来聘，戎伐之于楚丘以归。楚丘，卫地。伐，见其以众。天子之使，道由于卫，而戎得以众伐之，卫不能卫，其辠可知。言"以归"，则非执，凡伯有失节之辠。

八年春，宋公、卫侯遇于垂。

齐侯将平宋、卫于郑，有会期，宋公以幣请于卫，请先相见，故遇于垂。宋忌郑之深，故与郑卒不成好。无诸侯相见之礼，故书曰遇。

三月，郑伯使宛来归祊。

鲁有朝宿之邑，在王畿之内，曰许。郑有朝宿之邑，近于鲁，曰祊。时王政不修，天子不巡守，鲁亦不朝，故欲以祊易许，各取其近者，故使宛来归祊，归鲁。来，言易也。朝宿之邑，先祖受之于先王，岂可相易也？郑来归而鲁受之，其罪均也。

庚寅，我入祊。

入者，内弗受也，义不可而强入之也。

秋七月庚午，宋公、齐侯、卫侯盟于瓦屋。

宋为主也。盟，与郑绝也。

八月，葬蔡宣公。

速也。诸侯五月而葬，不及期，简也。

九月辛卯，公及莒人盟于浮来。

邻国之交，讲信修睦可也，安用盟为？公屈己与臣盟，义非安也。

螟。

为灾也。民以食为命，故有灾必书。

冬十有二月，无骇卒。

未赐族，书名而已。

九年春，天王使南季来聘。

周礼：大行人时聘以结诸侯之好。王法之行，时加聘问，以怀抚诸侯，乃常礼也。春秋之时，诸侯不修臣职，朝觐之礼废绝，王法所当治也。不能正典刑，而反聘之，又不见答，失道甚矣。

三月癸酉，大雨震电；庚辰，大雨雪。

阴阳运动，有常而无忒，凡失其度，皆人为感之也。故《春秋》，灾异必书。汉儒傅其说而不达其理，故所言多妄。三月大雨震电，不时，灾也。大雨雪，非常为大，亦灾也。

夏，城郎。

书不时也。

冬，公会齐侯于防。

谋伐宋也。

十年春，王二月，公会齐侯、郑伯于中丘。

为师期也。

夏，翚帅师会齐人、郑人伐宋。

三国先遣将致伐。齐、郑称人，非卿也。翚不称公子，与四年同。

六月壬戌，公败宋师于菅。

不言战而言败，败者为主，彼与战而此败之也。

辛未，取郜；辛巳，取防。

取二邑而有之，盗也。

秋，宋人、卫人入郑。

郑劳民以务外，而不知守其国，故二国入之。

宋人、蔡人、卫人伐戴，郑伯伐取之。

宋人、卫人入郑，蔡人从之伐戴。郑伯围戴克之，取三师焉。戴，郑所与也，故三国伐之。郑、戴合攻，尽取三国之众，其残民也甚矣。

冬十月壬午，齐人、郑人入郕。

讨不会伐宋也。宋以公子冯在郑，故二国交恶。《左氏传》云："宋公以王命讨之。"于《春秋》不见其为王讨也。王臣不行，王师不出，矫假以逞私忿耳。

十有一年春，滕侯、薛侯来朝。

诸侯虽有相朝之礼，而当时诸侯于天子未尝朝觐，独相率以朝鲁，得为礼乎？

夏，公会郑伯于时来。

谋伐许也。

秋七月壬午，公及齐侯、郑伯入许。

书"及"，内为主。非内为主，则先书会伐，后书入也。

冬十有一月壬辰，公薨。

翚谮于桓公，而请弑之。公祭钟巫，馆于寪氏。翚使贼弑公于寪氏，立桓公而讨寪氏，有死者。人君终于路寝，见卿大夫而终，乃正终也。薨于燕寝，不正其终也。薨不书地，弑也。贼不讨，不书葬，无臣子也。

○**桓公**名轨，惠公子，隐公弟，桓王九年即位。《谥法》：辟土服远曰桓。

元年春，王正月，公即位。

桓公弑君而立，不天无王之极也，而书"春王正月，公即位"，以天道王法正其罪也。

三月，公会郑伯于垂，郑伯以璧假许田。

隐公八年，郑伯使宛来归祊，盖欲易许田，鲁受祊而未与许。及桓弑立，故为会而求之，复加以璧。朝宿之邑，先祖受之于先王，岂可相易也？故讳之曰假。讳国恶，礼也。

夏四月丁未，公及郑伯盟于越。

桓公欲结郑好以自安，故既与许田，又为盟也。弑君之人，凡民罔弗憝，而郑与之盟以定之，其辠大矣。

秋，大水。

君修德则和气应而雨暘，若桓行逆德而致阴沴，乃其宜也。

二年春，王正月，戊申，宋督弑其君兴夷及其大夫孔父。

桓公无王，而书王正月，正宋督之辠也。弑逆之罪，不以王法正之，天理灭矣。督虽无王，而天理未尝亡也。人臣死君难，书“及”以著其节。父，名也。称大夫，不失其官也。

滕子来朝。

滕本侯爵，后服属于楚，故降称子，夷狄之也。首朝桓公，其辠自见矣。

三月，公会齐侯、陈侯、郑伯于稷，以成宋乱。

宋弑其君，而四国共成定之，天下之大恶也。

夏四月，取郜大鼎于宋，戊申，纳于太庙。

四国既成宋乱，而宋以鼎赂鲁。齐、陈、郑皆有赂，鲁以为功而受之，故书“取”。以成乱之赂器，置于周公之庙，周公其飨之乎？故书“纳”，纳者，弗受而强致也。

秋七月，杞侯来朝。

凡杞称侯者，皆当为纪。杞爵非侯，文误也。及“纪侯大去其国”之后，纪不复称侯矣。

蔡侯、郑伯会于邓。

始惧楚也。

九月，入杞。

将卑师少，外则称人，内则止云入某伐某。

公及戎盟于唐。冬，公至自唐。

君出而书至者有三：告庙也，过时也，危之也。桓公弑立，尝与郑、齐、陈会矣，皆同为不义；及远与戎盟，故危之而书“至”。戎若不如三国之党恶，则讨之矣，居夷浮海之意也。中国既不知义，夷狄或能知也。

三年春正月，公会齐侯于嬴。

桓公弑君而立，元年书王，以王法正其辠也；二年宋督弑君，以王法正其辠也；三年不书王，见桓之无王也。会齐侯于嬴，成昏于齐也。

夏，齐侯、卫侯胥命于蒲。

二国为会，约言相命而不为盟诅，近于理也，故善之。

六月，公会杞侯于郕。

自桓公篡立，无岁不与诸侯盟会，结外援以自固也。

秋，七月，壬辰，朔，曰有食之，既。

既，尽也。食尽，为异大也。

公子翚如齐逆女。

翚于隐世，不称公子，隐之贼也；于桓世，称公子，桓之党也。卿逆夫人，于礼为称。翚虽尊属，当官而行，亦无嫌也。

九月，齐侯送姜氏于欢，公会齐侯于欢。

齐侯出疆送女，公远会之，皆非义也。

夫人姜氏至自齐。

见于庙也。齐侯使其弟年来聘，致夫人也。称弟义，见隐七年。

有年。

书"有年"，纪异也。人事顺于下，则天气和于上。桓弑君而立，逆天理，乱人伦，大地之气为之缪戾，水旱凶灾，乃其宜也。今乃有年，故书其异。宣公为弑君者所立，其恶有间，故大有年则书之。

四年春，正月，公狩于郎。

公出动众皆当书。于郎，远也。

夏，天王使宰渠伯纠来聘。

桓公弑君而立，天子不能治，天下莫能讨，而王使其宰聘之，示加尊宠，天理灭矣，人道无矣。书天王，言当奉天也，而其为如此。名纠，尊卑贵贱之义亡也。人理既灭，天运乖矣；阴阳失序，岁功不能成矣，故不具四时。

五年，春正月，甲戌，

下文阙。

夏，齐侯、郑伯如纪。

齐侯、郑伯朝于纪，欲以袭之，纪人知之。齐为诸侯，而欲为贼于邻国，不道之甚，郑伯助之，其辠均矣。

天王使仍叔之子来聘。

古之授任，称其才德，故士无世官。周衰，官人以世，故卿大夫之子代其父任事。仍叔受命来聘，而使其子代行也。

秋，蔡人、卫人、陈人从王伐郑。

王夺郑伯政，郑伯不朝，王以诸侯伐郑，郑伯御之，战于繻葛，王卒大败。王师于诸侯不书败，诸侯不可敌王也；于夷狄不书战，夷狄不能抗王也，此理也。其敌其抗，王道之失也。

大雩。

成王尊周公，故赐鲁重祭，得郊禘大雩。大雩，雩于上帝，用盛乐也。诸侯，雩于境内之山川耳。成王之赐，鲁公之受，皆失道也，故夫子曰："鲁之郊禘非礼也，周公其衰矣。"大雩，岁之常祀，不能皆书也，故因其非时则书之。遇旱灾，则非时而雩，书之所以见其非礼，且志旱也。郊禘亦因事而书。

螽。

蝗也。既旱又蝗，饥不在书也。

冬，州公如曹。

州公尝为王三公，故称公。不能保其国，去如曹，遂不复。

六年春正月，寔来。

五年冬如曹，尚为君也，故以诸侯书之。今不能反国，则匹夫也，故名之。来，来鲁也。忽称郑忽，明其正也。寔不称州，亡其国也。

夏四月，公会纪侯于成。

谋齐难也。

秋八月壬午，大阅。

为国之道，武备不可废，必于农隙讲肄，保民守国之道也。盛夏大阅，妨农害人，失政之甚。无事而为之，妄动也。有警而为之，教之不素，何以保其国乎？

蔡人杀陈佗。

佗弑世子而窃位，不能有其国，故书曰“陈佗”。陈厉公，蔡出也，故蔡桓侯杀佗而立之。佗，天下之恶，人皆得诛之。蔡侯杀之，实以私也，故书蔡人，见杀贼者众人之公也。

九月丁卯，子同生。

冢嫡之生，国之大事，故书。

冬，纪侯来朝。

纪侯惧齐，来朝以求助。不能上诉于天子，近赴于诸侯，和辑其人民，效死以守，而欲求援于鲁桓，不能保其国宜矣。

七年春，二月，己亥，焚咸丘。

古者昆虫而后火田，去莽翳以逐禽兽，非竭山林而焚之也。咸丘地名。云“焚咸丘”，如尽焚其地，见其广之甚也。

夏，谷伯绥来朝，邓侯吾离来朝。

臣而弑君，天理灭矣，宜天下所不容也，而反天子聘之，诸侯相继而朝之，逆乱天道，岁功不能成矣，故不书秋冬，与四年同。曰：然则十五年邾人、牟人、葛人来朝，何以书秋冬？曰：四年与此，明其义矣。三国之来，别立义也。

八年，春正月，己卯，烝。

冬烝，非过也。书之以见五月又烝，为非礼之甚也。

天王使家父来聘。

鲁桓公弑立，未尝朝觐，而王屡聘之，失道之甚也。

夏五月丁丑，烝。

正月既烝矣，而非时复烝者，必以前烝为不备也，其渎乱甚矣。

冬十月，雨雪。

建酉之月，未霜而雪，书异也。

祭公来，遂逆王后于纪。

祭公受命逆后，而至鲁先行私礼，故书来，而以逆后为遂事，责其不虔王命，而轻天下之母也。

九年春，纪季姜归于京师。

书王国之事，不可用无王之月，故书时而已。或曰：借如正月日食，则如何书之？曰：书春日食，则其义尤明也。王后之归，天下当有其礼，诸侯莫至，是不能母天下也。故书纪女归而已。

冬，曹伯使其世子射姑来朝。

曹伯有疾，不能亲行，故使其世子来朝。春秋之时，君疾而使世子出，取危乱之道也。（先生作《春秋传》至此而终。旧有解说者，纂集附之于后。）

十年冬十有二月丙午，齐侯、卫侯、郑伯来战于郎。

来战于郎，三国为主。

十有一年，突归于郑。

突不称公子，不可以有国也。“郑忽出奔卫”，忽国氏，正也；不能有其位，故不爵。

十有四年夏五，郑伯使其弟语来盟。

使来盟，盟前定矣，与高子不同。

十有五年五月，郑伯突出奔蔡。

避祭仲而出，非国人出之也。

郑世子忽复归于郑。

称世子，本当立者；不能保其位，故不称爵。郑人谓之狡童，又曰狂童恣行，其不肖可知。

秋九月，郑伯突入于栎。

突，非正也，忽既恣行，故国人君之，诸侯助之。书爵，所以戒居正者，已不能保则人取之矣。书入，以见义不容也。

十有六年夏四月，公会宋公、卫侯、陈侯、蔡侯伐郑。

突善结诸侯，故皆为之致力，屡伐郑也。

秋七月，公至自伐郑。

不惟告庙，又以见勤劳于郑突也。

○**庄公**名同，桓公子，庄王四年即位。《谥法》：胜敌克乱曰庄。

五年冬，公会齐人、来人、陈人、蔡人伐卫。

诸国称人，违抗王命也。贬诸侯，则鲁在其中矣。

六年春，王正月，王人子突救卫。

虽微称字，王人当尊也。

夏六月，卫侯朔入于卫。

朔构其兄，而使至于死，其辠大矣。然父立之，诸侯莫得而治也。王治其旧恶而废之宜也，故书名，书入。

九年八月庚申，及齐师战于乾时，我师败绩。

及其师，非卿也。公战讳败，凡言败绩，大败也。小小胜负不书。

十年冬十月，齐师灭谭。

《春秋》之法：将尊师众曰某帅师，将卑师众曰某师，将卑师少曰人，将尊师少曰某伐某。齐自管仲为政，庄十一年而后，未尝兴大众也，其赋于诸侯亦寡矣。终管仲之身，四十年，息养天下厚矣。惟救邢称师，讥其次也。至于秦、晋，使之不竞而已，不强致也，是以其功卑而易成。

十有六年冬十有二月，会齐侯、宋公、陈侯、卫侯、郑伯、许男、曹伯、滑伯、滕子同盟于幽。

齐桓始霸，仗义以盟，而鲁叛盟，故讳不称公。上无明王，下无方伯，诸侯交争，齐桓始霸，天下与之，故书同。

十有九年秋，公子结媵陈人之妇于鄄，遂及齐侯、宋公盟。

鄄之巨室嫁女于陈人，结以其庶女媵之，因与齐、宋盟。挈之以往，结好大国，所以安国总民，乃以私事之小而取怒大国，故深辠之，书其为媵而往，盟为遂事。

冬，齐人、宋人、陈人伐我西鄙。

齐桓始霸，责鲁不恭其事，故来伐也。

二十有二年秋七月丙申，及齐高傒盟于防。

高傒上卿，鲁无使微者与盟之理，盖讳公盟；始与仇为昏，恶之大也。

冬，公如齐纳幣。

齐疑昏议，故公自行纳幣。后二年方逆，齐难之也。

二十有三年夏，公如齐观社。

昏议尚疑，故公以观社为名，再往请议，后二年方逆，盖齐难之。

十有二月甲寅，公会齐侯，盟于扈。

遇谷，盟扈，皆为要结姻好。

二十有七年夏六月，公会齐侯、宋公、陈侯、郑伯，同盟于幽。

同志而盟，非率之也。

三十有一年冬，不雨。

一岁三筑台，明年春城小谷，故冬书不雨，闵之深也。

○**闵公**名启方，庄公子，惠王十六年即位。《谥法》：在国逢难曰闵。

二年冬，齐高子来盟。

高子来省难，然后盟，盟未前定也。称高子，善其能恤鲁。

○**僖公**名申，庄公子，闵公庶兄，惠王十八年即位。《谥法》：小心畏忌曰僖。

元年春，王正月，齐师、宋师、曹师次于聂北，救邢。

齐未尝兴大众，此称师，责其众可救，而徒次以为声援，致邢之不保其国也。

二年，虞师、晋师灭下阳。

虞假道而助晋伐虢，虢之亡，虞实致之，故以虞为主。下阳，邑也，虢之立由此，故即书灭。

四年秋，及江人、广人伐陈。

齐命也。

五年，公及齐侯、宋公、陈侯、卫侯、郑伯、许男、曹伯会王世

子于首止。

世子，王之贰，不可与诸侯列。世子出，诸侯会之，故其辞异。

冬，晋人执虞公。

书执而不书灭，自取也。

九年夏，公会宰周公、齐侯、宋子、卫侯、郑伯、许男、曹伯于葵丘。

天子之宰，与世子礼异。

九月戊辰，诸侯盟于葵丘。

云诸侯盟，见宰不预。

十有七年夏，灭项。

灭人之国，罪恶大矣，在君则当讳。故鲁灭国，书“夏灭项”，君在会，季孙所为也，故不讳。

十有八年五月戊寅，宋师及齐师战于甗，齐师败绩。

书“宋及”，曲在宋也。奉少以夺长，其辠大矣。齐师败绩，书败，责齐臣也。

二十有一年秋，宋公、楚子、陈侯、蔡侯、郑伯、许男、曹伯会于盂，执宋公以伐宋。

宋率诸侯为会，而蛮夷执会主，而诸侯莫违，故以同执书之。

二十有二年秋八月丁未，及邾人战于升陉。

公战也。

二十有三年冬十有一月，杞子卒。

杞，二王后而伯爵，疑前世黜之也。中间从夷，故子之，后复称伯。

二十有七年冬，楚人、陈侯、蔡侯、郑伯、许男围宋。

楚称人，贬之，为其合诸侯以围宋也。

二十有九年夏六月，会王人、晋人、宋人、齐人、陈人、蔡人、秦人，盟于翟泉。

晋文连年会盟，皆在王畿之侧，而此盟复迫王城，又与王人盟，强迫甚矣，故讳公，诸侯贬称人，恶之大也。

三十有三年夏四月辛巳，晋人及姜戎败秦师于殽。

晋不称君，居丧祔葬，不可从戎也。忘亲背惠，其恶甚矣。秦为无道，越晋逾周以袭人，众所共愤，故称“晋人”。其称“及姜戎”，亦然。

〇**文公**名兴，僖公子，襄王二十六年即位。《谥法》：慈惠爱民曰文。

二年春，王正月甲子，晋侯及秦师战于彭衙，秦师败绩。

越国袭人，秦罪也。忘亲背惠，晋恶也。秦经人之国以袭人，虽愤，无以为辞矣，故其来不称伐。晋不谕秦而与战，故书“书及”。忿以取败，故书“败绩”。

冬，晋人、宋人、陈人、郑人伐秦。

秦以愤取败，晋可以已矣，而复伐秦，报复无已，残民结怨，故贬称人。

三年，秦人伐晋。

构怨连祸，残民以逞，晋人畏之而不敢出，秦人极其忿而后悔过，圣人取其能终改耳。

四年夏，逆妇姜于齐。

纳幣在丧中，与丧、昏同也。称妇姜，已成妇也。不称夫人，不可为小君奉宗庙也。不书逆者，虽卿亦失其职矣。

晋侯伐秦。

秦逞忿以伐晋，晋畏而避之，其见报，乃常情也。秦至此，能悔过矣，故不复报晋。圣人取其迁善悔过，乃其善也。

冬十有一月壬寅，夫人风氏薨。

自成风以后，妾母称夫人，嫡妾乱矣。仲子始僭，尚未敢同嫡也。

五年春王正月，王使荣叔归含且赗。

天子成妾母为大人，乱伦之甚，失天理矣。不称天，义已明。

称叔，存礼也。“王使召伯来会葬”，天子以妾母同嫡，乱天理，故不称天。圣人于此，尤谨其戒。

七年夏四月戊子，晋人及秦人战于令狐。

晋始逆立公子雍，既而悔之，故秦兴兵以纳之。晋不谢秦，秦纳不正，皆罪也，故称人。晋惧秦之不肯，已而击之，故书“晋及”。

秋八月，公会诸侯晋大夫盟于扈。

文公怠政，事多废缓，既纳晋盟，而复后至，故书往会，而隐其不及，不序诸侯，以见其不在。故明年，公子遂再往与晋盟也。

九年春，毛伯来求金。

家父致命，以徵车也，故书使“来求”。毛伯风鲁以欲金，故不云王使。

冬，秦人来归僖公、成风之禭。

过时始至，故云“来归”。虽子母，先君后夫人，体当然也。书秦人，不云君使，以失礼夷之也，言其尚夷也。盖嫡妾之乱，自兹而始。

十年夏，秦伐晋。

晋舍嫡嗣而外求君，罪也；既而悔之，正也。秦不顾义理之是非，惟以报复为事，夷狄之道也，故夷之。

十有二年冬十有二月戊午，晋人、秦人战于河曲。

凡战，皆以主人及客。秦曲，故不云晋及。

十有四年夏六月，公会宋公、陈侯、卫侯、郑伯、许男、曹伯、晋赵盾，癸酉，同盟于新城。

诸侯始会，议合而后盟，盟者志同，故书同，同惧楚也。

十有五年冬十有一月，诸侯盟于扈。

鲁以备齐，不在会，故不序。又称诸侯者，众辞，见众国无能为也。此盟，为齐乱也。

十有七年春，晋人、卫人、陈人、郑人伐宋。

行天讨而成其乱，失天职也，故不卿之。

○**宣公**名倭，文公子，子赤庶兄，匡王五年即位。《谥法》：善问周达曰宣。

元年春三月，遂以夫人妇姜至自齐。

脱氏字。

夏六月，齐人取济西田。

宣公不义得国，赂齐以求助，齐受之以助不义，故书取。不义不能保其土，故不云我。非谓彼强取，故不讳。不能有而失者，皆讳。

十年春，齐人归我济西田。

鲁修好，故归鲁田。田，鲁有也非义取之，故云归我，不足为善也。

十有一年冬十月，楚人杀陈夏徵舒。

人，众辞。大恶，众所欲诛也。

丁亥，楚子入陈。

诛其罪，义也；取其国，恶也。入者，不受而强之也。

纳公孙宁、仪行父于陈。

致乱之臣，国所不容也，故书纳。

十有二年冬，晋人、宋人、卫人、曹人同盟于清丘。

晋为楚败，诸侯惧而同盟，既而皆渝，故书人以贬之。宋伐陈，卫救之；楚伐宋，晋不救。

十有七年夏六月己未，公会晋侯、卫侯、曹伯、邾子，同盟于断道。

诸国同心欲伐齐，故书同盟。

○**成公**名黑肱，宣公子，定王十七年即位。《谥法》：安民立政曰成。

二年冬十有一月丙申，公及楚人、秦人、宋人、陈人、卫人、郑人、齐人、曹人、邾人、薛人、鄫人盟于蜀。

楚为强盛，凌轹中国，诸侯苟能保固疆圉，要结邻好，岂有不能自存之理？乃惧而服从，与之约盟，故皆称人，以见其衰弱。责诸侯，则鲁可知矣。

三年冬，郑伐许。

郑附于楚，一年而再伐许，故夷之。

四年冬，郑伯伐许。

称郑伯，见其不复为丧，以吉礼从戎。

五年冬十有二月己丑，公会晋侯、齐侯、宋公、卫侯、郑伯、曹伯、邾子、杞伯，同盟于虫牢。

天王崩而会盟不废，书同，见其皆不臣。

七年秋八月戊辰，同盟于马陵。

诸侯同心病楚。

八年冬，卫人来媵。

媵，小事，不书。伯姬之嫁，诸侯皆来媵之，故书，以见其贤。女子之贤，尚闻于诸侯，况君子乎？或曰：鲁女之贤，岂能闻于远乎？曰：古者庶女与非敌者，则求为媵，因为之择贤小君，则诸侯国之贤女，当自闻也。

九年，公会晋侯、齐侯、宋公、卫侯、郑伯、曹伯、莒子、杞伯，同盟于蒲。

诸国患楚之强，同盟以相保。乡既盟复叛，深罪其反覆。

夏，季孙行父如宋致女。

女既嫁，父母使人安之，谓之致女。古者三月而庙见，始成妇也。伯姬贤，鲁国重之，使卿致也。

十有三年春，晋侯使却锜来乞师。

不以王命兴诸侯师，故书乞。

三月，公如京师。

不书朝王，因会伐而行也，故不成其朝。

夏五月，公至自京师，遂会晋侯、齐侯、宋公、卫侯、郑伯、曹伯、邾人、滕人伐秦。

以伐秦为遂事，明朝为重。

十有五年三月癸丑，公会晋侯、卫侯、郑伯、曹伯、宋世子成、齐国佐、邾人，同盟于戚。

十三年，曹伯卒于师，负刍杀世子自立。既三年，诸侯与之盟矣，方执之，稽天讨也，故书同盟，见其既同矣。

宋杀其大夫山。

去族，害公族也。

冬十有一月，叔孙侨如会晋士燮、齐高无咎、宋华元、卫孙林父、郑公子鳝、邾人，会吴于钟离。

吴益强大，求会于诸侯，诸侯之众往而从之，故书诸国往与之会，以见夷狄盛而中国衰也。时中国病楚，故与吴亲。（一本此下云："襄十年柤之会，与此同，十四年向之会亦同。"）

十有六年六月，晋侯使栾黡来乞师。

时以穆姜、叔孙侨如将作难，故师出后期。

秋，公会晋侯、齐侯、卫侯、宋华元、邾人于沙随，不见公。

晋侯怒公后期，故不见公。君子正己而无卹乎人，鲁之后期，国难故也，晋不见为非矣。彼曲我直，故不足为耻也。

曹伯归自京师。

曹伯不名，不称复归，王未尝绝其位也。自京师，王命也。

九月，晋人执季孙行父，舍之于苕丘。

寘之于苕丘也。

十有七年六月乙酉，同盟于柯陵。

诸侯同病楚也。

〇**襄公**名午，成公子，简王十四年即位。《谥法》：因事有功曰襄。

二年冬，遂城虎牢。

设险，所以守国也。有虎牢之险而不能守，故不系于郑，责其不能守也。

三年六月己未，同盟于鸡泽。

楚强，诸侯皆畏之而修盟，故书同。

五年秋，公会晋侯、宋公、陈侯、卫侯、郑伯、曹伯、莒子、邾子、滕子、薛伯、齐世子光、吴人、鄫人于戚。

吴来会，非为主。

十年冬，盗杀郑公子騑、公子发、公孙辄。

盗杀三卿，不称大夫，失卿职也。

十有一年秋七月己未，同盟于亳城北。

郑服而同盟也。随复从楚伐宋，云同，见其反覆。

会于萧鱼。

诸侯数月之间再伐郑，郑之反复可知。郑又服而请会，不书郑会，谓其不可信也，而晋悼公推至诚以待人，信之不疑。至哉，诚之能感人也！自此，郑不背晋者二十四年。

公至自会。

兵不加郑，故书“自会”。

十有八年冬十月，公会晋侯、宋公、卫侯、郑伯、曹伯、莒子、邾子、滕子、薛伯、杞伯、小邾子，同围齐。

书“同围”，见诸侯之恶齐。

二十有五年秋八月己巳，诸侯同盟于重丘。

诸侯同病楚也。

三十年冬十月，晋人、齐人、宋人、卫人、郑人、曹人、莒人、邾人、滕人、薛人、杞人、小邾人会于澶渊，宋灾故。

《左传》：叔孙豹会赵武而下诸国之卿，既贬鲁卿，讳而不书。

三十有一年冬十有一月，莒人弑其君密州。

莒子虐，国人弑之而立展舆。展舆非亲弑也，故书国人。

○**昭公**名稠，襄公子，景王四年即位。《谥法》：容仪恭明曰昭。

元年三月，取郓。

乘莒之乱而取之，故隐避其辞。

秋，莒去疾自齐入于莒。

去疾假齐之力以入莒，讨展舆之罪，正也，故称莒。遂自立，无所禀命，故不称公子，自以为公子可立也。

莒展舆出奔吴。

为弑君者所立，而以国氏者，罪诸侯也。虢之会，虽国乱未预，然诸侯与其立矣，故欲执叔孙也。称莒展舆，见诸侯之与其立也。

四年夏，楚子、蔡侯、陈侯、郑伯、许男、徐子、滕子、顿子、胡子、沈子、小邾子、宋世子佐、淮夷会于申。

晋平公不在诸侯，楚于是强，为霸者之事。

十有二年冬，晋伐鲜虞。

晋假道于鲜虞而遂伐之，见利忘义，夷狄之道也。

十有三年秋八月甲戌，同盟于平丘。

楚弃疾立，诸侯惧之，故同盟。公不与盟，晋不使与盟，虽欲辱公，然得不与同盟之罪，实为幸也。

十有九年冬，葬许悼公。

蔡般、许止疑同，故书葬。

○**定公**名宋，襄公子，昭公弟，敬王十一年即位。《谥法》：安民大虑曰定。

三年春王正月，公如晋，至河乃复。

季孙意如上不请于天子，下不告于方伯，而立定公，故晋怒而公往朝焉。晋辞公而复，故明年因会而请盟于皋鼬。

四年三月，公会刘子、晋侯、宋公、蔡侯、卫侯、陈子、郑伯、许男、曹伯、莒子、邾子、顿子、胡子、滕子、薛伯、杞伯、小邾子、齐国夏于召陵，侵楚。

楚恃其强，侵陵诸侯，晋上请于天子，大合诸侯以伐之，而不能明暴其辠，以行天讨，无功而还，故书侵以罪之。

五月，公及诸侯盟于皋鼬。

公以不获见于晋，故因会而求盟焉，则此盟公意也，故书“公及”。

十年，齐人来归郓、讙、龟阴田。

齐服义而求归之，故书来归。始失不书，解在哀公八年。

〇**哀公**名蒋，定公子，敬王二十六年即位。《谥法》：恭仁短折曰哀。

六年秋，齐阳生入于齐。

称齐阳生，见景公废长立少，以启乱也。

八年夏，齐人取讙及阐。

内失邑不书，君辱当讳也。不能保其土地人民，是不君也。己与之，彼以非义而受，则书取，此济西田是也。鲁入邾，而以其君来致，齐怒，吴伐，故赂齐以说之。

齐人归讙及阐。

不云我田，既归邾子，亦归其田，非以为惠也。

春秋传序

天之生民，必有出类之才，起而君长之，治之而争夺息，导之而生养遂，教之而伦理明，然后人道立，天道成，地道平。二帝而上，圣贤世出，随时有作，顺乎风气之宜，不先天以开人，各因时而立政。暨乎三王迭兴，三重既备，子丑寅之建正，忠质文之更尚，人道备矣，天运周矣。圣王既不复作，有天下者，虽欲仿古之迹，亦私意妄为而已。事之谬，秦至以建亥为正；道之悖，汉专以智力持世，岂复知先王之道也！

夫子当周之末，以圣人不复作也，顺天应时之治不复有也，于是作《春秋》，为百王不易之大法，所谓“考诸三王而不谬，建诸天地而不悖，质诸鬼神而无疑，百世以俟圣人而不惑”者也。先儒之论曰：“游、夏不能赞一辞。”辞不待赞也，言不能与于斯耳。斯道也，惟颜子尝闻之矣：“行夏之时，乘殷之辂，服周之冕，乐则《韶》舞”，此其准的也。后世以史视《春秋》，谓褒善贬恶而已，至于经世之大法，则不知也。《春秋》大义数十，其义虽大，炳如日星，乃易见也。惟其微辞隐义，时措从宜者，为难知也，或抑或纵，或与或夺，或进或退，或微或显，而得乎义理之安，文质之中，宽猛之宜，是非之公，乃制事之权衡，揆道之模范也。夫观百物然后识化工之神，聚众材然后知作室之用，于一事一义而欲窥圣人之用心，非上智不能也。故学《春秋》者，必优游涵泳，默识心通，然后能造其微也。后王知《春秋》之义，则虽德非禹、汤，尚可以法三代之治。

自秦而下，其学不传。予悼夫圣人之志不明于后世也，故作《传》以明之，俾后之人通其文而求其义，得其意而法其用，则三代可复也。是《传》也，虽未能极圣人之蕴奥，庶几学者得其门而入矣。有宋崇宁二年癸未四月乙亥，伊川程颐序。

河南程氏经说卷第五　二先生

礼记

明道先生改正大学

大学之道，在明明德，在亲民，在止于至善。知止而后有定，定而后能静，静而后能安，安而后能虑，虑而后能得。物有本末，事有终始，知所先后，则近道矣。

《康诰》曰："克明德。"《太甲》曰："顾諟天之明命。"《帝典》曰："克明峻德。"皆自明也。汤之《盘铭》曰："苟日新，日日新，又日新。"《康诰》曰："作新民。"《诗》曰："周虽旧邦，其命维新。"是故君子无所不用其极。

《诗》云："邦畿千里，惟民所止。"《诗》云："緡蛮黄鸟，止于丘隅。"子曰："于止知其所止，可以人而不如鸟乎？"《诗》云："穆穆文王，于缉熙敬止。"为人君止于仁，为人臣止于敬，为人子止于孝，为人父止于慈，与国人交止于信。

古之欲明明德于天下者，先治其国，欲治其国者，先齐其家；欲齐其家者，先修其身；欲修其身者，先正其心；欲正其心者，先诚其意；欲诚其意者，先致其知；致知在格物。物格而后知至，知至而后意诚，意诚而后心正，心正而后身修，身修而后家齐，家齐而后国治，国治而后天下平。自天子以至于庶人，壹是皆以修身为本。其本乱而末治者，否矣；其所厚者薄而其所薄者厚，未之有也。此谓知本，此谓知之至也。

所谓诚其意者，毋自欺也。如恶恶臭，如好好色，此之谓自谦，故君子必慎其独也。小人闲居为不善，无所不至，见君子而后厌然，掩其不善而著其善。人之视己，如见其肺肝然，则何益矣？此谓诚于中，形于外，故君子必慎其独也。曾子曰："十目所视，十手所指，其严乎！"富润屋，德润身，心广体胖，故君子必诚其意。

所谓修身在正其心者：身有所忿懥则不得其正，有所恐惧则不得其正，有所好乐则不得其正，有所忧患则不得其正；心不在焉，视而不见，听而不闻，食而不知其味；此谓修身在正其心。

所谓齐其（其字衍）家在修其身者：人之其所亲爱而辟焉，之其所贱恶而辟焉，之其所畏敬而辟焉，之其所哀矜而辟焉，之其所敖惰而辟焉；故好而知其恶，恶而知其美者，天下鲜矣；故谚有之曰："人莫知其子之恶，莫知其苗之硕。"此谓身不修不可以齐其家。

所谓治国必先齐其家者：其家不可教而能教人者，无之，故君子不出家而成教于国。孝者所以事君也，弟者所以事长也，慈者所以使众也。《康诰》曰："如保赤子。"心诚求之，虽不中不远矣，未有学养子而后嫁者也。一家仁，一国兴仁；一家让，一国兴让；一人贪戾，一国作乱。其机如此，此谓一言偾事，一人定国。尧、舜帅天下以仁而民从之，桀、纣帅天下以暴而民从之。其所令反其所好，而民不从。是故君子有诸己而后求诸人，无诸己而后非诸人。所藏乎身不恕，而能喻诸人者，未之有也。故治国在齐其家。《诗》云："桃之夭夭，其叶蓁蓁；之子于归，宜其家人。"宜其家人，而后可以教国人。《诗》云："宜兄宜弟。"宜兄宜弟，而后可以教国人。《诗》云："其仪不忒，正是四国。"其为父子兄弟足法，而后民法之也。此谓治国在齐其家。

所谓平天下在治其国者：上老老而民兴孝，上长长而民兴弟，上恤孤而民不倍，是以君子有絜矩之道也。所恶于上，毋以使下；所恶于下，毋以事上；所恶于前，毋以先后，所恶于后，毋以从前；所恶于右，毋以交于左；所恶于左，毋以交于右；此之谓絜矩之道。《诗》云："乐只君子，民之父母。"民之所好好之，民之所恶恶之，此之谓民之父母。《诗》云："节彼南山，维石岩岩；赫赫师尹，民具尔瞻。"有国者不可以不慎，辟则为天下僇矣。

《诗》云："瞻彼淇澳，菉竹猗猗，有斐君子，如切如磋，如琢如磨，瑟兮僩兮，赫兮喧兮，有斐君子，终不可諠兮。"如切如磋者，道学也；如琢如磨者，自修也；瑟兮僩兮者，恂栗也；赫兮喧兮者，威仪也；有斐君子终不可諠兮者，道盛德至善，民之不能忘也。《诗》云："於戏！前王不忘！"君子贤其贤而亲其亲，小人乐其乐而利其利，此以没世不忘也。

子曰："听讼吾犹人也，必也使无讼乎！"无情者不得尽其辞，大畏民志，此谓知本。《诗》云："殷之未丧师，克配上帝，仪监于殷，峻命不易。"道得众则得国，失众则失国。

是故君子先慎乎德，有德此有人，有人此有土，有土此有财，有财此有用。德者本也，财者末也。外本内末，争民施夺。是故财聚则民散，财散则民聚。是故言悖而出者，亦悖而入；货悖而入者，亦悖而出。《康诰》曰："惟命不于常。"道善则得之，不善则失之矣。《楚书》曰："楚国无以为宝，惟善以为宝。"舅犯曰："亡人无以为宝，仁亲以为宝。"《秦誓》曰："若有一个臣，断断兮无他技，其心休休焉，其如有容焉。人之有技，若己有之，人之彦圣，其心好之，不啻若自其口出，寔能容之，以能保我子孙黎民，尚亦有利哉！人之有技，媢疾以恶之，人之彦圣，而违之俾不通，寔不能容，以不能保我子孙黎民，亦曰殆哉！"唯仁人放流之，迸诸四夷，不与同中国，此谓唯仁人为能爱人，能恶人。见贤而不能举，举而不能先，命也；见不善而不能退，退而不能远，过也。好人之所恶，恶人之所好，是谓拂人之性，菑必逮夫身。

是故君子有大道，必忠信以得之，骄泰以失之。生财有大道：生之者众，食之者寡，为之者疾，用之者舒，则财恒足矣。仁者以财发身，不仁者以身发财。未有上好仁而下不好义者也，未有好义其事不终者也，未有府库财非其财者也。孟献子曰："畜马乘，不察于鸡豚，伐冰之家，不畜牛羊，百乘之家，不畜聚敛之臣。与其有聚敛之臣，宁有盗臣。"此谓国不以利为利，以义为利也。长国家而务财用者，必自小人矣。彼为善之。小人之使为国家，菑害并至，虽有善者，亦无如之何矣。此谓国不以利为利，以义为利也。

伊川先生改正大学

大学之道，在明明德，在亲（当作新）民，在止于至善。知止而后有定，定而后能静，静而后能安，安而后能虑，虑而后能得。物有本末，事有终始，知所先后，则近道矣。

古之欲明明德于天下者，先治其国；欲治其国者，先齐其家；欲齐其家者，先修其身；欲修其身者，先正其心；欲正其心者，先诚其意；欲诚其意者，先致其知；致知在格物。物格而后知至，知至而后意诚，意诚而后心正，心正而后身修，身修而后家齐，家齐而后国治，国治而后天下平。自天子以至于庶人，壹是皆以修身为本。其本乱而末治者，否矣；其所厚者薄而其所薄者厚，未之有也。

子曰："听讼吾犹人也，必也使无讼乎！"无情者不得尽其辞，大畏民志，此谓知本。（四字衍。）此谓知本，此谓知之至也。

《康诰》曰："克明德。"《太甲》曰："顾諟天之明命。"《帝典》曰："克明峻德。"皆自明也。汤之《盘铭》曰："苟日新，日日新，又日新。"《康诰》曰："作新民。"《诗》曰："周虽旧邦，其命惟新。"是故君子无所不用其极。

《诗》云："邦畿千里，惟民所止。"《诗》云："缗蛮黄鸟，止于丘隅。"子曰："于止知其所止，可以人而不如鸟乎？"《诗》云："穆穆文王，於缉熙敬止。"为人君止于仁，为人臣止于敬，为人子止于孝，为人父止于慈，与国人交止于信。

所谓诚其意者，毋自欺也。如恶恶臭，如好好色，此之谓自谦，故君子必慎其独也。小人闲居为不善，无所不至，见君子而后厌然，掩其不善而著其善。人之视己，如见其肺肝然，则何益矣？此谓诚于中，形于外，故君子必慎其独也。曾子曰："十目所视，十手所指，其严乎！"富润屋，德润身，心广体胖，故君子必诚其意。

所谓修身在正其心者（身当作心）：有所忿懥则不得其正，有所恐惧则不得其正，有所好乐则不得其正，有所忧患则不得其正。心不在焉，视而不见，听而不闻，食而不知其味，此谓修身在正其心。

所谓齐其（其字衍）家在修其身者：人之其所亲爱而辟焉，之其所贱恶而辟焉，之其所畏敬而辟焉，之其所哀矜而辟焉，之其所敖惰而辟焉，故好而知其恶，恶而知其美者，天下鲜矣。故谚有之曰："人莫知其子之恶，莫知其苗之硕。"此谓身不修不可以齐其家。

所谓治国必先齐其家者：其家不可教而能教人者，无之，故君子不出家而成教于国。孝者所以事君也，弟者所以事长也，慈者所以使众也。《康诰》曰："如保赤子。"心诚求之，虽不中不远矣，未有学养子而后嫁者也。一家仁，一国兴仁；一家让，一国兴让；一人贪戾，一国作乱。其机如此，此谓一言偾事，一人定国。尧、舜帅天下以仁而民从之，桀、纣帅天下以暴而民从之。其所令反其所好，而民不从。是故君子有诸己而后求诸人，无诸己而后非诸人。所藏乎身不恕，而能喻诸人者，未之有也。故治国在齐其家。《诗》云："桃之夭夭，其叶蓁蓁，之子于归，宜其家人。"宜其家人而后可以教国人。《诗》云："宜兄宜弟。"宜兄宜弟，而后可以教国人。《诗》云："其仪不忒，正是四国。"其为父子兄弟足法，而后民法之也。此谓治国在齐其家。

所谓平天下在治其国者：上老老而民兴孝，上长长而民兴弟，上恤孤而民不倍，是以君子有絜矩之道也。所恶于上，毋以使下；所恶于下，毋以事上；所恶于前，毋以先后；所恶于后，毋以从前；所恶于右，毋以交于左；所恶于左，毋以交于右；此之谓絜矩之道。

《诗》云："乐只君子，民之父母。"民之所好好之，民之所恶恶之，此之谓民之父母。《诗》云："节彼南山，维石岩岩；赫赫师尹，民具尔瞻。"有国者不可以不慎，辟则为天下僇矣。《诗》云："瞻彼淇澳，菉竹猗猗，有斐君子，如切如磋，如琢如磨，瑟兮僩兮，赫兮喧兮，有斐君子，终不可諠兮。"如切如磋者，道学也；如琢如磨者，自修也；瑟兮僩兮者，恂栗也；赫兮喧兮者，威仪也；有斐君子终不可諠兮者，道盛德至善，民之不能忘也。《诗》云："於戏！前王不忘！"君子贤其贤而亲其亲，小人乐其乐而利其利，此以没世不忘也。《康诰》曰："惟命不于常。"道善则得之，不善则失之矣。《楚书》曰："楚国无以为宝，惟善以为宝。"舅犯曰："亡人无以为宝，仁亲以为宝。"《秦誓》曰："若有一个臣，断断兮无他技，其心休休焉，其如有容焉，人之有技，若己有之，人之彦圣，其心好之，不啻若自其口出，寔能容之，以能保我子孙黎民，尚亦有利哉！人之有技，媢疾以恶之，人之彦圣，而违之俾不通，寔不能容，以不能保我子孙黎民，亦曰殆哉！"唯仁人放流之，迸诸四夷，不与同中国。此谓唯仁人为能爱人，能恶人。见贤而不能举，举而不能先，命也（作怠之误也）。见不善而不能退，退而不能远，过也。好人之所恶，恶人之所好，是谓拂人之性，菑必逮夫身。

是故君子有大道，必忠信以得之，骄泰以失之。《诗》云："殷之未丧师，克配上帝，仪监于殷，峻命不易。"道得众则得国，失众则失国。是故君子先慎乎德，有德此有人，有人此有土，有土此有财，有财此有用。德者本也，财者末也。外本内末，争民施夺。是故财聚则民散，财散则民聚。是故言悖而出者，亦悖而入；货悖而入者，亦悖而出。

生财有大道：生之者众，食之者寡，为之者疾，用之者舒，则财恒足矣。仁者以财发身，不仁者以身发财。未有上好仁而下不好义者也，未有好义其事不终者也，未有府库财非其财者也。孟献子曰："畜马乘，不察于鸡豚；伐冰之家，不畜牛羊；百乘之家，不畜聚敛之臣，与其有聚敛之臣，宁有盗臣。"此谓国不以利为利，以义为利也。长国家而务财用者，必自小人矣。彼为善之。小人之使为国家，菑害并至，虽有善者，亦无如之何矣。此谓国不以利为利，以义为利也。（一本云："彼为不善之小人，使之为国家。"）

河南程氏经说卷第六　伊川先生

论语解

学而

“学而时习之，不亦说乎?”习，重习也。时复思绎，浃洽于中，则说也。“有朋自远方来，不亦乐乎?”以善及人，而信从者众，可乐也。“人不知而不愠，不亦君子乎?”虽乐于及人，不见是而无闷，乃所谓君子。

有子曰：“其为人也孝弟。”孝弟顺德也，故不犯上，岂复有逆理乱常之事？德有本，本立则其道充大。孝弟于其家，而后仁爱及于物，所谓亲亲而仁民也，故为仁以孝弟为本。论性，则仁为孝弟之本。

“巧言令色，鲜矣仁”，谓非仁也。知巧言令色之非仁，则知仁矣。

曾子之三省，忠信而已。

“道千乘之国”，今之诸侯能如是，足以保其国矣。

子曰：“弟子入则孝，出则弟。”为弟子之职，力有余则学文；不修其职而学，非为己之学也。

子夏曰：“贤贤易色。”见贤改色，有敬贤之诚也。事亲事君与朋友交，皆尽其诚，学求如是而已。

子曰：“君子不重则不威。”不厚重则无威仪，所学不能安固。所主在于忠信，所亲者必忠信。迁善不可不速，君子之自修当如是也。

曾子曰："慎终追远，民德归厚矣。"居丧尽礼，祭祀致诚，慎终追远之大者也。凡事能慎其终，不忘于远，足以化民，归于厚德矣。

子贡曰："夫子温、良、恭、俭、让以得之。"温、良、恭、俭、让，盛德之辉光接于人者也。温，和厚也。良，易直也。恭，庄敬也。俭，节制也。让，谦逊也。德容如是，是以诸侯敬而信之。

"三年无改于父之道，可谓孝矣。"孝子居丧，志存守父在之道，不必主事而言也。

有子曰："礼之用，和为贵。"恭而安，别而和，为可贵也。

有子曰："信近于义，言可复也。"信能守约，恭能远耻，近于礼义也。因其不失于相近，亦可尚也。

"敏于事"，勇于行也。

贫无谄，富无骄，能处其分也。乐与好礼，能自修也。切磋琢磨，自修各以其道也。告之以乐与好礼，而知为自修之道，知来者也。

为政

子曰："吾十有五而志于学。"圣人言己亦由学而至，所以勉进后人也。立，能自立于斯道也。不惑，则无所疑矣。知天命，穷理尽性也。耳顺，所闻皆通也。从心，则不勉而中矣。

"温故而知新。"温故则不废，知新则日益，斯言可师也，所谓"日知所亡，月无忘所能"也。

"先行其言而后从之"，践言则可信。

"周而不比。"周为遍及之义，君子道弘，周及于物而不偏比。小人偏比，故不能周。

"学而不思则罔。"学不思则无得，力索而不问学则劳殆。

攻求异端，则害于正。

人苟耻其不知，而不求问，是终不知也。以为不知而求之，则当知矣，故云“是知也”。

多见而阙其不安者，寡悔之道也。君子行己能慎，得禄之道也。

“举直错诸枉”，举错得义则民心服。

“书云孝乎！”《书》之言孝，则曰“惟孝友于兄弟，则能施于有政”。

“非其鬼而祭之，谄也。”不当祭而祭之，谄于鬼神也。时多非礼之祀，人情狃于习俗，知义之不可而不能止，盖无勇耳。

八佾

孔子谓季氏八佾舞于庭，“是可忍也，孰不可忍也？”忍为是，则何所不能为也？

“人而不仁，如礼何？人而不仁，如乐何？”仁者天下之正理，失正理则无序而不和。

“林放问礼之本。”饰过则失实，故宁俭；丧主于哀，故宁戚。

“夷狄之有君。”夷狄且有君，不如诸夏之僭乱、无上下之分也。

“君子无所争，必也射乎！”射者正己而已，非有争也。“其争也君子”，言君子其争乎？

“巧笑倩兮”，美质待礼以成德，犹素待绘以成绚。子夏能谕，故曰“起予”。

“夏礼吾能言之。”夏、商之礼未尽亡也，而杞、宋之文籍法度不足考证矣，故夫子不能成之。

“禘自既灌而往者。”灌者，祭之始也。自灌而往，皆不欲观，盖非一事之失也。先儒皆谓以鲁逆祀，而云逆祀固失礼之大者，其节文皆失也。天下之事，苟能使之中礼，则治之如视诸掌也。“不知也”者，不欲显言之也。非止禘也，因禘失礼之甚而言耳。

奥喻贵臣，灶喻用事者。夫子知其意，抑之云：若获罪于天，求媚何益也？

“射不主皮，为力不同科。”射有五善，不必专以主皮为工也。工力非一端，苟有可取，不必同科也。古者取善之周也。

“事君尽礼，人以为谄也。”当时事上之礼简也。

“《关雎》乐而不淫，哀而不伤。”乐得淑女，非淫其色也；哀思之切，无伤善之心也。切于善，乃伤善也。

“管仲之器小哉”，谓管仲器小，非止谓不知礼也。或问其知礼乎？故答以不知，器大则自知礼矣。

乐始翕如、纯如、皦如，至于绎如，非通于乐者，孰能知之？

“子谓《武》，尽美矣，未尽善也。”一有传之失者，故未尽善。

“居上不宽，为礼不敬，临丧不哀，吾何以观之哉？”居上以爱人为本，主于宽厚，礼主于敬，丧主乎哀。不然，是无本也，何以观乎？

里仁

子曰：“里仁为美。”居以亲仁为美，处不择仁，焉得为知？

“惟仁者能好人，能恶人”，得其公正也。

“苟志仁，无恶也。”苟志于仁，则无不善也。

“君子去仁，恶乎成名？”去仁，则不得名君子矣。

“君子无终食之间违仁”，得善弗失也。“道不可须臾离，可离非道”，言道也。“造次颠沛必于是”，言守道也。

“有能一日用其力于仁矣乎？我未见力不足者。”欲仁则仁斯至矣，不系乎力也。用力于仁者，固尝有之，己未尝见耳，岂敢谓天下无仁者也？

人之过也，各于其类：君子常失于厚，小人常失于薄；君子过于爱，小人伤于忍。

“朝闻道，夕死可矣。”人不可以不知道，苟得闻道，虽死可也。

“士志于道，而耻恶衣恶食者，未足与议也。”志于道而心役乎外，何足与议也？

“君子之于天下也，无適也，无莫也，义之与比。”君子之于天下，无必往也，无莫往也，惟义是亲。

“君子怀德，小人怀土；君子怀刑，小人怀惠。”在上者志存于德，则民安其土；在上者志在严刑，则民思仁厚者而归之。

“放于利而行多怨。”心存乎利，取怨之道也，盖欲利于己，必损于人。

礼者为国之本，能以礼让，复何加焉？不能以礼，将如礼何？无礼让，则不可以为国也。

“不患无位，患所以立；不患莫己知，求为可知也。”君子求其在己者，故患身无所立，不患无位以行也；求为可知之行，不患人之不知己也。

曾子曰：“夫子之道，忠恕而已。”尽己之谓忠，推己之谓恕。忠，体也；恕，用也。孟子曰：“尽其心者，知其性也。”

“君子喻于义，小人喻于利”，惟其深喻，是以笃好。

“德不孤，必有邻。”事物莫不各以类聚，故德必有邻。

公冶长

“斯焉取斯。”斯，助语，《诗》云：“恩斯勤斯。”

子贡问曰：“赐也何如？”子曰：“女器也。”器者尚饰之物，子贡文胜，故云器也。复问何器，曰：“瑚琏也。”瑚琏贵器。饰之盛者皆从玉，见其饰之美。

“或曰雍也仁而不佞。”佞，辨才也，人有之，则多入于不善，故夫子云：“焉用佞？”

子使漆雕开仕，使求禄也，对以己学且未能信，信谓自得，故夫子说其笃志。

子曰："道不行，乘桴浮于海，从我者其由也与！"浮海居夷，讥天下无贤君也。子路勇于义，故谓其能从己。子路以为实欲浮海也，故喜夫子与己。夫子许其勇而谓其不能量度事理也。"取材"，裁度也，"材""裁"通用。

子谓子贡曰："女与回也孰愈？"子贡喜方人，故问其与回孰愈，子贡既能自谓何敢望回，故云"吾与女弗及"，所以勉之进也。

宰予昼寝。人既耽惑，难以语学矣，因责其不践平日之言也。

人有欲则无刚，刚则不屈于欲也。

"我不欲人之加诸我，吾亦欲无加诸人仁也。"施诸己而不愿，亦勿施于人，恕也。恕或能勉之，仁则非子贡所及。

"夫子之文章，可得而闻也；夫子之言性与天道，不可得而闻也。"子贡闻夫子之至论而叹美之言也。

"子路有闻，未之能行，唯恐有闻。"子路果于行者，故有闻而未能行，惟恐复有闻也。

"晏平仲善与人交，久而敬之。"人之交久则敬衰，久而能敬，所以为善与人交也。

世谓臧文仲知，僭上失礼，安得为知？

令尹子文三仕为令尹，无喜色；三已之，无愠色，其然，岂其然乎？人不能见其色则可矣，谓其无喜愠则非也。苟无喜愠，何以知其未仁也？夫子独称其以政告新为忠，斯可见矣。

季文子三思而后行，使晋时也，其再虑当矣，至于求遭丧之礼，则过矣。

子在陈，曰："归与？"夫子之删《诗》《书》，使群弟子编缉之也。

伯夷、叔齐之节，至高峻也，然其居之以宽，故怨希，不然则不可以处世矣。

"孰谓微生高直？"君子敬以直内，所枉虽小而害则大。

“足恭”，过恭也。左丘明，古之闻人。

颜渊、季路与夫子之言志，夫子安仁也，颜渊不违仁也，季路求仁也。

夫人能自知其过者鲜也，然知过非难也，能自讼之为善，自讼不置，能无改乎？

“十室之邑，必有忠信如丘者焉，不如丘之好学也。”忠信，质也。语生质则不异于人，人不若己之好学耳，所以勉人学也。

雍也

“雍也可使南面”，仲弓才德可使为政也。

子桑伯子内主于敬而简，则为要直；内存乎简而简，则为疏略。仲弓可谓知旨者。子桑伯子之简虽可取，而未尽善，故夫子云“可也”。

颜子之怒在物而不在己，故“不迁”；有不善未尝不知，知之未尝复行，“不贰过”也。

子华使于齐，冉子为其母请粟。子曰：“与之釜。”请益，曰：“与之庾。”冉子与之粟五秉。夫子之使子华，子华之为夫子使，义也，而冉求乃欲资之而为之请粟。夫子曰“与之釜”者，所以示冉求以不当与也。求不达而请益，则“与之庾”，求犹未达夫子之意，故自与之粟五秉，故夫子非其继富。盖赤苟至乏，则夫子必周之矣。原思为之宰，则与之粟九百，思辞其多，故谓之曰：“苟有余，则分诸邻里乡党。”夫子之使子华，义也；原思为宰，有常禄也。

子谓仲弓曰：“犁牛之子骍且角。”疑多“曰”字。角，始角也，可用时也。

回三月不违仁，得善则服膺弗失也；其余则日月至焉，至谓心存于仁，非能至于仁也。

季康子问仲由、子贡、冉有其才可以从政乎，夫子答以各有所长。非唯三子者，人各有所长，能取其长，皆可用也。

季氏使闵子骞为费宰。闵子骞曰："善为我辞焉。如有复我者，则吾必在汶上矣。"仲尼之门，能不仕大夫之家者，闵子、曾子数人而已。

颜子之乐，非乐箪瓢陋巷也，不以贫窭累其心而改其所乐也，故夫子称其贤。

冉有曰："非不说子之道，力不足也。"夫子告以为学由己，未有力不足者。所谓力不足者，乃中道而自废耳：今女自止，非力不足也。

君子儒为己，小人儒为人。

行不由径，动必从正道。

"不有祝鮀之佞，而有宋朝之美。"无鮀之巧言与朝之令色，难免乎今之世，必见憎疾也。

道，不可离也。事必由其道，犹出入之必由户也。

"文质彬彬，然后君子。"君子之道，文质得其宜也。

人类之生，以直道也，欺罔而免者，幸耳。

"好之者，不如乐之者。"非有所得，安能乐之？

"中人以上，可以语上，中人以下，不可以语上。"才卑而语之高，安能入也？

樊迟问知。能从百姓之所义者，知也。鬼神当敬也，亲而求之，则非知也。以所难为先，而不计所获，仁也。

"知者乐水，仁者乐山。"乐者，好也。知者乐于运动，若水之通流。仁者乐于安静，如山之定止。知者得其乐，仁者安其常也。

"齐一变至于鲁，鲁一变至于道。"夫子之时，齐强鲁弱，孰不以为齐胜鲁也？然鲁犹存周公之法制，齐由桓公之霸，为从简尚功之治，太公之遗法变易尽矣，故一变乃能至鲁。鲁则修废举坠而已，一变则至于先王之道也。

"觚不觚，觚哉！觚哉！"觚而失其觚之形制，则非觚也。故君而失其君之道，则为不君；臣而失其臣之职，则为虚位。

宰我问曰："仁者，虽告之曰井有仁焉，其从之也？"宰我问仁者好仁，不避患难，虽告之以赴井为仁，亦从之乎？夫子谓不然，君子可使之有往，不可陷之于不知，可欺以其方，不可罔以非其道。

子曰："君子博学于文，约之以礼，亦可以弗畔矣夫！"博学而守礼，虽未知道，亦可以道弗违畔于道矣。

南子非正，而卫君以为夫人，使见夫子。夫子虽不愿见，安能拒之乎？子路以夫子之被强也，故不说。夫子为陈不得已之故而谓之曰：吾道之否塞如是，盖天厌之，犹天丧予也。

中庸，天下之正理。德合中庸，可谓至矣。自世教衰，民不兴于行，鲜有中庸之德也。

"博施于民，而能济众。"博施，厚施也。博而及众，尧、舜病其难也。圣人济物之心无穷已也，患其力不能及耳。圣人者，人伦之至，惟圣人为能尽仁道。然仁可通上下而言，故曰："何事于仁？必也圣乎！"恕者为仁之方也。

述而

传，述而不作；信古而好之，自比于老、彭也。

"默而识之，学而不厌，诲人不倦，何有于我哉？"默识而无倦者，有诸己者也。"何有于我"，勉人学当如是也。子贡曰："学不厌，知也；教不倦，仁也。仁且知，夫子既圣矣。"以仁、知而言也。

子曰："德之不修，学之不讲，闻义不能徙，不善不能改，是吾忧也。"忧如是，则德日新。

申申，和适之貌。夭夭，温裕之貌。

"吾不复梦见周公。"梦见周公，夫子盛时，寤寐常存行周公之道；及其老也，志虑衰矣。存道者，心无老少之异；行道者，身老则衰矣。

“志于道，据于德，依于仁，游于艺。”学者当如是，游泳于其中。子曰：“自行束修以上，吾未尝无诲焉。”苟以礼来者，无不受也。

“不愤不启，不悱不发”，待其诚至而后告也。“举一隅，不以三隅反，则不复也”，既告之，必待其自得也。愤悱，诚意见于辞色也。

“子食于有丧者之侧，未尝饱也。”食甘矣，则饫饱。有丧者在侧，岂能甘也？

子谓颜渊曰：“用之则行，舍之则藏，唯我与尔有是夫！”用、舍无所预于己，安于所遇者也。或曰：然则知命矣。夫曰安所遇者，命不足道也。君子知有命，故言必曰命。然而安之不以命，知求无益于得而不求者，非能不求者也。

子路曰：“子行三军，则谁与？”子路自负其勇，谓夫子必与己，故夫子抑而教之。

子曰：“富而可求也，虽执鞭之士，吾亦为之。”富，人之所欲也，苟于义可求，虽屈己可也；如义不可求，宁贫贱以守其志也。非乐于贫贱，义不可去也。

子之所慎，齐、战、疾三者，夫子所重慎。人之事为多矣，能察知所慎，善观圣人矣。

“子在齐闻《韶》，三月不知肉味。”当食而闻，忘味之美也。三月，乃音字误分为二也。“不图为乐之至于斯”，叹其美也。作“三月”，则于义不可。

“夫子为卫君乎？”问与辄否乎？二人者，让国而逃，谏伐而饿，终无怨悔，夫子以为贤，故知其不与辄也。

“饭疏食，饮水，曲肱而枕之，乐亦在其中矣。不义而富且贵，于我如浮云。”虽疏食饮水，不能改其乐，故云“乐亦在其中矣”，非乐疏食饮水也。不义而富贵，视之轻如浮云也。

子曰：“加我数年，五十以学《易》，可以无大过矣。”此未赞

《易》时言也。更加我数年，至五十，以学《易》道，无大过矣。古之传《易》，如《八索》之类，皆过也，所以《易》道未明。圣人有作，则《易》道明矣。云“学”，云“大过”，皆谦辞。

“子所雅言：《诗》《书》执礼，皆雅言也。”世俗之言，失正者多矣，如吴、楚失于轻，赵、魏失于重。既通于众，君子正其甚者，不能尽违也。惟于《诗》《书》、执礼，必正其言也。

叶公不知仲尼，故问于子路。子路以其不能知圣人也，故不对。子曰：“女奚不曰：其为人也，发愤忘食，乐以忘忧，不知老之将至云尔。”发愤至于忘食，自乐能忘其忧，老将至而不知，好学之笃耳。圣人未尝自居于圣也，惟自谓好学耳。

“我非生而知之者，好古敏以求之者也”，亦自谓好学也，所以劝人学也。敏，速也，谓汲汲也。

“子不语：怪、力、乱、神。”怪异、勇力、悖乱、鬼神之事，皆不以语人也。

子曰：“天生德于予，桓魋其如予何？”人莫不知有命也，临事而不惧者鲜矣。惟圣人为能安命。

子曰：“二三子以我为隐乎？”孔、孟之道一也，其教人则异。孔子常俯而就之，孟子则推而高之。孔子不俯就，则人不亲；孟子不推高，则人不尊；圣贤之分也。二三子不能窥见圣人，故夫子告之以无隐也。

“子以四教：文、行、忠、信”，教人以学文修行而存忠信也。忠、信，本也。一心之谓诚，尽心之谓忠，存于中之谓孚，见于事谓之信。

“圣人吾不得而见之矣，得见君子者斯可矣。善人吾不得而见之矣，得见有恒者斯可矣。”才德出众，谓之君子。善人，良善之人也。有常，虽无善，守其常分者也。若实无而为有，以虚而为盈，处约而为泰，则妄人也，难谓之有常矣。

“子钓而不纲，弋不射宿。”圣人之仁，不尽物，不惊众也。

子曰：“盖有不知而作之者，我无是也。”不知而作，妄作也。

圣人固无不知也。在众人，虽未能知之，若能多闻择善而从，多见而记识之，亦可次于知之者也。

互乡之人，习于不善，难与言善也。今四方之俗，有顽恶难治者，皆习使之然也。互乡之童子，见夫子，而门人怪之。子曰：与其进之志善，不与其退而不善也，拒绝之，则太甚矣。人洁己而来，当与其洁也，岂保其往而不善乎？圣人待物之弘也。

子曰："仁远乎哉？我欲仁，斯仁至矣。"为仁由己，欲之则至，未有力不足者也。

陈司败问：昭公知礼乎？夫子以"知礼"答司败之问，而以为党，在所不答也。而复自云"有过"者，盖巫马期约以复告也。

"子与人歌而善，必使反之，而后和之"，歌必全章也，与"割不正不食，席不正不坐"同也。

子曰："文莫吾犹人也。"常人于文饰则皆欲胜人，实行则未之见也。

子曰："若圣与仁，则吾岂敢？"夫子谦自谓不敢当仁圣，然行之而不厌，以诲人而不倦，不厌不倦，非己有不能也。公西华见圣人之道远，而诲人不倦，故叹曰："正唯弟子不能学耳。"

子疾病，子路请祷。子曰："有诸。"谓有是理乎？子路以古人之诔告。夫祷者，悔过迁善，祈神之祐也。圣人未始有过，无善可迁，故云："丘之祷久矣。"

"奢则不孙，俭则固。"奢、俭皆失礼也，而奢之害大。

"君子坦荡荡，小人长戚戚。"君子循理，故舒泰荡荡然。小人役于物，故多忧戚。

"子温而厉，威而不猛，恭而安"，德容之盛也。善哉，门人之能观圣人也！

泰伯

"泰伯其可谓至德也已矣。三以天下让，民无得而称焉。"泰伯之让非谓其弟也，为天下也。其事深远，故民不能识而称之，而圣人谓之至德。不立，一让也；逃之，二让也；文身，三让也。

恭而无礼，则不安，故劳。慎而无礼，则多惧，故葸。勇而无礼，则不顺，故乱。直而无礼，则好讦，故绞。

君子笃于亲，则民兴而乐仁；故旧不遗，则民化而笃厚。

曾子有疾，召门弟子曰："启予足，启予手。"君子曰终，小人曰死。君子保其身以殁，为终其事也，故以全归为免矣。

曾子有疾，孟敬子问之。曾子言曰："鸟之将死，其鸣也哀。"不问而自言，故曰"言曰"。鸟畏死，故鸣哀；人将死而言出于诚也，故善。君子所贵者，慎之于身，言动之间，皆有法则：容貌庄敬，则可以远暴慢。颜色正，则自知其信。辞气之出，不使至于鄙倍。鄙谓偏僻，倍谓违咈义理。"倍"与"背"字通用，孟子曰："师死而遂倍之。"笾豆之事，则有司存焉。政在修己，身正则官治，若乃事物器用之细，则有司存焉。

曾子曰："以能问于不能。"颜子能无我矣。

曾子曰："可以托六尺之孤。"节操如是，可谓君子矣。

曾子曰："士不可以不弘毅，任重而道远。"弘大刚毅，而后能胜重任而远到。

子曰："兴于《诗》，立于礼，成于乐。"《诗》发于人情，止于礼义，言近而易知，故人之学，兴起于《诗》。礼者，人之模范，守礼所以立其身也。安之而和乐，德之成也。

民可使之由是道，不能使之皆知也。

子曰："好勇疾贫，乱也。人而不仁，疾之已甚，乱也。"好勇而不安其分，与不仁而无所容，皆必为乱也。

子曰："如有周公之才之美，使骄且吝，其余不足观也已。"居贵富而骄吝，无德之甚也。虽才美奚为？才美谓威仪技艺。

子曰："笃信好学，守死善道，危邦不入，乱邦不居。天下有道则见，无道则隐。邦有道，贫且贱焉，耻也。邦无道，富且贵焉耻也。"君子处身如是。知无道而富贵为可耻而不处，特立者能之。

“不在其位，不谋其政。”不在其位，则不任其事也。若君大夫问而告者，则有矣。

“师挚之始，《关雎》之乱，洋洋乎盈耳哉！”师挚之始，必定公始，仲尼自卫反鲁时也。哀公之世，则挚适齐矣。

子曰：“狂而不直，侗而不愿，倥倥而不信，吾不知之矣。”狂则必直，侗则必愿，倥倥则必信，自当然也。而有不然者，伪妄之甚，不可得而知也，谓非常理也。

“巍巍乎，舜、禹之有天下也。”舜、禹得天下，而已不与求。巍巍，其德之高也。

“大哉，尧之为君也。”巍巍崇高，其大与天同也。荡荡，其德之广大不可得而名言也。其成功可见者，则巍巍崇高；其文章，则焕然至盛。

舜有臣五人，而武王有乱臣十人。以唐、虞之际方之，周为盛也。然又有妇人焉，惟九人耳。才之难得如此。妇人，邑姜也。

三分天下有其二，而尚服事于殷，可谓至德也。

子曰：“禹，吾无间然矣。”禹德之至，不可复有加矣。再言“无间”，称美之深也。

子罕

“子罕言利，与命，与仁。”计利则害义，命之理微，仁之道大，皆所罕言也。

达巷党人曰：“大哉孔子，博学而无所成名。”常人之学，多以一长而得称成名也。达巷党人大夫子之博学，而怪不以一善得名于时，盖其不知圣人也。故夫子闻之，而谓门人曰：欲使我何所执？“执御乎？执射乎？吾执御矣。”御，艺之最下者。

子曰：“麻冕，礼也，今也纯，俭，吾从众。拜下，礼也，今拜乎上，泰也，虽违众，吾从下。”麻冕用纯，俭而无害，从众可也。拜乎上，泰也，泰谓简慢。事君不可泰也，宁违众也。君子处世，事之无害于义者，从俗可也，害于义则不可从。

按时氏本，伊川先生作《论语解》，止此。然以大全集校之閤本，详略不同。后人又自“子绝四”以下，至“尧曰”，纂集《遗书》《外书》之有解者以附益之。今因重出，故从閤本云。

河南程氏经说卷第七　伊川先生

孟子解

按晁昭德《读书志》，程氏《孟子解》十四卷，大全集止载一卷。又按《近思录》及时氏本无之，校之阁本，又止载“尽信书不如无书”一章。及反覆通考，则皆后人纂集《遗书》《外书》之有解者也。故今亦不复载，因存其目云。

河南程氏经说卷第八

中庸解

天命之谓性，率性之谓道，修道之谓教。

此章先明性、道、教三者所以名。性与天道，一也。天道降而在人，故谓之性。性者，生生之所固有也。循是而之焉，莫非道也。道之在人，有时与位之不同，必欲为法于后，不可不修。

道也者不可须臾离也（止），故君子必慎其独也。

此章明道之要，不可不诚。道之在我，犹饮食居处之不可去，可去皆外物也。诚以为己，故不欺其心。人心至灵，一萌于思，善与不善，莫不知之。他人虽明，有所不与也。故慎其独者，知为己而已。

喜怒哀乐之未发谓之中，发而皆中节谓之和。中也者，天下之大本也。和也者，天下之达道也。致中和，天地位焉，万物育焉。

此章明中和及言其效。情之未发，乃其本心。本心元无过与不及，所谓“物皆然，心为甚”，所取准则以为中者，本心而已。由是而出，无有不合，故谓之和。非中不立，非和不行。所出所由，未尝离此大本根也。达道，众所出入之道。极吾中以尽天地之中，极吾和以尽天地之和，天地以此立，化育亦以此行。

仲尼曰：“君子中庸，小人反中庸。”“君子之中庸也，君子而时中。小人之反中庸也，小人而无忌惮也。”

此章言中庸之用。时中者，当其可而已，犹冬饮汤、夏饮水而已之谓。无忌惮，以无所取则也，不中不常，妄行而已。

子曰：中庸其至矣乎！民鲜能久矣。

人莫不中庸，鲜能久而已，久则为贤人，不息则为圣人。

子曰：“道之不行也，我知之矣。知者过之，愚者不及也。道之不明也，我知之矣：贤者过之；不肖者不及也。”“人莫不饮食也。鲜能知味也。”子曰：“道其不行矣夫！”

此章言失中之害。必知所以然，然后道行；必可常行，然后道明。知之过，无徵而不適用；不及，则卑陋不足为，是不行之因也。行之过，不与众共；不及，则无以异于众，是不明之因也。行之不著，习矣不察，是皆饮食而不知味者。如此而望道之行难矣夫！

子曰：“舜其大知也与！舜好问而好察迩言，隐恶而扬善，执其两端，用其中于民。其斯以为舜乎！”

此章言舜所以用中。舜之知所以为大者，乐取诸人以为善而已。好问而好察迩言，隐恶而扬善，皆乐取诸人者也。两端，过与不及也。执其两端，乃所以用其时中，犹持权衡而称物轻重，皆得其平。故舜之所以为舜，乐取诸人用诸民，皆以能执两端而不失中也。

子曰：“人皆曰予知，驱而纳诸罟擭陷阱之中，而莫之知辟也。人皆曰予知，择乎中庸，而不能期月守也。”子曰：“回之为人也，择乎中庸，得一善则拳拳服膺，而弗失之矣。”

此章辨惑。陷阱之可避，中庸之可守，人莫不知之，鲜能蹈之，乌在其为知也欤？惟颜子择中庸而守之，此所以为颜子也。众人之不能期月守，闻见之知，非心知也。颜子服膺而弗失，心知而已，此所以与众人异。

子曰：“天下国家可均也，爵禄可辞也，白刃可蹈也，中庸不可能也。”

此章言中庸之难能。均，平治也。一事之能，一节之廉，一朝之勇，有志者皆能之；久于中庸，惟圣者能之。

子路问强。子曰：“南方之强与，北方之强与，抑而强与？宽柔以教，不报无道，南方之强也，君子居之。衽金革，死而不厌，北

方之强也，而强者居之。故君子和而不流，强哉矫；中立而不倚，强哉矫；国有道，不变塞焉，强哉矫；国无道，至死不变，强哉矫！

此章言强之中，南方之强，不及强者也，北方之强，过强者也。南方，中国也，虽不及强，然犯而不校，未害为君子。北方任力，故止为强者，能矫以就中，乃得君子之强。自"和而不流"以下，皆君子自矫其强者也。塞，未通也。不变未达之所守，所谓富贵不能淫也。

子曰："素隐行怪，后世有述焉，吾弗为之矣。君子遵道而行，半涂而废，吾弗能已矣。君子依乎中庸，遯世不见知而不悔，唯圣者能之。"

此章言行之中。素隐行怪，未当行而行，行之过者也。半涂而废，当行而不行，行之不及者也。惟君子依乎中庸，自信不悔，圣人之事也。

君子之道，费而隐。夫妇之愚，可以与知焉。及其至也，虽圣人亦有所不知焉。夫妇之不肖，可以能行焉。及其至也，虽圣人亦有所不能焉。天地之大也，人犹有所憾。故君子语大，天下莫能载焉；语小，天下莫能破焉。《诗》云："鸢飞戾天，鱼跃于渊。"言其上下察也。君子之道，造端乎夫妇，及其至也，察乎天地。

此已上论"中"，此已下论"庸"。此章言常道之终始。费，用之广也。隐，微密也。圣人有所不知不能，所谓隐也。费则常道，隐则至道。惟能尽常道，乃所以为至道。天地之大，亦有所不能，故人犹有憾，况圣人乎？天地之大犹有憾，语大者也。有憾于天地，则大于天地矣，此所以天下莫能载。愚不肖之夫妇所常行，语小者也。愚不肖所常行，虽圣人亦有不可废，此所谓天下莫能破。上至乎天地所不能，下至于愚不肖之所能，则至道备矣。自夫妇之能，至察乎天地，则常道尽矣。

子曰："道不远人，人之为道而远人，不可以为道。《诗》云：'伐柯伐柯，其则不远。'执柯以伐柯，睨而视之，犹以为远。故君子

以人治人，改而止。忠恕违道不远，施诸己而不愿，亦勿施于人。君子之道四，丘未能一焉：所求乎子以事父，未能也；所求乎臣以事君，未能也；所求乎弟以事兄，未能也；所求乎朋友先施之，未能也。庸德之行，庸言之谨，有所不足，不敢不勉，有余不敢尽。言顾行，行顾言。君子胡不慥慥尔。”

言治人治己之常道。苟非其人，道不虚行。人能弘道，非道弘人。故道而远人，是为外物。一人之身，而具有天地之道，远而古今，大而天下，同之是理，无毫厘之差。故君子之治人，治其不及人者使及人而已。将欲治人，必先治己，故以忠恕自治。责子之孝，而自知乎未能事父；责臣，责弟，责朋友，皆然。故惟安常守中务实，是乃治己之务。

君子素其位而行，不愿乎其外：素富贵行乎富贵，素贫贱行乎贫贱，素夷狄行乎夷狄，素患难行乎患难。君子无入而不自得焉。在上位不陵下，在下位不援上。正己而不求于人，则无怨。上不怨天，下不尤人，故君子居易以俟命，小人行险以徼幸。子曰："射有似乎君子，失诸正鹄，反求诸其身。”君子之道，辟如行远必自迩，辟如登高必自卑。《诗》曰：“妻子好合，如鼓瑟琴。兄弟既翕，和乐且耽。宜尔室家，乐尔妻帑。”子曰：“父母其顺矣乎？”

此章言安土顺命，乃所以守常。素其位，不援上，不陵下，不怨天，不尤人，居易俟命，自迩自卑，皆安土顺命之道。

子曰：“鬼神之为德，其盛矣乎！视之而弗见，听之而弗闻，体物而不可遗，使天下之人，齐明盛服，以承祭祀，洋洋乎如在其上，如在其左右。《诗》曰：‘神之格思，不可度思，矧可射思。’夫微之显，诚之不可揜如此夫！”

此章论诚之本。惟诚所以能中庸。神以知来，知以藏往。往者屈也，来者伸也。所屈者不亡，所伸者无息。虽无形声可求，而物物皆体。弗闻弗见，可谓微矣。然体物弗遗，此之谓显。不亡不息，可谓诚矣。因感必见，此之谓不可揜。

子曰："舜其大孝也与！德为圣人，尊为天子，富有四海之内，宗庙飨之，子孙保之。故大德必得其位，必得其禄，必得其名，必得其寿。故天之生物，必因其材而笃焉，故栽者培之，倾者覆之。《诗》曰：'嘉乐君子，宪宪令德。宜民宜人，受禄于天。保佑命之，自天申之。'故大德者必受命。"

中庸之行，孝弟而已。如舜之德位皆极，流泽之远，始可尽其孝。故禄、位、名、寿之皆得，非大德其孰能致之？故夫妇之不肖，可以能焉，及其至也，虽圣人亦有所不能焉。

子曰："无忧者，其唯文王乎？以王季为父，以武王为子，父作之，子述之。武王缵大王、王季、文王之绪，壹戎衣而有天下，身不失天下之显名，尊为天子，富有四海之内，宗庙飨之，子孙保之。武王末受命，周公成文、武之德，追王大王、王季，上祀先公以天子之礼。斯礼也，达乎诸侯、大夫及士、庶人。父为大夫，子为士，葬以大夫，祭以士；父为士，子为大夫，葬以士，祭以大夫。期之丧，达乎大夫；三年之丧，达乎天子；父母之丧，无贵贱一也。"子曰："武王、周公，其达孝矣！夫孝者，善继人之志，善述人之事者也。春秋修其祖庙，陈其宗器，设其裳衣，荐其时食。宗庙之礼，所以序昭穆也。序爵，所以辨贵贱也；序事，所以辨贤也。旅酬下为上，所以逮贱也。燕毛，所以序齿也。践其位，行其礼，奏其乐，敬其所尊，爱其所亲，事死如事生，事亡如事存，孝之至也。郊社之礼，所以事上帝也。宗庙之礼，所以祀乎其先也。明乎郊社之礼，禘、尝之义，治国其如示诸掌乎！"

此章亦言庸行本于孝。文、武、周公皆尽孝者也，所以父作子述而无忧者。文王之所致，犹舜之德为圣人，尊为天子；武王之孝，能不失显名，而尊为天子；周公则达孝于天下，是皆尽孝者也。武王、周公盖善继文王之志，善述文王之事。故修其祖庙，所以继文王事亲之志，序爵序事所以述文王事亲之事也。追王之礼，下达于士庶人；继志述事，上达乎祖，此之谓达孝。

哀公问政，子曰："文武之政，布在方策，其人存则其政举，其人亡则其政息。人道敏政，地道敏树。夫政也者，蒲卢也。故为政在人，取人以身，修身以道，修道以仁。仁者，人也，亲亲为大。义者，宜也，尊贤为大。亲亲之杀，尊贤之等，礼所生也。在下位不获乎上，民不可得而治矣。故君子不可以不修身。思修身，不可以不事亲。思事亲，不可以不知人。思知人，不可以不知天。"

此章言为政，盖本于庸行也。尽修身之行，至于以道以仁，行之至也。思修身，至于事亲，知人、知天，知之至也。

"天下之达道五，所以行之者三，曰君臣也、父子也、夫妇也、昆弟也、朋友之交也，五者，天下之达道也。知、仁、勇三者，天下之达德也，所以行之者一也。或生而知之，或学而知之，或困而知之，及其知之一也。或安而行之，或利而行之，或勉强而行之，及其成功一也。"子曰："好学近乎知，力行近乎仁，知耻近乎勇。知斯三者，则知所以修身。知所以修身，则知所以治人。知所以治人，则知所以治天下国家矣。"

天下古今之所共由，谓之达道。所谓达道者，天下古今之所共行。所谓达德者，天下古今之所共有。虽有共行之道，必知之、体之、勉之，然后可行。虽知之、体之、勉之，不一于诚，则有时而息。求之有三，知之则一。行之有三，成功则一，所入之涂，则不能不异；所至之域，则不可不同。故君子论其所至，则生知与困知，安行与勉行，未始有异也。既不有异，是乃所以为中庸。若乃企生知安行之资为不可几及，轻困知勉行为不能有成，此道之所以不明不行，中庸之所以难久也。愚者自是而不求，自私者以天下非吾事，懦者甘为人下而不辞，有是三者，欲修之身，未之有也。故好学非知，然足以破愚；力行非仁，然足以忘私；知耻非勇，然足以起懦。知是三者，未有不能修身者也。天下之理，一而已。小以成小，大以成大，无异事也。举斯心以加诸彼，远而推之四海而准，久而推之万世而准。故一修身而知所以治人，知所以治人而知所以治天下国家。皆出乎此者何?中庸而已。

“凡为天下国家有九经,曰:修身也,尊贤也,亲亲也,敬大臣也,体群臣也,子庶民也,来百工也,柔远人也,怀诸侯也。修身则道立,尊贤则不惑,亲亲则诸父昆弟不怨,敬大臣则不眩,体群臣则士之报礼重,子庶民则百姓劝,来百工则财用足,柔远人则四方归之,怀诸侯则天下畏之。齐明盛服,非礼不动,所以修身也。去谗远色,贱货而贵德,所以劝贤也。尊其位,重其禄,同其好恶,所以劝亲亲也。官盛任使,所以劝大臣也。忠信重禄,所以劝士也。时使薄敛,所以劝百姓也。日省月试,既廪称事,所以劝百工也。送往迎来,嘉善而矜不能,所以柔远人也。继绝世,举废国,治乱持危,朝聘以时,厚往而薄来,所以怀诸侯也。凡为天下国家有九经,所以行之者一也。”

此章言庸行,至于九经,尽矣。自知天至于九经,无精粗之别必备,乃所以为常道。经者,百世所不变也。九经之用,皆本于德怀,无一物不在所抚,而刑有不与焉。修身,九经之本。必亲友,然后修身之道进,故次之以尊贤。道之所进,莫先其家,故次之以亲亲。由亲亲以及朝廷,故敬大臣,体群臣。由朝廷以及其国,故子庶民,来百工。由其国以及天下,故柔远人,怀诸侯。此九经之序。视群臣犹吾四体,视庶民犹吾子,此视臣视民之别。礼义由贤者出,尊贤则不为异端所惑。大臣,人所瞻仰,所以取法,非其人,黜之可也。在其位,不可不敬,不敬则民眩,不知所从。谗、色、货,皆害德。舍是三者,惟德之贵,则人劝而为贤。尊之欲其贵,爱之欲其富。所欲与之聚之,所恶勿施尔,而不责以善,此所以诸父兄弟相劝而亲。官盛任使,如注说,注云:“大臣皆有属官,所任使,不亲小事也。”待之以忠信,养之以厚禄,士无有不劝者也。远人惟可以柔道驭之。送往迎来,嘉善而矜不能者,柔道也。厚往薄来,不为归己者,厚也。一说,谓燕赐厚而纳贡薄。一以贯九者诚也,故其下论诚。

“凡事豫则立,不豫则废。言前定则不跲,事前定则不困,行前定

则不疚，道前定则不穷。”

豫，谓成已素定也。成而素定，非诚而何？有诸已之谓信。无信不立，有信不废。如诚有之，何往而不可？苟无其实，几何不穷？言前定，如宰我、子贡以说辞成。事前定，如冉有、季路以政事成。行前定，如颜渊、仲弓以德成。道前定，如孔子之集大成。此章论在事之诚。

“在下位不获乎上，民不可得而治矣。获乎上有道，不信乎朋友，不获乎上矣。信乎朋友有道，不顺乎亲，不信乎朋友矣。顺乎亲有道，反诸身不诚，不顺乎亲矣。诚身有道，不明乎善，不诚乎身矣。”

自治民而造约，必至于明善而后已。明善者，能明其善而已。如明仁义，则知凡在我者，以何为仁，以何为义。能明其情状，而知所从来，则在我者，非徒说之而已。在吾身诚有是善，故所以能诚其身。此章论在身之诚。

诚者，天之道也。诚之者，人之道也。诚者不勉而中，不思而得，从容中道，圣人也。诚之者，择善而固执之者也。博学之，审问之，慎思之，明辨之，笃行之。有弗学，学之弗能，弗措也；有弗问，问之弗知，弗措也；有弗思，思之弗得，弗措也；有弗辨，辨之弗明，弗措也；有弗行，行之弗笃，弗措也。人一能之，己百之，人十能之，己千之。果能此道矣，虽愚必明，虽柔必强。

诚者，理之实然，致一而不可易也。天下万古，人心物理，皆所同然，有一无二，虽前圣后圣，若合符节，是乃所谓诚，诚即天道也。天道无勉无思，然其中其得，自然而已。圣人诚一于天，天即圣人，圣人即天。由仁义行，何思勉之有？故从容中道而不迫。诚之者，以人求天者也，思诚而复之，故明有未穷，于善必择，诚有未至，所执必固。善不择，道不精；执不固，德将去。学问思辨，所以求之也；行，所以至之也。至之，非人一己百，人十己千，不足以化气质。

自诚明谓之性，自明诚谓之教。诚则明矣，明则诚矣。

谓之性者，生之所固有以得之。谓之教者，由学以复之。理之实然者，至简至易。既已至之，则天下之理，如开目睹万象，不假思虑而后知，此之谓诚则明。致知以穷天下之理，则天下之理皆得，卒亦至于简易实然之地，而行其所无事，此之谓明则诚。

唯天下至诚，为能尽其性。能尽其性，则能尽人之性；能尽人之性，则能尽物之性；能尽物之性，则可以赞天地之化育；可以赞天地之化育，则可以与天地参矣。

至于实理之极，则吾生之所固有者，不越乎是。吾生所有，既一于理，则理之所有，皆吾性也。人受天地之中，其生也，具有天地之德，柔强昏明之质虽异，其心之所同者皆然。特蔽有浅深，故别而为昏明；禀有多寡，故分而为强柔；至于理之所同然，虽圣愚有所不异。尽己之性，则天下之性皆然，故能尽人之性。蔽有浅深，故为昏明；蔽有开塞，故为人物。禀有多寡，故为强柔，禀有偏正，故为人物。故物之性与人异者几希，惟塞而不开，故知不若人之明；偏而不正，故才不若人之美。然人有近物之性者，物有近人之性者，亦系于此。于人之性，开塞偏正，无所不尽，则物之性，未有不能尽也。己也，人也，物也，莫不尽其性，则天地之化几矣。故行其无事，顺以养之而已，是所谓赞天地之化育。天地之化育，犹有所不及，必人赞之而后备，则天地非人不立，故人与天地并立为三才，此之谓天地参。

其次致曲，曲能有诚，诚则形，形则著，著则明，明则动，动则变，变则化。唯天下至诚为能化。

人具有天地之德，自当遍覆包含，无所不尽。然而禀于天，不能无少偏曲，则其所存所发，在偏曲处必多，此谓致曲。虽曰致曲，如专壹于是，未有不成；德之成矣，未有不见乎文章。致曲至于成章，无以加矣。无以加，切必能知类通达，见其所不尽。几者，动之微也。知至而不能至之，不可与几。故知至，未有不动者也。君子豹变，其文蔚也；大人虎变，其文炳也。有心乎动，动而不息，虽文有大小未有不变者也。变者，复之初。复于故，则一于理，不知其所以变，故惟至诚为能化。

至诚之道，可以前知。国家将兴，必有祯祥。国家将亡，必有妖孽。见乎蓍龟，动乎四体，祸福将至，善必先知之，不善必先知之，故至诚如神。

诚一于理，无所间杂则天地人物，古今后世，融彻洞达，一体而已。兴亡之兆，今之有思虑，如有萌焉，无不前知。盖有方所，则有彼此先后之别。既无方所，彼即我也，先即后也，未尝分别隔碍，自将达乎神明，非特前知而已。

诚者自成也，而道自道也。诚者物之终始，不诚无物。是故君子诚之为贵。诚者非自成己而已也，所以成物也。成己，仁也。成物，知也。性之德也，合外内之道也。故时措之宜也。

诚不为己，则诚为外物，道不自道，而其道虚行。既曰诚矣，苟不自成就，如何致力？既曰道矣，非己所自行，将谁与行乎？实有是理，乃有是物。有所从来，有以致之，物之始也；有所从亡，有以丧之，物之终也。皆无是理，虽有物象接于耳目，耳目犹不可信，谓之非物可也。天大无外，造化发育，皆在其间，故有内外生焉。性生内外之别，故与天地不相似。若性命之德，自合乎内外，故具仁与知。无己无物，诚一以贯之，合大德而施化育，故能时措之宜也。理义者，人心之所同然者也。吾信乎此，则吾德实矣，故曰“诚者自成也”。吾用乎此，则吾道行矣，故曰“道自道也”。夫诚者，实而已矣。实有是理，故实有是物；实有是物，故实有是用；实有是用，故实有是心；实有是心，故实有是事。是皆原始要终而言也。箕不可以簸扬，则箕非箕矣。斗不可以挹酒浆，则斗非斗矣。种禾于此，则禾之实可收也。种麦于此，则麦之实可收也。如未尝种而望其收，虽荑稗且不可得，况禾麦乎？是所谓“诚者物之终始，不诚无物”也。故君子必明乎善，知至意诚矣。既有恻怛之诚意，乃能竭不倦之强力，然后有可见之成功。苟不如是，虽博闻多见，举归于虚而已。是则诚之为贵也。诚虽自成也，道虽自道也，非有我之得私也，与天下同之而已。故思成己，必思所以成物，乃谓仁知之具也。性之所固有，合内外而无间者也。夫天大无外，造化发育，皆在其间，自无内外之别。人有是形，而为形所梏，故有内外生焉。内外一生，则物自物，己自己，与天地不相似矣。反乎性之德，则安有物我之异，内外之别哉？故时措之宜者，凡以反乎性之德，而得乎喜怒哀乐未发之中，发而皆中节者也。

故至诚无息，不息则久，久则徵，徵则悠远，悠远则博厚，博厚则高明。博厚所以载物也，高明所以覆物也，悠久所以成物也。博厚配地，高明配天，悠久无疆。如此者，不见而章，不动而变，无为而成。天地之道，可壹言而尽也。其为物不贰，则其生物不测。天地之道博也，厚也，高也，明也，悠也，久也。今夫天，斯昭昭之多，及其无穷也，日月星辰系焉，万物覆焉。今夫地，一撮土之多，及其广厚，载华岳而不重，振河海而不泄，万物载焉。今夫山，一卷石之多，及其广大，草木生之，禽兽居之，宝藏兴焉。今夫水，一勺之多，及其不测，鼋鼍蛟龙鱼鳖生焉，货财殖焉。《诗》曰："惟天之命，於穆不已。"盖曰天之所以为天也。"於乎不显，文王之德之纯。"盖曰文王之所以为文也，纯亦不已。大哉圣人之道，洋洋乎发育万物，峻极于天。优优大哉，礼仪三百，威仪三千，待其人然后行，故曰：苟不至德，至道不凝焉。

此章言至约之理，惟至诚而已。尽天地之道，亦不越此。穷尽实理，得之有之，其势自能至于悠久、博厚、高明，但积之而已。盖实理不二，则其体无杂。其体无杂，则其行无间。故至诚无息，非使之也，机自动尔，乃乾坤之所以开阖。如使之非实，则有时而息矣。久，堪任也。徵，验也。悠，久长也。凡物用之不穷者，其才堪任是用也。如有所穷，则其用必息。故诚之所以久者，不息而已。不能堪任，废敝必矣，又安所效验于外哉？不息至于有徵，则传之百世，亦犹是也。能传百世而不已，则其积必多。博者能积众狭，厚者能积众卑。有如是广博，其势不得不高；有如是深厚，其积不得不明；是皆积之之效也。所以覆物、载物、成物者，其能也；所以章、所以变、所以成者，其功也。能非力之所任，非用而后有，其势自然，不得不尔，是乃天地之道也。天地所以生物不测者，止于至诚而已，天地之所以神者，积之无疆而已。如使天地为物有贰，则必有已；积之有已，则其积不多。昭昭撮土之微，不同乎众物，又乌有博厚高明悠久之功能哉？天之为天，不已其命而已。圣人之为圣人，不已其德而已。其为天人德命则异，其所以不已则一。故圣人之道，可以配天者，如此而已。礼仪威仪，道也，所以行之者德也。小德可以任大道，至德可以守至道。故道不虚行，必待人而后行。故必有人而行，然后可名之道也。

故君子尊德性而道问学，致广大而尽精微，极高明而道中庸，温故而知新，敦厚以崇礼。

德性，广大高明皆至德；问学，精微中庸皆至道；惟至德所以凝至道也。虽有问学，不尊吾自德之性，则问学失其道矣。虽有精微之理，不致广大以自求，则精微不足以自信矣。虽有中庸之道，不极高明以行之，则同污合俗矣。虽知所未知，不温故以存之，则德不可积；虽有崇礼之志，不敦厚以持之，则其行不久。此皆合德与道而言，然后可以有成矣。

是故居上不骄，为下不倍。国有道，其言足以兴。国无道，其默足以容。《诗》曰："既明且哲，以保其身。"其此之谓与？

居上不骄，知上而不知下；为下不倍，知下而不知上。国有道，不知言之足兴，知藏而不知行。

子曰："愚而好自用，贱而好自专，生乎今之世，反古之道，如此者，灾及其身者也。非天子不议礼，不制度，不考文。今天下车同轨，书同文，行同伦。虽有其位，苟无其德，不敢作礼乐焉。虽有其德，苟无其位，亦不敢作礼乐焉。"子曰："吾说夏礼，杞不足徵也。吾学殷礼，有宋存焉。吾学周礼，今用之，吾从周。"王天下有三重焉，其寡过矣乎！上焉者，虽善无徵，无徵不信，不信民弗从；下焉者，虽善不尊，不尊不信，不信民弗从。故君

子之道，本诸身，徵诸庶民，考诸三王而不缪，建诸天地而不悖，质诸鬼神而无疑，百世以俟圣人而不惑。“质诸鬼神而无疑”，知天也。“百世以俟圣人而不惑”，知人也。是故君子动而世为天下道，行而世为天下法，言而世为天下则。远之则有望，近之则不厌。《诗》曰：“在彼无恶，在此无射，庶几夙夜，以永终誉。”君子未有不如此而蚤有誉于天下者也。

无德为愚，无位为贱。有位无德，而作礼乐，所谓“愚而好自用”。有德无位，而作礼乐，所谓“贱而好自专”。生周之世，而从夏、殷之礼，所谓“居今世，反古之道”。三者有一焉，取裁之道也。故王天下者，有三重焉：议礼所以制行，故行必同轮；制度所以为法，故车必同轨；考文所以合俗，故书必同文。惟王天下者行之，诸侯有所不与，故国无异政，家不殊俗，盖有以一之也。如此则寡过矣。

仲尼祖述尧舜，宪章文武，上律天时，下袭水土。辟如天地之无不持载，无不覆帱。辟如四时之错行，如日月之代明。万物并育而不相害，道并行而不相悖，小德川流，大德敦化，此天地之所以为大也。

祖述尧、舜，善有所尊；宪章文、武，善有所徵。上律天时，如祖述尧、舜；下袭水土，如宪章文、武。盖称尧、舜者，以道言之，天时者道之所由出也；称文、武者，以政事言之，水土者人之所有事也。律之言法，袭之言服也。此言仲尼之中庸，如是之大，如是之备，故譬言天地之大也。其博厚，足以任天下；其高明，足以冒天下；其化循环而无穷，达消息之理也；其用照鉴而不已，达昼夜之道也。尊贤容众，嘉善而矜不能，并育不相害之理也；贵贵尊贤，赏功罚罪，各当其理，并行不相悖之义也；礼仪三百，威仪三千，此小德所以川流；洋洋乎发育，峻极于天，此大德所以敦化也。

唯天下至圣，为能聪明睿知，足以有临也；宽裕温柔，足以有容也；发强刚毅，足以有执也；齐庄中正，足以有敬也；文理密察，

足以有别也。溥博渊泉，而时出之。溥博如天，渊泉如渊，见而民莫不敬，言而民莫不信，行而民莫不说。是以声名洋溢乎中国，施及蛮貊，舟车所至，人力所通，天之所覆，地之所载，日月所照，霜露所坠，凡有血气者，莫不尊亲，故曰配天。

此章言圣人成德之用，其效如此。圣人成德，非万物皆备，足以应物而已；其停蓄充盛，至深至大，出之以时，人莫不敬信悦服，至于血气之类，莫不尊亲，惟天德为能配。

唯天下至诚，为能经纶天下之大经，立天下之大本，知天地之化育。夫焉有所倚，肫肫其仁，渊渊其渊，浩浩其天。苟不固聪明圣知达天德者，其孰能知之！

大经，庸也；大本，中也；化育，化也。莫非经也。亲亲，长长，贵贵，尊贤，其大经欤！莫非本也；致公平，极广大，不偏倚，不系累，其大本欤！莫非化也；阴阳，合散，屈伸，其化育欤！诚者，实有是理也。反而求之，理之所固有而不可易者，是谓庸。体其所固有之义，则经纶至矣。理之所自出而不可易者，是谓之中。尊其所自出，则立之至矣。理之所不得已者，是谓化育。明其所不得已之机，则知之至矣。至诚而至于此，则至诚之事尽矣，天德全矣。夫天德无所不覆者，不越不倚于物而已。有倚于物，则覆物也有数矣。由不倚，然后积而至厚，厚则深，深则大。厚也，深也，大也，不至于天则不已。卒所以浩浩者，天而已。故非达天德，不足以知之。

《诗》曰："衣锦尚絅。"恶其文之著也。故君子之道，闇然而日章；小人之道，的然而日亡。君子之道，淡而不厌，简而文，温而理，知远之近，知风之自，知微之显，可与入德矣。《诗》云："潜虽伏矣，亦孔之昭。"故君子内省不疚，无恶于志。君子所不可及者，其唯人之所不见乎？《诗》云："相在尔室，尚不愧于屋漏。"故君子不动而敬，不言而信。《诗》曰："奏假无言，时靡有争。"是故君子不赏而民劝，不怒而民威于鈇钺。《诗》曰："不显惟德，百辟其刑之。"是故君子笃恭而天下平。《诗》曰："予怀明

德，不大声以色。”子曰：“声色之于以化民，末也。”《诗》曰：“德輶如毛。”毛犹有伦，上天之载，无声无臭，至矣！

自此至终篇，言德成反本，自内省至于不动而敬，不言而信，自不动不言至于不大声色，自不大声色至于无声无臭。声臭微矣，有物而不可见，犹曰无之，则诚一于天可知。暗然而日章，中有本也；的然而日亡，暴于外而无实以继之也，故君子贵乎反本。君子之道，深厚悠远而有本，故淡而不厌，简而文，温而理，本我心之所固有也。习矣而不察，日用而不知，非失之也，不自知其在我尔。故君子之学，将以求其本心。本心之微，非声色臭味之可得，此不可得而致力焉。惟循本以趣之，是乃入德之要。推末流之大小，则至于本源之浅深，其知远之近欤？以见闻之广，动作之利，推所从来，莫非心之所出，其知风之自欤？心之精微，至隐至妙，无声无臭，然其理明达暴著，若悬日月，其知微之显欤？凡德之本，不越是矣。如此，则入德其几矣。反本之要，吾心诚然而已。心诚然之，岂系乎人之见与不见？惟内省不疚可矣。其中有本，不待言动，而人敬信。天何言哉？四时行焉，百物生焉。不必赏罚，而人知劝沮。其盛德之盛，足以使人爱敬。爱之则乐从，故不待劝；敬之则不敢慢，故不待惩；其斯之谓欤！君子之于天下，正己斯可矣。正己，则物孰与不正？笃恭而天下平，正己而已。自明之德，若日月有明，容光必照，何声色之用乎？德之端，夫妇之愚可以与知，其不肖也，可以能行。其轻而易举，岂特毛之比乎？故“毛輶有伦”。如诚一于天，则无声无臭之间，得其实理，斯尽之矣。

按晁昭德《读书志》，有明道《中庸解》一卷，伊川大全集亦载此卷。窃尝考之，《中庸》，明道不及为书，伊川虽言已成《中庸》之书，自以不满其意，已火之矣。反复此《解》，其即朱子所辨蓝田吕氏讲堂之初本、改本无疑矣。用仍其旧，以备参考。

河南程氏粹言

河南程氏粹言序

河南夫子书，变语录而文之者也。余得诸子高子，其家传以为是书成于龟山先生。龟山，河南之门高弟也，必得夫心传之妙。苟非其人，差毫厘而千里谬矣。余始见之，卷次不分，编类不别，因离为十篇，篇标以目，欲其统而要，非求效夫《语》《孟》之书也。昔文中子所得粹矣，《中说》类多格言，乃门弟子所录。后之病《中说》者，谓其拟《论语》为僭，是岂文中子意哉？余于是书，亦虑后世有以议夫子也，故辄记其始末。若夫子之道，日月其明，泰山其高，江海其大也，岂后学所能形容？夫子姓程，讳某，字正叔。夫子之兄，讳某，谥明道先生，亦时有言行录于其间。乾道丙戌正月十有八日，南轩张栻序。

河南程氏粹言卷第一

宋龟山杨时订定

宋南轩张栻编次

论道篇

子曰：道外无物，物外无道。在父子则亲，在君臣则敬。有适有莫，于道已为有间，又况夫毁髮而弃人伦者乎？

子曰：立言，所以明道也。言之，而知德者厌之，不知德者惑之，何也？由涉道不深，素无涵蓄尔。

子曰：传道为难，续之亦不易。有一字之差，则失其本旨矣。

或谓："惟太虚为虚。"子曰："无非理也，惟理为实。"或曰："莫大于太虚。"曰："有形则有小大，太虚何小大之可言？"

子曰：有者不可谓之无。犹人知识闻见，历数十年之后，一旦念之，昭昭然于心，谓之无者非也，谓之有者，果安在哉？

或问："诚者，专意之谓乎？"子曰："诚者实理也，专意何足以尽之？"吕大临曰："信哉！实有是理，故实有是物；实有是物，故实有是用；实有是用，故实有是心；实有是心，故实有是事，故曰：诚者实理也。"

或问："介甫有言，尽人道谓之仁，尽天道谓之圣。"子曰："言乎一事，必分为二，介甫之学也。道一也，未有尽人而不尽天者也。以天、人为二，非道也。子云谓通天地而不通人曰伎，亦犹是也。或曰：乾天道也，坤地道也，论其体则天尊地卑，其道则无二也。岂有通天地而不通人？如止云通天文地理，虽不能之，何害为儒?”

子曰：上天之载，无声无臭之可闻。其体则谓之易，其理则谓之道，其命在人则谓之性，其用无穷则谓之神，一而已矣。

子曰：阴之道，非必小人也，其害阳则小人也，其助阳成物则君子也。利非不善也，其害义则不善也，其和义则非不善也。

子曰：诚则无不敬，未至于诚，则敬然后诚。

子曰：诚无不动者：修身则身正，治事则事理，临人则人化，无往而不得，志之正也。

或问：“子所定昏礼，有婿往谢之仪，何谓也?”子曰：“是时也。以今视古，气之淳漓不同矣。今人之寿夭貌象，与古亦异，而冕服俎豆，未必可称也。圣人之主化，犹禹之治水耳，宜顺之而不逆，宜遵之而不违。随时之义，亦因于此焉。”

子曰：天下之害，皆以远本而末胜也。峻宇雕墙，本于宫室；酒池肉林，本于饮食；淫酷残忍，本于刑罚；穷兵黩武，本于征伐。先王制其本者，天理也；后王流于末者，人欲也。损人欲以复天理，圣人之教也。或曰：“然则未可尽去乎?”曰：“本末，一道也。父子主恩，必有严顺之礼；君臣主敬，必有承接之仪；礼逊有节，非威仪则不行；尊卑有序，非物采则无别。文之与质，相须而不可缺也。及夫末胜而本丧，则宁远浮华，而质朴之为贵尔。”

子曰：纯于敬，则己与理一，无可克者，无可复者。

子曰：质必有文，自然之理也。理必有对，生生之本也。有上则有下，有此则有彼，有质则有文。一不独立，二必为文。非知道者，孰能识之?

子曰：佛者之学，若有止则有用。

子曰：观生理可以知道。

子曰：至诚感通之道，惟知道者识之。

子曰：仁道难名，惟公近之，非指公为仁也。

子曰：圣人以生死为常事，无可惧者。佛者之学，本于畏死，故言之不已。下愚之人，故易以其说自恐。至于学禅，虽异于是，然终归于此，盖皆利心也。或曰："本以利心得之耶？抑亦利心求之而有失也？"子曰："本以利心得之，故学者亦以利心失之也。庄生所谓无常化者，亦若是尔。"

韩侍郎曰："道无真假。"子曰："既无真，则是假尔；既无假，则是真矣。真假皆无，尚何有哉？必曰是者为真，非者为假，不亦显然而易明乎？"

子谓门人曰："于佛氏之说，不必穷也。苟欲穷之，而未能穷，则己与之俱化矣。"曰："然则何以能不疑？"曰："曷不以其迹考之？其迹如是，其心何如哉？岂可取其迹而不求其心，探其心而不考其迹也？心迹犹形影，无可判之理。王仲淹之言非也。助佛氏之说者，必曰不当以其迹观之，吾不信也。"

子曰：义利云者，公与私之异也。较计之心一萌，斯为利矣。

子曰：便儇佼厉之人，去道远而。

子曰：公者仁之理，恕者仁之施，爱者仁之用。子厚曰："诚一物也。"

子曰：苟非至诚，虽建功立业，亦出于事为浮气，其能久乎？

或问："学者多流于释氏之说，何也？"子曰："不致知也。知之既至，孰得而移之？知玉之为宝，则人不能以石乱之矣；知醴之为甘，则人不能以蘗乱之矣；知圣人之为大中至正，则释氏不能以说惑之矣？"

或谓："佛氏所谓定，岂圣人所谓止乎？"子曰："定则忘物而无所为也。止则物自付物，各得其所，而我无与也。"

子曰：天地不相遇，则万物不生；君臣不相遇，则政治不兴；圣贤不相遇，则道德不亨；事物不相遇，则功用不成。遇之道，大矣哉！

子曰：至公无私，大同无我，虽眇然一身，在天地之间，而与天地无以异也，夫何疑焉？佛者厌苦根尘，是则自利而已。

子曰：能明善，斯可谓明也已。能守善，斯可谓诚也已。

或问："孝弟为仁之本与？"子曰："行仁自孝弟始，孝弟，仁之事也。仁，性也；孝弟，用也。谓孝弟为行仁之本则可，直曰仁之本，则不可。"

或问："仁与圣何以异？"子曰："仁，可以通上下而言。圣，名其极也。有人于此，一言一行仁矣，亦可谓之仁，而不可谓之圣。至于尽人道者，必谓之圣，而亦可谓之仁。"

子曰：仁者，天下之正理。失正理，则无序而不和。

或问敬。子曰："主一之谓敬。""何谓一？"子曰："无适之谓一。""何以能见一而主之？"子曰："齐庄整敕，其心存焉，涵养纯熟，其理著矣。"

子曰：忠恕犹曰中庸，不可偏举。

子曰：至诚事亲则成人子，至诚事君则成人臣，无不诚者，故曰诚者自成也。

或问："中庸可择乎？"子曰："既博学之，又审问之，又谨思之，又明辨之，所以识中庸之理而不差忒，奚为而不择？"

子曰：存道者，心无老少之异；行道者，身老则衰。故孔子曰："吾衰也久矣。"

子曰：仁者必爱，指爱为仁则不可。不仁者无所知觉，指知觉为仁则不可。

子曰：可欲莫如善，以有诸己为贵。若存若亡焉，而不为物所诱、俗所移者，吾未之见也。

子曰：敬以直内，义以方外，仁也。不可曰以敬直内，以义方外。谓之敬、义者，犹曰行仁义云耳，何直之有？所谓直也者，必有事而勿正心是也。敬以直内，义以方外，与物同矣，故曰敬义立而德不孤，推而放诸四海而准。

子曰：守道当确然而不变。得正则远邪，就非则违是，无两从之理。

子谓学者曰：夫道恢然而广大，渊然而深奥，于何所用其力乎？惟立诚然后有可居之地。无忠信，则无物。

子曰：理素定，则能见几而作。不明于理，何几之能见？

或问："四端不言信，何也？"子曰："有不信，故言有信。譬之四方，其位已定，何不信之有？若以东为西，以南为北，斯不信矣。是故四端不言信。"

刘安节问："仁与心何异？"子曰："于所主曰心，名其德曰仁。"曰："谓仁者，心之用乎？"子曰："不可。"曰："然则犹五谷之种，待阳气而生乎？"子曰："阳气所发，犹之情也，心犹种焉，其生之德，是为仁也。"

子曰：敬则无间断，文王之纯如此。

子曰：礼者人之规范，守礼所以立身也。安礼而和乐，斯为盛德矣。

子曰：无道而得富贵，其为可耻，人皆知之；而不处焉，惟特立者能之。

子曰：子厚以清虚一大名天道，是以器言，非形而上者。

子曰：今之语道者，语高则遗卑，语本则遗末。孟子之书，虽所记不主一端，然无精粗之分，通贯言之，蔑不尽者。

子曰：凡志于求道者，可谓诚心矣，欲速助长而不中理，反不诚矣。故求道而有迫切之心，虽得之，必失之。观天地之化，一息不留，疑于速也；然寒暑之变极微，曷尝遽哉？

子曰：语默犹昼夜尔，死生犹古今尔。

子曰：仁则一，不仁则二。

子曰：一德立而百善从之。

子曰：无一亦无三，故曰"三人行则损一人，一人行则得其友"，是二而已。

子曰：天以生为道。

或问："理、义何以异？"子曰："在物为理，处物为义。"

子曰：形而上者，存于洒埽应对之间，理无小大故也。

子曰：理有盛衰，有消长，有盈益，有虚损。顺之则吉，逆之则凶。君子随时所尚，所以事天也。

子曰：理善莫过于中。中则无不正者，而正未必得中也。

或问仁。子曰：圣贤言仁多矣，会观而体认之，其必有见矣。韩文公曰："博爱之谓仁。"爱，情也；仁，性也。仁者固博爱，以博爱为尽仁，则不可。

或问："何谓忠，何谓恕？"子曰："'维天之命，於穆不已。'忠也。'天地变化，草木蕃'，恕也。"

子曰：不偏之谓中。一物之不该，一事之不为，一息之不存，非中也，以中无偏故也。此道也，常而不可易，故既曰中，又曰庸也。

或问："商开丘之事，信乎？"子曰："大道不明于天下，庄、列之徒窥测而言之者也。"

或曰："蹈水火白刃而无伤，巫师亦或能之，岂在诚乎？"子曰："彼以邪心诡道为之，常怀欺人之意，何诚之有？"曰："然则其能者何也？"子曰："西方有幻术焉，凡其所谓变化神通以骇众人之耳目者，皆幻也。巫师所能，乃其余绪耳。"

子曰：异端之说，虽小道，必有可观也，然其流必害，故不可以一言之中、一事之善，而兼取其大体也。夫杨、墨亦是尧、舜而非桀、纣，其是非岂不当乎？其所以是非之意，盖窃吾之似，欲成其说耳。

子曰：介甫之言道，以文焉耳矣。言道如此，己则不能然，是己与道二也。夫有道者不矜于文学之门，启口容声，皆至德也。

子曰：世之学者，未尝知权之义，于理所不可，则曰姑从权，是以权为变诈之术而已也。夫临事之际，称轻重而处之以合于义，是之谓权，岂拂经之道哉？

或问："信在四端，犹土王四季乎？"子曰："信无在，无不在。在《易》则至理也，在孟子则配道义之气也。"

或问："夫子曰有已发之中，有未发之中，中有二耶？"子曰："非也。发而中节，是亦中也。对中而言之，则谓之和可也，以其发故也。"

子谓子厚曰："道者天下之公也，而学者欲立私说，何也？"子厚曰："心不广也。"子曰："彼亦是美事，好而为之，不知乃所当为，强私之也。"

子曰：因人情而节文之者，礼也；行之而人情宜之者，义也。

或问："喜怒哀乐未发之时，耳无所闻，目无所见乎？"曰："虽无闻见，而闻见之理自存。汝于静也何如？"对曰："谓之有物则不可，然昭昭乎有所知觉也。"子曰："有是觉，则是动矣。"曰："夫子于喜怒哀乐之未发也，谓静而已乎？"子曰："汝必从事于敬以直内，则知而得之矣。"曰："何以未发言中？"子曰："敬而无失，所以中也。凡事事物物皆有自然之中，若俟人为布置，则不中矣。"

子曰：或言方有内外，是有间矣。道无间，方无内外。

或问："何谓时中？"子曰："犹之过门不入，在禹、稷之世为中也，时而居陋巷，则过门不入非中矣。居于陋巷，在颜子之时为中也，时而当过门不入，则居于陋巷非中矣。盖以事言之，有时而中；以道言之，何时而不中也？"

或问："外物宜恶诸？"子曰："于道而无所见，则累与恶皆不得免焉，盖亦原其当有当无尔。当有也，何恶之有？当无也，何绝之有？"

子曰：礼者，理也，文也。理者，实也，本也。文者，华也，末也。理文若二，而一道也。文过则奢，实过则俭。奢自文至，俭自实生，形影之类也。

子曰：昔圣人谓"立人之道曰仁与义。""仁者人也，亲亲为大。"唯能亲亲，故自吾老幼以及人之老幼。"义者宜也，尊贤为大。"唯能尊贤，故贤者在位，能者在职。仁义，尽人之道矣。

子曰：视、听、言、动一于礼，谓之仁。

子曰：信不足以尽诚，犹爱不足以尽仁也。

子曰：昼夜者死生之道也。知生之道，则知死矣。尽人之道，则能事鬼矣。死生、人鬼，一而二、二而一者也。

子曰：仕、止、久、速，惟其可，不执于一，故曰："君子而时中也。"喜怒哀乐之未发，寂然不动，故曰："天下之大本也。"

子曰：能尽饮食言语之道，则能尽出处去就之道矣。能尽出处去就之道，则能尽死生之道矣。其致一也。

子曰：有形皆器也，无形惟道。

子曰：凡执守不定者，皆不仁也。

子曰：释氏言定，异乎圣人之言止。夫于有美恶因而美恶之，美恶在物，我无心焉。苟曰吾之定，不预于物，然物未尝忘也。圣人曰止，随其所止而止之，止其所也。

子曰：中无定方，故不可执一。今以四方之中为中，则一方无中乎？以中外之中为中，则当外无中乎？故自室而观之，有室之中，而自堂观之，则室非中矣。自堂而观之，有堂之中，而自庭观之，则堂非中矣。

子曰：集义生气。方其未养也，气自气尔，惟集义以生，则气与义合，无非道也。合非所以言气，自其未养言之也。

或问："集义必于行事，非行事则无所集矣。"子曰："内外一事，岂独事欲合义也？"

又问："敬以直内，其能不用意乎？"子曰："其始，安得不用意也？久而成焉，意亡矣。"又问："必有事焉者，其惟敬而已乎？"子曰："敬以涵养也，集义然后为有事也。知敬而不知集义，不几于兀然无所为者乎？"

子曰：佛氏之道，一务上达而无下学，本末间断，非道也。

子曰：杨、墨之害，甚于申、韩，佛氏之害，甚于杨、墨。

子曰：《论语》所载，其犹权衡尺度欤！能以是揆事物者，长短轻重较然自见矣。

子曰：敬则虚静，而虚静非敬也。

子曰：一不敬，则私欲万端生焉。害仁，此为大。

子曰：仁者以天地万物为一体，莫非我也。知其皆我，何所不尽！不能有诸己，则其与天地万物，岂特相去千万而已哉？

子曰：仁孝之理，备于《西铭》之言。学者斯须不在，是即与仁孝远矣。

子曰："无不敬"者，对越上帝之道也。

子曰：顺理则无忧。

子曰：老子语道德而杂权诈，本末舛矣。申、韩、张、苏皆其流之弊也。申、韩原道德之意而为刑名，后世犹或师之。苏、张得权诈之说而为纵横，其失益远矣，今以无传焉。

或问："释氏有事事无碍，譬如镜灯，包含万象，无有穷尽也。此理有诸？"子曰："佛氏善侈大其说也。今一言以蔽之曰，万物一理耳。夫百氏诸子，未有不善道德仁义者，考其归宿，则异乎圣人也。佛氏，其辞皆善遁。今即其言而究之，则必曰吾不为是也。夫已出诸其口，载之于书矣，遁将何之？"

子曰：佛之所谓世网者，圣人所谓秉彝也。尽去其秉彝，然后为道，佛之所谓至教也，而秉彝终不可得而去也。耳闻目见，饮食男女之欲，喜怒哀乐之变，皆其性之自然。今其言曰："必尽绝是，然后得天真。"吾多见其丧天真矣。学者戒之谨之，至于自信，然后彼不能乱矣。

或问："爱何以非仁？"子曰："爱出于情，仁则性也。仁者无偏照，是必爱之。"

子曰：谦者，治益之道。

子曰：离阴阳则无道。阴阳，气也，形而下也。道，太虚也，形而上也。

子曰：道无体，而义有方。

或问："释氏有言下觉，何如？"子曰："何必浮屠氏，孟子言之矣。'以先知觉后知，以先觉觉后觉'，知者知此事也，觉者觉此理也。"

或问："变与化何别？王氏谓因形移易谓之变，离形顿革谓之化，疑其说之善也。"子曰："非也。变，未离其体也。化，则旧迹尽亡，自然而已矣。故曰：'动则变，变则化，惟天下至诚为能化。’”

子曰：尽己无歉为忠，体物无违为信，表里之义也。

子曰：动静无端，阴阳无始。非知道者，孰能识之？

子曰：莫大于道，莫妙于神。至大至妙，宜若难言也。圣人语之，犹常事尔，使学者玩而索之，故其味长，释氏之言，夸张闳侈，将以骇人耳目而动其心，意已尽而言未已，故其味短。

子曰：圣人公心，尽天地万物之理各当其分，故其道平直而易行。佛氏厌苦弃舍，造作费力，皆非自然，故失之远。

子曰：佛氏求道，犹以管窥天，惟务上见，而不烛四旁，是以事至则不能变。

子曰：中庸天理也，不极天理之高明，不足以道乎中庸。中庸乃高明之极耳，非二致也。

子曰：予夺翕张，理所有也，而老子之言非也。与之之意，乃在乎取之；张之之意，乃在乎翕之，权诈之术也。

子曰：礼乐大矣，然于进退之间，则已得情性之正。

子曰：一二而合为三，三见则一二亡矣。离三而为一二，一二见而三亡矣。方为一二而求三，既已成三，又求一二，是不知理。

子曰：善恶皆天理。谓之恶者，或过或不及，无非恶也，杨、墨之类是也。

子曰：以气明道，气亦形而下者耳。

子曰：静中有动，动中有静，故曰动静一源。

子曰：气充则理正，正则不私，不私之至则神。

或问："何谓诚，何谓道乎？"子曰："自性言之为诚，自理言之为道，其实一也。"

子曰：中无定体，惟达权然后能执之。

子曰：至显莫如理。昔有人鼓琴而见螳螂捕蝉者，或人闻之，而曰："琴胡为有杀声也？"夫杀在物，见在心，而听者以声知之，非至显欤？

子曰：道不远人，不可须臾离也，此特为始学者言之耳。论道之极，无远也，无近也，无可离不可离也。

子曰：使万物无一失所者，斯天理，中而已。

子曰："人为不善于幽隐之中者，谓人莫已知也，而天理不可欺，何显如之？"或曰："是犹杨震所谓四知者乎？"子曰："几矣。虽然，人我之知，犹有分也，天地则无二知也。"

吕大临曰："中者，道之所由出也。"子曰："非也。"大临曰："所谓道也，性也，中也，和也，名虽不同，混之则一欤？"子曰："中即道也。汝以道出于中，是道之于中也，又为一物矣。在天曰命，在人曰性，循性曰道，各有当也。大本言其体，达道言其用，乌得混而一之乎？"大临曰："中即性也。循性而行，无非道者。则由中而出，莫非道也。岂为性中又有中哉？"子曰："性、道可以合一而言，中不可并性而一。中也者，状性与道之言也。犹称天圆地方，而不可谓方圆即天地。方圆不可谓之天地，则万物非出于方圆矣。中不可谓之性，则道非出于中矣。中之为义，自过与不及而立名，而指中为性可乎？性不可容声而论也。率性之谓道，则无不中也，故称中所以形容之也。"大临曰："喜怒哀乐之未发，赤子之心，至虚无倚，岂非中乎？此心所发，无往而不中。大人不失赤子之心，所谓'允执厥中'也。"子曰："赤子之心，已发而未远于中者也，而尔指为中，是不明大本也。"大临曰："圣人智周万物，赤子未有所知，其心固不间也。孟子所言，特取其纯一无伪，可与圣人同尔，非谓无毫发之异也。无过不及之谓中，何从而知之乎？求之此心而已。此心之动，出入无时，何从而守之乎？求之喜怒哀乐未发之际而已。当是时也，至虚不倚，纯一无伪，以应万物之变，何往而非礼义哉？故大临以赤子之心为中，而曰中者道之所由出也。"子曰："非谓无毫发之异，斯异矣，大本则无异尔。于喜怒哀乐未发之际，而求中之中，去中不亦远乎？"大临曰："然则夫子以赤子之心为已发者，而未发之时谓之无心可乎？"子曰："心一也，有指体而言者，'寂然不动'是也；有指用而言者，‘感而遂通天下之故’是也。在人所见何如耳。论愈析微，则愈易差失。言之未莹，则亦择之未精耳。”大临曰：“此则浅陋之臯也，敢不承教！”

论学篇

子曰：识道以智为先，入道以敬为本。夫人测其心者茫茫然也，将治心而不知其方者，寇贼然也。天下无一物非吾度内者，故敬为学之大要。

子曰：学必先知仁，知之矣，敬以存之而已。存而不失者，心本无懈，何事于防闲也？理义益明，何事于思索也？斯道也，与物无对，大不足以明之。天地之用，即我之用也；万物之体，即我之体也。

子曰：行失即恶，亦改之而已。事失即乱，亦治之而已。苟非自弃，皆君子也。

子曰：“犯而校者，私己也；不校者，乐天也。”或曰：“然则无当报者乎？”子曰：“其有报也，亦循理而已。”

子曰：所处于贫贱，虽贫贱未尝不乐，不然，虽富贵亦常歉然不自得。故曰：“莫大于理，莫重于义。”

子曰：弹琴而心不在焉，则不成声。故曰：“琴者，禁邪心也。”

苏昞问：“修辞何以立诚？”子曰：“苟以修饰言语为心，是伪而已。”

子曰：视、听、言、动，无非天也。知其正与妄，斯善学矣。

子曰：世俗之言多失正，如吴、楚失之轻，赵、魏失之重，既通乎众，尽正之而不得，则君子去其甚者而已。

子曰：有过必改，罪己是也，改而已矣。常有歉悔之意，则反为心害。

子曰：学者欲得正，必以颜子为准的。

苏洵曰："平居讲习，殆空言也，何益？不若治经传道，为居业之实耳。"子曰："讲习而无益，盖未尝有得耳。治经固学之事，苟非自有所得，则虽《五经》亦空言耳。"

子曰：射法具，而彀不满、发不中，未正内志耳。

子曰：今之学者有三弊：溺于文章，牵于诂训，惑于异端。苟无是三者，则将安归？必趋于圣人之道矣。

或问："有反身而未诚者何？"子曰："是视身之与诚，犹二物也。必以己合彼，非能诚矣。夫身既不诚，则无乐矣。"

子谓刘安节曰："善学者进德，不有异于缀文者耶？有德矣，动无不利，为无不成，何有不文？若缀文之士，不专则不工，专则志局于此，又安能与天地同其大乎？吕大临有言：学如元凯，未免成癖，文似相如，未免类俳。今之为文者，一意于词章藻绘之美，务悦人之耳目，非俳优而何？"

子曰：能守节，善矣，亦贵乎适中而已。节而过中，是谓苦节，安能常且久耶？

子曰：妄动由有欲。妄动而得者，其必妄动而失，一失也；其得之，必失之，二失也；况有凶咎随之乎？是故妄得之福，灾亦随焉，妄得之得，失亦继焉。苟或知此，亦庶几乎不由欲而动矣。

子曰：于上深有所望，于下深有所责，其处己则莫不恕也，而可乎？

子曰：言行不足以动人，临事而倦且怠，皆诚不至也。

子曰：人之智思，因神以发。智短思敝，神不会也。会神必有道。

子曰：古人谓心广，洪大无偏而不起之处。得见其人，亦可与语矣。

韩公与子坐，惜日之暮，喟然而叹。子曰："常理也，古犹今也，而何叹？"曰："老而将去也。"子曰："勿去可也。"曰："奈何而勿去？"子曰："不能则去矣。"

子曰：斟酌古今而去取之，非心有权度，卓然不疑者，未能无差忒。

子曰：可观莫如万物之生意。

子曰：处患难，知其无可奈何，遂放意而不反，是岂安于义、命者？

子曰：知过而能改，闻善而能用，克己以从义，其刚明者乎！

子曰：饥而食，渴而饮，冬而裘，夏而葛，苟有一毫私意于其间，即废天职。

子曰：学礼义，考制度，必求圣人之意，得其意，则可以沿革矣。

或问入道之功。子曰："立志。志立则有本。譬之艺木，由毫末拱把，至于合抱而干云者，有本故也。"

子曰：学者有所闻，而不著乎心，不见乎行，则其所闻固自他人之言耳，于己何与焉？

子曰：思索经义，不能于简策之外脱然有独见，资之何由深？居之何由安？非特误己，亦且误人也。

或问："有人少而勇，老而怯，少而廉，老而贪，何为其然也？"子曰："志不立，为气所使故也。"志胜气，则一定而不可变也。曾子易箦之际，其气微可知也，惟其志既坚定，则虽死生之际，亦不为之动也。况老少之异乎？"

或问："人有日记万言，或妙绝技艺者，是可学乎？"子曰："不可。才可勉而少进，钝者不可使利也。惟积学明理，既久而气质变焉，则暗者必明，弱者必立矣。"

或问："为养而求仕，不免忧得失，将何以免此？"子曰："志胜气，义处命，则无忧矣。"曰："在己可免也，而亲不悦，奈何？"子曰："为己、为亲，非二事也。其如命何？人苟不知命，见利必趋，遇难必避，得丧必动，其异于小人者几希。圣人曰命云者，为中人而设也。上智之士，惟义之安。虽曰求而得之，然安于义而无求，此乐天者之事也。至于闻有命而不能安之，则每下矣。”

或问：“为文有害于《大学》之道乎？”子曰：“是其为业也，不专则不工也，专则志局于此，斯害也已。学以养心，奚以文为？《五经》之言，非圣人有意于文也，至蕴所发，自然而成也。”

或曰：“游、夏以文学称，何也？”曰：“汝谓其执简秉笔，从事于词章之技乎？”

子曰：读书将以穷理，将以致用也。今或滞心于章句之末，则无所用也。此学者之大患。

子曰：利者，众之所同欲也，专欲利己，其害大矣；贪之甚，则昏蔽而忘理义；求之极，则争夺而致怨。

子曰：学者自治，极于刚则守道愈固，勇于进则迁善愈速。

子曰：达理故乐天而不竞，内充故退逊而不矜。

子曰：物聚而无以养之，则不能存息矣。故君子动静节宣，所以养生也；饮食衣服，所以养形也；威仪行动，所以养德也；推己及物，所以养人也。养道之所贵，惟正而已矣。

子曰：言不可不谨，伤于易则诞，伤于烦则支，己肆则物忤，出悖则来违，君子所以非法不道也。

子曰：射中鹄，舞中节，御中度，皆诚也。

子曰：赴汤火，蹈白刃，武夫之勇可能也，克己自胜，非君子之大勇不可能也。

子曰：凡夫之过多矣，能改之者，犹无过也。惟识趣汙下之人，其改之为最难，故其过最甚。

子曰：始于致知，智之事也；行所知而极其至，圣之事也。

子曰：学者好为高论，犹贫人谈金；辨其体色，权其轻重，商其贵贱，其言未必非也，然终不如富人之有金，未尝自言金之美也。

子曰：进学莫先乎致知，养心莫大乎理义。

王彦霖曰：“人之于善也，必其诚心欲为，然后有所得；其不欲，不可以强人也。”子曰：“是不然。任其自为，听其不为，则中人以下，自弃自暴者众矣。圣人所以贵于立教也。”

彦霖再问：“立德、进德当何先？”子曰：“有既立而益进者，上也；有勇而至于立者，次也。”

或问：“必有事焉者，其敬而已乎？”子曰：“敬，所以涵养也。集义，所谓必有事也。不知集义，是为无事也。”曰：“义者，中理之谓乎？”子曰：“中理见乎事，敬在心。义以方外，然后中理矣。”曰：“义与敬，何以异？”子曰：“敬，所以持守也。有是有非，顺理而行者，义也。”曰：“敬犹静欤？”子曰：“言静则老氏之学也。”

子曰：处屯难之时，而有致亨之道，其惟正固乎！凡处难，能守正而不变者，鲜矣。

子曰：百工治器，必贵于有用。器而不可用，工不为也。学而无所用，学将何为也？

子曰：学而未有所知者，替犹人之方醉也，亦何所不至？及其既醒，必惕然而耻矣。醒而不以为耻，末如之何也。

子谓周行己曰：今之进学者，如登山：方于平易，皆能阔步而进，一遇峻险，则止矣。

子曰：根本既立，然后可立趋向；趋向既立矣，而所造有深浅不同者，勉与不勉故也。

子曰：不诚则有累，诚则无累。

子曰：学之而不养，养之而不存，是空言也。

子曰：重任，必强脊膂之人乃能胜。

子曰：义有至精，理有至奥，能自得之，可谓善学矣。

子曰：自得而至于无我者，凡善言美行，无非所过之化也。

子曰：学至涵养其所得而至于乐，则清明高远矣。

子曰：学而不自得，则至老而益衰。

子曰：力学而得之，必充广而行之。不然者，局局其守耳。

子曰：语学者以其所未至，不惟所闻不深，亦易忽于理。

子曰：见之既明，养之既熟，泰然而行之，其进曷御焉？

子曰：识必见于行，如行道涂，涉暗阻，非日月之光，炬火之照，则不可进矣。故君子贵有识。力学穷理，则识益明，照知不惑，乃益敏矣。

子曰：言而不行，自欺孰甚焉？

子曰：动以人则有妄，动以天则无妄。

子曰：教人者，养其善心，则恶自消；治民者，导以敬逊，则争自止。

子曰：学必激昂自进，不至于成德，不敢安也。

或问："今有志于学，而知识蒙蔽，力不能胜其任，则如之何？"曰："致知则明，明则无不胜其任者，在强勉而已。"

子曰：人之于学，避其所难而姑为其易者，斯自弃也已。夫学者必志于大道，以圣人自期，而犹有不至者焉。

子曰：以富贵骄人者，固不美矣；以学问骄人者，其害岂小哉？

子曰："学者当务实，一有近名之心，则大本已失，尚何所学哉？"或曰："不犹贤于为利者乎？"子曰："清污虽不齐，而其利心则一也。""然则没世而名不称，孔子何为而疾之也？"子曰："非为求名也，为无善之可称耳。"

或问："日新者，益进乎？抑谓无弊而已乎？"子曰："有进意而求益者，必日新。"

或问："有因苦学失心者，何也？"子曰："未之闻也。善学者之于其心，治其乱，收其放，明其蔽，安其危，曾谓为心害乎？"

子曰：不知天，则于人之贤否愚智，有所不知，虽知之，有所不尽。故学以知天为本。不知人，则所亲者或非其人，所由者或非其道，故学者以亲贤为急。

子曰：学不博者不能守约，志不笃者不能力行。

或问："学，何如而谓之有得？"子曰："其必默识心通乎！笃诚明理而涵养之者，次也。闻之知之，意亿度之，举非得也。"

或问："学必穷理。物散万殊，何由而尽穷其理？"子曰："诵

《诗》《书》，考古今，察物情，揆人事，反覆研究而思索之，求止于至善，盖非一端而已也。”又问：“泛然，其何以会而通之？”子曰：“求一物而通万殊，虽颜子不敢谓能也，夫亦积习既久，则脱然自有该贯。所以然者，万物一理故也。”

子曰：未有知之而不能行者。谓知之而未能行，是知之未至也。

子曰：于所当为者，用意而为之，未免私心也。

子曰：致知则智明，智明然后能择。

或问：“夫子之教，必使学者涵养而后有所得。如何其涵养也？”子曰：“莫如敬。”

子曰：学者以屏知见、息思虑为道，不失于绝圣弃智，必流于坐禅入定。夫镜之至明，则万物毕照，镜之常也，而奚为使之不照乎？不能不与万物接，则有感必应，知见不可屏，而思虑不可息也。欲无外诱之患，惟内有主而后可。主心者，主敬也；主敬者，主一也。不一，则二三矣。苟系心于一事，则他事无自入，况于主敬乎？

或问：“致知力行，其功并进乎？”子曰：“人谓非礼勿为，则必强勉而从之；至于言穿窬不可为，不必强勉而后能也。故知有浅深，则行有远近，此进学之效也。循理而至于乐，则己与理一，殆非强勉之可能也。”

子曰：闲邪则诚已存，非取诚于外，纳诸中而存之也。故役役然于不善之中求善而为之，必无入善之理。

子曰：古之言“知之非艰”者，吾谓知之亦未易也。今有人欲之京师，必知所出之门，所由之道，然后可往。未尝知也，虽有欲往之心，其能进乎？后世非无美材能力行者，然鲜能明道，盖知之者难也。

或问：“使从俗，可以从欤？”子曰：“于义有害者，胡为而可从？”

子曰：学者苟有“朝闻道夕死可矣”之志，则不肯安于所不安也。不能然者，不见实理故也。

或问："何谓实理？"子曰："灼然见其是非可否也。古人有视死如归者，苟不见死重于义，如见火之热，水之深，无复疑，则其能者未矣。"

子曰：独处而静思者非难，居广而应天下者为难。

朱光庭问为善之要。子曰："孜孜而为之者，当其接物之际也。未与物接，则敬而已。自敬而动，所谓为善也。"

子曰：有志于道，而学不加进者，是无勇也。

伯淳与吴师礼论王氏所学之失："其为我尽达之介甫：理者天下之公，不可私有也。非敢必以为是，介甫有以告我，则愿反覆辨之，辨之而明，不有益于彼，斯有益于我矣。"

子曰：学者所见所期，不可不远且大也。及夫施于用，则必有其渐。

子曰：责善之道，必也贵诚而不贵言，则于人有相长之益，在己无自辱之患。

子曰：古之教人，无一物不使之诚心，射与舞之类是也。

子曰：怒在理而无所迁，动乎血气则迁矣。

或谓："举子必精修其所业，可以应有司之选。今夫子每止之使勿习，何也？"子曰："设科以文词取之，苟可以应科，则亦足矣；尽心力而为之，以期乎必得，是惑也。"

子曰：古者家有塾，党有庠，三老坐于里门，察其长幼出入揖逊之序，咏歌讽诵，无非礼义之言。今也上无所学，而民风日以偷薄，父子兄弟惟知以利相与耳。今里巷之语，不可以属耳也。以古所习如彼，欲不善得乎？以今所习如此，欲其善得乎？

或问："道不明于后世，其所学者为何？"子曰："教之者能知之。学者之众，不患其不明也。"鲁国一时贤者之众，非特天授，由学致也。圣人既没，旷千有余岁，求一人如颜、闵不可得。故教不立，学不传，人材不期坏而自坏。"

或问："燕处倨肆，心不怠慢，有诸？"子曰："无之。人德必自敬始，故容貌必恭也，言语必谨也。虽然，优游涵泳而养之可也，拘迫则不能入矣。”

子曰：古所以成材之具，今举无矣，惟出入于人心者犹在耳，学者其可不勉乎？

子曰：人多以子弟轻俊为可喜，而不知其为可忧也。有轻俊之质者，必教以通经，学使近本，而不以文辞之末习，则所以矫其偏质，而复其德性也。

子曰：凡人于事，有少自快，则其喜怿之意犹狭洽于心而发见于外，况学而见理者乎？虽然，至于穷理而切切焉不得其所可悦者，则亦何以养心也？

子曰：古之人，十五而学，四十而仕。其未仕也，优游养德，无求进之心，故其所学，必至于有成。后世之人，自其为儿童，从父兄之所教，与其壮长追逐时习之所尚，莫不汲汲于势利也，善心何以不丧哉？

子曰：学佛者，于内外之道不备。

子曰：博弈小技也，不专心致志，犹不可得，况学圣人之道，悠悠焉，何能自得也？孔子曰：“吾尝终日不食，终夜不寝，以思，无益，不如学也。”又曰：“朝闻道，夕死可矣。”夫圣人何为而迫切至于如是其极哉？善学者，当求其所以然之故，不当诵其文，过目而已也。“学如不及，犹恐失之。”苟曰姑俟来日，斯自弃也。

子曰：昏于天理者，嗜欲乱之耳。

子曰：子厚以礼立教，使学者有所据守也。

子曰：学者于圣人无卓然之独见，则是闻人之言云耳，因曰亦云耳而已。

子曰：学不纯，则不得其所止；中无止，则不能不外求。譬夫家有藏宝者，岂复假人以为玩乎？

潘康仲问：“学者于圣人之门，非愿其有异也，惟不能知之，是以流于不同。敢问持正之道？”子曰：“知之而后可守，无所知，则何所守也？故学莫先乎致知。穷理格物，则知无不尽，知之既尽，则守无不固。”

子曰：古之君子，修德而已。德成而言，则不期于文而自文矣。退之固因学为文章，力求其所未至，以至于有得也。其曰“轲死不得其传”，非卓然见其所传者，语不及此。

子曰：苏、吕二子皆以知见闻见为学之患。吾喜其近道，必欲坚叩，明其辨可与终其说矣。夫人之学，非自愿其有差也，知之不至，则流别于殊涂，陷溺于异端，亦不得免焉耳。

子曰：吕进伯老矣，虑学问之不进，忧年数之不足，恐无所闻而遂死焉，亦可谓之好学也。

子曰：养勇之法，求之太急，故性气轻轶而难御。凡长育人材也，教之在宽，待之以久，然后化成而俗美。

或问：“夫子有言：‘昔之惑人，因其迷暗，今之惑人，因其高明。’窃有疑焉。夫既曰高明，而可惑乎？”子曰：“语其质云尔。彼深于佛氏之学者，其质开透，亦必加于人数等，所谓‘智者过之’也，非《中庸》所谓‘极高明’者也。圣人‘极高明而道中庸’，其照无偏，何过之有？”

子厚曰：“十诗之作，将以验天心于语默也。”子曰：“舍是有言，亦乌得已乎？”

子谓子厚曰：“关中之士，语学而及政，论政而及礼乐兵刑之学，庶几善学者。”子厚曰：“如其诚然，则志大不为名，亦知学贵于有用也。学古道以待今，则后世之谬，不必屑屑而难之，举而措之可也。”

或问：“学者何习庄、老之众也？”子曰：“谨礼而不达者，为其所胶固焉；放情而不庄者，畏法度之拘己也，必资其放旷之说以自适，其势则然。”

或问：“学者多溺于佛说，何也？”子曰：“学而无所得，其年齿老矣，智力屈矣，其心欲遽止焉，则又不自安，一闻超腾侈大之说，是以说而入之。”“然则可反乎？”子曰：“深固者亦难反。

尝譬之行人：履乎坦途，其进无难也；山高乎其前，水深乎其下，而进之为难也；于是焉而有捷径，则欣然而从之，其势然也。夫托乎逆旅者，盖不得家居之要尔。未有人既安于家，而又乐舍于逆旅者也。”

子曰：林大节少戆，然得一言即躬履。学者可畏，莫如闻斯行之。闻而不行，十盖九矣。

子谓门人曰：昨日之会，谈空寂者纷纷，吾有所不能。噫！此风既成，其何能救也！古者释氏盛时，尚只是崇像设教，其害小尔。今之言者，乃及乎性命道德，谓佛为不可不学，使明智之士先受其惑。呜呼！清谈甚，晋室衰，况有甚者乎？夫明智之士，中人以上之资也。其才足以自立，则反之难矣。学者必至于自信而不惑，则彼不能乱。不然，犹之淫言美色，戒而远之，尚恐不免也。

侯仲良曰：夫子在讲筵，必广引博喻，以晓人主。一日，讲既退，范尧夫揖曰：“美哉！何记忆之富也！”子对曰：“以不记忆也。若有心于记忆，亦不能记矣。”

或人有自名道气养生者，问：“子亦知之乎？”子曰：“吾夏葛而冬裘，渴饮而饥食，节嗜欲，定心气，如此而已。”

子曰：学莫大于知本末终始。致知格物，所谓本也，始也；治天下国家，所谓末也，终也。治天下国家，必本诸身。其身不正，而能治天下国家者，无之。格犹穷也，物犹理也，若曰穷其理云尔。穷理然后足以致知，不穷则不能致也。

子曰：格物，适道之始，思所以格物而已近道矣。是何也？以收其心而不放也。

子曰：《大学》于诚意正心皆言“其道”，至于格物则不言，独曰“物格而后知至”，此盖可以意得，不可以言传也。自格物而充之，然后可以至于圣人，不知格物而欲意诚心正而后身修者，未有能中于理者也。

子曰：学莫贵乎自得，非在人也。

子曰：见摄生者而问长生，可谓大愚；见卜者而问吉凶，可谓大惑。

子曰：学贵乎成，既成矣，将以行之也。学而不能成其业，用而不能行其学，则非学矣。

子曰：君子莫进于学，莫止于画；莫病于自足，莫罪于自弃。进而不止，汤、武所以反之而圣。

子曰：古之学者为己而成物，今之学者为人而丧己。

子曰：无好学之志，则虽圣人复出，亦无益矣。然圣人在上而民多善者，习见之熟也，习闻之久也，涵泳其教化深且远也。

子曰：记问文章不足以为人师，以其所学者外也。师者何也？谓理义也。学者必求师，从师不可不谨也。

子曰：君子之学贵一，一则明，明则有功。

子曰：不思故有惑，不求故无得，不问故莫知。

子曰：进学不诚则学杂，处事不诚则事败，自谋不诚则欺心而弃己，与人不诚则丧德而增怨。今末习曲艺，亦必诚而后精，况欲趋众善，为君子者乎？

子曰："不深思则不能造其学。"或曰："学者亦有无思而得者乎？"子曰："漠然未尝思，自以为得之者，未之有也。"

子曰：德盛者，物不能扰而形不能病。临震惧死生而色不变，当疾痛惨戚而心不动，由养之有素，非一朝一夕之力也。

子曰：学不贵博，贵于正而已，正则博。言不贵文，贵于当而已，当则文。政不贵详，贵于顺而已，顺则详。

子曰：学也者，使人求于内也。不求于内而求外，非圣人之学也。何谓求于外？以文为主者者也。学也者，使人求于本也，不求于本而求于末，非圣人之学也。何谓求其末？考详略、采同异是也。二者无益于德，君子弗之学也。

子曰：自得者所守不变，自信者所守不疑。

子曰：随时观理，而天下之理得矣。

子曰：人皆可以为圣人，而君子之学必至圣人而后已。不至圣人而自已者，皆自弃也。孝者所当孝，弟者所当弟，自是而推之，是亦圣人而已矣。

子曰：学以不欺暗室为始。

子曰：多闻识者，犹广储药物也，知所用为贵。

子曰：讲说，非古也。学者必潜心积虑，涵养而自得之。今一日尽讲以博为教，非有益也。

子曰：学而为名，内不足也。

子曰：践行其言，而人不信者有矣，未有不践言而人信之者。

子曰：耻不知而不问，终于不知而已。以为不知而必求之，终能知之矣。

子曰：有辩佞之才者，多入于不善，故学不贵。

子曰：有欲则不刚，刚者不屈于欲。

子曰：克己之私既尽，一归于礼，此之谓得其本心。

子曰：学贵于通。执一而不通，将不胜其疑矣。通莫如理。

子曰：难胜莫如己私，学者能克之，非大勇乎？

论书篇

或问："坤者臣道也，在君亦有用乎？"子曰："厚德载物，岂非人君之用？"

子曰：尧夫历差之法，妙绝乎古人矣。盖于日月交感之际，以阴阳盈虚求之，是以不差。阴常亏，阳常盈，差之所由也。昔洛下闳之作历也，谓数百年之后，当有一日之差乎！何承天虑其差也，则以所差之之分，均于所历之年，以考每岁所差之多少，谓之岁差法，而差终不可定也。

子曰：《五经》之言涵蓄浑然，无精粗之别。

子曰：《春秋》是是非非，因人之行事，不过当年数人而已，穷理之要也。学者不必他求，学《春秋》可以尽道矣。然以通《语》《孟》为先。

或问《春秋发微》，子曰："述法而不通意。"

子曰：易，变易也，随时变易以从道也。至微者理，至著者象，体用一源，显微无间。故善学者求之必自近。易于近，非知易者也。

子曰：有谓《六经》为六艺之文，何其求之于浅也！

刘绚问："孔子何为作《春秋》？"子曰："由尧、舜至于周，文质损益，其变极矣，其法详矣。仲尼参酌其宜，以为万世王制之所折中焉，此作《春秋》之本意也。观其告颜子为邦之道，可见矣。"

子曰：《春秋》事在二月则书王二月，事在三月则书王三月，无事则书天时，书首月。盖有事则道在事，无事则存天时，正王朔。天时备则岁功成，王道存则人理立，《春秋》之大义也。

子曰：《春秋》之法，中国而用夷道即夷之。韩子谓"《春秋》谨严"，深得其旨矣。

子曰：诸侯当上奉天时，下承王正，故《春秋》曰春王正月。明此义，则知王与天同大，而人道立矣。

或问："《易》有《大过》，何也？子曰："圣人尽道而无过，故曰大过，亦当事之大耳。犹尧、舜禅逊，汤、武放伐之类也。道无不中也，无不常也。以世人所不常见，则谓之大过于常耳。是故立非常之大事，兴不世之大功，成绝俗之大德，皆大过之事，而实无所过也。"

子曰："《素问》出于战国之际，或以为《三坟》者，非也，然其言亦有可取者。"或问："何说也？"子曰："'善言天者，必有验于人；善言古者，必有验于今'，岂不当哉？若运气则不可用。"

子曰：阴阳运动，有常而无忒；凡失其度，皆人为感之也，故《春秋》灾异必书。汉儒傅其说而不得其理，是以所言多失。

子曰：《礼记》之文多谬误者。《儒行》《经解》，非圣人之言也。夏后氏郊鲧之篇，皆未可据也。

子曰：《周礼》之书多讹阙，然周公致太平之法亦存焉，在学者审其是非而去取之尔。

子曰：《原道》之作，其言虽未尽善，然孟子之后，识道之所传者，非诚有所见，不能断然言之如是其明也，其识大矣。

子曰：汉儒之谈经也，以三万余言明“尧典”二字，可谓知要乎？惟毛公、董相有儒者气象。东京士人尚名节，加之以明礼义，则皆贤人之德业矣。本朝经典，比之前代为盛，然三十年以来，议论尚同，学者于训传言语之中，不复致思，而道不明矣。

子曰：鲁威公弑君而自立，其无岁不及诸侯之盟会者，所以结外援而自固也。及远与戎盟，《春秋》危之而书“至”者，以谓戎也苟不知郑、齐、陈之党恶而同为不义，则必执之矣，此居夷浮海之意也。

子曰：自古篡弑，多出于公族，盖其自谓曰：“先君子孙也，可以君国。”而国人亦以为然，从而奉之也。圣人明大义以示万世，故入春秋之初，其弑君者皆绝属籍。盖为大恶，既自绝于先君之世矣，岂得复为子孙也？古者公侯刑死则无服，况于弑君乎？此义既明矣，而或有以属称者，可见其宠之太过，任之太重，以阶乱也。《春秋》所书，大概事同则辞同，后之学者因以谓之例，然有事同而辞异者，其义各不同，盖不可以例断也。

子厚为二铭，以启学者，其一曰《订顽》，《订顽》曰云云。杨子问：“《西铭》深发圣人之微意，然言体而不及用，恐其流至于兼爱。后世有圣贤，以推本而乱，未免归过于横渠。夫子盍为一言，推明其用乎？”子曰：“横渠立言诚有过，乃在《正蒙》，至若《订顽》，明理以存义，扩前圣所未发，与孟子性善、养气之论同功，岂墨氏之比哉？《西铭》理一而分殊，墨氏则爱合而无分。分殊之蔽，私胜而失仁；无分之罪，兼爱而无义。分立而推理一，以止私胜之流，仁之方也。无别而迷兼爱，至于无父之极，义斯亡也。子比而同之，过矣。夫彼欲使人推而行之，本为用也。反谓不及用，不亦异乎？”杨子曰：“时也昔从明道，即授以此书，于是始知为学之大方，固将终身服之，岂敢疑其失于墨氏比也？

然其书，以民为同胞，鳏寡孤独为兄弟，非明者默识，焉知理一无分之殊哉？故恐其流至于兼爱，非谓其言之发与墨氏同也。夫惟理一而分殊，故圣人称物，远近亲疏各当其分，所以施之，其心一焉，所谓平施也。昔意《西铭》有平施之心，无称物之义，疑其辞有未达也。今夫子开谕，学者当无惑矣。"

或问："子厚立言，得无有几于迫切者乎？"子曰："子厚之为人，谨且严，是以其言似之，方之孟子，则宽宏舒泰有不及也。然孟子犹有英气存焉，是以未若颜子之懿，浑然无圭角之可见也。"

或曰："圣贤气象，何自而见之？"子曰："姑以其言观之亦可也。"

子曰：《订顽》言纯而意备，仁之体也；充而尽之，圣人之事也。子厚之识，孟子之后，一人而已耳。

子谓门弟子曰：昔吾受《易》于周子，使吾求仲尼、颜子之所乐。要哉此言！二三子志之！

子曰："乾坤毁无以见《易》"，"圣人以此洗心，退藏于密"。夫所谓易也，此也，密也，果何物乎？圣人所以示人者，深且明矣。学者深思，当自得之。得之，则于退葳之密，奚远乎？

子曰：读书而不留心于文义，则荒忽其本意；专精于文义，则必固滞而无所通达矣。

或问："王介甫有言：'《乾》之九三知九五之位可至而至之。'如何？"子曰："使人臣每怀此心，大乱之道也，且不识汤、武之事矣。""然则谓何？"子曰："知大人之道为可至，则学而至之，所谓'始条理者智之事'也。"

或问："胡先生以九四为太子爻，可乎？"子曰："胡为而不可？当大臣则为大臣，当储贰则为储贰，顾用之如何耳。苟知其一而不知其变，则三百八十四爻止于三百八十四事而已矣。"

子曰：夫人之说，无可极者，惟朋友讲习以相资益，为说之至也。

子曰：《大学》，孔子之遗言也。学者由是而学，则不迷于入德之门也。

子曰：大学之道，明德、新民不分物我，成德之事也。

或问："人以能立为能贤，而《易》取于《随》，何也?"子曰："《随》者，顺理之谓也。人君以之听善，臣下以之奉命，学者以之徙义，处事以之从长，岂不立哉？言各有当也。若夫随时而动，合宜適变，不可以为典要，非造道之深，知几可与权者，不能与也。"

子曰：由《孟子》可以观物。

或问："穷经旨，当何所先?"子曰："于《语》《孟》二书知其要约所在，则可以观《五经》矣。读《语》《孟》而不知道，所谓'虽多亦奚以为'。"

子曰：凡书载事，容有重轻而过其实，学者当识其义而已。苟信于辞，则或有害于义，曾不若无书之为愈也。

子曰：孟子言三代学制，与《王制》所记不同，《王制》有汉儒之说矣。

子曰：孟子养气之论，学者所当潜心也。勿忘，勿助长，养道当然，非气也。虽然，既已名之曰气，则非漠然无形体可识也。如其漠然无形体，尚何养之有？是故语其体则与道合，语其用则无非义也。

子曰：《易》之有象，犹人之守礼法也。

子曰：春秋之时，诸侯不禀命天王，擅相侵伐，圣人直书其事，而常责夫被侵伐者。盖兵加于己，则引咎自责，或辨谕之以礼，又不得免焉，则固其封疆，上告之天王，下告之方伯，近赴于邻国，必有所直矣。苟不胜其忿，而与之战，则以与之战者为主，责己绝乱之道也。

刘绚问"读《春秋》，以何道为准?"子曰："其中庸乎！欲知中庸，其惟权乎！权之为言，称轻重之义也。权、义而上，不可容声矣，在人所见如何耳。"

张闳中曰："《易》之义起于数。"子曰："有理而后有象，有象而后有数。《易》者因象以明理，由象而知数。得其理，而象数在其中矣。必欲穷象之隐微，尽数之毫忽，乃寻流逐末，术家之所尚，管辂、郭璞之流是也，非圣人之道也。"闳中曰："象数在理中，何谓也？"子曰："理无形也，故因象以明理。理既见乎辞，则可以由辞而观象。故曰：得其理，则象数举矣。"

子曰：《乾》九三，言圣人之学也；《坤》六二，言贤人之学也。此其大致也。若夫敬以直内，义以方外，则虽圣人不越乎此，无异道故也。

子为《易传》成，门人再三请传，终不可，问其故。子曰："尚不祈有少进也乎？"时年已七十余矣。

子曰：卜筮有疑心，则不应。

子曰：孔子之言，莫非自然；孟子之言，莫非实事。

子曰：历法之要，以日为主，日正则余皆可推矣。

或问："《蒙》之上九'不利为寇'，夫寇亦可为，而圣人教之以利乎？"子曰："非是之谓也。昏蒙之极，有如三苗者，征而诛之，若秦皇、汉武穷兵暴虐，则自为寇也。"

谢师直与明道言《春秋》，明道或可之，又言《易》，明道不可，师直无忤色。他日，又以问伊川。伊川曰："二君知《易》矣。"师直曰："伯淳不我与，而子何为有是言也？"子曰："忘刺史之势而屈以下问，忘主簿之卑而直言无隐，是固《易》之道也。"

子读《春秋》，至萧鱼之会，叹曰："至哉，诚之能感人也！晋悼公推诚以待反覆之郑，信而不疑，郑自是而不复背晋者二十有四年。至哉，诚之能感人也！"

子曰：《春秋》王师于诸侯不书败，诸侯不能敌王也；于夷狄不书战，夷狄不能抗王也。此理也。其敌其抗，王道之失也。

子既老，门人屡请《易传》，教而习之，得以亲质诸疑。子曰："书虽未出，而《易》未尝不传也，但知之者鲜耳。"其后党论大兴，门人弟子散而四归，独张绎受其书于垂绝之日。

子曰：孟子之时，去先王为未远，其所学于古者，比后世为未缺也，然而周室班爵禄之制，已不闻其详矣。今之礼书，皆掇拾秦火之余，汉儒所傅会者多矣，而欲句为之解，字为之训，固已不可，又况一一追故迹而行之乎？

子曰：礼仪三千，非拂民之欲而强其不能也，所以防其欲而使之入道也。多识于鸟兽草木之名，非教人以博杂为功也，所以由情性而明理物也。

子曰：读书者，当观圣人所以作经之意，与圣人所以为圣人，而吾之所以未至者，求圣人之心，而吾之所以未得焉者，昼诵而味之，中夜而思之，平其心，易其气，阙其疑，其必有见矣。

子曰：《诗》《书》之言帝，皆有主宰之意者也；言天，皆有涵覆之意者也；言王，皆公共无私之意也。上下数千年，若合符节。

或问：“严父配天，何以不言武王，而曰‘周公其人也’。”子曰：“周家制作，皆自乎周公，故言礼必归焉。”

或问：“周公既祷三王，而藏其文于金縢之匮中，岂逆知之信流言，将以语之乎？”子曰：“以近世观焉，祝册既用，则或焚之，或埋之，岂周公之时未有焚埋之礼也，而欲敬其事，故若此乎？”

子曰：禁人之恶者，独治其恶，而不绝其为恶之原，则终不得止。《易》曰：“豮豕之牙吉。”见圣人处机会之际也。

子曰：先儒有言，乾位西北，坤位东南。今以天观之，无乎不在，何独有于西北？又曰乾位在六子，而自处于无为之地。夫风、雷、山、泽、水、火之六物者，乃天之用，犹人之身耳，目、口、鼻各致其用，而曰身未尝有为也，则可乎？

子曰：尽天理，斯谓之《易》。

子曰：作《易》者，自天地幽明，至于昆虫草木之微，无一而不合。

子曰：退之作《羑里操》曰：“臣罪当诛兮，天王圣明。”可谓知文王之心矣。

子曰：作《诗》者未必皆圣贤，孔子之取也，取其止于礼义而已，然比君以硕鼠，目君为狡童，疑于礼义有害也，不以辞害意可也。

子曰："先儒以《考槃》不复见君而告之，永誓不谖，吾心实若是也，此非君子之心也。齐、梁之君陋矣，乃若孟子，则每有顾恋迟留而不忍去之意。今曰君一不我用，我则永誓而不见也，岂君子之心哉？"或曰："然则为此诗者何谓也？"子曰："贤者退而穷处，虽去而不忘君，然犹慕之深也。君臣之义，犹父子之恩，安得不怨？故于寤寐而不忘。末陈其不得见君而告之，又自陈此情之不诈也，忠厚之至也。"

子曰：上古世淳而人朴，顺事而为治耳。至尧，始为治道，因事制法，著见功迹，而可为典常也，不惟随时，亦其忧患后世而有作也。故作史者，以典名其书。

或曰："《大学》'在止于至善'，敢问何谓至善？"子曰："理义精微，不可得而名言也，姑以至善目之，默识可也。"

或问："《中庸》九经，先尊贤而后亲亲，何也？"子曰："道孰先于亲亲？然不能尊贤，则不知亲亲之道。故尧之治，必先克明峻德之人，然后以亲九族。"

或曰："文中子答或人学《易》之问曰：'终日乾乾可也。'此尽道之言也。文王之圣，纯亦不已耳。"子曰："凡讲经义，等次推而上之，焉有不尽者？然理不若是也。终日乾乾，未足以尽《易》，在九三可也。苟曰乾乾者不已也，不已者道也，道者易也，等次推而上之，疑无不可者，然理不若是也。"

子读《易》至《履》，叹曰：上下之分明而后民志定，民志定而后可以言治也。古之时，公卿大夫而下，位各称其德，终身居之，得其分也；有德而位不称焉，则在上者举而进之。士知修其身，学成而君求之，皆非有预于己也。四民各勤其事，而所享有限，故皆有定志，而天下之心可一。后世自庶士至于公卿，日志乎尊荣，农工商贾日志乎富侈，亿兆之心交骛于利，而天下纷然，欲其不乱，难矣。

子曰：农夫勤瘁，播种五谷丝麻，吾得而衣食之；百工技艺作为器械，吾得而用之；甲之士扞守疆，吾得而安之。惟有修葺圣人之遗言，以待后之学者，兹为小补耳。

或问：“制器取诸象也，而象器以为卦乎？”子曰：“象在乎卦，而卦不必先器也。圣人制器，不待见卦而后知象；以众人由之而不能知之，故设卦以示之耳。”

或问：“麟、凤和气所生，太平之应也。凤鸟不至，孔子曰：‘吾已矣夫。’而麟见获于春秋之季，何也？”子曰：“圣人之生，乃天地交感，五行之秀会也。以仲尼元圣，尚生于春秋之时，而况麟乎？”

子曰：《论语》一书，未易读也。有既读之而漠然如未尝读者，有得一二而启悦其心者，有通体诚好之者，有不知其手之舞之，足之蹈之者。

子曰：读《论语》而不知道，所谓“虽多奚为”也。于是有要约精至之言，能深穷之而有所见，则不难于观《五经》矣。

子曰：艮，止其所也。万物各止其所，分无不定矣。

论政篇

子曰：孔子为政，先正名，名、实相须故也。一事苟，则无不苟者矣。

子曰：善言治者，必以成就人才为急务。人才不足，虽有良法，无与行之矣。欲成就人才者，不患其禀质之不美，患夫师学之不明也。师学不明，虽有美质，无由成之矣。

子曰：八十四声各尽其清浊之极，然后可以考中声。声必本乎律，不得乎律，则中声不可得矣。律者，自然之数也。今世有三命之术，以五行支榦纳音推之，盖律之遗也，而用之者末矣。

欲度量权衡之得其正，必自律起，而律必取于黄钟，以律管定尺，盖准气乎天地，非积秬黍比也。秬黍积数，在先王时，惟此物適与度量合，故可用也，今则不可矣。

子曰：养亲之心，无有极也。贵贵、尊贤之义，亦何有极乎？

子曰：古之圣王所以能化奸恶为善良，绥仇敌为臣子者，由弗之绝也。苟无含洪之道，而与己异者一皆弃绝之，不几于弃天下以仇君子乎？故圣人无弃物，王者重绝人。

子与韩公、范公泛舟于颍湖，有属吏求见韩公，公既已见之，退而不悦，曰："谓其以职事来也，乃求荐举耳。"子曰："公为州太守，不能求之，顾使人求君乎？"范公曰："子之固，每若是也。夫今世之仕者，求举于其人，盖常事耳。"子曰："是何言也？不有求者，则遗而不及知也，是以使之求之欤？"韩公无以语，愧且悔者久之。子顾范公曰："韩公可谓服义矣。"

李籲问："临政无所用心，求于恕，何如？"子曰："推此心行恕可也，用心求恕非也。恕，己所固有，不待求而后得，举此加彼而已。"

子曰：事事物物各有其所，得其所则安，失其所则悖。圣人所以能使天下顺治，非能为物作则也，惟止之各于其所而已。止之不得其所，则无可止之理。

子曰：养民者，以爱其力为本，民力足则生养遂，然后教化可行，风俗可美。是故善为政者，必重民力。

子曰：为治而不法三代，苟道也。虞、舜不可及已，三代之治，其可复必也。

子曰："封禅本于祭天，后世行之，只以自夸美而已。王仲淹曰：'非古也，其秦、汉之侈心乎？'斯言当矣。"或曰："《周颂》告于神明，非乎？"子曰："陈先王之功德，而非自夸美也。"

子曰：圣人为戒，必于方盛之时。方盛虑衰，则可以防其满极，而图其永久；至于既衰而后戒，则无及矣。自古天下之治，未有久而不乱者，盖不能戒于其盛也。狃安富而骄侈生，乐舒肆则纪纲坏，忘祸乱则衅孽萌，是以浸淫滋蔓，而不知乱亡之相寻也。

明道在鄠邑，政声流闻，当路欲荐之朝，而问其所欲，对曰："夫荐士者，量才之所堪，不问志之所欲。"

明道守官京兆，南山有石佛，放光于顶上，远近聚观，男女族集，为政者畏其神而莫敢止。子使戒其徒曰："我有官守，不能往也，当取其首来观之耳。"自是光遂灭，人亦不复疑也。

子曰：圣人感天下之心，如寒暑雨暘，无所不通，无所不应者，正而已矣。正者，虚中无我之谓也。以有系之私心，胶于一隅，主于一事，其能廓然通应而无不遍乎？

子曰：治蛊必求其所以然，则知救之之道，又虑其将然，则知备之之方。夫善救则前弊可革矣，善备则后利可久矣，此古圣人所以新天下、垂后世之道。

子曰：古之人重改作。变政易法，人心始以为疑者有之矣，久而必信，乃其改作之善也。始既疑之，终复不信，而能善治者，未之有也。

子谓子厚曰："议法既备，必有可行之道。"子厚曰："非敢言也。顾欲载之空言，庶有取之者耳。"子曰："不行于今，而后世有行之者，亡也。"

子曰：圣王为治，修刑罚以齐众，明教化以善俗。刑罚立则教化行矣：教化行而刑措矣。虽曰尚德而不尚刑，顾岂偏废哉？

子曰：自古圣人之救难而定乱也，设施有未暇及焉者，既安之矣，然后为可久可继之治，自汉而下，祸乱既除，则不复有为，姑随时维持而已，所以不能仿佛于三代与！

刘安世问百世可知之道，子曰："以三代而后观之，秦以反道暴政亡，汉兴，尚德行，崇经术，鉴前失也。学士大夫虽未必知道，然背理甚者亦鲜矣，故贼莽之时，多仗节死义之士，世祖兴而褒尚之，势当然也。节久而苦，视死如归，而不明乎礼义之中也，故魏、晋一变而为旷荡浮虚之习，人纪不立，相胥为夷，五胡乱华，行之弊也。阴极则阳生，乱极则治形，隋驱除之，唐混一之，理不可易也。唐室三纲不立，自太宗启之，故后世虽子弟不用父兄之命，玄宗使其子篡，肃宗使其弟反；选武才人，以刺王妃入也；纳寿王妃，以武才人进也。终唐之世，夷狄数为中国患，而藩镇陵犯，卒以亡唐，及乎五季之甚，人为而致也。

子曰：守国者必设险，山河之固，城郭沟洫之阻，特其大端耳。若夫尊卑贵贱之分，明之以等威，异之以物采，凡所以杜绝陵僭，限隔上下，皆险之大用也。

子曰：三代而后，汉为治，唐次之。汉大纲正，唐万目举。

子曰：战国之际，小国介乎强大之间，而足以自持者，先王之分界约束未亡故也。今混一之形，如万顷之泽，祖宗涵濡既久矣，故人心弭然柔伏，虽有奸猾，欲起而无端也。

子曰：善为治者，莫善乎静以守之。而或扰之，犹风过乎泽，波涛汹涌，平之实难。故一正则难倾，一倾则难正者，天下之势也。

子曰：古者使以德，爵以功，世禄而不世官，故贤才众而庶绩成。及周之衰，公卿大夫皆世官，政由是败矣。

子曰："今责罪官吏，无养廉耻之道。"或曰："何类？"子曰："如徒流杖，使以铜赎之类也。古者责不廉，曰簠簋不饬而已，忠厚之至也。"

子曰："赐进士第，使卫士掖之以见天子，不若使趋进而雍容也。大臣孰不由此涂出？立侍天子之侧，曾无愧乎？"子厚曰："先示以第名，使以次见，则亦可矣。"

有少监逮系乎越狱。子曰："卿监以上无逮系，为其近于君也。君有一时之命，有司必执常法，而不敢从焉。君无是命，而有司请加之桎梏，下则叛法，上则无君，非之大也。"子厚曰："狱情不得，则如之何？"子曰，"宁狱情之不得，而朝廷之大义不可亏也。"

子曰：后世有治狱而无治市，周公则有其政矣。曹参之治齐，以狱市为寄，其时为近古也。

子曰：举措合义，则民心服。

子曰：治则有为治之因，乱必有致乱之因，在人而已矣。

或问："敬者，威仪俨恪之谓乎？"子曰："非也。是所以成敬之具尔。"

子曰：为政必立善法，俾可以垂久而传远。若后世变之，则末如之何矣。

子曰：古之仕者为人，今之仕者为己。

或人谋仕于子，邑尉责重，邑簿责轻。子曰："尉能治盗而已，不能使民不为盗。簿佐令治邑，宜使民不为盗也，而谓责轻可乎？"

或曰："治狱之官不可为。"子曰："苟能充其职，则一郡无冤民矣。"

子曰：立治有体，施治有序，酌而应之，临时之宜也。

子曰：游文定公之门者，多知稽古而爱民，诚如是，亦可从政矣。

或问："蛮夷猾夏，处之若何而后宜？"子曰："诸侯方伯明大义以攘却之，义也；其余列国，谨固封疆可也。若与之和好，以苟免侵暴，则乱华之道也。是故《春秋》谨华夷之辨。"

子曰：今之度量权衡，非古法之正也，姑以为准焉可耳。凡物不出于自然，必人为之而后成，惟古人能得其自然也。

子曰：明道临政之邦，上下响应，盖有以协和众情，则风动矣。天地造化，风动而已。

子曰：今代之税，视什一为轻矣，但敛之无法而不均，是以疑于重也。

子曰：世未尝无美材也，道不明于天下，则无与成其材。古人之为《诗》，犹今人之乐曲，闾阎童稚皆熟闻而乐道之，故通晓其义，后世老师宿儒尚未能明也，何以兴于《诗》乎？古礼既废，人伦不明，治家无法，祭则不及其祖，丧必僧之是用，何以立于礼乎？古人歌咏以养其性情，舞蹈以养其血气，行步有佩玉，登车有鸾和，无故而不去琴瑟，今也俱亡之矣，何以成于乐乎？噫！古之成材也易，今之成材也难。

晋城县有令宰书名石，明道记之曰：古者诸侯之国各有史，故其善恶皆见乎后世。自秦罢侯置守令，则史亦从而废。其后惟有功德者或记之，循吏与夫凶残之极者以酷见传，其余则泯然无闻矣。如汉、唐之有天下，皆数百年，其间郡县之政，可书宜亦多矣；然其所书大率才十数人，使贤者之政不幸而无传，其不肖者复幸而得传，盖其意斯与古史之意异矣。夫图治于长久者，虽圣贤为之，且不能仓卒苟简而就，盖必本之人情，而为之法度，然后可使去恶而从善，则纪纲条教必审定而后行，其民之服循渐渍，亦必待久而乃淳固而不变。今之为吏，三岁而代者固已迟之矣，使皆知礼义，自其始至即皇皇然图所施设，则教令未熟，民情未孚，而吏书已至矣。傥后之人所志不同，复有甚者，欲新己之政而尽去其旧，则其迹固已无余，而况因循不职者乎？夫以易息之政，而又无以托其传，则宜其去皆未几，而善恶无闻焉。故闻古史之善而不可得，则因今有书前政之名氏以为记者尚近古；第其先后而记之，俾民观其名而不忘其政，后之人得从而质其是非，以为师戒云尔。

子曰：兵以正为本。动众以毒天下而不以正，则民不从而怨敌生，乱亡之道也，是以圣王重焉。东征西怨，义正故也。子曰：行师之道，以号令节制。行师无法，幸而不败耳，胜者时有之矣，圣人之所戒也。

青苗之法初行，明道时居言职，言于上曰：明者见于未形，智者防于未乱。安危之本在人情，治乱之机系事始。众心睽乖，则有言不信矣。万邦协和，则所为必成矣。今条例司劾不行之官，驳老成之奏，乃举一偏而尽阻公议，因小事而先动众心，难乎其能济矣。

子曰：唐朝政事付之尚书省，近乎六官之制，第法不具尔。

宇文周官名度数，小有可观者也。隋文之法无不善者，而多以臆决，故不足以持久。

或问："孔子何讥大阅？"曰："为国者武备不可废，则农隙而讲肄焉，有时有制，保国守民之道也。鲁之秋八月，则夏六月也，盛夏阅兵，妨农害人，其失政甚矣。有警而为之，无及也；无事而为之，妄动也。是以圣人不与。

子曰：居今之世，则当安今之法令；治今之世，则当酌古以处时。制度必一切更张而后可为也，亦何义乎？

子曰：后汉名节之风既成，未必皆自得也，然一变可至于道矣。

子谓子厚曰："洛之俗难化于秦之俗。"子厚曰："秦之士俗尤厚，亦和叔启之有力焉。今而用礼渐成风化矣。"子曰："由其气质之劲，勇于行也。"子厚曰："亦自吾规矩不迫也。"

子曰：先王以仁义得天下而教化之，后世以智力取天下而纠持之，古今之所以相绝者远矣。

子曰："三代而后，有圣王者作，必四三王而立制矣。"或曰："夫子云三重既备，人事尽矣，而可四乎？"子曰："三王之治以宜乎今之世，则四王之道也。若夫建亥为正，则事之悖缪者也。"

子曰：五帝公天下，故与贤；三王家天下，故与子。论善之尽，则公而与贤，不易之道也。然贤人难得，而争夺兴焉，故与子以定万世，是亦至公之法也。

子曰：王氏之教靡然而同，是莫大之患也。以彼之才之言，而行其学，故其教易以入人，始也以利从，久则心化之，今而既安矣。天下弊事一日而可革，若众心既定，风俗已成，其何可遽改也？

子曰：赤子未有知，未能言，其志意嗜欲未可求，而其母知之，何也？爱之至谨，出于诚也。视民如父母之于赤子，何失之有？

子曰：必井田、必肉刑、必封建，而后天下可为，非圣人之达道也。善治者放井田而行之而民不病，放封建而临之而民不劳，放肉刑而用之而民不怨，得圣人之意而不膠其迹，迹者，圣人因一时之利而利焉者耳。

子曰：治道有自本而言，有就事而言。自本而言，莫大乎引君当道，君正而国定矣。就事而言，未有不变而能有为者也，大变则大益，小变则小补。

子曰：苻坚养民而用之，一败不复振，无本故也。

子曰：用兵以能聚散为上。

子曰：古无之而今有之者一，释、老是也。

子曰：有田则有民，有民则有兵。

侯仲良侍坐，语及牛李朋党事。子曰：作成人材难，变化人才易。元丰诸人，其才皆有用，系君相变化之耳。凡人之情，岂甘心以小人自为也？在小人者用之于君子，则其为用未必不贤于今之人也。

子曰：治道之要有三：曰立志，责任，求贤。

子曰：贤不肖之在人，治乱之在国，不可归之命。

子曰：宗子无法，则朝廷无世臣。立宗子，则人知重本，朝廷之势自尊矣。古者子弟从父兄，今也父兄从子弟，由不知本也。人之所以顺从而不辞者，以其有尊卑上下之分而已。苟无法以联属之，可乎？

子曰：汉文诛薄昭，李卫公谓诛之是，温公曰诛之非。考之于史，不见所以诛之之故，则未知昭有罪，汉遣使治之而杀汉使乎？抑将与汉使饮酒，因怒而致杀也？诛之不以罪，太后忧悒不食而至于大故，则如之何？如治其罪，而杀王朝之使者，虽寐不安席，食不甘味，昭之死不可免。必知权其轻重，然后可议其诛之当否也。

子曰：论治者贵识体。

子曰：治身齐家以至平天下者，治之道也。建立纲纪，分正百职，顺天揆事，创制立度，以尽天下之务，治之法也。法者，道之用也。

子曰：古之时分羲、和以职天运，以正四时，遂司其方，主其时政，在尧谓之四岳，周乃六卿之任，统天下之治者也。后世学其法者，不复知其道，故星历为一技之事，而与政分矣。

吕进明为使者河东，子问之曰："为政何先？"子曰："莫要于守法。"子曰："拘于法而不得有为者，举世皆是也。若某之意，谓犹有可迁就，不害于法，而可以有为者也。昔明道为邑，凡及民之事，多众人所谓于法有碍焉者，然明道为之，未尝大戾于法，人亦不以为骇也。谓之得伸其志则不可，求小补焉则过之，与今为政远矣。人虽异之，不至指为狂也。至谓之狂，则必大骇。尽诚为之，不容而后去之，又何嫌乎？"

子移书河东使者吕进明曰：王者父母天地，昭事之道，当于严敬。汉武远祀地示于汾阳，既非礼矣。后世之人又建祠宇，其失亦甚。因唐人有妖人作《韦安道传》，遂设以配食焉，诬渎之恶，有大于此者乎？公为使者，此而不正，尚何为哉？宜以其象投之河流，不必请于朝，不必询于众，不必虞后患，幸勿疑也。

子移书河东帅曰：公莅镇之初，佥言交至，必曰虏既再犯河外，不复来也，可高枕矣。此特常言，未知奇胜之道也。夫攻必取者，攻其所不守也，谓其不来，乃其所以来也。今曰彼不徒兴大众，必不利于河外既空之地，是大不然。彼诚得出吾不意，破荡数垒，已足以劳敝一道，为利大矣，何必负戴而归然后为利？夫谋士悦其宽忧，计司幸于缓责，众论既一，公虽未信，而上下之心已懈矣。故为今之计，宁捐力于不用，毋惜功而致悔。岂独使敌人知我有备而不来，当使内地人信吾可恃而愿往，则数年之内，遂致全实，疆埸安矣。此长久之策也。自古乘塞御敌，必用骁猛；招徕抚养，多在儒将。今日之事，则异于是。某以荷德之深，思所报也，是以有言，惟公念之。

论事篇

子曰：行事在审己，不必恤浮议，恤浮议而忘审己，其心驰矣。

子曰：息，止也，生也。一事息则一事生，生息之际，无一毫之间，“硕果不食”，即为复矣。

子曰：久阅事机，则机心生。方其阅时，而喜人其趣，则犹物之遗种，未有不生者也。

子曰：天下之事，无一定之理，不进则退，不退则进。时极道穷，理当必变，惟圣人为能通其变于未穷，使其不至于极。尧、舜，时也。

子曰：或谓贤者好贫贱而恶富贵，是反人之情也。所以异于人者，以守义安命焉耳。

或人恶多事，子曰：莫非人事也，人而不为，俾谁为之？

子曰：天下之事，苟善处之，虽悔，可以成功；不善处之，虽利，反以为害。

子曰：人以料事为明，则骎骎乎逆诈而亿不信。

或问无妄之道，子曰：“因事之当然，顺理而应之。”或曰：“圣人制作以利天下，皆造端而非因也，岂妄乎？”子曰：“因风气之宜，未尝先时而开人也。如不待时，则一圣人足以尽举，又何必累圣继圣而后备？时乃事之端，圣人随时而已。”

子曰：疾而委身于庸医，比之不慈不孝，况事亲乎？舍药物可也，是非君子之言也。

子曰：关中学者正礼文，乃一时之事尔。必也修身立教，然后风化及乎后世。

子曰：天地之生，万物之成，合而后遂。天下国家至于事为之末，所以不遂者，由不合也；所以不合者，由有间也。故间隔者，天下之大害，圣王之所必去也。

子曰：惟笃实可以当大事。

子曰：养不全固者，处事则不精，历事则不记。

子曰：豫，备也；豫，逸也。事豫备则逸乐。

子曰：万变皆在人尔，其实无一事。

子曰：一世之才，足以周一世之事。不能大治者，由用之不尽耳。

子曰：君子之遇事，一于敬而已。简细故以自崇，非敬也；饰私智以为奇，非敬也。

子曰：谢良佐因论求举于方州，与就试于太学，得失无以异，遂不复计较，明且勇矣。

子曰：礼院关天下之事，得其人，则凡举事可以考古而立制；非其人，未免随俗而已。

子曰：较事大小，其弊必至于枉尺直寻。

子曰：西边用师，非小故也，未闻一人劝止其事者。自古举事，不以大小，必度其是非可否于众庶，而不敢专也。今虽公卿，惟其言而莫违，况其下者乎？逢合之智如此，几何不至于一言丧邦！

子曰：凡避嫌处事者，皆内不足。所为诚公矣，初何嫌之足避乎？

新法将行，明道言于上曰：天下之理，本诸简易，而行以顺道，则事无不成者。故曰："智者如禹之行水，行其所无事也。"舍而行之于险阻，则不足以言智矣。自古兴治，虽有专任独决，能就一时之功者，未闻辅弼之论乖，臣庶之心戾，而能有为者也。况于施置失宜，沮废公论，国政异出，名分不正，用贱陵贵，以不肖治贤者乎？凡此，皆理不克成，而智者之所不行也。设令由此侥幸就绪，而兴利之臣日进，尚德之风浸衰，非朝廷之福也。今天时未顺，地震连年，人心日益摇动，此陛下所宜仰观俯察而深念者也。

子曰：至显莫如事，至微莫如理，而事、理一致也，微、显一源也。古之所谓善学，以其能通于此而已。

子曰：外事之不知，非患也，人患不能自见耳。

子曰：古之强有力者，将以行礼，今之强有力者，将以为乱。

子曰：公天下之事，苟以私意为之，斯不公矣。

子曰：阅天下之事，至于无可疑，亦足乐矣。

子曰：世以随俗为和，非也，流徇而已矣。君子之和，和于义。

子曰：官守当事，不可以苟免。

子曰：笾豆簠簋不可用于今之世，风气然也。不席地而椅桌，不手饭而匕筯，使其宜于世而未有，圣人亦必作之矣。

吕申公常荐处士常秩，秩既起，他日稍变其节，申公谓知人实难，以语明道，且告之悔。明道曰："然不可以是而懈于好贤之心也。"申公矍然谢之。

子曰：事以急而败者，十常七八。

子曰：好疑者，于事未至而疑端先萌；好周者，于事未形而周端先著；皆心之病也。

河南程氏粹言卷第二

宋龟山杨时订定

宋南轩张栻编次

天地篇

子曰：霜，金气也；露，星月之气也；露结为霜，非也。雷由阴阳相薄而成，盖沴气也。

子曰：雨木冰，上温而下寒也。陨霜不杀草，上寒而下温也。

子曰：日月之为物，阴阳发见之尤盛者也。

刘安节问："人有死于雷霆者，无乃素积不善，常歉然于其心，忽然闻震，则惧而死乎？"子曰："非也，雷震之也。""然则雷孰使之乎？"子曰："夫为不善者，恶气也；赫然而震者，天地之怒气也，相感而相遇故也。"曰："雷电相因，何也？"子曰："动极则阳形也，是故钻木戛竹皆可以得火。夫二物者，未尝有火也，以动而取之故也。击石火出亦然。惟金不可以得火，至阴之精也；然轧磨既极，则亦能热矣，阳未尝无也。"

或问："五德之运，有诸？"子曰："有之。大河之患少于唐，多于今，土火异王也。"

关子明推占吉凶，必言致之之由与处之之道，曰："大哉人谋，其与天地相终始乎！故虽天命可以人胜也。善养生者，引将尽之年；善保国者，延既衰之祚，有是理也。"

子曰：冬至之前，天地闭塞，可谓静矣。日月运行，未尝息也，则谓之不动可乎？故曰动静不相离。

子曰：致敬乎鬼神，理也；暱鬼神而求焉，斯不知矣。

子曰：阴过之时必害阳，小人道盛必害君子。欲无害者，惟过为防耳。弗过防之，从或戕之。

或问天、帝之异。子曰：以形体谓之天，以主宰谓之帝，以至妙谓之神，以功用谓之神鬼，以情性谓之乾，其实一而已，所自而名之者异也。夫天，专言之则道也。

子曰：天地所以不已，有常久之道也。人能常于可久之道，则与天地合。

或问："日月有定形乎？抑气散而复聚也？"子曰："难言也。然究其极致。则二端一而已。"

范蜀公言鬼神之际，曰："佛氏谓生为此，死为彼，无是理也。"子曰："公无惑，则有是言也。"蜀公曰："鬼神影响，则世有之。"子曰："公有所见，则无是言也。"

子曰：卜筮在我，而应之者蓍龟也；祭祀在我，而享之者鬼神也。夫岂有二理哉？亦一人之心而已。卜筮者以是心求之，其应如响；徇以私意及颠错卦象而问焉，未有能应者，盖无其理也。古之言事鬼神者，曰如有闻焉，如有见焉，则是鬼神答之矣，非真有见闻也。然则如有见闻者，谁欤？

子曰：天聪明自我民聪明，言理无二也。若夫天之所为，人之所能，则各有分矣。

子曰：天地之心以复而见，圣人未尝复，故未尝见其心。

子曰：天地之道，至顺而已矣。大人先天不违，亦顺理而已矣。

或问鬼神之有无。子曰：吾为尔言无，则圣人有是言矣；为尔言有，尔得不于吾言求之乎？

子曰：天地之间，感应而已，尚复何事？

子曰：日月之在天，犹人之有目；目无背见，日月无背照也。

子曰：气化之在人与在天，一也，圣人于其间，有功用而已。

子曰：天地日月，其理一致。月受日光而不为之亏，月之光乃日之光也。地气不上腾，天气不下降；天气下降至于地中，生育万物者，乃天之气也。

或问：“日食有常数者也，然治世少而乱世多，岂人事乎？”子曰：“天人之理甚微，非烛理明，其孰能识之？”曰：“无乃天数、人事交相胜负，有多寡之应耶？”子曰：“似之，未易言也。”

子曰：君子宜获福于天，而有贫瘁夭折者，气之所钟有不周耳。

子曰：天地阴阳之运，升降盈虚，未尝暂息。阳常盈，阴常亏，一盈一亏，参差不齐，而万变生焉。故曰：“物之不齐，物之情也。”庄周强齐之，岂能齐也？

或谓张绎曰：“吾至于闲静之地，则洒然心悦，吾疑其未善也。”绎以告子。子曰：“然。社稷宗庙之中，不期敬而自敬，是平居未尝敬也。使平居无不敬，则社稷宗庙之中，何敬之改修乎？然则以静为悦者，必以动为厌。方其静时，所以能悦静之心，又安在哉？”

或问：“人多惑于鬼神怪异之说，何也？”子曰：“不明理故也。求之于事，事则奚尽？求之于理则无蔽，故君子穷理而已。”

子曰：古今异宜，人有所不便者，风气之异也。日月星辰皆气也，亦自异于古耳。月何食？不受日光也。何为不受？与日相当，阴盛亢阳，不下于日也。古者鼓以救日月之食，然则月之食亦可鼓者，以其助阳欤？

子曰：五祀非先王之典。以为报邪？则遗其重而举其轻者。夫门之用，顾大于井之功乎？祭门而不祭井，何说也？

子曰：当大震惧，能自安而不失者，惟诚敬而已。

子曰：静动者，阴阳之本也；五气之运，则参差不齐矣。

子曰：史迁曰：“天与善人，伯夷善人，非耶？”此以私意度天道也。必曰颜何为而夭，跖何为而寿，指一人而较之，非知天者也。

子曰：有理则有气，有气则有数，鬼神者数也，数者气之用也。

或谓："杀孝妇而旱，岂非众冤所感邪？"子曰："众心固冤之耳，而一人之精诚，自足以动天地也。""然则杀暴姑而雨，岂妇冤既释邪？"子曰："冤气固散矣，而众心之愤亦平也。"

子曰：天地之间，善恶均于覆载，未尝有意于简别也，顾处之有道耳，圣人即天地也。

子曰：天地之化，虽荡无穷，然阴阳之度，寒暑昼夜之变，莫不有常久之道，所以为中庸也。

子曰：万物皆本乎天，人本乎祖，故以冬至祭天而祖配之，以冬至者，气至之始也。万物成形于帝，人成形于父，故以季秋享帝而父配之，以季秋者，物成之时也。

子曰：事鬼神易，为尸难。孝子有思亲之心，以至诚持之，则可尽其道矣。惟尸象神，祖考所以来格者也。后世巫觋，盖尸之遗意，但流为伪妄，不足以通幽明矣。致神必用尸，后世直以尊卑，势遂不行。三代之末，亦不得已焉而废耳。

子曰：物之名义，与气理通贯。天之所以为天，本何为哉？苍苍焉耳矣。其所以名之曰天，盖自然之理也。名出于理，音出于气。字书由是不可胜穷矣。

子曰：阴阳之气，有常存而不散者，日月是也；有消长而无穷者，寒暑是也。

子曰：天理生生，相续不息，无为故也。使竭智巧而为之，未有能不息也。

子曰：在此而梦彼，心感通也，已死而梦见，理感通也。明乎感通，则何远近、死生、今古之别哉？杨定鬼神之说，其能外是乎？

子曰：老氏言虚能生气，非也。阴阳之开阖相因，无有先也，无有后也，可谓今日有阳而后明日有阴，则亦可谓今日有形而后明日有影也。

或问："天地何以不与圣人同忧也？"子曰："天地不宰而成

化，圣人有心而无为。”

子曰：天地生物之气象，可见而不可言，善观于此者，必知道也。

圣贤篇

或问：“圣人有过乎？”子曰：“圣人而有过，则不足以为圣人矣。”曰：“夫子学《易》而后无大过者，何谓也？”子曰：“非是之谓也，犹删《诗》、定《书》、正乐之意也。自期年至于五十，然后乃赞《易》，则《易》道之过误者鲜矣。”曰：“《易》亦有过乎？”曰：“如《八索》之类，乱《易》者多矣。”

子曰：圣人之道犹天然，门弟子亲炙而冀及之，然后知其高且远也。使诚若不可及，则趋向之心不几于怠乎？故圣人之教，常俯而就之，曰“吾无隐乎尔”，“吾非生知，好古敏而求之者也”；非独使资质庸下者勉思企及，而才气高迈者亦不敢躐等而进也。

子曰：损益文质，随时之宜，三王之法也；孔子告颜渊为邦者，万世不易之法也。

子曰：孟子论子濯孺子之事，特曰不背师可称也，非言事君之道也。事君而若此，不忠之大也。

子曰：齐威之正，正举其事尔，非大正也；管子之仁，仁之功尔，非至仁也。

或问泰伯之三让。子曰：不立一也，逃焉二也，文身三也。

或问：“赵盾越境，果可免乎？”子曰：“越境而反，且不讨贼，犹不免也。必也越境而不反，然后可免耳。”

子曰：泰山虽高矣，绝顶之外，无预乎山也。唐、虞事业，自尧、舜观之，亦犹一点浮云过于太虚耳。

子曰：桓魋不能害己，孔子知矣，乃微服过宋。象将杀己，舜知之矣，乃同其忧喜。饥溺而死，有命焉，而禹、稷必救之。

国祚修短，有数焉，而周公必祈之。知性、命并行而不相悖，然后明圣人之用。

子曰：颜回在陋巷，淡然进德，其声气若不可闻者，有孔子在焉。若孟子，安得不以行道为己任哉？

或问："圣人亦有为贫之仕乎？"子曰："为委吏乘田是也。"或曰："抑为之兆乎？"曰："非也。为鲁司寇，则为之兆也。"或人因以是勉子从仕。子曰："至于饥饿不能出门户之时，又徐为之谋耳。"

子曰：子厚之气似明道。

子曰：天子之职守宗庙，而尧、舜以天下与人，诸侯之职守社稷，而大王委去之。惟圣贤乃与于此，学者守法可也。

子曰：圣贤在上，天下未尝无小人也，能使小人不敢肆其恶而已。夫小人之本心，亦未尝不知圣贤之可说也，故四凶立尧朝，必顺而听命。圣人岂不察其终出于恶哉？亦喜其面革畏罪而已。苟诚信其假善，而不知其包藏，则危道也。是以惟尧、舜之盛，于此未尝无戒，戒所当戒也。

或问："伐国不问仁人，然则古之人不伐国，其伐者皆非仁人乎？"子曰："展禽之时，诸侯以土地之故，暴民逞欲，不义之伐多矣，仁人所不忍见也，况忍言之乎？昔武王伐纣，则无非仁人也。"

子曰：强者易抑，子路是也；弱者难强，宰我是也。

子曰：信一也，而有浅深。七十子闻一言于仲尼，则终身守之，而未必知道，此信于人者也。若夫自信，孰得而移之？

刘安节问曰："志笃于善而梦其事者，正乎？不正？"子曰："是亦心动也。"曰："孔子梦见周公，何也？"子曰："圣人无非诚，梦亦诚，不梦亦诚。梦则有矣，梦见周公则有矣，亦岂寝而必梦，梦而必见周公欤？"

子语杨迪曰：近所讲问，设端多矣，而不失大概。夫二三子岂皆智不足以知之？由不能自立于众说漂煦之间耳，信不笃故也。

仲尼之门人，其所见非尽能与圣人同也，惟不敢执已而惟师之信，故求而后得。夫信而加思，乃致知之方也。若纷然用疑，终亦必亡而已矣。

子曰：“其亡其亡，系于苞桑。”汉王允、唐李德裕功未及成而祸败从之者，不知苞桑之戒也。

李观有言，使管仲而未死，内嬖复六人，何伤威公之伯乎？子曰：“管仲为国政之时，齐侯之心来蛊也；既蛊矣，虽两管仲，将如之何？未有蛊心于女色，而尽心于用贤也。”

或问：“郭璞以鸠占，何理也？”子曰：“举此意，向此事，则有此兆象矣，非鸠可占也。使鸠可占，非独鸠也。”

或问：“孔子不幸而遇害于匡，则颜子死之可乎，不死乎？”子曰：“今有二人，相与远行，则患难有相死之道，况回于夫子乎？”曰：“亲在则可乎？”子曰：“今有二人，相与搏虎，其致心悉力，义所当然也。至于危急之际，顾曰吾有亲，则舍而去之，是不义之大者也。其可否，当预于未行之前，不当临难而后言也。”曰：“父母存，不许友以死，则如此义何？”子曰：“有可者，远行搏虎之譬也。有不可者，如游侠之徒以亲既亡，乃为人报仇而杀身，则乱民也。”

子曰：知几者，君子之独见，非众人所能及也。穆生为酒醴而去，免于胥靡之辱；袁闳为土室之隐，免于党锢之祸；薛方守箕山之节，免于新室之汙；其知几矣。

子曰：汉世之贤良，举而后至，若公孙弘犹强起之者，今则求举而自进也。抑曰欲廷对天子之问，言天下之事，犹之可也。苟志于科目之美，为进取之资而已，得则肆，失则沮，肆则悦，沮则悲，不贤不良，孰加于此！

子曰：守节秉义，而才不足以济天下之难者，李固、王允、周顗、王导之徒是已。

刘安节问：“高宗得傅说于梦，何理也？”子曰：“其心求贤辅，虽寤寐不忘也，故精神既至，则兆见乎梦。文王卜猎而获太公，亦犹是也。”曰：“岂梦之者往乎？抑见梦之者来乎？”曰：“犹之明镜，有物必见，岂可谓与镜物有来往哉？”

或问：“周公欲代武王之死，其有是理邪？抑曰为之命邪？”子曰：“其欲代其兄之死也，发于至诚，而奚命之论？然则在圣人，则有可移之理也。”

子曰：圣贤于乱世，虽知道之将废，不忍坐视而不救也，必区区致力于未极之间，强此之衰，难彼之进，图其暂安，而冀其引久，苟得为之，孔、孟之屑为也。王允之于汉，谢安之于晋，亦其庶矣。

子曰：仲尼无迹，颜子之迹微显，孟子之迹著见。

子曰：颜子示不违如愚之学于后世，和气自然，不言而化者也。孟子则显其才用，盖亦时焉而已矣。学者以颜子为师，则于圣人之气象类矣。

子曰：古人以兄弟之子犹子也，而人自以私意小智观之，不见其犹也。或谓孔子嫁其女，异于兄弟之女，是又以私意小智观之，不知圣人之心也。夫盖以因其年德相配而归之，何避嫌之有？避嫌之事，贤者且不为，而况圣人乎？

子曰：陈平言宰相之职，近乎有学。

子曰：颜子非乐箪瓢陋巷也，不以贫累其心，而改其所乐也。

子曰：伯夷不食周粟，其道虽隘，而又能不念旧恶，其量亦宏。

朱光庭问：“周公仰而思之者，其果有所合乎？”子曰：“周公固无不合者矣。如其有之，则必若是其勤劳而不敢已也。”

子曰：游酢、杨时，始也为佛氏之学，既而知不足安也，则来有所请，庶乎其能变。

谢良佐既见明道，退，而门人问曰：“良佐何如？”子曰：“其才能广而充之，吾道有望矣。”

子曰：颜子虚中受道，子贡亿度而知之。

子曰：子厚、尧夫之学，善自开大者也。尧夫细行或不谨，而其卷舒运用亦熟矣。

子曰：邦无道而自晦以免患，可以为智矣，而比干而非不知也。

子曰：颜、孟知之、所至则同，至于渊懿温淳，则未若颜子者。

子曰：观武帝问贤良，禹、汤水旱，厥咎何由，公孙弘曰："尧遭洪水，不闻禹世之有洪水也。"而不对所由，奸人也。

子曰：尧、舜，生而知之者也；汤、武，学而至之者也。文之德似尧、舜，禹之德似汤、武，虽然，皆圣人也。

子曰：身之，言履也；反之，言归乎正也。

子曰：仲尼元气也，序犹春生也，孟子则兼秋杀见之矣。

子曰：学圣人者，必观其气象。《乡党》所载，善乎其形容也，读而味之，想而存之，如见乎其人。

子曰：鲁、卫、齐、梁之君，不足与有为，孔、孟非不知也，然自任以道，则无不可为者也。

子曰：颜子具体，顾微耳，在充之而已。孟子生而大全，顾未粹耳，在养之而已。

子曰：传圣人之道，以笃实得之者，曾子是也。易箦之际，非几于圣者不及也。推此志也，禹、稷之功，其所优为也。

子曰：圣人无梦，气清也；愚人多梦，气昏也。孔子梦周公，诚也，盖诚为夜梦之影也。学者于此，亦可验其心志之定否，操术之邪正也。

子曰：周勃入北军，问士卒，如有右袒，将何处哉？已知其心为刘氏者，不必问也。当是之时，非陈平为之谋，亦不能济矣。迎文帝于霸桥而请间，则非其时；见河东守尉于其国，而严兵，则非其事；几于无所能者，由不知学也。

子曰：仲尼浑然，乃天地也；颜子粹然，犹和风庆云也；孟子岩岩然，犹泰山北斗也。

周茂叔曰："荀卿不知诚。"子曰："既诚矣，尚何事于养心哉?”

子曰：王仲淹，隐德君子也；其书有格言，非其自著也，续之者勦入其说耳，所谓售伪必假真也。通之所得粹矣，非荀、杨所及。续经，其伪益甚矣。自汉以来，制诏之足纪者寡矣；晋、宋以后，诗之足采者微矣。

孔觉问：“孔明何如人也?”子曰：“王佐。”曰：“然则何以区区守一隅，不能大有为于天下也?”子曰：“孔明欲定中原，与先主有成说矣，不及而死，天也。”曰：“圣贤，杀一不辜而得天下则不为，孔明保一国，杀人多矣。”子曰：“以天下之力，诛天下之贼，义有大于杀也。孔子请讨陈恒，使鲁用之，能不戮一人乎?”曰：“三国之兴，孰为正?”子曰：“蜀之君臣，志在兴复汉室，正矣。”

子曰：杨、墨，学仁义而失之者，则后之学者有不为仁义者，则其失岂特杨、墨哉?

子曰：与巽之语，闻而多碍者，先入也；与与叔语，宜碍而信者，致诚也。

子曰：君子正己而无恤乎人。沙随之会，晋侯怒成公后期而不见鲁，当是时，国家有难，彼曲我直，君子不以为耻也。

子曰：世云汉高能用子房，非也，子房用汉高耳。

子曰：杨子云去就无足观：其曰“明哲煌煌，旁烛无疆”，则悔其蹈乱无先知之明也；其曰“逊于不虞，以保天命”，则欲以苟容为全身之道也。使彼知圣贤见几而作，其及是乎？苟至于无可奈何，则区区之命，亦安足保也!

子曰：尧夫襟怀放旷，如空中楼阁，四通八达也。

子曰：杨子云之过，非必见于美新投阁也。夫其黾勉莽、贤之间而不能去，是安得为大丈夫哉?

子曰：韩信“多多益办”，分数明而已。

子曰：君实谓其应世之具，犹药之参苓也，可以补养和平，不可以攻治沉痼，自处如是，必有救之之术矣。

或问："舜能化瞽、象于不格奸，而曷为不能化商均也？"子曰："舜以天下与人，必得如己者，故难于商均之恶，岂闻如瞽、象之甚焉？"

子曰：张良进退出处之际皆有理，盖儒者也。

子曰：孔门善问，无若颜子，而乃终日如愚，无所问也。

子曰：司马君实能受尽言，故与之言必尽。

子曰：颜子默识，曾子笃实，得圣人之道者，二子也。

或谓："颜子为人，殆怯乎？"子曰："孰勇于颜子！颜子曰：'舜何人也？予何人也？有为者亦若是。'有而若无，实而若虚，孰勇于颜子！"

或问："汉文多灾异，汉宣多祥瑞，何也？"子曰："如小人日行不善，人不以为言，君子一有不善，则群起而议之，一道也。白者易汙，全者易毁，一道也。以《风》《雅》考之，幽王大恶为小恶，宣王小恶为大恶，一道也。"

子曰：孟子言己志，有德之言也；论圣人之事，造道之言也。

子曰：子贡之知，亚于颜子，知之而未能至之者也。

或问："伊尹出处，有似乎孔子，而非圣之时，何也？"子曰："其任也气象胜。"

子曰：人有颜子之德，则有孟子之事功，孟子之事功，与禹、稷并。

或问："孟子何以能知言？"子曰："譬之坐乎堂上，则其辨堂下之声如丝竹也；苟杂处乎众言之间，群音嚣嚣然，己且不能自明，尚何暇他人之知乎？"

子曰：孔子为宰，为陪臣，皆可以行大道，若孟子，必得宾师之位而后行也。

子曰：明叔明辨有才气，其于世务练习，盖美材也，其学晚溺于佛，所谓日月至焉而已者，岂不可惜哉！

游酢得《西铭》诵之，则涣然于心，曰："此《中庸》之理也。"能求于语言之外也。

子曰：和叔任道，风力甚劲，而深潜缜密，则于与叔不逮。

鲜于侁问曰："颜子何以不能改其乐？"子曰："知其所乐，则知其不改。谓其所乐者何乐也？"曰："乐道而已。"子曰："使颜子以道为可乐而乐乎，则非颜子矣。"他日，侁以语邹浩，浩曰："吾虽未识夫子，而知其心矣。"

或谓："佛氏引人入道，比之孔子为径直乎？"子曰："果其径也，则仲尼岂固使学者迂曲其所行而难于有至哉？故求径途而之大道，是犹冒险阻，披荆棘，以祈至于四达之衢尔。"

孟子曰："可以仕则仕，可以止则止，可以久则久，可以速则速，孔子也，孔子圣之时者也。"知《易》者莫如孟子矣。孟子曰："王者之迹熄而《诗》亡，《诗》亡然后《春秋》作，《春秋》天子之事也。"知《春秋》者莫如孟子矣。

子曰：孔子之道，著见于行，如《乡党》之所载者，自诚而明也，由《乡党》之所载而学之，以至于孔子者，自明而诚也；及其至焉，一也。

子曰：闻善言则拜者，禹之所以为圣也；以能问于不能者，颜子之所以为贤也。后之学者，有一善则充然而自足，哀哉！

或问："舜不告而娶，为无后也，而与拂父母之心孰重？"子曰："非直不告也，告而不可，然后尧使之娶耳。尧以君命命瞽瞍，舜虽不告，尧固告之矣。在瞽瞍不敢违，而在舜为可娶也，君臣、父子、夫妇之道，于是乎皆得。"曰："然则象将杀舜，而尧不治焉，何也？"子曰："象之欲杀舜，无可见之迹。发人隐慝而治之，非尧也。"

子曰：伊尹之耕于莘，傅说之筑于岩，天下之事，非一一而学之，天下之贤才，非人人而知之也，明其在我者而已。

子曰：董子有言："仁人正其谊不谋其利，明其道不计其功。"度越诸子远矣。

或问："陋巷贫贱之人，亦有以自乐，何独颜子？"子曰："贫贱而在陋巷，俄然处富贵，则失其本心者众矣。颜子箪瓢由是，万钟由是。”

子曰：“有学不至而言至者，循其言可以入道。”门人曰：“何谓也？”子曰：“‘真积力久则入’，荀卿之言也；‘优而柔之，使自求之，餍而饫之，使自趋之，若江河之浸，膏泽之润，涣然冰释，怡然理顺’，杜预之言也；‘思之思之，又重思之，思而不通，鬼神将通之，非鬼神之力也，精诚之极也’，管子之言也。此三者，循其言皆可以入道，而三子初不能及此也。”

子曰：孔子教人，各因其才，有以文学入者，有以政事入者，有以言语入者，有以德行入者。

子曰：老氏之言杂权诈，秦愚黔首，其术盖有所自。

或问：“高宗之于傅说，文王之于太公，知之素矣，恐民之未信也，故假梦卜以重其事。”子曰：“然则是伪也，圣人无伪。”

子曰：盟可用，要之则不可用。要而盟，与不盟同。使要盟而可用，则卖国背君，亦可要也。是故孔子舍蒲人之约，而卒适卫。

子曰：颜子之怒在物而不在己，故不迁。

子曰：仲尼之门，不仕于大夫之家，惟颜、闵、曾子数人而已。

或问：“小白、子纠孰长？”子曰：“小白长。”“何以知之？”子曰：“汉史不云乎：齐威杀其弟，盖古之传者云尔。有如子纠兄也，管仲辅之为得正，小白既夺其国而又杀之，则管仲之于威公，乃不与同世之仇也。若计其后功而与其事威，圣人之言，无乃甚害于义，而启后世反复不忠之患乎？”

子曰：生而知之者，谓理也，义也；若古今之故，非学不能知也。故孔子问礼乐，访官名，而不害乎生知也。礼乐、官名，其文制有旧，非可凿知而苟为者。

子曰：人所不可能者，圣人不为也。或曰周公能为人臣所不能为，陋哉斯言也！

子曰：荀子谓博闻广见可以取道，欲力行尧、舜之所行，其所学皆外也。

子曰：工尹商阳追吴师，既及之，而曰“我朝不坐，宴不与，杀三人足以反命”。夫商阳惟当致力君命，而乃行私情于其间，慢莫甚焉，孔子盖不与也。其曰杀人之中又有礼焉，盖记《礼》者之谬也。

子曰：曾子易箦之际，志于正而已矣，无所虑也，与行一不义、杀一不辜而得天下不为者同心。

子曰：孔子之道，得其传者，曾子而已矣。时门弟子才辨明智之士非不众也，而传圣人之道者，乃质鲁之人也。观易箦之事，非几于圣者不足以臻此。继其传者，有子思，则可见矣。

刘安节问：“孔子未尝以仁许人，而称管仲曰‘如其仁’，何也?”子曰：“阐幽之道也。子路以管仲不死于子纠为未仁，其言仲者小矣，是以圣人推其有仁之功。或抑或扬，各有攸当，圣人之言类如此，学者自得可也。”

子曰：在邦家而无怨，圣人发明仲弓，使之知仁也。然在家而有怨者焉，舜是也；在邦而有怨者焉，周公是也。

子曰：尧、舜、孔子，语其圣则不异，语其事功则有异。

子曰：象忧喜，舜亦忧喜，天理人情之至也。舜之于象，周公之于管叔，其用心一也。管叔初未尝有恶，使周公逆度其兄将畔而不使，是诚何心哉？惟管叔之畔，非周公所能知也，则其过有所不免矣。

子曰：齐王欲养弟子以万钟，使夫国人有所矜式，其心善矣，于孟子有可处之义也，然时子以利诱孟子门人，故孟子曰：“我非欲富也，如其欲富，则辞十万而受万乎?”故当知孟子非不肯为国人矜式者，特不可以利诱耳。

子曰：不已则无闻，天之道也；纯则不二，文王之德也。文王其犹天欤！

或问：“庄周何如?”子曰：“其学无礼无本，然形容道理之言，则亦有善者。”

子曰：世之博闻强识者众矣，其终未有不入于禅学者。特立不惑，子厚、尧夫而已，然其说之流，亦未免于有弊也。

子曰：瞻之在前，未能及也；忽焉在后，则又过也。其差甚微，其失则有过不及之异。是微也，惟颜子知之，故兴卓尔之叹也。

或问："后世有作，虞帝弗可及，何也?"子曰："譬之于地，肇开而种之，其资毓于物者，如何其茂也！久则渐磨矣。虞舜当未开之时，及其聪明，如此其盛，宜乎后世莫能及也。胡不观之：有天地之盛衰，有一时之盛衰，有一月之盛衰，有一辰之盛衰，一国有几家，一家有几人，其荣枯休戚未有同者，阴阳消长，气之不齐，理之常也。"

子曰：知之既至，其意自诚，其心自正。颜子有不善未尝不知，知之至也；知之至，是以未尝复行，有复行焉者，知之不至耳。

子曰：善恶皆天理，谓之恶者，或过或不及。无非恶也，杨、墨之类是也。

明道十五六时，周茂叔论圣道之要，遂厌科举，慨然欲为道学，而未知其方也。及泛滥于诸家，出入于释、老者几十年，反求诸《六经》，而后得之。

明道志康节之墓曰："先生少时，自雄其才，慷慨有大志。既学，力慕高远，谓先王之事为可必致。及其学益老，德益邵，玩心高明，观天地运化，阴阳消长，以达乎万物之变，然后颓然乎顺，浩然乎归。德气粹然，望之可知其贤，然不事表暴，不设防畛，正而不谅，通而不汙，清明坦夷，洞彻中外。其与人言，必依于孝弟忠信，乐道人之善，而未尝及其恶。故贤者乐其德，不肖者服其化，所以厚风俗，成人材之功亦多矣。昔七十子学于仲尼，其传可见者，惟曾子所以告子思，而子思所以授孟子者耳。其余门人，各以其才之所宜为学，虽同尊圣人，所因而入者，门户则众矣。况后此千有余岁，师道不立，学者莫知所从来。独先生之学，得之于李挺之，挺之得之于穆伯长，推其源流，远有端绪。今李、穆之言及其行事，概可见也，而先生纯一不杂，汪洋高大，乃其所自得者多矣。然而名其学者，岂所谓门户之众，各有所因而入者与？语成德者，皆难其居。若先生之道，以其所至而论之，可谓安且成矣。”

伯淳既没，公卿大夫议以“明道先生”号之。子为之言曰：“周公死，圣人之道不行；孟轲死，圣人之学不传，道不行，百世无善治；学不传，千载无真儒。无善治，士犹得以明夫善治之道，以淑诸人，以传诸后；无真儒，则天下贸贸焉莫知所之，人欲肆而天理灭矣。先生生千四百年之后，得不传之学于遗经，天不愸遗，哲人早世。学者于道，知所向，然后见斯人之为功；知所至，然后见斯名之称情。山可夷，谷可堙，‘明道’之名，亘万古而长存也。”

君臣篇

子曰：人君欲附天下，当显明其道，诚意以待物，恕己以及人，发政施仁，使四海蒙其惠泽可也。若乃暴其小惠，违道干誉，欲致天下之亲己，则其道狭矣。非特人君为然也，臣之于君，竭其忠诚，致其才力，用否在君而已，不可阿谀逢迎，以求君之厚己也。虽朋友亦然，修身诚意以待之，疏戚在人而已，不可巧言令色，曲从苟合，以求人之与己也。虽乡党亲戚亦然。

子曰：君道以人心悦服为本。

子曰：君臣朋友之际，其合不正，未有久而不离者。故贤者顺理而安行，智者知几而固守。

子曰：君子有为于天下，惟义而已，不可则止，无苟为，亦无必为。

子曰：止恶当于其微，至盛而后禁，则劳而有伤矣。君恶既甚，虽以圣人救之，亦不免咈违也。民恶既甚，虽以圣人治之，亦不免于刑戮也。

子曰：人臣以忠信善道事其君者，必达其所蔽，而因其所明，乃能入矣。虽有所蔽，亦有所明，未有冥然而皆蔽者也。古之善谏者，必因君心所明，而后见纳。是故讦直强果者，其说多忤；温厚明辩者，其说多行。爱戚姬，将易嫡庶，是其所蔽也；素重四老人之贤而不能致，是其所明也。四老人之力，孰与夫公卿及天下之心？其言之切，孰与周昌、叔孙通也？高祖不从彼而从此者，留侯不攻其蔽而就其明也。赵王太后爱其少子长安君，不使为质于齐，是其蔽也；爱之欲其富贵久长于齐，是其所明也。左师所以道之者，亦因其明尔，故其受命如响。夫教人者，亦如此而已。

子曰：小人之于君，能深夺其志，未有由显明以道合者。

子曰：王者奉若天道，动无非天者，故称天王，命则天命也，讨则天讨也。尽天道者，王道也。后世以智力持天下者，霸道也。

子曰：人臣身居大位，功盖天下，而民怀之，则危疑之地也。必也诚积于中，动不违理，威福不自己出，人惟知有君而已，然后位极而无逼上之嫌，势重而无专权之过。斯可谓明哲君子矣，周公、孔明其人也。郭子仪有再造社稷之功，威震人主，而上不疑之也，亦其次欤！

张子厚再召如京师，过子曰："往终无补也，不如退而闲居，讲明道义，以资后学，犹之可也。"子曰："何必然？义当往则往，义当来则来耳。"

子曰：刚健之臣事柔弱之君，而不为矫饰之行者鲜矣。夫上下之交不诚而以伪也，其能久相有乎？

或问："《升》卦有大臣之事乎？"子曰："道何所不在？"曰："大臣而犹升也，则何之矣？"子曰："上则升君于道，下则升贤于朝，己则止其分耳，分则当止而德则当升也。尽是道者，文王也。"

子曰：士有志在朝廷而才不足者，有才可以济而诚不至者。

诚苟至焉，正色率下，则用之天下治矣。

刘安节问："赐鲁天子礼乐以祀周公，可乎？"子曰："不可。人臣而用天子之所用，周公之法乱矣。成王之赐，伯禽之受，皆过也。王氏谓人臣有不能为之功，而周公能之，故赐以人臣不能用之礼乐，非也。人臣无不能为之功，周公亦尽其分耳。人臣所当为者而不为，则谁为之也？事亲若曾子可也，其孝非过乎子之分也，亦免责而已。臣之于君，犹子之于父。苟不尽其责之所当为，则事业何自而立？而谓人臣有不能为之功，是犹曰人子有不能为之孝也，而可乎？后世有恃功责报而怏怏于君者，必此之言夫！"

子曰：当为国之时，既尽其防虑之道矣，而犹不免，则命也。苟唯致其命，安其然，则危塞险难无足以动其心者，行吾义而已，斯可谓之君子。

子曰：君子之处高位也，有拯而无随焉；在下位也，则有当拯，有当随焉。

或问："为官僚而言事于长，理直则不见从也，则如之何？"子曰："亦权其轻重而已。事重于去则当去，事轻于去则当留，事大于争则当争，事小于争则当已。虽然，今之仕于官者，其有能去者，必有之矣，而吾未之见也。"

范公为谏官，尝谏上曰："今欲富国强兵，将何以为？"子闻之，曰："野哉！乌足以格其君？《周礼》所记，亦有强富之术，惟孟子为梁惠王言利之不可为，至于不夺不餍，言兵之不可用，至于及其所爱也，庶乎其可矣。"

子曰：凡谏说于君，论辩于人，理胜则事明，气忿则招拂。

子曰：臣贤于君，则辅君以所不能，伊尹之于太甲，周公之于成王，孔明之于刘禅是也。臣不及君，则赞助之而已。

子曰：君子之事君也，不得其心，则尽其诚以感发其志而已，诚积而动，则虽昏蒙可开也，虽柔弱可辅也，虽不正可正也。古之人，事庸君常主而克行其道者，以己诚上达，而其君信之之笃耳。管仲之相威公，孔明之辅后主是也。

或问："陈平当王诸吕时，何不谏？"曰："王陵廷争不从，则去其位。平自意复谏者，未必不激吕氏之怒也。夫汉初君臣，徒以智力相胜，胜者为君，其臣之者非心说而臣事之也。当王诸吕时，而责平等以死节，庸肯苟死乎？"

子曰：士方在下，自进而干君，未有信而用之者也。古之君子，必待上致敬尽礼而后往者，非欲崇己以为大也，盖尊德乐道之诚心，不如是不足与有为耳。

或谓："《屯》之九五曰'屯其膏'，然则人君亦有屯乎？"子曰："非谓其名位有损也，号令有所不行，德泽有所不下，威权去己而不识所收，如鲁昭公、高贵乡公是也。或不胜其忿，起而骤正之，则致凶之道，其惟盘庚、周宣乎！修德用贤，追先王之政，而诸侯复朝焉，尽以道驯致，不以暴为之也，若唐之僖宗、昭宗是也。恬然不为，至于屯极，则有亡而已。"

昔有典选，其子当迁官，而固不之迁者，其心本自以为公，而不知乃所以为私也。或曰：古者直道而行，于嫌有所不必避，后世人伪竞生，是以不免耳。

子曰：非无时也。时者人之所为，盖无其人耳。

子曰：择才而用，虽在君，以身许国，则在己。道合而后进，得正则吉矣。汲汲以求遇者，终必自失，非君子自重之道也。故伊尹、武侯救世之心非不切，必待礼而后出者以此。

子曰：事君者知人主不当自圣，则不为谄谀之言；知人臣义无私交，则不为阿党之计。

或问："臣子加谥于君父，当极其美，有诸？"曰："正终大事也，加君父以不正之谥，知忠孝者不为也。"

子曰：人臣之义，位愈高而思所以报国者当愈勤。饥则为用，饱则飞去，是以鹰犬自期也，曾是之谓爱身乎？

或谓："礼局设官，地清而职闲，可居也。"子曰："朝廷举动有一违礼，则礼官当任其责，安得谓之闲？"

或曰："未有大臣如介甫得君者。"子曰："介甫自知之。其求去自表于上曰：'忠不足取信，事事待于自明。'使君臣之契果深，而有是言乎?"

子曰：君贵明，不贵察；臣贵正，不贵权。

子曰：君子不轻天下而重其身，不轻其身而重天下。凡为其所当为，不为其所不可为者而已。

或问："孔子事君尽礼，而人以为谄。礼与谄异矣，谄何疑于尽礼?"子曰："当时事君者，于礼不能尽也，故以讥圣人。非孔子而言，必曰'小人以为谄也'，孔子曰'人以为谄'而已。圣人道大德宏，故其言如此。"

子进讲至"南容三复白圭"，中侍谓讲至"南"字，请隐之，子不听。讲毕进曰："人君居兆人之上，处天下之尊，只惧怕人过为崇奉，以生骄慢之心，此皆近习谄媚以养之耳。昔仁宗之世，宫嫔谓正月为初月，易蒸饼曰炊饼，皆此类，天下至今以为非。嫌名、旧名，请勿复讳也。"翼日，孙觉讲曰"子畏于正"，子曰："以讳之故，独无地名可称也。'畏于正'，此何义也!"

司马温公、吕申公、韩康公上子行义于朝，遂命以官，典西都之教，子辞不听，又辞曰："上嗣位之初，方图大治，首拔一人于畎亩之中，宜得英材，使天下耸动，知朝廷之急贤也。今乃官使庸常之人，则天下何望?后世何观?朝廷之举何为?臣之受也何义?臣虽至愚，敢贪宠禄以速戾于厥躬?是以罔虞刑威，而必尽其说：愿陛下广知人之明以照四方，充取臣之心以求真贤，求之以其方，待之以其道，虽圣贤亦将为陛下出矣，况如臣者，何足道哉?"又不听，而召之至京师，且使校雠馆阁。子以布衣造朝也，则曰："草莱之臣蒙召而至，未见君，先受命，非礼也。"既见于庭，又命之陛对，遂有讲筵之除。子退而上疏曰："知人则哲，尧、舜所难。臣进对于顷刻之间，陛下见臣，何者而遽加擢任也?今之用臣，盖非常之举，必将责其报效，此天下之所观听也。苟或不然，则失望于今，而贻笑于后，可不谨哉?臣请有所言焉。古之人君，守成业而致盛治者，莫如周成王，其所以成德，则由乎周公。周公之辅成王也，幼而习之，所见必正事，所闻必正言，左右前后皆正人，故习与性长，化与心成。今陛下春秋方富，辅养之道不可不至也。所谓辅养之道，非谓告诏以言，过而后谏也，尤在涵养薰陶之而已矣。今夫一日之间，接贤士大夫之时多，亲寺人宦官之时少，则气质自化，德器自成。臣欲谨选贤德之士，以侍劝讲，讲读既罢，常留以备访问，从容燕语，不独渐磨德义，至于人情物态，稼穑艰难，日积既久，自然通达，比之深处宫闱，为益多矣。夫傅德义者，在乎防闻见之非，节嗜欲之过；保身体者，在乎适起居之宜，存畏谨之心。故左右近侍，宜选老成重厚小心之人；服饰器用，皆须朴实之物；俾华巧靡丽不至于前，浅俗之言不入于耳。凡动作言语，必使劝讲者知之，庶几随事箴规，应时谏正。调护圣躬，莫过乎此矣。人君居崇高之位，持威福之柄，百官畏惧而莫敢仰视，万方崇奉而所欲必得，苟非知道畏义，所养如此，其惑可知。则中常之君，无不骄肆；英明之主，自然满假。此古今同患，治乱所由也。所以周公告成王，称前王之德，以寅畏祗惧为首云。夫儒者得以经术进说于人君，言听则志行，自昔抱道之士，孰不愿之？顾恨弗获。然自古君臣道合，靡不由至诚感通，信以发志。臣也道未行于室家，善未孚于乡党，而何足以动人主之心乎？苟不度其诚之未至，而姑善辞说于进退之间，为一时之观则可矣，必欲通于神明，光于四海，久而无斁，臣知其不可也。是以欲进而思义，喜时而愧已。夫海宇至广，贤俊非一人，愿博谋群臣，旁加收择，期得出类之贤，寘诸左右，辅成圣德，则为宗社生灵之福矣。”久之，意有不合，上书太后曰：“臣鄙人也，少不喜进取，以读书求道为事，于兹几三十年。昔在两朝，累为当涂者荐扬。臣于是时，自顾道学之不足，不愿仕也。及上嗣位，陛下临朝，大臣仰体求贤愿治之心，搜扬岩穴，首及微臣。以为召而不往，子思、孟轲则可，盖二人者处宾师之位，不往所以规其君也；如臣微贱，食土之毛而为王民，召而不至，则邦有常宪矣。是以奔走承命，甫至阙廷之外，又有馆职之除，方且表辞，遂蒙赐对。臣于是时，尚未有意于仕也。进至帘陛，咫尺天光，未尝一言及于朝政。陛下视臣，岂求进者哉？既而亲奉玉音，擢寘经筵，事出望外，惘然惊惕。臣于斯时，虽以不才而辞，然许国之心已萌矣。辞不获命，于是服勤厥职。夫性朴而言拙，臣之所短也。若夫爱上之心，事上之礼，告上之道，则不敢不尽也。陛下心存至公，躬行大道，开纳忠言，委用耆德，直欲举太平，不止于因循苟安而已。苟能日谨一日，天下之事，诚不足虑。而方今所谓至急，为长久之计，则莫若辅养上德。历观前古，成就幼主，莫备于周公，为万世之法。愿陛下扩高世之见，以圣人之言为必可信，以先王之道为必可行，勿狃滞于近规，勿迁惑于众口，然后知周公诚不我欺也。考之《立政》之书，其言常伯常任之尊，与缀衣虎贲之贱，同以为戒，要在得人，以为知恤者鲜也。终篇反覆，惟此一事而已。夫仆臣正厥后，克圣左右，侍御仆从，罔匪正人，旦夕承弼，然后起居出入无违礼也，发号施令无不善也。后世不复知此，以谓人主就学，所以涉书史览古今也，夫此一端而已，苟曰如是而足，则能文宫人可以备劝讲，知书内侍可以充辅导，又何必置官设职，求贤德之士哉？自古帝王才质，鲜不过人，然完德有道之君至少，其故何哉？皆辅养不得其道，而势位使之然也。臣服职以来，六侍宸御，但见诸臣拱手默坐，当讲说者竦立案傍，解释数行，则已肃退。如此，虽弥年积岁，所益几何也？亦已异于周公辅成王之道矣。或以谓上方幼冲宜尔者，不知本之论也。古之人，自能食能言而教之。是故《大学》之法，以豫为先。盖人之幼也，智愚未有所主，则当以格言至论，日陈于前，盈耳充腹，久自安习，若固有之者，日复一日，虽有谗说摇惑，不能入也。若为之不豫，及乎稍长，私虑偏好生于内，众口辩言铄于外，欲其纯全，不可得已。故所急在先，而不忧其太早也。或又曰：圣上天资至美，自无违道，则尤非也。莫圣于禹，而益以丹朱傲游慢虐为之戒，禹岂不知是也？以唐太宗之聪睿，躬历艰难，力平祸乱，年亦长矣，其始也，恶隋炀帝之侈丽，毁其层观，未六七年，乃欲治乾阳殿矣。人心奚常之有？所以圣贤处崇高之位，当盛明之际，不忘规戒，为虑至深远也。况幼冲之君，而可懈于闲邪拂违之道乎？夫开发之道有方，而朋习之益至切。夫学悦而后入，宜使上心泰而体舒，然后有所悦怿。今也前对大臣，动虞违谬，一言之出，史必书之，非所以逊人主之志而乐于学也。凡侍讲读，皆使兼视他职，比于辅道，则弗专矣。夫告于人者，非积其诚意则不能感发。古人以蒲卢喻教，谓以诚化也。今夫钟，怒而击之则声武，悲而击之则声哀。诚意之入也，其于人亦犹是矣。若使营营于职事，纷纷于心思，及至上前，然后责功于简册，望化于颊舌，不亦浅乎？道衰学废，世不得闻此言也久矣。虽闻之，必笑之，以为迂且诞也。陛下高识远见，当蒙鉴采。圣学不传，臣幸得之于遗经，不自量度，方且区区驾其说于学以示天下后世，不虞幸会，得备讲说于人主之侧。诚使臣得以所学上沃帝听，则圣人之道有可行之望，岂特臣之幸哉！”

神宗首召伯淳，首访致治之要。子对曰：“君道稽古正学，明善恶之归，辨忠邪之分，晓然趋道之至正，君志定而天下之治成矣。”上曰：“定志之道何如？”子对曰：“正心诚意，择善而固执之也。夫义理不先定，则多听而易惑；志意不先定，则守善而或移。必也以圣人之训为必当从，以先王之治为必可法，不为后世驳杂之政所牵滞，不为流俗因循之论所迁改，信道极于笃，自知极于明，去邪勿疑，任贤勿贰，必期致治如三代之隆而后已也。然患常生于忽微，而志亦戒乎渐习。故古之人君，虽从容燕间，必有诵训箴谏；左右前后，罔匪正人，辅成德业。臣愿尊礼老成，访求儒学之士，不必劳以官职，俾日亲便座，讲论道义，又博延俊彦，陪侍法从，朝夕延见，讲磨治体，则睿智益明，王猷允塞矣。今四海靡靡，日益偷薄，末俗哓哓，无复廉耻，盖亦尊德乐义之风未孚，而笃诚忠厚之化尚郁也。惟陛下稽圣人之训，法先王之治，体乾刚健而力行之，则天下之幸。”上嘉纳焉。

明道告神宗曰：“人主当防未萌之欲。”上拱手前坐曰：“当为卿戒之。”因论人才。上曰：“朕未之见也。”曰：“陛下奈何轻天下士？”上耸然曰：“朕不敢。”明道之未为台谏也，察荆公已信用矣，明道每进见，必陈君道以至诚仁爱为本，未尝一言及功利。上始疑其迂阔，而礼貌不少替也。一日，极论治道，上敛容谢曰：“此尧、舜之事也，朕何敢当？”明道愀然曰：“陛下此言，非天下之福。”上益敬之。荆公画策寖行，子意多不合，令出有不便者，即论奏之；其尤有益，则论大臣不同心，谓小臣预大计；谓青苗收二分之息，谓鬻祠部度牒良民为僧，谓民情怨咨而公论壅遏，谓兴利之臣日进而尚德之风寖衰，上不敢用，子遂以罪去。

明道补外官，入辞，上犹眷眷问政。他日，明道曰：“当是时，吾不能感动君心，顾吾学未至，德未成也。虽然，河滨之人捧土塞孟津，亦复可笑。人力不胜，以至于今，岂非命哉！”

心性篇

刘安节问：“心有限量乎？”曰：“天下无性外之物，以有限量之形气用之，不以其道，安能广大其心也？心则性也，在天为命，在人为性，所主为心，实一道也。通乎道，则何限量之有？必曰有限量，是性外有物乎？”

子曰：耳目能视听而不能远者，气有限也。心无远近。

子曰：占出于自然之理，声发于自然之气。听声者知其资之善恶，善卜者知其人之姓氏，是一道也。

子曰：论性而不及气，则不备；论气而不及性，则不明。

子曰：冲漠无眹，而万象森然，未应不为先，已应不为后。如百寻之木，本根枝叶则一气也。若曰高明之极，无形可见，必也形诸轨辙之间，非也。高明之极，轨辙之间，皆一贯耳。

子曰：见闻之知，乃物交而知，非德性所知。德性所知，不待于闻见。

子曰：告子言生之谓性，通人物而言之也。孟子道性善，极本原而语之也。生之谓性，其言是也。然人有人之性，物有物之性，牛有牛之性，马有马之性，而告子一之，则不可也。使孟子不申问，告子不嗣说，乌知告子之未知义，孟子为知言？

子曰：凡物既散则尽，未有能复归本原之地也。造化不穷，盖生气也。近取诸身，于出入息气见阖辟往来之理。呼气既往，往则不返，非吸既往之气而后为呼也。

子曰：上天之载，无声无臭之可闻，其体则谓之易，其理则谓之道，其命在人则谓之性，其用无穷则谓之神，一而已矣。

或问："性与天道，是诚不可得而闻乎？"子曰："可自得之，而不可以言传也。"他日，谢良佐曰："子贡即夫子之文章而知性与天道矣，使其不闻，又安能言之？夫子可谓善言，子贡可谓善听。"

子曰："人心必有所止，无止则听于物，惟物之听，何所往而不妄也？"或曰："心在我，既已入于妄矣，将谁使之？"子曰："心实使之。"

子曰：视、听、言、动，身之用也，由中而应乎外，制乎外所以养其中也。

子曰：心本至虚，必应物无迹也。蔽交于前，其中则迁。故视、听、言、动，必复于礼，制于外所以安其中也，久则诚矣。

张子曰："性通极于无，气其一物尔。命同禀于性，遇其适然尔。力行不至，难以语性，可以言气；行同报异，难以语命，可以言遇也。"或问："命与遇异乎？"子曰："遇不遇即命也。"曰："长平死者四十万，其命齐乎？"子曰："遇白起则命也。有如四海九州之人，同日而死也，则亦常事尔。世之人以为是骇然耳，所见少也。"

或问："韩文公、扬雄言性如何？"子曰："其所言者才耳。"

或问："尽心之道，岂谓有恻隐之心而尽乎恻隐，有羞恶之心而尽乎羞恶也哉?”子曰:“尽则无不尽,苟一一而尽之,乌乎而能尽?”

韩侍郎曰:“凡人视、听、言、动,不免幻妄者,盖性之不善也。”子哂之曰:“谓性不善者,则求一善性而易之,可乎?”

子曰:君子虑及天下后世,而不止乎一身者,穷理而不尽性也。小人以一朝之忿,曾身之不遑恤,非其性之尽也。

子曰:天人无二,不必以合言;性无内外,不可以分语。

子曰:理与心一,而人不能会为一者,有己则喜自私,私则万殊,宜其难一也。

子曰:气质沈静,于受学为易。

子曰:志御气则治,气役志则乱。人忿欲胜志者有矣,以义理胜气者鲜矣。

王介甫曰:“因物之性而生之,直内之敬也;成物之形而不可易,方外之义也。”子曰:“信斯言也,是物先有性,然后坤因而生之,则可乎?”

子曰:动以人则妄,动以天则无妄。

子曰:言愈多,于道未必明,故言以简为贵。

子曰:不知性善,不可以言学,知性之善而以忠信为本,是曰“先立乎其大者”也。

或曰:“穷理,智之事也;尽性,仁之事也;至于命,圣人之事也。”子曰:“不然也。诚穷理,则性、命皆在是。盖立言之势,不得不云尔也。”

子曰:有为不善于我之侧而我不见,有言善事于我之侧而我闻之者,敬也,心主于一也。

或曰:“惟闭目静坐,为可以养心。”子曰:“岂其然乎?有心于息虑,则思虑不可息矣。”

子曰:人之知识未尝不全,其蒙者犹寐也,呼而觉之,斯不蒙矣。

子曰:有得无得,于其心气验之:裕然而无不充悦者,实有得也；切切然心劳而气耗，谓已有得，皆揣度而知之者也。

子曰：所守不约，则泛然而无功。约莫如敬。

子曰：守之必严，执之必定，少怠而纵之，则存者亡矣。

子曰：义理、客气，相为消长者也。以其消长多寡，而君子小人之分，日以相远矣。

子曰：公则同，私则异，同者天心也。

或问："人有耻不能之心，可乎？"子曰："耻不能而为之，可也；耻不能而隐之，不可也。至于疾人之能，又大不可也。若夫小道曲艺，虽不能焉，君子不耻也。"

或问："君子存之，何所存也？"子曰："存天理也。天理未尝亡，而庶民则亡之者众矣。"

或问："志乎道，而玩之不乐，居之不安，何也？"子曰："无乃助之长欤？"

子曰：人莫不知命之不可迁也，临患难而能不惧，处贫贱而能不变，视富贵而能不慕者，吾未见其人也。

或问敬、忠、孚、信之别。子曰："一心之谓敬，尽心之谓忠，存之于中之谓孚，见之于事之谓信。"

子曰：自得而动者，犹以手举物，无不从也。虑而后动者，犹以物取物，有中有不中矣。

或问："人情本明，其有蔽，何也？"子曰："性无不善，其偏蔽者，由气禀清浊之不齐也。"

子曰：德性云者，言性可贵也。性之德，言性所有也。

张子曰："太虚至清，清则无碍，无碍故神。反清则浊，浊则有碍，碍则形窒矣。"子曰："神气相极，周而无余。谓气外有神，神外有气，是两之也。清者为神，浊者何独非神乎？"

或问："独处夜行而多惧心，何也？"子曰："烛理不明也。明理则知所惧者皆妄，又何惧矣？知其妄而犹不免者，气不充也，敬不足也。"

子曰：以私己为心者，枉道拂理，谄曲邪佞，无所不至，不仁孰甚焉！

子曰："尽性至命，必本于孝弟。穷神知化，由通于礼乐。"刘安节问曰："孝弟之行，何以能尽性至命也？"子曰："世之言道者，以性命为高远，孝弟为切近，而不知其一统。道无本末精粗之别，洒扫应对，形而上者在焉。世岂无孝弟之人？而不能尽心至命者，亦由之而弗知也。人见礼乐坏崩，则曰礼乐亡矣，然未尝亡也。夫盗贼，人之至不足道者也，必有总属，必有听顺，然后能群起，而谓礼乐一日亡，可乎？礼乐无所不在，而未尝亡也，则于穷神知化乎何有？"

子曰：未有不能体道而能无思者，故坐忘则坐驰，有忘之心，是则思而已矣。

或问："性之成形，犹金之为器欤？"子曰："气比之金可也，不可以比性。"

子曰：言不足以得意，得意则言可忘矣。非心自得之，终非己物。

子曰：泛乎其思之，不如守约。思则来，舍则去，思之弗熟也。

子曰：天德云者，谓所受于天者未尝不全也。苟无污坏，则直行之耳。或有污坏，则敬以复之耳。其不必治而修，则不治而修，义也。其必治而修，则治而修，亦义也。其全天德一也。

或问："性善而情不善乎？"子曰："情者性之动也，要归之正而已，亦何得以不善名之？"

子曰：受于天之谓性，禀于气之谓才。才有善否，由气禀有偏正也。性则无不善。能养其气以复其正，则才亦无不善矣。

或问："赤子之心与圣人之心何以异？"子曰："赤子之心，已发发而去道未远也。圣人之心，如明镜，如止水。"

或问志、意之别。子曰："志自所存主言之，发则意也。发而当，理也；发而不当，私也。"

子曰：弘而不毅，则难立；毅而不弘，则无以居之。

杨迪言于子曰："心迹，固夫子以为无可判之理，迪也疑焉。"子曰："然则舜同象之忧喜，孟子不以为伪，即是宜精思以得之，而何易言也？"

子曰：与叔昔者之学杂，故常以思虑纷扰为患，而今也求所以虚而静之，遂以养气为有助也。夫养气之道，非槁形灰心之谓也。人者生物也，不能不动，而欲槁其形；不能不思，而欲灰其心；心灰而形槁，则是死而已也。其从事于敬以直内，所患则亡矣。

游酢曰："能戒谨于不睹不闻之中，则上天之载，可循序而进矣。"子曰："是则然矣。虽然，其序如之何？循之又如何也？荀卿曰'始乎为士，终也为圣'，其言是也，而曰'性者恶也，礼者伪也'，然则由士而圣人者，彼亦不知其所循之序矣。可不深思而谨择乎？"

子曰：有能全体此心，学虽未尽，但随分以应事物，虽不中不远矣。

子曰：西北与东南，人材不同，气之厚薄异也。

或问："心有存亡乎？"子曰："以心无形体也，自操舍言之耳。夫心之所存，一主乎事，则在此矣。"子因以目视地曰："过则无声臭矣。其曰放心者，谓心本善而流于不善是放也，心则无存亡矣。"

子曰：佛者平居高谈，自谓见性得尽，至其应物处事，则有惘然不知者，是实未尽所得也。

或问："有言求中于喜怒哀乐未发之前可也。"子曰："求则是有思也，思则是已发也。""然则何所据依，何以用功哉？"子曰："存养而已矣。及其久也，喜怒哀乐之发，不期中而自中矣。"

子曰：不欲则不惑，惑者由有所欲也。欲，非必盘乐也，心有所向，无非欲也。

或曰："心未有所感之时，何所寓也？"子曰："莫知其乡，何为而求所寓？有寓，非所以言心也，惟敬以操之而已。"

子曰：邪说虽炽，终不能胜正道，以人之秉彝不可亡也。然亦恶其善惑人心，是以孟子欲正人心，息邪说。

子曰：人必有仁义之心，然后仁义之气晬然达于外。

子曰：善恶云云者，犹杞柳之论也。善恶混云者，犹湍水之说也。

子曰：人性果恶耶，则圣人何为能反其性，以至于斯也？

子曰：命受于天。或者服饵致寿，是天命而可增益也。

子曰：卜筮将以决疑也。今之人独计其一身之穷通而已，非惑夫？

子曰：君子以识为本，行次焉。今有人，力能行之，而识不足以知之，则有异端之惑，将流荡而不知反，好恶失其宜，是非乱其真，虽有尾生之信、曾子之孝，吾弗贵也。

子厚曰："必有事焉而勿正心，勿忘勿助长者，其入神之奥乎！学者欲以思虑求之，既以自累其心于不神矣，乌得而求之哉？"子曰："有所事，乃有思也，无思则无事矣。孟子于是论养气之道，而未遽及夫神也。"子厚曰："勿忘者，亦不舍其灵明，善应之耳。"子曰："存不舍之心，安得谓之灵明？""然则其能善乎？"子曰："意必固我既亡之后，必有事焉，此学者所宜尽心也。"

子曰：夜气之所存者，良知也，良能也。苟扩而充之，化旦昼之所梏，为夜气之所存，然后有以至于圣人也。

子曰：甚矣，欲之害人也！人为不善，欲诱之也。诱之而不知，则至于灭天理而不知反。故目则欲色，耳则欲声，鼻则欲香，口则欲味，体则欲安，此皆有以使之也。然则何以窒其欲？曰思而已矣。觉莫要于思，惟思为能窒欲。

子曰：自性得者皆善也，而有仁义礼智之名者，以其所施之不同。合而言之，一道也。舍而行之，是悖理而违道也。而世言道与性者，必曰超然眇乎四端之外，是亦不学之过也。

子曰：闻见之知非德性之知，德性所知，不假闻见。

子曰：世之人乐其所不当乐，不乐其所当乐，慕其所不当慕，不慕其所当慕；皆由不思轻重之分，不知求放心而求放鸡犬者也。

子曰：有一物而相离者，如形无影不害其成形，水无波不害其为水。有两物而必相须者，心无目不能视，目无心不能识也。

子曰：莫大于性。小人云者，非其性然也，自溺于小而已，是故圣人闵之。

子曰：人之性犹器，受光于日。佛氏言性，犹置器日下，倾此于彼尔，日固未尝动也。

子曰：心具天德，心有不尽，则于天德不尽，其于知天难矣。

子曰：真元之气，气所由生，外物之气，不得以杂之；然必资物之气而后可以养元气，本一气也。人居天地一气之中，犹鱼之在水，饮食之真味，寒暑之节宣，皆外气涵养之道也。

子曰：神与气未尝相离，不以生存，不以死亡，而佛言有一物不亡而常存，能盗胎夺荫，则无是理也。

子曰：不诚不庄，而曰尽性者无之。性之德无伪慢，不免乎伪慢者，未尝知其性也。

子曰：体会必以心。谓体会非心，于是有心小性大之说。圣人之心，与天为一。或者滞心于智识之间，故自见其小耳。

或问："克、伐、怨、欲不行而非仁，何也？"子曰："无是四者，非仁而何？原宪之问，在于止而不行，未免于有是心也，故曰可以为难而已。盖将以起原宪之问而进之，而宪不能也。"

或问："君子存之，如何其存也？"子曰："必有事焉而勿正心，勿忘勿助长，乃存之之道也。"

子曰：无妄，天性也，万物各得其性，一毫不加损矣。

子曰：感而遂通，感非自外也。

子曰：退藏于密者，用之源也。

子曰：人心，私欲也，危而不安；道心，天理也，微而难得。惟其如是，所以贵于精一也。精之一之，然后能执其中，中者极至之谓也。

子曰："鸢飞戾天，鱼跃于渊，言其上下察也"，此子思开示学者切要之语也。孟子曰"必有事焉而勿正心，勿忘"，其意亦犹是也。有得于此者，乐则生，生则乌可已也？无得于此者，役役于见闻，知思为机变之巧而已。

子曰：知命者达理也，受命者得其应也。天之应若影响然，得其应者常理也。致微而观之，未有不应者；自浅狭之所见，则谓其有差矣。天命可易乎？然有可易者，惟其有德者能之。

韩康公曰："今有人顿然明尽者，子信诸？"子曰："必也生而知之，然未之见也。凡所贵乎学者，不谓生而知之者也。孟子曰：'尽其心者，知其性也，存其心，养其性，所以事天也。"言其至也。佛氏于阴阳生死古今，未之识也，而谓得夫形而上者与吾圣人无二致，可乎？人才智愈明，其所陷溺愈深，可不戒乎！"

子曰：学必知自慊之道，有一毫不自慊，则子厚所谓"有外之心，不足以合天心"也。

子曰：率气在志，养气在直内；有私意则馁，无不义则浩然。

子曰：心活则周流无穷，而不滞于一隅。

子曰：质之美者，一明即尽，浊滓浑化，斯与天地同体矣。庄敬持养，抑其次也；及其至，则一也。

或问："多怒多惊，何也？"子曰："主心不定也。"

子曰：心尽乎，智周万物；而不尽乎，如死灰。形尽乎，动容周旋；而不尽乎，如槁木。以寂灭湛静为道者，其分远矣。

张子厚问伯淳曰："定性未能不动，犹累于外物，何也？"子曰："所谓定者，静亦定，动亦定，无将迎，无内外。苟以物为外，牵己而从之，是以性为有内外也。性为随于外，则当其在外时，何者在内也？是有意于绝外诱，而不知性之无内外也。既以内外为二本，则又乌可语定哉？夫天地之常，以其心普万物而无心；圣人之常，以其情顺万事而无情。故君子之学，莫若廓然而大公，物来而顺应。苟规规于外诱之除，将见灭于东，生于西也。非其日之不足，顾其端无穷，不可得而除也。人之情各有所蔽，故不能适道，其害在于是内而自私也，用智也。自私则不能以有为为应迹，用智则不能以明觉为自然。今以恶外物之心，而求照无物之地，是反镜而索照也。与其非外而是内，不若内外之两忘也。两忘，则澄然无事矣。无事则定，定则明，明则何物之为累哉？圣人之喜，以物之当喜；圣人之怒，以物之当怒；喜怒不系于心而系于物，圣人未尝绝物而不应也。人之情易发而难制者，惟怒为甚。能以方怒之时，遽忘怒心，而观理之是非，亦可见外诱之不足恶，而于道亦思过半矣。”

人物篇

子曰：万物之始，气化而已。既形气相禅，则形化长而气化消。

子曰：人以累物为患，必以忘物为贤，其失一也。

子曰：物固有是理，因而充长之，不俟乎造为，故曰“益长裕而不设”，设则伪矣。

子曰：观物理，于察己之理明，则无往而不识矣。

子曰：君子循理，故常泰，小人役于物，故多忧戚。

子曰：时者，圣人之所不能为也，而人之智愚，世之治乱，圣人必示以可易之道者，岂徒为教哉？盖有其理也。

子曰：物形有小大精粗之不同，神则一而已。

子曰：物相入则相说，说则相入。说以正为贵。君子之道，致说于民，如天地之施焉。

子曰：君子之自尚，盖非一致：有抱道不偶，而高洁自守者焉；有知止足之戒，退而保身者焉；有最能度分，安于不求者焉；有清介远引，不屑世故者焉。孔子所谓志可则者，进退合道者也。

子曰：二气五行，刚柔万殊，圣人由一理复其初也。

子曰：非仁无以见天地。

子曰：感慨杀身，常人之所易；处死生之际，雍容就义，君子之所难。

子曰：观物于静中，皆有春意。

子曰：圣贤之处世，莫不于大同之中有不同焉。不能大同者，是乱常拂理而已；不能不同者，是随俗习污而已。

子曰：一行非所以名圣人。

子曰：有志之士，不以天下万物挠己；己立矣，则运天下，济万物，必有余裕。

或问："凡人辨论，自直其说，求胜人而无含容之气，何也？"子曰："识量狭也。圣人之有量，天资也；君子之有量，学识也。圣人与日月并明，故天地同量。下此者，犹之江海也，钟鼎也，釜斛也，斗筲也，其涯虽异，其受也不齐，而未有不满者也。惟道无限量。知道者量必宏，学而充之，则亦随其知之所至而已。人有受一荐而满者，有得一官而满者，推而上之，至于为公辅而满者，方其未满，犹可蔽也，既不能承，则必盈溢，不可掩也。邓艾位登三公，年七十矣，其自处亦善，及破蜀有功，则心动矣。谢安闻苻坚之败，不形喜色，及折屐齿，则心动矣。有饮酒既醉而执礼愈恭者，虽贤于颠沛，而为酒所动，一也。富贵公子折身过于谦抑，视骄傲者亦贤矣，亦为富贵所动也。"

或问："视朋友之过，不告则不忠，善告之不听，则当何如？"子曰："诚意交孚于未言之前，虽不言而人信之矣。不信者，诚不至也。"

子曰：匹夫悍卒，见难而能死者，多矣。惟妻孥之牵，情欲之爱，能断而不惑者，鲜矣哉！

子曰：勇一也，而用不同。勇于气者，小人也；勇于义者，君子也。

刘安节问："人有少而勇，老而怯，少而廉，老而贪。何为其然也？"子曰："志不立，为气所使故也。志胜气，则一定而不可变也。曾子易箦之际，其气微可知也。惟其志既坚，则虽死生之际，亦不为之动，况老少之异乎？"

子曰：以己及物，仁也；推己及物，恕也。

子曰：天下之聚，贵以正。聚不以正，于人则为苟合，于财则为悖入。

子曰：学者必识圣贤之体；圣人犹化工也，贤人犹巧工也。翦彩以为花，设色以尽之，非不宛然肖之，而欲观生意之自然，则无之也。

子曰：不以己待物，而以物待物，是谓无我。

子曰：圣人之明犹日月，不可过也，过则不明矣。

子曰：一介之士，苟存心于爱物，亦必有所济。

子曰：气之所钟，有偏正，故有人物之殊；有清浊，故有智愚之等。

刘安节问："太古之时，人物同生。"子曰："然。""纯气为人，繁气为物乎？"子曰："然。""其所生也，无所从受，则气之所化乎？"子曰："然。"

子曰：物穷而不变，则无不易之理。易者，变而不穷也。

子曰：万物始生也，郁结未通，则实塞于天地之间，至于畅茂，则塞意亡矣。

子曰：哲人知几，诚之于思乎！志士励行，守之于为乎！顺理则裕，而从欲则危乎！

子曰：君子之教人，或引之，或拒之，或各因所亏者成之而已。

张子曰："洪钟未尝有声，由扣乃有声。圣人未尝有知，由问乃有知。"子曰："谓圣人无知，则当不问之时，其犹木石乎？"张子曰："有不知则有知，无不知则无知，故曰圣人未尝有知，由问乃有知也。"

或问："天民与大人之道何以异？"子曰："顺天而行道者，天民也；顺天而为政者，天吏也；大人则进乎此矣。"

子曰：君子处难，贵守正而不知其他也；守正而难不解，则命也。遇难而不固其守，以自放于邪滥，虽使苟免，斯亦恶德也。

知义命，不为也。

子曰：先儒“母弟”之说，非也。《礼》云立嫡子，母弟者谓嫡也，非以同母为加亲也。以同母为加亲，是知母而不知父，非人道也。

子曰：圣人之德，无所不盛。古之称圣人者，自其尤盛而言之。尤盛者，见于所遇也。而或以为圣人有能有不能，非知圣人者也。

子曰：厚责于吾所感，薄责于吾所应，惟君子能之。

子曰：圣人责人缓而不迫，事正则已矣。

或问：“君子之与小人处也，必有侵陵困辱之患，则如之何？”曰：“于是而能反己，兢谨以远其祸，则德益进矣。《诗》不曰‘他山之石，可以攻玉’？”

子曰：人各亲其亲，然后能不独亲其亲。

子曰：君子常过于厚，小人常过于薄。君子常过于爱，小人常过于忍。

子曰：欲利己者必损人，欲利财者心敛怨。

子曰：今之世，称曰善人者，岂如无恶可欲也哉？殆亦昏弃无立之异名。

子曰：圣人之心未尝有，志亦无不在，盖其道合内外，体万物。

子曰：圣人之心，虽当忧劳，未尝不安静，其在安静；亦有至忧，而未尝劳也。

子曰：万物之理皆至足，而人于君臣、父子之间，不能尽其分者多矣。

子曰：无物无理，惟格物可以尽理。

或问：“圣人之道，其难知也？”子曰：“圣人未尝言易以骄人之志，亦未尝言难以阻人之进，盖曰：‘未之思也，夫何远之有？’是言也，涵蓄无穷之旨，学者宜深思也。”

子曰：羁靮以御马，而不以制牛。人皆知羁靮之制在人，而不知羁靮之用本于马也。圣人之化亦如之。

子曰：君子之道，贵乎有成。有济物之用，而未及乎物，犹无有也。

子曰：天地万物之理，无独必有对。

子曰：圣人，天地之用也。

子曰：圣人尽道，以其身之所行者教人，是欲天下之人皆至于圣人之域也。佛氏逃父弃家，毁绝伦类，独处山林之下，乃以所轻所贱者施诸人，岂圣人君子之心哉？

子曰：凡物有形，则声色臭味具焉。四者之虚实均而实胜也，意言数象亦然。

子曰：梦之所接无形声，而心所感通则有形声之理。物生者气聚也，物死者气散也。

子曰：君子在蹇则有以处蹇，在困则有以处困，道无时而不可行也，不以蹇而蹇，困而困也。

子曰：元者物之先也。物之先，未有不善者。成而后有败，兴而后有衰，得而后有失，事无不然者。故孔子赞之曰："元者善之长也。"

子曰：凡人有己，必用才。圣人忘己，何才之足言？

或问："符瑞之事有诸？"子曰："有之。""圣人不道焉，何也？"曰："因灾异而修德则无损，因祯祥而自恃有害，是以不道也。"

子曰：尧夫云："能物物，则我为物之人也；不能物物，则我为物之物也。"夫人自人，物向物，其理昭矣。

子曰：合而生，非来也；尽而死，非往也。然而精气归于天，形魄归于地，谓之往亦可矣。

子曰：与昧者语，如持掖醉人，左扶之则右仆，右扶之则左仆，欲其卓立中涂，不可得也。

子曰：庄周言神人者，非也。圣而不可知，则不可得而名，故以神称之，非谓神人加于圣人一等也。

子尝言：昔游乎雍、华之间，关西学者六七人从予行。一日亡千钱，仆者曰："非晨装遗失，必涉水沈之矣。"子曰："惜哉!"有谓子曰："是诚可惜也。"又有曰："微哉千钱，亦何足惜也?"又有曰："水中囊中，人亡人得，可以一视，何叹可惜也?"子曰："人苟得之，则非亡矣。今乃坠诸水，则无用，吾是以叹之。"及语吕与叔曰："人之器识，乃如是之不同也!"与叔曰："夫三子之言如何?"子曰："最后者善。"与叔曰："善则善矣，观夫子之言，则见其有体而无用也。"予因善志之。既十有五年，阅故编见之，思与叔不幸而蚤死，为之陨涕。

子曰：君子之学，必日进则日新，不日进者必日退，未有不进而不退者。惟圣人之道无进退，以其所造者极也。

子曰：圣人之言，其远如天，若不可阶而升也，其近若地，则亦可以履而行也。

子曰：有求为圣人之志，然后可以共学；学而善思，然后可以适道。

子曰：多权者害诚，好功者害义，取名者贼心。

子曰：君子好成物，故吉；小人好败物，故凶。

子曰：万物皆备于我。心与事遇，则内之所重者更互而见，此一事重，则此一事出。惟能物各付物，则无不可矣。

子曰：为有为而以无为为之，是乃有为耳。圣人无为异于是。

子曰：元气会则生圣贤。

子曰：凡物参和交感则生，离散不和则死。

子曰：君子之于义，犹小人之于利也，唯其深喻，是以笃好。

子曰：圣人济物之心无穷，而力或有所不及。

子曰：聚为精气，散为游魂；聚则为物，散则为变。观聚散，则鬼神之情状著矣。万物之始终，不越聚散而已。鬼神者，造化之功也。

子曰：才高者多过，过则一出焉，一入焉。才卑者多不及，不及者殆且弛矣。

或曰："凡物之出，各自其气之所胜而化焉。"子曰："何以见之？"曰："如木之生，新根既大。则旧根化矣。"子曰："是克也。"或曰："克则木化为土而何？"子曰："非化也，克也。物无一定，盛衰相因，古之人以迭王言五行，尽之矣。"或曰："五行一气也，其本一物耳。"子曰："五物也。五物备，然后生。犹五常一道也，无五则亦无道。然而既曰五矣，则不可浑而为一也。"

子曰：物有本末，而本末非二道也。

子曰："致中和，天地位焉，万物育焉"，曰致、曰位，非圣人不能言，子思盖得之云尔。

子曰：圣人无私无我，故功高天下，而无一介累其心。盖有一介存焉，未免乎私己也。

子曰：圣人之心，如天地之造，生养万物而不尸其功，应物而见于彼，复何存于此乎？

子曰：轻浮巧利之人，去仁远矣。

子曰：天理无私。一入于私，虽欲善其言行，皆非礼。

子曰：不履圣贤之行，则亦不能入其阃奥。

子曰：不可为而为之，圣人无忘天下之心也。

子曰："隘与不恭，君子不由"，拔本塞源之教也。

子曰：因是人有可喜则喜之，圣人之心本无喜也。因是人有可怒则怒之，圣人之心本无怒也。譬诸明镜试悬，美物至则美，丑物至则丑，镜何有美丑哉？君子役物，小人役于物。今人见可喜可怒之事，必容心其间，若不啻在己者，亦劳矣。

子曰：上下一于敬，则天地自位，万物自育，气无不和，四灵何所不至？此圣人修己以安百姓之道也。

子曰：为恶之人，原于不知思，有思则心悟。

子曰：物未尝不齐也，强欲齐之者，非物不齐也，汝自不齐耳。

子曰：上竿而戏者，自数尺至于百尺，习化其高也，况圣人至诚妙物之功乎？

子曰：圣人一言，即全体用，不期然而然也。

子曰：人之所以为人者，以有天理也。天理之不存，则与禽兽何异矣？

或问："于《传》有言，太古之时人有牛头蛇身者，信乎？"子曰："谓之人，则无是矣。或言其赋形之有肖焉，则可谓云尔已矣。"

子曰：物我一理，明此则尽彼，尽则通，此合内外之道也。语其大，至天地之所以高厚；语其小，至于一草木所以如此者，皆穷理之功也。

子曰：穷物理者，穷其所以然也。天之高，地之厚，鬼神之幽显，必有所以然者。苟曰天惟高耳，地惟厚耳，鬼神惟幽显耳，是则辞而已，尚何有哉？

子曰：惟圣人凝然不动。

子曰：惟圣人善通变。

子曰：五行在天地之间，有则具有，无生出先后之次也。或水、火、金、木、土之五者为有序不可也，然则精、神、魂、魄、意之五者为序亦不可也。

二程全集附录

目录

《朱子语类》论二程子（卷九十三节选）

"今人多疑濂溪出于希夷，又云为禅学，其诸子皆学佛。"可学云："濂溪书具存，如《太极图》，希夷如何有此说？或是本学老、佛而自变了，亦未可知。"曰："尝读张忠定公语录，公问李畋云：'汝还知公事有阴阳否'云云，此说全与濂溪同。忠定见希夷，盖亦有些来历。但当时诸公知濂溪者，未尝言其有道。"可学曰："此无足怪，程太中独知之。"曰："然。"又问："明道之学，后来固别。但其本自濂溪发之，只是此理推广之耳。但不如后来程门授业之多。"曰："当时既未有人知，无人往复，只得如此。"（可学）

"濂溪在当时，人见其政事精绝，则以为宦业过人；见其有山林之志，则以为襟袖洒落，有仙风道气，无有知其学者。惟程太中独知之。这老子所见如此，宜其生两程子也。只一时程氏，类多好人。"举横渠祭太中弟云："父子参、点。"又祭明道女兄云："见伯淳言：汝读《孟子》有所见，死生鬼神之蕴，无不洞晓。今人为卿相大臣者，尚不能知。"先生笑曰："此事是讥富公。"寞问："韩公一家气象如何？"曰："韩公天资高，但学识浅，故只做得到那田地，然其大纲皆正。"又云："明道当初想明得煞容易，便无那渣滓。只一再见濂溪，当时又不似而今有许多言语出来。不是他天资高，见得易，如何便明得？"德明问："《遗书》中载明道语，便自然洒落明快。"曰："自是他见得容易。伊川《易传》却只管修改，晚年方出其书。若使明道作，想无许多事。尝见门人有祭明道文云：'先生欲著《乐》书，有志未就。'不知其书要如何作。"（德明）

问："明道、濂溪俱高，不如伊川精切。"曰："明道说话超迈，不如伊川说得的确。濂溪也精密，不知其他书如何，但今所说这些子，无一字差错。"问明道不著书，曰："尝见某人祭明道

文说跷蹊，说明道要著《乐》书（乐音洛），乐，如何著得书?”（德辅）

汪端明尝言二程之学，非全资于周先生者。盖《通书》人多忽略，不曾考究。今观《通书》，皆是发明太极。书虽不多，而统纪已尽。二程盖得其传，但二程之业广耳。

二程不言太极者，用刘绚记程言，清虚一大，恐人别处走。今只说敬，意只在所由，只一理也。一理者，言“仁义中正而主静”。（方）

濂溪静一，明道敬。（方子）

明道说话浑沦，煞高，学者难看。

明道说底话，恁地动弹流转。（方子）

明道语宏大，伊川语亲切。（方）

明道说话，一看便好，转看转好；伊川说话，初看未甚好，久看方好。（义刚）

明道说话，亦有说过处，如说“舜有天下不与”。又其说阔，人有难晓处，如说“鸢飞鱼跃”，谓“心勿忘勿助长”处。伊川较子细，说较无过，然亦有不可理会处。又曰：“明道所见甚俊伟，故说得较快，初看时便好，子细看亦好；伊川说，初看时较拙，子细看亦拙。”又曰：“明道说经处较远，不甚协注。”（扬）

说明道言语偲宽平，伊川言语初难看，细读有滋味。又云：“某说大处自与伊川合，小处却持有意见不同。说南轩见处高，如架屋相似，大间架已就，只中间少装折。”

“明道曾看释、老书，伊川则庄、列亦不曾看。”先生云：“后来须著看。不看，无缘知他道理。”

伊川《好学论》，十八时作。明道十四五便学圣人，二十及第，出去做官，一向长进。《定性书》是二十二三时作。是时游山，许多诗甚好。（义刚）

问：“明道可比颜子，伊川可比孟子否?”曰：“明道可比颜子。孟子才高，恐伊川未到孟子处。然伊川收束检制处，孟子却

不能到。”（燀）

窦问：“前辈多言伊川似孟子。”曰：“不然。伊川谨严，虽大故以天下自任，其实不似孟子放脚放手。孟子不及颜子，颜子常自以为不足。”（德明）

郑问：“明道到处响应，伊川入朝成许多事，此亦可见二人用处。”曰：“明道从容，伊川都挨不行。”陈后之问：“伊川做时似孟子否?”曰：“孟子较活络。”问：“孟子做似伊尹否?”先生首肯，又曰：“孟子传伊尹许多话，当时必有一书该载。”（淳）

问：“学于明道，恐易开发；学于伊川，恐易成就。”曰：“在人用力。若不用力，恐于伊川无向傍处。明道却有悟人处。”（方）

伊川说话，如今看来，中间宁无小小不同，只是大纲统体说得极善，如“性即理也”一语，直自孔子后，惟是伊川说得尽。这一句便是千万世说性之根基！理是个公共底物事，不解会不善。人做不是，自是失了性，却不是坏了著修。（贺孙）

明道诗云：“旁人不识予心乐，将谓偷闲学少年。”此是后生时气象眩露，无含蓄。（学蒙）

或问明道五十年犹不忘游猎之心，曰：“人当以此自点检，须见得明道气质如此，至五十年犹不能忘。在我者当益加操守方是，不可以此自恕。”（卓）

东坡见伊川主司马公之丧，讥其父在，何以学得丧礼如此，然后人遂为伊川解说，道伊川先丁母艰。也不消如此，人自少读书，如《礼记》《仪礼》，便都已理会了。古人谓居丧读丧礼，亦平时理会了，到这时更把来温审，不是方理会。（贺孙）

因论司马、文、吕诸公，当时尊伊川太高，自宰相以下皆要来听讲，遂致苏、孔诸人纷纷。曰：“宰相尊贤如此甚好，自是诸人难与语。只如今赌钱吃酒等人，正在无礼，你却将《礼记》去他边读，如何不致他恶!”（扬）

伊川令吕进伯去了韩安道。李先生云：“此等事，须是自信得及，如何教人做得!”（扬）

至之问："程先生当初进说，只以'圣人之说为可必信，先王之道为可必行，不狃滞於近规，不迁惑於众口，必期致天下如三代之世'，何也？"先生曰："也不得不恁地说。如今说与学者，也只得教他依圣人言语恁地做去。待他就里面做工夫有见处，便自知得圣人底是确然恁地。荆公初时与神宗语亦如此，曰：'愿陛下以尧、舜、禹、汤为法。今苟能为尧、舜、禹、汤之君，则自有皋、夔、稷、契、伊、傅之臣。诸葛亮、魏徵，有道者所羞道也。'说得甚好，只是他所学偏，后来做得差了，又在诸葛、魏徵之下。"（义刚）

有咎伊川著书不以示门人者，再三诵之，先生不以为然也，因坐复叹，先生曰："公恨伊川著书不以示人，某独恨当时提撕他不紧。故当时门人弟子布在海内，炳如日星，自今观之，皆不满人意。只今《易传》一书散满天下，家置而人有之，且道谁曾看得他个！果有得其意者否？果曾有行得他个否？"（道夫）

闻伯夷、柳下惠之风者，顽廉薄敦，皆有兴起，此孟子之善想像者也。"孔子，元气也；颜子，和风庆云也；孟子，泰山岩岩之气象也。"此程夫子之善想像者也。今之想像大程夫子者，当识其明快中和处；小程夫子者，当识其初年之严毅，晚年又济以宽平处。岂徒想像而已哉？必还以验之吾身者如何也。若言论风旨，则诵其诗，读其书，字字而订之，句句而议之，非惟求以得其所言之深旨，将并与其风范气象得之矣。（大雅）

书无所不读，事无所不能，若作强记多能观之，诚非所以形容有道之君子。然在先生分上正不妨。书之当读者无所不读，欲其无不察也；事之当能者无所不能，以其无不通也。观其平日辩异端，辟邪说，如此之详，是岂不读其书而以耳剽决之耶？至于鄙贱之事虽琐屑，然孰非天理之流行者？但此理既得，自然不习而无不能耳。故孔子自谓"多能鄙事"，但以为学者不当自是以求之，故又曰"不多"也。今欲务于强记多能，固非所以为学。然事物之间分别太甚，则有修饬边幅，简忽细故之病，又非所以求

尽心也。(镐)

伊川快说禅病，如后来湖南、龟山之弊，皆先曾说过。湖南正以为善。龟山求中于喜怒哀乐之前。(方)

居仁谓伊川颟顸语，是亲见与病叟书中说。(方)

伊川告词如此，是绍兴初年议论，未免一褒一贬之杂也。(谟)

程先生传甚备，见徽庙实录，吕伯恭撰。(振)

闾丘次孟云："诸先生说话，皆不及小程先生，虽大程亦不及。"曰："不然。明道说话侭高，那张说得端的处，侭好。且如伊川说'仁者天下之公，善之本也'，大段宽而不切。如横渠说'心统性情'，这般所在，说得的当。又如伊川谓'鬼神者造化之迹'，却不如横渠所谓"二气之良能也。"直卿曰："如何?"曰："程子之说固好，但只浑沦在这里。张子之说，分明便见有个阴阳在。"曰："如所谓'功用则谓之鬼神'，也与张子意同。"曰："只为他浑沦在那里。"闾丘曰："明则有礼乐，幽则有鬼神。"曰："只这数句便要理会。明便如何说礼乐？幽便如何说鬼神？须知乐便属神，礼便属鬼。他此语落著，主在鬼神。"因指甘蔗曰："甘香气便唤做神，其浆汁便唤做鬼。"直卿曰："向读《中庸》所谓'诚之不可掩'处，窃疑谓鬼神为阴阳屈伸，则是形而下者。若《中庸》之言，则是形而上者矣。"曰："今也且只就形而下者说来。但只是他皆是实理处发见，故未有此气，便有此理；既有此理，必有此气。"(道夫)

今且须看孔、孟、程、张四家文字，方始讲究得著实，其他诸子不能无过差也。(理)

《宋史·道学一》(卷四百二十七列传第一百八十六)

周敦颐　程颢　程颐　张载(弟戬)邵雍

道学之名，古无是也。三代盛时，天子以是道为政教，大臣百官有司以是道为职业，党、庠、术、序师弟子以是道为讲习，四方百姓日用是道而不知。是故盈覆载之间，无一民一物不被是道之泽，以遂其性。于斯时也，道学之名，何自而立哉！

文王、周公既没，孔子有德无位，既不能使是道之用渐被斯世，退而与其徒定礼乐，明宪章，删《诗》，修《春秋》，赞《易》象，讨论《坟》《典》，期使五三圣人之道昭明于无穷。故曰："夫子贤于尧、舜远矣。"孔子没，曾子独得其传，传之子思，以及孟子，孟子没而无传。两汉而下，儒者之论大道，察焉而弗精，语焉而弗详，异端邪说起而乘之，几至大坏。

千有余载，至宋中叶，周敦颐出于舂陵，乃得圣贤不传之学，作《太极图说》《通书》，推明阴阳五行之理，命于天而性于人者，瞭若指掌。张载作《西铭》，又极言理一分殊之旨，然后道之大原出于天者，灼然而无疑焉。仁宗明道初年，程颢及弟颐实生，及长，受业周氏，已乃扩大其所闻，表章《大学》《中庸》二篇，与《语》《孟》并行，于是上自帝王传心之奥，下至初学入德之门，融会贯通，无复余蕴。

迄宋南渡，新安朱熹得程氏正传，其学加亲切焉，大抵以格物致知为先，明善诚身为要，凡《诗》《书》，六艺之文，与夫孔、孟之遗言，颠错于秦火，支离于汉儒，幽沉于魏、晋六朝者，至是皆焕然而大明，秩然而各得其所。此宋儒之学所以度越诸子，而上接孟氏者欤！其于世代之污隆，气化之荣悴，有所关系也甚大。道学盛于宋，宋弗究于用，甚至有厉禁焉。后之时君世主，欲复天德王道之治，必来此取法矣。

邵雍高明英悟，程氏实推重之，旧史列之隐逸，未当，今置张载后。张栻之学，亦出程氏，既见朱熹，相与博约又大进焉。其他程、朱门人，考其源委，各以类从，作《道学传》。

周敦颐，字茂叔，道州营道人。元名敦实，避英宗旧讳改焉。以舅龙图阁学士郑向任，为分宁主簿。有狱久不决，敦颐至，一讯立辨。邑人惊曰："老吏不如也。"部使者荐之，调南安军司理参军。有囚法不当死，转运使王逵欲深治之。逵，酷悍吏也，众莫敢争，敦颐独与之辨，不听，乃委手版归，将弃官去，曰："如此尚可仕乎！杀人以媚人，吾不为也。"逵悟，囚得免。

移郴之桂阳令，治绩尤著。郡守李初平贤之，语之曰："吾欲读书，何如?"敦颐曰："公老，无及矣，请为公言之。"二年果有得。徙知南昌，南昌人皆曰："是能辨分宁狱者，吾属得所诉矣。"富家大姓、黠吏恶少，惴惴焉不独以得罪于令为忧，而又以污秽善政为耻。历合州判官，事不经手，吏不敢决。虽下之，民不肯从。部使者赵抃惑于谮口，临之甚威，敦颐处之超然。通判虔州，抃守虔，熟视其所为，乃大悟，执其手曰："吾几失君矣，今而后乃知周茂叔也。"

熙宁初，知郴州。用抃及吕公著荐，为广东转运判官，提点刑狱，以洗冤泽物为己任。行部不惮劳苦，虽瘴疠险远，亦缓视徐按，以疾求知南康军。因家庐山莲花峰下，前有溪，合于湓江，取营道所居濂溪以名之。抃再镇蜀，将奏用之，未及而卒，年五十七。黄庭坚称其"人品甚高，胸怀洒落，如光风霁月。廉于取名而锐于求志，薄于徼福而厚于得民，菲于奉身而燕及茕嫠，陋于希世而尚友千古。"博学行力，著《太极图》，明天理之根源，究万物之终始。其说曰：

无极而太极。太极动而生阳，动极而静，静而生阴，静极复动，一动一静，互为其根，分阴分阳，两仪立焉。阳变阴合，而生水、火、木、金、土，五气顺布，四时行焉。五行一阴阳也，阴阳一太极也。太极本无极也。五行之生也，各一其性。无极之真，二五之精，妙合而凝，乾道成男，坤道成女。二气交感，化生万物，万物生生，而变化无穷焉。惟人也得其秀而最灵，形既生矣，神发知矣，五性感动而善恶分，万事出矣。圣人定之以中正仁义而主静，立人极焉。故圣人与天地合其德，日月合其明，四时合其序，鬼神合其吉凶。君子修之吉，小人悖之凶。故曰：

"立天之道，曰阴与阳。立地之道，曰柔与刚。立人之道，曰仁与义。"又曰："原始反终，故知死生之说。"大哉《易》也，斯其至矣。

又著《通书》四十篇，发明太极之蕴。序者谓："其言约而道大，文质而义精，得孔、孟之本源，大有功于学者也。""

掾南安时，程珦通判军事，视其气貌非常人，与语，知其为学知道，因与为友，使二子颢、颐往受业焉。敦颐每令寻孔、颜乐处，所乐何事，二程之学源流乎此矣。故颢之言曰："自再见周茂叔后，吟风弄月以归，有'吾与点也'之意。"侯师圣学于程颐，未悟，访敦颐，敦颐曰："吾老矣，说不可不详。"留对榻夜谈，越三日乃还。颐惊异之，曰："非从周茂叔来耶?"其善开发人类此。

嘉定十三年，赐谥曰元公，淳祐元年，封汝南伯，从祀孔子庙庭。

二子寿、焘，焘官至宝文阁待制。

程颢，字伯淳，世居中山，后从开封徙河南。高祖羽，太宗朝三司使。父珦，仁宗录旧臣后，以为黄陂尉。久之，知龚州。时宜獠区希范既诛，乡人忽传其神降，言"当为我南海立祠"，于是迎其神以往，至龚，珦使诘之，曰："比过浔，浔守以为妖，投祠具江中，逆流而上，守惧，乃更致礼。"珦使复投之，顺流去，其妄乃息。徙知磁州，又徙汉州。尝宴客开元僧舍，酒方行，人欢言佛光见，观者相腾践，不可禁，珦安坐不动，顷之遂定。熙宁法行，为守令者奉命唯恐后，珦独抗议，指其未便。使者李元瑜怒，即移病归，旋致仕，累转太中大夫。元祐五年，卒，年八十五。

珦慈恕而刚断，平居与幼贱处，唯恐有伤其意，至于犯义理，则不假也。左右使令之人，无日不察其饥饱寒燠。前后五得任子，以均诸父之子孙。嫁遣孤女，必尽其力。所得奉禄，分赡亲戚之贫者。伯母寡居，奉养甚至。从女兄既适人而丧其夫，珦迎以归，教养其子，均于子侄。时官小禄薄，克己为义，人以为难。文彦博、苏颂等九人表其清节，诏赐帛二百，官给其葬。

颢举进士，调鄠、上元主簿。鄠民有借兄宅居者，发地得瘗钱，兄之子诉曰："父所藏。"颢问："几何年？"曰："四十年。""彼借居几时？"曰："二十年矣。"遣吏取十千视之，谓诉者曰："今官所铸钱，不五六年即遍天下，此皆未藏前数十年所铸，何也？"其人不能答。茅山有池，产龙如蜥蜴而五色。祥符中尝取二龙入都，半涂失其一，中使云飞空而逝。民俗严奉不懈，颢捕而脯之。

为晋城令，富人张氏父死，旦有老叟踵门曰："我，汝父也。"子惊疑莫测，相与诣县。叟曰："身为医，远出治疾，而妻生子，贫不能养，以与张。"颢质其验。取怀中一书进，其所记曰："某年月日，抱儿与张三翁家。"颢问："张是时才四十，安得有翁称？"叟骇谢。

民税粟多移近边，载往则道远，就籴则价高。颢择富而可任者，预使贮粟以待，费大省。民以事至县者，必告以孝弟忠信，入所以事其父兄，出所以事其长上。度乡村远近为伍保，使之力役相助，患难相恤，而奸伪无所容。凡孤茕残废者，责之亲戚乡党，使无失所。行旅出于其途者，疾病皆有所养。乡必有校，暇时亲至，召父老与之语。儿童所读书，亲为正句读，教者不善，则为易置。择子弟之秀者，聚而教之。乡民为社会，为立科条，旌别善恶，使有劝有耻。在县三岁，民爱之如父母。

熙宁初，用吕公著荐，为太子中允、监察御史里行。神宗素知其名，数召见，每退，必曰："频求对，欲常常见卿。"一日，从容咨访，报正午，始趋出，庭中人曰："御史不知上未食乎？"前后进说甚多，大要以正心窒欲、求贤育材为言，务以诚意感悟主上。尝劝帝防未萌之欲，及勿轻天下士，帝俯躬曰："当为卿戒之。"

王安石执政，议更法令，中外皆不以为便，言者攻之甚力。颢被旨赴中堂议事，安石方怒言者，厉色待之，颢徐曰："天下事非一家私议，愿平气以听。"安石为之愧屈。自安石用事，颢未尝一语及于功利。居职八九月，数论时政，最后言曰："智者若禹之行水，行其所无事也；舍而之险阻，不足以言智。自古兴治立事，未有中外人情交谓不可而能有成者，况于排斥忠良，沮废公议，用贱陵贵，以邪干正者乎？正使徼幸有小成，而兴利之臣日进，尚德之风浸衰，尤非朝廷之福。"遂乞去言职。安石本与之善，及是虽不合，犹敬其忠信，不深怒，但出提点京西刑狱。颢固辞，改签书镇宁军判官。司马光在长安，上疏求退，称颢公直，以为己所不如。

程昉治河，取澶卒八百而虐用之，众逃归。群僚畏昉，欲勿纳。颢曰："彼逃死自归，弗纳必乱。若昉怒，吾自任之。"即亲往启门拊劳，约少休三日复役，众欢踊而入。具以事上，得不遣。昉后过州，扬言曰："澶卒之溃，盖程中允诱之，吾且诉于上。"颢闻之，曰："彼方惮我，何能为？"果不敢言。

曹村埽决，颢谓郡守刘涣曰："曹村决，京师可虞。臣子之分，身可塞亦所当为，盍尽遣厢卒见付？"涣以镇印付颢，立走决所，激谕士卒。议者以为势不可塞，徒劳人尔。颢命善泅者度决口，引巨索济众，两岸并进，数日而合。

求监洛河竹木务，历年不叙伐阅，特迁太常丞。帝又欲使修《三经义》，执政不可，命知扶沟县。广济、蔡河在县境，濒河恶子无生理，专胁取行舟财货，岁必焚舟十数以立威。颢捕得一人，使引其类，贯宿恶，分地处之，令以挽繂为业，且察为奸者，自是境无焚剽患。内侍王中正按阅保甲，权焰章震，诸邑竞侈供张悦之，主吏来请，颢曰："吾邑贫，安能效他邑？取于民，法所禁也，独有令故青帐可用尔。"除判武学，李定劾其新法之初首为异论，罢归故官。又坐狱逸囚，责监汝州盐税。哲宗立，召为宗正丞，未行而卒，年五十四。

颢资性过人，充养有道，和粹之气，盎于面背，门人交友从之数十年，亦未尝见其忿厉之容。遇事优为，虽当仓卒，不动声色。自十五六时，与弟颐闻汝南周敦颐论学，遂厌科举之习，慨然有求道之志。泛滥于诸家，出入于老、释者几十年，返求诸《六经》而后得之。秦、汉以来，未有臻斯理者。教人自致知至于知止，诚意至于平天下，洒扫应对至于穷理尽性，循循有序。病学者厌卑近而骛高远，卒无成焉，故其言曰："道之不明，异端害之也。昔之害近而易知，今之害深而难辨。昔之惑人也乘其迷暗，今之惑人也因其高明。自谓之穷神知化，而不足以开物成务，言为无不周遍，实则外于伦理，穷深极微，而不可以入尧、舜之道。天下之学，非浅陋固滞，则必入于此。自道之不明也，邪诞妖妄之说竞起，涂生民之耳目，溺天下于污浊，虽高才明智，胶于见闻，醉生梦死，不自觉也。是皆正路之蓁芜，圣门之蔽塞，辟之而后可以入道。"

颢之死，士大夫识与不识，莫不哀伤焉。文彦博采众论，题其墓曰明道先生。其弟颐序之曰："周公没，圣人之道不行；孟轲死，圣人之学不传。道不行，百世无善治；学不传，千载无真儒。无善治，士犹得以明夫善治之道，以淑诸人，以传诸后；无真儒，则贸贸焉莫知所之，人欲肆而天理灭矣。先生生于千四百年之后，得不传之学于遗经，以兴起斯文为己任，辨异端，辟邪说，使圣人之道焕然复明于世，盖自孟子之后，一人而已。然学者于道不知所向，则孰知斯人之为功；不知所至，则孰知斯名之称情也哉！"

嘉定十三年，赐谥曰纯公。淳祐元年封河南伯，从祀孔子庙庭。

程颐，字正叔。年十八，上书阙下，欲天子黜世俗之论，以王道为心。游太学，见胡瑗问诸生以颜子所好何学，颐因答曰：

学以至圣人之道也。圣人可学而至欤？曰：然。学之道如何？

曰：天地储精，得五行之秀者为人，其本也真而静，其未发也，五性具焉，曰仁、义、礼、智、信。形既生矣，外物触其形而动其中矣，其中动而七情出焉，曰喜、怒、哀、乐、爱、恶、欲。情既炽而益荡，其性凿矣。是故觉者约其情使合于中，正其心，养其性；愚者则不知制之，纵其情而至于邪僻，梏其性而亡之。然学之道，必先明诸心，知所养；然后力行以求至，所谓“自明而诚”也。诚之之道，在乎通道笃，通道笃则行之果，行之果则守之固，仁义忠信不离乎心，造次必于是，颠沛必于是，出处语默必于是，久而弗失，则居之安，动容周旋中礼，而邪僻之心无自生矣。故颜子所事，则曰：“非礼勿视，非礼勿听，非礼勿言，非礼勿动。”仲尼称之，则曰：“得一善则拳拳服膺而弗失之矣。”又曰：“不迁怒，不贰过。”“有不善未尝不知，知之未尝复行。”此其好之笃，学之得其道也。然圣人则不思而得，不勉而中；颜子则必思而后得，必勉而后中。其与圣人相去一息，所未至者守之也，非化之也。以其好学之心，假之以年，则不日而化矣。后人不达，以谓圣本生知，非学可至，而为学之道遂失。不求诸己，而求诸外，以博闻强记、巧文丽辞为工，荣华其言，鲜有至于道者。则今之学，与颜子所好异矣。

瑗得其文，大惊异之，即延见，处以学职。吕希哲首以师礼事颐。

治平、元丰间，大臣屡荐，皆不起。哲宗初，司马光、吕公著共疏其行义曰：“伏见河南府处士程颐，力学好古，安贫守节，言必忠信，动遵礼法。年逾五十，不求仕进，真儒者之高蹈，圣世之逸民。望擢以不次，使士类有所矜式。”诏以为西京国子监教授，力辞。

寻召为秘书省校书郎，既入见，擢崇政殿说书，即上疏言：“习与智长，化与心成。今夫人民善教其子弟者，亦必延名德之士，使与之处，以熏陶成性。况陛下春秋之富，虽睿圣得于天资，而辅养之道不可不至。大率一日之中，接贤士大夫之时多，亲寺人宫女之时少，则气质变化，自然而成。愿选名儒入侍劝讲，讲罢留之分直，以备访问，或有小失，随事献规，岁月积久，必能养成圣德。”颐每进讲，色甚庄，继以讽谏。闻帝在宫中盥而避蚁，问：“有是乎？”曰：“然，诚恐伤之尔。”颐曰：“推此心以及四海，帝王之要道也。”

神宗丧未除，冬至，百官表贺，颐言：“节序变迁，时思方切，乞改贺为慰。”既除丧，有司请开乐置宴，颐又言：“除丧而用吉礼，尚当因事张乐，今特设宴，是喜之也。”皆从之。帝尝以疮疹不御迩英累日，颐诣宰相问安否，且曰：“上不御殿，太后不当独坐。且人主有疾，大臣可不知乎？”翌日，宰相以下始奏请问疾。

苏轼不悦于颐，颐门人贾易、朱光庭不能平，合攻轼。胡宗愈、顾临诋颐不宜用，孔文仲极论之，遂出管勾西京国子监。久之，加直秘阁，再上表辞。董敦逸复摭其有怨望语，去官。绍圣中，削籍窜涪州。李清臣尹洛，即日迫遣之，欲入别叔母亦不许，明日赆以银百两，颐不受。徽宗即位，徙峡州，俄复其官，又夺于崇宁。卒年七十五。

颐于书无所不读。其学本于诚，以《大学》《语》《孟》《中庸》为标指，而达于《六经》。动止语默，一以圣人为师，其不至乎圣人不止也。张载称其兄弟从十四五时，便脱然欲学圣人，故卒得孔、孟不传之学，以为诸儒倡。其言之旨，若布帛菽粟然，知德者尤尊崇之。尝言：“今农夫祁寒暑雨，深耕易耨，播种五谷，吾得而食之；百工技艺，作为器物，吾得而用之；介胄之士，被坚执锐，以守土宇，吾得而安之。无功泽及人，而浪度岁月，晏然为天地间一蠹，唯缀缉圣人遗书，庶几有补尔。”于是著《易》《春秋传》以传于世。《易传序》曰：

易，变易也，随时变易以从道也。其为书也，广大悉备，将以顺性命之理，通幽明之故，尽事物之情，而示开物成务之道也。圣人之忧患后世，可谓至矣。去古虽远，遗经尚存，然而前儒失意以传言，后学诵言而忘味，自秦而下，盖无传矣。予生千载之后，悼斯文之湮晦，将俾后人沿流而求源，此《传》所以作也。《易》有圣人之道四焉：以言者尚其辞，以动者尚其变，以制器者尚其象，以卜筮者尚其占。吉凶消长之理、进退存亡之道备于辞，推辞考卦可以知变，象与占在其中矣。君子居则观其象而玩其辞，动则观其变而玩其占，得于辞不达其意者有矣，未有不得于辞而能通其意者也。至微者理也，至著者象也。体用一源，显微无间，观会通以行其典礼，则辞无所不备。故善学者，求言必自近，易于近者，非知言者也。予所传者辞也，由辞以得意，则在乎人焉。

《春秋传序》曰：

天之生民，必有出类之才起而君长之，治之而争夺息，导之而生养遂，教之而伦理明，然后人道立，天道成，地道平。二帝而上，圣贤世出，随时有作，顺乎风气之宜，不先天以开人，各因时而立政。暨乎三王迭兴，三重既备，子、丑、寅之建正，忠、质、文之更尚，人道备矣，天运周矣。圣王既不复作，有天下者虽欲仿古之迹，亦私意妄为而已。事之缪，秦至以建亥为正；道之悖，汉专以智力持世，岂复知先王之道也。夫子当周之末，以圣人不复作也，顺天应时之治不复有也，于是作《春秋》，为百王不易之大法。所谓“考诸三王而不缪，建诸天地而不悖，质诸鬼神而无疑，百世以俟圣人而不惑”者也。先儒之传，游、夏不能赞一辞，辞不待赞者也，言不能与于斯尔。斯道也，唯颜子尝闻之矣，“行夏之时，乘殷之辂，服周之冕，乐则《韶》舞”，此其准的也。后史以吏视《春秋》，谓褒善贬恶而已，至于经世之大法，则不知也。《春秋》大义数十，其义虽大，炳如日星，乃易见也。惟其微辞隐义、时措从宜者，为难知也。或抑或纵，或予或夺，或进或退，或微或显，而得乎义理之安，文质之中，宽猛之宜，是非之公，乃制事之权衡，揆道之模范也。夫观百物然后识化工之神，聚众材然后知作室之用，于一事一义而欲窥圣人之用心，非上智不能也。故学《春秋》者，必优游涵泳，默识心通，然后能造其微也。后王知《春秋》之义，则虽德非禹、汤，尚可以法三代之治。自秦而下，其学不传，予悼夫圣人之志不明于后世也，故作《传》以明之，俾后之人通其文而求其义，得其意而法其用，则三代可复也。是《传》也，虽未能极圣人之蕴奥，庶几学者得其门而入矣。

平生诲人不倦，故学者出其门最多，渊源所渐，皆为名士。涪人祠颐于北岩。世称为伊川先生。嘉定十三年，赐谥曰正公。淳祐元年，封伊阳伯，从祀孔子庙庭。

门人刘绚、李吁、谢良佐、游酢、张绎、苏昞皆班班可书，附于左。吕大钧、大临见《大防传》。

张载，字子厚，长安人。少喜谈兵。至欲结客取洮西之地。年二十一，以书谒范仲淹，一见知其远器，乃警之曰："儒者自有名教可乐，何事于兵?"因劝读《中庸》。载读其书，犹以为未足，又访诸释、老，累年究极其说，知无所得，反而求之《六经》。尝坐虎皮讲《易》京师，听从者甚众。一夕，二程至，与论《易》，次日语人曰："比见二程，深明《易》道，吾所弗及，汝辈可师之。"撤坐辍讲。与二程语道学之要，涣然自信曰："吾道自足，何事旁求!"于是尽弃异学，淳如也。

举进士，为祈州司法参军，云岩令。政事以敦本善俗为先，每月吉，具酒食，召乡人高年会县庭，亲为劝酬。使人知养老事长之义，因问民疾苦，及告所以训戒子弟之意。

熙宁初，御史中丞吕公著言其有古学，神宗方一新百度，思得才哲士谋之，召见问治道，对曰："为政不法三代者，终苟道也。"帝悦，以为崇文院校书。他日见王安石，安石问以新政，载曰："公与人为善，则人以善归公；如教玉人琢玉，则宜有不受命者矣。"明州苗振狱起，往治之，末杀其罪。

还朝，即移疾屏居南山下，终日危坐一室，左右简编，俯而读，仰而思，有得则识之，或中夜起坐，取烛以书。其志道精思，未始须臾息，亦未尝须臾忘也。敝衣蔬食，与诸生讲学，每告以知礼成性、变化气质之道，学必如圣人而后已。以为知人而不知天，求为贤人而不求为圣人，此秦、汉以来学者大蔽也。故其学尊礼贵德、乐天安命，以《易》为宗，以《中庸》为体，以《孔》《孟》为法，黜怪妄，辨鬼神。其家昏丧葬祭，率用先王之意，而傅以今礼。又论定井田、宅里、发敛、学校之法，皆欲条理成书，使可举而措诸事业。

吕大防荐之曰："载之始终，善发明圣人之遗旨，其论政治略可复古。宜还其旧职，以备咨访。"乃诏知太常礼院。与有司议礼不合，复以疾归，中道疾甚，沐浴更衣而寝，旦而卒。贫无以敛，门人共买棺奉其丧还。翰林学士许将等言其恬于进取，乞加赠恤，诏赐馆职半赙。

载学古力行，为关中士人宗师，世称为横渠先生。著书号《正蒙》，又作《西铭》曰：

乾称父而坤母，予兹藐焉，乃混然中处。故天地之塞吾其体，天地之帅吾其性，民吾同胞，物吾与也。大君者，吾父母宗子；其大臣，宗子之家相也。尊高年所以长其长，慈孤幼所以幼其幼，圣其合德，贤其秀也。凡天下疲癃残疾、惸独鳏寡，皆吾兄弟之颠连而无告者也。"于时保之"，子之翼也。"乐且不忧"，纯乎孝者也。违曰悖德，害仁曰贼，济恶者不才，其践形惟肖者也。知化则善述其事，穷神则善继其志，不愧屋漏为无忝，存心养性为匪懈。恶旨酒，崇伯之子顾养；育英材，颍封人之锡类。不弛劳而底豫，舜其功也；无所逃而待烹，申生其恭也。体其受而归全者，参乎；勇于从而顺令者，伯奇也。富贵福泽，将厚吾之生也；贫贱忧戚，庸玉女于成也。存，吾顺事；殁，吾宁也。

程颐尝言："《西铭》明理一而分殊，扩前圣所未发，与孟子性善养气之论同功，自孟子后盖未之见。"学者至今尊其书。

嘉定十三年，赐谥曰明公。淳祐元年封郿伯，从祀孔子庙庭。弟戬。

戬，字天祺。起进士，调阌乡主簿，知金堂县。诚心爱人，养老恤穷，间召父老使教督子弟。民有小善，皆籍记之。以奉钱为酒食，月吉，召老者饮劳，使其子孙侍，劝以孝弟。民化其德，所至狱讼日少。

熙宁初，为监察御史里行。累章论王安石乱法，乞罢条例司及追还常平使者。劾曾公亮、陈升之、赵抃依违不能救正，韩绛左右徇从，与为死党，李定以邪谄窃台谏。且安石擅国，辅以绛之诡随，台臣又用定辈，继续而来，芽蘖渐盛。吕惠卿劾薄辩给，假经术以文奸言，岂宜劝讲君侧。书数十上，又诣中书争之，安石举扇掩面而笑，戬曰："戬之狂直宜为公笑，然天下之笑公者不少矣。"赵抃从旁解之，戬曰："公亦不得为无罪。"抃有愧色。遂称病待罪。

出知公安县，徙监司竹监，至举家不食笋。常爱用一卒，及将代，自见其人盗笋箨，治之无少贷；罪已正，待之复如初，略不介意，其德量如此。卒于官，年四十七。

邵雍字尧夫。其先范阳人，父古徙衡漳，又徙共城。雍年三十，游河南，葬其亲伊水上，遂为河南人。

雍少时，自雄其才，慷慨欲树功名。于书无所不读，始为学，即坚苦刻厉，寒不炉，暑不扇，夜不就席者数年。已而叹曰："昔人尚友于古，而吾独未及四方。"于是逾河、汾，涉淮、汉，周流齐、鲁、宋、郑之墟，久之，幡然来归，曰："道在是矣。"遂不复出。

北海李之才摄共城令，闻雍好学，尝造其庐，谓曰："子亦闻物理性命之学乎？"雍对曰："幸受教。"乃事之才，受《河图》《洛书》《宓羲》八卦六十四卦图像。之才之传，远有端绪，而雍探赜索隐，妙悟神契，洞彻蕴奥，汪洋浩博，多其所自得者。及其学益老，德益邵，玩心高明，以观夫天地之运化，阴阳之消长，远而古今世变，微而走飞草木之性情，深造曲畅，庶几所谓不惑，而非依仿象类、亿则屡中者。遂衍宓羲先天之旨，著书十余万言行于世，然世之知其道者鲜矣。

初至洛，蓬荜环堵，不芘风雨，躬樵爨以事父母，虽平居屡空，而怡然有所甚乐，人莫能窥也。及执亲丧，哀毁尽礼。富弼、司马光、吕公著诸贤退居洛中，雅敬雍，恒相从游，为市园宅。雍岁时耕稼，仅给衣食。名其居曰安乐窝，因自号安乐先生。旦则焚香燕坐，晡时酌酒三四瓯，微醺即止，常不及醉也，兴至辄哦诗自咏。春秋时出游城中，风雨常不出，出则乘小车，一人挽之，惟意所适。士大夫家识其车音，争相迎候，童孺厮隶皆欢相谓曰："吾家先生至也。"不复称其姓字，或留信宿乃去，好事者别作屋如雍所居，以候其至，名曰行窝。

司马光兄事雍，而二人纯德尤乡里所慕向，父子昆弟每相饬曰："毋为不善，恐司马端明、邵先生知。"士之道洛者，有不之公府，必之雍。雍德气粹然，望之知其贤，然不事表襮，不设防畛，群居燕笑终日，不为甚异。与人言，乐道其善而隐其恶。有就问学则答之，未尝强以语人。人无贵贱少长，一接以诚，故贤者悦其德，不贤者服其化。一时洛中人才特盛，而忠厚之风闻天下。

熙宁行新法，吏牵迫不可为，或投劾去。雍门生故友居州县者，皆贻书访雍，雍曰："此贤者所当尽力之时，新法固严，能宽一分，则民受一分赐矣，投劾何益耶?"

嘉祐诏求遗逸，留守王拱辰以雍应诏，授将作监主簿，复举逸士，补颍州团练推官，皆固辞乃受命，竟称疾不之官。熙宁十年，卒，年六十七，赠秘书省著作郎，元祐中赐谥康节。

雍高明英迈，迥出千古，而坦夷浑厚，不见圭角，是以清而不激，和而不流，人与交久，益尊信之。河南程颢初侍其父识雍，论议终日，退而叹曰："尧夫，内圣外王之学也。"

雍知虑绝人，遇事能前知。程颐尝曰："其心虚明，自能知之。"当时学者因雍超诣之识，务高雍所为，至谓雍有玩世之意；

又因雍之前知，谓雍于凡物声气之所感触，辄以其动而推其变焉。于是摭世事之已然者，皆以雍言先之，雍盖未必然也。

雍疾病，司马光、张载、程颢、程颐晨夕候之，将终，共议丧葬事外庭，雍皆能闻众人所言，召子伯温谓曰："诸君欲葬我近城地，当从先茔尔。"既葬，颢为铭墓，称雍之道纯一不杂，就其所至，可谓安且成矣。所著书曰《皇极经世》《观物内外篇》《渔樵问对》，诗曰《伊川击壤集》。

子伯温，别有传。

《宋元学案·明道学案》（卷十三节选）

序录

祖望谨案：大程子之学，先儒谓其近于颜子，盖天生之完器。然哉！然哉！故世有疑小程子之言若伤我者，而独无所加于大程子，述《明道学案》。

濂溪门人

纯公程明道先生颢

程颢，字伯淳，世居中山，后徙为河南人。高祖羽，太宗朝三司使。父珦，太中大夫。先生生而秀爽。叔祖母任抱之，钗坠不觉，后数日方求之，先生未能言，以手指示其处，得之。踰冠，中进士第，调鄠县主簿。南山有石佛，岁传其首放光，远近聚观。先生谓其僧曰："吾有职事。俟复见，为吾取其首来观之。"自是光不复见。改上元县，盛夏堤决，法当言之府，府言之漕司，然后兴作。先生曰："若是，苗槁久矣！"竟发民塞之，岁乃大熟。上元当水运之冲，设营以处病卒，至者辄死。先生曰："病者给券而后得食。待食数日，奚而不死！"乃白漕司豫贮米营中，死者减半。仁宗登遐，遗制，官吏成服三日而除。三日之朝，府尹率属吏将释服，先生进曰："请尽今日。若朝而除之，所服止二日尔。"

尹不从。先生曰："公自除之。某非至夜，不敢释也。"一府相视，无敢除者。茅山有龙池，其龙如蜥蜴而五色，自昔严奉，以为神物。先生捕而脯之，使人不惑。始至邑时，见持竿以黏飞鸟者，取其竿折之，自是乡民子弟不敢复畜禽鸟。其不严而令行如此。移晋城令。河东财赋窘迫，官所科买，虽至贱之物，价必腾涌。先生度所需，使富室豫储以待，及期，定价买之，贫富咸利。县库有杂纳钱数百千，常借以补助民力。部使者至，则告之曰："此钱令自用而不私，请一切不问。"先生视民如子。民以事至县者，必告之以孝悌忠信。欲辨事者，或不持牒，径至庭下，先生从容理其曲直，无不释然。度乡村远近为保伍，使之力役相助，患难相恤，而奸伪无所容。凡孤茕残废者，责之亲戚乡党，使无失所。行旅出于其涂者，疾病皆有所养。乡皆有校，暇时亲至，召父老而与之语；童儿所读书，亲为正句读。教者不善，则为易置。乡民为社会，为立科条，旌别善恶，使有劝有耻。在县三年，民无强盗及鬬死者。秩满，吏夜叩门，称有杀人者，先生曰："吾邑安有此！诚有之，必某村某人也。"问之，果然。或询其故，曰："吾尝疑此人恶少之勿革者也。"熙宁初，用吕正献公分著荐，为太子中允、监察御史里行。神宗素知其名，每召见，从容咨访。将退，则曰："卿可频来求对。欲常相见耳。"一日，议论甚久，日官报午正，先生始退。中人相谓曰："御史不知上未食邪？"务以诚意感动人主，言人主当防未萌之欲，神宗俯身拱手曰："当为卿戒之！"及论人才，曰："陛下奈何轻天下士？"神宗曰："朕何敢如是！"前后进说，未有一语及于功利。尝极陈治道，神宗曰："此尧、舜之事，朕何敢当！"先生愀然曰："陛下此言，非天下之福也。"王安石执政，议更法令，言者攻之甚力。先生被旨赴中堂议事，安石方怒言者，厉色待之，先生徐曰："天下事非一家私议，愿平气以听。"安石为之媿屈。新法既行，先生言："智者若禹之行水，行所无事。自古兴治立事，未有中外人情交谓不可，而能有成者。就使徼幸小成，而兴利之臣日进，尚德之风浸衰，尤非朝廷之福。”乞去言职。安石本与之善，及是，虽不合，犹敬其忠信，不深怒，但出提点京西刑狱。先生固辞，改签书镇宁军判官。奄人程昉治河，取澶卒八百，天方大寒而虐用之，众逃归。群僚畏昉，欲勿纳，先生曰：“彼逃死自归，勿纳必乱。”即亲往启门，约少休，三日后役，众驩呼而入。具以事上，得不遣。昉后过州，见先生，言甘而气慑。退而扬言于众曰：“澶卒之溃，程中允诱之，吾且诉于上。”先生闻之，笑曰：“彼方惮我，故为是言也。”果不敢诉。曹村埽决，先生谓郡守刘涣曰：“曹村决，京师可虞。请以厢兵见付，事或可集。”涣以镇印假之，先生立走决所，激谕士卒。议者以为势不可塞，徒劳人耳。先生募善泅者衔细绳以渡决口，得引大索，两岸并进，数日而合。迁太常丞、知扶沟县，广济、蔡河在县境，濒河恶子胁取行舟财货，岁必焚舟十数。先生捕得一人，引其类，得数十人，不复根治，但使分地挽舟，督察作过者，其患始息。水灾，请发粟，司农遣使阅实，邻邑多自陈“谷且登，无贷可也”，先生请贷不已，得谷六千石，饥者用济。司农视贷籍，户同等而所贷不等，檄县杖主吏。先生言：“济饥当以口之众寡，不以户之高下。令实为之，非吏罪。”乃已。奄人王中正巡阅保甲，权宠张甚，诸邑供帐，唯恐得罪。至扶沟，主吏以告。先生曰：“吾邑贫，安能效他邑。取于民，法所禁也，独有令故青帐可用尔。”中正亦惮之，不敢入境。有犯小盗者，先生谕而遣之。再发，盗谓其妻曰：“我与大丞约，不复为盗。今何面目见之邪！”遂自经。除判武学，李定劾其新法之初，首为异论，罢复旧任。已坐逸狱，责监汝州酒税。哲宗立，召为宗正丞，未行而卒，元丰八年六月十五日也，年五十四。先生资性过人，而充养有道，和粹之气，盎于面背。门人交友从之数十年，未尝见其忿厉之容。遇事优为，虽当仓卒，不动声色。自十五六时，与弟正叔闻汝南周茂叔论学，遂厌科举之习，慨然有求道之志。泛滥于诸家，出入于老、释者几十年，返求诸《六经》，而后得之。秦、汉而下，未有臻斯理也。文潞公采众议而为之表其墓曰明道先生。嘉定十三年，赐谥曰纯公。淳祐元年，封河南伯，从祀孔子庙庭。明嘉靖中，祀称先儒程子。

百家谨案：宋乾德五年，五星聚奎，占启文明之运。逮后景德四年、庆历三年复两聚，而周子、二程子生于其间。朱子曰："元公不由师传，默契道体，建《图》属《书》，根极领要。当时见而知之者有程氏，遂广大而推明之，使夫天理之微，人伦之著，事物之众，鬼神之幽，莫不洞然毕贯于一，而周、孔、孟氏之传，焕然复明。"此定论也。顾二程子虽同受学濂溪，而大程德性宽宏，规模阔广，以光风霁月为怀；二程气质刚方，文理密察，以峭壁孤峰为体。其道虽同，而造德自各有殊也。

识仁篇

学者须先识仁。仁者，浑然与物同体，义、礼、智、信皆仁也。识得此理，以诚敬存之而已，不须防检，不须穷索。若心懈，则有防；心苟不懈，何防之有！理有未得，故须穷索；存久自明，安待穷索！此道与物无对，大不足以明之。天地之用，皆我之用。孟子言"万物皆备于我"，须"反身而诚"，乃为大乐。若反身未诚，则犹是二物有对，以己合彼，终未有之，又安得乐！《订顽》意思（横渠《西铭》，旧名《订顽》），乃备言此体，以此意存之，更有何事。"必有事焉而勿正，心勿忘，勿助长"，未尝致纤毫之力，此其存之之道。若存得，便合有得。盖良知良能，元不丧失。以昔日习心未除，却须存习此心，久则可夺旧习。此理至约，惟患不能守。既能体之而乐，亦不患不能守也。

刘蕺山曰：程子首识仁，不是教人悬空参悟，正就学者随事精察力行之中，先与识个大头脑所在，便好容易下工夫也。识得后，只须用葆任法，曰"诚敬存之"而已。而勿忘、勿助之间，其真用力候也。盖天理微妙之中，着不得一毫意见伎俩，与之凑泊。才用纤毫之力，便是以己合彼之劳矣，安得有反身而诚之乐？诚者，自明而诚之谓；敬者，一于诚而不二之谓。诚只是诚此理，敬只是敬此诚，何力之有！后人不识仁，将天地间一种无外之理，封作一膜看，因并不识诚敬，将本心中一点活泼之灵，滞作一物用，胥失之矣！良知良能是本心，昏昧放逸是习心。向来不识此理，故种种本心为习心用；今来既识此理，故种种习心为本心转，又何患不存之，又存而不能期月守也？此程子见道分明语也。乃先儒以为地位高者之事，非浅学可及，学者只合说克己复礼为仁。周海门先生深不然之，以为不识仁而能复礼者无有是处，极为有见。而顾泾阳先生则云："学者极喜举程子识仁。但昔人是全提，后人只是半提。'仁者，浑然与物同体，义礼智信皆仁也'，此全提也。后人只说得'浑然与物同体'，而遗却下句，此半提也。'识得此理，以诚敬存之，不须防检，不须穷索'，此全提也。后人只说得'不须'二句，而遗却上句，此半提也。"尤见卫道之苦心矣！

又曰：朱子谓程子《识仁篇》乃地位高者之事，故《近思录》遗之。然"诚敬存之"四字，自是中道而立。

又曰：《识仁》一篇，总只是状仁体合下来如此，当下认取，活泼泼地，不须着纤毫气力，所谓"我固有之"也。然诚敬为力，乃是无着力处。盖把持之存，终是人为；诚敬之存，乃为天理。只是存得好，便是诚敬，诚就是存也。存正是防检，克己是也；存正是穷索，择善是也。若泥不须防检穷索，则诚敬存之当在何处？未免滋高明之惑。子静专言此意，固有本哉！

顾泾阳曰：程伯子曰"仁者浑然与物同体"，只此一语已尽，何以又云"义礼智信皆仁"也？始颇疑其为赘。及观世之号识仁者，往往务为圆融活泼，以外媚流俗而内济其私，甚而蔑弃廉耻，决裂绳墨，闪铄回互，诳己诳人，曾不省义礼智信为何物，犹偃然自命曰仁也，然后知伯子之意远矣！

宗羲案：明道之学，以识仁为主，浑然太和元气之流行，其披拂于人也，亦无所不入，庶乎"所过者化"矣！故其语言流转如弹丸，说"诚敬存之"，便说"不须防检，不须穷索"，说"执事须敬”，便说“不可矜持太过”，惟恐稍有留滞，则与天不相似。此即孟子说勿忘，随以勿助长救之，同一埽迹法也。鸢飞鱼跃，千载旦暮。朱子谓：“明道说话浑沦，然太高，学者难看。”又谓：“程门高弟，如谢上蔡、游定夫、杨龟山，下稍皆入禅学去。必是程先生当初说得高了，他们只见上一截，少下面着实工夫，故流弊至此。”此所谓程先生者，单指明道而言。其实不然，引而不发，以俟能者。若必鱼筌兔迹，以俟学人，则匠、羿有时而改变绳墨、彀率矣。朱子得力于伊川，故于明道之学，未必尽其传也。

定性书

百家谨案：横渠张子问于先生曰：“定性未能不动，犹累于外物，何如?”先生因作是篇：

所谓定者，动亦定，静亦定，无将迎，无内外。苟以外物为外，牵己而从之，是以己性为有内外也。且以己性为随物于外，则当其在外时，何者为在内？是有意于绝外诱，而不知性之无内外也。既以内外为二本，则又乌可遽语定哉！夫天地之常，以其心普万物而无心；圣人之常，以其情顺万物而无情。故君子之学，莫若廓然而大公，物来而顺应。《易》曰：“贞吉，悔亡。憧憧往来，朋从尔思。”苟规规于外诱之除，将见灭于东而生于西也，非惟日之不足，顾其端无穷，不可得而除也。人之情各有所蔽，故不能适道，大率患在于自私而用智。自私，则不能以有为为应；用智，则不能以明觉为自然。今以恶外物之心，而求照无物之地，是反镜而索照也。《易》曰：“艮其背，不获其身。行其庭，不见其人。”孟氏亦曰：“所恶于智者，为其凿也。”与其非外而是内，不若内外之两忘也。两忘，则澄然无事矣。无事则定，定则明，明则尚何应物之为累哉！圣人之喜，以物之当喜；圣人之怒，以物之当怒。是圣人之喜怒，不系于心而系于物也。是则圣人岂不应于物哉？乌得以从外者为非，而更求在内者为是也？今以自私用智之喜怒，而视圣人喜怒之正，为何如哉？夫人之情易发而难制者，唯怒为甚。第能于怒时遽忘其怒，而观理之是非，亦可见外诱之不足恶，而于道亦思过半矣。

百家谨案：先生他日又曰："治怒为难，治惧亦难，克己可以治怒，明理可以治惧。"

刘蕺山曰：此伯子发明主静立极之说，最为详尽而无遗也。稍分六段看，而意皆融贯，不事更端，亦不烦诠解。今姑为之次第：首言动静合一之理，而归之常定，乃所以为静也。是内非外，非性也；离动言静，非静也。"天地之常"以下，即天地之道以明圣人之道不离物以求静也。"人之情"以下，言常人之情自私用智，所以异于圣人而终失其照物之体也。"《易》曰"以下，又引《大易》、孟子之言以明自私用智之必不然也。"圣人之喜"以下，又即圣人应物之情以明外物之不足恶。而"夫人之情"以下，又借怒之一端，于极难下手处得定性之法如此，又以见外物之不足恶也。合而观之，主静之学，性学也。"人生而静，天之性也。感于物而动，性之欲也。"圣人常寂而常感，故有欲而实归于无欲，所以能尽其性也。常人离寂而事感，离感而求寂，故去欲而还以从欲，所以自汩其天也。主静之说，本千古秘密藏，即横渠得之，不能无疑。向微程伯子发明至此，几令千古长夜矣。

百家谨案："性无内外"云者，罗整庵云："内外只是一理也。""情顺万物而无情"者，先遗献云："此语须看得好。孔子之哭颜渊，尧、舜之忧，文王之怒，所谓'情顺万物'也。若是无情，则内外两截，此正佛氏之消煞也。'无情'只是无私情，如下文圣人之喜怒，以物之当喜怒，而无自私用智之喜怒。"

百家又案：嘉靖中，胡柏泉松为太宰，疏解《定性书》，会讲于京师，分作四层："一者，天地之常，心普物而无心，此是天地之定。二者，圣人之常，情顺物而无情，此是圣人之定。三者，君子之学，廓然大公，物来顺应，此是君子之定。四者，吾人第于怒时遽忘其怒，观理是非，此是吾人之定。吾人希君子，君子希圣人，圣人希天地。”是日，天下计吏俱在京，咸会于象房所，约五千余人。罗近溪、耿天台、周都峰，徐龙湾并参讲席，莫不饱饫斯义。

《宋元学案·伊川学案》（卷十五节选）

序录

祖望谨案：大程子早卒，向微小程子，则洛学之统且中衰矣！蕺山先生尝曰：“小程子大而未化，然发明有过于其兄者。”信哉！述《伊川学案》。（梓材案：伊川先生为安定大弟子，谢山于《安定学案·序录》已及之，而其于濂溪，亦不可谓非及门也。又案：谢山《学案札记》云：“小程子，学者初称广平先生。后居伊阳，始称伊川。”）

正公程伊川先生颐

程颐，字正叔，河南人，明道先生之弟也。年十八，上书阙下，劝仁宗黜世俗之论，以王道为心。游太学，胡安定瑗试诸生以“颜子所好何学”，得先生论，大惊，延见，处以学职。同学吕原明希哲即以师礼事之。治平、熙宁间，大臣屡荐，皆不起。哲宗初，司马温公光、吕申公公著共疏上其行义，诏以为西京国子监教授，力辞。寻召赴阙，擢崇政殿说书。奏言：“辅养之道，不可不至。一日之中，接贤士大夫之时多，亲宦官宫女之时少，则气质自然变化。今间日一讲，解释数行，为益既少，又自四月罢讲，直至中秋，不接儒臣，殆非古人旦夕承弼之意。”又言迩英阁迫隘，乞就崇正、延和殿讲读。给事中顾临以殿上讲读为不可，先生曰：“祖宗以来，并是殿上坐讲。仁宗始就迩英，而讲官立侍，盖从一时之便耳，非若临之意也。临之意，不过以尊君为说，而不知尊君之道。”先生在经筵，每当进讲，必宿斋豫戒，潜思存诚，冀以感动上意，而其为说，常于文义之外，反复推明，归之人主。一日，当讲“颜子不改其乐”章，门人或疑此章非有人君事也，将何以为说。及讲，既毕章句，入复言曰：“陋巷之士，仁义在躬，忘其贫贱。人主崇高，奉养备极，苟不知学，安能不为富贵所移？且颜子，王佐才也，而箪食瓢饮；季氏，鲁国之蠹也，而富于周公。鲁君用舍如此，非后世之监乎！”闻者叹服。先生容貌庄严，于上前不少假借。时文潞公彦博以太师平章重事，侍立终日不懈，上虽谕以少休，不去也。或谓之曰：“君之严，视潞公之恭，孰为得失？”先生曰：“潞公四朝大臣，事幼主，不得不恭。吾以布衣职辅导，亦不敢不自重也。”上在宫中漱水避蚁，先生闻之，问：“有是乎？”曰：“然。诚恐伤之尔！”先生曰：“愿陛下推此心以及四海，则天下幸甚！”一日讲罢未退，上折柳枝，先生进曰：“方春发生，不可无故摧折。”讲书有“容”字，哲宗藩邸嫌名，中人以黄绫覆之。讲毕，进言曰：“人主之势，不患不尊，患臣下尊之过甚而骄心生尔。此皆近习养成之，不可以不戒。请自今旧名、嫌名皆勿复避。”神宗丧未除，冬至百官表贺，先生言：“节序变迁，时思方切，乞改贺为慰。”既除丧，有司请开乐置宴，先生又言：“除丧而用吉礼，当因事用乐。今特设宴，是喜之也。”吕申公、范尧夫入侍经筵，闻先生讲说，退而叹曰：“真侍讲也！”士人归其门者甚盛，而先生亦以天下自任，议论褒贬，无所顾避。方是时，苏子瞻轼在翰林，有重名，一时文士多归之。文士不乐拘检，迂先生所为，两家门下迭起标榜，遂分党为洛、蜀。会帝以疮疹不御经筵，先生曰：“上不御殿，太皇太后不当独坐。且人主有疾，大臣可不知乎！”宰相始奏请问疾。由是大臣亦多不悦。谏议孔文仲因奏先生为五鬼之魁，当放还田里，遂出管句西京国子监。屡乞致仕，董敦逸以为怨望，去官。绍圣间党论，削籍，窜涪州。徽宗即位，移峡州，复其官。崇宁二年，范致虚言程颐以邪说诐行惑乱众听，而尹焞、张绎为之羽翼，事下河南府体究，尽逐学徒，复隶党籍。四方学者犹相从不舍，先生曰：“尊所闻，行所知可矣，不必及吾门也。”五年，复宣义郎，致仕，大观元年九月庚午，卒于家，年七十五。疾革，门人进曰："先生平日所学，正今日要用。"先生曰："道著用，便不是。"先生为学，本于至诚，其见于言动事为之间，疏通简易，不为矫异。或说匍匐以吊丧，诵《孝经》以追荐，此出谤者之口，尹和靖辩之明矣。衣虽布素，冠襟必整。食虽简俭，蔬饭必洁。致养其父，细事必亲。赡给内外亲党八十余口，其接学者以严毅。尝瞑目静坐，游定夫、杨龟山立侍不敢去，久之，乃顾曰："日暮矣！姑就舍。"二子者退，则门外雪深尺余矣。明道尝谓曰："异日能使人尊严师道者，吾弟也。若接引后学，随人才而成就之，则予不得让焉！"嘉定十三年，赐谥曰正公。淳祐元年，封伊川伯，从祀孔子庙庭。明称先儒程子。（云濠案：先生著有《易传》四卷，《宋志》作九卷。）

《四库全书总目提要》二程子诸书提要

《易传》四卷（直隶总督采进本）

（卷二经部二易类二）

宋伊川程子撰。卷首有元符二年《自序》。考程子以绍圣四年编管涪州，元符三年迁峡州，则当成于编管涪州之后。王偁《东都事略》载是书作六卷，《宋史·艺文志》作九卷，《二程全书》通作四卷。考杨时跋语，称"伊川先生著《易传》，未及成书。将启手足，以其书授门人张绎。未几绎卒，故其书散亡，学者所传无善本。谢显道得其书于京师，以示余。错乱重複，几不可读。东归，待次毗陵，乃始校正，去其重複，逾年而始完"云云，则当时本无定本，故所传各异耳。其书但解上下经及《彖》《象》《文言》，用王弼注本，以《序卦》分置诸卦之首，用李鼎祚《周易集解》例。惟《系辞传》《说卦传》《杂卦传》无注，董真卿谓亦从王弼。今考程子《与金堂谢湜书》，谓"《易》当先读王弼、胡瑗、王安石三家"，谓程子有取于弼，不为无据。谓不注《系辞》《说卦》《杂卦》以拟王弼，则似未尽然。当以杨时草具未成之说为是也。程子不信邵子之数，故邵子以数言《易》，而程子此《传》则言理，一阐天道，一切人事。盖古人著书，务抒所见而止，不妨各明一义。守门户之见者必坚护师说，尺寸不容逾越，亦异乎先儒之本旨矣。

《程氏经说》七卷（通行本）

（卷三十三经部三十三五经总义类）

不著编辑者名氏，皆伊川程子解经语也。《书录解题》谓之《河南经说》，称《系辞》一、《书》一、《诗》二、《春秋》一、《论语》一、《改定大学》一。又称程氏之学，《易传》为全书，余经具此。其门目卷帙，与此本皆合，则犹宋人旧本也。其中若《诗书解》《论语说》，本出一时杂论，非专著之书。《春秋传》则专著而未成，观崇宁二年《自序》可见。至《系辞说》一卷，《文献通考》并于《易传》，共为十卷。《宋志》则于《易传》九卷之外，别著录一卷。然程子《易传》实无《系辞》，故吕祖谦集十四家之说为《系辞精义》以补之。此卷疑或后人掇拾成帙，以补其阙也。《改定大学》兼载明道之本，或以兄弟之说互相参考欤？明徐必达编《二程全书》，并《诗解》二卷为一卷，而别增《孟子解》一卷、《中庸解》一卷，共为八卷。然《经义考》引康绍宗之言，谓《孟子解》乃后人纂集《遗书》外书而成，非程子手著。至《中庸解》之出吕大临，朱子辨证甚明，亦不得窜入《程氏经说》，增此一种。故今所录，仍用宋本之旧焉。

《二程遗书》二十五卷、《附录》一卷（江西巡抚采进本）

（卷九十二子部二儒家类二）

宋二程子门人所记，而朱子复次录之者也。自程子既殁以后，所传语录，有李籲、吕大临、谢良佐、游酢、苏昞、刘绚、刘安节、杨迪、周孚先、张绎、唐棣、鲍若雨、邹柄、畅大隐诸家，颇多散乱失次，且各随学者之意，其记录往往不同。观尹焞以朱光庭所钞伊川语质诸伊川，伊川有“若不得某之心，所记者徒彼意耳”之语。则程子在时，所传已颇失其真（案此事见朱子《后序》中），故朱子语录谓游录语慢，上蔡语险，刘质夫语简，李端伯语宏肆，永嘉诸公语絮也。是编成于乾道四年戊子，乃因家藏旧本，复以类访求附益，略据所闻岁月先后，编第成为二十五卷。又以行状之属八篇为《附录》一卷。《语录》载陈淳问第九卷介甫言律一条何意，曰：“伯恭以凡事皆具，惟律不说，偶有此条，遂漫载之。”又郑可学问《遗书》有古言乾、坤不用六子一段如何，曰：“此一段却主张是自然之理，又有一段却不取。”又《晦庵文集》内有答吕伯恭书曰：“《遗书》节本已写出，愚意所删去者，亦须用草纸抄出，逐条略著删去之意，方见不草草处。若暗地删却，久远却惑人”云云。今观书内如刘安节所录“谨礼者不透，须看《庄子》”一条，语涉偏娇，则注云“别本所增”。又畅大隐所记“道岂可离而不可离”一条，纯入于禅，则注云“多非先生语”。其去取亦深为不苟矣。考《文献通考》载《遗书》卷目，与此本同。而黄震《日抄》所载则至十七卷而止，与此互异。又震所载《遗书》卷目吕与叔《东见录》及《附东见录》均次为第二卷，而此本则《次附东见录》为第三卷，殆传本有异同欤？至《附录》中年谱一篇，朱子自谓实录所书《文集》内《外书》所载，与凡他书之可证者。震则谓朱子访其事于张绎、范棫、孟厚、尹焞而成。盖朱子举其引证之书，震则举其参考之人，各述一端，似矛盾而非矛盾也。

《二程外书》十二卷（江西巡抚采进本）

亦二程子门人所记，而朱子编次之，成于乾道癸巳六月，在《遗书》之后五年。《后序》称《遗书》二十五篇，皆诸门人当时记录之全书，足以正俗本纷更之谬。而于二先生之语则不能无所遗。于是取诸人集录，参伍相除，得此十二篇，以为《外书》。凡采朱光庭、陈渊、李参、冯忠恕、罗从彦、王蘋、时紫芝七家所录，又胡安国、游酢家本及建阳大全集印本三家，又传闻杂记自王氏《麈史》至孔文仲《疏》，凡一百五十二条，均采附焉。其语皆《遗书》所未录，故每卷悉以“拾遗”标目。其称《外书》者，则朱子自题所谓取之之杂，或不能审所自来，其视前书，学者尤当精择审取者是也。中间传闻异词，颇不免于丛脞。如程氏学拾遗卷内，以“望道未见为望治道太平”一条，黄震《日抄》谓恐于本文有增。又时氏本拾遗卷内，以老子“天地不仁万物刍狗”之说为是一条，震亦谓其说殊有可疑。盖皆记录既繁，自不免或失其本旨。要其生平精语，亦多散见于其中。故但分别存之，而不能尽废。如吕氏《童蒙训》记伊川言“僧家读一卷经，要一卷经道理受用，儒者读书，都无用处”一条。又明道至禅寺，见趋进揖逊之盛，叹曰“三代威仪尽在是”一条。朱子语录尝谓其记录未精，语意不圆。而终以其言足以警切学者，故并收入传闻杂记中，无所刊削。其编录之意，亦大略可见矣。

《二程粹言》二卷（两江总督采进本）

宋杨时撰。时字中立，南剑州将乐人。熙宁九年进士，官至国子祭酒。高宗即位，除工部侍郎，兼侍读，以龙图阁直学士提举杭州洞霄宫。卒谥文靖。事迹具《宋史》本传。时始以师礼见明道于颍昌，相得甚欢。明道殁，又见伊川于洛。南渡以后，朱子及张栻等皆诵说程氏，屹然自辟一门户，其源委脉络，实出于时。是书乃其自洛归闽时以二程子门人所记师说，采撮编次，分为十篇。朱子尝称：“明道之言发明极致，善开发人；伊川之言即事明理，尤耐咀嚼。”然当时记录既多，如《遗书》《外书》《雅言》《师说》《杂说》之类，卷帙浩繁，读者不能骤窥其要。又记者意为增损，尤不免抵牾庞杂。朱子尝欲删订为节本而未就。世传张栻所编《伊川粹言》二卷，又出依托。惟时师事二程，亲承指授，所记录终较剽窃贩鬻者为真。程氏一家之学，观于此书，亦可云思过半矣。